Afrika Jahrbuch 1997

W0471314

Afrika

Jahrbuch 1997

Politik, Wirtschaft und Gesellschaft
in Afrika südlich der Sahara

Herausgeber:
Institut für Afrika-Kunde
Rolf Hofmeier

Leske + Budrich, Opladen 1998

ISBN: 3-8100-2217-9
© 1998 by Leske + Budrich, Opladen

Das Werk einschließlich aller seiner Teile ist urheberrechtlich geschützt. Jede Verwertung außerhalb der engen Grenzen des Urheberrechtsgesetzes ist ohne Zustimmung des Verlags unzulässig und strafbar. Das gilt insbesondere für Vervielfältigungen, Übersetzungen, Mikroverfilmungen und die Einspeicherung und Verarbeitung in elektronischen Systemen.

Satz und Layout: Institut für Afrika-Kunde (Dr. Sylvia Steege, außer: Südliches Afrika), Hamburg
Druck und Verarbeitung: Druck Partner GmbH, Hemsbach
Printed in Germany

Afrika-Jahrbuch

Das Institut für Afrika-Kunde in Hamburg legt hiermit zum elften Mal ein Jahrbuch über Afrika vor, das regelmäßig im Spätsommer erscheint und einen kompakten und präzisen Überblick über alle wesentlichen Ereignisse des gerade abgelaufenen Jahres ermöglicht.

Behandelt werden alle 49 Länder Afrikas südlich der Sahara, während die nordafrikanischen Staaten in dem parallel erscheinenden "Nahost-Jahrbuch" erfaßt werden. Diese Abgrenzung erfolgt ausschließlich aus Gründen der Praktikabilität und beinhaltet keine Aussage zur Zusammengehörigkeit aller afrikanischen Staaten.

Im Zentrum des Jahrbuchs steht die Darstellung der Entwicklungen des Berichtsjahres in den einzelnen Ländern. Sie erfolgt nach einheitlichem Schema und bietet in jedem Artikel einen Überblick über Innenpolitik, Außenpolitik und sozioökonomische Entwicklungen. Alle Länderartikel werden ergänzt durch einen vorangestellten Block mit den wichtigsten Grunddaten und eine komprimierte Chronologie der wesentlichen Ereignisse des abgelaufenen Jahres.

Länderübergreifende Entwicklungen und Aktivitäten zwischenstaatlicher Organisationen werden in zusätzlichen Artikeln über die vier Hauptregionen und in einem einleitenden Gesamtüberblick behandelt, der außerdem in geraffter Form die besonders herausragenden Ereignisse Revue passieren läßt und in einen kontinentalen Gesamtzusammenhang stellt.

Vorangestellt sind eine Darstellung der deutsch-afrikanischen Beziehungen im Berichtsjahr sowie Hintergrundartikel, in denen Probleme und Vorgänge, die besondere Aufmerksamkeit erregten, analysiert werden. Diese Einzelanalysen können sowohl Entwicklungen bestimmter Länder wie generelle länderübergreifende Problematiken aufgreifen. Eine Literaturliste ermöglicht einen schnellen Überblick über deutschsprachige Neuerscheinungen sozial- und wirtschaftswissenschaftlicher Bücher über Afrika.

Das Jahrbuch wendet sich an einen sehr breit gestreuten Kreis von Afrika-Interessenten in unterschiedlichen Bereichen, die eine handliche und kompetente Aufbereitung der zentralen aktuellen Entwicklungen benötigen. Ein Anspruch auf enzyklopädische Erfassung aller Details wird angesichts des selbst gewählten Jahrbuch-Umfangs bewußt nicht erhoben. Das Jahrbuch soll vielmehr eine Orientierungshilfe im unübersichtlichen Geflecht zeitgeschichtlicher Abläufe darstellen und sich im Laufe der Zeit als wegweisendes Referenzwerk erweisen.

Inhalt

Erläuterungen zu den Grunddaten 8
Abkürzungsverzeichnis 9

Afrika 1997 - Das Jahr im Überblick *(Rolf Hofmeier)* 11
Deutsch-afrikanische Beziehungen 1997 *(Rolf Hofmeier)* 26

Aktuelle Einzelanalysen:

Cord Jakobeit:
Die neue Afrikapolitik der USA: Viel Lärm um nichts? 35

Stefan Brüne/Andreas Mehler:
Die neue französische Afrikapolitik - Face-lifting oder außenpolitische Wende? 46

Dirk Kohnert:
Der Euro, ein Segen für Afrika?
Folgen der Anbindung der afrikanischen Franc-Zone an den Euro 59

Peter Lock:
Privatisierung der Sicherheit oder private Militarisierung? Aktuelle Entwicklungen in Afrika 71

Entwicklungen in Ländern und Regionen:

Westafrika *(Dirk Kohnert)* 83
Benin *(Dirk Kohnert)* 91
Burkina Faso *(Marianne Weiss)* 96
Côte d'Ivoire *(Cord Jakobeit)* 100
Gambia *(Marianne Weiss)* 105
Ghana *(Heinrich Bergstresser)* 107
Guinea *(Klaus Hemstedt)* 114
Guinea-Bissau *(Ute Gebhard)* 119
Kap Verde *(Regina Wegemund)* 122
Liberia *(Peter Körner)* 125
Mali *(Regina Wegemund)* 129
Mauretanien *(Ursel Clausen)* 134
Niger *(Regina Wegemund)* 138
Nigeria *(Heinrich Bergstresser)* 143
Senegal *(Marianne Weiss)* 161
Sierra Leone *(Peter Körner)* 167
Togo *(Dirk Kohnert)* 171

Zentralafrika *(Marianne Weiss)* . . . 177
Äquatorial-Guinea *(Cord Jakobeit)* . . . 182
Gabun *(Marianne Weiss)* . . . 185
Kamerun *(Andreas Mehler)* . . . 189
DR Kongo/Zaire (*Peter Körner*) . . . 197
Kongo *(Marianne Weiss)* . . . 205
São Tomé und Príncipe *(Marianne Weiss)* . . . 211
Tschad *(Andreas Mehler)* . . . 214
Zentralafrikanische Republik *(Andreas Mehler)* . . . 219

Östliches Afrika *(Rolf Hofmeier)* . . . 223
Äthiopien *(Kathrin Eikenberg)* . . . 231
Burundi *(Marianne Weiss)* . . . 240
Djibouti *(Kathrin Eikenberg)* . . . 247
Eritrea *(Kathrin Eikenberg)* . . . 251
Kenya *(Ralph-Michael Peters)* . . . 256
Komoren *(Rolf Hofmeier)* . . . 265
Madagaskar *(Jürgen Gräbener)* . . . 272
Mauritius *(Rolf Hofmeier)* . . . 278
Réunion *(Rolf Hofmeier)* . . . 284
Rwanda *(Regina Wegemund)* . . . 287
Seychellen *(Rolf Hofmeier)* . . . 296
Somalia *(Kathrin Eikenberg)* . . . 301
Sudan *(Hanspeter Mattes)* . . . 307
Tanzania *(Rolf Hofmeier)* . . . 313
Uganda *(Rolf Hofmeier)* . . . 321

Südliches Afrika *(Goswin Baumhögger)* . . . 330
Angola *(Peter Körner)* . . . 340
Botswana *(Goswin Baumhögger)* . . . 345
Lesotho *(Goswin Baumhögger)* . . . 352
Malawi *(Heiko Meinhardt)* . . . 357
Mosambik *(Sabine Fandrych)* . . . 364
Namibia *(Henning Melber)* . . . 371
Südafrika *(Ulf Engel)* . . . 378
Swaziland *(Goswin Baumhögger)* . . . 393
Zambia *(Goswin Baumhögger)* . . . 401
Zimbabwe *(Goswin Baumhögger)* . . . 411

Neuerscheinungen deutschsprachiger Bücher über Afrika . . . 423

Angaben zu den Autoren/Autorinnen . . . 433

Erläuterungen zu den Grunddaten

Allen Länderartikeln ist ein kurzer Block mit den wichtigsten Grunddaten vorangestellt. Die Zahlenangaben zur **Bevölkerung** und zu den verschiedenen **Wirtschaftsindikatoren** beziehen sich, soweit nicht anders angegeben, auf das **Stichjahr 1996**. Mit dem Ziel einer besseren Vergleichbarkeit und der Gewährleistung einer einheitlichen Umrechnung der unterschiedlichen nationalen Erhebungen wurden sie überwiegend aus den neuesten Veröffentlichungen der Weltbank (World Development Indicators 1998 und Weltbankatlas 1998) entnommen. Zahlen zu den neueren Wirtschaftsentwicklungen werden - soweit verfügbar - in den Textbeiträgen angeführt.

Der **Human Development Index** (HDI) dient als kombinierter Indikator für die soziale und wirtschaftliche Entwicklung eines Landes. Hierfür werden drei separate Indikatoren - die Lebenserwartung bei Geburt, das durchschnittliche Ausbildungsniveau und die reale Kaufkraft (PPP) des Pro-Kopf-Einkommens - auf eine Skala von 0 bis 1 projiziert. Dabei wird z.B. die niedrigste Alphabetisierungsrate mit 0 und die höchste Rate mit 1 angesetzt. Der Mittelwert aus den auf diese Weise gefundenen Meßwerten ergibt den HDI, der somit eine abstrakte Indexzahl darstellt, wobei der theoretische Bestwert bei 1 und der schlechteste Wert bei 0 liegt. Die dem Human Development Report 1997 des United Nations Development Programme (UNDP) entnommenen Angaben spiegeln die Situation im Jahr **1994** (reales Pro-Kopf-Einkommen, Lebenserwartung, Ausbildung) wider. Der Höchstwert für Kanada lag bei 0,960, der niedrigste Wert für Niger bei 0,176. Neben den absoluten Indexzahlen ist jeweils die interne Rangordnung aller Länder (mit Ausnahme von Liberia, Réunion und Somalia) im subsaharischen Afrika nach dem HDI angegeben, d.h. von Seychellen (1) bis Sierra Leone (46). Der HDI stellt eine wichtige qualitative Ergänzung zu den Angaben über das durchschnittliche Pro-Kopf-Einkommen (in US-$, ausgehend von nominalen Werten und umgerechnet zu jeweiligen Wechselkursen) dar.

Die Angaben über durchschnittliche **Lebenserwartung** (in Jahren) und über die **Alphabetisierungsrate** (Prozentanteil der Bevölkerung über 15 Jahre mit Grundkenntnissen in Lesen und Schreiben) sind den World Development Indicators 1998 der Weltbank entnommen und beziehen sich auf die jeweils letzten verfügbaren Jahre (überwiegend 1994 -1996).

Die **Anteile am Bruttoinlandsprodukt** (BIP) verdeutlichen die relativen Anteile des Primärsektors (Landwirtschaft, Forstwesen und Fischerei einschließlich Subsistenzwirtschaft), des Sekundärsektors (Industrie und Handwerk, Bergbau, Bauwirtschaft, Strom- und Wasserversorgung) und des Tertiärsektors (Dienstleistungen und alle anderen Wirtschaftsbereiche) an der volkswirtschaflichen Wertschöpfung. Die Prozentangaben zu den **Hauptexportprodukten** geben den Anteil an den Gesamtausfuhren des Landes an und sind i.d.R. den vierteljährlichen Länderberichten der Economist Intelligence Unit entnommen.

Die **Währungsangaben** beziehen sich auf den **offiziellen Stand zum Jahresbeginn 1998** und sind der Devisenkursstatistik der Deutschen Bundesbank vom Februar 1998 entnommen. Die Umrechnungskurse sind in Relation zum US-Dollar angegeben; gegenüber anderen Währungen bzw. Verrechnungseinheiten ist ein Kurs von $ 1 = DM 1,80 bzw. 1 ECU = $ 1,10 beziehungsweise 1 SZR = $ 1,35 zugrunde zu legen. Angesichts erheblicher Wechselkursschwankungen sind die Angaben nur als Näherungswerte zu betrachten.

Die Angaben über **Staats- bzw. Regierungschefs** und **Parteien** geben den am **Jahresende 1997** geltenden Zustand wieder.

Abkürzungsverzeichnis

ABN	Autorité du Bassin du Niger (Niamey)
ADF	African Development Fund (Abidjan); auch FAD
AfDB	African Development Bank (Abidjan); auch BAD
AKP	Afrikanische, Karibische und Pazifische Staaten im Lomé-Abkommen mit der EG (Brüssel)
AMU	Arabische Maghreb Union; auch UMA
ANAD	Accord du Non-Agression et d'Assistance en Matière de Défense
APPA	African Petroleum Producers'Association (Lagos)
BAD	Banque Africaine de Développement (Abidjan); auch AfDB
BADEA	Banque Arabe pour le Développement Economique en Afrique (Karthoum)
BCEAO	Banque Centrale des Etats de l'Afrique de l'Ouest (Dakar)
BDEAC	Banque de Développement des Etats de l'Afrique Centrale (Brazzaville)
BEAC	Banque des Etats de l'Afrique Centrale (Yaoundé)
BIP	Bruttoinlandsprodukt
BMZ	Bundesministerium für Wirtschaftliche Zusammenarbeit und Entwicklung
BOAD	Banque Ouest-Africaine de Développement (Lomé)
BSP	Bruttosozialprodukt
CBLT	Commission du Bassin du Lac Tchad (N'Djamena)
CCCE	Caisse Centrale de Coopération Economique (Paris); umbenannt in CFD
CEA	Commission Economique des Nations Unies pour l'Afrique (Addis Abeba); auch ECA
CEAO	Communauté Economique de l'Afrique de l'Ouest (Ouagadougou)
CEDEAO	Communauté Economique des Etats de l'Afrique de l'Ouest (Abuja); auch ECOWAS
CEEAC	Communauté Economique des Etats de l'Afrique Centrale (Libreville)
CEPGL	Communauté Economique des Pays des Grands Lacs (Gisenyi/Rwanda)
CFD	Caisse Française de Développement (Paris)
CILSS	Comité Permanent Inter-Etats de Lutte contre la Sécheresse dans le Sahel (Ouagadougou)
COI	Commission de l'Ocean Indien (Port Louis); auch IOC
COMESA	Common Market for Eastern and Southern Africa (Lusaka)
DAC	Development Assistance Committee (Paris)
DOM	Département d'Outre Mer
EAC	East African Cooperation
ECA	United Nations Economic Commission for Africa (Addis Abeba); auch CEA
ECOMOG	ECOWAS Ceasefire Monitoring Group
ECOWAS	Economic Community of West African States (Abuja); auch CEDEAO
ECU	European Currency Unit
EEF	Europäischer Entwicklungsfonds (Brüssel)
EG/EU	Europäische Gemeinschaft/Europäische Union (Brüssel)
EIB	Europäische Investitionsbank (Luxemburg)
ESAF	Enhanced Structural Adjustment Facility des IWF
FAD	Fonds Africain de Développement (Abidjan); auch ADF
FAGACE	Fonds Africain de Garantie et de Coopération Economique (Cotonou)
FANAF	Fédération des Sociétés d'Assurances de Droit National Africaines (Dakar)
FAO	Food and Agricultural Organisation of the United Nations (Rom)
F CFA	Franc de la Communauté Financière Africaine (UMOA)
F CFA	Franc de la Coopération Financière en Afrique Centrale (BEAC)
FOSIDEC	Fonds de Solidarité et d'Intervention pour le Développement de la Communauté Economique de l'Afrique de l'Ouest (Ouagadougou)
IACO	Inter-African Coffee Organisation (Abidjan); auch OIAC
IASD	Inter-Africaine Socialiste et Démocratique (Tunis)
ICRC	International Committee of the Red Cross (Genf)

IDA	International Development Association (Washington)
IFAD	International Fund for Agricultural Development (Rom)
IFC	International Finance Corporation (Washington)
IGAD	Intergovernmental Authority Development (Djibouti)
ILO	International Labour Organisation (Genf)
IOC	Indian Ocean Commission (Port Louis); auch COI
IORARC	Indian Ocean Rim Association for Regional Cooperation
IWF	Internationaler Währungsfonds (Washington)
KBO	Organisation for the Management and Development of the Kagera River Basin (Kigali)
KfW	Kreditanstalt für Wiederaufbau (Frankfurt/Main)
MRU	Mano River Union (Freetown)
MULPOC	Multinational Programming and Operational Centres der ECA
NAM	Non-Aligned Movement
OAMCAF	Organisation Africaine et Malgache du Café (Paris)
OATUU	Organisation of African Trade Union Unity (Accra)
OAU	Organisation of African Unity (Addis Abeba)
OCI	Organisation de la Conférence Islamique (Djidda; auch OIC)
OECD	Organisation for Economic Cooperation and Development (Paris)
OIAC	Organisation Interafricaine du Café (Abidjan; auch IACOL)
OIC	Organisation of the Islamic Conference (Djidda; auch OCI)
OMVG	Organisation de la Mise en Valeur du Fleuve Gambie (Dakar)
OMVS	Organisation pour la Mise en Valeur du Fleuve Senegal (Dakar)
OPEC	Organisation of Petroleum Exporting Countries (Wien)
PALOP	Países Africanos de Lingua Oficial Portugesa
PANA	Pan-African News Agency (Dakar)
PTA	Preferential Trade Area for Eastern and Southern African States (Lusaka)
SACU	Southern African Customs Union (Pretoria)
SADC	Southern African Development Community (Gaborone)
SAF	Structural Adjustment Facility des IWF
SAP	Strukturanpassungsprogramm
STABEX	Stabilisation of export earnings from agricultural commodities (Lomé-Abkommen)
SYSMIN	Special financing facility for mining products (Lomé-Abkommen)
SZR	Sonderziehungsrechte des IWF
TOM	Territoire d'Outre Mer
UEMOA	Union Economique et Monétaire Ouest-Africaine (Ouagadougou)
UDEAC	Union Douanière et Economique de l'Afrique Centrale (Bangui)
UMA	Union du Maghreb Arabe; auch AMU
UMOA	Union Monétaire Ouest-Africaine (Dakar)
UN	United Nations (New York); auch UNO
UNCTAD	United Nations Conference on Trade and Development (Genf)
UNDP	United Nations Development Programme (New York)
UNEP	United Nations Environment Programme (Nairobi)
UNESCO	United Nations Educational, Scientific and Cultural Organisation (Paris)
UNHCR	United Nations High Commissioner for Refugees (Genf)
UNICEF	United Nations Children's Fund (New York)
UNIDO	United Nations Industrial Development Organisation (Wien)
UNO	United Nations Organisation (New York); auch UN
USAID	United States Agency for International Development (Washington)
WFP	World Food Programme (Rom)
WHO	World Health Organisation (Genf)
WTO	World Trade Organisation (Genf)
ZAR	Zentralafrikanische Republik

Afrika-Jahrbuch 1997, S. 11-25

Afrika 1997 - Das Jahr im Überblick

Gibt es eine "afrikanische Renaissance"?

Nach einem in der Vergangenheit weithin verbreiteten Afro-Pessimismus gewannen 1997 wesentlich optimistischere Gesamteinschätzungen der zukünftigen Entwicklungsperspektiven des subsaharischen Afrika bei vielen Beobachtern deutlich an Gewicht. Der vom südafrikanischen Vizepräsidenten Thabo Mbeki geprägte Begriff einer "afrikanischen Renaissance" setzte diesbezüglich ein markantes und häufig von anderen Seiten aufgegriffenes und zitiertes Zeichen. Bei realistischer Betrachtungsweise gab es allerdings noch immer keinen Anlaß zu einem nunmehr völlig uneingeschränkten Afro-Optimismus, da die tatsächlichen Entwicklungen sowohl in politischer wie in wirtschaftlicher Hinsicht hierfür viel zu uneinheitlich waren. Angebracht war daher ein immer deutlicher sich herausbildendes differenziertes Bild, das gleichermaßen positive Anzeichen von Konsolidierung und Aufwärtsentwicklung ebenso wie Belege für weiter anhaltende Konfliktlagen und Stagnation aufwies. Von einem einheitlichen Erscheinungsbild des gesamten subsaharischen Afrika kann heute sinnvollerweise immer weniger die Rede sein. Die insgesamt optimistischere internationale Bewertung des Kontinents sollte auf mittlere Sicht aber auch den bisher noch zurückgebliebenen Ländern und Subregionen zugute kommen.

Die Hauptaufmerksamkeit während des Jahres galt ohne Zweifel dem zuletzt unerwartet schnellen Sturz des Mobutu-Regimes in Zaire und der Installierung einer neuen Machtordnung durch eine siegreiche Rebellenallianz in dem nun wieder in Kongo zurückbenannten Land, dessen staatliche Einheit aber entgegen manchen Voraussagen dabei nicht ernsthaft in Frage gestellt wurde. Nach dem Sturz und bald darauf erfolgten Tod Mobutus nach über 30jähriger Herrschaft verblieb damit auf der afrikanischen politischen Bühne als letzter der "Dinosaurier" aus den 1960er Jahren nur noch Togos Diktator Eyadéma. In insgesamt neun Ländern fanden auf nationaler Ebene Wahlen für die Präsidentschaft und/oder für Parlamente statt, die in allen Fällen eine Bestätigung der bereits an der Macht befindlichen Präsidenten und Parteien brachten, also keinen durch den Wahlvorgang erreichten Regierungswechsel herbeiführen konnten. Lediglich in Liberia stellten die Wahlen einen völligen politischen Neuanfang nach über siebenjährigem Bürgerkrieg dar. Tatsächliche Machtwechsel gab es hingegen durch einen Militärputsch in Sierra Leone sowie als Ergebnis eines mehrmonatigen blutigen Bürgerkrieges in Kongo (Brazzaville). Insofern fiel die Bilanz in bezug auf Fortschritte der Demokratisierung und positive Veränderungen der politischen Systeme erneut ausgesprochen enttäuschend aus.

Mit Ausnahme der endlich erreichten Friedensregelung in Liberia gab es auch keine nennenswerten Fortschritte in Richtung auf eine Beilegung oder Lösung der verschiedenen notorischen Konfliktherde, die in den meisten Fällen bereits seit Jahren virulent sind (Angola, Burundi, Niger, Rwanda, Senegal, Somalia, Sudan und Zentralafrikanische Republik). Vorzeitig aufgedeckte Putschversuche wurden in Nigeria und Zambia bekannt. Ein neuartiger Sezessionskonflikt mit dem Ruf zur Rückangliederung an die frühere französisiche Kolonialmacht tat sich auf in dem kleinen Inselstaat Komoren. Die wegen komplexer länderübergreifender Verknüpfungen und potentiell bedrohlicher Ausweitungen gefährlichste Krisenzone des Kontinents blieb auch weiterhin das Gebiet der sog. "Großen Seen" im Grenzbereich zwischen Ost- und Zentralafrika, da kein Land dieser Region sich den Auswirkungen der verschiedenen Konfliktabläufe völlig entziehen konnte. Hier erhielten auch die Rivalitäten um strategische Einflußmöglichkeiten und um Wirtschafts- und Rohstoffinteressen zwischen den wichtigsten außerafrikanischen Akteuren - nämlich Frankreich und USA - im Verlauf des Jahres eine neue Aufmerksamkeit und einen mit manchen Spekulationen versehenen Schauplatz.

Die wirtschaftliche Entwicklung der Gesamtheit des subsaharischen Afrika verzeichnete 1997 im dritten Jahr hintereinander einen über der Bevölkerungsvermehrung liegenden realen Zuwachs, nachdem diese Entwicklung noch bis 1994 negativ gewesen war. Allerdings verlangsamte sich das Gesamtwachstum der Region gegenüber dem Vorjahr auf etwa 4,0%, was sowohl auf klimatische Einflüsse wie auf gefallene Rohstoffpreise und auf anhaltende Konflikte in einer größeren Anzahl von Ländern zurückzuführen war. In der überwiegenden Mehrheit der Länder gingen die Inflationsraten weiter zurück und verringerten sich die Defizite der Leistungsbilanzen. Diese sichtbaren Verbesserungen der makroökonomischen Indikatoren waren offensichtlich auf die inzwischen weithin akzeptierten und konsequenter als früher durchgeführten Reform- und Strukturanpassungsmaßnahmen nach den vorherrschenden neoliberalen Leitbildern zurückführen. Allerdings wurden damit auch weiterhin keine Lösungsansätze für die sich ständig verschärfenden Beschäftigungs- und Armutsprobleme und für die anhaltenden Krisen der Sozialsektoren in nahezu allen afrikanischen Ländern erkennbar. Angesichts der extrem niedrigen gegenwärtigen Ausgangssituation könnten auch wesentlich höhere kontinuierliche Zuwachsraten als tatsächlich bisher erreicht noch keine wirklich signifikante Verbesserung des absoluten Wohlstandsniveaus für die breite Masse der Bevölkerung herbeiführen.

Die Aussichten für eine tatsächlich umfassende und nachhaltige "afrikanische Renaissance" auf breiter Front erscheinen demnach auf mittlere Sicht weiter einigermaßen begrenzt. Die Gesamtbilanz für das abgelaufene Jahr 1997 fiel insofern erneut ambivalent aus. Neben ermutigenden Anzeichen für wirtschaftliche Fortschritte und politische Reife waren auch nach wie vor viele retardierende Elemente nicht zu übersehen, die keinen Anlaß zu vorschnellem Optimismus zulassen. Ein - zumindest psychologischer - Lichtblick war jedoch die deutlich verbesserte äußere Perzeption des Kontinents, die nicht mehr ausschließlich von Niedergang und Katastrophen bestimmt war.

Innenpolitische Entwicklung einzelner Staaten

Lediglich in neun Ländern (gegenüber siebzehn im Vorjahr) wurden im Verlauf des Jahres nationale Wahlen für die Präsidentschaft und/oder für das Parlament durchgeführt. In allen Fällen erbrachten diese - mehrheitlich unter recht anfechtbaren Bedingungen veranstalteten -Wahlen eine mehr oder weniger deutliche Bestätigung der etablierten Machtverhältnisse. Ernsthafte Chancen für einen durch Wahlen herbeigeführten Machtwechsel gab es angesichts der gegebenen politischen Konstellationen in keinem der vorliegenden Fälle, obgleich formal überall eine pluralistische Konkurrenz zwischen mehreren Parteien gegeben war. Dies machte die weiterhin bestehenden Beschränkungen für einen auf gleichen Chancen beruhenden tatsächlichen politischen Wettkampf erneut deutlich. Die Präsidentschaftswahlen in Mali, Kamerun, Mauretanien und Kenya erbrachten eine rein zahlenmäßig klare Wiederwahl der amtierenden Präsidenten, wobei allerdings sowohl in Mali wie in Kamerun die jeweils wichtigsten Oppositionsparteien diese Wahlen boykottiert hatten. Parlamentswahlen in Gambia, Tschad, Burkina Faso, Kamerun, Mali, Djibouti und Kenya boten in allen Fällen in unterschiedlich starkem Maße eine Chance für die Mobilisierung oppositioneller Kräfte und für ihre Vertretung in den neu zusammengesetzten Parlamenten, dennoch konnten überall die regierenden Parteien die für die weitere Machtausübung erforderlichen Mehrheiten deutlich verteidigen. Einen speziellen Sonderfall stellten die Präsidentschafts- und Parlamentswahlen in Liberia im Juli dar, die nach langjährigem Bürgerkrieg und Zerfall aller staatlichen Strukturen einen völligen Neuanfang am Ende eines immer wieder verzögerten langwierigen Friedensprozesses herbeiführen sollten. Auf der Basis der auch von internationalen Beobachtern als weitgehend korrekt bewerteten Wahlen konnte schließlich mit Charles Taylor der Auslöser des Bürgerkrieges und der stärkste der verschiedenen Kriegsherren das Präsidentenamt und die Mehrheit im neuen Parlament übernehmen.

Zu gewaltsam herbeigeführten Veränderungen der politischen Machtverhältnisse kam es in Zaire, Kongo (Brazzaville) und Sierra Leone. Die größte Bedeutung für den Gesamtkontinent mit der stärksten internationalen Aufmerksamkeit hatte dabei ohne Zweifel die Entwicklung in Zaire, das nach erfolgter Machtübernahme der Rebellen unter Führung von Laurent Kabila wieder in Demokratische Republik Kongo umbenannt wurde. Die im September 1996 zunächst lokal in der Kivu-Provinz begonnene Rebellion hatte (nicht zuletzt durch Unterstützung von Nachbarländern wie Rwanda und Uganda) schnell eine erstaunliche Dynamik entwickeln und innerhalb weniger Monate schließlich das Regime des langjährigen Diktators Mobutu vertreiben können. Weitverbreitete Hoffnungen auf eine schnelle und umfassende Verbesserung der politischen und wirtschaftlichen Verhältnisse in diesem Kernland Zentralafrikas wurden allerdings nach Etablierung der neuen Machthaber ziemlich enttäuscht. Wesentlich weniger internationale Beachtung fanden die mehrmonatigen Kämpfe im benachbarten Kongo (Brazzaville) zwischen bewaffneten Verbänden des amtierenden Präsidenten und seines fünf Jahre zuvor abgewählten Amtsvorgängers; die verlustreichen Auseinandersetzungen konnte letzterer schließlich mit der Vertreibung des Präsidenten zu seinen Gunsten entscheiden. In Sierra Leone übernahm erneut eine Militärjunta nach nur rund einjähriger Zivilregierung die Macht. Ein eher dilettantischer Putschversuch wurde in Zambia unternommen, außerdem ein vorzeitig aufgedeckter Umsturzversuch von Kräften innerhalb des Militärregimes des Diktators Abacha in Nigeria. Aus Protest gegen Vernachlässigung durch die Zentralregierung wurden von zwei kleineren Inseln der Komoren Sezessionsforderungen erhoben, die bis Jahresende noch nicht beigelegt werden konnten.

Knapp ein Drittel der Staaten des subsaharischen Afrika blieb auch 1997 von bewaffneten Konflikten unterschiedlicher Intensität belastet. In dieser Hinsicht waren insgesamt keine wesentlichen Lageverbesserungen erkennbar. Lediglich in Liberia wurde durch Wahlen und neue Regierung ein deutlicher Schlußstrich unter die nahezu achtjährige Konfliktvergangenheit gezogen. Bei den meisten anderen existierenden Konfliktkonstellationen änderte sich nur relativ wenig. Dies galt insbesondere für die weiter stockende Umsetzung des Friedensabkommens in Angola, für fehlende Fortschritte bei den Bemühungen um eine Konfliktregelung in Burundi, für das trotz wechselnder Allianzen anhaltende Patt im inzwischen weitaus längsten afrikanischen Bürgerkrieg im Sudan und für die weiterbestehende Situation verschiedener verfeindeter Clangruppen ohne Existenz jeglicher zentralstaatlicher Autorität in Somalia. Auch in Rwanda verschlechterte sich die innere Sicherheitslage wieder erheblich nach der massenhaften Rückkehr von Hutu-Flüchtlingen am Ende des Vorjahres. In Sierra Leone unternahmen westafrikanische Interventionstruppen unter Führung Nigerias den Versuch der Vertreibung der Militärjunta und in den beiden benachbarten Kongo-Staaten kam es auch nach den gewaltsam herbeigeführten Machtwechseln keineswegs zu einer unbestrittenen inneren Befriedung und zur völligen Aufgabe von Gegenkräften gegen die neuen Machthaber. Beim Sezessionskonflikt auf den Komoren kam es ebenfalls zu Kampfhandlungen und Einsatz militärischer Gewalt. Eine etwas andere, aber dennoch nicht zu vernachlässigende Dimension hatten die wiederholten Meutereien von Militär- bzw. Polizeieinheiten in der Zentralafrikanischen Republik und in Lesotho sowie die anhaltenden jeweils regionalen bewaffneten Rebellenaktivitäten in Niger (Tuareg), Senegal (Casamance) und Uganda. Dieser geraffte Überblick macht deutlich, daß in allen Subregionen des Kontinents massive Konfliktkonstellationen nach wie vor virulent sind, wobei das südliche Afrika ganz deutlich am relativ geringsten davon betroffen ist. Die am allerschärfsten belastete akute Konfliktzone ist hingegen der mittlere Teil des Kontinents von Angola über das Gebiet der Großen Seen bis zum Horn von Afrika.

Zwischenstaatliche Beziehungen/Konflikte und regionale Kooperation

Offene bewaffnete Auseinandersetzungen oder gar Kriegshandlungen zwischen einzelnen Staaten waren 1997 erneut nicht zu vermelden. Auch kam es zu keinen neuen Grenzstreitigkeiten, während hingegen die schon bekannten Grenzkonflikte zwischen Botswana und Namibia um einige kleinere Flußinseln, zwischen Kamerun und Nigeria um die erdölträchtige Halbinsel Bakassi und zwischen Eritrea und Jemen um die unbewohnten Hanish-Inseln am Eingang zum Roten Meer trotz Übergabe an eine internationale Vermittlung noch immer nicht verbindlich beigelegt werden konnten und damit ihre potentielle Virulenz behielten. Ein neues handels- und währungspolitisches Konfliktfeld tat sich im Herbst auf zwischen Eritrea und Äthiopien, nachdem Eritrea eine eigene Währung geschaffen und sich vom äthiopischen Birr getrennt hatte.

Bei verschiedenen der primär auf nationaler Ebene sich abspielenden Konfliktauseinandersetzungen wurden jedoch deutliche Interessenvertretungen und sogar direkte Interventionen von einzelnen jeweils benachbarten bzw. subregionalen Staaten offensichtlich. Der rasche Erfolg Kabilas beim Sturz des Mobutu-Regimes in Zaire/Kongo wäre ohne Zweifel ohne eine direkte militärische Unterstützung von Rwanda und Uganda nicht möglich gewesen. Ebenso spielten angolanische Truppen eine mitentscheidende Rolle in der Endphase des hart umkämpften Bürgerkrieges in Kongo (Brazzaville). Nigerias Militärregime spielte eindeutig die Führungsrolle bei den Aktionen der westafrikanischen Eingreiftruppe ECOMOG zur Herbeiführung des Friedensschlusses in Liberia ebenso wie pikanterweise bei den Versuchen zur Wiederherstellung der Demokratie in Sierra Leone. Insbesondere bei den Konfliktkonstellationen im Umfeld der "Großen Seen" wurden äußerst komplexe Verkettungen unterschiedlicher Interessenlagen von praktisch allen Staaten in diesem Teil des Kontinents sichtbar. Erstmals übernahm auch Südafrika eine herausgehobene aktive diplomatische Führungsrolle bei den Verhandlungen über die Regelung der Veränderungen in Zaire/Kongo, da hier unverkennbar auch eigene geostrategische und wirtschaftliche Interessen berührt waren. Eine anhaltende Interessenallianz gab es auch weiterhin zwischen Eritrea, Äthiopien und Uganda im gemeinsamen Bemühen um eine Eindämmung befürchteter Expansionsgelüste des fundamentalistisch-islamischen Regimes im Sudan. Verstärkte Aufmerksamkeit richtete sich auf vielfach sichtbar werdende Tendenzen zur Privatisierung von Sicherheit, wie etwa den Einsatz kommerziell betriebener südafrikanischer Militärberater und -einsatzgruppen zur Unterstützung der Regierungen von Angola und Sierra Leone beim Kampf gegen ihre internen Gegner oder generell den zunehmenden Rückgriff auf privat organisierte Sicherheitsdienste zur Eindämmung endemisch um sich greifender und von konventionellen Staatsorganen kaum noch zu kontrollierender Gewaltphänomene.

Nur wenig signifikante Veränderungen und Fortschritte gab es im Hinblick auf die für Afrika so wichtige Regionalkooperation und -integration. Die weithin als Vorbild geltende Entwicklungsgemeinschaft SADC im südlichen Afrika erweiterte ihre Mitgliedschaft durch die Aufnahme des Kongo (Kinshasa) und der Seychellen auf nunmehr 14 Staaten, was jedoch die innere Kohäsion der Regionalgruppierung keineswegs verbesserte; die Umsetzung des 1996 beschlossenen Handelsprotokolls mit der Absicht zur Schaffung einer regionalen Freihandelszone kam nur schleppend voran und über die ebenfalls im Vorjahr gefundene Regelung eines Mechanismus für die Behandlung von Fragen der Verteidigungs- und Sicherheitspolitik gab es deutliche Auseinandersetzungen über die Führungszuständigkeit und die Einbindung in den Gesamtrahmen der SADC. Die vorwiegend auf Handelsfragen ausgerichtete COMESA für alle Staaten im östlichen und südlichen Afrika bemühte sich angesichts weiterbestehender Zweifel an der Sinnhaftigkeit ihrer Existenz und angesichts von internen Führungsproblemen nur mit Schwierigkeiten um eine klarere Ausrichtung ihrer Funktion. Im östlichen Afrika wurde der im Vorjahr neu begonnene Aufbau der EAC zwischen Kenya, Tanzania und Uganda ohne erkennbare Rückschläge behutsam fortgesetzt, während Bemühungen im Rahmen der IGAD um Regelungen der langjährigen Konflikte in Somalia und Sudan auch weiterhin kein Erfolg beschieden war. Die westafrikanische Wirtschafts- und Währungsunion UEMOA der frankophonen Staaten nahm das portugiesischsprachige Guinea-Bissau als achtes Mitglied auf, während die größere westafrikanische Wirtschaftsgemeinschaft ECOWAS sich vornehmlich durch die sicherheitspolitischen Aktivitäten ihrer Eingreiftruppe ECOMOG in Liberia und Sierra Leone hervortat. Erneut keinerlei erkennbare Fortschritte gab es bei der Regionalkooperation in Zentralafrika.

Gesamtafrikanische Organisationen und Ereignisse

Die 33. OAU-Gipfelkonferenz fand vom 2.-4. Juni 1997 in Harare (Zimbabwe) statt; damit wurde dieser jährliche Gipfel erstmals überhaupt in einem Land des südlichen Afrika abgehalten. Bei einer überdurchschnittlich guten Anwesenheit von 31 Staats- und Regierungschefs aus den insgesamt 53 Mitgliedsländern übernahm Zimbabwes Präsident Robert Mugabe traditionsgemäß für ein Jahr den OAU-Vorsitz, dessen Vorgänger Paul Biya aus Kamerun aber ungewöhnlicherweise nicht anwesend war und bei der Eröffnung von Algeriens Staatschef Liamine Zeroual vertreten wurde. Der folgende Gipfel im Jahr 1998 sollte - wie schon länger festgelegt - in Ouagadougou (Burkina Faso) stattfinden. Entgegen manchen Spekulationen über eine sprachliche und/oder geographische Lagerbildung im Vorfeld der Konferenz wurde schließlich der tanzanische OAU-Generalsekretär Salim Ahmed Salim ohne jegliche Diskussion für eine bisher nie dagewesene dritte vierjährige Amtsperiode mit klarer Mehrheit wiedergewählt, nachdem die vorher gehandelte Gegenkandidatur des ivorischen Außenministers Amara Essy vom Staatschef von Côte d'Ivoire ohne erkennbare Begründung kurzfristig zurückgezogen worden war. Diese Bestätigung von Salim als Generalsekretär stellte eine klare Anerkennung für seine umsichtige und effektive Rolle bei der notwendigen Neuorientierung der Aufgabenstellung und der Steigerung der Leistungsfähigkeit der OAU seit dem Epochenwandel zu Beginn der 1990er Jahre dar. Der seit Jahresbeginn amtierende neue UNO-Generalsekretär Kofi Annan aus Ghana nutzte die Konferenz zu einem ersten Auftritt vor diesem panafrikanischen Gremium; zwischen seinem uneingeschränkten Bekenntnis zur Notwendigkeit der Förderung demokratischer Grundwerte und Institutionen in Afrika und den Ausführungen des Gastgebers Mugabe mit einem eher autoritär-zentralistischen Verständnis von Politik wurden ganz deutliche Widersprüche sichtbar. Mit besonderer Aufmerksamkeit aufgenommen wurde die erstmalige Teilnahme des erst kurz zuvor an die Macht gelangten neuen kongolesischen Staatschefs Kabila. Eine Neuigkeit in der OAU-Geschichte stellte die klare Unterstützung des Gipfels für die beabsichtigte ECOMOG-Intervention zur Wiedereinsetzung der Zivilregierung nach dem erfolgten Militärputsch in Sierra Leone dar. Formell konstituierte sich die Konferenz auch erstmals als Gipfel der Afrikanischen Wirtschaftsgemeinschaft AEC, die bereits 1991 beim OAU-Gipfel in Abuja beschlossen und im Mai 1994 zumindest auf dem Papier in Kraft getreten war.

Die bisher stets in Addis Abeba abgehaltene reguläre Frühjahrssitzung des OAU-Ministerrats fand diesmal im Februar ungewöhnlicherweise in Tripolis (Libyen) statt und bedeutete einen Prestigeerfolg für den libyschen Staatschef Khadhafi und eine Unterstützung seiner Bemühungen um eine Aufhebung der noch weiter geltenden von der UNO verhängten Sanktionen. Besondere hochrangige Krisensitzungen unter OAU-Ägide wurden Ende März in Lomé (Togo) wegen der Eskalation des internen Konflikts in Zaire und Mitte Dezember in Addis Abeba wegen des sich hinziehenden Sezessionskonflikts auf den Komoren zusammengerufen. Der Umgang mit den verschiedenen Konflikten auf dem Kontinent und Bemühungen um eine Vermittlungs- bzw. Beilegungsrolle der OAU im Rahmen des seit 1993 eingerichteten Konfliktregelungsmechanismus standen im Berichtsjahr verstärkt im Zentrum der Aktivitäten der Organisation. Vom Aufbau einer früher mehrfach diskutierten afrikanischen Friedenstruppe war zwar aus pragmatischen Gründen nicht mehr die Rede, in mehreren Ländern wurden jedoch mit außerafrikanischer (britischer, französischer und US-amerikanischer) Unterstützung spezialisierte Militäreinheiten für eventuelle Interventionseinsätze ausgebildet. Ende Oktober fand zur weiteren Absprache und Koordination ein zweites Treffen der afrikanischen Militäroberkommandierenden in Harare (Zimbabwe) statt. Bei der Sitzungsperiode der Afrikanischen Menschenrechtskommission im April in Nouakchott (Mauretanien) wurde ein Protokoll mit dem Vorschlag der Schaffung eines Afrikanischen Menschenrechtsgerichtshofs verabschiedet; dies wurde bei der ersten OAU-Konferenz von Justizministern, Generalstaatsanwälten und anderen Justizvertretern Mitte Dezember in Addis Abeba aufgegriffen und damit als neue Initiative in weitere OAU-Diskussionen eingebracht.

Bei der Ende Mai erneut in Abidjan (Côte d'Ivoire) abgehaltenen Jahrestagung der Afrikanischen Entwicklungsbank AfDB kam es zu einer ohne Entscheidung auf das nächste Jahr verschobenen Diskussion über eine von verschiedenen Seiten als wünschenswert angesehene Kapitalerhöhung; kontrovers war dabei vor allem die von einigen Ländern (wie insbesondere Libyen und Nigeria) befürchtete Vergrößerung des Einflusses und der Kontrollmöglichkeiten der nichtregionalen (d.h. außerafrikanischen) AfDB-Mitglieder. Südafrika gab sich vorläufig weiter mit seinem niedrigen nominalen Kapitalanteil von nur 1% zufrieden. In dem zurückliegenden Geschäftsjahr 1996 hatte sich der seit September 1995 amtierende Präsident Omar Kabbaj verstärkt um eine Eintreibung ausstehender Kreditrückzahlungen bemüht und mit Erfolg eine Bereinigung des Projektportfolios durch Streichung von rund $2 Mrd. nicht mehr realisierbarer Außenstände vorgenommen; im Geschäftsjahr 1997 wurde eine weitere Bereinigung um über $400 Mio. durchgeführt. Im Berichtsjahr konnte die Bank nach erfolgter Straffung der Arbeit und Reorganisation eine deutliche Wiederausweitung ihrer Aktivitäten realisieren. Die Gesamtzahl der neu finanzierten Projekte und Programme stieg von 31 (mit einem Volumen von knapp $800 Mio.) im Jahr 1996 auf nunmehr 106 (Volumen von $1 800 Mio.). Dies war vor allem auf die 1996 nach Überwindung der Vertrauenskrise der Bank bei den internationalen Gebern erfolgte Wiederauffüllung des Afrikanischen Entwicklungsfonds (AfDF) zurückzuführen, der aus Gebermitteln für die 39 ärmeren Mitgliedsländer der AfDB zu konzessionären Bedingungen Finanzmittel zur Verfügung stellen kann. Die Zahl neuer Projekte des AfDF stieg daher eindrucksvoll von 11 auf 88 im Berichtsjahr, wobei das Finanzvolumen von $296 Mio. auf über $1 Mrd. anwuchs. Der Löwenanteil der gesamten Bankauszahlungen 1997 ging mit 31,8% erneut an Nordafrika, gefolgt von Westafrika (26,2%), Zentralafrika (15,0%), südlichem Afrika (14,4%) und östlichem Afrika (12,3%). Die mit weitem Abstand größten Außenstände hatte die AfDB zum Jahresende 1997 in Kongo (Ex-Zaire) mit über $500 Mio., Liberia mit $142 Mio. und Angola mit $63 Mio.

Die 1983 gegründete und stark defizitäre Panafrikanische Nachrichtenagentur PANA (mit Sitz in Dakar) wurde nach einem mit Hilfe der UNESCO entwickelten Sanierungskonzept mit Wirkung ab 10.11. privatisiert, wobei die afrikanischen Regierungen einen Anteil von 25% (als Kapitalisierung ihrer bisher eingebrachten Leistungen) behielten. Bei *Air Afrique*, der gemeinsamen Fluglinie der meisten frankophonen Staaten, übernahm nach vielen Streitigkeiten in den Aufsichtsgremien am 17.2. Sir Harry Tirvengadum aus Mauritius das schwierige Amt des Generaldirektors von seinem als harten Sanierer eingesetzten französischen Vorgänger Billecart.

Afrika und die internationale Politik

Wie schon gegen Ende des Vorjahres richtete sich die internationale Aufmerksamkeit für Afrika - zumindest bis zur Jahresmitte 1997 - ganz überwiegend auf die unerwartet raschen Erfolge der Rebellen und den daraufhin erreichten Machtwechsel in Zaire/Kongo sowie auf die durch diese Machtverschiebung sich möglicherweise ergebenden Weiterungen für das gesamte konfliktbelastete Gebiet im Umfeld der afrikanischen Großen Seen. Wesentlich weniger externe Beachtung fand hingegen der kurz darauf ausbrechende mehrmonatige und sehr viel opferreichere Bürgerkrieg im benachbarten Kongo (Brazzaville). Neben den jeweils primär wirksamen internen Konflikt- und Machtfaktoren wurden bei den regionalpolitischen Veränderungen in Zentralafrika und im Gebiet der Großen Seen aber auch deutliche Interessengegensätze externer Mächte (insbesondere Frankreich und USA, neuerdings auch Südafrika) und ihrer Konkurrenz um politische und ökonomische Einflußsphären offenkundig. Vor allem der Sturz Mobutus wurde weithin als Indiz für den weiter fortschreitenden Einflußverlust Frankreichs in Afrika angesehen, da es praktisch bis zuletzt dessen Regime unterstützt hatte, während die Interessenallianz Kabilas zweifellos direkt und indirekt von den USA gefördert worden war. Eine gewisse Stärkung französischer Positionen bedeutete dann jedoch der Sieg Sassou-Nguessos bei dem Machtkampf in Kongo (Brazzaville). Bei den offensichtlichen Rivalitäten ging es nicht zuletzt auch um längerfristige Einflußinteressen im Hinblick auf die Sicherung des Zugangs zu wichtigen Bergbau- und Erdölressourcen in Zentralafrika und entlang der hochgradig erdölträchtigen Küstenlinie am gesamten Golf von Guinea. Trotz dieser unverkennbaren Interessen außerafrikanischer Kräfte bestand jedoch von deren Seite in deutlichem Gegensatz zur noch wenige Jahre zuvor etwa in Somalia und Rwanda gezeigten Haltung keinerlei Tendenz zu einer direkten Militärintervention in die akuten afrikanischen Konfliktsituationen. Die anderen notorischen Krisenzonen des Kontinents außerhalb Zentralafrikas (wie insbesondere Somalia und Sudan, aber auch Angola und Liberia) fanden eine vergleichsweise nur äußerst geringe internationale Beachtung, da hier (mit Ausnahme Angolas) offensichtlich keine besonderen politischen oder wirtschaftlichen Interessen berührt waren.

Angesichts der sich verändernden Konstellationen in Zentralafrika erhielten generelle Diskussionen und Spekulationen über Ausmaß und Formen der amerikanisch-französischen Rivalität in Afrika während des abgelaufenen Jahres eine deutlich verstärkte Prominenz, obgleich die Existenz einer derartigen Konkurrenz in offiziellen Verlautbarungen beider Regierungen immer wieder bestritten wurde. Manche diesbezüglichen publizistischen Interpretationen mögen auch nur einen begrenzten (aber jedenfalls nicht verifizierbaren) realen Gehalt gehabt haben. Immerhin gab es z.B. auch gewisse Absprachen zwischen Frankreich, den USA sowie Großbritannien über die Ausbildung von bestimmten Militäreinheiten und die Durchführung von Manövern in einzelnen afrikanischen Ländern, um damit die US-Idee einer "African Crisis Response Initiative" (ACRI) bzw. das französische Konzept eines "Renforcement des Capacités Africaines de Maintien de la

Paix" (RECAMP) wenigstens schrittweise voranzubringen. Insgesamt kam es im Verlauf des Jahres zu wichtigen neuen Orientierungen der französischen, amerikanischen und britischen Politik gegenüber Afrika.

Die konservative französische Regierung hatte schon kurz nach Jahresbeginn ihren Entschluß bekanntgegeben, innerhalb der nächsten Jahre die Stationierung von französischen Truppen in permanenten Militärbasen in verschiedenen afrikanischen Ländern wesentlich zu verringern. Dagegen sollte verstärkte Ausbildung von afrikanischen Militärs durchgeführt werden, wie etwa bereits erste Manöver mit Benin, Burkina Faso und Togo im März. Der Tod von Jacques Foccart, der langjährigen "grauen Eminenz" französischer Afrikapolitik, im März konnte eher symbolisch als Ende einer ganzen Epoche intensiver französischer Einflußnahme in Afrika angesehen werden. Die Bildung einer sozialistischen Regierung unter Führung von Lionel Jospin im Juni bedeutete auch in bezug auf Afrika nicht nur einen neuen Stil, sondern eine beschleunigte Abkehr von den lange geltenden Traditionen der französischen Afrikapolitik. Eine Überprüfung der Regierungsstruktur führte zur Aufgabe des bisher selbständigen Kooperationsministeriums (mit spezieller Zuständigkeit für die frankophonen Entwicklungsländer) und zu seiner Umwandlung in ein generelles Entwicklungsministerium, das dem Außenministerium unterstellt ist. Nachdem die erste Afrikareise des neuen Außenministers Hubert Vedrine im Oktober nach Gabun, Südafrika, Äthiopien und Côte d'Ivoire geführt hatte, nutzte Premierminister Jospin seinen ersten Afrikabesuch in Marokko, Senegal und Mali im Dezember zur Darlegung der Grundlinien einer neuen Afrikapolitik, die zukünftig partnerschaftlich statt paternalistisch und nicht weniger sondern besser sein solle. Als erstes Zeichen einer zurückhaltenderen Politik war bereits im Juni kurz nach Regierungsantritt der vollständige Abzug französischer Soldaten aus dem umkämpften Kongo (Brazzaville) verfügt worden. Eine latente Unsicherheit herrschte während des gesamten Jahres in allen frankophonen Staaten bezüglich der weiteren Zukunft der Franc CFA-Währungszone in Anbetracht der kommenden Europäischen Währungsunion und des Euro, da trotz beruhigender Aussagen Frankreichs über den Weiterbestand der existierenden Anbindung an den Franc noch keine verbindliche Entscheidung getroffen wurde.

In den USA machte sich ein wachsendes Interesse an afrikanischen Fragen bemerkbar, nachdem Präsident Bill Clinton in seiner ersten Amtszeit keine erkennbaren diesbezüglichen Initiativen entwickelt hatte. Im US-Kongreß wurde von der Regierung ein Gesetzentwurf über "Wachstum und wirtschaftliche Möglichkeiten in Afrika" eingebracht, der nach dem Motto "Handel statt Hilfe" stark auf die Ausweitung privatwirtschaftlicher Beziehungen mit Afrika abstellte und sich bis Jahresende noch im parlamentarischen Abstimmungsverfahren befand. Auf Anregung von Clinton wurde beim Weltwirtschaftsgipfel der G-7 im Juni in Denver (Colorado) auch die Entwicklung Afrikas als besonderes Thema auf die Tagesordnung gesetzt; allerdings kam es zu keinen für Afrika direkt wirksamen Beschlüssen, vielmehr wurde den USA von europäischer Seite (insbesondere Frankreich) das beschämend niedrige Volumen ihrer staatlichen Entwicklungshilfe vorgehalten. Das privatwirtschaftliche Interesse in den USA wurde auch unterstrichen durch das 4. Afrikanisch-Afroamerikanische Gipfeltreffen Ende Juli in Harare (zurückgehend auf Initiative von Reverend Leon Sullivan im Jahr 1991) sowie ein inneramerikanisches Wirtschaftstreffen zu Investitionen in Afrika Ende April in Wetfield (Virginia). Als Zeichen einer deutlichen US-Initiative für Afrika unternahm Außenministerin Madeleine Albright im Dezember - gut ein Jahr nach ihrem Vorgänger Warren Christopher -eine ausgedehnte Rundreise durch sieben Länder des Kontinents (Äthiopien, Uganda, Rwanda, DR Kongo, Angola, Südafrika, Zimbabwe), bei der auch Pläne für eine bevorstehende Afrikareise von Präsident Clinton im Frühjahr 1998 erstmals bekannt wurden. Die Länderauswahl machte deutlich, welche Staaten von einem besonderen politischen und/oder wirtschaftlichen Interesse für die USA waren. Ein Treffen Albrights mit den wichtigsten sudanesischen Oppositionsführern in Kampala (Uganda) unterstrich die weiterbestehenden Anstrengungen der USA zur Isolierung des islamistischen Regimes im Sudan. Während des Jahres wurden US-Militärausbilder jeweils für mehrere Wochen zur Schulung von besonderen Truppeneinheiten in Uganda, Senegal und Malawi tätig; für Anfang 1998 wurden entsprechende Einsätze in Mali und Ghana vorbereitet.

Der Regierungswechsel in Großbritannien im Mai nach dem überwältigenden Wahlsieg der Labour Party unter Führung von Tony Blair hatte zwar für Afrika weniger deutliche Auswirkungen als der Machtwechsel in Frankreich, da die britische Afrikapolitik schon seit vielen Jahren sehr viel zurückhaltender gewesen war, immerhin aber wurde hier (umgekehrt wie in Frankreich) zum Zeichen einer größeren Bedeutung das Entwicklungsministerium in den Status mit vollem Kabinettsrang aufgewertet und eine verstärkte an genuinen Entwicklungszielen und an Menschenrechtskriterien als an außenwirtschaftlichen Eigeninteressen ausgerichtete Orientierung postuliert.

Das erstmals nach 20 Jahren wieder in Großbritannien abgehaltene Commonwealth-Gipfeltreffen in Edinburgh im Oktober war auf Initiative Blairs (in Abweichung von bisherigen Praktiken) primär auf die Behandlung weltwirtschaftlicher Fragen wie Globalisierung und Liberalisierung ausgerichtet. Ein Aufnahmeantrag von Rwanda in das 54 Mitgliedsländer umfassende Commonwealth wurde zunächst auf Eis gelegt. Von der beim letzten Commonwealth-Gipfel in Auckland (Neuseeland) 1995 eingesetzten speziellen Aktionsgruppe von Außenministern wurden Berichte über die unbefriedigende innenpolitische Situation in Gambia, Nigeria und Sierra Leone vorgelegt. Zu einer Entscheidung über einen Ausschluß des nigerianischen Militärregimes aus dem Commonwealth kam es erneut nicht; vielmehr wurde eine neue Terminsetzung und Überprüfung bis Oktober 1998 hinsichtlich einer feststellbaren Verbesserung der politischen Lage vereinbart. Die Aktionsgruppe der Außenminister wurde als permanente Gruppe mit Funktionen zwischen den zweijährigen Gipfeltreffen neu verankert. Das nächste Treffen 1999 soll in Durban (Südafrika) stattfinden und damit die erst 1994 vollzogene Rückkehr Südafrikas in diese weltumspannende Gruppierung unterstreichen. Südafrikas Präsident Mandela brachte zum Unwillen vor allem der britischen Gastgeber in Edinburgh das Thema der internationalen Sanktionen gegen Libyen auf die Tagesordnung und setzte sich für ihre Aufhebung ein; auf dem Weg zum Gipfel hatte er zur Unterstreichung seiner Solidarität mit Khadhafi sogar in Libyen Zwischenstation gemacht. Die Aktionsgruppe der Außenminister hatte bei drei Treffen in London im Verlauf des Jahres sich auf keine Sanktionsentscheidung zu Nigeria einigen können, nach dem Putsch in Sierra Leone aber eine Suspendierung der Mitgliedschaft dieses Landes ausgesprochen und eine weitere Beobachtung der politischen Entwicklung in Gambia vereinbart. Bereits im Februar waren die meisten Staats- und Regierungschefs der 19 afrikanischen Mitgliedsstaaten des Commonwealth (unter Ausschluß des suspendierten Nigeria) in Botswana zu einem informellen persönlichen Treffen über Demokratie und Regierungsführung in Afrika zusammengetroffen.

Beim 7. Gipfeltreffen der Frankophonie Mitte November in Hanoi (Vietnam) mit insgesamt 48 Teilnehmerländern wurde keine einheitliche Linie bezüglich der weiteren Orientierung dieser globalen frankophonen Gruppierung erkennbar; vielmehr war eine deutliche Rivalität zwischen Frankreich und Kanada um den Anspruch einer Führungsposition unübersehbar. Das neu geschaffene Amt eines Generalsekretärs der Frankophonie übernahm als klar von Frankreich gewünschter Kandidat der frühere (bis Ende 1996 amtierende) UNO-Generalsekretär Boutros Boutros-Ghali aus Ägypten, nachdem der ursprünglich von afrikanischer Seite favorisierte betagte ehemalige Staatspräsident Benins Emile Zinsou seine Kandidatur zurückgezogen hatte. Eine gewisse Konfusion entstand durch den während der Konferenz von der Regierung in Kinshasa bekanntgegebenen Austritt des Kongo als Zeichen der Verärgerung über die Haltung Frankreichs, was aber kurz darauf bestritten und lediglich in eine Suspendierung der Mitgliedschaft uminterpretiert wurde.

Auch China stellte sein Interesse an Afrika durch eine Rundreise seines Premierministers Li Peng im Mai durch insgesamt sieben Länder (Seychellen, Zambia, Mosambik, Gabun, Kamerun, Nigeria und Tanzania) unter Beweis, wobei Fragen der Wirtschafts- und Handelsbeziehungen sowie der Alleinvertretungsanspruch Chinas gegenüber der in Afrika immer noch potentiell vorhandenen Konkurrenz aus Taiwan deutlich im Vordergrund standen. So war es Taiwan im Verlauf des Jahres gelungen, durch den Anreiz bestimmter Hilfszusagen wieder diplomatische Beziehungen mit São Tomé und Príncipe sowie mit dem Tschad anknüpfen zu können.

Beim 7. Gipfeltreffen der G-15 Gruppierung fortgeschrittener Entwicklungsländer aus drei Kontinenten im November in Kuala Lumpur (Malaysia) wurde Kenya als 16. Mitgliedsstaat neu aufgenommen (neben bisher schon Ägypten, Nigeria, Senegal und Zimbabwe aus Afrika) und ging der Vorsitz von Zimbabwes Präsident Mugabe auf den malaysischen Staatschef über; angesichts der akuten Asienkrise galt die Hauptaufmerksamkeit den besonderen Problemen von Schwellenländern im Globalisierungsprozeß und der Abhängigkeit von den unkontrollierten globalen Finanz- und Kapitalmärkten. Eine wohl nur kurzlebige Episode blieb die Gründung einer als D-8 bezeichneten Gruppierung islamischer Staaten am 15. Juni in Istanbul auf Initiative des damaligen (aber kurz darauf abgetretenen) türkischen Premierministers Necmetin Erbakan, an der aus Afrika Ägypten und Nigeria als Staaten mit potentiellem Gewicht beteiligt waren. Beim Außenministertreffen der Blockfreienbewegung Anfang April in New-Delhi (Indien) wurde heftige Kritik an der Nichtberücksichtigung der Bewegung bei den Diskussionen über die Reform des UNO-Sicherheitsrats geübt und Südafrika zum nächsten Vorsitzland und Gastgeber des Blockfreiengipfels im Jahr 1998 bestimmt. Während des Berichtsjahres übte Tanzania die Sprecherrolle der nur noch selten profiliert in Erscheinung tretenden "Gruppe der 77 und China" vornehmlich innerhalb verschiedener UNO-Gremien aus. Beim 8. Gipfel der Organisation der Islamischen Konferenz OIC vom 9.-11.12. in Teheran (Iran) spielten afrikanische Themen erneut keinerlei erkennbare Rolle, obgleich immerhin mehr als ein Drittel der Mitgliedschaft von 51 Staaten auf Länder des subsaharischen Afrika entfällt. Im März wurde in Mauritius als neue interkontinentale Gruppierung mit Teilnehmern aus Afrika, Asien und Ozeanien eine zunächst vornehmlich auf Handelsfragen ausgerichtete Vereinigung von Anrainerstaaten des Indischen Ozeans (*Indian Ocean Rim*) aus der Taufe gehoben. Das Afrika-Komitee der sozialistischen Internationale (SI) widmete sich bei einer Tagung Ende Juli in Dakar insbesondere einer kritischen Beurteilung von Demokratisierung und Wahlen und den Perspektiven einer tragfähigen Entwicklung. Am 11.7. wurde als christdemokratisches Gegenstück auf Initiative vor allem des früheren belgischen Premiers Wilfried Martens in Luxemburg eine *Union des Partis Africains pour la Démocratie et le Développement* (UPADD) gegründet; bei dem Treffen waren 17, überwiegend in ihren Ländern in Opposition stehende Parteien vertreten. Es bestand die Absicht, in absehbarer Zeit vier Regionalbüros (in Johannesburg, Libreville, Lomé und Kampala) zu eröffnen.

Bei der UNO übernahm zu Jahresbeginn mit Kofi Annan aus Ghana erstmals ein Vertreter des subsaharischen Afrika das oberste Amt des Generalsekretärs, nachdem Ende 1996 durch den Widerstand der USA die Wiederwahl seines Vorgängers Boutros-Ghali aus Ägypten blockiert worden war. Schon bald zeigte sich, daß Annan, der praktisch sein gesamtes Berufsleben in verschiedenen Funktionen innerhalb des UNO-Systems verbracht hatte, ein erheblich verbessertes Arbeitsklima innerhalb der Weltorganisation herbeiführen und ohne größere Konfrontationen die Diskussionen über anstehende Strukturreformen voranbringen konnte. Erstmals fand 1997 keine der großen thematischen UNO-Konferenzen mehr statt, die zwischen 1991 und 1996 zu verschiedenen globalen Entwicklungsproblemen (wie Umwelt, Menschenrechte, Rolle von Frauen, Sozialpolitik, Ernährung) stattgefunden hatten. Eine Sondergeneralversammlung der UNO im Juni in New York zog fünf Jahre nach dem Umweltgipfel von Rio de Janeiro eine Zwischenbilanz zu diesem Thema, die aber nur wenig sichtbare Fortschritte insbesondere aus der Perspektive afrikanischer und anderer Entwicklungsländer brachte. Bei der UNO-Klimakonferenz in Kyoto (Japan) Anfang Dezember spielten die afrikanischen Staaten zwar als Verursacher von klimagefährdenden Emissionen nur eine vergleichsweise marginale Rolle, während die Auswirkungen etwa des sog. El Niño-Phänomens im Hinblick sowohl auf exzeptionelle Dürreperioden wie übermäßige Regenfluten in weiten Teilen des Kontinents 1997 ganz unübersehbar waren.

Am 25.9. trat der UN-Sicherheitsrat zu einer ungewöhnlichen Sondersitzung auf Außenministerebene zusammen, um speziell über Bemühungen um Friedenserhalt und Sicherheitsprobleme in Afrika zu beraten. Generalsekretär Annan erhielt den Auftrag, hierzu einen Bericht über die Konfliktsituationen in Afrika und über mögliche Handlungsstrategien der internationalen Staatengemeinschaft zu deren Lösung bzw. Abmilderung vorzulegen. Insgesamt war inzwischen die Präsenz von UNO-Blauhelmkontingenten und von speziellen Friedensmissionen in verschiedenen afrikanischen Konfliktzonen gegenüber der zeitweiligen Massierung während der ersten Hälfte der 1990er Jahre deutlich reduziert worden. Am wichtigsten war die weiter in Angola befindliche Beobachtermission MONUA zur Überwachung des dortigen schwierigen und immer wieder auf

Rückschläge treffenden Friedensprozesses. Bereits ab April bemühte sich der ehemalige US-Außenminister James Baker als persönlicher Vertreter Annans um einen neuen Vermittlungsversuch in dem lange völlig blockierten Westsahara-Konflikt. Darüber hinaus gab es zum Jahresende 1997 weitere Friedensmissionen und Vertreter des UN-Generalsekretärs in Liberia, Sierra Leone, Somalia, Zentralafrikanischer Republik und für das Gebiet der Großen Seen. Am 19.12. ernannte Annan den algerischen Diplomaten Mohamed Sahnoun, der schon seit Jahren in vielen UNO-Funktionen in Afrika gedient hatte, insgesamt zu seinem Sondergesandten für Afrika.

Bei den mühsamen internationalen Verhandlungen über ein generelles weltweites Verbot von Landminen im September in Oslo übernahm Südafrika eine herausgehobene aktive Rolle, nachdem es bereits Mitte Mai in Johannesburg die erste afrikanische Regierungskonferenz gegen Landminen initiiert und durchgeführt hatte. Beim Abschlußtreffen über das internationale Landminenverbot vom 2.-4.12. in Ottawa (Kanada) unterzeichnete auch die Mehrheit der afrikanischen Länder, die teilweise erheblich von der Plage der Minenverbreitung betroffen sind, die neue Vereinbarung.

Zu einer scharfen Kontroverse über den seit 1989 generell verbotenen Handel mit Elfenbein kam es bei der im Juni in Harare (Zimbabwe) abgehaltenen internationalen Artenschutzkonferenz. Gegen vielfachen Widerstand konnten schließlich Botswana, Namibia und Zimbabwe ihre Argumente für eine Sonderregelung hinsichtlich eines kontrollierten Elfenbeinexports (mit festgelegten Quoten) nach Japan durchsetzen, da sie nachweisen konnten, daß bei ihnen keine Gefahr der Wilderei bestehe und die Elefantenbestände unter Kontrolle gehalten werden müßten.

Wirtschafts- und Entwicklungspolitik

Eine Gesamtbetrachtung der Wirtschaftsentwicklung des subsaharischen Afrika im Jahr 1997 brachte insgesamt eine Fortsetzung des bereits in den beiden Vorjahren sichtbaren positiven Aufwärtstrends, in deutlichem Kontrast zu der langen noch bis in die erste Hälfte der 1990er Jahre anhaltenden Periode eines ständigen weiteren Niedergangs. Nach vorläufigen Schätzungen von AfDB, IWF und Weltbank erreichte das gesamtwirtschaftliche Wachstum der Region im Berichtsjahr etwa 4% (rund 1% niedriger als im Vorjahr). Damit lag die Wachstumsrate bereits im dritten Jahr hintereinander über der noch immer knapp unter 3% liegenden Zuwachsrate der Bevölkerung, woraus sich eine durchschnittliche reale Verbesserung des pro-Kopf-Einkommens um allerdings bescheidene 1% (ausgehend von einer in den meisten Ländern sehr niedrigen Ausgangsbasis) ergab. Die Verringerung der gesamtwirtschaftlichen Wachstumsrate gegenüber 1996 war im wesentlichen auf ungünstigere klimatische Bedingungen in weiten Teilen des Kontinents und daraus sich ergebende Probleme für die landwirtschaftliche Produktion sowie auf einen deutlichen Rückgang des Erdölpreises und anderer für die Exportpalette wichtiger Rohstoffpreise (u.a. wegen der gedämpften Weltmarktnachfrage infolge der in der zweiten Jahreshälfte spürbar werdenden Asienkrise) zurückzuführen. Trotz dieser eher ungünstigen externen Einflußfaktoren setzte sich durch die weitere Verfolgung marktwirtschaftlich ausgerichteter Reformpolitiken nach den derzeit international gängigen neoliberalen Leitbildern auf breiter Front eine Verbesserung zentraler makroökonomischer Schlüsselindikatoren (wie Rückgang der Inflationsrate auf durchschnittlich 13%, Verringerung des Defizits der Staatshaushalte auf durchschnittlich nur noch 4,5% des jeweiligen Bruttoinlandsprodukts, Abbau der Leistungsbilanzdefizite) weiter fort.

Selbstverständlich verlief aber die wirtschaftliche Entwicklung innerhalb des subsaharischen Afrika keineswegs einheitlich. Vielmehr wurde eine immer deutlichere Differenzierung zwischen Ländern mit klar überdurchschnittlichen Wirtschaftserfolgen, solchen mit bisher merklich zurückbleibenden Resultaten sowie einigen aufgrund politischer Konflikte stark behinderten Staaten erkennbar. Allein schon bei Nichtberücksichtigung von Südafrika und Nigeria (die knapp die Hälfte des Sozialprodukts der Region ausmachen und derzeit nur wenig Wirtschaftsdynamik aufweisen) ergab sich für das gesamte restliche Subsahara-Afrika 1997 eine etwas höhere gesamtwirtschaftliche Wachstumsrate von etwa 4,5% und eine durchschnittliche Verbesserung des realen pro-Kopf-Einkommens um etwa 1,6%. Eine vom IWF identifizierte Ländergruppe der zehn in jüngster Zeit am stärksten wachsenden Staaten (Angola, Äthiopien, Äquatorial-Guinea, Benin, Botswana, Côte d'Ivoire, Guinea-Bissau, Lesotho, Mauritius, Uganda) erreichte 1997 eine

Wachstumsrate von 5,9% und im Durchschnitt der Dreijahresperiode 1995-97 von rund 7%; dies erbrachte merkliche Verbesserungen des realen pro-Kopf-Einkommens von durchschnittlich etwa 4% pro Jahr. Im Gegensatz hierzu kam es jedoch in insgesamt zwölf Ländern in der Periode 1995-97 sogar noch zu einem weiteren Rückgang des realen pro-Kopf-Einkommens (besonders stark in konfliktbelasteten Ländern wie Burundi, Komoren, Kongo/Zaire, Kongo/Brazzaville und Zentralafrikanische Republik).

Trotz ohne Zweifel deutlich verbesserter makroökonomischer Indikatoren im Vergleich zur Situation noch vor wenigen Jahren und trotz einer von vielen Beobachtern zum Ausdruck gebrachten optimistischeren Einschätzung der weiteren Wirtschaftsentwicklung blieb die kritische gegenwärtige Situation aber nach wie vor dadurch gekennzeichnet, daß das gesamte subsaharische Afrika heute nur weniger als 2,5% des globalen Sozialprodukts erwirtschaftet (unter Berücksichtigung von unterschiedlichen Kaufkraftparitäten), wovon allein 0,9% auf Südafrika und Nigeria entfallen. Alle restlichen 47 Länder der Region mit rund 8% der Weltbevölkerung tragen gerade 1,5% zum globalen Sozialprodukt und minimale 0,8% zum Gesamtexportvolumen auf der Welt bei. Um diese eklatante Rückstandssituation tatsächlich signifikant zu verändern, müßten noch ganz andere gesamtwirtschaftliche Dynamisierungsprozesse in Gang kommen als sie in jüngster Zeit sich ergeben haben. Vorläufig befinden große (aber längst noch nicht alle) Teile Afrikas sich zwar auf dem Weg einer wirtschaftlichen Erholung und Konsolidierung, aber noch keineswegs auf einem längerfristig nachhaltigen Wachstumspfad. Selbst für die Wiedererreichung des bescheidenen wirtschaftlichen Standards der 1970er Jahre wird wahrscheinlich rund ein Jahrzehnt notwendig sein. Unter heutigen globalen Konkurrenzbedingungen gestaltet sich eine - insgesamt wohl unabdingbare - stärkere Integration in die Weltwirtschaft als außerordentlich schwierig. Im Vergleich zu allen anderen Weltregionen wird die internationale Wettbewerbsfähigkeit afrikanischer Staaten im Hinblick auf die Attraktivität für privatwirtschaftliche Aktivitäten und Investitionen weiterhin als besonders niedrig eingestuft. Ein beim Weltwirtschaftsforum in Davos im Februar 1998 erstmals präsentierter besonderer Bericht über die Wettbewerbsfähigkeit Afrikas (mit Erfassung von insgesamt 23 nordafrikanishen unsd subsaharischen Ländern) machte auch große Unterschiede zwischen verschiedenen Ländern deutlich: klar an der Spitze lagen Mauritius, Botswana und Namibia, schon etwas dahinter Südafrika, Swaziland, Ghana und Lesotho sowie ganz am Ende Nigeria und Angola.

Als weiterhin besonders kritisch für eine beschleunigte und selbstragende Wirtschaftsentwicklung erwiesen sich erneut die im internationalen Vergleich anhaltend niedrigen gesamtwirtschaftlichen Spar- und Investitionsquoten. Die nationale Ersparnisbildung fiel nach IWF-Schätzung 1997 im Durchschnitt aller subsaharischen Länder auf 15,5% des BIP, die Gesamtinvestitionsquote auf 16,4% des BIP (davon Privatsektor etwa gleichbleibend 12,4% und Staatssektor mit deutlich fallender Tendenz 4,0%); diese Quoten waren wie schon seit vielen Jahren deutlich geringer als in allen anderen Kontinenten oder Ländergruppen. Somit wurden nur in völlig unzureichenden Maße neue gesamtwirtschaftlich wirksame Produktivkapazitäten als Investition in die Zukunft geschaffen, während die aktuellen Zuwachsraten des BIP überwiegend auf eine bessere Verwendung bereits vorhandener und bisher nicht genutzter Kapazitäten zurückzuführen waren.

Trotz bereits im dritten Jahr hintereinander real weiter zurückgehender offizieller Entwicklungshilfemittel (ODA) blieben diese die weitaus wichtigste Finanzierungsquelle für die Region. Das ODA-Gesamtvolumen aller Geber belief sich 1997 geringfügig vermindert auf nominal $ 14 Mrd.; dies bedeutete aber gegenüber 1990 einen nominalen Rückgang von etwa $ 3 Mrd. und damit in realen Werten sogar einen starken Einbruch um rund 25%, der nahezu vollständig auf eine Reduzierung bilateraler Entwicklungshilfe (bei geringen Steigerungen multilateraler Geber) zurückzuführen war. Insbesondere bei Japan, das in den letzten Jahren einer der wichtigsten Entwicklungshilfegeber geworden war, zeichnete sich bereits eine drastische Einschränkung des ODA-Volumens für 1998 ab. Drei Viertel der ODA-Leistungen erfolgten in Form nichtrückzahlbarer Zuschüsse (vorrangig für die ärmsten Länder), der Rest als Kredite zu konzessionären Bedingungen.

Insgesamt nahm der Nettokapitalzufluß in die Region trotz der ODA-Reduzierung 1997 sogar noch von $ 17,2 Mrd. (1996) auf $ 20,8 Mrd. zu, da einige Länder deutlich mehr Privatkapital anziehen konnten als in den vorhergehenden Jahren. Der Nettozufluß langfristigen Privatkapitals erreichte 1997 mit einem geschätzten Gesamtvolumen von etwa $ 8 Mrd. eine Verdoppelung gegenüber dem Vorjahr, überwiegend zurückzuführen auf kommerzielle Bankkredite an eine begrenzte Anzahl von Ländern (mit einem Löwenanteil für Südafrika). Insgesamt 13 subsaharische Länder konnten syndizierte Bankanleihen aufnehmen, wobei drei Viertel der Neuzusagen auf Südafrika entfielen.

Der Nettozufluß ausländischer Direktinvestitionen ging hingegen nach vorläufigen Schätzungen von $ 3,3 Mrd. (1996) geringfügig auf rund $ 3,0 Mrd. zurück, war damit aber immer noch ungefähr doppelt so hoch als am Anfang der 1990er Jahre; dies entsprach einem Anteil von 2,5 % an dem Gesamtvolumen aller in Entwicklungsländern getätigten ausländischen Direktinvestitionen. In Afrika machten die Zuflüsse für Direktinvestitionen weiterhin nur etwa 1 % des regionalen Sozialprodukts aus, während der Vergleichswert für die Gesamtheit aller Entwicklungsländer etwa beim Doppelten lag, was die weiterhin niedrige Attraktivität der meisten afrikanischen Länder für private ausländische Investoren zum Ausdruck brachte. Afrikas Anteil am kumulierten Bestandswert aller ausländischen Direktinvestitionen in Entwicklungsländern war hierdurch im Laufe der Jahre von noch 21 % im Jahr 1980 auf inzwischen rund 5 % abgesunken. Trotz weiter verbesserter wirtschaftspolitischer Rahmenbedingungen war also im Berichtsjahr keine Steigerung der ausländischen Direktinvestitionen festzustellen. Die getätigten Investitionen konzentrierten sich stark auf eine begrenzte Anzahl von Ländern, wobei etwa 70 % des Gesamtvolumens nach Angola, Nigeria, Südafrika, Ghana und Uganda gingen.

Eine anhaltend schwere Bürde für jede Wirtschaftsverbesserung stellte auch weiterhin die gewaltige in vergangenen Jahren aufgebaute Verschuldungslast dar. Trotz verschiedenster bereits ergriffener Entschuldungsaktivitäten während der letzten Jahre stellte sich die Gesamtsituation auch 1997 allenfalls geringfügig verbessert dar. Nach vorläufigen Weltbankangaben ging der Stand der gesamten Auslandsverschuldung des subsaharischen Afrika von einem Höchststand von $ 230,6 Mrd. (1995) geringfügig auf noch $ 222,6 Mrd. zum Jahresende 1997 zurück (praktisch vollständig infolge des Abbaus von Zinsrückständen auf Langfristschulden). Der langfristige Schuldenbestand war Ende 1997 mit $ 179 Mrd. völlig unverändert gegenüber dem Vorjahr; hiervon entfielen 26 % auf private Gläubiger, 43 % auf bilaterale Geber und 31 % auf multilaterale Finanzinstitutionen. Die beiden wichtigsten Indikatoren für die Schwere der Verschuldungsbelastung fielen für den Durchschnitt der Region 1997 nicht unbeträchtlich: der Quotient von Gesamtverschuldung zu Exporterlösen von 222 % (1996) auf 202 %, die Schuldendienstquote der Relation von tatsächlich geleistetem Schuldendienst zu Exporterlösen von 14,2 % auf 11,5 %, wobei dies allerdings extrem starke Unterschiede zwischen einzelnen Ländern verdeckte.

Nur langsame Fortschritte hinsichtlich einer tatsächlichen Umsetzung machte die im Vorjahr im Grundsatz beschlossene sog. HIPC-Schuldeninitiative (für die "Highly Indebted Poor Countries" nach Weltbankklassifikation) von IWF und Weltbank, derzufolge besonders hoch veschuldeten armen Ländern (überwiegend in Afrika) eine neue Form eines umfassenden Schuldenerlasses unter gemeinsamer Berücksichtigung aller verschiedenen Schuldenarten (insbesondere der bisher grundsätzlich als Tabu behandelten Kredite multilateraler Finanzorganisationen) eingeräumt werden sollte, sofern sie nachweisbar bestimmte Kriterien einer reformorientierten Wirtschaftspolitik über einen längeren Zeitraum hinweg erfüllt hätten. Nach mehrfachen Verzögerungen wegen Uneinigkeit zwischen den führenden Industrieländern über die genauen Vergabekriterien wurde schließlich bei der traditionellen Jahrestagung von IWF und Weltbank Ende September in Hongkong Einvernehmen darüber erzielt, daß Uganda mit Wirkung ab 1998 als erstes Musterland den besonderen Schuldenerlaß der HIPC-Initiative erhalten sollte. Weiteres grundsätzliches und politisches Kulissengerangel gab es sofort um die Auswahl weiterer Kandidaten für das Programm, wobei sich zunächst Mosambik und Burkina Faso sowie (eindeutig als Reaktion auf massive französische Einflußnahme) auch Côte d'Ivoire als nächste Anwärter herauskristallisierten, für weitere Ausweitungen aber auch Guinea-Bissau, Mali, Mauretanien, Togo, Tschad und Äthiopien genannt wurden. Angesichts des zähen und kleinkarierten Fortgangs dieser Entschuldungsinitiative konnte es nicht verwundern, daß die schnellen und gewaltig großen Unterstützungsaktionen der internationalen Finanzinstitutionen für die im Herbst 1997 in die Krise geratenen asiatischen Staaten von vielen Afrikanern und anderen Beobachtern als Bestätigung einer eklatanten Ungleichbehandlung und der Anlegung von Doppelstandards angesehen wurden. Deutliche Konflikte der Bretton-Woods-Institutionen über wirtschaftspolitische Orientierungen gab es im Verlauf des Jahres mit drei Regierungen in Afrika: im Juli suspendierte der IWF bis auf weiteres die anstehende Freigabe einer Tranche eines ESAF-Kredits, im Oktober erfolgte dies auch in Äthiopien und im gleichen Monat stoppte die Weltbank einen zugesagten Zahlungsbilanzkredit an Zimbabwe. Die *Global Coalition for Africa* widmete sich bei ihrer Konferenz am 1./2.11. in Maputo insbesondere einer Verschärfung des Kampfes gegen die Korruption, die als ein Haupthindernis für eine bessere Gesamtentwicklung identifiziert wurde.

Infolge von generell günstigen Rohstoffpreisen auf den Weltmärkten während der ersten Jahreshälfte und von Mengenausweitungen vieler Exportprodukte konnte das subsaharische Afrika 1997 seine Ausfuhrerlöse aus Gütern und Dienstleistungen nach vorläufigen Schätzungen um knapp 8% auf $ 110 Mrd. ausweiten. Dem standen Einfuhrausgaben für Güter und Dienstleistungen in Höhe von $ 116 Mrd. (Zunahme um 4,5%) entgegen. Angesichts von Anomalitäten des Klimas und Auswirkungen der Asienkrise kam es allerdings im Verlauf des Jahres zu erheblichen Schwankungen vieler Rohstoffnotierungen und gegen Jahresende zu einer nahezu durchgehenden Abschwächung der Weltmarktpreise aller wichtigen Rohstoffe. Der Erdölpreis sank mit einem Zwischenhoch im September deutlich im Jahresverlauf bis zu einem Tiefstpunkt zum Jahresende. Der Goldpreis fiel weiter bis auf den niedrigsten Stand seit 18 Jahren, was insbesondere in Südafrika unvermeidliche Minenschließungen nach sich zog. Auch andere Buntmetalle, insbesondere Kupfer, zeigten eine sinkende Tendenz. Eine generell sehr feste Preisentwicklung galt hingegen für klassische afrikanische Exportprodukte wie Kaffee, Kakao und Tee. Kakao erreichte im September einen Preishöchststand für fast ein Jahrzehnt, auch der Kaffeepreis war bis Mai um rund ein Drittel angestiegen und zeigte erst danach wieder einige Entspannung.

Eine Entlastung für Afrikas getreideimportierende Länder bedeutete die weitgehende Stabilität der Weltmarktpreise auf moderatem Niveau angesichts einer weltweiten Rekordernte. Dagegen gab es insbesondere im östlichen Afrika erhebliche Probleme mit einer unzureichenden Nahrungsmittelversorgung und der Notwendigkeit zu Appellen um internationale Nahrungsmittelhilfe. Außergewöhnlich lange Dürreperioden als Folge des El Niño-Phänomens führten zunächst zu hohen Ernteausfällen am Horn von Afrika und in Ostafrika, während gegen Jahresende ganz extreme Regenfluten und Überschwemmungen weitere große Schäden und erneute Ernteverluste anrichteten. Akute Nahrungsmittelengpässe gab es darüber hinaus auch wieder in Ländern mit gewaltsam ausgetragenen Konflikten (wie Burundi, Sierra Leone, Kongo, Sudan), da hier kein geregelter Anbau stattfinden konnte.

Die Beschleunigung des gesamtwirtschaftlichen Wachstums und die Verbesserung wichtiger makroökonomischer Kennziffern haben bisher kaum etwas zur Beilegung der äußerst kritischen Beschäftigungssituation und zum signifikanten Abbau von struktureller Armut in Afrika beitragen können. Ein Bericht der ILO wies darauf hin, daß gegenwärtig rund 7,4 Mio. Beschäftigungssuchende pro Jahr neu auf den Arbeitsmarkt drängen und daß dies bis 2008 auf 10,4 Mio. ansteigen wird; die für dieses Jahrzehnt projizierte Zuwachsrate von 2,9% pro Jahr macht Afrika zur Weltregion mit dem am schnellsten wachsenden Arbeitskräftereservoir. Die durchschnittliche Arbeitsproduktivität ist in den meisten Ländern heute niedriger als in den späten 1970er oder gar in den 1960er Jahren. Die makroökonomisch erforderlichen Strukturanpassungs- und Liberalisierungsmaßnahmen haben bei Staat wie Privatwirtschaft einen unerbittlichen Zwang in Richtung auf höhere Effizienz und Produktivität ausgeübt, was aber zunächst viele Arbeitskräfte freigesetzt und kaum neue Arbeitsplätze geschaffen hat. Praktikable Strategien für die gleichzeitige Verfolgung von Beschäftigungs- und Wachstumszielen sind bisher noch nicht gefunden worden. Bei der weiter rasch zunehmenden Urbanisierung können auch immer weniger der jungen arbeitsfähigen Personen in der Landwirtschaft gehalten werden. Ebenso hat die Weltbank in ihrem Armutsbericht vom September 1997 einräumen müssen, daß mit den bisherigen wirtschaftspolitischen Reformen allenfalls in einem sehr begrenzten Umfang und nur in wenigen Ländern der Beginn eines tendenziellen Armutsabbaus zu erkennen war. Auch der Weltentwicklungsbericht 1997 brachte ein neues Verständnis über die Rolle und Funktionen des Staates für den Entwicklungsprozeß und die Sorge vor dem weiteren (quantitativen wie qualitativen) Verfall zentraler staatlicher Aufgaben und Dienstleistungen angesichts der Zwänge einer restriktiven Fiskal- und Geldpolitik zum Ausdruck. Auch für die Weltbank offenbarte sich hier das Dilemma zwischen verantwortbarer Finanzpolitik und den vielfältigen Reformanforderungen an den afrikanischen Staat, die als Grundvoraussetzung für eine längerfristige Entwicklungsperspektive unverzichtbar sind.

Nur wenig substantielle Fortschritte gab es während des Jahres bei der Debatte über die zukünftige Gestaltung des bisherigen Lomé-Abkommens zwischen der EU und den AKP-Staaten aus Afrika, der Karibik und dem Pazifik, da für die Zeit nach Auslaufen des Lomé IV-Abkommens im Februar 2000 eine Nachfolgeregelung gefunden werden muß. Im Herbst 1996 hatte die Europäische Kommission bereits ein Grünbuch mit einigen grundsätzlichen Orientierungslinien ihrer Politik zu dem Themenkomplex vorgelegt; verschiedene Diskussionen im Verlauf des Berichtsjahres ließen aber noch keine Weichenstellungen für die nach Aufnahme der formellen Vertragsverhandlungen im Herbst 1998 zu treffenden politischen Entscheidungen erkennen. Ein erstmals abgehaltenes AKP-Gipfeltreffen im November in Libreville (Gabun) unterstrich jedoch den festen politischen Willen zu einem weiteren Zusammenhalt dieser heterogenen Gruppierung von Ländern aus drei Kontinenten und zur Verhinderung einer Aufsplitterung in getrennte Regionalgruppen; zur Vorbereitung dieses Gipfels hatten sich die afrikanischen Staaten bereits im Oktober in Lomé (Togo) getroffen. Ebenfalls in Lomé hatte Ende Oktober die 25. Paritätische EU-AKP-Versammlung über neue Grundlagen der zukünftigen Beziehungen diskutiert. Im April war Südafrika mit einem Sonderstatus (z.B. ohne Zugriff auf Mittel aus dem Europäischen Entwicklungsfonds) formell als 71. Mitglied in das geltende EU-AKP-Vertragswerk aufgenommen worden. Die Frage einer zukünftigen Einbeziehung der Franc CFA-Währungszone afrikanischer Staaten in die erwartete Europäische Währungsunion nach Schaffung des Euro (ab 1999) blieb während des Jahres offiziell weiter in der Schwebe, doch verdichteten sich die Anzeichen für einen solchen Schritt.

Rolf Hofmeier

Chronologie Gesamtafrika 1997

17./18.02.	Treffen der *Commonwealth Action Group* zu Nigeria in London (erneut 10/11.07. und 11.09.)
22.02.-01.03.	15. Panafrikanisches Filmfestival (Fespaco) in Ouagadougou (Burkina Faso)
24.02.-27.02.	Round Table der afrikanischen Präsidenten/Regierungschefs des Commonwealth in Kasane (Botswana)
24.02.-28.02.	65. OAU-Ministerratssitzung in Tripolis (Libyen)
05.-08.03.	Gründungstreffen der *Indian Ocean Rim Association for Regional Cooperation* in St. Louis (Mauritius)
31.03.-02.04.	ECA-Konferenz der afrikanischen Finanzminister in Addis Abeba (Äthiopien)
14./15.04.	ECA-Konferenz über Handelspolitik und WTO in Addis Abeba
17.04.	Finanzministertreffen der Franc-Zone in Cotonou (Benin)
24.04.	Beitritt von Südafrika zum Lomé-Abkommen EU-AKP
24.04.	Treffen der Afrikanischen Menschenrechtskommission in Nouakchott (Mauretanien) verabschiedet Vorschlag für Menschenrechtsgerichtshof
02.05.	Beitritt von Guinea-Bissau zur Franc CFA-Zone
03.-14.05.	Afrikareise des chinesischen Premierministers Li Peng durch sieben Länder
26.-28.05.	AfDB-Jahrestagung in Abidjan (Côte d'Ivoire)
28.-31.05.	66. OAU-Ministerratssitzung in Harare (Zimbabwe)
02.-04.06.	33. OAU-Gipfelkonferenz in Harare
15.06.	Gründung einer islamischen D-8 Gruppierung in Istanbul (Türkei)
09.-20.06.	10. CITES-Artenschutzkonferenz in Harare
11.07.	Gründung der *Union des Partis Africains pour la Démocratie et le Développement* (UPADD) in Luxemburg
22.-25.07.	4. Afrikanisch-Afroamerikanischer Gipfel in Harare
25./26.07.	Sitzung des Afrika-Komitees der Sozialistischen Internationale in Dakar
25.09.	Sondersitzung des UN-Sicherheitsrats mit Außenministern über Frieden und Sicherheit in Afrika
24.-27.10.	Commonwealth-Gipfel in Edinburgh (Schottland)
27.-31.10.	25.Paritätische EU-AKP-Versammlung in Lomé (Togo)

01./02.11.	Treffen der *Global Coalition for Africa* in Maputo (Mosambik)
3.-5.11.	7. Gipfeltreffen der G-15 Gruppierung in Kuala Lumpur (Malaysia)
06./07.11.	1. AKP-Gipfeltreffen in Libreville (Gabun)
14.-16.11.	7. Frankophonie-Gipfel in Hanoi (Vietnam)
07.-11.12.	10. Konferenz über Aids in Afrika in Abidjan
09.-15.12.	Afrikareise der US-Außenministerin Albright durch sieben Länder
11./12.12.	OAU-Konferenz von Justizministern in Addis Abeba
17.-21.12.	Afrikareise der französischen Premierministers Jospin in drei Länder

Deutsch-afrikanische Beziehungen 1997

Selbst unter Berücksichtigung der traditionell niedrigrangigen Beziehungen zwischen Deutschland und dem subsaharischen Afrika gab es im Berichtsjahr besonders wenig herausgehobene Ereignisse, die die Aufmerksamkeit der deutschen Öffentlichkeit und Politik auf den Kontinent lenken konnten. Eine wechselseitige Besuchsdiplomatie fand lediglich in beschränktem Umfang auf nachgeordneter Ebene statt. Unmittelbare deutsche außenpolitische Interessen wurden durch die Entwicklungen in Afrika nicht merklich berührt; auch der Neuigkeitswert des Wandels in Südafrika ließ gegenüber den Vorjahren allmählich nach. Die Handels- und Wirtschaftsbeziehungen verblieben ebenfalls unverändert auf ihrem schon gewohnt niedrigen Niveau. Die zwischenstaatlichen Beziehungen mit den meisten afrikanischen Staaten wurden daher weiterhin vor allem durch die weitgehende Routine vielfältiger entwicklungspolitischer Aktivitäten geprägt. Angesichts der scharfen generellen Sparmaßnahmen aller öffentlichen Institutionen in Deutschland wurden auch Präsenz und Umfang von Programmen in Afrika kontinuierlich weiter eingeschränkt, da der gesamtpolitische Stellenwert des Kontinents im Vergleich zu den vergangenen Zeiten der Ost-West-Konkurrenz bei den meisten Entscheidungsträgern trotz sporadischer gegenteiliger Rhetorik faktisch nur noch als höchst marginal eingeschätzt wurde. Auch im Hinblick auf die Abstimmung mit den wichtigsten westlichen Partnern (vor allem Frankreich, Großbritannien und USA) und im Rahmen der EU spielten afrikapolitische Belange für die deutsche Seite keine besonders erkennbare Rolle. Damit wurden auch weiterhin latente Erwartungen vieler Afrikaner im Hinblick auf ein stärkeres deutsches Engagement für die Probleme des Kontinents ziemlich enttäuscht.

Generelle außenpolitische Aspekte und bilaterale Beziehungen

Außergewöhnlich mager war im abgelaufenen Jahr die Bilanz hochrangiger Politikerbesuche in beiden Richtungen. Weder Bundespräsident Herzog noch Bundeskanzler Kohl oder Außenminister Kinkel unternahmen 1997 eine Reise nach Afrika. In der umgekehrten Richtung gab es auch keinen Staatsbesuch eines afrikanischen Präsidenten in der Bundesrepublik. Einziger Staatspräsident im Rahmen eines offiziellen Arbeitsbesuchs war Jerry Rawlings aus Ghana (27.10.-1.11.), der in Hamburg und Bonn vor allem um vermehrte private Investitionen und weitere Entwicklungshilfe zur Unterstützung seiner reformorientierten Politik warb. Gleiches galt auch für die Besuche der Ministerpräsidenten Frederick Sumaye von Tanzania (14.-18.9. in Hamburg und Bonn), Hage Geingob von Namibia (7.-13.10.) und Pascoal Mocumbi von Mosambik (4.12.). Darüber hinaus wurden insgesamt elf afrikanische Außenminister zu unterschiedlich intensiv wahrgenommenen offiziellen Gesprächen in Bonn empfangen: Djibouti (17./19.2.), Gambia (25./26.2.), Zaire (20./21.3.), Benin (14.-16.5.), Südafrika (3.-5.6.), Senegal (4.-6.9.), Burkina Faso (6.-9.10.), Guinea-Bissau (7.-9.10.) und Lesotho (10./11.11.). Andere besonders herausgehobene Besucher waren der neue UN-Generalsekretär Kofi Annan (aus Ghana) bei seinem Antrittsbesuch bei der Bundesregierung (16.-18.4.), der mosambikanische Oppositionsführer Afonso Dhlakama (18.4.) und der rwandische Vizepräsident und Verteidigungsminister Paul Kagame (21.5.) bei Gesprächen mit Außenminister Kinkel sowie Südafrikas Vizepräsident Thabo Mbeki (30.9.-2.10.) anläßlich der konstituierenden Sitzung einer im Vorjahr beschlossenen deutsch-südafrikanischen Kommission.

Eine neue - allerdings begrenzte - Dimension deutschen Interesses an Afrika wurde erkennbar beim Besuch von Verteidigungsminister Volker Rühe vom 10.-15.2. in Namibia, Südafrika und Zimbabwe. Bei Gesprächen über regionale und gesamtafrikanische Sicherheitsprobleme bot er Ausbildungsmöglichkeiten für afrikanische Offiziere bei der Bundeswehr an, machte aber auch starke Zurückhaltung gegenüber jeder Involvierung deutscher Soldaten in afrikanische Konflikte (auch im Rahmen von Blauhelmeinsätzen der UNO) deutlich und unterstrich die primäre Verantwortung afrikanischer Akteure für die Beilegung von Konflikten auf dem Kontinent.

Zeitweilige öffentliche Aufmerksamkeit erregte der Absturz einer Bundeswehrmaschine vom Typ Tupolew am 13.9. vor der Küste Namibias nach einem Zusammenstoß mit einer US-amerikanischen Militärmaschine, wobei alle Insassen der auf dem Weg nach Südafrika befindlichen Maschine den Tod fanden. Nach breiten Diskussionen über die generellen Risiken unzureichender Flugsicherheit in Afrika und nach aufwendigen Bergungs- und Untersuchungsmaßnahmen stellte sich aber später heraus, daß offensichtlich auf Bundeswehrseite ein Fehler bei der Flugplanung unterlaufen war.

Vor dem Hintergrund der allgemeinen staatlichen Sparmaßnahemn und neuer Aufgabenstellungen in anderen Weltregionen sah sich das Auswärtige Amt gezwungen, die bisherigen Botschaften in Liberia, Somalia und Tschad offiziell zu schließen, obgleich dagegen u.a. auch das BMZ Protest erhob. Damit zeichnete sich der Beginn des Abbaus einer bisher nahezu flächendeckenden diplomatischen Repräsentanz in Afrika ab, die in den Zeiten der deutsch-deutschen Konkurrenz mit der DDR und des "Kalten Krieges" als Signal der eigenen Bedeutung aufgebaut worden war. Erleichtert und begründet wurde dieser administrative Schritt durch die Tatsache, daß die Botschaften in Monrovia und Mogadischu wegen der Sicherheitslage faktisch schon seit längerer Zeit verwaist waren. Ähnliches konnte nun möglicherweise in der Zukunft auch den Botschaften in Sierra Leone, im Kongo (Brazzaville) und in der Zentralafrikanischen Republik drohen, deren Personal im Berichtsjahr jeweils aus Sicherheitsgründen nach Ausbruch massiver Kampfhandlungen vollständig abgezogen wurde. Im Gegenzug wurde immerhin im Juli eine neue Botschaft in Praia (Kap Verde) eröffnet. Eine weitere schmerzliche Reduzierung deutscher Präsenz bedeuteten auch die Schließung des Goethe-Instituts in Khartoum (Sudan) sowie die Entscheidung zur Schließung des Instituts in Dar es Salaam (Tanzania) im Frühjahr 1998 nach über 30jähriger Existenz, um auf diese Weise die generellen Sparauflagen zu erbringen. Auch die FDP-nahe Friedrich Naumann-Stiftung schloß aus Finanzgründen ihr bisheriges Regionalbüro in Nairobi (Kenya) und behielt lediglich noch ein Büro für das subsaharische Afrika in Johannesburg (Südafrika).

Angesichts dieser realen Einschränkungen bedeutete die zum fünften Mal erfolgende Vergabe des Deutschen Afrika-Preises der Deutschen Afrika-Stiftung am 10.12. an Alioune Blondin Beye, den UN-Sonderbeauftragten für den Friedensprozeß in Angola und ehemaligen Außenminister von Mali, nicht mehr als eine symbolische Geste der Unterstützung für positive Entwicklungen auf dem Kontinent, die von Außenminister Kinkel bei der Preisverleihung zum Ausdruck gebracht wurde.

Politisch thematisiert wurde der offensichtliche Widerspruch zwischen dem regierungsamtlichen Anspruch der Verfolgung einer aktiven und wirksamen Afrikapolitik und der tatsächlichen Reduzierung verschiedenster afrikabezogener Aktivitäten bereits zu Anfang des Jahres bei einer Bundestagsdebatte zur Entwicklungs- und Afrikapolitik am 16.1., die ursprünglich schon Mitte Dezember 1996 angesetzt und vor allem wegen Terminproblemen von Bundeskanzler Kohl und Außenminister Kinkel verschoben worden war. Dennoch nahm Kohl nicht die Gelegenheit zur Beteiligung an dieser ersten speziell auf Afrika ausgerichteten Parlamentsdebatte wahr, die im übrigen - wie schon gewohnt - bei nur sehr schwacher zahlenmäßiger Präsenz von Abgeordneten stattfand. Ein zentraler Anlaß für die Debatte war die umfangreiche seit Mai 1996 vorliegende Antwort der Bundesregierung auf eine ein volles Jahr zuvor von der Fraktion von Bündnis 90/Die Grünen im Bundestag eingebrachte Große Anfrage zur Lage in Afrika und zur Afrikapolitik der Bundesregierung, wobei in vielen Einzelpunkten praktisch alle wichtigen Aspekte der Außen- und Entwicklungspolitik gegenüber afrikanischen Ländern angesprochen worden waren. In der nunmehr nach so langer Verzögerung schließlich abgehaltenen Debatte kam dann aber doch wieder eine wirklich fundierte Diskussion über Afrika erheblich zu kurz, da die Tagesordnung für zweieinhalb Stunden mit insgesamt 27 Anträgen zu verschiedensten entwicklungspolitischen Themenbereichen völlig überfrachtet war. Zwar bestand zwischen den Vertretern von Regierung und Opposition weitgehendes Einvernehmen über die generellen Grundorientierungen der deutschen Afrika- und Entwicklungspolitik (vor allem ausgerichtet an den sog. "Leitlinien von Accra" des AA von 1993 und den fünf Hauptkriterien des BMZ von 1991), doch beklagten die Sprecher von SPD und Bündnis 90/Die Grünen sehr deutlich die eklatanten Defizite bei der faktischen Umsetzung der formulierten Ziele, da Afrika tatsächlich nur eine äußerst marginale Rolle in der deutschen Außenpolitik spiele. Von der bündnisgrünen entwicklungspolitischen Sprecherin Uschi Eid wurde ein Antrag ihrer Fraktion unter dem Titel "Deutsche Afrikapolitik - Solidarität mit den Menschen Afrikas ist notwendig" begründet, der den empfundenen Reformbedarf in neun wesentlichen Handlungsfeldern einforderte (Ökologiepolitik zur Sicherung der natürlichen Lebensgrundlagen, Entschuldung und Armutsbekämpfung, Förderung der ländlichen Entwicklung und Ernährungssicherung, Entwicklung einer alternativen Strukturanpassung, Umsetzung einer kohärenten Afrikapolitik auf bilateraler und multilateraler Ebene, Unterstützung von Krisenprävention und ziviler Konfliktbearbeitung, Förderung von Demokratie und Sicherung der Menschenrechte, institutionelle Reform der deutschen Entwicklungszuammenarbeit, Begreifen von Afrikapolitik auch als innenpolitische Aufgabe). Entwicklungsminister Carl-Dieter-Spranger und Außenminister Klaus Kinkel wiesen selbstverständlich die Vorwürfe der Opposition zurück, unterstrichen die durchaus auch erkennbaren positiven politischen und wirtschaftlichen Entwicklungen in Afrika, räumten aber auch die Schwierigkeiten und Begrenzungen der Afrikapolitik angesichts der restriktiven Haushaltslage und der notwendigen gesamtpolitischen Prioritätensetzungen ein. Kinkel verwies in diesem Zusammenhang auf die Notwendigkeit, eine vertiefte Arbeitsteilung zwischen Politik, Wirtschaft und Nichtregierungsorganisationen zu versuchen. Angesichts der Realität der deutschen Afrikapolitik klangen allerdings Kinkels Aussagen "Wir dürfen und wir werden Afrika mit seinen Problemen nicht im Stich lassen. Afrika kann sich weiter auf Deutschland verlassen" reichlich bemüht und waren eher als politische Abwehr der von der Opposition benannten und belegten Defizite zu verstehen.

Entwicklungspolitische Aspekte

Trotz eines weiter schrumpfenden Gesamtvolumens der deutschen Entwicklungshilfe war Deutschland auch weiterhin für die meisten afrikanischen Länder einer der wichtigsten Geber von offizieller Entwicklungshilfe. Fragen der entwicklungspolitischen Zusammenarbeit standen daher auch in der Mehrzahl der Länder im Zentrum der jeweiligen bilateralen staatlichen Beziehungen. Nach vorläufigen Zahlenangaben des Entwicklungskomitees der OECD erreichte die gesamte deutsche Entwicklungshilfe (ODA) nach DAC-Kriterien 1997 ein Volumen von $ 5,913 Mrd. und damit einen Anteil von 0,28% am deutschen BSP (gegenüber noch 0,33% im Vorjahr und einem Durchschnitt von 0,22% für alle DAC-Mitgliedsländer). Die deutschen ODA-Leistungen gingen 1997 real um 10,9% gegenüber 1996 zurück; dieser Rückgang war damit höher als der DAC-Durchschnitt von 7,1% und wurde nur noch von Italien und den USA übertroffen. In der Rangliste der weltweiten Entwicklungshilfegeber lag Deutschland damit an insgesamt vierter Stelle, mit deutlichem Abstand zu Japan und knapp hinter Frankreich und USA. Ziemlich genau ein Viertel der gesamten bilateralen deutschen Entwicklungshilfe ging nach DAC-Angaben in den Jahren 1995/96 an das subsaharische Afrika. Damit war Deutschland hinsichtlich des absoluten Hilfevolumens deutlich hinter Frankreich und knapp vor Japan der zweitwichtigste Geber (durch bilaterale und multilaterale Zuwendungen) für diese Ländergruppe.

Nach der deutschen Entwicklungshilfestatistik beliefen sich die gesamten ODA-Leistungen 1996 auf DM 11,437 Mrd., hiervon DM 4,613 Mrd. als Beiträge zu multilateralen Organisationen und Programmen und DM 6,824 Mrd. für bilaterale entwicklungspolitische Projekte und Programme. Von letzterem Volumen bilateraler Nettoauszahlungen entfielen DM 1,838 Mrd. auf das subsaharische Afrika, d.h. ein Anteil von 26,9% (bzw. von 31,6 der regional aufteilbaren bilateralen ODA). Bei sehr unterschiedlichen Programmen und Schwerpunktsetzungen gingen ziemlich genau zwei Drittel der für Afrika bestimmten Nettoauszahlungen im Jahr 1996 an die 15 wichtigsten Empfängerländer. Dies waren in absteigender Reihefolge: Äthiopien (DM 123 Mio.), Zambia (DM 120 Mio.), Liberia (DM 110 Mio.), Mali (DM 99 Mio.), Tanzania (DM 88 Mio.), Kamerun (DM 85 Mio.), Kenya (DM 81 Mio.), Rwanda (DM 69 Mio.), Namibia (DM 65 Mio.), Burkina Faso und Mosambik (DM 62 Mio.), Uganda (DM 60 Mio.), Ghana (DM 56 Mio.), Senegal (DM 54 Mio.) und Zaire (DM 52 Mio.). Während der Anteil der Region an den gesamten bilateralen ODA-Nettoauszahlungen in den letzten vier Jahren 1993-96 nur gering von 28,9% auf 26,9% zurückging, war ein kontinuierlicher Rückgang des regionalen Anteils an den Neuzusagen von 24,9% (1993) bis auf nur noch 19,4% (1996) zu verzeichnen. Diese Zahlen verdeutlichen eine klare Tendenz des allmählichen weiteren Zurückfallens Afrikas gegenüber anderen Weltregionen bei der Vergabe deutscher Entwicklungshilfe.

Auch der Haushalt des BMZ (Einzelplan 23 des Bundeshaushalts) konnte sich dem allgemeinen Trend einer äußerst restriktiven Ausgabenpolitik der öffentlichen Haushalte während der letzten Jahre nicht entziehen. Dies bedeutete im Verlauf der bisherigen 1990er Jahre einen deutlichen Rückgang der für Entwicklungshilfe aufgewendeten Bundesmittel. Die tatsächlichen Ist-Ausgaben des BMZ gingen von einem Höchststand 1991 von DM 8,297 Mrd. (und nur geringfügig niedrigeren Werten noch in den beiden Folgejahren) bis auf DM 7,843 Mrd. im Jahr 1997 zurück. Besonders stark spürbar geworden war das Spardiktat bei der überproportionalen Reduzierung des Haushaltsansatzes 1997 auf lediglich noch DM 7,651 Mrd., wogegen sich Entwicklungsminister Spranger ohne Erfolg zu wehren versucht hatte. Angesichts dieses im Vorjahr bereits erfolgten Einschnittes fielen die Haushaltsplanverhandlungen im Berichtsjahr für den neuen Bundeshaushalt 1998 dann etwas glimpflicher aus. Der im November vom Bundestag verabschiedete Haushalt sah für das BMZ ein Ausgabenvolumen von DM 7,666 Mrd. für 1998 vor, also einen geringen Zuwachs von DM 15 Mio. gegenüber dem Vorjahr und sogar ein Mehr von DM 30 Mio. aufgrund der Parlamentsberatungen gegenüber dem ursprünglichen Regierungsentwurf. Der minimale Zuwachs um 0,2% gegenüber 1996 lag aber deutlich unter dem Gesamtzuwachs des Bundeshaushalts von 2,7% und bedeutete eine weitere geringfügige Absenkung des BMZ-Anteils am Gesamthaushalt auf lediglich noch 1,68% (gegenüber in zurückliegenden Jahren einmal rund 2,5%). Nach der früheren mittelfristigen Finanzplanung von 1992 hätte sich der BMZ-Haushalt für 1998 auf etwa DM 9,6 Mrd. belaufen sollen; die allgemeinen Sparmaßnahmen bedeuteten demgegenüber also eine Reduzierung um rund zwei Milliarden DM.

Ende August stellte Spranger die durch die restriktiven Haushaltsplanvorgaben erzwungene neue BMZ-Rahmenplanung für 1998 öffentlich vor. Trotz praktisch gleichbleibendem Gesamtetat mußten wegen hoher multilateraler Verpflichtungen und gestiegenem Dollarkurs die Ansätze für bilaterale Entwicklungshilfe um insgesamt DM 690 Mio. auf noch DM 3,275 Mrd. zurückgefahren werden (dabei Finanzielle Zusammenarbeit um DM 490 Mio. auf DM 2,035 Mrd. und Technische Zusammenarbeit um DM 200 Mio. auf DM 1,240 Mrd.). Während die Ansätze für Mittel- und Osteuropa sowie die Neuen Unabhängigen Staaten sogar gegenüber 1997 absolut erhöht wurden, wurden die Mittel für Subsahara-Afrika um DM 112,5 Mio. auf lediglich noch DM 856 Mio. gekürzt (damit allerdings geringfügige Anhebung des Anteils an der Gesamtheit der bilateralen Mittel von 24,4% auf 26,1%). Außerdem wies Spranger darauf hin, daß wegen der Schwäche der Verwaltungsstrukturen und der allgemeinen Rahmenbedingungen in vielen afrikanischen Ländern die multilaterale Entwicklungszusammenarbeit dort ohnehin besser angebracht sei als die bilaterale; die deutschen Beiträge für Programme multilateraler Organisationen in Afrika seien daher mit rund DM 1,4 Mrd. deutlich höher als das bilaterale Hilfsvolumen. Wegen völlig ungenügender Rahmenbedingungen für eine effektive Entwicklungsarbeit waren in Afrika Liberia, Nigeria, Sierra Leone, Somalia, Sudan und Burundi überhaupt nicht bei der Rahmenplanung für 1998 berücksichtigt worden, während andererseits Äthiopien, Tschad, Côte d'Ivoire, Uganda und Südafrika aufgrund einer besonders positiven Bewertung aus BMZ-Sicht mit höheren Mittelansätzen bedacht wurden.

Die vom Finanzminister schon zu Jahresbeginn ausgesprochenen Haushaltsvorbehalte für Mittelzuwendungen an nicht-staatliche Träger führten bei Nichtregierungsorganisationen, kirchlichen Hilfswerken und den parteinahen Politischen Stiftungen zu erheblicher Verunsicherung im Hinblick auf die Kontinuität ihrer vielfältigen entwicklungspolitischen Aktivitäten gerade in Afrika. Dies veranlaßte Spranger zu dem ungewöhnlichen Schritt, am 26.2. gemeinsam mit allen Vorsitzenden der etablierten Politischen Stiftungen öffentlich für deren wichtige Arbeit zur Flankierung der staatlichen Entwicklungszusammenarbeit zu werben, wobei unter Hinweis auf erfolgte Evaluierungen insbesondere die positive Rolle der Stiftungen beim politischen Wandel in Südafrika (und in Chile) herausgestellt wurde. Nicht zuletzt zur Überwindung der mit Sicherheit auch weiter anhaltenden Mittelknappheit wurde im Herbst von Spranger deutlich verstärkt eine engere Kooperation der staatlichen Entwicklungszusammenarbeit mit der Privatwirtschaft propagiert, während die wenigen engagierten Entwicklungspolitiker sowohl bei der CDU wie der SPD sich getrennt voneinander schon im Vorfeld der Wahlen von 1998 für eine Anhebung des politischen Status des BMZ stark machten - allerdings ohne größere gesamtpolitische Resonanz. Ende August wurde vom BMZ für alle Regierungsvereinbarungen über Entwicklungshilfe eine allgemeine Verpflichtungsklausel gegen Korruption eingeführt, obwohl es auch nach Verabschiedung eines lange umkämpften Gesetzes zur Korruptionsbekämpfung im Bundestag am 26.6. nicht gelungen war, die Steuerabsetzbarkeit von Korruptionszahlungen deutscher Firmen im Ausland zu verbieten.

Entwicklungsminister Sprangers einzige Afrikareise Anfang März nach Côte d'Ivoire und Burkina Faso zu politischen Gesprächen und Projektbesuchen war als Unterstreichung der relativ erfolgreichen Entwicklungsorientierung in diesen beiden Ländern zu werten. Der parlamentarische Staatssekretär im BMZ, Klaus-Jürgen Hedrich, vertrat die Bundesrepublik im Februar in Windhoek (Namibia) bei der jährlichen SADC-Geberkonferenz und besuchte Anfang Mai Uganda und Rwanda, wobei es vor allem um eine Beurteilung der Auswirkungen der akuten Zaire-Krise auf die gesamte Region der zentralafrikanischen Großen Seen ging. Auch der rheinland-pfälzische Ministerpräsident Kurt Beck hielt sich im Juni für eine Woche in Rwanda auf und bekräftigte trotz der schwierigen dortigen Lage das Festhalten an der seit 1982 existierenden Partnerschaft zwischen seinem Bundesland und Rwanda, die sich auf eine Vielzahl von lokalen Initiativen stützen konnte. Bereits im Mai hatte der rwandische Vizepräsident Kagame anläßlich von 15 Jahren Partnerschaft Mainz besucht; bei einer Konferenz vom 25.-27.11. über den Wiederaufbau Rwandas in Mainz wurde sogar eine Ausweitung der Partnerschaft und eine Zusammenarbeit von Rheinland-Pfalz mit der Weltbank in Rwanda vereinbart. Reichlich überrascht zeigte man sich auf deutscher Seite bei Regierungsverhandlungen über weitere Entwicklungshilfe mit Eritrea im Oktober, als die dortige Regierung auf angebotene neue Mittel im Volumen von DM 27 Mio. verzichtete und sich generell - mit einigen wenigen Ausnahmen - für eine Beendigung bisheriger entwicklungspolitischer Maßnahmen sowohl von staatlichen wie privaten Geberorganisationen aussprach, nachdem noch kurz zuvor von eritreischen Institutionen mit GTZ und KfW über mögliche neue Projekte gesprochen worden war. Eine derart abweisende Regierungshaltung hatte es bisher in Afrika nirgendwo gegeben. Gegen eine deutsche Unterstützung eines geplanten großen Erdölprojekts im Tschad formierte sich im Verlauf des Jahres einiger Widerstand, was sich u.a. im Juni in einem entsprechenden Antrag der Grünen im Bundestag niederschlug.

Wirtschaftsbeziehungen

Der deutsche Außenhandel mit Afrika sah zwar 1997 kräftige absolute Zuwächse, dennoch änderte sich kaum etwas an dem insgesamt weiterhin absolut marginalen Anteil am gesamten Außenhandel der Bundesrepublik. Die um 9,8% auf DM 16,05 Mrd. gestiegenen Einfuhren aus Gesamtafrika lagen noch immer deutlich unter dem Höchstwert von DM 17,46 Mrd. im Jahr 1991; der Anteil an den weltweiten Einfuhren war sogar noch geringfügig weiter auf 2,12% gefallen. Die deutschen Ausfuhren nach Afrika erreichten nach einem Zuwachs um 12,2% mit DM 17,47 Mrd. hingegen ein neues Allzeithoch, obgleich auch hier der Anteil an den Gesamtexporten noch weiter auf 1,97% fiel. Der deutsche Exportüberschuß gegenüber Afrika nahm damit wieder auf gut DM 1,4 Mrd. zu, was aber lediglich 1,1% des gesamten Außenhandelsüberschusses von DM 131 Mrd. ausmachte.

Die Gesamtzahlen für den Kontinent verdeckten allerdings wiederum recht unterschiedliche Entwicklungen zwischen einzelnen Ländern und Subregionen, insbesondere zwischen Nordafrika und dem subsaharischen Afrika. Der Handel mit den fünf nordafrikanischen Staaten sah im zweiten Jahr hintereinander absolute Zuwächse bei Ein- und Ausfuhren, allerdings einen Rückfall des relativen Anteils bei den Einfuhren und eine Umkehr des Außenhandelssaldos (nunmehr mit DM 185 Mio. zugunsten der deutschen Seite).

Der Handel mit dem subsaharischen Afrika erfuhr 1997 eine ausgesprochen kräftige Belebung, nachdem im Vorjahr noch Stagnation bei den Einfuhren und ein Einbruch bei den Ausfuhren zu verzeichnen gewesen waren. Der Zuwachs der Importe belief sich auf 18,4%, der der Exporte auf immerhin noch 9,5%; dies führte zu einer Erhöhung des relativen Anteils an den Gesamtimporten auf 1,14% und zu einer Reduzierung des Anteils bei den Exporten auf 1,11% sowie zu einem auf gut DM 1,2 Mrd. (gegenüber DM 1,7 Mrd.) verringerten positiven Handelssaldo der Bundesrepublik gegenüber der Gesamtregion. Bei den beiden mit weitem Abstand wichtigsten einzelnen Handelspartnern - Südafrika und Nigeria - wiesen sowohl Ein- wie Ausfuhren deutliche Zuwächse auf; im Falle Südafrikas verringerte sich der traditionell hohe deutsche Handelsüberschuß geringfügig weiter auf noch etwas über DM 2,3 Mrd., während Nigeria gegenüber Deutschland eine positive Handelsbilanz von DM 142 Mio. und die Gesamtheit aller restlichen 50 subsaharischen Länder und Territorien einen deutlich verbesserten Saldo von DM 956 Mio,. erzielen konnten.

Außenhandel Deutschlands mit Afrika

	Einfuhren (Mio. DM)		Ausfuhren (Mio. DM)		Einfuhren (%)		Ausfuhren (%)	
	1996	1997	1996	1997	1996	1997	1996	1997
Nordafrika	7365	7464	6597	7649	1,10	0,99	0,85	0,86
Subsahara-Afrika	7249	8583	8968	9818	1,08	1,14	1,16	1,11
davon - Südafrika	3043	3553	5499	5887	0,45	0,47	0,71	0,66
- Nigeria	1066	1409	985	1267	0,16	0,19	0,13	0,14
- restl. SSA	3139	3620	2485	2664	0,47	0,48	0,32	0,30
Afrika	14614	16047	15565	17466	2,18	2,12	2,02	1,97
Welt	669060	755865	771913	886776				

Quelle: Statistisches Bundesamt (1997 vorläufige Angaben)

Die schon lange geltende Konzentration des deutschen Afrikahandels auf eine nur begrenzte Anzahl von Ländern galt unverändert fort. Mit weiterhin deutlichem Abstand an der Spitze lag Südafrika mit einem Anteil von 22% bei den Importen und 34% bei den Exporten. Die fünf nordafrikanischen Staaten zusammen waren für jeweils rund 45% aller Ein- und Ausfuhren aus Afrika verantwortlich, während Nigeria als zweitwichtigster Handelspartner im subsaharischen Afrika Anteile von 8,8% (bei den Importen) bzw. 7,3% (Exporte) verzeichnen konnte. Für die Gesamtheit aller restlichen Länder des Kontinents verblieben damit lediglich Anteile von 22,6% bzw. 15,3% bei Ein- und Ausfuhren. Die jeweils zehn wichtigsten Abnehmer- bzw. Lieferländer vereinigten auf sich 89,1% des deutschen Afrikahandels bei den Exporten und 85,3% bei den Importen. Hierzu gehörten neben den fünf nordafrikanischen Ländern, Südafrika und Nigeria in beiden Richtungen noch Côte d'Ivoire, Ghana und Kenya.

Auch im Hinblick auf den anhaltend niedrigen Bestand deutscher Direktinvestitionen in Afrika gab es keine bedeutsamen Veränderungen. Der Bestandswert aller zum Jahresende 1996 von der Bundesbank ausgewiesenen unmittelbaren und mittelbaren Direktinvestitionen im subsaharischen Afrika lag mit knapp DM 3,5 Mrd. etwas unter dem Vorjahreswert, was ausschließlich auf einen deutlich niedrigeren Wert für Südafrika von nur noch DM 2,7 Mrd. (wohl durch veränderte Bilanzansätze und Währungsrelationen, nicht aber Kapitalabzüge bedingt) zurückzuführen war.

Der Anteil am Gesamtbestand aller deutschen Auslandsinvestitionen sank damit noch weiter ab auf eine nahezu vernachlässigenswerte Größe von 0,78%, wovon wiederum gut drei Viertel allein auf Südafrika entfielen. Alle anderen in der Tabelle ausgewiesenen Länder wiesen zwar geringfügig höhere Werte als ein Jahr zuvor aus, ließen aber keine wirklich signifikanten Veränderungen erkennen. Neben den in der Tabelle aufgeführten Ländern wurden von der Bundesbank lediglich noch Kongo (Brazzaville), Kamerun, Zimbabwe und Namibia mit Bestandswerten von DM 18 Mio. bis DM 6 Mio. separat ausgewiesen.

Unmittelbare und mittelbare deutsche Direktinvestitionen in Afrika
(jeweils zum Jahresende)

	Bestandswerte in Mio. DM				Anteile in %			
	1993	1994	1995	1996	1993	1994	1995	1996
Nordafrika*	1001	680	723	772	0,31	0,19	0,19	0,17
Subsahara-Afrika°, davon	2995	3187	3628	3471	0,93	0,91	0,94	0,78
- Südafrika	2386	2587	3082	2700	0,74	0,74	0,80	0,61
- Liberia	178	194	145	282				
- Zaire	55	41	57	82				
- Nigeria	111	104	64	76				
- Kenya	40	68	55	63				
- Ghana	6	21	35	41				
- Tanzania	4	5	27	29				
- Côte d'Ivoire	22	5	20	22				
- Mauritius	24	27	19	19				
- restl. Länder°	169	135	124	157				
Afrika	3996	3867	4351	4243	1,24	1,11	1,13	0,95
Welt	321410	349618	384779	446265				

Quelle: Deutsche Bundesbank (1996 vorläufige Angaben)

* ohne Nachweis für Algerien

° Zahlen schließen auch Algerien ein

Während die Bestandswerte die aufgrund vergangener Geschäftstätigkeiten über Jahre hinweg aufgebaute Situation darstellen, verdeutlichen die jährlichen Nettotransferleistungen für Direktinvestitionen (d.h. Neuinvestitionen abzüglich von Rückflüssen) das Ausmaß des aktuellen laufenden Neuengagements der deutschen Wirtschaft in Afrika. Ausweislich der Angaben von Bundeswirtschaftsministerium und Bundesbank war dies mit der einzigen Ausnahme Südafrikas weiterhin praktisch völlig nichtexistent. Nach den (nachträglich gegenüber früheren Angaben erheblich revidierten) Zahlen für 1996 erfolgten in diesem Jahr Nettotransferleistungen in Höhe von DM 395 Mio. für Subsahara-Afrika (davon DM 331 Mio. Südafrika, DM 25 Mio. Nigeria, DM 9 Mio. Seychellen, DM 6 Mio. Namibia); dies entsprach gerade einem Anteil von 0,9% der weltweit neu getätigten Auslandsinvestitionen in Höhe von DM 42,5 Mrd. bzw. von 7,1% der Investitionen in Entwicklungsländern von DM 5,5 Mrd. Die sicher noch veränderungsbedürftigen vorläufigen Zahlen für 1997 deuteten demgegenüber auf einen erheblichen noch weiteren Rückgang neuer Nettotransferleistungen hin: insgesamt nur DM 205 Mio. nach Subsahara-Afrika (davon DM 191 Mio. Südafrika und DM 7 Mio. Namibia) bei minimalen Anteilen von 0,4% an den weltweiten Neuinvestitionen von DM 51,5 Mrd. und von 2,8% an den Entwicklungsländerinvestitionen von DM 7,4 Mrd. Unverkennbar aus diesen Zahlen war die stark ausgeprägte anhaltende Zurückhaltung deutscher Unternehmen gegenüber einem neuen dauerhaften investiven Engagement in Afrika.

Auch die von mehreren Wirtschaftsverbänden (Bundesverband der Deutschen Industrie, Deutscher Industrie- und Handelstag, Bundesverband des Groß- und Außenhandels, Afrika-Verein) gemeinsam getragene "Initiative Südliches Afrika der Deutschen Wirtschaft" (SAFRI), deren Idee schon 1995 anläßlich des Südafrika-Besuchs von Bundeskanzler Kohl entstanden war, konnte bisher offensichtlich noch keine stärkere Mobilisierung der deutschen Privatwirtschaft in Gang setzen. Am 17.1. erfolgte in Stuttgart die Konstituierung des Exekutivkomitees von SAFRI unter der Leitung des als Aushängeschild dienenden Daimler-Benz-Chefs Jürgen Schrempp. Besonders öffentlichkeitswirksam im Hinblick auf das SAFRI-Anliegen waren zwei große Konferenzen mit der Deutschen Welle in Köln am 23./24.10. und gemeinsam mit der Weltbank am 20./21.11. in Stuttgart, außerdem eine erste SAFRI/SADC-Konferenz vom 8.-12.10. in Windhoek (Namibia), während weitere konkrete Aktivitäten während des Berichtsjahres noch nicht recht sichtbar wurden. Am Fall des diktatorischen Militärregimes in Nigeria wurde der Gegensatz zwischen der Verfolgung privater Wirtschaftsinteressen und einer auf die Einhaltung von Menschenrechten pochenden politischen Haltung deutlich. Am 21.3. hatten mehrere interessierte Wirtschaftsführer in einem Brief an Bundeskanzler Kohl ihre Befürchtungen vor möglichen wirtschaftlichen Rückschlägen als Folge einer unverändert harten politischen Haltung gegenüber dem nigerianischen Regime zum Ausdruck gebracht. Auch bei einem Parlamentarischen Abend der Deutschen Afrika-Stiftung am 4.6. in Bonn über Nigeria stießen die unterschiedlichen Interessenlagen von Wirtschaftsvertretern und verschiedenen Parlamentariern ziemlich heftig aufeinander.

Afrikaner in Deutschland und Asylproblematik

Im Gesamtzusammenhang mit der anhaltenden innenpolitischen Debatte über den Umgang mit der langsam weiter zurückgehenden Zahl ausländischer Asylbewerber fanden Afrikaner als äußerlich besonders leicht zu identifizierende Gruppe häufig eine spezielle Beachtung, obgleich sie nur rund ein Zehntel der Gesamheit aller Asylbewerber ausmachten. Die Zahl der Erstanträge von Asylbewerbern aus dem subsaharischen Afrika ging zwar 1997 gegenüber dem Vorjahr um 13,7% auf noch 11 152 zurück; damit hatten sie einen Anteil von 10,7% an der Gesamtzahl von 104 353 Erstantragstellern (im Vergleich zu 9,2% und 11,1% in den beiden Vorjahren). 80% der neuen afrikanischen Asylbewerber kamen aus den zehn wichtigsten Herkunftsländern, mit deutlichem Abstand an der Spitze Kongo/Zaire mit 1920 Personen, gefolgt von Nigeria (1137), Sierra Leone (1085), Togo (1074), Somalia (898), Äthiopien (878), Sudan (759), Guinea (444), Eritrea (409) und Kamerun (406). Bei insgesamt 14 477 im Verlauf des Jahres getroffenen Asylentscheidungen über Bewerber aus Subsahara-Afrika gab es lediglich eine Anerkennungsquote von 2,2% sowie einen Abschiebeschutz für weitere 1,0% der Antragsteller.

Besondere öffentliche Aufmerksamkeit richtete sich zu Jahresbeginn auf Aktionen von Nigerianern in Hannover, die sich aus Furcht vor Abschiebung (wie schon im Vorjahr) in ein Kirchenasyl bei mehreren Gemeinden flüchteten. In der Endphase der Rebellion gegen das Mobutu-Regime in Zaire wurde angesichts der unsicheren dortigen Lage von den meisten Bundesländern ein (generell seltener) temporärer Abschiebestop in dieses Land verfügt. Erst nach drei Jahren unfreiwilligen Exils in Deutschland konnte der muslimische Geistliche Sheik Balala im Juli nach Kenya zurückkehren, nachdem ihm dort mehrfach die Einreise verweigert worden war. Zu dem gesamten Komplex der Asyl- und Ausländerproblematik äußerten sich die christlichen Kirchen in einer gemeinsamen ökumenischen Erklärung im Juli ausgesprochen kritisch, wobei sie auch Kirchenasyl als letzte Möglichkeit zur Vermeidung von Menschenrechtsverletzungen in konkreten Einzelfällen bezeichneten.

Als zunehmend problematisch für die deutschen Ausländerbehörden erwies sich die klare Identifizierung der Staatsangehörigkeit von afrikanischen Flüchtlingen ohne Ausweispapiere und die praktische Abschiebung von abgelehnten Asylbewerbern in einige Länder, deren Botschaften und Behörden die Ausgabe von Personaldokumenten und die Rückeinreise solcher Personen verweigerten. Im Herbst wurde bekannt, daß zum Problem der Herkunftsidentifitierung vom Bundesamt für die Anerkennung ausländischer Flüchtlinge (BAFI) unter Hinweis auf angebliche positive Erfahrungen in Schweden und in der Schweiz in einem größeren Pilotvorhaben Sprachanalysen der fraglichen Personen herangezogen werden sollten, was aber von Ethnologen und Afrikanisten überwiegend als völlig unseriös bezeichnet wurde. Von verschiedenen Politikern (wie Außenminister Kinkel, Entwicklungsminister Spranger, Innenminister Kanther, aber auch Niedersachsens Ministerpräsident Schröder) wurde mehrfach in unterschiedlichen Nuancierungen eine Verknüpfung der weiteren Vergabe deutscher Entwicklungshilfe mit der Bereitschaft zur Zurücknahme von abzuschiebenden Flüchtlingen und abgelehnten Asylbewerbern zur Debatte gestellt, um auf diese Weise deutlichen Druck auf einige Herkunftsländer auszuüben. Anläßlich des Deutschland-Besuchs von Ghanas Präsident Rawlings im Oktober wurde diese Problematik mehrfach angesprochen, wobei er eine zukünftige größere Kooperationsbereitschaft seiner Behörden versprach. Von einigen Seiten wurde sogar eine rechtlich höchst umstrittene Abschiebung in "sichere Herkunftsstaaten in der Region" (d.h. ohne tatsächliche Feststellung des Heimatlandes eines Flüchtlings) als eine Lösungsmöglichkeit vorgeschlagen.

Rolf Hofmeier

Afrika-Jahrbuch 1997, S.35-45

Cord Jakobeit

Die neue Afrikapolitik der USA: Viel Lärm um nichts?

"Als ich Präsident wurde, schien es mir, als hätten wir eigentlich überhaupt keine Afrika-Politik."

Bill Clinton, US-Präsident, 1994

"Administration rhetoric has not been bad, but the actions that have proceeded from it have been much more ambiguous, and the resources committed to implementing a more dynamic policy have been disappointing."

David Peterson (1998)

Ein stärkerer Kontrast in der öffentlichen Wahrnehmung ist kaum vorstellbar: Nachdem die Fernsehbilder aus Afrika noch vor wenigen Jahren von Hungerkatastrophen, von toten amerikanischen Marinesoldeaten im Straßenstaub von Mogadischu oder von den Leichenbergen des Genozids in Rwanda bestimmt waren, gab es im März/April 1998 vom elftägigen Afrika-Besuch des US-amerikanischen Präsidenten Bill Clinton in sechs Staaten des Kontinents Bilder, die voll von Optimismus, Aufbruchstimmung und neuen Hoffnungszeichen waren. Statt Bürgerkrieg, Hunger und Chaos war plötzlich eine (fast) heile Welt in Afrika zu besichtigen. Da wurden die Renaissance des Kontinents beschworen, das riesige Marktpotential von über 700 Mio. Konsumenten gepriesen, die enormen Rohstoffvorkommen Afrikas vor Augen geführt, erfolgreiche afrikanische Unternehmer vorgestellt und eine Riege vergleichsweise junger, pragmatischer und entwicklungsorientierter Staats- und Regierungschefs portraitiert, die nichts mehr mit ihren korrupten und diktatorischen Vorgängern aus der Zeit des Ost-West-Konfliktes zu verbinden schien.

Dieser Schwenk in der Afrika-Rezeption, der in der US-amerikanischen Öffentlichkeit wegen der Clinton-Reise besonders ausgeprägt war, läßt sich auch deutlich an einigen zuletzt viel diskutierten Publikationen ablesen. Kurz nach dem Somalia-Trauma hatte Robert Kaplan (1994) im *Atlantic Monthly* anhand von Beispielen aus Westafrika ein apokalyptisches Bild der gesamtafrikanischen Realität und Zukunft gezeichnet. Dieser Aufsatz fand vor allem deshalb besondere Beachtung, weil darin argumentiert wurde, daß kriegerische Selbstzerfleischung, Staatszerfall und Seuchen in Afrika nur den bitteren Vorgeschmack auf das lieferten, was spätestens in einigen Jahrzehnten auch die westlichen Metropolen erreichen werde.

Ähnlich schonungslos, wenngleich nicht mit einer solchen schwarzseherischen Prognose für die USA, argumentierte auch Keith Richburg (1997). Er hatte als Korrespondent der *Washington Post* zwischen 1991 und 1994 aus Afrika berichtet und war damit Augenzeuge der verheerenden Entwicklungen in Somalia und Rwanda geworden. Besondere innenpolitische Brisanz erhielt sein ketzerisches Buch, weil er als Afro-Amerikaner die Doppelmoral seiner schwarzen Landsleute in den USA angriff, die immer noch einem romantisierenden Afrika-Bild (*roots, mother Africa*) anhingen. Richburgs Aussagen gipfelten darin, daß er Afrika als hoffnungslosen Fall bezeichnete und froh darüber war, daß seine Vorfahren als Sklaven den erzwungenen Ausstieg aus einem Kontinent geschafft hatten, dessen unaufhaltsamer Niedergang für ihn nicht mehr rational zu erklären war. Sein Buch war wohl auch deshalb ein publizistischer Erfolg, weil er mit seiner Argumentation das permanente schlechte Gewissen vieler weißer Amerikaner wegen der Sklaverei und der bis heute bestehenden Folgewirkungen und Diskriminierungen der Schwarzen in den immer noch von Weißen geprägten USA abzumildern vermochte.

Den Gegenakzent setzte pünktlich zur Afrika-Reise von Bill Clinton ein Beitrag in der März/April-Ausgabe von *Foreign Affairs*, der für die öffentliche Debatte wichtigsten außenpolitischen US-Zeitschrift. Die beiden Autoren berichteten über das Entstehen eines "neuen politischen und militärischen Blocks" (Connell und Smyth 1998: 82) in Afrika, mit dem eine neue Generation von pragmatischen, marktorientierten und selbstbewußten Führungspersönlichkeiten erstmals seit Jahrzehnten die Probleme wieder stärker in die eigenen Hände nehmen würde. Im Zentrum dieses Blocks stünden Uganda, Rwanda, Äthiopien und Eritrea, wobei Angola und Südafrika Nebenrollen spielen würden. Tanzania, Zambia, Zimbabwe und Burundi würden mit dem "Block" sympathisieren, und nachdem Mobutu aus Zaire nach gemeinsamer Anstrengung vertrieben worden sei, bilde das islamistische Militärregime im Sudan den nächsten Gegner. Ohne die Demokratie- und Menschenrechtsdefizite in den Ländern des "Blocks" zu verschweigen, verwies der Beitrag auf die jüngsten Erfolgsmeldungen aus der Wirtschaft (Ausnahme: Rwanda). Insgesamt wurde somit ein vorsichtig optimistisches Bild der Entwicklungen auf dem Kontinent gezeichnet, das der Komplexität und Differenziertheit der afrikanischen Realitäten weit eher gerecht wurde als die Horror- und Untergangsszenarien der beiden genannten Vorgänger.

Als Bill Clinton Ende März zu seiner Reise nach Ghana, Uganda, Rwanda, Südafrika, Botswana und Senegal aufbrach, der längsten Auslandsmission seiner Amtszeit und dem ersten Besuch eines amerikanischen Präsidenten in Afrika seit 1978, konnte er sich der Aufmerksamkeit von Medien und Öffentlichkeit in den USA sicher sein. Dazu trug auch die aus rund 700 Personen bestehende, vergleichsweise riesige Delegation aus Sicherheitsbeamten, Journalisten, Kongreßabgeordneten und Geschäftsleuten bei, die den Präsidenten nach Afrika begleiteten.

Naturgemäß hatte diese Reise zunächst innenpolitische Funktionen. Der Präsident, der in seiner ersten Amtszeit trotz großer wirtschaftlicher Erfolge mit den ehrgeizigen Reformvorhaben in der Innenpolitik gescheitert war und sich ab 1994 einer republikanischen Mehrheit im Kongreß gegenübersah, mußte darum bemüht sein, in seiner zweiten Amtszeit vor allem im Bereich der Außenpolitik neue Akzente zu setzen. Wollte er nicht als '*lame duck*', als letztlich handlungsunfähige Repräsentationsfigur erscheinen, boten sich wirtschaftliche Themen und Regionen an, die bisher von der amerikanischen Außenpolitik eher stiefmütterlich behandelt worden waren. Außerdem verhalf die Afrika-Reise dem Präsidenten zu einer willkommenen Gelegenheit, den Sexskandalen zu Hause zu entfliehen und sich bzw. seine Partei vor den Wahlen zum Kongreß im November 1998 den 35 Mio. Schwarzen in den USA zu empfehlen, die mehrheitlich die Demokraten wählen.

Gleichzeitig symbolisierte die Reise zweifellos auch den Beginn einer neuen Afrikapolitik, die vorher weitgehend auf bloßes Krisenmanagement beschränkt schien, nachdem der Versuch der friedensschaffenden Intervention in Somalia blutig gescheitert war. Damit stellt sich für diesen Beitrag die zentrale Frage, wie das neue US-amerikanische Engagement in Afrika zu bewerten ist: Handelt es sich bei der "neuen Partnerschaft" und den sicherheitspolitischen und wirtschaftlichen Initiativen, die Präsident Clinton den reformwilligen und pragmatisch-demokratisch orientierten Staaten des Kontinents angeboten hat, um einen substantiellen und kohärenten Neuanfang in der amerikanischen Afrikapolitik? Oder sollte angesichts mangelnder Substanz dieser Politik nicht vielmehr von einem Strohfeuer gesprochen werden? "Much ado about nothing" oder außenpolitischer Neubeginn mit strategischem Weitblick?

Nach einer kurzen historischen Skizze der Afrikapolitik der USA und der Darstellung und Bewertung der drei wichtigen Aktionsfelder und Interessengebiete dieser Politik während der Clinton-Administration - Sicherheit, Wirtschaft, Demokratisierung - wird hier die These vertreten, daß die Substanz dieser Politik aufgrund innenpolitischer Zwänge wie aufgrund der komplexen und schwierigen Situtation in Afrika selbst dünn bleiben muß. Dies gilt vor allem deshalb, weil das wirtschaftspolitische Herzstück der neuen amerikanischen Afrikapolitik, die Gesetzesvorlage, die Afrika 'Handel statt Hilfe' verspricht, voraussichtlich nicht den republikanisch kontrollierten Senat passieren wird. Der Clinton-Besuch kann daher als symbolische Politik *par excellence* bewertet werden - großer Aufwand, große Gesten, viel Pathos, schöne Fernsehbilder und hohe Erwartungen seitens vieler Afrikaner, aber mit dauerhaften Folgewirkungen für Afrika dürfte kaum zu rechnen sein. Dem kurzfristigen Primat von Innenpolitik und Rohstoffinteressen folgend sind die USA von einer kohärenten, substantiellen und langfristigen außenpolitischen Strategie für Afrika ebenso weit entfernt wie die Europäer. Kurzfristige Reaktion auf politische, militärische und humanitäre Krisen dürfte - wie schon in der Vergangenheit (Schraeder 1994) - auch in Zukunft voraussichtlich das Gebot der Stunde bleiben.

Zur Vorgeschichte: Von der Instrumentalisierung im Ost-West-Konflikt zur kurzfristigen Eindämmungspolitik

Obwohl die USA untrennbar durch den erzwungenen Massenexodus der rund 10 Mio. Sklaven, von denen ein Großteil bei der Zwangsarbeit in der Plantagenwirtschaft der Südstaaten in den USA eingesetzt wurde, mit Afrika verbunden waren, hielt sich das außenpolitische Interesse an dem Kontinent zunächst in engen Grenzen (Duignan und Gunn 1984). Mittel- und Südamerika standen eindeutig im Mittelpunkt. Lediglich durch die Inbesitznahme Liberias als Rückkehrort für befreite Sklaven und durch die engen ökonomischen und finanziellen Verbindungen zu Liberia, das 1847 seine Unabhängigkeit erlangt hatte, gab es während des 19. Jahrhunderts in der Phase des wachsenden europäischen Kolonialismus über die Missionsarbeit diverser christlicher Kirchen hinaus engere Kontakte zu einem Staat des Kontinents. Die USA waren zwar 1884 in Berlin mit einer Delegation vertreten, beteiligten sich aber nicht selbst an der kolonialen Aufteilung des Kontinents. Erst im Vorfeld des Zweiten Weltkrieges wurde 1938 im State Department eine Stelle für Afrika eingerichtet, 1944 erfolgte die Einrichtung einer eigenen Afrika-Abteilung.

Als sich Ende der 50er Jahre die Phase der Entkolonialisierung ankündigte, unterstützte die Eisenhower-Administrtion die afrikanischen Unabhängigkeitsbestrebungen. Gleichzeitig drängten die USA darauf, daß die neuen Staaten enge Kontakte zu ihren ehemaligen Kolonialmächten bzw. zum Westen aufrechterhalten sollten. Damit wurde bereits deutlich, wie sehr die Entwicklungen in Afrika in den folgenden Jahrzehnten unter der engen ideologischen Perspektive des Ost-West-Konfliktes bewertet wurden. Washington bekannte sich in der offiziellen Rhetorik zu den modernisierungstheoretischen Zielen der wirtschaftlichen Entwicklung, Demokratisierung und Selbstbestimmung, ordnete in der Realität aber alle Ziele den vermeintlichen strategischen Vorteilen in der Rivalität mit der Sowjetunion unter. Deren Einfluß galt es in Afrika zu begrenzen bzw. zurückzudrängen (*containment*). Hauptkriterium für die Vergabe amerikanischer Entwicklungshilfe war die Zugehörigkeit zum westlichen Lager. Der Ost-West-Konflikt machte es der amerikanischen Außenpolitik leicht, "to set priorities, ranking choices in terms of their relative effectiveness in achieving U.S. objectives on such critical issues as alliances, security, and access to raw materials" (Rothchild 1997: 27). Trotz aller Spannungen, die es innerhalb der NATO in den 60er Jahren mit Frankreich gab, funktionierte dabei die französisch-amerikanische Arbeitsteilung in Afrika weitgehend problemlos. Bei der Durchsetzung eines pro-westlichen Kurses hatte Frankreich in seinen ehemaligen Kolonien '*carte blanche*', während sich die USA auf die strategisch bedeutsamen Fälle und das anglophone Lager konzentrierten.

Das einfache Strickmuster dieser Außenpolitik wurde von etlichen afrikanischen Potentaten rigoros ausgenutzt: So lange man sich den Amerikanern als stramm anti-kommunistisch verkaufte, waren diese bereit, auch über horrende Menschenrechtsverletzungen, offene Repression und Diktatur, Korruption und Mißwirtschaft hinwegzusehen. Für Mobutu Sese Seko, Samuel Doe, Siad Barre oder Jonas Savimbi galt im Zweifel das gleiche vernichtende Urteil, das Präsident Kennedy über den damaligen Diktator Nicaraguas abgegeben hatte: "Er ist ein Schwein, aber er ist unser Schwein." Nach Ende des Ost-West-Konfliktes zeigte sich für die USA dann vielfach, wie schwer es war, die Geister, die man selbst gerufen hatte, auch wieder loszuwerden.

Rückschläge gab es für die amerikanische Afrikapolitik in den 70er Jahren. Der Zusammenbruch des portugiesischen Kolonialreiches fiel in eine Phase, in der nach dem unrühmlichen Ende des Vietnam-Krieges ein direktes militärisches Engagement in der amerikanischen Öffentlichkeit nicht durchzusetzen war. Statt dessen optierten die USA im Zusammenspiel mit dem Apartheidsregime in Südafrika für die Ausrüstung, Finanzierung und Unterstützung von Stellvertretern, die z.T. bis heute (Angola) - und inzwischen längst gegen den erklärten Willen der USA - in blutigen Bürgerkriegen um die Macht kämpften.

Nach dem Zurückdrängen der Rassentrennung in den USA (*segregation*) in den 60er Jahren wurde das Apartheidregime in Südafrika in der amerikanischen Öffentlichkeit zu einem wichtigen Interessenschwerpunkt. Zwar mußten sich in den 80er Jahren viele amerikanische Großkonzerne und Investoren aufgrund der intensiven Anti-Apartheid-Proteste aus Südafrika zurückziehen (*divestiture*), aber zumindest indirekt konnte auch die weiße Minderheit am Kap bis Mitte der 80er Jahre auf die amerikanische Unterstützung zählen. Erst das vom Kongreß 1986 verabschiedete *Comprehensive Anti-Apartheid Law*, die internationalen Wirtschaftssanktionen und der Wandel in der Sowjetunion schufen den außenpolitischen Raum für eine verhandelte Lösung in Südafrika.

Nach Ende des Ost-West-Konfliktes hatte die anti-kommunistische Richtschnur ausgedient. Diktatorischen und rassistischen Regimen wurde aus Washington signalisiert, daß es mit der Unterstützung vorbei wäre. Allerdings kam damit auch die bisherige Präferenzordnung im außenpolitischen Vorgehen durcheinander. Angesichts der tiefgreifenden ökonomischen und sozialen Krisen in Afrika optierte die amerikanische Außenpolitik zunehmend für ein passives bzw. isolationistisches Vorgehen. Nach der erfolgreichen Intervention in Kuwait wurde diese Strategie jedoch durch das militärische Eingreifen in Somalia zunächst zurückgestellt. Als es dann auch aufgrund amerikanischer Fehlentscheidungen zur militärischen Katastrophe kam, boten sich die Vereinten Nationen als idealer Sündenbock an. Nach Somalia war die Bereitschaft auf den Nullpunkt gesunken, sich in Afrika militärisch zu engagieren - trotz des anhaltenden Bürgerkriegs in Liberia und trotz des Genozids in Rwanda. Bei rapide sinkenden Budgetmitteln für die Entwicklungszusammenarbeit wurden gleichzeitig die außenpolitischen Zielsetzungen ständig erweitert: Unterstützung der Demokratisierungswelle und Respektierung der Menschenrechte (*good governance*), Schutz amerikanischer Staatsbürger, Zugang zu ökonomischen und militärischen Ressourcen im Konfliktfall, Eindämmung des terroristischen Fundamentalismus, Verhinderung von Massenmigration, Armutsbekämpfung, Strukturanpassung, Hilfen für Wirtschaftswachstum und Entwicklung, Seuchenbekämpfung (Aids, Ebola etc.), Katastrophenhilfe, Zurückdrängen des internationalen Drogenhandels, Unterstützung regionaler Integration und Zusammenarbeit und Schutz der Umwelt (Henk und Metz 1997: 11-22).

Während das Hauptproblem der Afrikapolitik in den Jahrzehnten vor der Zeitenwende von 1989/90 in ihrer Eindimensionalität lag, wurde sie in den ersten Jahren danach durch kurzfristiges Krisenmanagement und Uferlosigkeit in der Zielsetzung zunehmend konturlos. Unter diesen Bedingungen bot sich die folgende Formel als Richtschnur an (Peterson 1998): "Afrikanische Lösungen für afrikanische Probleme". Insbesondere im Bereich der Sicherheitspolitik ließ sich damit ein außenpolitischer Kurs festlegen, ohne daß damit "unrealistic demands on American resources" (Henk und Metz 1997: 37) verbunden waren.

Sicherheitspolitik: Die 'African Crisis Response Initiative' und die Eindämmung des terroristischen Fundamentalismus

Die amerikanische Initiative zur Unterstützung friedenspolitischer Kapazitäten in Afrika zielte darauf ab, die Konfliktbearbeitung durch afrikanische Akteure und Organisationen zu verbessern. Die westlichen Großmächte im Sicherheitsrat der UNO waren nach dem Somalia-Debakel kaum mehr dazu bereit, eigene Truppenkontingente im Rahmen von Friedensmissionen nach Afrika zu entsenden. Gleichzeitig war man sich jedoch angesichts der Ereignisse in Rwanda, Burundi, Liberia oder Sierra Leone der eigenen Verantwortung bewußt. Bei einer Vielzahl vorwiegend innerstaatlicher Konflikte, die häufig große Flüchtlingsströme und humanitäre Katastrophen auslösen, die wiederum mittels CNN oder anderer Medien zu Reaktionen in der amerikanischen Öffentlichkeit führen, kann sich die Weltmacht USA auf Dauer Untätigkeit in Afrika nicht leisten.

Obwohl die USA bereits vorher die ECOMOG-Intervention in Liberia sowie den Ausbau des OAU-Zentrums für Konflikt-Management unterstützt hatten, bestand der Kern der amerikanischen Sicherheitspolitik für Afrika in dem Vorschlag, eine *"African Crisis Response Force"* (ACRF) zu schaffen. Dieser Vorschlag wurde angesichts der krisenhaften Zuspitzung der Lage in Burundi Mitte 1996 im Nationalen Sicherheitsrat ausgearbeitet und im Oktober des Jahres vom damaligen Außenminister Warren Christopher bei einem Besuch bei der OAU der Öffentlichkeit vorgestellt. Die USA erklärten sich bereit, in Zusammenarbeit mit OAU, UNO und anderen außerafrikanischen Ländern bei der militärischen Ausbildung, Aufstellung und Finanzierung afrikanischer Krisenreaktionskräfte zu helfen. Die USA folgten damit den Vorgaben von Großbritannien und Frankreich, die bereits 1994 ähnliche Initiativen gestartet hatten und daher der US-Initiative zunächst mit Skepsis begegneten.

In Afrika selbst rief der amerikanische Vorschlag unterschiedliche Reaktionen hervor. Man zeigte sich irritiert darüber, daß die Teilnahme nur einzelnen Staaten angeboten worden war, es vorher keine Konsultationen gegeben hatte, der Vorschlag wenig präzise Angaben enthielt und er die wachsende friedenspolitische Bedeutung subregionaler Staatengruppen (ECOWAS, SADC) ignorierte. Begrüßt wurde der Vorschlag dagegen in den Ländern, die offensichtlich als Empfänger der Hilfe vorgesehen waren: Senegal, Uganda, Malawi, Mali, Ghana, Äthiopien und Tunesien.

Nach den äußerst verhaltenen Reaktionen auf den Vorschlag wurde er Anfang 1997 in einer interministeriellen Arbeitsgruppe überarbeitet und als *"African Crisis Response Initiative"* (ACRI) neu lanciert. Dabei ging es nicht mehr um Aufstellung und Finanzierung einer ständigen afrikanischen Eingreiftruppe, sondern - weit bescheidener - um Ausbildung afrikanischer Streitkräfte für friedenserhaltende Missionen. Das sollte als erster Schritt die Voraussetzungen schaffen, damit langfristig eine solche afrikanische Eingreiftruppe entstehen und ohne Unterstützung von außen operieren könnte. Durch intensive Konsultationen einigten sich die westlichen Staaten Mitte 1997 auf ein abgestimmtes und gemeinsames Vorgehen bei den geplanten Ausbildungsmaßnahmen. Nachdem der amerikanische Kongreß $ 15 Mio. für ACRI im Fiskaljahr 1997 bewilligt hatte, begannen die *U.S. Army Special Forces* Mitte 1997 mit der Ausbildungshilfe für Einheiten in Uganda, Senegal und Malawi. Anfang 1998 folgte Mali. Ghana und Äthiopien waren ebenfalls noch für 1998 vorgesehen und mit Botswana und Südafrika wurde über deren Teilnahme verhandelt.

Angesichts des bescheidenen budgetären Umfangs und der Beschränkung auf Ausbildung kann ACRI nicht mehr als ein erster Schritt sein, um die Selbsthilfekapazitäten in Afrika zu stärken: "ACRI as currently construed does not fundamentally alter the African security environment or lead automatically to an organic African capability for peacekeeping" (Henk und Metz 1997: 28). Allerdings sorgt ACRI auch dafür, daß die USA nicht nur über die diversen Evakuierungsoperationen für amerikanische Staatsbürger militärisch auf dem Kontinent involviert bleiben. In diesem Zusammenhang ist die Beteiligung Ugandas und Äthiopiens an der ACRI kein Zufall.

Die außenpolitische Zielsetzung "Eindämmung des terroristischen Fundamentalismus" richtet sich im regionalen Kontext des subsaharischen Afrika explizit gegen den Sudan. Die USA haben durch politisch-diplomatische und militärische Anstrengungen versucht, das radikal-islamistische al-Bashir-Regime zu isolieren bzw. zu stürzen. Der Sudan gilt neben Libyen, Irak, Iran, Nord-Korea und Kuba als *rogue state*, als ideologischer und politischer Gegner, den es zu bekämpfen gilt. So werden die ideologischen Wurzeln der Bombenattentäter auf das World Trade Center in New York 1994 der radikalen Variante des Islam im Sudan zugeschrieben. Der Sudan gilt als Förderer des internationalen Terrorismus, und die fortgesetzten, schweren Menschenrechtsverletzungen im Lande selbst rufen amerikanische Menschenrechtsorganisationen und Kirchen auf den Plan.

Bei dem Versuch, eine Abwehrfront gegen den Sudan zu errichten, kam den USA der Umstand zugute, daß die wichtigen Nachbarstaaten (Uganda, Äthiopien, Eritrea) ebenfalls auf einen Konfrontationskurs zum Regime in Khartoum umgeschwenkt waren. Der jahrzehntelange Bürgerkrieg im Süd-Sudan destabilisiert die gesamte Region, und der Süd-Sudan bietet den Rebellenbewegungen gegen die Zentralregierungen in den Nachbarstaaten eine ideale Rückzugsbasis. Das galt bis zum Sturz Mobutus auch für den Nordosten Zaires. Die logistische und nachrichtentechnische Hilfe der USA beim Vormarsch der Kabila-Truppen kann daher auch als Baustein in der Eindämmungspolitik gegen den Sudan gewertet werden.

Die tatsächlichen sicherheitspolitischen Prioritäten der USA lassen sich u.a. daran ablesen, daß die Staaten in der Abwehrfront gegen den Sudan 1997 US-Militärhilfe in Höhe von $ 20 Mio. erhalten haben - immerhin ein Viertel mehr, als im gleichen Zeitraum für die ACRI aufgewendet wurde. Damit wird auch verständlich, warum sich die USA ab Mai 1998 besonders engagiert haben, um den Grenzkrieg zwischen Äthiopien und Eritrea zu schlichten. Beide sind für die geschlossene Front gegen das Regime in Khartoum als Verbündete unerläßlich.

Wirtschaftspolitik: Rohstoffinteressen und Handel statt Hilfe

Da die Budgetmittel für die Entwicklungszusammenarbeit vom republikanisch dominierten Kongreß in den letzten Jahren immer weiter gekürzt wurden, hat die Clinton-Administration versucht, aus der Not eine Tugend zu machen und Handelsaspekte in den Vordergrund zu rücken. In Afrika sind gleichzeitig die amerikanischen Rohstoffinteressen - insbesondere die am Schlüsselrohstoff Erdöl - immer offenkundiger geworden. Nicht zuletzt aufgrund der Asienkrise haben außerdem amerikanische Industrie und amerikanische Anleger das Zukunftspotential afrikanischer Absatz- und Finanzmärkte stärker wahrgenommen.

Trotz anhaltender Hochkonjunktur und eines inzwischen fast ausgeglichenen Staatshaushaltes hat der Kongreß die Aufwendungen für die offizielle Entwicklungszusammenarbeit 1997 auf rund $ 6 Mrd. zusammengestrichen, was nur noch einem Anteil von 0,08% am BIP entspricht. Damit sind die USA zum "globalen Geizhals" (The Economist, 27.6.98) geworden, da dieser Anteil in allen anderen Industriestaaten trotz ähnlicher Schrumpfungstendenzen immer noch höher liegt. Die USA meinen, daß andere Staaten diese entwicklungspolitische Zurückhaltung "due to the U.S. military's unrivaled contribution to international stability" (Graham und O'Hanlon 1997: 104) akzeptieren sollten. Mehr als die Hälfte der staatlichen amerikanischen Entwicklungshilfe entfällt dabei traditionell auf Israel und Ägypten. Die afrikanischen Empfängerländer amerikanischer Entwicklungshilfe - zu den Hauptempfängerländern zählen Südafrika, Uganda, Ghana, Äthiopien, Mosambik und Mali - mußten daher in den letzten Jahren mit immer geringeren Zuwendungen kalkulieren.

Die Clinton-Administration hat organisatorisch die zuständige Behörde (USAID) stärker in das Außenministerium integriert und inhaltlich dadurch Akzente gesetzt, daß die Hilfe zunehmend auf die Staaten konzentriert wurde (*selectivity*), die sich offen zu Marktwirtschaft, Demokratisierung und 'Guter Regierungsführung' bekennen. Statt es bei dieser inzwischen OECD-weit üblichen Neuorientierung zu belassen, brachte die Clinton-Administration mit dem *Africa Growth and Opportunity Act* eine Gesetzgebungsinitiative in den Kongreß ein, die mit großem Aufwand als neues Vorbild gepriesen wurde. 'Handel statt Hilfe' sollte zum Inbegriff des künftigen Umgangs des Westens mit Afrika werden, und Amerika würde wieder einmal eine Vorreiterrolle für alle Industrieländer übernehmen (*leadership*).

Während die Administration des damaligen US-Präsidenten Jimmy Carter Ende der 70er Jahre unter einer außenpolitischen Strategie der Demokratisierung vor allem die liberalen politischen Aspekte betonte - Demokratien als natürliche Verbündete des Westens in einer Friedenszone im Sinne Kants -, setzte das "Democratic Enlargement" der Clinton-Administration von Beginn an vor allem unter liberalen ökonomischen Aspekten auf weltweiten Freihandel, von dem die führende Weltwirtschaftsmacht besonders profitieren würde (Moss 1995, Brinkley 1997). Neben Freihandelsinitiativen für den pazifischen Raum (APEC) und den amerikanischen Doppelkontinent (FTAA) wurde auch das lange vernachlässigte Afrika in diese Strategie der langfristigen Außenwirtschaftsförderung einbezogen. Die Clinton-Administration machte die wirtschaftliche und politische Lage in Afrika zu einem Thema des G-7 Gipfeltreffens in Denver im Juni 1997 und brachte den *Africa Growth and Opportunity Act* in den Kongreß ein. Ohne durch die Initiative große Opfer von der heimischen Industrie zu verlangen - nur fünf Prozent aller Im- und Exporte wickeln die USA mit Afrika ab, die Importseite wird von Ölimporten dominiert, und die Textilimporte aus Afrika machen weniger als ein Prozent aus - sollte Afrika durch die Abschaffung von Zöllen und Importquoten bei der Industrialisierung und Weltmarktorientierung geholfen werden. Zölle auf viele Textilien und auf Schuhe sollten sofort und völlig abgeschafft werden. Afrika hätte damit den Zugang auf den wichtigsten Konsumentenmarkt der Welt in jenem Bereich erhalten, der einst am Anfang vieler asiatischer Erfolgsfälle gestanden hatte. Zusätzlich hätten einzelne Reformstaaten, die bei den politischen und marktwirtschaftlichen Reformen besonders rasch vorangekommen waren, die Möglichkeit erhalten, über weitergehende Freihandelsabkommen mit den USA zu verhandeln. Außerdem sollten den Reformstaaten bis zu 80% ihrer bilateralen Schulden erlassen werden.

Die Gesetzesinitiative wurde rechtzeitig zur Clinton-Reise im März 1998 vom Repräsentantenhaus gebilligt, weil sich eine Koalition aus eher protektionistischen Demokraten, die aus Gründen der Solidarität mit Afrika für das Gesetz votierten, und aus freihändlerischen, republikanischen Marktpuristen für die Initiative stark machte. Dagegen blieb die Reaktion sowohl in Afrika als auch von Seiten anderer Industrieländer eher verhalten.

Die Europäer verwiesen beim G-7 Treffen darauf, daß ihre Entwicklungshilfe und die Öffnung ihrer Märkte im Rahmen der Lomé-Verträge bereits weit über das hinausreichen würden, was die USA bisher lediglich vorgeschlagen hatten. In Afrika selbst gab es von Thabo Mbeki, dem Vizepräsidenten Südafrikas und designierten Nachfolger Nelson Mandelas, den schärfsten Widerspruch gegen die neue Partnerschafts- und Handelseuphorie der USA. Während Clintons Südafrika-Aufenthalt fragte Thabo Mbeki den verblüfften amerikanischen Präsidenten, ob er denn wirklich die USA und Burkina Faso als wirtschaftlich gleichgewichtig ansehe. Statt nur in den Abbau mineralischer Rohstoffe zu investieren, brauche Afrika von den amerikanischen Unternehmen mehr Direktinvestitionen im verarbeitenden Gewerbe. Außerdem zögerte Südafrikas Vizepräsident nicht, gegenüber Clinton offen das auszusprechen, was auch in Europa vielfach die Einschätzung bestimmt: So sehr es richtig sein mag, bei Handelsförderung und Qualitätssteigerung der afrikanischen Exporte anzusetzen, so sicher ist auch, daß Afrika zum Abbau der Armut und der gewaltigen Entwicklungsrückstände weiter auf Hilfsgelder von außen angewiesen bleiben wird. 'Handel und Hilfe' müsse daher die Kurzformel lauten, während 'Handel statt Hilfe' vorläufig falsch sei.

Während das genaue Gewicht der Handelskomponente in einer neuartigen Afrikapolitik der weiteren Diskussion bedarf und die Clinton-Administration zumindest einen Beitrag zu dieser Debatte geliefert hat, dürfte inzwischen das Schicksal des *Africa Growth and Opportunity Act* besiegelt sein. Seit Bill Clinton von seiner Afrikareise zurück ist, fiel sein Interesse an der Initiative unter jede Wahrnehmungsgrenze. Ohne die engagierte und kämpferische Unterstützung der Clinton-Administration hat das Gesetz im US-Senat aber keine Chance. Denn die amerikanische Textilindustrie hat sich als Hauptgegner des Gesetzes vor den Kongreßwahlen im November erfolgreich darauf verlegt, unentschiedene Senatoren und Wähler gezielt unter Druck zu setzen. Da zudem in North Carolina, der Heimat des einflußreichen republikanischen Vorsitzenden des außenpolitischen Ausschusses im Senat und erklärten Clinton-Gegners Jesse Helms, viele Textilfabriken stehen, wird die Initiative voraussichtlich die zuständigen Ausschüsse des Senats nie verlassen. Was die Clinton-Administration mit großem Aufwand vor und während der Afrikareise als Neubeginn und Modell für die Zukunft pries, wandert danach im US-Senat klammheimlich in den Papierkorb. Weil die Aufmerksamkeitsspanne des Präsidenten zu kurz ist und Afrika nur in Ausnahmefällen als Testfall für die innenpolitische Auseinandersetzung taugt, dürfte handelspolitisch alles beim alten bleiben: Afrika interessiert die USA vorwiegend als Quelle mineralischer Rohstoffe, wobei das Erdöl als zentraler Energierohstoff eine immer größere Rolle spielt (Yates 1997).

Prognosen der OECD gehen davon aus, daß nach den jetzt bekannten Reserven die Welterdölproduktion im Jahr 2020 vor allem aus dem arabischen Raum und aus Rußland stammen wird, da die Vorkommen in den anderen traditionellen Fördergebieten erschöpft sein dürften. Um das politische Risiko zu diversifizieren, sind US-amerikanische Öl-Multis wie *Texaco* oder *Mobil Oil* daher in den letzten Jahren verstärkt auf Gebiete mit neuem oder zusätzlichem Potential ausgewichen. Neben Zentralasien zählt dazu auch der Großraum des Golfes von Guinea an der westafrikanischen Küste, wo von der Côte d'Ivoire bis Angola Öl gefördert wird und wo - vor allem im Offshore-Bereich - immer neue Vorkommen entdeckt werden. Aufgrund der neuen Funde soll die Ölförderung in Afrika in den nächsten Jahren von derzeit täglich 3,5 Mio. Barrel auf mindestens 5 Mio. Barrel hochschnellen. Die USA, die derzeit rund 60% der afrikanischen Erdölproduktion importieren, planen, den Anteil ihrer Erdöleinfuhren aus Afrika in den kommenden Jahren von acht auf zwanzig Prozent zu erhöhen. Dabei kommt es vor allem zum Wettbewerb mit den französischen Ölkonzernen Elf Aquitaine und Total, die mit Ausnahme von Äquatorial-Guinea in allen wichtigen afrikanischen Ölstaaten an der Förderung beteiligt sind oder sie dominieren.

Das gestiegene Interesse der USA an der Region um die Großen Seen, wo große Erdölvorkommen vermutet werden, enthält ebenso wie das amerikanische Engagement beim Sturz Mobutus eine wichtige ökonomische Komponente, da es bei der langfristigen Außenwirtschaftsstrategie der USA im Wettbewerb mit anderen Industrieländern auch um die notwendige politisch-diplomatische Rückendeckung für die Erschließung der afrikanischen Rohstoffreserven geht. Neben Erdöl, Gold und Diamanten sind dabei auch andere strategische Rohstoffe von Interesse, wie etwa Kobalt, das in der Computer-, Auto- und Flugzeugindustrie benötigt wird. Im ökonomischen Konkurrenzkampf mit französischen Konzernen konnten die amerikanischen Rohstoffkonzerne durch die Machtübernahme Laurent Kabilas im ehemaligen Zaire einen Sieg verbuchen, mußten aber kurz danach im benachbarten Kongo-Brazzaville eine Niederlage einstecken. Die unumschränkte französische "*chasse gardée*" in Politik und Wirtschaft gehört in West- und Zentralafrika in der Welt nach Ende des Kalten Krieges dennoch der Vergangenheit an. Es dürfte in Zukunft zwischen den beiden NATO-Partnern Frankreich und USA zu weiteren Verstimmungen kommen, weil das afrikanische Rohstoffpotential weit stärker in das Blickfeld amerikanischer Konzerne geraten ist, als das noch vor einigen Jahren der Fall war.

Ökonomisch ist Afrika in den USA als "last frontier for the modern industrial world" (The Economist, 26.4.97) und als Zukunftsmarkt mit einem enormen Nachfrage- und Wachstumspotential zuletzt stärker wahrgenommen worden. Für alle Wachstumsbranchen kommt es im Zeitalter der Globalisierung darauf an, neue Märkte zu erschließen, um das hohe Wachstumstempo beibehalten zu können. Wenn aufgrund der Krise in Asien die Nachfrage nach amerikanischen Industrieprodukten, Konsumartikeln, Computern, Getränken oder Dienstleistungen sinkt, dann müssen andernorts neue Absatzmärkte erschloßen werden. Das gilt auch für die Investoren von Kapitalfonds, die in den USA vor allem durch die weitgehende Privatisierung der Rentenfinanzierung über vergleichsweise hohe Summen verfügen können. In Afrika wurde in der Vergangenheit bei Investitionen ein hohes Risiko mit hohen Gewinnen honoriert, und die Aktienmärkte Afrikas haben 1997 bei vergleichsweise geringer Kapitalisierung im Durchschnitt Aktiengewinne verbuchen können, die 12% über denjenigen auf anderen '*emerging markets*' lagen. Beim schon gegenwärtig weltweit erreichten Umfang der privaten Kapitalströme dürfte auch Afrika nicht länger als weißer Fleck auf den Landkarten der Fonds- und Portfoliomanager bei Banken, Versicherungen und Investmentgesellschaften ausgespart bleiben. Politische Stabilität und weitere Erfolge bei der ökonomisch-politischen Strukturanpassung vorausgesetzt, könnte auch in einigen Ländern Afrikas bald Realität werden, was vor wenigen Jahren noch unvorstellbar erschien: Kapitalzufluß in einem Ausmaß, das nach asiatischem Muster die Gefahr einer '*bubble economy*' heraufbeschwört.

Demokratisierung und Menschenrechte: Der Export "amerikanischer Werte"

Ganz im Sinne der idealistisch-liberalen Tradition vieler Demokraten in den USA hatte der damalige Gouverneur und Präsidentschaftskandidat Bill Clinton bereits im Wahlkampf 1992 betont, daß die Förderung der Demokratisierung und der Menschenrechte in Afrika zur "top priority" (zit. nach Rothchild 1997: 28) der amerikanischen Afrikapolitik gemacht werden müsse. Trotz unverkennbarer Anstrengungen und Erfolge in diesem Bereich hat die Demokratieförderung jedoch im Spannungsverhältnis zu den oft gewichtigeren wirtschaftspolitischen Interessen noch nicht die angekündigte Rolle spielen können.

In ihrer Stellungnahme vor dem Ausschuß für internationale Beziehungen - Unterausschuß für Afrika - des amerikanischen Repräsentantenhauses am 17. 3. 1998 hat Susan Rice, die Staatssekretärin für Afrikapolitik im Außenministerium darauf verwiesen, daß die USA seit 1989 mehr als $ 400 Mio. für 46 Länder in Afrika bereitgestellt hätten, um damit Liberalisierungs- und Demokratisierungsprozesse zu unterstützen. Allerdings entfallen dabei im Vergleich mit Afrika noch immer weit höhere Summen auf Lateinamerika und Osteuropa. Zu dieser Hilfe zählen Maßnahmen wie die Förderung demokratischer Wahlprozesse durch Wahlbeobachtung, technische Hilfe für Wahlkommissionen und Hilfe bei der Wahlvorbereitung oder die Stärkung von Regierungsinstitutionen und zivilgesellschaftlichen Kräften durch Hilfe und Training für Parlamente,

Unterstützung von Justizreformen sowie Hilfe für Dezentralisierung und lokale Regierungen bzw. für zivilgesellschaftlich engagierte Gruppen wie Gewerkschaften oder Medien. Allen Maßnahmen liegt die Erkenntnis zugrunde, daß Demokratisierung, Respektierung der Menschenrechte und gute Regierungsführung entscheidende Voraussetzungen dafür sind, daß Handel und Investitionen angeregt werden und die Reintegration in die globalen Märkte gelingen kann.

Organisatorisch hat die Clinton-Administration für die Demokratieförderung innerhalb von USAID ein *Center for Democracy and Governance* als Teil des neu geschaffenen *Bureau of Global Programs* eingerichtet, das die vielfältigen Aktivitäten der Demokratieförderung koordiniert (Heinz 1996). Neben eigenen Aktivitäten zur Demokratieförderung finanziert USAID auch das *National Endowment for Democracy* (NE D), das den Großteil dieser Mittel an die vier politischen Stiftungen - der Demokratischen Partei, der Republikanischen Partei, der US-Handelskammer und des Gewerkschaftsverbandes AFL-CIO - weiterleitet und selbst mit einem kleineren Teil der Mittel Projekte mit eigenen Projektpartnern durchführt.

Inhaltlich bzw. konzeptionell liegen der amerikanischen Demokratieförderung bis heute einerseits dezidiert westliche bzw. amerikanische Vorstellungen von Demokratie und der Verfaßtheit politischer Institutionen zugrunde. Das führt in der Praxis der Zusammenarbeit häufig zu einer Überbetonung amerikanischer Vorbilder und zur weitgehenden Gleichsetzung von Demokratie und freien Wahlen. Wahlvorbereitung, Wahlprozesse und Wahlbeobachtung bilden daher einen Schwerpunkt der Programmarbeit. Andererseits hat es auch Stimmen in den USA gegeben, die vor solchen Gleichsetzungen gewarnt und darauf verwiesen haben, daß trotz wichtiger Globalisierungstrends die politische, soziale und ökonomische Entwicklung jedes Landes einzigartig sei, so daß es kein weltweit bestimmendes konzeptionelles Modell geben könne: "... democracy is a set of procedures for dealing with power, not a specific outcome" (Rothchild 1997: 28). Neben der Förderung demokratischer Wahlprozesse darf die längerfristig wirksamere Unterstützung zivilgesellschaftlicher Akteure nicht aus dem Blickfeld geraten.

Die beschriebene Ambivalenz, die im übrigen nicht nur für die USA typisch ist, zeigt sich auch in der amerikanischen Politik gegenüber einzelnen afrikanischen Staaten. Während sich die USA in Kenya für eine Respektierung von Demokratie und Menschenrechten stark gemacht und ihren Einfluß bei den Bretton-Woods-Institutionen in diesem Sinne zur Geltung gebracht haben, schrecken sie gleichzeitig wegen der eigenen ökonomischen Abhängigkeit von nigerianischen Öllieferungen vor drastischen Sanktionen gegen die Mörder in Uniform in Abuja zurück. Immerhin nehmen die jährlichen Berichte des US-Außenministeriums über die Menschenrechtslage in allen afrikanischen Ländern keine ökonomisch-politischen Rücksichten. Die Mißstände werden offen angeprangert, was diesen Berichten neben denen von Amnesty International inzwischen eine hohe Akzeptanz und Wertschätzung in der '*scientific community*' gesichert hat. Außerdem wird man der Clinton-Administration die Auswahl der Reiseroute für den Präsidenten zugute halten müssen. Bill Clinton hat bei seiner Reise bewußt Staaten wie die Côte d'Ivoire, Kenya, Zambia oder Zimbabwe ausgeklammert. Wo Selbstbedienungsmentalität, Korruptionsanfälligkeit und Drangsalierung der Opposition derart offen von den politischen Eliten betrieben werden, darf es nicht zu einer Aufwertung durch einen offiziellen Besuch kommen. Und es gehörte Mut dazu, sich in Rwanda - wenn auch nur kurz - bewußt mit dem eigenen Versagen in der jüngsten Vergangenheit konfrontieren zu lassen.

Fazit: Strohfeuer statt substantieller Neuorientierung

Konzeptionell reflektiert die Afrikapolitik der Clinton-Administration vor allem die stärkere Außenwirtschaftsorientierung in der gesamten amerikanischen Außenpolitik. Das zentrale Problem dieser Neuorientierung ist jedoch, daß die Allianz aus gewerkschaftsnahen Protektionisten und konservativen Anwälten amerikanischer Souveränität, wobei letztere als eingeschworene Clinton-Gegner über die Mehrheit in beiden Häusern des Kongresses verfügen, jeglicher entwicklungspolitischer Schwerpunktsetzung unüberwindbare innenpolitische Hürden entgegensetzt. Weil die Finanzmittel für die Entwicklungszusammenarbeit wie für neue sicherheitspolitische Initiativen weiter äußerst bescheiden bleiben werden und weil der *Africa Growth and Opportunity Act* als ökonomisches Herzstück der Clintonschen "neuen Partnerschaft" mit Afrika aller Voraussicht nach den "Ausschußtod" im amerikanischen Senat sterben wird, dürfte die Substanz der neuen Afrikapolitik gering bleiben. Allerdings trifft hier eine Mitschuld auch den Präsidenten selbst, da sein Engagement für die Afrikapolitik nach Abschluß der vielbeachteten Reise vom März/April 1998 unter die Wahrnehmungsgrenze gesunken ist. Im sicherheitspolitischen Bereich kommt zudem erschwerend hinzu, daß der vielbeschworene "Staatenblock" als Zentrum der neuen afrikapolitischen Schwerpunktsetzung zerfällt, weil sich Eritrea und Äthiopien, die zwei Stützpfeiler in der von den USA inszenierten und militärisch unterstützten Einkreisungsfront gegen den radikal-islamistischen und terroristischen Sudan, trotz intensiver amerikanischer Vermittlungsversuche in einen völlig unnützen Grenzkrieg verstrickt haben. Und auch die amerikanische Nigeria-Politik erscheint unverändert opportunistisch, weil der schier unstillbare Öldurst der USA die Verschärfung der Wirtschaftssanktionen auszuschließen scheint, die nach dem Tod Sani Abachas die raschere Rückkehr zur Zivilherrschaft in Nigeria erzwingen könnten.

Damit wird deutlich, welche der drei möglichen Zukunftsszenarien der amerikanischen Afrikapolitik (Wilson, Gordon und Cashin 1997: 4) sich als die wahrscheinlichere erweisen dürfte: Erstens die auf beiderseitigen Vorteil bedachte Intensivierung der Handels- und Investitionsbeziehungen, mit der die alte Afrikapolitik reformiert und eine aktive Neuorientierung eingeleitet wird; zweitens die kurzfristige, reaktive, langsame und bruchstückhafte Reaktion auf Krisen bzw. neue Chancen, die vor allem auf innenpolitische Erfordernisse reagiert; oder drittens das rasche Nachlassen des afrikapolitischen Interesses, weil die Administration sich wieder anderen Regionen oder innenpolitischen Problemen zuwendet. Die Clinton-Reise und die sie begleitenden Initiativen haben die Hoffnungen auf das Eintreten des ersten Szenarios geweckt, aber die Optionen zwei und drei bestimmen seither das Bild.

Natürlich wird die einzig verbliebene globale Hegemonialmacht auch weiter ihre Interessen in Afrika verfolgen, wobei die politisch-diplomatische Sicherung des Zugangs zu den Rohstoffressourcen des Kontinents jenseits aller anderslautenden Rhetorik im Mittelpunkt stehen dürfte. Von einer kohärenten, zukunftsweisenden und beispielhaften Afrikapolitik sollte deshalb aber nicht gesprochen werden. Dafür bleibt das finanzielle Engagement zu gering und das durch die Clinton-Reise symbolisierte Interesse zu sehr Episode. Der Clinton-Besuch in Afrika mag dazu beigetragen haben, daß in den USA einige der üblichen Klischees und von außen über den Kontinent konstruierten Bilder korrigiert werden konnten, aber weil mit ihm vor allem symbolische statt substantielle Politik betrieben wurde, dürften die Langzeitwirkungen gering bleiben.

Zusammenfassend gibt daher das folgende Zitat von David Aronson (1998: 14), der für das liberale *Carnegie Endowment for International Peace* arbeitet, eine zutreffende und - angesichts des großen verbalen Engagements für Demokratie und Menschenrechte - desillusionierende Bewertung der jüngsten afrikapolitischen Anstrengungen der Clinton-Administration: "U.S. policy toward the region remains defined by short-term geopolitical and economic concerns."

Literatur:

Aronson, David (1998): Congo Games. America's myopic Africa policy, in: The New Republic, Jg. 218, Nr. 1/2 (5. und 12. Januar), S. 13-15.

Brinkley, Douglas (1997): Democratic Enlargement: The Clinton Doctrine, in: Foreign Policy, Nr. 106 (Frühjahr), S. 11-27.

Connell, Dan und **Smyth**, Frank (1998): Africa's New Bloc, in: *Foreign Affairs*, Jg. 77, Nr. 2 (März/April), S. 80-94.

Duignan, Peter und **Gann**, Lewis H. (1984): The United States and Africa: A History. New York: Cambridge University Press.

Graham, Carol und **O'Hanlon**, Michael (1997): Making Foreign Aid Work, in: *Foreign Affairs*, Jg. 76, Nr. 4 (Juli/-August), S. 96-104.

Heinz, Wolfgang S. (1996): Politische Stiftungen in den USA, in: *Entwicklung und Zusammenarbeit*, Jg. 37, Nr. 9 (September), S. 232-233.

Henk, Dan und **Metz**, Steven (1997): The United States and the Transformation of African Security: The African Crisis Response Initiative and Beyond (U.S. Army War College, Strategic Studies Insitute). Carlisle, PA: Strategic Studies Institute.

Kaplan, Robert D. (1994): The Coming Anarchy, in: *Atlantic Monthly*, Jg. 273, Nr. 2, S. 44-76.

Moss, Todd J. (1995): US Policy and Democratisation in Africa: The Limits of Liberal Universalism, in: *The Journal of*

Modern African Studies, Jg. 22, Nr. 2, S. 189-209.
Peterson, David (1998): Finding African Solutions to African Problems, in: *The Washington Quarterly*, Jg. 21, Nr. 3 (Sommer), S. 149-158.
Rice, Susan E. (1998): A New Partnership for the 21st Century, in: *ASA News*, Jg. 31, Nr. 1 (Jan./März), S. 7-9.
Richburg, Keith B. (1997): Out of America. A Black Man Confronts Africa. New York: Basic Books.(deutsch: Jenseits von Afrika. Eine Konfrontation mit Afrika, dem Land meiner Vorfahren. Stuttgart, 1998)
Rothchild, Donald (1997): Africa, in: **Jentleson**, Bruce W. und **Paterson**, Thomas G. (Hrsg.): Encyclopedia of U.S. Foreign Relations. New York und Oxford: Oxford University Press, S. 24-31.
Schraeder, Peter J. (1994): United States Foreign Policy Toward Africa: Incrementalism, Crisis and Change. Cambridge: Cambridge University Press.
Wilson, Ernest J. III, **Gordon**, David F. und **Cashin**, Stephen (1997): The United States and Africa: Toward a New Relationship (Unveröffentl. Beitrag für die Tagung "Africa, France and the United States", Bordeaux, 22.-24. Mai 1997).
Yates, Douglas (1997): Oil and the Franco-American Rivalry in Africa (Unveröffentl. Beitrag für die Tagung "Africa, France and the United States", Bordeaux, 22.-24. Mai 1997).

Afrika-Jahrbuch 1997, S. 46-58

Stefan Brüne/Andreas Mehler

Die neue französische Afrikapolitik - Face-lifting oder außenpolitische Wende?

"Es handelt sich um eine wichtige Reform, um Ideen, die in den vergangenen zehn bis fünfzehn Jahren immer wieder diskutiert wurden - und die diesmal Wirklichkeit werden." Lionel Jospins Ankündigung der jüngsten, Mitte 1998 durch einen Kabinettsbeschluß abgesegneten Reform der französischen Kooperations- und Südpolitik - der sozialistische Premier sprach von einem "Schlußstrich" unter die postkoloniale Ära - fällt in eine Phase erzwungener Nachdenklichkeit. Spätestens seit der Abwertung des F CFA im Januar 1994 summierten sich die gemeinhin als "Einflußverlust" charakterisierten Mißerfolge der französischen Subsaharapolitik derart, daß Teile der Pariser Presse von einem "Fiasko" und von "Bankrott" sprachen. Die ungeklärte Rolle Frankreichs beim Genozid in Rwanda (die einen parlamentarischen Untersuchungsausschuß beschäftigt), das vergebliche Festhalten an Mobutu (zuletzt durch von Paris ausgehaltene serbische Söldner), die freundliche Kommentierung wenig regelgerechter Wahlen durch das Elysée (Togo, Tschad, Niger) und der weithin ungebrochene Einfluß am Rande der Legalität operierender franko-afrikanischer Beziehungsnetzwerke ("*réseaux*") verweisen auf die Brüchigkeit und Beweisnöte eines Afrikaengagements, das im Urteil des ehemaligen französischen Premierministers - und jetzigen Vorsitzenden des Entwicklungshilfeausschusses des Europäischen Parlaments - Michel Rocard das Ansehen Frankreichs zunehmend beschädigt.

Während die Diplomatie nach Worten sucht - der Pariser Botschafter in Bonn wollte Mitte 1997 vor deutschen Parlamentariern nicht mehr ausschließen, daß Frankreich seine Afrikapolitik künftig besser erklären müsse -, sprechen sozialistische Politiker von einer konzeptionellen Sackgasse. Hatte Lionel Jospin bereits vor dem überraschenden Wahlsieg der rot-rosa-grünen Koalition vom 1.6.1997 seine Kritik aus den 1980er Jahren wiederholt und den Sturz Mobutus zum Anlaß genommen, eine neue Afrikapolitik anzumahnen, so sprach Kooperationsminister Charles Josselin anläßlich seines Amtsantritts von der Notwendigkeit, den "Beigeschmack des Kolonialismus" durch die Normalität zwischenstaatlicher Beziehungen zu ersetzen. Ein Jahr später zeichnen sich in Paris Reformen ab, die es dem Elysée und den drei wichtigsten mit Afrikafragen befaßten Ressorts (Außen-, Verteidigungs-, Finanz- und Wirtschaftsministerium) leichter machen könnten, zu mehr südpolitischer Gemeinsamkeit mit ihren europäischen Partnern zu finden.

Im Mittelpunkt der zuletzt im Einvernehmen mit dem gaullistischen Präsidenten Chirac beschlossenen Neuerungen - sie sind seit 1996 auf der politischen Agenda - stehen institutionelle Veränderungen, die die Zahl der Entscheidungsträger verringern und für mehr Kohärenz sorgen sollen. Zwar will sich auch die neue französische Administration bei dem Versuch, die Afrikapolitik "zu rationalisieren und zu modernisieren" auch in Zukunft auf die bewährten Pfeiler Frankophonie, militärischer Beistand und wirtschaftliche Kooperation stützen (Jospin: "Frankreich wird sich nicht aus Afrika zurückziehen"), zugleich aber auch jenes selektive Desengagement beschleunigen, das interne Studien des Quai d'Orsay seit langem für unausweichlich halten - und finanzielle Zwänge und ein durch das Ende des Kalten Krieges verändertes internationales Umfeld ohnehin nahelegen. Der neue französische Außenminister Hubert Védrine, als ehemaliger außenpolitischer Berater des Elysée ein enger Vertrauter François Mitterrands, hat anläßlich seiner ersten offiziellen Afrikareise, die ihn im Oktober 1997 nach Pretoria, Addis Abeba, Libreville und Abidjan führte, eine neue "auf den ganzen afrikanischen Kontinent bezogene Afrikapolitik" in Aussicht gestellt. Inzwischen hat es den Anschein, als sei der rhetorisch bereits vollzogene "Abschied vom Denken in Hegemonialzonen" und mythendurchsetzter "Selbstbeweihräucherung" - so Védrine auf der Jahreskonferenz französischer Botschafter im August 1997 in Paris - Ausdruck ernsten politischen Reformwillens. Die Anfang 1998 eingeleiteten institutionellen Reformen scheinen durchaus geeignet, den Sonderstatus der ehemaligen Kolonien innnerhalb der Gesamtheit französischer Außenbeziehungen, wenn nicht zu beenden, so doch nachhaltig zu schwächen.

1. Parteiübergreifender Reformkonsens

Nur wenige Jahre nachdem der damalige Premierminister Jacques Chirac in Abidjan öffentlich erklärte, Afrika sei noch nicht reif für die Mehrparteiendemokratie, hat sich die innerfranzösische Diskussion um den Sinn und die Zukunft des französischen Afrikaengagegments spürbar belebt. Die meisten Beobachter attestieren der klientel- und vergangenheitsbezogenen Subsaharapolitik der *Grande Nation* eine besorgniserregende Kurzsichtigkeit. Im Mittelpunkt kritischer Kommentierung steht die "strukturelle Dysfunktionalität" personengebundener Einflußsuche, der abnehmende Grenznutzen einer "Paradiplomatie", die nicht immer trennscharf zwischen staatlichen und privaten Belangen zu unterscheiden weiß und die mangelnde Transparenz eines parlamentarisch nicht oder nur unzureichend kontrollierten Engagements, das *Le Monde* - mit Blick auf die zahlreichen Militäroperationen der vergangenen Jahre - von einer "Manie des Schweigens" sprechen läßt. Für Kritiker machtbewußter (und mitunter skrupelloser) Hegemonialpolitik war zuletzt der Tod des im März 1997 dreiundachtzigjährig verstorbenen Jacques Foccart (in dessen Erinnerungen vieles ausgesprochen, aber noch mehr verschwiegen wird) Anlaß daran zu erinnern, daß es bis heute keine wirkliche Debatte über die Ziele und Mittel der französischen Afrikapolitik gegeben hat. Der von Forderungen nach mehr Offenheit und Kohärenz begleitete Wunsch nach grundlegenden afrikapolitischen Reformen ist schon lange nicht mehr auf den linken Flügel der *Parti Socialiste* (PS) beschränkt. Auch die von den "konservativen" Premierministern Balladur und Juppé Mitte der 1990er Jahre lancierten Reformen (Abwertung des F CFA, vorübergehende Rückstufung des Kooperationsministeriums zum Staatssekretariat) lassen sich als Versuch verstehen, die privilegierten (und eliteprivilegierenden) Beziehungen zu den ehemaligen Kolonien in die Normalität zwischenstaatlicher Beziehungen zu überführen. Als Alain Juppé im Mai 1995 vom Quai d'Orsay ins Matignon wechselte, waren es nicht zuletzt die konfliktreichen Beziehungen, auf die er als Außenminister mit den Afrika-Netzwerken von Innenminister Charles Pasqua (z.B. im Sudan, in Algerien und im Nahen Osten) zurückblickte, die ihn veranlaßten, einen in Stil und Inhalt ungewöhnlichen Brief an Kooperationsminister Godfrain zu richten - und diesen anschließend der Presse zuzuspielen. Juppé schrieb:

"(...) à moment où vous prenez vos fonctions, je crois nécessaire de vous préciser les principes qui guideront l'action du gouvernement et les orientations dont devra s'inspirer la politique que vous mènerez dans le domaine qui vous est confié. (...) Votre première mission sera de renforcer l'unité, la cohérence et la transparence des différents outils de développement de coopération française. (...) Vous reformerez sans tarder l'organisation et le fonctionnement de notre aide publique au développement dans le sens de la simplicité et de l'efficacité. (...) Vous recherchez une meilleure complémentarité entre les aides communautaires et celles des États--membres. L'Afrique demeura la zone d'action privilégiée de notre coopération. (...) Vous me soumettrez avant la fin de l'année un plan d'action en ce sens, comportant une révision des outils et procédures de la coopération française. Dans l'exercice des vos différents missions, j´attends de vous une disponibilité constante à l'égard du Parlement, un respect sans faille des engagements européens de la France..."

Frankreichs afrikapolitische Klasse entdeckt die Gegenwart - und mit ihr die Problematik einer Verfassungsinterpretation, die die Afrikapolitik - als *domaine reservé* des Präsidenten - parlamentarischer Kontrolle weitgehend entzieht. Paul Quilès, als Sozialist und ehemaliger Verteidigungsminister Vorsitzender des 1998 eingesetzten parlamentarischen Untersuchungsausschusses zu französischen Verwicklungen in den rwandischen Genozid, sah Anlaß, "die Dominanz und das Schweigen der Exekutive" bei im Ausland durchgeführten Militäroperationen zu beklagen. Weder über das Verteidigungsabkommen mit Rwanda noch über weitere sechzehn Auslandseinsätze, an denen französische Truppen in den vergangenen Jahren beteiligt waren, sei die Nationalversammlung hinreichend informiert gewesen.

Spätestens seit dem Rwanda-Schock erinnert die von Forderungen nach mehr Transparenz begleitete Debatte über die künftige Grundausrichtung der französischen Afrikapolitik an die Debatten der frühen 1980er Jahre. Damals war es Kooperationsminister Jean-Pierre Cot, der eine stärker an Demokratie und Menschenrechten ausgerichtete Politik befürwortetet und 1983 nicht zuletzt auf Betreiben afrikanischer Staatschefs (Bongo, Mobutu, Eyadéma) nach nur anderthalbjähriger Amtszeit zurücktreten mußte. In offenem Gegensatz zu Cot, dem eine "Mondialisierung" der französischen Entwicklungszusammenarbeit vorschwebte, bestanden Präsident Mitterrand und die Afrikaberater des Elysée (darunter Mitterrands Sohn Jean-Christophe) damals auf der Kontinuität einer Realpolitik, die sich - regional weitgehend auf die ehemaligen Kolonien des *pré-carré francophone* beschränkt - vor allem am elitenverpflichteten Primat geopolitischer Stabilität ausrichtete. Fünfzehn Jahre später ist offen, ob und in welchem Umfang sich Cot rehabilitiert fühlen darf. Im Februar 1998 gaben ein zögerlicher gaullistischer Präsident und ein optimistisch gestimmter Premierminister ("Musterbeispiel für das Funktionieren der Kohabitation") zwar nicht die von Teilen der PS gewünschte Einrichtung einer *"Agence Internationale de Développement"*, dafür aber eine - politisch langfristig möglicherweise ebenso folgenreiche - Neuordnung entwicklungspolitischer Zuständigkeiten bekannt.

2. Die Neuordnung der Zuständigkeiten

Über die französische Entwicklungshilfe wird künftig allein im Außenministerium entschieden. Das aus dem Kolonialministerium hervorgegangene Staatssekretariat für Kooperation (*Secretariat d'Etat à la Coopération*) verliert seine Selbständigkeit und wird unter Beibehaltung seiner Räume in der Rue Monsieur - lediglich ein Leitungsstab für die internationale Zusammenarbeit soll künftig am Quai d'Orsay sitzen - mit der entwicklungspolitischen Abteilung des Außenministeriums zusammengelegt. Aus dem bisherigen Staatssekretär für Kooperation, Charles Josselin, der auch in Zukunft über einen eigenen Haushalt und Beamtenapparat verfügt und für die Frankophonie verantwortlich bleibt - das Frankophonieministerium war bei Amtsantritt der rot-rosa-grünen Regierung im Juni 1997 aufgelöst worden - , wird ein dem Außenminister unterstellter delegierter Minister (*ministre délegué*). Josselin, selbst bekanntermaßen ein Freimaurer, der aber nicht im Ruf steht, jene halbkriminellen Netzwerke zu tolerieren, deren Geschäftspraktiken seine Vorgänger mitunter zur Demission und in die Gerichtssäle zwangen, verliert real an Macht, darf aber - protokollarisch aufgewertet - künftig an Kabinettssitzungen teilnehmen. Das Budget für Entwicklungszusammenarbeit wird in Zukunft als ein Posten unter anderen im Gesamthaushalt des Außenministeriums erscheinen, das die gesamte Dritte-Welt-Politik von der Projekthilfe bis zur wissenschaftlichen Kooperation koordinieren soll. Auch im Ausland soll die Reform sichtbar werden. Die staatlichen Dienststellen für Entwicklungshilfe und die kulturellen Einrichtungen, die sich künftig stärker mit den Nichtregierungsorganisationen abstimmen sollen, werden unter die Aufsicht der Botschaften gestellt.

Die politischen Orientierungen soll ein Hoher Rat für Internationale Zusammenarbeit (*Comité Interministériel de la Coopération Internationale et du Développement*, CICID) festlegen, dem auch unabhängige Verbände angehören sollen. Es tritt an die Stelle des 1996 von Juppé ins Leben gerufenen, bedeutungslos gebliebenen Interministeriellen Komitees für Entwicklungshilfe (*Comité Interministériel pour l'Aide au Développement*, CIAD), das nur einmal zusammentrat. Zu den Aufgaben des CICID, dem der Premierminster vorsteht, zählt die Identifikation und Festlegung von "Zonen vorrangiger Priorität", zu denen - unter Berücksichtigung des Ergebnisses der laufenden Lomé-Verhandlungen - viele, aber nicht alle ehemaligen Kolonien zählen werden. In allen anderen Ländern will sich Paris künftig auf multilaterale Hilfsleistungen beschränken. Die französische Entwicklungshilfebank (*Caisse Française de Développement*), die bislang dem Finanzministerium unterstellt war und seit kurzem mit der Frankfurter Kreditanstalt für Wiederaufbau (KfW) zusammenarbeitet, wird in Französische Entwicklungsagentur (*Agence Française de Développement*) umbenannt und soll von Außen- und Finanzministerium gemeinsam verwaltet werden.

Von der Reform, die der Zersplitterung der französischen Entwicklungspolitik eine Ende bereiten soll, und für die es bislang keinen Zeitplan gibt, ist der Afrika-Stab des Elyseé, sind die *cellules africaines* nicht berührt. Sie bleiben neben den künftig stärker koordinierten Ministerien einflußreiche Entscheidungsträger und sollen dem Präsidenten auch in Zukunft, parlamentarisch unkontrolliert, gewisse Prärogativen in den Beziehungen zu afrikanischen Politikern und Einflußgruppen sichern. Genau dies läßt Zweifel an der Tragweite der Reform aufkommen.

Jospin wies bei der Vorstellung des Reformpakets darauf hin, daß der finanzielle Umfang der französischen Entwicklungshilfe durch die Reform nicht berührt sei und seine Regierung beabsichtige, "die aus der Rationalisierung gewonnenen Gelder in die Entwicklungshilfe zurückfließen zu lassen". Mit einem Anteil von 0,48% (1998 voraussichtlich 0,41%) des BIP leistete Frankreich 1996 - unter Einrechnung der Überseeterritorien! - vor Deutschland (0,31%), Großbritannien (0,27%) und den USA (0,12%) den relativ höchsten Beitrag der G7-Staaten zur öffentlichen Entwicklungshilfe (ODA). Die Gesamtaufwendungen lagen 1996 bei FF 38 Mrd., wobei die Hälfte auf die Finanzielle Zusammenarbeit (Deutschland: 66%) entfiel. Nach wie vor ist rund die Hälfte der - in den vergangenen Jahren vor allem im bilateralen Bereich gekürzten - französischen Leistungen für das subsaharische Afrika, ein knappes Siebtel für Nordafrika bestimmt. Die Zahl der in den Ländern des *champ* tätigen *coopérants techniques* ist in der vergangenen Dekade von 80 000 (1986) auf 31 956 (1996) zurückgegangen.

3. Verringerte Militärpräsenz und neue Militärdoktrin

Als Alain Richard Ende Juli 1997 zu seiner ersten Afrikareise als französischer Verteidigungsminister aufbrach - sie führte ihn nach Gabun, in den Tschad und die Zentralafrikanische Republik -, erklärte er, an der von der konservativen Regierung eingeleiteten Reform der französischen Streitkräfte festhalten und die Zahl der in Afrika stationierten französischen Truppen "um mindestens ein Viertel" reduzieren zu wollen. Die inzwischen - nach Abschaffung der allgemeinen Wehrpflicht (November 1997) und unter dem Druck der Maastricht-Kriterien - überarbeiteten Pläne sehen harte Einschnitte und eine veränderte Militärdoktrin vor. Frankreich, das acht afrikanischen Staaten durch Verteidigungsabkommen und 15 weiteren durch Verträge über technische und militärische Zusammenarbeit verbunden ist, hat im Herbst 1997 begonnen, die Zahl der in Afrika stationierten Soldaten um etwa vierzig Prozent zu reduzieren. Die französischen Basen in Bangui und Bouar (ZAR) wurden bis zum Frühjahr 1998 geschlossen und die dort stationierten 1500 Soldaten abgezogen (s.u.). Bis zum Jahr 2002 soll die Zahl der verbliebenen, künftig ohne ihre Familien in Afrika stationierten französischen Soldaten von heute 6 700 auf etwa 5 000 reduziert werden. Als unbeabsichtigter Nebeneffekt geht den lokalen Märkten ein kaufkräftiges Publikum verloren. Die Zahl französischer Militärberater, die in afrikanischen Armeen, der Gendarmerie und Präsidentengarden Dienst tun, soll überdies um 70 auf 570 sinken. Diese Reduktionen werden von den betroffenen Regimen, die sich durch die Präsenz französischer Soldaten gegen Umstürze gefeit sehen, begreiflicherweise mit Sorge betrachtet.

Mittelfristige Planungen sehen lediglich die Beibehaltung der Stützpunkte in Dakar (1 100 Mann), Djibouti (2 800), N'Djamena (550) und Libreville (550) vor. Die Basis in der Côte d'Ivoire soll auf mittlere Sicht geschlossen werden. Die bislang für einen Zeitraum von zwei Jahren in Afrika stationierten Truppen werden durch rotierende Einheiten abgelöst, die alle vier bis sechs Monate ausgetauscht werden. Richard kündigte vor dem französischen Verteidigungsausschuß für 1998 eine Senkung der Ausgaben für die militärische Zusammenarbeit mit Afrika - die bisher bei rund FF 3 Mrd. lagen - um FF 703 Mio. an. Die vor dessen Abschaffung im Staatssekretariat für Kooperation beheimatete *Mission Militaire de Coopération* (MMC) untersteht künftig dem Verteidigungsministerium.

Um die regionale militärische Zusammenarbeit afrikanischer Staaten zu fördern, will Paris seinen Beitrag zur Ausbildung afrikanischer Militärs in Zukunft verstärkt in Afrika leisten und noch 1998 mit der Einrichtung von vier überregionalen Militärschulen in Abidjan (Côte d'Ivoire), Lomé (Togo), Thiès (Senegal) und Rosso (Mauretanien) beginnen. Gleichzeitig soll die Zahl der in Frankreich ausgebildeten afrikanischen Militärs bis zum Jahr 2000 halbiert werden. Diese Neuerungen fügen sich in das französische Konzept einer *Renforcement des Capacités Africaines de Maintien de la Paix* (RECAMP), die sich von der Zielsetzung her im wesentlichen mit der von US-Seite lancierten *African Crisis Response Initiative* deckt. Nach zwischenzeitlich heftigen, im Mai 1997 beigelegten Kontroversen über Teilnehmer und Entscheidungsstrukturen wird der Aufbau und die Ausrüstung von schnell abrufbaren Einheiten, nicht aber einer afrikanischen

Friedenstruppe inzwischen von Paris, Washington und London gemeinsam unterstützt. Die jeweiligen Initiativen werden als komplementär angesehen.

Französische Militärpräsenz in Afrika (30.6.1997)

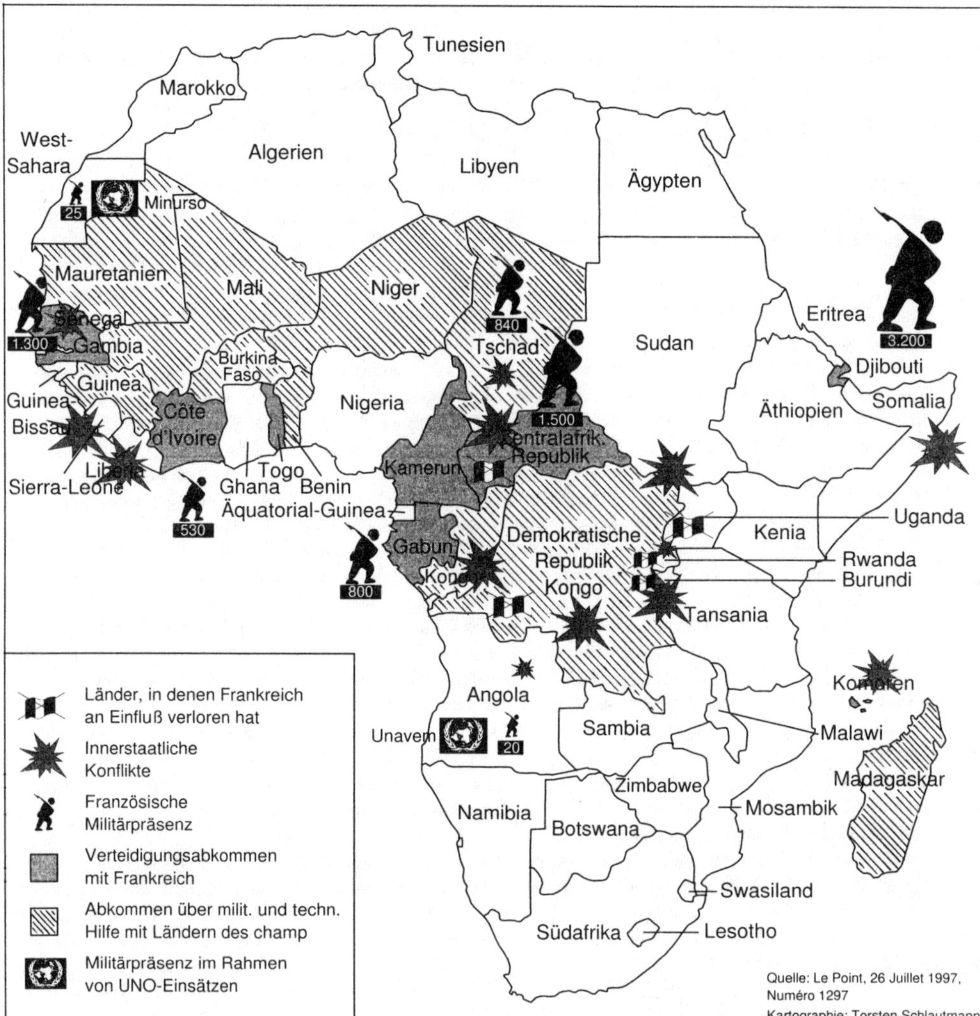

Quelle: Le Point, 26 Juillet 1997, Numéro 1297
Kartographie: Torsten Schlautmann

Nachdem in Rwanda erstmals eine von Frankreich gestützte Armee eine militärische Niederlage hinnehmen mußte, sollen auch die Verteidigungsabkommen, deren Geheimklauseln bislang nur den beteiligten Staatschefs, Verteidigungsministern und Generalstabschefs, nicht aber den Parlamentariern bekannt waren, überarbeitet werden. Presseberichten zufolge sollen die Passagen, die Frankreich in der Vergangenheit auch im Falle interner Unruhen Interventionsrechte zusicherten, zwar nicht neu verhandelt, aber doch neu formuliert werden. Frankreich, das - so Chirac im Herbst 1996 vor dem französischen Kabinett - auch im militärischen Bereich nicht mehr die Mittel für seine Ambitionen hat, will sich künftig nicht mehr in innerafrikanische Auseinandersetzungen hineinziehen lassen - und als Grund für militärisches Eingreifen nur noch den Schutz bedrohter Franzosen oder Ausländer akzeptieren. Die neue Doktrin fand im Sommer 1997 erstmals in Brazzaville Anwendung, als die erwartete französische Militärintervention ausblieb. Inzwischen soll auch ein Ersuchen des senegalesischen Präsidenten Abdou Diouf, der angesichts des Casamance-Konfliktes um militärischen Beistand bat, abschlägig beschieden worden sein.

4. Von der Doktrin zur Praxis: drei Fallbeispiele

Seit den umfangreichen Reformankündigungen im Sommer 1997 konnte sich die neue französische Afrikapolitik gleich an zahlreichen "heißen Punkten" bewähren, wenngleich vorausgesetzt werden darf, daß eine Internalisierung neuer Prinzipien bei Entscheidungsträgern auf allen Ebenen nicht von heute auf morgen stattfindet. Überdies waren die institutionellen Veränderungen zu diesem Zeitpunkt zwar schon angekündigt, aber noch nicht umgesetzt worden. Drei paradigmatische Beispiele mögen zur Illustration des in dieser Phase typischen Schwankens zwischen Kontinuität und Wandel dienen, wobei sich (notwendigerweise kurze) historische Rückblicke auf das bilaterale Verhältnis als erforderlich erweisen.

Zwischen Engagement und Desengagement in Bangui

Frankreichs Politik gegenüber der Zentralafrikanischen Republik (ZAR) entsprach jahrzehntelang bis in die Details der Karikatur von Nord-Süd-Beziehungen, wie sie engagierte Kritiker zeichneten. Nach Belieben billigte man wohlwollend den Staatsstreich des späteren "Kaisers" Bokassa (1965), setzte seinen Vorgänger als dessen Nachfolger ein (1979) und segnete den neuerlichen Putsch Kolingbas ab (1981). Frankreich betrieb zwei Militärbasen im Lande, stellte Personal für Schlüsselposten in den wichtigen Ministerien, glich den Staatshaushalt aus und regelte die außenpolitischen Präferenzen des Landes. Eine erste Änderung trat mit der Demokratiebewegung der 1990er Jahre ein. Kolingba war als sturer Militärherrscher im Kreise der - wenigstens der Rhetorik nach - demokratiebereiten Kollegen nicht länger vermittelbar, der "Zuschußbetrieb" ZAR sollte sich reformieren. Ganz im Gegensatz zu seiner Position in den meisten ehemaligen Kolonien machte sich Frankreich nun zum Garantiefaktor des Demokratisierungsprozesses in dieser nach allen Maßstäben abhängigsten seiner Ex-Kolonien. Mit massiver französischer Hilfe wurden 1993 freie Wahlen durchgeführt und Kolingba an einer Restauration autoritärer Herrschaft gehindert. Gegenüber dem regulär gewählten Staatspräsidenten Patassé zeigte sich Paris - hinter den Kulissen - als kritisch, aber dennoch loyal. Trotzdem hatte sich etwas geändert: Mit der Demokratiebewegung waren neue Akteure auf den Plan getreten, die auch die Straße mobilisieren konnten. Und nach dem Autokraten Kolingba bemühte sich auch der vermeintliche Demokrat Patassé um eine vornehmlich ethnische Basis seiner Herrschaft. Dies machte sich unter anderem am Austausch des Personals in der Präsidentengarde bemerkbar und führte zu einer Ethnisierung von Politik.

Als die weniger privilegierten Soldaten diverser Einheiten wieder einmal keinen Sold aus der notorisch leeren Staatskasse erhalten hatten, brach im April 1996 eine erste Meuterei weniger Hundert Unzufriedener aus. Dies rief die französische Armee auf den Plan, die sicherheitshalber Präsidentenpalast und Flughafen absperrte. Doch was so harmlos an der Peripherie des Interessengebietes der *Grande Nation* begann, stellte sich in wenigen Monaten als ernsthafter Katalysator der Krise französischer Afrikapolitik heraus.

Genau einen Monat nach der ersten Erhebung folgte die zweite Meuterei. Auf Anforderung

Patassés hin griffen französische Truppen massiv ein, nachdem es im Stadtzentrum Banguis zu Plünderungen vor allem ausländischer, d.h. im wesentlichen französischer Geschäfte und Häuser gekommen war. Gegen die Angreifer auf Radio und Präsidentenpalast setzten die militärisch weit überlegenen französischen Einheiten Lenkraketen ein. Franzosen und andere Ausländer wurden an sicheren Orten versammelt und zum Teil ausgeflogen. Als Reaktion auf einen blutigen Angriff der Franzosen (mit vielen Verletzten und acht Toten unter der Zivilbevölkerung) wurde das *Centre Culturel Français* in Brand gesteckt, ein Symbol für die französische Dominanz in allen Lebensbereichen. Aus der Meuterei war ein begrenzter Volksaufstand - gegen Patassé und Paris - geworden. Der französische General Thorette verhandelte nun direkt - ohne Beteiligung der Regierung - mit den Aufständischen. Unter anderem einigte man sich auf die Bildung einer "Regierung der nationalen Einheit". Letztere führte zur Ernennung des Premierministers Jean-Paul Ngoupande, der beste Verbindungen zu Michel Dupuch, führender Afrikaberater Chiracs, unterhielt.

Dies verhinderte nicht eine dritte Meuterei gegen Jahresende, die nun explizit die Absetzung Patassés verlangte. Die militärischen Auseinandersetzungen wurden zunächst mit geringer Intensität geführt, ehe dann doch schwere Kämpfe zwischen Loyalisten und Rebellen ausbrachen und schließlich erneut die stationierten französischen Truppen eingriffen. Als am 4.1.1997 zwei französische Soldaten von Rebellen in Zivilkleidung erschossen wurden, eskalierte die Gewalt erneut. Beim brutalen Gegenschlag der französischen Truppen, die auf 2050 Mann aufgestockt wurden, kam es zu mindestens zehn Toten. Die Franzosen nahmen Rebellen gefangen und kontrollierten Stadtteile - dies alles nicht gedeckt durch Verträge, die ein solches Vorgehen hätten rechtfertigen können. Der als "koloniale Pazifizierungsaktion" gegeißelte Vorstoß wurde von der örtlichen wie auch der französischen Opposition, namentlich Jospin, scharf kritisiert. Spätestens jetzt war für Paris das Maß voll: Gegen den eigenen Willen und unter Verlusten (an eigenen Soldaten und an Prestige) einen unberechenbaren Präsidenten zu decken, war nicht mehr zumutbar. Die Analyse der Situation fiel einfach aus: Hier haben wir wenig zu gewinnen und viel zu verlieren. Nun setzte Frankreich konsequent und auch intelligent auf Desengagement - Monate vor dem Regierungswechsel in Paris.

Eine zwischenzeitliche Beruhigung war infolge der Vermittlungsmission durch vier afrikanische Staatschefs (Konaré/Mali, Bongo/Gabun, Déby/Tschad, Compaoré/Burkina Faso) im Dezember 1996 eingetreten. Zwar ist es richtig, daß diese Mission von der Opposition verlangt worden war, aber die vier Staatschefs waren direkt vom franko-afrikanischen Gipfeltreffen in Ouagadougou angereist und taten dies wohl auch auf französische Veranlassung hin. Im Januar einigten sich die Kontrahenten auf ein Abkommen, das die Entsendung einer interafrikanischen Einsatztruppe aus den vermittelnden Staaten (plus Senegal und Togo) unter dem Namen *Mission d'Intervention et de Surveillance des Accords de Bangui* (MISAB) vorsah. Frankreich beteiligte sich über die Gestellung von Logistik und mittels finanzieller Unterstützung. Damit hatte man sich geschickt aus dem Schußfeld begeben, behielt aber die Fäden weitgehend in der Hand. Ende Februar 1997 konnte sich Frankreich zur Abberufung seiner 23 für Patassé persönlich abgestellten Sicherheitsbeamten entschließen. In der Uniform der Präsidialgarde, die auch diese *coopérants* trugen, waren schwere Verbrechen geschehen - so wollte man sich nun nicht mehr kompromittieren lassen. Ein letztes Mal mußten französische Soldaten im Mai in Kämpfe eingreifen.

Gerade wegen der scharfen Stellungnahme Jospins wurde die ZAR zu einem offensichtlichen Testfall für die neue französiche Afrikapolitik nach dem Regierungswechsel. Ende Juli 1997 erklärte der neue sozialistische Verteidigungsminister Alain Richard, die französische Militärbasis in Bouar werde umgehend geschlossen, diejenige in Bangui in Schritten abgebaut. Schneller als ursprünglich geplant wurde dieses Ziel, auch unter dem Eindruck eines Ultimatums des irritierten "gebürtigen Gaullisten" Patassé (so die Selbstbezeichnung) im Frühjahr 1998 erreicht.

Ein Erfolg für die neue französische Diplomatie war gleichfalls die Anerkennung der MISAB durch den UN-Sicherheitsrat, der sogar ein Mandat nach Kapitel VII der UN-Charta zuerkannte. Die MISAB wurde schließlich am 15.4.1998 durch eine offizielle UN-Truppe ersetzt, in die nun auch ein nicht-frankophones Kontingent (aus Ägypten, außerdem neu vertreten: Kanada und Côte d'Ivoire) unter Beibehaltung französischer Logistik integriert wurde. Frankreich hatte sich (beginnend schon unter der Regierung Juppé) schrittweise aus seinen Verpflichtungen zurückgezogen, besaß aber im Vergleich zu anderen äußeren Akteuren immer noch die meisten Einflußmöglichkeiten. Einen bitteren Beigeschmack enthielt die zentralafrikanische Lektion dennoch: Selbst in den am besten kontrollierten Ex-Kolonien waren sozialer Wandel und politische Konjunktur nicht beliebig von außen zu bestimmen.

Stille Genugtuung und Primat wirtschaftlicher Interessen in Brazzaville

In Brazzaville war die Ausgangsposition eine andere. Dem pro-französisch-konservativen Abt Fulbert Youlou war hier 1963 ein Militärregime gefolgt, das einer revolutionären Rhetorik anhing. Dennoch arrangierte man sich mit Frankreich, dessen Erdölgigant *Elf Aquitaine* den Löwenanteil an den örtlichen Ölvorkommen ausbeutete. Zumal der letzte Diktator Denis Sassou Nguesso galt als Paris-freundlich. Er wurde aber durch den säkularen Demokratieschub aus dem Amt geworfen. Schon die souveräne Nationalkonferenz forderte 1991 eine Buchprüfung bei den wichtigsten Erdölunternehmen, dies zielte vornehmlich auf Elf. Der Übergangspremierminister Milongo nahm sich Freiheiten und wollte offenbar die Erdölgeschäfte umdirigieren: weg von Elf, hin zu US-Investoren. So jedenfalls sah es Paris, das einen pro-amerikanischen Kurs eines Mannes ausmachte, der sich selbst als reines Produkt französischer Ausbildung porträtierte. Milongo beklagte sich in einem an Mitterrand adressierten und in *Le Figaro* veröffentlichten Brief bitter darüber, daß die französische Politik auf wirtschaftlichen Vorteil und nicht zur Unterstützung der Demokratie angelegt sei. Der neue Präsident Pascal Lissouba, im August 1992 nach Absprachen mit Sassou Nguesso im zweiten Wahlgang auserkoren, zeigte sich noch unabhängiger. Im April 1993 besiegelte er einen Vertrag mit dem US-Konzern OXY, in dem 75 Mio. t. Erdöl noch vor deren Produktion in bislang von Elf und Agip ausgebeuteten Ölfeldern an den neuen Interessenten für die sofortige Zahlung von $ 150 Mio. verkauft werden sollten. Fortan wurde er sowohl von Elf als auch von Frankreich unter Druck gesetzt. Und er gab nach.

Die Druckmöglichkeiten Frankreichs und seines "wichtigsten Steuerzahlers" Elf ergaben sich auch hier aus der prekären Lage der Staatsfinanzen. Wie die monatliche Gehaltsrechnung der Beamten zu bezahlen sei, sorgte bei den kongolesischen Entscheidungsträgern fortgesetzt für Kopfzerbrechen - ein Problem, das sich in früheren Zeiten über eine Budgethilfe des Großen Bruders immer lösen ließ. Sassou Nguesso kannte die Vielfalt und Einwirkungsmöglichkeiten seiner französischen Gesprächspartner sehr viel genauer als sein demokratisch besser legitimierter Nachfolger. Und jene schätzten sein eindeutig pro-französisches Credo. In der Enttäuschung über Lissouba warteten die französischen Entscheidungsträger ab, bis sich eine günstige Gelegenheit für eine Neugestaltung ergab. Elf investierte derweil weiter in seine *off-shore*-Ölfelder und kontrollierte 1995 80% der Erdölproduktion, aber Lissouba öffnete den Markt auch für die angelsächsische Konkurrenz.

Die ersten fünf Jahre Parteienpluralismus waren im Kongo mehr als irgendwo sonst durch Tribalisierung und Veralltäglichung von Gewalt geprägt. Die wichtigsten Parteibündnisse schufen sich Milizen, die das Gewaltmonopol des Staates schon seit Ende 1993 erschütterten. 1997 spitzte sich der Machtkampf zwischen dem einstigen Staatschef Sassou Nguesso und dem gewählten Präsidenten Lissouba im Hinblick auf die für Juli angesetzten Wahlen zu. Sassou Nguesso, zuerst von Lissoubas Kräften attackiert, ging im Juni zum Angriff über und gewann nach vier Monaten die militärische Auseinandersetzung. Dies geschah nicht ohne eine kriegsentscheidende angolanische Unterstützung, weshalb - wie in der Region der Großen Seen - auch hier regionale Akteure gegenüber kontinentfremden Mächten Bedeutung gewannen.

Das offizielle Frankreich dagegen entsagte - entgegen seiner Tradition, aber in Eintracht mit dem UN-Sicherheitsrat - jeglichem Engagement. Im Regelfall militärisch an der Seite bedrohter Regime aus dem *pré-carré* im Einsatz, wurde Lissouba eben nicht gestützt - und zwar im Zeichen einer neuen, zurückhaltenden Afrikapolitik, deren erste Opfer Brazzaville und seine Einwohner nun werden sollten. Französische Soldaten waren sehr wohl vor Ort: 450 Soldaten waren im Hinblick auf die eventuelle Evakuierung von Ausländern aus dem am anderen Flußufer liegenden

Kinshasa hier stationiert, falls der Bürgerkrieg im bald nominal "demokratischen" Kongo ausarten sollte. Sie wurden im Juni verstärkt, um nun die gleiche Aufgabe im kleineren Bruderstaat zu übernehmen: 6 000 Personen wurden in drei Wochen ausgeflogen (*"Opération Pélican 2"*). Dies war explizit die einzige Aufgabe französischer Truppen. Josselin nannte den Bürgerkrieg einen "kollektiven Selbstmord", den man schlecht stoppen könne. Die Motive für diese Zurückhaltung waren aber vielfältig. An erster Stelle sind wohl die Erfahrungen aus dem rwandischen Bürgerkrieg zu nennen, wo man 1994 eindeutig eine - und zwar die unterlegene - Seite unterstützt hatte. Mindestens ebenso signifikant: Die französischen Interessen lagen abseits der umkämpften Hauptstadt, im wesentlichen unter dem Meeresboden, weshalb der Bürgerkrieg auch nicht weiter störte; die Erdölproduktion ging fast ungebrochen ihren Gang. Handlungsbedarf bestand auch deshalb nicht, weil mit dem Kongo nie ein Verteidigungsabkommen geschlossen wurde (im Unterschied zu Côte d'Ivoire, Djibouti, Gabun, Kamerun, Komoren, Senegal, Togo und ZAR), was in der Vergangenheit allerdings Interventionen im Tschad, in Zaïre und Rwanda auch nicht ausgeschlossen hatte. Stattdessen setzte sich Frankreich, an der Spitze Präsident Chirac, für die Vermittlungsmission Omar Bongos ein. Und man gab zu verstehen, daß man sich an einer internationalen Friedenstruppe beteiligen würde; diese konkretisierte sich allerdings nie.

Lissouba beklagte sich im französischen Auslandssender *Radio France Internationale* (RFI) bitter, er sei von seinen Freunden verlassen worden. Französische Offizielle konnte er mit dieser Umschreibung eigentlich gar nicht gemeint haben. Noch weniger war dies denkbar bei Elf, das zum Höhepunkt der Krise gar die Zahlung der Erdöl-*royalties* an die Regierung Kongos aussetzte (und dann von Frankreichs Regierung zur erneuten Auszahlung angewiesen wurde). Sassou Nguesso empfing einen Tag nach seiner Selbstinvestitur (25.10.) den Elf-Generaldirektor Jaffré, ganz so als sei nichts gewesen und in der Hoffnung auf eine nahtlose Anknüpfung an die einstigen, beiderseitig vorteilhaften Beziehungen. International regte sich erstaunlich wenig Protest gegen eine rein militärische Machtübernahme in einer (wenn auch brüchigen) Demokratie. Zwei Monate nach seinem Sieg ließ sich Sassou Nguesso in Paris feiern. Chirac dinierte mit ihm, ein Zeichen von besonderer Vertrautheit; Jospin und Josselin empfingen den neuen/alten Diktator, der von nun an allerdings auf der Klaviatur des Mehrparteiensystems spielen soll - ein Instrument, das er nur sehr schlecht beherrscht.

Lissouba behauptete derweil, daß Elf den Krieg Sassou Nguessos mit $ 250 Mio. finanziert und mit logistischer Hilfe unterstützt habe. Der abgesetzte Präsident strengte eine Klage gegen Elf wegen "Beihilfe zum Staatsstreich" an, aber sein Begehren wurde von der Staatsanwaltschaft Paris für unzulässig erklärt. Gegen einen Mitarbeiter Lissoubas erhob Elf seinerseits Anklage wegen Verleumdung.

Zurückhaltung aus Peinlichkeit in Anjouan

Die französischen Beziehungen zu den Komoren sind an Einflußnahmen reich: Zuletzt hatten 600 Soldaten der *Grande Nation* 1995 den von der Söldnerlegende Bob Denard angeführten Putsch - einer von 17 seit der Unabhängigkeit - gewaltsam beendet, nachdem der Ministerpräsident um Hilfe gegen den Umstürzler (Nationalität: Franzose) gerufen hatte. Statt dem alten, nicht sonderlich genehmen Präsidenten Djohar wurde die Macht einer Übergangsregierung übergeben, die bald um einige Putschsympathisanten erweitert wurde. Im Sommer 1997 drohten zwei Inseln der Republik bzw. dem größten und dominanten Eiland, nämlich Grande Comore, abtrünnig zu werden: Anjouan (Nzwani) und Mohéli (Mwali). Der Unabhängigkeit sollte die Wiederangliederung an Frankreich folgen, erklärten einige Aufständische. So schmeichelhaft dies auch klingen mochte: Paris zeigte sich irritiert.

Vorbild für die beiden Inseln war die vierte Komoreninsel Mayotte, die 1974 und 1976 in mehreren Referenden gegen die Unabhängigkeit vom Mutterland gestimmt hatte und alle Vorzüge eines Übersee-Teritoriums genoß: französische Sozialgesetzgebung, öffentliche Schulen, Investitionen und gelegentliche Infrastrukturmaßnahmen - etwa im Zuge eines 1986 vom damaligen Premierminister Jacques Chirac in die Wege geleiteten Entwicklungsplanes. Mayotte war auch ein Teil des komorischen Problems: Ohne das kleine Eldorado vor der Haustür wäre die Misere der restlichen Inseln gar nicht so auffällig gewesen. Zum Teil mochte diese in eigener Verantwortung liegen; aber das einst als Drehscheibe für den Handel mit dem international geächteten Apartheidregime benötigte Inselreich erhielt im Zeichen seiner neuen Überflüssigkeit nicht unbedingt zusätzliche Kompensationen des wichtigsten Geldgebers Frankeich. Der völkerrechtliche Anspruch auf die Eingliederung Mayottes in den komorischen Staatsverband gehörte gleichzeitig mit großer Regelmäßigkeit zur außenpolitischen Zielsetzung der sich abwechselnden Regierungen.

Dies lag plötzlich nicht mehr im Trend: "Anjouan gehört den Anjouanern und ist offiziell seit dem 14. Juli der französischen Republik angegliedert", erklärte ein führender Sezessionist. An jenem französischen Nationalfeiertag starben zwei Personen. Die Unabhängigkeitserklärung folgte drei Wochen später. Französische Insignien zierten die Präfektur, so manche Moschee und die Demonstranten selbst: "Frankreich für alle" war auf Spruchbändern zu lesen, Fotos von Jacques Chirac prangten allenthalben. Aber das Aufziehen der französischen Flagge mußte nicht irgendeiner Nostalgie entsprechen. "Sie schießen uns dann vielleicht nicht über den Haufen", meinten einige Sezessionisten mit Blick auf die nationale Armee, die dann tatsächlich Anfang September zum Sturm blies - und triumphal zurückgeschlagen wurde (ca. 40 Tote; 82 Regierungssoldaten gefangen). Der vorrangige Wunsch (Angliederung an Frankreich) wurde denn auch bald von einigen Aktivisten um die zweitbeste Lösung ergänzt (Unabhängigkeit), mit der dritten Fassung in der Hinterhand (Konföderation der Inseln). Paris wiederholte standhaft, daß die territoriale Integrität der Islamischen Bundesrepublik erhalten bleiben sollte. Die Aufforderung der komorischen Regierung zur Entsendung von Truppen nach ihrem Rückschlag wurde ebenfalls abschlägig beschieden: Es handle sich um eine innere Angelegenheit des Landes. Man erinnere sich: Mit Moroni besteht ein Verteidigungsabkommen, früher alle Mal geeigneter Vorwand für eine Intervention. Wenig später zogen sich sogar die letzten französischen Truppen von Moroni nach Mayotte zurück, die Beziehungen zu Präsident Taki kühlten merklich ab. Aber selbst die von Separatisten und komorischer Opposition vorgebrachte Bitte um französische Vermittlung wurde zurückgewiesen - Desengagement auf ganzer Linie auch im Indischen Ozean also.

Zurecht vermutete das Quai d'Orsay, die Hintergründe des Konflikts seien vornehmlich ökonomischer und sozialer Natur. Aber peinlich war der Vorgang schon. Die Inseln drohten einen Präzedenzfall zu schaffen: Wenn alle bzw. zunächst nur die ärmsten Ex-Kolonien "heim nach Frankreich" drängten, dann entspräche dies nicht nur einer "Wiedervereinigung" mit den heruntergekommensten "Brüdern und Schwestern" - ergänze gedanklich: mit all den erwarteten Transferverpflichtungen -, es wäre auch ein Armutszeugnis für die nachkoloniale französische Stabilitätspolitik in Afrika.

Wie schon in Bangui setzte Frankreich auf die "afrikanische Lösung". Gerne sah man, daß die OAU einen Unterhändler nach Moroni schickte, dazu noch den ivorischen Botschafter in Addis Abeba, der mit dem Vertrauensvorschuß eines guten Verbündeten zu Werke ging. Allzu erfolgreich war seine Mission zwar nicht, doch es gab Grund zum Aufatmen: Am 25.2.1998 votierten die Einwohner Anjouans für eine eigene Verfassung; von Frankreich war im Text nicht mehr die Rede.

Der Überblick zur ZAR, zu Kongo und den Komoren erweist, daß sich Frankreich schon vor dem Regierungswechsel Mitte 1997 auf einem Kurs des allmählichen Desengagements befunden hatte, die neue Rhetorik aber mit der sich verändernden Interessenlage besser harmonierte. In allen drei Ländern behielt Paris bei absolutem Rückgang der Einflußmöglichkeiten und bei Senkung eigener Kosten den relativen Vorrang vor anderen externen Akteuren. Eine wirkliche Nagelprobe wäre aber erst mit Krisen in den vier Kernländern französischen Interesses gegeben, nämlich Côte d'Ivoire, Gabun, Kamerun und Senegal. Es ist schwer vorstellbar, daß sich das offizielle Paris dann gelassen zurücklehnen könnte.

5. Terrain perdu?

Der Versuch der französischen Regierung, eine Neuorientierung ihrer Afrikapolitik einzuleiten und die überkommene Besitzstandspolitik durch eine kontinentale Orientierung zu überwinden, wird auch in Zukunft kolonial geprägte Traditionen, demokratische Ansprüche und den Versuch ökonomischer Interessenwahrung im Widerspruch sehen. Was die "gehegte Partnerschaft" der Zukunft von den "privilegierten Beziehungen" der Vergangenheit unterscheiden wird, ist im einzelnen nicht präzise abzusehen. Dennoch deutet alles darauf hin, daß die jetzt im Einvernehmen von Elysée und Matignon bekanntgegebenen Reformen keine radikale außenpolitische Wende einleiten werden - und Afrika auch in Zukunft eine Kernfrage französischer Selbstvergewisserung bleiben wird. Bei allem öffentlich vorgetragenen Reformwillen darf nicht übersehen werden, daß sich die jüngsten Reformen vor allem ökonomischen Zwängen und veränderten geopolitischen Konstellationen verdanken. Frankreichs wachsende Bereitschaft, seine Afrikapolitik zu überdenken, geht mit abnehmenden Außenhandelsinteressen einher. In den vergangenen fünfzehn Jahren ist die Zahl der im subsaharischen Afrika ansässigen Franzosen von 250 000 auf 120 000 bis 130 000 zurückgegangen, waren 1997 nur noch 5,3% der französischen Exporte und weniger als 20% der französischen Auslandsdirektinvestitionen für afrikanische Länder bestimmt. Die Bedeutung Afrikas für die französische Exportwirtschaft bleibt weit hinter der Asiens zurück. 1996 bezogen nur noch sieben afrikanische Länder mehr als 20% ihrer Importe aus dem Hexagon (Ausnahmen: Komoren 60%, Kamerun 42%), stammten nur noch 4,3% der französischen Importe aus Afrika.

Vor diesem Hintergrund erscheinen von Teilen der politischen Klasse angestrengte Versuche, die jüngsten Mißerfolge der französischen Afrikapolitik weniger dem eigenen Politikstil und überholten geopolitischen Konzeptionen als "angelsächsischer Konspiration" anzulasten, wenig hilfreich. In maßgeblichen Teilen der französischen Öffentlichkeit findet die Auffassung, der "Kabila-Effekt" und die jüngsten antifranzösischen Proteste seien vor allem auf US-amerikanische Bergbauinteressen zurückzuführen, noch immer prominente Anhänger. Obwohl Sprachforscher einwenden, es mache wenig Sinn, amerikanische Gegenwartsinteressen in Begriffen zu analysieren, die ihre Bedeutung seit 1066 verloren haben, und vermuten, "angelsächsisch" sei "simply a code for what we are not", verweist die Debatte auf anhaltende Wahrnehmungsprobleme einer politischen Kultur, in der eine amerikaskeptische Linke und ein um nationale Selbstbehauptung bemühter Gaullismus immer wieder zu ähnlichen Positionen gefunden haben.

Ohne Zweifel haben sich die Einflußkoordinaten in West- und Zentralafrika in jüngster Zeit zuungunsten Frankreichs verschoben, haben die USA Frankreich als Haupthandelspartner einiger afrikanischer Länder abgelöst. Aber der "Krieg der Steine" in Bangui, der Boykott französischer Geschäfte in Douala (nach umstrittenen Präsidentschaftswahlen), der Ansturm auf das *Lycée Français* in Lomé (nach freundlichen Äußerungen Pasquas über Diktator Eyadéma) und die Belästigungen französischer Staatsbürger in Libreville (nach umstrittenen Präsidentschaftswahlen) sind damit nicht erklärt. Die wachsende Frankreichskepsis vor allem der jüngeren afrikanischen Generation hat, bei aller Rohstoffkonkurrenz, als wichtigen Grund eine raumbezogene Machtpolitik, die afrikanische Entwicklungsinteressen nicht selten französischen Einflußinteressen unterordnete und Geschichtsstolz mit Geschichtsbewußtsein verwechselte.

Angesichts des von Teilen der Pariser Presse als dramatisch erlebten französischen Einflußverlustes, der ungewissen Zukunft der Franc-Zone, der Krise der Frankophonie, dem Diktat von Sparzwängen und sich häufender afrikanischer Proteste gegen die französische Unterstützung alternder Dikatoren steht die neue sozialistische Administration vor der Aufgabe, Glaubwürdigkeitslücken zu schließen und ein konzeptionelles Vakuum zu füllen. Dies ist ihr - siehe Kongo - in ihrem ersten Jahr der Verantwortung noch nicht gelungen. Dabei wird es aus Sicht der afrikanischen Demokratiebewegungen wichtig sein, ob und wie sich die neue Regierung auf eine konsequentere Unterstützung demokratischer Ansätze verständigen wird. Josselin hat als Kooperationsminister politisch motivierte Sanktionen (bei Menschenrechtsverletzungen, Korruption) nicht mehr ausgeschlossen und der frühere französische Premierminister und Vorsitzende der Sozialistischen Internationale, Pierre Mauroy, hat mehrfach öffentlich erklärt, Frankreich habe in der Vergangenheit Politiker gestützt, die die Demokratie "abscheulich" geringschätzten.

Solchen Einsichten steht - zumindest bislang - die strukturelle Ambivalenz einer französischen Nonchalance gegenüber, die den Ägypter Boutros Boutros-Ghali beim jüngsten Frankophonie--Gipfel in Vietnam, an dem 22 afrikanische Staaten teilnahmen, nicht per Wahl, sondern per

Akklamation zum ersten Generalsekretär der Frankophonie "wählen" ließ. Im Vorfeld der von Präsident Chirac durchgesetzten Akklamationswahl, gegen die Benins Präsident Kérékou mit einer Politik des leeren Stuhls protestierte, waren Meinungsunterschiede zwischen Kanada und Frankreich über die Frage deutlich geworden, ob die Frankophonie - wie das Commonwealth - Menschenrechtsverletzungen von Mitgliedsstaaten mit Sanktionen ahnden solle: Paris, das 1996 einen kritischen Bericht der UN-Menschenrechtskommission zur Situation im Tschad torpediert hatte, hatte dem nigerianischen Militärregime im Vorfeld des Gipfels - als Gegenleistung für die Einführung des Französischen als zweiter Fremdsprache - die Aufnahme in die Frankophonie angeboten. Andererseits war das französische Außenministerium Mitte 1998 anläßlich von offensichtlichen Wahlmanipulationen bei den Präsidentschaftwahlen in Togo erstmals bereit, den Entwurf einer kritischen Stellungnahme durch die EU-Kommission mitzutragen.

Gérard Prunier hat bei Gelegenheit geschrieben, Frankreich müsse in Afrika lernen, in Würde zu altern. Dabei wird es interessant sein zu sehen, ob die jetzt bekannt gewordenen (und noch vagen) Absprachen mit der neuen britischen Regierung, die die Menschenrechte in den Mittelpunkt ihrer Außenpolitik stellen will, afrikapolitische Konsequenzen haben werden. Der britische Außenminister Cook und sein französischer Kollege Védrine sollen auch die Möglichkeit einer formellen Absprache zum Waffenexport ventiliert haben, der verhindern soll, daß ein Land aus dem mit Menschenrechtsverletzungen begründeten Lieferboykott des anderen ökonomische Vorteile zieht. Solche neuen Töne sind sicherlich bemerkenswert, für eine empirisch gesättigte Bewertung von Relevanz und Reichweite der in Angriff genommenen Reformen ist es allerdings noch zu früh.

Noch immer sind es vor allem drei Faktoren, die die franko-afrikanischen Beziehungen als problematischen und fortgesetzt reformbedürftigen Sonderfall der internationalen und der Nord--Süd-Beziehungen erscheinen lassen: die exklusive, parlamentarisch unkontrollierte afrikapolitische Machtfülle französischer Präsidenten; eine Militärpolitik, die Stabilität in erster Linie als Wahrung des staatlich-territorialen Status quo begreift und die halbherzige, wenig prinzipienfeste Unterstützung demokratischer Reformen. Frankreich, das es seit Faschoda häufig verstanden hat, Niederlagen in politische Vorteile zu verwandeln, steht vor der Herausforderung, machtorientiertes Hegemonialdenken durch eine Politik zukunftsgewandter Selbstbescheidung zu überwinden. In den Worten des französischen Außenministers: "In einer Welt, die sich globalisiert, öffnet sich auch Afrika neuen Einflüssen. Wir müssen es künftig als einen normalen Kontinent betrachten".

Chronologie der französischen Afrikapolitik 1997

08.01.	Bekräftigung privilegierter Beziehungen zu Afrika durch den gaullistischen Kooperationsminister Godfrain
15.01.	Paris-Reise von George Moose, US-Vizeaußenminister für afrikanische Angelegenheiten (u.a. Treffen mit Kooperationsminister Godfrain, Afrikaberater Dupuch). Es gäbe zwischen Washington und Paris mehr Übereinstimmungen als Meinungsverschiedenheiten zu Afrika.
20.01.	Kritik am ZAR-Einsatz der französischen Armee in der Nationalversammlung, namentlich durch Lionel Jospin
24.03.	Beerdigung des langjährigen Afrikaberaters Jacques Foccart in Anwesenheit Chiracs und zahlreicher gaullistischer Minister
April	Grundlagenpapier der PS zur künftigen Afrikapolitik (institutionelle Reformen, Steigerung der Entwicklungshilfe, Kritik an den "cellules africaines" im Elysée)
16./17.04.	Treffen der Franc-Zone-Finanzminister in Cotonou: Aufnahme von Guinea-Bissau (vollzogen am 2.5.)
30.04.	Ankündigung finanzieller Unterstützung für die zu schaffende Organisation pour l'Harmonisation du Droit des Affaires en Afrique (OHADA; Mitglieder: Äquatorialguinea, Benin, Burkina Faso, Côte d'Ivoire, Gabun, Guinea, Guinea-Bissau, Kamerun, Komoren, Kongo, Mali, Niger, Senegal, Tschad, Togo, ZAR) durch Frankreich
22.05.	Übereinkunft Frankreichs mit USA und Großbritannien bzgl. einer African Crisis Response Initiative
03.06.	Ernennung von Charles Josselin zum Kooperationsstaatssekretär
20.06.	Seminar zur "Stärkung afrikanischer Kapazitäten der Friedenserhaltung" in Paris mit militärischen und zivilen Teilnehmern aus 20 afrikanischen Ländern
03.07.	Ankündigung der Überprüfung aller Verteidigungsabkommen mit afrikanischen Ländern durch Josselin; Bekräftigung der Aufrechterhaltung "privilegierter Beziehungen zu Afrika" durch Premierminister Jospin anläßlich des Staatsbesuchs von Idriss Déby/Tschad

08.07.	Besuch Josselins in Côte d'Ivoire, Forderung nach fortgesetzten Anstrengungen im Demokratisierungsprozeß
10.07.	Erste Pressekonferenz von Josselin: Ankündigung einer Redefinition französischer Kooperationspolitik
30.07.	Besuch Josselins in Gabun, Gespräche mit Omar Bongo
Juli/Aug.	Afrikareise von Verteidigungsminister Richard (Gabun, Tschad, ZAR; Ankündigung der Schließung der Militärbasis Bouar/ZAR)
27.08.	Öffentliche Zustimmung Chiracs zu einer nicht länger interventionistischen Afrikapolitik
15./16.09.	Treffen der Franc-Zone-Finanzminister in Paris, Zufriedenheit mit allgemeiner Wirtschaftsentwicklung
03.10.	Ankündigung einer Modernisierung der Kooperationspolitik durch Außenminister Védrine
08.-12.10.	Erste Afrikareise von Außenminister Védrine (Südafrika, Äthiopien, Gabun, Côte d'Ivoire)
28.-31.10.	Josselin-Reise in die USA, Erörterung von Afrika-Themen (Treffen mit Kofi Annan/UNO, Michel Camdessus/IWF, James Wolfensohn/Weltbank, Susan Rice/US-Außenministerium)
14.-16.11.	Frankophonie-Gipfel in Hanoi
16.12.	Beschwörung eines "Geistes der Kooperation, nicht der Konkurrenz" durch die Außenminister Frankreichs und der USA
17.-21.12.	Afrikareise Jospins (Marokko, Senegal, Mali)

Literatur

Agir ici/Survie (Hg.): Les dossier noirs de la politique africaine de la France. No. 1-5, Paris 1996

Banégas, Richard/Patrick **Quantin**: Orientations et limites de l'aide française au développement démocratique: Bénin, Congo et République Centrafricaine, in: Canadian Journal of Development Studies, 1996 (special issue)

Brüne, Stefan: Under pressure for Reform: French Policies South of the Sahara, in: ders./Joachim Betz/Winrich Kühne (Hrsg.): Africa and Europe: Relations of two continents in transition, Hamburg 1994, S. 45-58

Brüne, Stefan: Zwischen Hegemonie und Entwicklungsanspruch. Die französische Afrikapolitik südlich der Sahara, Baden-Baden 1995

Brüne, Stefan: Frankreich in Afrika oder: Das Anliegen als Dilemma, in: Peter Meyns (Hrsg.): Staat und Gesellschaft in Afrika. Erosions- und Reformprozesse, Hamburg 1996, S. 386-396

Brüne, Stefan: Nachdenken in Paris. Nach dem Machtwechsel im Elyséepalast könnte in Frankreich ein afrikapolitischer Neubeginn stattfinden, in: Welternährung, 26 (1997) 3, S. 10-11

Brüne, Stefan: L'Allemagne et l'avenir des relations UE-ACP. In: GEMDEV (Hrsg.): La convention de Lomé en question. Les relations entre les pays d'Afrique, des Caraïbes et du Pacifique (ACP) et l'Union européenne après l'an 2000, Paris 1998, S. 107-119

Claus, Burghard/Eva **Weidnitzer**: Der Löwenanteil für die Länder der Frankophonie, in: Reinold E. Thiel (Hrsg.): Entwicklungspolitiken. 33 Geberprofile, Hamburg 1996, S. 98-107

Dumoulin, André: La France militaire et l'Afrique, Brüssel 1997

Gaillard, Philippe: Foccart parle. Volume I-II, Paris 1997-1998

Göller, Josef-Thomas: Frankreichs neue Afrika-Politik, in: Internationale Politik und Gesellschaft, (1998) 1, S. 52-60

GEMDEV (Hrsg.): La convention de Lomé en question. Les relations entre les pays d'Afrique, des Caraïbes et du Pacifique (ACP) et l'Union européenne après l'an 2000, Paris 1998

Gilguy, Christine: La réforme du dispositif de la Coopération française. Vers une normalisation "douce" des relations avec l' Afrique francophone, in: Marchés Tropicaux et Méditerranéens, 13.2.1998, S. 323-326

Haut Conseil de la Francophonie: État de la Francophonie dans le monde. Données 1995-1996, 5 études inédites, Paris 1997

Marchal, Roland: La France en quête d'une politique africaine? , in: Politique étrangère, 60 (1995) 4, S. 903-916

Marchal, Roland: France and Africa: the emergence of essential reforms?, in: International Affairs, 74 (1998) 2, S.355-372

Mehler, Andreas: Meuterei der Armee und Tribalisierung von Politik in der "demokratisierten Neokolonie" Zentralafrikanische Republik (ZAR), in: Heidrun Zinecker (Hrsg.): Kein Ende der Transition: Die "blackbox" zwischen Staat und Markt in den Nichtmarktökonomien des Südens und Ostens, i.E.

Meimeth, Michael: Frankreichs militärisches Engagement in Afrika (Stiftung Wissenschaft und Politik), Ebenhausen 1996

Observatoire Permanent de la Coopération Française: Rapport 1997, Paris 1997

Yates, Douglas: Oil and the Franco-American Rivalry in Africa. Paper presented at the conference "Africa, France and the United States", Bordeaux, 22.-24. May 1997

Afrika-Jahrbuch 1997, S. 59-70

Dirk Kohnert

Der Euro, ein Segen für Afrika? Folgen der Anbindung der afrikanischen Franc-Zone an den Euro

1. Einleitung

Die Einführung des Euro zu Beginn des Jahres 1999 hat eine in der deutschen Öffentlichkeit bisher wenig beachtete Nebenwirkung; sie wird einen wesentlichen Einfluß auf die Wirtschaftsentwicklung der west- und zentralafrikanischen Franc-Zone ausüben. Da der Franc CFA ([1]) über ein jahrzehntealtes Kredit- und Budgetabkommen direkt an den französischen Franc (FF) gebunden ist, und der FF gemäß dem Vertrag von Maastricht im Euro aufgeht, wird auch der CFA-Franc ab dem 1.1.1999 an den Euro gebunden sein. Die weitaus überwiegende Mehrheit der politischen Entscheidungsträger in den betroffenen europäischen und afrikanischen Staaten erhofft sich von dieser Anbindung segensreiche Effekte auch für die afrikanischen Wirtschaften. Die Expertisen der Befürworter sind nicht immer unparteiisch, wie im Folgenden gezeigt wird. Es werden zwar keine blühenden Landschaften in den krisengeschüttelten afrikanischen Ländern versprochen, aber die Verantwortlichen in Paris werden nicht müde zu versichern, daß die Anbindung des F CFA an den Euro nur eine Fortführung des *status quo* bedeute, und wenn überhaupt, dann einen positiven Einfluß auf die CFA-Zone habe: mehr Stabilität durch Anlehnung an eine international respektierte und machtvolle Referenzwährung, verstärkte Investitionsneigung der europäischen Partner Afrikas, bessere Absatzchancen auf dem europäischen Markt etc.. Selbst orthodoxe Vertreter neoliberaler Theorien wie der IWF -dem in Bezug auf die Entwicklungszusammenarbeit und Strukturanpassung der Länder der CFA-Zone eine immer gewichtigere Stimme zugestanden wird - empfehlen in dieser Frage die Fortschreibung aus der Kolonialzeit übernommener dirigistischer inflexibler Regelungen, obwohl sie sonst eher marktwirtschaftlichen Lösungen den Vorzug geben.

Die internationale Diskussion ist gekennzeichnet durch eine gewisse Einseitigkeit. Fragen nach der Effektivität der Währungsunion für die afrikanischen CFA-Länder (gemessen an deren eigener Zielsetzung: Entwicklung und Integration) werden weitgehend tabuisiert oder voreingenommen behandelt. Fundierte Analysen unabhängiger afrikanischer Wissenschaftler, die zu abweichenden Ergebnissen kommen, werden zum Beispiel in den einschlägigen IMF-Publikationen totgeschwiegen (s. Hadjimichael/Galy 1997). Die deutsche Bundesregierung mußte auf eine kleine Anfrage von Abgeordneten der Opposition zu den Folgen der Anbindung der Franc-Zone an den Euro (am 26.03.98) zugeben, daß ihr nicht bekannt ist, ob Alternativen zur Fortführung der bestehenden Vereinbarungen Frankreichs in Erwägung gezogen wurden.

Dieses Desinteresse an abweichenden afrikanischen Positionen kommt nicht von ungefähr; verständlicherweise verfolgen die politischen Entscheidungsträger erst einmal ihre eigenen Interessen. Frankreichs *messieurs Afrique* - ebenso wie ihre afrikanischen Juniorpartner, die bisher

[1] Der ursprüngliche "*Franc des Colonies Françaises d'Afrique*" oder Franc CFA (steht heute für: "Communauté Financière Africaine" in Westafrika bzw. "Coopération Financière en Afrique Centrale" in Zentralafrika) wurde als fest an die Leitwährung (FF) der französischen Kolonien gebundene Währung formell kurz vor Beginn des 2. Weltkrieges (1939) geschaffen und im Oktober 1948 auf eine Parität von 1 FF = 0,5 F CFA festgelegt. Zur Geschichte und Struktur der CFA-Zone bis 1994 s. detaillierter Kohnert 1994 sowie die dort angegebene Literatur. Die afrikanische CFA-Zone umfaßt derzeit insgesamt 15 Staaten in drei Zonen mit jeweils einer Zentralbank:

(i) 8 westafrikanische Länder (UEMOA, *Union Economique et Monétaire Ouest-Africaine*: Benin, Burkina Faso, Côte d' Ivoire, Guinea Bissau (ab 01.05.97), Mali, Niger, Senegal, Togo; mit der *Banque Centrale des Etats de l'Afrique de l' Ouest*, BCEAO);

(ii) 6 zentralafrikanische Länder (CEMAC, *Communauté Economique et Monétaire de l'Afrique Centrale*: Äquatorial-Guinea, Gabun, Kamerun, Kongo-Brazaville, Tschad, Zentralafrikanische Republik, mit der *Banque Centrale des Etats de l'Afrique Centrale*, BEAC), sowie

(iii) die Komoren mit der *Banque Centrale des Comores*, die den "*Franc Comorien*" herausgeben.

Die Franc-Zone schließt außerdem Frankreich, seine Überseedepartements (DOM-TOM), Monaco und Mayotte ein.

von der französischen *chasse gardée* profitierten - möchten deren Vorteile soweit wie möglich erhalten. Andere EU-Staaten wie Deutschland, Niederlande oder Großbritannien sorgen sich vor allem um die Aufweichung der Konvergenzkriterien des Maastrichtvertrages durch höhere Staatsverschuldung Frankreichs wegen eventuell steigender Unterstützungszahlungen an CFA-Länder. Die deutsche Bundesbank fürchtet die Schaffung von Präzedenzfällen (z.B. Währungsabkommen zwischen Spanien und Lateinamerika, Großbritannien und Commonwealth-Ländern). Diese Bedenken sind nicht ganz unbegründet, wie die bilaterale Entscheidung Portugals für die Einrichtung einer Escudo-Zone mit Kap Verde am 17. März 1998 zeigte. Die internationale Gebergemeinschaft (IWF, Weltbank, EU etc.) nimmt - nicht zuletzt aus geopolitischen Gründen - Rücksicht auf die gewachsenen Interessen der "Frankophonie", die bisher als Garant relativer politischer Stabilität in dieser krisengeschüttelten Region galt, und ist ansonsten allenfalls deswegen an einer Anbindung des F CFA interessiert, weil diese - mit der politischen - am ehesten auch die außenwirtschaftliche und makroökonomische Stabilität in der CFA-Zone zu gewährleisten scheint.

Ziel der folgenden Ausführungen ist es, eine ausgewogenere Sichtweise der Problematik der F CFA-Anbindung und deren Bedeutung für die Entwicklungschancen der CFA-Länder unter Berücksichtigung auch der afrikanischen Perspektive zu fördern. Dazu ist es unerläßlich, die historisch gewachsenen Beziehungen und Wirtschaftsstrukturen der CFA-Zone zu kennen, und ihnen gebührend Rechnung zu tragen; eine zusammenfassende Darstellung der großen Trends dieser Entwicklung soll daher im Folgenden die Grundlagen für eine Diskussion der Problematik der CFA-Anbindung legen.

2. Wirtschaftliche und gesellschaftliche Entwicklung der CFA-Zone

2.1 Währungspolitische Stabilität, erkauft durch Rentenökonomie, Patronage und Dirigismus

Über zwei Generationen hinweg galt die CFA-Zone im krisengeschüttelten afrikanischen Kontinent als ein Hort währungs- und wirtschaftspolitischer Stabilität. Gegenüber dem französischen Franc (FF) war die Parität des CFA-Franc von 1948 bis 1994 unverändert (FF 1= F CFA 50); allerdings wurde der reale Wert des CFA gegenüber Drittwährungen wie dem Dollar oder der DM - im Gefolge der Wechselkursänderungen des FF - mehrmals abgewertet. Die **vier Grundprinzipien** der CFA-Zone - fester Wechselkurs mit dem FF, freie Konvertibilität, freier Geld- und Kapitaltransfer, unbegrenzte Deckung der Zahlungsbilanzdefizite der CFA-Länder durch das französische Schatzamt, den *Trésor français*, als Gegenleistung für die Deponierung von 65% der Devisen der Mitgliedsländer - sicherten Geldwertstabilität und größere Budgetdisziplin im Vergleich zu anderen afrikanischen Staaten sowie bevorzugte Entwicklungshilfevereinbarungen. Paris wurde nicht müde, sein besonderes Verhältnis zu seinen ehemaligen afrikanischen Kolonien hervorzuheben und seine Wirtschaftsinteressen auch auf politischem, militärischem und kulturellem Gebiet abzusichern. Knapp 50 Jahre diente die CFA-Zone allerdings auch Generationen französischer Unternehmer und Politiker, den *messieurs Afrique*, und deren afrikanischen Juniorpartnern, zum eigenen Nutzen, auf Kosten des französischen Steuerzahlers sowie der Armen in den afrikanischen Ländern; sie war ein **Selbstbedienungsladen** der Elite. Französische Unternehmer in Dakar oder Abidjan gaben unumwunden zu, daß sie in Afrika doppelt so hohe Gewinnmargen wie in ihrem Mutterland verdienten. Die Preise für französische Importe im subsaharischen Afrika - durchgesetzt mittels Lieferbindungen und politischer Patronage - lagen lange Zeit 30% über den Weltmarktpreisen für vergleichbare Güter und Dienstleistungen. Damit fuhren die in das Patronageverhältnis eingebundenen afrikanischen Geschäftspartner und Intellektuellen, die an (wegen der Überbewertung des CFA) relativ billigen französischen Importen und Reisen nach Frankreich interessiert waren, ebenfalls nicht schlecht.

Der Preis dafür war, daß Paris die Geld- und Fiskalpolitik in erster Linie von seinen eigenen Außenhandelsinteressen leiten ließ (Devisen-, Zins- und Geldmengendiktat Frankreichs). Interne währungspolitische Entscheidungen Frankreichs schlugen voll auf die CFA-Länder durch (z.B. Abwertung des FF 1968), ohne auf deren Erfordernisse der Strukturanpassung Rücksicht zu nehmen. So kam es zur schleichenden Abwertung des FF, und damit des F CFA, gegenüber der

DM (zwischen 1980 und 1993 um 51% von 115 CFA auf 176 CFA) bei gleichzeitiger **Aufwertung des realen Wechselkurses** gegenüber dem US-Dollar, der Leitwährung auf den - für den afrikanischen Export entscheidenden - Weltrohstoffmärkten, **um ca. 40%** (1984 - 92). Lange Zeit wehrte Frankreich die Forderung der vom IWF angeführten internationalen Gebergemeinschaft nach einer Abwertung des CFA ab und setzte auf "interne Lösungen" zur Strukturanpassung, d.h. Deflation, Senkung der Produktionskosten und Restrukturierung des Finanzsystems.

Doch die Strukturveränderungen des Welthandels sowie mangelnder Wille derjenigen französischen und afrikanischen Politiker, die nach wie vor von dem Selbstbedienungsladen der CFA-Zone profitierten, machten solche internen Problemlösungen illusorisch. Die allgemeine wirtschaftliche und politische Marginalisierung Afrikas wurde spätestens seit Mitte der 1980er Jahre auch im Rahmen der Franc-Zone sichtbar: Parallel zur Aufwertung des realen effektiven Wechselkurses **verschlechterten sich die *terms of trade*** für die Länder der CFA-Zone zwischen 1985 und 1993 im Durchschnitt um den gleichen Prozentsatz (40%). Gleichzeitig schwächten sich die französischen Wirtschaftsinteressen in Afrika deutlich ab. Französische private Direktinvestitionen im CFA-Raum, die 1975 noch 2/3 der gesamten französischen Auslandsinvestitionen ausmachten, halbierten sich innerhalb eines Jahrzehntes auf 1/3 (1987). Der Anteil Frankreichs am Außenhandel der CFA-Zone sank zwischen 1960 und 1980 von fast 50% auf 30%; an die Stelle Frankreichs traten die übrigen EG-Staaten, USA und Japan. Die Differenzierung der Außenhandelsstruktur zwischen den wohlhabenderen erdöl- und mineralienexportierenden CFA-Ländern (Gabun, Kongo, Niger, Togo) gegenüber den traditionellen CFA-Agrarexport-Ländern (Benin, Burkina Faso, Tschad), führte auch zu einer **stärkeren internen Differenzierung** des BSP und des Pro-Kopf-Einkommens innerhalb und zwischen den Mitgliedsländern von z.B. weniger als $ 190 im Tschad auf $ 3 390 in Gabun (1996).

Während anglophone Nachbarländer, wie Nigeria oder Ghana, der Wirtschaftskrise mit einer Abwertung ihrer Währung begegneten, um ihre Wettbewerbsfähigkeit auf dem Weltmarkt nicht völlig zu verlieren, stiegen Preise der Güter und Produktionsfaktoren in der CFA-Zone gegenüber ihren Konkurrenten auf dem Weltmarkt an. Das führte zu einer Umkehr der Warenströme: Benin, Niger, Togo oder die Côte d'Ivoire wurden nun mit - zum größten Teil geschmuggelten - Billigimporten aus Nigeria und Ghana überschwemmt. Schlechte wirtschaftspolitische Ratgeber im In- und Ausland sowie schlechte Regierungsführung taten ihr übriges: Eine wenig diversifizierte, auf Importsubstitution und Verstaatlichung ausgerichtete Wirtschaftspolitk führte bereits vor den externen Schocks Mitte der 1980er Jahre zu einer auf Dauer untragbaren **überhöhten Kostenstruktur und steigendem Staatskonsum durch Aufblähung des Öffentlichen Dienstes sowie der parastaatlichen Betriebe**. Die Löhne der Beschäftigten im Öffentlichen Dienst und im formellen Wirtschaftssektor lagen in den CFA-Ländern weit über denen vergleichbarer Länder; sie betrugen Ende der 1980er Jahre im Durchschnitt - je nach CFA-Mitgliedsland - das 6- bis 12fache des Pro-Kopf-Einkommens, im Gegensatz etwa zu Ghana, wo die Diskrepanz nur das zwei- bis dreifache betrug. Dadurch wurden die ökonomischen Aktivitäten zunehmend in den informellen Sektor der Schattenwirtschaft verdrängt.

Die Verzahnung von politischen und wirtschaftlichen Problemen führte zu einer abwärts gerichteten Entwicklungsspirale. Um in der Gunst ihrer Klientel angesichts zunehmender Wirtschaftsprobleme nicht noch weiter zu sinken, verteilten die politischen Entscheidungsträger Geschenke an diejenigen konfliktfähigen Gruppen, die sich lautstark artikulieren konnten, z.B. an hohe Verwaltungskader, Unternehmer, Lehrer, Studenten, öffentlich Bedienstete und *last not least* an traditionelle Chefs. Das führte zu **mangelnder Budgetdisziplin**, ausgedehnter **Korruption** und **Vetternwirtschaft**, deren wirtschaftliche und gesellschaftliche Folgen am deutlichsten bei der **politischen Kreditvergabe** sichtbar wurden. Allein in der westafrikanischen Währungsgemeinschaft betrugen die an "Günstlinge" verteilten, nicht wieder einbringbaren Kredite über FF 20 Mrd., d.h. etwa die Hälfte der gesamten Geldmenge. Der Zusammenbruch der staatlichen Banken ging nicht selten auf Kosten der Kleinsparer, insbesondere auch der Bauern. Die **Staatsverschuldung stieg exorbitant** in nur einem Jahrzehnt im Durchschnitt von 28% des BSP (1980) auf 110% des BSP (1990). Bemerkenswerterweise verschuldeten sich die reicheren CFA-Länder (Côte d'Ivoire, Kamerun, Senegal) relativ stärker als die armen, was bewirkte, daß die armen CFA-Länder die Zahlungsbilanzdefizite der reichen CFA-Länder zu einem Drittel mitfinanzierten. Ende der 1980er Jahre war in den meisten Ländern der Schuldendienst nicht mehr gewährleistet. Frankreich mußte immer häufiger einspringen, um die Zahlungsrückstände der Schuldnerländer gegenüber dem IWF und anderen Gebern oder gar die Fortzahlung der Staatsgehälter durch kurzfristige Budgethilfe zu begleichen. 1993 benötigten die CFA-Länder Fremdfinanzierung im Gegenwert von $ 8,6 Mrd., um ihre internen und externen Zahlungsrückstände zu begleichen. Auch die Entwicklungshilfe versandete im Getriebe von Korruption und Mißmanagement. Statt der Zielgruppe der Armen half sie hauptsächlich den reichen Unternehmern und Politikern in Afrika und Frankreich - auf Kosten der Steuerzahler in den Geberländern.

Alles zusammen bewirkte eine signifikante **Verschärfung der sozialen Gegensätze** zwischen Arm und Reich, Stadt und Land, Arbeitern im formellen und informellem Sektor, etc.. In der Côte d'Ivoire, dem einzigen Land zu dem verläßliche repräsentative Statistiken vorliegen, verdoppelte sich der Anteil der Armen an der Bevölkerung ab 1986 bis 1994 von 30% auf 60%; die Arbeitslosigkeit der Lohnabhängigen im formellen Sektor verdoppelte sich in den am stärksten betroffenen Ländern Côte d'Ivoire, Kamerun und Niger ebenfalls (s. Devarajan/Hinkle 1994:132-34). Insgesamt fiel das reale Pro-Kopf-Einkommen in der CFA-Zone zwischen 1986 und 1993 um 40%. Eine Abwertung oder Freigabe des Wechselkurses wurde unausweichlich.

Die **Kapitalflucht** und Devisenspekulation nahm kurz vor der Abwertung bedrohliche Ausmaße an; sie ging auf Kosten der ohnehin schon schwachen Investitionen, des heimischen Konsums und der Armen (z. B. verringerte Wachstumschancen, Einschränkung der Sozialausgaben und zunehmende soziale Differenzierung) und trug zur weiteren Verschärfung der Einkommens- und Klassendifferenzierung bei. In der westafrikanischen Währungsgemeinschaft befanden sich allein im 1. Halbjahr 1993 ein Drittel der Geldzirkulation (F CFA 186 Mrd.) außerhalb der CFA-Zone. Nach Schätzungen des französischen Finanzministers wären in der 2. Hälfte 1993 weitere F CFA 550 Mrd. nach Frankreich geflossen, wenn nicht als Notmaßnahme die Konvertibilität des CFA-Franc ab 2.8.1993 eingeschränkt worden wäre. Für die Mehrheit der betroffenen Afrikaner ist die CFA-Zone seitdem nur noch auf dem Papier eine einheitliche Währungszone. Kapitalmobilität und Konvertibilität des F CFA wurden eingeschränkt, um Kapitalflucht zu erschweren. Die **Konvertibilitätseinschränkungen** gelten nach der Abwertung von 1994 bis heute fort; besonders betroffen sind kleinere Unternehmen und der private Zahlungsverkehr: CFA-Banknoten gelten nicht außerhalb der CFA-Zone, Banknoten der UEMOA werden nicht mehr in der CEMAC akzeptiert (und umgekehrt); transnationale Überweisungs- und Geldwechselaufträge durch Private werden durch exzessive Bearbeitungsverfahren und hohe Kontoführungsgebühren abgeschreckt, Privtbanken zu hohen Devisenvorräten gezwungen etc..

2.2 Folgen der Abwertung von 1994

Die überfällige Entscheidung für die 50%ige **Abwertung** des Franc-CFA am 12. Januar 1994 bedeutete einen Sieg der Technokraten über die alte Garde der *messieurs Afrique*. Das Leitmotiv hinter dieser Entscheidung war allerdings nach wie vor geprägt von **technokratischem Dirigismus** französischer Prägung; sie trug weder den politischen Erfordernissen einer Dezentralisierung und Demokratisierung von Entscheidungsmacht in Afrika Rechnung, noch entsprach sie den unterschiedlichen Wirtschaftsstrukturen der betroffenen Länder. Frankreich gab einen beträchtlichen Teil seines Einflusses - aber auch seiner finanziellen Verpflichtungen gegenüber den CFA-Ländern - an die Bretton Woods - Institute ab und knüpfte seine zukünftige Unterstützung an die Bedingung, daß die CFA-Länder strikte Strukturanpassungsabkommen mit dem IWF schlossen. Maxime der französischen Politik war, die Lasten auf mehrere Schultern zu verteilen und das Risiko zu streuen, doch die politischen und wirtschaftlichen Vorteile der *chasse gardée* soweit wie möglich zu erhalten.

Offiziell propagierten Frankreich und die internationale Gebergemeinschaft die Abwertung als großen Erfolg wirtschaftspolitischer Vernunft: Die Wirtschaft der CFA-Länder verbuchte ab 1994 wieder **positive Wachstumszahlen.** Letztere waren zumindest in der UEMOA überwiegend auf eine zunehmende interne Nachfrage zurückzuführen und pendelten sich hier auf einem höheren Niveau ein als in der durch höhere Abhängigkeit vom schwachen internationalen Erdölmarkt und politischen Turbulenzen in einigen Mitgliedstaaten geprägten CEMAC. Das Bruttosozialprodukt stieg inflationsbereinigt in der UEMOA um 2,6% (1994), 6,2% (1996) auf 4,8% (1997) und in der CEMAC von -0,4% (1994) auf 3,7% (1997) (s. hier und im Folgenden Devey-Malu Malu 1998). Das Wirtschaftswachstum lag somit trotz abnehmender Tendenz auch in der zentralafrikanischen Region noch über dem Bevölkerungswachstum (3,1%). Experten schätzten allerdings, daß erst bei dauerhaften Wachstumsraten von über 6% die Armut in der Region signifikant gemindert werden kann. Die Investitionsrate betrug in der CFA-Zone 1997 20% des BIP gegenüber durchschnittlich 15% in der Zeit von 1986-93; durch verstärkte Budgetdisziplin und **außergewöhnlich hohe Transfers** (Entwicklungs-, Strukturanpassungs- und Budgethilfe seitens Frankreich, IWF, etc.) gelang es, das Haushaltsdefizit (durchschnittlich 6,5% des BIP in der CFA-Zone 1986-93) bis 1997 auf -4,5% (UEMOA; +4,3% 1996) bzw. -0,9% (CEMAC; -4,1% 1994) zurückzuschrauben. Die Inflationsrate konnte trotz der abwertungsbedingten Preissteigerungen für Importe von durchschnittlich 30,6% (1994) auf 4,1% (1997) zurückgedämmt werden; die seit der Abwertung kumulierte Inflationsrate fiel in den westafrikanischen CFA-Ländern mit 56% (UEMOA, 1994-97) deutlich niedriger aus als in den zentralafrikanischen Ländern (CEMAC:66%). Durch diese u. a. mittels staatlicher Preis- und Lohnkontrollen abgeschwächte Inflation gelang es, den größten Teil der durch die Abwertung gewonnenen Wettbewerbsvorteile auf den internationalen Rohstoffmärkten zu halten. Die Abwertung des effektiven realen Wechselkurses des F CFA (d.h. des mit der Außenhandelsentwicklung gewichteten und um die Inflation bereinigten Kurses seit Dez. 1993) betrug z. B. 30% für die Côte d' Ivoire und 25% für Kamerun. Die Außenhandelsbilanz ergab sogar einen Überschuß. Die Exporte nahmen wieder zu (um 19,4% 1995 und um 13,4% 1997), ebenso wie die Importe, die im Jahr der Abwertung um 13% zurückgegangen waren und nun wieder als Folge wiedergewonnenen Vertrauens in die wirtschaftliche Stabilität um 21% (1995), 7,9% (1996) und 10% (1997) anstiegen. Die Devisenreserven der BCEAO stiegen 1997 um 20% auf $ 3,3 Mrd. und entsprachen damit 105% der in dieser Region zirkulierenden Geldmenge, im Gegensatz zu nur 17% vor der Abwertung; sie deckten 1997 die Importe für etwa sechs Monate für die westafrikanische BCEAO und für vier Monate für die zentralafrikanische BEAC.

Auf Grund der unterschiedlichen wirtschaftlichen und politischen Ausgangsbedingungen gab es somit erhebliche **intra-zonale Unterschiede** hinsichtlich der abwertungsbedingten wirtschaftlichen Wiederbelebung: während die Regierung der Côte d' Ivoire schon euphorisch von Wachstumsraten ähnlich der der "asiatischen Tiger" träumte, mußte der Ministerpräsident Nigers, A. Babakar Cissé, Anfang 1996 offen zugeben, daß sein Land als einziges in der UEMOA nicht von der Abwertung profitiert hatte (Alibert 1997:1799).

Außerdem war die Erholung der Exportmärkte für die CFA-Zone nicht allein auf die Abwertung zurückzuführen, sondern vor allem auf **günstige Trends** der internationalen Rohstoffpreise für die Hauptexportgüter der Zone außer Erdöl (Kakao, Kaffee, etc.) und auf den steigenden Wert des Dollars seit Mitte 1995. Abnehmendes Wirtschaftswachstum im Zeichen der Asienkrise ab 1997 machten deutlich, wie anfällig die auf Rohstoffexporte angewiesenen Wirtschaftssysteme der Zone von externen Schocks weiterhin waren. Besonders die westafrikanischen Exporteure waren der direkten Konkurrenz indonesischer und malaysischer Kakao-, Kaffee- und Kautschukexporte ausgesetzt. Französische Wirtschaftsexperten schätzten den **negativen Einfluß der Asienkrise** auf die Wachstumsrate der CFA-Zone im kommenden Jahr im April 1998 als eher gering ein (voraussichtliche Wachstumsminderung in der UEMOA von 5,2% auf 4,7%; CEMAC von 4,5% auf 3,9%; Le Monde, 11.04.98); in den Folgejahren sind aber stärkere Einbußen zu befürchten. Die Aufrechterhaltung der Budgetdisziplin und die Eindämmung der Teuerungsraten war im übrigen nur mit **massiver externer Unterstützung** der Gebergemeinschaft, großzügiger Kreditvergabe und Schuldenerlaß ermöglicht worden. Keineswegs alle Gesellschaftsschichten profitierten gleichmäßig von der Abwertung. Besonders benachteiligt waren die auf subventionierte Nahrungsmittel- und Arzneiimporte angewiesenen städtischen Armen, sowie Arbeiter und

Angestellte des Öffentlichen Dienstes, die nun **Stellenabbau und Reallohnminderung** (letztere bezifferten die Staatsbediensteten z.B. in Yaoundé mit 27% und in Abidjan mit 15%) in Kauf nehmen mußten. Während 1993 gut 60% der Staatseinnahmen (ohne Entwicklungshilfe) der CFA-Zone zur Begleichung der Löhne und Gehälter des Öffentlichen Dienstes aufgewandt wurden, sank dieser Anteil zwischen 1994 und 1997 in der UEMOA von 44,4% auf 34,4% und in der CEMAC von 43,8% auf 27,3%. Die durch den erhöhten Wettbewerbsdruck mitbedingte Minderung ihres Realeinkommens verstärkte die Bestechlichkeit vieler Staatsdiener. Insgesamt nahm die **Korruption** in der CFA-Zone trotz Antikorruptionskampagnen und Auflagen der internationalen Geber hinsichtlich "guter Regierungsführung" und "*accountability*" spürbar zu (Alibert 1997: 1800). Frankreich, IWF und Weltbank bemühten sich, durch **Sonderprogramme zur sozialen Absicherung** die negativen Effekte auf die Armen zu mildern. In den Ländern der Zone, die verstärkte Strukturanpassungsprogramme mit dem IWF abgeschlossen hatten, nahmen Ausgaben für Gesundheit und Erziehung bis 1996 durchschnittlich um 50% bzw. 38% zu. Die UEMOA verabschiedete sogar ein Gesetz zur Einrichtung eines Strukturausgleichsfonds, der aus Solidaritätsbeiträgen der Mitgliedsländer (0,5% der Importzollabgaben aus Drittländern) gespeist werden sollte.

2.3 Entwicklung der regionalen Kooperation seit der Abwertung

Der intra-regionale Handel in der CFA-Zone - einer der wesentlichen Indikatoren regionaler Kooperation - war bisher vernachlässigbar gering. Er betrug durchschnittlich 9% 1970-93; 11% in der UEMOA-Zone, 6% in der CEMAC-Zone. Im Vergleich dazu betrug er in der EU über 60% des gesamten internationalen Handels der Gemeinschaft); die Außenhandelsabhängigkeit von Europa (insgesamt über 50% der Im- und Exporte der CFA-Zone; davon Frankreich 18% der Exporte, 31% der Importe 1990-96) war groß, bei gleichzeitiger extremer Anfälligkeit für externe Schocks (z. B. der Rohstoffmärkte). Die meisten der CFA-Länder hingen darüber hinaus am Tropf der Entwicklungshilfe. Auf dem Gebiet regionaler Kooperation unternahmen die Staaten der CFA-Zone weitere formelle Schritte, um die Abwertungserfolge - und letztenendes die Währungsunion - nicht durch eine zu disparate Wirtschaftsentwicklung in den Mitgliedstaaten zu gefährden. Mit der Abwertung unterzeichneten die Mitgliedsstaaten der west- und zentralafrikanischen CFA-Zone **Verträge über die Schaffung einer Wirtschafts- und Währungsgemeinschaft** in den jeweiligen Zonen (UEMOA und CEMAC). Ziel dieser Verträge war die Einrichtung eines durch eine Zollunion sowie durch eine Harmonisierung der Steuer- und Finanzpolitik zusammengeschweißten gemeinsamen Marktes. Wichtige Institutionen und rechtliche Rahmenbedingungen wurden ab 1995 geschaffen und eine Vereinheitlichung der Zollsätze auf eine Bandbreite von 5-30% sowie die Abschaffung von Importquoten beschlossen (aber noch nicht durchgeführt). Der UEMOA gelangen auf diesem Gebiet größere Fortschritte als der CEMAC. Ende März 1998 wurde das *Comité interparlamentaire* - ein Vorläufer des geplanten Parlaments der UEMOA - feierlich in Bamako eröffnet; Anfang April 1998 folgte die Gründung der *Chambre consulaire régionale* (als 2. Kammer und Beratungsorgan der UEMOA, mit 56 Mitgliedern - je 7 pro Land - mit Vertretern aus Berufs- und Unternehmerverbänden). Zur gleichen Zeit nahm der *Cour de justice* der UEMOA seine erste Sitzung des Jahres 1998 auf; er hatte die Aufgabe, die Einhaltung der UEMOA-Verträge zu überwachen. Ebenfalls im April 1998 legten die CFA-Länder den Grundstein zur Harmonisierung des Handels- und Investitionsrechts im Rahmen der 1991 gegründeten *Organisation pour l´Harmonisation en Afrique du Droit d´Affaires* (OHADA). Die OHADA hat vier Hauptkomponenten: einen Gerichtshof in Abidjan, eine Ausbildungsstätte für OHADA-Juristen in Porto Novo, ein permanentes Sekretariat in Yaoundé sowie einen Rat der Justiz- und Finanzminister. Skeptiker befürchten allerdings, daß diese Regelungen ähnlich ineffektiv sein werden wie das Handelsprotokoll-System der ECOWAS. Die Diskrepanz zwischen Wunsch und Wirklichkeit wurde u.a. auch darin offensichtlich, daß die von der UEMOA für Januar 1998 geplante Harmonisierung der externen Importzölle (auf 35%, in drei Stufen innerhalb von drei Jahren auf max. 20% abzusenken) im Dezember 1997 kurzfristig auf das Jahr 2000 verschoben wurde. Die Erfahrungen mit ähnlichen Initiativen (z. B. der ECOWAS) in der Vergangenheit ließen eine gewisse Skepsis als berechtigt erscheinen, zeigten sie doch, daß solche Beschlüsse oft nicht viel mehr wert waren, als das Papier auf dem sie geschrieben standen. Die Kluft zwischen den von Integrationsmaßnahmen positiv und negativ betroffenen Gruppen und Mitgliedstaaten war zu groß, und es fehlten der politische Wille sowie die Mittel zur Umsetzung der Beschlüsse:

3. Die Aufrechterhaltung der CFA-Zone in der bisherigen Form ist ein Anachronismus

3.1 Die Voraussetzungen einer optimalen Währungszone sind nicht erfüllt

Eine wesentliche Zielsetzung der Wirtschaftsunion der CFA-Zone ist die Verbesserung der Lebensbedingungen der in ihr lebenden Menschen im Allgemeinen und die Schaffung oder Konsolidierung einer sich selbst tragenden Wirtschaftsentwicklung in den Mitgliedstaaten im Besonderen. Das seit 1996 mehrfach bekräftigte Votum der CFA-Länder (u. a. auf der Sitzung der Finanzminister der CFA-Länder am 10.4.98 in Libreville, Gabun) für die Aufrechterhaltung der CFA-Zone in ihrer bisherigen Form widerspricht angesichts der o. g. Zielsetzung sowie der skizzierten intra-regionalen strukturellen Ungleichgewichte den Grundsätzen wirtschaftspolitischer Vernunft.

Unter Wirtschaftsexperten wird allgemein konzediert, daß die CFA-Zone in ihrer bisherigen Form so gut wie alle wirtschaftstheoretischen Kriterien einer **optimalen Währungszone** gröblich verletzt. Fast alle konventionellen Voraussetzungen für deren Einrichtung (bzw. Aufrechterhaltung) werden von der CFA-Zone nicht erfüllt: niedrige Transaktionskosten, hohe Mobilität der Produktionsfaktoren, koordinierte Haushaltspolitik, gleiche Auswirkungen externer Schocks (z.B. Erhöhung der Erdölpreise), gut ausgebildetes inter-regionales Handelsnetz etc. (eine detailliertere Diskussion der Theorie optimaler Währungszonen ist nicht Aufgabe dieses Artikels; s.dazu Monga 1997:105-109; Hadjimichael/Galy 1997:11 sowie die dort angegebene Literatur). Dies gestanden auch Ökonomen internationaler Geber zu (s. Hadjimichael/Galy 1997:11), nur zogen sie daraus keine entsprechenden Konsequenzen, obwohl sie selbst zugestanden, daß "*political considerations and a perceived need to preserve the special economic and political links to France appeared to have dominated the decisions of policymakers in the CFA franc zone, at the cost of regional economic considerations* "(Hadjimichael/Galy 1997:13). Selbst diejenigen, die bezweifelten, daß die Theorie optimaler Währungszonen auf afrikanische Entwicklungsländer anwendbar ist, konstatierten, daß die bisherige wirtschaftspolitische Ausrichtung der CFA-Zone den Grundregeln einer nachhaltig entwicklungsorientierten Fiskal- und Geldpolitik widerspricht (s. Monga, 1997: 110-113, sowie die dort angeführte Literatur). Schließlich stellt die Abfolge von Wirtschafts- und Währungsunion in der CFA-Zone die wirtschaftspolitisch gebotenen Prioritäten auf den Kopf; dies fällt umsomehr ins Gewicht, als die Heterogenität der Wirtschafts- und Gesellschaftsstrukturen in dieser Zone noch ausgeprägter ist als z. B. in der EU. Es ist daher nicht verwunderlich, daß sich die Unterschiede zwischen den Mitgliedsländern in den 50 Jahren der Existenz der Zone weiter vergrößert statt verkleinert haben, wie bereits oben dargestellt wurde.

3.2 Wirtschaftspolitische Vor- und Nachteile einer festen Anbindung des F CFA

Das mangelnde Vertrauen in die Selbsthilfekräfte der afrikanischen politischen und wirtschaftlichen Systeme der Zone ist einer der - oft nur implizit genannten - Hauptgründe der Befürworter für eine Fortschreibung der bisherigen Regelungen der CFA-Zone. Die feste Bindung einer per se schwachen afrikanischen Währung an eine harte westliche Währung (wie den FF oder den Euro) wird als Garant für ein Mindestmaß an Stabilität gesehen, und die negativen Erfahrungen der Hyperinflation mit "weichen" afrikanischen Währungen, wie der des *Zaire* oder des ghanaischen *Cedi* in den 1980er Jahren, als warnendes Beispiel angeführt.

Welche Vor- und Nachteile versprechen sich nun die Befürworter einer festen Anbindung von dieser Regelung? Nach Ansicht Frankreichs und des IWF ergeben sich für die CFA-Länder die folgenden drei Hauptvorteile (s. Hadjimichael/Galy 1997:19-24): Erstens erleichtere die feste Anbindung den Zugang zum europäischen Kapitalmarkt. Der freie Kapitalverkehr, der bereits mit Frankreich (mit Einschränkungen, s. Kap.2.1) existiert, wird auf die gesamte EWU ausgedehnt, was die Investitionsneigung europäischer Firmen in den CFA-Ländern fördere. Zweitens verbessere die Bindung des F CFA an eine harte Währung wie den Euro die Stabilität des Wechselkurses, weil sie (importierte oder hausgemachte) inflationäre Tendenzen eindämme. Drittens ergeben sich nach Ansicht des IWF positive *output*-Effekte durch verbesserten Zugang der CFA-Länder zum wachsenden europäischen Markt; dadurch erhöhten sich außerdem Anreize für eine Exportdiversifizierung. Der IWF sieht aber auch Risiken der festen Anbindung an eine harte Währung. Ein starker Euro gegenüber dem Dollar und Yen wird die internationale Wettbewerbsfähigkeit der CFA-Länder, deren Hauptexportprodukte wie Kakao, Kaffee, Baumwolle und Erdöl in Dollar gehandelt werden, wegen des dadurch bewirkten Aufwertungseffektes des realen effektiven Wechselkurses des F CFA signifikant beeinträchtigen. Außerdem begünstigt eine Überbewertung des F CFA verbilligte Importe, insbesondere von Konsumgütern (z.B. von Grundnahrungsmitteln), auf Kosten lokaler Produktion. Eine analoge Situation in den 1980er Jahren hatte schon einmal wesentlich zur Abwertung des F CFA (1994) beigetragen. Zwar profitierten die CFA-Länder von den durch den Lomé-Vertrag abgesicherten Stabex- oder Sysmin-Stabilisierungsfonds, die bisherige Erfahrung zeigte aber, daß dies nicht zur Abfederung externer Schocks ausreichte (s. Kappel 1993:275); gleiches gilt für die theoretische Möglichkeit, Rohstoffexporte im Falle einer Überbewertung der Währung durch interne Anpassungsmaßnahmen (z.B. Exportsubventionen, Importzölle) zu schützen. Um sich gegen dieses Risiko abzusichern, rät der IWF zu einer beschleunigten Durchführung seiner Strukturanpassungsprogramme.

Solch eine Argumentation trägt allerdings den im Rahmen der Globalisierung gewandelten politischen Tendenzen Afrikas nicht Rechnung. Der Unternehmer (in Afrika und anderswo) mag zwar in erster Linie an stabilen, berechenbaren Verhältnissen, ganz gleich unter welchen politischen Vorzeichen, interessiert sein. Insofern waren französische Unternehmer jahrzehntelang gut gefahren mit ihrer *chasse gardée,* zu deren Aufrechterhaltung die CFA-Zone maßgeblich beigetragen hat (s. Kap. 2.1). Die politischen Grundlagen der Patronage und der Rentenökonomie, und damit der gerühmten Stabilität der CFA-Zone, wurden aber durch den "zweiten Wind des Wandels" in Afrika, konkret durch oppositionelle afrikanische Politiker und durch die erklärte Entwicklungspolitik der internationalen Gebergemeinschaft, einschließlich der EU-Mitgliedsstaaten wie Deutschland, Großbritannien oder die Niederlande, massiv in Frage gestellt. Die EU in ihrer Gesamtheit kann kein Interesse daran haben, ein überholtes, an Relikte französischer Kolonialzeit anknüpfendes politisches CFA-System zu stützen. Die Entwicklungspolitik der EU gegenüber der CFA-Zone - ebenso wie die der internationalen Geber - wird sich im Gegenteil noch stärker als bisher an den o.g. Kriterien politischer Konditionalität ("*good governance*", Rechtsstaatlichkeit, *accountability* etc.) orientieren und somit eher einem grundlegenden politischen Umbruch die Steigbügel halten.

Mit der politischen Stabilität alter *couleur* entfällt auch die Grundlage der wirtschaftlichen Stabilität der CFA-Zone. Mit der französischen Entscheidung, ihre besonderen währungspolitischen Beziehungen zur CFA-Zone aufrecht zu erhalten, wird sich die Währungspolitik der CFA-Zone zwangsläufig noch stärker als bisher an den wirtschaftlichen Erfordernissen der EU orientieren, denen sich Frankreich aus übergeordnetem Eigeninteresse noch stärker als bisher (s. Kap. 2) beugen muß. Durch die feste Anbindung des F CFA an die EWU sind die CFA-Länder mittel- und langfristig genötigt, die Geldpolitik der EWU zu übernehmen, die für die Zwecke hochindustrialisierter europäischer Staaten konzipiert wurde (Konvergenzkriterien des Maastricht-Vertrages: Haushaltsdefizit unter 3% des BIP; öffentliche Verschuldung unter 60% des jährlichen BIP; niedrige Inflationsrate etc.) Im analogen Fall der am 17.3.98 in Lissabon beschlossenen Anbindung des kapverdianischen Escudo an den Euro hatte sich beispielsweise die Regierung der Kapverden bereits selbst verpflichtet, die Konvergenzkriterien des Maastrichtvertrages ihren Haushaltsentwürfen für die Jahre 1998 bis 2000 als Parameter zu Grunde zu legen (s. Marchés Tropicaux, 22.5.1998:1067). Die Eignung dieser Geldpolitik für afrikanische LLDCs ist höchst fraglich. Der F CFA wurde durch die zwangsläufige Orientierung an der Geldpolitik eines "*Franc fort*" tendenziell überbewertet und wäre einem kontinuierlichen Abwertungsdruck ausgesetzt. Weder Frankreich, dessen Schatzamt den CFA-Ländern eine unbegrenzte Konvertibilität garantiert, dessen ökonomisches Interesse an Afrika aber insgesamt weiterhin abnimmt (s. Kap. 2), noch die CFA-Länder können und wollen mittel- und langfristig eine feste Parität des F CFA zum Euro finanzieren. Hierauf verwies der ehemalige französische Ministerpräsident Pierre Messmer in einem aufsehenerregenden Interview im April 1998 im Magazin *Jeune Afrique* (07.04.98) in ungewohnter Offenheit, sehr zum Leidwesen des politischen Establishments in Frankreich. Der französische Finanzminister Dominique Strauss-Kahn widersprach Messmers Thesen vehement mit dem Argument, die makroökonomischen Daten der CFA-Länder erforderten für die absehbare Zukunft keine Paritätsänderung. Er stützte sich dabei auf neueste Daten des *Trésor français,* der im Dezember 1997 verkündete, daß sich die internationale Wettbewerbsfähigkeit der Zone gemessen am realen effektiven Wechselkurs (+33%) seit der Abwertung ebenso wie die Zahlungsbilanz sehr günstig entwickelt habe, Inflationstendenzen gebannt seien und der nigerianische *Naira* gegenüber dem F CFA real aufgewertet habe, was sich ebenfalls günstig auf die Wettbewerbsfähigkeit der Region auswirke.

4. Alternativen zum *status quo*: Plädoyer für eine modifizierte CFA-Zone

Welche Entwicklung ist angesichts dieser divergierenden Auffassung wahrscheinlich? Im Wesentlichen gibt es vier mehr oder weniger realitätsnahe Handlungsalternativen: Erstens, das bisherige CFA-System erweist sich mittelfristig als überlebensfähig. Ob die feste Anbindung des F CFA an den Euro im Rahmen der währungspolitischen Vereinbarungen des Maastricht-Vertrages (Artikel 111; "Vereinbarungen mit Dritten, Währungsabkommen"; ex-Artikel 109(1)) unter die Zuständigkeit der dafür vorgesehenen EU-Gremien (Ministerrat, Ecofin, d. h. der Rat der Wirtschafts- und Finanzminister der EU-Staaten, oder die Europäische Zentralbank (EZB)) fällt oder nicht ist aus dieser Perspektive zweitrangig, und zudem weniger eine juristische als eine politische Frage. Inhaltlich wäre die Behandlung der CFA-Anbindung als Währungsabkommen im EU-Ministerrat, der für die äußere Währungspolitik der EU zuständig ist, die sachgerechte Lösung, wobei man allerdings der Gefahr der Festlegung eines "politischen Wechselkurses" vorbeugen sollte. Paris betonte demgegenüber, daß es sich beim F CFA nicht um ein Wechselkurssystem handelt sondern nur um einen Kreditmechanismus, für den daher auch nicht die französische Zentralbank, sondern das Schatzamt bzw. das Finanzministerium einzustehen habe. Da die EU-Mitgliedstaaten ihre Haushaltsführung souverän (im Rahmen der o.g. Maastricht-Kriterien) gestalten können, sah Frankreich auch keinen Grund, sich in seine Entscheidungen über die CFA-Zone von den übrigen EU-Mitgliedern "hereinreden" zu lassen. Allerdings bestand bei dieser von Frankreich, dem IWF und dem EU-Ministerrat geteilten Interpretation auch keine Interventionspflicht der EZB zur Stützung des Wechselkurses des F CFA. Das heißt im Klartext, die rigoros auf Bewahrung der Überreste der *chasse gardée* bedachte Politik der französischen Regierung verhindert, daß die EU mehr entwicklungspolitische Verantwortung für die CFA-Länder übernimmt. Letzteres kommt den meisten EU-Staaten - trotz anderslautender Bekundungen - nicht ganz ungelegen, da Länder wie Deutschland oder die Niederlande den F CFA ohnehin als koloniales Relikt ansehen. Sie befürchten allerdings, daß Frankreich über die Hintertür des bis zum Jahr 2000 neu auszuhandelnden Lomé-Abkommens, oder über ergänzende Entwicklungshilfevereinbarungen, die mit der CFA-Zone verbundenen Lasten (unter Wahrung des eigenen Vorteils) auf die Schultern der EU abwälzen möchte; Hauptleidtragende wären letztenendes aber nicht die EU-Bürger sondern die Einwohner der betroffenen afrikanischen Länder, die weiterhin mit überholten suboptimalen Wirtschafts- und Gesellschaftsstrukturen leben müssen und zusätzlicher EU-Hilfe verlustig gingen.

Eine zweite Möglichkeit wäre, daß die CFA-Länder anläßlich der Einführung des Euro entscheiden, sich vom FF zu lösen und an eine andere Referenz-Währung, z.B. den Dollar, oder an einen Währungskorb von Landeswährungen mehr oder weniger flexibel zu binden. Drittens könnten die CFA-Länder eine direkte feste Bindung an den Euro mittels eines regulären Währungsabkommens mit der EU beantragen. Solch eine direkte Bindung würde allerdings aller Wahrscheinlichkeit nach von Brüssel mit härteren Auflagen hinsichtlich der Strukturanpassung der CFA-Länder verbunden werden als das bestehende Abkommen mit Frankreich, so daß eine Zustimmung der etablierten afrikanischen Entscheidungsträger auf absehbare Zeit so gut wie ausgeschlossen ist. Viertens könnten sich die CFA-Länder gezwungen sehen, angesichts der o.g.

zunehmenden Disparitäten zwischen Küsten- und Binnenländern, sowie zwischen UEMOA und CEMAC, nationale Währungen einzuführen, um durch eine nationale Geld- und Währungspolitik inneren politischen Unruhen und Wirtschaftskrisen zu begegnen. Diese Hypothese hat die größten Realisierungschancen, wenn die Entscheidungsträger der CFA-Zone eine Entscheidung über die Anpassung ihrer Währungspolitik an die Erfordernisse regionaler Integration und des Strukturausgleichs so lange hinauszögern bis die wirtschaftliche und politische Kluft zwischen Arm und Reich in der Region zu antagonistischen Auseinandersetzungen führt.

Kurzfristig hat sicherlich die erste Hypothese die größten Realisierungschancen; d.h. der F CFA wird ab 1.1.1999 über die bestehenden Kredit- und Budgetabkommen mit Frankreich, wie am 6.7.98 vom Ecofin beschlossen wurde, an den Euro mit fester Parität gebunden. Für die Bevölkerung der CFA-Länder wird sich zunächst einmal nichts ändern, abgesehen von der nach wie vor nicht auszuschließenden abermaligen Abwertung des F CFA anläßlich der Einführung des Euro. Mittelfristig, d.h. vermutlich bereits innerhalb der nächsten zwei bis drei Jahre, ist aber eine abermalige Abwertung aus den o.g. Gründen wahrscheinlich unausweichlich. Der dadurch ausgelöste zusätzliche Vertrauensverlust in den F CFA seitens der afrikanischen Bevölkerung kann zum Zusammenbruch der einheitlichen CFA-Zone mit fester Parität führen. Diejenigen, die für Stabilität im Sinne einer Fortführung des *status quo* plädieren, setzen mittelfristig die Chancen einer stabilen und nachhaltigen Entwicklung der CFA-Zone aufs Spiel. Ihr Konservativismus bewirkt, daß die Kosten der Beibehaltung des *status quo* weiter steigen und sich derzeit noch existierende Chancen einer Fortführung der CFA-Zone in modifizierter, den afrikanischen Verhältnissen angepaßter Form (s.u.) weiter vermindern. Zwar verweist die französische Regierung gerne darauf, daß der Gesamtwert der F CFA-Geldmenge nur 2% bis 4% des Notenumlaufs des FF entspricht und das französische Schatzamt bisher bei Zahlungsbilanzschwierigkeiten der afrikanischen Länder selbst in Extremsituationen, wie 1993 kurz vor der CFA-Abwertung, nur mit FF 4,6 Mrd. (DM 1,4 Mrd.) aushelfen mußte. Dabei wird allerdings verschwiegen, daß die Kosten der CFA-Zone sich für den französischen Staatshaushalt und Steuerzahler nicht auf den Zahlungsbilanzausgleich beschränken, sondern auch die Vorzugsbehandlung der Zone bei der Vergabe von Entwicklungshilfe (von 1980 bis 1994 vervierfacht von FF 3 Mrd. auf FF 12 Mrd.) und beim Schuldenerlaß umfassen.

Das Vertrauen der afrikanischen Bevölkerung in den F CFA hatte mit der Abwertung von 1994, die zu den am längsten vorhersehbaren und am schlechtesten vorbereiteten Abwertungen der Welt zählte, einen irreparablen Bruch erlitten. Spekulationsgewinnen wurden damit Tür und Tor geöffnet; die Kosten hatten die mittelständischen und ärmeren Schichten, insbesondere der urbanen Zentren, zu tragen, deren Kaufkraft sich seit 1994 nahezu halbiert hat; der ca. 20%ige Rückgang im realen Pro-Kopf-Einkommen der Zone zwischen 1981 und 1994 konnte durch die Aufwertungseffekte bis heute erst um 7% kompensiert werden. Es überrascht daher nicht, daß kurz vor dem Termin der geplanten Umstellung der Anbindung des F CFA (1.1.1999) die Gerüchte über eine erneute Abwertung nicht verstummen wollten. Die Staatschefs der betroffenen afrikanischen Länder gaben ihrer Besorgnis darüber seit dem franko-afrikanischen Gipfeltreffen im Dezember 1996 in Ouagadougou wiederholt, und seit dem oben erwähnten Interview Pierre Messmers in immer dringlicherer Form Ausdruck. Präsident Omar Bongo sprach auf dem Treffen der Finanzminister der CFA-Zone in Libreville (Gabun) am 10.04.98 von zunehmender Kapitalflucht nach Europa oder den Vereinigten Staaten und beschwerte sich, daß selbst gabunesiche Hotels sich schon weigerten, CFA-Banknoten zu akzeptieren. Wegen ähnlicher Gerüchte begannen Banken in Abidjan und Dakar im April den Tausch gegen FF weiter einzuschränken. Der französische Finanzminister tat diese Befürchtungen als "Psychose" ab und versuchte - ebenso wie der Repräsentant des IWF - zu beruhigen; beide hielten dagegen, daß alle Wirtschaftsdaten für eine Beibehaltung der Parität sprächen (Le Monde, 12./13.4.98). Angesichts der gegenwärtigen asiatischen Krise und der vom schwachen Yen möglicherweise ausgelösten Abwertungsspirale asiatischer Währungen waren die Befürchtungen um eine abermalige baldige Abwertung des F CFA allerdings kaum als "Psychose" abzuqualifizieren. Die neuesten Prognosen über die Entwicklung der *terms of trade* für afrikanische Rohstoffexporte sprachen von nachgebenden Trends zwischen 1997 und 2006; seitdem fielen die Rohstoffpreise stärker als erwartet, was den Druck auf die CFA-Rohstoffexporte erhöhte. Möglicherweise haben letztere zukünftig entscheidende Wettbewerbsnachteile, wenn sie auf diese Situation nicht mit einer flexiblen Währungspolitik reagieren können, wie die Konkurrenz in Südost-Asien, Lateinamerika, Osteuropa oder selbst in benachbarten afrikanischen Ländern. Der französische Ökonom Emil-Maria Claassen warnte daher kürzlich davor, daß zwei von drei notwendigen (wenn auch nicht hinreichenden) **Voraussetzungen des Zusammenbruchs der CFA-Zone** unter "externen Schocks" bereits erfüllt seien: feste Parität und eingeschränkte Konvertibilität; die dritte, ein Schwarzmarkt für F CFA in der Höhe von mindestens 15-20%, ist in einigen Ländern schon gegeben. Angeheizt durch Abwertungsgerüchte begann sich wie schon vor der ersten Abwertung - abgesehen von dem schon lange existierenden informellen Parallelmarkt zur Umgehung des bürokratischen Bankensystems der CFA-Zone (mit "Kommisssionen" bis zu 5%) - besonders in dem CEMAC-Ländern ein F CFA-Schwarzmarkt mit Abschlägen von bis zu 15% herauszubilden; auch die nach der Abwertung vom Bankensystem der CFA-Zone akkumulierten Liquiditätsreserven sind angeblich bereits wieder aufgezehrt.

Eine Flexibilisierung der Wechselkurse in einer modifizierten CFA-Zone, die eine den jeweiligen nationalen Wirtschaftsstrukturen angepaßte Geldpolitik erst ermöglichen würde, läge unter diesen Umständen im Interesse der betroffenen afrikanischen Völker. Dazu liegen seit Jahren ausgearbeitete Vorschläge unabhängiger afrikanischer Ökonomen auf dem Tisch (die verschiedenen technisch möglichen Alternativen detailliert zu diskutieren, würde den Rahmen dieser Ausführungen sprengen; s. dazu ausführlich Hugon 1998:381-393; Monga 1997; Kappel 1993:276-278). Eine zielorientierte und zudem relativ leicht umsetzbare Alternative wäre ein passives *crawling-peg* System, d.h. eine flexible Anbindung, z.B. über einen periodisch angekündigten Abwertungssatz, gekoppelt an die Entwicklung des Euro gegenüber dem Dollar (s. ausführlich Hugon 1998: 385). Alle diese Vorschläge wurden bislang von den europäischen und afrikanischen Politikern, die über die Zukunft des CFA zu entscheiden haben, ignoriert. Eine gänzliche Freigabe und/oder Abkoppelung wäre allerdings allenfalls unter der Voraussetzung einer verantwortungsvollen Regierungsführung und einer konsequenteren Strukturanpassungspolitik der betroffenen afrikanischen Länder zu empfehlen. Gemäß dem von Monga (1997:113-119) entwickelten Kosten-Nutzen-Modell könnten zwar 11 von 13 CFA-Ländern davon profitieren, wenn sie die Währungsunion verlassen und eine eigene nationale Währung kreieren würden; diese Berechnungen bleiben aber solange graue Theorie, wie es den afrikanischen Ländern nicht gelingt, die gegenwärtigen Rentier-Ökonomien und nationalen sowie internationalen Patronagesysteme zu entmachten und außerdem ihrer eigenen Justiz sowie den Finanzinstitutionen bzw. Zentralbanken die Unabhängigkeit von politischer Einflußnahme zu garantieren, die sie für ihre Arbeit benötigen. Unter den gegebenen Umständen wäre die **Aufrechterhaltung der Währungsunion mit unterschiedlicher Parität jeweils für die west- und zentralafrikanische Zone und flexibler Anbindung an den Euro die beste Lösung.** Auf diese Weise würde auch dem berechtigten Wunsch der afrikanischen Länder nach größerer Autonomie von der Bevormundung durch französische oder europäische Finanzinstitutionen entsprochen. Solch eine Regelung könnte darüber hinaus zusätzliche Anreize zur seit langem vergeblich angestrebten Währungsintegration innerhalb der ECOWAS geben, indem Vorbehalte der beiden regionalen Wirtschaftsgiganten Ghana und Nigeria gegenüber dem Eintritt in die CFA-Zone wegen zu großer Abhängigkeit von französischen Interessen weitgehend ausgeräumt und die Verhandlungsmacht der ECOWAS gegenüber der EU und anderen Außenhandelspartnern erheblich gesteigert würden (s. Kappel 1993:278).

Die Beibehaltung der Währungsunion für die gesamte CFA-Zone geht insbesondere auf Kosten der ärmsten Länder (z.B. Sahelländer, die mit dazu beitragen, die Zahlungsbilanzdefizite der reicheren CFA-Länder zu decken), der ärmeren Gesellschaftsschichten in der gesamten Zone (s.o.) sowie des französischen Steuerzahlers, der indirekt den Wunsch etablierter Patronagenetzwerke nach Aufrechterhaltung von Sonderprofiten und französischer *Grandeur* finanziert. Die Opportunitätskosten der Aufgabe einer souveränen Geld- und Fiskalpolitik durch die CFA-Länder, die die von einer Währungsunion versprochenen Gewinne (wie verbesserte Absatzmärkte etc.)

nicht einstreichen können, fallen ebenfalls bei den schwächsten Ländern am meisten ins Gewicht (s. Monga 1997). Aber selbst von einer flexibleren, regionalisierten Anbindung würden wesentliche Teile der betroffenen Bevölkerung nicht profitieren; regionale Ausgleichsfonds für strukturschwache Gebiete sowie eine effektive Regionalpolitik müßten dem entgegenwirken.

Schließlich sollten wir uns in Erinnerung rufen, daß die gegenwärtige Strukturkrise der CFA-Länder keineswegs vorrangig ein monetäres Problem ist. Mangelnde Absatzchancen auf dem Weltmarkt sind auch nicht allein auf zu niedrige Produktivität afrikanischer Produzenten zurückzuführen. Strukturanpassung in Afrika bleibt ohne Strukturanpassung in den westlichen Industrienationen auf halbem Wege stecken. Der Verfall der *terms of trade* für die Agrarexporte Afrikas wird letztlich in den industrialisierten Ländern wesentlich mitverursacht, z.B. durch eine Externalisierung der Umweltkosten seitens der Industrieländer; noch so hohe Abwertungsraten der CFA-Franc verbessern außerdem nicht die Absatzchancen afrikanischer Bauern wenn die dreifach subventionierten EU-Rindfleisch- und Nahrungsmittelexporte den westafrikanischen Markt und die Überlebenschancen afrikanischer Bauern im Sahel zerstören oder wenn die USA weiterhin ihre eigene Baumwollproduktion so hoch subventionieren, daß sie den Weltmarkt zu Dumpingpreisen überschwemmt. Schließlich wird das bis zum Jahr 2000 neu auszuhandelnde Lomé-Abkommen nicht ohne Auswirkung auf die Außenhandelsstruktur der CFA-Länder bleiben (die alle dem Lomé-Abkommen angehören). Auch wenn es unwahrscheinlich ist, daß die AKP-Staaten sich zukünftig direkt mit den Währungsproblemen der CFA-Zone oder einer Währungsintegration beschäftigen werden, so bietet die Neuaushandlung dieses Abkommens gemäß den durch das "Grünbuch" der EU vorgezeichneten Richtlinien die Chance einer zielorientierten Unterstützung nicht nur der erwähnten politischen Konditionen, sondern auch einer regional differenzierten und angepaßten Strukturpolitik.

Literatur:

Alibert, Jacques (1997), "Les conséquences de la dévaluation du franc CFA", Marchés Tropicaux, 15.08.1997:1795-1801

Devarajan, Shantayanan/**Hinkle**, Lawrence E. (1994),"The CFA Franc Parity Change: an opportunity to restore growth and reduce poverty", *Afrika Spectrum*, 29 (1994) 2:131-151.

Diallo, Mamadou (1998), "Quelques axes de réflexion pour un partenariat nouveau", in: GEMDEV, 1998:395-406.

Fondation Friedrich-Ebert au Cameroun (ed.) (1997), "La Zone Franc face á la Monnaie Unique Européenne", Institut Supèrieur de Management Public, Yaoundé 1997.

Devey-Malu Malu, Muriel (1998), "UEMOA et CEMAC: Evaluation comparée de la conjoncture économique en 1997", Marchés Tropicaux, 15.05.1998:1011-1013.

GEMDEV (ed.) (1998), "La Convention de Lomé en Question", Ouvrage publié avec les soutiens de la Commission Européenne, du Secrétariat d´Etat à la Coopération et de l´Agence de la Francophonie, Paris, Editions Karthala

Hadjimichael, Michael T./**Galy**, Michel (1997), "The CFA Franc Zone and the EMU", IMF Working Paper 97/156, International Monetary Fund, November 1997.

Kappel, Robert (1993), "Future prospects for the CFA Franc Zone", *Intereconomics*, 28 (1993)6: 269-278.

Kohnert, Dirk (1994), "Die Krise der Communauté Française Africaine", *Internationale Politik und Gesellschaft* (FES), 4 (1994):385-396.

Hugon, Philippe (1998), "Les avatars de la Zone Franc face à l'Euro", in: GEMDEV, 1998:363-394

Monga, Célestin (1997), "A Currency Reform Index for Western and Central Africa", *World Economy*, (January) 1997:103-125.

Pelletier, Pierre (1997), "Zone Franc 1996: l' espoir renaît", Marchés Tropicaux, 22.08.1997:1843-1845;29.08.1997: 1891-1898.

Afrika-Jahrbuch 1997, S. 71-82

Peter Lock

Privatisierung der Sicherheit oder private Militarisierung? Aktuelle Entwicklungen in Afrika

Auf dem Wege zu gewaltgesteuerten Ökonomien

Der Umbruch mit dem Ende des Kalten Krieges wird allgemein überschätzt, viele der diesem Ereignis zugeschriebenen Veränderungen haben einen sehr viel längeren Vorlauf und sind nunmehr in den neunziger Jahren sichtbar geworden bzw. werden von den Medien beachtet. Dies gilt auch für das Afrikabild der neunziger Jahre, das Afrika als den verlorenen Kontinent beschreibt, dessen Staaten schwach oder gescheitert sind. In 15 Staaten des subsaharischen Afrika herrschen Kriege (10) oder bewaffnete Konflikte (5). Während die Häufigkeit in den anderen Regionen der Welt seit fünf Jahren stetig zurückgeht, ist auf dem afrikanischen Kontinent keine Trendwende in Sicht (Rabehl 1998, S.6). Ethnische Säuberungen und scheinbar zielloses Morden in innergesellschaftlichen bewaffneten Konflikten in zumeist sehr armen afrikanischen Ländern sind zu Dauerschlagzeilen in den Medien geworden. Dadurch sind in Krise geratene Entwicklungshilfe und humanitäre Hilfen, zumeist von privaten Trägern zunehmend unter Umgehung staatlicher Strukturen ausgeführt (Clapham 1996, Kap. 7), zu einem zentralen Element der wirtschaftlichen und politischen Außenbeziehungen und damit auch der öffentlichen Wahrnehmung Afrikas geworden (Castells 1998, S.87 f.), ohne daß hierdurch die relative Rückentwicklung Afrikas aufgehalten wird.

Allerdings deutet vieles darauf hin, daß sich die innere Logik dessen, was wir als Kriege und bewaffnete Konflikte wahrnehmen, tiefgreifend verändert hat. Die Beendigung der durch den Kalten Krieg bestimmten konfrontativen Alimentierung von Staaten und substaatlichen Akteuren hat diese Veränderung beschleunigt. Heute kann man die meisten bewaffneten innergesellschaftlichen Konflikte in Afrika eher als eine besondere Produktionsweise beschreiben, als sie mit den klassischen Kategorien des Krieges fassen. Sie sind eine dramatische Zuspitzung wirtschaftlicher Kreisläufe, die bereits vor der Entwicklung zum Massenkonflikt durch die Ausbreitung *gewaltoffener Räume* (Elwert 1997) gekennzeichnet sind.

Da in innergesellschaftlichen Kriegen die für Marktsteuerung notwendige Rechtssicherheit nicht oder nur sehr unzureichend gegeben ist, dominieren gewaltgesteuerte Transaktionen das wirtschaftliche Geschehen. Sie reichen von Raub bis hin zu neuen Formen der Sklavenarbeit, auch im militärischen Bereich. Die Logik von Gewaltsteuerung führt zu weiteren Konzentrationen wirtschaftlicher Macht und Kontrolle durch *warlords*, gestützt auf ihr privates Gewaltmonopol. Sie vereinen die unterschiedlichen Rollen des Feldherrn und Protektors, des populistischen Manipulators und politischen Führers und Monopolunternehmers in ihrer Person. Die bereits in den vorhergehenden Krisen angelegte gesellschaftliche Polarisierung verstärkt und verstetigt sich. In derartigen gesellschaftlichen Zuständen wird Reichtum häufig nicht länger erwirtschaftet, vielmehr ist er das Ergebnis gewaltgestützter Aneignung und Umverteilung im Kontext zerfallender Volkswirtschaften. Stabilität gewinnen derartige Zustände, auch unterhalb der formalen staatlichen Ebene, wenn es einem *warlord* gelingt, internationale Partner für die Inwertsetzung der von ihm kontrollierten Ressourcen auf dem Weltmarkt oder in seinen Grauzonen zu gewinnen (Reno 1998, S.217-227).

Aus diesem Blickwinkel betrachtet brechen diese Kriege und gewaltsamen Konflikte nicht aus, obwohl es die Konvention in verschiedenen Sprachen so will. Sie sind vielmehr eine dramatische Steigerung gesellschaftlicher Konflikte in zerfallenden Staaten, die schon lange ihre Rolle als Instanz für Rechtssicherheit und physische Unversehrtheit ihrer Bürger verloren haben (Bangoura 1996). Dieses Sicherheitsvakuum wird von vielfältigen traditionalen und modernen, legitimen und illegitimen Formen privater Sicherheitsvorsorge gefüllt. Es erscheint daher sinnvoll, diesen Erosionsprozeß staatlicher Gewalt und deren Übertragung auf private Akteure genauer zu untersuchen, weil dies einen Schlüssel für die Erklärung der Eskalation gesellschaftlicher Gewalt bietet, die häufig das Stadium lange andauernder bewaffneter Konflikte oder Kriege erreicht.

Daher versteht sich der hier vorgelegte Versuch, den Prozeß der Privatisierung der Sicherheit in Afrika auszuleuchten, auch als Untersuchung der Vorstufen und Folgezeiten von gewaltsamen Konflikten.

Privatisierung von Sicherheit: ein globaler Trend

Ein strukturbildendes Element der gegenwärtigen Entwicklung unter dem Vorzeichen neoliberaler Konzepte und Globalisierung ist der Wettbewerb der Nationalstaaten gegeneinander, durch einen Steuersenkungswettlauf Auslandsinvestitionen auf sich zu lenken. Die unvermeidliche Folge dieser allgemeinen Strategie ist die Rückführung staatlicher Aufgaben. In vielen Fällen wurde dieser allgemeine Trend durch die vom IWF erzwungenen Strukturanpassungen extrem verstärkt. Entsprechend sind die zahlreichen, mit der Herausbildung von Nationalstaaten gewachsenen staatlichen Aktivitäten zur allgemeinen und gleichförmigen Durchsetzung von Recht und Ordnung weltweit auch in den Sog allgemeiner Privatisierung geraten. In der stark ideologisierten Auseinandersetzung um die Durchsetzung neoliberaler Wirtschaftspolitiken ist dabei häufig aus dem Blickfeld geraten, daß eben diese Leistungen des Staates unverzichtbar für marktwirtschaftliche Entwicklung sind. Allerdings ist auch unbestritten, daß zahlreiche Sicherheitsdienstleistungen durchaus subsidiär von privaten Akteuren ausgeübt werden können, wenn diese in einem funktionierenden rechtsstaatlichem Rahmen delegiert werden.

Allgemein gilt, daß je schwächer der Staat ist, umso tiefgreifender sind die gesellschaftlichen Veränderungen, die mit der Privatisierung von Sicherheit einhergehen. Derartige Privatisierungsprozesse entwickeln ihre eigene ökonomische und psychologische Dynamik (Christie 1994[2]) und verschärfen die gesellschaftliche Ungleichheit im Hinblick auf individuelle Sicherheit. Sichtbares Zeichen dieses Prozesses ist die Erweiterung der gesellschaftlichen Sphäre privater Kontrolle durch die allseitige Privatisierung vormals öffentlichen Raumes. Die Fähigkeit des Staates, Sicherheit zu gewährleisten, wird inzwischen auch dort in Frage gestellt, wo die staatlichen Organe noch voll leistungsfähig sind. Daran sind u.a. Versicherungen und Anbieter von Sicherheitsinvestitionen und -dienstleistungen interessiert (Ocqueteau 1995). Die sich ausbreitende Kriminalitätsangst setzt sich in ein breites Spektrum privater Sicherheitsvorkehrungen um und bestimmt weltweit die Segmentierung urbaner Geographien (Blakely/Snyder 1997) und die Selbstghettoisierung der Einkommenseliten. In ihrer Steigerung entwickeln sich diese Prozesse in einen innergesellschaftlichen Wettlauf aktiver Bewaffnung und passiver Aufrüstung. Je schwächer der Staat ausgebildet ist, umso stärker werden staatliche Sicherheitsorgane marginalisiert oder von Eliten für private Interessen usurpiert. Sie werden dabei selbst zu einer Bedrohung immer größerer Teile der Bevölkerung (Meditz/Merill 1994; Montclos 1997; Human Rights Watch 1998). Persönliche Sicherheit transformiert sich von einem allgemeinen Grundrecht zu einer Ware, über deren Verteilung auf einem Markt letztlich die Kaufkraft des einzelnen entscheidet. Das englische Sprichwort "my home is my castle" wird zunehmend zur traurigen post-modernen Realität für all diejenigen, die es sich leisten können. Entsprechend dieser Marktlogik schreitet die Internationalisierung und Globalisierung auf der Angebotsseite des Dienstleistungssektors Sicherheit rasch voran. Die Branche wird weltweit von Konzernen wie *Wackenhut*, *DSL*, *Securicor* und *Group 4* dominiert.

Aber die Herausbildung von privaten Sicherheitsstrukturen ist nicht auf die reguläre Ökonomie beschränkt. Parallel zu ihr bilden sich dort konkurrierende Strukturen heraus, wo die Menschen als nicht-zahlungsfähige Nachfrager ausgeschlossen bleiben. Und dieses Bevölkerungssegment wächst weltweit immer rascher. Denn obgleich die Weltwirtschaft und vor allem die Weltbevölkerung wachsen, deutet alles auf eine stagnierende Zahl aktiver Teilnehmer in den regulären Ökonomien hin. Privatisierung, Deregulierung, technischer Fortschritt und Liberalisierung der Märkte beschleunigen weiter die ersatzlose Auflösung arbeitsintensiver traditionaler gewerblicher und landwirtschaftlicher Produktionsweisen. Die intergenerationelle Kontinuität von Berufsrollen wird abrupt beendet und mündet in einen Migrationsstrom an die Peripherien der Metropolen. Traditionale, normenbildende Instanzen werden ersatzlos entwertet. In den Metropolen wächst weltweit ein rasch größer werdender Teil der nachwachsenden Generation ohne realistische

Erwartung auf eine normenbildende Teilnahme an der regulären Wirtschaft heran. In nicht wenigen afrikanischen Ländern dürfte die Hälfte aller Jugendlichen von diesem Ausschluß betroffen sein. Verschärft wird die Situation durch die verbreiteten Auflösungserscheinungen des staatlichen Erziehungswesens in schwachen Staaten. Diese Entwicklung, sollte sie sich ungebrochen fortschreiben, macht den reibungslosen Ausschluß wachsender Teile der Erwerbsbevölkerung von der regulären Ökonomie zu möglichst niedrigen Transaktionskosten zu einer zentralen Gestaltungsaufgabe neoliberaler Politikstrategien, die auf Wachstum zu Bedingungen des globalen Marktes fixiert sind. Die diesem scheinbaren ökonomischen Zwang geschuldete Ausgrenzung schafft in Verbindung mit der parallelen Selbstghettoisierung der Privilegierten eine wachsende "Apartheid der Armut".

Individuelle Bewaffnung, Selbstverteidigungsgruppen, Schutzdienstleistungen (*Racket*), Bandenbildung gehören zu den Organisationsformen von "Sicherheit", dort wo der versagende Staat und Armutsapartheid das Leben zunehmend in eine "kriminelle Hölle" verwandeln. Die Schnittlinie zwischen der privatisierten Dienstleistungsindustrie und den "Sicherheitsorganen" außerhalb der regulären Ökonomie wird zur Quelle dynamischen Wachstums auf beiden Seiten. Man kann bereits von einem latenten innergesellschaftlichen Sicherheits- bzw. Aufrüstungswettlauf sprechen, der an die Stelle des zwischenstaatlichen Wettrüstens tritt. Daher sind Sicherheitsdienstleistungen sowohl in der regulären Ökonomie als auch in der kriminellen und informellen Sphäre einer der dynamischsten Wachstumssektoren mit großem Beschäftigungseffekt. Dies gilt z.B. auch für die EU. Dabei wird allgemein übersehen, daß es sich um eine eher parasitäre Tätigkeit handelt, die wenig, wenn überhaupt, gesellschaftliche Wohlfahrt stiftet.

Korruptive Eskalation im schwachen Staat

Sicherheit ist eine Grundvoraussetzung für wirtschaftliche Entwicklung, zumal heute, wo Staaten in scharfem Wettbewerb um ausländische Investitionen stehen. Für schwache Staaten entsteht dabei ein systemisches Sicherheitsdilemma. Denn im Wettlauf mit der krisenhaften Zuspitzung der wirtschaftlichen Entwicklung benötigt der geschwächte Staat erhöhte Ressourcen zur "Produktion von Sicherheit", vor allem für die Standortsicherung der weltmarktintegrierten Sektoren. Erhöhte Steuern und in schwachen Staaten zuvorderst Zölle erweitern ungewollt, aber zwangsläufig die Sphäre des illegalen Sektors, in der Extrarenten durch Korruption erzielt werden. So verfehlen Versuche schwacher Staaten, innergesellschaftlich aufzurüsten, um Sicherheit zu produzieren, regelmäßig das intendierte Ziel. Jeder scheinbare Fortschritt schafft insgeheim neue, zumeist größere Probleme und führt zu höheren Transaktionskosten, die sich aus dem parallelen Wachstum klientelistischer Korruption ergeben. Immer mehr willkürlicher Einsatz staatlicher und zunehmend auch privater Machtmittel wird zur Absicherung der klientelistischen Machtstrukturen benötigt und provoziert so eine schleichende Entgrenzung der eingesetzten Mittel und des Widerstandes dagegen. Ein Prozeß der Milizianisierung der gesamten Bevölkerung, einschließlich der zerfallenden Staatsorgane, durchwuchert den gesamten Staat (Marchal 1997, S.33-36; Dorier-Apprill 1997) und hebt das legitime Gewaltmonopol des Staates endgültig auf.

Allgemein scheint zu gelten, daß die Entwicklung geschwächter Staaten durch galoppierende Korruption gekennzeichnet ist (Morice 1995). Sie entfaltet sich einer Kaskade gleich und wird in ihrer Wachstumsphase zur sozialen Norm. Die Trennung von Politik und Wirtschaft verschwindet. Der Präsident fungiert als Aufsichtsrat über ein auf Korruption gestütztes Wirtschaftskonsortium, das sich zunehmend des Staates bemächtigt und seine Organe privatisiert. Der Staat wird zu einer opportunen Ressource zur Förderung partikularer Interessen degradiert. Mobutu hat mit aktiver Unterstützung der USA, Frankreichs, Belgiens, Israels, Chinas und zahlreicher großer Rohstoffkonzerne die logische Entwicklung dieser korruptiven Pyramide exemplarisch vorgeführt (Meditz 1994). Zahlreiche Staaten in Afrika befinden sich auf unterschiedlichen Stufen dieser Entwicklung. Andere, wie Äquatorial-Guinea, treten mit dem Beginn der gegenwärtigen Ölbonanza, die in einem real kaum ausgebildeten Staat das BSP jährlich mindestens verdoppelt, überhaupt erst in den Zyklus kaum vermeidbarer Korruption.

Liberalisierung und Demokratisierung waren als Katharsis erschöpfter und korrupter Staaten in Afrika gedacht, aber entgegen der ideologischen Vorerwartung zeigte die durchgängige Liberalisierung, häufig verbunden mit formaler Demokratisierung, keine korruptionsmindernde Wirkung. Vielmehr lautet der Befund einer empirischen Studie zur Korruption: "..., wir haben den Aufstieg einer 'neuen Korruption' entdeckt, die sich auf die Logik der ökonomischen und wirtschaftlichen Liberalisierung stützt; sie spiegelt die Aktivitäten habgieriger lokaler Eliten wieder, die nicht mehr durch die inländischen und internationalen Beschränkungen des Kalten Krieges gebunden und zunehmend von kriminellen oder 'mafiosen' Kräften durchdrungen sind. (Harris-White 1996, S.4).

Kritisch wird es, sobald die korruptive Dynamik in die Phase ihrer Erschöpfung eintritt, in der sich der notwendige Aufwand nicht mehr rechnet. Denn spätestens zu diesem Zeitpunkt eskaliert der ökonomisch-politische Ausscheidungskampf. Der Einsatz physischer Gewalt und häufig konkurrierender Sammlungen von ideologisch aufgeladenem Fußvolk, das als politischer Stoßtrupp fungiert, kennzeichnen das Geschehen. Der Übergang zu bewaffneten Konflikten wird erreicht. Der von den Machteliten angeeignete, d.h. quasi-privatisierte staatliche Machtapparat erweist sich als unzureichend und wird zunehmend selbst zum Risiko. Gleichzeitig verlieren die Ressourcen, vor allem Schürf- und Explorationsrechte, erheblich an Marktwert, weil hohe Risikoabschläge den Preis bestimmen oder Produktion und Export nicht mehr garantiert werden können. Nur noch marginale Investoren aus den Grauzonen des Weltmarktes investieren und waschen Geld. Staaten degenerieren zu kriminellen Konglomeraten, die in international operierende 'mafiose' Strukturen eingebunden sind (Bayart et al. 1997).

Internationalisierung der inneren Sicherheit

Die französische Armee hat im frankophonen postkolonialen Afrika bis in die jüngste Zeit mindestens fünfzehn Mal die Rolle des Regimegaranten gespielt. Insgesamt rund dreißig Mal wurde das französische Militär allein seit 1970 in Afrika eingesetzt. Ausgangsbasis für diese Interventionen waren in der Regel die in sechs Ländern dauerhaft stationierten Einheiten mit knapp 10 000 Mann und die 640 in Afrika tätigen Militärausbilder "*coopérants militaires*" (Dumoulin 1997). Als potentielle Verbindungsoffiziere werden jährlich zwischen 1000 und 1500 afrikanische Offiziere in Frankreich ausgebildet. Die in gaullistischer Tradition mit ihren verzweifelten Großmachtambitionen bis in die jüngste Zeit fortgeführte französische Afrikapolitik entfaltete sich außerhalb politisch-parlamentarischer Kontrolle. Sie bildete ein mächtiges Geflecht wirtschaftlicher Interessen der überwiegend staatlichen französischen Rohstoffkonzerne verbunden mit einer franko-afrikanischen Politikerclique, die ihre post-koloniale Machtposition mit französischen Bajonetten skrupellos verteidigte. Betrachtet man näher, was die französische militärische Präsenz und Intervention in Afrika bewirkt hat, wird rasch deutlich, daß die französischen Truppen in Afrika u.a. auch als privatisierte, quasi-unternehmenseigene Schutztruppe der staatlichen Rohstoffkonzerne wie ELF gesehen werden müssen.

Die eingeleitete Revision der französischen Afrikapolitik steht in einem logischen und zeitlichen Zusammenhang mit der weitgehend abgeschlossenen Privatisierung der in Afrika tätigen französischen Rohstoffkonzerne. Das kaum verhüllte Zusammenspiel zwischen Militär und Staatskonzernen ist beendet. Die Privatisierung der Sicherheit im Umfeld von strategischen ausländischen Investitionen wird auch im französischen Einflußbereich die französischen Truppenkontingente entsetzen. Es dürfte der militärischen Lobby schwerlich gelingen, eine neue zwingende Begründung für die Afrikapräsenz zu entwickeln, so daß die kommenden Jahre von politischen Rückzugsgefechten gekennzeichnet sein werden.

Wenn staatliche Sicherheitsorgane den notwendigen Schutz exportorientierter Produktion nicht leisten können, weil sich der Staat in Auflösung befindet und in einem bewaffneten Konflikt herausgefordert wird, entwickeln sich neue Formen der Absicherung. Häufig schaffen sich die betreffenden Konzerne mit Duldung der jeweiligen Machthalter selbst eine Art bewaffnete Exterritorialiät, indem sie leistungsfähige, bewaffnete Sicherheitsdienste im Ausland anheuern. Diese Unternehmen stützen sich in der Regel auf qualifiziertes militärisches Know how, das seit dem Ende des Kalten Krieges reichlich verfügbar ist (Nossal, 1998 S.26-28). Alternativ oder parallel werden Schutzgelder an lokale Banden und *warlords* gezahlt.

Dennoch droht immer wieder ein Zusammenbruch derartiger Arrangements oder die Projekte werden sogar aufgegeben, weil sie sich entweder nicht mehr rechnen oder aber bewaffneten Konflikten weichen müssen. Zur vermeintlichen Abwehr derartiger Situationen bzw. der Restauration von Produktion für den Weltmarkt wird gegenwärtig vor allem in Afrika die höchste Stufe der Privatisierung von Sicherheit erreicht. Die Machthaber kontraktieren international operierende Sicherheitsunternehmen, deren Dienstleistungen bis in den militärischen Bereich hineinreichen. In zumindest zwei Fällen (Angola, Sierra Leone) haben sich deren Formationen entscheidend an militärischen Auseinandesetzungen beteiligt. Da die entsprechenden Staaten zahlungsunfähig sind, wird die potentielle Weltmarktproduktion verpfändet bzw. werden die Rechte übereignet (Pech 1998, Reno 1998). An die Stelle der Rekonstruktion eines leistungsfähigen Staates tritt eine funktional ausgerichtete punktuelle Allianz der jeweiligen "Gewaltmonopolisten - Warlords" mit ausländischem Kapital. Der untergegangene patrimoniale Staat wird seinem Schicksal überlassen (Korte 1997; Reno 1998).

Die wichtigsten Anbieter dieser umfassenden Sicherheitsdienstleistungen kommen aus dem Umfeld des ehemaligen südafrikanischen Apartheidregimes. Die in den Medien immer wieder hervorgehobenen Söldner sind dabei nur die Spitze eines Eisberges von strategischen Dienstleistungen, die zur Inwertsetzung lokaler Ressourcen benötigt werden, Das Know how und der überwiegende Teil des Personals stammt aus dem Arsenal der Destabilisierungsstrategie des alten Regimes, die nahezu 20 Jahre darauf angelegt war, den Feind bereits außerhalb Südafrikas anzugreifen. Entsprechend umfangreich waren Aufklärung und verdeckte Aktionen in zahlreichen Ländern Afrikas. Große Teile des gesamten Personals dieser aggressiven Militärpolitik des Apartheidregimes, darunter zahlreiche Einheiten nicht-weisser Soldaten, stehen nunmehr als "Reservearmee" diesen privaten Anbietern von "Sicherheit" zur Verfügung. Dagegen waren andere Unternehmen wie *Gurkha Security Ltd.* mit Sitz auf der Insel Jersey seit Jahren in Afrika vor allem zum Schutz extraktiver Industrien tätig. Sie haben sich aber dort zurückgezogen, wo die Operationen militärische Dimensionen erreichten. Auch dieses Personal wurde durch die Verringerung von Streitkräften, in diesem Falle der britischen, verfügbar (Vines 1998).

Die Expansion dieser Anbieter ordnet sich in einen übergreifenden Trend der Privatisierung militärischer Dienstleistungen, besonders von Militärhilfe ein, den die führenden westlichen Militärmächte schon während des Kalten Krieges eingeleitet haben. Vor allem die militärische Unterstützung der arabischen Erdölproduzenten wurde zu großen Teilen von privaten Unternehmen abgewickelt. Mit dem Ende des Kalten Krieges haben vor allem die USA die Ausführung ihrer Militärhilfepolitik verstärkt an private Dienstleistungsunternehmen vergeben. MPRI (*Military Professional Resources Incorporated*) ist das größte und bekannteste dieser Unternehmen. Es wird von hochrangigen ehemaligen Beamten des Pentagon und Offizieren geführt. Zusätzlich zu den lukrativen Verträgen, u.a. die Streitkräfte in Kroatien und Bosnien auszubilden, hat MPRI nunmehr auch die Ausbildung des inländischen Schulmilitarisierungsprogramms ROTC (Ausbildungskorps für Reserveoffiziere) übernommen (Douglas 1998). In Großbritannien ist die Privatisierung militärischer Aufgaben ebenfalls weit vorangeschritten und wird mit Hilfe der PFI (*Private Finance Initiative*) konzeptionell weiterentwickelt.

Dieser umfassende Privatisierungsprozeß der Absicherung der Exportproduktion, zumeist von Rohstoffen, durch internationale Sicherheitsdienstleistungsunternehmen bleibt gleichwohl ein Feld politischer Rivalität um Einflußzonen. Der Druck der US-Regierung in Angola, den amerikanischen Anbieter MPRI zum Zuge kommen zu lassen und die südafrikanische Konkurrenz (*Executive Outcomes*) zu verdrängen (Reno 1998, S.67), deutet an, daß sich die geopolitischen Mittel verändert haben, Regierungen aber nach wie vor die Interessen ihrer Konzerne als ihre eigenen begreifen. Neu ist, daß risikobereite Akteure aus den Grauzonen des Weltmarktes in Afrika gute Chancen haben, sich in den extraktiven Sektoren im Verbund mit lokalen Machthabern bzw. *warlords* zu engagieren. Ihre Kapitalbasis stammt aus den Pirateninseln der internationalen Finanzmärkte, wie Cayman, Bermuda, Bahamas u.a.m., wo schmutziges Geld nach Anlage und Reinigung drängt.

Sicherheit und Staatlichkeit in Afrika
Die vielen Übel des gegenwärtigen Afrika werden in der politologischen Literatur vielfach dem schwachen und scheiternden Staat zugeschrieben. Eine Rekonstruktion des Staates aber scheint unter den gegebenen Rahmenbedingungen wenig wahrscheinlich, zumal ein genauerer Blick auf die post-koloniale Entwicklung zeigt, daß wichtige Merkmale von Staatlichkeit zu keinem Zeitpunkt ausgeprägt waren. Zwar wurden die post-kolonialen politischen Einheiten Afrikas sofort als souveräne Staaten in die UNO aufgenommen, ihre politischen Systeme erstreckten sich jedoch bestenfalls auf die städtischen Zentren (Herbst 1996). Daher bezeichnen einige Autoren afrikanische Staaten als Quasi-Staaten. Zwei zentrale Institutionen des Kolonialismus repräsentierten in personeller Kontinuität die neuen Nationalstaaten: Militär und Polizei. Schon aus diesem Grunde blieben traditionale, zumeist lokale gesellschaftliche Formationen der zentrale Bezugspunkt für Vertrauen, Gerechtigkeit und Sicherheit in der Gesellschaft.

Seit der Unabhängigkeit erlaubte die Exportwirtschaft den Eliten der ersten Stunde ein Überleben an der Spitze der Staaten, deren Integration keine Fortschritte machte. Im Gegenteil: durch Entwicklungshilfe und vor allem Nahrungshilfe wurden Städte und ländlicher Raum weiter entkoppelt. In der Folgezeit wurden die strategischen Rivalitäten des Kalten Krieges zur zentralen Überlebensressource der Machteliten. Die legitimatorische Basis der politischen Systeme reichte nicht über die jeweiligen Zonen klientelistischer Versorgung hinaus. Der Nationalstaat als Identifikationssymbol blieb Fiktion. Die für die Entwicklung von Rechtsstaatlichkeit zentrale Unterscheidung bzw. Trennung von Staat und Regierung wurde nie praktiziert. Entsprechend gelang es nicht, dem staatlichen Monopol legitimer Gewalt Geltung zu verschaffen. Für die große Mehrheit der Bevölkerung blieben der Staat und seine Organe entfremdet. Sie bildeten eine antagonistische Partei, die ausschließlich die Interessen einer an der Macht befindlichen Minderheit verfocht.

a) **Das Militär**: Der Anspruch der postkolonialen Eliten auf Nationalstaatlichkeit wurde durch das Militär repräsentiert, das mit dieser Rolle den kolonialen Makel abzustreifen versuchte. Das Militär wurde aber immer auch als potentieller Konkurrent um die politische Macht gesehen, zu Recht, wie die Entwicklung zeigte. Daher wurde hinreichende Ausrüstung nur durch ausländische Patronage im Zusammenhang mit gewaltsamen innergesellschaftlichen Konflikten und Bürgerkriegen verfügbar. Faktisch verrichteten die Streitkräfte in der Regel repressive Polizeiaufgaben und verloren inzwischen jegliches Prestige. Selbst dort, wo sie die Macht übernommen haben, agieren die Streitkräfte nicht als Institution. Vielmehr dominiert regelmäßig nach kurzer Zeit ein klientelistischer Clan, dessen deklaratorische Antikorruptionsstrategien auf internationale Akzeptanz gerichtet sind, sich tatsächlich aber auf die Eliminierung von gut positionierter Konkurrenz beschränken. Nähert sich der Zerfall des Quasi-Staates der Zahlungsunfähigkeit und erhalten die Streitkräfte nur noch selten Sold, entwickelt sich die Figur des "Sobel". Dieser Name faßt die Begriffe Soldat und Rebell zusammen, weil Angehörige der regulären Streitkräfte zumeist nachts als organisierte Banden tätig werden, die häufig ihre Aktionen mit einer politischen Aura tarnen.

Die Rolle der Militärs im gegenwärtigen Prozeß der radikalen Privatisierung von Sicherheit in weiten Teilen Afrikas wird sich jedoch nicht auf kriminelle Aktivitäten beschränken. Denn immerhin mindestens etwa 2000 Offiziere besuchen jährlich höhere militärische Akademien in entwickelten Ländern, allen voran Frankreich, USA, Großbritannien und Israel (Dumoulin 1997, S.121f.; Demilitarization 1997). Es spricht vieles dafür, daß derart qualifizierte Offiziere sich als potentielle Anbieter von Sicherheitsdienstleistungen in den abzusichernden Exportexklaven implodierender afrikanischer Staaten umsehen werden. Ob als Konkurrenten oder Partner der gegenwärtig den Markt bestimmenden südafrikanischen Firmen, wird sich aus der Entwicklung der sich abzeichnenden neuen Sicherheitsordnung in Afrika ergeben. Denn in der sich zunehmend entfaltenden neuen politischen Ökonomie Afrikas nach Beendigung des Kalten Krieges, bei der es um die Aufteilung in das nützliche (*Afrique utile*) und das überflüssige (*Afrique inutile*) geht, wird es vielerorts keinen angemessenen Platz für professionelle Streitkräfte geben, deren Aufgabe es ist, das Territorium von (nicht integrierten) Nationalstaaten zu verteidigen. Privat organisierter militärischer Schutz hingegen wird steigende Nachfrage haben.

b) **Die Polizei**: Während die Streitkräfte Afrikas bis zum Ende des Kalten Krieges im Mittelpunkt vieler sozialwissenschaftlicher Analysen standen, hat man sich mit der Polizei in Afrika nur selten beschäftigt. Die Polizeikräfte in den meisten afrikanischen Staaten unterscheiden sich in ihrer Organisation kaum vom Militär. Sie sind schlecht ausgebildet, meist paramilitärisch organisiert und kaserniert und vor allem schlecht bezahlt. Dennoch sind sie mit einem großen Ermessensspielraum ausgestattet. Für die meisten Menschen ist die Polizei nicht zuletzt deswegen eine Bedrohung. Für die Machteliten hat das Polizeiwesen nur geringe Bedeutung, denn ihre Politik ist nicht auf nationale Integration gerichtet. Vielmehr beschränken sich ihre Interessen vorwiegend auf die Reproduktion ihrer Pfründe und das repressive Potential der Polizei im Einsatz gegen Streiks und Demonstrationen (Hills 1996).

Mit der Unabhängigkeit wurden die Polizeikräfte rasch afrikanisiert. Dies ging einher mit einer Rekrutierung, die sich meist auf eine "loyale" ethnische Gruppe stützte. Die Übernahme paramilitärischer Aufgaben stempelte die Polizei zur Partei der regierenden Machtelite. Je schwächer sich der postkoloniale Staat entwickelte, umso deutlicher wurde die Polizei zum Zwangsorgan der Regierung. Mit beginnendem Zerfall des Staates geht die zentrale Kontrolle über die Polizei verloren. Sie wird zum Repressionsinstrument, das in häufig unkoordinierten Einheiten agiert, die sich ökonomisch verselbständigen. Überall dort, wo die staatlichen Strukturen besonders unter Auszehrung leiden, fällt die Besoldung der Polizei unter das Existenzminimum und der Ermessensspielraum der Polizei transformiert sich in eine willkürlich gehandhabte Ressource zur persönlichen Reproduktion. Diebstahl, Raub, Erpressung und Verkauf der Dienstleistungen an den Meistbietenden bestimmen die polizeilichen Aktivitäten. Mit dem Fortschreiten dieses Prozesses kommt es zur vollständigen Privatisierung der Sicherheit, konkurrierende bewaffnete Gruppen fungieren als "Anbieter".

Die verschiedenen Phasen der Auflösung ereignen sich durchaus parallel und die Schwächung der staatlichen Struktur kommt den individuellen Interessen von Polizisten sogar entgegen. So wird für Angola beschrieben, daß Polizisten ein monatliches Salär von zehn Mark erhalten. Gleichzeitig sind diese Polizisten bei privaten Sicherheitsunternehmen mit bis zu 400 DM auf der Lohnliste (Hills 1996, S.342). Allerdings besteht nur entlang der mit dem Weltmarkt verknüpften ökonomischen Inseln Afrikas eine so zahlungsfähige Nachfrage nach privaten Sicherheitsdienstleistungen, andernorts beschränken sich die Nebentätigkeiten der Polizisten auf die kriminelle Sphäre.

c) **Proliferation und selektive Privatisierung staatlicher Sicherheitsorgane**: Machterhaltung ohne Legitimation kennzeichnete die Aufgabe der politischen Elite der ersten Jahre nach der Unabhängigkeit. Der Bürgerkrieg im Kongo schwebte als Menetekel über ihnen und bestimmte ihre Strategien. Einerseits war es notwendig, die bewaffneten Organe auf die Absicherung der Macht auszurichten, andererseits galt es zugleich, eigenständig handlungsfähige Machtkonzentrationen innerhalb aller Staatsorgane zu verhindern, von denen eine Putschgefahr ausgehen könnte.

Das Ergebnis solcher Strategien kann man derzeit in Rußland beobachten. Aus den einstmals zentralisierten Streitkräften, Polizei- und Sicherheitsdiensten ist eine Vielzahl konkurrierender bewaffneter Organe hervorgegangen, die es heute auf insgesamt fünf Millionen waffentragende Staatsbedienstete bringen. Das organisatorische Chaos im Tschetschenienkrieg auf russischer Seite war das Ergebnis dieser systematisch vom Jelzin-Regime betriebenen Dezentralisierung. Afrikanischen Zuständen nicht unähnlich ist die Regierung nicht in der Lage die Vielzahl ihrer bewaffneten Sicherheitsorgane angemessen zu alimentieren. Auch alle weiteren Symptome staatlichen Zerfalls, wie sie für Afrika beschrieben worden sind, werden in Rußland sichtbar. Die "*chronique scandaleuse*" des afrikanischen Leidensweges ist daher systemischen Zuständen und nicht besonderen Eigenschaften des Kontinents und seiner Menschen geschuldet.

In dem Maße, in dem die jeweiligen Machthaber den Anspruch auf nationale Integration zugunsten klientelistischen Machterhalts und persönlicher Bereicherung aufgaben, entstand die Notwendigkeit, das Entstehen von Widerstand frühzeitig zu erkennen und nach Möglichkeit im Keime zu ersticken. Es ist die Geburtsstunde von geheimdienstartigen Formationen, verdeckten

Provokateuren, schlagkräftigen Spezialtruppen u.a.m. Für die Machthaber stellt sich aber immer wieder neu das Problem der Loyalitätssicherung zu niedrigen Kosten, denn jede besonders effiziente Einheit kann sich auch gegen den Auftraggeber richten. Das Austarieren der proaktiven Sicherheitsdienste führt zwangsläufig zu ihrer Proliferation und immer neuen schwerpunktmäßigen Privilegierungen einzelner "Prätorianergarden".

Für das Mobutu-Regime im Kongo ist die endlose Proliferation der Sicherheitsformationen am besten dokumentiert (Meditz/Merill 1994, Kap.5), auch der beständige Zielkonflikt des Kleptokraten zwischen persönlicher Bereicherung und Absicherung der Macht. Im zerfallenden, finanziell ausblutenden Staat entgleiten schließlich die Sicherheitsformationen jeder zentralen Kontrolle und der Präsident muß sich mit neuem bewaffnetem Schutz umgeben. Die Einsetzung einer Präsidialgarde häufig unter Beteiligung von ausländischen Spezialisten signalisiert den Eintritt afrikanischer Staaten in besonders kritische, häufig terminale Zerfallsphasen. Diese Garden fungieren außerhalb des desolaten Staatsbudgets, sie werden meist aus der privaten Schatulle des Machthabers überdurchschnittlich entlohnt und sind faktisch eine persönliche Mini-Privatarmee, die an keine Gesetze gebunden ist. Wenn der höchste Repräsentant des Staates sich mit einer privaten Prätorianergarde umgibt, ist zweifellos die höchste Stufe der Privatisierung der Sicherheit erreicht. Aber auch solche Schutztruppen können den moralischen und ökonomischen Verschleiß korrupt-kleptokratischer Machtausübung nicht aufhalten, wohl aber ihn lange verzögern.

Aber lange bevor ein derartiges "Endstadium" erreicht ist, führt die mangelnde finanzielle Ausstattung des Staates, seine Sicherheitsorgane angemessen zu entlohnen, dazu, daß einzelne Agenten, lokale Einheiten oder ganze Spezialdienste durch private Zusatzentlohnung für partikulare Sicherheitsdienstleistungen kooptiert werden. Dadurch werden große Teile der staatlichen Sicherheitsorgane in den Dschungel konkurrierender privater Sicherheitsdienste sowohl in der regulären Ökonomie als auch an deren kriminellen Rändern eingebunden. Da die korruptive Kooptierung eine Funktion der jeweiligen Zahlungsfähigkeit ist, diskriminiert auch diese Form der Privatisierung gegen die ärmeren Bevölkerungsschichten und fügt sich in die globale Tendenz, die Sicherheit zur Ware werden läßt.

Gesellschaftliche Organisation von Sicherheit außerhalb des Staates

Traditionale und kommunitäre Systeme: Unsere Vorstellung von Sicherheit ist von der konstitutionell-wohlfahrtstaatlichen Ordnungsform der Gewalt geprägt, die im europäischen Sozialstaat der 60er und 70er Jahre vollendet schien (Trotha 1995). Wir beurteilen Sicherheitsordnungen insgeheim nach diesem Maßstab. Daher sind wir schnell geneigt, aus dem Zusammenbruch staatlicher Strukturen in Afrika auf Chaos und Anarchie zu schließen. Dem steht entgegen, daß es sich bei den Zusammenbrüchen in Afrika nicht um ein Verschwinden von konstitutionell-wohlfahrtstaatlichen Strukturen handelt, vielmehr brechen gewaltgestützte Ordnungen mit je geringer Reichweite auseinander. Ordnung und Vertrauen, Sicherheit und Strafsanktionen sind weitgehend Handlungsbereiche von vergleichsweise autonom gebliebenen Segmenten der Gesellschaft geblieben. Trotha spricht am Beispiel von Afrika von einer neo-despotischen Ordnungsform der (staatlichen) Gewalt, die sich durch Willkür, aber zugleich auf urbane Zentren eingeschränkte Reichweite innerhalb des Staatsterritoriums auszeichnet. Tatsächlich bilden die unterschiedlichsten Gruppen vergleichsweise geschlossene kommunitäre Systeme, die eigenständige und durchaus leistungsfähige Sicherheitsordnungen unterhalten.

Zahlreiche außerhalb staatlicher Ordnungen erfolgreich agierende, zumeist ethnisch homogene Händlergruppen, die traditionell den interregionalen Handel in weiten Teilen Afrikas beherrschen, belegen eindrucksvoll die regulative Leistungsfähigkeit derartiger quasi-kommunitärer Systeme. Daß etwa die Hälfte des zwischenstaatlichen Handels in Afrika außerhalb der regulären Ökonomie mit teilweise erstaunlicher Effizienz und zu marktartigen Bedingungen abgewickelt werden, verweist auf die Robustheit außerstaatlicher Ordnungsformen (Constantin 1996, S.326).
Aber gruppenspezifische kommunitäre Ordnungsformen gründen sich keineswegs nur auf traditionale Formen der Vergesellschaftung. Denn auch die Revitalisierung und Instrumentalisierung und sogar Schöpfung neuer ethnischer Identitäten im Dickicht der Armutsapartheid in den expandie-

renden Metropolen (Dorier-Apprill 1997) ist ein sozialer Prozeß zur Bildung von kommunitären Ordnungsformen der Gewaltregulierung. Allerdings beruhen diese Ordnungsformen immer auf dem Ausschluß anderer. In Abwesenheit einer einheitlichen Ordnungsform für das jeweilige Staatsgebiet konfligieren die territorialen und sektoriellen Ansprüche verschiedener Gruppen notwendig miteinander. Gleichgewichte zwischen konfligierenden quasi-kommunitären Ordnungen sind naturgemäß äußerst labil. Konflikte zwischen unterschiedlichen Sicherheitsidentitäten erhöhen die jeweilige gruppeninterne soziale Kohäsion und damit aber auch die Disposition zu gewaltförmigem Konfliktaustrag.

Die Entwicklung kommunitärer Sicherheitsordnungen ist aber keineswegs eine auf Afrika beschränkte exotische Erscheinung. Vielmehr sind sie eine Reaktion auf die vielfältigen gesellschaftlichen Fragmentierungen im Verlaufe des gegenwärtigen Globalisierungsprozesses und entwickeln sich zunehmend als abgekoppelte subkulturelle Nischen auch in hochentwickelten Industriegesellschaften. Sie werden von Etzioni (1997) sogar als anzustrebende subsidiäre Ordnungen beschrieben, die eine gewisse Kompensation für die zur Ware gewordene privatisierte Sicherheit in weniger wohlhabenden Schichten bieten. Obwohl es sich um nicht-staatliche Sicherheitsordnungen handelt, unterscheiden sie sich von der eigentlichen als Markt organisierten Privatisierung von Sicherheit dadurch, daß die Gruppenzugehörigkeit und die damit verbundene Sicherheit nicht an eine individuelle Zahlungsfähigkeit gebunden ist. Es handelt sich also um eine Entstaatlichung der Sicherheit, aber noch nicht um eine postmodern privatisierte Sicherheit. Dort aber wo diese kommunitären und ethnischen Identitäten instrumentalisiert werden, um gewaltregulierte ökonomische Transaktionen durchzusetzen, lösen gewaltoffene Räume die bestehende Sicherheitsordnung ab.

Kriminelle und gewaltoffene Systeme: Die teilweise kleptokratische Ausbeutung der exportfähigen Ressourcen Afrikas durch korrupte Machteliten hat allem Anschein zufolge die hierzu notwendigen Machtressourcen erschöpft, nicht zuletzt weil sich die instrumentierbaren Außenzuflüsse mit dem Ende des Kalten Krieges auf humanitäre Hilfe reduziert haben (Duffield 1997). Hierauf deuten andauernde Bürgerkriege, gewaltgestützte Machtwechsel und die außerordentliche Labilität einer Reihe weiterer Regime hin. Als Ergebnis dieses schmerzvollen Prozesses sieht Rufin Afrika auf dem Wege zu einer eigenen Geschichte und folgt Bayarts Diktum, daß die gegenwärtigen Kriege eine Produktionsweise der Politik sind, an deren Ende eine neue politische Ökonomie des Kontinents stehen wird (Rufin 1996, S.80). Beobachten läßt sich eine neue Positionierung afrikanischer Ressourcen auf dem Weltmarkt, die durch bewaffnete Konflikte vorangetrieben wird. Reno sieht in *warlords*, denen es gelingt, eine formale Anerkennung als Staatsoberhaupt zu erlangen, die zentralen Träger einer neuen polititischen Ökonomie Afrikas (Reno 1998, S.222). Er prognostiziert, daß die internationale Gemeinschaft diese neuen Machthaber ebenso anerkennen wird, wie sie die Potentaten der Quasi-Staaten in Zeiten des Kalten Krieges anerkannt hat.

Wie sieht der Weg zu dieser neuen politischen Ökonomie aus? Aus der offensichtlichen Aussichtslosigkeit, einen normalen, territorialen Staat mit bürokratischen Strukturen auf der Grundlage breiter Zustimmung zu formen, entwickeln sich langfristig angelegte politische Projekte, die nicht länger auf die Schaffung eines traditionellen Nationalstaates westlicher Prägung ausgerichtet sind. Während die reguläre Ökonomie in Afrika parallel zum Niedergang der Quasi-Staaten geschrumpft ist, haben sich statistisch nicht erfaßte, z.T. sehr dynamische parallele und illegale Wirtschaftskreisläufe entwickelt, die regional in Afrika und global vernetzt sind. Da sich diese Kreisläufe außerhalb der Sphäre zwar korrupter, aber grundsätzlich formal rechtsstaatlicher Ordnungen entfalten, finden alle Transaktionen immer unter dem Menetekel von Gewaltsteuerung statt. Hierin liegt der Keim der umfassenden Entstaatlichung und Privatisierung von Sicherheit in Afrika, die weit vorangeschritten ist.

Man kann diese Entwicklung auch als allseitige Aufrüstung wirtschaftlicher Akteure in den parallelen Ökonomien beschreiben, deren Logik aber rasch die gesamte Gesellschaft und damit auch die verbleibende reguläre Ökonomie durchdringt. Obwohl die parallelen Ökonomien ebenfalls als Märkte organisiert sind, unterscheiden sie sich dadurch, daß die Kämpfe um Vorherrschaft durch Androhung und Ausübung von Gewalt gekennzeichnet sind. Gewalt dient auch dazu, anderen den Zugang zu Märkten vorzuenthalten. Wird schließlich politisch-ideologische Instrumentalisierung von Bevölkerungsgruppen als Mittel in den ökonomischen Ausscheidungskämpfen eingesetzt, entstehen Situationen, die zu bewaffneten Konflikten eskalieren.

Dabei handelt es sich nicht länger um Bürgerkriege, deren Gegenstand die Hegemonie in einem traditionellen Staat ist. Vielmehr geht es vor allem um die Inwertsetzung weltmarktfähiger Wirtschaftssektoren und –regionen. Daher ist der gewohnte Begriff innerstaatlicher Krieg zur Kennzeichnung derartiger Konflikte irreführend, denn es geht um die Schaffung und Absicherung eines neuen lokal-globalen Wirtschaftsraumes, der befreit vom Ballast des abgewirtschafteten territorialen Nationstaates fungieren soll. Hierzu bilden sich neue Allianzen von supranationalen, internationalen, substaatlichen Akteuren und deren Maklern, die aus kriegerischen Konfliktszenarien heraus konkurrenzfähige Produktionsstandorte vor allem für den globalen Markt entwickeln. Voraussetzung hierfür ist zunächst die Durchsetzung eines privaten, meist regional begrenzten Gewaltmonopols durch einen *warlord*. Möglich werden derartige Projekte, weil die Interaktion mit globalen Märkten im Zeitalter von Deregulierung nicht länger an völkerrechtliche Staatlichkeit gebunden ist. Aus den Grauzonen der internationalen Finanzmärkte steht das notwendige Kapital zur Verfügung, das durch Abtretung von Rechten abgesichert wird.

Gleichwohl ist eine formale Anerkennung als Staatsoberhaupt in vieler Hinsicht für den *warlord* solcher Allianzen nützlich, weil dies einigermaßen gegen "innere Einmischung" z.B. in Sachen Menschenrechte schützt, Zugang zu Entwicklungshilfe ermöglicht, den vergebenen Rechten eine sicherere rechtliche Basis verschafft und die private Aneignung von Staatseigentum, vor allem Unternehmen, auch förmlich möglich macht (Reno 1998, S.222). Schließlich kann ein *warlord* als Staatsoberhaupt im Verbund mit seiner externalisierten Interessenallianz ausländische Söldnertruppen zur Durchsetzung seines "Projektes" anheuern, ohne Gefahr zu laufen, auf internationalen Widerstand zu stoßen. Denn in kürzester Zeit nach Beendigung des Kalten Krieges ist es international akzeptabel geworden, daß sich als schwach angesehene Staaten derartiger Unterstützung bedienen. Eine Studie des Londoner Institutes für internationale strategische Studien (Shearer 1998) bestätigt dies. Sie sieht aus Sicht der westlichen Industriestaaten viele Vorteile in unternehmerisch organisierter militärischer Unterstützung von schwachen Staaten in kritischen Situationen gegenüber militärischen Einsätzen im Auftrag der UNO. Hierdurch könnten Konflikte rascher zu einem Ende gebracht werden. Vor allem sei es unangemessen, Firmen (wie *Executive Outcomes*) mit dem belasteten Begriff Söldner zu beschreiben, vielmehr handele es sich um eine effiziente Form der Stabilisierung. Es wird nurmehr über die Notwendigkeit einer rechtlichen Regulierung dieses qualitativ neuen Söldnerwesens diskutiert.

Nachdem unter dem Druck der internationalen Finanzinstitutionen in den letzten Jahren bereits zahlreiche staatliche Tätigkeiten, z.B. das Zollwesen, externalisiert und ausländischen Dienstleistungsunternehmen übertragen worden waren (*externalisation of political accountability*), ist nun eine weitere Stufe der Entstaatlichung in Afrika erreicht worden, eine offene privatwirtschaftliche Militarisierung. Vor dem Hintergrund des politischen Rückzuges der USA aus Afrika (Clapham 1997, S. 256ff.) und der damit verbundenen Entstaatlichung der Außenbeziehungen Afrikas, bedeutet die Akzeptanz der internationalisierten Privatisierung von militärischen Dienstleistungen, einschließlich Kampfeinsätzen, daß eventuell notwendigen militärischen Schritten auf dem Wege zur neuen politischen Ökonomie in Afrika keine grundsätzlichen Hindernisse mehr im Wege stehen. Aus der Entstaatlichung und nahezu vollständigen Privatisierung der Sicherheit wird unter Führung eines *warlord*-Staatspräsidenten eine private Militarisierung.

Bei aller Dynamik dieser Entwicklung darf aber nicht übersehen werden, daß die Perspektive dieser neuen politischen Ökonomie nicht die Schaffung integrierter Sozialstaaten ist, auch nicht als entfernter Handlungshorizont. Vielmehr liegt die internationale Attraktivität dieser Entwicklung in der bereits angesprochenen Trennung des nützlichen vom überflüssigen Afrika. Der zu einem privatwirtschaftlichen Industriezweig aufgewachsenen internationalen humanitären Hilfe wächst dabei die Aufgabe zu, die Symptome der globalen sozialen Polarisierung und der Armutsapartheid kosmetisch zu behandeln; sie wird dabei ein integraler Bestandteil der neuen politischen Ökonomie (Duffield 1997, S.541).

Afrika, ein Sonderfall?

Nimmt man das Paradigma Globalisierung ernst, dann müssen sich auch in Afrika Strukturen abbilden, die diesen Prozeß kennzeichnen. Es sei denn, man geht von einer völligen Abkopplung des Kontinentes aus. Die hier vertretene These der Herausbildung einer neuen politischen Ökonomie verwirft die Hypothese der Abkopplung. Daher soll abschließend geprüft werden, ob die Kennzeichnung der Sicherheitsordnung im Zeitalter der Globalisierung, die von Trotha (1995, S.153ff.) vorgenommen hat, mit entsprechenden Beobachtungen in Afrika verträglich ist.

Trotha prognostiziert allgemein das Ende der konstitutionell-wohlfahrtsstaatlichen Ordnung und damit auch des staatlichen Gewaltmonopols und kennzeichnet die gegenwärtige Sicherheitsordnung als oligopolistisch-präventiv. Die Durchsetzung des Anspruchs auf das legitime staatliche Gewaltmonopol ist in großen Teilen der Welt eine Fiktion, auch in den segregierten urbanen Räumen der Armut, rassisch-ethnischen Diskriminierung und Unterprivilegierung von Wohlfahrtsstaaten.

Die sich herausbildende neue Ordnung kennzeichnen fünf Vorgänge: "das bemerkenswerte Anwachsen der privaten Sicherheitsindustrie und privaten Sicherheitsdienstleistungen, die Privatisierung des Gefängnisses, die Ausbreitung 'kommunitärer Kontrollordnungen', der Aufstieg des präventionsgerichteten Sicherheitsdiskurses und Technisierung des 'Polizierens'."(S.153). An die Stelle einheitlichen staatlichen Handelns tritt ein komplexes Gefüge von staatlich-öffentlichen, privatwirtschaftlichen, parastaatlichen und kommunitären 'Institutionen der Sicherheitsherrschaft und Lebensformkontrolle'. Die neue Ordnung ist "eine Ordnung der sozialen und kulturellen Ungleichheit, Segregation und Antagonismen" (S.156). Sie übersetzt ökonomische Ungleichheit in soziale Ungleichheit der Sicherheit. Die Segregation produziert in der Sphäre der Wohlhabenden eine "Kultur des allgemeinen Aggressivitätsverdachtes" und veralltäglicht eine nahezu totale Bevölkerungskontrolle durch private Dienstleistungen. In den Zonen der Armutsapartheid entwikkelt sich eine "Kultur der Gewaltnormalisierung". Zwischen diesen Lebenswelten entsteht eine konfliktträchtige und gewalttätige Grenze, die durch Schlagbäume symbolisiert wird. Trotha kritisiert "den leichtfertigen ideologischen Umgang des Neo-Liberalismus mit der Privatisierung des Kerns von moderner Staatlichkeit" (S.161), ohne Elemente einer Gegenbewegung aufzeigen zu können.

Afrika ist auf dem Pfad des Szenarios einer oligopolistisch-präventiven Sicherheitsordnung und der ungleichen Verteilung von Sicherheit weit fortgeschritten. Dies wurde dadurch befördert, daß die meisten afrikanischen Quasi-Staaten die konstitutionell-wohlfahrtsstaatliche Phase der Ausbildung des staatlichen Gewaltmonopols weitgehend übersprungen haben. In den Zonen globaler ökonomischer Einbindung werden moderne Formen der privatisierten Sicherheit, einschließlich privatisierter Militarisierung mit Hilfe von neuen internationalen "Sicherheitsunternehmen" à la *Executive Outcomes*, die Sicherheitsordnung bestimmen. Afrika wird ein wachsender Markt für Sicherheitsdienstleistungen und -technik sein. Gleichzeitig werden die Zonen der Armutsapartheid von steigender Gewalttätigkeit geprägt sein, denn die traditionellen kommunitären Sicherheitsverbünde werden zunehmend mit den Akteuren der gewaltgestützten ökonomischen Kreisläufe konfrontiert und damit selbst in Gewalteskalation getrieben. Insgesamt wird die Produktion von privatisierter Sicherheit auch in Afrika auf allen Ebenen eine weiter steigende Zahl von Menschen beschäftigen, aber es entstehen nur Transaktionskosten und keine gesellschaftliche Wohlfahrt.

Literatur:

Bangoura, Dominique (1996): "État et sécurité en Afrique", in: Politique Africaine, No. 61, S.39-53

Bayart, Jean-François/**Ellis**, Stephen/**Hibou**, Béatrice (1998): "La Criminalisation de l'État en Afrique", Paris: Éditions Complexe

Blakely, Edward J./**Snyder**, Mary Gail (1997): "Fortress America. Gated Communities in the United States", Washington D.C. (Brookings Institution Press)

Castells, Manuel (1998): "The Information Age: Economy. Society and Culture, Vol. III End of Millennium", Oxford: Blackwell Publishers 1998, Kap.2 und 3.

Chapleau, Philippe/**Misser**, François (1998): "Mercenaires S.A.", Paris: Desclée de Brouwer

Christie, Nils (1994²): "Crime Control as Industry", London (Routledge)

Clapham, Christopher (1996): "Africa and the International System: The Politics of State Survival, Cambridge: Cambridge University Press.

Constantin, François (1996): "L'informel international ou la subversion de la territorialité", in: *Cultures & Conflits*, No.21/22, S.311-346

Demilitarization for Democracy (1997): "Fighting Retreat: Military Political Power and Other Barriers to Africa's Democratic Transition", Washington D.C.

Dorier-Apprill, Élisabeth (1997): "Guerres des milices et fragmentation urbaine à Brazzaville", in: *Hérodote* No.86/87, S.182-221

Douglas, Ian (1998): "Military Professional Resources Incorporated (MPRI)", in: Jakkie Cilliers (ed.) "Profit and Plunder", Johannesburg: ISS i.E.

Duffield, Mark (1998): "Post-modern Conflict: Warlords, Post-adjustment States and Private Protection", in: *Civil Wars* Vol.1.No.1 Spring 1998, S.65-102

Duffield, Mark (1997): "NGO relief in war zones: towards an analysis of the new aid paradigm", in: *Third World Quarterly*, Vol.18, Nr.3, S.527-542

Dumoulin, André (1997): "La France Militaire et l'Afrique", Bruxelles: Éditions GRIP.

Elwert, Georg (1997): "Gewaltmärkte: Beobachtungen zur Zweckrationalität der Gewalt", in: Trutz von Trotha (Hrsg.) "Soziologie der Gewalt", Sonderheft 37/1997, *Kölner Zeitschrift für Soziologie und Sozialpsychologie*, Opladen: Westdeutscher Verlag, S.59-85

Etzioni, Amitai (1997): "The New golden Rule. Community and Morality in a Democratic Society", New York (Basic-Books)

Harris-White, Barbara/**White**, Gordon (1996): "Corruption, Liberalization and Democracy", in: *IDS-Bulletin*, Vol.27, No.2 April, S.1-5

Herbst, Jeffrey (1996): "Responding to State Failure in Africa", in: *International Security*, Vol.21, Nr.3 (Winter 1996/97), S.120-144

Hills, A.E. (1996). " The Policing in Fragmenting States", in: *Low Intensity Conflict & Law Enforcement*, Vol.5, No.3 (Winter 1996), S.334-354

Howe, Herbert M. (1998): Private security forces and African stability: the case of Executive Outcomes, in: *Journal of Modern African Studies*, Vol.36, No. 2, S.307-331

Human Rights Watch (1998): "Shielded from Justice. Police Brutality and Accountablility in the United States", New York: Human Rights Watch

Korte, Werner (1997): "Prozesse des Staatsverfalls in Liberia", in: *WeltTrends* Nr.14, S.55-79

Marchal, Roland (1997): "Terminer une guerre", in: Marchal, Roland; Messiant, Christine "Les chemins de la guerre et de la paix", Paris: Karthala, S.5-48

Meditz, Sandra W./**Merill**, Tim (eds.) (1994): "Zaire, a country study", Washington D.C.: Government Printing Office, chapt. 5

Montclos, Marc-Antoine de (1997): " Violence et sécurité urbaines en Afrique du Sud et au Nigeria, Un essai de privatisation", 2 Bde., Paris: Éditions L'Harmattan

Morice, Alain (1995): "Corruption, loi et societé: Quelques propositions", in: *Revue Tiers Monde*, Vol.XXXVI, No.141, S.41-65

Nossal, Kim Richard (1998): "Roland goes Corporate: Mercenaries and Transnational Security Corporations in the Post-Cold War Era", in: Civil Wars Vol.1.No.1 Spring 1998, S.16-35

Ocqueteau, Frédéric (1995): "How the Private Security Sector is Winning its Legitimancy in France", in: Fritz Sack (Hg.) "Privatisierung staatlicher Kontrolle: Befunde, Konzepte, Tendenzen", Baden-Baden: Nomos

Pech, Khareen (1998): "Alles in einer Hand. Executive Outcomes bietet Sicherheit gegen Geld oder lukrative Konzessionen", in: *Der Überblick* 1/98, S.42-45

Rabehl, Thomas und Arbeitsgemeinschaft Kriegsursachenforschung (1998): "Das Kriegsgeschehen 1997: Daten und Tendenzen der Kriege und bewaffnete Konflikte", in: *Interdependenz* Nr. 22, Materialien und Studien der Stiftung Entwicklung und Frieden, Bonn (SEF) 1998

Reinicke, Wolfgang H. (1998): "Global Public Policy" Governing without Government?", Washington D.C.: Brookings Institution Press

Reno, William (1998): "Warlord Politics and African States", Boulder, London: Lynne Rienner Publishers

Rufin, Jean-Christophe (1996): "Les conflits en Afrique: Décadence et risorgimento? (Introduction du dossier <Les conflits en Afrique>)", in: *Relations Internationales & Strategies* No.23 (Automne 1996), S.79-81

Shearer, David (1998): "Private Armies and Military Intervention", Adelphi Paper 316, London: ISS.

Trotha, Trutz von (1995): "Ordnungsformen der Gewalt oder Aussichten auf das Ende des staatlichen Gewaltmonopols", in: Brigitta Nedelmann (Hg.): Politische Institutionen im Wandel, *Kölner Zeitschrift für Soziologie und Sozialpsychologie*, Sonderheft 35, Opladen: Westdeutscher Verlag, S.129-166

Vines, Alex (1998): " Gurkhas in Africa: The Work of Gurkha Security Guards Limited", in: Jakkie Cilliers (ed.) "Profit and Plunder", Johannesburg: ISS i.E.

Afrika-Jahrbuch 1997, S. 83-90

ENTWICKLUNGEN IN LÄNDERN UND REGIONEN

Westafrika

Politische Entwicklung

Während im Vorjahr "Modellwahlen" in Ghana und Benin als Zeichen signifikanter Fortschritte bei der Konsolidierung pluralistischer demokratischer Systeme in Westafrika gewertet werden konnten, **stagnierte der Demokratisierungsprozeß** 1997, und es traten wieder Konflikte sowie internationale Versuche der Konfliktschlichtung in den Vordergrund politischer Aktivitäten. Bei den Präsidentschaftswahlen in Mali (Juli) und Mauretanien (Dezember) führten Amtsbonus und eine zerstrittene Opposition zur Wiederwahl der alten Amtsinhaber; auch die Parlamentswahlen in Burkina Faso (Mai) ergaben einen überwältigenden Sieg der Regierungspartei; die niedrige Wahlbeteiligung (44%) zeigte, daß die Opposition in den Augen der Bevölkerung keine überzeugenden Alternativen anzubieten hatte. In Gambia besiegelten Parlamentswahlen zu Beginn des Jahres (3.1.) die Rückkehr zu einem Zivilregime, das westlichen Vorstellungen von Demokratie kaum entsprach, da es von einem durch einen Militärputsch an die Macht gelangten Präsidenten angeführt wurde, der drei der wichtigsten früheren Parteien von der Wahl ausgeschlossen hatte.

Liberia kehrte nach Präsidentschafts- und Parlamentswahlen am 19.7. ebenfalls zu einer Zivilregierung zurück; der ehemalige Rebellenchef Charles Taylor und seine Partei (NPP), die aus einer von ihm 1989 gegründeten Befreiungsbewegung, *National Patriotic Front of Liberia* (NPFL), hervorgegangen war, konnten einen überwältigenden Sieg über die Opposition verbuchen (s. Länderartikel). Damit nahm ein achtjähriger Bürgerkrieg ein Ende, dessen Auswirkungen weit über Liberia hinausreichten und der zeitweise nicht nur die Nachbarstaaten, sondern die ganze Subregion in Anarchie zu stürzen drohte.

Sowohl der Kriegsverlauf als auch die **Konfliktschlichtung** beruhten wesentlich auf externer Einmischung, insbesondere der ECOMOG unter der Führung der Militärdiktatur Nigerias, das in dieser Auseinandersetzung keineswegs nur solidarisch das ihr übertragene Mandat der ECOWAS zur Friedensstiftung, sondern auch massive Eigeninteressen vertrat ("*Pax Nigeriana*"). Eine analoge Entwicklung zeichnete sich im benachbarten Sierra Leone ab. Der Militärputsch gegen die gewählte Regierung Ammed Tejan Kabbahs am 25.5. durch Major Koroma, unter Einschluß der militanten Rebellenorganisation *Revolutionary United Front* (RUF), veranlaßte Nigeria zum Einsatz der ECOMOG-Truppen von ihren Stützpunkten im benachbarten Liberia aus; diese, ohne Absprache mit den übrigen ECOWAS-Staaten durchgeführte Intervention, wurde unterstützt durch eine Wirtschaftsblockade gegen die Junta (beschlossen auf OAU- (3.6). und ECOWAS-Gipfel, 27.8.) sowie durch ein Waffen- und Erdölembargo (gemäß UNO-Resolution vom 8.10.). Das mit den Rebellen geschlossene Friedensabkommen von Conakry (23.10.) entsprach jedoch offensichtlich nicht den Interessen aller Beteiligten und blieb nicht von langer Dauer (s. Länderartikel).

Das einseitige, mit den übrigen ECOWAS-Mitgliedern nicht abgesprochene militärische Eingreifen Nigerias in Sierra Leone zur Wiedereinsetzung des am 25.5. durch einen Militärputsch gestürzten zivilen Staatspräsidenten Ahmad Tejan Kabbah führte dazu, daß sich auf einem außerordentlichen Gipfeltreffen der ECOWAS in Lomé (17.12.) die Befürchtungen hinsichtlich einer selbstangemaßten regionalen Vormachtstellung Nigerias deutlich artikulierten und die alten Konfliktlinien zwischen anglophonen und frankophonen Mitgliedstaaten erneut aufbrachen. Der ghanaische Staatspräsident Rawlings bezeichnete das regelwidrig, drei Monate nach dem letzten Gipfeltreffen in Abuja (29./30.8.) einberufene Treffen erbost als "illegalen" Gipfel und blieb den Sitzungen in Lomé fern, ebenso wie der ECOWAS-Vorsitzende Abacha, der beleidigt über die Einladung französischer und US-amerikanischer Beobachter sowie über die zu erwartende Kritik seines ECOMOG-Einsatzes in Sierra-Leone "diplomatisch" erkrankte. Während der einladende togoische Außenminister Koffi Panou als Ziel des Treffens Absprachen über das weitere Vorgehen der ECOMOG in Sierra Leone und Liberia angab, wollte Nigerias Außenminister Ikimi vorrangig eine einheitliche afrikanische Front gegenüber westlichen Plänen für eine panafrikanische Friedensstreitmacht zusammenschmieden. Da viele der frankophonen Länder aber bereits in panafrikanischen Konfliktschlichtungsinitiativen unter Leitung Frankreichs oder der USA mitarbeiteten, lehnten sie das nigerianische Ansinnen ab. Die Mehrheit der ECOWAS-Mitglieder beschloß schließlich auf dem Treffen von Yamoussoukro (13.3.98), der ECOMOG unter Führung Nigerias keinen Blankoscheck mehr zu geben, militärische Alleingänge, wie den Nigerias in Sierra Leone, zu beenden, und die ECOMOG unter effektive Kontrolle und gemeinsame Leitung aller ECOWAS-Staaten (und nicht nur - wie bislang - des jeweiligen ECOWAS-Vorsitzenden) zu stellen. Da bisher Nigeria aber den Löwenanteil des Aufwands der ECOMOG-Einsätze trug, war fraglich, wie dieser Beschluß umgesetzt werden sollte.

Gemäß offiziellen Verlautbarungen wollten die westlichen Großmächte, Frankreich, USA und Großbritannien, ihre Politik der Friedenssicherung in Afrika koordinieren und noch bestehende Differenzen ausräumen, um so zukünftig auf **Alleingänge** zu verzichten, und der afrikanischen Seite die Gelegenheit zu geben, sich mit einheitlichen Konzepten auseinanderzusetzen. Faktisch widersprachen diese Verlautbarungen aber den verdeckten Interessen auf allen Seiten: Der französische Staatspräsident Chirac beschwerte sich im August auf einer Konferenz französischer Botschafter angesichts zunehmender Übergriffe der USA in die französische *chasse gardée* in Afrika, daß die äußere "Einmischung" in Frankreichs Afrikapolitik aufhören müsse; nur dann sei es Frankreich möglich, angesichts des Zwangs zur politischen und wirtschaftlichen Öffnung im Rahmen der Globalisierung, ein neues partnerschaftlicheres Verhältnis zu seinen früheren Kolonien zu entwickeln. In einem Zeitungsinterview sagte der französische Außenminister Hubert Védrine am 16.10., er sähe keinen Grund, der US-amerikanischen Friedenssicherungspolitik in Afrika automatisch zu entsprechen, vielmehr würde Frankreich diesbezüglich seine eigene Politik verfolgen.

Frankreich tat sich im Berichtsjahr mit eigenen **regionalen Konfliktpräventions-Initiativen** unter Beteiligung westafrikanischer Staaten hervor. Die sieben frankophonen westafrikanischen Staaten des ANAD (*Accord de Non-Agression et d'Assistance en Matière de Defense*) beschlossen am 26.4., schnellstmöglich (parallel zur ECOMOG) eine Friedensstreitmacht (*Force de paix de l'ANAD; FPA*) aufzubauen; ihr Ziel war die Ausbildung der Truppenteile der Mitgliedstaaten zu friedenserhaltenen Missionen, Demobilisierung von Milizen, Unterstützung des Aufbaus legitimer regulärer nationaler Truppen und humanitären Interventionen. Im Oktober wurde eine frankoafrikanische Friedensstreitmacht unter dem Namen **RECAMP** (*Renforcement des capacités africaines de maintien de la paix*) in Westafrika ins Leben gerufen; sie war analog zur relativ erfolgreichen Mission der "MISAB" zur Überwachung der Verträge von Bangui (Zentralafrika) konzipiert, zu deren Unterstützung auch Togo am 7.2. 75 Soldaten entsandte. Mitgliedstaaten der RECAMP waren Mauretanien, Mali und Senegal; kleinere Kontingente stellten Guinea, Guinea-Bissau, Kap Verde, Gambia und Ghana. Ziel dieser Initiative war die Entwicklung eines neuen Konzeptes der Friedenserhaltung in (West-) Afrika unter Betonung der humanitären Hilfe, getragen von den betroffenen afrikanischen Staaten. Anfang März (6.-13.3.) fanden in der Côte d'Ivoire franko-ivorische Manöver der Armee und Gendarmerie unter dem Namen "*Elephant 97*" statt. Im gleichen Monat übten Truppen Frankreichs, Togos, Burkina Fasos und Benins nahe der togoischen Grenze bei Nangbéto in gemeinsamen Manövern Konfliktprävention und humanitäre Einsätze. Im Mai beteiligte sich Benin zum ersten Mal mit einem Kontingent von 250 Soldaten an einem ECOMOG-Einsatz in Liberia; die Kosten des Einsatzes hatte Dänemark übernommen. Eine von Senegal und Frankreich organisierte RECAMP-Konferenz in Dakar unterstrich, daß der Aufbau afrikanischer Friedenssicherungstruppen (mit französischer Unterstützung) vorrangig sei. Angestrebt wurden keine ständigen multinationalen *Peacekeeping*-Einheiten, sondern die Ausbildung und Ausrüstung schnell abrufbarer Elite-Einheiten aus verschiedenen Mitgliedstaaten mit einer Gesamtstärke von 1 000 bis 2 000 Mann. Für die Umsetzung dieser Pläne stellte Paris eine Finanzierung in Höhe von FF 180 Mio. für 1998 in Aussicht. Die französische *Mission militaire de coopération* (MMC) vereinbarte im Herbst den Aufbau von vier nationalen Militärschulen mit regionalen Schwerpunkten in Westafrika nach dem Vorbild einer Modellschule in Koulikouro

(Mali), die für 1998 plante, 110 militärische Führungskader aus neun Ländern für Konfliktpräventionskräfte in Westafrika auszubilden. Die vier neuen Schulen sollten 1998 in Abidjan (Côte d´Ivoire, Ausbildung von Offizieren der Gendarmerie), Lomé (Ausbildung von Sanitätsoffizieren), Thiès (Senegal, Ausbildung junger Nachwuchskräfte in der Armee) und in Rosso (Mauretanien, Ausbildung von KfZ-Spezialisten) ihre Pforten öffnen, und die schon vorhandenen französischen Militärschulen in Bouaké (Côte d´Ivoire, für Kommunikation) und Thiès (Infantrie) ergänzen. Ziel des MMC war es, bis zum Jahre 2002 die Hälfte der derzeit noch in Frankreich stattfindenden Ausbildung afrikanischer Militärkader in afrikanische Staaten unter deren autonome Führung zu verlagern und an die afrikanischen Verhältnisse anzupassen. Parallel dazu plante die MMC sowohl die Kosten (FF 3 Mrd., 1997) als auch die Stärke ihrer Truppen in Afrika von 8 000 Mann (1997) in den Folgejahren auf 5 600 zu reduzieren. Im Oktober besuchte der französische Verteidigungsminister, Alain Richard, Abidjan und Dakar und versprach, neben französischer Unterstützung bei der Reform der nationalen Armeen der besuchten Staaten, eine Überprüfung bestehender Verteidigungsabkommen mit acht afrikanischen Ländern, inklusive Senegals, um eine ausgewogenere politisch-militärische Partnerschaft zu erreichen.

Die **USA** verkündeten Anfang Juli, Sondereinheiten und Militärausbilder in verschiedene afrikanische Staaten entsenden zu wollen; ab August nahmen die US-Ausbilder ihr Training von Eliteeinheiten zur Konfliktprävention in verschiedenen westafrikanischen Staaten auf (Ghana, Mali, Senegal, Togo). Gemeinsame Manöver der USA, Malis und Senegals ("*Flintlock 97*"), die nach zwei Monaten Anfang Juli in Bamako endeten, dienten ebenfalls dem Ziel, Interventionsmethoden (Geiselbefreiung, Evakuierung etc.) zu trainieren; Militärs aus Ghana, Côte d'Ivoire und Guinea-Bissau beobachteten interessiert die Übungen. Mittelfristig verfolgte das Pentagon das Ziel, in verschiedenen afrikanischen Regionen Bataillone von jeweils 500-800 Soldaten aus den beteiligten afrikanischen Staaten für den schnellen Einsatz in Krisengebieten durch Anleitung, Ausbildung und Materiallieferung vorzubereiten. Allerdings ging es den USA nicht zuletzt um Sicherung eigener geopolitischer Interessen bzw. um Sicherung amerikanischer Unternehmensinteressen im Bereich der Rohstoffförderung; als Ausbilder kamen keine in *peacekeeping* erfahrene Truppen, sondern vor allem *Green Berets* zum Einsatz, die sich bisher eher bei *counter insurgency* und *low level warfare* profilierten, was vermuten ließ, daß ihr Training eher auf Unterdrückung von Sezessions- oder Rebellenbewegungen in Afrika abzielte.

Afrikanische Staatschefs sahen - abgesehen vom Ausbau der Rolle der ECOMOG (s.o.) - ihre Vorteile in der Ausnutzung bestehender Widersprüche zwischen den Großmächten, um den Zufluß an militärischen Ressourcen auch nach dem Wegfall des Ost-West-Gegensatzes zu sichern bzw. zu optimieren. Togo stellte im Mai einen ambitiösen Entwurf einer umfassenden panafrikanischen Friedensstreitmacht von ca. 3 000 Mann mit permanentem Hauptquartier in einem der Mitgliedstaaten vor; die Truppe sollte unter Leitung der OAU, beauftragt von der UNO, den Frieden im subsaharischen Afrika sichern; der Entwurf kam den französischen Vorstellungen entgegen, war allerdings in der entscheidenden Finanzierungsfrage unrealistisch. Die acht Mitgliedstaaten der frankophonen westafrikanischen Wirtschafts- und Währungsunion UEMOA erklärten sich im Mai bereit, an einer Konfliktschlichtungstruppe in Kongo-Brazzaville unter Leitung der UN und der OAU teilzunehmen; die aktuelle Entwicklung des Konflikts erübrigte indes diese Intervention (s. Länderartikel).

Westafrika war nicht nur durch die Kriege selbst, sondern auch von deren unmittelbaren und mittelbaren **Kriegsfolgen** schwer getroffen. So rief die NRO *Human Rights Watch* (Washington) die ECOWAS-Staaten anläßlich einer Konferenz über Anti-Personen-Minen und Medien in Dakar am 4.11. dazu auf, den Vertrag von Ottawa zur Ächtung der Anti-Personen-Minen baldigst zu unterzeichnen; diese Minen stellten in vielen westafrikanischen Ländern wie Liberia, Mauretanien und Guinea-Bissau eine erhebliche aus vergangenen Kriegen ererbte Altlast dar; sie wurden aber auch in den andauernden Konflikten in Sierra Leone und der Casamance (Senegal, s. Länderartikel) zunehmend eingesetzt.

Ein weiteres beträchtliches Problem stellte für westafrikanische Staaten wie Guinea, Mali und die Côte d´Ivoire die Versorgung und Reintegration der **Flüchtlinge** aus benachbarten Ländern dar. Nach Statistiken des Flüchtlingshilfswerks der UN(UNHCR) befanden sich im November noch über 400 000 Flüchtlinge aus Liberia und Sierra Leone in Guinea und 210 000 liberianische Flüchtlinge in der Côte d'Ivoire. Das Reintegrationsprogramm des UNHCR für mauretanische Flüchtlinge in Mali (ca. 65 000) und togoische Flüchtlinge (ca. 7 000) in Ghana und Benin stand kurz vor dem Abschluß.

Schwerpunktthema bei der Diskussion von Menschenrechtsverletzungen war im Berichtsjahr in vielen westafrikanischen Staaten die **mangelnde Pressefreiheit;** herausragende Beispiele für Staaten mit einer repressiven Pressepolitik waren Nigeria, Togo, Guinea und Liberia (s. Länderartikel).

Sozioökonomische Entwicklung

Die wirtschaftliche Entwicklung verlief in den Ländern der frankophonen westafrikanischen Wirtschafts- und Währungsgemeinschaft (UEMOA) insgesamt positiver als in den übrigen Mitgliedstaaten der CFA-Zone und der ECOWAS (s. Kapitel Regionalorganisationen). Dies ergab eine Bestandsaufnahme während des 4. Halbjahrestreffens der Minister der Franc-Zone am 17.4. in Cotonou sowie während des 2. UEMOA-Gipfeltreffens in Lomé (23.6.). Mit der Aufnahme Guinea-Bissaus in die UEMOA (5.3.) und in die CFA-Zone (17.4; s. Länderartikel und *feature*-Artikel zur CFA-Anbindung an den Euro) fand zum ersten Mal ein lusophones Land in diese Währungsunion Eingang; als weitere, möglicherweise an einer Aufnahme interessierte Kandidaten galten Ghana, Gambia und Guinea. Anläßlich des Beitritts Guinea-Bissaus betonten sowohl der französische Botschafter wie Charles Konan Banny, der Gouverneur der Zentralbank der UEMOA (BCEAO), anläßlich eines Besuchs in Bissau (7.-9.7.), daß die UEMOA auch für alle nicht-frankophonen Länder offen sei, die sich den Regeln der CFA-Zone unterwerfen wollten; es galt als offenes Geheimnis, das Banny insbesondere leistungskräftige anglophone Länder wie Ghana zum Beitritt motivieren wollte, um so die Vormachtstellung der UEMOA, und damit der Frankophonie, gegenüber der ECOWAS auszubauen.

Gemäß einer im Frühjahr vorgestellten Studie des Entwicklungsprogramms der UN(UNDP) nimmt der **informelle Sektor** in Westafrika eine besonders große Bedeutung ein: In den 1990er Jahren hatte dieser Sektor die meisten neuen Arbeitsplätze geschaffen; in Bezug auf die sektorale Verteilung der arbeitsfähigen Bevölkerung rangierte er mit 20 bis 25% direkt hinter der Landwirtschaft auf dem zweiten Platz. Den Beitrag des informellen Sektors zum BIP schätzte die UNDP-Studie auf durchschnittlich 34% (außerhalb der Landwirtschaft); z. B. 38% in Guinea, 30% in Burkina Faso, 24,5% in Nigeria und 20% im Niger. 50% der Wertschöpfung des Sektors entfielen auf den Handel, 32% auf Handwerk und Kleinindustrie, 14% auf Dienstleistungen und 5% auf den Transport. Besonders in den Städten erzielte die Bevölkerung einen erheblichen Teil ihres Einkommens in diesem Sektor (z. B. 58% in den urbanen Zentren des Senegal und 68% in Mali).

Nach einer ebenfalls im Frühjahr veröffentlichten **Migrationsstudie** des *Institut national de la statistique et des études économiques* (INSEE) war Westafrika die afrikanische Subregion mit der größten Konzentration intra-regionaler Migranten und die größte "Entsenderegion" von Migranten nach Europa (3 Mio. Afrikaner von insgesamt 11 Mio. Ausländern in der EU); Westafrikaner stellten 14% aller afrikanischen Migranten, von denen ein Drittel in Frankreich wohnte.

Die oben angesprochenen kriegerischen Konflikte machten nicht zuletzt das Ausmaß der Privatisierung von Gewalt (*warlordism*) und der Entwicklung von Gewaltmärkten in Westafrika im Rahmen der Globalisierung deutlich; sie war mitverantwortlich für eine signifikante **Zunahme der Kriminalität**. Nach Einschätzung westlicher Polizei- und Geheimdienste nahm die organisierte Kriminalität in Westafrika mittlerweile solche Ausmaße an, daß diese Region zum Beispiel für den britischen *National Criminal Intelligence Service*, der im Februar 1998 eine Spezialeinheit mit Schwerpunkt Westafrika gründete, zur "ersten Liga" organisierter Kriminalität zählte. Nach seinen Schätzungen begingen Kriminelle insbesondere aus Nigeria 1997 allein in Großbritannien Betrügereien bei der Sozialhilfe im Wert von $ 5,8 Mrd., weitere weltweite Betrügereien von Nigerianern im Rahmen des seit Jahren andauernden ***"§ 419 - advance fee fraud"*** führten zu erheblichen Verlusten leichtgläubiger Unternehmer, die sich auf scheinbar attraktive, aber offensichtlich illegale Transaktionen mit nigerianischen Unternehmern bzw. Bankbeamten einließen. Allein in England stieg die Zahl der angezeigten Betrugsfälle dieser Art von 28 000 (1995) auf 68 000 (1997); in der Statistik von *Transparency International* stand Nigeria weiterhin an erster Stelle der korruptesten Länder der Welt. Westafrika gehörte außerdem zu den wichtigen Drehscheiben des **Drogen- und illegalen Diamantenhandels**, den zum Beispiel *warlords* in Liberia und Sierra Leone systematisch zur Finanzierung ihrer Waffeneinkäufe nutzten. Gemäß Angaben von Interpol Anfang 1997 brachen nigerianische Drogenhändler alle Rekorde, indem sie zu den "bedeutendsten internationalen Händlern in harten Drogen" aufstiegen. Neben Nigeria gehörten Togo, Gambia und Kap Verde zu den wichtigsten Drehscheiben in Westafrika, aber auch Abidjan, Bamako, Dakar und Niamey gewannen an Bedeutung. Der Kokainhandel breitete sich parallel zum Waffenhandel aus. Nach Einschätzung einer im März 1997 veröffentlichten Studie des *Observatoire Géopolitique des Drogues* (OGD), Paris, zählten in Westafrika Nigeria und Ghana, gefolgt von der Côte d´Ivoire und Senegal zu den Hauptproduzenten von Cannabis, das zwar noch überwiegend lokal konsumiert, aber zunehmend exportiert und zur Finanzierung von Waffengeschäften benutzt wurde. Cannabis begann andere, weniger profitable Exportfrüchte wie Kakao oder Kaffee zu verdrängen. 92% der vom OGD befragten ivorischen Bauern gaben an, nach dem Sinken der garantierten Ankaufpreise für die o.g. Exportprodukte zum ergänzenden Anbau von Marihuana ("Tabak des Teufels" in der Twi-Sprache) übergegangen zu sein, der den monetären Hektarertrag gegenüber Kaffee um das 100fache und gegenüber Kakao um das 60fache überstieg und außerdem den klimatischen Anbauverhältnissen besser entsprach. Die Diskrepanz zwischen An- und Verkaufspreis war in den betroffenen afrikanischen Ländern weit größer als in Lateinamerika und der Handel daher besonders lukrativ: Das Kilo Haschisch wurde von den Aufkäufern in Accra zum 15fachen, in Abidjan zum 60fachen und in Ouagadougou zum 100fachen Preis weiterverkauft. Der **organisierte Schmuggel gestohlener PKW** nahm ebenfalls erhebliche Ausmaße an; neben Südafrika (90 000 Wagen pro Jahr) gehörten Nigeria (100 000) und Côte d´Ivoire zu den wichtigsten afrikanischen Herkunftsländern der meist in die Nachbarländer verschobenen gestohlenen Autos. Auf einer Konferenz zur Bekämpfung grenzüberschreitender Kriminalität in Yamoussoukro (Côte d'Ivoire) im Frühjahr forderten die Vertreter der ECOWAS-Mitgliedstaaten eine Harmonisierung der Gesetzgebung sowie der Bekämpfungsmethoden.

Gemäß Polizeiberichten aus Cotonou (Benin) wurde allein im Januar und Februar der Schmuggel von 297 Kindern im Alter von acht bis fünfzehn Jahren zur Zwangsarbeit bzw. Prostitution nach Gabun, Nigeria oder Kamerun verhindert. Im August meldete die Polizei die Festnahme von drei Kinderhändlern, die 90 Kinder nach Lagos verkaufen wollten. In Nigeria erregten im März und Oktober Berichte aus dem südöstlichen Bundesstaat Akwa-Ibom Aufsehen, wo Kinderhändler aus dem Niger-Delta "Sklaven-Zwischenlager" organisierten, aus denen Jungen im Alter von 10 bis 12 Jahren als Haussklaven oder Sklavenarbeiter aus anderen Landesteilen Nigerias bzw. den benachbarten Ländern nach São Tomé, Kamerun, Gabun oder in die Zentralafrikanische Republik verschoben wurden. Die Kontrolle des **Kinderhandels** ist um so schwerer, weil der in Benin, ebenso wie in anderen westafrikanischen Ländern seit vorkolonialer Zeit tradierte Brauch armer Familien, ihre Kinder (insbesondere Mädchen) zu reicheren Familien in Pflege zu geben (*vidomegon,* in Benin), eine Erkennung von Kinderschmuggel erschwert. Dementsprechend beschuldigte die nigerianische Polizei auch traditionelle Chefs im Niger-Delta, den Kinderhandel zu dulden, oder sogar aktiv zu unterstützen. Die Eltern erhalten für ihre Kinder F CFA 10 -15 000; oft landen die Kinder jedoch als Zwangsarbeiter auf Kakao- oder Zuckerrohrpflanzungen ausländischer Plantagenbesitzer, die für diese "Sklaven" bis zu F CFA 200 000 zahlen.

Regionalorganisationen

Die Vielfalt miteinander konkurrierender regionaler Initiativen auf wirtschaftlichem, militärischem und entwicklungspolitischem Gebiet schuf - positiv gesehen - die Möglichkeit zur Erprobung unterschiedlicher Konzepte regionaler Kooperation und trug den unterschiedlichen Strukturen und Interessen in der Region Rechnung. Gleichzeitig bedeutete diese Vielfalt allerdings eine Verzettelung knapper Ressourcen aufgrund eigensüchtiger Interessen nationaler Eliten. Es mangelte an politischer Bereitschaft zur Abgabe nationaler Entscheidungsmacht, weil darunter Partikularinteressen lokaler oder internationaler Patronagenetzwerke (Rentierökonomien, z. B. die französische *chasse gardée*), von denen diese Eliten abhängig waren, leiden würden.

Die Wirtschaftskooperation innerhalb der frankophonen westafrikanischen Wirtschafts- und Währungsunion (**UEMOA**) stellte parallel laufende ineffektive Bemühungen der ECOWAS immer mehr in den Schatten. Allerdings gab es große intra-regionale Unterschiede in der Wirtschaftsstruktur (Sahel- vs. Küstenländer; reg. Großmächte vs. Kleinstaaten etc.), im Wirtschaftswachstum und bei der Inflationsrate in den Mitgliedsländern der UEMOA. Um dem entgegenzuwirken, wurde im Dezember ein regionaler Strukturhilfe-Fonds der UEMOA geschaffen; er hatte die Aufgabe, in besonders bedürftigen Ländern die Armutsbekämpfung zu erleichtern; Fondsmittel sollten aus 0,5% der nationalen Importzölle gespeist werden (s. *feature*-Artikel zur CFA-Anbindung an den Euro). Ab 1.7. galt die in den Vorjahren beschlossene Senkung der UEMOA-internen Zölle für ausgewählte Produkte um 60%. Die für den 1.1.1998 geplante Harmonisierung der gemeinsamen externen Zölle auf Industriegüter wurde am 1.12. um zwei Jahre auf das Jahr 2000 verschoben, weil eine Mindestprotektion der jungen Industrien der Zone noch erforderlich sei, wie der Präsident der Union, Moussa Touré, in einem Zeitungsinterview im September meinte. Die ab September geltenden Konvergenzkriterien für die Wirtschafts- und Finanzpolitik der Mitgliedstaaten sollten allerdings erst ab 1998 mit Sanktionen bei Abweichungen bedroht werden. Ob dies die Umsetzungschancen erleichtern würde, war fraglich, da zum Beispiel bisher keines der UEMOA-Länder das Kriterium, 20% des BIP für Investitionen zu reservieren, erreicht hatte. Für Touré war Integration "eine Philosophie und eine Kultur", man könne von niemand erwarten, Harakiri zu begehen. Die geplante Anbindung des F CFA an den Euro macht deutlich, daß die UEMOA in erster Linie der Erhaltung des *status quo* der CFA-Zone diente. Sie förderte weder an die spezifischen Ressourcen westafrikanischer Länder individuell angepaßte Entwicklungsstrategien noch eine effektive Wirtschaftsintegration; sie diente vorrangig der Stabilität außenwirtschaftlicher Beziehungen sowie den Interessen etablierter Eliten und Patronagesysteme innerhalb und außerhalb der Region (s. *feature*-Artikel zur CFA-Anbindung an den Euro).

Die **ECOWAS** hatte in den 22 Jahren ihres Bestehens die angestrebte Wirtschaftsintegration nicht wesentlich vorangebracht. Das lag weniger an den grundlegenden Unterschieden in der Wirtschaftsstruktur der Mitgliedstaaten oder an mangelnden Ressourcen, sondern an den eigensüchtigen Interessen nationaler politischer Entscheidungsträger (z.B. Rentierökonomien in Nigeria, Niger, Côte d´Ivoire), der Perpetuierung (neo-)kolonialer Patronagesysteme (*chasse gardée*), den Abschottungsbestrebungen der frankophonen gegenüber den anglophonen Staaten und der Angst vor dem Hegemonialstreben Nigerias. Die Beschlüsse der ECOWAS zur Wirtschaftsintegration waren viel zu ambitiös und unrealistisch (z.B. bis zum Jahre 2000 eine Währungsunion zu bilden), es mangelte am politischen Willen zur Umsetzung. Dies galt insbesondere für den utopischen Vorschlag des nigerianischen Finanzministers Anthony Ani in Abuja (25.9.), den nigerianischen *Naira* als gemeinsame Währung der ECOWAS ("*Eco-Naira*") zu installieren. Wesentliche Fortschritte auf dem Wege zur Schaffung eines gemeinsamen Marktes - einer Vorbedingung für eine Währungsunion - waren jedoch nicht zu verzeichnen. Der Gouverneur der nigerianischen Zentralbank bemerkte demgegenüber auf dem 22. Treffen der ECOWAS-Zentralbankchefs in Abuja sarkastisch, daß bislang nichts Konkretes auf dem Weg zur Währungsunion erreicht worden sei. Der beninische Staatspräsident war diesbezüglich während seiner Amtszeit als ECOWAS-Vorsitzender schon 1992 noch deutlicher geworden; er führte die Stagnation der ECOWAS auf die "Kriminalität und Unehrlichkeit" ihrer Mitglieder bei der Umsetzung der erklärten Wirtschaftspolitik zurück. Die periodisch wiederholten Beteuerungen der Mitgliedstaaten der ECOWAS, nur diese Organisation sei "langfristig die einzige Regionalorganisation, die mit der westafrikanischen Integration beauftragt ist" oder die These der Integration verschiedener Blöcke (UEMOA vs. ECOWAS) "in zwei Geschwindigkeiten" dienen nur der Verschleierung der tatsächlichen divergierenden Interessen (s.o.).

Trotzdem bewerteten die anwesenden Staatschefs die Politik der ECOWAS auf dem 20.

Gipfeltreffen in Abuja (29./30.8.) als Erfolg, insbesondere auf dem Gebiet der Konfliktschlichtung und Friedenssicherung durch die ECOMOG (*ECOWAS Monitoring Group*); dabei neigten sie allerdings dazu, zu vergessen, daß die ECOMOG die meiste Zeit ihrer siebenjährigen Existenz damit zugebracht hatte, den Bürgerkrieg in Liberia zu beenden, und einen Sieg des Rebellenchefs Taylor zu verhindern, der aber schließlich - nach einer Annäherung zwischen Abacha und Taylor - in von der ECOMOG und der UN-kontrollierten freien Wahlen am 19.7. doch den Sieg davontrug (s. Länderartikel). Kaum hatte die ECOMOG ihre militärische Intervention in Liberia beendet, so stürzte sie sich in eine andere gewagte - und innerhalb der ECOWAS umstrittene - Operation in Sierra Leone. Die Mehrheit der Mitgliedsländer favorisierte eher friedliche Lösungen, wie Sanktionen oder ein Embargo; die Côte d'Ivoire und Ghana sprachen sich schon allein aus Kostengründen gegen eine weitere kostspielige Expedition wie in Liberia aus. So mancher der auf dem Gipfeltreffen in Abuja anwesenden Staatschefs war außerdem selbst durch einen Militärputsch an die Macht gekommen und sah möglicherweise die neue Aufgabenzuweisung der ECOMOG zur Wiedereinsetzung gewählter, durch einen Putsch entmachteter Regierungen mit gemischten Gefühlen. Staaten wie Liberia oder Burkina Faso, die bereits seit langem die RUF und den Rebellen Koroma unterstützt hatten, sahen noch weniger Grund zum Eingreifen der ECOMOG.

Diverse weitere regionale Organisationen verfolgten oft Partikularinteressen, die mit dem Ziel der wirtschaftlichen und politischen Integration Westafrikas schwer vereinbar waren; viele dieser Organisationen schafften eine unnötige Duplikation der Ressourcen, litten an mangelnder Effektivität und kämpften um knapper werdende Hilfe der Geber. Ein Beispiel war die älteste Regionalorganisation Westafrikas, der **Conseil de l'Entente**: gegründet 1966 als Initiative des ivorischen Staatspräsidenten Houphouët-Boigny, um dem Projekt einer malischen Föderation zu begegnen und den Zugang seines Landes zu den Wasserressourcen des Voltabeckens zu sichern, verfolgt die Organisation heute überwiegend kleine lokale Entwicklungsinitiativen und dient der Selbstdarstellung und Aufbesserung des durch mangelnde innerstaatliche Legitimität beeinträchtigten Images beteiligter Staatschefs (z. B. Eyadémas, Togo oder Ibrahim Baré Mainassara, Niger), wie besonders die beiden letzten Gipfeltreffen in Kara (Togo, 1996) und Yamoussoukro (Côte d'Ivoire, 20.2.) zeigten, auf denen keine nennenswerten Beschlüsse gefaßt wurden.

Auch die **CILSS** befand sich in einer Entwicklungskrise. Auf dem 12. Gipfel der Staatschefs der Mitgliedsländer am 12.9. in Banjul, der mit dem 20. Jahrestag der Gründung des *Club du Sahel* zusammentraf, wurde das neue eingeschränkte Mandat der Organisation sowie deren Restrukturierung besprochen: Gemäß dem neuen Vertrag mit OECD-Partnern im Rahmen des *Club du Sahel*, stand zukünftig, im Gegensatz zur bisherigen Praxis, nicht die Katastrophenhilfe im Vordergrund der Aktivitäten, sondern nachhaltige Entwicklungsprojekte. Der zur Finanzierung vorgesehene Dreijahreshaushalt sah insgesamt F CFA 10,8 Mrd. vor, von denen 10,2 Mrd. durch die Geber gedeckt werden sollten; die Rückstände der Beitragszahlungen der Mitgliedstaaten waren zwischen 1994 und 1996 indes weiter um 16% auf F CFA 557 Mrd. gestiegen. Der Vertreter der Weltbank für Senegal, Gambia, Kap Verde und Guinea-Bissau, Mahmood Ayub, geißelte auf der Konferenz in Banjul die unzureichenden Fortschritte vieler Sahelländer bei der Restrukturierung des Öffentlichen Sektors und forderte zu einer Reduzierung der Korruption auf. Kurz zuvor hatte der Ministerrat der CILSS auf seiner 32. Sitzung in Banjul die Aufnahmeanträge Kameruns, Guineas und der Zentralafrikanischen Republik zurückgewiesen, da diese keine Sahelländer seien.

Auf dem 9. Gipfeltreffen der Regionalorganisation zur Entwicklung der Anrainerstaaten des Gambia-Flusses (**OMVG)** am 25.9. in Dakar versuchten die vier anwesenden Staatschefs, der Organisation neues Leben einzuhauchen. Das erste OMVG-Projekt zur Entwicklung der Forst- und Weidewirtschaft sollte F CFA 16 Mrd. ($ 32 Mio.) kosten und 1997 beginnen. Die Schwester-Organisation **OMVS** war in sich zerstritten; u.a. wegen des Manantali-Staudammprojekts; Mauretanien fühlt sich außerdem durch eine Umstrukturierung der Organisation unterrepräsentiert.

Dirk Kohnert

Chronologie Westafrika 1997

05.03.	Guinea-Bissau wird Mitlgied der UEMOA und, ab 17.4., der CFA-Zone
17.04.	Halbjahrestreffen der Finanzminister der Franc-Zone in Cotonou
23.06.	2. Gipfeltreffen der UEMOA in Lomé
29.-30.08.	20. ECOWAS-Gipfel in Abudja
12.09.	12. Gipfeltreffen der CILSS endet in Banjul
24.09.	9. Gipfeltreffen der *Gambia River Development Authority* (OMVG) in Dakar
17.10.	Regionale Wertpapier-Börse der UEMOA in Abidjan gegründet
01.12.	UEMOA beschließt in Ouagadougou Verschiebung der für 1998 geplanten Zollunion um 2 Jahre
17.12.	Außerordentlicher ECOWAS-Gipfel in Lomé wegen Streit um ECOMOG-Einsatz in Sierra Leone

Verzeichnis regionaler westafrikanischer Organisationen 1997:

Accord de Non-Agression et d'Assistance en Matière de Defense (ANAD), gegründet: 1979; 7 frankophone westafrikanische Mitgliedstaaten: Burkina Faso, Côte d'Ivoire, Mali, Mauretanien, Niger, Senegal, Togo, (Benin, Beobachterstatus); Vorsitzender: Abdou Diouf (Staatspräsident, Senegal)

Autorité du Bassin du Niger (ABN); gegründet: 1964; Sitz: Niamey (Niger); 9 Mitglieder: Benin, Burkina Faso, Côte d'Ivoire, Guinea, Kamerun, Mali, Niger, Nigeria, Tschad - Exekutivsekretär: Othman Mustapha (Nigeria)

Autorité de Développement Intégré de la Région du Liptako-Gourma; gegründet: 1972; Sitz: Ouagadougou (Burkina Faso); 3 Mitglieder: Burkina Faso, Mali, Niger - Generalsekretär: Isague Dembélé (Mali, ab 1996)

Banque Centrale des Etats de l'Afrique de l'Ouest (BCEAO); gegründet: 1962; Sitz: Dakar (Senegal); 7 Mitglieder: Benin, Burkina Faso, Côte d'Ivoire, Mali, Niger, Senegal, Togo; - Gouverneur des Verwaltungsrates: Charles Konan Banny (Côte d'Ivoire; seit 1.1.94).

Banque Ouest Africaine de Développement (BOAD); gegründet 1973; Sitz: Lomé (Togo); 7 Mitglieder: Benin, Burkina Faso, Côte d'Ivoire, Mali (seit 1984), Niger, Senegal, Togo - Präsident: Yayi Boni (Benin)

Commission du Bassin du Lac Tchad (CBLT); gegründet: 1964; Sitz: N'djamena (Tschad); 5 Mitglieder: Kamerun, Niger, Nigeria, Tschad, ZAR (seit 24.3.94) - Exekutivsekretär: Abubakar B. Jauro

Comité Inter Etats de Lutte Contre la Sécheresse dans le Sahel (CILSS); gegründet: 1973; Sitz: Ouagadougou (Burkina Faso); 9 Mitglieder: Burkina Faso, Gambia, Guinea-Bissau, Kap Verde, Mali, Mauretanien, Niger, Senegal, Tschad - Vorsitz: Gambia: Staatspräsident Yahya A.J.J. Jammeh (seit 12.09.97 für 3 Jahre)

Conseil de l'Entente; gegründet: 1959; Sitz: Abidjan (Côte d'Ivoire); 5 Mitglieder: Benin, Burkina Faso, Côte d'Ivoire, Niger, Togo - Präsident: Staatschef G. Eyadéma (seit 31.10.94 amtierender Präsident)

Club du Sahel, gegründet 1976 unter Schirmherrschaft der OECD, Sitz, Paris; Beratungsgremium der CILSS-Länder

Economic Community of West African States (ECOWAS) / Communauté Economique des Etats de l'Afrique de l'Ouest (CEDEAO); gegründet: 1975; Sitz: Abuja (Nigeria); 16 Mitglieder: Benin, Burkina Faso, Côte d'Ivoire, Gambia, Ghana, Guinea, Guinea-Bissau, Kap Verde, Liberia, Mali, Mauretanien, Niger, Nigeria, Senegal, Sierra Leone, Togo - Vorsitz: Nigeria (Staatspräsident General Sani Abacha; wiedergewählt am 30.8.97); Exekutivsekretär: Lasana Kouyate (Guinea, ab 1.9.97 für 4 Jahre)

Mano River Union (MRU); gegründet: 1973; Sitz: Freetown (Sierra Leone); 3 Mitglieder: Guinea, Liberia, Sierra Leone - Generalsekretär: Dr. Kabineh Koromah (Sierra Leone)

Organisation pour la Mise en Valeur du Fleuve Gambie (OMVG); gegründet: 1978; Sitz: Dakar (Senegal); 4 Mitglieder: Gambia, Guinea, Guinea-Bissau, Senegal - Generalsekretär: M.N. Diallo (Guinea)

Organisation pour la Mise en Valeur du Fleuve Sénégal (OMVS); gegründet: 1972; Sitz: Dakar (Senegal); 3 Mitglieder: Mali, Mauretanien, Senegal (Aufnahme von Guinea 1987 beschlossen, aber noch nicht vollzogen) - Präsident: Alpha Oumar Konare'(Mali); Generalsekretär: Founéké Keita (Mali)

Union Economique et Monétaire Ouest-Africaine (UEMOA); gegründet: 30.01.94; Sitz: Ouagadougou; 8 Mitglieder: Benin, Burkina Faso, Côte d'Ivoire, Guinea-Bissau (ab Mai 97), Mali, Niger, Senegal, Togo. - Präsident: Moussa Touré (Senegal, ab 1996); Kommissariat mit 8 Kommissaren (je einer aus den Mitgliedsländern); Gerichtshof der UEMOA unter der Präsidentschaft von Donation Yves Yéhouessi (Bénin).

West African Clearing House (WACH); gegründet: 1975; im Febr. 1993 ausgeweitet zur autonomen Organisation "West African Monetary Agency", Sitz: Freetown (Sierra Leone); 16 Mitgliedsländer: (wie ECOWAS) - Exekutivsekretär: Cheik S.B. Diao (Mauritanien)

West African Examinations Council (WEAC); gegründet: 1975; Sitz: Freetown (Sierra Leone); 5 Mitglieder: Gambia, Ghana, Liberia, Nigeria, Sierra Leone - Vorsitz: John Aby Kamara

West African Monetary Agency (s. West African Clearing House)

West African Rice-growing Development Association (WARDA); gegründet: 1970; Sitz: Bouaké (Côte d'Ivoire); 17 Mitglieder: Benin, Burkina Faso, Côte d'Ivoire, Gambia, Ghana, Guinea, Guinea-Bissau, Kamerun, Liberia, Mali, Mauritanien, Niger, Nigeria, Senegal, Sierra Leone, Togo, Tschad. Generalsekretär: Eugene Terry (Sierra Leone)

Benin

Fläche: 112 622 km², **Einwohner:** 5,6 Mio., **Hauptstadt:** Porto Novo (Regierungssitz: Cotonou), **Amtssprache:** Französisch, **Lebenserwartung:** 55 J., **Alphabetisierung:** 36%, **HDI:** 0,368, Rang 22, **Wechselkurs:** $ 1 = F CFA 598,81, **Pro-Kopf-Einkommen:** 350 $, **BSP:** $2000 Mio., **Anteile am BIP:** 38% - 14% - 49%, **Hauptexportprodukte:** Baumwolle 50%, Erdöl 5%, **Staats- und Regierungschef:** Mathieu Kérékou, **Regierungsparteien:** Parti du Renouveau Démocratique (PRD), Parti Social-Démocrate (PSD), Front d'Action pour le Renouveau et le Développement (FARD-Alafia), Notre Cause Commune (NCC), Union pour la Démocratie et la Solidarité (UDS), **Oppositionsparteien:** Renaissance du Bénin (RB)

Innenpolitik

Zu Jahresbeginn entzündete sich erneut ein schon lange schwelender Konflikt zwischen dem Staatspräsidenten und Vertretern des *Vodun*. Der aus dem Norden des Landes stammende Kérékou galt schon während seiner 17jährigen Amtszeit als Staatschef eines sozialistischen Benin (1972-89) als vehementer Gegner der "Relikte des Feudalismus", zu denen er augenscheinlich auch religiös-magische Glaubenssysteme wie den *Vodun* zählte. Am 8.1. gab der Ministerrat bekannt, daß der 10. Januar, der noch unter der Regierung Soglo per Gesetzesvorlage (Dez. 1995) als offizieller staatlicher Feiertag des *Vodun* eingesetzt worden war, mit sofortiger Wirkung abgeschafft sei. Da der *Vodun* zumindest im Süden des Landes eine große und einflußreiche Anhängerschaft besaß, führte dieses Dekret zu einer **Kontroverse des Staatspräsidenten mit dem Parlament und Verfassungsgericht**. Die Parlamentarier setzten am 12.8. den Feiertag per Gesetz wieder ein; kurz zuvor (am 7.7.) hatte das Verfassungsgericht auf Anrufung durch die Regierung entschieden, daß die Festsetzung gesetzlicher Feiertage zum Aufgabenbereich der Legislative gehörte, und das Dekret zur Abschaffung des *Vodun*-Feiertages daher nichtig ist. Gleichzeitig unterstrich das höchste Gericht die laïzistische Rolle des Staates und betonte in einer weiteren Gerichtsentscheidung hinsichtlich Übergriffen von Führern des *Vodun* gegenüber Anhängern christlichen Glaubens (in Pobè und Zè), daß es verfassungsgemäße Aufgabe des Staates sei, die **Religionsfreiheit** effektiv zu gewährleisten. Diese Rechtsprechung war auch als versteckte Warnung an die Adresse Kérékous zu interpretieren, der - getreu seinem Totem, dem Chamäleon - vom Animisten, Marxisten und Atheisten über den Islam und Katholizismus im April 1996 zum engagierten Anhänger einer amerikanischen protestantisch-apostolischen Sekte "*Youth with a mission*" konvertierte, deren Glauben er nun mit der gleichen Vehemenz propagierte wie zwanzig Jahre zuvor den Marxismus-Leninismus. Bereits bei seiner Amtseinführung (4.4.96) hatte dies zu einer Konfrontation mit dem Verfassungsgericht geführt, als dieses ihn zwang, den Amtseid zu wiederholen, weil er vorsätzlich Passagen zur Ehrung traditioneller Religionen ausgelassen hatte. Seitdem ließ er nichts unversucht, um sein Volk zum richtigen Glauben zu bekehren. So forderte er seine Minister auf, sich ihrer Amulette zu entledigen, ließ sie während der Präsentation des Regierungsprogramms am 15.5. aus seiner Bibel zitieren und regte eine Fortbildungsveranstaltung für Minister und Parlamentarier durch den Gründer der Sekte, Loren Cunningham, an. Die Verfassungsrichter unter Vorsitz Elisabeth Poignons dokumentierten ihre unabhängige Stellung wie schon unter der Regierung Soglo durch eine wachsam **kritisch-konstruktive höchstrichterliche Rechtsprechung** auch in anderen Fragen. Am 4.7. annullierten sie ein Regierungsdekret vom 24.4. über die Aussetzung einer Verordnung aus den letzten Amtstagen der Regierung Soglo über die personelle Besetzung des Obersten Gerichtshofes; folglich konnten die am 2.4.96 von Soglo eingesetzten und zwischenzeitlich suspendierten obersten Richter ihr Amt wieder antreten. Drei Monate später kam es erneut zur Konfrontation mit der Regierung über ein **Amnestiegesetz**, daß am 3.9. gegen die Stimmen der Opposition verabschiedet worden war. Von der Amnestie sollten alle Personen profitieren, die ab 1990 gegen die innere Staatssicherheit gerichtete Aktionen begangen hatten oder anderer Vergehen während der Präsidentschaftswahlen von 1990 und 1996, bzw. Pressevergehen während der Amtszeit der Regierung Soglo beschuldigt wurden. Effektiv sollte das Gesetz insbesondere einem kleinen Kreis von ca. 30 militanten

Anhängern Kérékous, überwiegend Militärs aus dem Norden unter der Führung des Hauptmanns Pascal Tawes, Straffreiheit garantieren. Tawes war 1994 wegen eines fehlgeschlagenen Putschversuchs in Abwesenheit verurteilt worden, er hatte zuvor ins benachbarte Togo fliehen können; weitere Soldaten und Zivilpersonen hatten wegen eines Raketenanschlags auf das neue internationale Konferenzzentrum in Cotonou in der Nacht vom 14./15.9.96 während des 11. Frankophonie-Gipfels vor Gericht gestanden. Nach dem Amnestieerlaß kehrten Tawes und seine Getreuen wieder nach Benin zurück, wo sie Generalstabschef Oberst Gandonou Kodja empfing und ihnen eine ehrenvolle Reintegration in die Armee in Aussicht stellte. Die Annullierung des Amnestiegesetzes durch das Verfassungsgericht am 24.10. stellte die Betroffenen nun vor eine schwierige Situation. Kodja wurde kurz darauf wegen Unterschlagung und einem gestörten Vertrauensverhätnis zum Verteidigungsminister Sévérin Adjovi in den Ruhestand versetzt; neuer Stabschef wurde Oberst Félicien Dos Santos, der 1996 geholfen hatte, einen Putschversuch zugunsten des unterlegenen Präsidentschaftskandidaten Soglo in letzter Minute abzuwenden. Schließlich bemängelte das Verfassungsgericht am 29.4. auch gravierende formale Fehler an den am 28.2. in erster Lesung verabschiedeten Gesetzen über die Zulassung privater **Rundfunk und Fernsehstationen** sowie dem neuen **Pressegesetz**, bei letztem allerdings, ohne auf den von Journalistenverbänden vehement kritisierten, zum Teil repressiven Inhalt des Gesetzes einzugehen. Die revidierten Gesetze wurden am 11.8. in zweiter Lesung verabschiedet. Nach siebenjährigen zähen Beratungen nahm mit der Zulassung von 15 privaten Radiosendern und einer privaten Fernsehstation in Cotonou durch die nationale Medienkommission (HAAC) am 15.11. das seit der Unabhängigkeit (1960) bestehende staatliche Rundfunk- und Fernsehmonopol ein Ende. Drei der vergebenen Radiofrequenzen entfielen an religiöse (je eine katholische, protestantische und islamische) und vier an weitere nichtkommerzielle kommunitäre Radiostationen. Bis zum Jahresende nahmen allerdings nur der Fernsehsender (21.12.) sowie zwei Radios ihren Betrieb auf; die übrigen müßten bis zum 15.5.98 folgen, sonst drohte Lizenzentzug.

Am 4.8. beschloß das Parlament in erster Lesung ein Rahmengesetz zur Raumordnung, das den sich seit Jahren verzögerten administrativen und politischen **Dezentralisierungsprozeß** vorantreiben sollte. Demgemäß wird das Land zukünftig in 12 statt bisher sechs Départements aufgeteilt; die sich benachteiligt glaubenden Bevölkerungsgruppen in allen Landesteilen (besonders in Ouidah, einem Zentrum des *Vodun*) wehrten sich gegen die administrative Neuordnung mit Proteststürmen. Gegen Ende der Sitzungsperiode des Parlaments waren das Rahmengesetz sowie zwei der vier Ausführungsgesetze zur Raumordnung beraten worden; eine endgültige Verabschiedung war für Januar 1998 geplant; erst danach können die seit langem vorgesehenen Kommunalwahlen stattfinden.

Nach der generellen Bestandsaufnahme der Probleme in Politik, Gesellschaft, Justiz und Wirtschaft durch Vertreter aller gesellschaftlich und politisch relevanten Kräfte in den vergangenen Jahren (*Etats Généraux*) hielt auch das Militär ***Etats Généraux de la Defense*** ab (14. - 18.7.). Durch die beträchtliche Reduzierung der Rolle des Militärs im Zuge der Umsetzung der Beschlüsse der Nationalkonferenz von 1991 (Abbau sozialistischer Doktrinen hinsichtlich der Verflechtung von Politik und Militär, Reduzierung der Personalstärke, Auslagerung von Funktionen an die Polizei etc.) sowie neuer Aufgaben auf dem Gebiet interafrikanischer Krisenprävention galt es eine neue Militärdoktrin zu entwickeln; außerdem wurden Problemlösungen für eine Rehabilitation der militärischen Infrastruktur des Landes sowie die schlechte Moral der Truppe diskutiert.

Durch Neugründung von acht weiteren Parteien nahm **die Zersplitterung der Parteienlandschaft** auf über 48 offiziell registrierte Parteien weiter zu. Die Partei des Planungsministers Albert Tévoèdjrè, *Notre Cause Commune* (NCC), spaltete sich in zwei verfeindete Flügel und stürzte damit in eine tiefe Krise. Gleichzeitig wurden etablierte Oppositionsparteien, wie die *Renaissance du Bénin* (RB) des ehemaligen Staatspräsidenten Soglo durch die Abwanderung von 12 Abgeordneten in andere Parteien geschwächt. Auch die PRD des Ministerpräsidenten mußte den Austritt eines Abgeordneten verkraften und verfügte damit nur noch über 18 Sitze im Parlament; dies fiel um so mehr ins Gewicht, als sich im Laufe des Jahres immer deutlicher abzeichnete, daß Kérékou seine Koalitionsabsprachen mit Houngbedji nicht honorierte, sondern über den Ministerpräsidenten hinweg regierte. Unter dem zunehmenden Profilierungsdruck im Hinblick auf die nächsten Wahlen näherten sich die Regierungspartei Houngbedjis (PRD) und die Oppositionspartei des ehemaligen Regierungschefs Soglo (RB) im zweiten Halbjahr zusehends aneinander an.

Hinsichtlich der **Menschenrechtslage** galt Benin im afrikanischen Raum als Vorbild; es wurde international als Rechtsstaat anerkannt, die grundlegenden Menschenrechte wurden gewahrt. Amnesty International forderte allerdings im Rahmen einer weltweiten Kampagne die Beniner Regierung und das Parlament auf, die Todesstrafe abzuschaffen.

Außenpolitik

Der 1990 von Benin als einem der ersten afrikanischen Länder erfolgreich eingeleitete Demokratisierungsprozeß hatte einen beträchtlichen Zufluß an **Entwicklungshilfe** bewirkt; in den Jahren 1985 bis 1995 erhielt Benin insgesamt knapp F CFA 900 Mrd.; die Staatsverschuldung stieg im gleichen Zeitraum von F CFA 267 auf 687 Mrd.. Benin hing somit am Tropf der Entwicklungshilfe, die allerdings bisher, nicht zuletzt wegen schlechter Regierungsführung, weitgehend ineffektiv verpuffte. Hauptengpaß war weniger der Mangel an Mitteln sondern an guten Projekten (eingeschränkte Absorptionskapazität). Das Kabinett beschloß daher am 24.7. Maßnahmen, die eine effektivere Nutzung der Hilfe sichern, und einer zweckentfremdeten Nutzung für bestimmte Parteien oder Personen vorbeugen sollten. Auch im Berichtsjahr konnte Benin von einer "**Demokratisierungs-Prämie**" profitieren; ausländische Geber sagten Hilfe in Höhe von umgerechnet über DM 500 Mio. zu; allein die EU schloß am 6.3. ein fünfjähriges Abkommen zur Entwicklungszusammenarbeit im Werte von ECU 120,5 Mio. ab, von denen sie bereits in der ersten Tranche 70% zur Verfügung stellte. Vom 24.-29.8. informierte sich eine Delegation des Ausschuß für wirtschaftliche Zusammenarbeit (AwZ) des deutschen Bundestages über das "Demokratisierungs-Modell" Benin; vom 25.-27.11. fanden in Cotonou die 10. deutschen Regierungskonsultationen statt; für den Zweijahreszeitraum 1996/97 hatte Deutschland bereits im Vorjahr insgesamt DM 74 Mio. zugesagt. Weitere Hilfeabkommen verschiedener Geber zur Verbesserung der Infrastruktur ergaben Zusagen von rund F CFA 47 Mrd. F (DM 141 Mio.). Deutschland erließ außerdem im Rahmen der Vereinbarungen des Pariser Clubs am 10.6. 67% der bilateralen Schulden in Höhe von DM 8,6 Mio.; Frankreich hatte bereits am 4.3. die Streichung von F CFA 20,59 Mrd. bilateraler Schulden sowie eine Umschuldung für weitere 21,69 Mrd. bekanntgegeben. Drei neue Hilfeabkommen im Gesamtwert von FF 12,5 Mio. unterzeichnete die französische Regierung bereits einen Monat vorher, gefolgt von einem F CFA-Kredit von 1,8 Mrd. zur Renovierung und Ausweitung des Elektrizitätswerkes von Parakou Mitte April. Im Juli bewilligte Frankreich FF 5 Mio. im Rahmen eines zweijährigen Programmes zum Ausbau der Polizei und Gendarmerie, um die Sicherheitskräfte für die Bekämpfung der auch in Benin deutlichen Kriminalitätszunahme zu rüsten. In einer populistischen Maßnahme zur Eindämmung der Kriminalität im Süden des Landes nahmen Polizei und Gendarmerie im Juni über 700 illegale Immigranten (*sans papiers*) aus anderen westafrikanischen Ländern fest und wiesen sie aus.

Auf dem Gebiet **militärischer Zusammenarbeit** gelang es Frankreich und den benachbarten Ländern zunehmend, Benin in interafrikanische Truppen zur Konfliktvermeidung einzubeziehen. Im März fanden an der togoischen Grenze bei Nangbéto gemeinsame Manöver Frankreichs, Togos und Burkina Fasos zum Training in Konfliktprävention und humanitären Einsätzen statt. Im Mai beteiligte sich Benin zum ersten Mal mit einem Kontingent von 250 Soldaten an einem ECOMOG-Einsatz in Liberia; die Kosten des Einsatzes hatte Dänemark übernommen.

Zum mächtigen Nachbarn **Nigeria** bestand das seit langem zwiespältige Verhältnis fort. Kérékou nutzte die Gelegenheit seiner Teilnahme am 20. ECOWAS-Gipfel in der nigerianischen Hauptstadt Abuja im August, um sein Verhältnis zu Militärdiktator Abacha zu festigen, der Kérékou im vorjährigen Präsidentschaftswahlkampf mit $ 1 Mio. gegen seinen Widersacher Soglo unterstützt haben soll. Abacha hatte im Dezember des Vorjahres angesichts zunehmender außenpolitischer Isolierung und neuer Avancen der Pariser Regierung, die gerne in die Bresche springen wollte, in Aussicht gestellt, Französisch als zweite obligatorische Fremdsprache in den Schulen

Nigerias einzuführen. Der Beniner Planungsminister Tévoédjre, der sich die Bekämpfung der Arbeitslosigkeit auf seine Fahnen geschrieben hatte, verkündete daraufhin Anfang Januar stolz, daß verschiedene nigerianische Bundesstaaten in Aussicht gestellt hätten, mindestens 20000 arbeitslose Lehrer aus Benin einzustellen; diese Versprechen erwiesen sich jedoch bald als Utopie. Im ersten Halbjahr nahmen die latenten Spannungen zwischen beiden Ländern wieder zu, weil das Abacha-Regime vermutete, daß gewaltbereite Gruppen der nigerianischen Opposition, die angeblich in Lagos mehrere Bombenattentate verübt hatten, ebenso wie ein Radiosender der Exilopposition von beninischem Boden aus operierten und die Regierung in Cotonou nichts dagegen unternehme. Außerdem fühlte sich Abacha düpiert, als Frankreich zwischen Cotonou und der nigerianischen Grenze einen starken UKW-Sender installierte, der den Empfang von *Radio France International* in Lagos ab Januar 1998 ermöglichen wird, das zuvor dem französischen Sender die Senderechte in Nigeria verweigert hatte. Im Juli weilte Abacha zu einem Staatsbesuch in Cotonou, u.a. um sich Kérékous Unterstützung des von Nigeria geleiteten ECOMOG-Einsatzes in Liberia und Sierra Leone zu sichern. Die diplomatischen Beziehungen kühlten sich im August weiter ab, als der Präsidentin des Beniner Verfassungsgerichtes, Elisabeth Poignon, die Einreise nach Lagos verwehrt wurde, wo sie den Preis einer in Lagos ansässigen Menschenrechtsorganisation verliehen bekommen sollte.

Von den 1993 nach Benin geflohenen ca. 156000 togoischen **Flüchtlingen** waren die meisten inzwischen in ihre Heimat zurückgekehrt. Nach Angaben des Flüchtlingshilfswerks der Vereinten Nationen (UNHCR) betreute das Hilfswerk Ende 1997 noch 1653 togoische Flüchtlinge; weitere 3000 lebten außerhalb offizieller Betreuungsnetzwerke. Hinzu kamen 1080 nigerianische Flüchtlinge, die überwiegend in einem Lager nahe Comè lebten und zu den Ogoni zählten, die nach der extra-legalen Hinrichtung ihres Repräsentanten Ken Saro-Wiwa im November 1995 ins benachbarte Benin geflüchtet waren. Insgesamt betreute der UNHCR in Benin 3713 ausländische Flüchtlinge.

Sozioökonomische Entwicklung

Die **Gewerkschaften** entwickelten sich nach einer langjährigen Konsolidierungsphase unter der Regierung Soglo (1991-96) - trotz weiterer Zersplitterung durch die Gründung eines fünften gewerkschaftlichen Dachverbandes (*Collectif des Organisations Syndicales Indépendantes*, COSI) von Lehrern und Arbeitern im Gesundheitsbereich am 24.3. - wieder zu einer der mächtigsten außerparlamentarischen Interessenvertretungen. Es kam wiederholt zum Kräftemessen zwischen Gewerkschaften, Parlament und Regierung. Verschiedene Streiks zwangen den Ministerpräsidenten im April - gegen die Abmachungen mit dem IWF (+3%) - eine Anhebung des staatlich garantierten Mindestlohns um 8% auf mtl. F CFA 21924 ($ 38) zuzugestehen. Ende des Jahres kam es anläßlich des Haushaltsgesetzes 1998 zur Konfrontation mit Parlament und Regierung, weil ein Passus im Gesetzentwurf die leistungsbezogene Entlohnung für Angestellte des öffentlichen Dienstes statt der bisherigen altersbezogenen automatischen Höhergruppierung einzuführen suchte; nach Warnstreiks Ende November und Anfang Dezember (25./26.11.; 1.-3.12.; 9.-10.12.) sah sich das Parlament genötigt, den Passus zu streichen. Vom 25.-29.4. ließ die Regierung einen Zensus der Beamten und Angestellten des öffentlichen Dienstes durchführen, u. a. um "Geisterarbeiter" aus den Gehaltslisten zu eliminieren und die Personalausgaben durch eine zentrale Erfassung sowie einheitliche Behandlung aller Funktionäre (vor dem Zensus auf 32000 geschätzt) zu reduzieren. Der Staat, der offiziell seit 1986 einen Einstellungsstop verfügt hatte, betrieb aber angesichts des gewerkschaftlichen Drucks keinen weiteren Stellenabbau, sondern stellte trotz gegenteiliger Empfehlungen des Strukturanpassungsabkommens mit dem IWF im ersten Semester wieder 8000 Personen ein. Das war zwar angesichts von jährlich ca. 80000 Arbeitssuchenden und der relativ hohen Rate der Arbeitslosigkeit (4,7%) und Unterbeschäftigung (21,1%; gem. UNDP-Erhebung vom 10.4. für 1996) nur ein Tropfen auf dem heißen Stein, führte aber zu einer weiteren Verschärfung der Haushaltslage.

Insofern war es verständlich, daß sich die Regierung gegen die Empfehlungen der internationalen Geber zur **Privatisierung** von Staatsbetrieben stemmte. Statt der mit den Gebern vereinbarten

75%igen Privatisierung der staatlichen Treibstoffversorgungsunternehmen (*Sonacop*) verkaufte die Regierung im Juni nur 25% ihrer Anteile. Die Weltbank warnte daraufhin, daß weitere Verzögerungen der Privatisierung besonders in der Baumwoll- und Treibstoffvermarktung sowie der Telekommunikation zu einer Aussetzung der Überweisungen im Rahmen des im August 1996 ausgehandelten erweiterten Strukturanpassungsabkommens (ESAF, SDR 27,18 Mio., auszahlbar in 6 Tranchen) führen würden, was auch tatsächlich geschah; bis Dezember waren außer der ersten Tranche von SDR 4,5 Mio. keine weiteren Überweisungen mehr erfolgt.

Am 31.12. verabschiedete das Parlament den **Haushalt 1998,** der durch ein gegenüber dem Vorjahr um 2,2% gewachsenes Defizit von F CFA 114 Mrd. gekennzeichnet war; das Defizit sollte durch Entwicklungshilfe (54 Mrd.), externe Kredite (40 Mrd.) und ein noch auszuhandelndes 3. Strukturanpassungsabkommen mit dem IWF (19 Mrd.) gedeckt werden. Die Personalausgaben (43% der Staatsausgaben 1997) sollten um 5,4% steigen, um die Einstellung weiterer Lehrer und Angestellter im Gesundheitsdienst zu finanzieren; andererseits verpflichtete sich Kérékou in seiner Budgetrede am 30.12. aber, die staatlichen Personalausgaben 1998 auf 40% zu begrenzen. Für die öffentlichen Investitionen (überwiegend zum Ausbau der Infrastruktur; 33% für Erziehung und Gesundheit) war ein Anstieg um 16% auf F CFA 125 Mrd. geplant. Diese Budgetplanung erschien vor dem Hintergrund der Wirtschaftsprognosen sehr optimistisch, denn die Regierung sagte Ende des Jahres einen Einbruch im realen Wirschaftswachstum voraus (0,2%, statt durchschnittlich 4,3% in den letzten fünf Jahren). Hauptverantwortlich dafür war wahrscheinlich der unerwartet scharfe Produktionsrückgang des wichtigsten Exportproduktes, der Baumwolle, sowohl in Qualität als auch in Quantität. Obwohl die Regierung zugesagt hatte, die Ankaufpreise von F CFA 165 auf 200 pro Kilo zu erhöhen, führte die Erntesaison 1996/97 nicht zur erwarteten Steigerung auf 450000 t, sondern zu einem unerwartet scharfen Produktionsrückgang auf 230000 t gegenüber 350000 t in der Vorsaison. Verantwortlich dafür waren neben klimatischen Ursachen Mißmanagement der staatlichen Vermarktungsgesellschaft *Société Nationale pour la Promotion Agricole* (SONAPRA), deren Direktor im November im Zuge einer groß angelegten Anti-Korruptionskampage entlassen wurde, ebenso wie die Chefs von vier weiteren staatlichen Einrichtungen (autonome Hafenbehörde von Cotonou, *Sonacop*, Wasser- und Stromversorgung (SBEE), Schatzamt des Finanzministeriums).

Dirk Kohnert

Chronologie Benin 1997

28.02.	Verabschiedung des neuen Medien- und restriktiven Pressegesetz; am 29.4. vom Verfassungsgericht zurückgewiesen
06.03.	EU-Entwicklungshilfezusage über ECU 120,5 Mio. für fünf Jahre
März	Gemeinsame Militärmanöver "Nangbéto 97" mit Togo, Burkina Faso und Frankreich
24.03.	Gründung eines 5. Dachverbandes Beniner Gewerkschaften (COSI)
14.-25.04.	Zensus des Personals im öffentlichen Dienst
10.04.	Anhebung des staatlich garantierten Mindestlohn um 8% nach Streiks
04.07.	Verfassungsgericht annulliert Dekret zur Absetzung der Richter des Obersten Gerichtshofs
07.07.	Verfassungsgericht verteidigt Religionsfreiheit gegenüber Übergriffen radikaler *Vodun*-Chefs
14.-18.07.	Generelle Bestandsaufnahme der Armee (*Etats généraux de la defense*)
04.08.	Gesetz zur territorialen Neuordnung (Départements von 6 auf 12 aufgestockt)
11.08.	Verabschiedung der revidierten Medien- u. Pressegesetze
12.08.	Wiedereinsetzung des 10.1. als gesetzlichen Feiertag des *Vodun* durch das Parlament
14.10.	Verfassungsgericht annulliert ein am 3.9. verabschiedetes Amnestiegesetz für politische Straftaten
15.11.	Vergabe von 15 Radio- u. eine Fernsehlizenz an private Sender durch nationale Medienbehörde
25.11.	Warnstreik gegen die Einführung leistungsbezogener Entlohnung im öffentlichen Dienst

Burkina Faso

Fläche: 274 112 km², **Einwohner:** 10,7 Mio., **Hauptstadt:** Ouagadougou, **Amtssprache:** Französisch, **Lebenserwartung:** 46 J., **Alphabetisierung:** 19%, **Wechselkurs:** $ 1= F CFA 598,81, **HDI:** 0,228, Rang 43, **Pro-Kopf-Einkommen:** $ 230, **BSP:** $ 2410 Mio., **Anteile am BIP:** 35% - 25% - 40%, **Hauptexportprodukte (1995):** Baumwolle 30%, Gold 6%, **Staatschef:** Blaise Compaoré, **Regierungschef:** Kadré Désiré Ouédraogo, **Regierungspartei:** Congrès pour la Démocratie et le Progrès (CDP)

Innenpolitik

Die Gründung der CDP 1996 (s.Afrika Jahrbuch 1996) ging mit einem ideologischen Wandel der Regierungspartei einher, der **Änderungen der Verfassung** nach sich zog, deren revolutionäres Vokabular durch eine neutrale Terminologie ersetzt wurde. Der Bruch mit dem Erbe des früheren Staatschefs Sankara zeigte sich u.a. in der Rückkehr zur früheren nationalen Devise *Unité-Progrès-Justice*, der Umbenennung der *Forces armées populaires* in *Forces armées nationales* sowie der *Assemblée des députés du peuple* in *Assemblée nationale*. Die Zahl der Abgeordneten wurde gleichzeitig von 107 auf 111 erhöht. Wichtiger als diese kosmetischen Retouchen war die Aufhebung der Begrenzung der Amtszeit des Präsidenten auf zwei Perioden und damit die Ermöglichung seiner unbegrenzten Wiederwahl. Die Verfassungsänderung wurde von der Nationalversammlung mit 87 Stimmen bei vier Gegenstimmen und fünf Enthaltungen angenommen (27.1.). Wenige Tage zuvor war ein Gesetz verabschiedet worden, das Verfassungsänderungen ohne Durchführung eines Referendums ermöglichte, wenn Dreiviertel der Abgeordneten zustimmten. Mit 86 von 107 Abgeordneten überschritt die CDP die Dreiviertelmehrheit. Die Opposition kritisierte das einseitige Vorgehen der Regierungsmehrheit und warf Compaoré "monarchistische" Tendenzen vor. Ein im November 1996 verabschiedetes Gesetz zur Einsetzung einer *Commission Nationale d'Organisation des Elections* (CNOE) (s. Afrika Jahrbuch 1996) stieß ebenfalls auf Kritik der Opposition, der die Unabhängigkeit der CNOE nicht gewährleistet schien. Insbesondere forderte sie, daß der Vorsitzende der CNOE nicht vom Präsidenten des Obersten Gerichtshofs benannt, sondern von der CNOE gewählt werden sollte. Das Gesetz wurde entsprechend abgeändert, wobei gleichzeitig eine Neuregelung der Zusammensetzung der CNOE erfolgte (12.2.). Die Parteien konnten demnach insgesamt zehn Vertreter, fünf von der Regierungsmehrheit und fünf von der Opposition (vorher je zwei Vertreter pro Partei), entsenden, dazu kamen Vertreter traditioneller und religiöser Institutionen und der Gewerkschaften.

Die **Parlamentswahlen** (11.5.) brachten mit 101 von 111 Sitzen eine überwältigende Mehrheit für die CDP. Sechs Sitze entfielen auf die *Parti pour la Démocratie et le Progrès* (PLP), je zwei auf die *Rassemblement Démocratique Africain* (RDA) und die *Alliance pour la Démocratie et la Fédération* (ADF). Neun weitere Parteien gingen leer aus. Die Wahlbeteiligung betrug lediglich 44%. Das Wahlsystem, Verhältniswahl auf Wahlkreis-(gleich Provinz-)ebene, begünstigte die CDP, da für viele Wahlkreise nur ein Abgeordneter vorgesehen war und die CDP zudem als einzige Partei in allen 45 Wahlkreisen Kandidaten aufstellen konnte. Mit einem Stimmenanteil von 68,6% gewann sie 91% der Parlamentssitze. Die meisten Oppositionsparteien erhoben wegen Unregelmäßigkeiten gegen die Wahlergebnisse Einspruch, doch ordnete der Oberste Gerichtshof nur in zwei Wahlkreisen die Wiederholung der Wahlen an. Zum neuen Parlamentspräsidenten wurde der Compaoré nahe stehende bisherige Minister für Sekundar- und Hochschulwesen, Maurice Mélégué Traore, gewählt. Mit der **Regierungsbildung** (10.6.) wurde erneut Kadré Désiré Ouédraogo betraut. Die Zahl der Minister stieg von 21 auf 24. Sieben Minister traten neu in das Kabinett ein, darunter der bisherige Parlamentspräsident, Arsène Bongnessan Yé, der zum Staatsminister beim Präsidialamt ernannt wurde. Das Verteidigungsministerium übernahm Albert D. Millogo, das Wirtschafts- und Finanzministerium, das bisher dem Premierminister direkt unterstellt war, ging an Regierungssprecher Tertius Zongo. Herman Yaméogo, der Vorsitzende der ADF, gehörte der Regierung nicht mehr an. Die PLP unter dem Vorsitz des Historikers Joseph Ki-Zerbo lehnte die ihr angebotene Regierungsbeteiligung ab.

Die **Opposition**, die durch die Wahlen in das politische Abseits geraten war, befürchtete die Monopolisierung der Macht durch die CDP und das Abgleiten in ein de facto Einparteienregime unter dem Deckmantel eines parlamentarischen Systems. Ki-Zerbo, der sich offenbar innerhalb seiner Partei mit dem Vorschlag eines Boykotts der Nationalversammlung wegen des von ihm angeprangerten massiven Wahlschwindels nicht durchsetzen konnte, legte im Oktober sein Abgeordnetenmandat nieder. Der Vorsitzende der RDA, Gérard Kango Ouédraogo, war schon im September aus dem Parlament ausgeschieden. Yaméogo, der früher der Präsidentenmehrheit angehört hatte, erklärte im Dezember ausdrücklich seine Rückkehr zur Opposition, nachdem er mit Ouédraogo eine Vereinbarung über den Zusammenschluß von ADF und RDA getroffen hatte.

Das Übergewicht der CDP in der Nationalversammlung weckte die Befürchtung, Kritiker der Regierungspolitik könnten zu außerparlamentarischen Formen des Protests greifen. Tatsächlich waren die Anzeichen **sozialer Unzufriedenheit** unübersehbar. Ein Studentenstreik im Januar griff nach der Verhaftung des Vorsitzenden der *Association Nationale des Etudiants Burkinabè* (ANEB) und mehrerer Studenten auch auf Sekundarschulen über, wobei das harte Vorgehen der Polizei zusätzlichen Zündstoff lieferte. Nachdem Verhandlungen mit dem zuständigen Minister und ein Ultimatum des Premierministers ergebnislos blieben, schaltete sich Compaoré selbst ein und beauftragte den Ombudsman, General Tiémoko Marc Garango, mit der Vermittlung. Diesem gelang es, eine Beendigung des Streiks, der 50 Tage angedauert hatte, herbeizuführen. Die Universität, die am 11.3. von der Regierung geschlossen worden war, nahm am 24.3. den Lehrbetrieb wieder auf.

Zur **Konfrontation zwischen Regierung und Gewerkschaft** führte ein Streik der Angestellten des Gesundheitswesens im Juni und Juli. Obwohl die Forderungen des *Syndicat National des Travailleurs de la Santé Humaine et Animale* (SYNTSHA) überwiegend wirtschaftlicher und sozialer Art waren, bezeichnete Compaoré den Streik als politische Provokation, während die CDP die Opposition beschuldigte, die soziale Front als Mittel zur Destabilisierung zu nutzen. 16 SYNTSHA-Verantwortliche einschließlich des Generalsekretärs wurden vom öffentlichen Dienst suspendiert, 150 Angestellte des Gesundheitsdienstes einen Dienstgrad herabgestuft. Das Vorgehen der Regierung führte zur Solidarisierung anderer Gewerkschaften mit der SYNTSHA. Die *Confédération Générale du Travail du Burkina* (CGTB) als Dachorganisation drohte mit einem allgemeinen Streik des öffentlichen Dienstes. Um eine weitere Eskalation zu verhindern, bildeten zivile und religiöse Vereinigungen sowie Menschenrechtsorganisationen schließlich ein Vermittlungskomitee, dem es gelang, eine Vereinbarung zwischen Regierung und SYNTSHA herbeizuführen (15.7.). Weitere **Streiks** im öffentlichen Dienst wurden im Dezember durch Entlassungen sowie durch eine Neuregelung der Dienstverhältnisse, die statt bisher lebenslanger Beschäftigung den Abschluß von Zeitverträgen vorsah, ausgelöst.

Der Druck der Regierung verstärkte sich mit der Vorlage von zwei Gesetzen (21.10.), zur **Einschränkung des Demonstrations- und Streikrechts**. Am umstrittensten war eine Bestimmung, die Aktionen aus politischen Motiven vom Streikrecht ausnahm, wobei diese Motive so weit gefaßt waren, daß jeglicher Protest gegen Regierungsmaßnahmen strafbar werden konnte. Die CGTB und mehrere andere Gewerkschaften protestierten gegen das Streikgesetz und betonten ihre Entschlossenheit, die demokratischen und gewerkschaftlichen Freiheiten zu verteidigen.

Einen weiteren **Eingriff in die Freiheitsrechte** stellte ein Gesetz zur Regelung des Anwaltsberufs dar. Entgegen dem ursprünglichen Entwurf, in dem der Anwaltsberuf für "liberal und unabhängig" erklärt wurde, bezeichnete das abgeänderte Gesetz die Anwälte als Hilfspersonal der Gerichte. Die Anwälte lehnten dies ab.

Die **Medien** waren ebenfalls von Einschränkungen ihrer Aktivitäten betroffen. Eine Entscheidung des *Conseil Supérieur de l'Information* (CSI), der die staatliche Kontrolle über die Medien ausübt, verbot die Übernahme von Radiosendungen aus dem Ausland mit der Begründung, dies stelle einen Mißbrauch der den Radiostationen gewährten Lizenzen und eine Verletzung der Souveränität von Burkina Faso dar. Von dem Verbot betroffen waren vier private Sender. Der Generaldirektor des privaten Radios *Horizon-FM*, Moustapha Tambiano, war im Februar von vier Anhängern der CDP offensichtlich wegen eines Hörerforums mit regierungskritischen Äußerungen tätlich angegriffen worden. Der CSI ordnete die Einstellung der entsprechenden Sendungen an.

Außenpolitik

Parallel zur Festigung seiner Macht im Landesinnern suchte Compaoré sein außenpolitisches Ansehen zu stärken und die bilateralen Beziehungen seines Landes auszuweiten. Eine rege **Reisediplomatie** führte ihn nach Kuwait (24.-26.3.), das zu den wichtigsten Geldgebern Burkinas gehört, nach Libyen (13.-17.8.), wo er an dem von Khadafi einberufenen Saharagipfel (15.-17.8.) teilnahm, Frankreich (1.9.), Südkorea (2.-4.9.), Tunesien (11.-13.9.), Indien (Nov.), Ägypten (17.-19.11.) und Sudan (19.-21.12). Die Kooperation mit Taiwan, das Compaoré 1996 besucht hatte, wurden durch Besuche des taiwanesischen Außenministers (27.-29.1.) und einer taiwanesischen Parlamentsdelegation (Nov.) intensiviert. Einen wichtigen Faktor der außenpolitischen Bemühungen bildete die Herstellung eines guten Einvernehmens mit den **Nachbarstaaten**. Auf Einladung Compaorés kamen die Präsidenten von Niger, Baré Mainassara, und Liberia, Charles Taylor, zu einem Meinungsaustausch nach Ouagadougou (2.-3.10.). Die seit der Ermordung des Vorgängers von Compaoré, Thomas Sankara, bestehenden Spannungen mit Ghana wurden durch einen Besuch von Präsident Jerry Rawlings (17.-19.11.) formal beendet. Probleme der Immigration und der Kriminalität standen im Zentrum der Unterredungen der burkinabisch-ivorischen Großen gemischten Kommission in Abidjan (5.4.). In der Côte d'Ivoire sind etwa 1,5-2 Mio. Burkinabé beschäftigt. Die Beendigung des Tuareg-Konflikts in Mali 1996 ermöglichte die Rückkehr der rd. 21 000 Tuareg-Flüchtlinge, die sich zu Jahresbeginn noch in Burkina aufhielten. Das letzte Flüchtlingslager wurde im Dezember durch den UNHCR offiziell geschlossen.

Frankreich blieb weiter ein wichtiger außenpolitischer Partner und stand als Geldgeber und Handelspartner an erster Stelle. In den **sicherheitspolitischen Konzepten** zur Krisenbewältigung in Afrika spielte Burkina Faso eine zunehmende Rolle. Verteidigungsminister Albert Millogo kündete im August an, daß Burkina bereit sei, sich an einer ständigen afrikanischen Friedenstruppe zu beteiligen. Bereits im Januar hatte der Ministerrat die Entsendung von Truppen nach Liberia im Rahmen der ECOMOG sowie in die ZAR genehmigt. Anfang April trafen 320 burkinabische Soldaten in Liberia ein. Außerdem beteiligte sich Burkina an den gemeinsamen Militärmanövern von Frankreich, Benin und Togo (19.-21.3.).

Als Veranstaltung von internationalem Rang fanden im Februar die 15. afrikanischen Filmfestspiele *Festival panafricain du cinéma et de la télévision de Ouagadougou* (FESPACO) statt. Als Konferenzort diente Ouagadougou für das 5. Forum der *Global Coalition for Africa* (29.-31.10.). Auf dem OAU-Gipfel in Harare (Zimbabwe) im Juni wurde Burkina Faso auf Vorschlag Compaorés mit der Durchführung des OAU-Gipfeltreffens 1998 beauftragt.

Sozioökonomische Entwicklung

In seiner alljährlichen Rede zur Lage der Nation (10.4.) gab Premierminister Ouédraogo einen Überblick über die **wirtschaftliche Entwicklung 1996**. Demnach war das BIP um 5,7% (nach IWF-Angaben um 6,2%) gewachsen, was vor allem den guten Ergebnissen im Agrarsektor zuzuschreiben war. Die Ausweitung der Anbaufläche für Baumwolle um 22% und Ertragssteigerungen von 12% ließen die Baumwollernte auf 206 000 t (1995: 151 000 t) ansteigen. Die Inflationsrate fiel auf 6,1%. Die Kreditvergabe durch die Banken stieg erheblich an und reflektierte die wachsende wirtschaftliche Aktivität insbesondere im Bausektor und bei öffentlichen Aufträgen. Die Hoffnung, das Wirtschaftswachstum würde sich 1997 fortsetzen, wurden durch ausbleibenden Regen und den dadurch bedingten Rückgang der Agrarproduktion zunichte gemacht. Die regional ungleiche Verteilung der Regenfälle wirkt sich vorwiegend auf die Getreideernte und damit auf die Ernährungslage aus, während die Baumwollernte um 40% anstieg. Der vom Parlament verabschiedete **Staatshaushalt 1997** wies eine Steigerung der Ausgaben gegenüber 1996 um 10,3% auf, wobei die laufenden Ausgaben um 3,6%, die Kapitalausgaben um 17,5% höher als 1996 angesetzt waren. Durch eine Steigerung der Einnahmen um fast 16% sollte das Defizit um 35% geringer ausfallen als im Vorjahr.

Auf Grund der zufriedenstellenden Entwicklung der makroökonomischen Indikatoren gab der

IWF am 9.9. die zweite Jahrestranche in Höhe von SZR 13,3 Mio. (= $ 18 Mio.) des 1996 gewährten ESAF-Kredits frei. Kritik erfuhr das langsame Voranschreiten des Privatisierungsprogramms. Der IWF empfahl die Deregulierung des Reis- und Zuckersektors und die Reorganisation des Baumwollsektors. IWF-Generaldirektor Michel Camdessus gab im April bekannt, daß Burkina Faso als eines der ersten Länder in den Genuß der IWF-/Weltbank-Initiative eines Schuldenerlasses für hochverschuldete Staaten kommen würde. Die Auslandsverschuldung von Burkina betrug Ende 1996 $ 1,29 Mrd., davon rd. 1 Mrd. gegenüber multilateralen Gebern. Der Schuldendienst belief sich auf $ 49 Mio., die Schuldendienstrate sank dank guter Exportergebnisse auf 10,8% (1995: 11,8%). Die EU gewährte im Dezember eine Strukturanpassungshilfe von ECU 30,2 Mio. für 1997/98 als Budgethilfe.

Das wirtschaftliche Wachstum hatte keine Rückwirkungen auf den **Lebensstandard der Bevölkerung**. Die **Armut** nahm vielmehr zu, die Gesundheitssituation verschlechterte sich und viele Beschäftigte fürchteten wegen der Privatisierungen um ihren Arbeitsplatz. Im HDI 1997 sank Burkina Faso auf den viertletzten Platz. Vertreter der WHO wiesen auf die Zunahme der Müttersterblichkeit, die Ausbreitung endemischer Krankheiten, die schlechten Hygienebedingungen und die unzureichende Versorgung mit sauberem Wasser vor allem auf dem Land hin. Die Angaben des HDI lösten einen Aufschrei der Regierung aus, die dem UNDP vorwarf, sich auf überholte Daten zu stützen. Im Oktober legte Burkina Faso einen eigenen, mit UN-Hilfe erstellten **Nationalen Bericht zur menschlichen Entwicklung 1997** vor, der einige positive Entwicklungen der letzten zehn Jahre (1986-1996) herausstellte: Ansteigen der durchschnittlichen Lebenserwartung bei der Geburt von 46 auf 52 Jahre, der Alphabetisierungsrate von 14% auf 22%, der Einschulungsquote von 19% auf 30%. Dennoch waren manche Daten beunruhigend: so lebten 44,5% der Bevölkerung unter der Armutsgrenze. Neben den traditionellen Indikatoren enthielt der Bericht Untersuchungen über nationale Entwicklungsstrategien und über die Regierungsführung, wobei besonders auf die Existenz einer dynamischen Zivilgesellschaft mit 180 NROs sowie auf die Informationsfreiheit hingewiesen wurde, wohingegen der UNDP-Bericht die Unzulänglichkeiten bei der Organisation der Wahlen und die schwache parlamentarische Opposition herausgestellt hatte. Von Interesse war die regionale Aufschlüsselung der Daten, die große regionale Disparitäten erkennen ließ, wobei der Osten und Norden die ungünstigsten Ergebnisse verzeichneten. Ein ernstzunehmendes Problem stellte die **Kinderarbeit** dar. Eine Erhebung hierüber wurde von der Regierung anläßlich eines nationalen Seminars über die Situation arbeitender Kinder in Auftrag gegeben. Besonders gefährdet sind die im Goldbergbau beschäftigten Kinder.

Der **Bergbausektor** gilt als wirtschaftlicher Hoffnungsträger. Die Investitionen in diesem Bereich nahmen erheblich zu (1996: FCFA 30 Mrd.), bis Juli 1996 hatte die Regierung 150 Prospektionspermits, vorwiegend für Gold, vergeben. Die Weltbank gewährte ein zinsgünstiges Darlehen in Höhe von $ 21,4 Mio. zur Verbesserung der Rahmenbedingungen. Eine Revision des Bergbaugesetzes trug dem wachsenden Interesse an Konzessionen Rechnung und legte Vergünstigungen für den Beginn des Abbaues fest.

Bewässerungsprojekte und **Trinkwasserversorgung** gehören zu den vordringlichen Anliegen der Regierung. Das bisher größte Bauvorhaben in Burkina Faso stellte die geplante Errichtung des Ziga-Staudammes am Nakambé-Fluß zur Trinkwasserversorgung von Ouagadougou dar. An den Gesamtkosten von FF 2,2 Mrd. beteiligten sich 14 Geldgeber, darunter die Bundesrepublik Deutschland mit DM 35 Mio. für die erste Bauphase. Mit dem Bau eines von Japan finanzierten unterirdischen Staudammes, dem ersten derartigen Projekt in Burkina Faso, wurde im November begonnen. Der Staudamm soll das Abfließen des Wassers verhindern und mittels Solarpumpen zur Bewässerung von 100 ha Land und zur Trinkwasserversorgung dienen.

Marianne Weiss

Chronologie Burkina Faso 1997

27.01.	Verfassungsänderung
11.05.	Parlamentswahlen
10.06.	Regierungsbildung

Côte d'Ivoire

Fläche: 322 462 km², **Einwohner:** 14,3 Mio., **Hauptstadt:** Yamoussoukro (faktisch Abidjan), **Amtssprache:** Französisch, **Lebenserwartung:** 54 J., **Alphabetisierung:** 39%, **Wechselkurs:** $ 1 = F CFA 598,81, **HDI:** 0,368, Rang 24, **Pro-Kopf-Einkommen:** $ 660, **BSP:** $ 9434 Mio., **Anteile am BIP:** 28% - 21% - 51%, **Hauptexportprodukte:** Kakao 32%, Kaffee 12%, Holz 12%, **Staatschef:** Henri Konan Bédié, **Regierungschef:** Daniel Kablan Duncan, **Regierungspartei:** Parti Démocratique de la Côte d'Ivoire - Section du Rassemblement Démocratique Africain (PDCI-RDA), **Oppositionsparteien:** Front Populaire Ivoirien (FPI), Rassemblement des Républicains (RDR)

Nachdem anhaltende Studentenproteste zu einer leichten Destabilisierung der innenpolitischen Lage beigetragen hatten, entschloß sich Präsident Bédié zur Ankündigung von Verfassungsreformen, mit denen einige zentrale Forderungen der Opposition berücksichtigt werden sollen. Neben den traditionell prioritären Beziehungen zur ehemaligen Kolonialmacht Frankreich standen in der Außenpolitik die diplomatischen Beziehungen zu den Nachbarstaaten im Vordergrund. Der wirtschaftliche Aufschwung hielt an. Gleichwohl blieben große Armutsprobleme und eine drückende Schuldenlast, denn mit dem IWF konnte trotz monatelanger Verhandlungen zunächst keine Einigung über einen neuen Erweiterten Strukturanpassungskredit (ESAF) erzielt werden.

Innenpolitik

Nachdem sich die Studenten, verglichen mit den Protesten von Anfang der 1990er Jahre, in den letzten Jahren vergleichsweise ruhig verhalten hatten, kam es im Verlauf fast des gesamten Berichtszeitraumes wieder zu **vehementen Studentenprotesten und -streiks**. Allerdings erreichte das für die Regierung gefährliche Gemisch aus Studentenprotesten, Streiks weiterer Berufsgruppen, Oppositionsforderungen, Vorwürfen von Menschenrechtsgruppen und allgemeiner Unzufriedenheit der urbanen Unterschichten nicht den gleichen Grad an Explosivität wie noch vor einigen Jahren.

Der Studentenprotest speiste sich wie schon in der Vergangenheit aus der schlechten Gegenwartssituation und den kaum vorhandenen Zukunftsperspektiven. Anfang 1997 waren die ohnehin bescheidenen Stipendien der Studenten monatelang nicht mehr ausgezahlt worden, die Studentenwohnheime in einem desolaten Zustand, die Seminare überfüllt und die Berufschancen durch den fast vollständigen Einstellungsstop im öffentlichen Sektor für viele Studenten miserabel. Die Regierung reagierte auf die Proteste der *Fédération Estudiantine et Scolaire de Côte d'Ivoire* (FESCI), der seit 1991 verbotenen, aber inoffiziell geduldeten kritischen Studentenorganisation, mit der gewohnten Kombination aus Einschüchterung, Repression und zögerlichem Angebot zum Dialog.

Die FESCI rief für den 22.-24.1. zu einem **Generalstreik der Studenten** auf, um die Auszahlung der Stipendien und die Freilassung von verhafteten FESCI-Mandatsträgern zu erreichen. Nach einer Kabinettssitzung am 27.1. erklärte die Regierung die Proteste für illegal und unbegründet. Bei Demonstrationen kam es in den folgenden Wochen zu teilweise schweren Zusammenstößen mit den Sicherheitskräften. Nachdem der Streik nach kurzen Unterbrechungen ohne Einigung fortgesetzt worden war, forderte der stellvertretende FESCI-Generalsekretär Karamoko Yayoro in einer Pressekonferenz am 18.2. vergeblich Präsident Bédié auf, mit den Studenten in einen Dialog einzutreten. Immerhin wurden aufgrund einer präsidialen Amnestie am 27.2. die verhafteten FESCI-Mandatsträger freigelassen. Im April schlossen sich die Studenten an den Universitäten in Bouaké, Daloa und Korhogo den Protesten an. Die Regierung verfügte am 1.5. die Schließung aller 18 Studentenwohnheime in Abidjan. Nachdem das akademische Jahr im Sommer ohne Prüfungsnachweise zu enden drohte, traf Bédié am 22.6. in seinem Heimatort Daoukro mit dem Generalsekretär der FESCI Guillaume Soro und weiteren Studentenvertretern zusammen. Trotz der präsidialen Aufforderung an die Studenten, den Streik zu beenden, setzte die FESCI den Boykott fort. Erst als Bédié am 9.10. offiziell die **Wiederzulassung der FESCI** verfügte und zusätzliche Finanzmittel für die Hochschulen ankündigte, erklärte die FESCI am 13.10. die **Streiks für beendet**. Nach einem Treffen von FESCI-Offiziellen mit dem Premier- und dem Bildungsminister wurden die Studentenwohnheime in Abidjan im November und Dezember wiedereröffnet. Die FESCI drohte dennoch mit der Fortsetzung der studentischen Aktionen, falls die weitergehenden studentischen Forderungen, u.a. nach der Auszahlung fälliger Stipendien, nicht berücksichtigt würden.

Eine weitere Eskalation des Protestes konnte vor allem deshalb verhindert werden, weil **Streikaktionen anderer Berufsgruppen begrenzt** blieben. Die Gewerkschaft der Bediensteten bei den öffentlich-rechtlichen Informationsmedien bestreikte vom 28.-29.4. das Fernsehen und einen Großteil des Radioprogramms. Die Minibusfahrer traten aus Protest gegen eine geplante Geschwindigkeitsbegrenzung am 28.4. in Abidjan sowie gegen Übergriffe der Polizei ebenfalls Anfang November in den Streik. Die ivorischen Lastwagenfahrer blockierten aus Protest gegen die hohen Schmiergeldforderungen von Polizei und Grenzschützern Anfang September für vier Tage wichtige Teile des Straßenverkehrs. Sicherheitsminister Marcel Dibona Koné reagierte auf diesen Streik mit der Ankündigung einer **Anti-Korruptionskampagne** bei den Polizeikräften. Außerdem wurde eine nationale Kommission zur Bekämpfung des Betrugs in der Wirtschaft ins Leben gerufen.

Zur Deeskalation der Proteste trug in der zweiten Jahreshälfte nicht unwesentlich die **politische Konzessionsbereitschaft des Regimes** bei. Zunächst hatte Präsident Bédié am 7.3. alle politischen Gegner aufgerufen, sein Angebot zum Dialog ernst zu nehmen und aus dem politischen Exil zurückzukehren. Am 17.4. wiederholte Bédié die Aufforderung zum ehrlichen Dialog mit der Opposition auf einer PDCI-Parteikonferenz. Überraschend ging Bédié dann jedoch noch sehr viel weiter. Er machte am 8.8. **weitreichende Vorschläge für Verfassungsänderungen und politische Reformen**, die z.T. sogar über die bisherigen Forderungen der Opposition hinausgingen. Erstens schlug Bédié **Änderungen für die Zulassung zur Kandidatur um die Präsidentschaft** vor, die es seinem politischen Hauptkonkurrenten, dem ehemaligen Premierminister und jetzigen stellvertretenden Direktor für Afrika beim IWF in Washington Ouattara, ermöglichen würden, bei den Präsidentschaftswahlen im Jahr 2000 zu kandidieren. Zweitens sollte als zweite parlamentarische Kammer neben der Nationalversammlung ein **Senat** geschaffen werden, der zu zwei Dritteln aus indirekter Wahl und zu einem Drittel aus vom Präsidenten nominierten Mitgliedern bestehen sollte. Drittens sollte künftig eine **Wahlkommission** geschaffen werden, der unter dem Vorsitz eines ivorischen Richters Repräsentanten aller größeren politischen Parteien sowie internationale Beobachter angehören würden. Viertens sollte das bisherige Mehrheitswahlrecht durch ein **Verhältniswahlrecht** ersetzt werden. Fünftens würde künftig der Präsident des Senats und nicht mehr der Präsident der Nationalversammlung die **Nachfolge des Präsidenten** bei dessen Tod oder Amtsunfähigkeit antreten. Der Präsident des Senats würde lediglich als Interims-Präsident agieren, hätte innerhalb von sechs Monaten Neuwahlen anzusetzen und dürfte selbst nicht bei diesen Wahlen kandidieren. Sechstens schlug Bédié vor, die **Wählerverzeichnisse** zu reformieren. Und siebtens sollte die parlamentarische Opposition dadurch aufgewertet werden, daß ihr ein offizieller Status einschließlich fester Bezüge garantiert werden würde.

Die Parteivorsitzende der oppositionellen *Front Populaire Ivoirien* (FPI), Laurent Gbagbo, begrüßte die Vorschläge des Präsidenten, erinnerte jedoch gleichzeitig an die Forderung nach sofortiger Annullierung und Wiederholung der manipulierten Wahlen von 1995. Außerdem forderte er eine vollkommen regierungsunabhängige Wahlkommission und verwies darauf, daß fast zwei Jahre nach den blutigen Unruhen vom Oktober 1995 immer noch 47 FPI-Anhänger ohne Verfahren inhaftiert seien. Auch Djény Kobina, Chef des Ouattara-nahen und oppositionellen *Rassemblement des Républicains* (RDR), zeigte sich vorsichtig optimistisch, war sich gleichzeitig aber nicht sicher, ob Ouattara tatsächlich bei den nächsten Wahlen eine echte Chance erhalten würde.

Wie berechtigt diese Warnungen waren, zeigte sich am 22.10. nach den **Kabinettsbeschlüssen über die Reformvorhaben**. Danach folgte die Regierung nur in Teilen den Vorschlägen des Präsidenten. Zusätzlich sollte nach der beschlossenen Gesetzesvorlage der Hohe Gerichtshof durch drei separate Gerichtshöfe ersetzt und die Amtszeit des Präsidenten von fünf auf sieben Jahre verlängert werden. Gleichzeitig würde Ouattara erneut von einer Präsidentschaftskandidatur ausgeschlossen, weil beide Elternteile eines Kandidaten ivorischer Abstammung sein müßten. Wütende Oppositionsproteste waren die Folge.

Die **Menschenrechtssituation** hat sich zwar weiter verbessert, weist aber nach wie vor die schon bekannten Defizite - wie z.B. die horrenden Haftbedingungen in den Gefängnissen, Mißhandlungen durch die Polizeikräfte, Verhaftungen ohne Anklageerhebung oder die Willfährigkeit der Justiz in politischen Fällen - auf.

Außenpolitik

In den prioritären **Beziehungen zur ehemaligen Kolonialmacht Frankreich** spielte bei der engen Kooperation und regen Besuchsdiplomatie zunächst die Zaire/Kongo-Krise eine besondere Rolle. Vom 6.-13.3. fanden **Militärmanöver** statt, an denen wie zuletzt 1994 wiederum ein starkes französisches Militärkontingent beteiligt war. Frankreich hatte vor dem Hintergrund der Situation in Zaire offen über die mögliche Militärintervention durch eine panafrikanische Eingreiftruppe nachgedacht. Der ivorische Verteidigungsminister N'Gatta hielt sich vom 31.3.-6.4. zu einem Besuch in Frankreich auf, und Präsident Bédié besuchte Frankreich für Unterredungen mit Präsident Chirac Ende April. Außerdem eröffnete Bédié die vom 16.-22.9. in Paris stattfindende "Ivorische Woche", eine Wirtschaftsmesse, auf der für ivorische Produkte bzw. für weitere Direktinvestitionen in der Côte d'Ivoire geworben wurde. Er traf sich wiederum mit seinem Amtskollegen Chirac, der bei diesem Treffen die **Schaffung einer neuen westafrikanischen Eingreiftruppe** vorschlug. Bei Besuchen Mitte Oktober in Abidjan versicherten der französische Außenminister Védrine und der französische Verteidigungsminister Richard erneut, daß das französische Truppenkontingent in Port Bouet von den Kürzungsmaßnahmen bei der französischen Militärpräsenz in Afrika nicht betroffen sei. Verteidigungsminister Richard schlug außerdem in Ergänzung des Chirac-Vorschlages die **Schaffung eines militärischen Trainingszentrums** in der Nähe von Yamoussoukro vor, wo Offiziere aus Frankreich, den USA und Großbritannien bei der Ausbildung der neuen westafrikanischen Eingreiftruppe kooperieren sollten.

Auch in den **Beziehungen zu den afrikanischen Nachbarstaaten** spielten sicherheitspolitische Fragen eine wichtige Rolle. Ende April trafen sich die Armeechefs der frankophonen Staaten Westafrikas in der Côte d'Ivoire und gaben am 26.4. bekannt, daß sie "sobald wie möglich" eine gemeinsame friedenserhaltende Truppe aufstellen würden. Beim **ersten offiziellen Besuch des ghanaischen Präsidenten Rawlings** vom 21.-24.8. wurde ein Verteidigungsabkommen unterzeichnet, in dem sich die beiden Nachbarn zur engeren Kooperation ihrer Streitkräfte und zum gemeinsamen Erhalt der regionalen Stabilität bekannten. Bei den **beiden Besuchen des nigerianischen Staatschefs Abacha**, der zugleich in seiner Funktion als amtierender Vorsitzender der Wirtschaftsgemeinschaft Westafrikanischer Staaten (ECOWAS) unterwegs war, stand am 18.8. sowie am 5.12. vor allem die Situation in Sierra Leone im Vordergrund, wo nigerianische Truppen darum bemüht waren, der demokratisch gewählten und durch einen Militärputsch verdrängten Regierung wieder an die Macht zu verhelfen.

Der **Staatsbesuch des senegalesischen Präsidenten Diouf** vom 12.-14.8. war vor allem deshalb bemerkenswert, weil Diouf es sich nicht nehmen ließ, auch die Vorsitzenden der beiden großen ivorischen Oppositionsparteien, Gbagbo und Kobina, zu treffen. Besondere Beachtung fand auch das **erste Treffen der Gemeinsamen Kooperationskommission mit Burkina Faso** vom 5.-6.4. in Abidjan. Rund 30 Prozent der Bevölkerung der Côte d'Ivoire kommt aus dem westafrikanischen Hinterland, und die Burkinabèr stellen dabei mit 1,5 bis 2 Mio. das mit Abstand größte Kontingent. In der Kooperationskommission ging es unter Vorsitz der beiden Premierminister um die Klärung von Mißverständnissen - die Ausländer werden häufig für den Anstieg der Kriminalität verantwortlich gemacht - und um eine Verbesserung der bilateralen Beziehungen.

Der Präsident **Liberias** Charles Taylor besuchte Abidjan am 30.7. und dankte Präsident Bédié offiziell für die Unterstützung bei der Wiederherstellung des Friedens in dem seit 1989 vom Bürgerkrieg zerrissenen Nachbarland. Ende März hatte ein gemeinsam vom UNHCR und von ivorischer Seite durchgeführter Zensus ergeben, daß sich noch rund 220 000 liberianische Flüchtlinge auf ivorischem Gebiet aufhielten. Zum Höhepunkt des Bürgerkrieges war deren Zahl noch auf über 350 000 geschätzt worden.

Präsident Bédié absolvierte vom 4.-25.5. einen **Staatsbesuch in der VR China** sowie anschließend in Singapur. Dabei wurden in China vier Kooperationsabkommen unterzeichnet. Die VR China hatte nach dem Besuch einer chinesischen Militärdelegation Ende Januar bereits Militärhilfe im Wert von $ 26 Mio. zugesagt und im Wettlauf mit Taiwan die eigenen afrikapolitischen Anstrengungen verstärkt. Außerdem besuchte Bédié vom 27.-30.10. das benachbarte **Guinea** und unterzeichnete mehrere Wirtschaftsabkommen.

Sozioökonomische Entwicklung

Der **wirtschaftliche Aufschwung**, der nach der 50%igen Abwertung des F CFA Anfang 1994 einsetzte, **konnte fortgesetzt werden**. Das reale **Wachstum des BIP** lag nach den Angaben aus dem Franc-Zonen-Bericht der Bank von Frankreich 1996 bei 6,5% und dürfte nach Angaben der ivorischen Regierung 1997 weiter auf 7-8% gestiegen sein. Motor der wirtschaftlichen Entwicklung waren die 1996 um 17% gestiegenen **Exporte** sowie die auf 15% des BIP gestiegenen **Investitionen**. Die Regierung erwartet für 1998 einen Anstieg der **ausländischen Direktinvestitionen** um 24%, da der Privatisierungsprozeß fortgesetzt werden soll und im Bereich von Erdöl und Erdgas sowie im Minen- und Bergbaubereich neue Investitionsbereiche erschlossen werden sollen. Insbesondere die **bis zum Jahr 2000 angestrebte Verfünffachung der Erdölproduktion** auf dann 100 000 Barrel pro Tag aus der Offshore-Förderung dürfte dazu beitragen, daß das **Leistungsbilanzdefizit** von 1996 in einen deutlichen Überschuß verwandelt werden kann. Gleichzeitig war die Regierung darum bemüht, durch den Ausbau der Raffineriekapazitäten und die Nutzung von Erdgas für die Elektrizitätsversorgung nicht zu einem reinen Exporteur von Rohöl zu werden und die inländische Wertschöpfung zu erhöhen. Am 1.4. unterzeichnete die Regierung mit der US-amerikanischen *United Meridian Corporation* (UMC) einen Vertrag über den Bau einer Propangasfabrik, und Mitte Juni erhielt ein Konsortium unter Führung des schweizerisch-schwedischen ABB-Konzerns den Zuschlag für den **Bau eines dritten erdgasbetriebenen Elektrizitätskraftwerkes**.

Wie schon in den Vorjahren trug der **Agrarsektor**, in dem immer noch über die Hälfte der Exporteinnahmen erwirtschaftet werden, mit z.T. guten Produktionsergebnissen bei weitgehend stabilen Weltmarktnotierungen zum wirtschaftlichen Aufschwung bei. Nach Regierungsangaben ging zwar die **Kakaoproduktion** um über 300 000 t zurück, mit 915 000 t wurde im Erntejahr 1996/97 das Produktionsergebnis der Vorjahre dennoch deutlich überschritten. Die Regierung begrüßte die Entscheidung des Europäischen Parlaments vom 23.10., nach der künftig in der EU eine **Erhöhung des Pflanzenfettanteils in Schokoladeprodukten um 5% erlaubt** sein wird. Nach intensiver Lobbyarbeit der Produzentenländer von Kakao, die diese Neuregelung verhindern wollten, hatte man sich auf einen Kompromiß verständigt, wonach diese Pflanzenfette aus tropischer Produktion stammen müssen. Als wichtiger Produzent von Schibutter rechnet man in Abidjan nunmehr damit, einen Teil des zu erwartenden Rückgangs bei den Kakaoexporteinnahmen kompensieren zu können. Die **Kaffeeproduktion** konnte um über 120 000 t auf 320 000 t gesteigert werden, wobei jedoch die Qualität hinter derjenigen der Vorjahre zurückblieb. Bei den **Agrardiversifizierungsprodukten** standen Rückgänge in der Produktion von Bananen Steigerungen bei Zucker und Baumwolle gegenüber.

Trotz der vergleichsweise günstigen makroökonomischen Daten und Aussichten, welche Regierungsvertreter wiederum vom baldigen "Schwellenland Afrikas" oder vom "afrikanischen Elefanten" schwärmen ließen, war die **sozioökonomische Bilanz der Regierung keineswegs makellos**. Die **Inflationsrate** konnte aufgrund steigender Nahrungsmittel- und Benzinpreise nicht auf die von der Regierung angestrebten 3,5% reduziert werden, sondern lag 1997 bei rund 5%. Gravierender war jedoch die z.T. **offene Kritik von Weltbank und IWF**. Die Weltbank prangerte in einem Bericht schonungslos die **"generelle Verarmung" weiter Bevölkerungsschichten** an. Zwischen 1985 und 1995 sei der Anteil in Armut lebender Haushalte von 10% auf 37% gestiegen, wobei rund ein Zehntel der Bevölkerung als extrem arm einzustufen sei. Durch diese dramatische Verschlechterung der Situation innerhalb eines Jahrzehnts sei die Unterernährung bei Kindern stark angestiegen. Nur noch die Hälfte aller Kinder im schulpflichtigen Alter würde auch tatsächlich die Schule besuchen, und die **Alphabetisierungsquote**, die 1990 bei allen Ivorern über 15 noch bei 54% gelegen habe, sei inzwischen auf 29% gesunken. Die Regierung sei zwar bemüht, den existierenden Graben zwischen ökonomischer und sozialer Entwicklung zu verkleinern, sie müsse aber mehr tun, denn die ehrgeizigen wirtschaftlichen Ziele seien ohne umfangreiche Investitionen in das Humankapital nicht zu erreichen. Am 4.11. gab die Weltbank bekannt, daß über die nächsten drei Jahre verbilligte Kredite in Höhe von $ 800 Mio. für die Armutsbekämpfung und den Bildungsbereich zur Verfügung gestellt würden.

Problematischer für die ivorische Regierung war die Haltung des IWF, mit dem trotz intensiver Verhandlungen bis zum Ende des Jahres **keine Einigung über eine neue Erweiterte Strukturanpassungsfazilität** (ESAF) erzielt werden konnte. Nach dem Auslaufen der alten ESAF-Vereinbarung von 1994 und der **Unterzeichnung eines Umschuldungsabkommens** über $ 6,8 Mrd. **mit den privaten Gläubigern** des Londoner Clubs am 6.5. in Paris hatte die Regierung auf eine rasche Einigung gedrängt, da die Umsetzung der Umschuldungsvereinbarungen mit den privaten und öffentlichen Gläubigern ebenso wie die Teilnahme an der neuen multilateralen Schuldenentlastungsinitiative bei den multilateralen Gläubigern die Vereinbarung über eine neue ESAF voraussetzt. Als **Gründe für die Verzögerung** wurden die Weigerung der Regierung zur rascheren Liberalisierung bei der Kakao- und Kaffeevermarktung, das mangelnde Tempo bei der Privatisierung, die unzureichende Transparenz und Ausgabendisziplin sowie die zu geringen Ausgaben im Bildungs- und Gesundheitsbereich angeführt. Nachdem die Weltbank im November neue Kreditlinien für die Armutsbekämpfung eingeräumt, die Regierung am 4.12. die **Auflösung der staatlichen Stabilisierungskasse** (CAISTAB) für Kakao und Kaffee ab 1998 sowie die Beschleunigung des Privatisierungsprogramms **angekündigt** hatte, stand der neuen ESAF-Vereinbarung nichts mehr im Wege.

Die Probleme, die sich aus der Verzögerung beim Abschluß der neuen ESAF-Vereinbarung ergaben, zeigten sich auch bei der **Budgetplanung**. Aufgrund der ausbleibenden Finanzierungszusagen der Geber hatte die Regierung am 5.9. eine Sperre für die laufenden Verwaltungsausgaben verhängen müssen, da sich die inländischen Zahlungsrückstände bereits auf F CFA 220 Mrd. belaufen hatten. Der **Haushaltsentwurf für 1998**, den das Kabinett am 19.12. billigte, sah dagegen eine Verringerung auf ein Budgetdefizit von F CFA 113 Mrd. vor. Kalkulationsgrundlagen für den Entwurf waren ein weiterer Anstieg des BIP um 7% sowie Einnahmen in Höhe von F CFA 1 919 Mrd., die sich aus regulären Einnahmen in Höhe von F CFA 1 220 Mrd., ausländischer Hilfe von F CFA 549 Mrd. sowie Einnahmen aus der weiteren Privatisierung von F CFA 150 Mrd. ergeben sollten.

Cord Jakobeit

Chronologie Côte d'Ivoire 1997

22.01.-24.01.	Studentenstreiks in Abidjan
30.01.	Ehemalige Generalstabschef und Minister Robert Gueï unehrenhaft aus der Armee entlassen
06.03.-13.03.	Militärmanöver mit Beteiligung französischer Truppen
05.04.-06.04.	Treffen der Gemeinsamen Kooperationskommission mit Burkina Faso in Abidjan
17.04.	Bédié erneuert auf PDCI-Konferenz das Angebot zum Dialog mit der Opposition
28.04.-29.04.	Streik der Beschäftigten bei den staatlichen Fernseh- und Rundfunkanstalten
04.05.-25.05.	Staatsbesuch Bédiés in China und Singapur
06.05.	Schuldenabkommen mit den Gläubigern im Londoner Club in Paris unterzeichnet
12.08.-14.08.	Staatsbesuch des senegalesischen Präsidenten Diouf
21.08.-24.08.	Staatsbesuch des ghanaischen Präsidenten Rawlings
22.10.	Kabinett beschließt Verfassungsreformen
27.10.-30.10.	Staatsbesuch Bédiés in Guinea
07.12.-11.12.	Zehnte Internationale AIDS-Konferenz in Abidjan
18.12.	Börse in Abidjan wird in Regionalbörse für Westafrika umgewandelt

Gambia

Fläche: 11 295 km^2, **Einwohner:** 1,15 Mio., **Hauptstadt:** Banjul, **Amtssprache:** Englisch, **Lebenserwartung:** 53 J., **Alphabetisierung:** 37%, **Wechselkurs:** $ 1 = Dalasi (D) 10,35, **HDI:** 0,281, Rang 36, **Pro-Kopf-Einkommen:** k.A., **BSP:** k.A., **Anteile am BIP:** 28% - 15% - 58%, **Hauptexportprodukte (1995):** Erdnüsse und Erdnußprodukte 58%, Baumwollprodukte 30%, **Staatschef:** Col. Yahyah Jammeh, **Regierungspartei:** Alliance for Patriotic Reorientation and Construction (APRC)

Innenpolitik

Nach dem Militärputsch 1994 stand Jammeh unter erheblichem Druck der internationalen Gemeinschaft zur Wiedereinführung demokratischer Verhältnisse. Nach einem Referendum über eine neue Verfassung, der Wiederzulassung politischer Parteien - die drei wichtigsten früheren Parteien ausgenommen - und Präsidentschaftswahlen im Jahr 1996 wurde die Rückkehr zu einem Zivilregime mit **Parlamentswahlen** (3.1.) besiegelt. Die Wahlen erfolgten nach dem Mehrheitsprinzip auf Wahlkreisebene. Von den 49 Parlamentssitzen gingen 33 an die APRC von Jammeh, sieben an die *United Democratic Party* (UDP) des prominenten Oppositionspolitikers Ousainou Darbo, zwei an die *National Reconciliation Party* (NRP) des Hoteliers Hamath Bah, einer an die *People's Democratic Organisation for Independence and Socialisme* (PDOIS) von Sidia Jatta und zwei an unabhängige Kandidaten. Vier Abgeordnetenmandate wurden durch den Präsidenten direkt vergeben. Die Wahlbeteiligung war mit 73% höher als erwartet. Mit der überwältigenden Mehrheit der APRC im Parlament war die Machtposition Jammehs abgesichert. Zum Parlamentspräsidenten wurde der bisherige Sekretär des Präsidialamtes, Mustapha Wadda gewählt (16.1.). Die **Regierungsbildung** erfolgte erst am 7.3., nachdem die UPD aus Protest gegen die Nichteinhaltung der entsprechenden Verfassungsbestimmung aus dem Parlament ausgezogen war (29.2.). Die Verzögerung schien darauf zurückzugehen, daß der von Jammeh gewünschte Kandidat für das Amt des Vizepräsidenten, der bisherige Verteidigungsminister Captain Edward Singhateh, nicht das in der Verfassung für dieses Amt vorgesehene Mindestalter (30 Jahre) hatte. In der neuen Regierung erhielt Singhateh ein neu geschaffenes Superministerium, das Präsidialangelegenheiten, Beziehungen zum Parlament, Öffentlichen Dienst, Fischerei und natürliche Ressourcen umfaßte. Das Verteidigungsressort übernahm Jammeh selbst. Vier der bisherigen Minister (für Inneres, Äußeres, Finanzen sowie Jugend und Sport) schieden aus der Regierung aus und wurden durch Momodou Bojang, einen bisherigen Major (Inneres), Omar Njie (Äußeres), Dominic Mendy (Finanzen und Wirtschaft) ersetzt. Der bisherige Innenminister, Lamine Bajo, der zunächst nicht nominiert worden war, erhielt am 10.3. das Ministerium für Jugend und Sport. Erst nach erneutem Protest der UPD ernannte Jammeh die Ministerin für Gesundheit, Sozialwesen und Frauen, Isatou Njie-Saidy, gleichzeitig zur Vizepräsidentin (20.3.). Die vier letzten Militärgouverneure der Regionen wurden im April durch zivile Gouverneure ersetzt.

Im November 1996 war auf internen und externen Druck hin eine größere Zahl von **politischen Gefangenen** freigelassen worden. **Weitere Freilassungen** von sieben Sicherheitskräften und fünf Zivilpersonen erfolgten **im Februar**. Die **Verhaftung** des Kommandanten der Präsidentengarde, Leutnant Landing Sanneh, kurz darauf wegen Verteilung "gehässiger Flugblätter" zeigte jedoch, daß die politische Verfolgung keineswegs aufgehört hatte. Vier Mitglieder der UDP wurden anläßlich eines Festes zur Begrüßung Darbos bei der Rückkehr von einer Reise festgenommen (2.3.). Darbo sah darin eine unannehmbare Provokation. Von Einschüchterungsversuchen betroffen war weiterhin die **Presse**, speziell *The Daily Observer*. Zwei Journalisten dieser Zeitung wurden 1996, zwei weitere Anfang 1997 wegen angeblich regierungsfeindlicher Aktivitäten verhaftet, der Herausgeber, ein Ghanaer, wurde im November ausgewiesen.

Im April begann der **Prozeß gegen fünf Söldner**, die nach dem Überfall auf die Kaserne Farafenni im November 1996 (s. Afrika Jahrbuch 1996) verhaftet worden waren. Die Söldner gaben an, in Libyen ausgebildet worden zu sein und dann in Liberia unter Charles Taylor und Kukoi Samba Sanyang, dem Anführer des Putschversuches 1981 in Gambia, gedient zu haben.

Einer der Söldner starb im Gefängnis (25.5.), die übrigen wurden zum Tod verurteilt, konnten jedoch Einspruch einlegen. Das Urteil wurde vom Berufungsgericht, das eine Wiederaufnahme des Verfahrens anordnete, aufgehoben (3.10.). Ein neuerlicher, dilettantisch in Angriff genommener **Putschversuch** (20.7.) einiger Offiziere, die zunächst die Kaserne in Kartong nahe der senegalesischen Grenze überfielen und dann mit den erbeuteten Waffen nach Banjul zogen, scheiterte, da sie unterwegs von einer Militärpatrouille gestellt wurden.

Außenpolitik

Die **EU** äußerte sich nach den Parlamentswahlen befriedigt über den Verlauf der Wahlen. Jammeh erhoffte sich damit eine Wiederaufnahme der seit dem Putsch 1994 eingefrorenen Hilfe. Zum wichtigsten Geldgeber des Militärregimes war in der Zwischenzeit **Taiwan** geworden, dessen Außenminister Gambia im Januar im Rahmen einer Afrikareise besuchte. Gute Kontakte unterhielt Jammeh zu **Ägypten**, das er im Januar besuchte, zu **Nigeria**, wo er im Februar Gespräche mit Staatschef Sani Abacha führte, sowie zu **Libyen,** mit dem im Juni ein Abkommen über Zusammenarbeit auf dem Gebiet der Sicherheit abgeschlossen wurde. Libyen sagte Hilfe für die Polizei, die Einwanderungsbehörden und die Aufsicht in den Gefängnissen sowie die Ausbildung und Ausrüstung von gambischen Sicherheitsbeamten zu. Die Beziehungen zu **Senegal** waren immer wieder von Spannungen geprägt. Senegal beklagte die Schmuggel- und Schwarzmarktaktivitäten gambischer Unternehmer und verdächtigte Gambia, die Rebellen in der Casamance zu unterstützen, während sich Gambia über Behinderungen des freien Personen- und Warenverkehrs beschwerte und Senegal beschuldigte, gambische Putschisten zu schützen. Bei einem Besuch Jammehs in Dakar (24.4.) konnten strittige Punkte insbesondere des Transithandels, der Straßentransporte und des grenzüberschreitenden Tourismus geklärt werden. Als Reaktion auf den Vorwurf, der Überfall auf die Kaserne in Kartong sei von der Casamance aus erfolgt, lieferte Senegal fünf Offiziere, die nach dem vereitelten Putschversuch im November 1994 in Senegal Zuflucht gesucht hatten, an Gambia aus.

Sozioökonomische Entwicklung

Trotz der Sanktionen der internationalen Gebergemeinschaft seit 1994, dem Rückgang des Tourismus und der Behinderung des lukrativen Reexporthandels durch Senegal blieb die **Wirtschaftslage** erstaunlich stabil. Das reale Wirtschaftswachstum 1997 wurde von der Regierung auf 3,8% geschätzt. Die Landwirtschaft, deren Wirtschaftsleistung 1996 infolge einer äußerst schlechten Erdnußernte um 14% gesunken war, wies eine Wachstumsrate von 5% auf, desgleichen der Dienstleistungssektor, der von der Wiederbelebung des Tourismus und den guten Ergebnissen des Telekommunikationswesen (+ 9%) profitierte. Der industrielle Sektor wuchs marginal um 0,6%. Der Außenhandel zeigte allerdings einen Einbruch von 35%, der teilweise dem Rückgang des Reexporthandels zuzuschreiben war. Die Auslandsverschuldung war mit D 3,4 Mrd. ($ 347 Mio.) gering. Der jährliche Schuldendienst betrug D 151 Mio. und entssprach 4,5% des BIP. Beunruhigender war die interne Staatsverschuldung, die nach Weltbankangaben 50-60% der staatlichen Mittel beanspruche. Ende Juni legte die Regierung den Staatshaushalt für Juli-Dezember 1997 vor, der wegen der Angleichung des Finanzjahres an das Kalenderjahr nur sechs Monate umfaßte. Zu den wichtigsten Projekten gehörten **Infrastrukturvorhaben** mit taiwanesischer und arabischer Hilfe, darunter der Bau eines neuen Airport-Terminals, eines neuen Containerhafens und Straßenbauten. Als prioritär erachtet wurde außerdem die Verbesserung des **Gesundheits-** und des **Bildungswesens**.

Marianne Weiss

Chronologie Gambia 1997

02.01.	Parlamentswahlen
07.03.	Regierungsbildung
20.07.	Vereitelter Putschversuch

Afrika-Jahrbuch 1997, S. 107-113

Ghana

Fläche: 238 500 km^2, **Einwohner:** 17,5 Mio., **Hauptstadt:** Accra, **Amtssprache:** Englisch, **Lebenserwartung:** 59 J., **Alphabetisierung:** 63%, **Wechselkurs:** \$ 1 = Cedi 2265, **HDI:** 0,468, Rang 12, **Pro-Kopf-Einkommen:** \$ 360, **BSP:** \$ 6223 Mio., **Anteile am BIP:** 44% - 17% - 39%, **Hauptexportprodukte:** Gold 38%, Kakao 21%, Holz 12%, **Staats- und Regierungschef:** Jerry Rawlings, **Regierungspartei:** National Democratic Congress (NDC), **Oppositionsparteien:** New Patriotic Party (NPP), People's Convention Party (PCP), People's National Convention (PNC)

Der Übergang zur neuen Legislaturperiode verlief reibungslos. Dennoch kam es zu einer mehrmonatigen politischen Auseinandersetzung zwischen Regierung und Opposition über das Verfahren zur Ernennung der Minister. Nach einem Spruch des Obersten Gerichtshofs einigten sich die streitenden Parteien. Damit hatten sie sich den demokratisch-parlamentarischen Spielregeln unterworfen und die demokratische Entwicklung des Landes gestärkt. Rawlings konnte das Verhältnis zu seinen direkten Nachbarn signifikant verbessern, doch zeichnete sich gegen Jahresende eine ernste Energiekrise ab, die die Wirtschaft vor erhebliche Probleme stellen könnte.

Innenpolitik

Die Präsidentschafts- und Parlamentswahlen vom Dezember 1996 hatten die politischen Machtverhältnisse Ghanas nur unwesentlich verändert, erstmals gelang einem Amtsinhaber die Wiederwahl. J.J. Rawlings wurde am 7.1. für eine zweite und laut Verfassung letzte Amtszeit auf dem *Independence Square* feierlich vereidigt. Auch Vizepräsident Attah-Mills und die gewählten Volksvertreter legten an diesem Tag den Eid auf die Verfassung ab. Der Präsident, der sich in seiner Antrittsrede bei den beiden unterlegenen Präsidentschaftskandidaten J.A. Kuffor und E.N. Mahama für ihren Beitrag zur Stabilisierung des demokratischen Prozesses bedankte, konnte sich auf eine klare Mehrheit im Parlament stützen, denn der ihn tragende *National Democratic Congress* (NDC) hatte mit 133 Sitzen die für eine Verfassungsänderung notwendige zwei Drittel Mehrheit nur um einen Sitz verfehlt. Durch den Einzug der *New Patriotic Party* (NPP), mit 60 Sitzen stärkste oppositionelle Kraft, deutete sich erstmals in der Vierten Republik eine **Verlagerung der politischen Auseinandersetzung in das Parlament** hinein an. Die NPP gewann mit der Nachwahl in *Afigya Sekyere East* (10.6.) einen weiteren Sitz und verhinderte somit endgültig eine zwei Drittel Mehrheit der Regierungspartei, die sich schließlich einer Oppositionsstärke von 67 Mandaten gegenübersah.

Bereits im Januar zogen zwei unabhängige Kandidaten ihre Klage vor einem Gericht in Bolgatanga gegen die Wahlkommission zurück. Sie waren den Vertretern des NDC unterlegen gewesen, doch wollten sie diese Niederlage vor Gericht anfechten. In Sunyani verwarf im Mai ein Gericht eine Eingabe gegen die Wahl des NPP-Vertreters J.H. Mensah, und ein Gericht in Accra bestätigte den Sieg einer NDC-Kandidatin gegen den Vertreter der NPP im Raum Legon. Nach diesen gerichtlichen Auseinandersetzungen und 14 weiteren erfolglosen Einsprüchen waren die Wahlen vom Dezember 1996 abgeschlossen. Die *United Ghana Movement* (UGM) mit ihrem Vorsitzenden Charles Wereko-Brobbey, erhielt schließlich die Zulassung durch die Wahlkommission (10.1.).

Zum ersten Schlagabtausch zwischen Regierung und der stärksten Oppositionspartei kam es bereits am 7.2.. Der Fraktionsvorsitzende der NPP, J.H. Mensah, reichte beim *Supreme Court* Klage ein, um die geschäftsführenden Ressortchefs, die erneut für ein Ministeramt nominiert worden waren, zu einer Anhörung vor das *House Appointments Committee* zu zwingen. Die NPP beharrte auf dieser Anhörung mit der Begründung, das Mandat der Volksvertreter sei am 6.1. abgelaufen, die beiden kleinen Parteien PCP und PNC verhielten sich indifferent. Die Regierungsseite verneinte dies mit dem Hinweis auf die Anhörungen, die bereits in der vorigen Legislaturperiode stattgefunden hätten. Die Klage (7.2.) führte zum ersten Eklat im Parlament, denn der designierte Finanzminister Kwame Peprah, der das Ressort nach dem Ende der Legislaturperiode geschäftsführend leitete, konnte an diesem Tag seinen Haushaltsentwurf nicht vorstellen. Die Klage hinderte Rawlings aber nicht daran, wenige Tage später die ersten Minister zu berufen, einschließlich jener wie Kwame Peprah, die zuvor Amtsträger gewesen waren. Als dann am 14.2. Verfahrensfragen zur Ernennung der Minister auf der Tagesordnung standen, verließen die NPP-Vertreter unter Protest geschlossen den Saal. Daraufhin verabschiedeten die verbliebenen Mandatsträger der Regierungspartei eine Resolution, die besagte, daß wiederberufene Amtsträger nicht vom Parlament bestätigt werden müßten. Damit konnte der Finanzminister in Abwesenheit der Opposition schließlich seinen Etat vorstellen (19.2.).

Der oberste Gerichtshof entschied am 28.5. mit 4:1 Richterstimmen im wesentlichen zugunsten der Kläger, d.h. jeder Minister oder stellvertretende Minister konnte nur nach Anhörung durch das Parlament sein Amt übernehmen. Geschäftsführende Amtsinhaber, die erneut für ein Ressort vorgesehen waren, sollten innerhalb einer "angemessenen Frist" vom Parlament bestätigt werden, ohne jedoch diese Frist genauer zu definieren. Zunächst versuchte die Regierung, dieses Urteil zu ignorieren, und die NPP verließ regelmäßig den Sitzungssaal, wenn ein nicht vom Parlament bestätigter Amtsträger das Wort ergriff (29./30.5.). Dennoch zeigte die Gerichtsentscheidung Wirkung, und bereits am 2.7. einigten sich die streitenden Parteien auf einen Beschluß, der den Forderungen der NPP entsprach und zugleich die Resolution der Regierung vom 14.2. ersetzte. Der Parlamentsvorsitzende Justice D.F. Annan sprach von einem Sieg des Parlamentes, der Demokratie und der Vernunft. Mit der Bestätigung von James Victor Gbeho zum Außenminister (12.11.) wurde das Ernennungsverfahren abgeschlossen. Dies zeigte zugleich eine wachsende Bereitschaft der beiden großen Parteien, die parlamentarischen und demokratischen Spielregeln einzuhalten, was sogar zum parteiübergreifenden *National Economic Forum* führte (2./3.9.), das die drängenden ökonomischen Zukunftsfragen beraten und Lösungsvorschläge erarbeiten sollte.

Ein Großteil der auf 72 Amtsträger verkleinerten Regierungsmannschaft hatte bereits in der ersten Legislaturperiode unter Rawlings gedient, eine grundsätzliche politische und wirtschaftliche Neuorientierung war damit ausgeschlossen, doch fehlten die zwei schillernden Figuren aus dem direkten Umfeld des Präsidenten, Kojo Tsikata und Paul Victor Obeng. Obwohl der ehemalige Sicherheitsberater einen Zivilprozeß gegen das in London erscheinende Magazin *New African* gewonnen hatte (21.4.), das ihn im Vorjahr des Drogen- und Waffenhandels beschuldigt hatte, kehrte er nicht mehr in die Regierung zurück. Auch Obeng, viele Jahre lang der mächtigste Mann hinter Rawlings, blieb nach dem Verfahren vor der *Commission for Human Rights and Administrative Justice* (CHRAJ) 1996 politisch angeschlagen, obwohl ihm nichts Belastendes nachgewiesen werden konnte. Er mußte sein Amt als Berater von Rawlings aufgeben. Das Korruptionsverfahren vor der CHRAJ gegen mehrere Regierungsmitglieder (ausführlich dazu Ghana im Afrika Jahrbuch 1996) fand im Berichtszeitraum seine Fortsetzung, denn die Regierung veröffentlichte dazu im April ein *White Paper*, das die Unschuldsbeteuerungen der Beklagten unterstützte. Der Vorsitzende der CHRAJ, Emile Short, wies dieses White Paper jedoch mit dem Hinweis auf die Verfassung zurück. Danach stand es der Regierung nicht zu, mit einem eigenen Bericht die Verfahren der unabhängigen und keiner Partei zugehörigen CHRAJ zu kommentieren.

Dieser Angriff von Emile Short erfolgte im Kontext mehrerer vor der Kommission anhängigen brisanten Verfahren, die die Regierung zu verhindern suchte. In allen Fällen beanspruchte die Kommission ihre aus der Verfassung abgeleitete Zuständigkeit, die der Attorney General jedoch bestritt, er legte diese Frage dem **Supreme Court** vor, der aber den Fall wegen angeblicher Überlastung immer wieder verschob. Es handelte sich im einzelnen um die Vorgänge während der Demonstrationen gegen Erhöhung der Mehrwertsteuer (VAT) vom Mai 1995, bei der mehrere Menschen zu Tode gekommen waren und der Sportminister E.T. Mensah in den Verdacht geraten war, Gegendemonstranten bewaffnet zu haben, die den Tod mehrerer Demonstranten verschuldet hatten. Außerdem sollte die Rolle des damaligen Innenministers Col. a.D. Emmanuel Osei Wusu untersucht werden. In einem weiteren Verfahren beschäftigte sich die Kommission mit der Beschlagnahme von Privateigentum während der AFRC- und PNDC-Herrschaft 1979 bzw. 1981-92 unter Rawlings, obwohl die Regierung einen Teil des konfiszierten Eigentums zurückgegeben bzw. Kompensationszahlungen geleistet hatte. Unstrittig war die Beschäftigung der CHRAJ mit einem bis dahin tabuisierten Thema, den sog. **Hexen**. Im September erfuhr die Öffentlichkeit, daß im seit Jahren unruhigen Nordghana, in Gambaga im Bezirk East Mamprusi, etwa 200 ältere Frauen seit Jahren in sklavenähnlichen Verhältnissen lebten und als angebliche Hexen festgehalten würden.

Die Verfahren vor der CHRAJ hatten die Regierung beschädigt und ihren Einsatz gegen die Korruption in Zweifel gezogen. Im März geriet sogar das familiäre Umfeld des Präsidenten in den Sog dieses Imageverlustes, denn ein Onkel von Rawlings, Col. a.D. Joshua Agbotui, mußte als langjähriger Hauptgeschäftsführer der *Ghana Supply Commission* (GSC) zurücktreten, nachdem in der Öffentlichkeit finanzielle Unregelmäßigkeiten bekannt geworden waren.
Trotz dieser Affäre und der anhaltenden parlamentarischen Auseinandersetzungen mit der Opposition um die Ernennung der Regierungsmitglieder nutzte Rawlings den 40. Jahrestag der Unabhängigkeit (6.3.), sein angeschlagenes Image zu verbessern. So lud er die Witwe des ersten Präsidenten, die Ägypterin Fathia Nkrumah, und ihren Sohn Gamel Gorkeh Nkrumah zu den Feierlichkeiten ein und stellte damit öffentlichkeitswirksam seine enge Verbundenheit zum Staatsgründer dar. Außerdem zeichnete er 46 Mitbürger mit einer Medaille für ihre Verdienste um den ghanaischen Staat aus. Unter ihnen war auch Ebenezer Ako Adjei, der letzte Überlebende der *United Gold Coast Convention* (UGCC), die unter dem Synonym *Big Six* nach dem II. Weltkrieg den Kampf um die Unabhängigkeit des Landes aufgenommen hatten. Die Anwesenheit von Julius Nyerere, Salim Ahmed Salim und des ivorischen Präsidenten Henri Konan Bédié gaben den Feierlichkeiten internationales Gepräge.

Auch das *3. Pan African Arts Festival* PANAFEST (29.8.-7.9.) diente im wesentlichen der Selbstdarstellung der Regierung, die in dieses Unternehmen viel Geld investiert hatte. In Zusammenarbeit mit der OAU und privaten Sponsoren fand das Festival mit einjähriger Verspätung in Cape Coast und Elmina statt. Es stand unter dem Motto: *The Re-Emergence of African Civilisation and Uniting the African Family for Development*.

Mit der Stabilisierung der parlamentarisch-demokratischen Spielregeln ging die Deregulierung der elektronischen **Medien** einher. Zwar hatte der *Ghana Frequency Registration and Control Board* (GFRB) bereits 1995 das Monopol von *Ghana Broadcasting Corporation* (GBC) und *Ghana Television* (GTV) gebrochen und mehr als 30 Radio- und TV-Lizenzen erteilt, doch dynamisierte sich die Entwicklung erst im Berichtszeitraum. Es kam allerdings nicht zu der Pluralität, die sich die Regulierungsbehörde vorgestellt haben mochte, denn wegen der knappen Kapitaldecke griffen die Stationen auf Einheitsformate mit Musik, Werbung und wenig Wortbeiträgen zurück, wobei sich die Privatsender der Hauptstadt (6 Radio- und 2 TV-Stationen) nicht von den Stationen auf dem Lande unterschieden.

Am 2.11. begannen die 50 Fluglotsen des Landes ihren Streik, um drastische Einkommensverbesserungen durchzusetzen. Sie verlangten, mit den Piloten und Flugingenieuren finanziell gleichgestellt zu werden, was einer Erhöhung ihres Monatseinkommens von $ 250 auf $ 1 400 bedeutet hätte. Die *Ghana Civil Aviation Authority* (GCAA) lehnte diese Forderung der Streikenden strikt ab. Der Flugverkehr war kaum betroffen, da Militärfluglotsen einsprangen. Bereits am 8.11. mußten die Fluglotsen ihren Ausstand erfolglos beenden, der angesichts der Höhe der Forderung auch in der Öffentlichkeit keinerlei Unterstützung fand.

Am 25.6. ernannte die Regierung den bisherigen Stellvertreter Kwabena Duffor zum neuen Chef der Zentralbank. Am selben Tag lag dem Parlament ein Gesetzentwurf zur Einführung der VAT vor, die zum 1.1.1999 die *sales and service tax* ablösen sollte. Bereits im Vorfeld war eine Arbeitsgruppe *VAT Oversight Committee* gegründet worden, die aus Regierungs- und NRO-Vertretern bestand und dazu beitragen sollte, die Akzeptanz in der Bevölkerung zu erhöhen. Ausschreitungen wie beim ersten gescheiterten Einführungsversuch 1995 sollten unbedingt verhindert werden.

Die drei nkrumahistischen Parteien *People's Convention Party* (PCP), *People's National Convention* (PNC) und *National Convention Party* (NCP) unterzeichneten ein Memorandum (16.10.), in dem sie sich verpflichteten, für die Wahlen im Jahre 2000 eine gemeinsame Plattform zu etablieren. Der Versuch, als *Convention People's Party* (CPP) das Erbe Nkrumah's fortzusetzen, scheiterte, da die Wahlkommission die Registrierung unter diesem Namen mit dem Hinweis auf das Verbot der CPP aus dem Jahre 1966 nicht genehmigte.

Darüber hinaus gab es in den oberen Militärrängen eine Reihe von Beförderungen. So wurden u.a. der Chief of Defense Staff, B.K. Akafia, der Army Commander J.H. Smith, der Navy Commander E.O. Owusu-Ansah und der Leiter der Military Academy and Training School, K.P. Brown in die nächst höheren Ränge befördert. Und am 3.5. fand die konstituierende Sitzung des Aufsichtsrates des *Labour Enterprises Trust* (LET) statt. Den Vorsitz übernahm Dennis Vormawor, ein leitender Funktionär des *Trade Union Congress* (TUC).

Auch in diesem Berichtszeitraum gab es immer wieder **blutige Auseinandersetzungen** mit kommunalen und teilweise religiösen Implikationen. Bereits am 24.1. kam es in der Ashanti-Region zwischen Bewohnern von Nsuta und Beposo wegen unklarer Besitz- und Nutzungsrechte an Grund und Boden zu gewalttätigen Auseinandersetzungen. Vier Menschen kamen dabei ums Leben, mehr als ein Dutzend wurde verletzt. In einem ähnlichen Fall starben im August bei Auseindersetzungen zwischen Brohani und Menji drei Menschen in der Region Brong-Ahafo. In der zweitgrößten Stadt Kumasi demonstrierten am 10.3. mehrere hundert Handwerker gegen die ständige Stromabschaltung ihrer Werkstätten im Stadtteil Suame durch die *Electricity Corporation of Ghana* (ECG), da sie annahmen, die ECG wollte damit einen Teil der Handwerker und Künstler vertreiben, um den Platz für eigene Investitionen zu nutzen. In der Haupstadt Accra kam es am 30./31.11. zu einem schweren Zwischenfall, als im Stadtteil Nima empörte Bewohner gegen die Untätigkeit der Stadtverwaltung demonstrierten, die seit zwei Monaten den Müll nicht beseitigt hätte. Die Sicherheitskräfte reagierten völlig überzogen, erschossen einen Jugendlichen, verwundeten zwei weitere, durchsuchten Häuser, demolierten das Mobiliar, verprügelten die Bewohner und nahmen über 80 Personen fest.

In Akwatia, 90 km nordwestlich von Accra, kam es am 13.11. zu gewaltsamen Auseinandersetzungen, als die Polizei illegale Diamentenhändler festzunehmen versuchte und Edelsteine und Geld konfiszierte. Die Situation eskalierte, als ein Polizist zu Tode kam und mehrere andere zum Teil schwer verletzt worden waren. Als die Sicherheitskräfte von der Schußwaffe Gebrauch machten, wurde ein Händler tödlich getroffen. Daraufhin nahmen Polizei und Militär in einer großangelegten Operation (16.11.) fast 2 000 Personen fest. Unter den Verhafteten befanden sich mehr als 70 Ausländer, mehrheitlich Nigerianer, ohne gültige Ausweispapiere. Diese Vorfälle hatten den Ruf von Polizei und Sicherheitskräften schwer geschädigt und zwangen den Generalinspekteur der Polizei, vor Führungsoffizieren der Polizeiakademie in Kumasi öffentlich Stellung zu beziehen (16.12.) und auf die strengen Vorschriften zum Waffeneinsatz bei Demonstrationen zu verweisen, die bei Mißbrauch strafrechtliche Konsequenzen androhten.

Auch in diesem Jahr kam es besonders in den nördlichen Landesteilen mehrfach zu Zusammenstößen zwischen Muslimen unterschiedlicher Orientierung. Vor allem Anhänger einer puristischen Interpretation des Islam, wegen ihrer häufig in Saudi-Arabien ausgebildeten Imame, *Wahabiten* genannt, und Mitglieder der *Tijaniya*, die sich stärker der Mystik und individuellen Hinwendung zu Allah verschrieben hatten und deshalb als Abweichler galten, lieferten sich heftige Auseinandersetzungen. Am 4.12. entzündete sich der Konflikt in Tamale, der Provinzhauptstadt der Northern Region, an einer Geburtstagsfeier mit Tanz und Gesang, die die Puristen als unislamisch ablehnten. Ein Mensch kam zu Tode, mehrere Personen erlitten Verletzungen und zahlreiche Fahrzeuge wurden beschädigt. Um weitere Eskalationen zu verhindern, benötigte die Polizei die Unterstützung der dort stationierten Luftwaffensoldaten. Wenige Tage später kam es in der Stadt Wa, in der Upper West Region wegen der unklaren Nutzungsrechte an einem örtlichen Friedhof zu ähnlichen Ausschreitungen. Menschen kamen diesmal aber nicht zu Schaden, doch wurden mehrere Gebäude, einschließlich einer Moschee und einer Schule, zerstört. Die Polizei nahm 14 Personen fest. Kurz darauf (12.12.) versuchten Sympathisanten, die Inhaftierten zu befreien, und die Polizei sah sich angesichts dieser Situation gezwungen, dies mit Waffengewalt zu verhindern. Ein Mensch wurde erschossen.

Die **ethnischen Spannungen** zwischen Dagomba, Nanumba, Gonga, Mamprusi und Konkomba in der Northern Region und in der nördlichen Volta Region haben im Berichtszeitraum erheblich nachgelassen. Das lag zum großen Teil an dem *Permanent Peace Negotiating Team* (PPNT). Dennoch gab das *National Emergency Committee* keine Entwarnung und wies nach einem bewaffneten Überfall auf eine Kaserne in Yendi, bei dem Waffen und Munition entwendet worden waren, auf die weiterhin bestehenden Restriktionen und Sonderregelungen in diesem Gebiet hin.

Außenpolitik

Seine Amtseinführung (7.1.) nutzte Rawlings, um die Beziehungen zu seinen direkten Nachbarländern zu verbessern. In dieser Hinsicht war der Besuch von Nigerias Junta-Chef Sani Abacha, der zugleich als Vorsitzender der ECOWAS fungierte, normal, doch die Anwesenheit des ivorischen Außenministers Amara Essy kam etwas überraschend und war ein erstes offizielles Signal, das getrübte Verhältnis Ghanas zur Cote d'Ivoire, das bis in die Amtszeit Nkrumahs zurückreichte, entscheidend zu verbessern. In diesem Kontext erfolgte auch die Festnahme dreier togoischer Oppositioneller (12.1.), unter ihnen der frühere Minister Kokou Masseme, unter der Beschuldigung versucht zu haben, im Exil eine Befreiungsarmee aufzubauen.

Im April hielt sich eine türkische Wirtschaftsdelegation unter der Leitung des Staatsministers für wirtschaftliche und technische Zusammenarbeit, Sacit Günbey, in Ghana auf, um Investitionsmöglichkeiten zu prüfen, ein Wirtschaftsabkommen zu unterzeichnen, eine gemeinsame Wirtschaftskommission zu gründen und Vorbereitungen zur Eröffnung der diplomatischen Vertretung zu treffen.

Der Konflikt in **Sierra Leone** (s. Länderartikel) beeinflußte auch direkt die ghanaische Außenpolitik; der Militärputsch in Freetown (25.5.) veranlaßte Rawlings, dem bevorstehenden OAU-Gipfel in Harare fernzubleiben. Ghanaische Soldaten begannen das Unternehmen *Operation Ogyefo*, um ghanaische Staatsbürger aus dem Krisengebiet zu evakuieren. Im September erschienen 700 Flüchtlinge aus Sierra Leone, denen die US-Botschaft angeblich ein Visum für die USA zugesagt hatte. Dies wurde von US-amerikanischer Seite verneint, worauf Ghana im Dezember etwa 400 Personen den Flüchtlingsstatus zubilligte und sie in einem Lager in der Nähe von Accra unterbrachte.

Rawlings machte Kurzbesuche in die Republik Kongo (29./30.6.) und nach Südafrika (10.12.), das Anfang des Jahres mit Josiah Motsope den ersten Botschafter für Ghana ernannt hatte; im übrigen konzentrierte Rawlings seine Außenpolitik aber auch in diesem Jahr auf die westafrikanische Region. So beobachtete ein hochrangiges Team unter dem stellvertretenden Außenminister J.V. Gbeho die Wahlen in Liberia (19.7.); Rawlings besuchte als erstes ausländisches Staatsoberhaupt den gewählten Staatschef Charles Taylor (26.8.) und am 28.7. fanden in Accra Konsultationen mit Nigerias Junta-Chef Abacha statt. Rawlings reiste zu einem ersten offiziellen Staatsbesuch ins Nachbarland Côte d'Ivoire (21.-23.8.), wo mehrere hunderttausend Ghanaer leben. Zuvor gab es bereits ein Treffen der *Joint Economic Commission*, die die Zusammenarbeit besonders im Energiesektor forcieren und Kooperationsansätze im Goldbergbau ausloten sollte. Das letzte Treffen dieser Kommission hatte 1988 stattgefunden. Am 29./30.8. nahm Rawlings am ECOWAS-Gipfel in Abuja teil. Am 24.11. traf er zu einem zweitägigen Staatsbesuch in Burkina Faso zur Verbesserung der wirtschaftlichen Zusammenarbeit ein. Denn seit dem Putsch von 1988, bei dem der damalige Staatschef Thomas Sankara von Blaise Campaore, dem heutigen Präsidenten eliminiert worden war, waren die Beziehungen beider Länder äußerst gespannt, Rawlings und Sankara waren befreundet und sich auch ideologisch sehr nahe gewesen. Im Mittelpunkt der Konsultationen stand der geplante Bau einer Öl-Pipeline, die die permanenten Energieprobleme des Landes lösen könnte.

Das Verhältnis zu Nigeria blieb sachlich, denn Ghana hatte Nigeria als Hegemonialmacht in der Region anerkannt und schon im Vorfeld der Commonwealth-Konferenz in Edinburgh (24.-27.10.) deutlich gemacht, daß Ghana angesichts der besonderen Beziehungen zu diesem Land mögliche Sanktionen nur bedingt mittragen könne. Diesen Standpunkt bekräftigte Rawlings bei seinem Kurzbesuch in Abuja am 4.11. Und im Oktober nahm *Ghana Airways* nach einer Unter-

seinem Kurzbesuch in Abuja am 4.11. Und im Oktober nahm *Ghana Airways* nach einer Unterbrechnung von sechs Monaten den regelmäßigen Flugverkehr in Westafrika wieder auf.

Am 10.2. besuchte der Präsident der Weltbank, James Wolfensohn, auf seiner Afrikareise auch Ghana. Von der EU erhielt das Land einen Zuschuß von $ 147 Mio. für ländliche Entwicklung und Verbesserung des Verkehrsnetzes. Die guten Beziehungen zu den USA trübten sich allerdings, als die ghanaische Regierung den Leiter des US-Information Service in Accra, Nicholas Robertson am 1.6. zur Persona non grata erklärte. Er hatte zum Internationalen Tag der Pressefreiheit (3.5.) ein von der Regierung angestrengtes Strafverfahren gegen drei Journalisten heftig kritisiert, die nach Meinung der Regierung Hetzkampagnen gegen das Ehepaar Rawlings und damit gegen den Staat entfacht hätten. Im Gegenzug mußte die ghanaische Leiterin des Informationsbüros, Hannah Nyarko, die USA verlassen. Dennoch konkretisierte sich gegen Jahresende der für März 1998 geplante Besuch von Bill Clinton.

Vom 27.10.-1.11. machte Rawlings einen Staatsbesuch in **Deutschland**, vom 6.-7.11. nahm er am AKP-Gipfel in Gabun teil und vom 28.11.-4.12. bereiste er Japan. Im September fand in der Universität von Cape Coast eine Afrika-Kuba-Solidaritätskonferenz statt (19.-21.9.), auf der 500 Delegierte aus Afrika, der Karibik, Kuba und den USA teilnahmen und die US-amerikanische Politik gegenüber Kuba und den revolutionären Bewegungen der Dritten Welt im anti-imperialistischen Sinne angriffen. Die ghanaische Regierung kritisierte auf dieser Konferenz das US-Embargo gegen Kuba und betonte das Recht eines jeden Volkes, seinen Entwicklungsweg selbst zu bestimmen.

Sozioökonomische Entwicklung

Die wirtschaftliche Entwicklung korrespondierte nicht mit der politischen. Die Teuerungsrate betrug 30%; der Cedi fiel gegenüber dem Dollar um 23%, das Wirtschaftswachstum betrug lediglich 3%. Die Regierung hatte ein fast doppelt so hohes Wachstum angepeilt. Zugleich sank der Goldpreis auf den internationalen Finanzmärkten auf ein 12-Jahrestief und hielt neue Interessenten weitgehend davon ab, im **Goldbergbau** zu investieren. Lediglich die großen Produzenten wie *Ashanti Goldfields Company* erschlossen neue Vorkommen, da die Produktionskosten in Ghana noch immer erheblich unter den Kosten in anderen Förderregionen dieser Welt lagen.

Gegen Jahresende war der Goldpreis auf deutlich unter $ 300 abgesackt und eine Preiserholung nicht in Sicht. Vor diesem Hintergrund hob das Land- und Forstwirtschaftsministerium im November das zwei Jahre zuvor gegen mehrere Firmen erhobene Verbot auf, in Regenwaldgebieten Gold im Tagebau zu gewinnen. Nun genügte ein umweltverträglicher Arbeitsplan, der der Umweltbehörde zur Genehmigung vorgelegt werden mußte, und eine Bürgschaft zur Sanierung möglicher Umweltschäden.

Ghana war immer noch weltweit der zweitgrößte Kakaoproduzent, **Kakao** der zweitwichtigste Devisenbringer des Landes. Das staatliche *Cocoa Marketing Board* (COCOBOD) stand diesmal im Zentrum der Deregulierungs- und Privatisierungsdebatte. COCOBOD kontrollierte und vermarktete 70% der nationalen Kakaoernte, sollte aber auf nationalen und internationalen Druck dieses Monopol aufgeben. Die restlichen 30% wurden von den wenigen privatwirtschaftlich organisierten Unternehmen vermarket, die sich aber auch der Qualitätskontrolle von COCOBOD unterwerfen mußten. Die Kakao-Behörde widersetzte sich ihrer Deregulierung mit dem Hinweis auf die negative Entwicklung in Togo, Nigeria und Kamerun, wo angeblich nach der Liberalisierung die Kakao-Qualität erheblich gesunken war. Das Gegenbeispiel war die positive Entwicklung beim Weltmarktführer Côte d'Ivoire. Dort erzielten die Produzenten nach der Deregulierung und F CFA-Abwertung erheblich größere Einkommen als in Ghana, wo in den zurückliegenden Jahren zahlreiche Kakaobauern die Produktion eingestellt hatten. Schließlich wurde erwogen, COCOBOD in zwei Unternehmen aufzuteilen und die Aktien am Markt zu plazieren.

Im **Telekommunikationsbereich** ging die Liberalisierung jedoch voran, im Februar übernahm die *Malaysia Telecom Berhad* 30% der Anteile an der *Ghana Telecom* und zugleich die operative Leitung des Unternehmens, 70% verblieben beim Staat. Damit setzte malaysisches Kapital seinen

US-amerikanische Unternehmen drängten auf diesen Markt. Aus einem Konsortium von *Western Wireless International*, *Ghana National Petroleum Corporation* und *African Communication Group* entstand ein neuer Anbieter, der unter dem Namen ACG-T bereits Kooperationsverträge mit *British Telecom* und *AT&T* abgeschlossen hatte.

Trotz dieser positiven Entwicklung bestätigte sich im Verlaufe des Berichtsjahres der lang gehegte Verdacht, daß der **Energiesektor** zur Archillesferse des sozioökonomischen Systems werden könnte. Der ausbleibende Regen ließ den Pegelstand des Volta-Sees kontinuierlich sinken, womit die nationale Stromversorgung durch den Akosombo Damm und den weiter flußabwärts gelegenen Kpong Damm ernsthaft in Gefahr geriet. Diese Entwicklung deckte schonungslos die totale Abhängigkeit von diesen Wasserkraftwerken auf, die bei voller Auslastung 1 080 Megawatt Strom erzeugten. Hauptabnehmer war die *Kaiser Aluminium Corporation*, die bis zum Vorjahr 30 Jahre lang den Strom zu extrem günstigen Bedingungen erhalten hatte. Doch auch der private Konsum hatte sich in den zurückliegenden Jahren mit jährlichen Zuwächsen von mehr als 10% gewaltig erhöht. Die Regierung hatte es versäumt, angesichts dieser Steigerungsraten ein angemessenes Energiekonzept zu entwickeln, das ein Desaster wie 1984 verhindern könnte. In jenem Jahr war der Pegel unter die 240 Feet-Marke gefallen, bei der die Stromerzeugung eingestellt werden mußte. Gegen Ende des Berichtszeitraumes lag der Pegel bereits bei 247 Feet mit sinkender Tendenz, so daß in Kürze mit regelmäßigen Stromabschaltungen zu rechnen war und auch die vertraglich festgelegten Stromlieferungen an Togo und Benin in Frage standen.

Zwar war die ghanische Regierung in der ersten Jahreshälfte mit Côte d'Ivoire übereingekommen, 200 Megawatt Strom zu importieren, doch konnte das Nachbarland diese Zusage nicht einhalten und lediglich ein Sechstel dieser Menge liefern. Darüber hinaus war der Preis um ein Fünffaches höher als der lokal produzierte Strom von Cedi 23 pro kWh. Der Stromerzeuger *Volta River Authority* (VRA) und die Vermarktungsgesellschaft *Electricity Company of Ghana* (ECG), beides Staatsunternehmen, versuchten über eine ab Mai gültige drastische Preiserhöhung die Kosten zu decken und den Konsum zu reduzieren. Die Regierung revidierte jedoch diese Entscheidung (30.7.) und entließ kurz darauf die Verantworlichen Erasmus Kabla Kalitsi (VRA) und John Kabina Hagen (ECG), um von eigenen Fehlern in der Energiepolitik abzulenken. So gelang es z.B. nicht, das Gaskraftwerk in Takoradi termingerecht im März fertigzustellen, die Inbetriebnahme wurde um ein Jahr verschoben. Auch Ghanas einzige Öl-Raffinerie in Tema mußte wegen längst überfälliger Reparaturarbeiten zu Jahresbeginn die Produktion für mehrere Monate einstellen, so daß der größte Teil des Bedarfs importiert werden mußte. Doch wollten die Verantwortlichen diese Zeit nutzen und die Kapazität auf 45 000 Barrel verdoppeln. Wegen eines schweren Brandunfalls im Juli konnte der Betrieb allerdings nicht termingerecht aufgenommen werden.

Der kontinuierliche **Währungsverfall** führte zu einer schleichenden "Dollarization" auch des Alltags, die Ausländer und zunehmend auch Ghanaer zwang, einen Großteil der Rechnungen in Dollar zu begleichen. Besonders betroffen waren die Wohnungsmieten, die in Accra und anderen größeren Städten europäisches Preisniveau erreicht hatten. Aber auch andere Bereiche wie Hotel, Pensionen, Autovermietung und selbst Taxen stellten Rechnungen in Dollar aus, was den Währungsverfall beschleunigte und die Inflationsrate in die Höhe trieb.

Heinrich Bergstresser

Chronologie Ghana 1997

07.01.	Amtseinführung von Präsident Rawlings
06.03.	Feiern zu 40 Jahren Unabhängigkeit
28.05.	Entscheidung des *Supreme Court* zugunsten der Opposition
06./07.11.	Rawlings auf AKP-Gipfel in Gabun
30./31.11.	Ausschreitungen in Accra/Nima
28.11.- 04.12.	Rawlings in Japan

Guinea

Fläche: 245 875 km², **Einwohner:** 7,3 Mio., **Hauptstadt:** Conakry, **Amtssprache:** Französisch, **Lebenserwartung:** 46 J., **Alphabetisierung:** 35%, **Wechselkurs:** $ 1 = Franc Guinéen (F.G.) 1145, **HDI:** 0,271, Rang 38, **Pro-Kopf-Einkommen:** $ 560, **BSP:** $ 3800 Mio., **Anteile am BIP:** 26% - 36% - 39%, **Hauptexportprodukte:** Bauxit 55%, Aluminium 19%, Diamanten 17%, **Staats- und Regierungschef:** General Lansana Conté, **Regierungspartei:** Parti de l'Unité et du Progrès (PUP)

Regierungsumbildungen und Vorbereitungen für die Präsidentschaftswahlen Ende 1998 (verbunden mit Maßnahmen zur Einschränkung der Meinungsfreiheit), andauernde Probleme mit Flüchtlingen aus Liberia und Sierra Leone, bewaffnete Grenzüberfälle und Angst vor der Invasionsgefahr aus diesen Ländern waren die vorherrschenden Ereignisse im Berichtsjahr. Nach einer mit Einschränkungen zufriedenstellenden Wirtschaftsentwicklung bewilligte der IWF einen neuen Strukturanpassungskredit.

Innenpolitik

Mit der **Regierungsumbildung** am 14.2. verlor Premierminister Sidya Touré die Zuständigkeit für Wirtschaft, Finanzen und Planung. Ibrahima Kassory Fofana, bis dahin verantwortlich für Budget und Reform des öffentlichen Sektors (das Ministerium wurde aufgelöst), übernahm das nun autonome Ressort für Wirtschaft und Finanzen; Ousmane Kaba, bislang Delegierter für Wirtschaft und Planung, avancierte zum Planungs- und Kooperationsminister. Sidya Touré blieb Premierminister und Koordinator für alle Regierungsgeschäfte. Dieser Wechsel erfolgte einen Monat nach den erfolgreichen Verhandlungen Tourés mit dem IWF und vollzog sich ohne offizielle Begründung. Nach Ansicht der *Coordination de l'Opposition Démocratique* (CODEM), dem lockeren Zusammenschluß der Hauptoppositionsparteien *Rassemblement du Peuple Guinéen* (RPG), *Parti du Renouveau et du Progrès* (PRP) und *Union pour la Nouvelle République* (UNR), war die Berufung Tourés im vergangenen Sommer lediglich eine Garantie für die internationalen Geber. Machtkämpfe und Uneinigkeiten im Kabinett sowie Interventionen des Präsidenten gegen bestehende internationale Abkommen hätten zu diesem Schritt geführt. Die Macht des Premierministers wurde weiter eingeschränkt. Neben Bestechungsvorwürfen gegen seine Mitarbeiter wurde ihm im März die direkte Kontrolle über eine Reihe strategischer Institutionen entzogen und dem Präsidialamt zugeordnet (so über die Zentralbank und das Generalsekretariat der Regierung, das ministerielle Entscheidungen koordiniert). Andere Maßnahmen, wie die Einschränkung seiner Reisetätigkeit oder die Besetzung hoher Posten im öffentlichen Dienst und in Staatsbetrieben durch ehemalige Minister, ließen die einhellige Meinung aufkommen, man wolle ihn entmutigen und zur Rückkehr zum IWF bewegen.

Ende April wurde der liberale Kommunikations- und Kulturminister Michel Kamano durch den Ideologen Alpha Ibrahima Mongo Diallo ersetzt. Diallo war der erste Direktor der offiziellen Parteizeitung *Voix de la Révolution* (1958-1968) unter Sékou Touré und Kabinettsdirektor unter Premierminister Lansana Béavogui (1972-1984) gewesen. Der bei der einheimischen Presse hochangesehene Kamano hatte Schritte zur Öffnung des staatlichen Radios und Fernsehens eingeleitet. In seiner Ablösung wurde der Versuch gesehen, die Presse im Hinblick auf die Präsidentschaftswahlen besser kontrollieren zu können.

Die **Regierungsumbildungen** am 21.10. und 19.11. waren die wohl bedeutendsten seit Ernennung von Sidya Touré zum Premierminister im Juli 1996. Das neue Kabinett unter Beteiligung der Opposition dürfte den Wunsch des Präsidenten nach breiter Unterstützung bei den kommenden Wahlen widergespiegelt haben. Die wesentliche Neuerung im November war die Ernennung des zivilen Dorank Assifat Diasséný zum Verteidigungsminister, ein Posten, der bis dahin einem höheren Offizier oder dem Präsidenten selbst vorbehalten war. Diasséný hatte zuvor das Ministerium für Territorialverwaltung und Dezentralisierung inne und war anschließend kurz Minister für höhere Bildung und Forschung. Weitere bemerkenswerte Veränderungen im November waren das Ausscheiden des Sicherheitsministers Moussa Sampil und des Planungsministers Ousmane Kaba. Neu ins Kabinett kamen Abidine Sanoussi Zainoul (Territorialverwaltung und Dezentralisation) und Sékou Ghoureissy Condé (Sicherheit).

Vorbereitungen für die **Präsidentschaftswahlen** im Dezember 1998 begannen Ende Januar mit der Gründung der *Alliance Nationale pour la Sauvegarde de l'Action Démocratique* (ANSAD), einer Wählergemeinschaft aus etwa 30 Gruppierungen, die sich in dem *Comité de Soutien à l'Action de Lansana Conté* (COSALAC) mit dem Ziel der Wiederwahl des Präsidenten zusammengeschlossen hatten. Die regierende *Parti de l'Unité et du Progrès* (PUP) gehörte diesen Vereinigungen offiziell nicht an.

Auf ihrem ersten nationalen Kongreß Anfang April in Conakry nominierte die PUP Lansana Conté zu ihrem Präsidentschaftskandidaten und wählte den ehemaligen Diplomaten und Rektor der Universität Conakry, Aboubacar Somparé, zum Generalsekretär der Partei.

Die Opposition bemühte sich vergeblich um Einigkeit und die Aufstellung eines einzigen Kandidaten. Im Gegenteil, anhaltende Abspaltungen und der Wunsch nach Beteiligung an der Macht veranlaßten Dutzende von lokalen Führern, die bisher aktiv für die bedeutendsten Oppositionsparteien (RPG, PRP, UNR) tätig gewesen waren, sich der PUP anzuschließen. Diese befürchtete Spionage und beschloß einen moralischen Test zur Ermittlung der wahren politischen Gesinnung.

Auf heftigen Widerstand der Opposition stieß der im Juni geschaffene *Cour de Sûreté de l'Etat* zur Aburteilung von Vergehen gegen die innere und äußere Sicherheit des Staates. Vorsitzender des 8-köpfigen Gremiums wurde der Präsident des Zivil- und Strafsenats beim Obersten gerichtshof, Richter Mamadou Sylla, Chefankläger der dem Staatspräsidenten nahestehende Major Sana Panival Bangoura. Urteile des Gremiums lassen keine Revision zu. Zu den ersten Fällen sollten die Meuterei und der Putschversuch von Februar 1996 zählen.

Der Mitte Oktober vorgelegte Bericht 1996-97 der *Organisation Guinéenne des Droits de l'Homme* (OGDH) zur **Menschenrechtssituation** sprach von täglichen Ausschreitungen der Sicherheitskräfte. Gefangene der Präsidentengarde sollen besonders grausam behandelt worden sein. Verwandte der meuternden Soldaten vom Februar 1996 wurden in Lagern festgehalten, Sierra Leoner und Liberianer mußten ohne Gerichtsverfahren in totaler Isolation leben. So erging es auch den 53 Meuterern, die in mehreren Schreiben an Präsident Conté und die Nationalversammlung ihre Situation beklagten und von Folterungen sprachen. Vier RPG-Funktionäre, die im November 1996 anläßlich der Rückkehr ihres Führers Alpha Condé festgenommen worden waren, wurden im Juni zu je zwei Jahren Haft verurteilt. Im Dezember verurteilte der Internationale Seegerichtshof Guinea zur Freigabe des Öltankers MS Saiga (registriert in St. Vincent) und seiner Besatzung, die seit Ende Oktober im Hafen Conakry festgehalten und des illegalen Handels mit Dieselöl auf See beschuldigt wurde. Dem Gerichtsbeschluß - dem ersten seit Gründung dieser UN-Institution 1996 -war Guinea bisher nicht gefolgt.

Die **Pressefreiheit** hatte sich Einschränkungen zu unterwerfen. So wurden Anfang August der Direktor Ousmane Camara und der Chefredakteur Louis Espérant Célestin des unabhängigen Wochenblatts *L'Oeil* wegen Diffamierung und Verbreitung von Falschmeldungen inhaftiert. Die Organisation *Reporters sans Frontières* intervenierte. Célestin mußte Ende Dezember das Land verlassen. Wenige Tage später schlossen Sicherheitskräfte die Redaktionsräume des *L'Indépendant* und der satirischen Wochenzeitschrift *Lynx* und beschlagnahmten Dokumente und Produktionsmaterial. Opposition und die *Association Guinéenne des Editeurs de la Presse Indépendante* (AGEPI) verurteilten das Vorgehen. Foday Fofana, Journalist aus Sierra Leone und früherer Mitarbeiter bei Reuters und der BBC, befand sich seit Mitte Oktober ohne Anklage wegen angeblicher Spionage für eine ausländische Macht in Haft.

Mitte Dezember begann die Revision der Wählerlisten für die Präsidentschaftswahlen im Dezember 1998. Diese sollten ohne eine von der Opposition geforderte nationale Wahlkommission stattfinden. Selbst der Präsident der Nationalversammlung hatte die Einrichtung einer unabhängigen Kommission unterstützt. Die von jungen Regierungsfunktionären gegründete *Mouvement pour la Réélection de Lansana Conté* (MORELAC) löste erneut Proteste bei der Opposition aus. Die

Präsidentschaftskandidatur von Jean-Marie Douré, Führer der Oppositionspartei *Union pour le Progrès en Guinée* (UPG), dürfte den Wahlausgang nicht beeinflussen. Ob die Opposition in der Lage sein wird, einen einzigen Kandidaten zu nominieren, oder wie bisher zerstritten in den Wahlkampf gehen wird, bleibt abzuwarten.

Außenpolitik

Hauptaugenmerk guineischer Außenpolitik galt - wie in den Jahren davor - der Entwicklung in **Sierra Leone** und **Liberia**. Als eines von nur zwei westafrikanischen Ländern unterstützte Guinea Nigeria physisch bei der militärischen Intervention in Sierra Leone zur Bekämpfung der Putschisten vom 25. Mai mit 1 500 Soldaten. Darüber hinaus verstärkte es die multinationale ECOMOG-Truppe. Neben dem regionalen spielte auch das nationale Sicherheitsinteresse eine vorrangige Rolle. Das Land beherbergte Mitte des Jahres schon über 650 000 Flüchtlinge aus Liberia und 250 000 aus Sierra Leone, eine Tatsache, die die Furcht vor Instabilität wachsen ließ. Berichte, nach denen Dissidenten eine Invasion planten, führten Anfang Mai zu verstärkten Sicherheitsvorkehrungen an den Grenzen zu Sierra Leone und Liberia. Bereits im April berichtete die liberianische Zeitung *Heritage* von geplanten Rebellenaktivitäten von liberianischem Boden aus. Im Blatt *The Point* aus Sierra Leone wurde die Vermutung geäußert, die Invasion würde von Mohamed Sékou Touré, dem Sohn des früheren guineischen Präsidenten, unterstützt und von Colonel Gbago Zoumanigui, dem gesuchten Putschisten vom Februar 1996, angeführt. Präsident Conté schürte diese Befürchtungen in einer Rede Anfang Juni, in der er von einer bevorstehenden bewaffneten Agression sprach. Dieses Klima der Angst und des Mißtrauens führte Mitte Mai sogar zur Verhaftung von belgischen Geschäftsleuten, die als Söldner angesehen wurden. Dieser Vorfall löste eine diplomatische Krise mit Belgien aus.

Ende Juni war Guinea Gastgeber einer Ministerkonferenz der ECOWAS-Länder zur Krise in Sierra Leone. Kein anderes Mitglied hatte sich so vehement wie Guinea für den harten Kurs Nigerias gegen die Putschisten eingesetzt. Der gestürzte Präsident Kabbah, der im März 1996 demokratisch gewählt worden war, lebte seit Mai in Guinea im Exil. Trotz relativen Friedens in Liberia kam es häufig zu Grenzzwischenfällen. Bewaffnete Banden aus Liberia drangen auf der Suche nach Versorgungsgütern ein, besonders in die Provinz Guinée Forestière, wo 400 000 liberianische Flüchtlinge Schutz suchten. Ende November konnten 28 bewaffnete Sympathisanten der *United Liberation Movement for Democracy in Liberia* (ULIMO) festgenommen werden. Der Besuch des liberianischen Präsidenten Charles Taylor Anfang Dezember erfolgte im Geist der Versöhnung, war doch Lansana Conté einer der Gegner Taylors im liberianischen Bürgerkrieg gewesen. Neben Sicherheitsfragen, ULIMO-Aktivitäten im Süden Guineas und dem Aufenthalt ihres Führers Kromah sowie der Witwe des ehemaligen Präsidenten Doe in Guinea standen die Wiederbelebung der morbiden *Mano River Union* und die Zusammenarbeit im Bergbau auf der Tagesordnung.

Nach 7-jähriger Unterbrechung (aus wirtschaftlichen Gründen) wurde Ende Mai die ivorische Botschaft in Conakry wiedereröffnet. **Côte d'Ivoire** war nach Frankreich der zweitgrößte Handelspartner. Der erste Besuch von Präsident Henri Konan Bedié Ende Oktober sollte die nicht immer freundschaftlichen Beziehungen verbessern. Nie konnte der frühere Präsident Houphouet-Boigny Präsident Conté die Exekution von Diarra Traoré verzeihen, der 1985 einen angeblich von Houphouet-Boigny unterstützten Putschversuch geplant haben sollte. Umgekehrt beschuldigte Guinea die Côte d'Ivoire der Unterstützung von Charles Taylor (NPF) im liberianischen Bürgerkrieg. Beide Länder vereinbarten Zusammenarbeit in den Bereichen Handel, Bergbau, Fischerei und Landwirtschaft.

Der Förderung der bilateralen Kooperation sollten die Besuche des Staatspräsidenten Ende Mai in **Libyen** und **Mauretanien** dienen. Die Protokolle des gemeinsamen libysch-arabisch-guineischen Komitees hoben die Konsolidierung der Zusammenarbeit in den Bereichen Handel, Wirtschaft, Energie, Erziehung, Kultur, Bankwesen und Investitionen hervor. Ein weiterer Schritt zur Vertiefung der Beziehungen zur islamischen Welt war Anfang November die Eröffnung der Botschaft Guineas in **Teheran**. **Frankreich** blieb weiterhin wichtigster Partner. Als einer der ersten nach der fehlgeschlagenen Armeerebellion von Anfang 1996 besuchte der französische Kooperationsminister Ende Januar das Land und versprach eine verstärkte Zusammenarbeit.

Sozioökonomische Entwicklung

Mitte Januar bewilligte der **IWF** einen Drei-Jahres-Kredit in Höhe von $ 101,4 Mio. im Rahmen der *Facilité d'Ajustement Structurel Renforcée* (FASR). Zwischen Oktober 1996 und September 1999 sollen die Förderung des Privatsektors, Verbesserungen der Leistungen des öffentlichen Sektors und der Infrastruktur sowie ein Wachstum des BIP auf 5% 1999 und eine Senkung der Inflationsrate auf 4% im Mittelpunkt stehen. Neben Reformen in der Steuerpolitik und Justiz sowie der finanziellen Gesundung des Bankwesens sollen die Schwerpunkte öffentlicher Investitionen auf den Gebieten Energie, Bildung, Gesundheit und Infrastruktur liegen. Staatliche Interventionen auf dem Devisenmarkt sollen abgebaut werden. Ende Februar gewährte der **Pariser Club** eine außerordentliche Schuldenreduzierung. Von $ 125 Mio. wurden $ 59 Mio. erlassen und die restlichen $ 66 Mio. über einen Zeitraum von 23 Jahren umgeschuldet. Mitte Dezember folgte die Weltbank mit $ 70 Mio. für das *Public Expenditure Management Adjustment Project* (PEMAP) mit einer 2-jährigen Laufzeit. Die Afrikanische Entwicklungsbank beteiligte sich mit $ 13,6 Mio. an einem Vorhaben, das der ärmsten Bevölkerungsschicht öffentliche Dienstleistungen in den Bereichen Gesundheit, Erziehung, ländliche Entwicklung und öffentlicher Verkehr anbieten sollte. Daneben war eine Revision des staatlichen Budgetmanagements unter Einbeziehung eines EDV-gestützten Informationssystems vorgesehen.

Mit Hilfe der EU sollen im Zeitraum von 1997-2001 $ 175 Mio. in den Ausbau der Infrastruktur und Wasserversorgung (39%), die ländliche Entwicklung einschließlich Umweltschutz (28%), die Verbesserung des Gesundheits- (12%) und Bildungswesens (10%) investiert werden. Der Rest wurde für Dezentralisierungsmaßnahmen, die Entwicklung des Privatsektors, institutionelle Reformen und kulturelle Aktivitäten vorgesehen.

Die Zentralbank beschloß aufgrund zweifelhafter Geschäftspraktiken die Liquidierung der *BIAG*, die bis 1990 zur *BIAO-Gruppe* (*Banque Internationale de l'Afrique de l'Ouest*) gehörte und danach sukzessive von der *Meridien Bank* (Benin) und dem Staat Guinea kontrolliert worden war, sowie u.a. die Privatisierung der *Union Guinéenne d'Assurance et de Réassurance* (UGAR), der größten Versicherungsgesellschaft des Landes.

Ende November wurde die zu erwartende Wachstumsrate des BIP für 1997 mit 4,9% angegeben. Dieses Ergebnis kam aufgrund höherer Zuwachsraten u.a. in der Fischindustrie von 2,5% 1996 auf 10%, in der Landwirtschaft von 4,8% auf 5% und im Handel von 2,5% auf 5,1% zustande. Die Inflationsrate sank von 4,5% 1996 auf 2,7% dank strikter Liquiditätskontrollen.

In der **Bergbaupolitik** und besonders auf dem Bauxitsektor bahnten sich einschneidende Veränderungen an. Die *SG Warburg Dillon Read* erhielt einen Beratervertrag über die Privatisierung der Bergbaugesellschaften im Rahmen des mit der Weltbank vereinbarten Restrukturierungs- und Privatisierungsprogramms. Drei Bauxitlager werden derzeit abgebaut und ein viertes befindet sich in der Vorbereitung. In Sangarédi (nahe Boké) war die zu 49% staatliche *Compagnie des Bauxites de Guinée* (CBG) mit einer Jahresproduktion von 13 Mio.t, in Kindia-Débélé die zu 100% staatliche *Société des Bauxites de Kindia* (SBK) mit einer Jahresleistung von 2 Mio.t tätig. Der dritte Fundort befand sich in Fria. Die *Société des Bauxites de Dabola-Tougué* (SBDT, zu 49% in Staatsbesitz) wollte als vierte Gesellschaft die Exploration mit einer Anfangskapazität von 3,5 Mio.t/Jahr aufnehmen. Das Rehabilitationsprogramm der Mitte des Jahres bankrott erklärten *Friguia-Aluminiumschmelze* stand vor dem Abschluß und sah eine Anfangsproduktion von 125 000t vor, die später auf 700 000 t und 1,3 Mio.t/Jahr erhöht werden sollte. Neben dem Staat (49%) war das Frialco-Konsortium (Pèchiney, Alcan, Noranda und Norsk Hydro) beteiligt. Das technische Management lag bei der deutschen Kaiser Aluminium und der kanadischen Alcan.

Mitte Juli unterzeichnete der südafrikanische Diamanten-Konzern De Beers ein Prospektions- und Schürfabkommen. Die von der kanadischen Trivalence Mining erworbene *Aredor-Diamantenmine* stand kurz vor neuem Produktionsbeginn. Tests im ersten Halbjahr ergaben eine Ausbeute von über 10 000 Karat. Die ebenfalls kanadische *Hymex Diamond* förderte monatlich bis zu 3 377

Karat. Die ghanaische *Ashanti Goldfields*, die Mitte 1966 die Golden Shamrock und die Siguiri-Konzession übernommen hatte, hoffte, im September 1998 den Betrieb aufnehmen und jährlich 4 250 kg Gold fördern zu können.

Mit dem Ende des Konflikts in Liberia eröffneten sich neue Möglichkeiten der Erschließung der Eisenerzvorkommen von Mont Nimba (600 Mio.t Reserven) an der Grenze zu Liberia. Die neue *Société des Mines de Fer de Guinée* (SMFG) übernahm die Aufgaben der *Mifergui* (Mines de Fer de Guinée), einem Joint-Venture der Regierungen von Guinea und Liberia zu je 20% und dem Euronimba-Konsortium zu 60%. Euronimba lag zu 50% in Händen von La Source, einem 50:50 Joint-Venture des französischen BRGM und der australischen Normandy Mining in Partnerschaft mit der südafrikanischen Gencor, dem britisch-südafrikanischen Bergbau-Konsortium AMCL, der kuwaitischen CIDEM und der japanischen Sumitomo. Offen blieb die Frage des Transportwegs von jährlich 20 Mio.t zur Küste. Die ursprünglich vorgesehene Eisenbahnverbindung nach Buchanan (Liberia) war im Bürgerkrieg erheblich beschädigt worden. Alternative Transportstrecken sollten geprüft werden, so die Möglichkeit der Konstruktion eines Schienenwegs nach Benty südlich von Conakry durch die deutsche Thyssen und kanadische Lavalin oder der Bau einer neuen Eisenbahnstrecke von Nimba nach San Pedro in Côte d'Ivoire durch die französische SNCF.

Das Großprojekt **Garafiri-Wasserkraftwerk** ($ 198 Mio. Investitionen, 250 MW) soll im August 1999 eingeweiht werden und bis zu 90% des Landesbedarfs an Energie decken. Kuwait stellte weitere $ 10 Mio zur Verfügung und erhöhte dadurch sein Engagement auf $ 30 Mio. Andere Hauptgeber waren die französische CFD, die Europäische Investitionsbank sowie verschiedene arabische Institutionen.

Klaus Hemstedt

Chronologie Guinea 1997

13.01.	Neues Abkommen mit dem IWF
14.02.	Regierungsumbildung
25.02.	Umschuldungsabkommen mit dem Pariser Club
04.-06.04.	Erster Nationalkongreß der PUP
24.-26.05.	Besuch von Präsident Conté in Libyen
26.-28.05.	Besuch von Präsident Conté in Mauretanien
23.06.	Schaffung des *Cour de Sûreté de l'Etat*
18.08.	Besuch des nigerianischen Präsidenten Abacha
21.10.	Kabinettsumbildung
28.-30.10.	Besuch des ivorischen Präsidenten Bédié
19.11.	Kabinettsumbildung
01.12.	Besuch des liberianischen Präsidenten Taylor

Afrika-Jahrbuch 1997, S. 119-121

Guinea-Bissau

Fläche: 36 125 km², **Einwohner:** 1,1 Mio., **Hauptstadt:** Bissau, **Amtssprache:** Portugiesisch, **Lebenserwartung:** 44 J., **Alphabetisierung:** 54%, **Wechselkurs:** $ 1 = Franc CFA 598,81, **HDI:** 0,291, Rang 34, **Pro-Kopf-Einkommen:** $ 250, **BSP:** $ 270 Mio., **Anteile am BIP:** 54% - 11% - 35%, **Hauptexportprodukt (1995):** Cashewnüsse 85%, **Staatschef:** João Bernardo Vieira, **Ministerpräsident:** bis 27.5. Manuel Saturnino da Costa, ab 5.6. Carlos Correia, **Regierungspartei:** Partido Africano da Independência da Guiné e Cabo Verde (PAIGC), **Oppositionsparteien:** u.a. Resistençia da Guiné-Bissau-Movimento Bâ-Fatá (RGB-MB), Frente da Luta para a Independência Naçional da Guiné (FLING), Partido da Renovação Social (PRS), Liga de Protecção Ecológica (LIPE) União para a Mudança (UM)

Interne Konflikte der PAIGC und die Spaltung der Regierungspartei nach der Amtsenthebung des Ministerpräsidenten, Manuel Saturnino da Costa, bestimmten das innenpolitische Bild. Die Einmischung von Militärs in das Regierungsgeschehen vertiefte den Unmut der Opposition. Mit dem Eintritt in die UEMOA und die CFA-Zone erhoffte sich Guinea-Bissau eine stabile Währung und verstärktes Wirtschaftswachstum.

Innenpolitik

Angesichts der im Vorjahr noch von Präsident João Bernardo Vieira selbst als katastrophal bezeichneten sozialen und wirtschaftlichen Lage und scharfer Kritik der Opposition entwickelte sich eine ernste **Regierungskrise**. Die PAIGC befürchtete aufgrund interner Streitigkeiten schlechte Ergebnisse bei den anstehenden Wahlen (1998 Parlaments- und 1999 Präsidentschaftswahlen); sie hielt es in dieser Situation nicht für opportun, den für Januar anberaumten 6. Parteitag einzuberufen und verschob diesen zweimal. Vieira schien außerdem die Konkurrenz des wegen angeblicher Unpopularität und Mißwirtschaft am 27.5. aus dem Amt entlassenen Ministerpräsidenten, Manuel Saturnino da Costa, und des Präsidenten der Nationalversammlung, Malam Bacai Sanha, um das Amt des Präsidentschaftskandidaten der Partei zu befürchten. Weitere Spekulationen über Vieiras Herausforderer betrafen Außenminister Fernando Delfim da Silva und die Vize-Präsidentin des Parlaments, Francisca Pereira. Vieira rechnete damit, aus der Opposition mehr Unterstützung zu erhalten als aus Kreisen der Regierungspartei. Bei einer dreitägigen nationalen PAIGC-Konferenz Mitte Juni zeichnete sich die **Spaltung der Regierungspartei** in Anhänger der Präsidenten und des ehemaligen Ministerpräsidenten ab. Um der Spaltung der PAIGC an dem Parteitag entgegenzuwirken, erklärte Vieira, er strebe die Kandidatur für die Präsidentschaftswahlen 1999 an. Den Abschluß des seit 1994 mit der Einführung des Mehrparteiensystems andauernden Demokratisierungsprozesses sollten die im Juni fälligen Gemeinderatswahlen bilden, die jedoch im Berichtsjahr nicht mehr stattfanden, weil die PAIGC befürchtete, die Regierungskrise könne sich in den Wahlergebnissen niederschlagen.

Das nach der **Regierungsumbildung** am 6.7. durch den neuen (am 5.6. ernannten) Ministerpräsidenten Carlos Correia vorgestellte Parlament setzte sich aus 14 Ministerien zusammen, fünf davon wurden aus dem alten da Costa-Kabinett übernommen. Im neuen Kabinett erhielt Samba Lamine Mané das machtpolitisch wichtige Ressort Verteidigung. Die Ernennung von Carlos Correia, einem ehemaligen Milizsoldaten, der dem 1973 ermordeten Helden des Befreiungskampfes Amilcar Cabral nahestand, zum Ministerpräsident löste eine **Verfassungskrise** aus; Vieira hatte versäumt, die Ernennung mit der Opposition abzustimmen. Auf Entscheid des Obersten Gerichtshofs wurde Correia am 11.10. abgesetzt und nach Rücksprache mit der Opposition am 13.10. wiederberufen.

Ein mehrwöchiger **Streik** lähmte im November das ohnehin überlastete Justizsystem. Der stellvertretende Generalstaatsanwalt und Vizepräsident des Obersten Gerichtshofs, Pedro Infanda, wurde wegen angeblich unbegründeter Korruptionsvorwürfe gegen den Generalstaatsanwalt, Juliano Fernandes, und den Präsidenten des Obersten Gerichtshofs, Mamadu Djalo Pires, entlassen. Letztere wurden beschuldigt, Schmiergelder in einer Fischereiaffäre mit chinesischen illegalen Fischern angenommen zu haben. Vieira, der nicht zu dem Fall aussagte, wurde verdächtigt, Fernandes und Pires politisch zu protegieren. Die Einmischung des Stabschefs der nationalen Streitkräfte, Ansumane Mané, in die Entscheidung des Präsidenten hinsichtlich des Wechsels der Ministerpräsidenten verschärfte die politische Krise. Die Tageszeitung *Correio do Bissau* veröffentlichte Namen der Oppositionsführer, die mit dem Militär verfeindet waren. PRS-Führer Kumba-Yala und andere Oppositionsführer riefen zu Demonstrationen auf, um vor der **militärischen Unterwanderung** der jungen Demokratie und dem von Mané gesetzten Zeichen der Solidarität des Militärs mit Präsident "Nino" Vieira zu warnen.

Zum Schutz der **inneren Sicherheit** verstärkte Guinea-Bissau am 26.12. seine Truppen an der Grenze zum Senegal; nach Aussagen des Verteidigungsministers Samba Lamine Mané, war diese Truppenverstärkung nötig, um das Staatsterritorium vor der illegalen Einwanderung von Flüchtlingen und Guerillatruppen aus der **Casamance** zu schützen; tatsächlich dürfte jedoch Rücksichtnahme auf die Forderungen der senegalesischen Regierung der Hauptgrund für diese Aktion gewesen sein. Bereits bei einer Zusammenkunft mit dem senegalesischen Präsidenten, Abdou Diouf, im Oktober in Dakar verwehrte sich der Minister gegenüber Vorwürfen, Guinea-Bissau unterstütze die Casamance-Rebellen mit Waffenlieferungen; er sagte zu, sich gemeinsam mit Gambia für einen Waffenstillstand mit den Casamance-Rebellen einzusetzen (s. Länderartikel Senegal).

Außenpolitik

Seit November 1996 bereitete sich Guinea-Bissau auf den Eintritt in die frankophone westafrikanische Wirtschafts- und Währungsunion **UEMOA** zum 31.3. vor, der bereits vor gut zehn Jahren bei der BCEAO beantragt wurde. Bei seiner Begegnung mit Präsident Vieira in Bissau am 24.1. erklärte der französische Minister für wirtschaftliche Zusammenarbeit, Jacques Godfrain, der Eintritt in die UEMOA als 8. Mitglied bewirke keinen Interessenkonflikt mit der ehemaligen Kolonialmacht Portugal, sondern sei eine innere Angelegenheit der Mitgliedsländer der **CFA-Zone**. UEMOA-Präsident, Moussa Touré, gab am 20.2. in Ouagadougou bekannt, Guinea-Bissau habe mehrere Dutzend Milliarden F CFA Unterstützung von der internationalen Gebergemeinschaft (EU, IWF, Weltbank, Frankreich und Schweden) erhalten, um die wirtschaftlichen Eintrittsbedingungen in die CFA-Zone zu erfüllen. Allein die Kosten der Währungsumstellung bezifferte der Gouverneur der BCEAO auf F CFA 6 Mrd.. Guinea-Bissau trat am 17.4. der CFA-Zone als 15. und erstes lusophones Mitglied bei und stellte am 2.5. die Währung vom guineischen Peso auf den Franc CFA um (s. sozioökonomische Entwicklung sowie *feature*-Artikel zur Anbindung des F CFA an den Euro).

Präsident Vieira setzte seine diplomatischen Bemühungen vom Vorjahr um Unterstützung für den Eintritt in die UEMOA fort. **Taiwan** gewährte als Beitrag zur Deckung der Beitrittskosten $ 5 Mio., wie Außenminister John Chang Ende Januar bei einem Besuch in Bissau bekanntgab. Eine militärische und private Delegation aus **Indonesien** versprach, ungeachtet der kontroversen diplomatischen Rolle Guinea-Bissaus als Vermittler im Widerstand gegen die indonesische Besetzung Ost-Timors (siehe Länderartikel '96), im Juli private Investitionen in Höhe von $ 90 Mio. für den Bau der Generatoren am Saltinhostaudamm (ca. 150 km südlich von Bissau an den Wasserfällen des Corubal) und den Bau einer Cashew- und Bananensaftfabrik.

Bei einer Begegnung im November in Guinea-Bissau einigten sich der portugiesische Staatssekretär für Außenpolitik und Zusammenarbeit, José Lamego, und der guineische Generaldirektor für Zusammenarbeit, Macario Marques Perdigao, über die Finanzierung eines neuen großen portugiesischen Kulturzentrums, um die Akzeptanz der portugiesischen Sprache zu erhalten. Es wurde befürchtet, daß das Französich durch den Beitritt Guinea-Bissaus zur CFA-Zone die portugiesische Sprache verdrängt.

Sozioökonomische Entwicklung

Der IWF zog eine positive Zwischenbilanz für das dritte erweiterte Strukturanpasssungsprogramm und verlängerte das Abkommen am 25.7. mit weiteren $ 6,5 Mio. bis zum 31.3.98. Zwar hing

Guinea-Bissau nach wie vor am Tropf der Entwicklungshilfe, das Land schien aber erfolgreich den Kurs aus der tiefen Wirtschaftskrise gefunden zu haben. Auch das Interesse ausländischer Investoren nahm zu, was mit zum relativ hohen Wirtschaftswachstum von 5,4% beigetragen haben mag. Unter dem Einfluß der restriktiven Währungspolitik im Hinblick auf den geplanten Beitritt zur CFA-Zone sank die Inflationsrate von +65% im Vorjahr auf -8,6% im Dezember; somit ergab sich statt der geplanten Begrenzung der Inflation von 10% sogar eine Deflation. Die Entwicklung der Schuldendienstrate (1993: 14%, 1994: 17%, 1995: 34%; neuere Daten liegen noch nicht vor) spiegelt wider, daß Guinea-Bissau zu den am stärksten verschuldeten (HIPC) Ländern gehört.

Die Einführung des F CFA in einem Land, unter dessen Bevölkerung - besonders auf dem Lande - noch weitgehend Tauschhandel vorherrschte, und nur 20% der monetären Transaktionen in Peso beglichen wurden, die wiederum zu 80% außerhalb des Banksystems kursierten, kam für den Handel einer Revolution gleich. Die Stabilisierung des Wechselkurses durch den an den Franc gebundenen F CFA und die Konvertierbarkeit der Währung waren die Kernziele der Währungspolitik, die von der neuen Regierung erfolgreich umgesetzt wurden. Die gesamte Geldmenge von 79 Mrd. Peso wurde bis zum Abschluß der Währungsumstellung am 1.8. auf der Basis 65 : 1 F CFA konvertiert. Die guineische Zentralbank wurde aufgelöst und als Agentur der BCEAO weitergeführt. Für die Währungspolitik war somit fortan die westafrikanische Zentralbank BCEAO zuständig (s. *feature*-Artikel zur Anbindung des F CFA an den Euro). Um versteckte Preiserhöhungen und Spekulationen im Zuge der Währungsumstellung zu verhindern, legte das Staatssekretariat für Handel seit dem 4.8. Verbraucherpreise für Güter des Gundbedarfs periodisch neu fest. Die Regierung erklärte am 31.10., sie werde die **Gehälter der Verwaltungsbeamten** um 50% anheben und folgte damit einer im August getroffenen Zusage an die Gewerkschaft (UNTG), wonach die Gehälter denen in der UEMOA angepaßt werden sollten.

Im Januar führte die Regierung im Telekommunikationsbereich und Seetransport weitere Privatisierungen durch. Die Regierung zerschlug das Monopol der *Guinée Telecom* und ließ eine US-amerikanische Firma als private Konkurrenz zu. Mit der EU schloß Bissau am 4.6. in Brüssel ein **Fischereiabkommen.** Die EU-Ausgleichszahlungen wurden auf ECU 9 Mio. pro Jahr bei einer Laufzeit von vier Jahren festgelegt (Beginn am 16. Juni).

Ute Gebhard

Chronologie Guinea-Bissau 1997

24.01.	Besuch des französischen Kooperationsminister, Jacques Godfrain, in Bissau
Ende Januar	Besuch des taiwanesischen Außenminister, John Chang, in Bissau
05.03.	Guinea-Bissau wird 8. Mitglied in der UEMOA
17.04.	Eintritt in die CFA-Zone als 15. Mitglied
02.05.	Umstellung der Währung vom Peso auf F CFA
27.05.	Amtsenthebung des Ministerpräsidenten Manuel Saturnino da Costa
05.06.	Ernennung von Carlos Correia zum Ministerpräsidenten
Mitte Juni	Dreitägige PAIGC-Parteikonferenz
16.06.	Fischereiabkommen mit der EU tritt in Kraft
25.07.	IWF vergibt *3. Enhanced Structural Adjustment Facility (ESAF)*
Im November	Portugiesischer außenpolitischer Staatssekretär, José Lamego, in Bissau

Kap Verde

Fläche: 4 033 km², **Einwohner:** 0,39 Mio., **Hauptstadt:** Praia, **Amtssprache:** Portugiesisch, **Lebenserwartung:** 66 J., **Alphabetisierung:** 70%, **Wechselkurs:** $ 1 = Escudo Caboverdeano (Esc.CV) 96,2, **HDI:** 0,474, Rang 8, **Pro-Kopf-Einkommen:** $ 1010, **BSP:** $ 393 Mio., **Anteile am BIP:** 7% -17% - 69%, **Hauptexportprodukte:** Fisch 73%, **Staatschef:** Antonio Mascarenhas Monteiro, **Regierungschef:** Carlos Alberto Wahnon de Carvalha Veiga, **Regierungspartei:** Movimento para a Democracia (MPD)

Innenpolitik

Der 4. **Parteikongreß** der MPD (7.-9.2.) wählte Ministerpräsident Veiga erneut zum Parteichef, das nationale politische Komitee wurde verjüngt. Dagegen erlebte die oppositionelle *Partido Africano da Independência de Cabo Verde* (PAICV) einen Führungswechsel, da Generalsekretär Aristides Lima nicht mehr kandidierte. Ihm wurde angelastet, keine wirkungsvolle Opposition aufgebaut zu haben. Beim Jahreskongreß im September setzte sich sein Vorgänger Pedro Pires mit Zweidrittelmehrheit gegen José Maria Neves durch, der eine neue Generation repräsentierte. Pires' Versuch, diesen in die Führungsstrukturen einzubinden, scheiterte. Seine Hauptaufgaben mußten die Einigung der Partei und die Formulierung einer überzeugenden Kritik an der Regierungspolitik sein. Letzteres war angesichts der Erfolge der durch internationale Geldgeber unterstützten Regierung schwierig. Letztere wollte mit der Schaffung neuer Stellen und dem Ausbau der Infrastruktur den Einfluß der PAICV bei der überwiegend armen Bevölkerung ländlicher Gemeinden zurückdrängen. Sie wies den Vorwurf der Opposition über die anhaltende Wirtschaftskrise zurück und unterstellte ihr, **Proteste der Gewerkschaften** für Gehaltserhöhungen zu funktionalisieren. Die Regierung, die Sparmaßnahmen als notwendig für eine wirtschaftliche Konsolidierung ansah, einigte sich mit den Gewerkschaften im Dezember auf eine inflationsabhängige Lohnerhöhung.

Die Opposition verzögerte **Parlamentsreformen** im Mai. Erst auf einer außerordentlichen Parlamentssitzung im Juli wurden zwei Gesetze verabschiedet, die eine kontinuierlich arbeitende Nationalversammung mit regelmäßig stattfindenden Sitzungen und finanzieller Absicherung der Abgeordneten vorsahen.

Die sechs Gemeinden von São Antão, einschließlich der erst Anfang Februar entstandenen Gemeinde São Miguel Arcanjo, schlossen sich am 22.2. zur *Associação dos Municipios de São Antão* zusammen, um so den Dialog mit Regierung und Geldgebern u.a. besser pflegen zu können. Auf ihrem 2. Entwicklungsforum im September berieten sie über die künftige Entwicklung.

Außenpolitik

Der erste Besuch des neuen sozialistischen Ministerpräsidenten **Portugals** in ein lusophones afrikanisches Land führte diesen nach Praia (16.-20.2.). Zu seiner Delegation gehörten neben den Ministern für Wirtschaft, Bildung und Kultur auch Geschäftsleute. Es wurden die Fernsehstudios von *Radio e Televisão Portuguesa-Africa* eingeweiht und mehrere Rahmenabkommen unterzeichnet. Dabei ging es um portugiesische Investitionen, Visafragen, eine gemeinsame diplomatische Vertretung und die Einrichtung einer Universität. Im Oktober wurden erstmals Kurse in Zusammenarbeit mit der Universität Porto angeboten. Auch die Frage der Bindung des kapverdischen an den portugiesischen Escudo und der Bau einer Zementfabrik auf Maio standen auf der Tagesordnung. Dieses von mehreren ausländischen Firmen (darunter der größte portugiesische Zementproduzent) realisierte Projekt war mit $ 45,5 Mio. das umfangreichste, das jemals in der Inselrepublik getätigt wurde, und soll 135 Arbeitsplätze schaffen. Die Regierung verpflichtete sich zur Bereitstellung der notwendigen Infrastruktur (Elektrizität, Hafenausbau). Im Juni besuchten die portugiesische Umweltministerin Praia, Ende August der Außenminister.

Im Rahmen der **Comunidade dos Países de Língua Portuguesa CPLP** ging es bei einem ersten Treffen von Gemeinderatsvertretern im April in Praia um Fragen der Dezentralisierung. Im

Mai wurde mit der Gründung der *Associação dos Juristas dos Países da Língua Portuguesa* die Modernisierung und Harmonisierung der Rechtssysteme in den Bereichen Handel und Einwanderung vorangebracht. **Angola** eröffnete im April ein Generalkonsulat in Praia, bei einem Besuch Veigas in Angola im September wurde durch den Abschluß mehrerer Abkommen eine Vertiefung der Beziehungen beschlossen.

Vom 14.-17.4. besuchte der Kooperationsminister **Frankreichs**, Jacques Godfrain, das Land. Paris finanziert 25% der europäischen multilateralen Hilfe für Kap Verde und gibt regelmäßig Nahrungsmittelhilfe. Es engagierte sich vor allem in den Bereichen Dezentralisierung, Wirtschaft und Finanzen, ländliche Entwicklung, Fischerei, Bildung und Kultur. Bei dem Besuch wurde eine Wiederbelebung der Anfang der 80er Jahre vereinbarten Zusammenarbeit mit São Nicolau beschlossen. Die französische *Elf Aquitaine* unterlag aber der portugiesischen *Petrogal* beim Kauf von 32,5% der kapverdischen Brennstoffirma *Enacol*. Zusammen mit den 32,5% für die angolanische *Sonangol* konnte die Regierung in Praia durch die beiden Verkäufe $ 20 bis 30 Mio. erzielen, *Petrogal* wurde nach *Portugal Telecom* zweitgrößter portugiesischer Investor.

Im Mai besuchte der Staatssekretär für Zusammenarbeit, Wighard Härdtl, Projekte auf Fogo und Brava, die von **Deutschland** mitfinanziert werden. Kap Verde erhält von Bonn, das traditionell zweitgrößter bilateraler Geldgeber ist, die höchste Hilfe pro Kopf in Afrika; für 1997/98 stellte Bonn ca. $ 9 Mio. Entwicklungshilfe zur Verfügung. Im August eröffnete Bonn eine Botschaft in Praia.

Dem scheidenden **EU**-Vertreter zufolge zeichnet sich Kap Verde durch das demokratische System, die Wahrung der Menschenrechte, gute Verwaltungsführung und Nutzung der Hilfsleistungen aus. Die EU unterstützte aktiv den 4. Nationalen Entwicklungsplan. Im September trat ein dreijähriges Fischereiabkommen in Kraft, demzufolge Praia für 76 Fanglizenzen (Thunfische) $ 565 000 erhält. Beim Besuch des Ministers für wirtschaftliche Koordination Ende Januar in Brüssel einigte man sich auf eine neue Form der Nahrungsmittelhilfe. Danach wurde ab Juli die Einrichtung eines Fonds der EU-Mitgliedstaaten für den Kauf von Nahrungsmitteln vorgesehen. Dieser wird im nationalen Budget berücksichtigt und bei Bedarf genutzt. Hiervon erhofft sich die Regierung eine bessere Verwaltung der einzelnen Budgetkonten und größere Flexibilität. Angesichts der schlimmsten Dürre seit 50 Jahren wurden von der EU zusätzliche Hilfen bewilligt.

Ein Besuch Veigas in **Italien** Anfang Januar sollte die bilateralen, vor allem im Tourismussektor wirksam werdenden Beziehungen voranbringen. Dabei wurde ein neues Abkommmen mit der **FAO** über Wiederaufforstung, Gartenkultur und Nahrungshilfsprogramme vereinbart. **Spanische** Geschäftsleute interessierten sich bei einem Aufenthalt im April vor allem für die Leichtindustrie.

China bedankte sich Mitte Januar anläßlich eines Besuchs von Vizepremierminister und Außenminister mit einem Geschenk von $ 1,2 Mio. sowie umfassenden Handels- und Hilfsabkommen für die anhaltende Unterstützung Praias im Machtkampf mit Taiwan. China will Investitionen auf Kap Verde begünstigen, Praia seine Vertretung in Asien von einem Konsulat in Hongkong zu einer Botschaft in Peking umwandeln. Im Oktober fand ein Gegenbesuch Veigas statt, im Dezember stellte China zwei Küstenwachpatrouillenboote zur Verfügung.

Ende Februar besuchte der stellvertretende Fischereiminister **Kubas** mehrere Marine- und Fischindustrieeinrichtungen in São Antão, São Vicente und Sal, es wurden *Joint-Venture*-Abkommen in den Bereichen Leichtindustrie und Fischerei abgeschlossen. Im November besuchte anläßlich der 15. Internationalen Handelsmesse der Minister für wirtschaftliche Zusammenarbeit Kuba sowie die autonome niederländische Insel **Aruba**. Beide Länder wollen von den Präferenzregelungen der Kap Verden mit EU und ECOWAS profitieren.

Sozioökonomische Entwicklung

Im März wurde der vierte **Nationale Entwicklungsplan** (1997-2001) (NEP) vom Parlament angenommen. Die oppositionelle PAICV stimmte wegen ihrer Meinung nach unzureichender Maßnahmen zur Armutsbekämpfung (von der nach Weltbank-Angaben 40% der Bevölkerung betroffen sind) dagegen. Der gemeinsam mit UNDP erarbeitete Plan soll das Wirtschaftswachstum fördern und Armut bekämpfen; zentrale Maßnahmen sind Dezentralisierung, Wirtschaftsreformen, sozialpolitische Maßnahmen; eine auf 12 Jahre veranschlagte Sanierung Praias und die Einschränkung von öffentlichen Ausgaben und Importen. Arbeitsplatzschaffung und Wirtschaftswachstum sollen durch die Entwicklung des Privatsektors vorangetrieben werden. Der Plan übernahm mehrere Forderungen der 1. Entwicklungsforums der Gemeinden São Antãos. Er wurde auf einem Gebertreffen formal akzeptiert (25.-26.11.) und erhielt umfangreiche internationale finanzielle Unterstützung. So stellten Weltbank $ 30 Mio. (Umschuldung und Reformprogramm) und IDA $ 4,4 Mio. (Projekte 1997/98) zur Verfügung. Die EU erhöhte zugunsten des Plans ihre Hilfe um 10% und erklärte sich zu teilweisem Schuldenerlaß bereit.

Der NDP schlug sich im am 18.11. verabschiedeten **Haushalt 1998** nieder, erstmals wurden für die beiden folgenden Jahren (1999, 2000) im Anhang Planzahlen veröffentlicht. Eine Sanierung sollte Voraussetzung für die Koppelung der Währung an den portugiesischen Escudo sein. Es wurden eine Halbierung der Inflation von 1997 7% auf 3,2% im Jahr 2000 und die Schaffung von ca. 10 000 Arbeitsplätze in den Bereichen Schule, Gesundheit, Wasser- und Elektrizitätsversorgung anvisiert. Der Anteil der sozialen Sektoren am Haushalt erhöhte sich von 31% auf 39%, die Ausgaben für öffentliche Verwaltung und Verteidigung sanken von 24% auf 17%. Ebenfalls im November schlug die Regierung einen von ihr und den Geldgebern gefüllten Fonds zur Behandlung der Schuldenlast in Höhe von $ 180 Mio. vor, zu dem sie $ 80 Mio. (finanziert aus den Einnahmen eines beschleunigten Privatisierungsprogramms 1998/99) beitragen wollte, und dem die Geldgeber zustimmten. Die Zinsen der im Fonds deponierten Mittel sollen für den Schuldendienst genutzt werden.

Eine Ergänzung der aus dem Jahr 1992 stammenden **Gesetzgebung zur Privatisierung** im November sollte diese beschleunigen und auch den Verkauf von Banken und Versicherungen, an denen ausländische Investoren bereits Interesse zeigten, ermöglichen. 1998 sollen 14 Unternehmen, 1999 neun verkauft werden, der Staat will nur noch grundlegende öffentliche Dienstleistungen wie Post, Luftüberwachung und Flughafenverwaltung behalten. Wichtige Privatisierungen betrafen die Bereiche Telekommunikation und Mineralöl. Weitere Gesetze sollten Investoren und Gesellschaften, die an der Anfang 1998 zu eröffnenden Börse von Praia aktiv sind, Steueranreize bieten. Ausländische Investitionen erfolgten bisher besonders in Tourismus, Leichtindustrie und Fischerei, es entstanden acht Gesellschaften, die für den Export produzieren und Steuererleichterungen beim Kauf von Rohmaterialien und zehnjährige Steuerfreiheit erhalten.

Es wurden mehrere **Schlüsselinfrastrukturprojekte** beendet oder begonnen, wie die Modernisierung und Ausweitung des Hafens von São Vicente ($ 12 Mio.), die Einweihung neuer Häfen auf Boa Vista und Maio oder der Bau eines Hafens auf Fogo (DM 14 Mio.). Am 19.12. wurde mit dem Bau eines neuen Flughafens in Praia begonnen, dessen Kosten ($ 23,5 Mio.) werden zu 96% von der ADB finanziert. In São Felipe/Fogo wurde ein neuer Flughafen eröffnet, die von São Vicente, São Nicolau und Boa Vista wurden modernisiert und ausgebaut. Mit neuen Schifffahrtslinien wurde die Anbindung an Europa bzw. Afrika verbessert.

Die **IDA** ordnete Kap Verde an vierter Stelle unter den Entwicklungsländern, die begünstigte Anleihen erhalten, ein. Mit einem Pro-Kopf-Einkommen von $ 1 090 ist es das einzige afrikanische lusophone Land im Bereich der unteren mittleren Einkommensklasse.

Im **UN-Menschenrechtsbericht 1996** schnitt das Land weitgehend positiv ab. Kritik wurde allerdings an der staatlichen Presse geübt, die ihren Aufgaben in einer Demokratie nur ungenügend nachkommt. Auch wurde bemängelt, daß die Regierung bestimmte Gesetze, die sich gegen Diskriminierungen von Frauen und Kindern richten, nicht konsequent durchsetzt.

Regina Wegemund

Chronologie Kap Verde 1997

07.-09.02.	MPD-Kongreß
16.-20.02.	Besuch des portugiesischen Ministerpräsidenten
März	Verabschiedung des Nationalen Entwicklungsplans
Oktober	China-Besuch Ministerpräsident Veigas
18.11.	Verabschiedung des Haushalts 1998
25.-26.11.	Geberkonferenz zum NEP

Liberia

Fläche: 99 067 km², **Einwohner:** 2,8 Mio., **Hauptstadt:** Monrovia, **Amtssprache:** Englisch, **Lebenserwartung:** 49 J., **Alphabetisierung (1997):** 15%, **Wechselkurs:** $ 1 = offiziell Lib$ 1, inoffiziell ca. Lib$ 30, **Hauptexportprodukte:** Diamanten 55%, Tropenholz 10%, **Staats- und Regierungschef:** Charles Ghankay Taylor (seit 2.8.), **Regierungspartei:** National Patriotic Party (NPP)

Nach der Entwaffnung der Kriegsmilizen wurde unter Aufsicht von UNOMIL und ECOMOG durch allgemeine Wahlen (19.7.) der langjährige Krieg formell beendet und mit dem Aufbau einer neuen staatlichen Ordnung begonnen. Nationale Versöhnung und Rehabilitation von Wirtschaft und Infrastruktur wurden die vordringlichsten Aufgaben der Regierung unter Ex-Milizenchef Charles Taylor. Die Versorgung der Bevölkerung blieb von internationaler humanitärer Hilfe abhängig.

Innenpolitik

Auf der Basis des **Abuja-II-Abkommens** und der an den USA orientierten, am 4.8. offiziell wiedereingesetzten **Verfassung von 1986** erhielt Liberia eine **reguläre staatliche Ordnung** zurück. Die unter Oberaufsicht der *United Nations Observer Mission in Liberia* (**UNOMIL**) im November 1996 durch die *ECOWAS Monitoring Group* (**ECOMOG**) eingeleitete **Entwaffnung und Demobilisierung der Kriegsmilizen** wurde - nach massiver Gewaltandrohung der ECOMOG bei Nichtbefolgung des Abuja-Abkommens, nach Verlängerung der Waffenabgabefrist vom 31.1. bis 7.2. - zu einem offiziell als erfolgreich bewerteten Ende geführt. Laut ECOMOG wurden 23 416, laut UNOMIL 21 000 der offiziell noch 30 000 - 35 000 Milizionäre registriert. Noch lange nach dem offiziellen Abschluß der Operation hob die ECOMOG Waffenverstecke aus. Zwar hatten die Milizen einen harten Kern mit intakten Kommandostrukturen bewahrt, doch offiziell wurden sie aufgelöst und in **politische Parteien** überführt. Die *National Patriotic Front of Liberia* (NPFL) Charles Taylors ging in der von Ameriko-Liberianern dominierten *National Patriotic Party* (NPP) auf; aus der Mandingo-Organisation des *United Liberation Movement* (ULIMO) von Alhaji Kromah wurde die *All Liberia Coalition Party* (ALCOP), und die politisch ambitionierten Kräfte aus der (Krahn-) Miliz *Liberian Peace Council* (LPC) schlossen sich der 1984 von Samuel Doe gegründeten *National Democratic Party of Liberia* (NDPL) an, deren Vorsitz LPC-Chef George Boley übernahm. Als wichtigste Rivalen traten ihnen teilweise schon vor dem Krieg in Monrovia gegründete zivile Parteien gegenüber, insbesondere die *Unity Party* (UP) von Ellen Johnson-Sirleaf, die *United People's Party* (UPP) von Gabriel Bacchus Matthews, die *Liberia People's Party* (LPP) von Togba-Nah Tipoteh und die "Parteienallianz" von *Liberia Action Party* (LAP) und *Liberia Unification Party* (LUP). Die die Wahlen wurden u.a. wegen finanzieller und organisatorischer Probleme am 22.5. noch einmal vom 30.5. auf den 19.7. verschoben. Am 16.6. eröffnete die mit Vertretern aller politischer Lager sowie nichtstimmberechtigten Beobachtern von *UN*, *ECOWAS* und *OAU* besetzte **nationale Wahlkommission** den nur von vereinzelten Zwischenfällen überschatteten **Wahlkampf**, den Taylor mit Parolen für Demokratie, Marktwirtschaft, Wiederaufbau und nationale Versöhnung bestimmte. Die kriegsmüde Bevölkerung vereinnahmte er mit der Drohung, bei einer Wahlniederlage wieder zu den Waffen zu greifen.

Im Gegensatz zu dem vielfach prognostizierten Kopf-an-Kopf-Rennen mit der Kandidatin Johnson-Sirleaf ergab die Auszählung der unter UNOMIL-Kontrolle abgelaufenen, von der ECOMOG mit massivem Aufgebot sicherheitstechnisch flankierten, von internationalen Wahlbeobachtern trotz nicht übersehbarer Bedenken im Tenor übereinstimmend als **"frei"**, **"fair"** **und "transparent"** bewerteten **Parlaments- und Präsidentenwahlen** am 19.7. einen **überwältigenden Sieg Charles Taylors und der NPP**. Von 621 880 gültigen Stimmen - verbuchte Taylor 75,3% - bei einer Wahlbeteiligung von 82,8% der registrierten 751 430 Wahlberechtigten. Mit weitem Abstand folgten Johnson-Sirleaf (9,6%) und elf weitere Bewerber (zusammen 15%). Taylor errang in allen 13 Bezirken die absolute Mehrheit, den geringsten Stimmenanteil (55%) im

Großraum Monrovia und in der Doe-Heimat Grand Gedeh, die größte Zustimmung (92% und mehr) in den ehemaligen NPFL-Territorien Bong, Margibi und Nimba. Die NPP gewann 49 von 64 Sitzen im Repräsentantenhaus und 21 von 26 Sitzen im Senat. Außerdem zogen in das Repräsentantenhaus UP (7), ALCOP (3), "Parteienallianz" (2), UPP (2) und LPP (1) sowie in den Senat UP (3) und ALCOP (2) ein. Besonders ernüchternd verliefen die Wahlen für Taylors ehemalige Kriegsgegner Kromah (4,0%) und Boley (1,3%). Mit demokratischer Legitimation im Inland und offizieller Anerkennung aus dem Ausland folgte am 2.8. die **Vereidigung und Amtseinführung Taylors als Staatspräsident**. Bei der **Regierungsbildung** besetzte er die meisten Schlüsselpositionen mit Vertrauten aus den Kriegsjahren: Vizepräsident wurde Enoch Dogolea, Verteidigungsminister Daniel Chea, Außenminister Monie Captan, Innenminister Edward Sackor, Justizminister Peter Jallah, Informationsminister Joe Mulbah, Planungs- und Wirtschaftsministerin Sandra Howard (Schwester seiner Ehefrau), Bergbau- und Energieminister Jenkins Dunbar (alle NPP). Finanzminister wurde mit Elie Saleeby ein Experte aus dem Mitarbeiterstab der Weltbank. Außerdem wurden u.a. die Chefpositionen in der Zentralbank und in der *National Police Force* (Joseph Tate) mit Taylor-Gewährsleuten besetzt. In den eigenen Reihen kritisierte **Zugeständnisse an ehemalige Kriegsgegner** waren die Kabinettsposten von Tom Woewiyu (Arbeitsminister), Raleigh Seekie (Transportminister), François Massaquoi (Minister für Jugend und Sport) und Roosevelt Johnson (Minister für ländliche Entwicklung), v.a. aber die Ernennung des in der Doe-Tradition stehenden Generals Philip Kamah zum Chef des *National Security Council*, NSC, die allerdings dadurch relativiert wurde, daß Kamah im NSC von sieben NPP-Vertretern und dem ECOMOG-Kommandeur (General Victor Malu aus Nigeria) umgeben war. Taylor versprach v.a. **nationale Versöhnung** und wirtschaftlichen Wiederaufbau sowie die monatelang hinausgezögerte Einsetzung von Kommissionen für Menschenrechte und nationale Versöhnung. Außerdem erging ein **Rückkehraufruf an die halbe Million noch im Ausland lebenden Kriegsflüchtlinge**, die jedoch wegen **fortdauernder Sicherheitsprobleme** (u.a. durch Gewaltkriminialität) und der in den letzten Monaten des Jahres nach vorübergehender Verbesserung **wieder verschlechterten Menschenrechtslage** mißtrauisch blieben. Zu den Opfern ungeklärter, vermutlich politischer Mordtaten zählten Christine Davis aus dem Johnson-Sirleaf-Wahlhelferteam (am Wahltag) und der vom Gefolgsmann zum erbitterten Taylor-Gegner gewandelte Samuel Dokie (mit mehreren ebenfalls getöteten Familienangehörigen aufgefunden am 4.12.). Ein Menschenrechtsbericht der US-Regierung für 1997 stellte u.a. außergesetzliche Tötungen, das spurlose Verschwinden mißliebiger Personen, Folter, Mißhandlungen, lebensbedrohliche Haftbedingungen und willkürliche Verhaftungen fest, liberianische Menschenrechtler beklagten die "Dschungeljustiz" der Polizei.

Außenpolitik

Ohne die **massive organisatorische, finanzielle, diplomatische und militärische Unterstützung von außen** wäre der Übergang zur Nachkriegsordnung nicht möglich gewesen. Im Vordergrund verblieb die **Oberaufsicht** gemäß Abuja-II-Abkommen bei der personell v.a. von asiatischen Staaten unterstützten ***UNOMIL*** (Oberkommandeur jetzt ein General aus **Pakistan**, Sondergesandter aus **Namibia**), während hinter den Kulissen die **USA** als traditionelle Vormacht Liberias die Fäden zogen. Das in Atlanta/Georgia beheimatete *Carter Center* beteiligte sich mit einer von Ex-Präsident Jimmy Carter geführten 40-Personen-Delegation an der offiziellen **Wahlbeobachtung**, zu der die UN mit 330 Personen aus verschiedenen Nationen das größte Kontingent beisteuerten. Außerdem waren die **Europäische Union** und die ***OAU*** mit eigenen Beobachterdelegationen von 50 und 35 Personen vertreten. Nach dem Urnengang übermittelte noch vor den USA als erstes nicht-afrikanisches Land **Frankreich** dem Wahlsieger Taylor Glückwünsche. Zu den ersten Gratulanten überhaupt zählte **Nigeria**, Inhaber des Oberkommandos der auf ca. 13 000 Mann aufgestockten **ECOMOG**, die, seit 1990 in Liberia, gemäß Abuja-II-Abkommen die Entwaffnung und Demobilisierung der Kriegsmilizen, übergangsweise die Aufgabe der bewaffneten Staatsgewalt und die sicherheitstechnische Seite der Wahlorganisation am Wahltag übernahm und später

Starthilfe beim Wiederaufbau der AFL leistete. Nigeria stellte mit ca. 9 000 Mann die mit Abstand stärkste Teilstreitmacht, gefolgt von den ECOMOG-Gründungsmitgliedern **Ghana** (1 400) und **Guinea** (1 000). Ihre **gewachsene Akzeptanz** in Liberia wie auch international bezog die multinationale Truppe aus der Bereitstellung von Kontingenten aus den fünf **UEMOA**-Staaten **Mali** (637), **Niger** (500), **Burkina Faso** (320), **Benin** (250) und v.a. **Côte d'Ivoire** (90), auf dessen jahrelange Weigerung zur Teilnahme an einem von Nigeria dominierten Friedensprozeß das Scheitern mehrerer Liberia-Abkommen zu einem guten Teil zurückzuführen gewesen war. Nach seinem Wahlsieg unterstrich Taylor durch einen dreitägigen Besuch in Abuja noch vor seiner Amtseinführung (28.-30.7.) sowie durch Teilnahme am mit einer positiven Liberia-Bilanz aufwartenden 20. **ECOWAS-Gipfel** am 28./29.8. ebenfalls in Abuja die Bedeutung Nigerias für seine Machtübernahme, jedoch brachen in dem Maße, in dem er in die Rolle des Präsidenten hineinwuchs, die 1995 überbrückten Gegensätze mit der ECOMOG-Vormacht wieder auf. Taylor betonte den Anspruch auf nationale Souveränität, riskierte einen Streit über Rolle und Einsatzdauer der ECOMOG, erntete Widerspruch des ECOMOG-Oberkommandos im Hinblick auf die von ihm bevorzugte Eingliederung ehemaliger NPFL-Kämpfer in die AFL und kritisierte seinerseits den blutigen Einsatz nigerianischer ECOMOG-Truppen gegen die durch Putsch an die Macht gelangte Junta aus Militär und Milizen der seit 1991 mit der NPFL verbündeten *Revolutionary United Front* (RUF) in **Sierra Leone**. Wegen der auch für Liberia bedrohlichen Lage nach dem Umsturz in Freetown hatte die ECOMOG am 26.5. die Grenze zu diesem Nachbarstaat abgeschottet, sah sich aber durch den **Massenzustrom von Kriegsflüchtlingen** und **grenzüberschreitende Aktivitäten sierraleonischer wie auch in das Nachbarland ausgewichener liberianischer Milizionäre** in grenznahen Gebieten v.a. ab September vor erhebliche sicherheitstechnische Herausforderungen gestellt, die in Nigeria Überlegungen wachriefen, das ECOMOG-Mandat über das im Abuja-II-Abkommen festgesetzte Ende im Februar 1998 hinaus verlängern zu lassen. Allerdings begannen mehrere Teilnehmerländer im Dezember mit dem **Truppenabzug** (darunter Nigeria 1 200 Mann). Die ECOMOG hatte wegen ihrer Organisationsfähigkeit und Disziplin auf internationaler Bühne einen überwiegend positiven Leumund erworben, jedoch verwiesen kritische Stimmen auf die einem überparteilichen Anspruch entgegengelaufene Dominanz Nigerias und auf Menschenrechtsverstöße wie die Erschießung von sechs Plantagenarbeitern bei Protesten durch ECOMOG-Soldaten am 6.9. an der Kautschuk-Plantage in Harbel.

Als **Gegengewicht zu Nigeria** bemühte sich die Taylor- Regierung um **Ausbau und Pflege von innerafrikanischen Kontakten** zu Staaten wie Muammar Gaddafis **Libyen**, Blaise Compaorés **Burkina Faso**, der nach dem Sturz Mobutus unter Herrschaft von Laurent Kabila wiederauferstandenen **Demokratischen Republik Kongo** und nicht zuletzt Post-Apartheid-**Südafrika**. Taylor stattete seinen Amtskollegen in Pretoria, Kinshasa und Ouagadougou auf einer von Ende September bis Anfang Oktober währenden Afrikareise Besuche ab. Mit Libyen, das die NPFL bei der Kriegsvorbereitung und im Krieg unterstützt hatte, wurden diplomatische Beziehungen aufgenommen und ein Abkommen über technische und finanzielle Zusammenarbeit geschlossen. Ebenfalls in Erwartung finanzieller Vorteile knüpfte Liberia offizielle Kontakte zum zahlungskräftigen Schwellenland **Taiwan**, und erntete mit der Abkehr vom Ein-China-Anspruch der Regierung in Beijing am 9.9. den Abbruch der Beziehungen durch die **VR China**. Die Aufwertung des Verhältnisses zur Regierung in Taipeh hatte Taylor bereits bei einem Besuch im Februar angebahnt. Angebliche Wiederaufbauzusagen von $ 500 Mio. wurden aus Taipeh dementiert, allerdings lieferte Taiwan in wertmäßig geringerem Umfang Nahrungsmittel. Im Unterschied zur China-Frage blieb es im Verhältnis mit anderen Großmächten im Verlauf des Jahres relativ still. Ein geplanter Taylor-Besuch in den **USA** u.a. zu einem Auftritt bei der **UN-Vollversammlung** in New York wurde wegen Sicherheitsbedenken aus dem liberianischen Senat storniert. Zur UN-Vollversammlung, zu Gesprächen mit der US-Regierung, **Weltbank** und **IWF** sowie zu einer Geberkonferenz für Liberia reisten stattdessen die Minister für Auswärtiges, Finanzen und Planung. In Reaktion auf schwere Menschenrechtsverstöße suspendierten die USA im Nov. ein Ausbildungsprogramm für Taylors Polizei.

Sozioökonomische Entwicklung

Nach dem **verheerenden Krieg** mit ca. 200 000 **Toten**, ungezählten an Leib und Seele **Verletzten** und ca. 2 Mio. **Binnen- und Auslandsflüchtlingen** bestand bei einer Bevölkerungszahl von ca. 2,5 Mio., davon mindestens 1 Mio. im Großraum Monrovia, für ca. 1,5 Mio. Menschen **unmittelbare existentielle Abhängigkeit von internationaler humanitärer Hilfe**. Angesichts der durch Krieg und Korruption zerrütteten Wirtschaft und der Verwüstung eines beträchtlichen Teils der durch Massenflucht der bäuerlichen Bevölkerung verwaisten Ackerflächen bildeten neben der nationalen Versöhnung der **Wiederaufbau von Ökonomie und Infrastruktur**, an erster Stelle die **Wiederbelebung der Nahrungsmittelproduktion**, die vordringlichsten Aufgaben der Nachkriegsregierung. Es gab ermutigende erste Anzeichen einer langfristigen Renaissance von wenig arbeitsintensiven Bereichen wie **Bergbau** und **Agrarexportproduktion** (v.a. Kautschuk). Die Taylor-Regierung ergriff außerdem im November in der *International Maritime Organisation* (IMO) die Initiative zur Werbung für das **Billigflaggenland Liberia**. Ansprechpartnerin war die internationale Seeschiffahrt, deren Gebührenzahlungen für das in New York geführte Register der liberianischen Handelsflotte dem liberianischen Staat vor dem Krieg 5-10%, während des Krieges aber 50-75% seiner Einnahmen eingebracht hatten. Die Erschließung von Devisenquellen war lebensnotwendig angesichts der von der Regierung auf $ 3 Mrd. bezifferten **Auslandsschulden**. Dieses Problem wurde mit einer im September im Lande weilenden **gemeinsamen Delegation von *IWF*, *Weltbank* und *African Development Bank*** ebenso erörtert wie das Problem der Landeswährung, die nach der auf Monrovia-Buchanan beschränkten Ausgabe neuer Zahlungsmittel durch die Übergangsregierung während des Krieges uneinheitlich geworden war. Nachdem die Absicht der Taylor-Regierung, den ohnehin als gesetzliches Zahlungsmittel zugelassenen US-Dollar zur alleinigen Landeswährung aufzuwerten, von den USA zurückgewiesen worden war, folgte nach längerem Tauziehen mit dem IWF im Dezember die **Ankündigung einer vereinheitlichten Währung** für das neue Jahr. Weniger verheißungsvoll ließ sich der Wiederaufbau in den arbeitsintensiven und für die Versorgung wichtigsten Bereichen der Wirtschaft, insbesondere im **Agrarsektor**, an. Während Optimisten darauf verwiesen, daß im Laufe des Jahres mehr als 100 000 Binnen- und Auslandsflüchtlinge in ihre angestammte Heimat in ländlichen Regionen Liberias zurückkehrten, um den **Nahrungsmittelanbau** wiederaufzunehmen, war aus pessimistischer Sicht zu registrieren, daß am Ende des dritten Quartals, acht Monate nach dem offiziellen Ende der Milizenentwaffnung und zwei Monate nach der Amtseinführung der gewählten Regierung, noch immer die Hauptstadt Monrovia unter massiver Überfüllung litt und nach *UNHCR*-Statistik weiterhin 479 000 Flüchtlinge im Ausland ausharrten, darunter 235 000 in Guinea und 210 000 in Côte d'Ivoire. Ein wesentlicher Beweggrund zum Verzicht auf die Heimkehr war die aus den Kriegsmilizen und der Verfügbarkeit von Waffen hervorgegangene, von der ECOMOG nicht auszurottende **Bandenkriminalität**, die angesichts der noch darbenden regulären Ökonomie neben **Drogenhandel**, **Schwarzmarktgeschäften** und Aktivitäten im **informellen Sektor** zu den zuverlässigsten Erwerbsquellen zählte. **Kriegsgewinnler** und Vorteilsnehmer der schwierigen Nachkriegssituation waren Führungspersonal und Stammkräfte der offiziell aufgelösten Milizen, sowie einige Geschäftsleute, Händler, Unternehmer und Angehörige der alten und neuen Staatselite.

Peter Körner

Chronologie Liberia 1997

07.02.	Offizielles Ende der Milizenentwaffnung
16.06.	Offizieller Beginn des Wahlkampfes
19.07.	Sieg Charles Taylors und der NPP bei Parlaments- und Präsidentenwahlen
04.08.	Offizielle Wiedereinsetzung der (modifizierten) Verfassung von 1986
04.12.	Politischer Mord an "abtrünnigem" Taylor-Gefolgsmann Dokie

Mali

Fläche: 1 240 000 km^2, **Einwohner:** 10 Mio., **Hauptstadt:** Bamako, **Amtssprache:** Französisch, **Lebenserwartung:** 50 J., **Alphabetisierung:** 29%, **Wechselkurs:** \$ 1 = Franc CFA 598,81, **HDI:** 0,229, Rang 42, **Pro-Kopf-Einkommen:** \$ 240, **BSP:** \$ 2420 Mio., **Anteile am BIP:** 48% - 17% - 35%, **Hauptexportprodukte:** Baumwolle und Baumwollprodukte 49%, Vieh 27%, Gold 14%, **Staatschef:** Alpha Oumar Konaré, **Regierungschef:** Ibrahim Boubacar Keïta, **Regierungsparteien:** Alliance pour la Démocratie au Mali (ADEMA), Parti pour la Renaissance Nationale (PARENA), Mouvement des Citoyens-Cercle des Démocrates et Républicains (MC-CDR), Union pour la Démocratie et le Progrès (UDD), Rassemblement National Démocratique (RND), Convention du Parti du Peuple (COPP), Parti pour la Démocratie et le Progrès (PDP)

Die chaotische Durchführung der Parlaments- und Präsidentschaftswahlen schädigten das Ansehen des Landes als demokratisches Vorbild. Die Proteste und Boykotte der Opposition führten zwar zu deren weitgehenden Selbstisolation, stürzten das Land jedoch in eine schwere innenpolitische Krise, die bis zum Jahresende nicht gelöst werden konnte. Außenpolitische Stärkung erfuhr Präsident Konaré durch seinen USA-Besuch und durch die Unterstützung des französischen Ministerpräsidenten Jospin. Die Wirtschaft blieb insgesamt fragil, auch wenn in mehreren Sektoren außergewöhnliche Erfolge zu verzeichnen waren.

Innenpolitik

In **Vorbereitung auf die Wahlen** wurde Mitte Januar bei Enthaltung der Opposition ein umstrittenes Wahlgesetz vom Parlament verabschiedet. Angesichts genereller Kritik an der Vorbereitung brachte Mountaga Tall vom *Congrès National d´Initiative Démocratique* (CNID) im Februar vergeblich ein Mißtrauensvotum gegen die Regierung ein. Seine Ansicht wurde bestätigt, als die zur Durchführung der Wahl eingesetzte *Commission Electorale Nationale Indépendante* (CENI), an der Regierung und Opposition beteiligt waren, bereits am 9.3. eine Verschiebung forderte.

Die beiden Parteienbündnisse *Front pour le Changement et la Démocratie* (FCD) und *Rassemblement des Forces Patriotiques* (RFP) einigten sich im Januar prinzipiell auf eine Allianz, die nach den chaotischen Wahlen im *Collectif des Parties Politiques de l´Opposition* (Coppo) mündete. *Union Soudanaise-Rassemblement Démocratique Africain*-Führer (US-RDA) Amadou Seydou Traoré warf der Regierung vor, zu wenig zur Veränderung der Traoré-Verwaltung getan zu haben, institutionelle Reformen seien vor allem kosmetisch gewesen und die Bevölkerung habe erst wenig von der positiven Wirtschaftsentwicklung gehabt. Die *Mouvement Patriotique pour le Renouveau* (MPR), Nachfolgerin der früheren Einheitspartei, gab sich auf ihrem ersten Kongreß im Februar Statut und interne Satzung und wählte eine Führung. Generalsekretär wurde Choguel Maïga. Die ADEMA veröffentlichte jedoch als einzige Partei für den Wahlkampf ein politisches Programm.

Die **Parlamentswahlen** am 13.4. endeten vor allem in Bamako, Mopti, Ségou und Sikasso im Chaos (verspätete Öffnung, fehlende Materialen, Unklarheit über das zuständige Wahlbüro), es wurden aber keine Versuche systematischer Fälschung konstatiert. Verantwortlich hierfür waren die kurze Vorlaufzeit sowie technische und organisatorische Überforderung der CENI und zu großer Ehrgeiz im Hinblick auf eine reibungslose Durchführung. Die Wahlen wurden nach Protesten und Demonstrationen vom Verfassungsgerichtshof (25.4.) annulliert und haben das Ansehen des Landes im Hinblick auf den Stand der Demokratie und die Kompetenz der Verwaltung beschädigt. Während sich die Regierung um die Aufrechterhaltung des Dialogs bemühte, forderte die Opposition die Auflösung der CENI (ihre Mitglieder zogen sich aus der Arbeit zurück), den Rücktritt der Regierung und eine Regierung der nationalen Einheit. Ungeachtet der Annullierung waren die Wahlergebnisse jedoch interessant, deuteten sie doch auf einen überwältigenden Wahlsieg der ADEMA auch in Hochburgen der Opposition als Folge ihrer besseren Organisation hin, ein Faktum, das in der Folge die Dialogbereitschaft der Opposition verringerte. Die US-RDA wurde mit 8% zweitstärkste Partei, die MPR (6%) erhielt besonders in Bamako viele Stimmen, scheiterte dagegen im Norden. Verlierer war der CNID, dem Abspaltungen und sein Bündnis mit der MPR geschadet haben.

Die **Präsidentschaftswahlen** (11.5.), bei der auch Auslandsmalier stimmberechtigt waren, wurden nach dem Debakel um eine Woche verschoben. Die Lage war zusätzlich angeheizt, da aus betriebsinternen Gründen die Mitarbeiter von *Energie du Mali* streikten und und die Studentengewerkschaft seit Wochen gegen die Bildungspolitik protestierte. Daher wurden vor den Wahlen die Schulen geschlossen, eine Einigung der Studenten mit der Regierung wurde am 14.5. erzielt. Von den ursprünglich zehn Kandidaten boykottierten schließlich als Reaktion auf das Chaos bei den Parlamentswahlen neun die Abstimmung, es traten nur Präsident Konaré und Mamadou Maribatrou Diaby an. Daher war der Sieg Konarés mit 84%, bei einer Wahlbeteiligung von 30% und einem sehr hohen Prozentsatz ungültiger Stimmen (28%), keine Überraschung. Beobachtern zufolge waren die Mängel aus der Parlamentswahl weitgehend abgestellt worden. Obwohl die Opposition die Legitimität der Wahl bestritt, wurde Präsident Konaré am 8.6. in seine zweite Amtsperiode eingeführt. Hierbei kam es zu neuen Protesten, mehrere Oppositionspolitiker wurden nach Ausschreitungen in Bamako verhaftet und am 17.6. wieder freigelassen. Eine Vermittlung durch Institutionen der Zivilgesellschaft scheiterte.

Nach einer erneuten Verschiebung wurde die **Parlamentswahl** am 20.7./3.8. wiederholt. Inzwischen waren sowohl ADEMA als auch Opposition über das weitere Vorgehen gespalten. Es nahmen 17 Parteien teil, darunter fünf der moderaten Opposition. Im Vorwege und am Wahltag gab es gewaltsame Zusammenstöße, dabei auch Tote. Die Beteiligung lag aus strukturellen und politischen Gründen (Aufblähung der Wählerlisten: Diese basieren auf den administrativen Meldelisten, in denen viele Einwohner entsprechend ihrer familiären Bindungen an verschiedenen Orten eingetragen sind bzw. in denen sich viele gezielt mehrfach registrieren lassen, um ihre Ansprüche auf wild in Besitz genommenes Land zu sichern, und aus denen Verstorbene nicht immer gestrichen werden; Wahltermin in der Regenzeit, Wahlmüdigkeit, Boykottaufruf der Opposition, der vor allem in Bamako wirksam wurde) bei nur 21%. Es bestätigten sich die Ergebnisse vom April, wieder setzte sich die ADEMA durch. Sie erhielt 130 der 147 Sitze, PARENA 8, *Convention Démocratique et Social* 4, UDD 2, PDP 2, COPP 1. Die erste Parlamentssitzung (25.8.) fand unter starken Sicherheitsvorkehrungen statt, die Gemeinderatswahlen wurden vorerst auf unbestimmte Zeit verschoben.

Weiter bestand die Opposition auf Neuwahlen und einer Regierung der nationalen Einheit. Die Lage verschärfte sich durch die Tötung eines Geheimpolizisten auf einer Oppositionsveranstaltung (9.8.). Zwölf Oppositionsführer und zahlreiche Anhänger wurden verhaftet. Die Politiker konnten aus juristischen Gründen trotz zahlloser Proteste erst im Oktober freigelassen werden. Der weiter um Aufrechterhaltung des Dialogs bemühte Präsident gab am 8.9. ein Aktionsprogramm zur Lösung der Krise bekannt.

Nach dem **Rücktritt der Regierung**, der unter anderem dadurch erforderlich wurde, daß zwei Minister ein Parlamentsmandat erhalten hatten, wurde am 16.9. unter dem bisherigen Ministerpräsidenten Ibrahim Boubacar Keïta eine neue Regierung gebildet, die trotz aller Bemühungen die radikale Opposition nicht einbezog und deren zentrale Posten in der Hand der ADEMA verblieben. Es setzten sich aber gegen die "Falken" die kompromißbereiten Teile der Regierungspartei durch, auch waren mehrere bekannte Mitglieder der Zivilgesellschaft und einige Politiker der moderaten Opposition vertreten.

Die letzten Wochen des Jahres verliefen überwiegend ruhig. Bei einem Oppositionstreffen (30.11.) war die Verschuldung des Landes wichtigstes, populistisch genutztes Thema. Weiterhin wurden wie z.B. bei einer Demonstration (28.12.) und trotz teilweise heftiger Diskussionen in den Parteien der Rücktritt von Präsident und Regierung, die Auflösung der CENI und eine Wiederholung der Wahlen gefordert. Als wichtigster intellektueller Führer der Opposition schälte sich Mohamed Lamine Traoré von der *Mouvement pour l´Indépendance, la Renaissance et l´Intégration* heraus. Die ADEMA führte einen Kongreß (6.12.) unter Ausschluß der Öffentlichkeit durch: Neben Differenzen über das weitere Vorgehen fanden erste Kämpfe um die Nachfolge Präsident Konarés, der seine letzte Amtsperiode angetreten hatte, statt. Es ließen sich hierbei drei Gruppierungen um Parlamentspräsident Ali Mouhoum Diallo, Vizepräsident Dikouncounde Traoré und Ministerpräsident Keïta identifizieren.

Das positive **Menschenrechtsimage** der Regierung hat unter einem Bericht von Amnesty International gelitten: Nach den Parlamentswahlen vom April soll es zu Übergriffen in den Gefängnissen gekommen sein. Zwar stritt dies der Justizminister ab, er kündigte aber eine stärkere Überwachung der Gendarmerie an. Am 8.12. wurden anläßlich des 49. Jahrestages der Erklärung der universellen Menschenrechte die Todesurteile gegen den früheren Diktator Moussa Traoré und seine Gefolgsleute in lebenslange Haft verwandelt und der frühere Verteidigungsminister Coulibaly aus humanitären Gründen freigelassen. Eine derartige Begnadigung war von Präsident Konaré als erklärtem Gegner der Todesstrafe erwartet worden, die innenpolitische Entwicklung und seine Dialogbemühungen hatten diesen Schritt aber zusätzlich begünstigt.

Am 27.1. wurden die lange erwarteten **Wirtschaftsprozesse** mit der Eröffnung von Verfahren gegen Drissa Traoré, Bayes Ag Mohamed und Moulaye Mohamed Haidara, drei ehemalige Mitglieder der Einheitspartei, eröffnet. Insgesamt wird mit ca. 40 Verfahren gerechnet.

Die im Zusammenhang mit den Wahlen stattfindende Unruhe wurde dadurch verschärft, daß am 19.8. 12 Offiziere wegen eines gescheiterten Putschs verhaftet wurden.

In den **Tuarag-Gebieten** kehrten die Flüchtlinge zurück, im März wurde in Anwesenheit des ivorischen Präsidenten und von UNESCO-Generalsekretär Federico Mayor der Jahrestag der Waffenverbrennung mit einem Seminar gefeiert. Trotzdem hielt die Unsicherheit in den Regionen Timbuktu, Gao und Kidal an, es kam zu bewaffneten Überfällen, die Ansiedlung der Tuareg war nur teilweise erfolgreich. Im Herbst wurden 19 Kämpfer wegen Waffenbesitzes verhaftet, die schwarzafrikanische Bewegung *Ganda Koy* bezeichnet die Lage als explosiv. Im Grenzgebiet zu Niger kam es im Sommer wegen der Hungersnot im Nachbarland zu Zusammenstößen und ca. 30 Toten. An der Grenze zu Mauretanien häuften sich die Zusammenstöße zwischen Viehzüchtern und Ackerbauern, am 9.11. wurde der Gouverneur von Kayes verwundet. Im Oktober beschlossen Dorfchefs der Bambara und Soninke, den Handel mit Peul einzustellen und diesen das Durchzugsrecht zu verweigern. Diese Zuspitzung wurde durch die Folgen des innermauretanischen Konflikts (angeblich sind bewaffnete Mauretanier an Überfällen beteiligt), die Ausbreitung von Banditentum, die leichte Verfügbarkeit von Waffen und die Marginalisierung der Region hervorgerufen. Der Beschluß wurde nach Intervention der Regierung im Dezember zurückgenommen.

Außenpolitik

Die Beziehungen zu **Frankreich** litten weiter unter der Abschiebung von Auslandsmaliern (10.1.). Am 27/28.2. zerstörten 77 ausgewiesene Malier auf dem Flughafen von Bamako ein Flugzeug und verletzten 23 Begleitpolizisten zum Teil schwer. Als Beitrag zur Lösung sah Paris die führende Beteiligung an den Runden-Tisch-Gesprächen von Kayes (27.-29.1.) an. Die 300 Teilnehmer aus Staat, Bevölkerung sowie von Entwicklungshilfe- und Nichtregierungsorganisationen (darunter der französische Kooperationsminister Jacques Godfrain) diskutierten Strategien und Entwicklungsprobleme der Region, es wurde ein Ausbau der Infrastruktur empfohlen. Die neue sozialistische Regierung in Paris bemühte sich bei einem insgesamt als positiv bewerteten Besuch von Ministerpräsident Lionel Jospin (19./20.12.) um eine Verbesserung der Beziehungen. Er unterstützte in Gesprächen mit der Opposition Präsident Konaré im innenpolitischen Streit und erklärte seine Gegnerschaft zu weiteren Deportationen.

Die Beziehungen zu den **USA** verbesserten sich mit einem Abkommen, das den Import malischer Kulturgüter ohne Genehmigung Bamakos verbietet (19.9.). Der Schmuggel derartiger Produkte ist seit Jahren wegen der fehlenden Kontrollmöglichkeiten malischer Behörden ein Problem. Beim USA-Besuch Konarés im November wurde dann eine Erhöhung der Hilfe um 20% angekündigt, die für die Entwicklung des Nordens, Friedenseinsätze, Demokratisierung und Handel gedacht ist. Dabei traf sich Konaré auch mit Vertretern der amerikanischen Geschäftswelt, deren Interesse ungeachtet aller Bemühungen bisher gering geblieben ist.

Nach seiner Teilnahme an einem Treffen in den USA über die Finanzierung von Kleinprojekten (1.-4.2.) besuchte Konaré die **Niederlande** (5.-7.2.). Diese hatten 1996 Hilfsleistungen über

F CFA 17 Mrd. für die Bereiche Gesundheit, Ausbildung und ländliche Entwicklung bereitgestellt. Vom 2.-4.7. fanden Verhandlungen mit **Deutschland** über die Zusammenarbeit 1997/98 statt. Mali wurden F CFA 29 Mrd. zugesagt, überwiegend für Maßnahmen in der Nordregion.

Die Entscheidung der **Schweiz**, $ 2,7 Mio. von einem Konto Boubacar Dembélés (Direktor einer Staatsgesellschaft unter dem gestürzten Präsidenten Traoré) an Mali zurückzuzahlen, galt als Präzedenzfall. Dembélé war im März 1995 wegen Unterschlagung zum Tode verurteilt worden.

Beim Besuch von **Südafrikas** Vizepräsident Thabo Mbeki Anfang Juli standen südafrikanische Interessen an Malis Goldminen im Mittelpunkt der Gespräche. Bei den Auslandsreisen malischer Politiker bzw. Besuchen ausländischer Politiker ging es um Fragen regionaler Zusammenarbeit bzw. um die Lösung von Konflikten, so bei der Visite Keïtas (6.-9.1.) und seines Außenministers (24.-26.6.) in **Marokko**, beim Besuch Konarés im Februar in **Togo, Côte d'Ivoire, Mauretanien, Burkina Faso und Gabun** sowie in **Nigeria** auf dem Weg nach Saudi-Arabien (14.3.). Beim Besuch von Nigerias Präsident Sani Abacha stand die Krise in Sierra Leone im Mittelpunkt (22.8.). Mali entsandte im Februar zusätzliche Soldaten nach Liberia, im Herbst beteiligte es sich an der von **Libyen** inszenierten **Sahara-Union**, im September beschloß die Regierung die Umsetzung eines Rahmenkooperationsabkommens mit dem nordafrikanischen Land von 1993. Im Sommer beteiligte es sich an gemeinsamen Manövern mit **Senegal** und den USA (17.6.).

Sozioökonomische Entwicklung

In der Jahresmitte griff das Finanzministerium zu **Sparmaßnahmen**, um ein absehbares Haushaltsdefizit in Grenzen zu halten: Schwächen bei der Steuereintreibung und das insgesamt geringe Steuerpotential verringerten die Einnahmen, die ausländische Budgethilfe betrug 1997 nur noch F CFA 25 Mrd. und kam vor allem aus den Niederlanden und aus der EU. Anfang Oktober wurden dann aber sowohl Ein- als auch Ausgabezahlen des Haushalts 1997 nach oben korrigiert, da zusätzliche F CFA 9 Mrd. eingenommen werden konnten. Die Ausgaben stiegen im Zusammenhang mit den Wahlen. Hiervon ungeachtet zeigten sich IWF und Weltbank mit der Entwicklung seit 1992 zufrieden. Künftige Strukturreformen sollen ihre Schwerpunkte in der Förderung des Privatsektors, der weiteren Reform der Landwirtschaft und der Privatisierung haben. So sollen die *Caisse Nationale d'Assurance et Réassurance* sowie die Bahnlinie Dakar/Bamako (444 000 t Warenumsatz, 100 000 Reisende) verkauft werden. Daneben sollte eine Haushaltskonsolidierung benötigte Mittel für den Sozialbereich freimachen. Weiterhin blieb die malische Ökonomie jedoch schwach und abhängig von Auslandshilfe.

Armutsbekämpfung, Bildungs- und Gesundheitspolitik sollten der **Regierungserklärung** Keïtas zufolge Schwerpunkte künftiger Regierungsarbeit sein (2.12.). Er ging von einem Wirtschaftswachstum von 6,7% und einer Inflationsrate bei 0% aus und kündigte ein Zehnjahresprogramm an. Die staatlichen Einnahmen sollten nach dem am 13.11. vom Kabinett angenommenen Haushalt 1998 bei F CFA 413 Mrd., die Ausgaben bei F CFA 434 Mrd. liegen. Dieses Budget ließ sich wegen der erstmals berücksichtigten Dezentralisierung nur schwer mit vorherigen vergleichen.

Für die Regierung war das größte Problem die **Verschuldung** und die anhaltend drückenden Schuldendienstleistungen, überwiegend an multilaterale Geldgeber. Nach Weltbankangaben betrugen die Schulden Ende 1995 $ 3,07 Mrd., die (inzwischen beglichenen) Zinsrückstände waren auf $ 35 Mio. angestiegen. Diese Angaben berücksichtigen die Umschuldungen des Pariser Clubs von 1996 nicht. Für 1996 wurde von Verpflichtungen in Höhe von $ 181 Mio., für 1997 in Höhe von $ 157 Mio. ausgegangen. Entgegen dem allgemeinen Trend konnte Mali 1995 einen Anstieg der bilateralen Entwicklungshilfe um 17% und der multilateralen um 30% verzeichnen. Größter Geber blieb Frankreich (30%), die Anteile Deutschlands und Japans stiegen jedoch an.

Mit einer **Rekordbaumwollernte** 1996/97 von 468 000 t war Mali zweitgrößter Produzent Afrikas, die Anbaufläche stieg von 336 000 ha auf 420 000 ha. Die Neueröffnung einer Verarbeitungsanlage in Bougouni im März vergrößerte die landesweiten Kapazitäten auf 400 000 t. Man befürchtete wenig Auswirkungen der Wirtschaftskrise in Asien, da Zweidrittel der nächsten Ernte bereits verkauft waren. Von dem Gewinn der letzten Ernte (F CFA 21 Mrd.) sollten F CFA 14 Mrd. reinvestiert werden, weitere Anreize durch die am 19.12. für die Dorfgemeinschaften erhöhten Einkaufspreise erfolgen. Der Boom, der die staatliche *Compagnie Malienne de Développement des Textiles* selber überraschte und zu Problemen bei der Nahrungsmittelproduktion führte, brachte ökologische Probleme mit sich, da ein Großteil der neuen Anbauflächen im Südwesten lagen, das ökologisch anfälliger als der bisher überwiegend für Baumwollanbau genutzte Osten ist.

Anläßlich des 20jährigen Bestehens des CILSS wurde bekannt, daß die lokale **Nahrungsmittelproduktion** pro Kopf trotz des Bevölkerungswachstums gestiegen ist. Mali hatte den größten Produktionsanstieg pro Bauer und Einwohner in der Region. Dies wurde auf die Liberalisierungspolitik, die Dezentralisierung und das Entstehen starker Zusammenschlüsse ländlicher Produzenten vor allem im Süden zurückgeführt. Mali war zudem einziges Sahelland, dessen Getreideernte im Vergleich zum Vorjahr stieg. Die ebenfalls erhöhte Reisernte wurde mit der Umstrukturierung des *Office du Niger* in Verbindung gebracht.

Der Beginn des **Goldabbaus** in der Sadiola-Mine ließ die Gesamtproduktion von 6,58 t (1996) auf 18,5 t (1997) ansteigen und machte Mali zu einem der größten Goldproduzenten Afrikas. Der Produktionshöhepunkt der derzeit auf 500 t geschätzten Goldreserven wird aber erst für das Jahr 2000 erwartet. Zuletzt wurden für den Bergbau, der die meisten privaten Direktinvestitionen zu verzeichnen hatte, 58 Forschungs- und 12 Abbaugenehmigungen vergeben, überwiegend bei der Goldgewinnung. Die Suche neuer Lagerstätten soll sich nach den Plänen der Regierung künftig auf den Süden zwischen Sikasso und guineischer Grenze konzentrieren.

An der Verwertung des durch den **Manantali-Staudamm** produzierten Stroms zeigten sich französische Unternehmen interessiert. Hier wurde im April die *Société de Gestion de l´Energie de Manantali* gebildet und mit der Verwaltung beauftragt.

Regina Wegemund

Chronologie Mali 1997

27.-29.01.	Runde-Tisch-Gespräche von Kayes
13.04.	Parlamentswahl
25.04.	Annullierung der Parlamentswahl durch das Verfassungsgericht
11.05.	Präsidentschaftswahl
20.07./03.08.	Wiederholung der Parlamentswahl
09.08.	Tod eines Geheimpolizisten während einer Veranstaltung der Opposition
16.09.	Regierungsneubildung
November.	USA-Besuch von Präsident Konaré
02.12.	Regierungserklärung
08.12.	Begnadigung des früheren Präsidenten Traoré und seiner Gefolgsleute
19./20.12.	Besuch des französischen Ministerpräsidenten Lionel Jospin

Mauretanien

Fläche: 1 030 700 km², **Einwohner:** 2,3 Mio., **Hauptstadt:** Nouakchott, **Amtssprache:** Arabisch, **Lebenserwartung:** 53 J., **Alphabetisierung:** 37%, **Wechselkurs:** $ 1 = Ouguiya (UM) 166,4, **HDI:** 0,355, Rang 25, **Pro-Kopf-Einkommen:** $ 470, **BSP:** $ 1090 Mio., **Anteile am BIP:** 25% - 32% - 44%, **Hauptexportprodukte:** Fisch- und Fischprodukte 55%, Eisenerz 43%, **Staats- und Regierungschef:** Maaouya Ould Sid'Ahmed Taya, **Premierminister:** Cheikh El Afia Ould Mohamed Khouna; (ab 18.12.) Mohamed Lemine Ould Guig, **Regierungspartei:** Parti Républicain Démocratique et Social (PRDS), **größere Oppositionsparteien:** Union des Forces Démocratiques/Ere Nouvelle (UFD/EN), Action pour le Changement (AC)

Innenpolitik

Maaouya Ould Sid'Ahmed Taya war im Januar 1992 für eine Amtszeit von sechs Jahren zum Präsidenten der Republik gewählt worden. Um zu vermeiden, daß die Neuwahl 1998 mit dem Fastenmonat Ramadan zusammenfiel, so die offizielle Begründung, wurde Ende April beschlossen, die **Präsidentschaftswahl** auf den 12.12.1997 vorzuziehen - ein "historisches" Datum, hatte doch Oberst Taya an einem 12.12. (1984) seinen Vorgänger an der Spitze der Militärjunta abgesetzt. Fünf Oppositionsparteien (die besonders von Schwarzafrikanern und ehemaligen Sklaven unterstützte *Aktion für Wandel*/AC, die prolibysch-nasseristische *Progressistische Volksallianz*/APP, die *Union für Demokratie und Fortschritt*/UDP2, die proirakische *Partei der Vorhut*/Attalia und die *Union der Volkskräfte-Neue Ära*/UFD-EN) hatten sich am 27.2. zu einer Front zusammengeschlossen und eine Charta unterzeichnet. Sie gaben am 27.6. ihren Beschluß bekannt, die Wahl zu boykottieren, da ihres Erachtens die Voraussetzungen für einen fairen und freien Ablauf (unabhängiger Wahlausschuß, abgestimmtes Wahlgesetz, Neutralität von Verwaltung und Justiz usw.) fehlten. Für Taya, der sich als Kandidat der regierenden *Demokratischen Sozialen Republikanischen Partei*/PRDS zur Wiederwahl stellte und Unterstützung von Ahmed Ould Sidi Babas *Sammlung für Demokratie und Einheit*/RDU sowie (seit dem 11.6.) von der UDP1 des bislang gemäßigt oppositionellen Hamdi Ould Mouknass erhielt, waren die vier Mitbewerber darum keine ernsthafte Konkurrenz: Mohamed Mahmoud Ould Mah (der bereits 1992 kandidiert und nur 1,36 % der Stimmen erhalten hatte) und Moulay Hassan Ould Jeyid, beides Führer kleiner Parteien, sowie der völlig unbekannte parteilose Amadou Moctar Kane als erster Anwärter der schwarzafrikanischen Minderheit auf das höchste Amt im Staat und der ehemalige RDU-Minister Mohamed Lemine Chbih Ould Cheikh Maalainine, der im September eine eigene Partei, die *Volksfront*, gründete. Entsprechend ruhig war der Wahlkampf. Spannend war nur, wie stark der Boykottaufruf der Opposition bei den 1 203 357 eingeschriebenen Wählern Gehör finden würde. Bei überraschend hoher Beteiligung von 73,77% wurde Taya bereits im ersten Wahlgang mit 90,25% der 887 762 abgegebenen gültigen Stimmen wiedergewählt. In Nouakchott kam er auf 66,4%, in Nouadhibou auf 54,17%. Ihm folgte der als letzter ins Rennen gegangene Ould Cheikh Maalainine mit unerwarteten 6,97% (23,7% in Nouakchott und 41,05% in seiner Heimatregion Nouadhibou). Zum Vergleich: 1992 hatte Taya 62,65% und sein stärkster Rivale, Ahmed Ould Daddah, heute Generalsekretär der UFD/EN, 32,75% gewonnen. Die drei übrigen Kandidaten teilten sich den Rest der Stimmen. Die üblichen Proteste gegen Wahlbetrug waren vermutlich begründet. Nach Ansicht der Opposition lag die Wahlbeteiligung in Nouakchott und Nouadhibou höchstens bei 15-20% (offiziell: 36,21 bzw. 47,7%). Ould Mah (0,73%) teilte am 16.12. mit, er werde seine Partei (UPSD) auflösen und sich aus der Politik zurückziehen.

Am 18.12. ernannte Taya den 38jährigen Juraprofessor und Ministerialdirigenten Ould Guig aus der Südostregion, seiner Hochburg, zum neuen Premierminister. Die beiden Parteiführer Ahmed Ould Sidi Baba (RDU) und Hamdi Ould Mouknass (UDP1) wurden Präsidentenberater im Ministerrang. In der zur Hälfte **neubesetzten Regierung** (20 Minister, vier Staatssekretäre) gab es drei Frauen, zwei Staatssekretärinnen und erstmals eine Ministerin, die Schwarzafrikanerin Diyé Bâ im Ressort Gesundheit und Soziales. Außenminister wurde der Rektor der Universität Nouakchott, Mohamed El Hacen Ould Lebatt, Innenminister der einzige Militär im Kabinett,

Oberst Ahmed Ould Minnih (vorher Generalsekretär des Präsidialamtes mit Ministerrang, ein Amt, das dem vormaligen Premierminister übertragen wurde). Vorausgegangen waren bereits fünf, z.T. geringfügige, Kabinettsumbildungen, alle ohne offizielle Erklärung. Dabei war schon dreimal der Außenminister ausgetauscht worden. Vom 9.6. bis 18.12. übte der Schwarzafrikaner Abou Demba Sow dieses Amt aus. In 37 Jahren war vor ihm erst einmal ein Nichtmaure in diese hohe Position gelangt.

1996 hatte sich das Regime - was ungewöhnlich war - von keinem fremdgesteuerten Komplott gefährdet gefühlt. 1997 schienen gleich von zwei Seiten Verschwörungen zu drohen. Am 9.1. sprach Präsident Taya in seiner Fernsehrede vor Ramadanbeginn von dem gescheiterten "Komplott", das vor Jahren die Einheit des Landes zerstören sollte, und dessen Urheber in letzter Zeit erneut ans Werk gingen, indem sie "die von ihnen so genannte Sklavenfrage" benutzten; er beschuldigte "ausländische Kreise" und "ihre Agenten im Inneren". Damit schien er auf den blutigen ethnischen Konflikt von 1989 und die erfolgreichen Bemühungen schwarzafrikanischer Mauretanier im Vorjahr anzuspielen, den Kongreß der USA zur Verurteilung Mauretaniens wegen Rassismus und Menschenrechtsverletzungen zu veranlassen. Beseitigung der Sklaverei war außerdem auf der Agenda der Opposition, vor allem ihres radikalsten Flügels, der Partei AC, die der vom Regime gefürchtete populäre Messaoud Ould Boulkheir führt. Daß Taya das Problem der **Sklaverei** erstmals offiziell thematisierte und erklärte, seine Regierung werde "die Spuren der Vergangenheit" weiter mit allen Mitteln bekämpfen, verstärkte erheblich die öffentliche Debatte, die sich bereits im Vorjahr zu diesem lange tabu gewesenen Thema intensiviert hatte. Am 22.1. wurde Boulkheir verhaftet, jedoch nicht in diesem Zusammenhang. Mit und nach ihm wurden auch der Generalsekretär der APP sowie sieben weitere oppositionelle und regimetreue Nasseristen festgenommen - alle wegen verdächtiger Verbindungen zu Libyen. Die Beziehungen zu diesem Land waren 1995 abgekühlt, als Libyen Mauretaniens israelfreundliche Politik scharf kritisiert hatte. Am 29.1. kamen zwar Boulkheir und zwei weitere Beschuldigte ohne Anklage frei, am 17.2. auch der Generalsekretär der APP. Doch fünf der Festgenommenen, die den illegalen prolibyschen *Revolutionskomitees* nahestanden und gegen die Normalisierung der Beziehungen zu Israel agitierten, wurden am 21.2. zu Haftstrafen zwischen 3 und 6 Monaten verurteilt (vier davon allerdings in zweiter Instanz Mitte April freigesprochen). Offenbar war das Regime beunruhigt, weil eine bislang unbekannnte *Initiative für einen nasseristischen Dialog* Ende 1996 und im März in Flugblättern die mauretanischen Nasseristen dazu aufrief, sich zu vereinigen, um der "zionistischen Normalisierung", der Verbreitung der französischen Sprache und der wirtschaftlichen Liberalisierung mit ihren negativen sozialen Folgen besser Einhalt gebieten zu können (die illegale *Nasseristische Einheitsorganisation* hatte sich 1991 bei Einführung des Parteienpluralismus aufgelöst und gespalten: Ihre Führer waren dem PRDS beigetreten, während die mittleren Kader die APP gegründet hatten). Jedenfalls kam es Ende März nach den Straßenunruhen (s.u.) zu weiteren Verhaftungen unter Nasseristen. Als vom 11.9. an Nasseristen ihren Austritt aus der Regierungspartei PRDS erklärten, begann eine partielle "Säuberungskampagne", der u.a. fünf leitende Polizeibeamte, 21 Präfekten und Justizminister Ould Dah (am 13.9.) zum Opfer fielen - nach PRDS-Darstellung allesamt Agenten des libyschen Revolutionsführers.

Wieder wurden zahlreiche Ausgaben der nichtstaatlichen **Presse** zensiert. Ihre Vertreter durften nicht an der Pressekonferenz teilnehmen, die Taya und der französische Präsident Chirac bei dessen Besuch im September gaben. Zwei regimefreundliche, aber nicht unkritische Blätter, *al-bushra* und *La Vérité*, wurden am 23.6. definitiv und das Nachrichtenmagazin *Mauritanie Nouvelles* am 25.4. für einen und am 5.10. für drei Monate verboten.

Außenpolitik

Wegen ihres vitalen Interesses an einer baldigen, friedlichen Lösung des Konflikts in der **Westsahara** knüpfte die Regierung große Hoffnung an das Abkommen von Houston, das im September unter Vermittlung des ehemaligen US-Außenministers James Baker zustande gekommen war und den UNO/OAU-Friedensplan reaktivierte. Tausende Sahrawis hielten sich in Erwartung des auch von Mauretanien favorisierten, nunmehr für Dezember 1998 vorgesehenen Referendums in der

Nordregion auf. Die traditionell guten Beziehungen zu Tunesien festigten sich u.a. durch die 6. Tagung der großen gemischten Kommission in Nouakchott im Beisein des tunesischen Premierministers (7.-9.1.) und durch Tayas Staatsbesuch in Tunis (1.-3.3.). Die Bemühungen des tunesischen Präsidenten Ben Ali, bei dieser Gelegenheit im Streit zwischen Mauretanien und Libyen zu vermitteln (eine libysche Delegation reiste am 2.3. zu einer Aussprache mit dem mauretanischen Außenminister nach Tunis), hatten noch nicht den gewünschten Erfolg (s.o.). Mit Algerien, einem weiteren Partner in der *Union des Arabischen Maghreb* (UAM), wurde am 17.11. das Kooperationsrahmenabkommen aus den 80er Jahren erneuert.

Die regelmäßigen Dreierkontakte mit den südlichen Nachbarn **Senegal** und **Mali**, mit denen Mauretanien auch in der Flußentwicklungsorganisation OMVS zusammenarbeitet, betrafen hauptsächlich die Bekämpfung von Drogen- und Waffenhandel und Viehdiebstahl im Grenzgebiet (z.B. Treffen der Generalstabschefs am 20.1. und 15.7. in Kayes sowie der Innenminister am 29./30.10. in Bamako). Im Laufe des Jahres wurde die Finanzierung des Wasserkraftwerks in Manantali/Mali gesichert, das ab 2000 Strom produzieren wird (15% für Mauretanien, das damit seine teuren algerischen Energieimporte verringern kann, 52% für Mali und 33% für Senegal), u.a. durch Kreditzusagen Frankreichs und Deutschlands im Juli und September. Das 2,3 Mrd. FF-Projekt wird von 12 Gebern finanziert, an deren Spitze Frankreich mit 506, Deutschland mit 328, die EIB mit 263 und die EU mit FF 211 Mio. stehen. Im Rahmen ihrer regelmäßigen Treffen berieten die Innenminister Mauretaniens und Senegals vom 4.-6.6. in Nouakchott Fragen des freien Waren- und Personenverkehrs und der Sicherheit im Grenzgebiet. Ebenfalls zur Sprache kamen die Probleme der früher am jeweils anderen Flußufer bestellten Ländereien und der Entschädigung der Opfer der Rassenausschreitungen von 1989. Es wurde beschlossen, weitere Grenzübergänge am Fluß zu öffnen und einen gemeinsamen Sicherheitsausschuß einzurichten. Ein Zwischenfall, bei dem am 17.11. ein senegalesischer Fischer von der mauretanischen Küstenwache erschossen wurde, wurde gütlich beigelegt - im Gegensatz zu einem ähnlichen Vorkommnis, das 1989 die schwere, dreijährige Krise zwischen den beiden Ländern ausgelöst hatte. Am 25.2. war Präsident Konaré von Mali in Mauretanien, am 8.6. Präsident Taya in Bamako, wo der wiedergewählte Konaré in sein Amt eingeführt wurde. Der UNHCR schloß am 30.6. das letzte Lager malischer Flüchtlinge auf mauretanischem Boden. Danach galten die dort nach wie vor lebenden 10 000 Personen für Mali nicht mehr als Flüchtlinge, sondern als "im befreundeteten Ausland lebende Bürger". Vom 26.-28.5. war Guineas Staatspräsident General Lansana Conté zu Besuch. Die Bildung einer großen gemischten Kommission wurde beschlossen.

Frankreich blieb Mauretaniens wichtigster Kooperations- und Handelspartner. 1997 stand öffentliche Entwicklungshilfe in Höhe von FF 319,5 Mio. in Aussicht, davon mehr als zwei Drittel in Form von Zuwendungen. Einen Höhepunkt in den Beziehungen, die sich auch nach dem Wahlsieg der französischen Sozialisten nicht verschlechterten, bildete der Besuch von Präsident Chirac und Außenminister Védrine in Mauretanien (5.-6.9.), der, so kurz vor der Präsidialwahl, für Taya besonders gelegen kam. Chirac empfing keine Vertreter der Opposition. Diese hatten ihn am 27.7. in einem offenen Brief davor gewarnt, das Regime zu unterstützen. Der französische Präsident äußerte sich positiv über den Stand der Demokratisierung in Mauretanien und bekräftigte im übrigen Frankreichs anhaltende Solidarität mit Afrika südlich der Sahara. Besonders von Frankreich erwartete Mauretanien Unterstützung für seinen Wunsch, sich aus dem Kreis der AKP-Staaten (Lomé IV-Konvention) zurückzuziehen und als UAM-Staat Vollmitglied der EU-Mittelmeer-Gemeinschaft zu werden, in der es bisher nur Beobachterstatus hat. Dieser Wunsch kam deutlich beim Besuch einer EU-Parlamentarier-Delegation in Nouakchott (29.9.-2.10.) zum Ausdruck. Von der EU, die 1996 ein für sie wichtiges Fischereiabkommen mit Mauretanien schließen konnte, erhielt die Regierung am 26.10. als Zuwendung u.a. vier Schiffe zur Überwachung der Fischereizone. Im Fischsektor, der ein Viertel der mauretanischen Haushaltseinnahmen erwirtschaftet, stand Japan 1996 als Käufer an erster Stelle, war damit generell bedeutendster Kunde und - nach Frankreich und der EU und vor Deutschland - der dritte Entwicklungshilfegeber. U.a. schenkte es am 2.5. zwei Forschungsschiffe und finanzierte den Bau eines Fischmarkts am Strand von Nouakchott, der am 31.8. eröffnet wurde.

Sozioökonomische Entwicklung

Seit 1993 lag das Wirtschaftswachstum dank Strukturanpassungshilfe von Weltbank und IWF und Auslandsunterstützungen von jährlich 20-25% des BIP mit durchschnittlich 4,9% über dem Bevölkerungswachstum von 2,6% (Schätzung für 1997: 4,9%; Zahlen für 1996: 4,8% Wachstum bei ausgeglichenem Haushalt, auf 4,7% gesenkter Inflation, leicht positiver Handels- und nach wie vor defizitärer Zahlungsbilanz, ca. $ 2,2 Mrd. Auslandschulden und einem Schuldendienstquotienten von 20,3%, Tendenz steigend, sowie um 35% höherem Energieverbrauch). Doch bezog ein Drittel der Bevölkerung ein Pro-Kopf-Einkommen von weniger als einem Dollar pro Tag, so daß Taya die Bekämpfung von Armut und Arbeitslosigkeit (durch vermehrte Ausbildung und Förderung des Privatsektors) zum Hauptziel auch der kommenden Amtszeit deklarierte. Anfang März kam es in mehreren Städten zu Ausschreitungen, als Schüler und andere Jugendliche gegen Preiserhöhungen demonstrierten. Dies nahmen die Behörden zum Anlaß, um wegen angeblicher Aufwiegelung Mitglieder der Gymnasiallehrergewerkschaft SIPES zu verhaften, die am 22.2. einen Streik für April angekündigt hatte, nachdem Forderungen nach Verbesserung ihrer materiellen Situation nicht erfüllt worden waren. Aus demselben Grund begannen, ebenfalls Anfang März, Studenten der Universität Nouakchott zu streiken. Sicherheitskräfte besetzten das Gelände. 16 Lehrer und 207 Studierende wurden im Landesinneren unter Verwaltungsarrest gestellt und erst am 22.6. nach Abschluß der Jahresprüfungen wieder freigelassen. Am 30.12. kündigte Taya eine 15%ige Anhebung der Löhne in den untersten Stufen sowie der Renten und Pensionen im öffentlichen Dienst an.

Während der Anteil der Schüler, die die sechsjährige Hauptschule besuchten, von 82% (1995/96) auf 86,54% der entsprechenden Altersgruppe anstieg, sank die Rate der Prüflinge, die das Abitur bestanden, von 20,6 auf 18,1%. Das ganze Jahr über warb das Staatssekretariat für Frauenfragen für den Schulbesuch von Mädchen. Im Oktober beschloß die Regierung, Frauen für die Armee zu rekrutieren und zu Ärztinnen ausbilden zu lassen. Es konnten jedoch erst zwei der zehn angebotenen Plätze besetzt werden. Frauen arbeiten bereits als Polizistinnen.

Ursel Clausen

Chronologie Mauretanien 1997

05.01.	Regierungsumbildung; erneut am 15.2., 11.5., 9.6. und 13.9.
27.02.	Gründung der *Front der Oppositionsparteien*
26.03.	Präsident Taya beim OAU-Krisengipfel (Zaïre) in Togo
15.-24.04.	21. Sitzung des *African Human Rights and Peoples' Rights Committee* in Nouakchott
29.05.	Beschluß der NATO-Außenminister, den 1995 begonnenen Dialog der NATO mit 6 Ländern der Mittelmeerregion (darunter Mauretanien) zu verstärken
Ab 26.06.	Präsident Taya privat in Frankreich; Gespräche mit den Präsidenten Chirac und Arafat
Juli	Gesetze über die Neuordnung des Sports sowie der Berufsstände von Notaren, Rechtsgutachtern und Gerichtsvollziehern
31.07.-02.08.	Erster Parteitag der UDP1; Mitglieder: 20 152; Präsident: Hamdi Ould Mouknass
05.-06.09.	Französischer Präsident und Außenminister in Mauretanien
11.-12.09.	Präsident Taya beim 12. CILSS-Gipfel in Banjul/Gambia
12.12.	Präsident Taya wiedergewählt
18.12.	Neue Regierung; Premierminister: M. L. Ould Guig
29.12.	Zulassung der *Volksfront* als 22. Partei

Afrika-Jahrbuch 1997, S. 138-142

Niger

Fläche: 1 267 000 km^2, **Einwohner:** 9,3 Mio., **Hauptstadt:** Niamey, **Amtssprache:** Französisch, **Lebenserwartung:** 47 J., **Alphabetisierung:** 13%, **Wechselkurs:** $ 1 = Franc CFA 598,81 **HDI:** 0,206, Rang 44, **Pro-Kopf-Einkommen:** $ 200, **BSP:** $ 1 880 Mio., **Anteile am BIP:** 39% - 18% - 43%, **Hauptexportprodukte (1995):** Uran 50%, **Staatschef:** Ibrahim Baré Maïnassara, **Regierungschef:** Ibrahim Hassane Mayaki

Innenpolitik

Anfang Januar spitzte sich der **innenpolitische Machtkampf** zu, als nach einer verbotenen, von Ausschreitungen begleiteten Demonstration (11.1.) zahlreiche Oppositionelle verhaftet wurden. Mahamane Ousmane, Mahamadou Issoufou und Mamadou Tandja wurden unter Hausarrest gestellt, die Regierung sprach von gezielter Destabilisierung. Menschenrechtsorganisationen, Gewerkschaften, Benin und Togo versuchten zu vermitteln, Frankreich und die USA zeigten sich beunruhigt. Zur weiteren Eskalation trug die Einrichtung eines **Sondergerichtshofs** bei. Dieser, 1974 geschaffen und zuletzt 1990 aktiv gewesen, verstieß nach Meinung der Opposition gegen die Verfassung. Sie bereitete im Gegenzug, basierend auf der Verfassung von 1992, eine Klage gegen Maïnassara wegen Durchführung des Putschs 1996 vor. Die Stürmung der Häuser der verhafteten Oppositionellen und der Vorwurf eines angeblichen Putschversuchs schienen eine weitere Verschlechterung anzudeuten, als am 23.1. die überraschende Freilassung der Politiker erfolgte. Mit der Verhaftung eines Oppositionspolitikers und des die Klage gegen Maïnassara vorbereitenden Anwalts sowie darauf folgenden Demonstrationen spitzte sich aber bereits am nächsten Tag die Lage erneut zu. Im Verlauf einer Rundreise nach Togo, Benin, Côte d´Ivoire und Burkina Faso lehnten die Oppositonsführer am 22.2. in Lomé die von der Regierung vorgeschlagene Regierung der Nationalen Einheit ab, gleichzeitig gab es in Niamey eine Großdemonstration. Die Opposition forderte die Abschaffung des Sondergerichtshofs, ein Ende der Bedrohungen, Neuwahlen und ausländische Vermittler. Beispielhaft für die angespannte Lage waren auch die Verwüstung der unabhängigen Radiostation *Radio Anfani* (28.2.) sowie der Vorwurf des Außenministers bei einem Treffen mit ausländischen Botschaftern (2.4.), auswärtigen Mächte würden sich in die internen Angelegenheiten einmischen. Dies war in erster Linie gegen die USA und Deutschland gerichtet.

In der Frage des Verhaltens gegenüber der Opposition war sich die Regierungsseite nicht einig. Am 1.3. hatte sich die *Rassemblement pour la Démocratie et le Progrès* (RDP), die bisherige pro-Maïnassara-Allianz im Parlament, als politische Partei konstitutiert und warf der Opposition vor, die anhaltenden sozialen Streiks zu manipulieren bzw. das Regime zu destabilisieren. Ihr erster Kongreß (14.-20.8.), auf dem der bisherigen Generalsekretär der OCI, Hamid Algabid, zum Vorsitzenden, Ministerpräsident Cissé zum Vizepräsidenten und Abdourahamane Seydou zum Generalsekretär gewählt wurden, war von heftigen personellen Machtkämpfen geprägt. Die Mitglieder des Parlaments (dessen Auflösung in der Verfassung nicht vorgesehen ist) wiederum stemmten sich aus Furcht um ihre Privilegien gegen die von der Opposition geforderten Neuwahlen. Umbesetzungen in der Führungsspitze von Gendarmerie (März) und Armee (Sommer) deuteten hier auf Unzufriedenheit hin.

Verhandlungen zwischen Opposition und Regierung scheiterten an der **fehlenden Kompromißbereitschaft beider Seiten.** Am 9.6. gab Maïnassara in einer Rede der Opposition die Schuld hieran. Trotzdem blieb es am Jahrestag seines Wahlsiegs (7.7.) ruhig und die Opposition konnte am 20.7. eine Veranstaltung vor dem Parlament durchführen. Ein neues Dialogangebot Maïnassaras im September wurde abgelehnt, in Maradi und Niamey kam es zu Zusammenstößen. (10.9)

Zum Jahresende zeigten sich die Auswirkungen eines neuen **Pressegesetzes**, das nach den gescheiterten Gesprächen vom Mai am 12.6. in Kraft getreten war. Es erschwerte die Ausübung der journalistischen Tätigkeit und des Verkaufs von Presseerzeugnissen und sah hohe Strafen bei Beleidigung des Präsidenten vor. Das Gesetz wurde zum Mittel zur Verfolgung von Kritikern und schränkte die innenpolitische Dialogfähigkeit weiter ein. Auf seiner Grundlage wurden im September ein Journalist und am 23.10. der Oppositionelle Bangnou Bonkoukou, Führer einer

Menschenrechtsorganisation, zu zwei Jahren Haft verurteilt. Bonkoukou hatte in einer burkinabischen Zeitung die Legitimität der Herrschaft Maïnassaras angezweifelt und ihm vorgeworfen, ein Diktator zu sein. Diese Urteile führten zu neuen Spannungen mit den USA. Tchangari wurde im Dezember freigelassen.

Parallel zu den machtpolitischen Auseinandersetzen gab es während des gesamten Jahres **Streiks und Proteste gegen die Sparpolitik der Regierung**. Die Gewerkschaften kooperierten dabei zwar nicht eindeutig mit der Opposition, die Gleichzeitigkeit der Aktionen verschärfte aber oft die Lage. Nach Auflösung einer Studentendemonstration am 9.1. zur Forderung ausstehender Stipendien wurde die Universität geschlossen (25.2.) und am 28.2. der Campus gestürmt. Eine 12-Punkte-Vereinbarung (11.4.) wurde nach Meinung der Studenten von der Regierung nicht eingehalten. Am 13.11. kam es daher parallel zu Streiks im gesamten Bildungsbereich zu neuen Demonstrationen. Die Streiks hatten mit Beginn des neuen Schuljahrs am 1.10. begonnen. Neben ausstehenden Gehältern forderten die Lehrer die Lieferung von Schulmaterialien und die Reparatur zerstörter Schulgebäude. Eine Einigung vom 13.10. wurde nach Meinung der zuständigen Gewerkschaft nicht eingehalten, was am Jahresende zu neuen Protesten führte. Auch in anderen Schulzweigen sowie von Seiten der Hochschullehrer wurde gestreikt. Am 13.11. kam es bei Demonstrationen der Schüler und Studenten zu Zusammenstößen. Bei den Protesten der *Union des Syndicats de Travailleurs Nigériens (*USTN) standen im Frühjahr die Mitarbeiter der von Privatisierung bedrohten Elektrizitätsgesellschaft in vorderster Front, vier Mitarbeiter wurden wegen Sabotage (Stromabschaltungen) verurteilt. Ein Streik im öffentlichen Sektor wegen ausstehender Gehälter (26/27.2.) war wenig erfolgreich, weshalb die Regierung am 27.2. eine von den Geldgebern geforderte Gehaltssenkung um 12% ankündigte. Am 8.3. wurden nach einem erneuten Ausstand alle Demonstrationen verboten, es kam zu Zusammenstößen. Am 20.3. protestierten die Zöllner, nachdem es in Maradi zu einem Zwischenfall mit Soldaten in einer Bar gekommen war. Ab Mai streikte die USTN jeden Monat für jeweils 2-3 Tage, wobei dies am 6.5. zum Ärger der Regierung parallel zum Beginn von Verhandlungen mit IWF und Weltbank stattfand. Im September wurden zwar die gestellten Forderungen der Gewerkschaften nicht erfüllt, die Regierung ließ aber einige verhaftete Aktivisten frei. Im Oktober kam es auch zu Protestmaßnahmen bei den medizinischen Angestellten und bei der Post, wobei die Postler die Entlassung der zuständigen Ministerin sowie die Einrichtung eines von dieser verweigerten Mobiltelefonnetzes forderten.

Auch in der **Armee** regte sich Unruhe. Im Mai und Juni gab es kleinere Meutereien: In Agadez waren die Soldaten über fehlende Unterstützung während einer "Anti-Banditen-Operation" verstimmt und nahmen Präfekt, Kommandierenden und Bürgermeister als Geisel, eine Vermittlung erfolgte am 3.6. durch den Verteidigungsminister. Am 11.6. wurde kurzfristig der stellvertretende Oberbefehlshaber als Geisel genommen, die rebellierenden Soldaten forderten eine Verbesserung von Bezahlung und Lebensbedingungen. Ähnliche Vorfälle gab es in Maradi (14.6.) und Diffa.

Die innenpolitische Unruhe ging einem *Amnesty International*-Bericht zufolge (6.5.) einher mit willkürlichen Verhaftungen, systematischer Einschüchterung und ungerechten Verfahren gegen Oppositionelle. Im Zusammenhang mit den Verhaftungen vom Januar wurden Foltervorwürfe erhoben. AI forderte die Regierung auf, die **Menschenrechtsverletzungen** einzustellen.

Die innenpolitische Unruhe schlug sich bei der **Besetzung höherer Posten und in der Regierung nieder**. Am 19.6. wurden durch Umbesetzungen bei höheren Verwaltungsposten und bei den Streitkräften Forderungen der Meuterer in der Armee erfüllt. Bei einer technischen Regierungsumbildung am 14.6. kam es zu einer Verringerung der Zahl der Ministerien, die Schlüsselposten blieben unberührt. Für Finanzen und Wirtschaft wurde Ahamadou Mayaki und für Planung und Privatisierung Yacouba Nabassoua zuständig. Diese Umbildung bedeutete einen ersten Machtverlust für Cissé, dem das Scheitern der Verhandlungen mit dem IWF zur Last gelegt wurde. Am 24.11. wurde die Regierung überraschend nach einer Parlamentssitzung, in der Cissé seine Politik verteidigt hatte, entlassen. Ministerpräsident wurde am 27.11. der bisherige Außenminister Ibrahim Hassane Mayaki. In der von ihm gebildeten Regierung (1.12.) waren acht Neuzugänge, die unter anderem die Ministerien für Äußeres, Verteidigung und Justiz übernahmen. Der frühere Tuareg-Rebellenführer Rhissa Ag Boula wurde für den Tourismus verantwortlich, das Ministerium für Verwaltung, Arbeit und Beschäftigung übernahm der USTN-Funktionär Moussa Oumarou. Die Opposition war nicht beteiligt. Politische Bedeutung hatte der Tod des einflußreichen Kabinettsdirektors und Schwager des Präsidenten, Mahamane Sani Backo, im Dezember.

Am 6.6. wurde der von der Verfassung vorgesehene "**Hohe Gerichtshof**" geschaffen, der die Zuständigkeit bei Hochverratsklagen gegen den Präsidenten und bei Klagen gegen die Mitglieder der Regierung besitzt. An seine Spitze wurde der frühere Parlamentspräsident Moumouni Dermakoyé Adamou berufen.

Der Friedensprozeß mit den **Tuareg** verlief widersprüchlich. Trotz des stattfindenden Dialogs gab es angesichts der Zersplitterung der Rebellen immer wieder Rückschläge wie Überfälle auf Touristen im Januar, Zusammenstöße mit der Armee und Überfälle auf Lastwagen. Insgesamt hielten sich die Tuareg jedoch an die vereinbarte Entwaffnung und Kasernierung. Bei einem Gebertreffen am 29.1. bat Cissé um internationale Hilfe für ein zweijähriges Ansiedlungsprogramm in Höhe von F CFA 18 Mrd., insgesamt forderte er F CFA 35 Mrd. für Integration, Ausbildung und Arbeitsplätze. Ende März und Mitte April kam es im Grenzgebiet zwischen malischen Tuareg und nigrischen Fulbe-Bauern bei Kämpfen um Wasserplätze zu 23 bzw. 3 Toten. Anläßlich der Armeemeuterei im Juni hatten die Tuareg angeblich Agadez umstellt, um die Freilassung der Geiseln zu fordern. Sie warfen der Regierung eine zu langsame Umsetzung des Friedensvertrages vor. Obwohl die *Coordination de la Résistance Armée* am 16.7. erklärte, die Demobiliserung und Kasernierung von Rebellen sei wie vorgesehen beendet, kam es ab dem 16.9. zu mehreren, bewaffneten Angriffen gegen kleinere Militärposten. Hierfür wurde eine Koalition zwischen *Front des Armées Révolutionnaires du Sahara* (FARS) und *Union des Forces de la Résistance Armée* (UFRA) verantwortlich gemacht. Deren Führer Mohamed Anako forderte Arbeit und soziale Leistungen als Vorbedingung für die Waffenübergabe. Die Bewegung der **Tubu** (einer im Osten lebenden Ethnie), FARS, unter Barka Wardougou (der Bindungen nach Tschad und zum früheren tschadischen Präsidenten Goukouni Oueddei hat) hatte am 27.2. drei nigrische Angestellte und einen kanadischen Entwicklungshilfer entführt, der am 21.5. nach libyscher Vermittlung wieder freigelassen wurde. Sie hatte ausländische Vermittlung, eine Untersuchung über einen Vorfall im Januar, einen Waffenstillstand, Bewegungsfreiheit sowie Entschädigung gefordert. Trotz eines im Tschad geschlossen Waffenstillstands (6.6.) kam es weiter zu Zusammenstößen. Am 25.10. behauptete der Verteidigungsminister, die Rebellen wollten zusammen mit Goukouni Oueddei einen eigenen Staat gründen, was Oueddei dementierte. Rhissa Ag Boula begab sich Ende Oktober zur Konfliktschlichtung in den Norden, bei einer Zeremonie übergaben 4 000 Kämpfer in Tchintabaraden ihre Waffen im Beisein burkinabischer, algerischer und französischer Vermittler. Am 28.11. kam schließlich nach algerischer Vermittlung ein Abkommen in Algier zwischen Regierung und UFRA/FARS zustande, in dem Waffenruhe, Gefangenenaustausch und Entwaffnung vereinbart wurden. Mitte Dezember ließ die Regierung Gefangene frei. Auch mit der *Front Démocratique du Renouveau* (FDR) kam es zu Zusammenstößen, Ende März mit Fulbe-Bauern bei Diffa (3 Tote) und ab Juli mit der Armee. Der FDR zufolge ging die Unsicherheit in der Region von tschadischen Rebellen um Acheik Ibn Omar aus. Zusätzliche Brisanz erhielt der Tuareg/Tubu-Konflikt dadurch, daß Anfang November die politische Opposition dem Präsidenten vorwarf, Soldaten unter den Exrebellen zum Aufbau einer eigenen Miliz zu rekrutieren.

Daneben kam es immer häufiger zu **Zusammenstössen zwischen Bauern und Viehzüchtern,** vor allem im Südwesten. Derartige Vorfälle hatten nach Aussage des Innenministers (30.6.) wegen der freien Verfügbarkeit von Waffen beunruhigende Ausmaße angenommen. Als Ursachen benannte er die Ausweitung bäuerlich genutzten Landes, Bevölkerungszuwachs, Dürre, korrumpierte Schlichter und in der Regel nur mündlich getroffene Urteile sowie Einmischung von Politikern.

Außenpolitik

Die außenpolitischen Beziehungen wurden von der innenpolitischen Entwicklung bestimmt, regionale Nachbarn wie **Togo**, **Benin** oder **Nigeria** versuchten zu vermitteln. Für Nigeria, mit dem mehrmals auf Präsidentenebene ein direkter Austausch stattfand, nahm Niger daneben regional eine vermittelnde Position ein: So hielt sich Maïnassara am 3.10. gleichzeitig mit dem neu gewählten liberianischen Präsidenten Charles Taylor auf Einladung des Präsidenten Compaoré in Ouagadougou (Burkina Faso) auf. Ab April wurden insgesamt 500 Soldaten im Rahmen der ECOMOG nach **Liberia** entsandt. Im Tuareg-Tubu-Konflikt vermittelte erneut **Algerien** (Waffenstillstand vom 28.11.), dessen *Air Algérie* am 29.8. die Verbindung Tamanrasset-Niamey aufnahm. Eine besondere Rolle spielten die Beziehungen zu **Libyen**: Nach der auf libysche Vermittlung erfolgten Freilassung eines von Tubu-Rebellen entführten kanadischen Entwicklungshelfers nutzte Khadhafi seine besonderen Beziehungen zu Niger (und Nigeria) und durchbrach mit Abhaltung des Freitagsgebets am 8.5. in Niamey aus Anlaß des muslimischen Neujahrsfestes seine internationale Isolierung. Dabei polemisierte er gegen die UNO und forderte zur Übernahme des islamischen Kalenders sowie der arabischen Sprache auf. Am 26.5. wurden libysche Materiallieferungen für die Armee im Wert von F CFA 2 Mrd. gemeldet. Vom 15.-17.8. trafen sich die Präsidenten Nigers, Tschads, **Malis** und Burkina Fasos in Tripoli und beschlossen die Gründung einer **Sahelgemeinschaft**. Im September öffnete Libyen die Grenze nach Niger, Mali und Tschad. Bei einem Besuch Maïnassaras in **Tschad** (12.10.) standen die Rebellenbewegungen im Grenzgebiet im Mittelpunkt. In Ndjamena war im Juni ein Waffenstillstand mit der FARS vereinbart worden, beide Länder wollten in der Angelegenheit zusammenarbeiten. Um regionale Fragen ging es auch bei einem Außenministertreffen in Khartoum, an dem neben Niger auch **Sudan,** Tschad und die **Zentralafrikanische Republik** beteiligt waren.

Die Beziehungen zur arabisch-islamischen Welt fanden ihren Niederschlag im Besuch Maïnassaras in **Kairo** (24./25.2.) und bei Gesprächen in **Kuwait** und **Saudi-Arabien** (27.4.). Am 13.7. besuchte der **iranische** Außenminister Velayati auf seiner Werbetour für das Gipfeltreffen der OCI in Teheran Niamey.

Beim Besuch des chinesischen Außenministers Qian Qichen (12.1.) wurde ein Vertrag über wirtschaftliche und technische Kooperation geschlossen, **China** gewährte F CFA 975 Mio. für noch zu definierende Projekte. Im Mai besuchte Maïnassara Peking, im August wurde militärische Ausrüstung im Wert von F CFA 3-4 Mrd. und Ausbildungshilfe zur Verfügung gestellt, der Oberbefehlshaber Nigers war im November in China. Im Dezember begann ein Hilfsprogramm im Wert von F CFA 90 Mio., das vor allem die Wasserversorgung um Zinder sichern soll.

Sozioökonomische Entwicklung

Nach Aussage Cissés im Juni in Paris anläßlich eines Frankreich-Besuchs zur Förderung von Investitionen betrug das Wirtschaftswachstum 1996 4%, die Inflation lag bei 3%.

Ungeachtet der Bevölkerungsproteste gegen Sparmaßnahmen verhandelte die Regierung mit den internationalen Geldgebern um finanziellen Beistand. Diese hatten **Hilfsleistungen und bilaterale Zusammenarbeit** weitgehend wieder aufgenommen. Frankreich stellte ab März wieder Wirtschafts- und Budgethilfen zur Verfügung und war prinzipiell zu Schuldenumwandlungen bereit. Vom 3.-6.3. war Cissé in Paris und Brüssel. Dänemark, das Mitte Juni seine Kooperation aufnahm, kündigte im Oktober F CFA 19 Mrd. für die nächsten fünf Jahre an. Deutschland gewährte F CFA 18 Mrd. für die ländliche Entwicklung und F CFA 600 Mio. für die Ansiedlung von Tuareg, die USA F CFA 7 Mrd. Auch Kanada vergab erneut bilaterale Hilfe. Der IWF gab im Juli die 2. Rate über $ 26 Mio. frei, am 24.3. stimmte die Weltbank einem Kredit über F CFA 15 Mrd. zu und bewilligte am 29.5. einen Kredit über $ 20 Mio. für städtische Infrastruktur. Am 28.7. erkannte der IWF die Bemühungen der Regierung an, forderte aber angesichts der weiterhin fragilen Wirtschafts- und Finanzlage weitere Aktivitäten zur Sicherung des Wachstums. Die Regierung sollte sich auf eine Reduzierung des Haushaltsdefizits, weitere Reformen im öffentlichen Sektor und die Förderung des Privatsektors konzentrieren. Anfang Dezember kam es zu einem Rückschlag, als die 2. Rate eines Kredits wegen der nicht umgesetzten Privatisierungspolitik zurückgehalten wurde. Auch die EU erklärte, ungeachtet einer Gewährung von F CFA 10,3 Mrd. Ende Dezember, daß künftige Gelder an Reformen gebunden sind. Am 22.4. gewährte die ADB einen Kredit über $ 25 Mio. für Strukturanpassung.

Die Regierung war sich im Gegenzug darüber bewußt, eine rigorose Reform- und Sparpolitik betreiben zu müssen, am 14.2. wurde die **Privatisierung bzw. Umstrukturierung** von 12 Unternehmen bis zum Jahresende angekündigt, darunter die *Société Nigérienne d'Electricité* (deren Beschäftigte sich massiv zur Wehr setzten), die *Société Nationale des Eaux*, die *Société Nigérienne des Produits Pétrolier*s und die Post. Im August wurden 80% der *Société Nigérienne des Textiles* an ein chinesisches Konsortium verkauft, der Rest an nationale Privatanleger. An der Fluglinie *Air Inter-Niger* bekundeten pakistanische Investoren Interesse. Am 7.8. kündigte Maïnassara angesichts von $ 1,23 Mrd. **Schulden** weitere Einsparungen an. Mitte Februar hatte die Islamische Entwicklungsbank, die Investitionen wegen Nichtzahlung der Außenstände 1990 eingestellt hatte, eine Umschuldung über F CFA 12,5 Mrd. bewilligt. Ungeachtet der Sparpolitik kündigte am 27.10. der Wirtschafts- und Finanzminister aber einen Anstieg öffentlicher Ausgaben 1998 um 4,5% an. Am 26.11. schließlich forderte Maïnassara angesichts der Notwendigkeit zum Sparen und eines dritten Jahres mit schlechter Ernte (am 4.11. war die Internationale Gemeinschaft um Hilfe wegen der drohenden Hungernot gebeten worden) die Bevölkerung zu "Mäßigung und Einfachheit" auf. Bei der Bekanntgabe der neuen Regierung am 1.12. kündigte er eine Intensivierung der Sparpolitik und strikte Umsetzung der Strukturanpassung an. Der am 4.12.im Parlament diskutierte Haushalt 1998 sah dagegen eine Steigerung um 5% vor, er sollte vor allem durch Auslandsfinanzierung gesichert werden.

Im Oktober ergriff die Regierung Maßnahmen zur **Bekämpfung von schlechter Amtsführung und Korruption,** es gab zahlreiche Verhaftungen. Eine Kommission beschäftigte sich mit den Ursachen für die schlechten Leistungen der Staatsbetriebe und mit Unterschlagungen. Sie bearbeitete bis Mitte Dezember knapp 100 von 313 Fällen, F CFA 86,7 Mio. unterschlagene Gelder wurden eingetrieben. Als Ursachen für die Mängel wurden Ernennungen aufgrund persönlicher Beziehungen, ungenügende Ausbildung und fehlende Strafverfolgung bei Vergehen analysiert. Eine Reihe hoher Funktionäre mußten ihre Posten abgeben. Im Dezember wurden zur Eintreibung ausstehender Steuern Sonderbrigaden gebildet.

Ein **internationales Forum über Desertifikation** (2./3.9.) stellte in Niamey fest, daß Niger in diesem Jahrhundert 90% des Landes an die Wüste verloren hat. Eine französisch-schweizerisch-nigrische Studie meldete einen Rückgang der Regenfälle von 650 mm (1950-70) auf 490 mm (1971-1990), erklärte aber, daß zur allgemeinen Überraschung gleichzeitig die unterirdischen Wasserlager zugenommen haben.

Bei der Bekämpfung fundamentalistischer Muslime ist die Regierung seit Ende 1996 zu einem schärferen Vorgehen übergegangen, am 11.2. kam es zu Zusammenstößen in der Nähe von Maradi. Inzwischen erklärten sich die **Muslime**, die sich in der Vergangenheit gegen die Politik der Regierung gewandt hatten, in beschränktem Umfang zur Familienplanung bereit.

Regina Wegemund

Chronologie Niger 1997

11.01	Gewaltsame Demonstration der Opposition
02.04.	Vorwurf der Einmischung in interne Angelegenheiten an das Ausland
Juni	Mehrere Armeemeutereien
09.06.	Scheitern der Gespräche zwischen Regierung-Opposition
10.06.	Waffenstillstand mit der FARS
12.06.	Neues Pressegesetz
14.06.	Regierungsumbildung
14.-20.08	RDP-Kongreß
02.-03.09	Internationales Forum über Verwüstung
Oktober	Beginn einer Aktion zur Bekämpfung von Korruption und schlechter Amtsführung
24.11.	Entlassung der Regierung
28.11.	Waffenstillstand mit UFRA/FARS
01.12.	Regierungsneubildung

Nigeria

Fläche: 923 768 km², **Einwohner:** 115 Mio., **Hauptstadt:** Abuja, **Amtssprache:** Englisch, **Lebenserwartung:** 53 J., **Alphabetisierung:** 56%, **Wechselkurs:** $ 1 = Naira (N) 21,88 (offiziell), 74,65 (freier Markt), **HDI:** 0,393, Rang 18, **Pro-Kopf-Einkommen:** $ 240, **BSP:** $ 27 600 Mio., **Anteile am BIP:** 43% - 25% - 31%, **Hauptexportprodukt (1995):** Erdöl 97%, **Staats- und Regierungschef:** General Sani Abacha, **Oberstes Exekutivorgan:** Provisional Ruling Council (PRC), **Ministerrat:** Federal Executive Council (FEC)

Repression, Staatsterror und Gegenterror kennzeichneten die innenpolitische Entwicklung. Zugleich bereitete General Sani Abacha die Öffentlichkeit schrittweise auf die Möglichkeit vor, daß er mittels Wahlen oder Referendum an der Macht bleibe. Die Machthaber ignorierten jegliche Kritik der westlichen Demokratien am nigerianischen Transitionsprozeß. Zugleich rechneten sie nicht mit einem Ölboykott, sollte der Übergangsprozeß zu einer demokratisch legitimierten Regierung fehlschlagen. Denn das ökonomische Interesse internationaler Unternehmen am nigerianischen Erdöl und Erdgas wurde höher prognostiziert, als die Bereitschaft des Westens, einen internationalen Konflikt über die Einhaltung der Menschenrechte und Schaffung demokratischer Strukturen in Kauf zu nehmen. Die wirtschaftliche Situation verschlechterte sich; ständiger Benzinmangel und Stromausfall entwickelten sich zu entscheidenden Strukturmerkmalen des Landes.

Innenpolitik

Auch 1997 setzte sich der **Bombenterror** des Vorjahres unvermindert fort. Bereits am 7.1. detonierte ein Sprengsatz in Lagos, der zwei Soldaten tötete und 29 verletzte. Zwei weitere Anschläge (12.2./7.5.) in der Wirtschaftsmetropole richteten sich ebenfalls gegen Militäreinheiten, forderten jedoch keine Todesopfer. Wenige Tage später (12.5.) explodierte in Ibadan, der zweiten Großstadt im Yoruba-Land, eine weitere Bombe, die aber lediglich Sachschaden anrichtete. Ähnlich glimpflich verlief ein Attentat auf den Konvoi des Militär-Verwalters von Ekiti State (2.9.), und auch der Anschlag (25.9.) auf das Haus von Alex Akinyele, dem Vorsitzenden des *National Reconciliation Committee* (NARECOM), in Ondo blieb ohne schwerwiegende Folgen. Dem Anschlag auf den Flughafen der Hauptstadt Abuja (13.12.), der möglicherweise Abachas Stellvertreter, Lt.-Gen. Oladipo Diya galt, fiel jedoch ein Sicherheitsbeamter zum Opfer. Am 16.5. kamen bei zwei Bombenexplosionen in Onitsha erstmals Zivilisten ums Leben. Es handelte sich dabei um fünf Angehörige der muslimischen Minderheit im christlich dominierten Igbo-Kernland, die sich vor ihrer Moschee versammelt hatten. Auch in der Ölmetropole Port Harcourt kam es zu Anschlägen mit einem Todesopfer (6.8.).

Da wie im Vorjahr die Polizei die Anschläge nicht aufklären konnte, wurde pauschal die oppositionelle *Nigerian Democratic Coalition* (NADECO) verantwortlich gemacht. In den ersten Wochen des Jahres verhafteten die Sicherheitsdienste mehr als 20 Personen aus diesem Umfeld. Olu Falae, der frühere Finanzminister und Sekretär des Babangida-Regimes, der dem Führungszirkel der NADECO angehörte, wurde bereits am 9.1. festgenommen, obwohl die *Association For True Nigeria*, die sich im Vorjahr erstmals zu Wort gemeldet hatte, und eine neue Gruppierung, *Liberation Organisation of Nigeria* (LON), die Verantwortung für die Anschläge in Lagos und Ibadan übernahmen. Doch bestanden erhebliche Zweifel an der Existenz derartiger Organisationen, Beobachter gingen nach wie vor von Einzeltätern bzw. unorganisierten Kleinstgruppen aus.

Neben der Serie von Bombenanschlägen erlebte das Land im Berichtszeitraum eine Vielzahl von unterschiedlichen **internen Konflikten**. Die heftigen Auseinandersetzungen des Vorjahres zwischen islamischen Gruppierungen in Nordnigeria und der Staatsmacht setzten sich in verminderter Form fort. So kam es gegen Ende der Fastenzeit in Kano (7.2.) zu einem blutigen Zwischenfall zwischen Anhängern der radikalen *Muslim Brethren* und der Polizei, bei dem mehrere Menschen zu Tode kamen. Nach Protestdemonstrationen zahlreicher Anhänger und Sympathisanten des inhaftierten geistigen Führers Ibrahim Zakzaky Ende Januar in Sokoto hatte die Polizei etwa 100 Demonstranten festgenommen. Ihnen wurden regierungsfeindliche Aktionen, unerlaubtes Predigen und Aufrufe zum Sturz der Regierung vorgeworfen. Ein Gericht in Sokoto hatte die Verhandlungen gegen mehr als 40 Angeklagte, die im Zusammenhang mit den schweren Zwischenfällen im September des Vorjahres verhaftet worden waren, immer wieder vertagt und mehrere Häftlinge gegen Kaution auf freien Fuß gesetzt. Diese Entscheidung zeigte die Hilflosigkeit, mit der die Staatsmacht dem Phänomen des religiösen Radikalismus begegnete.

Im März entzündeten sich im Niger Delta im Großraum von Warri kommunale Konflikte mit ethnisch-chauvenistischen Untertönen. Zu gleichgelagerten Auseinandersetzungen kam es in Modakeke, einem Bezirk des Yoruba-Zentrums Ile-Ife. Auslöser dieser Konflikte waren die ***Local Government*** **Wahlen** vom 15.3. und die umstrittenen Modifikationen der Bezirksreform vom Dezember 1996, die die Anzahl der LG und der *Area Councils* auf 774 erhöht hatte. Doch blieben Konflikte auf der kommunalen Ebene nicht auf diese beiden Orte beschränkt, sondern ereigneten sich, wenn auch weniger blutig, in anderen Bezirken, wo vergleichbare Änderungen vorgenommen worden waren, wie z.B. in Kaduna, Bayelsa und Ondo State. In mindestens 17 Bundesstaaten gab es Grenzverschiebungen von LG bzw. Umbenennungen einzelner LG und in 12 Bundesstaaten die Verlagerung von Verwaltungssitzen innerhalb einiger LG. Die Gebietsreformen im Rahmen der LG-Wahlen wurden politisch instrumentalisiert und dienten oft auch dem Zweck, Kommunen mit regimefeindlicher Bevölkerung durch Verlagerung des Verwaltungszentrums "abzustrafen".

Das Konfliktmuster im Großraum Warri basierte auf dem fast 80 Jahre währenden Machtkampf zwischen den drei dort lebenden Ethnien Ijaw, Itsekiri und Urhobo. Die mit der Unabhängigkeit begonnene inflationäre Föderalisierung und die damit verbundene Alimentierung durch die Zentralregierung hat zu einer neuen inneren Dynamik geführt, die sich in der Rück- und Neubesinnung auf die eigene ethnische Identität manifestierte. So betrachteten die fast ausschließlich im Gebiet von Warri lebenden Itsekiri die beiden anderen Ethnien als zugezogene, die sie nun dominieren und ausrotten wollten. Für die Ijaw und Urhobo dagegen waren die Itsekiri die Unterdrücker, personifiziert durch das traditionelle Oberhaupt der Itsekiri, den Olu of Warri. Dieser Königstitel existiert erst seit den 50er Jahren, ein Königreich Warri gab es nie, lediglich das Königreich der Itsekiri.

Bei der LG-Reform vom Dezember 1996 wurde aus einem Teil des Bezirkes Warri North der neue Bezirk Warri Central. Damit wurde Ogbe-Ijoh, wo mehrheitlich Ijaw leben, der umstrittene Verwaltungssitz von Warri South. Dennoch waren die Itsekiri im Bezirk Warri South insgesamt in der Mehrheit. Am 17.3., zwei Tage nach den Wahlen, gab der Militärverwalter jedoch eine Veränderung bekannt, die verheerende Folgen hatte: Die *Itsekiri Community* von Ugborodo in Warri North, zu der auch der Ort Ogidigben zählte, wurde Warri South zugeschlagen und Warri South in Warri South-West umbenannt. Zugleich verlor Ogbe-Ijoh seinen Verwaltungssitz an Ogidigben, und Warri Central wurde zu Warri South mit dem Verwaltungssitz Warri.

Die Wahlen vertieften die Spannungen im Großraum Warri, jede Seite beschuldigte die andere der Manipulation und Wahlfälschung. Am 17.3. kam es zu ersten größeren Protestmärschen der *Urhobo-Community* im Stadtzentrum von Warri gegen den Wahlsieg des DPN-Vertreters, eines Itsekiri. Es gab einen Toten. Als der Konflikt eskalierte, setzte der Militärverwalter die bereits vereidigten Ratsvorsitzenden von Warri South und Warri South-West ab, was allerdings die Spannungen nicht abbaute. Wenige Tage später wurden auch die Ölgesellschaften zu Zielscheiben des Protestes. Ijaw-Jugendliche nahmen mehr als 80 Shell-Mitarbeiter als Geiseln (22.3.), sie blieben aber unverletzt und kamen bald wieder frei (27.3.). Die Ausschreitungen hielten an, drei Todesopfer waren nach einem Brandanschlag auf das Anwesen des früheren Informationsministers Edwin Clark, einem Ijaw, zu beklagen (26.3.). Der Olu of Warri entkam nur knapp einem Anschlag auf seinen Palast (27.3.). Bald erreichte die Gewalt die Weiler an den zahlreichen Flußläufen. Am 4.4. gab es mehrere Tote in Ijaghala, einer Istsekiri-Siedlung. Am 12.4. brannte das Ijaw-Dorf Ikpopo nieder, mehr als 40 Menschen kamen dabei ums Leben. Fünf Tote gab es bei einem Anschlag auf die Dörfer Ebrohime und Omadima am 28.4.. Weder der Einsatz von Militär noch Gespräche zwischen Vertretern der drei Volksgruppen konnten die Auseinandersetzungen eindämmen. Warri (8.5.): zwei Tote, Warri (15./16.6.): 18 Tote; Warri (17.9.): vier Soldaten von Ijaw-Jugendlichen entführt; Warri (1.10.): drei Tote; Warri (28.9.) Festnahme von 25 Ijaw; Ekeremor-Zion (30.9.): Sicherheitskräfte brannten mehrere Häuser nieder, zerstörten Boote und nahmen mehr als 50 Ijaw fest.

Die Auseinandersetzungen in Ile-Ife drehten sich um den Sitz der Verwaltung des neuen Bezirks Ife East, der im Dezember 1996 gegründet worden war. Zunächst wurde Enuwa zur Verwaltungshauptstadt bestimmt. Die Lokalpolitiker des Bezirkes Modakeke hatten für ein eigenes LG plädiert, wurden aber von der zuständigen Kommission enttäuscht. Nach zahlreichen Protestnoten verlegte die Zentralregierung zwei Tage vor der Bezirkswahl den Verwaltungssitz von Enuwa nach Modakeke. Dies wiederum stieß auf heftigen Protest der traditionellen Würdenträger der Stadt, einschließlich des Königs, Oba Okunade Sijuade. Ihre Lobbyarbeit beim Militärverwalter von Osun State und in Abuja führte schließlich dazu, den Verwaltungssitz von Modakeke nach Oke-Ogbo zu verlagern (14.8.).

Kurz darauf kam es zu mehrtägigen blutigen Zusammenstößen, die etwa 60 Todesopfer, zahlreiche Verletzte und erheblichen Sachschaden forderten. Bereits am 17.8. erließ der Militärverwalter eine nächtliche Ausgangssperre, doch weitete sich der Konflikt auf die umliegenden Dörfer aus. Trotz Polizei- und Militäreinsatzes gelang es den Sicherheitskräften nicht, den Konflikt einzudämmen. Etwa 30 Opfer waren nach den dreitägigen Zusammenstößen im September (23.-25.9.) und im November (10.-11.11.) zu beklagen, mehr als 24 Tote gab es im Dezember (6.-7.12.; 31.12.). Auch hier schlugen die Bemühungen (9.12.) einiger Kommunalpolitiker beider Seiten fehl, die Konflikte durch Gespräche beizulegen.

Auch die Auseinandersetzungen zwischen den Bewohnern von Ile-Ife, dem historischen Zentrum der Yoruba, und Modakeke gehen bis kurz nach der Jahrhundertwende zurück und hatten ihren letzten Höhepunkt 1981. Während die einflußreichen Familien und Honorationen der Stadt die Bewohner von Modakeke jahrzehntelang als Zugereiste und auf dem historischen Grund der Stadt nur geduldete Flüchtlinge ansahen, betrachteten sich die Menschen von Modakeke als kulturell und politisch eigenständige Gemeinschaft.

Mit den **Wahlen** (15.3.) zu den 768 LG und 6 *Area Councils* des *Federal Capital Territory* (FCT) sowie der **State Assemblies** (6.12.) erhoffte sich das Regime mehr Vertrauen für sein Übergangsprogramm zu gewinnen. **Fünf Parteien** waren bereits im Vorjahr für das Programm zugelassen worden: *United Nigeria Congress Party* (UNCP); *Democratic Party of Nigeria* (DNP); *Committee for National Consensus* (CNC); *National Centre Party of Nigeria* (NCPN) und *Grassroots Democratic Movement* (GDM). Die *National Electoral Commission* (NECON) begann Mitte Februar, innerhalb einer gesetzten Frist von 10 Tagen das Wählerverzeichnis zu aktualisieren, das schließlich 55 Mio. Wahlberechtigte umfaßte. Die Wahlbeteiligung blieb im Vergleich zum Vorjahr, als etwa 60% zu den Wahlurnen gingen, weit hinter den Erwartungen zurück, so daß die Wahlkommission statistische Angaben über die Wahlbeteiligung vermied. Die UNCP schnitt mit Abstand am besten ab und gewann mehr als die Hälfte der Sitze. Weit abgeschlagen folgten die DPN, der CNC, der NCNP und der GDM. In zahlreichen Wahlkreisen gab es erhebliche organisatorische Probleme, häufig blieb der Wahlausgang unklar. In mehr als 130 LG gab es keine eindeutigen Sieger bzw. Einsprüche gegen die Ergebnisse, in einer Reihe von Fällen waren noch am Wahltag Kandidaten als angebliches Sicherheitsrisiko disqualifiziert, in anderen Fällen die Wahlen kurzfristig abgesagt, nachträglich annulliert oder boykottiert worden, so daß die Wahlkommission nach diesem Urnengang Stichwahlen und Nachwahlen festsetzen mußte. Doch zeigte sich hier deutlich der sehr beschränkte Handlungsspielraum der NECON. In mehreren Bundesstaaten setzten sich die Militärverwalter über Entscheidungen der Wahlkommission hinweg, so z.B. im Langtang North L.G in Plateau State, wo der CNC-Kandidat zum Sieger erklärt worden war, der Militärverwalter jedoch die Wahl wegen angeblicher Sicherheitsbedenken annullierte. Der spektakulärste Fall ereignete sich im FCT, wo NECON drei Stichwahlen anberaumt hatte. Doch setzte sich Lt.-Gen. Jeremiah Useni, Minister für das FCT, über dieses Votum hinweg und führte die gewählten Ratsvorsitzenden in ihr Amt ein (24.3.). Alle drei gehörten der erfolgreichsten Partei UNCP an, die sich gemeinsam mit der zweitstärksten Partei

DPN ganz offen für eine Präsidentschaftskandidatur von General Sani Abacha ausgesprochen hatte. In zahlreichen anderen Bezirken verfuhren die Militärverwalter ähnlich rigoros und nahmen auch in zweifelhaften Fällen die Amtseinführung vor. Die Stich- und Nachwahlen sollten am 3.4. stattfinden, doch benötigte NECON einen weiteren Termin (31.7.), um die Wahlen endgültig abschließen zu können. Die Regierung erließ angesichts der chaotischen Zustände in zahlreichen Wahlbezirken noch im April ein Dekret, das dem Staatschef erlaubte, jeden Ratsvorsitzenden eines LG. zu entlassen, der sein Amt nicht "angemessen" führen könnte. Trotz dieser offensichtlichen Mängel erklärte eine inoffizielle Gruppe amerikanischer Wahlbeobachter, die seit Jahren dem nigerianischen Demokratisierungsprozeß wohlwollend gegenüberstand, die Wahlen für frei und fair und als Beleg dafür, daß das Übergangsprogramm zu demokratischen Verhältnissen führen werde (s. Außenpolitik).

Wie schon im Vorjahr konnte das Regime seine selbstgesteckten zeitlichen Vorhaben für das Übergangsprogramm nicht einhalten. Anfang Juli gab das *Transition Implementation Committee* (TIC) den veränderten Zeit-Maßnahmenplan bekannt, der besonders die Wahltermine betraf. Demnach sollte das Wählerverzeichnis im September erneut aktualisiert werden, die Wahlen zu den *State Assemblies* wurden auf den 6.12., zur *National Assembly* auf den 25.4.1998 und die Gouverneurs- und Präsidentschaftswahlen auf den 1.8.1998 verlegt. Der Termin für die Amtseinführung des gewählten Präsidenten am 1.10.1998 blieb bestehen. Zu diesem Datum soll auch die *National Assembly* ihre Aufgaben übernehmen. Die Vereidigung der Gouverneure und die Einsetzung der *State Assemblies* war für den 21.9.1998 vorgesehen.

Nach dem neuen Zeitplan waren die Wahlen am 6.12. zu den *State Assemblies* zur Farce verkommen, denn die Parlamentarier durften ihr Mandat nicht umgehend wahrnehmen, sondern blieben bis zur Amtseinführung im September 1998 zur Untätigkeit verurteilt. Dennoch überzeugte die Militärregierung im November die Parteispitzen mit einer Finanzspritze von jeweils Naira 50 Mio., die Wahlen wie geplant durchzuführen. Lediglich im krisengeschüttelten Niger Delta und in Modakeke wurden die Wahlen abgesagt. Die Wahlbeteilung war diesmal noch geringer als im März, viele Wahllokale blieben leer, und selbst in den nördlichen Landesteilen blieben die meisten Wähler zu Hause, wieder machte die Wahlkommission keine Angaben zur Höhe der Wahlbeteiligung. Den Medien zufolge wurde die Wahlbeteiligung auf 15 bis 20% von wiederum 57 Mio. registrierten Wähern geschätzt. Auch bei dieser Wahl konnte die UNCP mit zwei Drittel der gewonnenen Sitze ihre führende Position behaupten. Erst mit großem Abstand folgten DPN und CNC. Die NCPN, die intern gespalten war und zahlreiche führende Mitglieder an die UNCP verloren hatte, spielte wie die GDM bei dieser Wahlfarce keine Rolle mehr. Dennoch war das Regime mit dem Wahlausgang zufrieden, hatte es doch sein Übergangsprogramm formal vorangebracht und mit den ständigen Kampagnen landesweit eine Pro-Abacha--Stimmung erzeugt, die auch durch gezielte Gerüchte über den sich angeblich verschlechternden Gesundheitszustand des Diktators nicht gefährdet werden konnte. Abacha war bei der Parade zum Unabhängigkeitstag abwesend, hielt seine Rede an die Nation am 1.10. nicht live und fehlte bei der Eröffnung der OAU/AEC *All Africa Trade and Tourism Fair* in Kaduna.

Am 30.1. gab Abacha der *Washington Times* ein Interview, in dem er eine Präsidentschaftskandidatur nicht mehr ausschloß. Das ganze Jahr über fanden in verschiedenen Regionen regelmäßig "Solidaritätskundgebungen" für Abacha statt, um ihn zur Kandidatur zu bewegen. Dafür wurden mehrere Organisationen gegründet, die sich ausschließlich diesem Ziel widmeten: *National Mobilisation and Persuasion Committee*; *Movement for Abacha for President*; *National Organisation for Sani Abacha Presidency*; *Youth Earnestly Ask for Abacha*; *General (Dr) Sani Abacha '98 Presidency*; *African Youth Council*; *National Movement for Peace and Stability*; *General Sani Abacha for Peaceful Transition*; *National Mass Movement for Nigeria*; *Committee for the Defense of Nigeria's Interests and Integrity*, *National Council for Women Society*. Hinter diesen Gruppierungen standen im wesentlichen die UNCP, die Regierungsmaschinerie und einflußreiche Geschäftsleute aus dem Südosten wie z.B. Arthur Eze, der im Oktober 150 traditionelle Herrscher aus dieser Region nach Abuja brachte, um sie öffentlichkeitswirksam ihre

Solidarität mit dem Regime bekunden zu lassen. Ein Folgetreffen wurde für Anfang 1998 geplant. Nur vereinzelte Vertreter der Minoritätenvölker des Delta verweigerten dem Abschlußkommuniqué ihre Zustimmung. Insgesamt aber arbeiteten die **traditionellen Chiefs** und königlichen Würdenträger aus allen Landesteilen für das Regime, verliehen ihm scheinbar Legitimation und dokumentierten die angebliche Unterstützung ihrer Gefolgschaft für Abacha. Im Gegenzug garantierten die Militärs den traditionellen Institutionen auch weiterhin Anerkennung und finanzielle Unterstützung. Diese Institutionen öffneten sich zunehmend auch den pensionierten Offizieren und Generälen: So wurde Major (rtd.) Al Mustapha Haruna Jokolo, der frühere *Aide de Camp* von Ex-Staatschef Maj-Gen. Buhari, Emir von Gwandu in Birnin Kebbi und untermauerte damit den Anspruch der Militärs, sich dauerhaft in nichtmilitärischen, aber einflußreichen Bereichen der Zivilgesellschaft zu positionieren. Den Kontakt zur Basis pflegen sollten auch die beiden Entwicklungsprogramme *Family Support Programme* (FSP) und *Family Economic Advancement Programme* (FEAP), initiiert und geleitet von Maryam Abacha, der Ehefrau des Diktators. Doch dienten die Projekte im wesentlichen als Umverteilungsmaschinerie zugunsten der Ehefrauen bekannter und einflußreicher Militärs, Bürokraten und Politiker, um auch das Frauenspektrum enger an das Regime zu binden. Eine im November erschienene Biographie schilderte die Verdienste des erfolgreichen Militärs und Politikers Abacha. Lediglich die Katholische Bischofskonferenz Nigerias kritisierte auf ihren Arbeitstreffen öffentlich die Versuche, Abacha an der Macht zu halten. Ähnlich äußerte sich die *National Association of Nigerian Students* (NANS) auf einer Demonstration Ende Juli in Ibadan.

Das **Personalkarussel** im Militär zugunsten hoher Offiziere aus den nördlichen Landesteilen drehte sich im Verlauf des Jahres immer schneller. Im Januar übernahmen Maj-Gen. Abdullahi Muktar und Brig-Gen. Peter Shaa zwei strategisch wichtige Divisionen in Kaduna und Jos. Im August schickte das Regime 46 Offiziere der Luftwaffe in den vorzeitigen Ruhestand, ein Dutzend nahm freiwillig Abschied und fünf wurden entlassen. Nur sechs der Betroffenen stammten aus den nördlichen Bundesstaaten Kaduna, Kano, Borno und Adamawa. Bereits im Vorjahr wurde die Luftwaffe mit einer Anti-Korruptionskampagne überzogen und neun Offiziere teilweise zu unrealistisch hohen Haftstrafen verurteilt. Zwar korrigierte die Militärführung im März einige dieser Strafzumessungen, nachdem die Betroffenen Einspruch eingelegt hatten, was nach einer Änderung des Militärstrafrechts möglich wurde. Auch die staatlichen und halbstaatlichen Unternehmen, in denen zahlreiche Militärs arbeiteten, wurden publikumswirksam in den Kampf gegen die Korruption eingebunden. Zu diesem Zweck setzte die Regierung im Januar das *Public Enterprises Regulatory Commission Decree 35, 1996* in Kraft, auf Grund dessen nach unbestätigten Meldungen zahlreiche Personen verhaftet worden sein sollen.

Am 17.11., dem Jahrestag seiner Machtergreifung, löste Abacha den *Federal Executive Council* (FEC) auf. Während die Minister für die vier wichtigsten Bereiche Finanzen (Anthony Ani), Außenpolitik (Tom Ikimi), Erdöl (Dan Etete) und FCT (Lt-Gen. Jeremiah Useni) ihre Ämter behielten, besetzte Abacha einen Großteil der weniger einflußreichen Ministerien mit Personen, die bisher in der Öffentlichkeit kaum in Erscheinung getreten waren (15.12.). Die Neubesetzung der Ämter für *Communication* mit Maj-Gen. Patrick Aziza und *Works und Housing* mit Brig-Gen. Garba Ali Mohammed kam etwas überraschend, sie lösten Maj-Gen. Tajudeen Olanrewaju und Maj-Gen. Abdulkarim Adisa ab.

Diese beiden Generäle wurden am 20./21.12. zusammen mit dem Stellvertreter von Abacha, Lt-Gen. Oladipo **Diya**, und über hundert weiteren Personen unter dem Vorwurf verhaftet, einen **Putsch** geplant zu haben. Unter den Festgenommenen befanden sich Col. E. Jando; Col. Yakubu Bako, Lt.Col. I.E. Yakasai, Lt-Col. O. Akiyode, Maj. B. M. Mohammed, Maj. O. Fadipe, Maj. I. Isiyaku, Lt. Cdr. B.A. Shoetan, Polizeioffizier Bawa Maccido, der Journalist Niran Malaolu und Prof. F. Odekunle, der politische Berater von Diya. Wenige Tage später setzte das Regime einen *Special Investigative Board* unter der Leitung von Maj-Gen. Chris Garuba ein, der die Voruntersuchung durchführte. Die meisten Verhafteten wurden danach entlassen, doch den o.g. Personen sowie weiteren Militärs aus den unteren Rängen und einigen Zivilisten drohte ein Militärgerichtsverfahren. Mehrere Festgenommene waren, wie die drei hohen Militärs, Angehörige des Yoruba-Volkes aus dem Südwesten, was im Yoruba-Land den Verdacht nährte, daß dies ein weiterer Schlag gegen jegliche Form von Opposition aus dem Yoruba-Lager sei.

Moshood **Abiola**, der Sieger der annullierten Präsidentschaftwahl von 1993 und seit 1994 ohne Urteilsspruch in Haft, konnte auch im Berichtszeitraum seine rechtliche und politische Situation nicht verbessern. Die Anordnung eines Gerichtes aus dem Vorjahr an die staatlichen Sicherheitsorgane, den Angeklagten vorzuführen und ihm damit die Möglichkeit zu geben, dem Gericht den Verteidiger seiner Wahl zu benennen, verlief im Sande. Das Berufungsgericht (*Court of Appeal*) in Abuja hob diese Entscheidung auf (21.1.). Der Anordnung war ein schwerer Konflikt innerhalb der Abiola-Familie vorausgegangen, denn im Vorjahr hatte der älteste Sohn Kola Abiola den Anwalt Rotimi Williams engagiert, während die später ermordete ranghöchste Ehefrau Kudirat auf die Weiterverpflichtung von Godwin Ajayi bestand, was am 5.3. vom *Federal High Court* in Lagos bestätigt wurde. Die Regierung verhinderte wie bisher mit Hilfe einer willfährigen Justiz jede grundsätzliche Entscheidung, um den Prozeß nach politischer Opportunität beliebig verlängern zu können. Um jedoch aufkommende Gerüchte über den schlechten Gesundheitszustand des Inhaftierten zu zertreuen, erhielt der Leibarzt von Abiola, Ore Falomo, nach 14 Monaten wieder die Erlaubnis, den Häftling medizinisch zu untersuchen (10.5.). Nach seiner Diagnose ging es Abiola den Umständen entsprechend gut, die Haftbedingungen hätten sich gegenüber seinem letzten Besuch erheblich verbessert. Zum Jahresende sollen nach Angaben des *National Reconciliation Committee* sogar Gespräche zwischen Emissären der Junta und Abiola stattgefunden haben, um eine politische Lösung zu finden.

Ein anderer prominenter Häftling, Maj-Gen.(rtd) **Shehu Musa Yar'Adua**, 1976-79 Stellvertreter von Ex-Staatschef General Olusegun Obasanjo, **verstarb** am 8.12. im Gefängnis. Beide waren 1995 in einem Geheimverfahren des geplanten Staatsstreichs schuldig befunden und zu hohen Haftstrafen verurteilt worden (s. Afrika Jahrbuch 1995). Yar'Adua galt seit Ende der 80er Jahre als aussichtsreichster Kandidat für das Präsidentenamt. Doch scheiterten seine Ambitionen 1993 an General Babangida und 1995 an General Abacha, der seinen stärksten Gegner noch im Gefängnis fürchten mußte. Als herausragende Persönlichkeit innerhalb des Hausa-Fulani-Establishment verfügte der Multi-Millionär und Vertreter eines radikalen islamischen Reformismus auch während seiner Haft über ein intaktes politisches Netzwerk in Katsina und Kaduna State und weitgespannte Klientelbeziehungen im übrigen Nigeria, einschließlich der Igbo- und Yoruba-Region. Yar'Adua hatte es geschickt verstanden, seine nationalen Ambitionen sozialreformerisch zu verpacken, sie mit dem islamischen Internationalismus zu verbinden und eine islamische NGO-Bewegung zu stärken, die er von Nigeria aus zu steuern versuchte. In diesem Sinne spielte er eine zentrale Rolle bei der Gründung der *Islam in Africa Organization* (IAO) 1989 in Abuja, mit deren Hilfe er die Vorherrschaft des alten Establishment Nordnigerias aufbrach. Mit dem *Council of the Ulama* (CoU) konnte er den Sokoto-Flügel des etablierten Hausa-Islams in den Hintergrund drängen, was ihm auch über den Norden hinaus politische Akzeptanz einbrachte. Der vorzeitige Tod von Yar'Adua löste für den Diktator ein unkalkulierbares innenpolitisches Problem; die riesige Menschenmenge bei den Trauerfeierlichkeiten (9.12.) in Katsina konnte nicht darüber hinwegtäuschen, daß für einen Großteil des Hausa-Fulani-Establishment diese Entwicklung nicht ungelegen kam.

In der ersten Jahreshälfte versuchten die zersplitterten und häufig untereinander zerstrittenen Menschen- und **Bürgerrechtsgruppen** erneut eine gemeinsame politische Plattform zu bilden. Unter der Führung der *Civil Liberties Organisation* (CLO) und der *Campaign for Democracy* (CD) gründeten am 17.5. in Lagos 22 Organisationen die *United Action for Democracy* (UAD), die sich auf einen 9-Punkte-Katalog einigte. Zu den wichtigsten Forderungen gehörten die sofortige und bedingungslose Freilassung aller politischen Gefangenen, einschließlich Abiolas, die sofortige Beendigung der Militärherrschaft, die Machtübergabe an eine Übergangsregierung der Nationalen Einheit sowie die Einberufung einer souveränen Nationalen Konferenz. Trotz des übergreifenden Forderungskatalogs verweigerte die nicht zugelassene *National Conscience Party* (NCP) des bekannten Anwalts und Bürgerrechtlers Gani Fawehinmi die Zusammenarbeit mit der

UAD, da sie die annullierte Präsidentschaftswahl 1993 nicht mehr berücksichtige.

Der vierte Jahrestag (12.6.) der annullierten Wahl verlief ohne Zwischenfälle. Die Polizei hatte oppositionelle Gruppen besonders in den Städten des Südwestens bereits im Vorfeld gewarnt, Demonstrationen durchzuführen. Doch bestand angesichts der realen Machtverhältnisse und der schwierigen Wirtschaftslage nur geringes Interesse in der Bevölkerung, das Regime direkt herauszufordern. Vor diesem Hintergrund diversifizierte die Opposition ihre Aktivitäten. Die *National Democratic Coalition* (NADECO) etablierte im außerafrikanischen Ausland den Radiosender *Radio Nadeco* und begann Ende Juni über Kurzwelle ein regimekritisches Programm nach Nigeria auszustrahlen. Fast zeitgleich sendete das *Free Nigeria Movement* über den Sender *Voice of Free Nigeria* ebenfalls auf Kurzwelle alternative Radioprogramme. Im September begann *Radio New Nigeria, Voice of the Advocacy Group for Democracy and Human Rights* mit kleinen Programmbausteinen den Sendebetrieb. Damit folgten sie dem Beispiel des *National Liberation Council* (NALICON), der im Vorjahr Radio *Kudirat* gegründet hatte und mit seinen Anti-Abacha-Programmen gelegentlich für Unruhe unter den Machthabern sorgte. Mit der elektronischen, täglich über das Internet verbreiteten unabhängigen Zeitung *Post Express Wired* gelang es, die anhaltende politische Verfolgung von regimekritischen Berichterstattern und Printmedien zumindest teilweise zu umgehen.

Die technische und personelle Infrastruktur der staatlichen elektronischen **Medien** und auch der Printmedien hatte sich in den zurückliegenden Jahren kontinuierlich verschlechtert. Angesichts dieser Strukturprobleme und der zunehmenden Konkurrenz begann das Regime, sein behutsames Liberalisierungsprogramm für die elektronische Medienlandschaft zu beschleunigen. Mit der erweiterten Lizenzvergabe an politisch willfährige Investoren sollte dem drohenden Verlust der Meinungsführerschaft gegenüber den Oppositionssendern und den großen internationalen Kurzwellen- und Fernsehsendern kostengünstig begegnet werden. Anfang Oktober vergab die *National Broadcasting Commission* (NBC) neun Radio-Lizenzen, womit sich die Zahl der privaten Radiostationen, die nur auf FM senden durften, auf 11 erhöhte. Mit der Einführung (3.11.) des privaten, weltweit zu empfangenen Satellitenfernsehprogramms hatte sich das Regime ein Gegengewicht zu den Oppositionssendern geschaffen. Betreiber des Satellitenprogramms wurde das *African Independent Television* (AIT). Es gehört zur Unternehmensgruppe *DAAR Communications Ltd.*, die in Lagos seit mehreren Jahren erfolgreich das Unterhaltungsradio *Ray Power* betreibt. Der bekannte Geschäftsmann Raymond Dokpesi, der bereits mit dem Buhari- und dem Babangida-Regime eng zusammengearbeitet hatte, konnte ein Bankenkonsortium unter Leitung der *Union Bank* zusammenbringen, die millionenschwere Investition mitzutragen. Dennoch entsprachen die ersten Ergebnisse nicht den Erwartungen, es gab technische, finanzielle und personelle Probleme, die erwarteten Werbeeinnahmen internationaler Kunden blieben aus, und das Regime erfüllte seine finanziellen Zusagen nicht. Mit *Minaj African Network* (MAN) versuchte ein weiterer privater Anbieter die neuen Möglichkeiten zu nutzen, doch auch dieser Betreiber konnte wegen Kapitalmangels lediglich drei Stunden täglich senden und deckte überwiegend Sportereignisse in Nigeria und Afrika ab.

Die Deregulierung des Multi-Media-Bereiches blieb eine erfolgreiche Ausnahme, denn auch in diesem Jahr gelang es dem Regime nicht, die schweren wirtschaftlichen Fehlentwicklungen aufzufangen. Zwar hatte es in den vergangenen Jahren immer wieder Engpässe bei der Versorgung mit Strom und Gas gegeben, in diesem Jahr wurde daraus jedoch eine Dauerkrise, die Stadt und Land gleichermaßen traf. Die Militärregierung mußte immer wieder größere Kontingente Benzin importieren, um den wirtschaftlichen Kollaps und auch soziale Unruhen zu verhindern. Das Benzin entsprach oft nicht den Qualitätskriterien, was die Luftverschmutzung in den Ballungsgebieten erhöhte, häufig wurde es sogar gepanscht.

Die Lage verschärfte sich, als die Arbeiter der *National Union of Petroleum and Natural Gas Workers* (NUPENG) und der *Petroleum and Natural Gas Senior Staff Association* (PENGASSAN) am 27.10. in den Streik traten, um ihren Forderungen nach höheren Löhnen, besseren Arbeitsbedingungen und angemessener Finanzausstattung der Abteilung zur Überwachung der Rohöltransporte Nachdruck zu verleihen. Es kam zu Panikkäufen und Handgreiflichkeiten an den Tankstellen, wo sich immer wieder lange Schlangen bildeten, die den Verkehr zwischenzeitlich völlig zum Erliegen brachten. Obwohl dieser Streik sehr bald beendet war (30.10.), machte er deutlich, daß die totale Gleichschaltung der **Gewerkschaften** nicht gelungen war. Schon im Juni/Juli hatte ein mehrwöchiger Streik im öffentlichen Dienst in Kaduna State für erhebliche Unruhe gesorgt. Die Angestellten forderten die seit 1994 überfällige Anhebung des Wohngeldes und der Fahrtkostenzulage. Dieser Streik konnte nur mit Polizeigewalt und durch die Verhaftung der Streikführer eingedämmt werden. Der Unzufriedenheit im öffentlichen Dienst versuchte das Militärregime zur Jahresmitte mit einer weitreichenden Reform entgegenzuwirken. Gemäß den seit zwei Jahren vorliegenden Empfehlungen der Allison Ayida-Kommission sollten die radikalen Änderungen aus dem Jahre 1988 rückgängig gemacht werden. Durch die Abschaffung der Staatssekretäre hatte Babangida die Verwaltung unter das Kuratel politischer Beliebigkeit gestellt und damit weitgehend entmachtet.

Die wachsende Unzufriedenheit griff auf das ganze Land und alle gesellschaftlichen Gruppen über, die **Kriminalität** nahm nicht nur in Lagos in erschreckendem Maße zu. Der Militärverwalter von Lagos State, Col. Muhammad Marwa, verwendete deswegen einen erheblichen Teil des Etats von Lagos State, um das im Vorjahr begonnene Sicherheitskonzept *Operation Sweep* auszubauen. Diese Paramilitärische Einsatztruppe erhielt nicht nur bessere Bewaffnung, Ausrüstung und Bezahlung als die Polizei, sondern wurde der Polizei als Sicherheitsinstitution übergeordnet. Die unterbezahlten und demotivierten Polizeikräfte wurden damit weiter marginalisiert. Es gab einige Erfolge, denn viele Banden verließen den Großraum Lagos und wichen in andere Bundesstaaten aus. *Operation Sweep* diente anderen Militärverwaltern als Vorbild, auch sie richteten ähnliche Spezialeinheiten ein, häufig allerdings ohne über die notwendigen Finanzmittel zu verfügen. So entstanden Operation Watch (Kwara State), Operation Wipe (Edo State), Operation Zaki (Borno State), Operation Aradu (Gombe State), Operation Salvage (Bayelsa State), oder Operation Gwale (Oyo State) und Operation Wedge (Ogun State). Mit diesen beschränkten personellen und technischen Mitteln konnte keine dieser Sondereinheiten nennenswerte Erfolge gegen die aus dem Großraum Lagos vordringende Kriminalität vorweisen.

Trotz der Bemühungen des Militärverwalters von Lagos State, den Ruf der Wirtschaftsmetropole zu verbessern, hielt die Militärregierung in Abuja an ihrem Konzept fest, die noch immer starke politische und wirtschaftliche Stellung dieses Raumes weiter zu schwächen. So transferierte sie die einzige nationale Kaderschmiede für Juristen, die *Nigerian Law School*, nach Abuja, um die angehenden Anwälte besser kontrollieren zu können. Nach Ansicht der Machthaber waren in der Vergangenheit zu viele Regimekritiker und Bürgerrechtler aus dieser Institution hervorgegangen. Auch das Sekretariat der *Economic Community of West African States* (ECOWAS) war zum Umzug vorgesehen, doch wurde mangels ausreichender Unterkünfte für die Mitarbeiter der Umzug um ein Jahr verschoben. Der Verlust dieser beiden Institutionen traf das Selbstbewußtsein der lagosianischen Mittel- und Oberschicht schwer. Daß die OAU/AEC *All Africa Trade and Tourism Fair* nicht wie ursprünglich geplant in Lagos, sondern in der nördlichen Industriestadt Kaduna stattfand, war für die Geschäftswelt von Lagos ein herber Verlust und dokumentierte gegenüber den Eliten des Südenwestens erneut die veränderten Machtverhältnisse.

Menschenrechtslage

Die staatlich sanktionierte Repression gegenüber Menschen- und Bürgerrechtlern, Journalisten und Gewerkschaftern hielt im Berichtszeitraum an. Die **UN-Menschenrechtskommission** in Genf stimmte daraufhin erstmals der Einsetzung eines Berichterstatters für Nigeria zu (15.4.). Die Wahl fiel auf Tiyanjana Maluwa aus Malawi, der das Amt aber wenige Wochen später, ohne Angabe von Gründen, niederlegte und durch den Inder Sola Sorabjee ersetzt wurde. Zwei UN-Inspekteure hatten bereits im Vorfeld der Anhörungen in Genf einen für Februar/März geplanten Besuch in Nigeria abgesagt, nachdem die nigerianische Seite es abgelehnt hatte, ihnen den Zugang zu politischen Gefangenen ihrer Wahl zu garantieren (s. Außenpolitik).

Trotz dieser Absage bereiste eine dreiköpfige Delegtion der *African Commission on Human and Peoples' Rights* (AHRC) kurz darauf das Land. Lokale Menschen- und Bürgerrechtsgruppen kritisierten diesen Besuch angesichts des stornierten Besuches der UN-Vertreter auf das schärfste und unterstellten der Delegation Unredlichkeit und eine unkritische Wahrnehmung der realen Verhältnisse. Neben den mehr als 100 politischen Gefangenen, unter ihnen Abiola, Obasanjo, Beko Ransome-Kuti, Fredrick Fasehun, Ibrahim Dasuki, Olu Falae, und Olabiyi Durojaiye saßen etwa 60 000 Menschen zum Teil schon seit Jahren in den 143 Haftanstalten des Landes, davon zwei Drittel ohne Gerichtsurteil, was den Justizbehörden schon lange bekannt und von der *Nigerian Human Rights Commission* bestätigt worden war. Lediglich sieben Soldaten, denen eine Mittäterschaft beim Putschversuch 1990 nicht nachgewiesen werden konnte, und die dennoch nicht entlassen worden waren, sprach der *High Court* in Lagos umgehend Freiheit und eine Entschädigung zu. Über die Umsetzung des Urteils wurde nichts bekannt.

Ansonsten blieben die Machthaber ihrem Ansatz treu, Regimekritiker, Bürgerrechtler und besonders **Journalisten** zu verhaften und je nach politischer Opportunität auch wieder zu entlassen. Zu den ersten Opfern dieser Strategie zählte im Januar Dele Sobowale vom *Vanguard*, den die Sicherheitskräfte nur fünf Tage festhielten. Im Februar verbrachten nach Studentenunruhen an der Universität in Nsukka 17 Dozenten zwei Wochen in Haft. Die Journalistin Ladi Olorunyomi, deren Ehemann und Berufskollege ins amerikanische Exil gegangen war, hatte über ein Jahr in Haft verbracht, bevor sie zu ihrer Familie zurückkehren konnte, Godwin Agbroko, Mitarbeiter von *The Week*, wurde nach ca. fünf Monaten aus dem Gefängnis entlassen (6.5.). Kurz darauf entließen die Sicherheitskräfte George Onah, einen weiteren *Vanguard*-Mitarbeiter, nach einem Jahr Haft (14.5). Mohammed Adamu vom *Concord* kam am 27.7. in Polizeigewahrsam, und der Anwalt Tunji Abayomi wurde während eines politischen Seminars in Jos verhaftet (25.9.), aber zusammen mit vier weiteren Teilnehmern zwei Wochen später gegen Kaution entlassen. Ademola Abimboye und Gbenga Alakija, die für das Magazin *Tempo* arbeiteten, wurden am 17.10. verhaftet, am 28.10. Soji Omotunde vom *Concord* und am 7.11. Ogaga Ifowodo, ein Mitarbeiter der *Civil Liberties Organisation* (CLO). Am 9.11. wurde der leitende Redakteur des Magazins *TELL*, Onome Osifo-Whiskey und der *The News*-Mitarbeiter Jenkins Alumona verhaftet. Später wurden Nnimmo Bassey von CLO festgenommen, dann Nduka Obaigbena von *Thisday*, und Babafemi Ojudu, ein weiterer Mitarbeiter des Magazins *The News* und Niran Malaolu vom *Diet*. Der Journalist Gareth Ateluye vom Magazin *Fame* starb eine Woche nach seiner Entlassung an den Folgen der im Gefängnis erlittenen Mißhandlungen (4.10.). Neun Gewerkschafter, die am Streik der Angestellten des öffentlichen Dienstes in Kaduna teilgenommen hatten, wurden, kurz nachdem ein Gericht sie mangels Beweise freigelassen hatte (7.10.), erneut verhaftet. Zunehmend wurden auch Haftbefehle gegen untergetauchte Kritiker ausgestellt, so z.B. gegen Bayo Onanuga, Gründungsredakteur des Magazins *The News*, oder die Polizei ließ Oppositionelle, die im Exil lebten, publikumswirksam per Steckbrief suchen. Im März begann vor einem Gericht in Lagos ein Verfahren wegen Verschwörung und Hochverrats gegen Falae, Fasehun und andere. Gegen die im Exil lebenden Regime-Gegner Wole Soyinka, Anthony Enahoro, Alani Akinrinade und Amos Arogundade wurde in absentia verhandelt. Das Verfahren sollte sie als Feinde ihrer Heimat und als Nestbeschmutzer darstellen und zugleich die Unfähigkeit der Polizei verschleiern, die Bombenleger zu entlarven. Schließlich wurde am 30.7. formell Haftbefehl gegen diese Personen erlassen und zahlreiche Fahndungsphotos wurden veröffentlicht (*Special Gazette* mit Photos).

Angesichts der täglichen Verhaftungen kritisierte sogar die *National Human Rights Commission* das Vorgehen der Sicherheitsdienste, trotz schlampiger Voruntersuchungen und unzureichender Beweislage Menschen zu verhaften und in mehreren Fällen sogar **Familienangehörige als Geisel** genommen zu haben. Die Generalversammlung der UN verabschiedete folgerichtig am 12.12. eine Resolution, die die Verletzung der Grundrechte und der Menschenrechte in Nigeria anprangerte. Die im November angekündigte Entlassung von den politischen Gefangenen, die kein Sicherheitsrisiko mehr bedeuteten, kam nicht zustande.

Außenpolitik

Die Militärregierung blieb ihrem im Vorjahr begonnenen außenpolitischen **Diversifizierungskurs** treu, um dem anhaltenden Druck der EU, Großbritanniens, des Commonwealth, der USA und nicht zuletzt der UNO entgegenzuwirken, die weiterhin auf politische und wirtschaftliche Reformen drängten. So konzentrierten sich die Diversifizierungsbemühungen auf eine Ausweitung der bilateralen Beziehungen zu China, die Wiederherstellung und Festigung des Führungsanspruches in Schwarzafrika und den Aufbau der Organisation *Development-Eight* (D-8).

Nach dem Vorbereitungstreffen in Istanbul (4.1.) fand unter der Federführung des türkischen Regierungschef Necmettin Erbakan am 15.6. am gleichen Ort der Gründungsgipfel der D-8 statt, auf dem die Vertreter der acht Mitgliedsstaaten die "Istanbuler Erklärung" unterzeichneten. Damit sollte die Plattform für eine ökonomische, politische und kulturelle Zusammenarbeit gelegt werden, um mittelfristig ein Gegengewicht zu den westlichen Industriestaaten aufzubauen. Die Gründungsakte wurde im Beisein des iranischen, türkischen und indonesischen Präsidenten und der Regierungschefs aus Malaysia, der Türkei und Pakistan unterschrieben. Bereits im Vorfeld der Vereinbarung gab es erhebliche Interessenkonflikte. Das gespannte Verhältnis zur Türkei veranlaßte Ägyptens Präsident Mubarak, dem Gipfel fernzubleiben und seinen Außenminister zu schicken. Auch General Abacha nahm nicht an den Gründungsfeierlichkeiten teil, sondern ließ sich durch seinen Industrieminister Lt.-Gen. Muhammadu Haladu vertreten. Da der türkische Oppositionsführer Mesut Yilmaz im Falle einer Regierungsübernahme sein Desinteresse an der D-8 signalisiert hatte, bewertete die nigerianische Führung dieses Treffen eher niedrig, um eine innenpolitische Kontroverse zu vermeiden, denn bisher hatte jede Regierung Nigeria als säkularen Staat betrachtet. Dennoch war das Abacha-Regime bereit gewesen, bei günstigeren Vorzeichen der D-8 eine erneute Kontroverse über den säkularen Charakter des Staates zu entfachen, ungeachtet der kontroversen Diskussion anläßlich des Beitritts Nigerias zur *Organization of the Islamic Conference* (OIC) 1986. Diese Entscheidung hatte damals blutige interreligiöse Auseinandersetzungen ausgelöst. Als kurz nach diesem Treffen Erbakan sein Amt an Yilmaz verlor, war das frühe "Aus" für die D-8 vorgezeichnet.

Die guten bilateralen Beziehungen zu China hatten auch weiterhin Priorität, um mögliche Sanktionen seitens der UNO bereits im Vorfeld zu unterlaufen. So fand eine rege Reisetätigkeit auf beiden Seiten statt, wobei ein Abkommen (9.5.) über die Eröffnung eines Konsulates in Hongkong unterschrieben wurde. Am 11.5. traf der chinesische Premierminister Li Peng mit mehreren Ministern zu einem zweitägigen Besuch in Nigeria ein. Im Juli/August hielt sich Maj.-Gen. Abdulsalam Abubakar, *Chief of Defense Staff*, mit einer Gruppe hochrangiger Kollegen in China auf, um über eine engere militärische Zusammenarbeit zu verhandeln. Die 17tägige Reise führte die Delegation auch nach Nordkorea, wo beide Seiten über die Ausweitung der Militärkooperation und über den Ankauf von Waffensystemen diskutierten. Und im Oktober besuchte Rear-Admiral Toyin Ayinla, Handels- und Industrieminister, mit einer Regierungsdelegation China, um chinesische Investoren für die *Export Processing Zone* (EPZ) in Calabar zu gewinnen, die ihren Betrieb noch immer nicht im geplanten Umfang aufnehmen konnte. Auch die Beziehungen zu Iran blieben gut, am 15.7. besuchte Außenminister Ali Akbar Velayati das Land.

Zur Aufrechterhaltung seines Führungsanspruches in Schwarzafrika modifizierte das Regime seine Afrikapolitik geringfügig und konzentrierte sich stärker auf die westafrikanische Region. Abachas Intention, sich mittelfristig als gewählter Präsident in der Region zu etablieren, zeigte sich an seiner verstärkten Reisetätigkeit. So besuchte er im Berichtszeitraum erstmals mehrere Länder in Westafrika, blieb aber der OAU-Konferenz in Harare fern. Er nahm an der Amtseinführung von Präsident Rawlings teil (7.1.), besuchte Ghana erneut am 27.7., nutzte den OAU-Sondergipfel zu Zaire in Togo (27.3.), wo er mit dem Kameruner Präsidenten Paul Biya zusammentraf, reiste ins benachbarte Niger (22.7.) und Benin (28.7.), war bei der Inauguration von Charles Taylor in Liberia anwesend (2.8.) und hatte am 17./18.8. die Staatschefs von Guinea und Côte d'Ivoire besucht.

Die meisten politischen Treffen und Verhandlungen fanden in Nigeria statt. So kamen Mathieu Kérékou aus Benin (12.2. und 10.11.) und Gnassingbé Eyadéma aus Togo (12.2./15.5./10.11.), der gambische Staatschef Yahya Jammeh hielt sich vom 28.2. bis zum 1.3. in Abuja auf. Blaise

Compaoré, Staatschef von Burkina Faso, traf am 2.4. zu einem zweitägigen Besuch in der Hauptstadt ein, Idriss Déby aus dem Tschad am 30.7. Charles Taylor, der Gewinner der Wahlen in Liberia, kam mehrfach (30.7./27.9./3.12.), Rawlings am 4.11., Ibrahim Mainassara aus Niger am 9.5./23.9./20.11., der exilierte Präsident des krisenhaften Sierra Leone, Kabbah, am 3.12., und Sassou Nguesso erschien am 5.12. in Abuja. Auch Salim Ahmed Salim, Generalsekretär der OAU, reiste nach Nigeria, eröffnete in Abwesenheit von Abacha in Kaduna die OAU/AEC *All Africa Trade and Tourism Fair* (29.3.) und nahm am *Africa's First Ladies Summit on Peace and Humanitarian Issues* teil (6.5.). Der frühere tanzanische Präsident Julius Nyerere kam am 10.3. nach Abuja, um den *Azikiwe Prize* entgegenzunehmen.

All diese Besuche wurden durch den spektakulären Auftritt (9./10.5.) von Libyens Revolutionsführer Col. Khadhafi in Kano und Abuja in den Schatten gestellt, der dem Militärregime erhebliche diplomatische und protokollarische Probleme bereitete. Offiziell handelte es sich um einen Privatbesuch von Khadhafi, der von der Jugendorganisation der Qadiriyya-Bruderschaft in Kano eingeladen worden war. Seit Ende der 70er Jahre pflegte er enge persönliche Beziehungen zu Kano und hatte 1989 von der Bayero University Kano die Ehrendoktorwürde erhalten. Aus Niger kommend, begleitet vom nigrischen Präsidenten Mainassara, reiste er per Flugzeug an, obwohl die UN-Sanktionen gegen Libyen noch in Kraft waren und u.a. jeglichen internationalen Flugverkehr libyscher Flugzeuge untersagten. Der Militärverwalter von Kano hatte den Tag zum öffentlichen Feiertag erklärt und Abacha begrüßte seinen Gast am Internationalen Flughafen von Kano. Die nigerianischen Sicherheitskräfte mußten allerdings das Feld den libyschen Sicherheitsdiensten überlassen, die mit drei weiteren Flugzeugen gelandet waren. Mehr als 400 bewaffnete Leibwächter schirmten Khadhafi ab, Kano stand de facto unter libyscher Kontrolle. Auch der nigerianische Diktator konnte sich den libyschen Sicherheitsvorstellungen nicht entziehen und mußte für die Fahrt ins Stadtzentrum das eigens eingeflogene Fahrzeug des Revolutionsführers nutzen. Am Stadttor Kofar Mata fungierte Khadhafi als Vorbeter, geißelte bei dieser Gelegenheit die Politik der USA und des Westens und beschimpfte sie öffentlichwirksam als Kulturimperialisten. Trotz seiner engen Verbindungen zu Kano verschmähte Khadhafi das Angebot des gastgebenden Militärverwalters, in der renovierten Präsidenten-Lodge zu übernachten und reiste stattdessen nach Abuja weiter, wo Abacha zu Ehren des libyschen Gastes am späten Abend ein Banquet gab und ihm und Mainassara die höchste Auszeichnung des Landes verlieh, den *Grand Commander of the Federal Republic*. Noch vor Sonnenaufgang verließen die Gäste Nigeria auf dem Luftweg. Gegenüber der UN begründete die Militärregierung die Landeerlaubnis als eine Notmaßnahme, die ein Unglück vermeiden sollte. Man habe den Besuch des libyschen Gastes auf dem Landweg erwartet. Die nigerianische Öffentlichkeit reagierte mit Hohn und Spott, aber auch mit Verbitterung auf die Berichte dieses Besuches.

Kurz darauf war die nigerianische Führung mit einem neuen Krisengebiet konfrontiert, denn der Staatsstreich in **Sierra Leone** (25.5.) tangierte auch nigerianische Interessen, da dort rund 900 eigene Soldaten auf Grund eines regionalen Kooperationsabkommens stationiert waren. Die Militärregierung in Abuja gab umgehend bekannt, alle Maßnahmen, auch militärische, ergreifen zu wollen, um den demokratisch legitimierten Präsidenten Kabbah wieder in sein Amt einzusetzen. Das Regime konnte zwar dieses Ziel bis zum Jahresende nicht erreichen, stand aber kurz davor.

Der 20. ECOWAS-Gipfel in Abuja (29./30.8), der auf Grund der positiven Entwicklung in Liberia um einen Monat verschoben worden war, stand ganz im Zeichen der Krise in Sierra Leone und der Stabilitätsbemühungen in Liberia. Nigeria versuchte die Mitgliedsstaaten auf eine gemeinsame Haltung gegenüber den Putschisten in Freetown festzulegen. Dabei ging es in erster Linie darum, für die noch in Liberia stationierten ECOMOG-Truppen ein neues Mandat in Sierra Leone zu erhalten, um die nigerianischen Interessen nachhaltiger vertreten zu können, was auch weitgehend gelang. Darüber hinaus wurde Abacha erneut zum Vorsitzenden der ECOWAS gewählt und das nächste Treffen erneut in Abuja anberaumt (s. Liberia- und Sierra Leone Länderartikel).

Doch konnte dies nicht über die geschwächte Stellung Nigerias innerhalb Afrikas hinwegtäuschen. Dies war besonders an den unterkühlten Beziehungen zu den neuen Machtzentren Südafrika und Uganda abzulesen, die erhebliche politische, wirtschaftliche und logistisch-militärische Unterstützung aus den USA und der EU erhielten. Beide Staaten hatten am 15.4. bei der alljährlichen Konferenz der UN-Menschenrechts-Kommission in Genf für die Einsetzung eines Sonderberichterstatters gestimmt, der der Kommission regelmäßig über die Menschenrechtslage in Nigeria berichten soll. Zehn afrikanische Länder (Algerien, Angola, Kap Verde, Ägypten, Äthiopien, Guinea, Madagaskar, Mali, Mosambik und Zimbabwe) enthielten sich der Stimme.

Dem war ein mehrwöchiges diplomatisches Tauziehen zwischen dem Regime und der UN-Menschenrechts-Kommission über das Mandat zweier Berichterstatter vorausgegangen, die vor Beginn der Genfer Konferenz Nigeria bereisen sollten, um sich ein Bild über die Menschenrechtslage zu machen und politische Gefangene zu sprechen. Kurz vor der Abreise verweigerte die nigerianische Seite den Berichterstattern den freien Zugang zu politischen Gefangenen, weswegen der Besuch in Nigeria abgesagt wurde. Diese Auseinandersetzung trug erheblich zu der anti-nigerianischen Stimmung innerhalb der Kommission bei und ermöglichte die Ernennung des Sonderberichterstatters, immerhin die schärfste Maßnahme, die der Kommission zur Verfügung steht. Diese politischen Schlappe versuchte das Regime mit der Begleichung seines UN-Mitgliedsbeitrages von $ 1,1 Mio. im Mai herunterzuspielen.

Die EU war gemeinsam mit den USA die treibende Kraft in Genf, einen Sonderberichterstatter für Nigeria einzusetzen. Bereits auf der gemeinsamen Tagung ACP/EU-Staaten in Brüssel setzten die EU-Vertreter eine Resolution gegen Nigeria durch, die die Menschenrechtsverletzungen der nigerianischen Regierung in scharfer Form anprangerte und zu weitgehenden Sanktionen wie das Einfrieren von Guthaben aufrief (20.3.). Doch zu weiterreichenden Maßnahmen konnte sich die EU nicht durchringen, es blieb bei einer erneuten sechsmonatigen Verlängerung der bestehenden "weichen" Sanktionen (2.6.), zu unterschiedlich waren die Interessen der einzelnen Länder. Für den EU-Vertreter in Nigeria erschien eine demokratisch durchgeführte Wahl von Abacha durchaus akzeptabel (22.5.). Namhafte deutsche Firmen wandten sich direkt an den Bundeskanzler und verlangten eine stärkere Unterstützung der deutschen Industrie und die Überprüfung bestehender Sanktionen mit dem Ziel, diese umgehend abzuschaffen, um die Wirtschaftsbeziehungen auszubauen, die eine Größenordnung von DM 1,3 Mrd. Ausfuhren und DM 1,2 Mrd. Einfuhren, insbesondere Erdöl, auswiesen. Und trotz der noch immer gültigen Sanktionen im Sport machte die Bundesregierung keinerlei Anstalten, das für April 1998 vereinbarte Fußballänderspiel zwischen der DFB-Auswahl und der Nationalelf Nigerias zu unterbinden.

Frankreich war nach seiner weitgehend gescheiterten Afrikapolitik auf der Suche nach neuen Partnern, die seine Präsenz auf dem Kontinent sichern sollten, mit Nigeria einig geworden, und so verlegte die staatseigene *Nigerian National Petroleum Corporation* (NNPC) ihr Europa-Büro von London nach Paris, der nigerianische Ölminister Dan Etete konnte trotz der Visa-Restriktionen nach Paris reisen. Darüber hinaus erhielt die französische Ölgesellschaft *Total* lukrative Angebote, sich verstärkt im *downstream*-Bereich zu engagieren.

Diese Entwicklung korrespondierte mit der Verschlechterung der Beziehungen zu Großbritannien. Die neugewählte Labour-Regierung hatte in Fragen des Demokratisierungsprogrammes sowie der Menschenrechtsverletzungen und der notorischen Korruption eine härtere Gangart gegenüber Nigeria angekündigt und Gespräche mit prominenten nigerianischen Exilanten wie Anthony Enahoro und Wole Soyinka geführt, die am *2nd World Congress of Free Nigerians* (12.6.) in London teilnahmen, was das gespannte Verhältnis angesichts des bevorstehenden Commonwealth-Gipfels in Edinburgh (24.-27.10) weiter belastete. Dieser politische Schlagabtausch gipfelte in der Stornierung der Landeerlaubnis für *British Airways* (BA) in Lagos und Kano und *Nigeria Airways* in London. Im März hatte Großbritannien *Nigeria Airways* bis auf weiters die Landeerlaubnis entzogen, da für die Flotte kein Versicherungsschutz mehr bestand und die Maschinen nicht mehr den internationalen Sicherheitsstandards entsprächen. Am 16.5. entzog darauf Nigeria die Landeerlaubnis für britische Flugzeuge, was BA einer ihrer einträglichsten Routen beraubte. Mehrere Versuche der britischen Regierung, eine einvernehmliche Lösung zu finden, scheiterten an der starren Haltung des Militärregimes, denn die Militärs schätzten den wirtschaftlichen Schaden für BA zu recht wesentlich höher ein als für *Nigerian Airways* und glaubten, politischen Vorteil aus der Situation ziehen zu können.

Nigeria wurde zum bestimmenden Thema des **Commonwealth-Gipfels** in Edinburgh. Mehrere Treffen der *Commonwealth Ministerial Action Group* (CMAG), der die Außenminister von Großbritannien, Kanada, Neuseeland, Südafrika, Zimbabwe, Ghana, Jamaika und Malaysia angehörten, sollten eine Entscheidung über die weitere Vorgehensweise im Fall Nigeria vorbereiten, dessen Mitgliedschaft auf dem Auckland-Gipfel 1995 suspendiert worden war. Auf dem Gipfel wurden die Vertreter von Südafrika und Jamaika durch die Außenminister von Botswana und Barbados ersetzt. Großbritannien hielt an der Suspendierung fest, während Kanada, das am 13.3. seine Botschaft in Lagos bis auf weiteres geschlossen hatte, nach wie vor härtere Maßnahmen bis hin zu einem Ölboykott befürworte, sich aber damit erneut nicht durchsetzen konnte. So blieb es bei der Kompromißvorlage, Nigeria vom Gipfel auszuschließen, die Suspendierung aufrechtzuerhalten und die Implementierung des Demokratisierungsprogramms zum Maßstab für die Lockerung oder Verschärfung der Sanktionen zu machen. Der Versuch der Militärregierung, durch eine intensive Reisediplomatie die Haltung mehrerer Mitgliederstaaten zu ihren Gunsten zu beeinflussen, war von vornherein zum Scheitern verurteilt, und die Drohung ihres Außenministers Tom Ikimi, ggf. den Commonwealth zu verlassen, machte keinen Eindruck. Eindruck machte jedoch ein an den Commonwealth adressierter Brief (20.9.) des Vorsitzenden der NADECO, Chief Ajasin, der wenige Tage vor seinem Tod die unerträglichen politischen Verhältnisse in seinem Land darstellte und harte Sanktionen gegen Nigeria forderte. Der Bericht des CMAG wurde auf dem Gipfel angenommen, er schloß die Drohung ein, Nigeria aus dem Commonwealth auszuschließen oder sogar ein Ölembargo zu verhängen, sollten innerhalb der nächsten zwölf Monate keine erkennbaren Fortschritte bei der Demokratisierung festzustellen sein. Das Militärregime antwortete mit staatlich organisierten Protestveranstaltungen (3./4.11.) in Nord- und Ostnigeria, wo mehrere Tausend Demonstranten gegen den Ausschluß vom Gipfel und die Commonwealth-Entschließung protestierten.

Nach anfänglicher Entspannung verschlechterten sich die Beziehungen zu den USA rapide. Im Januar wurde der Ehefrau des Diktators, Maryam Abacha, die Teilnahme an einer Konferenz in den USA von der Visa-Abteilung der amerikanischen Botschaft verweigert. Die Vorsitzenden der fünf zugelassenen Parteien reisten zur gleichen Zeit für eine zweiwöchige PR-Tour in die USA, um das schlechte Image Nigerias aufzubessern und der amerikanischen Öffentlichkeit die bevorstehenden *Local Government*-Wahlen als Beleg für den Demokratisierungsprozeß darzustellen. Sie trafen überwiegend mit US-Amerikanern zusammen, die das Übergangsprogramm von Abacha ohnehin seit Jahren unterstützten. Neben einigen Schwarzamerikanischen Bürgermeistern wie dem umstrittenen Marion Barry aus Washington oder dem General-Direktor der *World Conference of Mayors*, Johnny Ford, die im November am Internationalen Bürgermeistertreffen in Abuja teilnahmen, galt der Besuch Organisationen wie dem *Congress for Racial Equality* (CORE), die sich auf Kosten der Militärregierung regelmäßig in Nigeria aufhielten. So besuchten im März 38 Vertreter von CORE, von *Americans for Democracy in Africa* und der *American Bar Association* als Wahlbeobachter das Land, die Delegationsleiterin Jane Wallace sowie Senator Hillman Frazier zeigte sich von den Demokratisierungsfortschritten der nigerianischen Regierung beeindruckt. In diesem Sinne argumentierte auch der Kongreßabgeordnete William Jefferson.

Dies stand im Gegensatz zu den Bemühungen einer Gruppe von Kongreßabgeordneten unter Führung von Donald Payne, ein Gesetzgebungsverfahren in Gang zu setzen, das wegen der anhaltenden Menschenrechtsverletzungen und der vorsätzlichen Verzögerung des Demokratisierungsprozesses US-amerikanische Investitionen in Nigeria verbieten und erlauben würde, nigerianische Guthaben in den USA einzufrieren. Obwohl es im September eine Anhörung vor dem Unterausschuß für Afrika gab, zu der auch der Literaturnobelpreisträger **Wole Soyinka** geladen war, scheiterte auch dieser Versuch, mehr Druck auf das Militärregime auszuüben, an der starken amerikanischen Öl-Lobby. Dennoch wuchs die Zahl der NROs, die sich kritisch mit Nigeria befaßten und den Protest gegen die Militärs auf kommunaler Ebene fortsetzte. So entschied der

Stadtrat der Universitätsstadt Berkeley (22.7.), Geschäftbeziehungen zu Firmen, die sich in Nigeria engagierten, abzubrechen, was in erster Linie die großen Ölgesellschaften betraf.

Gestärkt durch die PR-Erfolge in den USA und der erneuten Bestätigung, daß ein Ölboykott nicht zu befürchten stand, verschärfte das Regime den politischen Druck auf die US-amerikanische Vertretung in Lagos. Seit Jahren hatte Botschafter Walter Carrington die Militärregierung scharf kritisiert und sich persönlich für Bürgerrechtler und Pressefreiheit eingesetzt. Die Serie von Bombenattentaten nahmen die nigerianischen Sicherheitskräfte nun als Vorwand, die Botschaft der Mitwisserschaft zu bezichtigen und die Aufhebung der Immunität des Botschafters zu fordern, um ihn polizeilich vernehmen zu können (15.7.). Die scharfe amerikanische Antwort heizte die gereizte Stimmung weiter an. Als oppositionelle Gruppen am 18.9. dem scheidenden Botschafter eine Abschiedsfeier gaben, erschienen Polizeieinheiten und durchkämmten das Haus nach angeblich versteckten Waffen. Veranstalter und Gäste zogen in das nahe gelegene Haus von Abraham Adesanya, einem führenden NADECO-Mitglied. Wieder erschienen Sicherheitskräfte und beendeten die Veranstaltung, was einen schweren Bruch diplomatischer Geflogenheiten bedeutete und entsprechende Reaktionen in Washington auslöste. Der Minister für besondere Aufgaben, Wada Nas, bezeichnete kurz darauf (22.9.) die zu Ende gehende Amtszeit des Botschafters als Zeitvergeudung, die lediglich dazu gedient habe, seinen persönlichen Vorlieben nachzugehen. Durch diese scharfen Auseinandersetzungen verlor der Besuch von Jimmy Carter (29.6.), der sich dem Friedensprozeß in Liberia und dem Kampf gegen die *Guinea Worms* Krankheit verschrieben hatte, an Bedeutung. Sogar die Ankündigung (1.11.) des Papstbesuches für März 1998 nahm die Öffentlichkeit nur am Rande wahr. Die Dezertifizierung blieb trotz einiger Erfolge der nigerianischen Drogenbehörde NDLEA im Kampf gegen den Drogenhandel bestehen.

Der **Bakassi-Konflikt** bestimmte weiterhin das Verhältnis zum östlichen Nachbarn Kamerun, doch hatten sich die Beziehungen etwas entspannt, und beide Seiten warteten auf den Spruch aus Den Haag, der für Mitte 1998 erwartet wurde. Im Juni gab es eine Vereinbarung mit *Cameroon Airline*, eine Flugverbindung Lagos, Douala, London einzurichten, die es Nigerianern ermöglichen sollte, ihr Hauptreiseziel London einfacher zu erreichen. Dies verhinderte nicht gelegentliche beiderseitige verbale Attacken und gegenseitige Anschuldigungen über angebliche Angriffe wie z.B. im Mai, als Kamerun dem Nachbarn widersprach, Kampfhandlungen angezettelt zu haben. Am 23.11. soll es nach Kameruner Darstellung eine nigerianische Militäraktion gegeben haben, bei der ein Kameruner Soldat getötet wurde.

Sozioökonomische Entwicklung

Die Budgetrede von Junta-Chef Abacha fand diesmal früher als erwartet statt (18.1.). Doch war sie wie im Vorjahr für die internationalen Finanzorganisationen und den Privatsektor enttäuschend, denn die Regierung verschob erneut die Privatisierung zentraler Wirtschaftsbereiche wie Erdöl, Telekommunikation und Energie um ein weiteres Jahr. Zugleich hielt sie am gespaltenen Devisenkurs fest, d.h. der Wechselkurs des Naira zum Dollar betrug regierungsintern 22:1, während sich auf dem **Autonomous Forex Exchange Market** (AFEM) der Dollar in einer Schwankungsbreite von Naira 75 bis 85 bewegte. Das Regime legte den externen Schuldendienst wiederum bei $ 2 Mrd. fest, so daß das Land mit seinem Schuldendienst weiter in Rückstand geriet, der bei $ 12 Mrd. lag, während die Auslandsverbindlichkeiten zum Jahresende auf $ 38 Mrd. angestiegen waren. Die Militärregierung sprach dagegen von nur $ 28 Mrd. Auslandsschulden. Zugleich erhöhten sich Dank der relativ hohen Ölpreise ($ 19 im Jahresdurchschnitt) die Devisenreserven auf $ 7 Mrd., denn die Staatseinnahmen orientierten sich am Ölpreis von $ 16 pro Barrel. Gegen Jahresende gaben die Ölpreise jedoch rapide nach (40%) und ließen für das Folgejahr einen negativen Trend erkennen. Die internen Verbindlichkeiten gegenüber der Zentralbank beliefen sich auf gut Naira 300 Mrd., doch hatte die Militärregierung mehrere Milliarden Naira Schulden gegenüber privaten Gläubigern wie Banken und Projektnehmern beglichen.

Die ständige Benzinknappheit, die sich wegen mangelnder Wartung der Raffinerien ($ 1 Mrd.

wären nötig, die vier Raffinerien voll betriebsbereit zu machen) als Strukturmerkmal durchzusetzen begann, ließ auf dem Schwarzmarkt den Preis auf Naira 40 bis 70 pro Liter hochschnellen. Da zwischenzeitlich auch das Flugbenzin knapp wurde, brach der nationale Flugverkehr zusammen, es kam zu Störungen des internationalen Luftverkehrs. Häufige Stromausfälle, die immer noch nicht fertiggestellte *Export Processing Zone* (EPZ) in Calabar und der investitionsfeindliche Haushalt hielten ausländische Investoren fern. Auch der 1995 gegründete *Nigerian Investment Promotion Council* unter Lema Jibrilu, einem Vertreter des nördlichen Establishments, konnte keine Impulse geben, da er erst im September arbeitsfähig war. Dennoch nahm die Regierung die auf 20% gesunkene Inflationsrate, den stabilen Wechselkurs des Naira und das Wirtschaftswachstum von 3,7% als Beleg für den wirtschaftlichen Aufschwung, die mit 34% geringe Kapazitätsauslastung im industriellen Sektor und die Schließung der sechs Walzwerke in der Jahresmitte wurden ignoriert. Auch die Instandsetzung des maroden Fernstraßennetzes sollte den Willen des Regimes belegen, die notwendige Infrastruktur bereitzustellen. Dazu wurden Mittel des *Petroleum Trust Fund* (PTF) herangezogen, eines Nebenhaushalts, der der Kontrolle des Finanzministerium entzogen und direkt dem ehemaligen Staatschef Buhari unterstellt war. So wurde der *Oshodi Express Way* im Industriegebiet von Lagos erneuert, der *Express Way* nach *Ibadan* repariert und zahlreiche Straßenabschnitte in den nördlichen Landesteilen erneuert. Die Gelder wurden aber häufig ohne erkennbare Konzeption vergeben, wodurch die Reparaturen häufig zu Flickschusterei verkamen. Die Revitalisierung des maroden 3 500 km Eisenbahnnetzes durch die *China Civil Engineering Construction Corporation* kam nur zögernd voran, das $ 520 Mio. Projekt war zum Jahresende nur zur Hälfte fertiggestellt. Auch die *All Africa Trade and Tourism Fair* in Kaduna (29.3.-6.4.) war zur Verbesserung des Image gedacht, doch geriet die unter der Schirmherrschaft von OAU und AEC stehende Messe mit nur 17 partizipierenden Ländern zum Flop. Zwar hatte die Regierung über den PTF mehr als eine Milliarde Naira in das Projekt gesteckt, und der Generalsekretär der OAU, Salim Ahmed Salim war eigens zu Eröffnung angereist, doch hielten Logistikprobleme und Sicherheitserwägungen viele ausländische Interessenten von einer Teilnahme ab. Tatsächlich konnten die Sicherheitskräfte während der Messe einen schweren Raubüberfall auf mehrere Geschäftsleute im größten Hotel der Stadt nicht verhindern. Als *Transparency International* schließlich Nigeria als das **korrupteste Land** gemäß der Einschätzung von international befragten Unternehmern weltweit auflistete, wo etwa 10% der Erdöleinahmen direkt in die Taschen der Führungsspitze fließen, mußte das Regime gegensteuern und schaltete über die Zentralbank eine weltweite Presseerklärung, die vor kriminellen Praktiken besonders im Ölsektor warnte. Die Mitteilung wurde in 12 Sprachen übersetzt und erschien in 61 Zeitungen und drei Magazinen in 33 Ländern.

Auch das im Vorjahr eingesetzte Komitee "**Vision 2010**", das konkrete Empfehlungen zur Deregulierung erarbeiten sollte, organisierte zwar einige Konferenzen, blieb aber weitgehend einflußlos. Dennoch nutzte Abacha diese Veranstaltungen (z.B. am 20.11.) zur persönlichen Profilierung, gab vage Versprechungen zur zukünftigen Wirtschaftspolitik und festigte die Klientelbeziehungen zu ausgewählten Gruppen. Im Kontext der Budgetrede veranlaßte diese Entwicklung die Vertreter von IWF und Weltbank in Nigeria, zur Jahresmitte ihre Arbeit bis auf weiteres zu suspendieren.

Während keinerlei Fortschritte gemacht wurden, das umstrittene Stahlwerkprojekt Ajaokuta endlich fertigzustellen, nahm nach erheblicher Verzögerung die *Aluminium Smelter Company of Nigeria* (ALSCON) in Ikot Abasi in Teilen die Produktion auf (15.10). Das $ 2,5 Mrd. Großprojekt war 1990 unter der technischen Leitung des deutschen Unternehmens *Ferrostaal* (20% Anteile) begonnen worden, obwohl die Weltbank das Vorhaben in Akwa Ibom State im östlichen Niger Delta als falsch plaziert und zu kostspielig kritisiert hatte. Das US-amerikanische Unternehmen *Reynolds International*, zuständig für die Vermarktung, hält 10% und die Zentralregierung, vertreten durch Bashir Dalhatu, 70% der Anteile am *joint venture*. Innerhalb von zwei Jahren soll die geplante Jahreskapazität von 193 000 t erreicht sein, wobei zumindest 140 000 t für den Export bestimmt sind. Dieser Betrag kann jedoch jederzeit erhöht werden, sollte der nigerianische Markt nicht absorptionsfähig genug sein. Die beiden ausländischen Partner besitzen einen Zehnjahresvertrag zur Leitung der Aluminiumschmelze und zur Vermarktung des Aluminiums, das lediglich in Barren anfällt. Eine Weiterverarbeitung in Nigeria ist nicht vorgesehen. Bei Produktionsbeginn waren nur 40 der 432 Öfen betriebsbereit, die bis zum Jahresende lediglich 2 000 t produzierten. Es war eine politische Entscheidung, trotz der ungelösten technischen Probleme mit der Produktion zu beginnen, man hoffte, damit alle Zweifel an der Durchführung des umstrittenen Projektes zu zerstreuen und Kritik wie am Stahlwerk Ajaokuta zu entgehen. Die Wirtschaftlichkeit des Projektes basierte auf den riesigen Vorkommen von reinem Erdas im Niger Delta und im *Off-Shore* Bereich von mindestens 3 600 Mrd. m^3, die erst ansatzweise genutzt werden, und einem extrem niedrigen Energiepreis. ALSCON und *Shell Petroleum Development Company* (SPDC), vertreten durch die *Nigerian Gas Company* (NGC), hatten sich ursprünglich auf einen Preis von $ 0,35 pro 1 000 *standard cubic feet* (scf) reinem Erdgas geeinigt (1 000 scf entsprechen 28 m^3). Die Aluminumschmelze verbrauchte in der Anfangsphase täglich etwa 560 000 m^3, bei voller Auslastung läge der Verbrauch bei 2,5 Mio. m^3. Auf dem Weltmarkt war jedoch ein Preis von $ 1 pro 1 000 scf zu erzielen. SPDC forderte eine Neuverhandlung des Vertrages, da sich die Rahmenbedingungen verändert hätten. Besonders der weltweite Protest gegen die Abfackelung des Assoziierten Gases (AG), das bei der Ölförderung anfällt und bisher aus Kostengründen nicht genutzt worden sei, hätte SPDC gezwungen, große Summen für die Nutzbarmachung dieses AG aufzubringen, um das umweltschädliche Abfackeln zu reduzieren. ALSCON war aber nur bereit, $ 0,50 pro 1 000 scf zu bezahlen, damit war der Konflikt programmiert, eine Lösung bis zum Jahresende nicht in Sicht. Ein weiteres Problem bestand in der fehlenden Infrastruktur. Die Schiffbarmachung des Imo Flusses und der Hafenausbau nahe der Schmelze waren nicht über das Planungsstadium hinausgegangen, so daß die Barren über ein vier Kilometer langes Förderband zum Fluß transportiert werden mußten, wo Barkassen die Ladung zu den Häfen Onne und Port Harcourt brachten und auf Schiffe umluden. Die schlechten Strassenverhältnisse verzögerten den Weiterbau der Anlage zusätzlich, da die notwendigen Bauteile nur unter größten Schwierigkeiten an ihren Bestimmungsort gelangen konnten.

Das Projekt ist extrem abhängig vom externen Input, denn die Energie ist die einzige lokale Ressource. Der gesamte Rohstoff Bauxit muß importiert werden, und 200 ausländische Fachkräfte einschließlich des Management sind während der Vertragslaufzeit an das *joint venture* gebunden. Es gibt keinen Multiplikatoreffekt für die nigerianische Wirtschaft, da es keine technischen Einrichtungen zur Weiterverarbeitung des Hüttenaluminiums gibt, und der nigerianische Markt bietet unter den gegenwärtigen strukturellen Bedingungen keinerlei Vermarktungschancen. Auch der Verweis auf die Schaffung von Arbeitsplätzen greift zu kurz, denn die 1 000 einheimischen Arbeitskräfte, die nur bei voller Auslastung in der hochtechnisierten Schmelze beschäftigt wären, werden, bis auf ganz wenige Ausnahmen, nur Hilfstätigkeiten verrichten können. Das Großprojekt wird sich zu einer Quelle ökologischer Gefahren für das Niger Delta entwickeln, denn die Betreiber haben keinerlei Vorkehrungen getroffen, die alljährlich notwendig werdende Entsorgung der Öfen umweltschonend durchzuführen. Eine Umweltverträglichkeitsprüfung ist denn auch vermieden worden. Darüber hinaus wird die radikale Veränderung des Flußlaufes und der Bau des Hafens dieses Gebiet des Deltas nachhaltig schädigen. In diesem Kontext und mit den Erfahrungen aus den Ölfördergebieten hat ALSCON frühzeitig begonnen, im Einzugsgebiet von Ikot Abasi Sozialprojekte für verschiedene Kommunen zu etablieren, die die Strom- und Wasserversorgung sichern sollten und Ausbildungsstipendien für Heranwachsende beinhalteten.

Der Erdölsektor blieb das Herzstück des sozioökonomischen Systems und brachte $ 9,2 Mrd. in die Staatskasse. Dennoch befand sich auch dieser wichtigste Wirtschaftsbereich in einer Strukturkrise, die sich im Laufe des Jahres noch verschärfte. Seit mehreren Jahren verweigerte die Militärregierung der staatseigenen Ölgesellschaft *Nigerian National Petroleum Corporation* (NNPC) die anteiligen Finanzmittel, die die *joint ventures* benötigten, um die Fördermenge von 2,2 Mio. b/d aufrechtzuerhalten, die über der OPEC-Quote von 1,8 Mio.b/d lag. Im Dezember erhöhte OPEC diese Quote zum Jahresbeginn '98 auf 2 Mio. b/d. NNPC erhielt statt der zugesagten $ 2,5 Mrd. lediglich $ 2,05 Mrd.. Die internationalen Ölgesellschaften erwarteten von

NNPC jedoch mindestens $ 3,3 Mrd., um eine Reduzierung der Fördermenge zu verhindern und ein Minimum an Explorationen durchführen zu können. Der größte Produzent, SPDC, mußte wegen der knappen Finanzen und der anhaltenden Unruhen im Niger Delta bereits zum Jahresende einen Produktionsrückgang von annähernd 10% bekanntgeben. Sollte sich die Situation nicht erheblich verbessern, würde sich der jährliche Rückgang in dieser Größenordnung fortsetzen. Vor diesem Hintergrund signalisierte die Regierung ihre Bereitschaft, statt "*joint venture agreements*", zukünftig vermehrt "*production sharing contracts*" zu vergeben.

Im Gegensatz zu den übrigen Ölgesellschaften war SPDC fast ausschließlich im *On-Shore*-Bereich tätig. Die Konkurrenten *Chevron* (420 000 b/d) und *Mobil* (400 000 b/d), die besonders im *Off-Shore*-Bereich fördern, konnten dagegen ihre Produktion leicht erhöhen. Darüber hinaus nahm *Chevron* das $ 550 Mio. *Escravos Gas Project* (EGP) in Betrieb (5.11.), das in einer ersten Phase 5,6 Mio. m^3 AG verarbeitet, und auch *Mobil* stand kurz vor der Fertigstellung seiner $ 850 Mio. teuren Anlage *Natural Gas Liquids* (NLG). An diesen Projekten war NNPC maßgeblich beteiligt. Beide Unternehmen erzielten einen erheblichen zeitlichen Vorsprung gegenüber dem $ 4 Mrd. *Liquefied Natural Gas* (LNG) Projekt, das ein internationales Konsortium unter der operativen Leitung von *Shell* seit 1995 baut. Schon im Vorjahr geriet dieses Projekt in Schwierigkeiten, als der italienische Energiekonzern *ENEL* seine Zusage, große Mengen Flüssiggas abzunehmen, widerrief, was ein Verfahren in der Schweiz nach sich zog. Gegen Jahresende zeichnete sich eine für beide Seiten zufriedenstellende Lösung ab. Ein weiteres Problem entstand mit der Auflösung des Aufsichtsrates durch die Militärregierung (30.5.), die dem Ölminister auf Kosten von *Shell* erhebliche Befugnisse über das Unternehmen *Liquefied Natural Gas Company* übertrug.

Der Konkurrenzkampf im Ölsektor beeinträchtige besonders die kleinen nigerianischen Unternehmen, die seit Anfang der 90er Jahre versuchten, in diesem Bereich Fuß zu fassen. Doch förderten sie nie mehr als 50 000 b/d, und die meisten Firmen mußten aufgeben. Aufgeben mußte auch der kleine US-amerikanischer Ölproduzent *Ashland Corporation* (20 000 b/d), der nach dem *production sharing contract* System operierte und dem Mitte des Jahres die Förderlizenz entzogen worden war, nachdem das Unternehmen ohne Zustimmung der nigerianischen Behörden Anteile an Dritte verkauft hatte.

Auch in diesem Jahr ereignete sich ein schwerer Ölunfall, diesmal jedoch in Lagos (Juli/August). Dort war eine Pipeline geborsten, und zwei Wochen lang ergossen sich riesige Mengen Benzin aus den Tanklagern in das weitverzweigte Lagunensystem des Bundesstaates und vernichteten die bescheidenen Lebensgrundlagen der Lagunenbewohner.

Im August starb in Lagos der Musiker Fela Anikulapo-Kuti im Alter von 58 Jahren an AIDS (2.8). Der Begründer des Afro Beat wurde in den 70er und 80er Jahren auch international ein Star und feierte in den USA und Europa große Erfolge. Sein Bruder, der Bürgerrechtler Beko Ransome-Kuti, verbüßte seit 1995 eine langjährige Haftstrafe wegen angeblicher Mittäterschaft bei einem geplanten Staatsstreich, und ein anderer Bruder, Prof. Kuti, hatte unter General Babangida als Gesundheitsminister gedient. Viele seiner Lieder standen in Nigeria auf dem Index, und der Haschisch rauchende Fela wurde des öfteren verhaftet und mit Auftrittsverboten belegt. Dennoch gelang es keinem Regime, den Musiker mundtot zu machen und sein Musiktheater im Stadtteil Ikeja zu schließen. Der Tod des Musikers lenkte aber auch das öffentliche Interesse auf die Immunkrankheit AIDS. In der Vergangenheit war dieses Thema weitgehend tabuisiert worden, doch nach Felas Tod nannte die Regierung erstmals die Zahl von mehr als 2 Mio. an AIDS erkrankten Menschen.

Wenige Wochen zuvor (8.6.) war der Schriftsteller Amos Tutuola im Alter von 77 Jahren in Ibadan verstorben. Seine größten Erfolge feierte der Künstler in den 50er und 60er Jahren, und zu seinen bekanntesten Werken zählten "The Palmwine Drinkard" und "My Life in the Bush of Ghosts", die auch als Theaterstücke großen Anklang fanden. Wenige Monate später trauerte die Oppositionsbewegung NADECO um ihren Vorsitzenden Michael Ajasin, der 88jährig in der Stadt Owo verstorben war (3.10).

Heinrich Bergstresser

Chronologie Nigeria 1997

15.03.	Wahlen zu den *Local Governments*
29.03.	Beginn der OAU/AEC *All Africa Trade and Tourism Fair*
März	Einstellung des Flugverkehrs von *Nigerian Airways* nach London
15.04.	Einsetzung eines Berichterstatters für Menschenrechte
09.05.	Abkommen über Konsulat in Hongkong
09./10.05.	Khadhafi in Kano und Abuja
16.05.	Einstellung des Flugverkehrs der *British Airways* nach Nigeria
02.06.	Verlängerung der EU-Sanktionen
08.06.	Tod des Schriftstellers Amos Tutuola
30.07.	Haftbefehl gegen Oppositionelle im Exil
02.08.	Tod des Musikers Fela Anikulapo-Kuti
29./30.08.	ECOWAS-Gipfel in Abuja
03.10.	Tod des NADECO-Führers Michael Ajasin
24.-27.10.	Commonwealth-Gipfel in Edinburgh
27.-30.10.	Streik der Öl- und Gasgewekschaften
03.11.	Start des privates Satellitenfernsehen
17.11.	Auflösung des *Federal Executive Council*
06.12.	Wahlen zu den *State Asssembies*
08.12.	Yar'Adua während der Haft verstorben
12.12.	UN-Resolution gegen Menschenrechtsverletzungen
15.12.	Einsetzung des neuen *Federal Executive Council*
20./21.12.	Festnahme angeblicher Putschisten

Afrika-Jahrbuch 1997, S. 161-166

Senegal

Fläche: 196 192 km^2, **Einwohner:** 8,5 Mio., **Hauptstadt:** Dakar, **Amtssprache:** Französisch, **Lebenserwartung:** 50 J., **Alphabetisierung:** 32%, **Wechselkurs:** $ 1 = Franc CFA 598,81, **HDI:** 0,326, Rang 31, **Pro-Kopf-Einkommen:** $ 570, **BSP:** $ 4860 Mio., **Anteile am BIP:** 18% - 17% - 65%, **Hauptexportprodukte:** Fisch und Fischereiprodukte 28%, **Staatschef:** Abdou Diouf, **Regierungschef:** Habib Thiam, **Regierungskoalition:** Parti Socialiste (PS), Parti Démocratique Sénégalais (PDS), Ligue Démocratique/Mouvement pour le Parti du Travail (LD/MPT), Parti Démocratique Sénégalais-Rénovation (PDS-R)

Im Hinblick auf die 1998 fälligen Parlamentswahlen setzte Diouf auf Druck der Opposition eine Wahlbeobachtungskommission ein, die transparente Wahlen garantieren sollte. Ein Machtkampf innerhalb der PS ließ die Tendenz zur Abspaltung einer Gruppe unter Führung des ehemaligen mächtigen Ministers Djibo L. Kâ erkennen, die zu einer politischen Neuordnung führen könnte. Trotz der Bemühungen um eine friedliche Konfliktlösung verschärften sich die kriegerischen Auseinandersetzungen in der Casamance in der zweiten Jahreshälfte, so daß eine Regionalisierung des Konflikts befürchtet wurde. Dessen ungeachtet beteiligte sich Senegal weiterhin an multinationalen Truppen zur Friedenssicherung. Eine günstige Entwicklung der makroökonomischen Indikatoren sicherte Senegal zwar das Wohlwollen von IWF und Weltbank, führte jedoch nicht zur Verbesserung der Lebensbedingungen der Bevölkerungsmehrheit.

Innenpolitik

Die teilweise chaotisch verlaufenen Kommunal- und Regionalwahlen im November 1996, bei denen die PS einen überragenden Sieg errungen hatte, stießen auf heftige Kritik der Opposition, die der PS Wahlschwindel vorwarf, die Annulierung der Wahlen, die Einsetzung einer internationalen Kommission zur Untersuchung des Wahlverlaufs und die **Bildung einer unabhängigen Wahlkommission** (*Commission Nationale Electorale Indépendante*/CENI) zur Kontrolle künftiger Wahlen forderte. In seltener Einmütigkeit schlossen sich 19 Oppositionsparteien zu einem *Collectif des "19"* zusammen, um ihre Anliegen durchzusetzen. Diouf reagierte in versöhnlicher Weise und setzte im Februar eine Kommission unter Leitung des Vizepräsidenten des *Conseil Constitutionel*, Professor Ibou Diaïte, ein, die den Auftrag hatte Abstimmungsgespräche mit allen politischen Parteien über eine Reform des Wahlrechts durchzuführen. Die Kommission war ermächtigt, Diouf Empfehlungen zu unterbreiten unter der Voraussetzung, daß Einstimmigkeit darüber herrschte. Dies gab der PS die Möglichkeit, Vorschläge der Opposition zu blockieren. Die Parteiengespräche, die zunächst zügig vorankamen, scheiterten dann auch bereits am 9.5., da die PS nicht bereit war, eine CENI zu akzeptieren, während die Opposition auf dieser für sie zentralen Forderung bestand. Diouf griff schließlich selbst ein und schlug die Schaffung eines, aus unabhängigen Persönlichkeiten bestehenden *Observatoire National des Elections* (ONEL) vor, das alle Phasen des Wahlvorgangs, angefangen bei der Erstellung der Wählerverzeichnisse, überwachen sollte. Mit der organisatorischen Durchführung der Wahlen sollte eine Generaldirektion für Wahlen im Innenministerium betraut werden. Ein entsprechendes **Gesetz zur Änderung des Wahlrechts** und zur Errichtung des ONEL wurde von der Nationalversammlung am 28.8. bei drei Gegenstimmen der Abgeordneten der *And Jëf/Parti Africain pour le Socialisme et la Démocratie* (And Jëf/PADS) und der *Parti de l'Indépendance et du Travail* (PIT) mit großer Mehrheit verabschiedet. Zwei kleinere, nicht im Parlament vertretene Oppositionsparteien, hatten schon vorher ihre Ablehnung des ONEL bekanntgegeben. Unter dem Vorsitz des pensionierten Generals Mamadou Niang nahm das ONEL bereits im September seine Tätigkeit mit der Überprüfung der Wählerverzeichnisse auf. Die Mehrheit der Oppositionsparteien ebenso wie die PS verbuchten die Einsetzung des ONEL als Sieg für sich.

Während der Konflikt mit der Opposition zunächst einmal beigelegt war, bildete sich innerhalb der **PS** selbst eine **Dissidentengruppe**. Djibo L. Kâ, der lange Zeit als möglicher Nachfolger von Diouf gegolten hatte, war seit 1995 systematisch an den Rand gedrängt worden und hatte nach den

Wahlen zu den Gremien der PS auf dem Parteitag 1996 auch seinen Sitz im Politischen Büro der PS verloren. Bereits vorher hatte sich ein **parteiinterner Machtkampf** zwischen ihm und Ousmane Tanor Dieng, der beim Parteitag zum Ersten Sekretär der PS gewählt wurde, entwickelt (s. Afrika Jahrbuch 1996). In einem im Juni an Diouf gerichteten und im Oktober veröffentlichten Schreiben zog Kâ die Legitimität der Wahl Diengs in Zweifel, übte Kritik an der PS und gab die Bildung eines *Courant du Renouveau Démocratique* (RD) innerhalb der PS bekannt, betonte jedoch gleichzeitig seine Loyalität gegenüber Diouf. Nachdem Gespräche zwischen den führenden Mitgliedern des RD und der Schlichtungskommission der PS ergebnislos geblieben waren und die PS-Führung erklärt hatte, daß die Parteisatzung keine Strömungen innerhalb der Partei vorsehe, wurden Kâ und zehn weiteren Mitgliedern des RD vom Politischen Büro der PS für drei Monate alle parteipolitischen Aktivitäten untersagt (19.11.). Mit der Drohung von Kâ, eine eigene Kandidatenliste bei den im Mai 1998 fälligen Parlamentswahlen aufzustellen, drohte der PS erstmals eine Spaltung. Ein *Courant du Centre-Gauche* innerhalb der PS, der mit der Forderung nach einem außerordentlichen Parteitag hervortrat und nach eigenen Angaben vorwiegend aus jungen Leuten bestand, blieb hingegen unbedeutend.

Das **Oppositionskollektiv** zerfiel nach der Einführung des ONEL. Der Vorschlag von Abdoulaye Wade, dem Vorsitzenden der PDS, die Zusammenarbeit im Rahmen eines *Directoire National pour l'Alternance* fortzusetzen, fand wenig Ressonanz. Im Zusammenhang mit den Lokalwahlen war die weitere **Beteiligung der PDS** und der **LD/MPT an der Regierung** in Frage gestellt worden. Mit Unterstützung der Parteigremien beschlossen die Parteiführer Wade und Abdoulaye Bathily (LD/MPT) in der Regierung zu verbleiben, obwohl große Teile der jeweiligen Parteibasis sich dagegen ausgesprochen hatten. Ein Machtkampf an der Spitze der PIT, bei dem es neben persönlichen auch um ideologische Fragen ging, führte zum Parteiaustritt des Politbüromitglieds der PIT und Abgeordneten, Samba Diouldé Thiam, der im Dezember das *Mouvement de la Gauche Démocratique* (MGD) gründete. Thiam kritisierte in einer Pressemitteilung das autoritäre Vorgehen der Parteispitze und das Festhalten an einer überholten marxistischen Ideologie. Der Parteitag der PIT (27.28.12.) bestätigte Amath Dansokho als Generalsekretär.

Soziale Unzufriedenheit drückte sich erneut in **Studenten- und Lehrerstreiks** aus. Der Protest der Lehrer, die sich gegen die Erhöhung der Pensionsversicherungsbeiträge um 3% wandten und höhere Wohnungsbeihilfen sowie eine Hinaufsetzung des Pensionsalters von 55 auf 60 Jahre forderten, äußerte sich in sporadischen Streiks und der Zurückhaltung der Prüfungsergebnisse. Er breitete sich auf Primar- und Sekundarschulen des ganzen Landes aus und erfaßte auch die Hochschulen. Die Studenten forderten vor allem bessere soziale Leistungen. Studentendemonstrationen arteten mehrmals in Vandalismus aus und waren vom gewaltsamen Einschreiten der Polizei begleitet. Als sich nach mehrmonatiger Störung des Unterrichtsbetriebes eine Ungültigkeitserklärung des Studienjahres abzuzeichnen begann, verlangten die Studenten die Verlängerung des Studienjahres und die Verschiebung der Prüfungen. Trotz einer Einigung zwischen Regierung und Studentengewerkschaft (1.6.), der eine Vereinbarung mit den Lehrergewerkschaften vorausgegangen war, kam es auch weiterhin zu sporadischen Protestaktionen und Zusammenstößen mit der Polizei.

Der seit April 1996 ins Stocken geratene Friedensprozeß in der **Casamance** sollte durch Gespräche der Führung des *Mouvement des Forces Démocratiques de Casamance* (MFDC) mit dem externen Flügel des MFDC und dessen Wortführer Mamadou Nkrumah Sané in Paris neu belebt werden. Die Regierung, die 1996 die Reise der MFDC-Delegation nach Paris verhindert hatte, gab durch Vermittlung Frankreichs schließlich ihre Zustimmung. Abbé Diamacoune Senghor, der Vorsitzende des MFDC, nahm an den Gesprächen, die im März stattfanden, nicht teil. Die Unterredungen wurden im Juli in Ziguinchor mit einer Delegation des externen Flügels fortgesetzt. Während der Verhandlungen in Paris erfolgten nach einer längeren Zeit relativer Ruhe erneut Anschläge im Grenzgebiet zu Guinea-Bissau, die auf Meinungsverschiedenheiten innerhalb des MFDC zurückgeführt wurden. Sie lösten **schwere Kämpfe zwischen der Armee und dem MFDC** aus. Die Auseinandersetzungen eskalierten im August, nachdem bei Razzien der Armee ca. 30 Separatisten getötet und bald danach 25 Regierungssoldaten, die in einen Hinterhalt des

MFDC geraten waren, tot aufgefunden wurden. Wenige Tage später wurde Sarani Badiane, einer der vier engsten Mitarbeiter Diamacoune Senghors, entführt und ermordet. Militärangehörige führten den Mord auf interne Rivalitäten innerhalb des MFDC zurück, während ihn die senegalesische Presse dem Militär zuschrieb. Nach Razzien des Militärs im Département Ziguinchor im August und September, startete die Armee, deren Truppenstärke von 1 000 auf 3 000 Mann erhöht worden war, im Oktober einen Großangriff auf die Basen des MFDC. Durch die Flucht von Rebellen aus den umkämpften Gebieten wurden die kriegerischen Auseinandersetzungen auch in den Norden der Casamance getragen, der seit 1991 ein Waffenstillstandsabkommen eingehalten hatte. Die Kämpfe forderten bis Ende Oktober über 300 Tote. Während die Armee eine militärische Zerschlagung des MFDC herbeizuführen suchte, drängte die Regierung auf eine friedliche Konfliktlösung und forderte Diamacoune Senghor auf, dem Terror der Aufständischen ein Ende zu bereiten. Dessen Autorität war jedoch mehr und mehr im Schwinden begriffen.

Amnesty International veröffentlichte am 25.9. einen kritischen Bericht über **Menschenrechtsverletzungen** in der Casamance durch Sicherheitskräfte und wies vor allem auf das Verschwindenlassen von Personen und vermutliche extralegale Hinrichtungen von vermeintlichen Sympathisanten des MFDC hin. Die Regierung protestierte scharf gegen den Bericht, doch wurden die von AI erhobenen Beschuldigungen von ausländischen Journalisten in der Casamance bestätigt. Desgleichen wies die senegalesische Menschenrechtsorganisation *Rencontre Africaine pour la Défense des Droits de l'Homme* (RADDHO) darauf hin, daß Verschwindenlassen von Personen und summarisch Hinrichtungen zu den gängigen Menschenrechtsverletzungen gehörten, die sowohl von der Armee als auch der MFDC begangen würden. Als beunruhigend bezeichnete RADDHO außerdem den zunehmenden Einsatz von Anti-Personenminen in den Kämpfen.

Außenpolitik

Die **Beziehungen zu den Nachbarstaaten** waren weiterhin von **Sicherheitsproblemen**, insbesondere vom Casamance-Konflikt, geprägt. Der MFDC verfügte nach wie vor über Basen in **Guinea-Bissau**, was zu dem Vorwurf führte, die dortige Regierung unterstütze die Rebellion in der Casamance. Bei einem Besuch in Dakar (2.-3.10.) bestritt der Verteidigungsminister von Guinea-Bissau diese Vorwürfe. Die beiden Staaten vereinbarten eine verstärkte Zusammenarbeit bei der Bekämpfung des Waffen- und Drogenhandels. Die vorgesehene "Umsiedlung" von 15 000-20 000 Flüchtlingen aus der Casamance, die in Flüchtlingslagern nahe der Grenze lebten, weiter ins Landesinnere von Guinea-Bissau scheiterte jedoch weitgehend am Widerstand der Flüchtlinge. Die Staatschefs der an die Casamance angrenzenden Staaten wurden sich zunehmend der Gefahr einer Internationalisierung des Konflikts bewußt. Dieser bildete daher ein wichtiges Thema der Gipfelkonferenz der OMVG (25.9.). Nach einem Überfall auf eine Kaserne in **Gambia** im Juli (s. Artikel Gambia), an dem auch Rebellen aus der Casamance beteiligt gewesen sein sollen, lieferte Senegal mehrere gambische Offiziere, die nach dem Putsch 1994 nach Senegal geflüchtet waren, als Zeichen des guten Willens an Gambia aus. Die Beziehungen zu **Mauretanien** hatten sich seit den Auseinandersetzungen 1989 weitgehend normalisiert, ohne daß die Probleme, die den Konflikt ausgelöst hatten, gelöst worden wären. So scheiterte auch die Rückkehr der rd. 60 000 mauretanischen Flüchtlinge in Senegal daran, daß sie nicht die verlangten Garantien (s. Afrika Jahrbuch 1996) erhielten. Anläßlich eines Treffens der Innenminister der beiden Staaten (4.-6.6.) wurde die Schaffung eines gemeinsamen Sicherheitskomitees beschlossen, um Grenzzwischenfällen ein Ende zu bereiten. Die Grenzsicherheit und die Bekämpfung des Banditentums bildete auch das Thema einer Tagung der Generalstabschefs von Mali, Mauretanien und Senegal in Kayes (Mali) im Juli.

Senegal, das schon öfters an **multinationalen Truppeneinsätzen** mitgewirkt hatte, beteiligte sich mit 153 Mann an der interafrikanischen Friedenstruppe für die ZAR und erklärte sich zur Übernahme des Kommandos einer multinationalen Truppe für Kongo, zu deren Einsatz es jedoch nicht kam, bereit. In den Konzepten der USA und Frankreichs zur **Friedenssicherung in Afrika** spielte Senegal eine wichtige Rolle. Der stellvertretende Kommandierende der US-Streitkräfte in Europa, General James Jamerson, versuchte bei seinem zweiten Besuch in Dakar (5.-7.1.)

Crisis Response Initiative (ACRI) zu bewegen. Von Mai bis Juli fanden in Mali die ersten gemeinsamen Manöver der USA mit Senegal und Mali für friedenserhaltende Operationen statt. Im Anschluß daran nahmen 54 amerikanische Instrukteure die Ausbildung senegalesischer Soldaten im Rahmen der ACRI auf. Im Beisein des französischen Verteidigungsministers Alain Richard wurde in Dakar vom 21.-24.10. ein Kolloquium über die afrikanischen Kapazitäten der Friedenssicherung, das sich vor allem mit diplomatischen und politisch-militärischen Aspekten befaßte, durchgeführt. Das französische Konzept mit dem Kürzel RECAMP (= *Renforcement des Capacités Africaines du Maintien de la Paix*) bildet das Pendant zur amerikanischen ACRI. Die bisher alle zwei Jahre durchgeführten franko-senegalesichen Manöver sollten im Rahmen des RECAMP durch multinationale Manöver ersetzt werden, deren erstes für Februar 1998 vorgesehen war.

In den Beziehungen zu **Frankreich** bildeten die angekündigte Verringerung der französischen Truppenkontigente in Afrika und das Schicksal der Franc-Zone nach Einführung des Euro wichtige Diskussionspunkte. Der neue französische Premierminister, Lionel Jospin, der im Rahmen seiner ersten Afrikareise auch Senegal besuchte, skizzierte die allgemeinen Richtlinien der neuen französischen Afrikapolitik.

Ein besonders sensibles Thema bildete die **Emigration**. Das senegalesische Außenministerium schätzte die Zahl der im Ausland lebenden Senegalesen auf 705 500, von denen rd. 450 000 regulär gemeldet waren. Die wichtigsten Zielländer waren Gambia (300 000), Côte d'Ivoire (100 000), Frankreich und Italien (je 60 000). Mit monatlichen Überweisungen von über F CFA 1 Mrd. nach Senegal stellen die Auslandssenegalesen eine nicht zu unterschätzende Devisenquelle und einen wirtschaftlichen Motor dar. Angesichts der zunehmend restriktiven Ausländerpolitik und der wachsenden Ausländerfeindlichkeit sowohl in Europa als auch in afrikanischen Staaten führte die senegalesische Regierung im Juni eine von der EU finanzierte Kampagne zur Eindämmung der Emigration durch.

Die Kontakte zu **Taiwan**, zu dem Senegal Anfang 1996 diplomatische Beziehungen aufgenommen hatte, wurden durch offizielle Besuche des taiwanesichen Außenministers in Senegal (Jan.), von Premierminister Habib Thiam in Taiwan (Okt.), durch gegenseitige Besuche der Parlamentspräsidenten (März bzw. Dez.) sowie durch Abkommen über finanzielle und technische Hilfe Taiwans intensiviert. Senegals Außenminister Moustapha Niasse sicherte Unterstützung hinsichtlich der Aufnahme Taiwans in die UNO zu.

Die Beziehungen zu den **arabischen Staaten** hatten weiterhin einen wichtigen Stellenwert. Im Rahmen einer Reise, deren Hauptziel **Indien** war, besuchte Diouf die Vereinigten Arabischen Emirate und Qatar (Febr.), während Habib Thiam auf dem Weg nach Taiwan und Thailand in Oman Station machte (Okt.). Mit Saudi-Arabien wurden anläßlich der ersten Tagung der Großen gemischten Kommission (April) mehrere Kooperationsabkommen abgeschlossen. **Libyen** engagierte sich vorwiegend bei der Finanzierung von Moscheen und islamischen kulturellen Einrichtungen und Veranstaltungen. Beim islamischen Gipfeltreffen in Teheran (Dez.) setzte sich Diouf namens der afrikanischen Gruppe für die Aufhebung des Embargos gegenüber Libyen ein.

Sozioökonomische Entwicklung

Nach der F CFA-Abwertung 1994 hatte Senegal vom IWF einen Dreijahres-ESAF-Kredit erhalten, dessen dritte und letzte Tranche in Höhe von $51 Mio. am 13.1. freigegeben wurde. Dies bedeutete die Bestätigung, daß die Vorgaben des IWF im wesentlichen eingehalten und die makroökonomischen Ziele 1996 erreicht worden waren. Nach Regierungsangaben war das BIP 1996 um 5,2% gestiegen, mit besonders guten Ergebnissen in der Landwirtschaft (+ 11%) und dem Bausektor (+14,5%). Die Inflationsrate konnte auf 2,8% gesenkt werden, das Leistungsbilanzdefizit belief sich auf 8%, das Budgetdefizit auf 1,9% des BIP. Die **Zielvorgaben des IWF für 1997** bestanden in einem Wirtschaftswachstum von 4,5%, einer Senkung der Inflationsrate auf 2,5%, einer Reduzierung des Leistungsbilanzdefizits auf 6,7% und des Budgetdefizits auf 1% des BIP. Letzteres sollte durch eine Verbesserung der Steuereinnahmen, die Begrenzung der Ausgaben für Löhne und Gehälter sowie die Reduzierung nicht prioritärer Ausgaben erfolgen. Die strukturellen Reformen sahen eine Verbesserung des Rechtssystems im Hinblick auf die Förderung der Privatinitiative und ausländischer Investitionen sowie die Privatisierung der 18 öffentlichen Unternehmen bis Ende 1997 vor. Auf sektoreller Ebene standen die Reformen der Landwirtschaft des Transportsystems und des Energiewesens im Vordergrund. Das Programm umfaßte außerdem eine Umweltkomponente mit den Schwerpunkten Bodenerhaltung, rationelle Nutzung der Waldressourcen, Kontrolle der städtischen Umweltverschmutzung und Abfallwirtschaft. Zu den sozialen Zielen gehörte die Reduzierung der Armut und die Förderung der menschlichen Ressourcen durch Verbesserungen des Schul- und Gesundheitswesens. Weltbankpräsident James Wolfensohn äußerte sich bei einem Besuch in Dakar (9.2.) lobend über die wirtschaftlichen Reformen Senegals. Die am Jahresende verfügbaren Daten ließen nach Angaben des Finanzministers für 1997 mit einem Wirtschaftswachstum von 5,6% und einer Inflationsrate von 1,9% eine weitere Verbesserung der makro-ökonomischen Kennziffern erkennen. Bei Verhandlungen mit IWF und Weltbank Ende Oktober zeigte sich die Bereitschaft zur Finanzierung eines weiteren Dreijahresprogramms (1998-2010).

Trotz der makro-ökonomischen Erfolge blieb die wirtschaftliche Entwicklung gefährdet. Auf **mikro-ökonomischer Ebene** war von den Erfolgen nichts zu merken und für die meisten Senegalesen blieben die Lebensbedingungen sehr schwierig, **Arbeitslosigkeit** und **Armut** nahmen immer mehr zu. Regierungsangaben zufolge betrug der Anteil der armen Bevölkerung 33%, von den Geldgebern wurde er auf fast 50% geschätzt. 50% der Armen lebten in den Städten. 25% der Kinder unter fünf Jahren litten an Unterernährung. 48% (auf dem Land 66%) der Bevölkerung hatten keinen Zugang zu Trinkwasser, ansteckende Krankheiten nahmen zu, die Analphabetenquote betrug 1995 fast 70%. Die Arbeitslosenquote stieg von 25% (1991) auf 44% (1996). In der Rangliste des HDI sank Senegal von Platz 143 (von 173) 1994 auf Platz 160 (von 175) 1997 ab. Infolge des wirtschaftlichen Druckes versagten die moralischen Mechanismen der Gesellschaft, was eine Zunahme der Prostitution, einschließlich der Kinderprostitution, des Drogenhandels und-konsums sowie der Kriminalität vor allem durch Jugendliche zur Folge hat. Ein Zehnjahresplan (1997-2006) zur Entwicklung des Gesundheits- und Sozialwesens, den die Regierung den Gebern vorlegte (2.5.), sah Investitionen von FCFA 237 Mrd. vor, die in der ersten Phase prioritär zur Reduzierung der Kinder- und Müttersterblichkeit, zur Beseitigung der Unterernährung und zur Bekämpfung der am meisten verbreiteten Krankheiten sowie von AIDS dienen sollten. Das UNDP gewährte einen Kredit von $4,3 Mio. zur Armutsbekämpfung, die EU stellte FCFA 400 Mio. für ein bereits 1994 mit FCFA 1,3 Mrd. finanziertes Beschäftigungsprogramm bereit. Zur Bekämpfung des **Drogenhandels und -konsums** legte die Regierung einen Dreijahresplan (1997-2000) vor, außerdem wurde ein Drogengesetz verabschiedet (11.11.). 1996 waren 1 210 kg Cannabis, 6 kg Kokain und fast 8 kg Heroin beschlagnahmt worden.

Diouf erklärte 1997 zum "**Jahr der Landwirtschaft**" und kündigte verschiedene Maßnahmen, darunter eine Senkung der Zinsen für Agrarkredite, steuerliche Erleichterungen und die Erhöhung der Produzentenpreise für Baumwolle an. Nach dem Ansteigen der Agrarproduktion 1996 waren die Ziele für 1997/98 noch ehrgeiziger. Die Regierung stellte außerordentliche Budgetzuwendungen von FCFA 4,8 Mrd. bereit. Unzureichende Regenfälle machten die Hoffnung auf weitere Produktionssteigerungen jedoch zunichte. Eine von der Regierung eingesetzte Gruppe zur Analyse des Agrarsektors kam zu dem Ergebnis, daß angesichts des Wachstums der ländlichen Bevölkerung von 2% jährlich die Agrarproduktion pro Kopf seit den 60er Jahren um 40% gesunken sei. Die von der Gruppe diagnostizierte Krise der Landwirtschaft wurde dem Fehlen einer umfassenden und kohärenten Agrarpolitik zugeschrieben. Verhandlungen über ein neues **Fischereiabkommen** mit der EU, die im November 1996 wegen Meinungsverschiedenheiten abgebrochen worden waren, wurden im März wieder aufgenommen, nachdem eine Delegation senegalesischer Fischereiverbände im Rahmen einer Europatournee (16.2.-2.3.) ihre Positionen erläutert hatte. Das schließlich unterzeichnete Vierjahres-Abkommen (1997-2001) sah eine Reduzierung der Fangquoten und eine Erhöhung der Kompensationszahlungen gegenüber dem vorhergehenden Abkommen vor. Dennoch stieß es auf Protest der nach traditionellen Methoden arbeitetenden Fischer, die durch die industriell betriebene Fischerei ihre Existenzgrundlage gefährdet sahen. Die Fischerei,

durch die industriell betriebene Fischerei ihre Existenzgrundlage gefährdet sahen. Die Fischerei, die mittlerweile zum wichtigsten Exportprodukt Senegals aufgestiegen ist (29% der Exporterlöse), beschäftigte direkt und indirekt rund 600000 Personen. Die Ergebnisse 1997 gaben mit einem Rückgang der Fangmenge um 7% gegenüber dem üblichen Durchschnitt und der Exporte in die EU um 10% Anlaß zur Besorgnis.

Ein mit einem internationalen Konsortium unter Führung des schwedischen Unternehmens Telia Overseas im November 1996 abgeschlossenes Abkommen über die **Privatisierung** der *Société Nationale des Télécommunications* (SONATEL), einem der lukrativsten Betriebe, wurde im April zugunsten eines Abkommens mit *France Télécom*, die zwar weniger zahlte, jedoch angeblich bessere Garantien bot, annulliert. Nach lange andauernden Auseinandersetzung mit der Elektrizitätsgewerkschaft über die Privatisierung der *Société Nationale d'Electricité* (SENELEC) kam es im Juni zu einer Vereinbarung, die eine Umwandlung in eine Aktiengesellschaft mit einem staatlichen Anteil von mindestens 51% vorsah. Die für private Investoren vorgesehenen 49% sollten über eine Kapitalerhöhung erreicht werden. Mit Mali wurde eine Vereinbarung zur Privatisierung des Betriebes der Bahnlinie Dakar-Bamako getroffen.

Auf wachsendes Interesse ausländischer Investoren stieß der Bergbau (Gold, Kupfer und andere Mineralien) im Osten Senegals. Die Regierung vergab ein Dutzend neuer Prospektionsgenehmigungen. Hervorragende Produktionsergebnisse 1997 verzeichneten die Phosphat erzeugenden *Industries chimiques du Sénégal* (ICS) mit einem Umsatz von $ 185 Mio. und einem Nettogewinn von F CFA 18 Mrd..

Marianne Weiss

Chronologie Senegal 1997

04.-09.02.	Offizieller Besuch des Generalstabschefs der Armee, General Lamine Cissé in Rußland
08.-09.02.	Besuch von Weltbankpräsident James D. Wolfensohn
15.-19.02.	Offizieller Besuch Dioufs in Indien, Zwischenaufenthalte in den Vereinigten Arabischen Emiraten und Qatar
25.02.	Verabschiedung des 9. Entwicklungsplans (1996-2001)
26.03.	Fischereiabkommen mit der EU
27.03.	Zulassung der *Rassemblement des Travailleurs Africains-Sénégal* (RTA-S) als 26. Partei
25.04.	Besuch des gambischen Präsidenten Yahyah Jammeh
29.05.	Arbeitsbesuch Dioufs in Guinea
28.08.	Verabschiedung des Gesetzes zur Schaffung des ONEL
14.09.	Tod des Generalkhalifen der Tidjaniya, Abdul Aziz Sy; Nachfolger: Mansour Sy
Oktober	Offizieller Besuch von Premierminister Habib Thiam in Taiwan, Oman und Thailand
03.10.	Beginn einer Armee-Offensive in der Casamance
13.-17.10.	Offizieller Besuch des ugandischen Präsidenten Museveni
19.11.	Suspendierung von elf Verantwortlichen des RD für drei Monate durch die PS
20.12.	Besuch des französischen Premierministers Lionel Jospin
27.-28.12.	4. Parteitag der PIT

Sierra Leone

Fläche: 71 740 km², **Einwohner:** 4,6 Mio., **Hauptstadt:** Freetown, **Amtssprache:** Englisch, **Lebenserwartung:** 37 J., **Alphabetisierung:** 30%, **Wechselkurs:** $ 1 = Leone (Le) 1313, **HDI:** 0,176, Rang 46, **Pro-Kopf-Einkommen:** $ 200, **BSP:** $ 925 Mio., **Anteile am BIP:** 44% - 24% - 32%, **Hauptexportprodukte**: Diamanten u. Gold ca. 50%, **Staats- und Regierungschef:** Ahmed Tejan Kabbah (bis 25.5.), Johnny Paul Koroma (de facto ab 25.5., formell ab 17.6.), **Parteien** seit 28.5. verboten

Das im November des Vorjahres geschlossene Friedensabkommen von Abidjan scheiterte, ein Staatsstreich führte am 25.5. zur Ablösung der gewählten Zivilregierung durch eine Militärjunta unter Einschluß der militanten Untergrundorganisation *Revolutionary United Front* (RUF). Infolge massiven militärischen Drucks Nigerias und der Sanktionspolitik der internationalen Staatengemeinschaft (v.a. *ECOWAS, UN*) sah sich das Putschistenregime am 23.10. gezwungen, ein Abkommen zur Rückgabe der Macht an die Zivilregierung zu schließen, erweckte allerdings bald den Anschein, lediglich auf Zeit zu spielen. Durch Krieg, Chaos und Versorgungsengpässe wurde die Zivilbevölkerung schwer in Mitleidenschaft gezogen. Konsequenz waren neue Flüchtlingsströme, u.a. in die ohnehin stark belasteten umliegenden Länder.

Innenpolitik

Der im Vorjahr durch allgemeine Wahlen und das Abidjan-Friedensabkommen eingeleitete Prozeß der staatlichen Konsolidierung hatte keinen Bestand; Sierra Leone erlebte nach krisenhafter Entwicklung während der ersten Monate des Jahres mit dem **gewaltsamen Sturz von Präsident Ahmed Tejan Kabbah** und der Regierung der *Sierra Leone People's Party* (SLPP) am 25.5. den dritten per Staatsstreich herbeigeführten Machtwechsel seit 1992. Der **Machtübernahme durch eine Militärjunta** unter Major Johnny Paul Koroma, der wegen gescheiterter Coupbestrebungen im September des Vorjahres verhaftet worden war und am Putschtag, zusammen mit zahlreichen Mithäftlingen, von den Verschwörern aus dem Gefängnis befreit wurde, folgten die **Suspendierung von Verfassung, Parlament und Parteien** (28.5.), die Bildung eines 20köpfigen *Armed Forces Revolutionary Council* (AFRC) (1.6.) und die **Verschmelzung von Armee und RUF zur Volksarmee** (People's Army). Stellvertreter Koromas, der als Hauptgründe für die Beseitigung der Zivilregierung deren Unfähigkeit zur Stabilisierung des Landes sowie die grassierende Korruption nannte, wurde in Abwesenheit der am 2.3. in konzertierter Aktion zwischen der Kabbah-Regierung und Nigeria in Lagos unter Hausarrest gestellte RUF-Chef Foday Sankoh. Die Herrschaft der Junta basierte auf einer **Allianz von Demokratie-Gegnern und politischen Verlierern der vergangenen fünf Jahre**, darunter - neben der RUF - Anhänger des 1996 nur unter äußerem Zwang zum Wegbereiter der Zivilherrschaft avancierten Militärmachthabers Julius Maada Bio, der 1993 nach einer mißlungenen "Palastrevolte" außer Landes geflüchtete Stellvertreter des 1992-96 regierenden Militärherrschers Valentine Strasser, Solomon A.J. Musa, die *United National People's Party* (UNPP) des im Vorjahr Kabbah unterlegenen Präsidentschaftskandidaten John Karefa-Smart sowie die zur parlamentarischen Splittergruppe geschrumpfte ehemalige Einheitspartei *All People's Congress* (APC) aus dem Umfeld des 1992 gestürzten Staatschefs Joseph Momoh, der in einem Arrangement mit der Kabbah-Regierung erst vor einem guten Vierteljahr aus dem Exil in Guinea nach Sierra Leone zurückgekehrt war. Kabbah, dem am Putschtag die Flucht nach Guinea gelang, hatte die Militärs durch Beschneidung von Macht und Privilegien, Zwangspensionierungen, Beseitigung von Möglichkeiten des einträglichen Diamantenschmuggels und die strafrechtliche Verfolgung gescheiterter Putschisten (Festnahme und Anklage von aktiven und ehemaligen Militärs im Januar), gegen sich aufgebracht, ebenso wie die RUF durch die von Nigeria vorgenommene Festsetzung Sankohs und die Unterstützung eines anschließenden erfolglosen RUF-internen Putsches. Nach der **einseitigen Aufkündigung des Abidjan-Abkommens durch die RUF** am 25.4. kam es - v.a. in der Diamantenregion im Südosten und in der Nordprovinz - zu zunehmend schweren Zusammenstößen zwischen der RUF und den von Kabbah an Stelle der Armee als Hilfstruppen eingesetzten *Kamajors*-Milizen (mit modernen Waffen ausgerüstete traditionelle Jäger aus dem Mende-Volk), die ihrerseits in Gefechte mit der regulären Armee, aber auch rivalisierenden Jäger-Milizen (*Kapras*/Temne-Volk; *Tamaboros*/Koranko) verwickelt wurden. Die durch die unfriedlichen Entwicklungen gesteigerte Putschanfälligkeit der Zivilregierung wurde durch die **soziale und politische Krise in Freetown** auf die Spitze getrieben, u.a. durch das gewaltsame Vorgehen von Ordnungskräften gegen Demonstranten (u.a. am 12.2., 11.3., 14.3.) und die (vorübergehende) Verhaftung mißliebiger Journalisten (24.1., 6.3., 19.3.; u.a. wegen kritischer Kommentare zur Sankoh-Festsetzung in Nigeria). Dennoch traf das vorläufige Ende der Zivilherrschaft auf wenig Sympathie. Religiöse Autoritäten, Repräsentanten der Zivilgesellschaft, Lehrer und Geschäftsleute machten in Freetown, Bo, Kenema und anderen größeren Orten durch Protestäußerungen, Streiks oder Schließung von Einrichtungen keinen Hehl aus ihrer **Abneigung gegen die Junta**, die durch Hinrichtungen, das spurlose Verschwinden zahlreicher Personen, Folter, Mißhandlungen, willkürliche Verhaftungen und diverse schwere Übergriffe gegen regimekritische Medien eine **katastrophale Menschenrechtsbilanz** erlangte. In den ersten Tagen ihrer Herrschaft gab es v.a. in Freetown massenhaft **Plünderungen, Mißhandlungen, Vergewaltigungen und Morde** durch marodierende Banden. Erst nach dem Stillstand der am Putschtag mit dem Ziel der Wiedereinsetzung Kabbahs begonnenen **massiven Militärintervention der Regionalmacht Nigeria** (vgl. Außenpolitik) und der Verkündung eines gescheiterten Gegenputsches (16.6.) kam es zur offiziellen Vereidigung Koromas als Staats- und Regierungschef (17.6.) sowie seiner Regierungsmannschaft (8.7.). Schließlich nannte er als Termin der Machtrückgabe an eine Zivilregierung den November 2001 (30.7.).

Allerdings sah sich das AFRC-Regime mit anhaltendem **Widerstand der von Großbritannien und Nigeria unterstützten Kamajors-Milizen** konfrontiert trotz einer Offensive der *People's Army* (9.7.-18.7.) behauptete sich die seit dem Putschtag erkämpfte **nigerianische Kontrolle über strategisch wichtige Orte** wie den internationalen Flughafen Freetown-Lungi und den Stützpunkt Jui. Massive, oft planlos wirkende **Bombardierungen** nicht nur militärischer, sondern auch ziviler Einrichtungen in Freetown durch die nigerianische Interventionsstreitmacht im Juni, September und Oktober trieben angesichts **zahlreicher ziviler Todesopfer** juntafreundliche Kräfte und verängstigte Menschen zu **Friedenskundgebungen** auf die Straße. Auch Kabbah und sein politisches Umfeld verlangten Vorrang für eine politische Lösung. Unter militärischem Druck Nigerias und den quälenden Auswirkungen gewaltsam durchgesetzter **internationaler Wirtschaftssanktionen** fand sich das Koroma-Regime schließlich nach längerem Tauziehen zu einem politischen Arrangement bereit. Am 21.10. trat ein **Waffenstillstand** in Kraft, am 23.10. wurde mit einem von der ECOWAS eingesetzten Fünferkomitee in Conakry ein von der Bevölkerung Freetowns bejubeltes **Abkommen zur Wiedereinsetzung der Zivilregierung** (bis spätestens 22.4.1998) geschlossen. Vorgesehen war darin auch die Entwaffnung und Demobilisierung aller im Lande aufgetretenen militärischen Formationen (bis 1.12.) sowie eine Amnestie für Mitglieder des AFRC-Regimes. Daß indes Koroma und seine Hinterleute nicht daran dachten, der Zivilregierung die Macht zurückzugeben, zeigte sich an dem nachträglich von ihnen konstruierten Junktim mit der Freilassung Sankohs und dem Abzug der nigerianischen Truppen. Die im Conakry-Abkommen festgesetzte Frist für die Entwaffnung verstrich ergebnislos. Stattdessen gab es bereits im November **neue militärische Konfrontationen** zwischen *People's Army* und Kamajors sowie gegenseitige Provokationen zwischen der Junta und Nigeria. Innerhalb des AFRC-Regimes brachen **Konfliktlinien zwischen Hardlinern und konzessionsbereiten Kräften** auf. Im Diamantengebiet gab es im Oktober erstmals seit dem Putsch **Gefechte zwischen Armee- und RUF-Angehörigen**. Auf **Putschgerüchte**, die am 16.11. zur Verhaftung des bereits im Vorjahr mit Umsturzversuchen in Verbindung gebrachten Offiziers Stephen Bio (Bruder von Ex-Staatschef Julius Maada Bio) und des hochrangigen RUF-Vertreters Jibril Massaquoi führten, reagierte Koroma mit einer **Regierungsumbildung** (15.12.). Die *People's Army* wurde wegen einer Offensive der durch schwere Menschenrechtsverletzungen ihrerseits diskreditierten Kamajors-Milizen in höchste Alarmbereitschaft versetzt. In diesem Klima machte Kabbah am 21.12. durch einen Blitzbesuch auf dem nigerianisch kontrollierten Flughafen Lungi seinen Rückkehranspruch deutlich.

Außenpolitik

Der durch den Abzug der *Executive-Outcomes*-Söldner (30.1.) zunächst beschleunigte Friedensprozeß kam während der ersten Monate des Jahres durch neue Kriegshandlungen von RUF, Kamajors-Milizen und Armee, durch die von der RUF einseitig erklärte Kündigung des Abidjan-Abkommens und durch den Putsch vom 25.5. zum Erliegen. Die zur Überwachung des Prozesses vorgesehene *UN*-Beobachtertruppe verlor ihre Aufgabe. Die gewaltsame Beseitigung der Kabbah-Regierung stieß auf **internationale Ablehnung**, insbesondere bei **westlichen Regierungen**, v.a. den **USA** und **Großbritannien**, dem **UN-Sicherheitsrat**, dem **Commonwealth**, der **OAU**, der **ECOWAS** und schließlich auch dem **UEMOA-Gipfel** (23.6.). Der UN-Sicherheitsrat verlangte die Revision des Umsturzes, das *Commonwealth* suspendierte für die Dauer der Militärherrschaft Sierra Leones Mitgliedschaft (11.7.). Eine Schlüsselrolle kam der Regionalmacht **Nigeria** zu, die ein Truppenkontingent zum Schutz der Kabbah-Regierung abgestellt, mit ihr ein Abkommen über militärische Ausbildungshilfe geschlossen (7.3.) und zur Entlastung Kabbahs RUF-Chef Sankoh in Lagos festgesetzt hatte, dann aber doch vom Sturz des Schützlings überrascht wurde. Während die **USA** und - in geringerem Maße - **Frankreich** angesichts der blutigen Putschwirren militärische Kräfte einsetzten, um insgesamt über 5 000 Ausländer (US-Bürger, Europäer, Libanesen, Westafrikaner) aus Sierra Leone zu evakuieren, nahm Nigeria unmittelbar nach dem Staatsstreich mit militärischer Gewalt den Kampf gegen die Putschisten auf. Zur Verstärkung wurden nigerianische *ECOMOG*-Einheiten aus **Liberia** herbeigeschafft sowie Kriegsschiffe und Kampfflugzeuge eingesetzt, im nationalen Alleingang gab Nigeria die weder von der ECOWAS noch von den UN autorisierte Intervention als **Operation der multinationalen ECOMOG** aus, deren völkerrechtliches Mandat tatsächlich auf Liberia beschränkt war. Die Bedrohung in Freetown lebender nigerianischer Staatsbürger durch Juntaanhänger, Ambitionen zur Bekräftigung der Rolle einer regionalen Ordnungsmacht und v.a. die Bestrebungen des Staatschefs Sani Abacha, sich mit Blick auf die 1998 anstehenden Präsidentenwahlen in Nigeria seinen Landsleuten mit dem Image eines Wegbereiters der Demokratie zu empfehlen, zählten zu den Hauptmotiven der Intervention, die das AFRC-Regime fast in die Knie zwang, aber um den 3.6. zum Stillstand kam. Die Junta fand beim Anruf des UN-Sicherheitsrats gegen die aus ihrer Sicht völkerrechtswidrige Einmischung Nigerias (30.5.) kein Gehör, rettete sich aber dadurch, daß sie ca. 300 als Geiseln genommene nigerianische Soldaten als menschliche Schutzschilde einsetzte. Indes verfestigte sich ihre internationale Ablehnung mit der **Billigung der nigerianischen Gewaltanwendung durch den OAU-Gipfel in Zimbabwe** (3.6.). Aus Reihen der ECOWAS-Staaten gaben **Guinea** und **Mali** Nigeria am deutlichsten Rückendeckung, dagegen favoriserten v.a. **Côte d'Ivoire** und **Ghana**, verbunden mit verhaltener Kritik am nigerianischen Alleingang, eine politische Lösung. Nach ersten Sondierungsgesprächen dieser beiden Staaten mit dem AFRC-Regime kam es unter ihrer Beteiligung mit Guinea und Nigeria in Conakry zur **Bildung eines ECOWAS-Viererkomitees** (26.6.), das eine mit einer Waffenstillstandsvereinbarung begonnene erste Verhandlungsrunde in Abidjan (17.-30.7.) abbrach, nachdem Koroma mit der Ankündigung provoziert hatte, seine Herrschaft bis ins Jahr 2001 auszudehnen. Um nach dem Eklat die Gespräche wiederaufzunehmen, entsandte die Junta am 9.8. eine von Ex-Staatschef Joseph Momoh geleitete Delegation nach Guinea. Da indes das Koroma-Regime bei neuen Verhandlungen gegenüber der alles entscheidenden Hauptforderung nach Rückgabe der Macht an Kabbah zunächst kein Entgegenkommen zeigte, verschärfte der **ECOWAS-Gipfel** in Abuja (27./28.8.) durch eine **Wirtschaftsblockade** den Druck. Nigeria, nunmehr mit Einverständnis der ECOWAS unter dem Signum "ECOMOG", setzte nicht nur mit militärischer Gewalt den ECOWAS-Beschluß gegen - nur selten erfolgreiche - **Blockadebrecherschiffe u.a. aus Zypern, der Ukraine und Vietnam** durch, sondern verstärkte ab 2.9. durch Wiederaufnahme der von der Zivilbevölkerung als Terror erlittenen Bombardements unmittelbar den militärischen Druck gegen die Junta. Diesem verlieh der **UN-Sicherheitsrat** durch Resolution 1132 vom 8.10. mit einem **Erdöl- und Waffenembargo** sowie einem weltweit gültigen Einreiseverbot für Juntamitglieder Nachdruck. Internationale Sanktionen und fehlender Rückhalt bei der Bevölkerung zwangen das Regime zum Einlenken, am 23.10. schloß es das **Friedensabkommen von Conakry** mit dem ECOWAS-Fünferkomitee, das durch zusätzliche Beteiligung von Sierra Leones unmittelbar in seinen Sicherheitsinteressen tangierten Nachbarstaat Liberia entstanden war. Liberias neuer Präsident Charles Taylor, dem Koroma am 27.7. zu seinem Wahlsieg gratulierte, äußerte Kritik an der Nutzung liberianischen Territoriums als Drehscheibe zur Verstärkung von ECOMOG-Truppen und an dem nigerianischen Bombardement von Freetown. Angesichts Taylors jahrelanger Verbundenheit mit der RUF bezichtigte James Jonah als UN-Vertreter der Kabbah-Regierung den liberianischen Präsidenten der Komplizenschaft mit den Putschisten, die nach dem Conakry-Abkommen auf Zeit spielten und mit Provokationen Nigerias erneut Bereitschaft zur Gewaltoption zu wecken begannen.

Sozioökonomische Entwicklung

Nachdem aufgrund des Abidjan-Abkommens zunächst mehrere hunderttausend Binnen- und Auslandsflüchtlinge - z.T. mit Unterstützung des ***UNHCR*** - in ihre angestammten Gebiete zurückgekehrt waren, lösten blutige Putschwirren, neue Kriegshandlungen und nigerianischer Bombenterror **Fluchtwellen** von abermals mehreren hunderttausend Menschen aus Freetown und anderen Brennpunkten der Gewalt aus, v.a. in ländliche Regionen des Inlands, nach **Guinea** und **Liberia**, aber auch in **andere ECOWAS-Staaten**, nach **Europa** und in die **USA**. Auf diese Weise entgingen sie dem Schicksal der seit 1991 mindestens 20 000 **Todesopfer**. Binnenflüchtlinge und andere Angehörige der Zivilbevölkerung litten unter der durch Krieg und Wirtschaftsblockade **dramatischen Verschlechterung der Versorgungslage**, die von **starken Preisschüben bei Grundbedarfsgütern** begleitet wurde. Die unter der Zivilregierung in eine Sanierungsphase geleitete reguläre Ökonomie brach, beschleunigt durch den Rückzug internationaler Firmen, die Flucht libanesischer und indischer Händler und v.a. durch die **Suspendierung von IWF-Weltbank-Abkommen und Zahlungen internationaler Geber**, erneut zusammen, informelle Ökonomie, Diamantenschmuggel und Devisenschwarzmarkt erlebten einen Aufschwung. Neben zahlreichen Geschäften, Banken und Dienststellen blieben nach dem Putsch das ganze Jahr über die Schulen geschlossen, Bildung und Ausbildung fanden praktisch nicht mehr statt. Kinder und Jugendliche waren in den Überlebenskampf der Erwachsenen einbezogen, nicht wenige von ihnen beteiligten sich an Banden oder ließen sich für die *People's Army* oder Milizen rekrutieren. Das Problem der "Kindersoldaten" und der neben freiwilligen Bewerbungen praktizierten Zwangsrekrutierungen nahm überhand. Besonders für die nachwachsende Generation kam es aufgrund von Hunger, grassierenden Krankheiten und Ausfall medizinischer Versorgung zu einer **Verdüsterung der Lebensperspektiven**, jedes vierte Kind erlebte den fünften Geburtstag nicht.

Peter Körner

Chronologie Sierra Leone 1997

25.04.	Einseitige Suspendierung des Friedensabkommens von Abidjan durch die RUF
25.05.	Machtübernahme durch eine Junta unter Johnny Paul Koroma; Militärintervention Nigerias mit dem Ziel der Wiedereinsetzung der Zivilregierung
28.05.	Suspendierung von Verfassung, Parlament und Parteien
01.06.	Konstituierung des *Armed Forces Revolutionary Council* (AFRC)
03.06.	Billigung der nigerianischen Gewaltanwendung durch OAU-Gipfel
17.06.	Vereidigung Koromas als Staats- und Regierungschef
08.07.	Vereidigung des Koroma-Kabinetts
27./28.08.	ECOWAS-Gipfel: Wirtschaftsblockade gegen die Junta
02.09.	Beginn neuer militärischer Konfrontationen zwischen AFRC-Regime und Nigeria
08.10.	UN-Sicherheitsratsresolution 1132: Waffen- und Erdölembargo
21.10.	Waffenstillstand
23.10.	Abkommen von Conakry
16.11.	Verhaftungen im Kontext eines angeblichen Putschversuchs
15.12.	Regierungsumbildung

Afrika-Jahrbuch 1997, S. 171-176

Togo

Fläche: 56 785 km², **Einwohner:** 4,2 Mio., **Hauptstadt:** Lomé, **Amtssprache:** Französisch, **Lebenserwartung:** 50 J., **Alphabetisierung:** 50%, **Wechselkurs:** $ 1 = 598,81 F CFA, **HDI:** 0,365, Rang 23, **Pro-Kopf-Einkommen:** $ 300, **BSP:** $ 1,280 Mrd., **Anteile am BIP:** 35% - 23% - 42%, **Hauptexportprodukte:** Phosphat 49%, Baumwolle 44%, Kaffee 5%, **Staatschef:** General Gnassingbé Eyadéma, **Ministerpräsident:** Kwassi Klutsé, **Regierungskoalition:** Rassemblement du Peuple Togolais (RPT, ehemalige Einheitspartei) und Coordination des Forces Nouvelles (CFN); **Oppositionsparteien**: Comité d'Action pour le Renouveau (CAR), Union des Forces du Changement (UFC), Convention des Peuples Africaines (CDPA), Parti pour la Démocratie et le Renouveau (PDR), Parti Socialiste Panafricain (PSP).

Innenpolitik

Unter dem Druck der internationalen Gebergemeinschaft sowie der Opposition inner- und außerhalb Togos schritt der formale Demokratisierungprozeß fort. Die Regierungspartei (RPT) nutzte ihre im vergangenen Jahr mit zweifelhaften Mitteln errungene absolute parlamentarische Mehrheit (44 von 81 Parlamentssitzen), um die jahrelang von ihr hinausgezögerte Einrichtung verschiedener von der Verfassung geforderter Institutionen eines Rechtsstaates in ihrem Sinne zu vollenden. Am 22.2 kam es zur feierlichen Inauguration eines **Verfassungsgerichtes.** Das von der RPT-Mehrheit am 31.12.96 im Parlament gegen den Willen der Opposition durchgesetzte Gesetz zur Einrichtung des Verfassungsgerichtes wies einige "Anomalitäten" auf (u.a. hinsichtlich Funktion des Verfassungsgerichtes als oberste Entscheidungsinstanz bezüglich der Parlaments- und Präsidentschaftswahlen), die - ebenso wie die Auswahl der sieben aktuellen Richter - die Unabhängigkeit dieses Gerichtes ernsthaft in Zweifel stellten. Die Mitglieder des Verfassungsgerichtes werden auf sieben Jahre gewählt und sind nicht wiederwählbar. Die "*mouvance présidentielle*" hatte mit mindestens fünf der sieben Richter die absolute Mehrheit, zumal der Präsident des Gerichtes ebenfalls der RPT Eyadémas nahestand. Es war somit zu befürchten, daß sich die aus der Vergangenheit bekannte parteiliche Rechtsprechung des Obersten Gerichtshofs (*Cour Suprême*) im Verfassungsgericht fortsetzt. Eyadéma kündigte während seiner Inaugurationsrede an, daß er die ihm durch die Nationalkonferenz von 1991 oktroyierte Verfassung von 1992 revidieren möchte. Es sprach einiges dafür, daß Eyadéma und die übrigen "Barone" der RPT nun mit der Mehrheit der ihnen verpflichteten Verfassungsrichter die autokratischen Machtverhältnisse der 1970er und 1980er Jahre durch die von ihnen geforderte Revision der Verfassung wieder herstellen würden.

Im August wurde der **Oberste Richterrat** installiert; das einschlägige Gesetz war bereits am 24.12.96 vom Parlament einstimmig verabschiedet worden. Die von der Verfassung vorgesehene oberste **Medienaufsichtsbehörde** (HAAC) wurde am 13.11. eingesetzt; das einschlägige Gesetz war am 13.7.96 gegen die Stimmen der Opposition verabschiedet worden. Ende Dezember kam es zur Vereidigung der **Nationalen Wahlkommission** (CEN) auf der Grundlage eines Gesetzes, das am 9.9. verabschiedet wurde, trotz Abstimmungsboykotts der parlamentarischen Opposition, und ohne die Änderungswünsche der größten (außerparlamentarischen) Oppositionspartei (der UFC, Gilchrist Olympios) zu beachten. Die **Nationale Menschenrechtskommission** (*Commission Nationale des Droits de l'homme*, CNDH) wurde auf der Grundlage eines am 13.11.96 verabschiedeten Gesetzes grundlegend umstrukturiert und neu besetzt. Die CNDH war 1987 gegründet worden; sie hatte sich unter ihren Präsidenten Koffigoh und Dovi, insbesondere nach der Nationalkonferenz von 1991, zu einem effektiven Anwalt der Einhaltung der Menschenrechte entwickelt und notwendigerweise eine immer regimekritischere Haltung eingenommen. Mit der Flucht ihres letzten unabhängigen Präsidenten (Dovi) ins politische Exil verlor die CNDH ihre Funktionsfähigkeit. Die mit der Umstrukturierung erfolgte Ernennung des Kabinettsdirektors des Justiz- und Menschenrechtsministeriums zum Präsidenten war nicht dazu geeignet, das Vertrauen in die Unabhängigkeit dieser Institution wieder herzustellen, da diese Entscheidung deutlich machte, daß die Exekutive eine unabhängige Kontrolle nicht akzeptierte. Insgesamt blieb das

Justizwesen eingebunden in das Patronagenetz Eyadémas; in Konfliktfällen gehorchten Richter und Staatsanwälte - oft schon in vorauseilendem Gehorsam - dem Willen des Staatspräsidenten und seiner Entourage, zudem herrschte auf allen Niveaus chronische Personal- und Mittelknappheit. Insgesamt konnte die Judikative einen effektiven rechtlichen Schutz der Bürger nicht garantieren.

Die Diskrepanz zwischen verbrieftem Recht und Rechtswirklichkeit war weiterhin kennzeichnend für die mangelnde Rechtsstaatlichkeit des Eyadéma-Regimes im Allgemeinen und für die angespannte **Menschenrechtslage** im Besonderen. Die Regierung unterließ es trotz internationaler Kritik, die Verantwortlichen für die schweren Menschrechtsverletzungen vergangener Jahre zur Verantwortung zu ziehen. Die staatlichen Sicherheitskräfte konnten fortfahren, Regimegegner zu verfolgen, ohne rechtliche Konsequenzen befürchten zu müssen. Im ersten Halbjahr verdichteten sich die Hinweise für ein **Wiederaufleben extra-legaler Hinrichtungen** von Oppositionellen durch Angehörige der togoischen Sicherheitskräfte; einige Beispiele sollen das verdeutlichen: ein nach fünf Jahren Exil in Ghana zurückgekehrter angeblich wegen "Verrats" 1991 aus der Armee entlassener Soldat wurde am 6.2. auf der Straße nach Kpalime in einen Hinterhalt gelockt und zusammen mit einem Begleiter ermordet. Im Juni hielten Soldaten der FAT in Assahoun einen aus Ghana kommenden Wagen mit Exiltogoern an, seine fünf Insassen fand man kurze Zeit später ermordet auf. Zwei weitere Oppositionelle starben kurz nach ihrer Inhaftierung im Grenzdorf Akato (15.6.) unter ungeklärten Umständen im Gefängnis. Am 29.6. töteten Sicherheitskräfte zwei Togoer nahe der ghanaischen Grenze, vermutlich als Vergeltungsmaßnahme für Überfälle der bewaffneten togoischen Opposition im ghanaischen Exil auf den Grenzposten von Sanguera ca.20 km nördlich von Lomé. Im August veröffentlichte die Zeitung *Le Combat du Peuple* Unterlagen über einen Plan einer angeblich staatlich sanktionierten Geheimorganisation "*Organisation pour la Conscience civique* (O2C)" zur Ermordung von bekannten Oppositionellen im Exil. In der Nacht vom 17.9. wurde ein kurz zuvor aus dem Beniner Exil zurückgekehrter, 1993 aus der Armee wegen ethnischer Verfolgung desertierter Unteroffizier und Panzerschütze der Schnellen Eingreiftruppe (FIR) auf seiner Farm in Batonou erschossen; angeblich waren er und seine Familie bereits im Exil wiederholt bedroht worden und hatten deshalb mehrfach den Wohnort gewechselt. Am 24.12. wurden zwei lokale Parteisekretäre der CDPA in der Nähe von Kara, der Hochburg der RPT Eyadémas, überfallen; einer von ihnen starb auf der Stelle, der andere wurde schwerverletzt ins Krankenhaus von Kara gebracht; angeblich seien beide seit Monaten bedroht und vergeblich genötigt worden, zur RPT überzulaufen.

Daneben setzten Anhänger des Eyadéma-Regimes innerhalb und außerhalb staatlicher Strukturen ihre **Strategie politischer Repression** durch Einschüchterung und Bedrohung Oppositioneller, kurzzeitige Festnahmen ohne Anklage, körperliche Mißhandlung Festgenommener, willkürliche Versetzung oder Entlassung von Staatsbediensteten etc. fort. Dabei waren die Grenzen zwischen klar erkennbarer politischer Verfolgung und kriminellen Aktivitäten von Mitgliedern der Sicherheitskräfte auf eigene Rechnung fließend; letztere galten als hauptverantwortlich für die signifikante Zunahme von Raub und Mord seit 1995 (verstärkt in der ersten Jahreshälfte 1997), zu deren Opfern auffällig oft Oppositionelle zählten, vermutlich, weil die Täter in diesen Fällen am wenigsten mit einer Strafverfolgung zu rechnen hatten. Öffentliche Aufmerksamkeit erregten blutige Auseinandersetzungen nach dem Tode des hochrangigen Oppositionspolitikers, ehemaligen Wirtschaftsministers und togoischen Gouverneurs bei der BAD und der Weltbank, Boukari Djobo, am 15.11. in Sokodé, bei denen mindestens sieben Personen ums Leben kamen. Die aufgebrachte Bevölkerung nahm an, daß Boukari verhext bzw. vergiftet worden sei, und erschlug zwei seiner dafür verantwortlich gemachten Verwandten; bei den zwei Tage später folgenden gewalttätigen Auseinandersetzungen griffen die Sicherheitskräfte hart durch und erschossen mehrere Personen; es kam zu einer Verhaftungswelle; die Polizei nutzte die Gelegenheit, um Bouzoura Gandi, den Gründer einer im Raum Sokodé aktiven regimekritischen Gruppierung, *Association Togolaise pour la Lutte contre la Manipulation des Consciences* (ATLMC), zu verhaften. Gandi war seit 1991 mehrfach die Zielscheibe von Attentaten seitens Angehöriger der lokalen Sicherheitskräfte gewesen. Dieses Mal hatte er versucht, zwischen aufgebrachten Jugendlichen und der Polizei zu vermitteln; bis zum Jahresende wurde der Inhaftierte weder angeklagt noch freigelassen. Am

23.12. verhafteten Sicherheitskräfte den Generalsekretär der größten (außerparlamentarischen) Oppositionspartei (UFC), Jean-Pierre Fabré, unter dem Vorwand der Diffamierung des Militärs, weil er heimlich in Leichenhallen von Hospitälern in und um Lomé Fotos von Leichen vermutlich durch die Sicherheitskräfte umgebrachter Personen habe machen lassen, die von G. Olympio, dem Führer der UFC, später auf einer Pressekonferenz in London als Beweis der Menschenrechtsverletzungen in Togo gezeigt werden sollten; zwei Tage später wurde Fabré mangels Beweisen wieder freigelassen.

Die Arbeit der meisten NROs, die sich mit der Verbesserung der Menschenrechtslage beschäftigten, wurde erschwert. Kirchliche nationale und internationale NGOs, wie die OCDI (*Organisation de la Charité pour un développement Intégral*) oder die ACAT-Togo (*Action des chrétiens pour l´abolation de la torture*), die am 10.12. den Menschenrechtspreis der französischen Republik erhielt, genießen auch im islamischen Norden ein hohes Ansehen bei der Bevölkerung (soweit sie dort bekannt sind). Gleiches gilt für die LTDH (*Ligue Togolaise des Droits de l´Homme*) und die GF2D (*Groupe de Réflexion et d´Action Femmes, Démocratie et Développement*). Bei ACAT und LTDH wurde im Herbst 1997 die Führung ausgetauscht, und es ist zumindest bei der LTDH nicht mehr sicher, ob sie zukünftig tatsächlich unabhängig vom Eyadéma-Regime agieren kann.

Oppositionelle Zeitungen waren unter diesen Umständen die effektivste außerparlamentarische gesellschaftspolitische Kontrollinstanz, obwohl die Freiheit der Meinungsäußerung und der **Presse** nur in eingeschränktem Maße gewährleistet war. Regimekritische Journalisten standen ständig unter dem Damoklesschwert einer großen Bandbreite staatlicher oder staatlicherseits geduldeter formeller und informeller juristischer, politischer und wirtschaftlicher Sanktionen. Am 4.2. und 5.2 kam es zu Verhaftungen der Herausgeber der unabhängigen Wochenzeitungen *Le Regard* und *Tingo Tingo,* M. Saibou und A. Assiogbo, wegen Beleidigung von Regierungsmitgliedern; die Herausgeber der Zeitungen *Nouveau Journal* und *Crocodile* traf im Dezember das gleiche Schicksal. Im Februar wurde die Zeitung *Forum Hebdo* (ab Mai umbenannt in *Le Nouvel Echo*) für sechs Monate verboten und ihr ins politische Exil geflüchteter Chefredakteur mit einer Geld- und Haftstrafe belegt. Nachdem sich der Herausgeber des *Le Combat du Peuple*, Lucien Messan, seit Januar wiederholten Verhören und Verhaftungen ausgesetzt sah, flüchtete er ins politische Exil, als er Ende April erneut zur Fahndung ausgeschrieben wurde. Seit 1996 nahm auch der politisch motivierte ökonomische Druck auf die freie Presse zu, indem man beispielsweise Anzeigenkunden und Zeitungsverteiler nötigte, ihre Bindungen an regimekritische Medien zu lösen. Unter diesen Umständen schrumpfte die Zahl der freien Presseorgane innerhalb eines Jahres bis Mitte 1997 von zwölf auf vier Zeitungen.

Bereits im Blick auf die geplanten Präsidentschaftswahlen im Juni 1998 schlossen sich drei der bedeutendsten Oppositionsparteien, die UFC Gilchrist Olympios, die CAR unter Führung Yaovi Agboyibos und die PDR unter Zarifou Ayeva am 24.6. zu einem **Oppositionsbündnis** zusammen; die UTD des im Vorjahr angesichts der Wahlniederlage bei den Parlaments-Nachwahlen zurückgetretenen Ministerpräsidenten Edem Kodjo war bewußt nicht einbezogen worden; letzterem wurde opportunistische Machtbesessenheit vorgeworfen, die in der Vergangenheit maßgeblich zur Spaltung der Opposition beigetragen habe. Das von der CAR im Parlament angeführte Bündnis verlangte Mitte August anläßlich der anstehenden Revision des Wahlgesetzes die parlamentarische Diskussion eines vertraulichen, der Regierung vorliegenden EU-Evaluierungsberichtes zur Wahlhilfe, in dem die EU im Hinblick auf die anstehenden Präsidentschaftswahlen weitgehende Forderungen zur Gewährleistung freier und fairer Wahlen aufstellte. Die regierende RPT lehnte jedoch dieses Ansinnen mit dem Hinweis ab, die Opposition wolle nur die kritische EU-Stellungnahme für ihre eigenen politischen Ziele ausnutzen.

Die Mehrheit der **traditionellen Chefs** paßten sich opportunistisch den neuen Machtverhältnissen im Parlament an. Die Mobilisierung traditioneller Chefs zur Unterstützung der im Frühjahr erneuerten Forderung Eyadémas nach einer Revision der Verfassung von 1992, die wesentliche Vorrechte des Staatspräsidenten aus den Zeiten der Einheitspartei beschnitt, war dafür ein aktuelles Beispiel. Auch eine Organisation von ca. 600 togoischen Fetischpriestern, die sich noch

1991 öffentlich gegen den Staatsterror gestellt und Eyadéma mit einem Fluch belegt hatte, arrangierte sich opportunistisch mit der faktischen Macht im Staate; sie bekannte im Dezember reumütig auf einer inszenierten Pressekonferenz vor dem Diplomatischen Corps in Lomé, sie habe sich geirrt und bat den Staatspräsidenten um Verzeihung. Gleiches galt für den berufsständischen Verbund der Marktfrauen von Lomé, die - bekannt unter dem Namen ***Nana Benz*** (d.h. Eigentümerinnen von Merzedes Limousinen und Lastwagen) - den Handel mit Textilien, Nahrungsmitteln und Artikeln des Grundbedarfs im südlichen Togo beherrschen; einzelne von ihnen kamen zu beträchtlichem Reichtum und sozialem Status. Sie waren 1991 und 1992 eine treibende Kraft der Massenproteste gegen das Eyadéma-Regime gewesen; nach dessen Rekonsolidierung sahen sie sich aus opportunistischen Gründen genötigt, Eyadéma unter Beteuerung ihrer Gefolgschaftstreue um Verzeihung zu bitten.

Die Ethnisierung der Armee, der Sicherheitsdienste und die Militarisierung von Schlüsselpositionen in Wirtschaft und Gesellschaft schwächte sich trotz unverhohlener Kritik der Geber keineswegs ab. Am 16.4. ordnete Eyadéma eine Umbesetzung leitender Posten in der Luftwaffe, Marine und Gendarmerie an, die die ethnische Loyalität der Truppe gegenüber dem Staatschef absichern sollte; Innen- und Sicherheitsminister, Colonel Seyi Mémène, wurde außerdem zum Brigadier befördert, ebenso wie der Präsident des nationalen Olympischen Komitees.

Der größte Teil der 1993 ins benachbarte Ausland (Benin und Ghana) geflüchteten Togoer war inzwischen in die Heimat zurückgekehrt. In Benin lebten nach Angaben des Flüchtlingshilfswerks der Vereinten Nationen (UNHCR) Ende des Jahres noch 1 653 vom Hilfswerk betreute **togoische Flüchtlinge,** überwiegend Politiker, Gewerkschaftler und über 100 Soldaten; etwa 3 000 weitere Flüchtlinge lebten ohne VN-Unterstützung in Benin. Im Oktober verwies ein Vertreter der Beniner Regierung auf konkrete Hinweise dafür, daß Agenten togoischer Geheimdienste in Benin Oppositionelle verfolgten. Da sich die Beniner Regierung außerstande sah, die am meisten gefährdeten Flüchtlinge zu schützen, vereinbarte sie mit dem UNHCR die Ausreise von 12 togoischen Regimegegnern und deren Angehörigen in die USA. Auch in Ghana gab es konkrete Anhaltspunkte für eine organisierte Verfolgung von Flüchtlingen durch togoische Sicherheitsdienste. Ghana galt nicht mehr als sicheres Asylland. Dies um so mehr, als die ghanaische Regierung ihrerseits am 30.12. neun togoische Flüchtlinge auf der Grundlage eines am 10.12.94 zwischen Benin, Ghana, Nigeria und Togo unterzeichneten Auslieferungsabkommens zur grenzüberschreitenden Verbrechensbekämpfung wegen angeblicher Beteiligung an Angriffen auf togoische Grenzposten an Lomé auslieferte.

Außenpolitik

Die ostentative Abwesenheit der diplomatischen Vertreter der wichtigsten außenpolitischen Partner Togos (abgesehen von Frankreich) auf den Feiern zum 30. Jahrestag des Militärputsches Eyadémas am 13.1. machte deutlich, daß die Mehrheit der westlichen Geber die Legitimität des Regimes und dessen Willen zur demokratischen Erneuerung weiterhin anzweifelte. Frankreich war zwar durch den ehemaligen Kooperationsminister Bernard Debré vertreten, der französische Präsident Chirac war indes der Einladung nicht gefolgt. Das schmerzte Eyadéma umsomehr, als ihm die merklich abgekühlten Beziehungen zu Frankreich zeigten, daß seinem Wunsch, zum Nachfolger des verstorbenen ivorischen Staatspräsidenten Houphouët-Boigny als Doyen der Frankophonie ernannt zu werden, nicht entsprochen werden würde. Am 9.1. dementierte das togoische Außenministerium energisch die von einem Vertreter des zairischen Verteidigungsministers informell bestätigten Anschuldigungen der Rebellen um Kabila, daß Togo die Truppen Mobutus mit Materiallieferungen und Söldnern unterstütze. Der gegenseitige Beistand der beiden befreundeten Despoten auch mittels Militärhilfe entsprach allerdings langjähriger Tradition. Togoische Soldaten hatten Seite an Seite mit zairischen und marokkanischen Truppen Mobutu bereits 1977 geholfen, die Rebellion der "Shaba-Gendarmen" niederzuschlagen, und Mobutu entsandte 1986 zairische Soldaten, um nach einem mißlungenen Putschversuch in Lomé das Eyadéma-Regime zu re-stabilisieren. Der togoische Staatschef versuchte weiterhin, sich durch aktive Unterstützung der französischen Pläne für eine **frankophone panafrikanische Friedens-**

sicherungstruppe internationale Anerkennung zu schaffen. Am 6.2. beantragte er ein Sondergipfeltreffen der OAU um einem drohenden Staatszerfall im Zaire vorzubeugen; das Treffen fand am 17.3. in Lomé unter Teilnahme von 15 Staatschefs, des UN-Generalsekretärs Kofi Annan sowie Vertretern der beiden Bürgerkriegsparteien statt. Frankreichs Staatspräsident Jacques Chirac hob das Engagement Eyadémas lobend hervor; Paris soll nach Meldungen von *Jeune Afrique* mit der Übernahme von knapp einem Drittel der Kosten dieses 1 Mrd. F CFA teueren Gipfels zur Rettung des Mobutu-Regimes maßgeblich zu dessen Realisierung beigetragen haben. Nach dem Sieg der Rebellen Kabilas und deren Einmarsch im Kinshasa flüchtete der schwerkranke Mobutu am 18.5. zunächst nach Lomé, bevor er sich am 23.5. ins Exil nach Marokko begab. Am 7.2. entsandte Togo 75 Soldaten in die Zentralafrikanische Republik zwecks Unterstützung der internationalen Truppe zur Überwachung des Friedensabkommens von Bangui (MISAB). Auf einem Gipfeltreffen der frankophonen westafrikanischen Wirtschafts- und Währungsgemeinschaft (UEMOA) am 23.6. in Lomé beschlossen die acht anwesenden Staatschefs, die Unterstützung einer von der OAU und der UN sanktionierten multinationalen Friedensstreitmacht in Kongo (Brazaville). Außerdem faßten sie mehrere Beschlüsse (z. B. Abbau der Außenzölle, s. Feature-Artikel zur Anbindung des F CFA an den Euro) zur Intensivierung der regionalen Integration innerhalb der CFA-Zone. Nicht zuletzt, um dem militärischen Einfluß Frankreichs in Afrika im allgemeinen und in Togo im Besonderen zu begegnen, verkündete der neue US-amerikanische Botschafter in Lomé, Johnny Young, im Juli den Beginn einer neuen Art von Zusammenarbeit, nämlich die Entsendung von amerikanischen Militärexperten zur Fortbildung von 50 togoischen Offizieren in multinationalen Einsätzen zur Konfliktschlichtung.

Anfang Oktober beschloß die Islamische Konferenz (OIC) auf dem Jahrestreffen der Außenminister der Mitgliedsstaaten in New York, Togo auf eigenen Antrag als 55. Mitglied aufzunehmen. Obwohl sich nach Angaben der togoischen Islamischen Union nur etwa 10% der Togoer zum Islam bekennen, hatte die togoische Regierung den Antrag gestellt, weil sie sich davon verbesserten Zugang zu islamischen Finanzierungsinstitutionen, wie der Islamischen Entwicklungsbank, erhoffte; außerdem galt dieser Schritt als taktische Antwort Eyadémas auf die kritische Haltung der beiden christlichen Kirchen gegenüber seinem Regime seit der Nationalkonferenz von 1991.

Das Europäische Parlament in Straßburg machte in einer Entscheidung vom 20.11. die vollständige Wiederaufnahme der **EU-Entwicklungshilfe** von einer "wirklich transparenten und gerechten" Organisation der kommenden Präsidentschaftswahlen (im Juni 1998) abhängig. In ihrer Resolution forderten die Parlamentarier außerdem mehrheitlich die togoische Regierung auf, einen Konsens der verschiedenen politischen Parteien über die juristischen und technischen Modalitäten der Wahlen zu suchen, allen Parteien gleichen Zugang zu den Medien zu gewähren und unabhängige Methoden zur Überprüfung von Wahlbeschwerden festzulegen. Im Namen einer parlamentarischen Gruppe der "Unabhängigen für ein Europa der Nationen" (I-EDN) beschwerte sich ein französischer Parlamentarier über die "falsche Hast", mit der diese Resolution verabschiedet wurde und meinte, daß die einzige Bedrohung freier Wahlen in Togo von externen Destabilisierungsversuchen ausgehe. Knapp einen Monat zuvor, am 30.10., hatte sich bereits die paritätische Versammlung der AKP-EU-Staaten, die vom 27.-30.10. in Lomé tagte, eine ähnliche Abstimmungsvorlage in geheimer Abstimmung zurückgewiesen; während die europäischen Vertreter sich mehrheitlich für die Resolution aussprachen, waren nur 9 Stimmen aus dem AKP-Lager dafür und 27 dagegen.

Anders als die EU, die USA oder Deutschland gaben sich die **Bretton-Woods-Institutionen** mit den formalen Fortschritten des Demokratisierungsprozesses zufrieden und **konterkarierten** damit die reservierte Haltung der EU in Bezug auf die politische Konditionierung der Wiederaufnahme der Entwicklungszusammenarbeit. Der IWF gab am 1.7. die Freigabe der dritten jährlichen Tranche eines Kredits unter dem erweiterten Strukturanpassungsabkommen (ESAF) in Höhe von etwa $ 30 Mio. bekannt, von der die erste Hälfte sofort zur Verfügung gestellt wurde; die Afrikanische Entwicklungsbank hatte bereits am 5.6. eine $ 15,3 Mio. Anleihe für Togos drittes Strukturanpassungsprogramm genehmigt. Die Weltbank bewilligte im September einen $ 50

Mio. Straßenbaukredit zum Ausbau der 675 km langen Süd-Nord-Achse, die den Hafen von Lomé mit Burkina Faso und Niger verbindet, und somit mit dem benachbarten Transitland Benin, bzw. dem Importhafen von Cotonou in Konkurrenz steht. Im November bewilligte der OPEG-Fonds für internationale Entwicklung zusätzliche $ 6 Mio. zur Finanzierung dieses Infrastrukturprojektes.

Sozioökonomische Entwicklung

Die Bank von Frankreich in ihrem Wirtschaftbericht über die CFA-Zone, ebenso wie die Weltbank und der IWF gaben sich Mitte Mai, anläßlich eines Besuchs des Vizepräsidenten der Weltbank für Afrika, Jean-Louis Sarbib, in Lomé, betont optimistisch in ihrer Einschätzung der Überwindung der togoischen Wirtschaftskrise. Mit Wachstumsraten des BIP von 7% (1995) und 6% (1996) bei sinkender Inflationsrate (von 15,9% 1995 auf 4,6% 1996) seien alle Anzeichen für eine wirtschaftliche Erholung von der 1991-93er Krise gegeben. Gemäß dem Bericht der fanzösischen Zentralbank trug insbesondere der um 10,8% gesteigerte private Konsum, stimuliert durch die Zahlung rückständiger Gehälter des öffentlichen Dienstes, zu den hohen Wachstumsraten bei. Die Weltbank bemängelte, daß sich der Aufschwung noch nicht in einer entsprechenden Verbesserung der Lebensqualität der Bevölkerung niedergeschlagen habe. Der IWF forderte außerdem verstärkte Anstrengungen bei der Konsolidierung des öffentlichen Haushalts insbesondere bei der geplanten Steuerreform und den anstehenden Privatisierungen. Die Regierungspläne zum Verkauf von 40% des Kapitals des staatlichen Phosphatkonzerns (OTP), dem wichtigsten Devisenbringer des Staates, wurde Ende November um zwei Monate auf den 31.1.98 verschoben. Ende des Jahres hatte die Regierung 11 der insgesamt 25 zur Privatisierung anstehenden parastaatlichen Unternehmen privatisiert. Der am 30.12. im Parlament beschlossene Haushalt für 1998 sah u. a. Steigerungen bei den Sozialausgaben vor; insgesamt waren F CFA 153,1 Mrd. Ausgaben und 140,9 Mrd. Einnahmen geplant; das Haushaltsdefizit sollte nach Angaben von Finanzminister Barry Moussa Barqué durch Entwicklungshilfe Frankreichs und Japans gedeckt werden.

Eine im Dezember im Parlament eingebrachte Gesetzesinitiative sollte den Schutz vor den traditionell tief verankerten und daher schwer ausrottbaren Praktiken der **Körperverstümmelung** durch Beschneidung von jungen Mädchen (FGM) gewährleisten, die noch von ca. 12% der Bevölkerung, besonders im Norden, praktiziert werden. Allerdings fehltem dem Staat die Mittel und der Wille, diesen Schutz effektiv umzusetzen. Verstärkt durch den wirtschaftlichen Niedergang und zunehmende sozioökonomische Differenzierung ab Anfang der 1990er Jahre gab es in Togo einen vorgeblich an tradierte Formen der Patronage anknüpfenden **Kinderhandel**, insbesondere von Mädchen, die ins Ausland (insbesondere über Benin und Nigeria nach Gabun, den Mittleren Osten und Asien) verkauft werden, wo sie einen sklavenähnlichen Status haben oder zur Prostitution gezwungen werden. Nach einer kürzlich veröffentlichten Studie der NRO *WAO-Afrique* waren besonders die Präfekturen Vo, Yoto, Zio und Kloto im Süden und Tchaoudjo sowie Assoli im Norden vom Mädchenhandel betroffen, der insbesondere für arme Familien eine neue Einkommensquelle (F CFA 10-20 000 pro Mädchen) versprach.

Dirk Kohnert

Chronologie Togo 1997

23.02.	Verfassungsgericht (am 3.12.96 per Gesetz verabschiedet) eingesetzt
17.03.	Sondergipfeltreffen der OAU in Lomé zur Beilegung des zairischen Bürgerkriegs
14.08.	Nationale Menschenrechtskommission (CNDH) umstrukturiert
Mitte Sept.	Revidiertes Wahlgesetz bei Stimmenthaltung der Opposition verabschiedet
03.10.	Togo wird Vollmitglied in der Organisation der Islamischen Konferenz (OCI)
25.10.	EU-AKP-Parlamentarierkonferenz in Lomé
13.11.	Hoher Medienrat (gegen Stimmen der Opposition am 13.7.96 per Gesetz verabschiedet) eingesetzt
20.11.	Europäisches Parlament macht vollständige Wiederaufnahme der Entwicklungshilfe von transparenten Präsidentschaftswahlen 1998 abhängig

Afrika-Jahrbuch 1997, S. 177-181

Zentralafrika

Politische und sozioökonomische Entwicklung

Der demokratische Aufbruch zu Beginn der 90er Jahre wich einer großen Ernüchterung, die Fassaden der Demokratie bröckelten ab, autoritäre Strukturen verhärteten sich erneut, **Waffengewalt** wurde zunehmend zum **Mittel des Machterwerbs und -erhalts**. Leidtragende der Machtkämpfe an der Staatsspitze war jeweils die breite Masse der Bevölkerung. Weltweit größte Aufmerksamkeit nicht nur wegen seines Ausmaßes, sondern wegen seiner internationalen Verflechtungen und des durch den Konflikt ausgelösten Flüchtlingselends erfuhr der **Krieg in Zaire** (ab 19.5. Demokratische Republik Kongo), der im Herbst 1996 von Ostzaire ausgegangen war und bereits im Mai zur Eroberung Kinshasas durch die Rebellenarmee *Alliance des Forces Démocratiques pour la Libération du Congo* (AFDL) unter Führung von Laurent-Désiré Kabila und zum Sturz des langjährigen Diktators Mobutu Sese Seko führte. Obwohl Kabila von einem großen Teil der Bevölkerung zunächst als Befreier begrüßt wurde, erhoben sich bald Zweifel an der demokratischen Ausrichtung des neuen Regimes. Unmittelbar nach seiner Vereidigung zum selbsternannten Staats- und Regierungschef (29.5.) verkündete Kabila ein Verfassungsdekret, das ihm quasi-diktatorische Vollmachten gab. Ein kurz darauf erlassenes Verbot öffentlicher politischer Aktivitäten, von dem die AFDL jedoch ausgenommen war, kam faktisch einem Verbot der Oppositionsparteien gleich. Auf Druck des Auslandes verpflichtete sich Kabila zwar zu einer schrittweisen Demokratisierung und nahm Vertreter der ehemaligen Mobutu-Opposition in die Regierung auf, doch blieb der prominenteste Oppositionsführer, Etienne Tshisekedi, von der Beteiligung an der Macht ausgeschlossen, womit ein neuerlicher Herrschaftskonflikt grundgelegt war. Im Nachbarland **Kongo** brach der durch ein Friedensabkommen 1995 nur oberflächlich übertünchte **Machtkampf** zwischen dem gewählten Staatschef Pascal Lissouba und seinem Amtsvorgänger Denis Sassou Nguesso angesichts der für Juli vorgesehenen Präsidentschaftswahlen erneut gewaltsam aus. Der militärische Sieg Sassou Nguessos, der sich selbst zum Staatschef proklamierte (25.10.), bedeutete ein zumindest vorläufiges Ende des demokratischen Experiments, auch wenn die politischen Parteien, von denen sich die wichtigsten in einen kooperationsbereiten und einen exiloppositionellen Zweig gespalten hatten, weiterbestanden. Das Regime von Ange-Felix Patassé in der **ZAR** war 1996 durch drei **Meutereien** der Armee, denen zunächst Forderungen materieller Art zugrunde lagen, die jedoch mehr und mehr politische Züge annahmen, in Frage gestellt worden. Die militärische Polarisierung trieb die zivile Opposition in das Lager der Rebellen, denen auch große Teile der Bevölkerung zuneigten. Trotz eines unter internationaler Vermittlung zustande gekommenen Friedensabkommens (Abkommen von Bangui vom 25.1.), das auch den Einsatz einer interafrikanischen Truppe (*Mission inter-africaine de surveillance des accords de Bangui (MISAB)* vorsah, kam es immer wieder zu gewaltsamen Auseinandersetzungen. Erst ein massives militärisches Eingreifen der MISAB führte zu einem Einlenken der unterlegenen Rebellen. Die jahrelangen kriegerischen Auseinandersetzungen zwischen Regierung und politisch-militärischen Bewegungen in **Tschad** konnten durch Friedensvereinbarungen mit mehreren Gruppierungen, darunter der im Süden des Landes operierenden *Forces Armées de la République Fédérale* (FARF) zumindest weiter eingedämmt werden. Dennoch entbrannten erneut schwere Kämpfe, nachdem Regierungstruppen das Hauptquartier der FARF in Moundou im Südtschad angegriffen hatten (28.10.). Die "konsensuelle Demokratie" erfuhr dadurch eine schwere Belastungsprobe. Erst im Dezember kam es zu einer relativen Entspannung. In **São Tomé** führte der Machtkampf zwischen Staatschef Miguel Trovoada und seinem Vorgänger Manuel Pinto da Costa, dessen *Movimento de Libertação de São Tomé e Príncipe - Partido Social Democrático (MLSTP-PSD)* über die Mehrheit im Parlament verfügte und damit den Premierminister stellte, zur Lähmung der politischen Aktivitäten. Rivalitäten innerhalb der MLSTP-PSD trugen zusätzlich zur Handlungsunfähigkeit der Regierung bei. Mit Initiativen zur "nationalen Versöhnung" und der Ankündigung eines Nationalen Forums für Anfang 1998 versuchte Trovoada, eine Eskalation der

Konflikte zu vermeiden. In **Äquatorial-Guinea** schien es zunächst, als würde sich das diktatorische Regime von Col. Teodoro Obiang Nguema Mbasogo für eine Zusammenarbeit mit der Opposition öffnen, doch überwog später erneut das repressive Vorgehen gegen Regimekritiker.

Bei den 1997 durchgeführten **Wahlen** konnten die Inhaber der staatlichen Macht ihre Positionen festigen. Die **Parlamentswahlen** in **Tschad** (5.1./23.2.) und **Kamerun** (17.5.) sicherten der jeweiligen Partei des Staatschefs die absolute Mehrheit im Parlament (Kamerun: *Rassemblement Démocratique du Peuple Camerounais* / RPDC 116 von 180 Sitzen; Tschad: *Mouvement Patriotique du Salut* / MPS 65 von 125 Sitzen), sie waren jedoch von erheblichen Unregelmäßigkeiten und in Kamerun außerdem von schweren Ausschreitungen begleitet. Bei den **Präsidentschaftswahlen** in **Kamerun** (12.10.), die von den drei wichtigsten Oppositionsparteien angesichts der ungleichen Wahlchancen nach der Verabschiedung eines nicht-konsensuellen Wahlgesetzes boykottiert wurden, war dem Amtsinhaber Paul Biya der Sieg im voraus sicher. In **Gabun** erlangte die regierende *Parti Démocratique Gabonais* (PDG) bei den (indirekten) **Senatswahlen** (26.1./ 9. 2.) 51 von 91 Sitzen, nachdem sie sich bei den Parlamentswahlen im Dezember 1996 bereits eine Zweidrittelmehrheit im Parlament hatte sichern können. Die Bürgermeisterwahlen (durch die Gemeinderäte) in den wichtigsten Städten Libreville und Port Gentil wurden dagegen von den zwei stärksten Oppositionsparteien gewonnen.

Das Staats- und Demokratieverständnis der jeweiligen Staatsführung zeigte sich am Umgang mit der **Verfassung**, die bei Bedarf den spezifischen Interessenlagen angepaßt wurde. Dies galt besonders für die von Kabila (**DR Kongo**) und Sassou Nguesso (**Kongo**) erlassenen Verfassungsdekrete, die den Staatschefs weitreichende Kompetenzen einräumten. Bemerkenswert war das Bemühen, die eigene Machtausübung durch eine quasi-Verfassung zu legitimieren. Während die auf das Mobutu-Regime zugeschnittene Verfassung Zaires von 1992 hinfällig war, setzte sich Sassou Nguesso über eine von der Nationalkonferenz Kongos verabschiedete, 1992 per Referendum angenommene Verfassung hinweg. Eine vom Kongreß in **Gabun** verabschiedete Verfassungsreform war mit der Verlängerung der Amtszeit des Präsidenten von fünf auf sieben Jahre und der Aufhebung der Altersbegrenzung für die Präsidentschaftskandidatur auf Bongo zugeschnitten. Mit der Schaffung des Postens eines Vizepräsidenten, den Bongo einem Mitglied der Opposition übertrug, und der Stärkung der von Anhängern Bongos dominierten Legislative wurde das Verhältnis zwischen den Staatsorganen neu ausbalanciert.

Die **Oppositionsparteien** hatten seit den ersten Mehrparteienwahlen zu Beginn der 90er Jahre viel von ihrer Durchsetzungskraft verloren, was teilweise der Einbindung in die politische Verantwortung (Gabun), teils repressivem Vorgehen gegen Regimekritiker (Äquatorial-Guinea, Kamerun), teils der zunehmenden Zersplitterung der Opposition und interner Machtkämpfe der Parteien (Äquatorial-Guinea, Gabun, Tschad) zuzuschreiben war. Dennoch gab es in den meisten Staaten der Region immer wieder Ansätze, häufig auf internationalen Druck hin, zur Aufnahme eines Dialogs zwischen Regierungen und Oppositionsparteien.

Menschenrechtsverletzungen wurden neben den von gewaltsamen Konflikten betroffenen Staaten (DR Kongo, Kongo, Tschad, ZAR) vor allem von Äquatorial-Guinea und Kamerun bekannt.

Die **kriegerischen Auseinandersetzungen** die sich von Zaire über Kongo auf andere Staaten Zentralafrikas auszubreiten drohten, hatten weitreichende, **über die Region hinausgehende Verflechtungen** und spielten sich auf dem Hintergrund unterschiedlicher Interessenkonstellationen der USA und Frankreichs ab. In den Krieg in Zaire waren Uganda, Burundi, Rwanda und Angola involviert, wobei die aktive Unterstützung der zwei letzteren wesentlich zum siegreichen Vormarsch Kabilas beitrug. In Kongo war der Sieg der Milizen von Sassou Nguesso dem Eingreifen angolanischer Truppen zuzuschreiben, während Staatschef Lissouba, allerdings vergeblich, Unterstützung von Kabila erhoffte. Ehemalige Soldaten und Milizen der untergegangenen Regime von Rwanda und Zaire suchten auf beiden Seiten der Kriegsparteien Kongos neue Dienstherren. Die Intervention Angolas in Zaire und Kongo hing wiederum mit dem Kampf der Regierung gegen die *União para a Independência Total de Angola* (UNITA) und die Befreiungsbewegungen der Enklave Cabinda, die von Mobutu und später von Lissouba unterstützt wurden, zusammen.

Für die **USA** bedeutete der Sieg Kabilas eine Ausweitung ihrer Einflußsphäre. Von der Achse Uganda, Rwanda, DR Kongo versprachen sie sich eine Verstärkung der auch Äthiopien und Eritrea einbeziehenden Frontlinie gegen das islamistische Regime in Sudan, mit dem wiederum Mobutu militärisch zusammengearbeitet hatte. Als Verlierer im Konflikt war **Frankreich** anzusehen, das bis zuletzt Mobutu unterstützt und ihm bei der Anwerbung von Söldnern (Belgier, Serben u.a.) behilflich war. Umso größer war das Interesse Frankreichs, seine Position in Kongo, das wegen der dominierenden Stellung des französischen Unternehmens *Elf* in der Erdölförderung auch wirtschaftlich von Bedeutung war, zu halten. Hier galt Sassou Nguesso gegenüber Staatschef Lissouba als der verläßlichere Partner. Unter Hinweis auf seine Politik der Nichteinmischung lehnte Frankreich jegliche militärische Einmischung ab und unterstützte die Vermittlungsbemühungen des gabunischen Staatschefs Bongo. Sassou Nguesso konnte jedoch auf die diskrete Unterstützung von Erdölkreisen bauen. Anders war das Verhalten Frankreichs in der ZAR, wo Elemente der dort ständig stationierten französischen Truppen zu Jahresbeginn direkt in die bürgerkriegsähnlichen Auseinandersetzungen eingriffen und gegen die Rebellen vorgingen.

Die Destabilisierungsgefahr, die für die gesamte Region von den verschiedenen Konfliktherden ausging, löste ein intensives **internationales Krisenmanagement** aus. Vermittlungsversuche im **Zaire-Konflikt** durch die **UN**, die den zum Sonderbeauftragten der UN und der OAU für die Region der Großen Seen ernannten (22.1.) algerischen Diplomaten Mohamed Sahnoun nach Zaire entsandten und einen eigenen Friedensplan vorlegten, sowie durch die **OAU**, die einen Sondergipfel über die Region der Großen Seen durchführte (Lomé/Togo 26.3.), brachten keine Lösung des Konflikts. Desgleichen blieben die Vermittlungsbemühungen des **gabunischen Staatschefs** Bongo und ein von ihm einberufenes Gipfeltreffen der frankophonen Staatschefs, an dem auch Mobutu teilnahm (Libreville/Gabun 8.5.), ohne Ergebnis. Die **USA** und **Südafrika**, die sich ebenfalls als Vermittler einschalteten, konnten zumindest auf eine friedliche Übergabe Kinshasas an die Truppen Kabilas (17.5.) hinwirken. Südafrika verschaffte Kabila beim kurz danach stattfindenden OAU-Gipfel in Harare/Zimbabwe (2.-4.6.) kontinentweite Anerkennung. Auf Grund der regionalen Führungsrolle, die Gabun im Einvernehmen mit Frankreich übernommen hatte, war Bongo schon früher wiederholt als Vermittler aufgetreten. Es schien daher naheliegend, seine Vermittlungsdienste im **Bürgerkrieg Kongos** in Anspruch zu nehmen. Die intensiven Bemühungen, in Zusammenarbeit mit dem UN/OAU-Sonderbeauftragten Mohamed Sahnoun, als Vorsitzender eines inter-afrikanischen Vermittlungskomitees, dem außerdem die Staatschefs der ZAR, Tschads, Malis sowie Vertreter anderer Staaten angehörten, konnten jedoch keinen dauerhaften Waffenstillstand herbeiführen. Auch die Einbindung weiterer frankophoner Staatschefs auf dem UMEOA-Gipfel in Lomé/Togo (23.6.) und einem Sondergipfel in Libreville (14./15.9.) brachten keinen Durchbruch. Versuche des zairischen Staatschefs Kabila, im Einvernehmen mit Lissouba, der Bongo mangelnde Neutralität vorwarf, als selbsternannter Vermittler tätig zu werden und sein Vorschlag, mit Unterstützung zentral- und südafrikanischer Staaten eine Friedenstruppe nach Kongo zu entsenden, fanden wenig Resonanz. Mehr Erfolg hatten die von einem inter-afrikanischen Vermittlungskomitee (Gabun, Tschad, Burkina Faso, Mali) unter Vorsitz des ehemaligen malischen Staatschefs Amadou Toumani Touré geführten Verhandlungen mit den Konfliktparteien der **ZAR**, die mit der Unterzeichnung eines Friedensabkommens (25.1.) endeten.

Die Kriege in der Region ließen erneut den Ruf nach dem **Einsatz internationaler Friedenstruppen** laut werden. Ein Ersuchen Bongos an den UN-Sicherheitsrat, der Entsendung einer inter-afrikanischen Truppe, für die sich Bongo die Unterstützung mehrerer Staatschefs auf dem UEMOA-Gipfel in Togo gesichert hatte, zuzustimmen, wurde zwar nicht abgelehnt, ein formeller Beschluß kam jedoch, da er von der Einhaltung eines Waffenstillstandes in Kongo abhängig gemacht wurde, nicht zustande. Für die ZAR war mit der **MISAB**, der Soldaten mehrerer zentral- und westafrikanischer Staaten unter gabunischem Oberkommando angehörten, eine afrikanische Eingreiftruppe geschaffen worden, die schnell zu einem Modell der Friedenssicherung in Afrika erklärt wurde. Frankreich begrüßte die MISAB und unterstützte sie logistisch. Im August, nachdem die MISAB längst in Aktion getreten war, erteilte auch der UN-Sicherheitsrat seine Zustimmung einschließlich des Rechtes auf Waffengebrauch.

Der Krieg in Ostzaire und die damit einhergehende Erstürmung und Auflösung der Hutu-Flüchtlingslager durch die Rebellentruppen hatten im Herbst 1996 ein **Flüchtlingselend** katastrophalen Ausmaßes ausgelöst. Nur ein Teil der Flüchtlinge kehrte nach Rwanda zurück, viele flohen ins Landesinnere von Zaire/DR Kongo und von dort weiter in die angrenzenden Staaten Kongo, Gabun und ZAR. Eine unbekannte Zahl der lt. UN vermißten 213 000 Flüchtlinge kamen durch Krankheit, Hunger und Massaker um. Eine von der UN-Menschenrechtskommission im April eingesetzte Untersuchungskommission, die Vorwürfen von Massakern nachgehen sollte, erhielt erst im Oktober nach massivem Druck internationaler Geber und nach erheblichen Zugeständnissen an Kabila die Erlaubnis, Nachforschungen anzustellen. Ein weiterer Flüchtlingsstrom, diesmal von Anhängern des Mobutu-Regimes, ergoß sich mit der Einnahme Kinshasas durch Kabila nach Kongo. Die Kämpfe in Brazzaville hatten die Flucht der Bevölkerung aus der kongolesischen Hauptstadt zur Folge. Die Zahl der aus Zaire/DR Kongo, Rwanda und Burundi in die ZAR gekommenen Flüchtlinge lag Ende Juni bei 52 000. Rwandische, zairische und kongolesische Flüchtlinge gelangten auch nach Gabun, das Anfang Juni für eine Woche die Grenze zu Kongo schloß und den UNHCR um Hilfe bei der Repatriierung der Flüchtlinge bat.

UN-Generalsekretär Kofi Annan bezeichnete in einer Botschaft an das 9. Ministertreffen des *UN Consultative Committee on Security Questions in Central Africa* in Libreville (7.-11.7.) Zentralafrika als eine der explosivsten Regionen Afrikas und äußerte sich beunruhigt über den zunehmenden illegalen Waffenhandel. Es wurde erwartet, daß die Teilnehmer des Treffens einen 1993 beschlossenen Nichtangriffspakt ratifizieren und die Grundlagen für ein vereinbartes Frühwarnsystem zur Konfliktvermeidung schaffen würden. Dessenungeachtet schlossen die Staatschefs von Angola, DR Kongo, Gabun und Kongo auf einem Treffen in Luanda (27.10.) eine eigene Vereinbarung zur Gewährleitung des Friedens und der Stabilität in der Region.

Die gewaltsamen Auseinandersetzungen in der Region hatten zu erheblichen Zerstörungen, insbesondere in den Hauptstädten Kongos und der ZAR, zur Massenflucht der Bevölkerung, zur teilweisen Vernichtung wirtschaftlicher Strukturen und zu schwerwiegenden Störungen des Wirtschaftslebens geführt. Nach einem von Frankreich erstellten Bericht über die **wirtschaftliche Entwicklung** der Länder der Franc-Zone lag die durchschnittliche Wachstumsrate des BIP der CEMAC-Staaten 1997 mit 3,7% nicht nur unter jener der UEMOA-Staaten (4,8%), sie war auch seit 1995 (4,3%) kontinuierlich gesunken. Hinzu kam, daß das wirtschaftliche Wachstum vor allem dem Ansteigen der Erdölexporte zuzuschreiben war. Ohne den Erdölsektor betrug es nur 2,1% (1995: 4,2%). In Kongo sank das BIP ohne Erdöl um 25%. Trotz kriegsbedingter lokaler Teuerung lag die durchschnittliche Inflationsrate, die 1994 nach der F CFA-Abwertung 33,1% betragen hatte, nur noch bei 5%. Die Exporte (Erdöl, Holz, Agrarprodukte) nahmen infolge der steigenden Erdölausfuhren Kameruns, Kongos und Äquatorial-Guineas erheblich zu, was sich in wachsenden Handelsbilanzüberschüssen niederschlug. Die makro-ökonomischen Daten verschleierten allerdings die erheblichen sozialen und regionalen Ungleichheiten. So lebten in Gabun trotz eines durchschnittlichen Pro-Kopf-Einkommens von $ 3 950 rund 20% der städtischen Bevölkerung unter der Armutsgrenze, während 80% der außerhalb der wirtschaftlichen Zentren lebenden Bevölkerung über kein sauberes Trinkwasser verfügten.

Die Zusammenarbeit mit **IWF** und **Weltbank** stagnierte, teils, weil die Auflagen bezüglich der Haushaltskonsolidierung nicht eingehalten wurden (Gabun, Kongo), teils wegen Rückständen beim Schuldendienst (Äquatorial-Guinea, Kongo) oder wegen des Fehlens der erforderlichen wirtschaftlichen und politischen Rahmenbedingungen (São Tomé und Príncipe, ZAR). Lediglich Kamerun konnte ein, mehrfach hinausgezögertes, ESAF-Abkommen mit dem IWF abschließen (20.8.), während die Auszahlung einer weiteren ESAF-Tranche an Tschad zwar vom IWF gebilligt, das Programm jedoch wenig später "unter Aufsicht" gestellt und ein Gebertreffen abgesagt wurde. In der DR Kongo, wo erst die Grundlagen für ein wirtschaftliches Aufbauprogramm gelegt werden mußten, traf im Juni eine IWF-/Weltbank-Delegation ein. Die **EU** und acht zentralafrikanische Staaten unterzeichneten in Yaounde (7.3.) ein neues regionales Indikativprogramm, für das im Rahmen des 8. FED ECU 84 Mio. (= ca. F CFA 55 Mio.) für fünf Jahre (1995-2000) bereitgestellt wurden. Die Prioritäten lagen auf dem Transportsektor und dem Schutz der Wälder. Vorausgegangen war eine Tagung (3.-7.3.) der EU mit Wirtschafts- und Planungsministern Zentralafrikas über die Art der Beziehungen nach dem Jahr 2000.

Regionalorganisationen

Die regionale Wirtschaftskooperation kam infolge der politischen Lage weitgehend zum Erliegen. Auf dem 32. Gipfeltreffen der **UDEAC** in Brazzaville (9.4.) wurden der Rechnungsprüfungsbericht von 1995 angenommen und das Budget 1997 verabschiedet sowie Beschlüsse zur Einschränkung der Zoll- und Steuerbefreiungen gefaßt, die längst fällige Umsetzung des Beschlusses von 1994 zur Errichtung der **CEMAC** erfolgte aber nicht. Andere UDEAC-Beschlüsse wurden von den Mitgliedstaaten nur zögerlich durchgeführt. Als dritter Staat nach Kamerun und Gabun führte Kongo per Gesetz ab 1.6. eine 18%ige Mehrwertsteuer entsprechend der 1992 vereinbarten Zoll- und Steuerreform ein. Ein Seminar der Mitgliedstaaten der künftigen CEMAC und der UEMOA in Libreville (20.-23.5.) versuchte, Strategien zur Realisierung des Wirtschaftswachstums in Afrika angesichts der weltwirtschaftlichen Veränderungen zu entwickeln. Die **CEEAC**, deren letzter Gipfel 1992 stattgefunden hatte, litt weiterhin unter finanziellen Problemen, die lang anhaltende Streiks des Personals zur Folge hatten. Am Jahresende 1997 betrugen die Rückstände bei den Gehaltszahlungen 62 Monate.

Die **CEPGL** war infolge der politischen Entwicklung in den Mitgliedstaaten seit Jahren nicht mehr in Erscheinung getreten. Ein für 25.6. in Kinshasa vorgesehenes Außenministertreffen, das die Organisation wiederbeleben sollte, wurde abgesagt, da der Außenminister Rwandas nicht eintraf. Ein Treffen der Staatschefs der DR Kongo, Rwandas und Ugandas in Kinshasa (12.-13.8.) befaßte sich mit dem seit langem geplanten und von der EU vor den Kriegswirren bewilligten Projekt einer Straßenverbindung zwischen den drei Staaten sowie mit der Errichtung einer Eisenbahnverbindung. Außerdem wurde eine "Friedensinitiative" für Kongo beschlossen.

Auf **technischer Ebene** machte die Zusammenarbeit ebenfalls wenig Fortschritte. Die 7. Ministerkonferenz (Kinshasa, 23.-25.9.) der 1975 gegründeten, alle CEEAC-Staaten umfassenden *Conférence des administrations des postes et télécommunications d'Afrique centrale* (Captac), beschloß eine strukturelle Reform der Organisation und stellte im übrigen deren bisheriges Scheitern fest.

Marianne Weiss

Chronologie Zentralafrika 1997

26.03.	Sondergipfel der OAU über die Region der Großen Seen in Lomé (Togo)
09.04.	32. UDEAC-Gipfeltreffen in Brazzaville (Kongo)
08.05.	Gipfeltreffen zentralafrikanischer Staaten in Libreville (Gabun) zur Lösung des Zaire-Konflikts
07.-11.07.	9. Ministertagung des UN *Consultative Committee on Security Questions in Central Africa* in Libreville
12.-13.08.	Gipfeltreffen der Staatschefs der DR Kongo, Rwandas und Ugandas in Kinshasa (DR Kongo)
14.-15.09.	Gipfeltreffen frankophoner Staaten Zentral- und Westafrikas in Libreville zur Konfliktlösung in Kongo
29.11.	Treffen der Außenminister von Niger, Sudan, Tschad, ZAR in Khartoum (Sudan)

Regionalorganisationen:

Commission du Bassin du Lac Tchad (CBLT): Kamerun, Niger, Nigeria, Tschad, ZAR
Communauté Economique des Etats de l'Afrique Centrale (CEEAC): Äquatorial-Guinea, Angola, Burundi, Gabun, Kamerun, Kongo, Rwanda, São Tomé und Príncipe, Tschad, Zaire, ZAR
Communauté Economique et Monétaire en Afrique Centrale (CEMAC): Äquatorial-Guinea, Gabun, Kamerun, Kongo, Tschad, ZAR
Communauté Economique des Pays des Grands Lacs (CEPGL): Burundi, Rwanda, Zaire
Union Douanière et Economique de l'Afrique Centrale (UDEAC): Äquatorial-Guinea, Gabun, Kamerun, Kongo, Tschad, ZAR

Äquatorial-Guinea

Fläche: 28 051 km², **Einwohner:** 0,41 Mio., **Hauptstadt:** Malabo, **Amtssprache:** Spanisch, **Lebenserwartung:** 50 J., **Alphabetisierung:** 78%, **Wechselkurs:** $ 1 = F CFA 598,81, **HDI:** 0,462, Rang 15, **Pro-Kopf-Einkommen:** $ 530, **BSP:** $ 217 Mio., **Anteile am BIP:** 34% - 10,7% - 26%, **Hauptexportprodukte:** Erdöl 70%, Holz 23%, **Staatschef:** Col. Teodoro Obiang Nguema Mbasogo, **Premierminister:** Angel Serafin Seriche Dougan, **Regierungspartei:** Partido Democrático de Guinea Ecuatorial (PDGE)

Innenpolitik

Nachdem es zu Beginn des Berichtszeitraumes erneut den Anschein hatte, als würde sich die Regierung für eine engere Zusammenarbeit mit der Opposition öffnen, überwog im weiteren Verlauf des Jahres wieder das gewohnt repressive Vorgehen gegen die Kritiker des Regimes. In seiner **Neujahrsansprache** gab sich Präsident Obiang zunächst ungewohnt selbstkritisch: Die Verwaltung operiere nicht ohne Schwächen und es sei höchste Zeit, das Korruptionsproblem stärker in Angriff zu nehmen. Gleichzeitig mahnte er einen **freien und dauerhaften Dialog zwischen allen politischen Kräften** an, um nach Jahren der ökonomischen Krise und Armut die neuen Entwicklungschancen gemeinsam zu nutzen.

In einem Klima zunehmender sozialer Spannungen begannen am 10.2. in Malabo offizielle **Gespräche zwischen der Regierung und fast allen Oppositionsparteien**. Lediglich die *Convergencia para la Democracia Social* (CPDS), deren Mitglieder und Anhänger in den Monaten zuvor Opfer willkürlicher Verhaftungen geworden waren, boykottierte diesen Dialog und bezeichnete ihn als folgenlose Fassade. Nach über zweimonatigen Verhandlungen wurde am 26.4. ein **Abkommen zwischen der Regierungspartei und 13 Oppositionsparteien** geschlossen, das im wesentlichen die Vereinbarungen des Nationalpaktes vom März 1993 bestätigte. Festgelegt sind darin die demokratischen Grundlagen für den politischen Wettbewerb im Lande, Probleme der Wahlreform, des Zugangs zu den Medien und die Rolle der Sicherheitskräfte. CPDS-Generalsekretär Placido Miko kommentierte, daß die Regierung das neue Abkommen ebenso wenig respektieren werde, wie das bereits beim Nationalpakt der Fall gewesen sei.

Ein Vorfall von Mitte Mai bot der Regierung einen willkommenen Anlaß, um die Sicherheitsmaßnahmen zu verstärken und um wieder schärfer gegen die Opposition vorzugehen. Der Parteichef der *Partido del Progreso* (PP) Severo Moto Nsa wurde von angolanischen Sicherheitskräften in angolanischen Gewässern auf einem russischen Fischereischiff entdeckt, das kleine Mengen Waffen an Bord hatte. Moto wurde sofort nach Spanien abgeschoben, wo er als politischer Flüchtling anerkannt ist. Die Regierung nahm diesen **angeblichen Putschversuch** zum Anlaß, die PPGE am 11.6. zu verbieten und Moto im August in Abwesenheit zu einer hohen Haftstrafe zu verurteilen. In diesem Umfeld einer **gesteigerten Sicherheitsparanoia** des Obiang-Regimes wurden am 30.6. 13 Mitglieder der CPDS in Bata verhaftet, weil sie - so die Stellungnahme der Sicherheitskräfte - an einem "illegalen Treffen" teilgenommen hatten. Ende August wurden außerdem die Landesgrenzen zu Kamerun und Gabun geschlossen.

Nachdem die **Menschenrechtssituation** zunächst von der UN-Menschenrechtskommission in Genf etwas positiver beurteilt worden war, prangerte Amnesty International (AI) am 10.10. in einer Erklärung **erneut gravierende Menschenrechtsverletzungen** an. Nach AI-Angaben waren allein zwischen August und Oktober mehr als 70 Anhänger der verbotenen oder radikaleren Oppositionsparteien verhaftet, ohne Anklage inhaftiert und z.T. gefoltert worden.

Die Zersplitterung der Opposition setzte sich mit **zwei Neugründungen von politischen Parteien bzw. Bündnissen** weiter fort. Am 24.10. schlossen sich vier Parteien - darunter die PP - in Kinshasa zum *Consejo de Liberación Nacional* (COLINA) zusammen, und am 31.10. wurde in Madrid das *Forum para la Democracia en Guinea Ecuatorial* (FODEGE) gegründet. Nachdem Wahlbündnisse der Opposition in der Vergangenheit zumindest bescheidene Erfolge erreicht hatten, entschloß sich die Regierungspartei ein Jahr vor den im November 1998 stattfindenden Parlamentswahlen zu einer Gesetzesinitiative, nach der diese **Bündnisse zwischen den politischen**

Parteien verboten wurden. Damit waren für die PDGE die Weichen erneut auf Sieg gestellt.

Von der weiterhin schwachen und geteilten Opposition drohte dem Obiang-Regime ohnehin vermutlich weniger Gefahr als von den Teilen innerhalb des Regimes, die bisher vom neuen Ölreichtum nicht oder kaum profitieren konnten. Insofern war die **nationale Wirtschaftskonferenz**, auf der vom 8.-13.9. in Bata Oppositionsparteien, Vertreter lokaler Organisationen, Geschäftsleute und Geber über die Entwicklungsperspektiven des Landes nach den Ölfunden diskutierten, nur eine weitere Veranstaltung, um von gravierenderen Spannungen abzulenken.

Außenpolitik

Der Ölreichtum des Landes hat über die traditionellen außenpolitischen Schwerpunkte hinaus - die ehemalige Kolonialmacht Spanien und Frankreich rivalisieren seit Jahren um Einfluß in Malabo - zu einem **gesteigerten Interesse des Auslands am ökonomisch-finanziellen Potential** Äquatorial-Guineas geführt. So besuchte im Januar eine Delegation des US-amerikanischen *Corporate Council of America* Malabo, der chinesische Außenminister Qian Qichen stattete ebenfalls im Januar einen Besuch ab und zahlreiche Fluggesellschaften - darunter Air Afrique, Swissair und die portugiesische TAP - haben ihre Absicht bekundet, Malabo künftig regelmäßig anzufliegen.

Die **Beziehungen zu Spanien** steuerten nach anfänglichen Verbesserungen **auf einen neuen Tiefpunkt** zu. Nach dem Abkommen zwischen Regierung und Oppositionsparteien vom April besuchte Ende Mai eine spanische Regierungsdelegation Malabo. Spanien drängte dabei auf die Fortsetzung und Intensivierung des Dialogs mit der Opposition sowie auf eine Verbesserung der Menschenrechtslage. Nachdem konservative Kreise in Spanien mitansehen mußten, wie in der ehemaligen Kolonialbesitzung zunächst der privilegierte diplomatische Einfluß an Frankreich und dann der lukrative ökonomische Einfluß an US-amerikanische Ölgesellschaften verloren ging, schien sich in der Haltung der Regierung des konservativen Premiers Aznar ein Wandel abzuzeichnen. Obiang und Aznar trafen sich am Rande der UN-Sondergeneralversammlung am 23.6. in New York zu einem Meinungsaustausch. Außerdem versprach die spanische Regierung, den Status von PP-Parteichef Moto zu überprüfen. Als das politische Asyl von Moto in Spanien am 17.9. jedoch bestätigt wurde, setzte die Obiang-Regierung kurzerhand die diplomatischen Beziehungen zu Madrid aus.

Nutznießer der Probleme mit Spanien war wieder einmal **Frankreich**, das seine Position weiter festigen konnte. Obiang traf den französischen Präsidenten anläßlich des französischen Nationalfeiertages am 14.7. zu einer Unterredung in Paris. Nach der Moto-Affäre mit Spanien wurde Französisch am 19.9. offiziell zur zweiten Amtssprache des Landes erklärt. Nicht zuletzt war es französischer Einflußnahme zu verdanken, daß Obiang am 30.10. in Brüssel ein **Treffen mit dem Präsidenten der EU-Kommission** Santer realisieren konnte. Und schließlich besuchte Anfang Dezember eine Delegation des französischen Kooperationsministeriums Malabo. Während des Besuchs wurde die für FF 3 Mio. errichtete französische Schule eröffnet.

Im **Streit mit Nigeria über den genauen Grenzverlauf** im Offshore-Bereich im Ölfördergebiet nördlich von Bioko trafen sich die beiden Kontrahenten Ende April in der nigerianischen Hauptstadt Abuja zu einer neuen Verhandlungsrunde. Wie schon in den Vorjahren kam man bei diesen Gesprächen substantiell nicht voran. Als Elf Nigeria Anfang November im umstrittenen Grenzgebiet eine offensichtlich höchst erfolgreiche Probebohrung durchführte, schien eine weitere Eskalation unvermeidlich. Das Obiang-Regime entschied sich jedoch angesichts des höchst ungleichen Kräfteverhältnisses nicht für ein konfrontatives Vorgehen, sondern war darum bemüht, den Streit auf höchster Ebene durch ein Treffen der beiden Staatschefs beilegen zu lassen.

Sozioökonomische Entwicklung

Obwohl die **Wachstumsrate des BIP** für 1996 offiziell im Jahresbericht der Bank von Frankreich über die Franczone von 64,6% auf 41,1% korrigiert wurde, wuchs die Wirtschaft aufgrund der Ölinvestitionen und -einnahmen **weiter auf afrikanischem Rekordniveau**. Für 1997 wurde das Wachstum des BIP wieder auf rund 50% geschätzt. Die **Inflationsrate** lag mit 6,7% über dem Durchschnitt der Region, was bei den vergleichsweise hohen Löhnen im Ölsektor kaum verwundert. Das **Haushaltsdefizit** konnte 1996 auf 2% des BIP (von 10% des BIP 1995) verringert werden. Dies gelang jedoch nur, weil die Zahlungen für Schuldendienst und Tilgung auf die **Gesamtverschuldung** von knapp $ 300 Mio. eingestellt wurden. Die seit 1994 unterbrochene Zusammenarbeit mit den beiden internationalen Finanzinstitutionen aus Washington konnte schon aufgrund dieser Zahlungsrückstände nicht wiederaufgenommen werden. Eine Weltbank-Mission im November monierte zudem die weiterhin fehlende Transparenz und Rechenschaftspflicht des Regierungshandelns.

Unterdessen haben die Öleinnahmen noch zu **keiner nennenswerten Belebung der übrigen Wirtschaft** des Landes geführt. Es gab zwar kleinere Hilfsprojekte der drei Ölgesellschaften, aber die Transportinfrastruktur war weiterhin schlecht und die Versorgung mit Strom und Wasser ständig unterbrochen, so daß die große Mehrheit der Bevölkerung weiter versuchen mußte, in der Subsistenzökonomie zu überleben. Die **Kakaoproduktion** konnte 1996 wieder auf 4200 t gesteigert werden, blieb aber immer noch weit hinter den Produktionszahlen der Vergangenheit zurück. Nachdem inzwischen eine malaysische Firma besonders aktiv war, erreichte der **Export von Tropenholz** mit 194 000 m^3 bereits im ersten Quartal 1997 mehr als die Hälfte der Gesamtexporte des Vorjahres. Umweltschützer warnten seit Jahren, daß die Holzwirtschaft den Kriterien einer nachhaltigen Entwicklung nicht gerecht würde, zumal das Obiang-Regime keinerlei Einblick in die Verträge mit den Holzfirmen erlaubte.

Die **Ölproduktion** erreichte zum Ende des Berichtszeitraumes 8 0000 Barrel pro Tag. **Neue Funde** wurden im April, Mai und Juni im Offshore-Bereich von Bioko gemeldet, so daß mit einem weiteren Ansteigen der Produktion gerechnet wurde. Allerdings handelte es sich um Einzelfunde mit vergleichsweise geringer Fördermenge. Daher argumentierten die US-amerikanischen Ölgesellschaften *Mobil* und *United Meridian Corporation* (UMC), daß für die **weitere Expansion** Investitionen in Höhe von rund $ 1,2 Mrd. notwendig seien. **Trotz wochenlanger Verhandlungen** mit Präsident Obiang konnte **keine Einigung** erzielt werden. Die Regierung fürchtete, daß aufgrund der hohen Kosten und nach den bestehenden Vereinbarungen über die Verteilung der Kosten zu geringe Einnahmen zu erwarten wären. Genährt wurden diese Befürchtungen durch Äußerungen eines Vertreters der UMC, wonach bei der bestehenden Produktion inzwischen "sagenhafte Margen" erreicht würden, nachdem die Produktionskosten von $ 4,61 im Vorjahr auf nunmehr $ 1,46 pro Barrel gesenkt werden konnten.

Nachdem die am Alba-Fördergebiet beteiligte US-Gesellschaft *Noble Affiliates* im März Pläne für eine neue **Flüssiggasfabrik** auf Bioko veröffentlicht hatte, wurden die Bauarbeiten an der neuen Anlage rasch vorangetrieben. Gespeist von den Gasvorkommen aus der Erdölproduktion könnte die auf 1 700 Barrel pro Tag angelegte Flüssiggasfabrik die Defizite bei der nationalen Energieversorgung beseitigen helfen.

Cord Jakobeit

Chronologie Äquatorial-Guinea 1997

01.01.	Präsident Obiang ruft in seiner Neujahrsansprache zum Dialog zwischen Regierung und Opposition auf
10.02.	Beginn von Gesprächen zwischen Regierung und 13 Oppositionsparteien
26.04.	Abkommen zwischen Regierungspartei und Oppositionsparteien
11.06.	Verbot der Oppositionspartei PP nach angeblichem Putschversuch ihres Parteichefs Moto Mitte Mai
23.06.	Unterredung zwischen Präsident Obiang und dem spanischen Premierminister Aznar in New York
26.06.	Erneuerung des Fischereiabkommens mit der EU für weitere drei Jahre
14.07.	Unterredung zwischen Obiang und dem französischen Staatspräsidenten Chirac in Paris
08.09.-13.09.	Nationale Wirtschaftskonferenz in Bata
19.09.	Französisch wird offiziell zur zweiten Landessprache erklärt
30.10.	Unterredung zwischen Obiang und EU-Kommissionspräsident Santer in Brüssel
Ende Nov.	Regierungspartei bringt im Parlament Gesetzgebung ein, die Wahlbündnisse zwischen den Parteien verbietet

Afrika-Jahrbuch 1997, S. 185-188

Gabun

Fläche: 267 677 km^2, **Einwohner:** 1,1 Mio., **Hauptstadt:** Libreville, **Amtssprache:** Französisch, **Lebenserwartung:** 55 J., **Alphabetisierung:** 63%, **Wechselkurs:** \$ 1 = Franc CFA 598,81, **HDI:** 0,503, Rang 5, **Pro-Kopf-Einkommen:** \$ 3 950, **BSP:** \$ 4 440 Mio., **Anteile am BIP:** 7% - 52% - 41%, **Hauptexportprodukte:** Erdöl 85%, Holz 8%, **Staatschef:** Omar Bongo, **Regierungschef:** Paulin Obame Nguema, **Regierungspartei:** Parti Démocratique Gabonais (PDG)

Innenpolitik

Bei den **Parlamentswahlen** im Dezember 1996 (s. Afrika Jahrbuch 1996) und den Nachwahlen in einigen Wahlkreisen im Januar und August errang die PDG einen überragenden Wahlsieg, der ihr eine Zweidrittelmehrheit in der Nationalversammlung (insgesamt 120 Sitze) sicherte und damit die Möglichkeit gab, Verfassungsänderungen durchzusetzen. Nach dem guten Abschneiden der Opposition bei den Kommunalwahlen im Oktober 1996 war der Mandatsgewinn besonders erstaunlich. In Libreville, wo die *Rassemblement National des Bûcherons* (RNB) bei den Kommunalwahlen vier der sechs Stadtbezirke für sich hatte gewinnen können, gingen alle zehn Abgeordnetenmandate an die PDG. Bei den **Bürgermeisterwahlen** (19.1.) wurde der Vorsitzende der RNB, Paul Mba Abessolé, von 68 der 98 Gemeinderäte zum Bürgermeister von Libreville gewählt. In Port Gentil ging das Bürgermeisteramt an Frau Marie Augustine Houangi Ambourou, die stellvertretende Generalsekretärin der *Parti Gabonais du Progrès* (PGP). Bei den erstmals stattfindenden (indirekten) **Senatswahlen** (26.1./9.2.; Nachwahlen am 21.11./23.11.) setzte die PDG ihren Siegeszug mit 51 von 91 Sitzen fort. Zum Parlamentspräsidenten wurde Guy Nzouba Ndama, Fraktionsführer der PDG in der vorhergehenden Legislaturperiode, zum Senatspräsidenten Georges Rawiri, einer der "Barone" des Regimes, gewählt.

Nach dem verfassungsgemäßen Rücktritt der **Regierung** nach den Wahlen bestellte Bongo erneut Paulin Obame Nguema zum Premierminister. Die am 29.1. gebildete Regierung umfaßte 40 Mitglieder (vorher 27), von denen zwei (Alexandre Sambat, der Vorsitzende der *Rassemblement pour la Démocratie et le Progrès*/RDP, und der parteiunabhängige Senturel Ngoma Madoungou) der Opposition angehörten. Die meisten Schlüsselressorts blieben unverändert, lediglich die Ministerien für Justiz und Inneres wurden mit Marcel Eloi Rahandi Chambrier, bisher Parlamentspräsident, bzw. Antoine Mboumbou Miyakou, vorher Verkehrsminister, neu besetzt. Verteidigungsminister Idriss Ngari erhielt zusätzlich das Ministerium für Post und Telekommunikationswesen.

Der aus den Abgeordneten zur Nationalversammlung und dem Senat gebildete Kongreß verabschiedete am 18.4. mit 154 von 190 Stimmen eine **Verfassungsänderung**, mit der die Amtszeit des Präsidenten von fünf auf sieben Jahre ausgedehnt und die Altersbegrenzung von 70 Jahren für Präsidentschaftskandidaten aufgehoben wurde. Als wichtigste Neuerung wurde das Amt eines Vizepräsidenten geschaffen, der den Präsidenten in den laufenden Aufgaben unterstützen und in seiner Abwesenheit vertreten sollte. Nachfolger im Fall des Todes des Präsidenten war jedoch der Senatspräsident. Außerdem war eine Stärkung der Legislative und die Verlängerung der Sitzungsperioden des Parlaments vorgesehen. Einige Oppositionsparteien hatten die Sitzung des Kongresses aus Protest vor der Abstimmung verlassen. Zum **Vizepräsidenten** ernannte Bongo überraschend Didjob Divungi-Di-Ndinge, den Generalsekretär der *Alliance Démocratique et Républicaine* (ADERE), die dem Oppositionsbündnis *Haut Conseil de la Résistance* (HCR) (s. Afrika Jahrbuch 1994 und 1995) angehörte. Die Ernennung entsprach dem Bestreben Bongos, die nationale Einheit durch die Berücksichtigung der ethnischen und regionalen Komponenten sowie durch die Einbeziehung von Vertretern der Opposition bei der Ämtervergabe zu stärken. Der frühere Innenminister, Louis-Gaston Mayila, dessen regierungsnahe *Parti de l'Unité du Peuple* (PUP) kein Abgeordnetenmandat hatte erringen können, wurde zum Präsidenten des *Conseil économique et social* bestellt.

Die **Opposition** machte zwar für ihr schlechtes Abschneiden bei den Parlamentswahlen organisatorische Mängel und Wahlschwindel verantwortlich, doch war ihr Stimmenrückgang ebenso dem durch interne Streitigkeiten und Machtkämpfe bedingten Imageverlust des **HCR**, der kaum mehr zur politischen Diskussion beitrug, zuzuschreiben. Der Politische Rat des HCR verabschiedete am 27.12. eine neue Charta und eine gemeinsame politische Plattform als Grundlage für die Präsidentschaftswahlen 1998. Die beiden Dokumente wurden allerdings nur von vier kleineren Parteien unterzeichnet. Die Vorsitzenden der beiden wichtigsten Oppositionsparteien, Paul Mba Abessolé (RNB) und Pierre Louis Agondjo Okawe (PGP) nahmen an der Sitzung nicht teil. Zum neuen Präsidenten des HCR wurde Pierre Mamboundou, der Vorsitzende der *Union du Peuple Gabonais* (UPG) gewählt. Pierre-Claver Maganga Moussavou, der Vorsitzende der *Parti Social Démocrate* (PSD), der im Oktober ohne Absprache mit den übrigen Mitgliedern des HCR als erster seine Kandidatur für die Präsidentschaftswahlen erklärt hatte, wurde aus dem HCR ausgeschlossen. Mba Abessolé erfuhr wegen seines autoritären Verhaltens zunehmend Kritik durch seine eigene Partei. Außerdem wurden ihm zu enge Verbindungen zu Bongo vorgeworfen. Als sein Gegenspieler erwies sich der Erste Sekretär der RNB, Pierre-André Kombila. Auf dem Provinzkongreß der **RNB** in Woleu-Ntem (20.12.), der Hochburg der RNB im Norden Gabuns, traten die parteiinternen Gegensätze, die u.a. Satzungsfragen und die politische Orientierung betrafen, deutlich zutage. Eine von Mba Abessolé vorgeschlagene neue Satzung, die vorsah, daß die Parteikader nicht mehr von der Basis gewählt, sondern vom Vorsitzenden der RNB ernannt werden sollten, stieß auf heftige Kritik Kombilas. Ebenfalls umstritten war der Ausschluß auf Veranlassung von Mba Abessolé von 53 Parteimitgliedern, die der politischen und intellektuellen Elite der Provinz Woleu-Ntem angehörten. Die Wochenzeitung des RNB, *Le Bûcheron*, die in einem humoristischen Artikel die Armee aufgerufen hatte, Bongo zu stürzen, wurde am 26.6. für einen Monat durch die Regierung verboten. Mba Abessolé verurteilte den Artikel, da er nicht der Ethik der Partei entspreche. Ein weiterer Artikel im Oktober, der über militärische Hilfe Bongos für den ehemaligen kongolesischen Staatschef Denis Sassou-Nguesso während des Bürgerkriegs in Kongo berichtete, führte zu einem neuerlichen Verbot der Zeitung für drei Monate.

Außenpolitik

Die **regionale Führungsrolle**, die Bongo im Einvernehmen mit Frankreich übernommen hatte, fand ihren Ausdruck in den **Vermittlungsbemühungen** zur Beilegung der sich ausbreitenden Konflikte in der Region. Nach diversen Bemühungen, in der **Zaire-Krise** eine Einigung zwischen Staatschef Mobutu und Rebellenführer Laurent Kabila herbeizuführen, berief Bongo ein Gipfeltreffen der Staatschefs Zentralafrikas mit Mobutu ein (8.5.), das mit der Erklärung von Libreville die Voraussetzung für eine politische Lösung der Krise schaffen sollte, wobei jedoch die Situation in Zaire weitgehend verkannt wurde. Mit dem im Juni ausbrechenden Bürgerkrieg in **Kongo** schienen sich die Konflikte in der Region zu einem Flächenbrand zu entwickeln, der für Gabun als Nachbarland mit ethnischen Verbindungen zu den rivalisierenden Gruppen im Kongo und für Bongo persönlich als Schwiegersohn des ehemaligen Staatschefs Denis Sassou Nguesso eine unmittelbare Bedrohung darstellte. Bongo übernahm auf Anregung des französischen Präsidenten Jacques Chirac den Vorsitz eines internationalen Vermittlungskomitees, das auf einem Treffen in Libreville (16./17.6.) vergeblich eine Aussöhnung zwischen dem kongolesischen Staatschef Lissouba und Sassou Nguesso herbeizuführen suchte. Weitere Vermittlungsgespräche im Juli und August folgten. Von einem nach Libreville einberufenen Gipfeltreffen frankophoner Staatschefs Zentral- und Westafrikas (14.9.) erhoffte sich Bongo einen Durchbruch und die Unterzeichnung des inzwischen fünften Entwurfs für ein Friedensabkommen. Lissouba, der Bongo vorwarf, seine Neutralität aufgegeben zu haben und Sassou Nguesso zu unterstützen, blieb dem Treffen jedoch fern, so daß dieses nur wieder mit einem Appell an die Konfliktparteien zur Einstellung der Kämpfe endete, der angesichts der mangelnden Bereitschaft der beiden Protagonisten zu einer politischen Lösung wirkungslos blieb. Den dritten Konfliktherd in der Region bildete die **ZAR**. Nachdem Gabun im Dezember 1996 eine vom franko-afrikanischen Gipfel entsandte Vermittlungsdelegation geleitet hatte, übernahm es die militärische Führung der vom UN-Sicherheitsrat beschlossenen *Mission interafricaine de surveillance des accords de Bangui* (MISAB).

Die Konflikte in der Region hatten einen Zustrom vor allem rwandischer **Flüchtlinge**, die aus den Flüchtlingslagern in Zaire vor den Truppen Kabilas geflohen waren (s. Artikel Rwanda und Zaire), zur Folge. Das für sein rigoroses Vorgehen gegen Ausländer bekannte Gabun erließ am 8.8. eine Anordnung zur Repatriierung aller Flüchtlinge. Bereits im Juli waren fast 900 rwandische Flüchtlinge nach Rwanda zwangsrepatriiert worden.

Zu einer Verstimmung mit **Frankreich** kam es im April im Zusammenhang mit Korruptionsverfahren gegen das französische Erdölunternehmen *Elf*. André Tarallo, der Vorsitzende von *Elf-Gabun* (*Elf-Aquitaine* 52%, gabunischer Staat 25%, private Anleger 18%), war auf Anweisung der französischen Untersuchungsrichterin wegen des Verdachts auf illegale Kommissionszahlungen, von denen Bongo profitiert haben soll, vorübergehend verhaftet und die Sperrung eines im Namen Bongos errichteten Bankkontos in der Schweiz angeordnet worden. Das Verfahren war geeignet, Licht auf das Ausmaß an Korruption in Gabun zu werfen. Bongo beschuldigte Frankreich, die Souveränität Gabuns zu verletzen, drohte mit der Beendigung der privilegierten Position von Elf in Gabun und sagte eine geplante Reise nach Frankreich ab. Die Unstimmigkeiten hielten jedoch nicht lange an und Bongo blieb der verläßlichste Partner Frankreichs in Zentralafrika. Gabun bildete daher auch das erste Ziel der ersten Afrikareise des französischen Außenministers Hubert Védrine im Oktober. Im selben Monat fanden dreiwöchige **militärische Übungen der deutsch-französischen Brigade**, an der sich Offiziere und Soldaten der Bundeswehr gemeinsam mit französischem Militär beteiligten, statt. Auf dem Rückweg vom Frankophonie-Gipfel in Hanoi (14.-16.11.) hielt sich Bongo zu einem privaten Besuch in Paris auf, bei dem er Gespräche mit Präsident Chirac, Premierminister Lionel Jospin, Verteidigungsminister Alain Richard und Außenminister Védrine führte. Eine Stärkung seines internationalen Prestiges erwartete Bongo von dem in Libreville stattfindenden ersten **Gipfeltreffen der AKP-Staaten** (6./7.11.), das die Grundlagen für die Neuverhandlungen des Lomé-Abkommens bzw. für eine Nachfolgevereinbarung im Jahr 1998 schaffen sollte.

Zeichen des Interesses an guten **Beziehungen zu den islamischen Staaten** bildeten die Teilnahme Bongos am 8. Islamischen Gipfeltreffen in Teheran (8.12.), offizielle Besuche in Ägypten und Qatar sowie ein privater Besuch in den Vereinigten Arabischen Emiraten (21.-28.12). In Ägypten wurden mehrere Kooperationsabkommen unterzeichnet. Die Islamische Entwicklungsbank gewährte einen Kredit von $ 18 Mio zum Ausbau der Häfen von Owendo und Port Gentil. Als erster afrikanischer Staat schloß Gabun mit dem **Vatikan** ein Rahmenabkommen ab (12.12.), das die rechtlichen Voraussetzungen für die Zusammenarbeit in den sozialen Bereichen festlegte. Die Katholiken bildeten die wichtigste Religionsgemeinschaft in Gabun (rd. 70% der Bevölkerung).

Ein Besuch des **chinesischen Premierministers** Li Peng (8.-10.5.) im Rahmen einer Afrikareise diente insbesondere der Erörterung der wirtschaftlichen Kooperation. Außerdem erfolgte die Grundsteinlegung für ein neues Gebäude der Nationalversammlung, für das China einen Kredit von F CFA 14,8 Mrd. gewährt hatte.

Sozioökonomische Entwicklung

Eine Rekorderdölproduktion 1996 (368 000 Faß/Tag) in Verbindung mit günstigen Weltmarktpreisen und einem vorteilhaften Dollarkurs ließen das BIP 1996 um 3,3% ansteigen. Für 1997 wurde das **Wirtschaftswachstum** auf 3,5% geschätzt. **Erdöl**, das den wichtigsten Wirtschaftsfaktor Gabuns darstellt, trug 40% zum BIP bei. Sein Anteil an den Exporten 1996 belief sich auf 85%, der Beitrag zum Staatshaushalt auf rd. 60%. Der wegen der Verzögerung der Parlamentswahlen (s. Afrika Jahrbuch 1996) erst im Juni verabschiedete **Staatshaushalt 1997** in Höhe von F CFA 933 Mrd. wurde auf Grund der günstigen Wirtschaftsentwicklung bereits Ende August durch einen Nachtragshaushalt von F CFA 53 Mrd. ergänzt. Die Eigeneinnahmen des ursprünglichen Ansatzes lagen mit F CFA 851 Mrd. 15% über dem Haushaltsansatz 1996. Auf der Ausgabenseite entfielen F CFA 760 Mrd. auf laufende Ausgaben, davon F CFA 408 Mrd. auf Schuldendienstzahlungen, F CFA 171 Mrd. auf Investitionsausgaben. Die Prioritäten des Investitionsprogramms lagen in den Bereichen der Infrastruktur und das Transportwesen mit dem Ziel der Verbesserung der Wettbewerbsfähigkeit des produktiven Sektors sowie auf sozialem

Gebiet. Die im Haushaltsentwurf vorgesehenen **wirtschaftspolitischen Maßnahmen** sollten mit steuerlichen Erleichterungen und der Streichung von Abgaben Anreize für die Privatwirtschaft bieten. Da Gabun die Vorgaben des **IWF** in Bezug auf die Haushaltskonsolidierung 1996 nicht eingehalten hatte, verzichtete die Regierung vorläufig auf die Inanspruchnahme der dritten Tranche des 1995 gewährten Strukturanpassungskredits. Die vom IWF geforderten wirtschaftspolitischen Reformen, die von der Regierung vor den Wahlen hinausgezögert worden waren, wurden mit der Verabschiedung einer **Investitionscharta** zur Förderung privater Investitionen auf dem Nichterdölsektor sowie mit der **Privatisierung** von Schlüsselunternehmen in Angriff genommen. Im Juni übernahm die französische *Compagnie Générale des Eaux* (CGE) 51% der Anteile an der *Société d'Enérgie et d'Eaux du Gabon* (SEEG), die restlichen 49% wurden zwischen Oktober und Dezember zur Zeichnung durch gabunische Unternehmen und Privatleute aufgelegt. Unmittelbar nach der Übernahme durch die CGE erfolgte die zur Bedingung gemachte Senkung der Strom- und Wasserpreise um 17,25%. Die Privatisierung des *Office du Chemin de Fer Transgabonais* (OCTRA), des *Office des Postes et Télécommunications* (OPT) und der Fluggesellschaft *Air Gabon* wurde ebenfalls vorbereitet.

Zu den wichtigsten **wirtschaftspolitischen Zielen** gehörte die Diversifizierung der Wirtschaft, um von der einseitigen Abhängigkeit vom Erdöl wegzukommen. Mehrere Projekte waren in dieser Hinsicht geplant, darunter die Schaffung einer freien Produktionszone, der Abbau eines Phosphat-Niobium-Vorkommens, eine Manganverarbeitungsanlage, eine pharmazeutische Fabrik. Eine wichtige Rolle spielt der **Bergbau**. Die *Compagnie Minière de l'Ogooué* (COMILOG) ist der drittwichtigste Manganlieferant der Welt. Der Absatz stieg 1996 um 2,7% gegenüber dem Vorjahr auf 2,1 Mio. t. Mit dem Verkauf der Anteile der südafrikanischen *Gencor* (15%) an die französische *Eramet* im Juli stiegen deren Kapitalanteile an der COMILOG auf 61%. Wenig günstig waren die Perspektiven beim Uranabbau. Die Vorkommen waren fast erschöpft, so daß vorgesehen war, eine der Minen 1999 zu schließen. Die *Compagnie Minière d'Uranium de Franceville* (COMUF) plante, durch die Anlage von Kautschuk-Plantagen neue wirtschaftliche Aktivitäten im Abbaugebiet zu schaffen. **Holz** stellte das zweitwichtigste Exportprodukt dar. Die von der Regierung zum Erhalt des Waldes festgesetzte maximale Produktionsmenge von 2 Mio. m^3, davon 1,3 Mio. für Okoumé wurde 1996 mit einer Produktion von 2,5 Mio. m^3 weit überschritten. 94% wurden als Rundholz exportiert, über die Hälfte davon ging nach Asien. Nur 3% des BIP wurden 1997 durch die **Landwirtschaft** erbracht, nur 0,5% der Landesfläche wurden landwirtschaftlich genutzt. Etwa die Hälfte des Nahrungsmittelbedarfs mußte importiert werden.

Trotz des hohen durchschnittlichen Prokopfeinkommens lebten einem Weltbankbericht zufolge 20% der städtischen Bevölkerung unter der Armutsgrenze. Außerdem bestand ein erhebliches Gefälle im Lebensstandard der Bevölkerung zwischen den Regionen in der Nähe der wirtschaftlichen Zentren und den übrigen Provinzen, in denen 80% der Bevölkerung über kein Trinkwasser verfügten (landesweiter Durchschnitt 34%) und 50% Analphabeten waren. Soziale Einrichtungen und wirtschaftliche Infrastruktur ließen in den ländlichen Gebieten sehr zu wünschen übrig. Ein erhebliches Problem bildete die wachsende **Arbeitslosigkeit**. Nach einer Studie des Planungsministeriums hatten von einer arbeitsfähigen Bevölkerung von 531 650 Personen nur 308 590 eine Beschäftigung. Etwa 12 000 Jugendliche kommen jährlich neu auf den Arbeitsmarkt. Eines der Probleme bestand im unzureichenden Bildungsniveau sowie in der mangelnden Angepaßtheit der Ausbildung an die Anforderungen lokaler Unternehmen.

Marianne Weiss

Chronologie Gabun 1997

26.01.	Senatswahlen (2. Runde am 9.2.)
29.01.	Regierungsbildung
18.04.	Verabschiedung einer Verfassungsänderung
08.05.	Gipfeltreffen in Libreville zur Lösung der Krise in Zaire
14./15.09.	Gipfeltreffen in Libreville zur Lösung des Konflikts in Kongo
06./07.11.	1. Gipfeltreffen der AKP-Staaten in Libreville

Kamerun

Fläche: 475 442 km², **Einwohner:** 13,7 Mio., **Hauptstadt:** Yaoundé, **Amtssprachen:** Französisch und Englisch, **Lebenserwartung:** 56 J., **Alphabetisierung:** 62%, **Wechselkurs:** $ 1 = Franc CFA 598,81, **HDI:** 0,468, Rang 13, **Pro-Kopf-Einkommen:** $ 610, **BSP:** $ 8360 Mio., **Anteile am BIP:** 40% - 22% - 39%, **Hauptexportprodukte:** Rohöl 22%, Holz 12%, **Staatschef:** Paul Biya, **Regierungschef:** Peter Mafany Musonge, **wichtigste Regierungsparteien:** Rasssemblement Démocratique du Peuple Camerounais (RDPC), Union Nationale pour la Démocratie et le Progrès (UNDP), Union des Populations du Cameroun (UPC)

Das anfänglich unruhige Wahljahr bescherte Präsident Biya eine eigene Mehrheit im Parlament und nach dem Boykott der wichtigsten Oppositionsparteien ein offizielles "Traumergebnis" bei der Kür zur Präsidentschaft. Erste ernsthafte Gespräche zwischen RDPC und SDF kontrastierten mit der fortgesetzt harschen Behandlung von Journalisten. Ökonomisch machte sich ein schwacher Aufwärtstrend auf prekärem Grund bemerkbar.

Innenpolitik

Die angekündigten **Parlamentswahlen** (17.5.) wurden überschattet durch schwere Ausschreitungen Ende März in der Nordwestprovinz des Landes. Bewaffnete Gruppen überfielen Regierungsgebäude (Gendarmerie- und Polizeiposten, Unterpräfektur- bzw. Gouverneursgebäude, eine Radiostation) in Jakiri, Kumbo, Oku, Ndu, Nkambe, Mbengwi, Bamenda, Bafut und Bambui. Drei Regierungsbeamte und sieben Angreifer kamen dabei ums Leben, Waffen wurden entwendet; in den folgenden Tagen wurden 200-300 Personen verhaftet und z.T. schwer mißhandelt; hiervon wurden 62 nach Yaoundé verlegt. Eine nächtliche Ausgangssperre wurde verhängt, eine Radiosendung verboten. Scharfe Sicherheitsvorkehrungen wurden auch in der benachbarten Südwestprovinz getroffen, ca. 100 Personen vorübergehend verhaftet (1.4.). Die von der Regierung angebotene Interpretation fand nicht einhellig Zustimmung: Militärisch ausgebildete Mitglieder der Jugendorganisation des zunehmend separatistischen *Southern Cameroons National Council* (also der *Southern Cameroons Youth League*) und Mitglieder der *Social Democratic Front* (SDF) seien verantwortlich. Auffällig war, daß die Ereignisse in der Hochburg dieser wichtigsten Oppositionspartei stattfanden. Die SDF vermutete daher viel eher “agents provocateurs” der Regierung hinter diesen Aktionen - als Vorwand für Eingriffe in den Wahlverlauf (Verschiebung der Wahlen, Behinderung des Wahlkampfes). Tatsächlich blieb die Ausgangssperre über den Wahltermin hinaus erhalten. Nachdem sich niemand zu den Angriffen bekannte, blieben die Hintergründe aber unklar; im Hinblick auf kriegerische Ereignisse in einigen Nachbarländern war immerhin denkbar, daß auch Teile der anglophonen Minderheit ihre Interessen gewaltsam verfolgen könnten - dies war in einem schon länger zirkulierenden Papier (Titel “zero option”) des *Cameroon Anglophone Movement* angekündigt worden. Der oft beschworene "kamerunische Kabila" zeigte sich aber nicht und der befürchtete Flächenbrand blieb aus. Am Jahresende forderte der Anwalt von 59 in diesem Zusammenhang Angeklagten - mindestens drei waren im Gefängnis gestorben - deren Überführung von Yaoundé in den anglophonen Landesteil nach Bamenda.

Wie bei fast allen Wahlen zuvor hielt das Regime Fristen nicht ein. Die Nationalversammlung, deren Mandat am 28.2. endete, mußte zu einer außerordentlichen Sitzung einberufen werden (5.-9.3.), um das **Wahlgesetz** erneut zu modifizieren - ein zumindest umstrittenes Verfahren. Das Oberste Gericht behielt de facto die an den noch nicht eingerichteten Verfassungsrat abgegebenen Aufgaben bei der Überwachung und Proklamation der Wahlergebnisse. Die Mitglieder des Gerichtes erhielten außerdem großzügige Gehaltserhöhungen, was Zweifel an ihrer Neutralität aufkommen ließ. Biya legte per Dekret neue Wahlkreise und deren Grenzen fest (58, zuvor 49). Der **Wahlkampf** für die Parlamentswahlen begann in gespannter Atmosphäre, bei einer SDF-Veranstaltung wurden drei Funktionäre in Banekuma mit Schußwunden durch Angreifer verletzt, unter denen ein RDPC-Abgeordneter gewesen sein soll. Derweil sagte die Regierung die Ausbildung von 2000 Wahlbeobachtern ab, die von einer gemeinsam durch USA, Japan, Großbritannien, Deutschland, Niederlande, Belgien und EU unterstützten NRO (*Conscience Africaine*) durchgeführt werden sollte. Kaum zufällig wurde außerdem das Büro der Organisation ausgeraubt, das Personal eingeschüchtert. In den zwei Wochen vor der Wahl starben sieben Personen, fünf davon in Rey Bouba (12.5.), wo der Lamido (trad. Chef) gegen UNDP-Veranstaltungen vorging, ein UNDP-Abgeordneter und 15 Anhänger wurden daraufhin verhaftet. 20 SDF-Mitglieder wurden in Yaoundé von Ordnungskräften verprügelt, als sie ihre Wählerausweise verlangten. 25-50 SDF-Anhänger wurden im Vorfeld der Wahlen in der Südwestprovinz verhaftet und bis Ende Juni festgehalten. Razzien wurden vermehrt in Douala durchgeführt. In Kumba kam es nach den Wahlen offenbar zu heftigen Ausschreitungen; drei SDF-Anhänger wurden angeblich von Anhängern des lokalen RDPC-"Barons" ("Mukete gang") getötet, die Regierung bestritt den Vorgang. Der Gouverneur der Südwestprovinz verbot dennoch alle Parteiveranstaltungen (28.5.-14.7.) und ließ 25-50 SDF-Anhänger für zwei bis vier Wochen einsperren. Andere Oppositionsaktivisten wie Mboua Massock wurden verhaftet, die Druckerei des schon häufig verfolgten Jean-Michel Nintcheu wurde gestürmt, Mitarbeiter wurden verhaftet und des "Aufrufes zur Revolte" und des "gewaltsamem Umsturzversuchs" angeklagt. SDF und UNDP forderten die Annullierung der Wahlen, 21 Parteien ließen insgesamt ca. 150 formale Einwände registrieren.

Unter friedlichen Protesten der Oppositon - 13 Demonstranten wurden festgenommen - verkündete das Oberste Gericht die **Ergebnisse der Parlamentswahlen** (6.6.). Mit den verbuchten 109 von 180 Sitzen (7 weitere Sitze kamen bei Nachwahlen in den drei zunächst annullierten Wahlkreisen Mayo Banyo, Mayo Rey und Ndé später hinzu) konnte Biya nun auf Koalitionspartner verzichten (1992: 88 Sitze), auch wenn es zunächst nicht zu einer Regierungsumbildung kam. Erstaunlich (oder unwahrscheinlich) gut schnitt die RDPC außer in ihren Hochburgen (Süden, Zentrum, Osten) in der Küsten- und der Südwestprovinz ab, die UNDP verlor die beiden nördlichsten Provinzen fast vollständig an die RDPC, die SDF siegte in ihrem Kernland (Nordwesten und Westen). Als weiteres Ergebnis - und nach internen Diskussionen, ob man die Mandate annehmen solle - zog die stärkste Oppositionskraft SDF immerhin erstmals in das Parlament ein (43 Sitze). Die UNDP mußte herbe Verluste hinnehmen (13 statt 68 Sitze), die *Union Démocratique du Cameroun* (UDC) erwies sich als lokal - im Bamoun-Land - unumgänglich (5 Sitze), die *Mouvement pour la Défense de la République* (MDR) wie auch die UPC-K sanken zu Einmann-Parteien ihres Koordinators bzw. Generalsekretärs ab (je ein Sitz). Als neue Partei war außerdem die *Mouvement pour la Libération des Jeunes au Cameroun* (MLJC) des Ex-Ministers Marcel Yondo vertreten. Insgesamt waren neun ehemalige Minister gewählt worden, zehn von 180 Abgeordneten waren weiblichen Geschlechts. Internationale (Commonwealth, *Agence de coopération culturelle et technique*) und akkreditierte nationale Wahlbeobachter (ca. 600) kamen zu sehr kritischen Einschätzungen. Beklagt wurde die mangelhafte Qualität der Wählerlisten nach einer viele Wähler ausschließenden Registrierungsoperation, die Nichtverteilung von Wählerausweisen, die Mehrfachwahl durch Individuen genauso wie die Abweisung von Oppositionsvertretern in zahlreichen Wahllokalen und allgemein fehlende Transparenz. Nachdrücklich wurde die Einrichtung einer unabhängigen Wahlkommission empfohlen.

Als die Empfehlungen der internationalen Wahlspezialisten nicht umgesetzt wurden, erklärte bspw. das US-Institut IFES, man werde die **Präsidentschaftswahlen** (12.10.) nicht beobachten, auch das Commonwealth blieb fern. Nach Verabschiedung eines nicht-konsensuellen Wahlgesetzes, die ungleichen Wahlchancen klar vor Augen, entschieden sich die drei wichtigsten Oppositionsparteien SDF, UNDP und UDC zu einer gemeinsamen "Boykottfront" - vermutlich aber auch, weil sie sich nicht auf einen gemeinsamen Kandidaten einigen konnten. Damit waren die Wahlen für Biya bereits im Vorfeld gewonnen. Zwei wichtige RDPC-Renegaten waren nämlich ebenfalls aus dem Spiel. Im Sommer war der Ex-Innenminister Ayissi Mvodo gestorben. Der Angehörige der Beti-Großgruppe, zu der Biya (als Bulu) gehört, hatte als seriöser Herausforderer Biyas und möglicher Konsenskandidat aller Oppositonsparteien gegolten. Der selben ethnischen Gruppe zugeordnet wird Titus Edzoa, der außerdem als Ex-Generalsekretär des Präsidialamtes über Jahre Einblicke in die Herrschaftspraxis des Präsidenten hatte. Er war am

20.4. von seinem letzten Posten als Gesundheitsminister zurückgetreten und hatte seine Kandidatur für die Präsidentschaftswahlen angekündigt. Edzoa wurde im Mai verhört und kurz darauf unter Hausarrest gestellt, sein Reisepass eingezogen. Nur noch Familienmitglieder durften ihn besuchen. Seinem Mitarbeiter Thierry-Michel Atangana wurde nicht einmal diese Vergünstigung zuteil. Edzoas reguläre Verhaftung erfolgte erst im Juli, im Oktober wurde er dann wegen Unterschlagung öffentlicher Mittel zu einer Haftstrafe von 15 Jahren (so auch Atangana), zu einer Geldstrafe von $ 590 000 und Konfiszierung seines Eigentums verurteilt. Seine Anwälte hatten ihr Mandat niedergelegt, als man ihnen nicht genügend Zeit zur Prozeßvorbereitung eingeräumt hatte. Edzoas Sonderbehandlung hing mit ersten Enthüllungen in der kamerunischen Presse zusammen, wonach EU-Mittel zur Lancierung von regierungsfreundlichen Artikeln in *Jeune Afrique Economie* verwendet worden seien; die EU-Delegation widersprach dieser Darstellung. Weitere Enthüllungen waren aber angekündigt. Eine Bürgerinitiative unter dem Vorsitz des Schriftstellers Mongo Beti erklärte Edzoa zum politischen Häftling und forderte umsonst seine Freilassung. Vier von sieben durch das Innenministerium zurückgewiesene Kandidaten, darunter Edzoa, klagten vergeblich vor dem Obersten Gerichtshof (in seiner Funktion als Ersatz für den noch nicht gebildeten Verfassungsrat) auf Zulassung. Biya konzentrierte seinen Wahlkampf auf die drei nördlichen Provinzen.

Als reine Zählkandidaten traten am Ende nur noch sechs Personen an, am ehesten waren noch Politikveteran Eboua von der *Mouvement pour la Démocratie et le Progrès* (MDP) und die schillernde Persönlichkeit Hogbé-Nlend, der sich als UPC-Erneuerer verstand, von Bedeutung. Mit Blick auf den **Wahlboykott der Opposition** wurde nun die Beteiligungsrate zum eigentlichen Gegenstand der Wahlen. Das staatliche Fernsehen setzte die Falschmeldung in die Welt, die Opposition habe ihren Boykott widerrufen, doch ohne Erfolg. Übereinstimmende Reporterberichte sprachen von einem geringen Andrang an den Wahllokalen, so daß die später verkündeten 81,4% wie ein Hohn erscheinen mußten (die Opposition sprach von weniger als 20%, Diplomaten schätzten 25-60%). Biya gewann nach offiziellen Angaben 92,6% der Stimmen, der nächste Verfolger war Hogbé-Nlend mit gerade 2,5%, gefolgt von Eboua (2,4%), Albert Dzongang (1,2%), Joachim Tabi Owono (0,5%), Antoine Ndemmanu (0,5%) und Gustave Essaka (0,4%). Trotz des klaren Ergebnisses gab es Proteste: Vor allem die vollständig auf Biya abzielende Berichterstattung im staatlichen Fernsehen wurde moniert, die Boykotteure hatten keine Gelegenheit, ihre Position in den Medien oder auf Veranstaltungen zu vertreten. Unterlegene Kandidaten übermittelten erfolglos vier Annullierungsersuchen an das Oberste Gericht. Die Repression hielt an: Die boykottierende SDF mußte ein Veranstaltungsverbot in ihrer Hochburg Bamenda hinnehmen (7.10.-19.12.), einige Verwandte Fru Ndis wurden präventiv verhaftet. Aus Nordkamerun berichteten Kirchenvertreter von Repressalien gegen Nichtwähler. Kardinal Tumi hatte den Boykott der Opposition zuvor explizit verteidigt.

Mit dieser neuen Farce wurde die Hoffnung auf Veränderung durch pluralistische Wahlen nun zum vierten Mal seit 1993 auf nationaler Ebene enttäuscht. Biya wird laut Verfassung des Vorjahres sogar sieben statt bisher fünf Jahre uneingeschränkt schalten und walten - über außerparlamentarische Aktionen durfte man sich nun nicht mehr wundern. Biyas Amtseinführung vor dem Parlament wurde von den Oppositionsabgeordneten aus Protest boykottiert, die "Front" erklärte den 3.11. zum "Trauertag für die Demokratie in Kamerun". Gewalttaten blieben aus, die Oppositionsanhänger versanken in Apathie und Resignation.

Im Rückblick erwies sich die "Boykottfront" der Opposition als unterschiedlich motiviert und brüchig. Die RDPC nahm erstmals mit den beiden großen Formationen Gespräche im Hinblick auf eine Regierungsbeteiligung auf - mit unterschiedlichem Erfolg. Nach quälend langen Wochen präsentierte der wiedernominierte Premier Mafany Musonge sein **rundumerneuertes Kabinett** (7.12.), das in vielerlei Hinsicht bemerkenswert war. Erstmals wurde der Trend eines stets steigenden Durchschnittsalters bei Regierungsbildungen durchbrochen und zwar durch die Aussonderung verschiedener "Veteranen", allen voran Innenminister Andze Tsoungui nach 25 Jahren nur kurzzeitig unterbrochener Regierungszugehörigkeit. Eine Reihe junger RDPC-Mitglieder rückte nach (insgesamt 26 neue Regierungsmitglieder). Mit Hogbé-Nlend wurde ein

Gegenkandidat Biyas als Forschungsminister eingestellt. Er beeilte sich festzustellen, daß er nicht als UPC-Vertreter berufen worden sei. Dennoch löste er in Biyas Logik den verbrauchten Augustin-Frédérick Kodock gewissermaßen als Bassa- und UPC-Repräsentant ab. Hierzu paßte der umstrittene Austausch Ndeh Ntumazahs durch den Hogbé-Nlend näher stehenden Tchoumba Ngankeu als UPC-Präsident während einer eilends einberufenen Leitungskomiteesitzung (13./ 14.12.). Die größte qualitative Veränderung bestand aber in der Regierungsbeteiligung der UNDP. Nach tagelangen Verhandlungen hatten sich beide Parteien auf eine gemeinsame Plattform geeinigt, am Ende war der Lohn etwas dürftig für die unlängst stark gebeutelte UNDP: Neben Parteiführer Bello Bouba Maïgari (Industrie und Handelsminister mit dem Rang eines Staatsministers), der offenbar mit dem Boykott nur den "Preis" seiner Mitarbeit hatte höher treiben wollen, zog gerade noch der unter Ahidjo bereits eingesetzte Pierre Hele als Stadt- und Wohnungsbauminister und Nana Aboubakar Diallo als Staatssekretär im Transportministerium in die Regierung ein. Logischerweise verließ der zuvor kooptierte UNDP-Renegat Hamadou Moustapha das Kabinett. Verzichten konnte Biya auf die Dienste von Dakolé Daissala, dessen MDR bei den Parlamentswahlen so schlecht abgeschnitten hatte und der sich bei den Präsidentschaftswahlen hinter Eboua gestellt hatte. Die wichtigsten Veränderungen betrafen das Außenministerium - hier ersetzte der ultraloyale bisherige Informationsminister Augustin Kontchou Kouomegni den zum Kulturminister herabgestuften Romancier Ferdinand Oyono - und das Verteidigungsministerium - das langjährige Gendarmerieoberhaupt Amadou Ali rückte auf das maßgeschneiderte Amt und machte damit die Schlüsselposition des Generalsekretärs im Präsidialamt für einen anderen "Nordisten" frei; der diskrete Präsidentenberater Marafa Hamidou Yaya nahm für ihn Platz. Einige Ministerien wurden neu geschaffen, gespalten bzw. zusammengefügt (Stadt, öffentliche Investitionen und Entwicklung, Soziales, Frauen und Beschäftigung (sic!), Arbeit und Sozialfürsorge). Das Schlüsselministerium Finanzen und Wirtschaft blieb in den Händen Akame Mfoumous. Insgesamt gehörten nun 47 (bisher 42) Personen der Regierung an, davon sechs (statt bisher vier) im Range eines Staatsministers; dies sprach nicht gerade für einen ausgesprochenen Sparwillen. Die Interpretationen der diversen Änderungen bewegten sich unwesentlich zwischen Wiederherstellung der alten Nord-Süd-Achse Ahidjos und der Formung eines "gouvernement pétrolier" im Hinblick auf die Tschad-Kamerun-Pipeline (s.u.).

Nicht Bestandteil der Öffnung war die SDF. **Gespräche zwischen RDPC und SDF** (30.11./ 14.12.) wurden dennoch - auch nach der Regierungsbildung - auf hochrangiger Ebene geführt, auf der einen Seite beteiligte sich u.a. Premierminister Mafany Musonge und RDPC-Generalsekretär Joseph-Charles Doumba, während die SDF ihren Generalsekretär Tazoacha Asonganyi, den Fraktionsvorsitzenden Mbah Ndam und den Fru Ndi-Berater Justice Nyo Wakai aufbot. Als Ergebnis der zweiten Geprächsrunde wurde ein Ausschuß zur Prüfung der von beiden Seiten vorgebrachten Vorschläge eingesetzt; die Hauptforderung der SDF - die Einsetzung einer unabhängigen Wahlkommission - schien aber für die RDPC weiterhin nicht akzeptabel zu sein.

Fortgesetzt schlecht bewerteten Beobachter die **Menschenrechtslage**, ein Amnesty International-Bericht wurde von Noch-Informationsminister Kontchou als parteiisch befunden - Kamerun sei Opfer eines internationalen Komplottes. Es kann aber nicht bestritten werden, daß erneut zahlreiche Menschenrechtsverletzung im Vorfeld der Wahlen begangen wurden. Andererseits zog Biya die Konsequenzen aus zwei auf Mißhandlungen zurückgehende Todesfälle in Polizeigewahrsam: Sicherheitschef Luc Loé mußte nach kurzer Amtszeit dem erfahrenen Gouverneur Luc René Bell weichen (7.12.), fünf Polizisten wurden in der gleichen Sache festgenommen. Die **Presse** blieb Zielscheibe staatlicher Gewalt: Die Wochenschrift *Mutations* wurde vorübergehend wegen der Veröffentlichung eines Artikels verboten, der die öffentliche Ordnung gefährdet habe (24.6.-4.7.). Die Justiz gab dem gegen die Aufhebung des Verbots klagenden Innenministerium auffälligerweise nicht recht; in einigen Landesteilen wurde die Auslieferung der Zeitung aber auch danach noch verhindert. Andere Zeitungen, die Interviews mit Edzoa oder Abhörprotokolle ministerieller Telefongespräche - einer der größten Skandale des Jahres - abgedruckt hatten, wurden ebenfalls beschlagnahmt. Die größte Aufmerksamkeit erregte die neuerliche Festnahme des Pioniers der unabhängigen Presse, Pius Njawe (24.12.). Seine Zeitung, *le Messager*, hatte unter Berufung auf anonyme Quellen berichtet, Präsident Biya habe beim Fußball-Pokalendspiel drei Tage zuvor eine Herzattacke erlitten. Das Präsidialamt hatte mit einem scharfen Dementi geantwortet. Als Verhaftungsgrund wurde nun die Verbreitung von Falschmeldungen angegeben. Njawes Mitarbeiter Eyoum Ngangue mußte im Januar eine Haftstrafe aus dem Vorjahr antreten, er wurde durch Entscheidung des Obersten Gerichts wegen Verfahrensfehlern wieder entlassen (27.3.). Der Herausgeber von *Indépendant Hebdo*, Evariste Menounga, wurde nach der Veröffentlichung eines Artikels über Unzufriedenheiten in der Armee einen Monat lang festgehalten, ehe man ihn wegen Verbreitung von Falschmeldungen zu einer Bewährungsstrafe von sechs Monaten verurteilte. Die gleiche Strafe erhielt der Herausgeber von *La Révélation*, Bosco Tchoubet, der den Wirtschafts- und Finanzminister beschuldigt hatte, Privatarmeen aufzustellen; verboten blieb die Wochenschrift *La Détente*. Informationsminister Kontchou entzog dem lokalen Korrespondenten von *Radio France International*, David Ndachi Tagne, die Akkreditierung (7.7.).

Außenpolitik

Die Beziehungen zu **Frankreich** erfuhren durch die Bildung einer neuen sozialistischen Regierung in Paris nur geringe Veränderungen, Biya wurde bei seinem Frankeichbesuch von Präsident Chirac empfangen (23.7.). Lediglich die im Vorfeld der Präsidentschaftswahlen geäußerten Vorbehalte gegenüber deren Organisation durch den neuen Kooperationsminister Josselin galten als Mißton. Josselin hatte eine Verschiebung des Wahltermins angeregt. Zuvor hatte ein PS-Sprecher Verständnis für den Boykott durch die Opposition geäußert (17.9.). Der SDF-Vorsitzende Fru Ndi hatte auf einer Tournee von Mali über Côte d'Ivoire (Treffen mit Präsident Bédié und Oppositionsführer Gbagbo), Senegal (Treffen mit Präsident Diouf) bis Frankreich (Termine bei PS und im Außenministerium) hierfür geworben. Das Quai d'Orsay beeilte sich aber, die Wahlen als interne Angelegenheit Kameruns zu bezeichnen, der Wahlboykott sei keine geeignete Strategie, um Probleme zu lösen. Auch **Washington** erklärte seine "Beunruhigung" über den Boykottaufruf (18.9.), gleichzeitig zeigte man sich enttäuscht darüber, daß die Verbesserungsvorschläge von IFES (s.o.) nicht berücksichtigt worden waren. Die **EU** äußerte sich nach den Wahlen äußerst kühl zu den offiziellen Ergebnissen und forderte zu einem Dialog zwischen allen wichtigen politischen Kräften auf, damit eine "nachhaltige politische, ökonomische und soziale Entwicklung, die den Erwartungen der Bevölkerung entspricht", garantiert werden könne. In diesem Dialog solle es auch um die Organisation künftiger Wahlen gehen. Vergleichsweise scharf wurde die Beachtung von "good governance"-Regeln eingefordert.

Die Bilanz der **OAU-Präsidentschaft** Biyas fällt ernüchternd aus: So gut wie keine Initiative ging von der kamerunischen Präsidentschaft aus: Im Februar forderte Biya die Kriegsparteien im Zaïre zu einem Waffenstillstand auf; der weitgehend folgenlose Sondergipfel zur Region der Großen Seen in Lomé (26.3.) wurde von Außenminister Oyono als besondere Leistung angeführt. Seinem Hause stellte er trotzig das Zeugnis "effizient und diskret" aus. Dem UDEAC-Gipfeltreffen in Brazzaville (8.-9.4.) blieb Biya fern. Selbst auf dem Commonwealthgipfel in Edinburgh (24.-27.10.) und auf dem das Mandat beschließenden OAU-Gipfel von Harare (2./3.6.) ließ sich Biya von seinem Premierminister vertreten.

Die Beziehungen zum Nachbarn **Nigeria** waren zeitweise gespannt, auch nachdem sich Biya und Abacha eher zufällig, aber photogen auf dem OAU-Sondergipfel in Lomé getroffen hatten. Eyadéma blieb der wichtigste Vermittler im Bakassi-Konflikt, nachdem eine guineische Initiative, die offenbar die Unterstützung des UN-Generalsekretärs hatte, von Yaoundé zurückgewiesen wurde. Togos Außenminister Panou überbrachte Biya im Juli eine Botschaft Eyadémas. Die Unruhen im Nordwesten (s. Innenpolitik) führte Staatsminister Kodock auf das Treiben fremder Mächte zurück, damit war wohl erneut in erster Linie Nigeria gemeint. Ein von der nigerianischen Presse aufgebrachter angeblicher Angriff kamerunischer Truppen auf der Halbinsel Bakassi (7.5.) wurde von der Regierung entschieden dementiert - die Information zirkulierte, als der stellvertretende UN-Generalsekretär Ibrahima Fall in Kamerun weilte. Am Jahresende erfolgten aber mit Sicherheit neue Feindseligkeiten, laut kamerunischen Pressemeldungen diesmal durch einen Überraschungsangriff von nigerianischer Seite. Eine Person wurde hernach für vermißt erklärt. Ganz nebenbei nahmen die Schikanen gegen Nigerianer zu: In Douala ansässige Fischer aus dem Nachbarland wurden von der Seewacht daran gehindert, auf die offene See zu fahren, bedrängt und eingeschüchtert. Dem IKRK wurde nach einer Zwangspause wieder gestattet, die 121 eingesperrten nigerianischen Kriegsgefangenen und Zivilisten aus dem Vorjahr zu besuchen (19.11.). Ende Dezember soll Nigeria seine Truppen in der Region verstärkt haben. Die in Paris verlegte, kamerunfreundliche Wochenschrift *Jeune Afrique* berichtete mit gezielter Indiskretion, Paris sei von Yaoundé informiert worden und habe Lagos zu verstehen gegeben, daß ein Verteidigungsabkommen mit Kamerun bestehe und daß eine Fregatte im Golf von Guinea kreuze.

Die Beziehungen zum Nachbarland **Tschad** standen ganz im Zeichen der Pipeline-Konstruktion, die 1998 anlaufen sollte. Die Behörden verhafteten drei flüchtige tschadische Rebellen der FARF, darunter den Bruder des Rebellenführers Laokein Bardé (siehe Artikel Tschad). Sie wurden nach Yaoundé überstellt, Menschenrechtsorganisationen befürchteten ihre Auslieferung. Kamerunische Zeitungen spekulierten über eine Zusammenarbeit der FARF mit dem legendären Putschisten von 1984, Guérandi Mbara, der eine kamerunische Guerilla vorbereite.

Sechs ehemalige Offiziere der äquatorialguineischen Präsidialgarde wurden am Flughafen Douala verhaftet (22.11.). Auch hier konnte über die Hintergründe nur spekuliert werden. Eine Lesart sah in dieser Verhaftung einen Zusammenhang mit verschärften Kontrollen der Grenze zum Nachbarland, nachdem Gerüchte mehrfach von der Präsenz weißer Söldner in Südkamerun gesprochen hatten. Andere Spekulationen bezogen sich auf **Annäherungen zwischen Lagos und Malabo**. Biya empfing mehrfach Sonderbotschafter seines Amtskollegen. Im Juli waren mehrere Generäle zur Inspektion an die Grenze gefahren, Teile der Armee waren in Alarmbereitschaft versetzt worden. Söldner sollen ebenfalls in der Ostprovinz nahe der Grenze zur ZAR gesehen worden sein - eine Gelegenheit, um lokale SDF-Funktionäre vorübergehend zu verhaften (2.11.). Als Auswirkung des Bürgerkrieges im benachbarten **Kongo** waren über 500 Menschen nach Kamerun geflohen, davon nur 200 Kongolesen und darunter fünf höhere Offiziere. Yaoundé forderte die Unterstützung des UNHCR an. Nach 13 Jahren fand erstmals wieder eine Sitzung der *grande commission mixte* mit **Gabun** statt (14.-18.7.); Außenminister Oyono wurde von einer Delegation der Privatwirtschaft nach Libreville begleitet. Im Abschlußkommuniqué wurde u.a. die Regelung von Grenzverlaufsfragen angekündigt, die gabunischen Behörden hatten wenig zuvor den Grenzübergang bei Ambam geschlossen (18.6.). Zu Jahresbeginn konnte sich die Regierung endlich entscheiden, zwei in Kamerun einsitzende Hauptverantwortliche des Genozids in **Rwanda** an das internationale Tribunal in Arusha zu überstellen (Oberst Bagosora und Ferdinand Nahimana), im November folgten zwei weitere Auslieferungsbescheide (Semanza und Barayagwiza), nachdem das Appellationsgericht Yaoundé wegen fehlender Beweise sechs andere Rwander, deren Auslieferung Kigali beantragt hatte, auf freien Fuß gesetzt hatte.

Der Besuch des chinesischen Premiers Li Peng (10.-11.5.) stand ganz im Zeichen ökonomischer Interessen. Li Peng hinterließ einen nicht rückzahlbaren Kredit (F CFA 1,5 Mrd.) und schloß mit der kamerunischen Regierung einen Vertrag zur Sicherung wechselseitiger Investitionen. Die **VR China** zeigte sich an der Bauxitgewinnung interessiert, der GITEC-Konzern unterzeichnete einen Vorvertrag. Der Minister für Islamische Angelegenheiten **Saudi-Arabiens** war zur Einweihung der großen Moschee nach Yaoundé gekommen (20.6.) und traf mit Biya zusammen. Im Oktober wies Riad 180 Kameruner aus, die sich mehrheitlich nach Mekka-Pilgerfahrten dort ohne Aufenthaltsgenehmigung eingerichtet hatten.

Sozioökonomische Entwicklung

Der **Staatshaushalt** wurde am 15.7. unter Boykott der SDF- und Enthaltung der UDC-Abgeordneten verabschiedet, nachdem der Einzelhaushalt des Präsidialamtes nicht zur Diskussion gestellt worden war. Projektiert wurden Einnahmen von F CFA 1 257 Mrd., davon F CFA 135 Mrd. aus Erdölerlösen und F CFA 350 Mrd. durch Kreditaufnahmen aus dem Ausland. Der größte laufende Ausgabeposten war nun wieder Erziehung knapp vor Verteidigung und weit vor öffentlichen

Arbeiten und Gesundheit - die Aufwendungen zur Armutsbekämpfung wurden von den Bretton Woods-Organisationen für zu niedrig befunden. Mehr als verdoppelt wurde das Budget der an das Präsidialamt angegliederten Dienste. Für den Schuldendienst mußten 43,8% des Haushaltes vorgesehen werden (FCFA 550 Mrd.).

Premier Mafany Musonge hatte die Gelegenheit der Haushaltspräsentation benutzt, um vor der Nationalversammlung den Dreijahresplan vorzulegen, der Grundlage für das wenig später mit dem IWF geschlossene **ESAF-Abkommen** war (20.8.). Das Abkommen war nach dem Scheitern von vier *Stand by*-Strukturanpassungsprogrammen in den Vorjahren immer wieder herausgezögert worden, und ein IWF-Besucherteam (Feb.) mochte vor Abhaltung der Parlamentswahlen nichts versprechen. Wirtschafts- und Finanzminister Akame Mfoumou war noch im April mit Wirtschaftsvertretern umsonst nach Washington gefahren. Offenbar hatte der IWF dann aber doch die ökonomischen Mindestvoraussetzungen als erfüllt angesehen, ein politisches Kriterium konnte nach der Wahlfarce kaum Anwendung gefunden haben. Zum positiven Bild trug vor allem die Offenlegung der Konten der staatlichen *Société Nationale des Hydorcarbures*, bislang die wichtigste schwarze Kasse des Regimes, bei. Das zuletzt erholte Wirtschaftswachstum (BSP + 5%) und die wachsenden Einnahmen des Staates wurden offiziell als wichtigste Elemente genannt, mindestens genauso wichtig dürften aber die Begleichung anstehender Schulden in Höhe von $ 450 Mio. gewesen sein. Die Höhe des auf drei Jahre angelegten ESAF-Kredites von $ 219 Mio. war für Yaoundé zwar enttäuschend niedrig, galt aber als "symbolischer Wiedereintritt Kameruns in die internationale Finanzwelt". Er sollte katalytischen Effekt für Kredite anderer Gebern haben - tatsächlich folgten bald wichtige SAP-Kredite Frankreichs (26.9.: FF 200 Mio. zur Zahlung des Schuldendienstes für zwei Monate, 16.12.: FF 400 Mio. zur Begleichung von Schuldrückständen) und weniger bedeutende Zusagen anderer Geber. Ziel der ESAF war die Sicherung der Wachstumsrate von 5%, eine Inflation unter 2% und die Stabilisierung des Außenhandelsbilanzdefizits bei 2% des BSP. Hierzu sollte vor allem die Wettbewerbsfähigkeit der Wirtschaft erhöht, die Abhängigkeit des Haushalts von Erdöleinkünften reduziert, Effizienzsteigerung des Steuersystems bei gleichzeitiger Steigerung der Ausgaben für Gesundheit, Bildung und Rehabilitierung der Infrasturkturen erzielt werden. Auf der Agenda stand außerdem immer noch die Reform der Staatsunternehmen und des Finanzsektors. Als größte Sorge aber blieb die hohe **Auslandsverschuldung** die ca. 110% des BIP ausmachte. Die erste viertel-, nicht - wie üblich - halbjährliche Überprüfung des Reformprogramms kam im November zu positiven Ergebnissen. Die ESAF und der Kredit Frankreichs waren Voraussetzungen für eine Umschuldung durch den Pariser Club (24.10.), die allerdings erst 1998 in Kraft treten sollte. Immerhin sollte die Hälfte der Rückstände bei bilateralen Schulden sowie der anstehenden Rückzahlungen bis zum Jahr 2000 erlassen werden. Auch hier hatte die Regierung mehr erhofft. Unmittelbar nach Unterzeichnung des *letter of intent* hatte die Weltbank $ 75 Mio. ihres zurückgehaltenen SAP-Kredites augezahlt; noch zu Jahresbeginn hatte sie eine negative Bilanz ihrer zwölf SAP-Projekte gezogen; nur zwei waren erfolgreich abgeschlossen worden. Der regionale Weltbankdirektor Rogerson hatte schlechte Managementleistungen kritisiert.

Beschleunigt wurde das **Privatisierungsprogramm**. Dessen Ziel war vor allem die Einsparung von Subventionen in der Größenordnung von jährlich FCFA 150 Mrd.. Im Falle der staatlichen Reederei Camshiplines hatte die Regierung 51,4% der Anteile an europäische und einheimische Interessenten verkauft (13.2.). Am 3.10. veröffentlichte die Regierung dann eine neue Liste der zwölf staatlichen Unternehmen, die zur Privatisierung anstanden (SOCAPALM, SODECOTON, CDC, SNEC, SONEL, CAMAIR, SOCAR, BICEC, Intelcam, CNR, CAMSUCO und REGIFERCAM). Zum größten Teil waren diese schon seit längerem vergeblich angeboten worden; die bis zum Jahresende vorgesehene Veräußerung der drei Letztgenannten gelang nicht.

Der **Finanzsektor** erfuhr größere Veränderungen: Die endgültigen Schließungen des *Crédit Agricole du Cameroun* (9.6.) und der BIAO-Méridien-Bank (s. Afrika Jahrbuch 1996) sollten durch die neu gegründete *Commercial Bank of Cameroon* (CBC) aufgefangen werden. Die CBC wurde vom bekanntesten Unternehmer des Landes, Victor Fotso, gegründet und hat den *Crédit Commercial de France* zum Partner. Die bislang größte Geschäftsbank BICIC wurde im März geschlossen und ihre Bestände zum größten Teil in eine neu gegründete 100% staatliche *Banque internationale du Cameroun pour l'épargne et le crédit* (BICEC) überführt, die ihrerseits in drei Jahren vollkommen privatisiert werden soll. Der Unternehmerverband GICAM sprach zu Jahresbeginn von Vertrauensverlust gegenüber den Banken allgemein.

Positiv entwickelten sich die **Erdöleinkünfte** (+36%) dank günstiger Entwicklungen auf dem Weltmarkt und kurzfristig für das Berichtsjahr gestiegener Produktion (+10% auf ca. 100 000 Barrel pro Tag). Die unerwartet gestiegenen Einkünfte wurden dem Budget zugeführt und vornehmlich zur Rückzahlung von Schulden verwendet (s.o.). Biya eröffnete die neue Ebome-Ölplattform bei Kribi (21.2.) und weitere Verträge zur Ausbeutung marginaler Ölfelder wurden vor Jahresfrist mit Unternehmen aus USA, Frankreich, Kanada und Südkorea geschlossen. Mit der Verabschiedung des Gesetzes zur Gründung der *Cameroon Oil Transportation Company* (COTCO; 16.7.) und den Arbeiten zur Vertiefung der Fahrrinne im Hafen Douala nahm der vor allem von ökologisch engagierten NRO kritisierte Pipeline-Bau Doba-Kribi konkretere Formen an (s. auch Artikel Tschad). An der COTCO konnte sich der Staat in seiner Finanzschwäche nur mit 8,5% des Kapitals beteiligen, ursprünglich waren 15% angestrebt worden. Eine Hauptsorge betraf mögliche Umweltschädigung mit Auswirkungen auf Fischerei und Tourismus - die beiden lokal wichtigsten Einnahmequellen - in Kribi, daneben zu niedrige Kompensationen für Enteignungen und Folgen der notwendigen Umsiedlungsaktionen. Nicht zuletzt wurde aber auch befürchtet, die Regierung könne die Einkünfte aus diesem Geschäft wieder intransparent halten und nach Gutdünken verwenden. Internationale Lobbyarbeit richtete sich vor allem auf die Weltbank, die über ihre Tochter IDA günstige Kredite vergeben sollte. Weitgehend unrealistische Vorstellungen kursierten hinsichtlich der Anzahl der dauerhaft zu schaffenden Arbeitsplätze durch dieses Projekt. Die von der Regierung anvisierten Transitgebühren von $ 1,5 pro Barrel wurden bei Verhandlungen mit dem Konsortium weit verfehlt, akzeptiert wurden $ 0,41.

Auch außerhalb des Erdölsektors gab es positive Entwicklungen bei den klassischen Exportgütern. Der Asienmarkt wurde für die **Holzexporte** des Landes immer wichtiger (36% der Exporte), gegen Jahresende erschien gerade diese Ausrichtung allerdings wenig versprechend. Asiatische Firmen galten zudem als besonders rücksichtlos bei der Abholzung des Waldes. Die Kakaoproduktion ging nur leicht zurück, die Kaffeeproduktion blieb konstant.

Verheerend war eine **Heuschreckenplage**, die im Norden eine Hungersnot auslöste - 550 000 Menschen waren betroffen. Die Regierung setzte F CFA 400 Mio. zur Bekämpfung der Plage ein, forderte am Jahresende aber zusätzlich Nothilfe in Höhe von $ 5,7 Mio. für Pflanzenschutz- und Nahrungsmittel (127 000t Getreide). Insgesamt verschlechterte sich die **Nahrungsmittelversorgung** der Bevölkerung in den 1990er Jahren; der Bevölkerungszuwachs (ca. 3%) lag weit über dem Zuwachs der Nahrungsmittelproduktion (ca. 2,2%).

Sieht man von für Gehaltserhöhungen zwischen 150 und 200% streikenden Lehrern ab (Okt.), blieb es an der sozialen Front weitgehend ruhig. Die verschiedene **Gewerkschaften** des Bildungssektors umfassende Dachorganisation FESER löste sich im September nach Intrigen und Querelen faktisch auf. Mit harten Bandagen wurde der Streit innerhalb des wichtigsten Gewerkschaftsdachverbandes CSTC ausgetragen. Wegen antagonistischer Ambitionen der Führungsfiguren Louis Sombès und Benoît Essiga wurden auf einem chaotisch verlaufenden Kongress (28.-2.12.) zwei Exekutivkomitees gewählt, die sich den Alleinvertretungsanspruch gegenseitig streitig machten. Spekuliert wurde darüber, inwiefern regimenahe Kreise diese Situation herbeigeführt hatten.

Andreas Mehler

Chronologie Kamerun 1997

28.-31.03.	Bewaffnete Attacken auf Regierungsgebäude in der Nordwestprovinz, Ausgangssperre, Verhaftungswelle
17.05.	Parlamentswahlen (Mandate 116 RDPC, 43 SDF, 13 UNDP, 5 UDC, 1 UPC, 1 MDR, 1 MLJC)
21.08.	Zustimmung des IWF-Verwaltungsrat zu einem ESAF-Abkommen
12.10.	Präsidentschaftswahlen (boykottiert von wichtigsten Oppositionsparteien, Biya: 92,6 % der Stimmen)
07.12.	Regierungsumbildung unter Einschluß der UNDP

Afrika-Jahrbuch 1997, S. 197-204

Demokratische Republik Kongo (Ex-Zaïre)

Fläche: 2 344 855 km², **Einwohner:** 45,2 Mio., **Hauptstadt:** Kinshasa, **Amtssprache:** Französisch, **Lebenserwartung:** 53 J., **Alphabetisierung:** 76%, **Wechselkurs:** $ 1 = Neuer Zaïre (NZ) 107348 **HDI:** 0,381, Rang 19, **Pro-Kopf-Einkommen:** $ 130, **BSP:** 5730 Mio., **Anteile am BIP:** 64% - 13% - 23%, **Hauptexportprodukte (1994):** Diamanten 38%, Kaffee 29%, Kupfer/Kobalt 12%, **Staats- und Regierungschef:** Laurent-Désiré Kabila (seit 29.5.), **herrschende politische Organisation:** Alliance des Forces Démocratiques pour la Libération du Congo (AFDL), **wichtigste Oppositionskräfte:** Union pour la Démocratie et le Progrès Social (UDPS) von Etienne Tshisekedi, Parti Démocrate et Social Chrétien (PDSC) von André Bo-Boliko, Parti Lumumbiste Unifié (PALU) von Antoine Gizenga

Nach fast 32 Jahren wurde die Herrschaft des Diktators Mobutu Sese Seko durch Krieg beseitigt und ein neues quasi-diktatorisches Herrschaftssystem unter Laurent Kabila installiert, der Staatsname "Zaïre" durch "Demokratische Republik Kongo" ersetzt. Die USA, Südafrika und zahlreiche Nachbarstaaten Zaïres förderten oder billigten den Machtwechsel. Insbesondere für Frankreich war er gleichbedeutend mit einer Niederlage. Versuche von UN, OAU und Südafrika, den Krieg durch eine friedliche Lösung zu beenden, hatten keine Chance. Die UN organisierten unter Kriegsbedingungen die Repatriierung rwandischer Hutu-Flüchtlinge und bemühten sich um die von Kabila nur widerstrebend zugelassene Untersuchung des Verdachts von Massakern an der Flüchtlingsbevölkerung in Ost-Zaïre. Im sozioökonomischen Bereich ging es nach dem Machtwechsel vordringlich darum, das von Mobutu hinterlassene entwicklungspolitische Desaster zu bewältigen.

Innenpolitik

Der im Vorjahr begonnene **Krieg der** ***Alliance des Forces Démocratiques pour la Libération du Congo*** **(AFDL)** unter Führung von Laurent-Désiré Kabila, einem Guerrillaveteran des "Simba"-Aufstands der 60er Jahre, führte schneller, als selbst von Militärexperten erwartet, Mitte Mai zum **Zusammenbruch der jahrzehntealten Mobutu-Diktatur**. Auf dem Weg nach Kinshasa fielen der auf 70 000-100 000 Mann angeschwollenen, von **Rwanda**, **Uganda** und **Angola** unterstützten AFDL, seitens der Bevölkerung meist als Befreier begrüßt, Dörfer und Städte oft kampflos oder nach nur schwacher Gegenwehr der trotz Verstärkung durch **Söldner** desolaten Mobutu-Armee in die Hände, darunter Kisangani (15.3.), Mbuji-Mayi (4.4.), Lubumbashi (9.4.) und Kolwezi (13.4.). Nach der Niederlage von Mobutus v.a. durch angolanische *UNITA*-Verbände verstärkte "Elitetruppen" der *Division Spéciale Présidentielle* (DSP) um Kenge 200 km vor Kinshasa war auch die Hauptstadt für Mobutu verloren. Hektisches Krisenmanagement wie die Entlassung des zum Sündenbock gestempelten Premierministers Kengo wa Dondo (18.3.), die Amtsnachfolge, Entlassung und vorübergehende Festnahme von Oppositionsführer Etienne Tshisekedi (2.-9.4.), die Verhängung des **Ausnahmezustands** (9.4.) und die Einsetzung einer **"Regierung der nationalen Rettung"** unter General Likulia (11.4.) bescherten dem Diktator nicht einmal mehr einen Zeitgewinn. Nach unzweideutigen Worten seiner militärischen Führung kam es am 16.5. zur öffentlichen **Rücktrittserklärung Mobutus** mit anschließender **Flucht via Togo ins Exil nach Marokko**, wo er am 7.9. seiner Krebserkrankung erlag, die ihn - und wegen der personalistischen Ausrichtung seiner Herrschaft zugleich seine Gefolgsleute - zunehmend handlungsunfähig gemacht hatte. Auch seinem Familienclan und einem Großteil der um ihn gruppierten Staats- und Militärelite gelang die Flucht, während Armeestabschef Mahele bei internen Abrechnungen von Soldaten aus dem Umfeld des Mobutu-Sohns Kongolo ("Saddam Hussein") erschossen wurde. Am Tag nach der Rücktrittserklärung folgte der von der Bevölkerung herbeigesehnte, nahezu kampflose **AFDL-Einmarsch nach Kinshasa** - die im In- und Ausland befürchtete "Schlacht" um die Hauptstadt fand nicht statt. Von seinem provisorischen Hauptquartier in Lubumbashi aus erklärte AFDL-Chef Kabila seine Machtübernahme und verfügte die **Rückbenennung des Staates von Zaïre in "Demokratische Republik Kongo"** (République Démocratique du Congo = **RDC**), die Wiedereinführung von Staatssymbolen der Vor-Mobutu-Zeit, darunter Flagge und Hymne ("Steht auf, Kongolesen!"), sowie die Umbenennung aller Institutionen, in denen "Zaïre" bzw. "zairisch" vorkam (z.B. Zentralbank nunmehr *Banque Nationale du Congo*, BNC). Die Bergbauprovinz Shaba hieß jetzt offiziell wieder "Katanga". In der Nacht vom 20. zum 21.5. zog ohne Aufsehen der stets um seine persönliche Sicherheit besorgte AFDL-Chef nach Kinshasa um.

Am 29.5. wurde im vollbesetzten Fußballstadion der Hauptstadt die **offizielle Vereidigung Kabilas als selbsternannter Staats- und Regierungschef** zelebriert. Der neue Machthaber verkündete ein **15-Punkte-Dekret**, das die Funktion einer Übergangsverfassung übernahm und ihm persönlich **quasi-diktatorische Vollmachten** in den Bereichen exekutiver, legislativer und militärischer Kompetenzen zugestand. Die 1994 eingeführte Übergangsverfassung und die darin vorgesehenen Übergangsinstitutionen wurden abgeschafft. Das - unter dem Eindruck von Protesten am 26.5. verhängte und am 28.8. verschärfte - **Verbot öffentlicher politischer Aktivitäten, Versammlungen und Kundgebungen** außerhalb der AFDL kam faktisch einem Verbot der formal seit 1990 erlaubten Oppositionsparteien nahe. Unter **massivem Druck aus dem Ausland** legte Kabila ein **Bekenntnis zur Demokratisierung** ab und in einem später konkretisierten zweijährigen **Übergangsprogramm** als wichtigste Eckdaten die Gründung einer Verfassungskommission (1.9.1997) und einer verfassunggebenden Versammlung (30.6.1998), die Vorlage eines Verfassungsentwurfs (Oktober 1998), ein Verfassungsreferendum (Dezember 1998) sowie allgemeine Parlaments- und Präsidentschaftswahlen (April 1999; in der Ansprache zum Jahreswechel 1997/98 auf "Anfang 1999" vorverlegt) fest. Die Kernmannschaft der am 23./24.5. ernannten, am 7. und 12.6. ergänzten **Regierung**, in der Kabila das Verteidigungsressort selbst übernahm, bildeten der internationalen Öffentlichkeit bis vor kurzem weitgehend unbekannte, in der Zusammensetzung heterogene, großenteils aus dem Exil gekommene **Führungsfiguren der AFDL**, darunter Außenminister Bizima Karaha (Absolvent eines Medizinstudiums in Südafrika), Innenminister Mwenze Kongolo (Exil in den USA), Regierungssprecher Raphaël Ghenda (Exil in Belgien; ideologische Schulung in Nordkorea) und Finanzminister Mawapanga Mwana Nanga (Wirtschaftsexperte mit langjährigem Aufenthalt in den USA). In z.T. schwierigen Gesprächen gelang Kabila die **Kooptation von Vertretern der unter Mobutu erstarkten Oppositionsparteien in Kinshasa**, darunter Kinkela Vinkansy (Ressort Post- und Telekommunikation) und Jean-Baptiste Sondji (Gesundheit und Soziales) von der *Front Patriotique* (FP), Justine Kasavubu, Tochter des 1965 von Mobutu gestürzten ersten Staatspräsidenten, und Paul Bandoma von der *Union pour la Démocratie et le Progrès Social* (UDPS; Ressorts Staatsdienst bzw. Landwirtschaft), Etienne Mbaya vom *Mouvement National Congolais Lumumba* (MNC/L), ein lange in Köln lehrender Professor mit inzwischen deutscher Staatsangehörigkeit (Minister für Dringlichkeitsarbeiten), Thomas Kanza, 1960 UN-Botschafter der Lumumba-Regierung (Minister für Internationale Kooperation) und Juliane Lumumba, Tochter des 1961 ermordeten ersten Regierungschefs (Vizeministerin für Information und Presse). Bei einer Regierungsumbildung am 9.8. wurde Frau Kasavubu durch Paul Kapita Shabani (UDPS) ersetzt, als europaerfahrene Politikerin wechselte sie auf den für die Beziehungen zu **Belgien** und der **Europäischen Union (EU)** bedeutsamen Botschafterposten in Brüssel. Im November weckte Kabila auch bei den lange widerstrebenden UDPS-Dissidenten Frédéric Kibassa-Maliba und Ferdinand Tala Ngaï Bereitschaft zum Regierungseintritt (als Vize-Bergbau- bzw. Finanzminister). Strategisch wichtige Neubesetzungen (am 9.8.) betrafen darüber hinaus die Zentralbank (Jean-Claude Masangu) und die Position des Gouverneurs von Kinshasa (Théophile Mbemba). Kabilas Kooptationspolitik relativierte durch Einbeziehung politischer Machtfaktoren aus allen Landesteilen die aus der Entstehungsgeschichte der AFDL erklärbare Übermacht von Kräften aus Kivu, Kasaï und Katanga. Zur gestaltungsmächtigsten Fraktion innerhalb der AFDL avancierte nach der hinsichtlich der konkreten Umstände ungeklärten Ermordung des Kabila-Rivalen André Kissasse (im Januar) Kabilas *Parti de la Révolution Populaïre* (PRP), die beim AFDL-Vormarsch hinter der Frontlinie den Aufbau neuer staatlicher Strukturen sowie Kampagnen zur Bekämpfung der Korruption und zur Umerziehung der durch die Mobutu-Herrschaft geprägten Bevölkerung organisierte. Eine **erste Korruptionsaffäre** plagte allerdings auch das neue Regime bereits wenige Wochen nach der Machtübernahme, als Finanzminister Mawapanga Mwana Nanga wegen undurchsichtiger Geldschiebereien in die Kritik geriet.

Einer der stärksten Konfliktpunkte bei der Installierung des neuen Regimes war der **Ausschluß**

von Etienne Tshisekedi, der Galionsfigur der UDPS und des u.a. mit der *Parti Démocrate et Sociale Chrétien* (PDSC) von André Bo-Boliko aufrechterhaltenen Viel-Parteien-Bündnisses der "radikalen Opposition", die für Tshisekedi - unter Berufung auf die Wahl durch die Nationalkonferenz im Jahre 1992 - vergeblich das Amt des Regierungschefs beanspruchte. Aufgrund persönlicher Animositäten, aber auch u.a. wegen seiner Kollaboration mit Mobutu in den 60er Jahren und wegen seiner Symbolkraft für die Herrschaftsform der "Kleptokratie" war Tshisekedi für Kabila kein akzeptabler Partner. Der Herrschaftskonflikt provozierte das ganze Jahr über **Proteste der "radikalen Opposition" gegen die Kabila-Regierung** v.a. in Kinshasa, aber auch in Lubumbashi und anderen Städten. Die "radikale Opposition" schloß die Personen, die sich in die AFDL-Regierung einbinden ließen, aus und agitierte gegen "neue Diktatur", "Mobutu II" und - in Anspielung auf die militärische Schlüsselrolle des östlichen Nachbarlandes - die "Besatzungstruppen aus Rwanda". Als die neue Staatsmacht wegen des Versammlungsverbots mit Mitteln der **Repression** gegen Kundgebungen einschritt, gab es wiederholt Verhaftungen, Verletzte und auch **Todesopfer**. Von staatlichen Übergriffen ebenfalls betroffen waren der Opposition nahestehende Einrichtungen, darunter die Zeitungen *Alarme*, *Essor Africain*, *Mambenga*, *Palmarès*, *Phare* und *Potentiel* sowie regimekritische Menschenrechtsorganisationen vom Schlage der *AZADHO* und *Voix des Sans Voix* (VSV). Wegen für Kabila unbequemer Programme mußten ferner die lokalen Stationen von *Radio France International*, *BBC* und *Voice of America* vorübergehend schließen. Prominente Oppositionelle wurden, meist vorübergehend, verhaftet und auf Einschüchterung zielenden Verhören unterzogen, darunter Tshisekedi (26.6.), der *Forces-du-Futur*-Chef Arthur Zahidi Ngoma (24.11.) und Joseph Olenghankoy, Chef der *Force Novatrice pour l'Union Sociale* (FONUS; mehrfach seit Juni). In einem für die Machtkonsolidierung der Regierung zentralen Handstreich wurde der UDPS am 19.11. die Ausübung der Regierungsgewalt in der Provinz Kasaï Orientale entzogen, die ihr beim Vormarsch der Kabila-Truppen angesichts der dünnen Personaldecke der AFDL nach der Eroberung von Mbuji-Mayi im April zunächst übertragen worden war. Konfrontationen mit der neuen Staatsmacht gab es außerdem v.a. für die zur Kooperation mit Kabila nicht bereite *Parti Lumumbiste Unifié* (PALU) des Lumumba-Weggefährten Antoine Gizenga (u.a. gewaltsame Auflösung einer Demonstration am 25.7.; mehrere Todesopfer, Verletzte, über 100 Verhaftungen) und das *Mouvement National Congolais Lumumba Cohcolico*, das die Verhaftung und das vorübergehend spurlose Verschwinden seiner Führungsfiguren Ismail Tutwemoto und Bunia Luminangulu zu beklagen hatte. Von Verhaftungen ebenfalls betroffen waren Funktionsträger der Mobutu-Zeit wie Justin Bomboko, Patrice Djamboleka, Kamitatu Massamba und Mabi Mulumba. Im Exil in Brüssel und Paris formierten sich Verlierer des Machtwechsels um Mobutus langjährigen Premierminister Kengo wa Dondo als *Union pour la République*. Der schon unter Mobutu als (verbal)radikaler Regimegegner in Erscheinung getretene Jacques Matanda-ma-Mpoyo rief von Paris aus zum Kampf gegen die "neomobutistische Diktatur" auf. Zu den Gegnern Kabilas zählten inzwischen auch Katanga-Gendarmen um Emile Ilunga, die einen wichtigen Beitrag zum militärischen Sieg über Mobutu geleistet hatten, aber politisch mit der AFDL nicht auf einen Nenner gekommen waren (Ilunga selbst ging ins Exil).

Probleme für das neue Herrschaftssystem ergaben sich auch aus **internen Fraktionierungen der AFDL**, nach der politischen Ausschaltung der "Katanga-Gendarmen" v.a. zwischen Kräften aus Kivu (v.a. Tutsi und Tutsi-Verwandte) und der Kabila-Fraktion aus Katanga. Kurz nach der Einsetzung eines AFDL-Exekutivkomitees (12.11.) mit Kabila als Chef, Déogratias Bugera als Generalsekretär und Kabila-Vetter Gaëtan Kakudji als dessen erstem Stellvertreter brachen Gegensätze gewaltsam auf: Zunächst wurden am 25.11. mehrere Offiziere aus Kivu, darunter AFDL-Militärkommandeur Masasu Nindaga (ein Angehöriger des Bashi-Volks mit Tutsi-Abstammung mütterlicherseits), verhaftet; bei anschließenden blutigen Gefechten in der Nähe des Präsidentenpalastes in Kinshasa (um den 28.11.; 11-20 Todesopfer) zog die Kivu-Fraktion den Kürzeren; der den Tutsi zuzurechnende Bugera verlor seinen Posten im Exekutivkomitee. Mit dem Showdown wurde die **Verlagerung der AFDL-internen Gewichte von Kivu nach Katanga** augenfällig, die auch bei der Neurekrutierung von Soldaten zum - teilweise auch mit inzwischen "umerzogenen" Soldaten der Mobutu-Armee initiierten - Wiederaufbau regulärer Streitkräfte (*Forces Armées Congolaises*, FAC) deutlich wurde. Mit **Tendenzen der autoritären Herrschaft und des Nepotismus**, dem bevorzugten Vertrauen auf Personen aus seinem familiären und regionalen Umfeld bei der Neugestaltung der Innenausstattung seiner Macht, trat Kabila den Schwächen seines Regimes entgegen. Deutlich wurden diese Schwächen bei im Anschluß an die gewaltsame Niederschlagung einer Demonstration in Uvira (26.6.) neu entfachten **Kriegswirren im Osten des Landes**, in denen aus lokalen Ethnien gebildete Milizen (Maï-Maï in Nord-Kivu, Bemba in Süd-Kivu), aber auch ehemalige Mobutu-Soldaten sowie Milizen aus Rwanda, Burundi und Uganda als Gegner der Zentralgewalt in Kinshasa auftraten, sowie bei seit Oktober kursierenden **Gerüchten über Putschvorbereitungen durch in Südafrika weilende Mobutu-Offiziere**, namentlich Ex-Verteidigungsminister Mavua Mudima, DSP-Chef Nzimbi Nzale und Zivilgardenchef Baramoto Kpama. Mit einem neuen Geheimdienstapparat, einem in seiner Arbeit am Motto des "kurzen Prozesses" orientierten Militärgerichtshof (gegründet am 23.8.), verstärkter Präsenz loyaler Militäreinheiten an Brennpunkten sowie einem z.T. sehr harten Durchgreifen gegen politische Gegner ebenso wie gegen Gewaltkriminalität bewaffneter Banden bemühte sich das Regime um Konsolidierung der Herrschaft - um den Preis **erheblicher Verstöße gegen die Menschenrechte**, darunter Hinrichtungen, Verschleppung, Folter, Mißhandlung, Vergewaltigung und andere Übergriffe gegen Frauen (z.B. bei Verstoß gegen das von der Regierung verfügte Verbot kurzer Röcke). Die Menschenrechte wurden für kongolesische Staatsbürger und für im Lande lebende ausländische, v.a. rwandische Hutu-Flüchtlinge von so unterschiedlichen Akteuren wie inländischen Menschenrechtsorganisationen, der katholischen Kirche, der UN-Menschenrechtskommission, *Human Rights Watch*, *Amnesty International* und der US-Regierung eingefordert. Zweifel gab es hinsichtlich der Angaben einheimischer Organisationen wie AZADHO, die dem Kabila-Regime den Tod von über 640 Menschen bei der Machtübernahme in Kinshasa anlastete (ausländische Beobachter sprachen von weit weniger Todesopfern).

Besonderes Augenmerk der internationalen Menschenrechtsagenturen galt dem **Schicksal der vorwiegend rwandischen Hutu-Flüchtlinge**, die wegen der Bedrohung durch den Krieg im Osten von Kongo-Zaïre bereits im Vorjahr massenhaft in ihre Herkunftsländer zurückgeströmt waren. Erheblichen Teilen der Flüchtlinge war jedoch die Rückkehroption verbaut; viele wurden durch den Krieg in das Landesinnere von Kongo-Zaïre getrieben und von Hutu-Milizen v.a. aus Rwanda als Schutzschilde mißbraucht. Wie viele von den schließlich 213 000 laut UN-Bilanz vermißten Flüchtlingen durch **Krankheiten**, **Hunger**, Racheakte und **Massaker** gestorben waren und wie viele überlebt hatten, ließ sich im Laufe des Jahres nicht klären, weil die Kabila-Regierung die geforderte Untersuchung monatelang hinauszögerte.

Außenpolitik

Wegen der Implikationen des Krieges in Kongo-Zaïre für die Stabilität großer Teile des afrikanischen Kontinents traten **internationale Akteure als Vermittler zwischen Mobutu und Kabila** in Erscheinung, aber weder die **UN** mit ihrem "Friedensplan" vom 18.2. noch die **OAU** mit ihrem außerordentlichen Gipfel in **Togo** im März noch eine Reihe von **frankophonen Staaten** bei einem Gipfeltreffen in **Gabun** am 8.5. vermochten die Gewaltoption zu beenden. Vermittlungsbemühungen der **USA** und **Südafrikas**, die beide einen Machtwechsel in Kinshasa favorisierten, erreichten am Ende den unter den gegebenen gewaltsamen Umständen noch glimpflichen Übergang von der Mobutu- zur Kabila-Herrschaft. Vermittlungsbemühungen von außen gab es danach auch zwischen der Kabila-Regierung und verschiedenen Vertretern der Opposition. Namentlich engagierte sich **Tanzanias** ehemaliger Präsident Julius Nyerere bei Sondierungsgesprächen in Kinshasa mit Kabila, Tshisekedi, Bo-Boliko, Gizenga und Kibassa Maliba (12.-19.8.).

Angesichts der fehlenden Verhandlungsperspektiven während des Krieges konzentrierten sich die UN auf die **humanitäre Katastrophe** um die durch den Krieg bedrohten **Hutu-Flüchtlinge aus Rwanda und Burundi** und erreichten in schwierigen Arrangements mit Unterhändlern Kabilas die Repatriierung eines Teils der Flüchtlinge, die unter z.T. unmenschlichen Bedingungen erfolgte und zahlreiche Todesopfer forderte. Die AFDL begriff die Flüchtlinge, aus deren Deckung Hutu-Milizen operierten, primär als sicherheitspolitisches Problem und gab dem Drängen der UN zur Kooperation bei der Rückführung der Flüchtlinge - widerstrebend und von Mißtrauen erfüllt - erst unter dem Druck der internationalen Staatengemeinschaft und der Weltöffentlichkeit nach. Nach dem Machtwechsel bemühten sich die UN um eine internationale Untersuchung des der AFDL anhaftenden **Verdachts von Massakern an Flüchtlingen** hinter den Frontlinien, erreichten aber erst am 25.10. in einem **Abkommen** die Zustimmung Kabilas, nachdem die USA und **internationale Geber** wie die *Weltbank* u.a. durch die **Verknüpfung künftiger finanzieller Zusagen mit Zugeständnissen in Menschenrechtsfragen** massiv nachgeholfen hatten. Die RDC-Regierung erzielte im Gegenzug das Zugeständnis, Menschenrechtsverletzungen im Osten des Landes nicht nur für die Zeit des im Vorjahr begonnenen Krieges, sondern bereits für die Endphase der Mobutu-Herrschaft ab März 1993 zu erfassen. Die Untersuchung des Schicksals der in der UN-Bilanz als verschwunden geltenden 213 000 Flüchtlinge begann im Dezember - aber nicht im Osten des Landes, wo die meisten Spuren vermutet wurden, sondern in Mbandaka, der Hauptstadt von Equateur. Dort wurde das Team so massiv an der Arbeit gehindert, daß es kurz darauf nach Kinshasa zurückkehrte.

Ungeachtet von Menschenrechts- und Flüchtlingsfragen kam der **Weltmacht USA** der Machtwechsel gelegen; die Regierung in Washington verbuchte einen **Einflußzuwachs in Kinshasa**. Während des AFDL-Feldzuges gegen Mobutu richtete sie (am 5.2.) eine Aufforderung an die Adresse der auf Seiten Kabilas in den Krieg involvierten Staaten **Uganda**, **Rwanda** und **Burundi**, diese Verstrickung zu beenden. Die Clinton-Regierung unterstützte die Vermittlungsbemühungen der UN, der OAU und Südafrikas, bereitete durch die Entsendung von 1 800 Soldaten nach Brazzaville und eines mit 1 000 Mann Besatzung versehenen Flugzeugträgers eine mögliche Massenevakuierung eigener und fremder Staatsbürger aus Kinshasa vor, falls es dort zu blutigen Unruhen oder Kämpfen gekommen wäre, und entsandte schließlich ihren UN-Sonderbotschafter Bill Richardson zum Krisenmanagement beim Übergang von der Mobutu- zur Kabila-Herrschaft. Von Kabila versprachen sich die USA die Verstärkung der v.a. von Uganda, Rwanda, **Äthiopien** und **Eritrea** gebildeten **Frontlinie gegen das islamistische Regime in Sudan**. Nicht zuletzt ging es auch um ökonomische Vorteile: Bereits vor dem Machtwechsel schloß der in Clintons Heimatort Hope im US-Bundesstaat Arkansas ansässige Bergbaukonzern *American Mineral Fields* (AMF) mit der AFDL einen Vorvertrag über Bergbaukonzessionen in Katanga, und kurz nach Kabilas Machtübernahme unternahm eine Delegation der *US Agency for International Development* (USAID) Sondierungen zur Wiederaufnahme der unter Mobutu eingestellten Entwicklungshilfe. Im Juli weilte Kabilas Außenminister Bizima Karaha zu offiziellen Gesprächen in den USA. Am 12.12. stellte Außenministerin Madeleine Albright bei einem Besuch in Kinshasa der RDC unter der Voraussetzung ernsthafter Demokratisierungsbemühungen und Kooperation in der Frage der UN-Untersuchung des Verdachts von Massakern an Hutu-Flüchtlingen Wiederaufbauhilfen von $ 35-40 Mio. in Aussicht.

Als der große **Verlierer des Machtwechsels** in Kinshasa erschien **Frankreich**, wo der aufgrund seiner Krebserkrankung meist handlungsunfähige Mobutu seit dem Vorjahr wiederholt zur medizinischen Behandlung weilte. Im Unterschied zu den USA hatte Frankreich seine Verbindung zu Mobutu nicht rechtzeitig gelöst, sondern durch Hilfestellung bei der Anheuerung von Söldnertruppen (u.a. Serben, die v.a. im Kampf um Kisangani im März durch schwere Menschenrechtsverstöße auffielen) selbst in zunehmend aussichtsloser Lage auf den Langzeitdiktator gesetzt. Die Regierung in Paris, die in der kritischen Kriegsphase wegen einer möglichen Evakuierungsoperation ebenso wie auch andere westliche Staaten Truppen nach Brazzaville verlegte, spielte weder bei den internationalen Vermittlungsbemühungen zur friedlichen Beendigung des Krieges noch in den Monaten nach Kabilas Machtübernahme eine wesentliche Rolle in der Politik der RDC. Französische Staatsbürger wurden in Kinshasa Objekt von Drangsalierungen; zwei Geschäftsleute aus Frankreich wurden am 20.5. ermordet. Das problematische Verhältnis zwischen Paris und Kinshasa fand Höhepunkte in dem Boykott des Frankophonie-Gipfels in Hanoi/Vietnam durch Kabila (13.11.) und in der Ausweisung des Diplomaten Eric Lubin wegen des Vorwurfs der Spionage und Sabotage (28.11.). Allerdings deutete sich bei Kontakten zwischen Vertretern Frankreichs und der RDC am Rande der Geberkonferenz der "Freunde der Demokratischen Republik Kongo" in Brüssel am 3./4.12. eine Entkrampfung an. Eine solche Entspannung gab es auch im Verhältnis mit der Ex-Kolonialmacht **Belgien**, die das neue Regime am 21.5. anerkannte, es aber schwer hatte, Kontakte zur Kabila-Regierung herzustellen. Immerhin wurde während eines Kinshasa-Besuchs des Entwicklungshilfeministers Reginald Moreels Ende Juli die Wiederaufnahme der Entwicklungshilfe angebahnt. Ab August streckten u.a. auch **Deutschland** und die **Europäische Union** durch Entsendung von Delegationen die Fühler zur neuen Regierung in Kinshasa aus. Die Ernennung der europaerfahrenen UDPS-Politikerin Justine Kasavubu zur Botschafterin in Brüssel ebenfalls im August unterstrich die Bemühungen der Kabila-Regierung um finanziell vielversprechende Kontakte nach Europa. Geschickter als Frankreich und andere europäische Staaten verhielt sich in der Übergangsphase von Mobutu zu Kabila die **VR China**. Zwar hatte das Regime in Beijing jahrzehntelang exzellente Beziehungen zu Mobutu gepflegt, es trat jedoch bereits am 20.5. mit der **offiziellen Anerkennung des Machtwechsels in Kinshasa** in die diplomatische Offensive und erklärte demonstrativ die Bereitschaft zur Fortsetzung der Beziehungen mit der neuen Administration. Durch eine fast einwöchige Reise nach China (14.- 20.12.) ging Kabila auf das Werben aus dem Fernen Osten positiv ein.

Wichtigster afrikanischer Partner Kabilas war seit dem Vorjahr **Südafrika**, das während des Krieges eine Reihe von - ergebnislosen - Vermittlungsrunden mitgestaltete und - nach langem Vorlauf - ein direktes (ergebnisloses) Treffen Mobutu-Kabila an Bord eines ihrer Kriegsschiffe vor der afrikanischen Küste (am 4.5.) arrangierte. Nach dem Machtwechsel in Kinshasa forderte Präsident Mandela die internationale Gemeinschaft auf, dem wegen der problematischen Menschenrechtslage in die Kritik geratenen neuen Staatschef eine Chance zu geben, und sprach v.a. den Industrieländern, die Mobutu trotz schwerster Menschenrechtsverletzungen jahrzehntelang unterstützt hatten, das moralische Recht ab, Kabila wegen Menschenrechtsfragen zu verteufeln. Südafrika verschaffte Kabila bei dessen Teilnahme am **OAU-Gipfel in Zimbabwe** (2.-4.6.) **kontinentweite Anerkennung**, begrüßte ihn als Gast (24.8.), erreichte den raschen **Beitritt der RDC zur Regionalorganisation SADC** (Sept.) und setzte am 13.12. - im Zusammenhang mit von Kabila geäußertem Verdacht der Vorbereitung eines Putsches gegen seine Herrschaft - die im Lande weilenden führenden Mobutu-Militärs Mavua Mudima, Nzimbi Nzale und Baramoto Kpama fest. Prestigegewinne verbuchte Kabila auch durch die Anwesenheit der Staatschefs von **Rwanda**, **Burundi**, der **Zentralafrikanischen Republik**, **Kongo-Brazzaville**, **Zambia**, **Namibia** und **Ghana** sowie hochrangiger Minister aus **Algerien**, **Angola**, **Äthiopien**, **Sudan**, **Uganda** und **Tanzania** am 37. Jahrestag der Unabhängigkeit (30.6.). Bei einer auf Initiative des amtierenden OAU-Präsidenten Robert Mugabe (Zimbabwe) zustande gekommenen Zusammenkunft von zehn afrikanischen Repräsentanten (Äthiopien, Eritrea, **Gabun**, **Mosambik**, Namibia, Rwanda, Uganda, Zambia, Zentralafrikanische Republik) am 20.7. in Kinshasa gab es Rückendeckung für Kabilas reservierte Haltung gegenüber der UN-Untersuchung des Verdachts von Massakern an Hutu-Flüchtlingen.

Von **afrikanischen Staaten** in der näheren und weiteren Nachbarschaft von Kongo-Zaïre wurde der Machtwechsel in Kinshasa überwiegend positiv gesehen, häufig als eine **einschneidende politisch-strategische Verbesserung** ihres Umfeldes. Die Regierungen der Anrainerstaaten **Uganda**, **Rwanda**, **Burundi**, **Angola** und **Zambia** unterstützten den Vormarsch der AFDL und registrierten zunächst eine Stärkung ihrer Position bei Auseinandersetzungen mit von Kongo-Zaïre aus operierenden regierungsfeindlichen Milizen (namentlich im Fall der vier erstgenannten). Die Präsidenten aller fünf Staaten waren demonstrativ bei der Vereidigung Kabilas am 29.5. zugegen. Rwandas "starker Mann" Paul Kagame gab in einem Interview der *Washington Post* am 9.7. das aktive Eingreifen seines Landes bei der Revision der politischen Landkarte Zentralafrikas offen zu. Bei Zusammenkünften der Kabila-Regierung v.a. mit den Staatsführungen Rwandas und Ugandas, aber auch **Tanzanias** und anderer Staaten ging es um Kooperation in Sicherheits- und Flüchtlingsfragen; mit Rwanda wurde darüber hinaus ein Abkommen über die gemeinsame Nutzung der Gasreserven des Kivu-Sees geschlossen (9.9.). Ihre Sicherheitsprobleme vermochten v.a. die östlichen Anrainerstaaten ungeachtet von Kooperationsabmachungen nicht auf Dauer zu lösen, bereits ab der Jahresmitte wurde die Region der Großen Seen in Kongo-Zaïre erneut zu einem Tummelplatz von Milizen, die von dort aus die Regierungen in Kampala, Kigali und Bujumbura militärisch herausforderten. Sicherheitsfragen wie in diesen Fällen bestimmten auch das Verhältnis der Kabila-Regierung zum Nachbarn **Kongo-Brazzaville**, dessen Präsident Lissouba mit Mobutu paktierte, nach dem Machtwechsel in Kinshasa aber rasch ein Arrangement mit der Nachfolgeregierung erzielte. Als aufgrund der Kriegswirren in Kongo-Brazzaville v.a. im August und September Artilleriegeschosse in Kinshasa einschlugen, antwortete die RDC mit Gegenfeuer und Interventionsdrohung, unterstützte v.a. aber den Verlierer Lissouba gegen den von Angola geförderten Sieger Sassou-Nguesso. Probleme ergaben sich ferner mit der **Zentralafrikanischen Republik (ZAR)**, wo Hutu-Milizen und Überreste der Mobutu-Armee eine Zuflucht fanden. Zwischen Mobutu-Leuten und den um Rückgewinnung der Macht in Bangui bemühten Kreisen um Ex-Diktator Kolingba deutete sich im Verborgenen ein militärischer Schulterschluß an. In diesem Zusammenhang wurde wiederholt der Name von Mobutus Ex-Sicherheitschef Seit Yale genannt. Bei einem Besuch in Kinshasa am 29.12. erörterte ZAR-Präsident Patassé mit Kabila Kooperationsmöglichkeiten gegen die für beide Regierungen unbequeme Allianz.

Sozioökonomische Entwicklung

Die jahrzehntelange Mobutu-Herrschaft und der Krieg zu ihrer Überwindung hatten zum **Ruin der Wirtschaft** und zur **Verelendung großer Teile der einheimischen Bevölkerung und der zahlreichen im Lande lebenden Flüchtlinge** geführt. Während die Familie des verjagten Diktators Vermögen von $ 4-14 Mrd. ins Ausland geschafft hatte, war das durchschnittliche Pro-Kopf-Einkommen auf unter $ 100 gesunken. Für 1997 wurde die BIP-Abnahme auf 4%, die Inflation auf 73%, der Export auf $ 1,3 Mrd., der Import auf $ 875 Mio., das Leistungsbilanzdefizit auf $ 871 Mio., die Auslandsverschuldung auf $ 15 Mrd. geschätzt. In der Bergbauproduktion standen u.a. ca. 50 000 t Kupfer, 5 500 t Kobalt und 15,5 Mio. Karat Diamanten zu Buche. Haupterwerbsquellen der Bevölkerung waren die Landwirtschaft (60% des BIP), v.a. Subsistenzproduktion, sowie informeller Sektor, Schwarzmarkt und Schmuggel. Die für die breite Masse schlechten bis katastrophalen Lebensbedingungen begünstigten die **Ausbreitung von Krankheiten**, darunter v.a. Malaria, Cholera (im Dezember Epidemie in Kisangani infolge Überschwemmungen) und **AIDS** (offiziell bisher 125 000 Krankheitsfälle).

Bereits während des Krieges begann die AFDL im Osten des Landes mit der **Rehabilitation von Ökonomie, Infrastruktur, Energieerzeugung sowie sozialer, schulischer und medizinischer Grundversorgung**. Diese Bereiche bildeten nach der AFDL-Machtübernahme den Schwerpunkt des am 30.5. in Grundzügen verkündeten, später konkretisierten mittel- und langfristigen nationalen **Wiederaufbauprogramms**, dem u.a. mittelfristige Deviseneinnahmeerwartungen von jährlich $ 2,85 Mrd., davon $ 1,4 Mrd. aus dem Verkauf von Kupfer und je $ 600 Mio. für Kobalt und Diamanten, zugrunde gelegt wurden. Um die Perspektiven abzuschätzen, kam bereits Ende Juni eine gemeinsame *IWF-Weltbank*-Delegation nach Kinshasa, und im Dezember erbrachte eine in Brüssel organisierte Konferenz der "Freunde der Demokratischen Republik Kongo" u.a. mit Beteiligung von *IWF*, *Weltbank*, *ADB*, *EU*, wichtigen EU-Staaten, den USA, Kanada, Japan und Südafrika **positive Signale hinsichtlich externer Finanzhilfen**, darunter eine konkrete EU-Zusage von Ecu 45 Mio. für die Instandsetzung der für die Hauptstadtregion lebenswichtigen Straßenverbindung Matadi-Kinshasa-Kikwit. Zuständige Einrichtungen aus den USA und Belgien eröffneten in Erwartung der Wiederaufnahme der offiziellen Entwicklungshilfe Büros in Kinshasa und den Provinzen. Als zentraler Baustein der wirtschaftlichen Sanierung wurde die **Ersetzung der diskreditierten Mobutu-Währung** "Nouveau Zaïre" durch den "Franc Congolais" vorbereitet, jedoch verzögerte sich die Reform aufgrund finanzieller, technisch-organisatorischer und politischer Schwierigkeiten über den Jahreswechsel hinaus. In der Übergangszeit existierte ein **Wirrwarr von Zahlungsmitteln unterschiedlicher Akzeptanz**, darunter in Kasaï statt des "Nouveau Zaïre" der noch immer zirkulierende "alte Zaïre" sowie als landesweite Ersatzwährung vorzugsweise der US-Dollar. Positives Image verschaffte sich die Kabila-Regierung durch Bekämpfung der Korruption und ernsthafte Wiederaufbauansätze, negativ wirkten sich hingegen unklare Aussagen zum wirtschaftspolitischen Kurs ("soziale Marktwirtschaft" versus maoistischer Slogan "Auf die eigenen Stärken vertrauen"), staatsinterventionistische Züge (darunter die erneute Nationalisierung der erst vor kurzem privatisierten Eisenbahn) und die **Verzögerung der Währungsreform** aus. Daraus resultierte eine abwartende Haltung der für den Wiederaufbau dringend benötigten privaten Investoren, nachdem beim Machtwechsel im Mai v.a. **Bergbaukonzerne aus den USA, Kanada, Südafrika und Australien** als Gewinner des politischen Wandels gegolten hatten. Als einen Lichtblick verbuchte die Kabila-Regierung die Haltung der **Schweiz**, die bei der Suche nach den vom Mobutu-Clan außer Landes geschafften Dollarmilliarden wenigstens einen kleineren Millionenbetrag aufspürte - und sperrte.

Peter Körner

Chronologie Demokratische Republik Kongo (Ex-Zaïre) 1997

15.03.	Eroberung Kisanganis, danach u.a. Mbuji-Mayi (4.4.), Lubumbashi (9.4.), Kolwezi (13.4.)
09.04.	Verkündung des Ausnahmezustands durch das Regime in Kinshasa
11.04.	Einsetzung einer "Regierung der nationalen Rettung" unter Mobutu-General Likulia
16.05.	Rücktrittserklärung und Flucht Mobutus
17.05.	Einmarsch der AFDL nach Kinshasa, Selbsternennung Kabilas zum Staats- und Regierungschef noch in Lubumbashi, Umzug nach Kinshasa (20./21.5.)
23./24.05.	Bildung einer Regierung unter Ausschluß Tshisekedis, Proteste seiner Anhänger; Vervollständigung der Regierung am 7. und 12.6.
26.05.	Verbot öffentlicher politischer Aktivitäten, Versammlungen und Kundgebungen
29.05.	Offizielle Vereidigung Kabilas als Staats- und Regierungschef; Verfassungsdekret
30.05.	Verkündung eines Wiederaufbauprogramms, konkretisiert am 1.8.
26.06.	Vorübergehende Verhaftung Tshisekedis nach zahlreichen Protestkundgebungen der Opposition
25.07.	Blutige Niederschlagung einer PALU-Demonstration
09.08.	Regierungsumbildung, kurz darauf Ernennung von Justine Kasavubu zur Botschafterin in Brüssel
11./12.08.	Zusammenkunft Kabilas mit den Präsidenten Museveni (Uganda) und Bizimungu (Rwanda) in Kinshasa
12.-19.08.	"Mission des guten Willens" des tanzanischen Ex-Präsidenten Nyerere
23.08.	Dekret zur Schaffung eines Militärgerichtshofs
24.08.	Kabila-Besuch in Südafrika
07.09.	Tod Mobutus in Rabat/ Marokko (dort auch am 13.9. Beisetzung)
25.10.	Abkommen zur UN-Untersuchung des Massakerverdachts
12.11.	Einsetzung des AFDL-Exekutivkomitees
13.11.	Boykott des Frankophoniegipfels in Vietnam durch Kabila
28.11.	AFDL-interne Gefechte in Kinshasa
03./04.12.	Geberkonferenz in Brüssel
14.-20.12.	Besuch Kabilas in der VR China

Afrika-Jahrbuch 1997, S. 205-210

Kongo

Fläche: 342 000 km², **Einwohner:** 2,7 Mio., **Hauptstadt:** Brazzaville, **Amtssprache:** Französisch, **Lebenserwartung:** 51 J., **Alphabetisierung:** 74%, **Wechselkurs:** $ 1 = Franc CFA 598,81, **HDI:** 0,500, Rang 11, **Pro-Kopf-Einkommen:** $ 670, **BSP:** $ 1810 Mio., **Anteile am BIP:** 10% - 34% - 56%, **Hauptexportprodukte (1995):** Erdöl und Ölprodukte 91%, Holz 12%, **Staats- und Regierungschef:** Denis Sassou Nguesso, **dominierende Parteienkoalition:** Forces Démocratiques et Patriotiques (FDP)

Der bevorstehende Ablauf der Amtszeit von Lissouba als Staatspräsident und die für 27.7. vorgesehenen Präsidentschaftswahlen ließen den **Machtkampf** zwischen ihm und seinem Amtsvorgänger Denis Sassou Nguesso erneut gewaltsam ausbrechen. Die Folge war ein über vier Monate andauernder Bürgerkrieg, aus dem Sassou Nguesso Mitte Oktober als militärischer Sieger und selbstproklamierter Staatschef hervorging. Der Konflikt, der letzten Endes durch den Eingriff Angolas in die Kämpfe entschieden wurde, hatte weitreichende regionale Verflechtungen und berührte auch französische Erdölinteressen. Das Ergebnis war ein vorläufiges Ende des demokratischen Systems, eine hohe Zahl von Toten und Kriegsflüchtlingen sowie die weitgehende Zerstörung der Hauptstadt Brazzaville. Unversehrt blieben hingegen die Erdöleinrichtungen in der Hafenstadt und Wirtschaftsmetropole Pointe-Noire, womit zumindest die Grundlagen für einen wirtschaftlichen Wiederaufschwung gegeben waren.

Innenpolitik

Trotz eines zwischen den Führern aller wichtigen Parteien im Dezember 1995 unterzeichneten Friedenspaktes, der einen Schlußstrich unter die gewaltsamen Auseinandersetzungen von 1993 und 1994 setzen sollte, blieb die Situation gespannt. Die Vereinbarungen über die Ablieferung der Waffen sowie die Auflösung der Parteimilizen und ihre teilweise Eingliederung in die Sicherheitskräfte waren kaum befolgt worden. Die Armee (etwa 20 000 Mann), deren Mitglieder größtenteils unter Sassou Nguesso rekrutiert worden waren und überwiegend aus dem Norden des Landes stammten, war Lissouba gegenüber nur teilweise loyal. Eine **Meuterei** (1.-6.2.) ehemaliger, auf seiten des Präsidenten stehender Milizen, die in die Armee integriert werden sollten und sich in einem Ausbildungslager befanden, wurde durch die Armee niedergeschlagen, doch blieb die angekündigte Bestrafung der Meuterer aus, vielmehr wurde deren Forderungen stattgegeben und der Kommandant des Ausbildungslagers abgesetzt. Ähnliches wiederholte sich bei einer Meuterei von Marinesoldaten (16.4.), die neben der Verbesserung der Lebensbedingungen die Absetzung von zwei Kommandanten verlangten, denen sie vorwarfen, einen "tribalistischen Geist" zu fördern. Die Kommandanten, die beide aus dem Norden stammten, wurden unmittelbar darauf ihres Dienstes enthoben. In diesen Protestaktionen wurden vielfach politische Manipulationen durch das Regime gesehen, um unerwünschte, Sassou Nguesso nahestehende, militärische Führer loszuwerden. Zu den politisch besonders delikaten Angelegenheiten gehörte die für die Stabilität des Landes unerläßliche Reorganisation der Armee und der Sicherheitskräfte. Die Absetzung einer entsprechenden Gesetzesvorlage von der Tagesordnung der Nationalversammlung führte zu Protestaktionen (15.5.) einer Gruppe von Unteroffizieren.

Mit dem Herannahen der Präsidentschaftswahlen wuchsen die **innenpolitischen Spannungen**. Ein von 19 Oppositionsparteien im Februar unterzeichnetes **Memorandum** enthielt Empfehlungen zur Gewährleistung transparenter und friedlich verlaufender Wahlen. Unter Hinweis auf die latente Gefahr einer Explosion schlugen die Parteien u.a. den Einsatz einer multinationalen Truppe vor. Außerdem wiederholten sie die Forderung nach der Bildung einer, von der Regierung bisher abgelehnten, unabhängigen nationalen Wahlkommission. Das Memorandum wurde in Paris verbreitet und Frankreich aufgefordert, sich an der multinationalen Truppe zur Gewährleistung der Sicherheit bei den Wahlen zu beteiligen. Auf einer unter Schirmherrschaft von UNESCO-Generalsekretär Frederico Mayor stehenden Sitzung (31.5.) verpflichteten sich die Parteiführer der Opposition und des Präsidentenlagers (*Mouvance présidentielle*/MP) zum Verzicht auf Waffen als Mittel der Konfliktlösung und beschlossen die Bildung einer nationalen Kommission zur Organisation und Überwachung der Wahlen. Die Regierung hatte kurz zuvor (29.5.) die Milizen per Dekret verboten.

Sassou Nguesso, der sich über ein Jahr in Frankreich aufgehalten hatte, war bei seiner Rückkehr am 26.1. von seinen Anhängern triumphal empfangen worden. Zu ersten **Zusammenstößen** (5 Tote) zwischen Leibwächtern von Sassou Nguesso und Anhängern des früheren Präsidenten und Premierministers unter Lissouba, Joachim Yhombi Opango, kam es im Mai, als Sassou Nguesso in dessen Hochburg Owando feierlich Einzug halten wollte. Am 5.6. umstellten Panzer- und Infanterieeinheiten der Armee die Residenz von Sassou Nguesso im Norden von Brazzaville mit der Begründung, die "*Cobra*"-Milizen von Sassou Nguesso vor den Wahlen ausschalten zu wollen. Die daraus folgenden Kämpfe breiteten sich auf andere Stadtteile aus und bedeuteten den Beginn eines über vier Monate anhaltenden **Bürgerkriegs**. **Vermittlungsbemühungen** unter Leitung des Bürgermeisters von Brazzaville und Vorsitzenden der *Mouvement Congolais pour la Démocratie et le Developpement Intégral* (MCDDI), Bernard Kolélas, dessen *"Ninja"*-Milizen sich zunächst neutral verhielten, sowie parallele Bemühungen auf internationaler Ebene durch den gabunischen Staatschef Omar Bongo (s. Außenpolitik) führten zu mehreren Waffenstillstandsvereinbarungen, die jedoch immer wieder gebrochen wurden. Ein vom kongolesischen Vermittlungskomitee Ende Juni vorgelegter Neunpunkteplan zur friedlichen Konfliktlösung sah u.a. die Bildung einer Regierung der nationalen Einheit, die Mitwirkung der internationalen Gemeinschaft bei der Organisation der Präsidentschaftswahlen sowie den Respekt der Verfassung und des Rechtsstaats vor. Unüberbrückbare Gegensätze zwischen Lissouba und Sassou Nguesso bestanden hinsichtlich der von Lissouba angestrebten, verfassungsmäßig möglichen, Verschiebung der Wahlen (bis zu 90 Tagen) bei gleichzeitiger Verlängerung der Amtszeit des Staatspräsidenten und der von Sassou Nguesso geforderten Übergangsphase von zwei Jahren bis zu den Wahlen sowie der Bildung einer Regierung des "nationalen Heils", durch die er seinen Einfluß zur Geltung zu bringen gedachte. Weitergehende Forderungen von Sassou Nguesso als Reaktion auf Vermittlungsvorschläge Bongos kamen einer völligen Entmachtung des Präsidenten zugunsten eines Premierministers, der von der von Sassou Nguesso geführten Oppositionskoalition *Forces Démocratiques Unies* (FDU) gestellt werden sollte, gleich. Der in der Verfassung von 1992 vorgesehene, jedoch erst im Juni eingesetzte *Conseil constitutionnel* verkündete am 21.7. auf Antrag der Regierung die **Verschiebung der Wahlen und die Verlängerung des Mandats von Lissouba** bis zur Wahl eines neuen Präsidenten, was Sassou Nguesso als "konstitutionellen Staatsstreich" bezeichnete.

Die **Kämpfe**, die sich zunächst auf Brazzaville konzentriert hatten, weiteten sich im Juli und August auf die Regionen im Norden und Zentrum des Landes aus, die mit der Eroberung der wichtigsten Städte durch die *"Cobras"* unter die Kontrolle von Sassou Nguesso fielen. Nach einem Aufruf des als gemäßigt geltenden früheren Verteidigungsministers General Raymond Damase Ngollo, zu einer friedlichen Konfliktlösung, kündeten 39 Parteien der MP und der Opposition am 29.8. die Bildung einer *Espace républicain pour la défense de la démocratic et de l'unité nationale* (ERDDUN) an. Die entsprechende Vereinbarung sah eine gemeinsame Machtausübung und die Anerkennung der Verlängerung des Mandats von Lissouba vor. Sie bedeutete eine Isolierung der FDN, die die Vereinbarung nicht unterzeichnet hatte. Auf Vorschlag der ERDDUN wurde Kolélas nach dem Rücktritt des bisherigen Premierministers David Charles Ganao von Lissouba zum neuen Premierminister ernannt. Der am 12.9. gebildeten, 41 Mitglieder umfassenden **Regierung** gehörten mehrere Persönlichkeiten der Opposition an, darunter der Bürgermeister von Pointe-Noire und Vorsitzende der *Rassemblement pour la Démocratie et le Progrès Social* (RDPS), Jean-Pierre Thystère Tchicaya, der außerdem Vizepräsident des nationalen Vermittlungskomitees war. Fünf Kabinettsposten wurden für die FDU reserviert, die sie jedoch nicht besetzte. Abgesehen vom Ministerium für Inneres und Sicherheit, das weiterhin von Colonel Philippe Bikinkita (MCDDI) geführt wurde, gingen die Schlüsselressorts an Anhänger von Lissouba. Insgesamt ließ die Regierung ein Übergewicht von Leuten aus dem Süden des Landes erkennen, womit die Teilung des Landes in eine von Sassou Nguesso und eine von Lissouba kontrollierte

Zone vertieft wurde.

Mit dem **Einsatz von Kampfhubschraubern durch die Regierung** und der Bombardierung der von Sasson Nguesso gehaltenen Stadtteile Brazzavilles waren die Auseinandersetzungen Ende August eskaliert. Nach einer **Offensive Sassou Nguessos** in Brazzaville (7.10.), von der auch der von Kolélas kontrollierte Stadtteil Bacongo betroffen war, griffen dessen *"Ninja"*-Milizen auf Seiten Lissoubas in die Kämpfe ein, doch konnte die Einnahme der Stadt durch die Milizen von Sassou Nguesso (14.10.) nicht mehr verhindert werden. Durch die **Unterstützung angolanischer Truppen** fiel gleichzeitig der Süden mit der Wirtschaftsmetropole Pointe-Noire, die sich kampflos übergab, an Sassou Nguesso (15.10.). Lissouba, der sich weiterhin als der legitime Staatschef betrachtete, flüchtete nach Burkina Faso, Kolélas nach Kinshasa und von dort nach Abidjan. Die Kämpfe hatten seit Juni 4 000 bis 10 000 Todesopfer gefordert, Brazzaville war weitgehend zerstört, etwa 500 000 Personen waren geflüchtet.

Sassou Nguesso legte am 25.10. vor dem Obersten Gerichtshof seinen Amtseid als **Staatspräsident** ab und kündete die Einberufung eines "Nationalen Forums für Einheit und Demokratie" an, dessen Aufgabe es sein sollte, die Dauer der Übergangsperiode zu bestimmen, Richtlinien hierfür festzulegen, ein gesetzgebendes Organ einzusetzen, und die nationale Versöhnung voranzutreiben. Tags zuvor hatte er einen ***Acte fondamental*** unterzeichnet, der die per Referendum angenommene Verfassung von 1992 außer Kraft setzte und eine neue institutionelle Ordnung festlegte. Die politische Orientierung zugunsten einer pluralistischen Demokratie und die 1992 festgeschriebene Gewaltenteilung sollten zwar nicht aufgegeben werden, doch erfuhr die Macht des Präsidenten eine deutliche Stärkung, während die Befugnisse der Regierung eingeschränkt und das Amt des Premierministers abgeschafft wurden. Außerdem hatte der Präsident legislative Kompetenzen in den Bereichen Wirtschaft, Finanzen, Verteidigung und Sicherheit. Die Rolle des Parlaments sollte ein vom "Nationalen Forum" zu bestimmender *Conseil national de transition* übernehmen. Die am 2.11. gebildete, 33 Mitglieder umfassende **Regierung** stellte den Versuch dar, Vertreter aus allen Regionen des Landes einzubeziehen. 29 Ministerposten gingen an Angehörige des ehemaligen Oppositionsbündnisses FDU, das zum Zeichen für den Bruch mit Kolélas im September in FDP (Vorsitz: Ambroise Noumazalay) umbenannt worden war, 13 davon an Mitglieder der *Parti Congolais du Travail* (PCT) von Sassou Nguesso, der sich die Zuständigkeit für Verteidigung selbst vorbehielt. Die meisten Regierungsmitglieder waren als ehemalige Minister des Einparteiregimes wohlbekannt. Von den Vertretern der nicht der FDP angehörenden Parteien übernahm Paul Kaya, der Vorsitzende der *Mouvement pour la Démocratie et la Solidarité* (MSU) als Staatsminister die Zuständigkeit für Programmierung, Privatisierung und Förderung nationaler Privatunternehmen. Weitere Ministerposten gingen an Martin M'Béri, einen der früher einflußreichsten Mitglieder der *Union Panafricaine pour la Démocratie Sociale* (UPADS) von Lissouba, sowie an Michel Mampouya (MCDDI) und Aimée Mambou Gnaly (RDPS). Damit sollte der Regierung der Anstrich der "nationalen Einheit" gegeben werden. Thystère Tchicaya hatte zwar nach dem Sieg Sassou Nguessos sofort seine Unterstützung für ihn erklärt, verlor aber dennoch seinen **Bürgermeisterposten** von Pointe-Noire an François Luc Makosso (RDPS). Neuer Bürgermeister von Brazzaville wurde Aimé Emmanuel Yoka, ehemaliger PCT-Minister und persönlicher Berater von Sassou Nguesso. Zu den vorrangigen Anliegen des neuen Regimes gehörte die Reform der Armee und der Sicherheitskräfte. Die Milizen wurden ultimativ aufgefordert, ihre Waffen abzugeben, die *"Cobras"* sollten teilweise in die Armee integriert werden.

Anfang Dezember setzte die Regierung ein Komitee von 100 Mitgliedern zur Vorbereitung des angekündigten Nationalen Forums, das vom 5.-11.1.1998 stattfinden sollte, ein. Die nunmehr als **Exilopposition** agierende ERDDUN beschloß, nicht an dem Forum teilzunehmen. In einer Erklärung forderte sie die internationale Gemeinschaft auf, dem neuen Regime keine Hilfe zukommen zu lassen, sondern die legale Regierung und Lissouba wieder einzusetzen. Während Lissouba im Exil um seine Rechte kämpfte, wurde er zuhause durch Martin M'Béri, der sich selbst zum Vorsitzenden der UPADS erklärte (31.12.), von der Parteispitze verdrängt, nachdem M'Béri seinerseits wegen seines Eintritts in die Regierung vom Generalsekretär der UPADS, Christophe Moukouéké, der sich ebenfalls im Exil befand, wegen "Verrats" aus der Partei ausgeschlossen worden war. Die MCDDI übertrug die provisorische Leitung der Partei bis zum nächsten Kongreß Michel Mampouya, der damit an die Stelle von Kolélas trat.

Sassou Nguesso warf Lissouba und Kolélas **Völkermord** vor und kündigte an, er werde vor internationalen Gerichten Anklage gegen sie erheben. Im Dezember gab die Regierung bekannt, sie habe vier internationale Organisationen eingeladen zu untersuchen, wer für die beiden Bürgerkriege (1993 und 1997) verantwortlich zu machen sei.

Außenpolitik

Der Krieg in Zaire (ab 17.5. Demokratische Republik Kongo) zog auch Kongo in Mitleidenschaft und barg die **Gefahr der Destabilisierung der gesamten Region** in sich. Die Erstürmung der rwandischen Flüchtlingslager in Ostzaire (s. Artikel Demokratische Republik Kongo und Rwanda) hatten im Mai einen Zustrom von 7 000-10 000 Hutu-Flüchtlingen zur Folge. Das Vordringen Kabilas nach Kinshasa löste eine Fluchtwelle von Anhängern des Mobutu-Regimes nach Brazzaville aus. Angehörige der Spezialeinheit Mobutus, der ehemaligen Streitkräfte Zaires und Rwandas sowie rwandische *Interahamwe*-Milizen sollen sich den Milizen sowohl Lissoubas als auch Sassou Nguessos angeschlossen haben. Auch wenn der Ausbruch des Bürgerkriegs in Kongo nicht direkt mit den Ereignissen im Nachbarland zusammenhing, so traten in seinem Verlauf die regionalen Verflechtungen deutlich zutage.

Im Einvernehmen mit Frankreich bot der **Staatschef Gabuns**, Omar Bongo, unmittelbar nach Ausbruch der Kämpfe seine Vermittlung an und übernahm zusammen mit dem UN/OAU Sonderbeauftragten Mohamed Sahnoun den Vorsitz eines **internationalen Vermittlungskomitees**, dem die Staatschefs der ZAR, Tschads und Malis sowie Vertreter anderer afrikanischer Staaten angehörten. Der Vorschlag, mit Zustimmung des UN-Sicherheitsrates eine afrikanische Friedenstruppe einzusetzen, wurde von der UEMOA-Gipfelkonferenz in Lomé (23.6.) unterstützt, die Vorbereitungen dafür wurden dem togolesischen Staatschef Gnassingbé Eyadema übertragen, Frankreich sagte logistische Hilfe zu. Das Kommando sollte Senegal übernehmen. Der **UN-Sicherheitsrat** gab zwar seine grundsätzliche Zustimmung bekannt, machte einen Beschluß jedoch von der Einhaltung eines Waffenstillstandes in Kongo abhängig. Trotz mehrerer von Bongo vorgelegter Vermittlungsvorschläge kamen die Friedensverhandlungen nicht voran. Lissouba warf Bongo schließlich mangelnde Neutralität vor und suchte Unterstützung beim Staatschef der **DR Kongo**, Laurent Désiré Kabila. Ein von Bongo nach Libreville einberufenes Gipfeltreffen west- und zentralafrikanischer Staaten (14./15.9.), das zu einem Friedensabkommen zwischen Sassou Nguesso und Lissouba führen sollte, verlief ergebnislos, da Lissouba nicht zu dem Treffen erschien, sondern stattdessen Verhandlungen mit Kabila führte. Durch das Einschlagen von Artilleriegeschossen aus Brazzaville in Kinshasa im August herausgefordert, hatte sich Kabila im Einvernehmen mit Lissouba zum Vermittler im Bürgerkrieg in Kongo erklärt. Nach einem Gipfeltreffen mit den Staatschefs von Uganda und Rwanda in Kinshasa (12./13.8.) kündigte er einen Friedensvorschlag an und gab den Beschluß zur Entsendung einer im wesentlichen von den Staaten Zentral- und Ostafrikas aufzustellenden Interventionstruppe bekannt, mußte jedoch, da Angola es ablehnte, sich daran zu beteiligen, zugeben, daß der Vorschlag wenig positives Echo fand. Dennoch hoffte Lissouba, bei Kabila und dessen Verbündeten Unterstützung zu finden. Gespräche in **Rwanda** blieben jedoch ergebnislos, Uganda und Namibia hielten sich ebenfalls zurück. Ein Granatenbeschuß Kinshasas (29./30.9.; 21 Tote), für den Lissouba und Sassou Nguesso sich gegenseitig verantwortlich machten, der aber auch Elementen der ehemaligen Sondereinheit Mobutus und früheren rwandischen Streitkräften zugeschrieben wurde, bewog Kolélas zur Entsendung einer **militärischen Beobachtermission** nach Brazzaville. Diese sollte den Kern einer internationalen Interventionstruppe bilden, für die Lissouba bei Besuchen in Togo und Burkina Faso (2./3.10.) um Unterstützung warb. Frankreich, das die Einschaltung Kolélas' als Vermittler zunächst abgelehnt hatte, äußerte sich positiv zu dessen neuer Initiative in der Erwartung, der UN-Sicherheitsrat würde den Einsatz einer Friedenstruppe nun nicht weiter blockieren. Dieser beharrte jedoch auf der Forderung nach einem vorhergehenden Waffenstillstand.

Die Regierung **Tschads**, die in den Verdacht geraten war, Sassou Nguesso zu unterstützen, dementierte jegliche Einmischung, gab aber zu, daß Tschader, die in der ZAR und im Kongo lebten, in eigener Verantwortung auf seiten der *"Cobra"*-Milizen gekämpft hätten. Eine **militärische Intervention** großen Ausmaßes zugunsten Sassou Nguessos erfolgte durch **Angola**, dessen Truppen um den 8.10. von Cabinda aus in die Region Niari, die Hochburg Lissoubas, vorstießen, wo sie die Kontrolle über die wichtigsten Städte übernahmen, um anschließend die *"Cobra"*-Milizen bei der Einnahme von Pointe-Noire zu unterstützen. Die angolanische Regierung dementierte zunächst den Einmarsch ihrer Truppen, begründete ihn dann jedoch mit der Unterstützung Lissoubas für die *União Nacional para a Independência Total de Angola* (UNITA) und die Befreiungsorganisationen von Cabinda. Tatsächlich war Kongo nach dem Sturz Mobutus zur Drehscheibe der UNITA für den Diamanten- und Waffenhandel geworden. Außerdem warf Angola Lissouba vor, Basen der Cabinda-Rebellen auf kongolesischem Gebiet zu dulden, was schon früher zu Übergriffen durch angolanische Regierungstruppen geführt hatte. Der militärische Erfolg im Kongo war für den angolanischen Staatschef José Eduardo Dos Santos Anlaß, mit der Einladung Bongos, Kabilas und Sassou Nguessos zu einem Gipfeltreffen in Luanda (27.10.) nun seinerseits eine regionale Führungsrolle zu übernehmen und gleichzeitig die eigenen Sicherheitsinteressen wahrzunehmen. In einem Pakt zur militärischen Kooperation verpflichteten sich die Staatschefs, keine Gruppen auf ihrem Territorium zu dulden, von denen eine Destabilisierungsgefahr für einen anderen Unterzeichnerstaat ausgehen könne.

Das Verhältnis Lissoubas zu **Frankreich** war im Gegensatz zu den freundschaftlichen Beziehungen, die Sassou Nguesso mit dem französischen Staatspräsidenten Jacques Chirac verband, vom Beginn seiner Amtszeit an getrübt. Lissouba hegte ein tiefes Mißtrauen gegenüber der französischen Führung, der er während des Bürgerkriegs wiederholt Komplizenschaft mit Sassou Nguesso vorwarf. Bei Ausbruch der Kämpfe hatte Frankreich noch einen Teil der im Mai zur Evakuierung der Ausländer aus Kinshasa eingesetzten Truppen in Brazzaville stationiert, die durch weitere Kontingente aus Tschad auf 1 250 Mann aufgestockt wurden, um die in Brazzaville lebenden Ausländer zu evakuieren. Nach Beendigung der Aktion wurden bis 23.6. alle Truppen unter Hinweis auf die französische Politik der Nichteinmischung abgezogen. Frankreich stellte sich in der Folge hinter die Vermittlungsbemühungen Bongos. Der französische Botschafter blieb als einziger der im Kongo akkreditierten westlichen Diplomaten in Brazzaville und versuchte ebenfalls, zu vermitteln. Die französische Tageszeitung *Le Figaro* bezeichnete das Verhalten Frankreichs als "aktive Nichteinmischung" (17.10.) und wies gleichzeitig darauf hin, daß das *Elysée* (Sitz des französischen Staatspräsidenten) finanzielle Zuwendungen von Erdölkreisen in Verbindung mit Ländern wie Gabun und Angola an die Milizen von Sassou Nguesso stillschweigend hingenommen habe. Die französische Regierung wies alle Verdächtigungen zurück. Ein Versuch Lissoubas, während eines Besuches in Paris im September mit der französischen Führung direkt Kontakt aufzunehmen, schlug fehl. Sowohl Chirac als auch Premierminister Lionel Jospin, Außenminister Hubert Védrine und Kooperationsminister Charles Josselin lehnten es ab, ihn zu empfangen. Die friedliche Übergabe von Pointe-Noire an die mit den angolanischen Truppen verbündeten *"Cobras"* war zweifellos im Sinne Frankreichs und des Erdölunternehmens *Elf*, die es nicht für erforderlich hielten, die rd. 2 000 Ausländer aus der Hafenstadt zu evakuieren, wenn auch Frankreich seine Truppen im Tschad und der ZAR vorsichtshalber in Alarmbereitschaft versetzte. Frankreich nahm die gewaltsame Rückeroberung der Macht durch Sassou Nguesso und seine Proklamierung zum Staatschef zustimmend hin. Auch die übrige internationale Gemeinschaft einschließlich der OAU und der UN enthielt sich einer Kritik und forderte lediglich den Abzug ausländischer Truppen. Während eines privaten Aufenthalts im Dezember in Paris führte Sassou Nguesso sowohl mit Chirac als auch mit Jospin und mehreren Ministern Gespräche.

Bereits am 26.10. traf der Präsident von *Elf Aquitaine*, Philippe Jaffré, zu einem Besuch in Brazzaville ein. *Elf*, das den Hauptanteil an der Ausbeutung der reichhaltigen Erdölvorkommen vor der kongolesischen Küste hat und bestrebt war, seinen Aktivitätsbereich auf die angrenzenden angolanischen Erdölfelder auszuweiten, sah seine Interessen und die Stabilität der Region durch Sassou Nguesso besser gewahrt als durch Lissouba, der gleich zu Beginn seiner Amtszeit 1992 mit einem amerikanischen Erdölunternehmen paktiert hatte. Lissouba warf *Elf* Unterstützung seines Rivalen vor und erhob im November bei einem Pariser Gericht Anklage gegen das Unternehmen.

Sozioökonomische Entwicklung

Der Krieg und die **Zerstörungen**, die er vor allem in der Hauptstadt Brazzaville mit sich gebracht hatte, machten die vorhergehenden Ansätze eines wirtschaftlichen Aufschwungs zunichte. Öffentliche Gebäude, Geschäfte und Wohnhäuser waren zerschossen und geplündert. Die wirtschaftlichen Aktivitäten waren zusammengebrochen, viele der kleineren privaten französischen Investoren hatten ihr Eigentum verloren und das Land verlassen. Weitgehend von den Kriegseinwirkungen verschont geblieben waren hingegen Pointe-Noire und der Erdölsektor sowie die meisten ländlichen Gebiete und Kleinstädte. Auch die land- und forstwirtschaftlichen Tätigkeiten gingen weiter. Das **Wirtschaftswachstum**, das 1996 auf Grund der Ausweitung der Aktivitäten auf dem Erdöl- und Bausektor sowie bei öffentlichen Aufträgen nach Angaben der BEAC 6,8% betragen hatte, wurde 1997 auf 2,5%, die Inflationsrate auf 15% geschätzt. Im Februar verabschiedete das Parlament ein Gesetz zur Einführung der im Rahmen der Zoll- und Steuerreform der UDEAC vorgesehenen Mehrwertsteuer von 18% (ab 1.6.).

Eine Evaluierungsmission des **IWF** im Februar kritisierte die Budgetüberschreitungen 1996. Für Investitionen war erheblich mehr als veranschlagt ausgegeben worden, die Kürzungen der Ausgaben für Löhne und Gehälter wurden als unzureichend erachtet. Auch das Privatisierungsprogramm wies Verzögerungen auf. Der IWF hielt daher die Auszahlung der zweiten Tranche der 1996 bewilligten ESAF zurück, was zur Folge hatte, daß auch die bilateralen Geber, insbesondere Frankreich, keine weiteren Hilfen zur Strukturanpassung auszahlten. Anfang November stellte die **Weltbank** die Zusammenarbeit mit Kongo wegen ausstehender Schuldendienstzahlungen ein. Die **Schulden** gegenüber der Weltbank betrugen am 30.9. $ 75,5 Mio., gegenüber der IDA $ 165,7 Mio., der Rückstand bei den Schuldendienstzahlungen belief sich am 31.10. auf $ 15,5 Mio. bzw. $ 1,3 Mio. Ein Problem besonderer Art stellten die durch **Verpfändung künftiger Öllieferungen** eingegangenen Schulden dar, die auf mindestens F CFA 500 Mrd. geschätzt wurden.

Im Rahmen des **Privatisierungsprogrammes** hatte die Regierung Anfang August eine neue Protokollvereinbarung mit *Elf Aquitaine* und *Shell* zur Übernahme des Tankstellennetzes von *Hydro-Congo* und hinsichtlich des Management der Raffinerie *Coraf* unterzeichnet. Der neue Staatsminister für Privatisierung, Paul Kaya, sagte zu, die wichtigsten bereits 1995 in Angriff genommenen Privatisierungsvorhaben (s. Afrika Jahrbuch 1995) fortzuführen, ließ jedoch offen, ob die neue Regierung alle Einzelheiten der Vereinbarung mit *Elf* und *Shell* übernehmen würde.

Eine **Geberkonferenz** in Genf (10.11.) erarbeitete einen Plan vordringlicher Maßnahmen zur Vermeidung einer sanitären Katastrophe. Die Kosten wurden mit $ 18 Mio. angegeben. Zu den Prioritäten gehörte die Exhumierung der nur notdürftig begrabenen Toten des Bürgerkriegs, um der Gefahr von Epidemien zu begegnen. Weiter war die Instandsetzung eines Minimums an Infrastruktur der Wasser- und Stromversorgung sowie sanitärer Einrichtungen vorgesehen, um die Rückkehr der aus Brazzaville geflüchteten Bevölkerung zu ermöglichen.

Marianne Weiss

Chronologie Kongo 1997

11.03.	1. Parteitag der RDPS: Wahl von Jean-Pierre Thystère Tchicaya zum Vorsitzenden
05.06.	Ausbruch des Bürgerkriegs
16./17.06.	Erstes Treffen des internationalen Vermittlungskomitees unter Vorsitz Bongos in Libreville (Gabun)
19.07.	Verlängerung der Amtszeit Lissoubas durch den *Conseil constitutionnel*
12.09.	Bildung einer neuen Regierung unter Premierminister Bernard Kolélas (MCDDI)
14.10.	Einnahme Brazzavilles durch die Milizen von Sassou Nguesso
24.10.	Unterzeichnung eines "Acte fondamental" mit Verfassungscharakter durch Sassou Nguesso
25.10.	Vereidigung Sassou Nguessos zum neuen Staatschef
02.11.	Regierungsbildung
10.11.	Geberkonferenz in Genf

Afrika-Jahrbuch 1997, S. 211-213

São Tomé und Príncipe

Fläche: 996 km^2, **Einwohner:** 0,135 Mio., **Hauptstadt:** São Tomé, **Amtssprache:** Portugiesisch, **Lebenserwartung:** 64 J., **Alphabetisierung:** 67%, **Wechselkurs:** $ 1 = Dobra (Db) 6970, **HDI:** 0,534, Rang 9, **Pro-Kopf-Einkommen:** $ 330, **BSP:** $ 45 Mio., **Anteile am BIP (1995):** 21% - 26% - 53%, **Hauptexportprodukt (1995):** Kakao 95%, **Staatschef:** Miguel Trovoada, **Regierungschef:** Raúl Wagner da Conceiçao Bragança Neto, **Regierungskoalition:** Movimento de Libertação de São Tomé e Príncipe - Partido Social Democrático (MLSTP - PSD), Partido da Convergência Democrática-Grupo de Reflexão (PCD-GR)

Innenpolitik

Der seit Jahren andauernde **Machtkampf** zwischen Trovoada und dem ehemaligen Staatschef Manuel Pinto da Costa, der Trovoada bei den Präsidentschaftswahlen 1996 knapp unterlegen war, ging weiter. Desgleichen setzten sich die politischen, wirtschaftlichen und persönlichen Konflikte zwischen den Parteien und innerhalb der regierenden MLSTP-PSD, die alle politischen Aktivitäten lähmten, fort. Korruption, Mißbrauch öffentlichen Eigentums und illegale Machenschaften waren weit verbreitet. Trovoada kritisierte in seiner Neujahrsrede die "Selbstbedienung" der politischen Klasse und machte diese für die politische und wirtschaftliche Krise verantwortlich.

Zwei im November 1996 eingesetzte **parlamentarische Untersuchungskommissionen** legten im Januar ihre Berichte vor. Das Parlament genehmigte daraufhin gerichtliche Schritte gegen die vorhergehende Regierung unter Armindo Vaz d'Almeida (MLSTP-PSD) wegen Korruption und Mißwirtschaft. Vaz d'Almeida, der im Januar 1996 das Amt des Premierministers übernommen hatte, mußte bereits im September 1996 wegen eines Mißtrauensvotums seiner eigenen Partei zurücktreten. Raúl Wagner da Conceição Bragança Neto, der im November 1996 zu seinem Nachfolger bestellt wurde, legte ein **Regierungsprogramm** vor, zu dessen Prioritäten eine neue Gehaltsstruktur im öffentlichen Dienst, die Verbesserung der Nahrungsmittelversorgung und des Zugangs zu Bildungs- und Gesundheitseinrichtungen sowie eine Justizreform gehörten. Das Programm wurde im März vom Parlament einstimmig verabschiedet.

Trovoada kündigte seinerseits Anfang März **Initiativen zur "nationalen Versöhnung"** an, darunter eine Unterredung mit Pinto da Costa, die im April zustande kam, gefolgt von einem weiteren Treffen im August. Ein für 1998 geplantes Nationales Forum sollte die Gründe für die politische Instabilität analysieren und einen Konsens zwischen den verschiedenen politischen Kräften herbeiführen. Außerdem gab Trovoada anläßlich des Unabhängigkeitstages (12.7.) den Plan zur Abhaltung eines Referendums über eine weitreichende Änderung der Verfassung bekannt, da die ungenaue Festlegung der Kompetenzen des Staatspräsidenten immer wieder zu Konflikten mit Regierung und Parlament führten. Zu einer schweren **Krise zwischen Trovoada und der Regierung** führte die ohne vorherige Abstimmung Anfang Mai mit Taiwan getroffene Vereinbarung zur Aufnahme diplomatischer Beziehungen (s. Außenpolitik). Der Ministerrat beschloß deren offizielle Ablehnung, worauf Trovoada unter Hinweis auf seine verfassungsmäßigen Kompetenzen ein Dekret erließ (22.5.), das die Vereinbarung mit Taiwan bestätigte. Die Regierung verbot ihrerseits den Behörden jegliche Kontakte mit Vertretern Taiwans und kündigte die Rücksendung eines von Taiwan erhaltenen Schecks über $ 4 Mio. an. Erst im Oktober begann sie, ihre starre Haltung aufzugeben. Das Exekutivkomitee der MLSTP-PSD prangerte Mitte Dezember ebenfalls die ständigen **institutionellen Konflikte zwischen den staatlichen Organen** an und beklagte die politische Führungsschwäche. Premierminister Bragança Neto wurde aufgefordert, sein Kabinett umzubilden und den dem Koalitionspartner *Partido da Convergência Democrática - Grupo de Reflexão* (PCD-GR) angehörenden Wirtschaftsminister Cosme Rita sowie Landwirtschaftsminister Hermenegildo Sousa e Santos und Planungs- und Finanzminister Acácio Elba Bonfim (beide MLSTP-PSD), die für die wachsende Armut vorantwortlich gemacht wurden, zu entlassen. Bonfim reichte daraufhin seinen Rücktritt ein, der jedoch nicht angenommen wurde. Das Vorgehen machte die Spaltung innerhalb der MLSTP-PSD und den Mangel an Solidarität innerhalb der Regierung deutlich. Auch die Trovoada nahestehende oppositionelle *Acção Demo-*

crática Independente (ADI) übte Kritik an der mangelnden Kooperation und schlug einen Pakt zur Herbeiführung des Dialogs und der Versöhnung vor.

Ein mit schweren Ausschreitungen einhergehender **Protestmarsch** (23./24.4.) durch die Hauptstadt São Tome wurde durch eine Erhöhung der Treibstoffpreise um 140%, die Preissteigerungen bei Transporten, Lebensmitteln und Konsumgütern nach sich zog, ausgelöst.

Außenpolitik

Anläßlich eines Besuches in **Taiwan** unterzeichnete Außenminister Homero Jerónimo Salvaterra auf Anweisung Trovoadas eine Vereinbarung über die Aufnahme diplomatischer Beziehungen (7.5.), wodurch ein schwerer innenpolitischer Konflikt (s. Innenpolitik) und eine Krise in den Beziehungen zu China ausgelöst wurde. Trovoada begründete sein Vorgehen mit dem nationalen Interesse und hob hervor, daß Taiwan $ 30 Mio. für drei Jahre in Aussicht gestellt und eine sofortige Hilfe von $ 4,3 Mio. geleistet habe. Außerdem bot Taiwan 30 Studenten die Möglichkeit, drei Jahre an taiwanesischen Universitäten zu studieren. **China** reagierte mit heftigem Protest, was umso verständlicher war, als der chinesische Außenminister Qian Qichen São Tomé erst im Januar besucht und zwei Wirtschaftsabkommen unterzeichnet hatte, darunter einen Zahlungsaufschub von zehn Jahren für $ 11 Mio. von einer Gesamtschuld São Tomés gegenüber China von rd. $ 20 Mio. Im Verlauf einer 25-jährigen Zusammenarbeit hatte China über $ 30 Mio. an Hilfe bereitgestellt. Die chinesische Regierung stellte die Entwicklungshilfe an São Tomé "vorübergehend" ein (26.5.), brach die diplomatischen Beziehungen ab (12.7.) und forderte die sofortige Rückzahlung aller Schulden.

Der Abschluß eines Abkommens zur Exploration und Förderung von Erdölvorkommen vor der Küste São Tomés ließ die **Abgrenzung der Hoheitsgewässer** gegenüber Gabun und Äquatorial-Guinea zu einem akuten Problem werden. Gabun hatte drei Jahre vor der Unabhängigkeit São Tomés seine Hoheitsgewässer einseitig ausgedehnt und damit die in der Genfer Konvention von 1958 festgelegte Linie überschritten. Im November legte die Regierung von São Tomé der UN und der Golf von Guinea-Kommission eine Karte mit den territorialen Grenzen zur Genehmigung vor.

Die guten Beziehungen zu **Portugal** als wichtigstem westlichen Partner erfuhren durch einen offiziellen Besuch von Premierminister Bragança Neto (15.-22.4.) und einen Arbeitsbesuch Trovoadas (16.-20.10.) eine Bestätigung. São Tomé strebte die Intensivierung der Zusammenarbeit insbesondere auf den Gebieten des Gesundheits- und Bildungswesens, der Landwirtschaft und der inneren Sicherheit an.

Bei einem Besuch in **Frankreich** im Dezember bat Trovoada Präsident Jacques Chirac, seinen Einfluß bei den Bretton Woods-Institutionen zugunsten São Tomés geltend zu machen. Auf dem Frankophonie-Gipfel in Hanoi (14.-16.11.) wurde São Tomé, das bisher nur Beobachterstatus hatte, als Vollmitglied aufgenommen.

Sozioökonomische Entwicklung

In einem Bericht zur Lage der Nation zeichnete Premierminister Bragança Neto am Jahresbeginn ein **düsteres Bild der Wirtschaft**: die Bevölkerung habe angesichts der hohen Preise und der niedrigen Gehälter große Schwierigkeiten, ihren Lebensunterhalt zu sichern, die Situation auf dem Gesundheitssektor habe sich verschlechtert, die Maßnahmen der Regierung zur Lösung der Probleme blieben in den Augen der Bürger wirkungslos, der Staatshaushalt sei außer Kontrolle geraten. Trotz steigender Ausgaben verfalle die Infrastruktur, die Korruption greife immer mehr um sich. Eine **Untersuchungskommission** über den Staatshaushalt 1996 stellte fest, daß die Regierung die Haushaltsgesetze nicht beachtet hatte, und kritisierte die hohe Budgetüberschreitung, die u.a. durch Auslandsreisen und den Kauf von Luxusautos bedingt war (s. auch Innenpolitik). Eine weitere Untersuchungskommission zeigte zunehmende Unregelmäßigkeiten bei der Landverteilung aus staatlichen Plantagen zugunsten von Regierungsmitgliedern auf.

Die **Weltbank** richtete im Februar ein Ultimatum an die Regierung mit der Drohung, ihre Hilfe einzustellen, wenn die makroökonomischen Stabilisierungsmaßnahmen nicht durchgeführt würden.

Im Mai übte ein IWF/Weltbankteam erneut scharfe Kritik und beklagte sowohl das Fehlen einer Entwicklungsstrategie als auch die mangelnde Definition von Prioritäten im Regierungsprogramm. Es verurteilte die steigende Inflation, das Fehlen eines öffentlichen Investitionsprogrammes und die schlechte Verwaltung öffentlicher Gelder. Die Regierung wurde aufgefordert, drastische Maßnahmen zur Reduzierung des Budgetdefizits und der Inflation, die 1996 auf 51,7% gestiegen war, zu ergreifen. Eine weitere Weltbankkommission im November stellte zwar einige Fortschritte bei der Inangriffnahme fiskalischer und monetärer Maßnahmen fest, kritisierte jedoch erneut die Unfähigkeit der Regierung, die öffentlichen Mittel effizient zu verwalten und verurteilte die Korruption und den Mangel an politischer Führung.

Der **Staatshaushalt 1997** in Höhe von Db 191 Mrd., der eine Steigerung von 100% gegenüber 1996 aufwies, wurde erst im September verabschiedet. Von den Ausgaben waren 22% für Schuldendienstzahlungen, 12% bzw. 10% für das Bildungs- bzw. Gesundheitswesen vorgesehen. Das öffentliche Investitionsprogramm, das fast zur Gänze aus Gebermitteln finanziert werden sollte, belief sich auf $ 32,8 Mio, wovon $ 10,6 Mio. für Landwirtschaft und Fischerei bestimmt waren. Die Auslandsverschuldung entsprach 1 150% der Exporterlöse. Portugal gewährte im Juli einen Schuldenerlaß von $ 2 Mio., um damit die Voraussetzungen São Tomés für Verhandlungen mit dem Pariser Club zu verbessern. Den Forderungen der Weltbank entsprechend erhöhte die Regierung im April die Treibstoffpreise um 140%, kündete angesichts des Protests der Bevölkerung (s. Innenpolitik) jedoch unmittelbar darauf eine **Steigerung der Gehälter** im öffentlichen Dienst von 200% - 300% an und gefährdete damit die Konsolidierung des Budgets.

Nachdem Bemühungen, die staatliche Sparkasse *Caixa Nacional de Poupança e Crédito* (CNPC) zu privatisieren, fehlgeschlagen waren, empfahl die Weltbank angesichts der schlechten Finanzlage der Bank ihre Liquidierung. Die Chancen, ausstehende Verbindlichkeiten in Höhe von Db 4 Mrd. einzutreiben, wurden gering eingeschätzt, da die Kredite mehr nach politischen als nach finanziellen Kriterien vergeben worden waren.

Hoffnungen auf eine Verbesserung der wirtschaftlichen Situation wurden vor allem auf zwei Projekte gesetzt: die Errichtung einer Freihandelszone und die Erdölförderung. Die 1996 mit der südafrikanischen *Western African Development Corporation* (WADCO) aufgenommenen Verhandlungen kamen mit der Unterzeichnung eines Abkommens (6.5.) über die **Errichtung einer Freihandelszone** auf der Insel Príncipe zum Abschluß. Ein Konsortium der amerikanischen *Environmental Remediation Holding Corporation* (ERHC) und der südafrikanischen *Procura Financial Consultants* (PFC) schloß mit der Regierung eine Vereinbarung (27.5.) über die **Exploration und Förderung von Öl-, Gas- und Mineralvorkommen**. Der erhoffte Ölboom führte zur Gründung einer Dienstleistungsgesellschaft *Hydrocarbonetos* durch lokale, der MLSTP-PSD und der PDC-GR nahestehende Beamte und Geschäftsleute.

Trotz eines nationalen Programms zur **AIDS**-Bekämpfung stieg die Zahl der HIV-infizierten Personen in erschreckendem Ausmaß an. Mindestens 50% der Blutspenden für das Krankenhaus waren nach Angaben des Gesundheitsministeriums verseucht. Die UNICEF stellte $ 5 Mio. für ein Fünfjahresprogramm zur Finanzierung der Grundausbildung, der Basisgesundheitsfürsorge, der Trinkwasserversorgung und der Familienplanung bereit. Der FAD gewährte Mittel von $ 5 Mio. für ein Fünfjahresprojekt zur Armutsbekämpfung.

Marianne Weiss

Chronologie São Tomé und Príncipe 1997

15.01.	Besuch des chinesischen Außenministers Qian Qichen
16.-22.04.	Offizieller Besuch von Premierminister Bragança Neto in Portugal
23.-24.04.	Gewaltsame Protestaktionen wegen Erhöhung der Treibstoffpreise
07.05.	Aufnahme diplomatischer Beziehungen zu Taiwan
11.07.	Einstellung der diplomatischen Beziehungen durch China
16.-20.10.	Besuch Trovoadas in Portugal

Afrika-Jahrbuch 1997, S. 214-218

Tschad

Fläche: 1 284 000 km², **Einwohner:** 6,9 Mio., **Hauptstadt:** N'Djamena, **Amtssprachen:** Französisch und Arabisch, **Lebenserwartung:** 48 J., **Alphabetisierung:** 46%, **Wechselkurs:** $ 1= Franc CFA 598,81, **HDI:** 0,288, Rang 35, **Pro-Kopf-Einkommen:** $ 160, **BSP:** $ 1035 Mio., **Anteile am BIP:** 42% - 29% - 29%, **Hauptexportprodukt (1995):** Baumwolle 48%, **Staatschef:** Idriss Déby, **Regierungschef:** Nassour Guelengdouksia Ouaidou, **Partei des Staatschefs:** Mouvement Patriotique du Salut (MPS)

Innenpolitik

Nach den umstittenen Präsidentschaftswahlen (s. Afrika Jahrbuch 1996) überschatteten weitere Ungereimtheiten und eine recht niedrige Wahlbeteiligung (48,5% in beiden Wahlgängen) auch die **Parlamentswahlen**. Der Opposition gelang es nicht, als glaubhafte Alternative zur MPS aufzutreten, z.T. hatten die Parteien auch schon im letzten Jahr ihre Kasse geplündert und erschienen daher im Wahlkampf nahezu abwesend. Im ersten Wahlgang (5.1.) erzielte die MPS 37 Sitze - und zwar im Nordteil des Landes (alle Sitze in den Präfekturen Borkou-Ennedi-Tibesti, Batha, Biltine, Guéra und Salamat, davon 7 Wahlkreise ohne Gegenkandidaten), ihr wichtigster Koalitionspartner *Union Nationale pour le Développement et le Renouveau* (UNDR) und die größte Oppositionskraft *Union pour le Renouveau et la Démocratie* (URD) sieben bzw. nur vier Sitze gefolgt von der *Rassemblement pour la Démocratie et le Progrès* (RDP) mit drei und der *Union Nationale pour le Renouveau du Tchad* (UNRT), der *Parti pour les Libertés et le Développement* (PLD) sowie der *Fédération, Action pour la République* (FAR) mit jeweils einem Sitz; zwei Wahlkreise wurden von der Wahlkommission annulliert (Faya und Goz Beida). Die unabhängige Presse beklagte "wenig legale" Methoden der Partei Débys und kritisierte die ca. 150 internationalen Wahlbeobachter, die positive bis nichtssagende Urteile fällten. Das unübersichtliche Wahlsystem mit einer Mischung aus absoluter Mehrheitswahl in zahlreichen Einerwahlkreisen und Verhältniswahl in einigen wenigen größeren Wahlkreisen wurde nur selten moniert.

Nur in zehn weiteren Wahlkreisen (mit 17 Sitzen) lag die MPS vor dem zweiten Wahlgang (23.2.) in Führung. Mit dieser geringen Chance auf eine eigene Mehrheit wuchs offenbar der Manipulationswille. Nach dem sicher geglaubten Sieg in einem Wahlkreis der Hauptstadt wurden ein Kandidat der RDP und 14 Anhänger festgenommen; der Wahlkreis wurde der MPS/PLD-Liste zuerkannt; ein weiterer von der gemeinsamen *Union pour la Démocratie et la République* (UDR)/*Convention nationale pour la démocratie et le socialisme* (CNDS)-Liste beanspruchter Wahlkreis ging ebenfalls an die MPS. In beiden Fällen soll es des Nachts bei der Zentralisierung der Wahlergebnisse zu schweren Manipulationen gekommen sein, so auch in Bongor. Die von der Wahlkommission dann vorgelegten vorläufigen Ergebnisse der zweiten Runde sprachen der MPS in der Addition 55 Sitze zu. Um so überraschender war dann das offizielle Endergebnis des Appellationsgerichtshofes (21.3.): Nach der Umverteilung von vier Sitzen der *Rassemblement National pour la Démocratie et le Progrès* (RNDP; Wahlkreis Kelo), zwei der URD (Kyabe) und zwei der *Union Nationale* (UN; in Boussou) an die MPS erzielte diese eine kanppe Mehrheit (63 von 125 Sitzen, 2 weitere kamen in den beiden annullierten Wahlkreisen bei Nachwahlen am 27.3. hinzu). Zwei der drei ursprünglich der *Action Tchadienne pour l'Unité et le Socialisme* (ACTUS) von Ex-Premier Fidèle Moungar zugesprochenen Sitze (Wahlkreis Bénoye) wurden an die regimenahe *Alliance Nationale pour la Démocratie et le Développement* (AND) gegeben, die restlichen Sitze verteilten sich auf URD (29), UNDR (15), UDR (4), RDP (3), PLD (3), CNDS (1), FAR (1) und UNRT (1). Durch eine erneuerte Allianz mit UNDR, PLD, AND und UNRT verfügte Déby über eine komfortable Mehrheit. Nach der bereits im letzten Jahr zur Koalition bereiten UNDR zeigte sich nun auch die stärkste Oppositionskraft URD kompromißfähig. Die Wahl des URD-Vorsitzenden Kamougué zum Parlamentspräsidenten war wichtigster Teil eines Arrangements zwischen seiner Partei und der MPS. 109 von 125 Abgeordneten stimmten daraufhin für ihn (9.5.). Innerhalb des neuen Parlamentes regte sich nun kaum mehr Opposition. Nur ein Abgeordneter, Yorongar Ngarlejy, Vorsitzender der FAR, blieb konsequent regimekritisch, besonders deutlich in Fragen der Erdölförderung (s.u.). Die Berufsgruppe der Lehrer stellte im Parlament mit 30 Abgeordneten den größten Anteil, nur drei Frauen waren vertreten.

Zum neuen Premierminister ernannte Déby den bisherigen Generalsekretär im Präsidialamt, Nassour Ouaidou (MPS; 16.5.). Seine **Regierung "der breiten Öffnung"** (20.5.) enthielt einige Veränderungen. So mußte der bisherige Außenminister Kebzabo dem PLD-Mitglied Mahamat Saleh Annadif weichen, erhielt dafür aber das ihm bereits bekannte Ministerium für Transport, öffentliche Arbeiten und Städtebau zusammen mit dem Titel eines Staatsministers. Kebzabo verlor durch die Annahme des Postens sein Abgeordnetenmandat im Wahlkreis Léré, das seine UNDR bei Nachwahlen (Nov.) dann nicht erneut gewinnen konnte - Parteianhänger beklagten erneut Manipulationen, kritisierten aber auch den Vorsitzenden für dessen selbstherrliche Entscheidung und die Zusammenarbeit mit der MPS. Der ehemalige Handels- und Industrieminister Salifou Garba (AND) wurde zum Kommunikationsminister ernannt. Innenminister Nimir Hamata und Armeeminister Youssouf Togoimi tauschten die leicht veränderten Ressorts (Inneres, Sicherheit und Dezentralisierung bzw. Verteidigung). Insgesamt 17 Minister waren Neulinge, darunter Bichara Cherif Daoussa, der das Superministerium für Finanzen, Wirtschaft und Plan übernahm, und der Vorsitzende der Wahlkommission, Pascal Yoadimnadji, der das interessante Bergbau-, Energie- und Erdölministerium offenbar für seine treuen Dienste übertragen bekam. Neun von 19 Ministern stammten aus dem Südteil des Landes, darunter Premier Ouaidou, Schlüsselposten gingen aber an Vertraute Débys. Überraschend wurde Innenminister Togoimi bald seines Amtes enthoben (10.8.) - offenbar kam Déby damit einem Rücktritt zuvor; einer ethnischen Logik folgend wurde er durch einen anderen Toubou, Abderamane Salah, ersetzt. Ebenso überaschend entließ Déby den Generalsekretär des Präsidialamtes Nagoum Yamassoum und den gefürchteten Direktor des Zivilkabinetts Hussein Timan Erdimi (11.8.); letzterer wurde durch Abba Siddick ersetzt. Schließlich wurden die drei Minister für Landwirtschaft, Handel und Sozialfürsorge nach einem Überraschungsbesuch Débys in den entsprechenden Ministerien wegen wiederholter Abwesenheit vom Arbeitsplatz entlassen (12.11.).

Nach schwierigen Vorverhandlungen unter Vermittlung des regionalen Vorsitzenden der *Ligue Tchadienne des Droits de l'Homme* konnte ein **Friedensvertrag** zwischen Regierung und den *Forces Armées de la République Fédérale* (FARF) geschlossen werden (18.4.), auf Regierungsseite unterschrieb (Noch-)Armeeminister Togoimi, für die FARF der politische Berater Dominique Ndjkoula in Anwesenheit seines Anführers Laokein Bardé, des noch amtierenden Premierministers Djimasta Koibla sowie der Botschafter Frankreichs, Nigerias, Kameruns und der ZAR den Vertrag, der unter anderem eine Amnestie der FARF-Mitglieder gegen Aufgabe des bewaffneten Kampfes, die Teilhabe ziviler Mitglieder an den Staatsgeschäften und die Umwandlung in eine politische Partei vorsah. Außerdem sollte die nationale Armee wieder kaserniert werden, ein Teil der FARF-Truppen aber militärische Ausbildung genießen, in die Armee integriert werden und nicht Demobilisierungsplänen anheimfallen. Noch weitergehend wurde versprochen, die Rekrutierung künftiger Soldaten unter "Beachtung der Vielfalt des Tschad" vorzunehmen. Schon wenige Wochen später beklagte sich Bardé darüber, daß diese Versprechungen nicht eingehalten würden; zumindest die Amnestie war von Déby aber unterschrieben worden (2.5.), und sieben Gefangene kamen frei (14.5.). Bardé reiste in die Hauptstadt und traf Déby (17.5.). Vor Ort in **Moundou** spitzte sich allerdings der Konflikt zwischen dem Präfekten und dem Kommandanten des örtlichen Regimentes einerseits sowie der FARF andererseits zu. Zwölf FARF-Mitglieder liefen zur Regierung über, erklärten Bardé für abgesetzt und bedrohten einen Journalisten sowie die Vermittler aus den Reihen der Menschenrechtsorganisationen, die sie der Kollaboration mit Bardé bezichtigten - offenbar jeweils mit Unterstützung der Behörden. Déby empfing Delegierte der einstigen Rebellen und wies sie scharf zurecht (23.9.): Statt einer Rückkehr ins zivile Leben hätten Rekrutierungen in die Rebellenarmee stattgefunden, man unterhalte enge Beziehungen zu den Straßenräubern in der Region und zu den kamerunischen Oppositionellen Guerandi Mbara und Fru Ndi. Schließlich könne er den materiellen Forderungen nicht nachgeben, Premierminister Ouaidou ließ eine entsprechende Erklärung in den staatlichen Medien verbreiten und schickte Truppen nach Moundou, die bald das FARF-Hauptquartier angriffen. Es entbrannten schwere

Kämpfe (30.10.), die mindestens 42 Opfer auf Seiten der Rebellen, vier auf Seiten der Armee und bei anschließenden Razzien 52 Zivilisten das Leben kosteten; Bardé konnte fliehen. Mehrere Dutzend Zivilisten wurden von Armeeangehörigen verhaftet, verschleppt und mißhandelt, der Bischof von Moundou zwei Stunden lang verhört, sein Vikar gefoltert, die Kathedrale geplündert. Diese Ereignisse stellten die "konsensuelle Demokratie" auf eine schwere Probe. Befürchtet wurde eine Ausweitung der Kämpfe zu einem Flächenbrand und eine regionale Solidarisierung aller nennenswerten Parteien des Südens mit den Angegriffenen. Das Parlament verlangte eine Erklärung des Premierministers, einzelne Abgeordnete eine parlamentarische Untersuchungskommission (4.11.). An deren Stelle wurde schließlich nach Vermittlung Kamougués eine gemischte Untersuchungskommission von Regierung und Parlament eingerichtet, ein deutlicher Nachweis für die geringe Kraft der Legislative. Drei führende FARF-Mitglieder wurden in Kamerun verhaftet (24.11.). Die einiger Offiziere beraubten FARF waren im November in der Lage, erneut Angriffe auf Fahrzeugkonvois und selbst auf Moundou zu organisieren, bei denen hauptsächlich Zivilisten getötet wurden. Auch die Rebellen begingen schwere Menschenrechtsverletzungen. Die Provinzhauptstadt blieb unter Hochspannung, muslimische Bürger veranstalteten bewaffnete Demonstrationen,und Geschäfte blieben geschlossen, ehe Déby mit einer versöhnlichen Rede zu relativer Entspannung beitrug (2.12.). Wenig später wurden 120 FARF-Kämpfer demobilisiert und abgefunden, 50 in die Armee integriert, ca. 800 befanden sich noch im Untergrund.

Mit einem Flügel der *Front pour la Libération Nationale/Forces Populaires Armées* (Frolinat-FPA) unterzeichnete Verteidigungsminister Nimir Hamata einen Friedensvertrag (13.8.). Der "nationale Vermittler" und Ex-Premier Koibla führte in Beisein von Offizieren aus dem Sudan Friedensgespräche auch mit der im Osten operierenden *Front National du Tchad* (FNT), der *Front National du Tchad Renové* (FNTR), der *Mouvement pour la Justice Sociale et la Démocratie* (MSJD) und dem *Conseil Démocratique Révolutionnaire* (CDR-volcan), die in einen Versöhnungsvertrag mündeten (3.10.). Unklar war, ob die Rebellenvertreter das Mandat ihrer Organisationen hatten. Die *Mouvement pour la Démocratie et le Développement* (MDD) verlautbarte am Jahresende, bei Gefechten in der Tschadseeregion habe sie 37 Regierungssoldaten getötet und zwei eigene Kämpfer verloren. Der Übergang von einer politischen Partei zu einer politisch-militärischen Bewegung schien ebenso möglich: Adoum Moussa Seif, Präsidentschaftskandidat der CNDS im Vorjahr, gründete mit der *Resistance Armée contre les Forces Anti-Démocratiques* (RAFAD) seine eigene bewaffnete Gruppe. Seif war nach den Wahlen geflüchtet, offenbar, weil er seine Ermordung befürchten mußte.

Die Anweisung an Sicherheitsbeamte, in flagranti erwischte Diebe auf der Stelle zu erschießen (s. Afrika Jahrbuch 1996), wurde nach erheblichen Protesten im In- und Ausland am 3.3. aufgehoben, extralegale Hinrichtungen fanden aber vereinzelt weiter statt. Zuvor hatte das europäische Parlament eine scharfe Resolution verabschiedet, die eine entsprechende Konditionalisierung der EU-Hilfe im Rahmen des Lomé-Abkommens forderte (20.2.). Die *Fédération Internationale des Ligues des Droits de l'Homme* (FIDH) forderte die UN-Menschenrechtskommission auf, einen Spezialberichterstatter für den Tschad zu benennen (1.4.). Statt dessen gelang es nach intensiver Lobbyarbeit gegen französische Einflußnahmen lediglich, die bestehende "vertrauliche Prozedur" aufrechtzuerhalten. **Menschenrechtsverletzungen** hielten aber an, so z.B. bei der Niederschlagung eines örtlichen Protestes in Gounou Gaya (Jan.). Besonders die direkt dem Präsidenten unterstellt *Garde Nationale Nomade du Tchad*, eine Sondereinheit in der Mehrzahl aus ehemaligen Rebellen der MDD, sorgte für Terror in einigen Orten im Süden des Landes. Die gefürchtete *Garde Républicaine* wurde in *Forces Rapides d'Intervention* (FIR) umbenannt (28.10.), ihr Einsatz in Moundou war von zahlreichen Menschenrechtsverletzungen begleitet. Déby fuhr dennoch fort, sich als "Garanten der Respektierung von Menschenrechten im Tschad" zu bezeichnen.

Außenpolitik

Vor allem mit dem Einsatz eigener Truppen im Rahmen der *Mission inter-africaine de surveillance des accords de Bangui* in der benachbarten **ZAR** bewies das Regime sein Interesse an aktiver Außenpolitik. Das tschadische Kontingent geriet allerdings durch sein forsches Auftreten besonders in Kritik. Sympathisanten der Meuterei griffen bevorzugt tschadische Soldaten und Händler an, denen sie eine Parteinahme zugunsten von Präsident Patassé unterstellten. Ob ein (geheimes) Verteidigungsabkommen im Rahmen der dreiseitigen Verhandlungen (Tschad-ZAR-Sudan) im Vorjahr ausgehandelt worden war, blieb unklar. Patassé reiste auf der Suche nach Unterstützung nach N'Djamena (10.-12.10.). Gegen Jahresende besuchte der Vermittler in der ZAR-Krise, Amadou Toumani Touré, N'Djamena und dankte der tschadischen Armee für den Einsatz (26.11.). Auch gegenüber dem krisengeschüttelten **Kongo** versuchte sich Déby als Vermittler an der Seite Omar Bongos, allerdings ohne viel Erfolg.

Außenminister Kebzabos schwierige Beziehungen zu **Libyen** (s. Afrika Jahrbuch 1996) kannten eine Fortsetzung mit seinem Protest gegen die Verteilung eines Kalenders mit einer Darstellung der Grenzen beider Länder, die den Aouzou-Streifen Libyen zurechnete - dies sei ein "nicht-freundschaftlicher, ja feindlicher Akt" (31.1.). Premierminister Koibla flog sogleich in Beschwichtigungsabsicht nach Tripoli (5.2.), wenig später auch Innen- und Sicherheitsminister Nimir Hamata (16.-20.2.). Schon im März trafen sich Abgeordnete des libyschen Revolutionskomitees mit MPS-Kadern. Déby setzte sich wiederholt für die Aufhebung der UN-Sanktionen gegen Libyen ein. Gegenüber dem zweiten mächtigen Nachbarn **Sudan** verhielt sich Déby ebenfalls aufmerksam: Bei der Vermittlung eines Friedensschlusses zwischen sieben Guerillabewegungen und der Zentralregierung war er in Khartoum anwesend (21.4.). Eine **Nigeriareise** Débys diente vor allem der Klärung von Engpässen bei der Erdölversorgung und den Rückzugsmöglichkeiten von Rebellen ins Nachbarland. In Absprache mit dem Präsidenten **Nigers** entsandte N'Djamena Truppen in das von Toubou-Rebellen unsicher gemachte Grenzgebiet beider Staaten (Mai). Ein Waffenstillstand zwischen den Streitparteien Nigers wurde im Tschad geschlossen (10.6.); Präsident Baré besuchte Déby nach einem neuen Angriff der Rebellen (12.10.). Ex-Präsident Goukouni Oueddei dementierte Berichte, wonach er mit Hilfe der Rebellen im nördlichen Grenzgebiet beider Staaten einen Toubou- und Tuareg-Staat errichten wolle (26.10.). 231 mit dem Ex-Präsidenten Habré sympathisierende Flüchtlingsfamilien kehrten zum Jahresende aus Niger in den Tschad zurück.

Während einer **Marokkoreise** von Premier Koibla wurde der Entzug der diplomatischen Anerkennung der Sahraoui-Republik bekanntgegeben und eine gemeinsame Kommission beider Länder eingerichtet (9.5.). Déby selbst besuchte König Hassan mit großem Gefolge (4.12.). Intensiviert wurden die Beziehungen zu **Iran**, als Ergebnis einer Reise Koiblas nach Teheran (2.-4.3.) wurde die Eröffnung einer iranischen Botschaft in N'Djamena beschlossen, Außenminister Velayati lud Déby bei einem Besuch zum OIC-Gipfel nach Teheran ein (18.7.).

Die Salonfähigkeit des einstigen Militärherrschers und nun gewählten Präsidenten stellte **Frankreich** mit der Einladung zu einem Staatsbesuch unter Beweis. Déby traf mit Präsident Chirac, Premierminister Jospin und weiteren Ministern in betont freundschaftlicher Athmosphare zusammen (2.-4.7.), eine Verkleinerung des französischen Truppenkontingentes, über die es Spekulationen gab, wurde nicht angesprochen - 22 Oppositionsparteien forderten später in einem offenen Brief an Jospin (29.8.) den Abzug der Truppen, die nur der Unterstützung eines "von Frankreich eingesetzten diktatorischen und tribalistischen Regimes" diene. Der Unternehmerverband *Conseil des investisseurs français en Afrique noire* (CIAN) organisierte ein Frühstück mit Déby, der dort die Fortsetzung privilegierter Beziehungen zwischen beiden Ländern (wie zuvor bereits Jospin) offen vertrat.

Die Regierung wechselte ihre Unterstützung für Beijing gegen jene für Taipeh (12.8.). Noch im Juli war der MPS-Vorsitzende und stellvertretende Parlamentspräsident Moldom Bada Abbas sowie zwei Ministerinnen in Begleitung der *first lady* Halimé Déby nach Peking gereist. Die VR China hatte über die Jahre diskret Militärhilfe gegeben. **Taiwan** hatte sich nun wohl die diplomatische Anerkennung noch mehr kosten lassen, man sprach von F CFA 61 Mrd. an Entwicklunghilfe. Diese führte zur sofortigen Unterbrechung diplomatischer Beziehungen mit der VR China. Déby reiste zu einem Staatsbesuch nach Taiwan (26.10.).

Sozioökonomische Entwicklung

Das große **Pipelineprojekt** Doba-Kribi stieß vermehrt auf Kritik, vor allem durch Umweltschützer in Europa und den USA. Folgende Problemfelder wurden genannt: Wie im nigerianischen Ogoniland könnten die Einnahmen aus dem Erdölgeschäft einer kleinen Elite zukommen, während das Fördergebiet mit den Lasten alleingelassen werde (Umsiedlung, Abholzung, Verschmutzung), dies müßte bereits bestehende Nord-Süd-Spannungen ausweiten. Da der fruchtbarste Landstrich des Tschads betroffen sei, könne die Nahrungsmittelproduktion leiden. Die örtliche HIV-Infektionsrate könnte durch die Fluktuation von Bauarbeitern steigen. Vielleicht am gravierendsten war aber der Vorwurf, das Erdölgeschäft könne zur weiteren "Kriminalisierung des Staates" in Tschad und Kamerun beitragen, indem die Erlöse in schwarzen Kassen landeten. Die Lobby aus Nord- und Süd-NGOs wollte mit ihren Kampagnen vor allem verhindern, daß Tschad seine Beteiligung am Kapital der Pipeline über einen $ 120 Mio.-Kredit der Weltbanktochter IDA finanzierte, der üblicherweise nur zur Armutsbekämpfung (bei besonders günstigen Konditionen) zur Verfügung steht. Die Weltbank bestritt, daß für Erziehung oder Gesundheit ausersehene Mittel umgeleitet würden, vielmehr müßten die Erdöleinnnahmen zusätzlich und langfristig zur Armutsbekämpfung eingesetzt werden können. Sie nahm die inhaltlichen Vorwürfe allerdings ernst, verschob ihre Entscheidung und versprach Kontrolle über die Verwendung der Erdöleinnahmen. Eine zweite Weltbanktochter, die IFC, sollte Kredite in Höhe von ca. $ 250 Mio. für das Konsortium aus *Esso*, *Shell* und *Elf* bereitstellen, das ein solches Engagement der Weltbank forderte, um auch das politische Risiko zu minimieren. Der letztlich schwach dotierte IDA-Kredit sollte wiederum der IFC die Mobilisierung viel größerer Kreditsummen auf dem freien Kapitalmarkt erleichtern, da er als Symbol für die Unterstützung des Projekts durch die Weltbank verstanden wurde. Nur zögerlich sorgten die Beteiligten in Informationsveranstaltungen für mehr Transparenz. Die Regierung legte spät eine erforderliche Umweltverträglichkeitsstudie vor (24.10.). Mit je einer Gegenstimme bzw. Enthaltung, nämlich des Abgeordnten aus der betroffenen Region, Yorongar Ngarlejy, wurden zwei zur Erdölförderung notwendige Gesetze im Parlament verabschiedet. Yorongar beschuldigte Parlamentspräsident Kamougué daraufhin der Bestechlichkeit; ihm drohte eine Anklage und die Aufhebung der Immunität. Wegen Unstimmigkeiten mit Kamerun mußten die Arbeiten an der Pipeline verschoben werden.

Der **IWF** zeigte sich zunächst insgesamt mit den Fortschritten des SAP zufrieden und billigte die Auszahlung einer weiteren ESAF-Tranche (13.6.), warnte aber vor einem "neuen Abgleiten" der Haushaltsdisziplin (15.7.). Nachdem einige Kriterien nicht erfüllt waren, wurde das SAP wenig später für vier Monate "unter Aufsicht" gestellt - ein anberaumtes Gebermeeting in Genf (Nov.) mußte verschoben werden. Umstritten blieb die von der Weltbank geforderte Privatisierung der gesundeten halbstaatlichen *Cotontchad*; vor allem der französische Teilhaber *Compagnie française pour le développement des fibres textiles* (CFDT) protestierte. Per Dekret wurde ein Komitee gebildet, das Vorschläge zur strategisch wichtigen **Baumwollpolitik** der Regierung erarbeiten sollte (Juli), während eine neue Rekordernte vermeldet wurde (212 000t). Wegen fehlender Niederschläge blieb die **Getreideproduktion** 1996/97 weit unter den Erfordernissen, statt benötigten rund 1 Mio. t Getreide waren gerade 840 000t geernet worden. Zum Teil wurden diese Ausfälle durch Nahrungsmittelhilfen der EU und Frankreichs aufgefangen, Geber unterstellten aber eine Dramatisierung der Zustände, um Nahrungsmittelhilfen als Wahlkampfgeschenke verteilen zu können.

Andreas Mehler

Chronologie Tschad 1997

21.03.	Bekanntgabe der offiziellen Ergebnisse der Parlamentswahlen
12.04.	Ende eines fünfwöchigen Studentenstreiks
18.04.	Friedensvertrag mit der FARF
20.05.	Regierungsumbildung
02.-07.07.	Staatsbesuch Débys in Frankreich
30.10.	Massaker in Moundou (98 Tote); Durchsuchung der Redaktion von N'Djamena Hebdo
30.12.	Verabschiedung des Staatshaushaltes 1998 (Ausgaben FCFA 130 Mrd., Einnahmen FCFA 118 Mrd.)

Zentralafrikanische Republik

Fläche: 622 984 km², **Einwohner:** 3,3 Mio., **Hauptstadt:** Bangui, **Amtssprachen:** Sango und Französisch, **Lebenserwartung:** 49 J., **Alphabetisierung:** 57%, **Wechselkurs:** $ 1 = Franc CFA 598,81, **HDI:** 0,355, Rang 26, **Pro-Kopf-Einkommen:** $ 310, **BSP:** $ 1025 Mio., **Anteile am BIP:** 56% - 18% - 26%, **Hauptexportprodukt:** Diamanten 40%, Kaffee 13%, Holz 12%, **Staatschef:** Ange-Félix Patassé **Regierungschef:** Michel Gbezera Bria, **wichtigste Regierungspartei:** Mouvement de Libération du Peuple Centrafricain (MLPC)

Innenpolitik

Der internationalen Vermittlung (Dez. 1996) folgte zu Jahresbeginn eine erneute Eskalation: Während einer Protestdemonstration in Bangui kam es zu einem gewaltsamen Aufeinandertreffen zwischen jugendlichen Demonstranten und französischen Truppen; ein junger Zivilist wurde getötet. Zwei französische Soldaten, die diesen Vorfall untersuchen sollten, wurden am Tag darauf von Rebellen in Zivil erschossen (4.1.). Der disproportionierte Gegenschlag der französischen Truppen noch in derselben Nacht forderte mindestens zehn Tote (32 nach Rebellenangaben). Die Oppositionsparteien kritisierten dieses Vorgehen in aller Schärfe ("barbarische Intervention") und die Rebellen beschuldigten Frankreich des Bruchs des Waffenstillstandes vom 8.12.1996. Ein "Konzertations- und Dialogkomitee" aus Partei- und Zivilgesellschaftsvertretern unter Vorsitz des internationalen Vermittlers Amadou Toumani Touré erarbeitete nun die Grundlage für ein Friedensabkommen (11.-18.1.), das unter anderem eine Amnestie für die Rebellen, die Aussetzung der Strafverfolgung gegen Würdenträger des *ancien régime*, eine größere Rolle des Premierministers und eine Ausweitung der Regierung auf Oppositionsvertreter vorsah. Die Rebellen stimmten einer "Erklärung das Ende der Meuterei betreffend" zu. Das eigentliche Abkommen von Bangui wurde schließlich von Patassé, Rebellenführer Anicet Saulet und den Staatschefs Bongo (Gabun) und Déby (Tschad) am folgenden Tag unterschrieben (25.1.).

Patassé gewann dadurch paradoxerweise die innenpolitische Initiative zurück. Trotz einer versöhnlichen Neujahrsrede Patassés hatten die wichtigsten Oppositionsparteien *Rassemblement Démocratique Centrafricain* (RDC), *Mouvement pour la Démocratie et le Développement* (MDD), *Front Patriotique pour le Progrès* (FPP) und *Alliance pour la Démocratie et le Progrès* (ADP) - erneut die Anklage Patassés wegen Hochverrats gefordert (s. Afrika Jahrbuch 1996); der Vorsitzende der Nationalversammlung, Hugues Dobozendi (MLPC), hatte einen entsprechenden Antrag für zulässig erklärt (2.1.). Patassé nutzte nun die Forderung nach einer **"Aktionsregierung zur Verteidigung der Demokratie"**, um seinen ungeliebten Premier Jean-Paul Ngoupande loszuwerden. Ngoupandes Kabinettchef Karim Meckasoua war am 19.1. direkt nach einem Gespräch mit Touré verhaftet, geschlagen und verhört worden. Der aufgebrachte Touré hatte daraufhin Meckassouas Freilassung erwirkt. Nun wurde sein Vorgesetzter durch den gefügigeren und als Minister unter Dacko und Bokassa sowie zuletzt als Außenminister erfahrenen Michel Gbezera-Bria ersetzt (30.1.) - mit dem Erfolg, daß die Oppositionsparteien sich nur zögerlich und unvollständig einbinden ließen. Die am 18.2. berufene Regierung bestand aus elf Oppositionsvertretern (RDC, MDD, FPP, ADP, *Parti Social Démocrate*-PSD, *Mouvement Démocratique pour la Renaissance et l'Evolution en Centrafrique*-MDREC), zwölf Vertretern der "mouvance présidentielle" und drei "Unabhängigen". Die MLPC besetzte weiterhin die Schlüsselposten des Außenministers (Jean Mette Yapende), des Verteidigungsministers (Pascal Kado), des Innen- und Sicherheitsministers (Gen. Ndjadder Bedaya) sowie des Finanz- und Haushaltsministers (Anicet Georges Dologuele); das Wirtschaftsreform-, Plan- und Kooperationsministerium ging an die verbündete *Convention Nationale* (Christophe M'Bremaïdou). Der Opposition wurden potentiell konfliktträchtige Ministerien geringerer Bedeutung gegeben (z.B. FPP: öffentlicher Dienst, Arbeit und Ausbildung; RDC: Hochschulbildung). Nach Protesten der Rebellen und einem ersten direkten Gespräch mit Patassé (1.4.) wurden auch zwei ihrer Sympathisanten in die Regierung aufgenommen, wobei Gen. Didace Ndayen als delegierter Minister für Armeereform und Lt.Col. Evariste-Martial Konzale als delegierter Minister für Entwaffnung und öffentliche Sicherheit wichtige technische Posten bekamen.

Mit dem **"Abkommen von Bangui"** wurde aber auch die Einrichtung einer militärischen *Mission inter-africaine de surveillance des accords de Bangui* (MISAB) beschloßen. Ursprünglich waren hierfür je 75 Mann aus Mali, Burkina Faso, Tschad, Gabun, Senegal und Togo vorgesehen, verstärkt um 50 französische Soldaten einer Logistik-Einheit, später waren zwischen 700 und 800 Mann im Einsatz und unterstanden dem Oberkommando von Gen. Edouard N'kili (Gabun) und seinem Stellvertreter Col. Talla Niang (Senegal). Die Aufgabe der Truppe erwies sich als schwierig. Im folgenden halben Jahr kam es immer wieder zu kleineren und größeren Scharmützeln zwischen den Konfliktparteien und zwischen Rebellen und MISAB (250-500 Tote). Eine wesentliche Verschärfung entstand erneut mit dem ungeklärten Tod von drei Rebellen, die von MISAB-Soldaten entwaffnet und an die offiziellen Sicherheitskräfte übergeben worden waren - vorausgegangen war die Ermordung eines Unteroffiziers der Präsidentengarde. Als unmittelbare Reaktion suspendierten neun Oppositionsvertreter ihre Beteiligung an der Regierung (5.5.) und kritisierten die Friedenstruppen. Inwiefern die Rebellensprecher ihre Leute kontrollieren konnten, war von nun an schwer zu sagen, zumal ihnen unterstellt wurde, sich korrumpieren zu lassen. Barrikaden wurden erneut errichtet, Gefechte fanden statt, die "Rebellenminister" Ndayen und Konzale verließen die Regierung ebenfalls (19.5.). Die Rebellen formulierten eine Reihe von Vorbedingungen für ihre Reintegration, darunter die Einrichtung einer internationalen Untersuchungskommission zur Aufklärung der drei Morde und die Auflösung der Sicherheitspolizei.

Die militärische Polarisierung hatte die zivile Opposition in das Lager der Rebellensympathisanten getrieben. Nach der Ausschöpfung der zum Teil blockierten verfassungsmäßigen Mittel fügten sich also auch scheinbare "Demokraten" in die vorherrschende militärische Logik. Weite Teile der Zivilbevölkerung zeigten gleichfalls Sympathien mit den Rebellen. An der militärischen Überlegenheit der MISAB gegenüber den Rebellen bestand aber kein Zweifel, wie ein erneuter Zwischenfall am 20.6. zeigte: Ein senegalesischer Soldat war von Rebellen erschossen worden. Truppen aus Tschad und Burkina Faso leiteten einen schweren Angriff auf das Hauptquartier der Rebellen, Truppen aus Gabun und Senegal durchkämmten den Südwesten der Hauptstadt und fügten den Gegnern eine schwere Niederlage zu. Bis zu 100 Meuterer kamen hierbei ums Leben, und bis zu 100 000 Einwohner flohen während dieser Phase aus der Hauptstadt Bangui. Ein von den Unterlegenen angebotener Waffenstillstand wurde von Gen. Touré formuliert und von Rebellenführer Saulet, MISAB-Kommandeur Nkili, dem neuen Stabschef der Armee Bozize, dem französischen Botschafter Simon und Touré unterschrieben (2.7.). Mit der einstimmigen Verabschiedung eines auf Meuterer und ihre Sympathisanten anwendbaren Amnestiegesetzes durch die Nationalversammlung war eine weitere Voraussetzung für den Frieden schon zuvor geschaffen worden (15.3.), 21 Personen waren aus der Haft entlassen worden.

Zwar hatte der ursprüngliche Kalender zu **Entwaffnung und Integration** der Meuterer in die reguläre Armee durch die blutigen Ereignisse von Mai und Juni gestreckt werden müssen, aber ab Juli gab es deutliche Fortschritte. Die schweren Waffen wurden zügig übergeben. Die Eingliederung der rebellischen Truppen war mit symbolischen Akten verknüpft, so dem von Gen. Touré feierlich erklärten Ende der Meuterei auf einem "Versöhnungstreffen" (9.7.; 300-400 Ex-Meuterer reintegriert). Die Opposition erklärte sich zu einem Wiedereintritt in die Regierung bereit (7.8.). Am Jahresende hatten die Rebellen 91% der schweren, aber nur 55% der leichten Waffen zurückgegeben. Konstante Sorge der Opposition war demgegenüber die nicht angegangene Entwaffnung der um ca. 1000 tschadische "Codos" verstärkten Parteimilizen Patassés. Daneben erschien die Präsidentengarde als unkontrollierte und ethnisch homogene Privatarmee des Staatschefs; die Opposition forderte ihre Verkleinerung. Gegen Jahresende wurden regionale Friedensseminare unter Beteiligung von Abgeordneten und Bürgermeistern durchgeführt. Entspannend wirkte ein Gesetz zur materiellen Versorgung ehemaliger Präsidenten, von dem André Kolingba und David Dacko profitieren sollten (30.10.). Beide galten als den Rebellen nahestehend.

Neue Erschütterungen des Präsidentenlagers verbanden sich mit der Entlassung von Landwirtschaftsminister Charles Massi. Zu seiner Zeit als Bergbauminister sollte er gesetzeswidrig Lizenzen an Diamantenfirmen vergeben haben. Sein Diplomatenpass wurde einbehalten, als er nach Frankreich ausreisen wollte (17.12.). Schon zuvor hatte Massi eine eigene Partei, das *Forum démocratique pour la modernité* (FODEM) gegründet (29.11.). Im folgenden wurde sein Haus militärisch abgesperrt, Massi war untergetaucht. Wenig später erklärte der MLPC-Mitgründer Denis Kossi-Bella nach heftiger Kritik an Partei und Patassé seinen Austritt (29.12.).

Menschenrechtsverletzungen an Zivilisten wurden besonders im Zusammenhang mit der Rebellion begangen. Einzelne schwere Vorwürfe wurden auch gegen das tschadische Kontingent der MISAB gerichtet, häufiger aber gegen Loyalisten und Meuterer. Verschiedenen Politikern wurde verboten, das Land zu verlassen. Einzelne Journalisten wurden bedroht, geschlagen und gefoltert, der Herausgeber des *Novateur* wurde zunächt ohne Anklageschrift festgesetzt, dann wegen Verleumdung angeklagt und zu drei Monaten Gefängnis verurteilt, weil er einen Artikel über Verfehlungen der Präsidentengarde veröffentlicht hatte. Unklar blieben die Hintergründe der Ermordung des Präfekten von Ouham-Pende (22.12.), der als Kolingba-Anhänger gegolten hatte.

Außenpolitik

Frankreich trug zur Eskalation der Auseinandersetzung bei, als französische Truppen im beschriebenen Akt der Rache Anfang Januar schwere Waffen gegen ZAR-Bürger einsetzte (s. Hintergrundartikel). Diese offiziell als "legitimer Akt der Verteidigung" klassifizierte Handlung wurde auch durch die Opposition in Paris und namentlich durch den späteren Premierminister Jospin heftig kritisiert: Das zur Legitimation angeführte Verteidigungsabkommen biete keine ausreichende Grundlage dafür, französische Truppen in Kräfte der inneren Sicherheit oder eine Präsidentengarde zu transformieren. Eigentlich hatte sich Frankreich mit der Vermittlungsaktion der vier afrikanischen Staatschefs im Dezember 1996 aus der direkten Schußlinie ziehen wollen, nun war es wieder Konfliktpartei und wurde eindeutig mit dem doch zuvor sehr kritisch gesehenen Patassé identifiziert. Paris begrüßte die Aufstellung der MISAB und unterstützte sie logistisch sowie in der Junikrise mit dem Einsatz von Sicherungstruppen im Stadtkern. Das Verhältnis zu Präsident Patassé verschlechterte sich mit dem durch den persönlichen Stabschef und den Afrikaberater Chiracs, Vizeadmiral Delauney und Michel Dupuch, erklärten Abbruch der militärischen Zusammenarbeit mit der Präsidentengarde (22.2.) sowie insbesondere mit der Erklärung von Verteidigungsminister Alain Richard, die französische Militärbasis in Bouar werde umgehend geschlossen, diejenige in Bangui in Schritten abgebaut (31.7.). Patassé forderte im Oktober wütend einen sehr viel schnelleren Abzug französischer Truppen (bis zum 15.11.) - ein nicht machbarer Zeithorizont, der vom gemäßigteren Premier Gbezera-Bria - nach einem entsprechenden Appell der Nationalversammlung - dann korrigiert wurde: Beide Regierungen einigten sich auf einen Abzug aus Bouar am 15.12. und aus Bangui für den 15.4.98.

Die **MISAB** wurde schnell zu einem Modell für peace-keeping in Afrika erhoben (klein, schnell in Aktion, mit Afrikanern besetzt) und erhielt im August die Segnung durch den UN-Sicherheitsrat; der Einsatz wurde unter Kapitel VII der UN-Charta eingeordnet, d.h. mit dem Recht auf Waffengebrauch. Fortan wurden monatliche Berichte an den Sicherheitsrat geschrieben, die z.T. beachtliche Fortschritte auflisten konnten. Bis auf UNDP-Mittel (Finanzierung von zwei Consultants und $ 40 000 für einige Seminare) und ganzen $ 100 000 der OAU war die internationale Gemeinschaft aber nicht zur Zahlung des Einsatzes bereit, Frankreich trug die Hauptlast ($ 600 000 pro Monat), ein UNDP-Treuhandfonds für die Demobilisierung von ca. 1000 Soldaten wurde eingerichtet (Ziel: $ 2 Mio.). Der militärische Berater von UN-Generalsekretär Annan, Maj.Gen. van Kappen, und der UN-Botschafter Chinas evaluierten die Mission positiv, was zur Verlängerung des Mandates führte (6.11.). Beijings Gesandter Qin Huasun nutzte die Gelegenheit, um bilaterale Politik zu betreiben (Ziel: Lösung von Taiwan als Partner). Das tschadische MISAB-Kontingent wurde von Rebellenseite als parteiisch angesehen. Dies entsprach einer tribalistischen Logik, da im Südtschad die gleichen Ethnien leben wie in der Nord-ZAR, also der Heimatregion Patassés. Staatsbürger des Nachbarlandes wurden häufig attackiert, dreißig Händler wurden gefangen und gegen Lösegeld wieder freigelassen, angeblich wurden 5 Tschader ermordet. N'Djamena erklärte, man werde weitere Opfer nicht hinnehmen (24.3.).

Als problematischer Nachbar mußte **Zaïre/DR Kongo** gelten. 5-10 000 Flüchtlinge waren zu

Jahresbeginn aus dem Nachbarland, aber auch aus Rwanda und Burundi in die ZAR geflohen und vom UNHCR versorgt worden, Ende Juni lag die Zahl bereits bei 52 000. Loyale Mobutukräfte sollen zwei Tage nach der Anerkennung der Regierung Kabilas durch Bangui über den Oubangui gesetzt sein (22.5.) und sich mit den Rebellen verbündet haben. Dies wurde von letzteren dementiert, hatte aber zum Hintergrund, daß Mobutu und der Ex-Staatschef Kolingba als Abkömmlinge verwandter Ethnien angesehen wurden. Auf dem OAU-Gipfel in Harare zog Patassé dann die Anschuldigungen zurück. Statt dessen bemühte er sich aktiv um die Unterstützung des neuen Machthabers Kabila und reiste nach Kinshasa (20.7.). Ein geplanter Gegenbesuch wurde verschoben. Der Innenminister der DR Kongo diskutierte aber die Modalitäten der Rückführung von Flüchtlingen mit Patassé und UNHCR (7.8.).

Sozioökonomische Entwicklung

Die **Bilanz der wirtschaftlichen Entwicklung** nimmt sich traurig aus: Das Jahr der Meutereien hatte die Infrastruktur der Hauptstadt großflächig zerstört, ein anstehendes Abkommen mit dem IWF wurde auf unbestimmbare Zeit verschoben. Private Investoren waren nachhaltig abgeschreckt, Geschäfte geplündert, Handelsströme unterbrochen worden. Besonders der Engpass bei der Kraftstoffversorgung behinderte die Wirtschaft, die sich zunehmend informalisierte; Steuereinnahmen blieben aus. Ohne Aussicht auf ein Abkommen mit dem IWF schien die Anziehungskraft für anderweitige Kreditgeber minimal. Patassé lancierte vor dem diplomatischen Corps einen dramatischen Hilferuf zur Unterstützung des Dialoges mit den Bretton Woods-Institutionen (24.2.). Premierminister Gbezera-Bria gestand in seiner Regierungserklärung ein, daß Geld zur Auszahlung von fünf Monaten Gehaltsrückständen der Staatsbeamten nicht vorhanden sei (18.3.). Aus diesem Grund rief der Gewerkschaftsdachverband zum Generalstreik auf (11.5., erneut Nov.-Dez.) und im September streikten die Studenten wegen ausbleibender Stipendien. Im Oktober hatte eine **IWF-Delegation** immerhin Haushaltsrahmenwerte angegeben, an die es Annäherungen gab; eine angestrebte ESAF lag aber noch in weiter Ferne, denn ausgerechnet die Begleichung der Gehaltsrückstände wurden als Voraussetzung für ein Abkommen genannt. Patassé forderte daraufhin die Direktoren von Staatsunternehmen ultimativ zu Gehaltsauszahlungen innerhalb von 48 Stunden auf (26.11.) - offenbar mit gewissem Erfolg: ein Monatsgehalt konnte ausbezahlt werden. Die üblichen Feierlichkeiten zum Unabhängigkeitstag wurden den Sparzwängen geopfert (1.12.).

Von einst 140 im Arbeitgeberverband registrierten Unternehmen arbeiteten zu Jahresbeginn nur noch 50, drei größere Unternehmen wurden durch den Militärschlag im Juni weitgehend zerstört. Befürchtet wurden weitere Einbußen durch den Abzug der französischen Truppen, die zumindest lokal in Bangui und Bouar einen wichtigen Wirtschaftsfaktor dargestellt hatten. Die Militärkrankenhäuser waren für die Gesundheitsversorgung der Bevölkerung ebenfalls von großer Bedeutung. Relativ unbeeinflußt von den Unruhen zeigte sich die **Diamantengewinnung**. Vor allem die kanadische *United Reef* meldete hohe Produktionszahlen; national wurden 560 000 Karat Jahresproduktion prognostiziert (+ 10%). Die Wiedereröffnung der Diamantenbörse in Bangui galt als positives Zeichen (Aug.). Vier Firmen, die verordnete Strafzölle nicht bezahlt hatten, wurden aber von der Regierung geschlossen. Wenig beeindruckt von den Meutereien zeigte sich auch der cash crop-Sektor (Verdoppelung der Kaffeeproduktion, Steigerung der Baumwollproduktion um 32%), während der Holzsektor allein durch den Bürgerkrieg im benachbarten Kongo gelitten hatte und nach dessen Ende sich zu erholen versprach.

Andreas Mehler

Chronologie Zentralafrikanische Republik 1997

25.01.	Unterzeichnung der "Verträge von Bangui", Zustimmung zu afrikanischer Eingreiftruppe MISAB
18.02.	Regierungsbildung unter Einschluß der Opposition und Vertretern der Rebellen
20.-24.06	Kämpfe in Bangui, bis zu 250 Toten, Einsatz franz. Helikopter, Flucht von Tausenden aus Bangui
06.08.	UN-Sicherheitsrat-Zustimmung zur MISAB-Mission nach Kapitel 7 der Charta

Afrika-Jahrbuch 1997, S. 223-230

Östliches Afrika

Die Region war nahezu unverändert Schauplatz einiger der hartnäckigsten afrikanischen Konflikte (insbesondere Sudan, Somalia, Burundi, Rwanda) und zumindest in Teilen direkt und/oder indirekt stark betroffen von dem durch die Rebellenbewegung Kabilas herbeigeführten Regimewechsel in Zaire/DR Kongo (s. Länderartikel). Die enge wechselseitige Verknüpfung der verschiedenen Konfliktkonstellationen in dem gesamten **Gebiet der sog. "Großen Seen"** und damit auch zwischen den Großregionen Ost- und Zentralafrika war weiterhin unübersehbar (s. auch Regionalartikel Zentralafrika); in die Konfliktabläufe und in noch stärkerem Maße in die Vermittlungs- und Beilegungsbemühungen waren meist mehrere Länder und Akteure aus beiden Regionen, zunehmend aber auch aus dem Südlichen Afrika involviert. In dem engeren **Kerngebiet Ostafrika** nahm hingegen der im Vorjahr gestartete und auf einer langen historischen Tradition basierende Neubeginn einer verstärkten regionalen Kooperation zwischen drei vergleichsweise stabilen Partnerländern weiter Gestalt an. Zwischen den Ländern am **Horn von Afrika** mit ihrer anhaltend hohen allseitigen Konfliktbelastung gab es dagegen auch weiterhin keine Anzeichen für eine vergleichbare, auf einen größeren Gesamtzusammenhang ausgerichtete Entwicklung. Die aufgrund der Geographie eher abgeschotteten **Inselstaaten im Indischen Ozean** bemühten sich verstärkt um eine Überwindung ihrer Isolierung und um eine Einbindung in größere regionale Gruppierungen.

Politische Entwicklungen

Im Verlauf des Jahres kam es innerhalb der Region lediglich zu einem **Regierungswechsel** in **Madagaskar** infolge der am Jahresende 1996 abgehaltenen Stichwahl um die Präsidentschaft. Die einzigen **Wahlen** auf nationaler Ebene in **Djibouti** und **Kenya** brachten jeweils eine Bestätigung der gegebenen politischen Verhältnisse. Die Wirksamkeit von **Sezessionserklärungen** von zwei **Komoreninseln** blieb bis zum Jahresende zunächst ungeklärt. Ansonsten gab es keine signifikanten Veränderungen des Zustandes der Innenpolitik in den Ländern der Region.

In **Burundi** gab es noch keine ernsthaften Fortschritte bei der Suche nach einem tragfähigen neuen Ausgleich zwischen den ethnischen Gruppen der Hutu und Tutsi, das Militärregime von Buyoya konnte seine Position aber eher konsolidieren. In **Rwanda** hingegen nahmen nach massenhafter Rückkehr von Hutu-Flüchtlingen die internen Spannungen wieder deutlich an Schärfe zu und die Sicherheitslage verschlechterte sich beträchtlich. Auch in **Uganda** konnten die langjährigen lokalen Rebellenbewegungen noch immer nicht wesentlich eingedämmt werden, während im Kern des Landes angesichts einer schwachen Opposition der Ausbau des eigenständigen *movement*-Systems weiter vorangetrieben wurde. Trotz zwischenzeitlicher Zunahme der politischen Konfrontation in **Kenya** brachten die Wahlen zum Jahresende letztlich eine ziemlich unbestrittene Bestätigung der Herrschaft von Präsident Moi bei fortgesetzter Zerstrittenheit der oppositionellen Kräfte. **Tanzania** war auch weiterhin ein Hort der politischen Stabilität; lediglich die konfrontative politische Situation in **Zanzibar** blieb erneut ohne konkrete Lösungsaussicht.

In **Äthiopien** blieb das latente Spannungsverhältnis zwischen dem politischen Zentrum und Entwicklungen in einzelnen Bundesstaaten weiter erhalten, insgesamt aber wurde die vorhandene prekäre Balance nicht in Frage gestellt. Nach Parlamentswahlen in **Djibouti** wurde die Regierungsmehrheit verbreitert und bestätigt, obgleich es noch verbliebenen bewaffneten Widerstand gegen einen nationalen Ausgleich gab. **Eritrea** schritt durch Verabschiedung einer Verfassung und Einsetzung einer Übergangsnationalversammlung - allerdings ohne Wahlen - weiter auf dem Weg der Konsolidierung des jungen Staates fort. Bei den politischen Institutionen im **Sudan** gab es nach der im Vorjahr erfolgten Überführung des früheren Militärregimes in formal zivile Strukturen keine Veränderungen. **Somalia** fand trotz verschiedener Verhandlungsansätze auch weiterhin noch zu keiner irgendwie gearteten (auch nur provisorischen) gemeinsamen Regierungs- und Verwaltungsstruktur des Landes zurück; die faktische Abtrennung von **Somaliland** mit eigener politischer Führung hielt unverändert an.

In **Madagaskar** gelang dem 1991/92 entmachteten ehemaligen Staatschef Ratsiraka ein unerwartetes, durch Wahlen legitimiertes Comeback als Staatspräsident und anschließend eine merkliche Beruhigung der zuletzt höchst aufgeregten politischen Situation des Landes, während auf den **Seychellen** der Präsident und die ehemalige Einheitspartei weiter relativ ungehindert die Macht ausüben konnten. **Mauritius** mit seiner langen demokratischen Tradition erlebte zwar das Auseinanderbrechen einer fragilen Regierungskoalition, was aber keine Krise des politischen Systems nach sich zog und die Regierungsarbeit eher stabilisierte. Von wachsenden Spannungen und Hektik gekennzeichnet waren hingegen die politischen Entwicklungen auf den **Komoren**; dies kulminierte schließlich in Sezessionserklärungen der beiden kleineren der drei Inseln sowie in dem ungewöhnlichen Wunsch nach einem Rückanschluß an die frühere Kolonialmacht Frankreich, die dies allerdings kategorisch ablehnte. Unverändert blieb hingegen der Status der zu Frankreich (und damit zur EU) gehörenden Inseln **Réunion** und **Mayotte**.

Konfliktkonstellationen und Beilegungsbemühungen

Im Zentrum der Aufmerksamkeit auch für die afrikanischen Länder standen ohne Zweifel die tiefgreifenden politischen Veränderungen im Verlauf des Jahres in **Zaire/Kongo** wegen ihrer vielfältigen komplexen Wechselwirkungen und Querverbindungen zu den Entwicklungen insbesondere in den direkt benachbarten Ländern Burundi, Rwanda und Uganda (s. auch Hintergrundartikel von Molt im Afrika-Jahrbuch 1996). Der Vormarsch und schließlich überraschend schnelle Sieg der zairischen AFDL-Rebellen unter Führung von Kabila waren äußerst aktiv von den Regierungen **Rwandas** und **Ugandas** unterstützt und politisch begrüßt worden, da diese sich davon vor allen Dingen eine Sicherstellung/Befriedung ihrer westlichen Grenzen gegen die ständige Infiltration von gegnerischen Hutu-Flüchtlingen (im Falle Rwandas) bzw. von verschiedenen lokalen Rebellengruppen (im Falle Ugandas), aber natürlich auch den Sturz des verachteten und als unfähig angesehenen Regimes von Mobutu versprachen. Eine absolut zentrale Verbindung zu Rwanda bestand durch die Volksgruppe der Banyamulenge (eine in der östlichen Kivu-Provinz Zaires beheimatete Untergruppe der Tutsi), die im September/Oktober '96 den Aufstand gegen das Mobutu-Regime entscheidend initiiert und in der Folgezeit führende Positionen (insbesondere auch im militärischen Bereich) innerhalb der AFDL und anschließend der neuen Machtstrukturen der DR Kongo übernommen hatte. Eine entscheidende militärische Unterstützung Kabilas durch Rwanda war völlig unbestritten und wurde vom rwandischen Vizepräsidenten Kagame auch offen zugegeben, während die ugandische Hilfe wesentlich begrenzter und auch in der Außendarstellung zurückhaltender war. In jedem Fall wurden der Machtwechsel in Kinshasa und die Etablierung Kabilas als neuer Präsident in Kampala und Kigali als klarer Sieg der eigenen Positionen angesehen. In der Folgezeit kam es zu intensiven Besuchsbeziehungen auf verschiedensten Ebenen und zu optimistischen Planungen hinsichtlich einer besseren verkehrsmäßigen und wirtschaftlichen Verknüpfung der östlichen Landesteile des Kongo mit Rwanda und Uganda (und darüber hinaus generell mit Ostafrika). Angesichts der innenpolitischen Unsicherheiten Kabilas und der keineswegs völlig zum Erliegen gekommenen Unsicherheitselemente entlang der gemeinsamen Grenzen kühlten sich jedoch die freundschaftlichen Erwartungen gegen Jahresende bereits merklich ab.

In **Rwanda** verschlechterte sich die innere Sicherheitslage nach der massenhaften Rückkehr von Hutu-Flüchtlingen aus den Nachbarländern (insbesondere Tanzania und Zaire) zu Jahresbeginn wieder ganz erheblich, da bewaffnete Guerillaaktivitäten nicht völlig unterdrückt werden konnten. Einzelne Gebiete des kleinen Landes (insbesondere im Nordwesten) wurden in wachsendem Ausmaß von brutalen Anschlägen der neu gruppierten *Interahamwe*-Rebellen heimgesucht. Zur Gewährleistung von Sicherheit und innerer Stabilität war es daher für die Regierung so wichtig, die Rückzugsbasen der Hutu-Rebellen in den Grenzgebieten des benachbarten Zaire/Kongo nach Möglichkeit außer Gefecht zu setzen, was aber auch nach dem Machtwechsel in Kinshasa keineswegs vollständig gelang. Insbesondere mit Uganda bestand eine weiterhin enge gemeinsame Interessenabstimmung. Anhaltend bemüht war die Regierung um eine engere Einbeziehung in regionale ostafrikanische Zusammenhänge, konkret um eine Aufnahme als Mitglied der *East African Cooperation*, wobei eine Verbesserung der Beziehungen zu Kenya hilfreich war, dessen Präsident Moi bisher an starken Sympathien für Anhänger des alten Habyarimana-Regimes festgehalten hatte.

Auch **Uganda** hatte durch die Veränderungen in Zaire/Kongo eine wesentlich leichtere Eindämmung der Rebellenbewegungen in seinen westlichen und nordwestlichen Grenzgebieten erwartet und war unzufrieden über die mangelnde Durchsetzungsfähigkeit der Kabila-Regierung, als sich dies nicht tatsächlich realisierte. Auch im Norden gelang noch immer kein entscheidender Schlag gegen die LRA-Rebellen, die weiter den Sudan als Rückzugsgebiet nutzen konnten. Trotz Vermittlungsbemühungen verschiedener Seiten (Libyen, Kenya, Südafrika) kam es zu keinem Durchbruch bezüglich einer Normalisierung der Beziehungen mit dem islamistischen Regime in Khartoum. Entgegen früheren Jahren war das Verhältnis zum wichtigen Nachbarn und Transitland Kenya - von einigen kleineren Vorfällen abgesehen - relativ entspannt und unterstrich das gemeinsame Interesse an einer verstärkten ostafrikanischen Kooperation.

Die Beziehungen des **Sudan** zu seinen ostafrikanischen Nachbarn Äthiopien, Eritrea und Uganda waren wie schon gehabt von Mißtrauen und wechselseitigen Vorwürfen über die Unterstützung von eigenen Gegnern durch die jeweils andere Seite geprägt. Während die in der NDA zusammengeschlossene (partei)politische Opposition ihr Hauptquartier in Asmara (Eritrea) hatte, genoß die südsudanesische Rebellenbewegung SPLA vorwiegend Unterstützung von Uganda. Neuerlich unternommene Vermittlungsversuche im Südsudankonflikt im Rahmen der IGAD unter Federführung Kenyas (IGAD-Gipfel am 9.7. in Nairobi, Verhandlungsrunde zwischen sudanesischer Regierung und SPLA vom 28.10.-6.11. in Nairobi) brachten keine Einigung über zentrale Punkte der politischen Differenzen. Ein schon am 21.4. abgeschlossenes separates Friedensabkommen zwischen den Regierung und einigen der südsudanesischen Oppositionsgruppen hatte zwar zu einer Spaltung der Opposition, damit aber keineswegs zu einem Ende des Konflikts geführt.

Auch für eine Überwindung der weiterhin total blockierten politischen Situation in **Somalia** gab es weitergehende Vermittlungsbemühungen aus der regionalen Nachbarschaft (insbesondere Äthiopien und Kenya) mit einem entsprechenden Mandat von IGAD und OAU, die im Verlauf des Jahres aber wiederum keine allseits akzeptable Lösung herbeiführen konnten. Nach Verhandlungen im äthiopischen Ort Sodere seit November '96 zwischen 26 somalischen Fraktionen war bereits am 3.1. ein Abkommen über die Bildung eines gemeinsamen Rates abgeschlossen worden, das aber in der Folgezeit nicht weiter realisiert wurde. Ab November unternahm dann Ägypten mit Unterstützung der Arabischen Liga einen neuen Anlauf zur Umsetzung dieser Absichten und erreichte am 22.12. in Kairo den Abschluß einer Vereinbarung über die Bildung einer "Regierung der nationalen Einheit". Trotz Skepsis über die Erfolgsaussichten und auch Kritik der IGAD endete damit das Jahr wieder mit einem gewissen Hoffnungsschimmer. Insgesamt aber nahm die umliegende Region relativ wenig Notiz von dem Zustand eines nicht existierenden Staatswesens in Somalia, an den man sich gewöhnt hatte und der nur geringe Auswirkungen über die Staatsgrenzen hinaus zeitigte.

Zwischen **Äthiopien** und **Eritrea** kam es gegen Jahresende zu einer deutlichen Verschlechterung der bisher engen Beziehungen nach Einführung einer eigenen Währung durch Eritrea und nach verschiedenen kleineren Grenzzwischenfällen. Der seit Dezember '95 schwelende Konflikt Eritreas mit dem **Jemen** um die Hanish-Inseln im Roten Meer sollte von einer von beiden Seiten anerkannten Schiedskommission entschieden werden.

Eine starke Ausstrahlung auf die gesamte umliegende Region hatte erneut der weiter ungelöste Konflikt in **Burundi**. Die im Vorjahr nach dem Militärputsch Buyoyas von den Führern der Region erlassenen Wirtschaftssanktionen waren umstritten und erwiesen sich auch in der Durchführung als wenig effektiv, wurden im Prinzip (bei Ausnahmeregelungen für bestimmte Güter) aber aufrechterhalten. Der ehemalige tanzanische Präsident Nyerere setzte seine Bemühungen als regionaler Vermittler fort, stieß dabei aber auf massives Mißtrauen bei der

Regierung Burundis und konnte noch keinen tragfähigen Lösungsvorschlag finden. In der zweiten Jahreshälfte verschärften sich die bilateralen Spannungen zwischen Burundi und Tanzania ganz erheblich mit wechselseitigen Vorwürfen über militärische Übergriffe in den Grenzgebieten und dem burundischen Vorwurf der Zulassung von Guerillaaktionen von tanzanischem Territorium aus. Ausgesprochen ambivalent waren die Beziehungen des Buyoya-Regimes zu den Regierungen von Uganda und Rwanda, die sich zwar auch an den Sanktionen beteiligten, aber im Grundsatz durchaus Verständnis für die Problematik der Minderheitsregierung in Bujumbura hatten. Verschiedene ost- und zentralafrikanische Regionaltreffen in unterschiedlicher Zusammensetzung (Staatschefs 16.4. in Arusha, Außenminister 18.8. in Kampala, Staatschefs 4.9. in Dar es Salaam) waren speziell dem Burundi-Problem gewidmet, konnten aber noch keine Lösungsperspektive entwickeln.

Die Gefahr des Auseinanderbrechens des Inselstaates **Komoren** durch die Sezession der Inseln Anjouan und Mohéli hatte angesichts der Isolation im Indischen Ozean kaum direkte Auswirkungen auf andere Staaten der Region. Entsprechend gering war auch deren unmittelbare Beteiligung an Bemühungen um eine Konfliktvermittlung, die vornehmlich im Rahmen der OAU und der Arabischen Liga unternommen wurden.

Von allen in der Region existierenden Regionalorganisationen bemühte sich lediglich die IGAD im Rahmen ihrer begrenzten Möglichkeiten um die Suche nach Vermittlungsansätzen bei Konflikten (hier Somalia und Sudan), während dies für die anderen Regionalorganisationen nicht zu ihrem Aufgabengebiet zählte. Von außerafrikanischen Mächten zeigten einzig die **USA** ein deutliches Interesse und ein entsprechendes Profil an den strategischen Entwicklungen in der Region. Es war offensichtlich, daß der Sieg Kabilas gegen Mobutu und das diesbezügliche Engagement von Uganda und Rwanda aus Washington mit wesentlich mehr als reinem diplomatischen Wohlwollen unterstützt wurde, ebenso die informelle Allianz von Äthiopien, Eritrea und Uganda gegen den von den USA als Terrorregime eingestuften Sudan. Das US-amerikanische Interesse wurde deutlich unterstrichen durch die prioritäre Ausbildung ugandischen Militärs im August/September im Rahmen einer generellen afrikaweiten Initiative (ACRI) sowie den ersten Teil der Afrikareise von Außenministerin Madeleine Albright, der sie vom 9.-11.12 nach Addis Abeba, Kampala und Kigali führte (anschließend nach Kinshasa und in das Südliche Afrika). **Frankreich** hatte demgegenüber bereits seit '94 nach dem Sturz des Habyarimana-Regimes in Rwanda jeden besonderen Einfluß in der Region verloren. Im Indischen Ozean war die französische Politik um eine stärkere Einbindung von Réunion und Mayotte in regionale Zusammenhänge bemüht, ließ sich aber auf keine Hoffnungen der komorischen Sezessionisten auf einen Anschluß an das ehemalige Mutterland ein. Ein im regionalen Kontext weiter zunehmendes Gewicht Südafrikas wurde insbesondere im Zusammenhang der Veränderungen in Zaire/Kongo unübersehbar deutlich.

Regionalorganisationen und Regionalkooperation

Die die meisten Staaten im östlichen und südlichen Afrika umfassende **COMESA** (*Common Market for Eastern and Southern Africa*) befand sich zwar weiter in einer unverkennbar schwierigen Lage, konnte aber doch ihre weitere Existenz offensichtlich absichern; die häufig beklagte geographische und aufgabenmäßige Überlappung mit der SADC (*Southern African Development Community*) wurde von der Mehrheit der politischen Entscheidungsträger inzwischen als Faktum hingenommen. Allerdings blieben Lesotho und Mosambik bei ihrer Ende '96 verkündeten Entscheidung, ihre COMESA-Mitgliedschaft mit Wirksamkeit zum Jahresende '97 aufzugeben und sich ganz auf die SADC zu konzentrieren (Mosambik hatte den Vertrag noch gar nicht rechtskräftig ratifiziert); ein als wahrscheinlich angekündigter weiterer Rückzug Namibias wurde dann allerdings nicht vollzogen. Damit umfaßte die COMESA insgesamt noch 21 Mitgliedsländer (wobei allerdings der tatsächliche Status von Djibouti und Somalia unsicher war). Generalsekretär Bingu wa Mutharika machte gleich zu Jahresbeginn nicht näher identifizierte gegnerische Kräfte für die Austrittserklärungen verantwortlich und appellierte unter Verweis auf regionale Solidarität bezüglich eines Verbleibs an die Regierungen in Maputo und Maseru, geriet aber gleichzeitig massiv selbst in die Kritik wegen vermeintlicher Mißwirtschaft und unglücklicher Handhabung der Konkurrenz mit der SADC (anscheinend zusätzlich aber auch wegen rein innenpolitischer Ambitionen und Rivalitäten in seinem Heimatland Malawi). Eine außerordentliche COMESA-Ministerratssitzung am 16./17.1. in Lusaka schickte daraufhin Mutharika für drei Monate in einen Zwangsurlaub und beauftragte ein Team mit Vertretern aus fünf Ländern mit einer formellen Untersuchung der vorgebrachten Vorwürfe; Erastus Mwenda aus Kenya wurde zwischenzeitlich zum amtierenden Generalsekretär eingesetzt. Durch einen Beschluß des Ministerrats wurde die Koexistenz von COMESA und SADC nunmehr bestätigt.

Beim bereits mehrfach verschobenen 2. **COMESA-Gipfel** auf Staatschefebene am 10.4. in Lusaka (vorgeschaltet am 7./8.4. die 3. reguläre Ministerratssitzung) übernahm Zambias Präsident Frederick Chiluba den Vorsitz der Organisation vom malawischen Präsidenten Muluzi, die Stellvertreterposition ging an Ugandas Staatschef Yoweri Museveni. Bei dieser Gelegenheit bestätigte Namibias Präsident Nujoma klar den Verbleib seines Landes in der COMESA. Ein formeller Beschluß über das Schicksal von Generalsekretär Mutharika wurde nicht bekanntgegeben (offensichtlich ein Ausscheiden aber nahegelegt); noch vor Vorlage des Berichts der Untersuchungskommission erklärte Mutharika seinerseits am 21.4. (nach sechsjähriger Amtszeit) den Rücktritt. Für den Rest des Jahres blieb das Sekretariat unter der Führung von Mwenda. Im November wurden in Lusaka Treffen der Zentralbankgouverneure, der Finanzminister, der Justizminister (mit einem Beschluß zur Einrichtung eines Gerichtshofes zur Regelung von Streitfragen) sowie die 4. reguläre Ministerratssitzung (ein politisches Thema war dabei der Unmut über die ungleichen Auswirkungen der Handelssanktionen gegen Burundi) abgehalten. Angesichts beträchtlicher Rückstände der Mitgliedsbeiträge sollte den teilweise seit mehreren Jahren säumigen Zahlern eine teilweise Suspendierung ihrer Mitgliedschaftsrechte angedroht werden; bis Ende November hatten lediglich drei Länder (Eritrea, Lesotho, Mauritius) ordnungsgemäß ihre Beiträge bezahlt. Auch bei der handelspolitischen Hauptzielsetzung der COMESA - der schrittweisen Reduzierung der Zölle im Handel innerhalb der Gemeinschaft bis auf Null im Oktober 2000 - waren erhebliche Diskrepanzen bei Tempo und Zuverlässigkeit der tatsächlichen Umsetzung zu konstatieren. Nach den Vorgaben hätten bereits bis zum Oktober 1996 alle Zölle um 80% gegenüber dem Ausgangsniveau reduziert sein sollen; tatsächlich war dies aber nur von den Komoren, Sudan, Uganda und Zimbabwe realisiert worden (in Kenya, Malawi und Mauritius befand sich die Umsetzung 1997 im Gange). Die meisten Länder hatten immerhin eine Zollreduzierung im Bereich von 60-70% vorgenommen; besonders weit im Rückstand befand sich offensichtlich Tanzania. Angesichts der weitgehenden Liberalisierung von Währungstransaktionen in den letzten Jahren hatte das in Harare angesiedelte *Clearing House* weitgehend seine Funktion verloren und sollte nach Beschlüssen der Zentralbankgouverneure und der Finanzminister in eine *Regional Export Services Agency* (RESA) unter Beteiligung des privaten Bankensektors umgewandelt werden. Die bisherige interne Verrechnungseinheit UAPTA (*Units of Account of PTA*) wurde auf COMESA-Dollar (pari zum US-$) umgestellt, die Verwendung der PTA-Reiseschecks wurde zum Jahresende '97 eingestellt. Im COMESA-Rahmen weiter fortgeführt wurde die weiterhin so bezeichnete PTA-Bank (*Eastern and Southern Africa Trade and Development Bank*) mit Sitz in Nairobi und 15 Mitgliedsländern, die im Bereich der spezialisierten Handels- und Investitionsfinanzierung tätig war.

Als neue Gruppierung wurde die **IORARC** (*Indian Ocean Rim Association for Regional Cooperation*) mit einem ersten Außenministertreffen vom 5.-8.3. in Port Louis (Mauritius) offiziell gegründet. Die Idee zu einer geographisch umfassenden, vornehmlich auf Handelsförderung und Intensivierung der Wirtschaftsbeziehungen ausgerichteten Gruppierung von Anrainerstaaten rund um den Indischen Ozean in drei Kontinenten war zunächst 1994 in Indien und Südafrika aufgekommen, seither aber auf informeller Ebene besonders intensiv von Mauritius vorangetrieben worden, das hier eine Chance zur Nutzung seiner geographischen Lage und zur Förderung der eigenen außenwirtschaftlichen Interessen sah. An dem Gründungstreffen waren insgesamt 14 Länder beteiligt, darunter sechs aus Afrika (Kenya, Madagaskar, Mauritius, Mosambik, Südafrika, Tanzania). Längst noch nicht endgültig geklärt waren Grundsatzfragen der weiteren Entwicklung, da sich ganz unterschiedliche Konzepte einer möglichst breiten und schnellen Ausweitung der Mitgliedschaft sowie einer Beschränkung auf eine kleinere Kerngruppe gegenüberstanden. Potentiell waren bereits - je nach Betrachtungsweise - bis zu 64 mögliche Mitgliedsländer (davon 47 mit Küsten am Indischen Ozean) identifiziert worden. Ganz wesentlich stand die IORARC-Idee im Kontext der generellen Herausbildung großer regionaler Handelsblöcke auf der Welt, da es nur im Raum des Indischen Ozeans bisher keinen entsprechenden Ansatz gab. Von verschiedenen Seiten (u.a. Ägypten, Bangladesh, Iran, Pakistan, Thailand) war bereits der Wunsch nach Beitritt vorgebracht worden; hierüber wurde aber noch nicht entschieden. Aus der Region des Östlichen Afrika bemühten sich Frankreich (im Hinblick auf Réunion) und die Seychellen stark um eine Aufnahme in die IORARC, waren aber im Vorfeld der Gründungskonferenz von Mauritius ausgesprochen zurückhaltend behandelt worden. Es war abzusehen, daß der Anspruch Frankreichs auf gleichberechtigten Status in der Region noch auf erhebliche Widerstände stoßen würde. Der mauritische Außenminister wurde bei der Konferenz zum Interimsvorsitzenden der IORARC bestimmt. Mauritius konnte sich aber noch nicht mit dem Wunsch nach Einrichtung eines permanenten Sekretariats durchsetzen; immerhin erhielt es den Auftrag zur Etablierung eines administrativen Pilotmechanismus, um die weitere Ausgestaltung der IORARC vorantreiben zu können. Gegen Jahresende wurde der ehemalige langjährige mauritische Minister Kailash Ruhee zum ersten Generalsekretär der neuen Organisation bestimmt.

Im Gegensatz zu dieser neuen Initiative stand die weiterhin von den meisten Beobachtern als überwiegend enttäuschend eingeschätzte Entwicklung der **IOC** (*Indian Ocean Commission*). Ein bereits Ende '96 im französischen Parlament vorgelegter Bericht über die IOC wies deutlich auf die strukturellen Schwächen und die geringen Fortschritte bei der Intensivierung der Kooperation zwischen den fünf Inselstaaten hin; aus französischer Sicht beklagt wurde insbesondere die geringe Abstimmung zwischen Réunion und französischen Aktivitäten in den anderen Ländern. Insgesamt wurde die IOC aber doch als für Frankreich nützlich angesehen. Die überwiegende konkrete Unterstützung für IOC-Projekte kam nach wie vor von der EU, wobei seit '96 unter Einbezug der Privatwirtschaft insbesondere das *Programme Régional Intégré de Développement des Echanges* (PRIDE) im Mittelpunkt stand. Nach mehrfachen Verschiebungen fand das 14. IOC-Ministerratstreffen am 28./29.4. in Victoria (Seychellen) statt; dabei ging der jährlich wechselnde Vorsitz von den Seychellen auf die Komoren über. Zum neuen Generalsekretär (ab Juli '97) wurde der ehemalige komorische Premierminister Mohamed Caabi El Yachroutu bestimmt, nachdem die fünfjährige Amtszeit von Jeremy Bonnelame (Seychellen) ausgelaufen war. Zur Diskussion gestellt (aber noch ohne konkrete Planung) wurde der Wunsch nach einem neuen Gipfeltreffen der Staatschefs, was bisher erst einmal seit der IOC-Gründung 1984 erfolgt war. Aus dem Kreis der IOC-Mitglieder traten nach Mauritius am 8.9. auch die Seychellen der SADC bei und zeigten damit eine neue regionalpolitische Orientierung an. Ende September fand in Victoria das erste Treffen der *Indian Ocean Tuna Commission* (15 Mitgliedsländer) statt, zu deren Sekretär David Ardill aus Mauritius bestimmt wurde.

Im zweiten Jahr der neubegonnenen ostafrikanischen Zusammenarbeit im Rahmen der **EAC** (*East African Cooperation*) wurden weitere Grundlagen für eine schrittweise Realisierung der insgesamt sehr weitgesteckten Zielsetzungen geschaffen. Bei einem Gipfeltreffen der drei Staatspräsidenten am 29.4. in Arusha wurde in sehr einvernehmlichem Klima die gut einjährige Aufbauarbeit des EAC-Sekretariats gewürdigt und der politische Wille zur weiteren Vertiefung der Kooperation bekräftigt; als eher symbolisches Zeichen wurden eine neue gemeinsame Flagge und ein einheitlicher Paß der Öffentlichkeit präsentiert. Über einen im Vorjahr gestellten Beitrittsantrag von Rwanda wurde noch nicht entschieden, da es für eine Erweiterung noch keine festgelegten Kriterien gab. Grünes Licht gegeben wurde für die Ausarbeitung eines Entwurfs für einen Vertragstext, der zukünftig die völkerrechtliche Basis für die EAC-Zusammenarbeit bilden sollte (während dies bisher nur auf einer gemeinsamen Erklärung der Präsidenten beruhte). Von den Staatschefs abgesegnet wurde ein vom Sekretariat erarbeitetes Dokument über eine prioritäre Entwicklungsstrategie für die Periode 1997-2000. Hin und wieder in öffentlichen Reden der Präsidenten bekundet wurde sogar die Idee der Erreichung einer Politischen Föderation in

Ostafrika, obgleich dies vorläufig noch wenig praktischen Gehalt hatte. Als politisches Lenkungsgremium der EAC trat mehrfach im Verlauf des Jahres die von den zuständigen Ministern der drei Länder gebildete *Permanent Tripartite Commission for East African Cooperation* (PTC) zusammen; das Jahresbudget des Sekretariats für 1997/98 wurde auf $ 2,1 Mio. festgelegt. In einer Vielzahl von Bereichen wurden während des Jahres Initiativen zur sektoralen und thematischen Zusammenarbeit sowohl staatlicher wie privatwirtschaftlicher und nichtstaatlicher Akteure ergriffen. Besonders bedeutsam waren dabei u.a. Pläne für große geberfinanzierte Projekte für die Verbesserung der Telekommunikationsverbindungen, für einen Energieversorgungsmasterplan und für eine bessere nachhaltige Nutzung der natürlichen Ressourcen des Victoria-Sees. Ein wichtiger neuer Schritt angesichts vergangener Spannungen zwischen Kenya und Uganda war auch ein erstes Treffen der Oberbefehlshaber der Streitkräfte am 29.11., bei dem Möglichkeiten einer weiteren militärischen Zusammenarbeit besprochen wurden.

Die von den Ländern am Horn von Afrika gebildete **IGAD** (*Intergovernmental Authority an Development*) verstand sich neben ihren regulären Entwicklungsaufgaben auch als Gremium mit dem Auftrag, Vermittlungsversuche bei Konfliktsituationen innerhalb ihrer Mitgliedschaft zu unternehmen; dies betraf schon seit Jahren immer wieder die hartnäckigen Konflikte im Sudan und in Somalia. In beiden Fällen konnten auch 1997 keine wirklich tragfähigen Friedensansätze gefunden werden. Im Falle Somalias lag die Vermittlerrolle wesentlich bei Äthiopien (Abschluß von achtwöchigen Beratungen in Sodere am 3.1., allerdings ohne spätere Umsetzung), im Falle des Südsudankonflikts bei Kenya. Verhandlungen zwischen der sudanesischen Regierung und der SPLA unter IGAD-Schirmherrschaft vom 28.10.-6.11. in Nairobi wurden aber ohne Einigung in zentralen Punkten abgebrochen mit der prinzipiellen Absichtserklärung, sie Anfang '98 wieder aufzunehmen. Auch die IGAD-Gipfelkonferenz am 9.7. in Nairobi unter Vorsitz von Präsident Moi war stark von heftigen Auseinandersetzungen über die Konflikte in Somalia und Sudan dominiert worden. Bei dem vorhergehenden Ministerratstreffen ging es vorwiegend um die Abstimmung von neuen Programmen in den Bereichen Umweltschutz, Ernährungssicherung, landwirtschaftliche Entwicklung und Forschung sowie Ausbau der Infrastruktur, um diesbezüglich stärkere Unterstützung von Geberinstitutionen erhalten zu können. Bei einem informellen Treffen Ende Mai in Rom der sog. "Freunde von IGAD" hatte es insbesondere von italienischer Seite starke Kritik an dem niederländischen Entwicklungsminister Jan Pronk als Vorsitzendem gegeben; dabei war auch eine stärkere Initiative bei der Suche nach einer Konfliktlösung im Sudan gefordert worden.

Die 5. Jahreskonferenz der **Nilanrainerstaaten** (Nil 2002) trat diesmal vom 24.-28.2. in Addis Abeba zusammen, um vorwiegend über technische Aspekte der Nutzung der Wasserressourcen des Nilbeckens zu beraten. Zu einigen Spannungen kam es dabei aber zwischen Ägypten und Äthiopien über äthiopische Pläne zur stärkeren Nutzung des Oberlaufs des Blauen Nil und Forderungen nach einer grundlegenden Revision des Abkommens von 1959, das zwei Drittel der Wassermenge Ägypten zugeteilt hatte.

Rolf Hofmeier

Chronologie Östliches Afrika 1997

03.01.	Abschluß eines Friedensabkommens für Somalia in Sodere (Äthiopien)
16./17.01.	Außerordentliche COMESA-Ministerratssitzung in Lusaka (Zambia)
24.-28.02.	5. Nilanrainerkonferenz "Nil 2002" in Addis Abeba (Äthiopien)
05.-08.03.	IORARC-Gründungskonferenz in Port Louis (Mauritius)
07./08.04.	3. COMESA-Ministerratssitzung in Lusaka
10.04.	2. COMESA-Gipfeltreffen in Lusaka
16.04.	Ost- und zentralafrikanischer Gipfel über Burundi-Problem in Arusha (Tanzania)
21.04.	Rücktritt von COMESA-Generalsekretär Mutharika
28./29.04.	14. IOC-Ministerratstreffen in Victoria (Seychellen)
29.04.	EAC-Gipfeltreffen in Arusha
12.05.	13. Jahrestagung der PTA-Bank in Harare (Zimbabwe)
06./07.07.	IGAD-Ministerratstreffen in Nairobi (Kenya)
09.07.	IGAD-Gipfeltreffen in Nairobi

18.08.	Ost- und zentralafrikanisches Außenministertreffen über Burundi-Problem in Kampala (Uganda)
28.08.-06.09.	III. Frankophonie-Spiele in Antananarivo (Madagaskar)
04.09.	Ost- und zentralafrikanischer Gipfel über Burundi-Problem in Dar es Salaam (Tanzania)
22.09.	IGAD-Außenministertreffen über Sudan-Problem in Nairobi
28.10.-06.11.	Sudan-Friedensverhandlungen unter IGAD-Ägide in Nairobi
13./14.11.	Treffen der COMESA-Zentralbankgouverneure in Lusaka
18.11.	1. COMESA-Finanzministertreffen in Lusaka
20.11.	Treffen der ostafrikanischen Militäroberbefehlshaber in Arusha
24./25.11.	COMESA-Justizministertreffen in Lusaka
24.11.	4. COMESA-Ministerratssitzung in Lusaka
09.-11.12.	US-Außenministerin Albright besucht Äthiopien, Uganda und Rwanda
22.12.	Vereinbarung in Kairo über Bildung einer "Regierung der nationalen Einheit" in Somalia

Regionalorganisationen:

East African Cooperation (EAC) - Sekretariatssitz: Arusha (Tanzania)
Kenya, Tanzania, Uganda
East African Development Bank (EADB) - Geschäftssitz: Kampala (Uganda)
Kenya, Tanzania, Uganda
Common Market for Eastern and Southern Africa (COMESA) - Sekretariatssitz: Lusaka (Zambia)
Angola, Äthiopien, Burundi, Djibouti, Eritrea, Kenya, Komoren, DR Kongo, Madagaskar, Malawi, Mauritius, Namibia, Rwanda, Seychellen, Somalia, Sudan, Swaziland, Tanzania, Uganda, Zambia, Zimbabwe
Communauté Economique des Pays des Grands Lacs (CEPGL) - Sekretariatssitz: Gisenyi (Rwanda)
Burundi, Rwanda, Zaire
Indian Ocean Commission (IOC) - Sekretariatssitz: Quatre Bornes (Mauritius)
Komoren, Madagaskar, Mauritius, Réunion, (bzw. Frankreich), Seychellen
Indian Ocean Rim Association for Regional Cooperation (IORARC) - vorläufiges Sekretariat: Port Louis (Mauritius)
Aus Afrika: Kenya, Madagaskar, Mauritius, Mosambik, Südafrika, Tanzania
Außerdem: Australien, Indien, Indonesien, Jemen, Malaysia, Oman, Singapur, Sri Lanka
Intergovernmental Authority on Development (IGAD) - Sekretariatssitz: Djibouti
Äthiopien, Djibouti, Eritrea, Kenya, Uganda, Somalia, Sudan
Organisation for the Management and the Development of the Kagera River Basin (KBO) - Sekretariatssitz: Kigali (Rwanda)
Burundi, Rwanda, Tanzania, Uganda

Afrika-Jahrbuch 1997, S. 231-239

Äthiopien

Fläche: 1 121 900 km², **Einwohner:** 58,2 Mio., **Hauptstadt:** Addis Abeba, **Amtssprache:** Amharisch, **Lebenserwartung:** 49 J., **Alphabetisierung:** 35 %, **Wechselkurs:** $ 1 = Birr 6,86, **HDI:** 0,244, Rang 41, **Pro-Kopf-Einkommen:** $ 100, **BSP:** $ 6042 Mio., **Anteile am BIP:** 55 % - 10 % - 35 %, **Hauptexportprodukte:** Kaffee 66 %, Häute/Felle 14 %, **Staatschef:** Negasso Gidada, **Regierungschef:** Meles Zenawi, **Regierungspartei:** Ethiopian People's Revolutionary Democratic Front (EPRDF)

Innenpolitik

Es gab lediglich zwei Personalwechsel in der Regierung. Im Februar löste Seifu Ketema Landwirtschaftsminister Teketel Forsido ab, der entlassen wurde, weil er seinem Amt nicht gewachsen sei. Im Juni akzeptierte der Premierminister den Rücktrittswunsch von Justizminister Mehetema Solomon; sein Nachfolger Worede Wolde-Mikael war Leiter der Rechtsabteilung im Finanzministerium gewesen.

Im Vorfeld des für Anfang 1998 angesetzten Gesamtkongresses der **EPRDF** hielt die *Tigray People's Liberation Front* (TPLF) vom 13.-17.12. ihren fünften regulären **Kongreß** in Mekele ab, auf dem Meles Zenawi als Vorsitzender bestätigt wurde. Über den Ablauf wurden keine Einzelheiten berichtet, die wirtschaftspolitischen Beschlüsse (Öffnung der Bereiche Telekommunikation und Energieversorgung für private Investoren) dürften jedoch richtungsweisend für den kommenden EPRDF-Kongreß sein. Auf dem Parteikongreß der *Southern Ethiopian People's Democratic Front* (SEPDF) im Dezember wurde Kassu Ilala, einer der engsten Berater des Premierministers, zum Vorsitzenden gewählt, sein Vorgänger Abate Kisho wurde Vizevorsitzender.

Die Bemühungen zur Eindämmung von Korruption und Amtsmißbrauch führten wie im Vorjahr zu Abmahnungen und **Entlassungen aus Verwaltungs- und regionalen Regierungsämtern**. In der *Oromo People's Democratic Organisation* (OPDO) sollen im Gefolge der im Oktober 1996 begonnenen internen Evaluierung mehrere hundert Parteifunktionäre auf allen Ebenen einschließlich des ZK ihre Ämter verloren haben. Als Entlassungsgründe nannte der Vizepräsident von Oromiya, Hassan Ali, Anfang Februar außer Korruption auch Menschenrechtsverletzungen und "engstirnigen Nationalismus". Letzteres war neben Ineffizienz und Verfolgung von Eigeninteressen einer der angegebenen Gründe für die Ablösung des Vizepräsidenten und des Sekretärs der Regionalregierung von Harar Mitte Mai. Auf ernsthafte politische Spannungen in Harar wies auch die am 12.6. von der *Harar Democratic Unity Party* vorgebrachte Forderung nach Abhaltung einer "Konferenz für Frieden, Demokratie und Entwicklung" hin.

Derartige Konferenzen waren in den Vorjahren in den besonders unruhigen Regionen bzw. Bundesländern mit unterschiedlichem Erfolg abgehalten worden. In **Benishangul-Gumuz** begann am 31.8. der seit dem Vorjahr vorbereitete Vereinigungskongreß der vier dort zugelassenen Parteien, aus dem die *Benishangul-Gumuz Democratic Unity Front* als Einheitspartei hervorging; danach wurden Neuwahlen der Kebelekomitees (Dorf- oder Stadtviertel) und der Bezirksräte vorbereitet. Trotzdem dürfte die Grenzlage zum Sudan auch zukünftig für Konfliktpotentiale sorgen. **Parteifusionen** gab es auch innerhalb der SEPDF, der als Allianz einer Vielzahl kleiner ethnischer Parteien gegründeten Regierungspartei des heterogensten Bundeslandes *Southern Ethiopian Nations, Nationalities and People's Regional State* (SNNPRS). Im November vereinigten sich drei Parteien in der Gurage-Zone, außerdem die Parteien der verwandten Ethnien Kembata, Alaba und Timbaro sowie die Parteien der Welayta, Gamo, Gofa und Dawaro.

Anderswo erwies sich die Schaffung ethnisch-regionaler Einheitsparteien als langwierig und schwierig. Im Bundesland **Afar** setzte dies die Integration oder Ausschaltung der *Afar Revolutionary Democratic Unity Front* (ARDUF) und ihres bewaffneten Flügels, der "*Ugogomo*"-Milizen, voraus. Die im Vorjahr aufgenommenen inoffiziellen Gespräche zwischen der ARDUF und der von der mit der EPRDF verbündeten *Afar People's Democratic Organisation* (APDO) angeführten Landesregierung sowie Vertretern der Bundesregierung wurden fortgesetzt, schienen aber zunächst bei unvereinbaren Positionen in eine Sackgasse geraten zu sein. Anfang August berichteten dann die staatlichen Medien, die ARDUF habe mit der Landesregierung eine Friedensvereinbarung geschlossen und wolle zukünftig als zivile Partei tätig werden, während die Regierung die Reintegration der Guerillakämpfer unterstützen wolle. Die Vereinbarung wurde vom Sprecher der ARDUF in Großbritannien, Mohamuda Gaas, namens des Exekutivkomitees als "von der äthiopischen Regierung manipuliert" zurückgewiesen; am 15.8. schlossen Vertreter der ARDUF und der militanten Fraktion der *Ogaden National Liberation Front* (ONLF, Somali) in London eine Kooperationsvereinbarung ab. Die sich damit abzeichnende Spaltung der ARDUF wurde auf der am 28.9. in Assaita beginnenden Friedenskonferenz manifest, an der neben Vertretern der ARDUF und der APDO auch religiöse Autoritäten und traditionelle Clanführer der Afar teilnahmen. Für die ARDUF bestätigte deren Vizegeneralsekretär Muhyadin Maftah Kedir, der nach seiner Auslieferung aus Djibouti im August 1996 inhaftiert, zwischenzeitlich aber freigelassen worden war, das von ihm und Regierungspräsident Ismael Ali Serro unterzeichnete Friedensabkommen. Ein Teil der ARDUF/*Ugogomo* wollte sich dem Abkommen jedoch nicht anschließen; am 9.10. sollen ein Militärposten in Assaita und das Wohnhaus des Regierungspräsidenten angegriffen worden sein. Auf der Konferenz sprach sich Ismael Ali für die Bildung einer Einheitspartei aus; zur Bildung einer gemeinsamen Front hatte eine der im Landesparlament vertretenen Parteien, die *Afar National Liberation Front* (ANLF), bereits am 23.3. aufgerufen.

Im Bundesland **Somali** kam die im Vorjahr eingeleitete Vereinigung der *Ethiopian Somali Democratic League* (ESDL) und der legalen Fraktion der ONLF, die sich 1995 gespalten hatte, nur mühsam voran. Am 14.1. kündigte der ESDL-Vorsitzende, Bundesverkehrsminister Abdul-Mejid Hussein, den baldigen Zusammenschluß an, der für Mitte Mai angesetzte Vereinigungskongreß wurde jedoch wegen inhaltlicher und logistischer Probleme auf unbestimmte Zeit verschoben. Die Gründe hierfür lagen anscheinend in Clanrivalitäten und Machtkämpfen in der ESDL wie in der Landesregierung, die sich in den letzten Monaten des Jahres zuspitzten. Ende September versuchte der Vizepräsident mit Unterstützung eines Teils des Exekutivkomitees, Regierungspräsident Idd Tahir Farah abzusetzen. Eine Sondersitzung des Landesparlaments am 10.10. entließ darauf beide sowie den Sekretär und stellte eine neue Exekutive auf; neuer Regierungspräsident wurde Mohamed Maalim (ONLF, Ogaden-Clan), Vizepräsident ein Issa aus der ESDL. Auf dem Kongreß der ESDL im Dezember wurden 17 Mitglieder der Parteiführung, von denen 12 an dem versuchten Regierungswechsel beteiligt gewesen waren, u.a. wegen "ultra-nationalistischer Ansichten" abgesetzt. Der Vizebundesminister für Bergbau und Energie, Shemsudin Ahmed, wurde aus der Partei ausgeschlossen und verlor damit auch sein Amt; die Entlassung des Generaldirektors der djiboutisch-äthiopischen Bahngesellschaft, Omar Bouh Hussein, stand anscheinend im gleichen Zusammenhang. Auf einer Pressekonferenz am 17.12. zeigte sich der neugewählte Generalsekretär der ESDL, Mohamed Dirir, optimistisch hinsichtlich des Vereinigungsprozesses, nachdem nunmehr ESDL und ONLF von negativen Elementen gesäubert seien. Ungelöst blieb das Problem der bewaffneten Gruppen, unter denen die *al-Ittihad al-Islami* (Islamische Einheit) mit Rückzugsbasen in Südsomalia (s.u.) die bedeutendste sein dürfte. Im September wurde berichtet, die *al-Ittihad* habe eine Verständigung mit der *Islamic Front for the Liberation of Oromos* (IFLO) und mit bewaffneten Gruppen, die sich der *Oromo Liberation Front* (OLF) zuordnen, erreicht; im Vorjahr hatten die OLF und der militante Teil der ONLF eine Zusammenarbeit vereinbart. Diese Absprachen deuteten auf Ansätze zu einer Wiederbelebung der Kooperation von Somalis und islamischen Oromos hin, wie sie in den 60er bis in die 80er Jahre bestanden hatte, wenn auch das militärische Potential der IFLO und der ONLF anscheinend gering war.

Bilanz einer Serie von **Anschlägen** waren insgesamt fünf Tote und 113 Verletzte, unter letzteren zehn Europäer. Am 10.2. starben zwei Menschen durch eine Granate in einem Hotel in Harar, neun weitere wurden verwundet. Im April gab es in Addis Abeba drei Anschläge, auf eine Hotelbar sowie ein Restaurant am 12.4., auf einen Supermarkt am 14.4., die zwei Todesopfer und 73 Verletzte forderten; ein weiterer am 26.4. in einer Bar in Dire Dawa hinterließ elf Verwundete. Bei einem Anschlag auf ein Postamt in Harar am 7.8. gab es zwei Verletzte. Als eine unter Fackeln versteckte Granate beim Meskel-Fest am 26.9. in Addis Abeba explodierte, starb ein Kind, 18 Menschen wurden verwundet (die "Auffindung des wahren Kreuzes" wird traditionell mit Fackelzügen und offenen Feuern auf den Straßen gefeiert). Täter und Motive blieben unklar, da es keine Bekenner gab, einige Anschläge wurden jedoch von der Polizei der **OLF** angelastet; von der Exilführung der Organisation wurde dies dementiert. Die OLF war im Juni 1992 aus der damaligen Übergangsregierung ausgeschieden und führte in einigen Teilen Oromiyas Guerillaaktionen durch. Im Oktober wurde berichtet, inoffizielle Gespräche zwischen Vertretern der OLF und der EPRDF in Deutschland seien ergebnislos abgebrochen worden. Tatsächlich ging die Regierung mit Härte gegen mutmaßliche oder tatsächliche Mitglieder und Unterstützer der OLF vor. Am 8.10. wurden drei mutmaßliche OLF-Mitglieder in Addis Abeba nach offiziellen Angaben bei einem Schußwechsel mit der Polizei erschossen und zwei andere verhaftet, die an Anschlägen beteiligt gewesen sein sollten; kurz danach wurden die Herausgeber und etwas später auch der Verlagsdirektor der privaten Oromo-Zeitung *Urji*, in der die offizielle Darstellung bezweifelt worden war, festgenommen. Am 5.11. folgte die Verhaftung von drei weiteren Personen, die für die Anschläge vom April verantwortlich sein sollten; zwei von ihnen sollten Verbindungen zur OLF haben. Ebenfalls im November wurden sieben Mitglieder der *Human Rights League* als Unterstützer der OLF verhaftet. Die im Dezember 1996 gegründete Organisation wollte Menschenrechtsverletzungen, insbesondere in Oromiya, untersuchen und dokumentieren. Gegen insgesamt 31 Oromo wurde am 2.12. Anklage wegen Beteiligung an terroristischen Aktivitäten erhoben; in wie weit der Anklage ein konkreter Tatverdacht zugrundelag, blieb unklar. Sechs weitere Personen wurden am 8.12. in Jimma inhaftiert, unter ihnen eine Verwandte des OLF-Führungsmitgliedes Lencho Letta. Im Dezember wurde auch der Prozeß gegen 14 Mitglieder der *al-Ittihad* eröffnet, die für mehrere Anschläge sowie den Attentatsversuch gegen Transportminister Abdul-Mejid im Vorjahr verantwortlich sein sollten.

Nicht nur die Umstände der tödlichen Polizeischüsse vom 8.10. blieben strittig. Über Zeitpunkt und Ursache des Todes eines am 11.2. als mutmaßlicher Unterstützer der OLF inhaftierten Lehrers, der am 30.3. nach offizieller Darstellung an einer plötzlichen Krankheit starb, gab es widersprüchliche Angaben. Mehr Aufsehen erregte der Fall von Assefa Maru, Exekutivmitglied des oppositionellen Lehrerverbandes *Ethiopian Teachers Association* (ETA) und des *Ethiopian Human Rights Council* (EHRCo), der am 8.5. in Addis Abeba, nach offiziellen Angaben bei einem Schußwechsel mit der Polizei starb. Er sollte, wie der seit Mai 1996 inhaftierte ETA-Vorsitzende Taye Wolde-Semayat, Mitglied der *Ethiopian Patriotic Front* gewesen sein; ein Waffenlager sei gefunden und sieben weitere Verdächtige festgenommen worden. Nach Darstellung des EHRCo aufgrund von Augenzeugenberichten war Assefa Maru dagegen unbewaffnet und wurde überfallartig auf offener Straße erschossen. Großbritannien setzte vorübergehend die avisierte Fortsetzung der Ausbildungshilfe für die Polizei aus.

Die ohnehin kleine parlamentarische **Opposition** schrumpfte noch weiter, als zwei Abgeordnete des Repräsentantenrates im August in die USA emigrierten. Die zivile außerparlamentarische Opposition machte wenig von sich reden. Das Oppositionsbündnis *Coalition of Alternative Forces for Peace and Democracy* hielt am 30.3. eine Kundgebung zur Unterstützung der Proteste von Bauern aus Gojjam (Amhara) gegen die aus ihrer Sicht ungerechte Durchführung einer Landumverteilung ab. Eine Studentendemonstration aus dem gleichen Anlaß war am 21.3. von der Polizei aufgelöst worden, weil sie nicht genehmigt sei; 214 Studenten wurden festgenommen, aber bis auf diejenigen, die sich weigerten, eine Entschuldigung zu unterschreiben, nach sechs Tagen freigelassen. Im letzten Quartal wurde spekulativ über die Gründung einer "moderaten" Oppositionspartei berichtet, über die in Emigrantenkreisen mit Blick auf eine Rückkehr nach Äthiopien diskutiert wurde. Der großen Zahl von oppositionellen Exilorganisationen war dagegen der am 11./12.10. in Atlanta (USA) gegründete *Ethiopian National Congress* zuzurechnen.

Der seit mehreren Jahren bestehende Konflikt zwischen äthiopisch-orthodoxen und evangelischen Christen führte Ende Mai in Arba Minch (SNNPRS) zu **Ausschreitungen**, die ein Todesopfer, rd. 100 Verletzte und die Plünderung zahlreicher Läden zur Folge hatten und erst durch das Einschreiten der Polizei beendet wurden. Auslöser war eine geplante und von den örtlichen Behörden genehmigte Konferenz der evangelischen Kirche *Mekane Yesus*, die auf einem Gelände stattfinden sollte, wo auch orthodoxe Tauffeiern abgehalten wurden. Ein versöhnliches Zeichen setzte dann die am 4.10. in Addis Abeba beginnende 7. Generalversammlung der All-Afrikanischen Kirchenkonferenz, bei der die Äthiopisch-Orthodoxe und die *Mekane Yesus*-Kirche gemeinsam als Gastgeber fungierten.

Der **Prozeß wegen Korruption, Untreue und Amtsmißbrauch** gegen den im Oktober 1996 abgelösten ehemaligen Vizepremier- und Verteidigungsminister Tamrat Layne sowie sieben Mitangeklagte begann am 27.3. vor dem Obersten Bundesgericht. Die Anklage basierte nicht auf dem allgemeinen Strafgesetzbuch, sondern auf einem Sondergesetz von 1982. Der Antrag der Verteidigung vom 7.5. auf Abweisung der Anklage und Freilassung der Beschuldigten wegen der Nichtanwendbarkeit dieses Gesetz wurde abgewiesen; ebenfalls abgewiesen wurde ein späterer Antrag auf Verweisung des Verfahrens gegen die Mitangeklagten an die nächstuntere Instanz, um ihnen die Möglichkeit einer Berufung offenzulassen. Am 21.10. erklärten sich alle Angeklagten für unschuldig. Der **Sonderstaatsanwalt für die Strafverfolgung der Verbrechen des früheren Regimes** von Mengistu Haile-Mariam gab am 14.2. bekannt, es lägen Anklagen gegen insgesamt 5198 Personen vor, von denen 2246 in Haft seien; bis Juni wurden weitere 471 Personen inhaftiert. Im ersten seit Ende 1994 laufenden Prozeß gegen hochrangige Funktionsträger wurde die Zeugenvernehmung fortgesetzt; die Urteilsverkündigung war noch nicht absehbar. Im Lauf des Jahres wurde eine Reihe neuer Verfahren wegen Verbrechen während des sog. "Roten Terrors" Ende der 70er Jahre eröffnet. Der Repräsentantenrat hob am 7.7. die Immunität von zwei Abgeordneten auf, um ein Gerichtsverfahren zu ermöglichen, obwohl der zuständige Ausschuß nach Sichtung des Beweismaterials Zweifel an ihrer Schuld äußerte.

Wie in den Vorjahren wurden Bundesregierung und Sicherheitskräfte von Menschenrechtsorganisationen im In- und Ausland der vielfachen Verletzung der Menschenrechte und der in der Verfassung festgelegten Bürgerrechte sowie der Einschränkung der Pressefreiheit beschuldigt; wie gehabt wies die Regierung diese Vorwürfe im Grundsatz zurück. Gravierende **Mängel im Justizwesen** wurden jedoch eingestanden. Der Präsident des Obersten Bundesgerichts teilte am 15.5. dem Parlament mit, tausende von vor den Bundesgerichten anhängigen Verfahren müßten wegen des Mangels an Richtern aufgeschoben werden; der Vizepräsident übte anläßlich eines Workshops zu Menschenrechtsfragen im Dezember Kritik an der Polizei, die entgegen den Bestimmungen der Verfassung Verhaftete häufig nicht über die Haftgründe informiere.

Asfa Wossen, der Sohn des früheren Kaisers Haile Selassie, starb am 17.1. im Alter von 80 Jahren in den USA und wurde am 2.2. neben dem Grab seines Vater in Addis Abeba beigesetzt.

Außenpolitik

Während der Jahreskonferenz der Nilanrainerstaaten (25.-28.2.) in Addis Abeba wurde von äthiopischer Seite mit einiger Schärfe eine grundlegende Revision des Abkommens von 1959 eingefordert, das Ägypten zwei Drittel der Wassermenge zusprach. Zu wesentlichen Entscheidungen kam es wie in den Vorjahren nicht. Äthiopische Pläne für die verstärkte Nutzung des Blauen Nil für Bewässerung und Energieerzeugung waren nicht der einzige Reibungspunkt in den Beziehungen zu **Ägypten**. Daß die ägyptische Regierung mit Unterstützung der Arabischen Liga in den letzten Monaten des Jahres eine eigenständige Vermittlerrolle in Somalia übernahm, schien weniger Ausdruck gemeinsamer Interessen an einer Befriedung des Bürgerkriegslandes als Ausdruck regionaler wie arabisch-afrikanischer Rivalitäten zu sein.

Für seine Vermittlerrolle in **Somalia** hatte Äthiopien ein Mandat der Regionalorganisation IGAD und der OAU. Die im November 1996 aufgenommenen Verhandlungen in Sodere (Äthiopien) zwischen Vertretern von 26 Fraktionen endeten am 3.1. mit der Unterzeichnung eines Friedensabkommens; dessen Umsetzung erwies sich jedoch als ebenso problematisch wie die des Abkommens von Addis Abeba vom März 1993 (s.Länderartikel Somalia). Belastet wurden die Vermittlungsbemühungen durch Operationen der äthiopischen Streitkräfte im Grenzgebiet, die im August 1996 begonnen hatten. Eine gemeinsam mit der *Somali National Front* (SNF) durchgeführte Offensive gegen Basen der *al-Ittihad al-Islami* am 11./12.6. war überraschend erfolgreich und zwang letztere zum Rückzug; äthiopische Truppen blieben bis Jahresende in Dolo und Teilen der somalischen Region Gedo präsent. Eine Beteiligung äthiopischer Truppen an den

Kampfhandlungen wurde zwar am 13.6. vom Außenministerium und nochmals am 21.6. von Premierminister Meles dementiert, von Beobachtern und Mitarbeitern von Hilfsorganisationen jedoch eindeutig bestätigt. Die Beziehungen mit **Djibouti** blieben durch gemeinsame politische und wirtschaftliche Interessen bestimmt. Für die Auslieferung äthiopischer Oppositioneller im Vorjahr revanchierte sich Äthiopien im September mit der Auslieferung djiboutischer Oppositionsvertreter, außerdem sollen äthiopische Sicherheitskräfte im Oktober an Militäroperationen in Djibouti gegen die dortige Afar-Guerilla mitgewirkt haben. Am 7.5. machte Präsident Hassan Gouled einen Kurzbesuch in Addis Abeba, wo er mit Meles sowie mit Präsident Negasso Gidada zusammentraf.

Das gespannte Verhältnis zum **Sudan** schien sich zu Jahresbeginn weiter zu verschlechtern. Auf einen, von Khartoum dementierten, Aufruf des sudanesischen Geschäftsträgers in Mogadishu zum *"Jihad"* gegen Äthiopien vom 29.12.96 reagierte das Außenministerium am 9.1. mit einer offiziellen Protestnote. Für die Besetzung der Grenzorte Kurmuk und Ghizen (Region Blauer Nil) durch sudanesische Oppositionskräfte Mitte Januar machte der Parlamentspräsident und Vorsitzende der *National Islamic Front*, al-Turabi, am 28.1. im wesentlichen Äthiopien verantwortlich, während Präsident Bashir von einer äthiopisch-eritreischen Aggression sprach. Nicht nur Somali- und Oromo-Organisationen (*al-Ittihad*, IFLO, OLF) wurden nach Meinung von Beobachtern von Khartoum unterstützt, nach unbestätigten Berichten vom Februar soll auch eine 1996 gegründete Allianz bewaffneter Oppositionsgruppen, die *Ethiopian Unity Front*, vom Sudan aus mit kleineren Guerillaaktionen in Benishangul-Gumuz begonnen haben. Anders als Eritrea verfolgte die Regierung aber weiterhin keine offene Konfrontationspolitik. Die Forderung nach Auslieferung von drei mutmaßlichen Verantwortlichen für den Attentatsversuch gegen den ägyptischen Präsidenten Mubarak (Juni 1995) wurde zwar nicht fallengelassen, die Bemühungen im Rahmen der IGAD um eine Friedensregelung für den Südsudan wurden aber in den Vordergrund gestellt. Während der Gipfelkonferenz der IGAD am 8.-9.7. trafen Premierminister Meles und Präsident Bashir in Nairobi zusammen und am 11.10. empfing Meles eine sudanesische Regierungsdelegation; ein Besuch des Vorsitzenden der *Sudan People's Liberation Army* (SPLA), John Garang, in Addis Abeba Ende August wurde inoffiziell gehalten.

Im Verhältnis zu **Eritrea** zeichneten sich in der zweiten Jahreshälfte zunehmend Differenzen ab, nicht nur in der regionalen Außenpolitik (insbesondere gegenüber Sudan), sondern auch in den bilateralen Beziehungen. Die Stillegung der seit 1991 von beiden Staaten gemeinsam betriebenen Erdölraffinerie in Assab zum 1.8. erfolgte anscheinend noch einvernehmlich; die überalterte Anlage arbeitete mit Verlust. Die seit mehreren Jahren vorbereitete Einführung einer eigenen Währung in Eritrea (Nakfa) am 8.11. erwies sich dann als Wendepunkt. Am 17.11. teilte die äthiopische Regierung mit, daß der bilaterale Handel nunmehr auf Devisenbasis und über Bankkreditbriefe erfolgen müsse; für den Kleinhandel im Grenzgebiet wurden am 20.11. Ausnahmeregelungen bekanntgegeben (s.u.). Diese für Eritrea ungünstige Entscheidung wurde von eritreischer Seite zwar nicht als solche kritisiert, wohl aber der späte Zeitpunkt. Neben Schwierigkeiten bei der Umstellung des bilateralen Handels, die sich in beiden Staaten bemerkbar machten, wurden auch Spannungen im Grenzgebiet deutlich. Ende Dezember kam es anscheinend zu einem Zusammenstoß an einem eritreischen Armeeposten im Afargebiet, wo der Grenzverlauf strittig war; im August sollen äthiopische Truppen, möglicherweise bei der Verfolgung von *"Ugogomo"*-Milizen, in der Gegend von Bada auf eritreisches Territorium vorgestoßen sein. Eritreische Bauern, die seit langem in Sheraro (Nordwesttigray) ansässig waren, wurden ultimativ aufgefordert, nach Eritrea zurückzusiedeln oder die äthiopische Staatsangehörigkeit anzunehmen.

Bei durch einen Viehraubzug äthiopischer Nomaden ausgelösten Kämpfen im Grenzgebiet zu **Kenya** gab es am 22.3. bis zu 80 Tote, darunter auch Angehörige der kenyanischen Polizei. Die bilateralen Beziehungen wurden durch diesen ungewöhnlich gewaltintensiven Vorfall jedoch kaum belastet. Nach dreitägigen Verhandlungen in Embu (Kenya) wurde am 23.4. die Zahlung von Entschädigungen und die Rückgabe des geraubten Viehs vereinbart; in die Beilegung der Auseinandersetzungen sollten lokale Älteste einbezogen werden. Am 5.7. wurde in der kenyanischen Presse von erneuten Kämpfen berichtet, bei den Gesprächen zwischen Premierminister Meles und Kenyas Präsident Moi während des IGAD-Gipfels am 8./9.7. in Nairobi standen aber regionalpolitische Fragen im Vordergrund. Während der am 22.7. in Addis Abeba eröffneten Tagung der gemeinsamen Ministerkommission wurde die Entschädigungsfrage nochmals behandelt, Hauptthema waren jedoch die wirtschaftlichen und Handelsbeziehungen. Präsident Buyoya traf am 28.7. in Addis Abeba mit Meles und Präsident Negasso zu Gesprächen über die OAU-Sanktionen und die innenpolitische Lage in **Burundi** zusammen. Vom 2.-4.11. besuchte Meles **Rwanda** und im Anschluß Gabun; mit Rwanda waren am 22.5. mehrere Kooperationsabkommen geschlossen worden. Zur Vertiefung der wirtschaftlichen Zusammenarbeit mit **Südafrika** unterzeichnete Außenminister Seyoum während seines Aufenthaltes dort vom 13.-18.5. Rahmenvereinbarungen und Sektorabkommen.

Mit **Kuwait** wurde im August die Aufwertung der diplomatischen Beziehungen durch den Austausch von Botschaftern vereinbart. Nach dem Besuch einer kuwaitischen Delegation im September wurde im Oktober die äthiopische Botschaft eröffnet; *Ethiopian Airlines* nahm Direktflüge nach Kuwait auf. Im Mittelpunkt eines Besuchs von Außenminister Ataff in Addis Abeba standen Fragen der technischen und wirtschaftlichen Zusammenarbeit mit **Algerien**. Am 20.11. wurden ein Handelsabkommen und ein Memorandum über die Förderung von Investitionen unterzeichnet. Handelsbeziehungen waren auch das Hauptthema eines fünftägigen Aufenthalts von Meles in **Indien** Anfang März; zwischen den Handelskammern beider Staaten wurde am 24.6. in Addis Abeba die Einrichtung eines gemeinsamen Rates vereinbart. Anläßlich des Besuchs einer Ministerratsdelegation der **VR China** wurde am 20.5. ein Kulturabkommen unterzeichnet; Abkommen über technische und wirtschaftliche Kooperation waren 1995 geschlossen worden. Am 3.4. traf der Vizepremier- und Außenminister der **DVR Korea**, Kim Yong Nam, zu Gesprächen über Zusammenarbeit im Bausektor und in der Bewässerung ein, in Anknüpfung an die früheren engen Beziehungen zum Regime von Mengistu. Trotz der noch ungeklärten Frage der Schulden bei der ehemaligen UdSSR wurde die Wiederaufnahme der militärischen Zusammenarbeit mit **Rußland** vorbereitet, u.a. mit dem Besuch einer russischen Militärdelegation Mitte Mai. Im letzten Quartal wurde über ein Abkommen verhandelt, das nach inoffiziellen Berichten die Ausbildung äthiopischer Soldaten in Rußland, die Lieferung von Ersatzteilen und Reparaturarbeiten an Waffen und Gerät aus sowjetischer Produktion beinhalten sollte;

Die Beziehungen zu den **USA** blieben durch die Bedeutung Äthiopiens als regionaler Partner bestimmt. Außenministerin Albright besuchte Addis Abeba am 9./10.12. als erste Station ihrer Reise in das östliche und südliche Afrika; Hauptthemen ihres Besuchs waren die politische Lage am Horn und im Gebiet der Großen Seen (*"Greater Horn"*) sowie die wirtschaftlichen und Handelsbeziehungen.

Das **Europäische Parlament** verabschiedete am 18.9. eine Resolution, in der Menschenrechtsverletzungen durch Regierung und Sicherheitskräfte verurteilt sowie die Freilassung gewaltloser politischer Gefangener und die Wahrung der Pressefreiheit gefordert wurden. Außenminister Seyoum Mesfin übte am 24.11. vor dem EP-Komitee für Entwicklung und Zusammenarbeit deutliche Kritik an dieser Entschließung als unter dem Druck von Exilgruppen zustandegekommen, betonte aber im übrigen die positive Rolle der EU gegenüber den AKP-Staaten. In den Beziehungen mit EU-Mitgliedsstaaten spielten Menschenrechtsfragen eine geringe Rolle. Lediglich **Großbritannien** setzte im Mai zeitweilig neue Bewilligungen mit Ausnahme humanitärer Hilfe aus. Äthiopien verzögerte daraufhin die Akkreditierung des neuen britischen Botschafters, diese erfolgte jedoch im Herbst und nach Berichten von Anfang November sollte die Entwicklungszusammenarbeit einschließlich der Ausbildungshilfe für die Polizei wiederaufgenommen werden. Die politischen Beziehungen zu **Frankreich** wurden mit einem Besuch von Außenminister Vedrine Mitte Oktober, dem ersten eines französischen Außenministers seit 15 Jahren, vertieft. Differenzen über die Modalitäten der Vergabe von Projektmitteln wurden aber anscheinend auch auf einer Expertensitzung in Addis Abeba nicht vollständig ausgeräumt, mit der die für den 6.-8.12. angesetzte Tagung der gemeinsamen Kommission für Entwicklungszusammenarbeit vorbereitet wurde. Wirtschaftliche und Entwicklungszusammenarbeit waren zentrale Themen der Gespräche, die Premierminister Meles und Außenminister Seyoum vom 7.-12.4. in **Italien** führten. Von großer symbolischer Bedeutung war die Unterzeichnung eines Vertrages über die Rückführung des

Obelisken von Axum; das Monument des im 9. Jh. n.Chr. untergegangenen axumitischen Reiches war während der italienischen Okkupation (1935/36-41) nach Rom verbracht worden. Der bei dieser Gelegenheit vereinbarte Besuch von Präsident Scalfaro, der erste eines italienischen Staatsoberhauptes seit 1941, vom 23.-26.11. sollte ausdrücklich zur Überwindung dieser historischen Altlast beitragen. Scalfaro sprach zwar keine förmliche Entschuldigung für die Okkupation aus, bezeichnete sie aber doch als "Fehler" und legte am Denkmal für die äthiopischen Gefallenen dieser Zeit einen Kranz nieder.

Sozioökonomische Entwicklung

Die Wachstumsrate im Haushaltsjahr 1996/97 (8.7.-7.7.) wurde auf 6,5% geschätzt, ein Rückgang um 1,2% gegenüber 1995/96. Aus dem Export von 118 000 t Kaffee wurden Deviseneinnahmen in Höhe $ 365 Mio. erzielt; rd. drei Viertel der Gesamtmenge entfielen auf den Privatsektor. Für 1997/98 wurde ein schlechteres Ergebnis erwartet, da mit witterungsbedingten Ertragseinbußen zu rechnen war. Der am 3.7. verabschiedete **Haushalt 1997/98** sah Ausgaben von insgesamt Birr 10,45 Mrd. vor, davon Birr 3,65 Mrd. Zuschüsse für die Haushalte der Länder sowie der Hauptstadtregion und der Sonderverwaltungszone Dire Dawa, Birr 3,75 Mrd. für laufende Ausgaben und Birr 3,05 Mrd. für Investitionen. Über 75% der Investitionen des Bundes und der Länder waren für die Bereiche Energieversorgung, Telekommunikation und Straßenbau vorgesehen. Die projektierten inländischen Einnahmen beliefen sich auf rd. Birr 8,4 Mrd., die verbleibenden rd. Birr 3 Mrd. sollten durch Kredite und Zuwendungen ausländischer Geber gedeckt werden.

Die Inlandsverschuldung wurde vom Finanzministerium auf Birr 12 Mrd. geschätzt. Nach Verhandlungen mit den zum "Pariser Club" gehörenden Gläubigerstaaten wurde am 24.1. die Umstrukturierung und Teilannullierung von etwa zwei Dritteln der bilateralen Schulden zu Neapel-Bedingungen bekanntgegeben. Die **Auslandsverschuldung** (rd. $ 5,2 Mrd. Ende 1995) verminderte sich dadurch nur um etwa $ 200 Mio. Gespräche mit Rußland über die auf etwa Rubel 3,2 Mrd. geschätzten Schulden bei der ehemaligen UdSSR führten noch nicht zu einem Ergebnis, der Beitritt Rußlands zum "Pariser Club" im Juli dürfte jedoch eine Regelung erleichtern. Deutschland annullierte am 24.10. bilaterale Schulden von $ 39,8 Mio., davon $ 16 Mio. aus Zeiten der ehemaligen DDR; der Restbetrag von $ 11,8 Mio. wurde über 23 Jahre umgeschuldet. Nach Aushandlung einer Schuldenminderung von 92% mit privaten Gläubigern wurden die verbleibenden kommerziellen Kredite getilgt.

Da die Differenzen über Einzelheiten und Tempo der Reformen insbesondere im Finanzsektor in den Verhandlungen mit einer IWF-Mission im September nicht ausgeräumt werden konnten, wurde am 10.10. die bereits verschobene Auszahlung der ersten Tranche für das zweite Jahr eines **ESAF-Kredits ausgesetzt**. IWF-Vizedirektor Outtara kam Mitte Dezember zu Gesprächen nach Addis Abeba, die Ausarbeitung eines neuen Abkommens sollte durch eine für Februar 1998 angesetzte Mission erfolgen. Trotz der Aussetzung des IWF-Kredits gab die AfDB am 7.11. die Bewilligung von insgesamt $ 180 Mio. zur Auszahlung über drei Jahre durch den AfDF bekannt; die IDA bewilligte am 11.12. einen Kredit von $ 200 Mio. für die Elektrizitätsversorgung, u.a. für den Bau des Gilgel Gibe-Kraftwerks. Eine Vereinbarung mit der EU über Zuwendungen von $ 379 Mio. aus dem IV. Lomé-Abkommen sowie über einen Kredit der EIB von $ 90 Mio. war am 27.1. anläßlich eines Besuchs von EU-Kommissar Pinheiro unterzeichnet worden.

Im Juni wurden sechs weitere staatliche Unternehmen zum Verkauf angeboten, zehn andere wurden im Oktober dagegen an die früheren Eigentümer zurückgegeben. Als weiteres staatliches Unternehmen wurde die Zuckerraffinerie in Finchaa fertiggestellt; damit sollte nach der Beseitigung der Hochwasserschäden aus dem Vorjahr an zwei anderen Raffinerien in Zukunft ein Überschuß für den Export produziert werden können. Der mit Abstand bedeutendste Privatinvestor, die Unternehmensgruppe MIDROC des äthiopisch-saudischen Unternehmers Alamoudi, übernahm im November acht fleischverarbeitende Betriebe sowie ein Hotel in Debre Zeit. Im Juli hatte das der MIDROC-Gruppe gehörende Bergbauunternehmen die Rechte an der Goldmine von Lega Dembi für einen Zeitraum von 20 Jahren erworben. Das Interesse ausländischer Unternehmen konzentrierte sich weiterhin v.a. auf Aufträge für Projekte mit gesicherter Finanzierung. Für Investoren blieb der **Bergbausektor** der attraktivste Bereich. Weitere Explorationsabkommen wurden geschlossen, es wurde jedoch berichtet, ein in Gambella tätiges kanadisches Unternehmen habe im Februar sein Personal aus Sicherheitsgründen wegen der Spannungen im Grenzgebiet zum Sudan abgezogen.

Trotz der teilweisen **Privatisierung** blieben staatliche und parastaatliche Unternehmen in der Industrie und Teilbereichen des Dienstleistungssektors vorherrschend, besonders deutlich unter Berücksichtung der mit der EPRDF bzw. ihren einzelnen Mitgliedsparteien verbundenen Unternehmen. Zu letzteren zählte die im April gegründete vierte private Bank, die im Juli gegründete fünfte jedoch anscheinend nicht. Anfang September warfen private Versicherungsgesellschaften der Regierung vor, staatlich kontrollierte Unternehmen im Juni mit einer vertraulichen Direktive angewiesen zu haben, keine Versicherungsverträge mit privaten Anbietern abzuschließen.

Parallel zur Einführung einer eigenen Währung (Nakfa) in Eritrea begann am 8.11. die Ausgabe **neuer Banknoten**. Dadurch sollte verhindert werden, daß in Eritrea eingezogene Birrnoten unkontrolliert in Äthiopien in Umlauf gelangten; außerdem wiesen die von der Mengistu-Regierung ausgegebenen Scheine den Slogan der früheren Militärregierung und eine Eritrea einschließende Abbildung des Staatsgebietes auf. Der Umtausch der alten Scheine war bis Jahresende weitestgehend abgeschlossen. Die am 17.11. beschlossene **Umstellung des Handels mit Eritrea auf Devisenbasis** und Bankkreditbriefe machte sich in einem drastischen Anstieg der Marktpreise für Salz (in Addis Abeba auf das Vierfache) bemerkbar. Lediglich für Handelsgeschäfte im Grenzgebiet mit einem Transaktionswert bis Birr 2000, für die eine Lizenz zu beantragen war, sollte nach einer Richtlinie vom 20.11. der Direktumtausch von Birr und Nakfa erlaubt sein, soweit sie nicht übliche Exportprodukte wie Kaffee, Ölsaaten oder Vieh oder aus Drittländern importierte Waren zum Gegenstand hatten. Auf äthiopischer Seite waren diese Regelung und die Art und Weise ihrer Anwendung v.a. für kleine Geschäftsleute und Bauern in grenznahen Gebieten Tigrays von Bedeutung.

Zur Förderung des Wettbewerbs zwischen privaten Händlern wurde am 18.1. die Freigabe der Einzelhandelspreise für Düngemittel angekündigt, lediglich die Großhandelspreise sollten weiterhin staatlich reguliert bleiben. Die optimistische Prognose vom 29.1., daß von den Erträgen der **Landwirtschaft** ein Überschuß von 600 000 t zu erwarten sei, mußte bereits nach der kleinen Regenzeit (*belg*, Januar-April) korrigiert werden, da die Ernteergebnisse 40% unter denen des Vorjahres lagen. Besonders betroffen waren Südtigray und Nordshoa, außerdem Nordwollo.

Nach heftigen außersaisonalen Regenfällen im Oktober, die das Getreide (besonders Teff) am Halm schädigten, lagen die Ernteergebnisse rd. 25% unter denen des Vorjahres; im Haushaltsjahr 1997/98 wurde daher eine Wachstumsrate von nur etwa 4% statt der projektierten 6-7% erwartet. Im Bundesland Somali wurde am 8.3. wegen einer Dürre der Notstand ausgerufen; von akutem **Wassermangel** betroffen waren außerdem die Nordoromo-Zone (SNNPRS) und die Borena-Zone (Oromiya) sowie Teile des Bundeslandes Afar. Im Mai teilte die staatliche *Disaster Prevention and Preparedness Commission* (DPPC) mit, die Lage sei unter Kontrolle, fast 1 Mio. Menschen in den Dürregebieten bräuchten jedoch Nahrungsmittelhilfe; da Zusagen internationaler Geber nur 10% der benötigten Menge abdeckten, mußte die Kommission auf die nationale Getreidereserve zurückgreifen. Die starken Regenfälle hatten dann im Oktober und November **Überschwemmungen** besonders im Südosten (Somali) und Nordosten (Afar) zur Folge, durch die mehrere tausend Menschen obdachlos wurden. Im Dezember war die Getreidereserve auf nur noch 84 000t geschrumpft, die Lieferung von weiteren 40 000 t aus Zusagen aus dem Berichtsjahr wurde erwartet. Für 1998 erbat die DPPC rd. 570 000 t Nahrungsmittelhilfe, um über die Deckung des auf 300 000-400 000t geschätzten Getreidedefizits auch die Reserve wiederauffüllen zu können.

Mitte März kamen einige hundert Bauern aus Gojjam nach Addis Abeba, um gegen eine **Landreform im Bundesland Amhara** zu protestieren. Nach ihren Angaben wurden ehemalige Grundbesitzer, denen bei der Landreform von 1975 maximal zehn Hektar zugesprochen worden waren, als "feudale Überreste" klassifiziert, und diejenigen, die vor 1991 Mitglieder der damaligen Staatspartei, von deren Massenorganisationen oder von Armee oder Milizen gewesen waren, einschließlich ihrer Kinder als "Bürokratie". Angehörigen beider Gruppen würde nur noch Anrecht auf einen Hektar Land zugestanden, anderen Bauern würden dagegen drei Hektar zugesprochen, mit der Auflage, kein Land an "feudale Überreste" oder "Bürokraten" weiterzuverpachten. Kurz danach berichtete die staatliche Presse von Kundgebungen für die Landreform; eine Modifikation der Richtlinien erfolgte offenbar nicht. In den durch eine Erhöhung der Gewerbemieten in Addis Abeba ab September 1996 ausgelösten Auseinandersetzungen zwischen Händlern und der Stadtregierung kam es im Mai zu einer offenen Konfrontation. Ein Aufruf zum **Streik der Ladenbesitzer** vom 17.5. wurde breit befolgt, woraufhin der Streik am 19.5. für illegal erklärt wurde; allen, die ihr Geschäft bis 15.15 Uhr nicht wieder geöffnet hatten, wurden die Räumung und Strafverfolgung angedroht. Rd. 1300 am Nachmittag noch geschlossene Läden wurden von der Polizei versiegelt und etwa 80 Personen festgenommen. In der Folgezeit wurde 91 Ladenbesitzern, die wegen ihrer Rolle während des Streiks zudem weitere juristische Schritte zu erwarten hatten, die Lizenz entzogen. Die Äthiopisch-Orthodoxe Kirche hatte im März die Mieten in den ihr gehörenden Gebäuden um 500-1500% erhöht, nach Protesten der Mieter erklärte sich der Patriarch aber im April zu einer Minderung um Birr 20 pro qm bereit; mit der Rückgabe von 1994/95 verstaatlichten kirchlichen Immobilien hatte die Regierung die ersatzweise gezahlte jährliche Subvention eingestellt. Die **Neugründung des Gewerkschaftsverbandes**, der Ende 1994 aufgelöst worden war, wurde mit der Wahl einer neuen Führung auf der Generalversammlung der *Confederation of Ethiopian Trade Unions* (CETU) am 22.-24.4. beendet; vorausgegangen war der Aufbau neuer Einzelgewerkschaften, soweit es in ihnen eine starke regierungskritische Fraktion gegeben hatte. Lediglich die Gewerkschaft der Bank- und Versicherungsangestellten hielt ihre Opposition zur "erneuerten" CETU aufrecht und nahm nicht an der Generalversammlung teil.

Die Rückführung der noch etwa 23 000 äthiopischen **Flüchtlinge** aus dem Sudan wurde fortgesetzt und sollte bis Mitte 1998 abgeschlossen werden; kleinere Gruppen kehrten außerdem aus Kenya zurück. Umgekehrt wurde die Repatriierung von rd. 8600 Flüchtlingen nach Kenya vorbereitet und am 15.1. wurde ein Abkommen mit dem UNHCR über ein Pilotprogramm zur Repatriierung von zunächst 10 000 Menschen nach Nordwestsomalia geschlossen.

Kathrin Eikenberg

Chronologie Äthiopien 1997

24.01.	Umschuldungsabkommen mit dem Pariser Club
Anf. März	Besuch von Premierminister Meles Zenawi in Indien
07.-12.04.	Besuch von Premierminister Meles in Italien
22.-24.04.	Neugründung des Gewerkschaftsverbandes
07.05.	Besuch des djiboutischen Präsidenten Hassan Gouled
17.-19.05.	Streik von Ladenbesitzern in Addis Abeba
11./12.06.	Offensive äthiopischer Streitkräfte gegen die *al-Ittihad* in Südsomalia
Okt./Nov.	Überschwemmungen und Ernteschäden durch heftige Regenfälle
10.10.	Aussetzung der Erweiterten Strukturanpassungsfazilität durch den IWF
02.-04.11.	Besuch von Premierminister Meles in Rwanda
23.-26.11.	Besuch des italienischen Präsidenten Scalfaro
09.-10.12.	Besuch von US-Außenministerin Albright

Burundi

Fläche: 27 834 km^2, **Einwohner:** 6,4 Mio., **Hauptstadt:** Bujumbura, **Amtssprache:** Französisch und Kirundi, **Lebenserwartung:** 47 J., **Alphabetisierung:** 35%, **Wechselkurs:** $ 1 = Franc Burundi (F.Bu.) 408, **HDI:** 0,247, Rang 40, **Pro-Kopf-Einkommen:** $ 170, **BSP:** $ 1066 Mio., **Anteile am BIP:** 57% - 17% - 26%, **Hauptexportprodukte:** Kaffee 57%, Tee 12%, **Staatschef:** Pierre Buyoya, **Premierminister:** Pascal-Firmin Ndimira, **wichtigste Parteien:** Front pour la Démocratie au Burundi (FRODEBU), Union pour le Progrès National (UPRONA)

Der mit schweren Menschenrechtsverletzungen einhergehende gewaltsame Konflikt zwischen Tutsi-Armee und bewaffneten Hutu-Gruppierungen, dessen Opfer vor allem die Zivilbevölkerung war, ging trotz des internationalen Druckes, eine Aussöhnung herbeizuführen, weiter. Die Vermittlungsbemühungen auf regionaler Ebene kamen im August wegen wachsender Spannungen zwischen Burundi und Tanzania zum Stillstand. Die von den Staatschefs der Region verhängten Wirtschaftssanktionen wurden verlängert, obwohl sie sich zunehmend als ineffizient erwiesen.

Innenpolitik

Die Machtübernahme durch Buyoya im Juli 1996 hatte nicht die von manchen Seiten erhoffte innenpolitische Beruhigung gebracht, sondern zu einer **Eskalation der Gewalt** geführt. Die Versuche Buyoyas, unter dem Druck der von den zentral- und ostafrikanischen Staaten verhängten Sanktionen Verhandlungen mit den Hutu-Guerillabewegungen aufzunehmen, trugen ihm die Feindschaft extremistischer Tutsi-Gruppen ein. Buyoya sah sich damit vor die fast unlösbare Aufgabe gestellt, seine eigene Macht zu sichern, einen politischen Dialog zwischen den verschiedenen politischen Kräften herbeizuführen, die innere Sicherheit wiederherzustellen und die Aufhebung der Wirtschaftssanktionen zu erwirken.

Die **militärisch-politische Situation** in Burundi wurde zudem von den Entwicklungen in Zaire/DR Kongo beeinflußt. Durch das Vordringen der von Rwanda unterstützten Rebellenarmee Laurent-Désiré Kabilas in Ostzaire verloren die radikale Hutu-Organisation *Conseil National pour la Défense de la Démocratie* (CNDD) und deren bewaffneter Arm, die *Front pour la Défense de la Démocratie* (FDD), ihre dortigen Basen, was einen vorübergehenden Rückgang der bewaffneten Überfälle in Burundi im Januar und Februar zur Folge hatte. Ab April wurden jedoch wieder verstärkt Guerillaangriffe und Zusammenstöße zwischen der Armee und Hutu-Rebellen verzeichnet. Der Schwerpunkt der Überfälle verlagerte sich dabei vom Norden in den Süden des Landes, da die FDD nunmehr vom tanzanischen Grenzgebiet aus operierte. Auch Bujumbura bildete erneut das Ziel von Anschlägen, desgleichen die von der Regierung eingerichteten "**Sammellager**". Diese sollten nach offizieller Darstellung dem Schutz der Bevölkerung vor Rebellenüberfällen dienen. Von der Opposition als "Konzentrationslager" bezeichnet, waren sie jedoch vor allem dazu bestimmt, die Kooperation der Hutu-Bevölkerung mit den Rebellen zu unterbinden. Die meisten Hutu wurden vom Militär unter Zwang in die Lager gebracht, ihre Felder und Häuser zerstört und ihr Vieh getötet. Mitte 1997 befanden sich über 300 000 Personen in solchen Lagern unter meist katastrophalen Lebensbedingungen. Auf internationalen Druck hin sagte Buyoya deren Auflösung zu. Im September wurden die ersten Lager in der Provinz Kayanza geräumt. Neben den "Sammellagern" bestanden über das ganze Land verteilt Auffanglager für Vertriebene, vorwiegend Tutsi, sowie für zurückgekehrte Flüchtlinge, so daß im Juli 1997 insgesamt rd. 600 000 Personen (=10% der Gesamtbevölkerung) in 259 Lagern lebten.

Die Bemühungen Buyoyas, eine **interne Lösung des politisch-militärischen Konflikts** herbeizuführen, hatten wenig Erfolg. Ein Seminar (28.1.) zur Vorbereitung einer angekündigten "nationalen Debatte" stieß sowohl seitens der die Hutu-Mehrheit vertretenden FRODEBU und der ihr nahestehenden Parteien als auch seitens der von Jean-Baptiste Bagaza geführten radikalen Tutsi-Partei *Parti pour le Redressement National* (PARENA) auf Ablehnung, während der Vorsitzende der die Tutsi-Minderheit im Parlament vertretenden UPRONA, Charles Mukasi, der Debatte keine Erfolgschancen einräumte. Trotzdem hielt Buyoya, der darin eine Alternative zu internationalen und regionalen Vermittlungsversuchen sah, an der Idee fest und kündete im September an, daß die nationale Debatte zur Einsetzung einer Übergangsregierung führen solle, deren Aufgabe es sein würde, die Errichtung demokratischer Institutionen unter Beteiligung aller politischen Gruppierungen voranzutreiben. Um die Bedeutung des Friedensprozesses deutlich zu machen, errichtete Buyoya hierfür im August ein eigenes Ministerium, das Ambroise Niyombasa, einem ehemaligen Kommunikationsminister (Febr.-Okt. 1994) übertragen wurde.

Auf **regionaler Ebene** war der ehemalige tanzanische Staatschef Julius K. Nyerere weiter als Vermittler tätig. Unter seinem Vorsitz fanden im April in Arusha (Tanzania) Gespräche zwischen Regierungsvertretern und politischen Parteien (darunter der FRODEBU und der UPRONA) statt, die zu einer Erleichterung der gegen Burundi verhängten Sanktionen führen sollten. Weitere Gespräche, an denen auch die CNDD teilnahm, zu denen jedoch der FRODEBU-Vorsitzende Jean Minani nicht eingeladen war, folgten am 8.5. in Dar es Salaam. Die nächste für den 25.8. vorgesehene Gesprächsrunde wurde wegen Spannungen mit Tanzania (s. Außenpolitik) von der burundischen Regierung abgesagt.

Unter Vermittlung der Katholischen Gemeinschaft San' Egidio in Rom hatten Regierungsvertreter zunächst geheim gehaltene **Gespräche mit CNDD-Vertretern** aufgenommen. Die Bekanntgabe dieser Kontakte durch Buyoya am 13.5. stieß auf heftigen **Protest** eines Teiles der UPRONA, der Studenten und Professoren der Universität Bujumbura sowie der Gewerkschaften. Etwa 400 Studenten beteiligten sich an einer Protestdemonstration gegen Buyoya. Auch der FRODEBU-Vorsitzende, Jean Minani, der durch die Verhandlungen zwischen Regierung und CNDD eine Marginalisierung seiner Partei befürchtete, sprach sich gegen die Gespräche in Rom aus. Die Regierung gab am 31.7. deren Einstellung bekannt mit der Begründung, daß sie keine Beendigung des Krieges bewirkt hätten. Die Angriffe gegen Buyoya verschärften sich im August mit einer Presseaussendung, in der sieben Parteien, darunter neben extremistischen Tutsi-Gruppierungen auch die FRODEBU, weitergehende Sanktionen forderten, um Buyoya zum Rücktritt zu zwingen.

Zu den erbittertsten Gegnern Buyoyas auf Tutsi-Seite gehörten der ehemalige, von Buyoya 1987 durch einen Putsch gestürzte Staatschef Jean-Baptiste Bagaza und dessen Anhänger. Bagaza und sieben als **Tutsi-Extremisten** bekannte Personen wurden am 19.1. **wegen "Gefährdung der Staatssicherheit" festgenommen**, Bagaza anschließend unter Hausarrest gestellt. Zwei Tage vorher waren 22 führende Mitglieder der radikalen Tutsi-Jugendorganisation *Solidarité de la Jeunesse pour la Défense des Minorités* (SOJEDEM) verhaftet worden. Im März gab die Armee die Aufdeckung eines Komplotts gegen Buyoya bekannt und verhaftete sechs Personen, darunter Mitglieder der PARENA. Minenexplosionen in Bujumbura im März und April wurden ebenfalls der PARENA zugeschrieben. Im November wurde gegen Bagaza wegen Anschlags auf das Leben Buyoyas und illegalen Waffenbesitzes Anklage erhoben. Der UPRONA-Vorsitzende Charles Mukasi, der zu den Gegnern der Versöhnungspolitik Buyoyas gehörte, wurde nach einer Pressekonferenz festgenommen (18.9.), einige Stunden später jedoch wieder freigelassen. Mukasi hatte im August Anklage gegen Buyoya wegen Machtmißbrauchs und Einmischung in die Angelegenheiten der UPRONA erhoben. Das Haus von Mukasi war im Juni von Sicherheitskräften durchsucht und ein Treffen der Partei aufgelöst worden.

Neben den Maßnahmen gegen Tutsi-Extremisten gingen die **Einschüchterungsversuche gegen die FRODEBU** weiter. Der Generalsekretär der Partei, Augustin Nzojibwani, wurde am 11.2. wegen "Gefährdung der Staatssicherheit" verhaftet, jedoch am 19.2. wieder aus der Haft entlassen. Nzojibwani hatte zuvor die "Sammellager" kritisiert. Gegen den Vorsitzenden der Nationalversammlung, Léonce Ngendakumana, dessen Immunität im September 1996 durch ein Gesetzesdekret aufgehoben worden war, wurden Ermittlungen wegen Beteiligung an den Massakern von 1993 eingeleitet und ein Ausreiseverbot verhängt. Der Oberste Gerichtshof lehnte eine Untersuchungshaft jedoch wegen unzureichender Beweislage ab. Ein FRODEBU-Abgeordneter, der im August mit seinem Fahrer verschwand, schien von Soldaten entführt und ermordet worden zu sein. Damit waren seit 1993 23 FRODEBU-Abgeordnete Mordanschlägen zum Opfer gefallen.

Die **politischen Aktivitäten** blieben **eingeschränkt**. Die Nationalversammlung, in der die FRODEBU seit den Wahlen von 1993 65, die UPRONA 16 Sitze innehatte, war beschlußunfähig, da ein großer Teil der FRODEBU-Abgeordneten entweder ermordet worden war oder im Exil lebte und ein Teil der UPRONA-Abgeordneten die Sitzungen boykottierte, so daß das erforderliche Quorum nicht erreicht wurde. Parlamentspräsident Ngendakumana unterstützte die von der Regierung unternommenen Friedensbemühungen. Im Gegensatz zum CNDD, für den die Verhandlungen primär dazu dienen sollten, die Rückkehr zur konstitutionellen Legalität sowie eine Armeereform herbeizuführen, betonte er die Bedeutung eines "Projektes für die Gesellschaft", dem er den Vorrang vor der Machtfrage gab. Eine **Regierungsumbildung** am 4.5. brachte keine wesentlichen Veränderungen. Die Minister für Verteidigung, Äußeres, Inneres und Finanzen behielten ihre Posten. Neuer Justizminister wurde Terence Sinunguruza. Der durch den Putsch 1996 gestürzte Präsident Sylvestre Ntibantunganya, der seitdem in der US-Botschaft lebte, konnte seinen Zufluchtsort am 7.6. mit Zustimmung der burundischen Behörden verlassen.

Die Verhandlungen der Regierung mit dem CNDD hatten sowohl die **UPRONA** als auch die **FRODEBU gespalten**. Während Mukasi die Gespräche als Verrat bezeichnete, traten der Fraktionsführer der UPRONA im Parlament, Frederic Ngenzebuhoro, und einige führende UPRONA-Mitglieder für die Gespräche ein. Mukasi schien jedoch für seine Haltung wachsende Unterstützung zu finden. Buyoya war dadurch gezwungen, äußerst vorsichtig vorzugehen, um nicht den politischen Rückhalt zu verlieren. Noch größer waren die Divergenzen innerhalb der FRODEBU mit einer dem Führer des CNDD, Léonard Nyangoma, nahestehenden radikalen Fraktion, einer die Positionen Minanis vertretenden, den Versöhnungsbemühungen Buyoyas skeptisch gegenüberstehenden Gruppe und einer gesprächsbereiten Fraktion, als deren Wortführer Ngendakumana galt. Auf dem Parteitag der FRODEBU (6.12.) wurde Minani, der weiterhin im Exil lebte, als Vorsitzender bestätigt. Der Innenminister erklärte die Wahl für illegal und verbot die Partei für sechs Monate. Das Verbot wurde jedoch am selben Tag wieder aufgehoben und die Angelegenheit zur rechtlichen Klärung vor den Obersten Gerichtshof gebracht. Darüber hinaus entwickelte sich ein **Machtkampf zwischen den Hutu-Befreiungsbewegungen**. Die *Parti pour la Libération du Peuple Hutu* (PALIPEHUTU), deren früher großer Einfluß seit Gründung des CNDD erheblich zurückgegangen war, warf dem CNDD wegen dessen Bereitschaft zu Verhandlungen vor, mit dem Buyoya-Regime zu kollaborieren. Im Juli und August kam es zu schweren Kämpfen um die Kontrolle des Nordens Burundis zwischen der FDD und den *Forces Nationales pour la Libération du Peuple Hutu* (FNL), dem bewaffneten Arm der PALIPEHUTU, bei denen über 600 Personen getötet und bis zu 10 000 vertrieben wurden.

Am 16.5. begann der seit langem erwartete **Prozeß gegen 79 Offiziere**, die als Anführer des Putschversuches im Oktober 1993, bei dem Präsident Melchior Ndadaye ermordet worden war, galten. Von den Angeklagten waren inzwischen vier tot und 22 geflüchtet. Nur 16 befanden sich noch in Haft, darunter der ehemalige Generalstabschef Col. Jean Bikomagu, der ehemalige Verteidigungsminister Charles Ntakije und der UPRONA-Abgeordnete François Ngeze. Die Verhandlungen, die am 4.7. fortgesetzt werden sollten, wurden immer wieder vertagt.

Die **Prozesse gegen die des Genozids Angeklagten**, vor allem Hutu, die an den Massakern nach dem Putschversuch 1993 beteiligt gewesen sein sollen, gingen indessen weiter. Nachdem die ersten Prozesse großteils ohne Rechtsbeistand für die Angeklagten durchgeführt worden waren, ließ die Regierung auf internationalen Druck hin internationale Anwälte als Berater der Verteidigung zu. Nach Angaben von *Amnesty International* wurden bis Mitte Dezember 220 Todesurteile verhängt. Sechs Verurteilte wurden am 31.7. hingerichtet. Mitte August befanden sich mindestens 6 000 Personen unter dem Verdacht des Genozids in Haft, die meisten ohne Anklage. Buyoya forderte die Einsetzung eines internationalen Strafgerichtshofes für Genozid-Prozesse, was von UN-Vertretern mit Zurückhaltung aufgenommen wurde. Das Ansuchen hatte erhebliche politische Implikationen, da damit indirekt erreicht werden sollte, daß die Massaker von 1993 ebenso wie jene in Rwanda 1994 als vorausgeplanter Genozid anerkannt werden.

Menschenrechtsverletzungen sowohl seitens der Tutsi-Armee als auch der Hutu-Rebellen gingen in großem Umfang weiter. Nach Angaben einer internationalen Hilfsorganisation wurden von Januar bis Oktober zwischen 4 500 und 9 000 Personen getötet. Dem Militär und den Sicherheitskräften wurden zahlreiche außergerichtliche Hinrichtungen, willkürliche Verhaftungen und Folterungen zur Last gelegt. Von der internationalen Gemeinschaft besonders verurteilt wurde die Ermordung von 122 aus Tanzania zurückkehrenden Flüchtlingen durch die Armee (10.1.) sowie ein Rebellenüberfall auf eine Schule, bei dem 40 Schüler umgebracht wurden. Auf scharfe Kritik stießen außerdem die "Sammellager", die eine gravierende Verletzung der Menschenrechte darstellten. Buyoya verurteilte zwar die von Armeeangehörigen verübten Massaker, eine Bestrafung erfolgte jedoch selten. Eine Ausnahme bildete die Verurteilung (16.2.) von drei (von elf angeklagten) Soldaten wegen der Tötung von Zivilisten 1996 zu 8-10 Jahren Haft. Der Sonderberichterstatter der UN-Menschenrechtskommission, Paulo Sérgio Pinheiro, legte mehrere kritische Berichte über die Menschenrechtslage vor, woraufhin die Regierung seine Abberufung forderte, was die UN jedoch ablehnten. Die Zahl der UN-Menschenrechtsbeobachter konnte von fünf auf zwölf erhöht werden, doch waren diese in ihren Aktivitäten stark behindert. Außerdem wurde eine Medienkampagne gegen das UN-Menschenrechtszentrum in Bujumbura gestartet.

Außenpolitik

Die von den zentral- und ostafrikanischen Staaten verhängten **Wirtschaftssanktionen**, mit denen die Regierung zu Verhandlungen mit den verschiedenen politischen Gruppierungen und zur Wiederherstellung demokratischer Verhältnisse gedrängt werden sollte, gerieten immer mehr unter Kritik. Die internationale Gemeinschaft war ihnen von Anfang an eher ablehnend gegenübergestanden. Humanitäre Organisationen äußerten sich besorgt über die dadurch hervorgerufene Verschlechterung der Lebensbedingungen der einfachen Bevölkerung. Auf der anderen Seite wurde auf die Umgehung der Sanktionen vor allem in Bezug auf Treibstoffimporte und Kaffeeexporte hingewiesen. Die Regierung **Kongos** schloß im Februar mit Burundi eine Vereinbarung über die Öffnung eines Luftkorridors nach Brazzaville und Pointe-Noire für den Transit von Importen und Exporten sowie über den bilateralen Warenaustausch. Die **DR Kongo** unterzeichnete im Juli ein Kooperationsabkommen. Der selbsternannte Staatschef der DR Kongo, Laurent-Désiré Kabila, absolvierte demonstrativ einen offiziellen Besuch in Bujumbura, bei dem er die guten Beziehungen zwischen den beiden Staaten hervorhob und Burundi für die moralische Unterstützung während seines Feldzuges 1996/97 dankte. **Kenya** hob im August die Sanktionen bezüglich des Flugverkehrs auf. Die Zweifel am Sinn der Sanktionen verstärkten sich im Laufe der Zeit. Die Wirtschafts- und Finanzminister des *Common Market for Eastern and Southern Africa* (COMESA) forderten am 10.11. unter Hinweis auf deren negative Auswirkungen nicht nur auf Burundi, sondern auch auf dessen COMESA-Handelspartner ihre Aufhebung. Selbst der Sonderberichterstatter für Menschenrechte der UN, P.S. Pinheiro, drängte auf Erleichterungen, sobald die Regierung ihren Willen zu Verhandlungen unter Beweis gestellt hätte.

Julius K. Nyerere setzte **als regionaler Vermittler** seine Bemühungen um eine Konfliktlösung mit der Einberufung eines Treffens der internationalen Sonderbeauftragten für Burundi und die Region der Großen Seen fort (Arusha, 3.2.). Auf einer Gipfelkonferenz der regionalen Staatschefs (Arusha, 16.4.), dem ein Treffen zwischen Vertretern der Regierung und der politischen Parteien Burundis vorausging (s. Innenpolitik), wurde eine teilweise Aufhebung der Sanktionen für Nahrungsmittel, Agrarprodukte, Schulartikel, Baumaterial und Medikamente beschlossen. Gleichzeitig wurde die Regierung Burundis aufgefordert, die Sammellager zu schließen. Zu dem Gipfeltreffen war erstmals seit seiner Machtübernahme 1996 auch Buyoya eingeladen. Die Hoffnung auf weitere Erleichterungen durch das folgende regionale Gipfeltreffen in Dar es Salaam (4.9.) erfüllten sich jedoch nicht. Die Haltung der Staatschefs verhärtete sich vielmehr nach dem Boykott der für 25.8. vorgesehenen Parteiengespräche durch die burundische Regierung (s. Innenpolitik). Die Außenminister der Region hatten bereits bei einem vorausgehenden Treffen in Kampala (16.-17.8.) die Verlängerung der noch bestehenden Sanktionen beschlossen. Die Teilnehmer des Gipfeltreffens, an dem Buyoya nicht teilnahm, hielten nicht nur an den Sanktionen fest, sondern drohten mit zusätzlichen Maßnahmen, falls die burundischen Behörden den Verhandlungsprozeß blockieren sollten. Außerdem sprachen sie Nyerere, der auf wachsende Ablehnung seitens der burundischen Führung stieß, ihr Vertrauen aus und baten ihn, seine Vermittlerrolle weiterhin auszuüben. Die Verhandlungen sollten auch künftig in Tanzania stattfinden, entgegen dem Wunsch Bujumburas nach ihrer Verlegung in einen "neutralen" Staat. Die burundische Regierung wurde aufgefordert, auch jene Personen an den Verhandlungen teilnehmen zu lassen, deren Teilnahme an den für 25.8. vorgesehenen Gesprächen sie unterbunden hatte (Sylvestre Ntibantunganya, Jean-Baptiste Bagaza, Léonce Ngendakumana). Zur besseren Kontrolle der Sanktionen schufen die Staatschefs hierfür ein eigenes Sekretariat.

Die Beziehungen zwischen Burundi und **Tanzania** hatten sich mittlerweile erheblich verschlechtert. Nyerere wurde sowohl von der burundischen Regierung als auch von der UPRONA mangelnde Neutralität vorgeworfen, die tanzanische Regierung wurde beschuldigt, die Hutu-Rebellen zu unterstützen und ihnen in den burundischen Flüchtlingslagern (mit rd. 250 000 Flüchtlingen) Unterschlupf zu gewähren. Zwischen August und Oktober kam es im Grenzgebiet wiederholt zu Gefechten zwischen Armeeinheiten der beiden Staaten, die sich gegenseitig der Grenzverletzung beschuldigten. Der Außenminister Burundis richtete ein Ansuchen an die UNO, eine neutrale Beobachtertruppe zu entsenden. Diesem Wunsch wurde im November mit der Entsendung einer UN *fact-finding mission* entsprochen. Zu weiterer Verärgerung Burundis führte die Ausweisung der neuen burundischen Botschafterin, der Tanzania die Akkreditierung verweigerte. Die Botschaft blieb dadurch unter Kontrolle der FRODEBU. Die Ablehnung Nyereres als Vermittler führte seit August zu einer weitgehenden Blockade des Friedensprozesses. Über die Ergebnisse des regionalen Gipfeltreffens vom 4.9. wurde Buyoya durch den ugandischen Präsidenten Yoweri K. Museveni informiert. Buyoya versuchte indessen, durch Besuche in Rwanda (28.5., 12.10.), wo er Gespräche mit Präsident Pasteur Bizimunga führte (18.10.), und in Burkina Faso, wo er mit Präsident Blaise Compaore zusammentraf (Dez.), eigene diplomatische Initiativen zu ergreifen.

Auf **internationaler Ebene** beteiligte sich der im Januar zum UN/OAU-Sonderbeauftragten für die Region der Großen Seen bestellte algerische Diplomat Mohamed Sahnoun an den Vermittlungsbemühungen. Darüber hinaus ernannte die OAU im August mit dem Guineer Mamadou Bâh einen eigenen Sonderbeauftragten für Burundi. Die EU hatte bereits im Februar 1996 Aldo Ajello zum Sonderbeauftragten für die Region der Großen Seen bestimmt. Für die USA waren Harald Wolpe als Sonderbeauftragter für Burundi und Richard Bogosian als Koordinator für Burundi und Rwanda tätig. Außerdem war der Sonderberichterstatter der UN-Menschenrechtskommission, Paulo Sérgio Pinheiro, in den Vermittlungsprozeß eingeschaltet. Die UNESCO organisierte vom 26.-28.9. in Paris einen informellen Dialog zwischen Vertretern der verschiedenen politischen Gruppierungen Burundis. An dem Treffen, das als sehr konstruktiv bezeichnet wurde, nahm auch der CNDD teil, während es die Minani-Fraktion der FRODEBU boykottierte.

Die amerikanische Menschenrechtsorganisation *Human Rights Watch* (HRW) bestätigte Berichte über **Waffenlieferungen** Südafrikas sowie der angolanischen *União para a Independência Total de Angola* (UNITA) an die CNDD bzw. die FDD. Pensionierte südafrikanische Offiziere sollen als Mittelsmänner für Hutu-Gruppen in Zaire gewirkt haben. Außerdem war der südafrikanische private Sicherheitsdienst *Executive Outcomes* bis Ende 1996 als Ausbilder für Hutu-Rebellen tätig, suchte dann allerdings mit der burundischen Regierung ins Geschäft zu kommen. Eine in Südafrika registrierte Fluggesellschaft unterstützte das burundische Militär mindestens bis Juni 1996 bei der Luftüberwachung zur Aufruhrbekämpfung. Auch China wurde unter den Waffenlieferanten an die burundischen Konfliktparteien genannt, was die chinesische Regierung allerdings als unbegründet zurückwies. Ferner sollen HRW zufolge Frankreich, Nord-Korea, Rußland, Rwanda, Tanzania, Uganda, die USA und Zaire (vor Mai 1997) direkte militärische Hilfe geleistet haben. Gegen das deutsche Unternehmen Fahrzeugwerke Neubrandenburg wurde von der deutschen Justiz ein Untersuchungsverfahren wegen illegaler Waffenlieferungen an Burundi eingeleitet. Sowohl das regionale Gipfeltreffen in Dar es Salaam (4.9.) als auch der Sonderberichterstatter der UN-Menschenrechtskommission, P.S. Pinheiro, forderten die Verhängung eines Waffenembargos gegen Burundi, doch blieben diese Forderungen wirkungslos.

Sozioökonomische Entwicklung

Die **wirtschaftliche Situation** war vom Bürgerkrieg, der Unsicherheit und dem Wirtschaftsembargo geprägt. Nach Angaben des burundischen Finanzministeriums war das BIP seit 1992 um 20,7%, somit um durchschnittlich 5% jährlich, die Produktion des Primärsektors um 22%, jene des Sekundärsektors um 49,5% zurückgegangen, während der Tertiärsektor einen Anstieg von 15,8% verzeichnete. Die **Landwirtschaft** als wichtigster Produktionszweig litt besonders unter den Folgen der politischen Verhältnisse. Nach UN-Angaben hatten 10%-12% der Bevölkerung Grund und Boden verlassen müssen, in manchen Provinzen bis zu 50%. Der durch das Embargo bedingte Mangel an Düngemitteln wirkte sich zudem negativ auf die Produktionsergebnisse aus. Die Ernte von Nahrungsmitteln war im Januar 1997 um 7% geringer als 1996. Die Preise für Ernährungsgüter lagen nach einem FAO-Bericht im Mai um 40%-50% höher als 1996. Die **Unterernährung** der Bevölkerung nahm zu und erreichte in manchen Gebieten, besonders im Westen, gravierende Ausmaße. Am schlimmsten war die Ernährungssituation in den Sammellagern. Für die zweite Jahreshälfte 1997 rechnete die FAO jedoch mit einem Wiederansteigen der Produktion. Die Kaffeeproduktion 1996/97 betrug 25 600 t und lag damit 20% unter den Ergebnissen des Vorjahres. Das staatliche *Office des Cultures Industrielles du Burundi* (OCIBU) hatte bis September trotz des Embargos 92% der Ernte verkauft. Die Ernte von Tee, die nur noch 5 000 t betrug, war bis März zu 80% großteils per Flugzeug nach Europa geliefert worden.

Die **Auswirkungen des Embargos** auf die Wirtschaft waren schwer abzuschätzen, da die Sanktionen in großem Ausmaß umgangen wurden. Vor allem die Treibstofflieferungen, die großteils über Rwanda und Tanzania nach Burundi gelangten, konnten nicht wirksam unterbunden werden. Allerdings hatte das Embargo einen erheblichen Preisanstieg zur Folge. Besonders von den Sanktionen betroffen war die Industrie, deren Produktion allein zwischen Juli und September 1996 um 8% gesunken war, wobei die Bau- und die chemische Industrie den größten Produktionsrückgang verzeichneten. Dies hatte einschneidende Auswirkungen auf die Beschäftigung.

Trotz der ungünstigen Rahmenbedingungen stellte der IWF für 1997 erstmals seit 1992 ein wirtschaftliches Wachstum fest, das er mit 4,4% angab, nach einem Rückgang des BIP 1995 von 7,3% und 1996 von 8,4%. Dabei verzeichnete die Nahrungsmittelproduktion eine leichte Verbesserung, der Rückgang der gewerblichen Produktion war gestoppt, die kommerziellen Aktivitäten waren ausgeweitet worden.

Die wirtschaftlichen Schwierigkeiten wirkten sich naturgemäß auch auf den **Staatshaushalt** aus. Im Oktober betrug das Defizit FBu 57 Mrd. Zur Deckung der Ausgaben bediente sich die Regierung der Notenpresse, was zur Abwertung der burundischen Währung und zu einem Ansteigen der Inflationsrate um 35% zwischen Juni 1996 und Juni 1997 führte. Infolge des Haushaltsdefizits stellte Burundi seine Schuldendienstzahlungen teilweise ein. Von 1993 bis 1996 stiegen die Rückstände bei den Auslandsschulden auf $ 38 Mio. Die gesamte Auslandsverschuldung betrug etwa $ 1,15 Mrd. (= ca. 100% des BIP).

Während im Haushaltsansatz 1997 35% der Ausgaben für Verteidigung vorgesehen waren (nach Angaben eines ehemaligen Finanzministers lag der Anteil bei 54%), wurden die sozialen Ausgaben erheblich eingeschränkt. Für den **Gesundheitssektor** wurden lediglich 4% des Budgets bereitgestellt, wobei die Mittel fast nur der Hauptstadt zugute kamen.Die Auswirkungen auf das Gesundheitswesen waren verheerend. Von 29 Krankenhäusern außerhalb Bujumbaras funktionierten nur 13 und diese verfügten meist über keine Medikamente. Auf dem Land kam ein Arzt auf 75 000 Einwohner. Die katastrophale hygienische Situation in den Sammellagern führte im Januar zum Ausbruch einer Typhus-Epidemie. Von Januar bis September wurden von der WHO fast 45 000 Erkrankungen verzeichnet. Außerdem wurden 500 Cholera-Fälle in Vertriebenenlagern gemeldet. Im November berichtete die WHO über 30 000 Fälle von Dysenterie zwischen Januar und September und rechnete mit einem Ansteigen bis Jahresende auf 50 000.

Der Besuch einer **Weltbankdelegation** im Februar diente der Information über die Sicherheitslage, die Auswirkungen der Wirtschaftssanktionen und die Wiederaufnahme des Dialogs mit der Regierung. Die AfDB sagte im Juni $ 55 Mio. für den wirtschaftlichen Wiederaufbau Burundis zu. Das UNDP gewährte im Mai $ 1,84 Mio. für Katastrophenopfer, die UNICEF stellte $ 20 Mio. für ein Zweijahresprogramm zur Hilfe für Kinder und vom Krieg direkt Betroffene bereit.

Marianne Weiss

Chronologie Burundi 1997

19.01.	Verhaftung des früheren Staatschefs Jean-Baptiste Bagaza, anschließend Hausarrest
21.01.	Besuch einer deutschen Parlamentarierdelegation
03.02.	Treffen der internationalen Sonderbeauftragten für Burundi und die Region der Großen Seen in Arusha (Tanzania)
11.02.	Verhaftung von FRODEBU-Generalsekretär Augustin Nzojibwani (am 19.2. freigelassen)
16.02.	Verurteilung von drei Soldaten wegen der Ermordung von Zivilisten
12.03.	Vereitelung eines angeblichen Mordanschlags auf Buyoya
21.03.	Aufnahme der Gerichtsverhandlungen gegen 79 wegen des Staatsstreichs 1993 Angeklagter (Verhandlungen vertagt)
11.-12.04.	Interburundische Parteiengespräche in Arusha
16.04.	Gipfeltreffen zentral- und ostafrikanischer Staatschefs zur Erörterung der Situation Burundis in Arusha
04.05.	Regierungsumbildung
08.05.	Gespräche der politischen Gruppierungen Burundis einschließlich des CNDD in Dar es Salaam (Tanzania)
28.05.	Besuch Buyoyas in Rwanda
07.06.	Ehem. Präsident Sylvestre Ntibantunganya verläßt sein Asyl in der US-Botschaft
23.07.	Handelsabkommen mit der DR Kongo
31.07.	Hinrichtung von sechs wegen der Massaker 1993 Verurteilten
07.08.	Aufhebung der Flugverkehrssanktionen durch Kenya
18.08.	Ernennung von Mamadou Bâh zum OAU-Sonderbeauftragten für Burundi
18.08.	Treffen der Außenminister zentral- und ostafrikanischer Staaten im Kampala (Uganda): Aufrechterhaltung der Sanktionen gegen Burundi
04.09.	Gipfeltreffen zentral- und ostafrikanischer Staatschefs in Dar es Salaam (Tanzania)
26.-29.09.	UNESCO-Konferenz mit Vertretern burundischer politischer Gruppierungen in Paris
27./28.09.	Kämpfe zwischen burundischen und tanzanischen Armeeinheiten im Grenzgebiet
18.10.	Besuch Buyoyas in Rwanda
30.10.	Offizieller Besuch des Staatschefs der DR Kongo, Laurent-Desiré Kabila
06.12.	Parteitag der FRODEBU

Djibouti

Fläche: 21 783 km^2, **Einwohner:** 0,63 Mio., **Hauptstadt:** Djibouti, **Amtssprache:** Arabisch und Französisch, **Lebenserwartung:** 50 J., **Alphabetisierung:** 45%, **Wechselkurs:** $ 1 = Djibouti Franc (DF) 178, **HDI:** 0,319, Rang 33, **Pro-Kopf-Einkommen:** $ 770, **BSP:** $ 485 Mio., **Anteile am BIP (1993):** 3% - 21% - 76%, **Hauptexportprodukte:** Re-Exporte, Lebendvieh, **Staats- und Regierungschef:** Hassan Gouled Aptidon, **Regierungsparteien:** Rassemblement Populaire pour le Progrès (RPP), Front pour la Restauration de l'Unité et de la Démocratie (Nouvelle Direction) (FRUD [ND])

Innenpolitik

Die **RPP** hielt am 19./20.3. ihren **Parteikongreß** ab, der im Hinblick auf die anstehenden Parlamentswahlen die Allianz mit der FRUD bestätigte und ein 125 Mitglieder umfassendes Zentralkomitee bestimmte. Mit der Wiederwahl von Präsident Hassan Gouled als Vorsitzendem blieb die Frage seiner Nachfolge weiterhin offen. Zwar sollten sowohl Premierminister Barkat Gourad Hamadou wie der Kabinettschef und Neffe des Präsidenten, Ismael Omar Guelleh, eine Kandidatur für den Parteivorsitz beabsichtigt haben, sie traten jedoch nicht gegen Gouled an. Am 15./16.4. fand dann der erste reguläre **Parteikongreß der FRUD (ND)** statt, an dem prominente Mitglieder der RPP, Vertreter der beiden anderen legalen Oppositionsparteien sowie ausländische Diplomaten als Gäste teilnahmen. Die als bewaffnete Opposition gegründete Organisation hatte sich 1994 in eine Fraktion, die den Guerillakampf fortsetzen wollte, und die FRUD-*Nouvelle Direction*, die im Dezember 1994 ein Friedensabkommen mit der Regierung abschloß, gespalten; letztere war am 9.3.96 als politische Partei zugelassen worden. Der Kongreß verabschiedete die Parteistatuten und ein Programm und bekräftigte das Bündnis mit der RPP. Der Vorsitzende Ali Mohamed Daoud und Generalsekretär Oougoureh Kifle Ahmed wurden in ihren Ämtern bestätigt, außerdem wurden ein Nationales Komitee mit 153 Mitgliedern und das Exekutivkomitee bestimmt. Ehemalige Afar-Guerillakämpfer bildeten eine Minderheit im Exekutivkomitee, in dem im übrigen die drei Somali-Clans (Issa, Gadabursi, Issaq) und die arabische Bevölkerungsgruppe vertreten waren; zwei Mitglieder waren Frauen. Die geringe Verankerung der FRUD in der Afar-Bevölkerung zeigte sich am 1.5. bei die Eröffnung eines Parteibüros in Arhiba, einem mehrheitlich von Afar bewohnten Viertel von Djibouti-Stadt; es kam zu Handgreiflichkeiten mit protestierenden Anwohnern, in die die Polizei mit Schlagstöcken eingriff, rd. ein Dutzend Personen wurden festgenommen. Nach weiteren Angriffen wurde das Büro mit bewaffneten Wachen gesichert.

Interne Machtkämpfe erleichterten es der Regierung, die **Oppositionskräfte** durch eine Mischung aus taktischen Manövern und Repressionen zu schwächen. In der *Parti du Renouveau Démocratique* (PRD) verschärfte sich die durch den Tod ihres Vorsitzenden Mohamed Djama Elabe im November 1996 ausgelöste Führungskrise. Am 22.4. gab das *Bureau National* (Vorstand) die Nominierung des früheren Innenministers Khaireh Allaleh Hared als Präsidentschaftskandidat der PRD bekannt, womit er zugleich designierter Nachfolger von Mohamed Djama wurde. Opposition gegen diese Entscheidung war anscheinend v.a. in der Befürchtung begründet, die Wahl des erst vor kurzer Zeit in die Partei eingetretenen Khaireh Allaleh zum Vorsitzenden würde die PRD unter den Einfluß der *Groupe pour la Démocratie et la République* (GDR) bringen; die im April 1996 von damaligen Abgeordneten der RPP gegründete GDR hatte wegen der in der Verfassung enthaltenen Begrenzung der Zahl von Parteien auf vier keine Aussichten auf eine Legalisierung. Mit der Wahl von Abdillahi Amareiteh zum Vorsitzenden durch einen Teil der Mitglieder wurde die **Spaltung der PRD** am 23.5. manifest. Eine Versammlung der Unterstützer von Khaireh Allaleh am 28.5. wurde von der Polizei als "illegale Demonstration" aufgelöst und eine Reihe von Teilnehmern vorübergehend festgenommen. Ihren für den 30.5. geplanten Parteitag verbot das Innenministerium; der Parteitag habe bereits stattgefunden und die Wahl der Führung sei vom Ministerium für korrekt durchgeführt befunden worden. Auch die *Parti National Démocratique* (PND) wurde durch interne Auseinandersetzungen geschwächt. Gegen den Vorsitzenden, Aden Robleh Awalleh, war auf Antrag der französischen Justiz ein internationaler Haftbefehl erlassen worden, da er für einen Anschlag mit Handgranaten am 27.9.90 in Djibouti-Stadt mitverantwortlich sein sollte. Seine Kritiker in der PND warfen Aden Robleh aber v.a. einen autokratischen Führungsstil und mangelnde Bereitschaft zur Zusammenarbeit mit anderen Oppositionskräften vor. Da der für September geplante Parteikongreß verschoben wurde, blieb er im Amt, obwohl eine Mehrheit des Politbüros seinen Rücktritt bis zum 31.8. gefordert haben sollte.

Mitte November versuchten Vertreter der GDR, der PRD-Fraktion von Khaireh Allaleh und des ebenfalls nicht legal zugelassenen Oppositionsbündnisses *Front Uni de l'Opposition Djiboutienne* (FUOD) die im Juni 1996 von GDR, FUOD und PND gebildete *Coordination de l'Opposition Djiboutienne* wiederzubeleben; einziges greifbares Ergebnis war die Verständigung auf die Propagierung eines Wahlboykotts. Der Tod des Vorsitzenden der FUOD, Mohamed Ahmed Issa "Cheiko", im Dezember dürfte die Opposition weiter schwächen.

Nach kleineren Zwischenfällen im August kam es am 1.9. im Norden nahe der Grenze zu Eritrea zu **Kampfhandlungen zwischen einer Armeeeinheit und Guerillakräften** des von Ahmed Dini Ahmed angeführten militanten Flügels der FRUD, bei denen 11 Soldaten getötet und 15 verwundet wurden. Gegenüber den Botschaftern Eritreas, Äthiopiens und des Jemen machte Außenminister Mohamed Moussa Chehem am 2.9. den bewaffneten Flügel der äthiopischen *Afar Revolutionary Democratic Unity Front* (ARDUF), die *"Ugogomo"*, verantwortlich, aber etwas später erstatteten der Generalstabschef und das Verteidigungsministerium Anzeige vor Gericht, woraufhin ein Ermittlungsverfahren eingeleitet wurde. Ahmed Dini wurde Mitte September aus dem Jemen ausgewiesen und übersiedelte nach Frankreich. Am 28.9. wurden mehrere führende Mitglieder der FRUD in Äthiopien festgenommen und nach Djibouti ausgeliefert, wo sie inhaftiert wurden; einige Tage später wurden nochmals zehn Afar ausgeliefert. Am 4.10. begannen Militäroperationen im Afargebiet, nach unbestätigten Angaben mit äthiopischer Unterstützung. Trotzdem hielt die FRUD am 10.-12.11. einen Kongreß ab, nach eigenen Angaben im Bezirk Obock, der die Fortführung des bewaffneten Kampfes bestätigte; man sei aber zur Aufnahme von Verhandlungen bereit. Ahmed Dini wurde als Vorsitzender wiedergewählt. Von 13 Mitgliedern des Politbüros lebten vier im Ausland, drei weitere waren in Djibouti in Haft. Auch bewaffnete Issa-Dissidenten wurden wieder aktiv, anscheinend in Absprache mit der FRUD; der Überfall eines Issa-Kommandos auf den Militärposten Assamo am 13./14.10. diente offenbar der Beschaffung von Fahrzeugen und Waffen.

Bei den **Parlamentswahlen** am 19.12. traten RPP und FRUD (ND) erwartungsgemäß mit einer gemeinsamen Liste an; die FRUD stellte rd. ein Viertel der Listenkandidaten. In den Bezirken Tadjoura und Obock im Norden war die Opposition nicht vertreten, im Wahlbezirk Dikhil und in Djibouti-Stadt trat die legale Fraktion der PRD gegen die Regierungskoalition an, in Ali Sabieh auch die PND. Auf Grund des Mehrheitswahlrechtes gewann die gemeinsame Liste von RPP und FRUD alle 65 Mandate, obwohl nur rd. ein Drittel der registrierten Wähler für sie stimmten; die PRD kam in Djibouti-Stadt auf 28%, in Ali Sabieh entfielen auf PRD und PND zusammen 56% der abgegebenen Stimmen. Nach offiziellen Angaben lag die Wahlbeteiligung landesweit bei 64%, in Djibouti-Stadt war sie mit 47,8,% jedoch geringer und in Ali Sabieh betrug sie nur rd. 33%. PRD und PND warfen der Regierungskoalition Wahlbetrug vor und forderten eine Untersuchung, unabhängige Berichte über den Ablauf der Wahlen gab es nicht. Bei der **Regierungsumbildung** am 28.12. gab es sieben Versetzungen und nur vier Neuernennungen; Ali Mohamed (Gesundheit und Soziales) und Ougoureh Kifle (Öffentlicher Dienst und Verwaltungsreform, bisher Landwirtschaft) blieben die einzigen Vertreter der FRUD (ND) im Kabinett. Premierminister Barkat Gourad mußte die Bereiche Ökologie und Planung an das neugeschaffene Umweltministerium bzw. das Finanzministerium abtreten. Das Ministerium für Handel und Tourismus wurde aufgelöst, das Handelsressort wurde dem Industrieministerium zugeordnet, Tourismus dem Umweltministerium. Die Bereiche Bergbau und Energie wurden aus dem Industrieministerium in ein eigenes Ministerium ausgegliedert.

Die nach ihrer Verurteilung am 7.8.96 noch inhaftierten Mitglieder der GDR wurden mit 78 anderen Häftlingen am 8.1. amnestiert, der Entzug der bürgerlichen Ehrenrechte für die Dauer von fünf Jahren blieb jedoch bestehen; gegen Moumin Bahdon Farah wurde Mitte Oktober Anklage wegen Handels mit beschlagnahmtem Elfenbein erhoben. Als im wesentlichen politisch motiviert erschien auch die **Anklage gegen** die **Anwälte** Aref Mohamed Aref und Djama Amareh Meidel wegen Betrug bzw. Vertrauensbruch Ende Januar und ihre Suspendierung durch die Anwaltskammer. Aref Mohamed, mit dessen Fall sich sogar die Menschenrechtskommission der OAU befaßte, war in politischen Fällen tätig gewesen und hatte sich in Menschenrechtsfragen engagiert, Djama Amareh war ein Neffe des ehemaligen Generalstabschefs Ali Meidal Waiss, der sich der PRD angeschlossen hatte. Der französische Anwalt de Montebourg, der Aref Mohamed im Verfahren am 6.10. vor Gericht vertreten wollte, erhielt kein Einreisevisum. In einer Resolution vom 18.12. kritisierte das Europäische Parlament das Vorgehen der Regierung gegen Vertreter der Opposition einschließlich der inhaftierten Mitglieder der FRUD (Dini); die politisch nicht aktive Ehefrau des Europa-Vertreters der FRUD, Mohamed Kadami, wurde am 28.12. in Hausarrest entlassen. Aus Protest gegen die Haftbedingungen begannen Kadami und einige Mitgefangene am 30.11. einen Hungerstreik.

Außenpolitik

Im Zusammenhang mit einer Geberkonferenz in Genf Ende Mai wurden ab Ende März mehrere Regierungsdelegationen in die USA, nach Frankreich, Italien, Singapur, Indonesien, Malaysia, Japan und die Golfstaaten Kuwait, Katar und Dubai entsandt. Präsident Gouled reiste am 18.5. nach Ägypten und Saudi-Arabien. Sein Besuch im **Jemen**, wo er am 23.5. mit seinem Amtskollegen Salih zusammentraf, galt der Pflege der politischen Beziehungen und regionalen Fragen. Nach den Grenzstreitigkeiten 1995/96 gestaltete sich das Verhältnis zu **Eritrea** wieder freundschaftlicher. Im Dezember fand die erste Sitzung der gemeinsamen Ministerkommission in Asmara (Eritrea) statt.

Die Beziehungen zu **Äthiopien** blieben kooperativ und freundschaftlich. Auf der Sitzung des gemeinsamen Grenzkomitees vom 15.-19.3. in Äthiopien wurde eine verstärkte Kooperation bei der Bekämpfung des Schmuggels und von "grenzüberschreitenden Verbrechen" vereinbart, ein weiteres Thema war die Repatriierung von Flüchtlingen und illegalen Migranten; im Oktober tagte das Komitee in Tadjoura. Offizielle Themen des Besuches von Präsident Gouled am 7.5. waren regionalpolitische Fragen, inoffiziell sollen auch die Demobilisierung von 1992/93 in Äthiopien angeworbenen Issa-Somalis und deren eventuelle Rückkehr behandelt worden sein. Wirtschaftsdelegationen nutzten die französische (Mai) und die internationale Handelsmesse (November) in Äthiopien, um für den Hafen Djibouti zu werben.

Im Vordergrund der Beziehungen zu **Frankreich** stand weiterhin das Strukturanpassungsprogramm. Anfang August gab der neue Verteidigungsminister Richard die Reduzierung der französischen Garnison um 20% in den kommenden drei Jahren bekannt; in Zukunft sollte es überwiegend Kurzzeitstationierungen ohne Familienangehörige geben. Indiz für die auch von djiboutischer Seite vollzogene Distanzierung war ein Beschluß des Ministerrates im Oktober über die Einführung einer allgemeinen Visumspflicht für Ausländer; die Aufhebung des Vertrages, durch den französische Bürger von der Visumspflicht befreit wurden, müßte allerdings durch die Nationalversammlung erfolgen.

Sozioökonomische Entwicklung

Nachdem der IWF am 31.3. nochmals die schleppende Umsetzung der fiskalischen Reformen moniert hatte, genehmigte er am 22.5. einen abgeänderten *"Letter of Intent"* vom 6.5. und einen neuen Zeitplan, mit dem das ursprünglich auf Juni 1997 terminierte **Strukturanpassungsprogramm** bis März 1998 **verlängert** wurde, als zweite ESAF-Tranche wurden aber nur SZR 2 Mio. bewilligt, gegenüber SZR 4,6 Mio. der ersten Tranche. Der am 26.4. vom Ministerrat revidierte Haushaltsplan 1997 sah zwar eine gegenüber dem ursprünglichen Ansatz von DF 4,4 Mrd. auf DF 3,5 Mrd. reduzierte Deckungslücke vor, daß es der Regierung gelingen würde, die mit dem IWF vereinbarten Vorgaben einzuhalten, schien jedoch zweifelhaft. Die wegen der Differenzen mit dem IWF verschobene **Geberkonferenz** fand am 29./30.5. in Genf statt. Die Geberstaaten und -organisationen machten prinzipielle Zusagen über insgesamt $ 84 Mio. einschließlich eines Schuldenabbaus um $ 34 Mio., was etwa 90% der beantragten Summe entsprach; die Freigabe der Mittel war aber an das Reformprogramm gebunden. Die AfDB, die die Kredite an Djibouti wegen Zahlungsrückständen suspendiert hatte, erklärte sich bereit, gemeinsam mit Frankreich und der EU das Demobilisierungsprogramm zu finanzieren.

Die **Demobilisierung** von rd. 50% der Armeeangehörigen sollte den hauptsächlichen Beitrag für eine dauerhafte Verringerung der Staatsausgaben leisten, bis Mitte des Jahres waren aber erst einige hundert Mann entlassen worden. Nach Verhandlungen mit einer französischen Mission vom 21.-26.7. wurde Anfang September bekanntgegeben, daß bis Jahresende 3000 Mann und weitere 5500 im folgenden Jahr demobilisiert werden sollten; die Abfindung von maximal rd. $ 2000 war nach Dienstzeit und Einsatzort gestaffelt. Außerdem wurden für 1996 bewilligte FF 10 Mio. für das Strukturanpassungsprogramm freigegeben.

Im **Hafenbetrieb** setzte sich die positive Entwicklung des Vorjahres fort. Im Februar wurden zwei mit japanischer Hilfe erneuerte Tankerkais eingeweiht und im Mai bewilligte die französische Entwicklungsbank FF 34 Mio. für die Anschaffung eines modernen Schleppers. In den letzten Wochen des Berichtsjahres profitierte der Hafen von der Einführung der neuen Währung in Eritrea, da Äthiopien einen Teil seines Außenhandelsverkehrs auf Djibouti umleitete. Nach einer Vereinbarung über die Entschuldung der in Liquidation befindlichen staatlichen **Fluggesellschaft** vom 28.6. wurde sie von einer Gruppe arabischer Geschäftsleute **als Privatunternehmen neu gegründet**; die Regierung und staatliche Unternehmen hatten auf alle Ansprüche verzichtet, private Gläubiger auf 75% bei Begleichung der Restschuld bis Jahresende. Am 22.12. schloß ein im März gegründetes *Joint Venture*-Unternehmen mehrere Explorationsverträge für vermutete Mineralvorkommen ab.

Nach heftigen Regenfällen brach im November eine **Cholera-Epidemie** aus.

Kathrin Eikenberg

Chronologie Djibouti 1997

07.05	Besuch von Präsident Gouled in Äthiopien
18.05.	Abreise von Präsident Gouled nach Ägypten, Saudi-Arabien und Jemen
22.05.	Verlängerung des Strukturanpassungsprogramms durch den IWF
29.-30.05.	Geberkonferenz in Genf
01.09.	Kämpfe zwischen Regierungstruppen und Afar-Guerillagruppen im Norden
November	Ausbruch einer Cholera-Epidemie
Dezember	Erste Sitzung der gemeinsamen Ministerkommission mit Eritrea in Asmara
19.12.	Parlamentswahlen
28.12.	Regierungsumbildung

Afrika-Jahrbuch 1997, S. 251-255

Eritrea

Fläche: 125 000 km^2, **Einwohner:** 3,7 Mio., **Hauptstadt:** Asmara, **Amtssprachen:** Tigrinya, Arabisch (keine gesetzliche Regelung), **Lebenserwartung:** 55 J., **Alphabetisierung:** 25%, **Wechselkurs:** $ 1 = Nafta (Nfa) 7,13, **HDI:** 0,269, Rang 39, **Pro-Kopf-Einkommen:** $ 190, **BSP:** $ 717 Mio., **Anteile am BIP:** 10% - 27% - 63%, **Hauptexportprodukte:** diverse Konsumgüter, Nahrungs- und Genußmittel, Häute und Felle, **Staats- und Regierungschef:** Isaias Afewerki, **Regierungspartei:** People's Front for Democracy and Justice (PFDJ)

Innenpolitik

Die nach der Neugliederung der Provinzen 1995 anstehenden **Wahlen für die Provinzversammlungen** fanden am 4.1. in Gash-Barka, Anseba und Süden (Debub) statt, in den Provinzen Südliches und Nördliches Rotes Meer (Debubawi bzw. Semenawi Keyih Bahri) nach dem Ende des islamischen Fastenmonats Ramadan und in Asmara (Maakel) Anfang März. Die Wähler konnten sich zwar nicht zwischen verschiedenen Parteien entscheiden, aber zwischen mehreren Kandidaten; jeweils 30% der Sitze waren für Frauen reserviert, einige Frauen wurden außerdem auf allgemeine Sitze gewählt. Die Wahlbeteiligung war mit 80-90% (in Maakel rd. 93%) sehr hoch. Diese Wahlen waren zugleich Teil des Verfassunggebungsprozesses, da die Provinzversammlungen Delegierte in die Verfassunggebende Versammlung entsandten. Im März und April wurden die Delegierten der eritreischen Diaspora in den Ländern mit größeren organisierten eritreischen Gemeinschaften bestimmt. Mitte März legte die Verfassungskommission den Entwurf dem Präsidenten vor und am 23.5. wurde er mit geringfügigen Änderungen von den 527 Delegierten der **Verfassunggebenden Versammlung** nach kurzer Debatte verabschiedet; vor der Ausarbeitung des endgültigen Entwurfs waren zahlreiche öffentliche Diskussionen abgehalten worden. Die Verfassung sah, entsprechend der bisherigen Praxis, ein Präsidialsystem vor. Sie gewährte Religions-, Meinungs-, Versammlungs- und Vereinigungsfreiheit, machte jedoch keine Aussagen über die Rolle politischer Parteien. Ebenfalls nicht in der Verfassung enthalten war eine Festlegung auf eine oder mehrere offizielle Amtssprache(n), eine Änderung der bestehenden Sprachpolitik zeichnete sich aber nicht ab; seit Mitte 1991 wurden Tigrinya und Arabisch als gleichberechtigte Amtssprachen behandelt, mit Englisch, der Unterrichtssprache ab der Mittelschule, als inoffizieller dritter Sprache.

Die konstituierende Sitzung der Übergangsnationalversammlung, die bis zur Abhaltung von Parlamentswahlen amtieren wird, fand am 30.5. statt; sie setzte sich aus den 75 Mitgliedern des Zentralrates der PFDJ sowie 60 Delegierten der Provinzversammlungen und 15 Delegierten der Auslandseritreer zusammen. Der Annahme des von Präsident Isaias aufgestellten neuen Ministerrates am gleichen Tag war eine umfassende **Regierungsumbildung** vorausgegangen, die ohne offizielle Bekanntgabe bereits im Februar begonnen hatte. Der neue Ministerrat umfaßte neben dem Präsidenten als Vorsitzendem 17 Mitglieder. Das Innenministerium wurde aufgelöst und die Zuständigkeit für die Polizei den Provinzen übertragen; neugeschaffen wurde ein Ministerium für Umwelt und Ressourcen, dem zum 1.7. die bisher dem Präsidialamt unterstellte Landkommission zugeordnet wurde. Drei Minister (Finanzen und Entwicklung, Landwirtschaft, Transport) wurden neuernannt, außerdem gab es sieben Versetzungen; sechs Minister sowie Justizministerin Fowzia Hashim, die nach der Ernennung der bisherigen Ministerin für Tourismus, Worku Tesfamikael, zur Chefin der *Eritrean Relief and Rehabilitation Commission* (ERRC) einzige Frau im Ministerrat war, behielten ihre Ressorts. Als Grund der Herabstufung des bisherigen Außenministers Petros Solomon, der als Vertrauter von Präsident Isaias gegolten hatte, zum Minister für Meeresressourcen und Fischerei wurden inoffizielle "technische Treffen" mit Vertretern des Sudan im Dezember 1996 über die Wiederaufnahme der Repatriierung eritreischer Flüchtlinge vermutet; Petros wurde durch Haile Weldensae (vorher Finanzen und Entwicklung) abgelöst, sein Vorgänger Saleh Meki wurde mit dem seit 1995 vakanten Amt des Gesundheitsministers betraut. Im November ernannte Präsident Isaias eine **Kommission für die Ausarbeitung eines Wahlgesetzes**, dessen Verabschiedung nicht vor Ende 1998 erwartet wurde.

Nach inoffiziellen Berichten verschlechterte sich die Sicherheitslage in den westlichen Landesteilen weiter. Das nächtliche Fahrverbot außerhalb geschlossener Ortschaften blieb bestehen und Entwicklungsprojekte in grenznahen Gebieten sollen eingestellt worden sein. Für die Verlegung von **Minen und bewaffnete Überfälle** (u.a. auf Rekruten des Nationalen Dienstes) wurde v.a. die islamistische *Harakat al-Jihad al-Islami al-Ertra (Eritrean Islamic Jihad Movement*/EIJM) verantwortlich gemacht; auch die von Abdallah Idris angeführte *Eritrean Liberation Front* (ELF) bekannte sich zum bewaffneten Kampf, in welchem Ausmaß sie tatsächlich aktiv war, blieb unklar. Die eritreische Korrespondentin von AFP wurde am 25.4. wegen eines Agenturberichtes inhaftiert, nach dem Präsident Isaias am 24.4. gegenüber Mitarbeitern der Lokalverwaltung in Asmara gesagt haben sollte, daß eritreische Truppen im Ostsudan kämpften, um die von dort aus operierenden eritreischen Oppositionskräfte zu neutralisieren. Von der Regierung wurde dieser Bericht als grobe Falschdarstellung bezeichnet; nach dem Pressegesetz können Journalisten für Falschmeldungen und daraus entstehende Schäden persönlich haftbar gemacht werden.

In seiner Neujahrsansprache hatte Isaias die Verstärkung der Bemühungen zur **Bekämpfung von Korruption und Veruntreuung** angekündigt. Bis Mai hatte das im Vorjahr geschaffene Sondergericht, das letztinstanzlich ohne Berufungsmöglichkeit urteilte, 1331 Fälle verhandelt; es verhängte mehr als 100 Haftstrafen bis zu zwölf Jahren, in über 1000 Fällen wurden Geldstrafen oder Verwarnungen ausgesprochen. Einzelheiten der avisierten **Fortsetzung der Verwaltungsreform**, u.a. durch eine leistungsorientierte Gehaltsstruktur, wurden nicht bekannt. Zum 1.1. wurden die amtlichen Feiertage gesetzlich festgelegt (sechs weltliche, sieben christliche und drei islamische) und am 6.1. folgte eine Änderung der Arbeitszeiten im öffentlichen Dienst, mit der die Fünf-Tage-Woche mit 44,5 Stunden eingeführt wurde.

Außenpolitik

Der Ausbau der wirtschaftlichen und Entwicklungszusammenarbeit stand im Mittelpunkt einer Reise von Präsident Isaias vom 2.-11.4. nach Singapur, Südkorea und China. Die politischen Beziehungen zur Demokratischen Republik **Kongo** wurden mit einem Besuch von Isaias Ende Juni und einem dreitägigen Gegenbesuch von Präsident Kabila Ende Juli vertieft; Anfang Dezember reiste Außenminister Haile Weldensae nach Kinshasa. Mit **Rwanda** wurde bei dem Besuch von Isaias Ende Juni die Einrichtung einer gemeinsamen Kommission vereinbart. Um die Umsetzung bestehender Abkommen für die Wirtschafts- und Handelskooperation zu verbessern, wurde bei dem Besuch von Isaias in **Ägypten** vom 1.-5.3. ebenfalls die Einrichtung einer Ministerkommission vereinbart. Außerdem verständigten sich Isaias und Präsident Mubarak auf regelmäßige Konsultationen über regionalpolitische Fragen, insbesondere in Bezug auf den Sudan und Somalia; ein für September vorgesehener weiterer Besuch von Isaias wurde wie seine geplante Reise nach Libyen aus gesundheitlichen Gründen verschoben.

Zu einer von einigen Beobachtern befürchteten direkten militärischen Konfrontation mit dem **Sudan** kam es nicht, die Spannungen verschärften sich aber weiter. Am 23.6. gab das Außenministerium die Aufdeckung eines Plans zur Ermordung von Präsident Isaias durch einen in das sudanesische Oppositionsbündnis *National Democratic Alliance* (NDA), das seit 1995 ein offizielles Büro in Asmara hatte, eingeschleusten Agenten bekannt; namentlich verantwortlich gemacht wurden u.a. Staatspräsident Bashir und Parlamentspräsident Turabi. Die sudanesische Regierung dementierte am 24.6., daß es einen derartigen Plan gegeben hätte, und beschuldigte Eritrea im August, einen Angriff in Richtung Kassala (Ostsudan) vorzubereiten; die eritreische Regierung warf ihrerseits dem Sudan im Juli eine Verletzung des eritreischen Luftraumes vor.

Zur Regelung des Konfliktes mit dem **Jemen** um die Hanish-Inseln im Roten Meer war im Oktober 1996 ein Abkommen unterzeichnet worden. Am 14.1. trat die Schiedskommission, die über die strittigen Souveränitätsansprüche entscheiden und die Seegrenze festlegen sollte, erstmals zusammen; eine Entscheidung wurde für Juli 1998 erwartet. Der Jemen reichte am 23.10. eine offizielle Protestnote gegen Erdölexplorationspläne ein, die das strittige Gebiet beträfen; die Regierung wies den Protest als unbegründet zurück, das Gebiet der im September vergebenen Konzession liege vollständig in unstrittig eritreischem Territorium. Trotz weiterbestehender

Spannungen schlossen beide Staaten eine Rückkehr zur militärischen Konfliktaustragung aus und bekräftigten die Verbindlichkeit der Entscheidung der Schiedskommission. Die Beziehungen zu **Djibouti** verbesserten sich nach den Grenzstreitigkeiten 1995/96 spürbar. Am 2.5. wurde der erste djiboutische Botschafter in Asmara akkreditiert, gefolgt von der Akkreditierung des eritreischen Botschafters am 14.6., und im Dezember fand die erste Tagung der gemeinsamen Ministerkommission in Asmara statt.

Bestehende Differenzen mit **Äthiopien**, sowohl in der regionalen Außenpolitik (insbesondere gegenüber dem Sudan) wie in der Gestaltung der wirtschaftlichen und Handelsbeziehungen wurden in der zweiten Jahreshälfte zunehmend deutlich. Anfang September machte der äthiopische Premierminister Meles Zenawi einen Kurzbesuch in Asmara, der nach inoffiziellen Berichten v.a. der Politik gegenüber dem Sudan galt. Trotz der engen Kontakte und der langjährigen persönlichen Bekanntschaft zwischen Isaias und Meles gelang es jedoch nicht, die mit der Einführung des Nakfa als Landeswährung verbundenen Fragen im Vorfeld einvernehmlich zu regeln. Außerdem wurden Grenzkonflikte sichtbar; im August stießen äthiopische Truppen kurzfristig auf eritreisches Territorium vor und im Dezember kam es Berichten zufolge zu einem Zusammenstoß an einem eritreischen Armeeposten im Afargebiet (Provinz Südliches Rotes Meer), der sich auf der äthiopischen Seite der Grenze befunden haben sollte (vgl. Länderartikel Äthiopien).

Die Beziehungen zu den **USA** blieben eng und freundschaftlich, wobei weiterhin die gemeinsame Politik gegenüber dem Sudan eine zentrale Rolle spielte. Im Februar und Juli kam der Kommandant des *Central Command*, General Perry, zu Gesprächen nach Eritrea, im September reiste Präsident Isaias nach Washington. Auch die wirtschaftlichen Beziehungen wurden ausgebaut; dem neugegründeten *American Business Council* gehörten 28 in Eritrea engagierte Unternehmen an. Die guten Beziehungen zur früheren Kolonialmacht **Italien**, einem der wichtigsten bilateralen Geber, bekräftigte der Besuch von Präsident Scalfaro am 26.11.. Dänemark eröffnete im Juli eine Botschaft.

Sozioökonomische Entwicklung

Nach einem im Oktober veröffentlichten Bericht von Finanzminister Gebresellasie Yosef für den Zeitraum 1992-96 war seit Ende des Unabhängigkeitskrieges (1991) ein **kontinuierliches Wachstum** zu verzeichnen, die von ihm vorgelegten Wirtschaftsdaten wiesen aber auch auf strukturelle Probleme hin. Das BSP war von ca. Birr 1,9 Mrd. 1992 um durchschnittlich 9% pro Jahr auf ca. Birr 2,7 Mrd. gestiegen (die Schätzungen des IWF lagen bei durchschnittlich 4%, für 1996 bei 6,8%); in einigen Sektoren wie Bauwesen inkl. Straßenbau, Transport, Handel und Industrie waren überdurchschnittliche Zuwachsraten erzielt worden, während die Landwirtschaft, von der etwa 70% der Bevölkerung abhängig waren, stagnierte. Die Staatseinnahmen hatten sich von Birr 500 Mio. auf Birr 1,4 Mrd. erhöht, knapp 30% der Einnahmen waren investiert worden. Der Haushalt wies aber bei einem Anstieg der Ausgaben von Birr 553 Mio. 1992 auf Birr 2,5, Mrd. 1996 ein zunehmendes Defizit auf, das mit Krediten und Zuwendungen von Geberstaaten und -organisationen sowie privaten Transferzahlungen von Auslandseritreern gedeckt wurde. Die privaten Transferzahlungen von 1996 rd. Birr 1,7 Mrd. trugen wesentlich dazu bei, daß die Zahlungsbilanz positiv war; in der Handelsbilanz standen Importen im Wert von Birr 3,1 Mrd. Exporterlöse von nur Birr 520 Mio. gegenüber. Die Investitionskredite eritreischer Banken beliefen sich 1996 auf Birr 699 Mio., weniger als das, was die Banken leisten könnten. Die Inflationsrate betrug nach Angaben der Nationalbank im ersten Quartal 1997 2,3%.

Die im Vorjahr gegründetete staatliche *Eritrean Development and Investment Bank* nahm im März ihre Tätigkeit auf; mit der geplanten Einrichtung von Zweigstellen wollte sie auch die ländliche Bevölkerung erreichen. Die im Vorjahr angekündigte **Privatisierung** von insgesamt 39 staatlichen Unternehmen begann im März mit der Ausschreibung von neun Betrieben und neun weiteren im Juni, aber nur einige fanden Käufer zu dem geforderten Preis; nicht verkauft werden konnte u.a. die Asmara-Brauerei, obwohl sie eines der profitabelsten Unternehmen war. Mit rd. 30 parteieigenen Unternehmen war die PFDJ der größte inländische Investor. Für ausländische Investoren war weiterhin der **Bergbau** attraktiv; in der zweiten Runde der Ausschreibung von

Konzessionsgebieten vom 17.5.-31.7. wurden zahlreiche Explorationslizenzen vergeben. Im September übernahm das US-Unternehmen *Anadarco* eine zweite Konzession für die Suche nach Erölvorkommen an und vor der Küste.

Im Februar wurden die Treibstoffsubventionen aufgehoben; durch Restriktionen für die Verwendung von Dienstfahrzeugen in Ministerien und Behörden wurden Einsparungen beim Verbrauch erzielt. Am 1.8. wurde die gemeinsam mit Äthiopien betriebene Erdölraffinerie in Assab für ein Jahr stillgelegt; die 1964 von der damaligen UdSSR errichtete Anlage war überaltert und arbeitete mit Verlust. Während der Stillegung sollte die Möglichkeit einer Modernisierung oder eines Neubaus geprüft werden.

Einige geplante Vorhaben gingen in die Ausführung und für einige weitere größere Projekte gab es finanzielle Zusagen. Der Auftrag für den im Vorjahr beschlossenen Bau eines Kraftwerks in Hirgigo bei Massawa wurde an ein südkoreanisches Konsortium vergeben. Eines der beteiligten Unternehmen erhielt auch den Auftrag für den Bau eines Staudamms für die Wasserversorgung von Asmara; im Mai bewilligte der kuwaitische Entwicklungsfonds einen Kredit von $ 22 Mio. für dieses Projekt, die Gesamtkosten sollten sich auf $ 45 Mio. belaufen. Die südkoreanische Unternehmensgruppe *Daewoo* war außerdem mit 45% an einem Gemeinschaftsunternehmen mit der Regierung beteiligt, das am 17.6. für Ausbau und Modernisierung des Telefonnetzes gegründet wurde. Für Ausbau und **Modernisierung der Häfen** Assab und Massawa wurden im November $ 30 Mio. von der *International Development Association* bewilligt, weitere $ 21 Mio. hatte Italien zur Auszahlung über die Weltbank bereitgestellt. Am 16.12. wurde ein weiterer Weltbank-Kredit über $ 18,3 Mio. für das Gesundheitswesen bewilligt. Anfang Juli machte der Vizepräsident der Weltbank, Madavo, einen Besuch, weitere Gespräche führte eine Delegation Anfang November. Der AfDF sagte im November $ 13,9 Mio. für ein Projekt zur Verbesserung der Viehzucht zu sowie $ 16 Mio. für die Entwicklung der Fischerei. Die Errichtung eines Fischereizentrums in Hirgigo, über die im November 1996 ein Vertrag mit Japan geschlossen worden war, wurde im Frühjahr von der Regierung ausgesetzt, das Projekt sollte aber mit anderen Partnern fortgeführt werden. Bei einem Besuch des EU-Kommissars für Entwicklungszusammenarbeit, Pinheiro, Ende Januar wurde der sehr **langsame Mittelabfluß kritisiert**; die für Eritrea vorgesehenen ECU 35 Mio. aus dem 7. *Europäischen Entwicklungsfonds* (EEF) waren zwar vollständig verplant, aber lediglich ECU 5,5 Mio. waren ausgezahlt worden. Ende April traf eine Delegation des EEF zu weiteren Gesprächen ein.

Die seit mehreren Jahren vorbereitete **Einführung einer eigenen Landeswährung**, des Nakfa, wurde am 15.7. bekanntgegeben und am 8.11. begann die Ausgabe; der Umtausch von Birr in Nakfa erfolgte 1:1. Um die Einziehung der Birr-Noten zu erleichtern, wurde der Bargeldumtausch auf Birr 5000 für Privatpersonen und Birr 100 000 für Unternehmen beschränkt; größere Beträge mußten bei den Banken eingezahlt werden. Vorerst wurde der Wechselkurs des Nakfa festgelegt, um die Parität zum Birr aufrechtzuerhalten. Die Entscheidung der äthiopischen Regierung vom 17.11., den zwischenstaatlichen Handel von Ausnahmeregelungen für Geschäfte mit einem Transaktionswert von bis zu Birr 2000 in grenznahen Gebieten auf Devisenbasis und Bankkreditbriefe umzustellen, hatte **spürbare Einbrüche** zur Folge. Äthiopien war mit einem Anteil von ca. 69% (1996) der wichtigste Exportmarkt; Importe aus Äthiopien machten zwar nur 8,5% des Gesamtwertes aus, es kam aber zu einem deutlichen Preisanstieg bei einigen Nahrungsmitteln, u.a. für die Getreideart *Teff*.

Die Arbeit von Nichtregierungsorganisationen (NRO) wurde mit neuen Richtlinien, die Anfang März bekanntgegeben wurden, stark eingeschränkt. Sie sollten nur noch in den Bereichen Gesundheitswesen und Bildung tätig werden können und auch nur in Form der Finanzierung von Projekten inländischer Träger; viele von ihnen zogen sich deshalb aus Eritrea zurück. Die Deutsche Gesellschaft für technische Zusammenarbeit (GTZ) stellte ebenfalls ihre Tätigkeit ein; im Oktober lehnte die Regierung die Entwicklungszusammenarbeit mit Deutschland in der vorgeschlagenen Form ab. Generell betonte die Regierung gegenüber bi- und multilateralen Gebern, daß die Entwicklungsplanung ebenso wie die Projektplanung und die Kontrolle der Implementierung in ihren eigenen Händen blieben müßte. Sie versuchte auch verstärkt, den

Einsatz ausländischer Fachkräfte in engen Grenzen zu halten; so wurden die Verträge mit UNDP-Beratern nicht verlängert. Die Bevorzugung von Krediten vor nichtrückzahlbaren Zuschüssen spiegelte ebenfalls die Sorge, wie andere afrikanische Staaten in zunehmende wirtschaftliche und politische Abhängigkeit von Geberstaaten zu geraten und damit die Handlungssouveränität zu verlieren. Angesichts der Schwäche der Volkswirtschaft dürfte das Land aber in den nächsten Jahren auf Entgegenkommen und guten Willen internationaler Geber angewiesen bleiben, auch für die Verbesserung der Lebensbedingungen der ärmeren Bevölkerungsschichten.

Am 2.5. wurden alle Mitarbeiter des UNHCR zur Ausreise aufgefordert. Hintergrund waren Auseinandersetzungen um die Wiederaufnahme des **Repatriierungsprogramms für Flüchtlinge** im Sudan, das wegen der zwischenstaatlichen Spannungen nicht zustandekam. Infolge der Militarisierung des Grenzgebietes ging auch die Zahl der individuellen Rückkehrer stark zurück.

Kathrin Eikenberg

Chronologie Eritrea 1997

04.01.	Beginn von Wahlen für die Provinzversammlungen
01.-05.03.	Besuch von Präsident Isaias in Ägypten
März	Beginn der Privatisierung staatlicher Unternehmen
02.-11.04.	Reise von Präsident Isaias nach Singapur, Südkorea und China
23.05.	Verabschiedung der Verfassung durch die Verfassunggebende Versammlung
30.05.	Regierungsumbildung; Beginn der Sitzung der Nationalversammlung
Ende Juni	Besuch von Isaias in der DR Kongo und in Rwanda
Ende Juli	Besuch des Präsidenten der DR Kongo, Kabila
September	Aufenthalt von Isaias in den USA
08.11.	Beginn der Ausgabe der neuen Währung
26.11.	Ankunft des italienischen Präsidenten Scalfaro

Afrika-Jahrbuch 1997, S. 256-264

Kenya

Fläche: 582 646 km², **Einwohner:** 27,4 Mio., **Hauptstadt:** Nairobi, **Amtssprache:** Kiswahili und Englisch, **Lebenserwartung:** 58 J., **Alphabetisierung:** 77%, **Wechselkurs:** $ 1 = Kenya Shilling (K.Sh.) 62,8, **HDI:** 0,463, Rang 14, **Pro-Kopf-Einkommen:** $ 320, **BSP:** $ 8661 Mio., **Anteile am BIP:** 29% - 16% - 55%, **Hauptexportprodukte:** Tee 19,4%, Kaffee 14,1%, Gartenbauprodukte 11,7%, **Staats- und Regierungschef:** Daniel arap Moi, **Regierungspartei:** Kenya African National Union (KANU)

Eine in der Sache vorübergehend geeinte Opposition konnte die KANU-Regierung von Präsident Moi zu beachtlichen politischen Reformen im Vorfeld von Wahlen nötigen. Parteipolitisch blieb die Opposition gespalten. Dadurch gewannen Moi und die KANU wie bereits 1992 die Wahlen mit einem Minderheitsvotum. IWF und Weltbank waren mit der ausbleibenden Korruptionsbekämpfung unzufrieden und knüpften die Auszahlung bewilligter Kredite an die Erfüllung festgelegter Kriterien.

Innenpolitik

Sämtliche politische Ereignisse des Jahres standen im Zeichen der zum Jahresende fälligen Wahlen. Innerhalb der **Regierungspartei KANU** versuchte Präsident Moi den Konflikt zwischen den rivalisierenden Gruppen KANU-A und KANU-B durch die erste große Kabinettsumbildung der laufenden Legislaturperiode am 15.1. von oben beizulegen. Daraus ging der KANU-B-Flügel als Sieger hervor. Die KANU-A-Protagonisten mußten ihre prestigeträchtigen Ministerien gegen weit weniger bedeutsame eintauschen (Simeon Nyachae das Landwirtschafts- gegen das Landgewinnungsministerium und William ole N'timama das Kommunalverwaltungs- gegen das Innenministerium) oder ihren Kabinettsplatz komplett räumen (Staatsminister Kipkalia Kones). KANU-B triumphierte, weniger weil ihre bisherigen Kabinettsmitglieder ihre Posten behielten (George Saitoti die Vizepräsidentschaft und sein Ministerium für Planung und Entwicklung, KANU-Generalsekretär Joseph Kamotho sein Bildungsportfolio), sondern v.a. weil mit dem skandalumwitterten Nicholas Biwott einer der einflußreichsten Politiker nach fünf Jahren ins Kabinett an eine zentrale Schaltstelle der Macht (Staatsminister) zurückkehrte. Damit war in den beiden wichtigsten Konfliktpunkten die Position der KANU-B gestärkt: Der als Vizepräsident bestätigte Saitoti besaß nun klar bessere Chancen auf die Moi-Nachfolge, die laut Verfassung bei den Wahlen im Jahr 2002 ansteht, als sein Konkurrent Nyachae. Zudem machte Moi mit der Kabinettsumbildung deutlich, daß er eine Fortsetzung der Bemühungen um die Reintegration der überwiegend oppositionsgeneigten Kikuyu in die Regimekoalition wünschte. Die KANU-A stand im Gegensatz dazu für eine Fortführung des bestehenden Regierungsbündnisses aus kleineren und mittelgroßen ethnischen Gruppen und forderte eine stärkere Rolle für die Kisii, Luhya und Kamba, als deren Vertreter sie bislang nicht zum engen Herrschaftszirkel gehört hatten. Die Folgemonate zeigten, daß die Risse in der Partei nicht per Dekret zugedeckt werden konnten. In Abgrenzung von der Regierung stilisierten sich die KANU-A-Strategen erfolgreich zu Kämpfern für die Rechte und Interessen ihrer lokalen Gemeinschaften und demonstrierten durch Kontakte zu Oppositionsparteien, daß Moi sich ihrer Loyalität keineswegs sicher sein konnte.

Nichtsdestotrotz galt die KANU bis Mitte des Jahres als der sichere Wahlsieger, zu desolat blieb das **Bild der Oppositionsparteien**: Ohne sich ernsthaft um die Einigung auf einen gemeinsamen Präsidentschaftskandidaten zu bemühen, spalteten sich die drei großen Parteien. Durch den Wechsel Raila Odingas am Ende des Vorjahres zur bislang moribunden *National Development Party* (NDP) wurde die Partei zum Sammelbecken für Luo-Politiker. Odinga machte so den Weg frei für seinen Konkurrenten um die Führung der FORD-*Kenya*, Michael Wamalwa, der sich von der Nationalen Delegiertenkonferenz am 26.1. zum alleinigen Parteivorsitzenden und damit automatisch zum Präsidentschaftskandidaten wählen ließ. Das die FORD-*Kenya* bislang tragende ethnisch-regionale Bündnis zwischen Luhya (Wamalwas Gruppe) und Luos (Odingas Flügel) war endgültig gescheitert, und beide Parteien entwickelten zunehmend monoethnische Züge. Die

FORD-*Asili*, in zwei ungleich starke Faktionen aufgespalten, existierte nur als residuale Größe fort, nachdem der Führer der wichtigsten Gruppe, der Parteivorsitzende Kenneth Matiba, am 28.6. zur völligen Überraschung von Freund und Gegner verkündet hatte, daß er an den Wahlen nicht teilnehmen werde. Diese seien vormanipuliert, und daher sollten Wähler und Kollegen seinem Beispiel folgen. Der populärste Kikuyu-Politiker war damit aus dem Rennen und ließ seine große Anhängerschaft in Nairobi und der Zentral-Provinz ratlos. Demgegenüber verbesserten sich die Wahlchancen von Mwai Kibakis *Democratic Party* (DP), die Matibas Partei 1992 im Kampf um die Kikuyu-Stimmen unterlegen war. Zunächst mußte die DP das Wegbrechen ihrer wichtigen, wenngleich nicht vitalen Basis in Ukambani (Ost-Provinz) verkraften: als erste Frau kündigte im April Charity Ngilu, bisher populärste Parlamentarierin der DP in der Kamba-Region, ihre Kandidatur für die Präsidentschaft an und wechselte am 8.7. unter großer öffentlicher Resonanz zur *Social Democratic Party* (SDP), die der bisherige FORD-*Kenya*-Abgeordnete Peter Anyang Nyong'o zu einer programmatischen Partei über ethnische Grenzen hinweg auszubauen versuchte.

Daß sich vorübergehend die Wahlaussichten der Regierung verdunkelten, lag an der unerwarteten Dynamik einer von zivilgesellschaftlichen Kräften seit 1994 vorbereiteten **Initiative zur Verfassungsreform**: Am 4./5.4. fand in Limuru (Zentral-Provinz) die erste Konferenz zur Vorbereitung einer späteren Verfassungsversammlung statt, organisiert vom *National Convention Planning Committee* (NCPC). Auf dieses Gremium hatten sich im Vorjahr Nichtregierungsorganisationen (NRO), Oppositionsparteien und Kirchen nach heftigen Rangeleien um die Führungsrolle in der Initiative geeinigt. Dessen Leitungspositionen reflektierten die dominierende Rolle der NRO. Die Konferenz beschloß, mit abgestuften Maßnahmen die Regierung unter Druck zu setzen, damit vor den Wahlen minimale rechtliche Reformen durchgeführt würden, die zu einer Angleichung der Wettbewerbschancen zwischen Regierungs- und Oppositionsparteien führten. Nach den Wahlen sollte eine umfassende Verfassungskonferenz unter Beteiligung aller relevanten politischen Kräfte folgen. Presse und Regierung belächelten das Bündnis zunächst als weiteres folgenloses Deklamationsorgan. Der *National Convention Executive Council* (NCEC), das Nachfolgegremium des NCPC, an dem sich die Kirchen weniger stark beteiligten, bewies zwischen Mai und August jedoch eine unerwartete Konfliktfähigkeit: Für den 3.5. beraumte er eine erste Demonstration auf das traditionelle Kamukunji-Gelände Nairobis an. In gezieltem Verstoß gegen den *Public Order Act* war keine Lizenz dafür beantragt worden. Die um Deeskalation bemühte Polizei ließ zwar Führungsfiguren des NCEC (darunter die Anwälte Willy Mutunga und Gibson Kamau Kuria) zusammen mit Politikern (u.a. Kibaki, Wamalwa, Ngilu und Paul Muite) auf das Gelände, nicht jedoch die zahlreichen Demonstranten. Kurz vor der nächsten, für den 31.5. geplanten **Demonstration**, erhielt die Sache des NCEC entscheidende moralische Unterstützung durch die Katholische Kirche und den Dachverband der protestantischen Kirchen, den *National Council of Churches in Kenya* (NCCK), die nach ihrem teilweisen Rückzug aus der Reformgruppe in einem eigenen Dialog mit der Regierung Wege zur Reform ausgelotet hatten. Nach dessen Scheitern stellten beide Institutionen auf einer gemeinsamen Pressekonferenz nun öffentlich die Notwendigkeit eines Minimums an rechtlichen Reformen vor den Wahlen heraus. Die Demonstration im Uhuru-Park im Zentrum Nairobis, erneut ohne Lizenz und zwecks möglichst großer öffentlicher Wirkung auf den Tag vor die jährlichen Feierlichkeiten zur Erreichung der inneren Selbstverwaltung gelegt, wurde von einem großen Polizeiaufgebot verhindert, das mit Schlagstöcken und Tränengas massiver gegen die Demonstranten vorging als vier Wochen zuvor. Kleinere Prozessionszüge verlagerten sich in das Stadtzentrum. Offensichtlich organisierte Banden, aber auch Straßenhändler plünderten währenddessen Geschäfte. Die von Moi einen Tag später am *Madaraka Day* angebotene Ersetzung des *Public Order Act* durch ein entschärftes Gesetz wurde von der Opposition als unzureichend abgelehnt.

Nicht zuletzt die Angst, daß die zivilgesellschaftlichen Kräfte sich als die eigentlichen Führer der Reformbewegung etablierten, veranlaßte die Oppositionsparteien anläßlich der Budget-Rede des Finanzministers am 19.6. zu einer bislang einmaligen spektakulären **Aktion im Parlament** in Anwesenheit Mois: Der Vizevorsitzende von FORD-*Kenya*, James Orengo, argumentierte, daß eine Diskussion über rechtliche Reformen als Angelegenheit von nationaler Dringlichkeit Vorrang vor dem Budget hätte. Als der Parlamentssprecher dies ablehnte, sorgten die Oppositionsabgeordneten mit Eingaben und Zwischenrufen ("Keine Reformen, kein Budget") - vom staatlichen Rundfunk KBC zunächst live übertragen - für einen mehrstündigen Tumult, in dem die Rede des Finanzministers kaum zu hören war. Daß die Weigerung der Regierung, über Reformen vor den Wahlen zu verhandeln, nicht nur das Parlament handlungsunfähig, sondern nahezu das ganze Land unregierbar zu machen drohte, verdeutlichten die Ereignisse am *Saba-Saba-Day* (7.7.). An dem in Erinnerung an die erste Demonstration für politische Reformen im Jahre 1990 gewählten Termin fanden u.a. in Nairobi, Mombasa, Kisumu, Nakuru und Thika Demonstrationen statt. Das gesamte Geschäftsleben kam zum Erliegen. Dieses Mal ging die Polizei mit z.T. exzessiver Härte gegen die unter dem Slogan "Keine Reformen, keine Wahlen" demonstrierenden Menschenmengen vor und benutzte scharfe Munition. Landesweit starben mindestens 14 Menschen, eine größere, nicht näher bezifferte Zahl wurde ernsthaft verletzt, darunter auch mehrere Oppositionspolitiker. Die völlig unverhältnismäßige Reaktion auf die gewaltfreien Demonstrationen führte zu heftigen nationalen und internationalen Protesten. Studenten, die der mutmaßlich von Sicherheitskräften verursachte Tod eines Studentenführers im Februar in ihrer traditionell regierungskritischen Haltung gestärkt hatte, stießen in den Tagen danach bei Protesten gegen ein neues rigides Hochschulgesetz und für Reformen mehrfach mit der Polizei zusammen, so daß am 9.7. die Universität von Nairobi geschlossen wurde.

Doch bevor sich die Situation weiter zuspitzte, vollzog **Moi** eine **politische Kehrtwende**: in Kisii erklärte er sich am 11.7. zur Einleitung von Reformen bereit. Um die Reihen der KANU zu schließen, modifizierte er seine Wahlkampfstrategie und kam Forderungen der KANU-A nach. Er versetzte den Nyanza-Provinzkommissar, der der KANU-B nahestand und über dessen Behinderungen in Kisii sich Nyachae öffentlich beschwert hatte, nach Nairobi; er entließ den Leiter seines Wahlkampfteams, der zu Biwotts Leuten gehörte, und berief Kones in dieses Team. Sodann versuchte er erfolgreich, die geschlossene Reformfront aufzubrechen, indem er sich einerseits weigerte, mit Sprechern des von allen Gruppen zum Verhandlungsführer erkorenen NCEC zu reden, und andererseits begann, mit einzelnen Personen und Gruppen separat zu konferieren, am 14.7. mit Wamalwa, einen Tag später mit 17 Kirchenvertretern. Mit der Aussicht auf Reformverhandlungen begann die Front des NCEC zu bröckeln. Matiba und Wamalwa distanzierten sich vom Generalstreik, zu dem der NCEC für den 8.8. aufrief. Nicht nur floppte der Streik aufgrund schlechter Vorbereitung in allen Landesteilen (mit Ausnahme Nairobis), auf der im Vergleich zu den Vorgängern geringer besuchten und von Sicherheitskräften nicht beeinträchtigten Kundgebung in Nairobi wurde zudem ein in der Menge identifizierter Polizist in Zivil zu Tode geprügelt. Dadurch verlor der NCEC auch moralisch an Boden. Nach einem weiteren Treffen mit Moi übernahmen die Kirchen Mitte August die Aufgabe, Reformgespräche zwischen KANU und der Opposition vorzubereiten, scheiterten damit jedoch bereits beim ersten Treffen am 25.8., als die von Saitoti geführte KANU-Delegation die Versammlung wieder verließ. Sie war nicht bereit, den NCEC als stimmberechtigten Teilnehmer, sondern nur in Beraterfunktion in die Gespräche einzubeziehen. Im Gegensatz zu den Politikern hätte dieser kein Mandat von der Bevölkerung. Auf der einen Tag später in Nairobi begonnenen zweiten Vorbereitungskonferenz zur Verfassungsversammlung vollzog sich die endgültige Spaltung des Oppositionsbündnisses: Während der NRO-Flügel um Willy Mutunga der KANU keine ernsthaften Verhandlungsabsichten unterstellte und sich mit Plänen zu weiteren Massenaktionen und der Transformation des NCEC in ein eigenes verfassungsgebendes Parlament, also einer Parallelregierung, radikalisierte, einigten sich im Parlamentsgebäude Emissäre der KANU und der Oppositionsparteien auf einen neuen Verhandlungsansatz, der die NRO-Gemeinde außen vor ließ. Vor der Alternative, den NCEC-Kurs einer Konfrontationsverschärfung gegenüber der Regierung mitzutragen, oder auf den Verhandlungspfad einzuschwenken, entschied sich eine große Zahl von Abgeordneten, die eigentlich der Reformbereitschaft der KANU mißtrauten, für die Verhandlungsvariante. Dafür war gerade bei Parteivorsitzenden wie Kibaki und Wamalwa ein entscheidendes Motiv, daß sie so auf ihre Positionen als Führer des gesamten Oppositionsspektrums, die sie vorübergehend an das NCEC verloren hatten, zurückkehren konnten. Von Skepsis begleitet konstituierte sich so zwischen dem

2. und 4.9. die *Inter-Parties Parliamentary Group* (IPPG). Der NCEC erkannte das Gremium nicht an, doch seine Pläne zu weiteren Massenprotesten wurden angesichts der unerwarteten Ernsthaftigkeit der Verhandlungen zur Makulatur. Die KANU-Seite, geleitet von Vizepräsident Saitoti, umfaßte wohl ausgewogen Vertreter der KANU-A und -B sowie mehrere unabhängige Kräfte. Auf Oppositionsseite fanden sich mit wenigen Ausnahmen (Matiba, Odinga, Muite und Orengo) alle wichtigen parlamentarischen Kräfte ein. Die KANU stellte bei den von den Kirchen befürworteten Verhandlungen, an denen rund 120 der 200 Abgeordneten teilnahmen, die deutliche Mehrheit. Umso mehr überraschte alle Beobachter das nach nur zweiwöchigen Verhandlungen vorgestellte, erstaunlich **substantielle Reformpaket**. Moi, der zuvor noch Vorbehalte gegen einzelne Reformen (wie etwa die Möglichkeit einer Koalitionsregierung) geäußert hatte, segnete es am 10.9. ab. Zu den wichtigsten Reformen, die vom Parlament im November verabschiedet wurden, gehörten die folgenden: für politische Veranstaltungen statt Antrag einer Lizenz von der Distriktverwaltung nur noch einfache Mitteilung an die örtliche Polizei; keine längere Inhaftierung ohne Anklage; keine Beteiligung der KANU-treuen Provinz- und Distriktverwaltung an der Organisation von Wahlen; Erweiterung der Wahlkommission um zehn weitere, von der Opposition zu nominierende Mitglieder auf 22; Zulassung aller politischen Parteien; die vom Präsidenten nach Wahlen vorzunehmende Berufung von zwölf zusätzlichen Parlamentariern muß der Stärke der einzelnen Fraktionen entsprechen. Nach den Wahlen sollte eine neu zu bildende Kommission die Verfassung umfassend an die demokratischen Rahmenbedingungen anpassen. Die Reformen trugen Kompromißcharakter. Vorschläge, die die Wiederwahl Mois und der KANU gefährdeten, waren nicht durchsetzbar, etwa eine Klausel, derzufolge ein Präsidentschaftskandidat die absolute statt der relativen Mehrheit zum Sieg benötigte (Moi hatte 1992 nur rund 36% der Stimmen bekommen). Von nahezu allen politischen Kräften (mit Ausnahme des NCEC) wurde das Reformpaket zu Recht als großer Fortschritt auf dem Weg zu gleichen politischen Wettbewerbsbedingungen gewertet. Skepsis an ihrer Ernsthaftigkeit nährte die Regierung, als sie am 6.10. fast alle Parteien zuließ, die ihre Registrierung beantragt hatten, nur nicht die seit Mitte 1995 darauf wartende *Safina*. Auf starken nationalen und internationalen Druck holte sie dies am 28.11. zwar noch nach, doch hatte die Partei Paul Muites und Richard Leakeys damit kaum noch Zeit zur Vorbereitung auf die Wahlen. Insgesamt entspannten die IPPG-Verhandlungen die Atmosphäre im Lande deutlich. Am 10.11. löste Moi das Parlament auf, und zwei Tage später verkündete der Vorsitzende der Wahlkommission, Zaccheaus Chesoni, den 29.12. als Wahltermin.

Die administrativen Maßnahmen zur Vorbereitung der Wahlen hatten bereits im Mai mit der **Wählerregistrierung** begonnen. Sie war wegen des zu kurzen Zeitraumes (19.5.-30.6.), v.a. aber wegen des faktischen Ausschlusses einer auf 1,5 bis 2,5 Mio. geschätzten Zahl von Jungwählern (18-23 Jahre) kritisiert worden (=11,6% bis 18,8% der eigentlich Wahlberechtigten). Diese hatten nicht rechtzeitig die zur Registrierung notwendigen Personalausweise erhalten. Der Druck der Opposition im Kontext der IPPG-Verhandlungen auf Wiederöffnung der Wahlregister war nicht stark genug, um dies durchzusetzen. Insgesamt wurden zwischen 68%-72% aller Wahlberechtigten registriert, mithin weniger als 1992 (75%).

Mitte August, d.h. vor den IPPG-Verhandlungen, kam es an der Küste, v.a. in Mombasa und im angrenzenden Kwale, zu schweren **ethnisch-politischen Unruhen**. Es begann mit dem Überfall einer gut ausgerüsteten und organisierten Bande auf eine Polizeistation in Mombasas Stadteil Likoni und der Terrorisierung des umliegenden Viertels (13.-14.8). Im Laufe der folgenden Woche weiteten sich die Unruhen entlang der Küste aus. Bis Mitte September, als sich die Lage wieder beruhigte, wurden 69 Menschen getötet, und an die 100000, zumeist Kamba und Luo, verließen die Region aus Angst vor weiterer Gewalt. Die Gründe für den Gewaltausbruch an der generell spannungsgeladenen Küste waren nicht unmittelbar erkennbar. Indizien sprachen für eine Involvierung der KANU-Spitze: kurz nach Beginn der Unruhen kam Biwott mit zwei Koffern voller Geld nach Mombasa, die aber angeblich für ein dann kurzfristig abgesagtes *Fundraising* einer Frauengruppe und nicht als Bezahlung der Gewalttäter gedacht waren. Spekulationen zufolge riskierten Teile der nationalen und der örtlichen KANU-Spitze bewußt die Beschädigung des Tourismus, des größten Devisenbringers, um zwei Ziele zu erreichen: den lokalen

KANU-Leuten ging es darum, sich durch die Vertreibung potentieller Oppositionswähler, d.h. zugewanderter Angehöriger v.a. der Kamba und Luo, die Parlamentssitze bei den Wahlen zu sichern, während Biwott und Co. versuchten, eine Situation zu schaffen, in der die Regierung den Ausnahmezustand verhängen könnte, um gegen die Reformbewegung gewaltsam vorgehen zu können. Augenfällig war, daß die Unruhen abflauten, nachdem die Regierung auf dem Verhandlungswege die Initiative zurückgewann und somit der Grund für eine gewaltsame Lösung entfiel.

Mit einem Streik im Wahljahr gelang der 200000 Mitglieder starken Lehrergewerkschaft *Kenya National Union of Teachers* (KNUT), was bislang keiner Gewerkschaft in der Moi-Ära gelungen war: sie setzte Mitte Oktober ihre Forderung nach einer 150-200%igen Lohnerhöhung durch. Zu riskant schien es der Regierung, die für die kommunale Meinungsbildung wichtigen Lehrer im Wahljahr zu antagonisieren.

Parallel zu den IPPG-Verhandlungen liefen die **Wahlvorbereitungen der Parteien** an: Auf der seit 1991 ersten Nationalen Delegiertenkonferenz der *KANU* wählten die Delegierten erwartungsgemäß Moi zum Spitzenkandidaten der Partei. Fast bedeutsamer aber war, daß es der Konferenzleitung unter Generalsekretär Kamotho (KANU-B) durch straffe Organisation gelang, den Druck der KANU-A und einer sich als unabhängig begreifenden dritten Gruppe auf Durchführung der überfälligen Wahlen für die Parteiämter auszubremsen. Beide Gruppen hatten seit Ende 1996 auf die Wahlen gedrungen, um so Saitoti (Vize-Vorsitzender), Kamotho und andere aus ihren Ämtern zu kippen. Die KANU-B intensivierte im November/Dezember noch einmal ihre Bemühungen um die Kikuyu-Stimmen. Im Mai hatte es in der Zentral-Provinz durch Parteiwahlen eine Wachablösung gegeben: die alte bellizistische KANU-Garde war durch Unternehmer, die in der *Central Province Development Support Group* zusammengeschlossen waren, ersetzt worden, was sich positiv auf deren Geschäftsinteressen auswirkte. Samuel K. Macharia, Besitzer der *Royal Card-Gruppe*, erhielt bspw. im April die seit Jahren vergeblich beantragte Lizenz für einen eigenen TV- und Radiosender. Auf Versammlungen in der Provinz spendeten die Mitglieder der Gruppe in den Folgemonaten enorme Summen für Entwicklungsprojekte und hofften so die Kikuyu-Stimmen für sich und die KANU zu gewinnen.

In der **Opposition** begann im November ein munteres Parteienwechseln: Die FORD-*Asili* - ohne Matiba als Zugkraft in der Zentral-Provinz - verlor ihre meisten Kikuyu-Abgeordneten an die KANU und die SDP. Als sich abzeichnete, daß in Luo-Nyanza nur Wahlchancen hatte, wer für Odingas NDP antrat, wechselte der Großteil der bislang in der FORD-Kenya verbliebenen Luo-Abgeordneten zur NDP (mit Ausnahme Orengos). Matiba, der zum Boykott und zur Störung der Wahlen aufrief, wurde nach einem wirren Auftritt auf einer großen Kundgebung im Uhuru-Park Nairobis am 15.11. endgültig zur politischen Randfigur. Die Parteien, ohne wirkliche ideologische und programmatische Unterschiede, führten einen themenarmen Wahlkampf und warben unverhohlen um die Stimmen entlang ethnischer Linien. Der Wahlkampf bezog seine Spannung aus der Frage, ob es Moi, an dessen relativer Mehrheit niemand zweifelte, gelingen würde, die von der Verfassung vorgeschriebenen 25% der Stimmen in mindestens fünf der acht Provinzen zu bekommen. Die Schwäche der Opposition - die ethnische Zersplitterung - verwandelte sich so in ihre Stärke: Wenn es Wamalwa in der West-Provinz oder Ngilu in der Ost-Provinz gelänge, Moi unter 25% zu halten, würde er die 25%-Hürde vermutlich nur in vier Provinzen überspringen und müßte sich dem/der Zweitplazierte(n) in einem zweiten Wahlgang stellen, bei dem die Chancen der Opposition deutlich besser wären.

Die IPPG-Reformen griffen erstaunlich schnell: so konnten die Oppositionsparteien ungehindert Kundgebungen auch in bisher der KANU vorbehaltenen Regionen im Rift Valley durchführen. Provinz- und Distriktverwaltungen hielten sich aus dem Wahlkampf und der Wahlorganisation heraus. Als problematisch erwies sich, daß in der Revision des Rundfunkgesetzes der staatliche Sender *Kenya Broadcasting Corporation* (KBC) aufgefordert aber nicht verpflichtet worden war, fair über die Parteien zu berichten, so daß die Opposition eklatant benachteiligt wurde. Nahezu die gesamte Berichterstattung über die Opposition (32% der Nachrichtenzeit im Nov., 10% im Dez.) fiel negativ aus, während über die KANU und Moi in Form von Hofberichterstattung (60-80% der Nachrichten) gesendet wurde.

Insgesamt verlief der **Wahlkampf** - trotz einiger Ausnahmen - deutlich gewaltärmer als 1992, auch zirkulierte weniger Geld zum Kauf von Wählerstimmen und von Wahlgeschenken. Am besten mit Mitteln ausgestattet war der KANU-Wahlkampfapparat. Neu eingerichtete Fonds für Frauen, Jugendbeschäftigung und Straßenkinder hatten in den vergangenen zwei Jahren enorme Spenden gesammelt, die zum großen Teil der KANU zufloßen. Für Irritationen sorgte, daß Moi am 2.12. ohne Konsultation der Opposition den bisherigen Vorsitzenden der Wahlkommission, Chesoni, aus allen Wahlvorbereitungen herausriß und zum neuen Obersten Richter des Landes ernannte. Chesoni, der in einige kleinere Finanzskandale verwickelt war, verdankte seine Karriere v.a. der Protektion Mois. Mit ihm als Obersten Richter konnte Moi sicher sein, auch im Falle umstrittener Wahlergebnisse als Präsident eingeschworen zu werden.

Die kurzfristigen Umstellungen der Wahlkommission - Berufung von Chesonis bisherigem Stellvertreter, Samuel Kivuitu, zu seinem Nachfolger und die Erweiterung der Kommission um zehn, von der Opposition ausgesuchte Mitglieder - beeinträchtigten deren Leistungsfähigkeit. Dies wurde am **Wahltag**, dem 29.12., deutlich, als Wahlunterlagen in falschen, weit entfernten Wahlkreisen auftauchten und an ihrem Bestimmungsort fehlten. Auf diese Schwierigkeiten reagierte die Kommission mit widersprüchlichen Direktiven. Schließlich wurde die Wahl in den betroffenen Wahlkreisen um einen Tag verlängert.

Die **Wahlen** selbst verliefen bis auf einige Ausnahmen (Ngilu entdeckte in ihrem Wahlkreis halbverbrannte Wahlscheine) relativ ruhig. Für insgesamt 19 Parteien (+10 gegenüber 1992) kandidierten 875 PolitikerInnen (davon 50 Frauen, von denen nur drei gewählt wurden) um 210 Parlamentssitze. 15 Parteien (+7 gegenüber 1992) schickten einen eigenen Präsidentschaftskandidaten ins Rennen, von denen fünf als chancenreich galten. Unter den Augen von rund 28 000 nationalen Wahlbeobachtern - organisiert von den Kirchen und einer NRO - und ca. 150 internationalen Wahlbeobachtern - organisiert von den diplomatischen Vertretungen - gewann Moi die Präsidentschaftswahl deutlich mit 40,1% der Stimmen (+3,3 gegenüber 1992) vor Kibaki mit 31,9% (+12,6%), der damit von Matiba fast die gesamte Wählerschaft in der Zentral-Provinz und einen großen Teil in Nairobi übernahm. Die anderen Drei wurden distanziert: Odinga mit 10,9%, Wamalwa mit 8,2% und Ngilu mit gar nur 7,7% der Stimmen. Moi hatte keine Probleme, die erforderlichen 25% in der West- (44,6%) und der Ost-Provinz (35,8%) zu erreichen. Das gute Abschneiden in diesen beiden Provinzen sicherte ihm den Sieg, für den das erwartet starke Resultat in seinen Hochburgen im Rift Valley, im Nord-Osten und an der Küste die Basis schuf. Kibaki verfügte nach Moi über die größte landesweite Gefolgschaft: In drei Provinzen übersprang er die 25%-Marke (Zentral, Nairobi und Ost), in zwei weiteren blieb er nicht weit darunter (Rift Valley und Nordosten). Bei der Parlamentswahl, bei der zehn Parteien Mandate gewannen, konnte die KANU mit 107 Sitzen nur eine knappe Vier-Stimmen-Mehrheit erringen, die zudem auf Wahlmanipulationen in fünf Wahlkreisen beruhte und daher eigentlich widerrechtlich war. Die DP erhielt 39, die NDP 21, die FORD-Kenya 17, die SDP 15 und die *Safina* immerhin 5 Sitze. Während der Nominierungswahlen der KANU und bei den Parlamentswahlen verloren insgesamt zwölf Minister ihr Mandat (darunter Kamotho). Die Ergebnisse der zeitgleich abgehaltenen Kommunalwahlen liefen bis Jahresende noch nicht ein. Das Stimmverhalten bei Parlaments- und Präsidentschaftswahl entsprach einander weitgehend und verdeutlichte die ethnisch-politische Zersplitterung des Landes. Außer der KANU (Mandate und mindestens 20% bei der Präsidentschaftswahl in sieben Provinzen) konnte nur mit Abstrichen die DP außerhalb ihrer Hochburg reüssieren (Mandate in fünf Provinzen), die anderen verblieben innerhalb ihrer ethnisch-regionalen Grenzen. Wie bereits 1992 konnte die KANU kein Mandat in Luo-Nyanza und in der Zentral-Provinz und nur eines, das auf Wahlfälschung beruhte, in Nairobi gewinnen. Das Debakel in der Zentral-Provinz bedeutete gleichzeitig das Scheitern der KANU-B-Strategie. Das wurde noch komplettiert durch Saitotis Resultate in seinem Distrikt Kajiado. Dort trug er die Verantwortung für den Verlust von einem der drei Wahlkreise an die Opposition und für ein Minus von fast 15% bei den Präsidentschaftswahlen. Damit war klar, daß bei der Regierungsbildung zu Beginn des nächsten Jahres die Gewichte zwischen den konkurrierenden KANU-Gruppen neu verteilt würden. Auf einer gemeinsamen Pressekonferenz am 31.12. lehnten Odinga und Kibaki die Ergebnisse der

Präsidentschaftswahl ab und forderten Neuwahlen innerhalb von 21 Tagen. Die öffentliche Resonanz darauf war zurückhaltend, und trotz einer gewissen Spannung in Nairobi schien die Bevölkerung und auch die Mehrheit der Politiker die Wahlergebnisse zu akzeptieren.

Außenpolitik

Die politischen Unruhen in Zentral-Kenya und an der Küste belasteten das **Verhältnis zu den westlichen Gebern**, hatten aber keine tiefgreifenden Auswirkungen. Neu war der Ansatz der diplomatischen Vertretungen vor Ort, durch gemeinsames Auftreten ihren Erklärungen und Handlungen einen möglichst großen Nachdruck zu verleihen, zunächst Mitte April, als sie in moderater Form fehlende Fortschritte bei Verfassungs- und Rechtsreformen sowie exzessive Polizeigewalt kritisierten. Im Vorfeld der *saba-saba*-Demonstration versuchten sie bei einem Gespräch mit Saitoti vergeblich, Zusicherungen zu erhalten, daß die Regierung die Versammlungsfreiheit respektieren und die Wahlen frei und fair gestalten würde. Nach *Saba-Saba* kritisierten der neue britische Juniorminister für Afrika Tony Lloyd und die US-amerikanische Außenministerin Madeleine Albright die Brutalität der Sicherheitskräfte. Außenminister Kalonzo Musyoka diskreditierte sich als Vertreter der Regierung, als er ein Gespräch mit der US-Botschafterin wiedergab, demzufolge sie die Opposition für die Gewalt bei den Juli-Unruhen verantwortlich machte. Die US-Botschaft bestritt diese Aussage. An Musyokas Stelle wurde seine Staatssekretärin, Sally Kosgei, auf eine viertägige Tour nach Washington zur allgemeinen Schadensbegrenzung geschickt. Ihre Erkenntnisse schienen Moi weiter von der Unausweichlichkeit des gerade eingeschlagenen Reformkurses zu überzeugen. Ende des Monats verlor der Botschafter in den USA seinen Posten: er hatte dem Repräsentantenhaus für eine Kenya-Anhörung versehentlich den NCEC-Reformentwurf als Regierungsdokument vorgelegt. Für die Wahlen richtete die auf 22 Vertretungen angewachsene Botschaftsgruppe in Nairobi ein ihr rechenschaftspflichtiges Wahlbeobachtungszentrum ein, das seine Arbeit am 1.12. aufnahm.

Der schon in früheren diplomatischen Missionen bewährte Chef von *Lonrho East Africa*, Mark arap Too, sondierte für Moi im **regionalen Kontext** ohne Konsultationen mit dem Außenministerium schwierige Kontakte: Am 9.5. traf er in Lubumbashi (Zaire/Kongo) den kurz vor dem Sieg stehenden Rebellenführer Laurent Kabila, zu dem Moi bislang Distanz gewahrt hatte. Daß Moi sich mit den neuen machtpolitischen Konstellationen in der Region nun abfand, zeigte auch der ebenfalls von Too vorbereitete Besuch von Rwandas Vizepräsident Paul Kagame in Nairobi am 16.7. Die Beziehungen zu Rwanda waren äußerst angespannt gewesen, weil die Regierung einer Reihe von mutmaßlich Verantwortlichen des Genozids Asyl gewährte. Nach Kagames Besuch wurden mehrere Hundert Rwander verhaftet, sieben Hauptverdächtige an das Kriegsverbrechertribunal in Arusha (Tanzania) übergeben und die anderen nach Rwanda ausgewiesen.

Weiter unterstüzt wurde der im Vorjahr gestartete Neuanlauf zu einer vertieften **Regionalkooperation** im Rahmen der EAC (*East African Cooperation*). Die bilateralen Beziehungen zu **Tanzania** waren deutlich auf Intensivierung angelegt (u.a. Staatsbesuch von Präsident Mkapa Ende Mai in Kenya), aber auch die mit **Uganda** waren alles in allem wesentlich weniger spannungsgeladen als in früheren Jahren üblich. Selbst zwischen den Streitkräften gab es Anzeichen für den Willen zu einer Zusammenarbeit. Außerdem engagierten sich die Regierung und Moi persönlich weiterhin - vorrangig im Rahmen der IGAD (*Intergovernmental Authority on Development*) - für die Suche nach Lösungen für die verworrenen internen **Konflikte** im **Sudan** und in **Somalia**. Kenya beteiligte sich auch an der neu entstehenden Regionalgruppierung im Indischen Ozean IORARC (*Indian Ocen Rim Association for Regional Cooperation*) und wurde im November in Kuala Lumpur (Malaysia) als 16. Mitglied in die G-15 Gruppierung aufgenommen.

Sozioökonomische Entwicklung

Die **wirtschaftliche Erholung** der Vorjahre fand ein **abruptes Ende**. Statt die von der Regierung projektierten 5% zu erreichen, halbierte sich die BIP-Zuwachsrate gegenüber dem Vorjahr auf 2,3% und führte damit aufgrund des weiter hohen Bevölkerungswachstums (3%) zu einer schlechteren Pro-Kopf-Versorgung. Der drastische Rückgang des Wachstums im Landwirtschaftssektor von 4,4% (1996) auf nun 1,2% zog auch den von Agrarinputs abhängigen verarbeitenden Sektor in den Abwärtstrend, nach 3,7% Zuwachs im Vorjahr jetzt nur noch 1,9%. Gleichzeitig bewegte sich die Inflationsrate mit 11,2% erstmals nach zwei Jahren wieder im zweistelligen Bereich. Ein Bündel von Gründen war dafür verantwortlich: das Wahljahr mit den politischen Unruhen, wodurch Investoren und Touristen abgeschreckt wurden; die verfallende Infrastruktur, die durch im Oktober einsetzende *El-Niño*-Regen weiter verschlechtert wurde; für den Staatshaushalt kostspielige Korruptionsfälle; die Streichung von Strukturanpassungskrediten durch den IWF sowie die fortgesetzte Hochzinspolitik.

V.a. die in absoluter **Armut** lebenden 45% der Bevölkerung traf die Verschlechterung der wirtschaftlichen Situation. Durch die Folgen der Regenfälle einerseits und die sich verschlechternde medizinische Versorgung andererseits kam es im letzten Vierteljahr zu einem Ausbruch von Cholera im Westen des Landes, der bis zum Jahresende auch Nairobi und Mombasa erreichte. Mehrere Hundert Menschen starben daran. Hinzu kam im Dezember eine zunächst rätselhafte Epidemie im Nord-Osten, die schließlich als von Moskitos übertragenes Rift Valley-Fieber identifiziert wurde und ca. 350 Menschenleben forderte. Wie wenig die Regierung sich der eigenen Bevölkerung verpflichtet fühlte, verdeutlichte sie mit ihrer Haltung gegenüber dem Streik von rund 30 000 Krankenschwestern im Dezember, mit denen sie Verhandlungen ablehnte und damit während der Epidemien den Kollaps des Gesundheitssystems in einzelnen Landesteilen in Kauf nahm.

Die **Landwirtschaft** litt besonders unter den schlechten Witterungsbedingungen: der bis März währenden Dürre und den übermäßigen Regenfällen im letzten Jahresdrittel. Die Maisproduktion sank um zwei Mio. Säcke. Dies lag auch an den Folgen der verfehlten Preispolitik des *National Cereal Produce Board* (NCPB) in den Vorjahren, wodurch die Farmer die Anbauflächen verringert hatten. Da der NCPB seinen Pflichten zum Trotz keine ausreichende Reserve in den Überschußjahren angelegt hatte, mußten 1,1 Mio.t importiert werden, von denen rund die Hälfte Nahrungsmittelhilfe westlicher Länder für die hungerbedrohten Regionen im Nord-Osten und Osten des Landes waren. Der enorme Anstieg des Kaffee-Weltmarktpreises (+80%) wurde v.a. genutzt, um den dramatischen Produktionseinbruch im Sektor (-50%) zu kompensieren. Ähnlich erging es dem Teesektor, dessen Produktion um 14,2% zurückging, während der Weltmarktpreis um 35,1% stieg.

Der **verarbeitende Sektor** litt weiterhin unter der Importliberalisierung, den hohen Zinsen und der Energierationierung im ersten Jahresdrittel sowie den aufgrund des desaströsen Straßennetzes rapide gestiegenen Transportkosten. Hinzu kam die Umleitung von Transit-Gütern auf den lokalen Markt, wo sie ungleich günstiger angeboten werden konnten als die im Lande produzierten (s.u.). Der **Tourismus-Sektor** erlebte nach schleppender Erholung 1996 nun mit einem Einnahmeminus von 11,6% einen dramatischen Einbruch. Die Unruhen und die Seuchen verschlechterten das internationale Image des Landes enorm. An der Küste schlossen nach den Unruhen vom August/September mehrere Hotels, Tourismus-Unternehmen entließen Angestellte, und Kunsthandwerker gaben Verkaufsstände auf.

Gespannt blieb das **Verhältnis zum IWF und zur Weltbank**. Im April stellte eine IWF-Delegation nach zweiwöchiger Arbeit vor Ort die im Vorjahr abgelehnte Auszahlung der zweiten Tranche ($ 37 Mio.) des ESAF-Kredits ($ 216 Mio.) für Juli in Aussicht. Doch angesichts der früheren Mängelliste (fehlender Wille zur Korruptionsbekämpfung, schleppende Reform des halbstaatlichen Unternehmenssektors) nahmen sich die nun konzedierten Fortschritte (Reform des Öffentlichen Dienstes, Fiskal- und Geldmengenpolitik im vorgegebenen Rahmen) dürftig aus. Ein gewisses Wohlwollen sicherte sich die Regierung mit der erforderlichen präsidialen Absegnung des im letzten Jahr vom Parlament verabschiedeten Zentralbankgesetzes während der IWF-Mission. Dadurch wurde die Zentralbank unabhängiger von der Regierung, die nun nur noch Kredite in Höhe von 5% ihrer laufenden Einnahmen bei der Bank aufnehmen kann, eine gerade in einem Wahljahr wichtige Begrenzung. Zwei Ereignisse im Juni und Juli führten jedoch dazu, daß der IWF die letzte Frist (31.7.) zur Auszahlung der ESAF-Tranche verstreichen ließ: am 22.6. sprach der Oberste Gerichtshof die vier Angeklagten im zweiten Goldenberg-Finanzskandal frei, bei dem die illegalen Transaktionen der zum Goldenberg-Unternehmen gehörenden *Exchange Bank* im Mittelpunkt standen. Im ersten, politisch brisanteren Goldenberg-Fall, bei dem es um die widerrechtliche Inanspruchnahme von Exportkompensationen der Zentralbank im Jahre 1992 ging und in den Saitoti in seiner damaligen Funktion als Finanzminister verwickelt war, war dem Generalstaatsanwalt Amos Wako zufolge die Untersuchung noch immer nicht abgeschlossen und daher noch keine Anklage erhoben worden. Einen weiteren Beweis für ihren fehlenden Willen zur Korruptionsbekämpfung lieferte die Regierung, als sie einen leitenden Beamten der Steuereinzugsbehörde *Kenya Revenue Authority* (KRA), Samuel Chebii, mitten heraus aus Untersuchungen ins Finanzministerium versetzte und den Fall unter die Aufsicht des Präsidialamtes stellte. Chebii hatte durch akribische Arbeit herausgefunden, daß 6 000 t für den Transit nach Tanzania gedachter und daher zollfreier Zucker (Wert ca. $ 3,3 Mio.) auf dem Binnenmarkt verkauft worden war. Dies war nur einer von mehreren vermuteten Fällen. Verantwortlich für diesen war Rashid Sajjad, ein von Moi nominierter Parlamentarier und Wirtschaftstycoon von der Küste, der auch als einer der Drahtzieher der Küstenunruhen galt. Der Verlust der IWF-Tranche zog weitere Kredit-Streichungen nach sich ($ 70 Mio. Tranche der Weltbank zur Strukturanpassung) und ließ auch die Zukunft geberfinanzierter Projekte (das im Februar großangelegte Projekt zur Reparatur und zum Ausbau des Straßennetzes sowie zur Erweiterung des Energiesektors) unsicher erscheinen. Darüberhinaus verlor der Kenya Shilling nach der IWF-Entscheidung 25% seines Wertes, da Spekulanten ihr kurzfristig gebundenes Kapital abzogen. Die daraufhin wieder angehobenen Zinsen für Staatsanleihen (von unter 20% im Juli auf 27% im Oktober) konnten die Spekulationsinvestoren wieder ködern und die Landeswährung in die Nähe des alten Wechselkurses bringen. Potentielle Investoren für den Produktionsapparat konnte die damit verbundene Verteuerung von Krediten kaum noch beeindrucken. Sie waren durch die Unruhen und die Unsicherheiten im Wahljahr ohnehin schon abgeschreckt. Eine weitere IWF-Mission Ende August legte klare Kriterien fest, an deren Erfüllung sie die Auszahlung der dritten Tranche der Fazilität im kommenden Jahr knüpfte: Gewährleistung der Unabhängigkeit der KRA, Gründung einer Anti-Korruptionsbehörde, nachhaltige Aufklärung und rechtliche Verfolgung früherer Korruptionsfälle und verbessertes Management des Energie-Sektors. Verhandlungen über die Tranche wurden für die Zeit nach den Wahlen geplant.

Im September kündigte die britische Firma *Felixstowe Port Consultants* ihren Kontrakt zur Modernisierung des Managements des Container-Terminals im **Hafen von Mombasa**, da die *Kenya Ports Authority* nicht kooperierte. Dort war Anfang Mai der Brite Robert Brenneisen durch einen im Patronagesystem fest verankerten früheren Provinzkommissar, Eliud Mahihu, ersetzt worden. Das Anfang 1996 gestartete Projekt zur Bekämpfung der Korruption im Hafen konnte damit als vorerst gescheitert gelten.

Ralph-Michael Peters

Chronologie Kenya 1997

15.01.	Kabinettsumbildung mit deutlichen Vorteilen für die KANU-B
04./05.04.	Konferenz zur Verfassungs- und Rechtsreform in Limuru
03.05.	Erste Demonstration für Verfassungsreform, erneut am 31.5. und 7.7.
19.06.	Oppositionsboykott der Budget-Rede des Finanzministers im Parlament
28.06.	Ankündigung von Matibas Wahlboykott
11.07.	Moi erklärt Reformbereitschaft
16.07.	Besuch von Rwandas Vizepräsident Kagame
31.07.	Ablauf der Frist zur Auszahlung der zweiten Tranche des ESAF-Kredits des IWF
08.08.	Mißglückter Generalstreik des NCEC
13./14.08.	Beginn von Unruhen an der Küste
02.-04.09.	Konstituierung der IPPG
10.11.	Auflösung des Parlaments
02.12.	Berufung Chesonis zum Obersten Richter
29./30.12.	Präsidentschafts-, Parlaments- und Kommunalwahlen mit Sieg von Moi und KANU

Komoren

Fläche: 2 166 km^2, **Einwohner:** 0,54 Mio., **Hauptstadt:** Moroni, **Amtssprache:** Französisch, Lebenserwartung: 59 J., Alphabetisierung: 43%, **Wechselkurs:** $ 1 = Franc Comorien (FC) 449, **HDI:** 0,412, Rang 17, **Pro-Kopf-Einkommen:** $ 450, **BSP:** $ 228 Mio., **Anteile am BIP:** 40% - 12% - 48%, **Hauptexportprodukte:** Vanille 38%, Ylang-Ylang 18%, Gewürznelken 5%, Staatspräsident: Mohamed Taki Abdulkarim, Ministerpräsident: Nourdine Bourhane, **Regierungspartei:** Rassemblement National pour le Développement (RND)

Nach stark eskalierenden sozialen Spannungen und Unmut über den autoritären Zentralismus des Präsidenten nach Verfassungsänderungen im Vorjahr bedrohten Sezessionserklärungen der beiden kleineren Inseln Anjouan und Mohéli ernsthaft die Existenz der Inselrepublik. Eine Lösung war zum Jahresende nicht erkennbar. Die wirtschaftlichen und sozialen Lebensbedingungen befanden sich in weiterem rapiden Niedergang. Die Konfrontation mit Frankreich setzte auch die wichtigste Quelle von Entwicklungshilfe aufs Spiel. Der Status von Mayotte blieb unverändert, wirkte aber anziehend für Anschlußwünsche der Sezessionisten an Frankreich.

Innenpolitik

Der seit seiner Wahl im März '96 zunehmend **autoritär regierende Präsident Taki** (Verfassungsänderung per Referendum mit verstärkten Kompetenzen, zweifelhafte Parlamentswahl mit Boykott der Opposition) sah sich von Jahresbeginn an mit erheblich anwachsender **sozialer Unzufriedenheit** und **politischer Opposition**, vor allem aber dem Vorwurf der Vernachlässigung von Anjouan und Mohéli gegenüber der Hauptinsel Grande Comore konfrontiert. Die erschreckende Armut ohne Aussicht auf Besserung (bei hoher Bevölkerungsdichte und extremer Arbeitslosigkeit) ließ die Verhältnisse auf der faktisch zu Frankreich gehörenden Insel Mayotte vergleichsweise erstrebenswert erscheinen und führte zu der Wunschvorstellung eines ebensolchen Anschlusses an die frühere Kolonialmacht. So hatte bereits die unkontrollierte Migration über die kurze Seedistanz von nur rund 50 km stark zugenommen (allein im Juni sollen von den Behörden in Mayotte ca. 3 500 Personen wieder zurückgeschickt worden sein). Aber auch auf der Hauptinsel und in Moroni nahm die **Konfrontation mit der Regierung** deutlich schärfere Ausmaße an. Angesichts des Ausbleibens externer Unterstützung (wegen Unzufriedenheit über die politischen Verhältnisse und über mangelnde Wirtschaftsreformen trotz zunächst auf Taki gerichteter Hoffnungen in bezug auf Entschlossenheit nach dem Chaos seines Vorgängers Djohar), des Fehlens eigener Ressourcen und des nicht vorhandenen politischen Willens zu einer ausgleichenderen Sozial- und Wirtschaftspolitik konnte die Regierung der Bevölkerung keine positiven Perspektiven aufzeigen. Stattdessen versuchte Taki durch die **Einnahme populistischer islamischer Positionen** (wie etwa öffentliche Exekutionen von Mördern, Schließung der Schulen im Ramadan, tatsächliche Durchsetzung des bereits '96 erlassenen Alkoholverbots) Boden gegenüber der wachsenden Popularität der islamistischen FNJ (*Front National pour la Justice*) zu gewinnen, die '96 drei Parlamentssitze errungen hatte. Die FNJ bemühte sich hingegen tatsächlich um die Behandlung sozialer Probleme und Mißstände und entlarvte Takis Aktionen als lediglich oberflächliche Gesten. Während des gesamten Jahres standen Taki und seine wechselnden Regierungsteams somit unter anhaltendem sozialen und politischen Druck, doch verweigerte er strikt alle Rücktrittsforderungen unter Verweis auf seine Legitimation als rechtmäßig bis 2002 gewählter Präsident.

Die nach den Parlamentswahlen vom Dezember '96 **neu gebildete Regierung** (Amtsantritt 2.1.) unter Premierminister Ahmed Abdou (aus Anjouan) mußte sich sofort mit sozialer Unruhe und um sich greifenden Streiks auseinandersetzen; das elfköpfige Kabinett stellte zwar zahlenmäßig eine ausgewogene Balance von Vertretern der drei Inseln dar, was aber nicht als Indiz für tatsächliche Gleichbehandlung wahrgenommen wurde. Wegen seit bis zu zehn Monaten ausstehender Lohnzahlungen streikten die meisten Staatsangestellten; am 13.2. legte ein **Totalstreik** ("*ville morte*") das gesamte öffentliche Leben lahm, am 10.3. traten alle Taxi- und Busfahrer in Streik. Durch autoritäres Verhalten der Regierung, Demonstrationsverbot und Einsatz von

Sicherheitskräften schaukelte sich die gespannte Atmosphäre gefährlich hoch. Über 40 vermeintliche Anführer wurden zeitweise inhaftiert (14.-18.2.), rund 300 Sekundarschüler tagelang in einem Militärcamp in Moroni festgehalten (17.-23.3.). Mehrere **Bombenanschläge** einer *groupe de resistance* am 23.2. verursachten kleinere Gebäude- und Sachschäden in Moroni. Der brutale Umgang des Regimes mit der Opposition führte u.a. zu einem Protest der französischen Sozialistischen Partei. Erst auf Bitten der Eltern verkündeten die Gewerkschaften am 3.4. überraschend ein Ende des Streiks und ermöglichten am 7.4. einen Wiederbeginn des Schulbetriebs. Im März nahmen insbesondere auf **Anjouan** und **Mohéli** die **Proteste der Opposition** (auch gegen die Verfassungsänderungen von '96) an Schärfe zu; auf das Haus von Premier Abdou wurde ein Anschlag unternommen. Über mehrere Tage (12.-15.3.) kam es auf Anjouan zu gewaltsamen Auseinandersetzungen zwischen Demonstranten und Sicherheitskräften (mit einem Toten, Verwundeten und Massenverhaftungen); Demonstranten erhielten Unterstützung durch lokale Imame, Flughafen und Hafen wurden temporär geschlossen. Eine **kleinere Kabinettsumbildung** und Einsetzung einer neuen Verwaltung (einschließlich Gouverneur) für Anjouan am 18.3. durch Taki konnte keine wesentliche Wirkung erzielen. Ein Mißtrauensantrag im Parlament wegen der Ereignisse auf Anjouan wurde von der RND-Mehrheit leicht abgeschmettert. Ein mehrfach verschobenes Treffen von Taki mit Oppositionsführer Abbas Djoussouf von dem FRN (*Forum pour le Redressement National*) im Bemühen um die Herstellung einer gemeinsamen Linie gegen die allgemeinen Unruhen kam schließlich auf französische Vermittlung Ende Mai zustande. Eine daraufhin am 12.6. eingesetzte Kommission von Regierungs- und FRN-Vertretern sollte die Möglichkeiten zur Bildung einer Regierung der nationalen Einheit ausloten, doch im Kabinett gab es ebenso Widerstand dagegen wie auch Skepsis und Vorbehalte auf Seite der FRN. Parallel bot Taki auch dem FNJ-Führer einen Kabinettsposten an, was aber abgelehnt wurde; weiterhin ließ Taki drohend erkennen, eventuell bald das gesamte Kabinett zu entlassen. Insgesamt war zur Jahresmitte die innenpolitische Lage von anhaltender Konfrontation und keiner sich abzeichnenden Annäherung der verschiedenen Lager geprägt.

Währenddessen hatten sich bereits seit einigen Monaten wachsende **Anzeichen für separatistische Tendenzen auf Anjouan** bemerkbar gemacht; als Vorläufer war aber schon Ende '95 eine *Organisation pour l'Indépendence d'Anjouan* (OPIA) aufgetreten. Nunmehr waren verschiedene derartige Gruppierungen unter der gemeinsamen Bezeichnung *Mouvement Anjouanais* (MA) aktiv geworden, die mit dem Namen eines früheren Sultans Mawana verbunden wurde, die alte Sultanatsflagge hißte und offensichtlich die Sympathie einiger alteingesessener Führungsfamilien und lokaler religiöser Führer der Insel hatte. Am 23.6. wurde erstmals als bewußte Provokation vor der Präfektur der Zentralregierung die französische Flagge gehißt, ebenso am Nationalfeiertag (6.7.), verbunden mit wiederholten Äußerungen des Wunsches nach Aufgabe der komorischen Staatsangehörigkeit und des **Anschlusses an Frankreich** (nach dem Vorbild Mayotte). In schneller Abfolge sich überstürzender Entwicklungen erfolgte am 14.7. (franz. Nationalfeiertag) die formelle **Verkündung der Unabhängigkeit Anjouans** durch den 75jährigen Korangelehrten Foundi Abdallah Ibrahim und am 19.7. die Einsetzung eines provisorischen politischen Direktoriums durch die nunmehr als *Mouvement Populaire Anjouanais* auftretende Sammlungsbewegung. Ende Juli sprang der **Sezessionsgedanke** auch auf die kleinere Insel **Mohéli** über, wo die Opposition gegen die Zentralmacht schon immer besonders ausgeprägt war; auch hier wurde an die vorkolonialen Machthaber erinnert und am 11.8. ebenfalls die Unabhängigkeit ausgerufen. Von einer schnellen französischen Bestätigung der Integrität des komorischen Staates und Ablehnung jedes Anschlußgedankens (23.7.) ließen sich die Aktivisten der Bewegung zunächst nicht weiter irritieren. Zu einem wichtigen Sprecher der Sezessionsbewegung wurde in dieser ersten Phase der ehemalige Premierminister (im Jahr 1994) Mohamed Abdou Madi, der Ende Juli von Taki zur Vermittlung nach Anjouan geschickt worden war, sich aber dort der Bewegung anschloß. Noch im Juli nach Anjouan geschickte Truppenverstärkungen und die Einsetzung eines neuen Gouverneurs ebenso wie eine Radioansprache Takis am 1.8. mit Angeboten von größerer Autonomie für die einzelnen Inseln beeindruckten die Anhänger der Unabhängigkeit wenig, ebenso inzwischen eingeleitete externe Vermittlungsbemühungen insbesondere der OAU (s.u.). Nach Rückkehr von medizinischer Behandlung in Paris gab Premierminister Abdou am 29.8. bekannt, daß er angesichts der verworrenen Lage seinen Rücktritt eingereicht habe.

Da eine politische Kompromißlösung sich zu diesem Zeitpunkt nicht abzeichnete und Taki auch alle OAU-Bemühungen um Aufnahme eines Dialoges mit den Sezessionisten vehement ablehnte, fiel innerhalb der darüber offensichtlich gespaltenen Regierung die Entscheidung für den Versuch einer **militärischen Gewaltlösung**. Eine Militäroperation von etwa 300 Soldaten der Bundestruppen auf Anjouan am 3./4.9. endete nach harten Kämpfen mit einer totalen **Niederlage der Invasionskräfte** (ca. 40 Tote, viele Verwundete und 82 Gefangene auf Regierungsseite bei geringeren überwiegend zivilen Verlusten auf der Gegenseite) und deren Rückzug. Eine medizinische Hilfe für die Opfer erfolgte anschließend aus Mayotte. Als Reaktion auf dieses Desaster erfolgten Schuldzuweisungen an Teile des bisherigen Kabinetts, mehrere hektische Personalumbesetzungen beim Militär und am 9.9. die Entlassung der Regierung und die Übernahme der vollen Kontrolle durch Taki (mit Sondervollmachten für drei Wochen), schließlich am 12.9. die **Einsetzung einer Interims-Staatskommission** (mit Erziehungsminister Mouzaouir Abdallah als Sprecher). Die FRN-Opposition forderte bei einer Veranstaltung am 13.9. den Rücktritt Takis; ein Demonstrationszug durch Moroni wurde verboten. Am 29.10. bildete Taki eine Kommission für die Kontaktaufnahme mit der Opposition hinsichtlich einer Regierung der nationalen Einheit; alle Avancen wurden jedoch von der Opposition zurückgewiesen, bevor nicht eine bereits mehrfach verschobene Konferenz (unter OAU-Ägide) aller politischen Kräfte einschließlich von Vertretern Anjouans und Mohélis zusammengetreten sei. In der Folgezeit bildeten die verschiedenen **Oppositionsgruppen** eine weitgehend **geschlossene Front gegen Taki** und die Regierungsanhänger, aber auch sie bestanden uneingeschränkt auf der Einheit des Landes ohne Zugeständnisse an die Sezessionsbestrebungen. Der weiter einflußreiche ehemalige Parlamentssprecher (und Schwiegersohn des Expräsidenten Djohar) Mohamed M'Changama gründete eine neue Partei **PRC** (*Parti Républicain des Comores*) in dem Bemühen, sich von der RND abzusetzen. Am 7.12. ernannte Taki den aus Anjouan abstammenden Nourdine Bourhane (seit '94 in verschiedenen Ministerämtern) zum **neuen Premierminister** (bereits der Dritte in weniger als zwei Jahren) und bildete wieder ein reguläres Kabinett.

Auf **Anjouan** waren inzwischen die **Strukturen der Sezession** gefestigt und ausgebaut worden. Gegen den deutlichen Rat verschiedener externer Vermittler war am 12.10. die Kampagne für ein **Referendum über die Unabhängigkeit** angelaufen, das am 26.10. nach Eigenangaben der Organisatoren eine Beteiligung von 94% der 143 600 registrierten Wähler und eine Zustimmung von 99,8% erbrachte. Es gab aber Hinweise auf eine deutliche Unterbindung jeglicher abweichender Meinungen. Innerhalb der Führung war allerdings Abdou Madi deutlich gegen das Referendum gewesen und wollte erst die geplante Allparteienkonferenz abwarten. Von den Befürwortern sollten aber bewußt Fakten geschaffen werden. Bereits am 27.10. erfolgte die offizielle Bildung einer Interimsregierung unter Führung von Abdallah Ibrahim mit sechs Ministern und sieben Staatssekretären mit der Aufgabe der Ausarbeitung einer Verfassung und der Vorbereitung von Präsidentschaftswahlen. Abdou Madi wurde zum frei beweglichen Botschafter ernannt, floh aber am 14.11. nach Mohéli und weiter nach Grande Comore. Auch ohne Referendum hatte sich inzwischen in dem vergleichsweise ruhigeren **Mohéli** ebenfalls eine **eigene Inselregierung** etabliert. Angesichts des ausbleibenden erhofften Anschlusses an Frankreich und der durch die Isolierung noch erheblich weiter verschlechterten sozialen und wirtschaftlichen Situation gab es bei der einfachen Bevölkerung erste Anzeichen von Unzufriedenheit und Ernüchterung über die eingetretene Lage, während die Führung völlig unbeirrt an dem (von keiner externen Seite unterstützten) Unabhängigkeitskurs festhielt.

Eine zuerst schon für den 10.9. geplante und dann immer wieder verschobene **Allparteienkonferenz** aller verschiedenen komorischen Gruppierungen und Konfliktparteien im Rahmen der **OAU-Vermittlung** (und mit verschiedensten internationalen Beobachtern) kam zwar schließlich vom 10.-13.12. in Addis Abeba nach mühsamen Konsultationen über die Zusammensetzung der Delegationen zustande, brachte jedoch keinen inhaltlichen Durchbruch aus der völlig verhärteten Situation. Eine mit Mühe erreichte Abschlußerklärung ließ die entscheidenden Punkte der weiteren

Zukunft des Landes offen und hielt lediglich die Absicht zu weiteren Folgetreffen und zu einer internationalen Untersuchungskommission über die Hintergründe der Problemlage fest. Zu einer Verurteilung der militärischen Invasion kam es nicht; das strikte Insistieren der OAU auf der staatlichen Einheit des Landes wurde insbesondere von den Anjouan-Vertretern abgelehnt. Im Nachklang zu der Konferenz bereitete ein OAU-Vertreter vom 25.-27.12. bei Besuchen auf allen drei Inseln ein erstes weiteres Treffen vor, das Ende Januar '98 auf Mohéli stattfinden sollte. Angesichts fehlender Kompromißbereitschaft aller Hauptbeteiligten war jedoch zum Jahresende kein sich andeutender Lösungsweg erkennbar. Während Taki weder zur Infragestellung seiner eigenen Position noch der Einheit des Staates bereit war, konnten sich die Sezessionisten allenfalls eine lockere Konföderation der Inseln als Denkmodell vorstellen, bezeichneten aber die Unabhängigkeit als "unumkehrbar".

Außenpolitik

Alle außenpolitischen Schritte und Bemühungen waren engstens mit der verworrenen Innenpolitik und auch der schwierigen ökonomischen Situation verknüpft. Nach der Wahl Takis schien sich im Vorjahr eine deutliche Verbesserung der Beziehungen mit **Frankreich** anzudeuten, das sich eine entschlossene wirtschaftliche Reformpolitik von der Regierung erwartete. Angesichts der sozialen Unruhen zu Jahresbeginn war Taki jedoch enttäuscht über die härtere französische Haltung hinsichtlich weiterer Finanzhilfe und über die verstärkte Abstimmung mit den Erfordernissen von IWF und Weltbank. Dies war auch der Tenor beim Besuch von Taki in Paris am 4.7., als Präsident Chirac sich positiv über den Wirtschaftskurs äußerte und für die konsequente Fortsetzung des IWF-Programms aussprach. In der Folgezeit stand aber dann die französische Haltung zu den innenpolitischen Verwicklungen im Vordergrund. Frankreich lehnte schnell und völlig unmißverständlich jegliche Hoffnungen der Sezessionisten auf einen Anschluß ab und unterstrich die Aufrechterhaltung der Einheit des komorischen Staates. Verschiedentlich bemühte sich Frankreich um die Wiederanknüpfung von Gesprächen zwischen Regierung und Opposition, warnte eindringlich vor der Militärinvasion auf Anjouan und zeigte sich extrem zurückhaltend gegenüber einer gewünschten weiteren französischen Militärpräsenz in Moroni. Trotz aller Dementis vermutete das Taki-Regime aber doch französische Kräfte hinter der erstarkenden Sezession Anjouans und ließ sich zu vermehrten antifranzösischen Stimmungsäußerungen hinreißen, die sich zu einer merklichen Belastung der Beziehungen auswuchsen.

Nach der Anjouan-Sezession im Juli erhielt die **OAU** eine prominente Rolle als wichtigste Vermittlungsinstanz in dem Konflikt. Bereits am 6.8. wurde der ivorische Botschafter bei der OAU Pierre Yéré als Vermittler und persönlicher Beauftragter von OAU-Generalsekretär Salim eingesetzt. Er unternahm in der Folgezeit mehrere Besuchsrunden zu Konsultationen mit den verschiedenen Konfliktparteien auf den drei Inseln (11.-16.8., 20.-26.9., 10.-15.11.); eine zunächst schon für 10.9. geplante Vermittlungskonferenz unter OAU-Schirmherrschaft in Addis Abeba konnte schließlich nach mehrfacher Verschiebung erst drei Monate später abgehalten werden. Die OAU-Bemühungen stießen auf beiden Seiten auf erhebliche Widerstände, da Taki zunächst jeden Dialog mit den Sezessionisten ablehnte und diese die grundsätzliche OAU-Position der Aufrechterhaltung der staatlichen Einheit nicht akzeptieren wollten. Im November wollte die OAU eine Gruppe von Militärbeobachtern (aus Tunesien, Senegal und Niger) auf die Komoren entsenden, doch wurde dies von der Anjouan-Führung glatt abgelehnt, die im übrigen auch Sorge vor einer eventuellen von der OAU sanktionierten militärischen Invasion zur Beendigung der als illegal angesehenen Sezession hatte. Abgesehen vom Zustandekommen der Dezember-Konferenz konnte die OAU-Vermittlung keine greifbaren Ergebnisse erzielen. Gleiches galt auch für die teilweise parallelen Vermittlungsversuche von Vertretern der **Arabischen Liga**, der die Komoren als islamischer Staat angehören; Taki hatte mit entsprechender Bitte Anfang September eine Delegation nach Kairo geschickt, die sich anschließend (10.9.) bei der OAU heftige Kritik wegen der Militärinvasion anhören mußte. Ein Besuch Takis im April in Katar und Sharja (verbunden mit Pilgerreise nach Mekka) diente dem Bemühen um Einwerbung von mehr Hilfe aus den islamischen Golfländern.

Die unmittelbaren Nachbarstaaten in der Region nahmen zunächst kaum sichtbaren Anteil an den krisenhaften Entwicklungen, obgleich aus Sicht der Regierung der Verdacht einer Unterstützung der Sezessionisten vor allem aus Madagaskar und Réunion aufkam.

Sozioökonomische Entwicklung

Ein Ausgangspunkt für die krisenhafte politische Verschärfung war die **schwierige soziale Lage** und der anhaltende **wirtschaftliche Niedergang** gewesen, was sich nun im Verlauf des Jahres noch weiter zuspitzte. Neben den ausstehenden Gehaltszahlungen der Staatsangestellten machten den Menschen vor allem die permanenten Stromausfälle (damit verbunden auch der Wassermangel und Gesundheitsprobleme) zu schaffen. Dabei hatte es zunächst nach Einigung mit IWF und Weltbank am 8.2. über ein sechsmonatiges **Schattenprogramm von Wirtschaftsreformen**, das als Vorstufe zu einer ESAF-Vereinbarung gedacht war, ganz gut ausgesehen; vor allem sollte es dabei um eine Verbesserung der Steuereinnahmen, Fortschritte bei der Privatisierung und Reduzierung der staatlichen Personalausgaben gehen. Im Mai wurden zur Umsetzung des Programms einige französische Berater entsandt, die aber schon bald völlig frustriert über die überall spürbaren Widerstände waren. Eine IWF-Mission äußerte sich Ende Mai ausgesprochen unzufrieden über den tatsächlichen Stand der angegangenen Reformen. Ein wichtiger Testfall für die Ernsthaftigkeit des politischen Willens war eine innerhalb der Regierung höchst umstrittene **Antikorruptionskampagne**, die zunächst mit Unterstützung Takis von energischen jungen Richtern vorangetrieben wurde, dann aber am 14.6. durch seine Absetzung des Leiters der Untersuchung praktisch zum Erliegen kam. Insgesamt blieben alle Ansätze einer konsequenten wirtschaftlichen Reformpolitik in dem allgemeinen Sumpf von politischer Rücksichtnahme und Klientelismus erneut stecken. Als eine unkonventionelle Einkommensquelle wurde nach anfänglicher Verwerfung der Idee (nach Vorbild der Seychellen) am 4.7. doch beschlossen, komorische Pässe für $ 23 000 pro Person an Hongkong-Chinesen zu verkaufen, die auf Suche nach einer Absicherung waren.

Bei der weit verspäteten Parlamentsdebatte am 24.4. über den **Haushaltsplan** 1997 ging die Regierung von voraussichtlichen Einnahmen von FC 13 Mrd. und geplanten Ausgaben von FC 17 Mrd. aus; die Lücke von FC 4 Mrd. sollte durch externe Beiträge abgedeckt werden. Für Investitionen des Staates wurden Pläne in Höhe von FC 7 Mrd. veranschlagt, die allerdings zu 95% von außen kommen sollten. Erhebliche weitere Schwierigkeiten und Verzögerungen gab es bei der dringend erforderlichen **Privatisierung** und Rehabilitierung der staatlichen EEDC (*Eau et Electricité des Comores*), wobei im Februar nach Ausschreibung von zwei französischen Firmen SOGEA den Zuschlag erhalten hatte, aber bis zum Jahresende noch immer keine Klarheit über die französische Finanzierung bestand. Ende Dezember sollte die Lieferung von vier gebrauchten Generatoren aus Kuwait wenigstens eine gewisse Verbesserung der Stromsituation bringen. Massive anhaltende Widerstände gab es gegen die Privatisierung der SCH (*Société Comorienne des Hydrocarbures*), die mit dem Monopol der Öl- und Benzinversorgung eine ergiebige Pfründequelle darstellte und die Preise für die Verbraucher überteuert hoch hielt. Bis Jahresende immer noch nicht ordnungsgemäß vollzogen war die eingeleitete Liquidation der Fluglinie *Air Comores*. Die seit '95 für den Staat tätige schweizerische Importinspektionsfirma *Cotecna* stellte im November wegen nicht bezahlter Rechnungen ihre Dienste ein, nachdem eine Kündigung schon vorher von interessierten Kreisen zur Vermeidung von Kontrolle überlegt worden war.

Die nur bis 1996 (also noch vor der Sezession und ihren wirtschaftlichen Auswirkungen) vorliegenden makroökonomischen Indikatoren zeigten im dritten Jahr hintereinander ein negatives **Wirtschaftswachstum** an, für '96 real etwa -1,5% (bei einem Bevölkerungszuwachs von 2,8%). Die Wirtschaftsaktivitäten sind hauptsächlich auf Grande Comore konzentriert, so daß auf Anjouan und Mohéli besonders große Einbrüche zu vermuten sind. Wegen der nachlassenden Wirtschaft ging die Inflationsrate auf 3,6% zurück. Die Auslandsverschuldung belief sich Ende '96 auf $ 206 Mio., lediglich $ 1,4 Mio. (2,3% der Einnahmen der Leistungsbilanz) wurden tatsächlich für den Schuldendienst aufgewendet. Die miserable **Finanzlage des Staates** war nach Weltbankbewertung weniger auf zu geringe Einnahmen als auf unverantwortliche politisch bedingte Ausgabenverwendung zurückzuführen. Die Chancen für die drei traditionellen Ausfuhrprodukte (Vanille, Ylang-Ylang, Gewürznelken) auf dem Weltmarkt waren anhaltend schlecht. Die geschätzten Außenhandelswerte für '96 beliefen sich bei den Ausfuhren auf nur $ 9,2 Mio. (gegenüber noch $ 21,5 Mio. im Jahr '93) und bei den Einfuhren auf $ 35,7 Mio. (gegenüber $ 49,4 Mio.).

Mayotte

Die vierte Komoreninsel hatte weiterhin faktisch einen **Sonderstatus als französisches Überseeterritorium**, obgleich international der völkerrechtliche Anspruch als Teil der Komoren-Republik nie aufgegeben wurde. Eine Volkszählung im August ergab 131 000 Bewohner und einen Zuwachs von 39% in sechs Jahren (zurückzuführen auf gute Gesundheitsdienste und erhebliche inoffizielle Einwanderungen). In den letzten Jahren gab es einen deutlichen Aufschwung und eine schnell fortschreitende Monetarisierung der Wirtschaft. Die **Anziehungskraft auf die Bewohner der anderen Inseln** war offensichtlich; die lokale Führung forderte daher von den französischen Behörden verstärkte Immigrationskontrollen und Einführung einer Visumpflicht. Die Entwicklung in Anjouan und Mohéli stärkte einerseits die Forderungen des lokalen *Mouvement Populaire Mahorais* (MPM) nach Sicherung des endgültigen vollen Status als Teil Frankreichs, erschwerte aber wohl eher die Abhaltung eines für das Jahr 2000 hierüber versprochenen Referendums wegen der erheblich erhöhten internationalen Aufmerksamkeit (etwa im Rahmen von OAU und UNO). Zur Besänftigung der lokalen Forderungen waren bereits Ende '96 die Beamten denen in Frankreich gleichgestellt und das französiche Strafrecht eingeführt worden.

Bei **Teilwahlen** zum *Conseil Général* (16. und 23.3.) für neun von 19 Sitzen mußte die die lokale Politik dominierende MPM mit nur 35% einen Verlust von 12% gegenüber den letzten Wahlen hinnehmen, die franz. RPR mit 29% nur einen Verlust von 1,5%. Verschiedene unabhängige rechte Kandidaten schnitten mit 21% besonders gut ab. Insgesamt wurde das Ergebnis als Ausdruck der Frustration über die geringen Fortschritte bei der vollen Integration mit Frankreich interpretiert. Nach den Wahlen ergab die Sitzverteilung im *Conseil Général*: MPM 8, RPR 5, PS 1, Rechte und Unabhängige 5. Bei den **Wahlen zum französischen Parlament** (25.5. und 1.6.) bewarben sich sieben Kandidaten um den einen Sitz. Innerhalb der MPM war die Aufstellung heftig umstritten zwischen dem langjährigen Abgeordneten Jean-Baptiste Henry und neuen lokalen Kräfte aus Mayotte. Henry setzte sich nochmals durch und erhielt im 1. Wahlgang 46,7% der Stimmen, in der Stichwahl gegen den RPR-Abweichler Kamardine dann 51,7%.

Rolf Hofmeier

Chronologie Komoren 1997

02.01.	Amtsaufnahme des Kabinetts von Premierminister Ahmed Abdou
02.01.	Beginn von mehrwöchigen Streikaktionen
09.01.	Große Gewerkschaftsdemonstration in Moroni
08.02.	Einigung mit IWF und Weltbank über Schattenprogramm
13.02.	Totalstreik (*"ville morte"*), 14.-18. Festnahme von 40 Oppositionellen
23.02.	Explosionen mit kleineren Schäden in Moroni
12.-15.03.	Unruhen und Gewaltauseinandersetzungen auf Anjouan
16./23.03.	Teilwahlen zum *Conseil Général* von Mayotte
17.-23.03.	300 Sekundarschüler in Militärcamp in Moroni festgehalten
18.03.	Kleinere Kabinettsumbildung
03.04.	Gewerkschaft beschließt Streikende, 7.4. Schulbeginn
24.04.	Verspätete Parlamentsdebatte über Haushaltsplan 1997
April	Taki in Katar, Sharja und Mekka
April	Anzeichen für separatistische Bewegung auf Anjouan
25.05./01.06.	Wahlen auf Mayotte zum französischen Parlament
Ende Mai	Treffen Takis mit FRN-Oppositionsführer Djoussouf
30.05.	IWF-Mission unzufrieden über Stand der Wirtschaftsreformen
12.06.	Kommission von Regierung und FRN für eventuelle Regierung der nationalen Einheit
14.06.	Intervention Takis gegen Richter bei Antikorruptionsuntersuchungen
04.07.	Taki erhält in Paris Unterstützung von Präsident Chirac

06.07.	Nationalfeiertag, pro-französische Demonstrationen auf Anjouan
14.07.	Unabhängigkeitserklärung von Anjouan, Wunsch auf Anschluß an Frankreich, später Ausweitung auf Mohéli
19.07.	Mouvement Populaire Anjouanais bildet provisorisches politisches Direktorium, Führer Foundi Abdallah Ibrahim
01.08.	Ansprache Takis an die Nation mit Kompromißbemühungen
06.08.	Ernennung des ivorischen Botschafters Pierre Yéré zum OAU-Vermittler
11.08.	Unabhängigkeitserklärung von Mohéli
11.-16.08.	Erste Besuchsrunde des OAU-Vermittlers Yéré
28.08.	Regierungstruppen schießen auf Mohéli-Separatisten
29.08.	Premierminister Abdou hat Rücktritt eingereicht
03./04.09.	Militäroperation gegen Anjouan-Sezession endet mit Niederlage
09.09.	Entlassung der Regierung, Sondervollmachten für Taki
12.09.	Einsetzung einer Interims-Staatskommission
20.-26.09.	Konsultationsgespräche von OAU-Vermittler und Vertreter der Arabischen Liga mit Konfliktparteien
26.10.	Referendum über Unabhängigkeit von Anjouan
27.10.	Bildung einer Interims-Regierung von Anjouan
10.-15.11.	Neue Konsultationsrunde des OAU-Vermittlers über geplante Konferenz
14.11.	Flucht von Sprecher Abdou Madi aus Anjouan
28.11.	Eintreffen von OAU-Militärbeobachtern, Ablehnung auf Mohéli und Anjouan
07.12.	Ernennung von Nourdine Bourhane zum neuen Premierminister
10.-13.12.	Allparteienkonferenz unter OAU-Ägide in Addis Abeba
25.-27.12.	OAU-Vertreter bereitet Nachfolgetreffen der Konfliktparteien auf Mohéli vor

Madagaskar

Fläche: 587 041 km², **Einwohner:** 13,7 Mio., **Hauptstadt:** Antananarivo, **Amtssprachen:** Französisch und Malagasy, **Lebenserwartung:** 58 J., **Alphabetisierung:** 46%, **Wechselkurs:** $ 1 = Franc Malagasy (FMG) 5285, **HDI:** 0,350, Rang 27, **Pro-Kopf-Einkommen:** $ 250, **BSP:** $ 3428 Mio., **Anteile am BIP:** 35% - 13% - 52%, **Hauptexportprodukte:** Kaffee 23%, Krustentiere 15%, Vanille 9%, **Staatspräsident:** Didier Ratsiraka, **Ministerpräsident:** Pascal Rakotomavo, **Regierungsparteien:** Association pour la Renaissance de Madagascar (AREMA), Leader Fanilo, AKFM-Renouveau, VITM-Elan Populaire pour l'Unité Nationale

Nach dem Wahlsieg des Ex-Präsidenten Ratsiraka Ende 1996 trat dieser im Februar erneut das Amt als Staatspräsident an. Im Lauf des Jahres versuchten die Oppositionsgruppen auf verschiedenen Wegen, die Regierung zu diskreditieren. Ein Mißtrauensantrag im Dezember scheiterte. Der Wiederaufbau des Ratsiraka-Staates vollzog sich von einer Position der Schwäche aus im Umfeld unsicherer Parlamentsmehrheiten und vor dem Hintergrund des Kräftemessens bei der Vorbereitung eines Referendums zur Verfassungsänderung und der auf 1998 verschobenen Parlamentswahlen. Aus strategischen Gründen löste sich Ratsiraka von seiner Partei AREMA. In der zweiten Jahreshälfte wurde die nach seinem Sturz 1992 aufgelöste Präsidialgarde mit französischer Hilfe wieder aufgebaut. Trotz schleppend betriebener Reformen entwickelten sich Wirtschaft und Staatshaushalt verhalten positiv. Optimistische makro-ökonomische Daten änderten allerdings nichts an der ländlichen und städtischen Massenarmut, am Raubbau an den natürlichen Ressourcen und am Verfall der materiellen Infrastruktur und sozialen Dienstleistungen. Madagaskar intensivierte die Verhandlungen mit Weltbank und IWF und erzielte dabei trotz kritischer Einschätzung der schleppenden Reformen Erfolge. Entwicklungspartner und potentielle Investoren warteten ab. Madagaskar trat den Weg zur Eingliederung in die globale Gesellschaft zögernd an. Die gültigen Werte- und Verhaltensmuster waren so kohärent, daß sie nicht leicht in Richtung auf die Normen des Nordens und Westens umgerüstet werden konnten. Hinter der Fassade einer "frankophonen Aufgeklärtheit" lag die Rückwendung zu Traditionen und Werten in der relativen Isolation eines Inselstaates. Die große Mehrheit der Bevölkerung - vor allem im ländlichen Raum - hatte wenig Anteil am politischen Geschehen und an den politischen Institutionen.

Innenpolitik

Die politischen Unsicherheiten der vergangenen Jahre setzten sich 1997 fort. Aufgrund des extrem knappen Wahlsieges in der Stichwahl zwischen dem abgesetzten Präsidenten Zafy und dem 1991-92 entmachteten und erneut antretenden Ex-Präsidenten Didier Ratsiraka wurde letzterer am 9.2. wieder als neuer Staatspräsident eingeführt. Die Wahlbeteiligung bei der Stichwahl am 29.12.1996 hatte gemäß den erst Ende Januar (nach beiderseitigen Anschuldigungen von Wahlbetrug) vorgelegten offiziellen Wahlergebnissen nur bei 50% gelegen. Nach Entscheidung des Verfassungsgerichtes hatte Didier Ratsiraka mit 50,796% der Stimmen gegen Zafy (49,296%) gewonnen. Die Legislaturperiode des Parlaments endete nach unterschiedlichen Interpretationen am 3.5. bzw. 3.8.; das Verfassungsgericht stimmte aber nach einigem hin und her einer Verlängerung bis 1998 zu. Dies gab Ratsiraka die Chance, zunächst einen Volksentscheid über eine neue Verfassung herbeizuführen, die unter anderem eine Machtverschiebung zu seinen Gunsten beinhalten sollte. Bei seiner Antrittsrede (9.2.) kündigte der **neue Staatspräsident** eine « humanistische Umweltrepublik » Madagaskar an, ohne allerdings zu erläutern, was er mit diesem Begriff meinte. Die Ernennung seines langjährigen Freundes und parteilosen Volkswirtes Pascal Rakotomavo zum **Premierminister** wies auf die Absicht, die Verhandlungen mit IWF und Weltbank intensiv zu betreiben und die verkündete liberale Wirtschaftspolitik endlich ernst zu nehmen. Das Ende Februar vom Premierminister vorgestellte **Kabinett** (mit drei Vizepremiers) wies unter 32 Mitgliedern 5 Frauen, 5 Militärs und einige wirtschaftspolitisch qualifizierte Minister aus. Um den Ansprüchen der Koalitionsparteien zu genügen, wurde die Zahl der Ministerien erheblich aufgestockt und dabei die Zerschlagung gut eingespielter dezentraler Dienste in Kauf genommen. Dies betraf insbesondere die Zergliederung des früheren Ministeriums für landwirtschaftliche Entwicklung in Fachministerien für Fischerei, Viehzucht, Landwirtschaft und für Forsten. Dazu kam im gleichen Sektor das bereits 1996 geschaffene Umweltministerium.

Die **parlamentarische Basis** von Ratsiraka war relativ schwach und schwankend. Bei den Wahlen vom Juni'93 waren 25 verschiedene Parteien in das Parlament gewählt worden, die sich inzwischen in unterschiedlichster Weise neu arrangiert hatten. Zur Ratsiraka unterstützenden Mehrheit gehörten seine eigene Partei AREMA (seit '97 mit neuem Namen, früher *Avantgarde de la Révolution Malgache)*, die *Leader Fanilo* von Herizo Razafimahaleo (an 3. Stelle bei der ersten Runde der Präsidentschaftswahl am 3.11.96 und neuer Vizepremier und Außenminister), die AKFM-*Renouveau* von Parlamentspräsident Pastor Richard Andriamanjato sowie die VITM-*Elan Populaire pour l'Unité Nationale*. Die sog. radikale Opposition gruppierte sich vor allem um Zafys UNDD (*Union Nationale pour la Défense de la Démocratie*). Im Juni bildete sich eine neue Gruppierung einer moderaten konstruktiven Opposition (sog. *Panorama*-Gruppe), an der führend die beiden ehemaligen Premierminister Francisque Ravony und Norbert Ratsirahonana beteiligt waren. Daneben gab es weiter eine Vielzahl kleinerer Parteien und Gruppierungen.

Der weitere Verlauf des Jahres war innenpolitisch gekennzeichnet durch Versuche der **Opposition**, die Regierung zu diskreditieren, das Kräfteverhältnis zwischen Staatspräsident und Parlament neu zu gestalten und Parteifreunde in den Staatsdienst einzuschleusen. Die Folge war eine Lähmung von Staat und Verwaltung, die das ganze Jahr andauerte. Die Gruppe um den unterlegenen Präsidentschaftskandidaten Zafy versuchte erfolglos, die öffentliche Meinung von Betrug bei den Präsidentenwahlen zu überzeugen. Später rief Zafy einige der sechs Provinzen des Landes zu «autonomen Regionen» aus. Obwohl das Thema seit Jahren - gelegentlich auch von Ratsiraka - immer wieder hervorgeholt wurde, machte Zafy sich damit diesmal in der öffentlichen Meinung eher lächerlich. Der Staatspräsident mußte sich bei dieser Konfrontation mit der Opposition Allianzen sichern, um nicht durch das Parlament abgesetzt zu werden. Bei seinem Vorgänger war Amtsunfähigkeit geltend gemacht worden; gegen Ratsiraka machten Oppositionsgruppen mit seinem schlechten Gesundheitszustand und seiner angeblichen Sehschwäche mobil.

Der Staatspräsident unternahm erfolgreich den Versuch, das Parlament durch eine **neue Verfassung** auszuhebeln, die ihm erheblich mehr Kompetenzen geben sollte. Die Legislaturperiode lief nach Auffassung des Nationalen Wahlbeobachtungskomitees am 3.5. ab. Mit dem Argument, es sei technisch unmöglich, die Neuwahlen rechtzeitig vorzubereiten, bemühte sich Ratsiraka in zwei Anläufen um die Zustimmung des Obersten Verfassungsgerichtes zu einer Verlängerung der Legislaturperiode. Am 6.4. legte der Präsident des Verfassungsgerichtes das Ende für den 3.8. fest. Im August folgte dann eine Verlängerung bis Frühjahr 1998. Die Verfassungskonformität dieser Entscheidung wurde angezweifelt. Anschließende Versuche der Oppositionsparteien, die Parlamentsarbeit durch Verweigerung lahm zu legen, endeten ergebnislos. Ein letzter Versuch, das labile politische Gleichgewicht zu kippen, endete mit der knappen Ablehnung eines Mißtrauensantrages gegen die Regierung am 22.12..

Parallel zu diesen Auseinandersetzungen bereitete Ratsiraka einen **Volksentscheid** über eine neue Verfassung vor, die ihm mehr Macht über die Legislative geben und gleichzeitig die Dezentralisierung des Landes festschreiben sollte: die sechs Provinzen würden danach weitgehende Autonomie erhalten und ihrerseits in Regionen und Kommunen untergliedert werden. Ursprünglich für den 28.12. vorgesehen, wurde das Referendum weiter auf März '98 verschoben. Über die Vorgehensweise bezüglich der Verfassungsänderungen gab es zwischen Präsident, Kabinett und Parlament erhebliche Meinungsverschiedenheiten, die nur mühsam ausgeräumt werden konnten.

Pastor Richard Andriamanjato versicherte beim Kongreß seiner Partei AKFM-*Renouveau* im November, daß die Regierung das Jahresende nicht erleben würde. Dennoch wurde das Haushaltsgesetz 1998 am 23.12. mit überwältigender Mehrheit in der Nationalversammlung verabschiedet; allerdings forderten Weltbank und IWF die Regierung kurz danach auf, insbesondere das öffentliche Investitionsprogramm in einem Nachtragshaushalt zu korrigieren.

Die anläßlich von Ratsirakas Entmachtung 1992 aufgelöste Präsidialgarde wurde in der zweiten

Jahreshälfte neu geschaffen. Je 30 Soldaten aus jeder der sechs Provinzen des Landes bilden die neue 180 Mann starke Truppe, die von französischen Beratern ausgebildet wurde.

Außenpolitik

Das Jahr 1997 stand im Zeichen des Bemühens, Madagaskar aus der Isolierung herauszuführen. Schon im März, kurz nach Amtsantritt, reiste Ratsiraka in mehrere europäische und afrikanische Länder und in die USA. Gespräche mit dem französischen Staatspräsidenten, mit der amerikanischen Außenministerin und den Chefs von IWF und Weltbank läuteten eine neue Öffnung ein. Die Weltbank gewährte nach dem Besuch des Staatschefs umgehend einen Strukturanpassungskredit von $ 70 Mio. Eigene gesundheitliche Probleme, deren Details trotz Forderungen der madegassischen Presse geheimgehalten wurden, sowie gesundheitliche Probleme seiner Frau zwangen Ratsiraka darüber hinaus zu häufigen Aufenthalten in Frankreich. Die Medien kritisierten, daß die Ziele dieser Reisen in vielen Fällen nicht offen gelegt wurden. Die Behandlung seiner gesundheitlichen Probleme in Paris spielte offenbar eine wichtige Rolle; nach Presseberichten aber auch die Geschäftsbeziehungen seiner Familie in Frankreich. Die langen Abwesenheiten aus Madagaskar in einer Zeit angekündigten Aufbruches in eine neue Ära gipfelten um die Jahresmitte in der Frage der Presse, ob Ratsiraka sich etwa um ein Staatsamt in Frankreich bewerbe. Kontakte mit Indonesien sollten zum Austausch von Botschaftern führen, wobei sich Madagaskar mit diesem Schritt eine Intensivierung der Wirtschaftsbeziehungen zum asiatischen Raum erhoffte. Vom 15.-22.7. besuchte eine private Handelsmission Malaysia. Zur Frage der anstehenden Dezentralisierung wurde der indische Justizminister zu einem Vortrag eingeladen. Im April führten Verhandlungen mit China über Zusammenarbeit in der Luftfahrt zur einem *Letter of intent*. Kurz zuvor wurde der Betrieb der Verbindung Antananarivo-Paris im Pool mit *Air France* aufgekündigt. Entscheidend dafür waren allerdings nicht politische sondern wirtschaftliche Gründe.

Frankreich behauptete über umfangreiche EZ seine Rolle als mit Abstand wichtigster Partner und Ratgeber (EZ-Volumen 1997 : FF 150 Mio.; zusätzlich Militärhilfe sowie 214 entsandte Fachkräfte für die Technische Zusammenarbeit). Allerdings reduzierte auch Frankreich das finanzielle Volumen und die Zahl der entsandten Fachkräfte. Unbearbeitet und offen waren die Entschädigungsforderungen französischer Unternehmen, die in den Sektoren Landwirtschaft, Industrie und Handel 1975 bzw. 1978 enteignet wurden. Madagaskar hatte seit der Unabhängigkeit die Rolle der beiden Amtssprachen, Malgache und Französisch, mehrfach verändert. Im Zusammenhang der III. Frankophonie-Spiele stellte die französische Regierungsdelegation fest, daß "Madagaskar sich wieder voll in das frankophone System eingliedern wolle". Die madegassische Regierung habe die Absicht, Französisch wieder zur Unterrichtssprache in der Primarschule zu machen, obwohl nur 20% der Lehrer französisch sprechen. Im Januar '98 wurde in Paris ein *Maison de Madagascar* eröffnet. Das Zentrum diente dem Ziel, der französischen Wirtschaft und vor allem französischen Touristen ein Tor nach Madagaskar zu öffnen.

Laut französischer Pressemitteilung anläßlich der Madagaskarreise des Staatssekretärs für Zusammenarbeit zum Abschluß der III. Frankophonie-Spiele in Antananarivo am 7.9. konnte die Regierung Rakotomavo nach vier Monaten Amtszeit nur einen "bescheidenen Erfolg" vorweisen und die den "politischen und verfassungsrechtlichen Problemen eingeräumte Priorität" hatte "ein gewisses Unbehagen ausgelöst". Die wirtschaftliche und soziale Situation Madagaskars wurde als "sehr besorgniserregend" bezeichnet.

Die **Weltbank** äußerte sich anläßlich ihrer Jahrestagung im September in Hongkong kritisch zur Leistungsfähigkeit und zum Willen der madegassischen Regierung, eine aktive Reformpolitik zu betreiben und Vereinbarungen einzuhalten. Die Bank wies abgesehen von der Kritik an der Entwicklung einzelner Sektoren bei dieser Gelegenheit insbesondere darauf hin, daß die madegassische Regierung von Konditionalitäten und Forderungen der Weltbank spreche, wo im Rahmen von Abkommen aus Sicht der Bank irreversible Maßnahmen festgelegt seien. Es fehle an einer eindeutigen Sprache auf madegassischer Seite.

Die madegassische Aufmerksamkeit richtete sich vor allem auf die traditionellen Partner in Europa und auf neue Allianzen in Asien. Der Komoren-Konflikt wurde kaum zur Kenntnis genommen, und die Beziehungen mit afrikanischen Ländern waren trotz der Mitgliedschaft in regionalen Organisationen politisch und wirtschaftlich sekundär. Südafrika schloß Anfang 1997 seine Botschaft in Madagaskar und wurde seitdem von Mauritius aus vertreten.

Der Wettstreit zwischen den USA und Frankreich um Einfluß in Afrika war in Madagaskar ablesbar am zunehmenden entwicklungspolitischem Engagement der USA.

Sozioökonomische Entwicklung

Im September legte die Weltbank die Ergebnisse einer Umfrage bei Unternehmensleitungen aus 69 Ländern der fünf Kontinente vor. In den Aussagen schnitt Madagaskar unter dem Aspekt der Schaffung von **Rahmenbedingungen für Investitionen** in vieler Hinsicht erheblich schlechter ab als andere afrikanische Staaten. Der Unterhalt des Straßennetzes, die Leistungsfähigkeit des öffentlichen Gesundheitssystems und weitere Verantwortungsbereiche des Staates wurden kritisiert. Als wesentlich schwerwiegender werteten die Befragten die Korruption der öffentlichen Verwaltung, insbesondere des Rechtssystems, und die Kriminalität. 80% gaben an, "für den Schutz von Menschen und Gütern kein Vertrauen in den Staat" zu haben (Durchschnitt von Afrika 50%). Staatspräsident Ratsiraka und seine neue Regierung hatten damit eine über lange Jahre aufgebaute Hypothek übernommen.

Madagaskar war trotz der fortgeschrittenen Waldzerstörung und der teilweise verseuchten Küstengewässer auf Grund seiner natürlichen Ressourcen, des - wenn auch rückläufigen -immer noch hohen Ausbildungsniveaus und der relativ geringen Bevölkerungsdichte ein **potentiell reiches Land**. Allerdings führen die kumulierenden Effekte von Polarisierung der Gesellschaft zwischen Privilegien wahrender Hochlandaristokratie und der Masse der ländlichen und städtischen Armen einerseits sowie Inkompetenz und Korruption der Verwaltung andererseits zur kurzfristigen, vernichtenden Plünderung der Ressourcen ohne Beteiligung der breiten Bevölkerung am Nutzen. In diesem Zusammenhang war auch das Jahr 1997 von eine Reihe von Unregelmäßigkeiten unter anderem bei der Vergabe von Fischerei- und Holzeinschlagsrechten geprägt und von groben Nachlässigkeiten bei der Heuschreckenbekämpfung mit fatalen Folgen für die kommenden Jahre. Hauptausfuhrprodukte waren weiterhin Krabben, Kaffee und Vanille. Januar-Februar änderte das Fischereiministerium unter wechselndem Druck die jährlich erteilten Krabbenfanglizenzen für das laufende Jahr mehrfach. Die Aufsichtsbehörden vertuschten unzureichende hygienische Bedingungen in der Fischereiindustrie, so daß die EU zur Jahresmitte 1997 die Einfuhren bis zur Behebung der Mängel stoppte und erst zum Jahresende der Wiederaufnahme der Exporte nach Europa zustimmte. Im exportorientierten Agrarsektor verlief die Entwicklung günstig. Der Erzeugerpreis für grüne Vanille lag 1995 bei 9 500 FMG, sank 1996 auf 4 700 und kletterte 1997 wieder auf 5 860. Allerdings erzielten die Erzeuger infolge eines steilen Wachstums der verkauften Mengen 1997 einen Zuwachs gegenüber 1996 von 98% und immer noch von 11% gegenüber dem Boomjahr 1995. Der Erzeugerpreis für Kaffee lag 1995 bei 7 400 FMG/kg, sank 1996 auf 3 300 FMG und stieg 1997 wieder auf 4 700. Auch die Kaffeeproduzenten konnten ihren Gewinn 1997 gegenüber 1996 aufgrund der erzeugten und verkauften Mengen auf 175% steigen. Generell blieb die Landwirtschaft abgesehen von diesen beiden Ausfuhrprodukten auf den Binnenmarkt und auf den eigenen Verbrauch konzentriert: die Erzeugerpreise stagnieren seit Jahren und eine generelle Verbesserung war nicht in Sicht.

Die wachsende **Verarmung** der großen Masse der Bevölkerung und der Rückgang sozialer Dienstleistungen galten als eine der großen Herausforderungen künftiger madegassischer Politik. Die Insel gehörte zu den wenigen Ländern, in denen das Alphabetisierungs- und Ausbildungsniveau der kommenden Generation aller Voraussicht nach erheblich niedriger sein wird, als das der derzeit Lebenden. Diese Rezession bildete neben der Vernichtung der natürlichen Ressourcen, vor allem der Wälder mit sich beschleunigenden Folgen in Gestalt von Bodenerosion, Versandung der Reisfelder und der Bewässerungsinfrastruktur eine schwere Hypothek für die Zukunft. Der UNDP-Bericht zur menschlichen Entwicklung wies Madagaskar mit einem Pro-Kopf-Einkommen von $ 232 den zwölfletzten Platz in der Skala aller Länder zu. Von 1970 bis 1995 ging das Pro-Kopf-Einkommen um 40% zurück. 75% der Bevölkerung lebten unterhalb der Armutsschwelle.

Die Investitionsquote hielt sich in den vergangenen Jahre bei durchschnittlich 11%. Als Folge dieser geringen Leistung verfällt die materielle Infrastruktur; soziale Leistungen (insbesondere Gesundheit, Erziehung und öffentliche Ordnung) sind rückläufig.

Die Regierung bemüht sich um die Schaffung investitionsfreundlicher Rahmenbedingungen. Wie weit auf diesem Wege 1997 tatsächlich greifbare Fortschritte erzielt wurden, war umstritten. Die acht Reformpunkte des bereits im August 1996 vom Parlament verabschiedeten wirtschaftspolitischen Rahmenprogrammes konnten aufgrund der politisch-administrativen Querelen um die Ausgestaltung der Innenpolitik auch 1997 kaum weiter gebracht werden: u.a. gab es statt einer Reform des öffentlichen Dienstes weitere Aufblähung und Immobilisierung durch die Unterbringung der Klientele der neuen Regierungsmehrheiten; die Steuerreform wurde vertagt, so daß die Staatseinnahmen kaum wuchsen.

1995 hatte eine Mission des IWF eine kritische Analyse der Leistungen der Finanzverwaltung vorgelegt. Konsequenzen wurden daraus kaum gezogen. Vom 5.-19.12. legte eine erneute IWF-Mission die wesentlichen **Schwachstellen** bloß: die 240 steuerfrei gestellten Exportbetriebe durften laut Gesetz bis zu 5% ihrer Produktion im Inland absetzen. Von den 1996 bestehenden 167 Betrieben hatten 66 bis zum 15.12. keinerlei Güter aus-, wohl aber für rund $ 460 Mio. eingeführt. Für die übrigen Betriebe überstieg der Wert der Ein- den der Ausfuhren um $ 95 Mio. Diese **massive Steuerhinterziehung** trug mit dazu bei, daß dem madegassischen Staat 1997 etwa 51% der rechnerisch entstehenden Einnahmen entgangen waren (27% wurden unrechtmäßigen Zoll- und Steuerbefreiungen zugeschrieben). Die IWF-Mission empfahl, die Zoll- und Steuerbefreiung für die rund 300 Nichtregierungsorganisationen und alle sonstigen Einrichtungen zu streichen, die durch Gesetz nicht ausdrücklich qualifiziert sind. Die madegassische Regierung setzte die Empfehlung noch im Dezember um. Eine für die Entwicklungszusammenarbeit negative Nebenwirkung war die erhebliche Behinderung oder zumindest Verlangsamung der Einfuhr von Sachgütern im Rahmen von Entwicklungsvorhaben, die nach völkerrechtlich bindenden Vereinbarungen zoll- und steuerfrei gestellt sind. Die Ausfuhrsteuer auf Vanille wurde zugunsten der Wettbewerbsfähigkeit dieses wichtigen Exportproduktes ab der Ernte 1997 abgeschafft und die Vermarktung privatisiert. Verbesserte Steuererhebungsmethoden sollten erhebliche Zuwächse beim Aufkommen sichern. In einem Dokument vom 9.10. stellte die Weltbank allerdings fest, daß das Privatisierungsprogramm bei der Regierung wenig Unterstützung fand. So wurde insbesondere die Privatisierung der Telecom um ein Jahr verschoben. Die Vorbereitung der Privatisierung von *Air Madagascar* wurde durch außerordentlich hohe soziale Kosten bei Entlassungen und durch die Schulden aus dem Kauf von zwei Kurzstreckenflugzeugen des Typs ATR erschwert. Während die Vorbereitungen liefen, entschied sich *Air Madagascar* gegen Airbus und ersetzte seine Boeing 747 durch eine 767. Die Privatisierung der Treibstoffgesellschaft *Solima* kam noch am weitesten voran : das Tankstellennetz sollte in vier oder fünf Teilen veräußert werden, die Raffinerie herausgelöst und besonders behandelt und die Lagerung mehreren privaten Unternehmen übertragen werden. Eine Schwierigkeit lag in den Entschädigungsforderungen von in der 70er Jahren enteigneten Gesellschaften. Ein Wettlauf um die Entschädigungen zwischen *Exxon-Esso* einerseits und den französischen Firmen *Total* und *Elf* andererseits blieb vorerst unentschieden. Das gesamte Privatisierungsprogramm wurde immer wieder diskutiert und in den Medien kontrovers behandelt, kam aber nicht nennenswert weiter. Am 30.04. legte die Regierung per Erlaß die Liste der 45 prioritär zu privatisierenden Staatsunternehmen fest. Das weitere Verfahren verlief bis zum Jahresende jedoch im wesentlichen im Sande.

Trotz des Bekenntnisses zur Liberalisierung der Wirtschaft und intensiver Verhandlungen mit Weltbank und IWF mußten weitere Verschiebungen wichtiger Reformen auf das Folgejahr inkauf genommen werden.

Trotz der aufgeführten negativen Faktoren wiesen die makro-ökonomischen Daten auf eine Wiederbelebung der Wirtschaft und auf Wachstum. Die politische Krise von 1991 hatte eine mehrjährige Wirtschaftskrise ausgelöst: 1992-1996 betrug das reale Wachstum lediglich 1,75%. 1997 wuchs das BIP dagegen um 3,6% und lag damit über dem Bevölkerungswachstum von 3,1%. Der Freigabe des Wechselkurses im Mai 1994 folgten zwei Jahre mit ausgeprägter Inflation

(13% 1993; 41,6% 1994; 45,1% 1995). Ab 1996 stabilisierten sich die Preise (8,3%). 1997 ging die Inflation auf 7,8% zurück. Das Haushaltsdefizit konnte - nach einem Durchschnitt von 4,3% in den Jahren 1992-96 - 1997 auf 2,3% vom BIP zurückgeführt werden. Die Staatsquote stieg 1997 auf 9,4% (1995: 8,3%) .

Außenwirtschaftlich hatte die Freigabe des Wechselkurses von 1994 einen Rückgang des FMG gegenüber dem FF von 65% (1994) und 53% (1995) zur Folge. Abgesehen von leichten Auf- und Abwärtsbewegungen 1996 bzw. 97 hielt sich der FMG seither stabil. Das Zahlungsbilanzdefizit schwankte 1992-1995 um 9%, und ging 1996 auf 2,8% zurück. 1997 könnte die Zahlungsbilanz ausgeglichen sein. Die Auslandsverschuldung stieg seit 1990 ständig an. 90% der Gesamtlast entfielen auf den Staat; Ende 1996 betrug sie rund 110% des BIP bzw. 500% des Wertes der Ausfuhren von Gütern und Dienstleistungen, nämlich 3,1 Mrd. SZR (davon fast die Hälfte, nämlich 1,5 Mrd. Rückstände). 38% des Gesamtbetrages wurde multilateralen Gläubigern, 41% Mitgliedern des Pariser Clubs und ein erheblicher Anteil des Restbetrages Rußland geschuldet. Diese Entwicklung hatte sowohl innere wie äußere Ursachen: die Staatseinnahmen waren ständig rückläufig, externe Finanzierungsmöglichkeiten wurden seltener. Dazu kam die Abwertung des FMG. Für 1998 erwartete Madagaskar vom Pariser Club eine Umschuldung, die ohne Berücksichtigung von Verzugszinsen über die nächsten drei Jahre eine Entlastung des Schuldendienstes von 30% bringen sollte. Da aber der hohe Anteil von fast 40% multilateraler Forderungen nicht umschuldbar war, stand für das Jahr 2000 eine neue Schuldenkrise an.

Frankreich war mit über 40% aller Aus- und Einfuhren der wichtigste Handelspartner Madagaskars. Deutschland spielte eine nachgeordnete Rolle. Im Juli erhielt Siemens 1997 den Zuschlag für die Lieferungen zum Aufbau eines GSM-Telefonnetzes.

Aufgrund der Einzigartigkeit der Flora und Fauna spielte der international finanzierte und technisch unterstützte Umweltaktionsplan Madagaskars innen- und wirtschaftspolitisch eine besondere Rolle. Nach einer ersten Vorbereitungszeit von fünf Jahren trat er Mitte 1997 in die zweite und eigentliche Durchführungsphase. Von der Weltbank, anderen multi- und bilateralen Gebern bzw. technischen Partnern wurden für diese zweite Fünfjahresphase rund $ 150 Mio. bereitgestellt. Die erste Zwischenevaluierung im Dezember 1997 zeigte jedoch erhebliche Verzögerungen und Mängel in der Durchführung, die wiederum weitgehend mit der Lähmung der madegassischen Verwaltung durch die politischen Auseinandersetzungen zusammenhingen.

Jürgen Gräbener

Chronologie Madagaskar 1997

28.01.	Amtsenthebungsantrag gegen Staatspräsident Ratsiraka noch vor seiner Amtseinführung
09.02.	Amtseinführung von Staatspräsident Didier Ratsiraka
21.02.	Ernennung des parteilosen Pascal Rakotomavo zum Premierminister
28.02.	Vorstellung des neuen Kabinetts mit 32 Ministern (davon 3 Vizepremiers)
06.03.	Präsentation des Regierungsprogramms im Parlament
7.-15.3.	Ratsiraka unternimmt Goodwill-Reise zu westlichen Gebern nach Washington und New York (u.a. IWF und Weltbank), Paris und Brüssel
30.04.	Erlaß legt 45 staatliche Gesellschaften für Privatisierung fest
11.06.	Gründung neuer moderater Oppositionsgruppe *Panorama*
16.07.	Das Verfassungsgericht billigt Verschiebung der Parlamentswahlen auf das folgende Jahr
28.08.-06.09.	III. Frankophonie-Spiele in Antananarivo
31.08.	Übergabe des Berichts einer Verfassungskommission an Premierminister
18./22.09.	Einigung in Parlament und Kabinett über Vorgehen bezüglich des Verfassungsreferendums
15.10.-07.11.	Gemeinsame Mission von IWF und Weltbank in Antananarivo
07.11.	Aufhebung der EU - Importsperre für Fischereiprodukte (in Kraft seit Mitte 1997)
13.11.	Treffen der radikalen Opposition um Zafy in Diego Suarez
15.11.	Parteikongreß der AKFM-*Renouveau*
05.12.-19.12.	Mission des IWF in Antananarivo
22.12.	Die Regierung übersteht knapp die Abstimmung über einen Mißtrauensantrag im Parlament
23.12.	Verabschiedung des Haushaltsgesetzes 1998 mit überwältigender Mehrheit

Mauritius

Fläche: 2 040 km^2, **Einwohner:** 1,13 Mio., **Hauptstadt:** Port Louis, **Amtssprache:** Englisch, **Lebenserwartung:** 71 J., **Alphabetisierung:** 82%, **Wechselkurs:** $ 1 = Mauritius Rupee (MR) 22,5, **HDI:** 0,831, Rang 2, **Pro-Kopf-Einkommen:** $ 3710, **BSP:** $ 4205 Mio., **Anteile am BIP:** 10% - 32% - 58%, **Hauptexportprodukte:** Bekleidung und Textilien 55%, Zucker 25%, **Präsident:** Cassam Uteem, **Regierungschef:** Navin Ramgoolam, **Regierungsparteien:** Mauritius Labour Party (MLP), Organisation du Peuple Rodriguais (OPR)

Die innenpolitische Szene war von ständigen Spekulationen über mögliche neue Lagerbildungen geprägt. Nach zunehmenden internen Spannungen brach die fragile regierende Koalition im Juni auseinander und die MLP führte allein die Regierung fort. Eine 1998 erforderlich werdende Parlamentsnachwahl verstärkte die hektische Suche nach erfolgversprechenden politischen Allianzen. Bei der Außenpolitik stand weiter die Verfolgung außenwirtschaftlicher Interessen im Vordergrund. Trotz Verschleppung vieler notwendiger Reformen blieb die Wirtschaftsentwicklung alles in allem auch weiter zufriedenstellend.

Innenpolitik

Nach den bereits im ersten Jahr ihrer **Koalition** (bei absolut parlamentsbeherrschender Mehrheit) deutlich gewordenen **Spannungen** zwischen **MLP** und **MMM** (*Mouvement Militant Mauricien*) begann das neue Jahr mit einer klaren weiteren Verschlechterung des Koalitionsklimas. Der MMM-Vorsitzende und Vizepremier Paul Bérenger hatte zum Jahreswechsel und ersten Jahrestag der MLP/MMM-Koalition in einem Zeitungsinterview eine überwiegend negative Bilanz der bisherigen Regierungsarbeit gezogen und 1996 als Jahr der verpaßten Gelegenheiten bezeichnet; deutlich war auch seine Unzufriedenheit über die letzte Kabinettsumbildung vom 27.11.96 und die aus seiner Sicht unzureichenden Leistungen einiger MLP-Minister. Kurz darauf replizierte Premierminister Ramgoolam ebenfalls in einem Interview in voller Schärfe, daß Bérenger nicht der Kopilot in der Regierung sei. In beiden Parteien gab es in zunehmendem Maße Stimmen, die gegen die bisher erreichten Ergebnisse und die weitere Fortsetzung der Koalitition polemisierten, die im übrigen bei regelmäßigen Meinungsbefragungen in ein immer deutlicheres Tief abrutschte, da sie kaum irgendwelche der Versprechungen über soziale und ökonomische Reformen aus dem Wahlkampf im Dezember '95 bisher durchgeführt hatte. Dieses Klima des Mißtrauens und der wechselseitigen Vorwürfe bei ständigen Spekulationen über mögliche neue politische Allianzen und einen kurz bevorstehenden Bruch der Koalition hielt dann noch monatelang - mit einem gewissen Gewöhnungseffekt - an.

So kam nicht die Tatsache als solche, sondern allenfalls die plötzliche Entscheidung überraschend, daß Ramgoolam am 20.6. seinen bisherigen Partner Bérenger mit dem Vorwurf der ständigen öffentlichen Kritik an der Regierung aus seinem Amt entließ; er gab dabei zu, daß die Beziehungen der beiden Seiten sich praktisch schon seit einem Jahr (d.h. seit dem damaligen Streit um den Haushaltsplan) immer weiter verschlechtert hatten. Nach **Bérengers Entlassung** traten alle anderen MMM-Minister (mit Ausnahme von Transportminister Rashid Beebeejaun, der aus der MMM austrat und als Unabhängiger seinen Regierungsposten behielt) sofort zurück und gingen geschlossen in die **Opposition**. Am 2.7. bildete Ramgoolam ein **neues** von 23 auf 21 Mitglieder verkleinertes **Kabinett** aus den Reihen der MLP und des einzig verbliebenen kleineren Partners OPR; alle bisherigen Minister blieben im Kabinett (teilweise in veränderten Funktionen), während sechs Minister neu hinzukamen. Nachfolger Bérengers als Vizepremier und Außenminister wurde der stellvertretende MLP-Vorsitzende Kailash Purryag; eine Rückkehr mit Verantwortung für Wirtschaftsentwicklung und Regionalkooperation schaffte der im Vorjahr nach scharfer Kritik zum Rücktritt gezwungene Finanzminister Rundheersingh Bheenick. Das Kabinett stellte - wie üblich - wieder eine sorgfältige Balance der komplexen ethnischen und religiösen Bevölkerungszusammensetzung des Landes dar. Hervé Duval, der einzige Abgeordnete der PMSD (*Parti Mauricien Social Démocrate*), nahm einen ihm angebotenen Kabinettsposten aus Rücksichtnahme auf die fragile Einheit seiner Partei nicht an. Nur wenige Tage nach dem Koalitionsbruch wählte das Parlament am 28.6. erneut Cassam Uteem (früherer MMM-Minister) für weitere fünf Jahre in das Amt des (außerhalb der aktiven Politik stehenden) Staatspräsidenten; sein Stellvertreter wurde mit Angidi Verriah Chettiar ein langjähriger MLP-Anhänger.

Nach dem **Koalitionsbruch** konnte sich die neue Regierung Ramgoolams im 66köpfigen Parlament noch auf 38 Abgeordnete (MLP 35, OPR 2, ein Unabhängiger) gegenüber 28 Mitgliedern der Opposition (MMM 24, PMSD 1, *Mouvement Rodriguais* 1, *Hizbullah* 1) stützen, während andere Parteien seit den Wahlen von '95 nicht mehr im Parlament vertreten waren. Eine erhebliche Beschleunigung erhielten dann alle Gespräche und Gerüchte über neue parteipolitische und wahltaktische Allianzen durch den plötzlichen Tod von Sozialversicherungsminister Gian Nath Anfang Oktober, da dies eine **Nachwahl** (spätestens nach sechs Monaten) erforderlich machte, was in der Folgezeit zu einem generellen Test für die verschiedenen politischen Lager (auch schon im Hinblick auf die nächsten Wahlen im Jahr 2000) hochstilisiert wurde. Bei Wahlen zu lokalen Dorfräten (31.8.), die traditionell ohne formelle Parteibindungen stattfanden, war jedoch bereits eine gewisse politische Apathie der Bevölkerung deutlich geworden; offensichtlich verloren insbesondere solche Kandidaten, die Anbindungen an die Hauptparteien aufwiesen.

Ab August kristallierte sich deutlich die Entstehung einer neuen **Oppositionsallianz** von MMM, *Mouvement Militant Socialiste Mauricien* (MMSM), *Rassemblement pour la Réforme* (RPR) sowie möglicherweise auch PMSD heraus. Sowohl MMSM (gegründet '94) wie RPR (gegründet '96) waren Abspaltungen ehemaliger führender Mitglieder von der früheren Regierungspartei *Mouvement Socialiste Militant* (MSM) des langjährigen Premierministers Sir Anerood Jugnauth, die bei den Wahlen von '95 verheerend ohne eine einziges Parlamentsmandat geschlagen worden war. Von einem scharfen internen Flügelstreit belastet war die traditionell rechtsorientierte und primär auf die Gruppe der Kreolen ausgerichtete PMSD; hier standen sich der einzige Abgeordnete Hervé Duval (Bruder des '96 gestorbenen charismatischen Parteiführers Gaëtan Duval) sowie Gaëtans Sohn Xavier-Luc mit unterschiedlichen strategischen Überlegungen gegenüber (per Gerichtsbeschluß wurde Hervé untersagt, sich als Parteiführer auszugeben). Während Hervé mit Bérenger einen Beitritt zur Wahlallianz von MMM, MMSM und RPR abschloß (was innerhalb der MMM auf erheblichen Unmut über den Einbezug dieser bisher ideologisch als Gegner betrachteten Partei stieß), wollte Xavier-Luc lieber ein Bündnis mit MLP und eventuell auch der MSM eingehen.

Demgegenüber stand Jugnauth mit seiner **MSM** ziemlich allein da bei dem Versuch eines Comeback in der Politik, obgleich sein Ansehen in der Bevölkerung nach dem Wahlschock von '95 inzwischen durchaus wieder zugenommen hatte. Ab November begann bereits die Kampagne für den vakanten Wahlkreis Flacq-Bon Accueil mit den Kandidaturen von Jugnauth für die MSM und von MMSM-Führer Madun Dulloo für die Dreierallianz MMM/MMSM/RPR, während die MLP weiter auf Zeit spielte und bis Jahresende noch keine Entscheidung getroffen hatte. Weitere Bemühungen um den Abschluß einer Allianz von MLP, MSM und PMSD (unter Führung von Xavier-Luc Duval) schienen wegen der persönlichen Revalität zwischen Ramgoolam und Jugnauth wenig Aussicht auf Erfolg zu haben. Im Hinblick auf die stets wichtige ethnische Komponente in der Politik konnten die Hindu als größte Bevölkerungsgruppe sich weiterhin gleichermaßen von MLP wie MSM vertreten fühlen.

Insgesamt war zum Jahresende nach den ständigen Querelen der MLP/MMM-Koalition eine merkliche Festigung der Regierungsarbeit festzustellen, während mit Blick auf die Perspektiven bis zum Jahr 2000 Unsicherheit über die Stärke der MMM als Opposition und über eine Rückkehr von Jugnauth und der MSM bestand. Verschiedentliche Kritik gab es an der - trotz innenpolitischer Krisenlage - häufigen Abwesenheit des Premierministers im Ausland, was dieser aber mit der Notwendigkeit der Erzeugung von Goodwill für ausländische Investoren begründete.

Außenpolitik

Die Verfolgung **außenwirtschaftlicher Interessen** und die Erschließung möglicher neuer regionaler und außerregionaler Märkte stand deutlich im Zentrum der außenpolitischen Bemühungen des kleinen weltmarktorientierten Inselstaates. Die Kooperation mit den benachbarten anderen Inseln im Indischen Ozean im Rahmen der **IOC** (*Indian Ocean Commission*) wurde zwar fortgesetzt, hatte aber für Mauritius angesichts enttäuschender Ergebnisse und mangelnder erfolgversprechender Perspektiven schon länger an Interesse verloren. Sehr aktiv verfolgt wurde hingegen die weitere Formierung der **IORARC** (*Indian Ocean Rim Association for Regional Cooperation*), einer zunächst vorrangig auf Handelsaspekte ausgerichteten neuen Gruppierung von Anrainerstaaten des Indischen Ozeans in drei Kontinenten (Afrika, Asien, Australien); die erste Initiative hierzu war '94 entscheidend von Mauritius ausgegangen, das sich geographisch ideal im Mittelpunkt dieser Großregion sah und diese geopolitische Konstellation zu seinen Gunsten ausnutzen wollte. Die erste Außenministerkonferenz der IORARC mit zunächst 14 Mitgliedsstaaten fand vom 5.-8.3. in Port Louis statt; der mauritische Außenminister wurde für zwei Jahre zum Interimsvorsitzenden bestimmt und Mauritius erhielt den Auftrag zur Etablierung eines Pilotmechanismus zur praktischen Verfolgung weiterer Schritte (allerdings noch kein endgültiges Generalsekretariat, wie es Mauritius gewünscht hatte). Gegenüber vorgebrachten Aufnahmewünschen der benachbarten IOC-Partner Seychellen und Réunion (bzw. Frankreich) zeigte sich Mauritius in diesem Stadium ausgesprochen reserviert. Von deutlich gestiegenem Interesse gegenüber der Vergangenheit war für Mauritius inzwischen auch die Mitgliedschaft in der **SADC** (*Southern Africa Development Community*), vor allem nach dem Beitritt Südafrikas ('94) und dem Beschluß zur Bildung einer Freihandelszone ('96), da dies interessante neue Marktperspektiven eröffnete.

Neben diesen Regionalorganisationen wurden konsequent auch auf bilateraler Ebene eigene Wirtschaftinteressen bei der Suche nach neuen Märkten und Investitionschancen für mauritisches Kapital sowie bei der Anwerbung von ausländischen Investoren verfolgt. So kam Anfang Februar der indische Premierminister Deve Gowda mit einer Wirtschaftsdelegation auf Besuch anläßlich des 8. Treffens der Indisch-Mauritischen Gemeinsamen Kommission; diese Zusammenarbeit hatte dazu geführt, daß **Indien** eine führende Position als Lieferant von Importen und als Herkunftsland von ausländischen Investoren in Mauritius einnahm. Mitte Februar leitete Außenminister Bérenger eine Regierungs- und Wirtschaftsdelegation nach **Mosambik**, die ihrerseits dort auf der Suche nach Investitionsmöglichkeiten war und Vorverträge über die Rehabilitierung großer Zuckerplantagen und über andere landwirtschaftliche Vorhaben abschloß. Ähnliche Interessen wurden auch in Madagaskar weiterverfolgt. Auch der Besuch des französichen Kooperationsministers Jacques Godfrain Ende Februar mit einer Gruppe von Wirtschaftsvertretern aus **Frankreich** und aus Réunion diente vor allem der Auslotung von vertieften Wirtschafts- und Handelsbeziehungen. Diese herausgehobenen hochrangigen Besuche stellten jedoch nur die Spitze einer Vielzahl ähnlicher Bemühungen um eine Diversifizierung der außenwirtschaftlichen Beziehungen dar.

Sozioökonomische Entwicklung

Trotz des in den letzten Jahrzehnten vollzogenen eindrucksvollen Strukturwandels der Volkswirtschaft und der auch weiterhin (insbesondere im afrikanischen Kontext) weit überdurchschnittlichen Wirtschaftsentwicklung waren neue Herausforderungen und die **Notwendigkeit** einschneidender weiterer **Anpassungsmaßnahmen** nicht zu übersehen. Über die Alternativlosigkeit der Grundausrichtung einer weltmarktorientierten Wirtschaftspolitik bestand auch weiter ein nationaler Konsens, doch gab es unterschiedliche Auffassungen über die praktische Realisierung von Ausmaß und Tempo der Privatisierung, Abbau der Staatsverwaltung und Erhaltung der gewohnten sozialstaatlichen Leistungen angesichts von notwendigen Leistungssteigerungen zur Erhaltung der internationalen Konkurrenzfähigkeit der Inselwirtschaft. Im Zuckersektor ebenso wie bei der exportorientierten Industrie war ein weiterer Rationalisierungsdruck mit der Konsequenz einer allmählich ansteigenden Arbeitslosigkeit unvermeidbar. Neben einer schwierigen Ausgestaltung der Staatsfinanzen bereitete ein anhaltender Druck auf das Lohnniveau und damit die Inflationsrate gewisse Sorgen. Auch Entscheidungen über die angemessene Währungspolitik angesichts widerstreitender Interessenlagen bereiteten erhebliches Kopfzerbrechen.

Dennoch fiel aber insgesamt die **gesamtwirtschaftliche Bilanz** 1997 immer noch einigermaßen zufriedenstellend aus. Die Wachstumsrate des BIP erreichte 5,2% (gegenüber 6,0% im Vorjahr) bei einem Bevölkerungszuwschs von nur etwa 1,0%, so daß ein respektabler realer Zuwachs zu verzeichnen war. Die Inflationsrate konnte mit 6,6% auf dem gewohnten Niveau gehalten werden. Allerdings setzte sich der seit Jahren sichtbare Trend einer wachsenden Arbeitslosigkeit weiter fort; die offiziell gemessene Arbeitslosenquote erreichte im Juni 6,0% (Männer 3,9%, Frauen 10,2%), nachdem sie '90 noch bei 2,8% gelegen hatte. Auch die Entwicklung des **Außenhandels** war eher enttäuschend, da das Handelsbilanzdefizit plötzlich nahezu um die Hälfte von MR 8,8 Mrd. auf MR 13,2 Mrd. zunahm (selbst unter Außerachtlassung einmaliger Käufe von Flugzeugen und Schiffen aber immerhin noch auf MR 9,8 Mrd.). Bei den Ausfuhren konnten die Produkte der **EPZ** (*Export Processing Zone*) zwar erneut einen Zuwachs um 9,8% auf MR 23,0 Mrd. erzielen, während alle anderen traditionellen Exporte (u.a. Zucker, Tee, Blumen) einen Einbruch um 8,7% auf MR 10,4 Mrd. erlebten, so daß die Gesamtexporterlöse nur noch um 3,3% (gegenüber 18,4% in '96) zunahmen. Die Gesamteinfuhren gingen um 13,1% auf MR 46,6 Mrd. in die Höhe (davon die Importe für die EPZ um 14,8% auf MR 13,9 Mrd.). Die EPZ alleine erreichte also einen Außenhandelsüberschuß von MR 9,2 Mrd. (Zuwachs um 2,9%), während der restliche Außenhandel der Insel sich mit insgesamt MR 22,3 Mrd. im Defizit befand. Der **Wechselkurs** der Rupie sah im Verlauf des Jahres einen deutlichen Abwertungseffekt von 22% gegenüber dem Dollar (allerdings nicht gegenüber anderen wichtigen Währungen). Die offiziellen Währungsreserven fielen zum Jahresende weiter bis auf $ 703 Mio. (gegenüber $ 896 Mio. Ende '96); sie waren damit auf dem niedrigsten Stand seit fast einem Jahrzehnt und entsprachen einer Importdeckung von fünf Monaten. Im Vergleich zu anderen Ländern stellte die Auslandsverschuldung als Folge einer entsprechend umsichtigen Politik keine übermäßige Belastung dar; der '96 effektiv geleistete Schuldendienst von $ 198 Mio. entsprach einer Quote von 7,2% der Güter- und Dienstleistungserlöse. Die langfristige Gesamtverschuldung des Landes belief sich Ende '96 auf $ 1,8 Mrd.; von den öffentlichen und öffentlich garantierten langfristigen Schulden ($ 1,15 Mrd.) entfielen 46,5% auf private Gläubiger, 31,5% auf bilaterale und 22% auf multilaterale Geber.

Die Regierung war strikt darum bemüht, das Defizit des **Staatshaushalts** nicht außer Kontrolle geraten zu lassen und möglichst bald wieder ein ausgeglichenes Budget vorlegen zu können. Im Finanzjahr 1995/96 war ein Rekorddefizit von beinahe MR 3,2 Mrd. entstanden, das nach Durchführung des äußerst kontroversen Haushalts 1996/97 nach vorläufigen Zahlen voraussichtlich auf MR 2,7 Mrd. gedrückt werden konnte. Das von Finanzminister Vasant Bunwaree am 9.6. vorgelegte neue Budget 1997/98 sah bei laufenden Einnahmen von MR 18,4 Mrd. und laufenden Ausgaben von MR 20,5 Mrd (davon MR 4,7 Mrd. für Schuldendienst, MR 3,1 Mrd. für Sozialversicherung, MR 4,3 Mrd. für Erziehung und Gesundheit) ein auf MR 2,1 Mrd. reduziertes Defizit im regulären Haushalt vor, darüber hinaus allerdings noch Investitionsausgaben in Gesamthöhe von MR 3,5 Mrd.; als Richtwert sollte das Gesamtdefizit des Haushalts noch 3,6% des BIP ausmachen (nach 4,6% im Jahr 1996/97). Zur Verbesserung der Finanzsituation wurde die Einführung eines Mehrwertsteuersystems zum Jahreswechsel angekündigt, was dann aber aus reiner politischer Opportunität vor der anstehenden Nachwahl auf später im Jahr '98 verschoben wurde, um keinen Grund für Unmut bei Wirtschaft und Bevölkerung zu provozieren. Neben einer Vielzahl von Einzelmaßnahmen wurden von Bunwaree in seiner Budgetrede die absolute Priorität einer Steuerreform (u.a. eine einheitliche Körperschaftssteuer), die Fortsetzung der Privatisierung staatlicher Unternehmen (aber unter Berücksichtigung sozialer Belange), die Absicht zur Diversifizierung der EPZ und die Realisierung eines BOT (*build-operate-transfer*)-Programms der Regierung zur Durchführung von größerem Infrastrukturvorhaben mit Hilfe privaten Kapitals betont. Für das BOT-Programm wurden im Juli im Parlament die notwendigen gesetzlichen Grundlagen geschaffen. Insgesamt wurden die Haushaltsabsichten der Regierung vom Publikum wesentlich positiver aufgenommen als im Vorjahr, doch bestand weitverbreitete Skepsis über die tatsächliche Erreichung der formulierten Ziele.

Bereits im Januar hatte der Finanzminister unter dem Stichwort *New Economic Agenda* (NEA) die wichtigsten Ideen einer **Langfriststrategie** für Mauritius in der Hoffnung auf Herstellung eines wirtschaftspolitischen Konsenses aller Gruppen öffentlich präsentiert. Als Wachstumsziel wurde eine Rate von 5,5-6,5% ausgegeben, außerdem eine Anhebung der Sparrate von 24% auf

28%. Deutlicher Widerstand erhob sich gegen eine (später als Mißverständnis dargestellte) Erklärung über eine Währungspolitik der starken Rupie; hier wurde klargestellt, daß dies nicht im Interesse der Erhaltung der Konkurrenzfähigkeit der exportorientierten Wirtschaft liegen könne. Monatelang kontrovers diskutiert wurde über die beabsichtigte Schaffung eines als Länderinvestmentfonds (nach asiatischem Vorbild) gedachten *Port Louis Fund* (PLF), der durch den Verkauf von Staatsbetrieben **Privatkapital mobilisieren** und damit zur Haushaltssanierung beitragen sollte. Ein zunächst genanntes Volumen von $ 60 Mio. erwies sich als unrealistisch und wurde bald auf die Hälfte reduziert. Insbesondere der RPR-Sprecher Rauna Sithonen als ehemaliger Finanzminister polemisierte gegen die Kurzsichtigkeit des Verkaufs profitabler Unternehmen (wie etwa *Mauritius Telecom*) an ausländische Investoren und drohte eine Verfassungsklage wegen fehlender Parlamentszustimmung an. Ein mit der Privatisierung verbundenes Ziel bestand auch in der Stärkung der bisher nur schwachbrüstigen lokalen Börse. Allerdings hatte es bis zum Jahresende noch kaum sichtbare Fortschritte bei der Privatisierung und mit dem PFP gegeben, so daß die politische Opposition und die Privatwirtschaft weiterhin skeptisch bezüglich der tatsächlichen Umsetzung waren. Der Finanzminister zeigte sich hingegen im Dezember in einem Jahresrückblick zufrieden mit einem "Jahr des Vertrauensaufbaus", in dem das makroökonomische Gleichgewicht wiedergewonnen sowie die Rahmenbedingungen für die Privatwirtschaft und für den wichtigen "*Off-shore*"-Finanzsektor wesentlich verbessert worden seien. Hiervon ausgehend legte er für '98 in sechs Punkten ein Aktionsprogramm mit wirtschaftsplitischen Zielen und Strategien der Regierung vor.

Der **EPZ-Sektor** stellte wie schon seit Jahren ein entscheidend wichtiges Standbein der gesamten Ökonomie dar, stand aber seinerseits unter erheblichem Veränderungsdruck. Durch ständige Erhöhung der Kapitalintensität hatte hier seit 1990 die Produktivität durchschnittlich um 7% pro Jahr zugenommen, während die Beschäftigung allmählich zurückging und erst im Juni '97 (erstmals seit '91) wieder einen Zuwachs um 3,3% auf 81 915 verzeichnen konnte; dies waren 17,2% aller offiziell Beschäftigten (bzw. 28,5% der in größeren Firmen beschäftigten Personen). Der Importgehalt der EPZ-Exporte lag bei rund 60%, so daß nur der Saldo als Wertschöpfung der mauritischen Ökonomie zu verbuchen war; zwar nahmen die Nettoexporte der EPZ '97 in Rupien gerechnet um 2,9% zu, doch waren die Dollarerlöse (wegen des gesunkenen Wechselkurses) tatsächlich um 10,2% zurückgegangen. Praktisch unverändert war auch die sehr einseitige Zusammensetzung der EPZ-Produktion mit einem auf Bekleidung und Textilien entfallenden Anteil von nahezu 85% (sowie Fischverarbeitung 4%, Perlen und Steine 7%) mit entsprechend hohem Gefährdungsrisiko; alle Bemühungen um Diversifizierung hatten noch keine Erfolge gebracht. Weiter fortgesetzt hat sich der Trend zu einer zunehmenden Vernetzung der EPZ mit anderen Standorten in der umliegenden Region (vornehmlich in Madagaskar) durch Auslagerung einzelner Arbeitsvorgänge, was aber den Wert für Mauritius naturgemäß schmälerte. Einen starken Zuwachs von Aktivitäten konnte die *Mauritius Freeport Authority* (MFA) verbuchen, die sich neuerdings als Freihandelszentrum für einen großen regionalen Einzugsbereich anbot.

Die **Zuckerproduktion** überschritt '97 mit einem Zuwachs um 5,4% auf 620 000 t erstmals nach fünf Jahren als Folge einer Kombination von gutem Wetter, verbesserten Bewässerungstechniken und der Umwandlung anderer landwirtschaftlicher Flächen (v.a. Tee) für den Zuckerrohranbau wieder die Schwelle von 600 000 t. Weiterhin war es schwierig, die hohen mengenmäßigen Quotenvorgaben für den Verkauf zu Präferenzpreisen auf dem EU-Markt und in den USA überhaupt zu erreichen. Ausgesprochen erfolgreich war der **Tourismussektor**. Die Gesamtzahl der Touristen nahm '97 um 10,1% auf 536 000 zu (deutlich an der Spitze Franzosen, außerdem v.a. Südafrikaner, Deutsche, Briten und Italiener); die Bruttoeinnahmen aus dem Tourismus erhöhten sich um 11,3% auf MR 10,1 Mrd. (in Dollar ausgedrückt fielen die Einnahmen allerdings um 2,8%). Rund 16 000 Personen hatten inzwischen eine Beschäftigung im Tourismusbereich, dessen Zuwachsraten voraussichtlich auch in den nächsten Jahren hoch bleiben werden.

Rolf Hofmeier

Chronologie Mauritius 1997

4./5.02.	Besuch des indischen Premierministers Gowda
13.-15.02.	Regierungs- und Wirtschaftsdelegation besucht Mosambik
26./27.02.	Besuch des französischen Kooperationsministers Godfrain
05.-08.03.	Ministertreffen der IORARC in Port Louis
09.06.	Vorlage des Haushaltsplans 1997/98
20.06.	Entlassung von Vizepräsident Bérenger und Austritt der MMM aus der Regierungskoalition
28.06.	Wiederwahl von Staatspräsident Cassam Uteem durch Parlament
02.07.	Präsentation des neuen MLP-Kabinetts
31.08.	Kommunalwahlen zu Dorfräten
05.10.	Tod von Minister Gian Nath macht Nachwahl erforderlich

Réunion

Fläche: 2 512 km², **Einwohner:** 0,67 Mio., **Hauptstadt:** Saint-Denis, **Amtssprache:** Französisch, **Lebenserwartung:** 75 J., **Wechselkurs:** \$ 1 = Franz. Franc 6,00, **Pro-Kopf-Einkommen:** (1994) FF 54 430, **BIP:** FF 35 266 Mio., **Anteile am BIP:** 5% - 27% - 68%, **Hauptexportprodukt:** Zucker 64%, **Präfekt des Départements:** Robert Pommies, **Oberste politische Organe:** Conseil Général (Präsident: Christophe Payet), Conseil Régional (Präsidentin: Margie Sudre)

Trotz des Rückgangs sozialer Unruhen und eklatanter Skandale gegenüber den letzten Jahren blieben die grundlegenden sozioökonomischen Strukturprobleme anhaltend evident und die Frage nach den Sonderbedingungen des Status als französisches Überseedépartement (DOM) und damit integraler Bestandteil der EU weiter offen. Bei Parlamentswahlen verschob sich das politische Gewicht zugunsten des linken Lagers. Die außenpolitischen Anstrengungen waren ganz darauf gerichtet, die starke Isolierung innerhalb des regionalen Umfeldes zu überwinden. Ein bescheidener wirtschaftlicher Aufschwung konnte extrem hohe Arbeitslosigkeit und andere soziale Probleme noch keineswegs beseitigen.

Innenpolitik

Wichtigster Gradmesser für Veränderungen der relativen **Gewichte der verschiedenen politischen Lager** waren die überraschend von Präsident Chirac um ein Jahr vorzeitig ausgerufenen **Wahlen zum französischen Parlament** (25.5. und 1.6.). In gleicher Weise wie in der Metropole konnte auch auf Réunion das linke Lager deutliche Gewinne erzielen. Im Gegensatz zur letzten Wahl von '93 bildeten die PCR (*Parti Communiste Réunionnais*) und der lokale Flügel der PS (*Parti Socialiste*) ein Wahlbündnis, das nunmehr vier (vorher zwei) der insgesamt fünf Mandate in der Pariser Nationalversammlung erobern konnte. Huguette Bello (PCR) setzte sich als erste weibliche Abgeordnete gegen den Bürgermeister von St. Paul der UDF (*Union pour la Démocratie Française*) durch; außerdem siegten Michel Tamaya (PS) in der Hauptstadt St. Denis sowie Elie Hoarau (PCR-Bürgermeister von St. Pierre) und Claude Hoarau (PCR) gegen den bisherigen UDF-Abgeordneten Jean Paul Virapoullé. Lediglich André Thien Ah Koon konnte für Chiracs konservatives Bündnis von UDF und RPR (*Rassemblement pour la République*) sein bisheriges Mandat verteidigen. Die drei Sitze der Insel im französischen Senat hielten weiterhin Paul Vergès (PCR), Edmont Lauret (RPR) und Pierre Lagourgue. Das Wahlergebnis war wohl gleichermaßen auf den generellen Stimmenumschwung in Frankreich wie auf die tiefe soziale Unzufriedenheit auf Réunion zurückzuführen. An der Zusammensetzung der beiden lokalen **parlamentarischen Gremien der Insel** (*Conseil Général* und *Conseil Régional*) änderte sich während des Jahres nichts, doch begannen gegen Jahresende bereits verschiedenste politische Manöver und Bündnisabsprachen im Vorfeld der im März '98 fälligen nächsten Wahlen. Im Regionalrat hatte sich allerdings schon Ende '96 eine Veränderung der politischen Konstellationen und ein knappes linkes Mehrheitsbündnis gegen die Regionalratsvorsitzende Margie Sudre gebildet, die ursprünglich '93 für die linke lokale Protestgruppierung Free-DOM ihres Mannes Camille Sudre gewählt worden war, dann aber '95 im konservativen französischen Kabinett von Premierminister Juppé den Posten einer Staatssekretärin für die Frankophonie übernommen hatte und '96 als konservative Kandidatin bei einer Nachwahl zum Parlament angetreten war (dabei aber verloren hatte). Margie Sudre behielt ihre Position als Regionalratsvorsitzende, verlor aber natürlich nach dem Regierungswechsel von Juppé zu Jospin im Juni das Amt als Staatssekretärin.

Das Jahr war zwar weniger von neuen politischen Skandalen und von gewaltsamen sozialen Unruhen geprägt wie einige der letzten Jahre, doch wirkten diese Dinge noch immer ganz deutlich nach. So wurden im Herbst verschiedene **Prozesse gegen lokale Gemeinde- und Stadtverordnete** wegen Vorwürfen der Korruption und des Klientelismus durchgeführt. Schon Anfang des Jahres hatte es wieder größere Demonstrationen von bis zu 5 000 Arbeitslosen in St. Denis mit Forderungen für das Recht auf Arbeit und Wohnung gegeben. Im März und April fanden dann fast täglich **Demonstrationen von Beamten und Staatsangestellten** (teilweise mit gewaltsamen Zusammenstößen mit der Polizei) statt, die sich gegen die geplanten **Kürzungen ihrer bisher gewohnten Sonderzulagen** richteten. Diese verschiedenen Gehaltszulagen (bis zu etwa 50% mehr als in Frankreich) waren ursprünglich schon 1946 bei der Umwandlung der damaligen Kolonie in ein DOM als Anreiz für die Versetzung aus dem Mutterland in die unterentwickelte Insel eingeführt worden. Dies schien inzwischen nicht mehr gerechtfertigt; die Pläne zur Abschaffung stießen aber bei den Betroffenen auf massive Ablehnung. Die Grundsatzdebatten zu dem Thema verliefen quer durch alle politischen Lager; ein anfänglich weithin vorhandener Konsens über die Notwendigkeit einer einschneidenden Reform bestand offensichtlich nicht mehr. Der Senator Lagourgue als Vermittler zwischen Regierung und Gewerkschaften konnte nur wenig ausrichten. Für die einen sollten die Gehaltseinsparungen für Arbeitsbeschaffungsprogramme verwendet werden und zu einem Abbau der scharfen sozialen Gegensätze beitragen, während die Gewerkschaften auf die besonders hohen Lebenshaltungskosten hinwiesen und die lokale Wirtschaft bei Reduzierung der Beamtengehälter einen Einbruch der lokalen Kaufkraft und damit der Nachfrage für ihre Güter befürchtete. Grundsatzfragen bezüglich der **Handlungsperspektiven der französischen Regierung für die verschiedenen Übersee-Départements** in den nächsten Jahren hatten bereits im Mittelpunkt einer Tagung am 17./18.1. mit dem Minister für Überseeangelegenheiten Jean-Jacques de Peretti gestanden, doch wegen der plötzlichen Parlamentswahlen und des Regierungswechsels wurden dann alle diesbezüglichen Entscheidungen zunächst zurückgestellt. Auch in anderen Verwaltungs- und Rechtsangelegenheiten bildete die Frage der Übernahme von Regelungen des Mutterlandes bzw. der Aufrechterhaltung spezieller Sonderregelungen - wie schon seit Jahren gewohnt - einen ständigen Diskussionspunkt. Besonders heftig gestritten wurde diesmal zwischen April und Juni über Veränderungen der Modalitäten bei der staatlichen Kranken- und Sozialversicherung, verbunden mit scharfen personalpolitischen Auseinandersetzungen.

Der neue Staatsminister für Überseeangelegenheiten Jean Jack Queyrrane besuchte vom 4.-7.11. die Insel und nahm dabei die Diskussionen über die unvermeidlichen Reformen der französischen DOM wieder auf. Er unterzeichnete ein Abkommen für ein spezielles Arbeitsprogramm für junge Leute und kündigte die Schaffung einer Vorbereitungsklasse für den französischen Staatsdienst an. Bei Gesprächen mit Abgeordneten und politischen Vertretern wurde auch eine eventuelle Zweiteilung des Départements Réunion angesprochen.

Außenpolitik

Das vordringliche Bemühen war darauf ausgerichtet, gegen die offensichtliche politische und wirtschaftliche **Isolierung in der Region** anzugehen und die bei den Nachbarn vorhandenen **Vorbehalte gegen den Status als Vorposten Frankreichs** abzubauen. Eine Konferenz am 25./26.2. unter Beteiligung von Staatssekretärin Sudre, Kooperationsminister Jacques Godfrain und Überseeminister de Peretti diente ganz speziell der Verstärkung der regionalen Kooperation im Indischen Ozean zwischen den französischen Gebieten (Réunion und Mayotte) und den umliegenden Ländern, besonders im wirtschaftlichen Bereich. Alle vertretenen französischen Institutionen waren einig in dem Ziel einer stärkeren aktiven Präsenz in der Region mit neu sich herausbildenden regionalen Gruppierungen und einer besseren institutionellen Koordination untereinander. Bisher bestand nur eine Mitgliedschaft in der IOC (*Indian Ocean Commission*), die aber auch in Frankreich als wenig effektiv und nur von begrenztem Nutzen angesehen wurde. Besonderes Interesse bestand insbesondere an einer Einbeziehung in die entstehende **IORARC** (*Indian Ocean Rim Association for Regional Cooperation*), wobei aber deutliche Vorbehalte gegen eine Teilnahme Frankreichs (vor allem auch in Mauritius als treibender Kraft) offensichtlich waren. Auf bilateraler Ebene erfolgten vermehrte Anstrengungen zu einer Intensivierung der Wirtschaftsbeziehungen insbesondere mit **Mauritius** und **Madagaskar**; im Oktober eröffnete eine große staatliche und privatwirtschaftliche Delegation in Antananarivo eine Wirtschaftsvertretung zur Förderung des Austauschs mit Madagaskar, wobei allerdings auch Kompetenzstreitigkeiten innerhalb der Privatwirtschaft von Réunion deutlich wurden. Im April fanden in St. Denis Verhandlungen zwischen allen "ultraperipheren" Regionen der EU auf verschiedenen Kontinenten und der EU-Kommission über die Anerkennung eines Sonderstatus in der EU und über spezielle Strukturunterstützungsmaßnahmen statt. An im Juni auf der Insel abgehaltenen Militärmanövern beteiligten sich auch Soldaten aus Madagaskar, Mauritius und Südafrika sowie Beobachter von den Seychellen als Indiz für eine keineswegs vollständige Isolierung gerade in diesem sensiblen Bereich.

Sozioökonomische Entwicklung

Gegen Jahresende wurden deutliche Anzeichen für eine **konjunkturelle Belebung der Wirtschaftsaktivitäten** sichtbar, obgleich der aufkommende Optimismus die anhaltenden strukturellen Probleme nicht überdecken konnte. Eine spürbare Nachfragebelebung war allerdings auch mit zunehemender Verschuldung der privaten Haushalte verbunden; insbesondere die Bauwirtschaft erhielt vermehrt neue Aufträge. Die **Arbeitslosigkeit** überschritt im September erstmals die Zahl von 100 000 Personen; die offiziell gemessene Arbeitslosenquote von etwa 37% war weiterhin die absolut höchste im gesamten französischen Staatsgebiet. Immerhin nahm aber die Zahl der Beschäftigten bei größeren Betrieben (mit über 10 Personen) im Laufe eines Jahres bis Ende '97 von 50 480 auf 54 100 zu. Die weiter wachsende Zahl von **Firmenbankrotten** (von 240 in '95 auf 371 in '97) war allerdings ein Beleg für anhaltend schwierige wirtschaftliche Bedingungen. Hoffnungen wurden verbunden mit dem Start einer Freien Produktionszone in St. Denis zu Jahresbeginn. Weiter gut entwickelte sich auch der **Tourismus** mit einem Zuwachs um 7% (geringer als in den beiden Vorjahren) auf eine Zahl von 370 000 Personen; die Gesamteinnahmen aus dem Tourismusgeschäft für '97 wurden auf FF 1,7 Mrd. geschätzt. Angesichts der Hauptzielgruppe eines jungen und auf sportliche Betätigung eingestellten Publikums waren bei Luxushotels allerdings bereits Überkapazitäten festzustellen. Die **Außenhandelsbilanz** wies auch weiter ein ganz extremes Ungleichgewicht auf: stagnierenden Importen von rund FF 14,2 Mrd. standen '97 lediglich Exporterlöse von FF 1,25 Mrd. (immerhin eine Steigerung der Abdeckungsrate von 7,5% auf 8,8%) gegenüber. Die zu Vorzugsbedingungen in die EU gehenden Zuckerexporte, die traditionell rund zwei Drittel aller Ausfuhren ausmachen, erreichten mit einer Steigerung um 18% auf 216 000 t einen im letzten Jahrzehnt nicht übertroffenen Höchststand. Trotz kontinuierlichen Rückgangs der Anbaufläche wurde dies vor allem durch Produktivitätssteigerungen aufgrund von vermehrter Bewässerung erreicht.

Nach dem Jahresbericht des *Institut d'Emission des Départements d'Outre-Mer* (IEDOM) für '96 beliefen sich die **Gesamtausgaben des Staates** in diesem Jahr auf FF 12,4 Mrd. (gegenüber FF 11,7 Mrd. im Vorjahr), davon 89% für den laufenden Haushalt und 11% für Investitionsvorhaben. Die staatliche *Caisse Française de Développement* (CFD) gewährte ihrem lokalen Tochterunternehmen *Société de Développement Economique de La Réunion* (SODERE), das schon praktisch vor dem Bankrott stand, eine kräftige Aufstockung des Gesellschaftskapitals, um der SODERE damit weitere mittel- und langfristige Kreditoperationen für die schwache und krisenanfällige Inselwirtschaft zu ermöglichen.

Rolf Hofmeier

Chronologie Réunion 1997

17./18.01.	Tagung über Entwicklungsperspektiven der französischen DOM
04.02.	Demonstrationen von Arbeitslosen
25./26.02.	Konferenz über franz. Rolle in der Region des Indischen Ozeans
10.03.	Demonstrationen von Beamten und Staatsangestellten
20.03.	Streik im Baugewerbe
18.04.	Verhandlungen zwischen europ. Überseeregionen und EU-Kommission
25.05./01.06.	Wahlen zum französischen Parlament
04.-08.06.	Erste Tourismusmesse
17.10.	Eröffnung einer Wirtschaftsvertretung in Antananarivo
04.-07.11.	Besuch des franz. Ministers für Überseeangelegenheiten Queyranne

Rwanda

Fläche: 26 338 km^2, **Einwohner:** 6,7 Mio., **Hauptstadt:** Kigali, **Amtssprachen:** Französisch, Kinyarwanda, Englisch, **Lebenserwartung:** 41 J., **Alphabetisierung:** 59%, **Wechselkurs:** $ 1 = Franc du Rwanda (F.Rw.) 303, **HDI:** 0,187, Rang 45, **Pro-Kopf-Einkommen:** $ 190, **BSP:** $ 1268 Mio., **Anteile am BIP:** 40% - 14% - 45%, **Hauptexportprodukte:** Kaffee 75%, Tee 16%, **Staatspräsident:** Pasteur Bizimungu, **Vizepräsident:** Paul Kagame, **Premierminister:** Pierre-Célestin Rwigema, **wichtigste politische Kräfte:** Front Patriotique Rwandais (FPR), Mouvement Démocratique Rwandais (MDR)

Die Unsicherheit wuchs im Jahresverlauf, da mit den Flüchtlingen aus dem früheren Zaire auch die Hutu-Milizen zurückkamen. Sich ausweitende Kämpfe, zunehmende Korruptionsvorwürfe und eine unzureichende Lebensmittelproduktion schwächten die Legitimationsbasis der Regierung. Diese war wegen ihrer Beteiligung am Sturz Mobutus zu einem Machtfaktor in der Region geworden und befand sich in einer Zwickmühle zwischen der Notwendigkeit, auf Angriffe mit Gewalt reagieren zu müssen, und der Einsicht, daß nur die Schaffung eines friedlichen Miteinander eine Lösung für den ethnischen Gegensatz bringen könne. Ihre Bemühungen, die durch den Genozid 1994 und seine Folgen entstandenen sozialen Probleme zu bewältigen und die Grundlagen für ein Zusammenleben der ethnischen Gruppen zu schaffen, wurden zudem bei großen Teilen der Bevölkerung durch fehlende Versöhnungsbereitschaft erschwert.

Innenpolitik

Mit der **Rückkehr von gut 1,2 Mio. Flüchtlingen** aus Zaire, Tanzania und in geringerem Umfang Uganda und Burundi wuchs die Unsicherheit im Land. Während der Rebellen-Vormarsch in Zaire zunächst eine Rückkehrwelle von Flüchtlingen nach Rwanda ausgelöst hatte, irrten ab Februar die meisten der auf über 200 000 geschätzten Vertriebenen im Dschungel Ostzaires umher. Viele Zivilisten starben an Erschöpfung, Krankheiten und Unterernährung. Erst ab Ende April konnte das UNHCR insgesamt 56 000 von ihnen nach Rwanda ausfliegen. Dagegen flohen die am Genozid 1994 Beteiligten weiter nach Angola, in die Republik Kongo, in die Zentralafrikanische Republik (z.B. der frühere Oberbefehlshaber der *Forces Armées Rwandaises* (FAR) Augustin Bizimungu), nach Gabun und in den Sudan. Dies führte zu Spannungen zwischen den Regierungen in Bangui und Kigali. Etwa 900 Flüchtlinge wurden Ende Juli und dann 155 am 12.8. gegen ihren Willen und zum Unmut des UNHCR aus Gabun ausgeflogen. In Tanzania besaß ab Mitte Februar kein Rwander mehr Flüchtlingsstatus. Ende April wurde gemeldet, daß in drei Monaten mindestens 700 von ihnen, teilweise bewaffnet, verhaftet und zurückgeschickt worden seien. Anfang Oktober wurden auch Rwander, die teilweise seit den 50er Jahren in Tanzania gelebt hatten, ausgewiesen. In Rwanda versuchte die Verwaltung, die Flüchtlinge zu registrieren und die der Beteiligung am Genozid Verdächtigten zu identifizieren und zu verhaften. Die Folge dieser Vorgehensweise waren völlig überfüllte Gefängnisse. Rückkehrer sollten in neu geschaffenen, ethnisch weitgehend homogenen Dörfern angesiedelt werden, besonders Jugendliche in Solidaritätscamps eine Umerziehung erhalten. Angesichts der sich verschärfenden Sicherheitslage zeigten sich humanitäre Organisationen, die nur noch in einem Viertel des Landes arbeiten und weite Teile nur noch mit militärischer Eskorte besuchen konnten, über die Sicherheit der Flüchtlinge zunehmend beunruhigt. Eine weitere Zuspitzung der Lage erfolgte ab Anfang September, als mehrere Hundert Tutsi aus Ostkongo vertrieben wurden. Erstmals hatten die Hutu nach dem Sturz Mobutus im Raum der "Großen Seen" kein Gebiet mehr, in dem sie entweder die Macht besaßen oder wo sie wenigstens Unterstützung erhielten und das ihnen Rückzugsmöglichkeiten bot.

Seit Jahresbeginn nahmen **Unsicherheit, Überfälle, Morde, die gezielte Tötung von möglichen Genozid-Zeugen sowie Fälle von Selbstjustiz gegen angebliche Genozid-Beteiligte** zu. Am stärksten betroffen waren im Norden und Nordwesten die Regionen Ruhengeri und Gisenyi, die Heimat des früheren Präsidenten und das Hauptrekrutierungsfeld der ehemaligen FAR. Dabei erregten Überfälle auf Mitglieder von Hilfsorganisationen und UNO-Institutionen das meiste Aufsehen und führten zum zeitweisen Rückzug dieser Organisationen aus den betroffenen Gebieten: so nach der Ermordung dreier spanischer Mitarbeiter von *Médecins du Monde* in Ruhengeri (18.1.) und von fünf der *UN Human Rights Field Operation in Rwanda* (UNHRFOR) in deutlich gekennzeichneten Wagen in Cyangugu (3.2.). Da die Beobachter zunehmend auf Militäreskorten angewiesen waren, wurden sie von der Bevölkerung immer mehr als Verbündete der *Armée Patriotique Rwandaise* (APR) betrachtet. Es wurde - z.B. durch die Oppositionsbewegung im Exil *Rassemblement pour le Retour et la Démocratie au Rwanda* (RDR) nach der Ermordung eines kanadischen Geistlichen am 4.2 - der Verdacht geäußert, die Überfälle seien von dieser durchgeführt worden. Die Regierung dagegen schrieb sie den ehemaligen FAR und den *Interahamwe*-Milizen zu, von denen einige nach Überfällen verhaftet und getötet wurden. Weitere spektakuläre Überfälle waren ein Angriff auf zwei Taxis nur 15 km nördlich von Kigali (9.2., 11 Tote) und die Ermordung der Schüler einer Handelsschule in Gisenyi, die sich geweigert hatten, sich in Hutu und Tutsi aufzuteilen (27.4.). In der zweiten Jahreshälfte rückten Befreiungsaktionen von Häftlingen aus Gefängnissen und Massaker in Flüchtlingslagern in den Vordergrund: am 19.11. wurden bei einem Überfall von über 1000 Hutu-Milizen auf ein Gefängnis in Giciye 30 Personen getötet, bei der mehrstündigen Schlacht 100 Gefangene befreit. Anscheinend wollten die Milizen mit diesen Aktionen auch neue Mitglieder gewinnen, was aber nur teilweise gelang: so kehrten von 580 am 3.12. Befreiten in Gitarama 470 freiwillig zurück. Dies deutete auf ein zumindest teilweise vorhandenes Vertrauen in die Justiz hin sowie auf das Zögern von aus dem Süden stammenden Hutu, sich denen aus dem Norden anzuschließen. Abgesehen von Überfällen auf andere Lager (z.B. 18.12. auf die von Nkamira und Bigogwe) wurde das von Mudende, in dem sich Flüchtlinge aus Masisi in der benachbarten Demokratischen Republik Kongo (DR Kongo) aufhielten, zweimal überfallen: Am 22./23.8. (131 Tote, 99 Verletzte) und am 10.12. öffentlichkeitswirksam im Vorfeld des Besuchs der US-amerikanischen Außenministerin Madeleine Albright (je nach Quelle 300 bzw. mehr als 1000 Tote). Die Sicherheit im Lager wurde im Nachhinein heftig kritisiert, Menschenrechtsorganisationen forderten eine Untersuchung durch die UNO, eine Entfernung der Lager aus dem Grenzgebiet sowie die Bindung von Militär- und Finanzhilfe an die Respektierung der Menschenrechte.

Die **Hutu-Kämpfer** wurden von der APR Mitte November auf 15000 geschätzt. Angeblich hielten sie im Gebiet des Ruhengeri-Nationalparks noch zahlreiche Frauen und Kinder als Geiseln und verfügten über Waffennachschub aus Nachbarländern. Zwei Bewegungen der Hutu äußerten sich im Jahresverlauf: Ende Oktober rief die *Peuple en Armes pour libérer le Rwanda* (PALIR) in Flugblättern zum Völkermord an Tutsi auf. Dagegen forderte am 19.6. die RDR von Brüssel aus eine politische Lösung und die "Ablehnung" des Regimes in Kigali. In der Regel folgten auf Milizen-Überfälle Vergeltungsaktionen der APR; diese begann Ende April eine großangelegte Offensive. Dabei kamen tausende Zivilisten durch Übergriffe der APR ums Leben, was den Hutu-Milizen Sympathisanten zuführte. Über die **massenweise Ermordung von Zivilisten durch beide Konfliktparteien** zeigte sich unter anderem die UN-Menschenrechtskommission am 16.4. beunruhigt. Sie forderte von der Regierung eine Untersuchung von Vergewaltigungen und sexuellen Übergriffen sowie der Haftbedingungen, zeigte sich aber befriedigt über sichtbare Veränderungen des Justizsystems und den inzwischen erfolgten Beginn der Gerichtsverfahren gegen des Völkermords Verdächtige. Sie forderte zu einer finanziellen und technischen Unterstützung Rwandas auf. Demgegenüber wies die **Regierung** kompromißlos alle kritischen Berichte z.B. von Menschenrechtsorganisationen zurück. Sie versuchte seit Mai vergeblich, die Eskalation der Gewalt zu verneinen und verschärfte ab dem Sommer ihre Haltung gegen angebliche Kollaborateure aus der Bevölkerung, denen nun auch eine Beteiligung an Überfällen nachgesagt wurde: im Juni wurden tausende Bewohner Ruhengeris im Stadion versammelt, um ihre Identität zu kontrollieren und sie an einer Unterstützung der Rebellen zu hindern. Die Regierung reagierte jedoch nicht nur mit Gewalt: so wurde z.B. der wegen Unfähigkeit in Sicherheitsfragen Ende März entlassene Gouverneur von Ruhengeri durch den ehemaligen Parlamentarier Boniface Rucago ersetzt. Dieser stand auf der offiziellen Liste der Völkermordverdächtigen in der ersten

Kategorie, der bei Verurteilung die Todesstrafe droht. Rucago bestritt die gegen ihn erhobenen Vorwürfe. Seine Ernennung führte am 6.6. zu einer heftigen Debatte im Parlament und der Forderung nach seiner Abberufung. Der Widerstand der Abgeordneten wurde vorerst fallengelassen, nachdem sich herausstellte, daß Rucagos Berufung tatsächlich eine Zusammenarbeit mit der lokalen Bevölkerung begünstigte. Dem negativen Image, das die APR wegen der gegen sie erhobenen Vorwürfe erhalten hatte, sollte durch die Verhaftung von 13 Offizieren wegen einer Beteiligung an Tötung und Plünderung sowie durch ein umfangreiches Interview von Vizepräsident Kagame entgegengewirkt werden.

Es kamen neben den Opfern der Kämpfe auch bekannte Politiker und Journalisten unter zum Teil ungeklärten Umständen ums Leben, z.B. der Vizepräsident des Obersten Gerichtshofs, Vincent Nkezadaganwa in Kigali, einer der höchsten Hutu in der Justiz, (14.2.) oder Alphonse-Marie Nkubito, Justizminister unter Ministerpräsident Twagiramungu und Mitgründer der *Association Rwandaise des Droits de l'Homme* (12.2.). Die Exil-Hutu-Organisation *Forces de Résistance pour la Démocratie* machte die Regierung hierfür verantwortlich. Am 27.4. wurde der Chefredakteur Appolos Hakizimana getötet, dem Mitgliedschaft bei den *Interahamwe* unterstellt wurde. Aufsehen erregten die Verhaftungen der Journalisten Amiel Nkuliza von *Le Partisan*, dem Aufruf zu ethnischem Haß vorgeworfen wurde (20.5.), und Joseph Habyarimana wegen eines Artikels über einen lokalen Beamten, der zur Verhaftung von Hutu gedrängt worden sein soll (28.10.). Am 23.9. wurde André Bimenyimandera wegen angeblicher Genozidbeteiligung verhaftet. Dieser Verteidiger hatte sich auf Völkermordverfahren spezialisiert.

Die Gewalteskalation und die damit verbundene innenpolitische Zuspitzung hatten Folgen in der Staatsführung. Mit der **Regierungsumbildung** vom 28.3. entfernte sich die Regierung von den Arusha-Vereinbarungen aus dem Jahre 1993, wonach den beteiligten Parteien bestimmte Posten zugeteilt wurden, sie bedeutete aber auch eine erste Positionierung in der Auseinandersetzung über die einzuschlagende Politik und im Hinblick auf künftige Wahlen: die *Parti Social Démocrate* verlor das Finanzministerium und Marc Rugenera, dem Unterschlagungen und glücklose politische Entscheidungen vorgeworfen wurden, wurde nun für den Tourismus verantwortlich. Sein Amt übernahm zusätzlich der parteilose Planminister Jean-Berchmans Birara. Die von der *Parti Libéral* und der *Mouvement Démocratique Républicain* (MDR) geführten Bildungsministerien wurden in einem Superministerium zusammengeführt und dem vorherigen Gesundheitsminister Joseph Karamera (FPR) anvertraut. Unter den Parteien gewann die FPR, wobei sich Bizimungu und Kagame als Vertreter einer soliden und asketischen Staatsführung durchsetzten. Dagegen verlor der reiche Geschäftsmann Alexis Kanyarengwe, ein Hutu mit politischen Ambitionen, das Innenministerium (Nachfolger: Abdoulkarim Harelimana), blieb jedoch FPR-Vorsitzender. Die Zahl der Minister verringerte sich von 21 auf 17. Am 7.10. wurde überraschend Finanzminister Birara entlassen, der von den Geldgebern wegen seiner Integrität, der technischen Qualitäten und seines Kampfes gegen Korruption geschätzt wurde. Ihm wurden aber Schwierigkeiten bei der Umsetzung der Privatisierungspolitik, Konflikte mit seinem Staatssekretär und Nachfolger Donat Kaberuka (ebenfalls parteilos) sowie eine personalpolitische Niederlage gegenüber dem Präsidenten nachgesagt. Zu diesem Zeitraum wurden Nichtanwendung von Gesetzen, Verschwendung, Intrigen und Korruption immer heftiger auch von der Regierung und FPR nahestehenden Presseorganen kritisiert. Angesichts dieser Grundstimmung konnte das **Parlament** an Einfluß gewinnen. Dieses war noch im Februar der Regierung unterlegen, als die Abgeordneten vergeblich mehr Kontrollmöglichkeiten und das Recht zur Durchführung eines Mißtrauensvotums gefordert hatten. Parlamentspräsident Juvénal Nkusi wurde in diesem Zusammenhang am 10.2. auf einer außerordentlichen Sitzung (offiziell wegen Inkompetenz und schlechter Führung) abgewählt, sein Nachfolger wurde Anfang März Joseph Sebarenze von der *Parti Liberal*. Dieser kündigte am 29.10. die Einrichtung einer unabhängigen Abteilung an, die die Verwendung öffentlicher Gelder kontrollieren soll. Es ist wahrscheinlich, daß die Entlassung von fünf der zwölf Präfekten Anfang November und Mitte Dezember sowie Umbesetzungen in der Armeespitze am 1.12. sowohl mit Korruptionsvorwürfen als auch der gescheiterten Umsetzung der Politik (wie die offizielle Begründung lautete) in Verbindung zu bringen waren.

Nach letzten Schätzungen waren 121 571 Menschen inhaftiert, davon 72 000 in den völlig überfüllten **Gefängnissen**, der Rest in Lagern. Über 2 000 von ihnen waren minderjährig. Willkürliche Verhaftungen blieben ein Problem. Eine Erleichterung stellte die Arbeitsaufnahme zusätzlich ausgebildeter Ermittlungsbeamter ab Mai dar. Bei der Vereidigung weiterer Justizbeamter am 9.10. wurde bekanntgegeben, daß Minderjährige, Ältere und Gefangene mit unheilbaren Krankheiten oder fehlenden bzw. unvollständigen Klageschriften freigelassen werden sollten. Dies sowie angeblich zu geringe Strafen führten jedoch bei der wenig aussöhnungsbereiten Bevölkerung zu Protesten, Freigelassene mußten zum eigenen Schutz erneut inhaftiert werden. Die Politik der Regierung, die sich den überfüllten Gefängnissen mit den damit verbundenen Kosten ($ 10 Mio. pro Jahr) sowie dem Druck von Geldgebern und Menschenrechtsorganisationen gegenüber sah, geriet hier in Konflikt mit der Bevölkerung, die Inhaftierung häufig mit Schuldspruch gleichsetzte und, im Zusammenhang mit den Strafverfahren, wenig Verständnis für das Recht auf Verteidigung zeigte.

Die **Verantwortlichen für den Genozid** 1994 wurden seit Jahresbeginn abgeurteilt. Besonders bei den ersten Verfahren wurde noch deren hastige Durchführung, fehlende Verteidigung, wenige Zeugen und eine schnelle Verurteilung sowie später erzwungene Geständnisse und deren Benutzung vor Gericht angeprangert. *Amnesty International* schloß bei aller Kritik aber nicht grundsätzlich aus, daß faire Verfahren möglich seien. Zu einer geordneteren Entwicklung trug die Gründung der ersten Anwaltsvereinigung am 31.8. bei, die eine Mitgliedschaft zur Voraussetzung für die Tätigkeit als Verteidiger machte und eine Reform des bisher durch traditionelle Einflüsse bestimmten Systems bedeutete, sowie die Vereidigung von insgesamt ca. 200 neuen Richtern. Es wurden viele Todesstrafen ausgesprochen, Gnadengesuche abgelehnt, von den gut 200 Verfahren endeten ca. 5% mit Freisprüchen. Die Todesurteile wurden noch nicht vollstreckt. Hierzu beschloß die Regierung im Mai, daß dies unter Ausschluß der Öffentlichkeit in der Stadt, wo das Urteil gesprochen worden war, erfolgen sollte. Wichtigster Angeklagter war der Tutsi Froduald Karamira, ehemaliger Vizepräsident der MDR und führend in der *Interahamwe*. Er wurde in Kigali zum Tode und zu Entschädigungszahlungen verurteilt, seine Strafe am 13.9. bestätigt. Am 28.2. wurde mit Virginie Mukankusi erstmals eine Frau zum Tode verurteilt.

Die Arbeit des **Internationalen Tribunals für Rwanda** (ITR) in Arusha war am Jahresbeginn heftigster Kritik ausgesetzt. Im Januar klagte der stellvertretende Ankläger über fehlende finanzielle und personelle Mittel sowie mangelnde Zusammenarbeit mit einigen nicht genannten Ländern. Am 12.2. wurde der Bericht von UNO-Generalinspekteur Karl Paschke veröffentlicht, in dem gravierende Mängel angeprangert wurden. Besonders wurden der Registrator Andronico Adede und der stellvertretende Ankläger Honore Rakotomanana genannt, die am 27.2. zurücktraten. Die Chefanklägerin Louise Arbour wurde nicht direkt erwähnt, ihr warf die rwandische Regierung in einem sehr kritischen Bericht vom 25.2. aber vor, die rwandischen Verfahren zugunsten derjenigen im ehemaligen Jugoslawien zu vernachlässigen. Kigali forderte einen eigenen Ankläger für Rwanda. Anschließend entspannten sich die Verhältnisse etwas, bei einem Treffen von USA, westlichen Geldgebern, Rwanda, Tanzania und Arbour in Genf am 28./29.5. erklärten sich die USA dazu bereit, zum Zeugenschutz beizutragen. Mit dem Beginn von Gruppenverhandlungen, der Inbetriebnahme eines zweiten Gerichtssaals sowie der Aufnahme systematisch erfolgter Vergewaltigungen in die Liste der zu behandelnden Verbrechen (Anfang Oktober) stieg das Ansehen des ITR. Zwar blieb die Regierung Rwandas kritisch, sie ließ aber Anfang November inhaftierte Zeugen der Verteidigung im Verfahren gegen den früheren Bürgermeister Jean-Paul Akayesu nach Arusha ausreisen. Im Jahresverlauf wurden von mehreren Ländern Verdächtige ausgeliefert: Alfred Musema von der Schweiz, Andre Rwamakuba von Namibia, Laurent Semanza und Jean Bosco Barayagwiza von Kamerun. Einen Wendepunkt stellte die Verhaftung mehrerer Hauptverdächtiger am 18.7. und 12.8. in Kenya dar: Georges Ruggiu, ein am Aufbau von *Radio Télévision Libre des Mille Collines* (RTLM) beteiligter Belgier; Jean Kambanda, Premierminister der Übergangsregierung (April-Juli 1994); Gratien Kabiligi, Chef der Präsidentengarde; Aloys Ntabakuze, Befehlshaber der FAR; Sylvain Nsabimana, ehemaliger Präfekt von Butare und Samuel Imanishimwe. Der RDR zufolge hat die kenyanische Polizei allerdings drei weitere Verdächtige entkommen lassen, darunter den Chef von RTLM, Felicien Kabuga. Im Februar begann die Verhandlung gegen Théoneste Bagasora, der am 24.1. von Kamerun ausgeliefert worden war, zum engsten Mitarbeiterkreis Habyarimanas gehört hatte und als einer der Hauptverantwortlichen bezeichnet wurde. Mit ihm zusammen wurden André Ntagerura (Minister in der Übergangsregierung und Mitglied bei den *Interahamwe*), Ferdinand Nahimana (Mitgründer von RTLM) und Anatole Nsengiyumva (Kommandant der militärischen Sicherheitsdienste) ausgeliefert und vor Gericht gestellt. Mit seiner Zeugenaussage brachte der belgische Wissenschaftler Filip Reyntjens am 14.10. dann die Rolle der FPR in die Diskussion. Er bezeichnete sie als politisch mitverantwortlich für den Genozid und erklärte, daß es über von ihr begangene Menschenrechtsverletzungen bisher noch keine Untersuchung gegeben hätte.

Außenpolitik

Die Außenpolitik wurde von den **Entwicklungen im ehemaligen Zaire**, an denen Kigali maßgeblich beteiligt war, geprägt. Gleichzeitig verwahrte sich die Regierung gegen jede Kritik aus dem Ausland an den Entwicklungen im eigenen Lande.

Bereits am 19.5. erkannte Rwanda als eines der ersten Länder die neue **Demokratische Republik Kongo** an. Nach mehreren Dementis gab Vizepräsident Kagame am 9.7. in der *Washington Post* (und am 8.8. in der südafrikanischen *Mail & Guardian*) zu, daß rwandische Streitkräfte die Vertreibung Mobutus ermöglicht hatten. Die *Alliance des Forces Démocratiques pour la Libération du Congo* (AFDL) würde von mittleren Offizieren geführt, APR-Kräfte wären in wichtigen Situationen wie z.B. bei der Eroberung von mindestens vier Städten (Kisangani, Lubumbashi, Kenge und Kinshasa) eingesetzt worden, zwei höhere AFDL-Kommandeure seien APR-Mitglieder. Zunächst hätten nur die Flüchtlingscamps aufgelöst werden sollen. Gemeinsam mit Angola wäre aber entgegen ugandischen Einwänden auch der Vormarsch auf Kinshasa betrieben worden. Er hätte die US-Regierung 1996 gewarnt, daß Rwanda gegen die Flüchtlingscamps vorgehen würde, wenn die internationale Gemeinschaft dies nicht tun würde und lobte Washington nun dafür, die folgenden Entwicklungen ermöglicht zu haben. Indirekt machte er deutlich, daß die wirkliche Kontrolle nicht bei Kabila läge. Das Interview rief heftige Reaktionen besonders in der DR Kongo hervor. Kabila erklärte, Rwanda hätte lediglich zur Ausbildung und technischen Hilfe beigetragen. Die USA äußerten sich nicht. Kagames Äußerungen hatten in erster Linie eine außenpolitische Stoßrichtung: Sie sollten angesichts der Entwicklungen in Kongo Kabila warnen und anderen afrikanischen Regierungen die Machtverhältnisse klarmachen. Auch sollte sie möglichen Anschuldigungen der UNO-Untersuchungskommission zu den Massakern in Ostzaire vorbeugen, nachdem Menschenrechtsorganisationen behaupteten, AFDL und APR hätten gezielt unbeteiligte Flüchtlinge getötet. Am 4.11. stimmte aber die UNO-Hochkommissarin für Flüchtlingsfragen Sadako Ogata Rwanda indirekt insofern zu, als sie erklärte, die Ursache des Flüchtlingskatastrophe hätte in der nicht erfolgten Trennung von Kämpfern und Flüchtlingen gelegen. Kagame zufolge waren die Übergriffe von Einzelpersonen verübt worden und keine offizielle Politik gewesen. Rwanda und Kongo forderten eine Ausdehnung der Untersuchungen auf den Zeitraum seit 1993 und eine Einbeziehung der Aktionen gegen die Banyamulenge (im Kongo beheimatete Tutsi). Ende November spielte Kagame dann den Einfluß Rwandas herunter und rwandische Truppen zogen sich aus Kongo zurück. Dies geschah erneut im Hinblick auf die Entwicklungen im Nachbarland, wo Kabila wegen der angeblichen Tutsi-Dominanz immer mehr in die Kritik geriet und versuchte, eine eigenständigere Politik durchzuführen (so führten die Entwicklungen in Rwanda zur Schließung der Grenze am 3.10., die erst am Monatsende teilweise für Diplomaten und Geschäftsleute wieder geöffnet wurde, am 16.12. kam es in Goma zu Zusammenstößen zwischen den Truppen beider Länder), jedoch auch wegen der Gewalteskalation in Rwanda selber. Insgesamt dokumentierte sich die enge Zusammenarbeit zwischen den beiden Ländern in mehreren gegenseitigen Besuchen auf hochrangiger Ebene. Am 8./9.9. wurde bei einem Besuch Kabilas in Rwanda der Ausbau der sicherheitspolitischen Zusammenarbeit und eine verstärkte Kontrolle an den Grenzen beschlossen sowie die gemeinsame Ausbeutung der Methangasvorkommen des Kivu-Sees, dessen Vorkommen 1972 auf 50 Mrd. m^3 förderbares Gas geschätzt worden waren.

Auch zu den anderen Nachbarstaaten waren die Beziehungen gut bzw. sie verbesserten sich nach dem Sturz Mobutus und den damit verbundenen machtpolitischen Verschiebungen. Neben jenen zur DR Kongo bestanden enge Bindungen zu **Uganda**, am 12./13.8. wurden auf einem Dreiergipfel in Kinshasa wirtschaftspolitische Fragen behandelt und die politisch-militärische Zusammenarbeit bekräftigt. Es wurde beschlossen, eine seit langem geplante Straße von Kisangani über Goma nach Rwanda und Uganda zu bauen. Dies war bisher an fehlenden Mitteln gescheitert, nachdem die EU ihre Hilfe an Zaire eingestellt hatte. Die engen Beziehungen zu Uganda dokumentierten sich in zahlreichen Politikerbesuchen (unter anderem 10.-12.5. offizieller Besuch Musevenis, 1.4. Besuch des ugandischen Premierministers, 12.4. Unterzeichnung eines Abkommens über bildungspolitische Zusammenarbeit durch die zuständigen Minister in Kigali). Für den Aufbau eines neuen regionalen Machtbündnisses unter Führung Ugandas und Rwandas waren der Besuch von **Eritreas** Präsident Isayas Afewerki (25.6.-27.6), bei dem Abkommen über Handel, Investitionen, wirtschaftliche Kooperation und Sicherheit unterzeichnet wurden, und von **Äthiopiens** Premierminister Meles Zenawi (2.-4.11.) wichtig. Äthiopien trug dazu bei, daß die von Rwanda geforderte Schaffung einer internationalen Untersuchungskommission über den Genozid in Rwanda durch den OAU-Mechanismus für Prävention, Management und Lösung von Konflikten unterstützt wurde. **Tanzanias** Präsident besuchte am 27.1. erstmals offiziell Kigali, bei seinem Besuch ging es unter anderem um die Regelung der Flüchtlingsrückführung. Eine Ausweisung rwandischer Flüchtlinge im Herbst, bei der es zu Übergriffen durch tanzanische Sicherheitskräfte kam, wurde von Rwanda heruntergespielt und auf einem Ministertreffen Anfang Dezember diskutiert. Tanzania zeigte sich seinerseits an einer Ausweitung des bilateralen Handels interessiert und ermöglichte eine Abwicklung von Transaktionen auch über Isaka, was für rwandische Händler Erleichterungen bedeutete. Bei einem Besuch des früheren Präsidenten Julius Nyerere am 17./18.6. ging es um regionale Entwicklungen. **Kenya** stellte sich auf die neuen machtpolitischen Verhältnisse und ihre möglichen Auswirkungen auf die regionalen Handelsströme ein und bemühte sich um eine Entkrampfung der bilateralen Beziehungen. Es verbesserte die Ausfuhrbedingungen im Rahmen der **Northern Corridor Authority**, an der es neben Uganda, Rwanda, Burundi und der DR Kongo beteiligt ist. Nach einem überraschenden Besuch Kagames in Nairobi am 16.7. unterstützte es den Beitritt Rwandas zur **East African Cooperation** und kündigte die Wiedereröffnung der seit 13 Monaten geschlossenen Botschaft in Nairobi an. Es wurden zwar keine konkreten Abkommen geschlossen, in der Folge wurden jedoch mindestens sieben Hutu, denen eine Beteiligung am Genozid 1994 vorgeworfen wurde, in Kenya verhaftet. Die Zusammenarbeit mit **Burundi** dokumentierte sich in mehreren Treffen auf höchster Ebene, im Mai wurde ein Abkommen über die gegenseitige Auslieferung von Rebellen von den Behörden des Grenzgebiets ausgehandelt. Spannungen - wie ein Protest Rwandas wegen der Behandlung seiner Diplomaten Anfang April - wurden von Bujumbura heruntergespielt. Beide Seiten waren an einer Aufhebung des Embargos gegen Burundi interessiert, Rwanda unter anderem aus wirtschaftspolitischen Gründen.

Zambia zeigte Interesse an einer Belebung der Zusammenarbeit, am 27.7. war Präsident Frederick Chiluba in Kigali. Im Oktober gab es Spekulationen über die mögliche Entführung einer früheren Ministerin aus der Übergangsregierung von 1994. Mit den Entwicklungen im damaligen Zaire hing der Besuch Kagames in **Angola** am 2.5. und mit denen in der **Republik Kongo** der von Präsident Lissouba in Kigali am 15.9. zusammen. Mit der **Republik Südafrika** stand die militärpolitische Zusammenarbeit im Vordergrund: im Juli nahm Johannesburg seine Waffenlieferungen teilweise wieder auf, des weiteren bildete es Hubschrauberpiloten der APR aus.

Mit **Burkina Fasos** Präsident Blaise Compaoré besuchte am 30./31.5. ein westafrikanischer Staatschef Kigali, der in der Außenpolitik der frankophonen Länder, zu denen die Beziehungen weiterhin gespannt waren, eine wichtige Rolle spielte. Er sicherte Hilfe bei der Auslieferung des Genozids Verdächtiger zu. Dieses Thema spielte auch eine Rolle bei der Reise von Außenminister Anastase Gasana nach **Benin, Togo** und in die **Zentralafrikanische Republik** im September. Beim Besuch von **Belgiens** Minister für Zusammenarbeit und Entwicklung, Reginald Moreels

(28.6.-2.7.) wies Kigali alle Vorwürfe über eine Beteiligung an der Ermordung der Flüchtlinge zurück. Moreels rechtfertigte die Verringerung der Zahl belgischer Entwicklungshelfer von ca. 100 (1994) auf 26 mit einer neuen Form der Kooperation, die dem Empfängerland mehr Verantwortung zubilligte. Im Jahresverlauf stellte Brüssel finanzielle Mittel vor allem für die Bereiche Gesundheit, Bildung, Landwirtschaft und Justiz zur Verfügung. In Belgien klagten Familien von Opfern des Genozids gegen den damaligen Außenminister Willy Claes. Der Bericht einer Senatskommission dieses Landes, der am 7.12. veröffentlicht wurde, warf dem damaligen Oberbefehlshaber der UNO-Truppen fehlende Hilfe für gefährdete Personen vor. Außerdem wurde darauf hingewiesen, daß sowohl die UNO als auch die belgische Regierung bereits im Januar 1994 über die Vorbereitungen für den Genozid informiert gewesen seien. Nach dem Massaker von Mudende im Dezember, das von rwandischer Seite als Fortführung des Genozids interpretiert wurde, zeigte es sich jedoch, wie zerbrechlich die Beziehungen ungeachtet aller Bemühungen noch waren: Kagame machte Belgien und **Frankreich** für den ethnischen Haß verantwortlich. Er hatte zuvor im November in *Le Figaro* die Rolle Frankreichs 1994 kritisiert. Frankreich dagegen bemühte sich wie Belgien um eine vorsichtige Annäherung: der frühere Premierminister Michel Rocard (1988-91) erklärte bei einem Besuch Anfang September in seiner Funktion als Präsident der Kommission für Entwicklung des Europäischen Parlaments, daß die Unterstützung seines Landes für Habyarimana viel zu lange gedauert habe und bedauerte, daß die damalige internationale Sichtweise westlicher Staaten zu dessen Unterstützung geführt hätte. Er bestritt eine Beteiligung am Genozid und äußerte sich optimistisch über die Wiederaufbaukapazitäten des Landes.

Rwanda war neben Uganda ein tragender Pfeiler für die neue Afrikapolitik der **USA**. Washington unterstützte Rwanda bei der Reintegration der Flüchtlinge, begünstigte den Sturz Mobutus und machte seinen Einfluß beim Konflikt zwischen Kinshasa/Kigali und der internationalen Gemeinschaft über die Arbeit der UN-Untersuchungskommission über die Massaker an Flüchtlingen (Besuche des US-Botschafters bei der UNO, William Richardson, am 5.5. und 27.10. in Kigali) geltend. Außenministerin Madeleine Albright enthielt sich bei ihrem Besuch am 11.12. jeglicher Kritik an der eskalierenden Gewalt im Land und versprach Hilfe in Höhe von $ 4 Mio., davon $ 1,7 Mio. für die Demobilisierung von Soldaten, $ 1,2 Mio. für Bildung und $ 1 Mio. für verschiedene Projekte der Demokratieförderung.

Die weitreichende Unterstützung durch die USA wurde umso deutlicher, als unmittelbar vor Albright die **UNO-Hochkommissarin für Menschenrechte**, Mary Robinson, Kigali besucht hatte, um die Arbeit der UNHRFOR zu überprüfen und den Aufbau einer rwandischen Menschenrechtskommission zu diskutieren (4.-7.12.). Zum Abschluß ihres Besuches äußerte sie sich sehr kritisch und bezeichnete die Lage der Menschenrechte wegen der Vergehen sowohl seitens der Regierung als auch der Hutu-Milizen als sehr schlecht. Die Regierung hätte keine Politik der Aussöhnung. Diese wies die Erklärung als schlecht informiert und irreführend zurück; nur mit Mühe konnte eine Verschlechterung der Beziehungen verhindert werden.

Der Versuch Rwandas, neben den USA auch die Beziehungen zur anglophonen Welt unter Führung **Großbritanniens** zu verbessern, gelang nicht. Zwar sagte die Ministerin für internationale Entwicklung, Clare Short, bei ihrem Aufenthalt in Kigali Rwanda Unterstützung in internationalen Gremien zu und außerdem wurden aus Anlaß der Schaffung einer gemeinsamen Kommission $ 8 Mio. zur Verfügung gestellt, eine Mitgliedschaft Rwandas im Commonwealth wurde aber beim Gipfeltreffen in Edinburgh Ende Oktober offiziell wegen der fehlenden historischen Bindungen, in Wahrheit aber wohl eher wegen der Lage der Menschenrechte abgelehnt. Die britische Regierung war in die Kritik geraten, als sie Anfang des Jahres zugeben mußte, daß 1994 trotz des von der UNO verhängten Waffenembargos gegen Rwanda von zu Großbritannien gehörenden Gebieten Waffen dorthin umgeleitet worden waren. Dies ging aus Dokumenten hervor, die beim Vormarsch der Rebellen in Zaire im November 1996 entdeckt worden waren. Das Interesse an einer engeren entwicklungspolitischen und wirtschaftlichen Zusammenarbeit mit **Japan** wurde mit dem Besuch Kagames in diesem Land im April deutlich. Dabei versprach Tokio Unterstützung beim Wiederaufbau des öffentlichen Transportsystems; die Firma Nikkon wollte sich zumindest teilweise auf kommerzieller Basis am Aufbau des Telekommunikationsnetzes beteiligen.

Sozioökonomische Entwicklung
Die externen Geber waren mit der **wirtschaftlichen Entwicklung** zufrieden. Der IWF dokumentierte mit einem Kredit über $ 12 Mio. im Rahmen seines Hilfsprogramms zur Bewältigung von Konflikten sein Vertrauen in die Regierungspolitik, die Weltbank versprach $ 45 Mio. für Straßenbau. Bei einer Bilanz der Wiederaufbauleistungen seit 1994 wurden besonders die Reintegration der Heimkehrer und Flüchtlinge, Fortschritte bei der Wiederherstellung der sozialen und wirtschaftlichen Infrastruktur und der Wiederaufbau wirtschaftlicher Schlüsselinstitutionen wie des Banksektors genannt. Mittelfristig sollte die Regierungspolitik sich auf die soziale und wirtschaftliche Reintegration der Flüchtlinge konzentrieren, den wirtschaftlichen und finanziellen Aufbau vorantreiben und ein dauerhaftes Wachstum ermöglichen. Für 1997 sollte der Schwerpunkt auf der Konsolidierung der Steuerpolitik liegen. Strukturell sollten die Effektivität der Verwaltung verbessert, ein Plan zur Demobilisierung der Soldaten entwickelt und umgesetzt, öffentliche Unternehmen reformiert, liquidiert oder privatisiert sowie Entwicklungsstrategien für die Sektoren Gesundheit, Bildung und Landwirtschaft entwickelt werden. Weiterhin lag das Wachstum unter dem von 1990. Die Inflation, die nach IWF-Angaben bei 11% gelegen hatte, drohte durch eine sinkende Nahrungsmittelproduktion infolge der Kämpfe, ausbleibender Regenfälle sowie steigender Transportkosten wegen der heftigen Überschwemmungen in den Nachbarländern zu steigen. Anläßlich des Besuchs vom für Afrika zuständigen Vizepräsidenten der Weltbank, Callisto Madavo, forderte der Ministerpräsident Hilfe bei einer Lösung des **Schuldenproblems**. Der Schuldenstand lag nach aktualisierten Weltbankzahlen bei $ 1,1 Mrd. mit der Weltbank als Hauptgläubigerin. Die Rückstände beim Schuldendienst beliefen sich auf $ 80 Mio.. Die Finanzierung des Haushalts blieb in erheblichem Umfang von ausländischen Geldern abhängig. Am 23.9. wurde eine Kürzung der Militärausgaben von 34% auf 20% des Budgets bis Ende 1998 beschlossen. Diese sollte vor allem durch die von den Geldgebern geforderte und publikumswirksam durchgeführte **Demobilisierung** von 4 874 Soldaten am 29.9. (bis zum Jahr 2000 sollen insgesamt 17 500 APR-Soldaten und 40 000 Soldaten der FAR entlassen werden) und die Rezivilisierung von 2 500 Kindersoldaten erreicht werden - eine Maßnahme, die vom Oppositionspolitiker Seth Sendashonga angesichts der anhaltenden Gewalt als Makulatur kritisiert wurde, da von ihr überwiegend nur Soldaten betroffen waren, die aus dem einen oder anderen Grund nicht mehr an der Front eingesetzt werden konnten.

Probleme bereiteten die **schlechten Ernten**, die im Frühjahr bei einigen Produkten zu Preissteigerungen bis zu 50% führten. Die zweite Ernte ab Juni stieg zwar im Vergleich zum Vorjahr um 6% (Anbaufläche + 33%), die ungenügenden Regenfälle, die Landpolitik der Regierung und die sozialen Verwerfungen hatten aber weiterhin zur Folge, daß nur 70% des Bedarfs gedeckt werden konnten. Am wenigsten war der Osten des Landes von dem Mangel betroffen. Angesichts dieser Verhältnisse bat der Außenminister die UNO-Generalversammlung um einen Mini-Marshall-Plan, nach Schätzungen der Regierung benötigen 29% der Rwander Hilfe. Auch die Kaffee- und Tee-Ernte, deren Anteil an den Exporteinnahmen früher 80% betragen hatte, lag bei nur noch 57% bzw. 46%. Gemeinsam mit Äthiopien, Kenya, Tanzania und Uganda wurde im Herbst ein Programm zur Verbesserung von Kaffeequalität und -produktion beschlossen, dem sich später die DR Kongo und Burundi anschließen sollen.

Die **Privatisierungspolitik** der Regierung sollte durch eine ab Juni arbeitende halb-autonome Kommission aus Vertretern von Regierung und Privatwirtschaft sowie durch den neuen Finanzminister Kaberuka vorangetrieben werden. Hier gab es besonders mit dem Parlament, das eher zu einer anhaltenden staatlichen Kontrolle tendierte, Konflikte. Investoren, die viele Anreize erhielten bzw. mit einem geplanten Investitionsförderungsgesetz angezogen werden sollten, interessierten sich vorwiegend für die Bereiche Telekommunikation, Erdölprodukte, Exportprodukte und Hotels. So wurde das Mobiltelefonnetz an die südafrikanische MTN vergeben, die Rwanda anscheinend zum Zentrum für Zentralafrika machen wollte.

Rwanda war 1997 dem jährlich veröffentlichten ***Human Development Index*** von UNDP zufolge das zweitniedrigst entwickelte Land der Erde, ca. 25% der Bewohner Kigalis hatten AIDS, im April wurden bei einer Aktion 1 500 Kinder und Jugendliche, die kein Zuhause hatten, in der Hauptstadt aufgegriffen. Es wurde geschätzt, daß als Folge des Völkermords der **Frauenanteil** über 60% lag, der größte Teil der ärmsten Haushalte des Landes wurde von Witwen geführt. Vor diesem Hintergrund bemühte sich die Regierung gezielt um eine Verbesserung der Lage der Frauen. So wurde ein Gesetz vorgelegt, um ihnen das in der traditionellen Gesellschaft verwehrte Erbrecht zu ermöglichen. Im Februar wurde in Anwesenheit von Bizimungu und Kagame eine Panafrikanische Frauenkonferenz über Frieden, Geschlechterbeziehungen und Entwicklung in Kigali eröffnet.

Die **Beziehungen zu den Kirchen** entspannten sich etwas. Nachdem 1996 der Papst mit seiner Ablehnung einer Mitverantwortung für den Genozid allgemeine Empörung ausgelöst hatte, wurde im September erstmals die Umwandlung einer katholischen Kirche in eine Genozidgedenkstätte gestattet. Der neue Bischof der Anglikaner entschuldigte sich am 4.8. dafür, den Genozid nicht öffentlich verdammt zu haben, protestantische Vertreter bedauerten im Juli die Rolle der Kirchen während des Völkermords.

Im September setzte die Regierung erstmals im Südwesten eine Entscheidung um, wonach 1994 Geflohene ihre Häuser zurückerhalten sollen. Diese waren inzwischen von den 1994 mit der APR zurückgekehrten, in den 60er Jahren geflüchteten Rwandern in Besitz genommen worden. Hiervon waren ca. 8 000 Familien betroffen.

Regina Wegemund

Chronologie Rwanda 1997

12.02.	Veröffentlichung des Paschke-Berichts zum ITR
28.03.	Regierungsumbildung
April	Japan-Besuch von Vizepräsident Kagame
19.05	Anerkennung der Demokratischen Republik Kongo
09.07.	Interview von Vizepräsident Kagame in der *Washington Post*
16.07.	Überraschender Besuch von Vizepräsident Kagame in Kenya
21.08..	1. Massaker von Mudende
29.09.	Spektakuläre Demobilisierung von Soldaten
07.10.	Überraschende Entlassung des Finanzministers
10.12.	2. Massaker von Mudende
11.12.	Besuch von US-Außenministerin Madeleine Albright
04.-07.12.	Besuch der UNO-Hochhommissarin für Menschenrechte, Mary Robinson

Afrika-Jahrbuch 1997, S. 296-300

Seychellen

Fläche: 444 km^2, **Einwohner:** 0,075 Mio., **Hauptstadt:** Victoria, **Amtssprache:** Englisch, **Lebenserwartung:** 71 J., **Alphabetisierung:** 88%, **Wechselkurs:** $ 1 = Seychelles Rupee (SR) 5,14, **HDI:** 0,845, Rang 1, **Pro-Kopf-Einkommen:** $ 6850, **BSP:** $ 526 Mio., **Anteile am BIP:** 4% - 22% - 74%, **Hauptexportprodukte:** Fisch und -Konserven 89%, **Staats- und Regierungschef:** France Albert René, **Regierungspartei:** Seychelles People's Progressive Front (SPPF)

Die innenpolitischen Manöver waren schon von den 1998 fälligen Wahlen und von der anhaltend dominanten Machtausübung der SPPF geprägt. Die Außenpolitik stand stark unter dem Vorzeichen außenwirtschaftlicher Interessen, während die Wirtschaftspolitik nur halbherzig einen Liberalisierungskurs verfolgte und auf Schwierigkeiten bei einer Beschleunigung der wirtschaftlichen Entwicklung stieß.

Innenpolitik

Die für **Mitte '98 erwarteten Präsidentschafts- und Parlamentswahlen** warfen bereits einen langen Schatten voraus, da viele politische Aktionen von Regierung wie Opposition offensichtlich auf günstige Ausgangspositionen dafür abstellten. Angesichts des labilen Gesundheitszustandes von Präsident René gab es vereinzelte Gerüchte über die Frage seiner erneuten Kandidatur bzw. Nachfolge. Im tagtäglichen Regierungsgeschehen gab René unübersehbar immer mehr Aufgaben an den **Vizepräsidenten James Michel** (gleichzeitig Minister für Finanzen, Kommunikationswesen und Verteidigung) ab, der stark präsent und anscheinend ohne Konkurrenz als eventueller Nachfolger war. Der Tod der langjährigen Außen- und Planungsministerin Danielle de St. Jorre am 25.2. in Paris (nach längerer Krebsbehandlung) hinterließ eine schwierige Lücke in der nicht ganz leichten Außenvertretung des kleinen Inselstaates. Erst am 23.7. wurde Jeremy Bonnelame, bis Juni Generalsekretär der IOC (*Indian Ocean Commission*) und bereits vorher Minister gewesen, zum Nachfolger ernannt; die ebenfalls von St. Jorre gehaltene Zuständigkeit für Umwelt übernahm nun auch noch Vizepräsident Michel.

Insgesamt nutzte die **SPPF** ihre ausgesprochen **komfortable Mehrheitsposition** zu einer ziemlich rücksichtslosen Durchsetzung ihrer Machtinteressen gegen die sowieso **schwache Opposition**. Bereits Ende '96 war die Wahlgesetzgebung dahingehend geändert worden, die kurzfristige Ansetzung von Wahlen zu ermöglichen und die offizielle Wahlkampfperiode stark zu verkürzen. Im Januar erfolgte eine Wählerregistrierung, die nur zwei Wochen Zeit für die Überprüfung zuließ (nur von 47% der Wahlberechtigten wahrgenommen); nach dem 1.3. wurden keine Ergänzungen mehr zugelassen. Aufgrund von Oppositionsprotesten gegen Fehler des Registers und wegen der Schaffung von drei neuen Wahlkreisen wurde dann jedoch im September eine besondere Volkszählung durchgeführt (die letzte war erst '94 gewesen). Von der Opposition wurde auch die Neutralität des Wahlkommissars Gerard Ah-Shung bezweifelt, der früher als Beamter eng mit René und Michel zusammengearbeitet hatte. Ebenfalls kontrovers war die Frage des fairen Zugangs zu den staatlichen Medien, insbesondere nach der Berufung von Renés Frau in das Aufsichtsorgan der *Seychelles Broadcasting Corporation* (SBC).

Die seit den Wahlen von '93 stärkste **Oppositionspartei DP** (*Democratic Party*) unter Führung von Sir James Mancham, dem '92 nach 15 Jahren Exil zurückgekehrten ersten Staatspräsidenten, trat weiterhin kaum als ernsthafte Gegenkraft zur Regierung auf, da Mancham einen stark auf nationale Aussöhnung und Einheit angelegten Kurs (allerdings mit deutlich opportunistischen Elementen hinsichtlich einer ungehinderten wirtschaftlichen Betätigung) verfolgte. Dadurch konnte die **andere oppositionelle Partei UO** (*United Opposition*) - obgleich nur mit ihrem Führer Wavel Ramkalawan im Parlament vertreten - merklich an Profil gewinnen und die Aufmerksamkeit des Teils der Bevölkerung auf sich ziehen, der sich nicht länger von der Arroganz der SPPF-Führung mit ihren Eigeninteressen gängeln lassen wollte. Ein wichtiger Schritt war zur Jahresmitte die von der UO vorgelegte Veröffentlichung einer *"Agenda for Reform"*, die erstmals eine halbwegs kohärente Alternative zu den herrschenden Verhältnissen aufzeigte und den faktischen Weiterbestand von zentralistischen staatlichen Strukturen (trotz formeller Demokratisierung und Privatisierung) heftig kritisierte. Ein Verhandlungsangebot von Ramkalawan für eine mögliche Wahlallianz von UO und DP im kommenden Jahr lehnte Mancham am 27.11. ab, obgleich die Mehrheit des ZK der DP für diese Idee gewesen war. Immerhin hatte sich Mancham im Vorjahr sogar für eine Koalition mit der SPPF ausgesprochen gehabt. Außerdem wurde bekannt, daß die DP für ihr Parteigebäude vom Staat ein Grundstück zu einem extrem günstigen Vorzugspreis erhalten hatte.

Im **Parlament** versuchte die überwältigende SPPF-Mehrheit wiederholt, die Wirksamkeit des UO-Vorsitzenden Ramkalawan bei der Bevölkerung (insbesondere durch die Übertragung der Parlamentsreden) einzuschränken. So wurde er am 7.10. für zwei Parlamentssitzungen ausgeschlossen, nachdem er heftige Kritik an den hohen Importzöllen für Grundbedarfsgüter und am Monopol des *Seychelles Marketing Board* (SMB), der trotz hoher Gewinne keine Dividendenzahlungen an das Finanzministerium abführte, vorgebracht hatte. Mitte November wurde er dann sogar kurz vor der wichtigen Haushaltsdebatte für sieben Sitzungen (bis über den Jahreswechsel) ausgeschlossen wegen eines tätlichen Schlagabtauschs mit einem SPPF-Abgeordneten, bei dem er sich persönlich provoziert gefühlt hatte. Während der Haushaltsdebatte am 3.12. verließ DP-Chef Mancham nach einem Wutanfall das Parlament, nachdem er in einem Redebeitrag mit einer Söldneraktion gegen René im Jahr 1981 in Verbindung gebracht worden war; spontane Andeutungen eines vollständigen Rückzugs aus der Politik bewahrheiteten sich dann aber nicht. Mitte Oktober erklärte überraschend Christopher Gill, der einzige '93 direkt in einem Wahlkreis (für die DP) gewählte Oppositionsabgeordnete, den Beitritt zur SPPF,nachdem er bisher einer der schärfsten Kritiker des Regimes gewesen war. Er war '95 nach Streit mit Mancham über dessen weichen versöhnungsbereiten Kurs aus der DP ausgeschlossen worden. Nachdem ihm weder Rückkehr in die DP noch Eintritt in die UO geglückt war, vollzog er den **Wechsel zur SPPF** unter Verweis auf deren positive Sozial- und Wohnungsbaupolitik. Nach Gills Übertritt verweigerte die SPPF-Mehrheit mit prozeduralen Tricks die verfassungsgemäß vorgeschriebene Abhaltung einer Nachwahl in dem Wahlkreis.

Ein anhaltender Streitpunkt war das sog. *Economic Citizenship Programme* (ECP), das in vieler Hinsicht an die scharfen Kontroversen um den *Economic Development Act* (EDA) im Jahr '95 erinnerte. Im November '96 hatte es erstmals Hinweise darauf gegeben, daß die Regierung **an Ausländer seychellische Pässe** verkaufte, die eine visumfreie Einreise nach Europa ermöglichten. Nachdem dies zunächst abgestritten worden war, ließ sich die Tatsache nach Vorliegen der Wählerregistrierung im Januar aber nicht länger verheimlichen. Im April gab der Chef der Einwanderungsbehörde im Fernsehen zu, daß das ECP tatsächlich von Hongkong aus schon drei Jahre betrieben wurde und bislang zu 243 Anträgen geführt hatte. Eine Antwort auf eine Parlamentsanfrage Ramkalawans machte im Juni deutlich, daß es sich mehrheitlich um Chinesen (130) und Russen (57) handelte, die z.T. nie persönlich auf den Seychellen waren. Der ursprüngliche Preis von $ 25 000 für einen Paß war im März auf $ 35 000 angehoben worden; zusätzlich sollten die neuen Bürger nun auch noch $ 100 000 auf ein Konto bei der Zentralbank als Beleg für eine Investitionsabsicht in den Seychellen einzahlen (in der ersten Jahreshälfte '97 brachte das ECP bei 104 Paßgenehmigungen dem Staat Einnahmen von $ 1,8 Mio.). Am 16.9. setzte das Parlament auf Antrag von Mancham ein Sonderkomitee zur eingehenden Beratung des umstrittenen Themas und zur Erarbeitung von Empfehlungen an die Regierung ein.

Im Bemühen um eine Einschüchterung kritischer Stimmen hatte Erziehungsminister Patrick Pillay die wichtigste oppositionelle Wochenzeitung *Regar* (der UO nahestehend), die sich besonders beim Kampf gegen den EDA engagiert hatte, 1995 wegen eines Artikels über ein Grundstücksgeschäft verklagt; im Berufungsverfahren wurde *Regar* im Dezember zu einer Entschädigung in Höhe von SR 175 000 verurteilt. Dieses **Verfahren gegen ein kritisches Presseorgan** wirkte auch abschreckend im Hinblick auf die Offenlegung einer ganzen Anzahl vermutlich dubioser Geschäftsvorgänge im Zusammenhang mit der Privatisierung von staatlichen Unternehmungen (ohne transparente Ausschreibungen) und mit Grundstücksgeschäften (bei einer außerordentlichen Knappheit an nutzbarem Boden). Insgesamt aber schien auch nach Eindruck der

Opposition seit der Einführung demokratischer Verhältnisse der Umfang an Korruption um einiges zurückgegangen zu sein.

Erstmals seit '92 wurde am 5.6. der (diesmal 20.) Jahrestag von Renés Putsch und Machtübernahme wieder mit größeren Feierlichkeiten begangen - nicht der Tag der Unabhängigkeit (29.6.). Dies war durchaus als Indiz dafür zu bewerten, daß die SPPF weiter an ihrem Dominanzanspruch festhielt und nur ein oberflächliches Verständnis von demokratischem Pluralismus an den Tag legte.

Außenpolitik

Die auswärtigen Beziehungen waren weiterhin primär von der **Verfolgung außenwirtschaftlicher Interessen** und den Bemühungen um die Anziehung ausländischer Investoren (siehe EDA und ECP) geprägt. Nach Verlust der einstmaligen strategischen Bedeutung des Landes für die USA, Frankreich und die Sowjetunion und ohne Hoffnungen auf Erhalt regulärer Entwicklungshilfe (wegen des hohen Einkommensniveaus), bemühte sich die Regierung vor allem um die Anknüpfung neuer Beziehungen in Asien und im arabischen Raum. Aus Kostengründen wurden die Botschaften auf Paris (für Westeuropa) und New York (für Nord- und Südamerika) konzentriert, innerhalb von zwei Jahren sollten aber neue Botschaften in Malaysia und Südafrika eröffnet werden. Im Januar unternahm René eine zweiwöchige Tour durch Südostasien, vorrangig zur Anwerbung von Investoren im Tourismusbereich. Am 3./4. Mai begann der chinesische Premierminister Li Peng eine große Afrika-Rundreise auf den Seychellen; auch auf Parteiebene der SPPF gab es mit China, einem der wichtigsten Handelspartner, vertiefte Beziehungen durch Besuche von Jugend- und Frauendelegationen (Ende März bzw. Mitte Mai). Strategisch wichtig war es für den kleinen Inselstaat vor allen Dingen, nicht aus den verschiedenen sich herausbildenden Regionalgruppierungen ausgeschlossen zu bleiben, nachdem die IOC (*Indian Ocean Commission*) auch weiter ohne größeres Gewicht und erkennbare Perspektive blieb. Am 8.9. erfolgte daher der etwas überraschende Beitritt zur **SADC** (*Southern Africa Development Community*), vornehmlich wohl im Hinblick auf die Beziehungen mit Südafrika, während der Bezug zu den anderen SADC-Ländern ausgesprochen gering war. Eventuelles Interesse bestand auch an der COMESA (*Common Market for Eastern and Southern Africa*), wesentlich stärkeres aber vor allem an der neuen kontinentübergreifenden Gruppierung der Anrainerstaaten des Indischen Ozeans **IORARC** (*Indian Ocean Rim Association for Regional Cooperation*), die insbesondere von Mauritius vorangetrieben wurde; allerdings hatte sich Mauritius - nicht zuletzt wegen des umstrittenen EDA - zunächst sehr ablehnend bezüglich eines Beitritts der Seychellen verhalten. Nach einigem Zögern wurde im Interesse erleichterter außenwirtschaftlicher Beziehungen und der Anziehung ausländischer Investoren auch ein Beitrittsantrag bei der **WTO** gestellt; eine Arbeitsgruppe zur Diskussion über die Erfüllung der WTO-Aufnahmebedingungen trat erstmals am 20.2. in Genf zusammen. Problematisch waren dabei vor allem die bisher praktizierten Einfuhrbegrenzungen und das Quasimonopol des SMB beim Handel wichtiger Produkte. Als internationale Werbung gedacht war die Abhaltung des Schönheitswettbewerbs *"Miss World"* am 22.11., was die Regierung immerhin $ 3 Mio. kostete, dennoch aber fortgesetzt werden sollte.

Sozioökonomische Entwicklung

Die **gesamtwirtschaftliche Lage** blieb - allerdings auf für Afrika ausgesprochen hohem absoluten Niveau - **anhaltend schwierig**. Die Wachstumsrate lag '97 mit voraussichtlich 1,5% immerhin etwas über dem Wert der beiden Vorjahre, bei nahezu vollständiger Preisstabilität. Weiterhin extrem prekär war die dauernde Devisenknappheit (im November entsprachen die Devisenreserven von $ 19 Mio. gerade einer Importdeckung von drei Wochen). Zu Jahresbeginn wurde die bisherige Praxis einer Warteliste für die **Devisenzuteilung** durch die Zentralbank als offensichtlich nicht erfolgreich aufgegeben; bis Oktober '96 waren die Einzahlungen in die *"pipeline"* bis auf SR 378 Mio. angestiegen und die Wartezeit belief sich auf über ein Jahr. Nunmehr wurde die Devisenzuteilung den Geschäftsbanken übertragen, was aber an dem grundlegenden Problem nichts änderte. Nach einem neuen Gesetz mußten alle Devisenerlöse bei einer Bank eingezahlt werden, um den Schwarzmarkt zu unterbinden. Für das **strukturelle Wechselkursdilemma** gab es aber keine wirklich befriedigende Lösung: die Politik einer starken Rupie (mit einer geschätzten Überbewertung von rund einem Drittel) machte einerseits die Seychellen zu einem extrem teuren Tourismusziel, andererseits wurde daran festgehalten, um die Einfuhren (darunter auch die für den hochklassigen Tourismus erforderlichen Inputs) nicht noch weiter zu verteuern. Hintergrund war das unverändert hohe, kaum grundlegend veränderbare Ungleichgewicht der Handelsbilanz: trotz beachtlicher Steigerung der Exporte von Thunfischkonserven übertrafen '96 die Gesamteinfuhren von SR 1 363 Mio. die Gesamtausfuhren (ohne Re-Exporte) von SR 205 Mio. um deutlich mehr als das sechsfache. Dieses strukturelle Grundproblem stand auch hinter den teilweise kontroversen Bemühungen einer "unkonventionellen" Erzielung von Deviseneinnahmen (über das nach Aussage von Michel noch nicht aufgehobene EDA und das ECP), ebenso wie hinter dem Versuch des Ausbaus der Seychellen zu einem **"*Offshore*"-Geschäftszentrum**. Letztere Ambition -als drittes Standbein der Wirtschaft neben Tourismus und Fischerei - blieb jedoch vorläufig nur begrenzt erfolgreich; bis Mitte '97 waren rund 2 000 internationale Gesellschaften bei der *Seychelles International Business Authority* (SIBA) registriert worden (weltweiter Anteil von nur etwa 1%) und wegen sehr niedriger Gebühren nur $ 0,2 Mio. Einnahmen erzielt worden. Auch der Ausbau der '95 geschaffenen *Seychelles International Trade Zone* (SITZ) - einer freien Produktionszone nach dem Vorbild von Mauritius - mit bisher 16 Unternehmen ging nur schleppend voran wegen mangelnder Konkurrenzfähigkeit und auch Problemen mit der Zuverlässigkeit der Arbeitskräfte (u.a. wegen der hohen Leistungen des staatlichen Sozialsystems); für die Fischverarbeitung mußten schon Gastarbeiter aus Sri Lanka angeworben werden.

Der **Tourismussektor**, die traditionelle Stütze der Volkswirtschaft, erlebte '97 praktisch eine Stagnation mit 130 000 Touristenankünften, allerdings einer Zunahme der Bruttoeinnahmen um 16% auf SR 616 Mio.; neben dem hohen Kostenniveau trugen auch reduzierte Flugverbindungen aus Europa zu dem enttäuschenden Ergebnis bei. Trotz massiver Proteste der Hotelbetreiber bestand die Regierung auf einer zu Jahresbeginn eingeführten neuen Steuer (ausgehend von der Bettenzahl, unabhängig von der tatsächlichen Belegung). Eine ausgesprochen positive Entwicklung gab es hingegen im **Fischereisektor**. Obgleich der konventionelle Fischfang in der ersten Jahreshälfte '97 um 12% zurückging, gab es bei der Krabbenproduktion einen Zuwachs von 15% und bei Thunfischkonserven gar einen Riesensprung um 445% gegenüber der Vorjahresperiode auf 14 200 t. Die von der US-Firma *Heinz* vorgenommenen Investitionen bei der *Indian Ocean Tuna* (IOT)-Fabrik haben die Thunfischverarbeitung auf eine völlig neue Grundlage gestellt. In einigen Jahren könnte die IOT zum größten Devisenbringer und Arbeitgeber werden. Die Bedeutung des **Landwirtschaftssektors** ging noch weiter zurück; Kopraexporte kamen ganz zum Erliegen, nur Zimtrinde wurde noch in bescheidenem Umfang ausgeführt.

Der **Staatshaushalt** 1996 hatte entgegen einem geplanten Überschuß von SR 36 Mio. mit einem desaströsen Defizit von SR 310 Mio. (ungefähr 12% des BIP) abgeschlossen, da erwartete Einnahmen aus dem Verkauf staatlicher Hotels in Höhe von SR 250 Mio. nicht zustande kamen und außerdem die Gesamtausgaben mit SR 1 406 Mio. um SR 76 Mio. überzogen wurden. Der Haushalt 1997 plante wieder einen Überschuß von SR 15 Mio. bei einem nur geringfügig auf SR 1 363 Mio., angehobenen Ausgabenansatz (vorwiegend für die Anhebung der niedrigeren Gehaltsstufen sowie für das Gesundheits- und Erziehungswesen) ein, doch nach den Zahlen für das erste Halbjahr wurde erneut ein erhebliches Defizit und die Notwendigkeit zur Kreditfinanzierung offensichtlich. Der von Vizepräsident Michel vorgelegte Haushaltsplan für 1998 sah schon mit Blick auf die kommenden Wahlen kräftig erhöhte Ausgaben von SR 1 524 Mio. (davon SR 312 Mio. für den externen Schuldendienst) bei geplanten Einnahmen von SR 1 448 Mio. und damit ein Defizit von SR 75 Mio. vor. Ein Bericht des **Rechnungshofes** äußerte sich ausgesprochen kritisch über das Finanzgebahren in den Jahren 1992-96 (wie übermäßige Kreditaufnahme, überhöhte Subventionen für staatliche Unternehmungen, zweifelhafte verlustbringende Privatisierungsaktionen); außerdem waren auch die Kompensationen für frühere Verstaatlichungen nur höchst unzureichend erfüllt worden. Im März gab es einen scharfen Konflikt über das Management der *Air Seychelles* und über angeblich zu starke politische Einflußnahme auf deren Routengestaltung, im Oktober einen weiteren Disput mit der britischen Firma *Cable & Wireless* über den Versuch einer Aushebelung ihrer bis zum Jahr 2010 laufenden Lizenz für ein Telekom-Monopol. Ein weiterhin unveränderter Anlaß für Kritik blieb auch die monopolistische Stellung des SMB beim Import wichtiger Güter (insbesondere Grundnahrungsmittel) für den geschützten Markt; dies war nur der offensichtlichste Fall des fortbestehenden **Widerstands gegen eine umfassende Privatisierung** und des Festhaltens an lukrativen Pfründemöglichkeiten.

Rolf Hofmeier

Chronologie Seychellen 1997

10.01.	René beginnt zweiwöchige Reise nach Südostasien
26.01.	Ende der Wählerregistrierung
20.02.	Erstes Treffen in Genf über Beitrittsantrag zur WTO
28./29.04.	14. IOC-Ministerratssitzung in Victoria
25.02.	Tod von Außen- und Entwicklungsministerin de St. Jorre
03./04.05.	Besuch des chinesischen Premierministers Li Peng
05.06.	Feierlichkeiten zum 20. Jahrestag der Machtergreifung von René
23.07.	Jeremy Bonnelame neuer Außenminister
08.09.	Beitritt zur SADC bei Gipfeltreffen in Lilongwe (Malawi)
16.09.	Parlamentskomitee über *Economic Citizenship Programme*
07.10.	Temporärer Ausschluß von UO-Führer Ramkalawan aus dem Parlament (erneut Mitte November)
Oktober	Übertritt von Ex-DP-Abgeordnetem Gill zur SPPF
22.11.	Schönheitswettbewerb zur "Miss World"
27.11.	DP-Führer Mancham weist UO-Angebot für Wahlallianz zurück
03.12.	Parlamentsdebatte über Haushaltsplan 1998

Somalia

Fläche: 637 657 km^2, **Einwohner:** 9,8 Mio., **Hauptstadt:** Mogadishu, **Amtssprache:** Somali, **Lebenserwartung:** 49 J., **Alphabetisierung:** 25%, **Wechselkurs:** $ 1 = Somali Shilling (SoSh) 7 500 (Somaliland: $ 1 = Somaliland Shilling (SolSh) 4000), **HDI:** k.A, **Pro-Kopf-Einkommen:** ca. $ 160, **BIP (1995):** ca. $ 1,56 Mrd., **Anteile am BIP:** 59% -10% - 31%, **Hauptexportprodukte:** Lebendvieh, Bananen, **Staats- und Regierungschef:** keine anerkannte Regierung (Nordmogadishu: Präsident Ali Mahdi Mohamed, Südmogadishu: Präsident Hussein Mohamed Farah "Aideed", Somaliland/Hargeisa: Präsident Mohamed Ibrahim Egal), **Quasi-Politische Organisationen:** Somali National Alliance (SNA), Somali Salvation Alliance (SSA)

Zwei konkurrierende Friedensabkommen vom Januar und vom Dezember eröffneten keine Aussicht auf eine baldige dauerhafte Regelung. Ab Oktober kam es in den südlichen Landesteilen zu einer Hochwasserkatastrophe. In Somaliland wurden die politischen Strukturen mit der Verabschiedung einer Verfassung gefestigt.

Innenpolitik

Die Verhandlungen zwischen insgesamt 26 Fraktionen, die im November 1996 in der äthiopischen Stadt **Sodere** begonnen hatten, wurden am 3.1. mit einem **Abkommen über die Bildung eines gemeinsamen Rates** der Unterzeichnerfraktionen und die Abhaltung einer "nationalen Versöhnungskonferenz" in Bosaso im Nordosten, die die Grundlagen für die Bildung einer provisorische Regierung schaffen sollte, abgeschlossen. Der *National Salvation Council* (NSC) setzte sich aus je neun Vertretern von Fraktionen aus den Clanverbänden Hawiye, Darod, Rahanweyn und Dir sowie fünf Vertretern kleinerer Gruppen zusammen; sechs der neun Sitze des Dir-Clanverbandes sollten für die Issaq reserviert bleiben. Als Führungsgremium wurde ein Exekutivkomitee aus elf Personen mit fünf gleichberechtigten Vorsitzenden bestimmt. Vorsitzende des NSC wurden Ali Mahdi Mohamed (Hawiye, Abgal-Clan, Vorsitzender der *Somali Salvation Alliance*/SSA und der Abgal-Fraktion des *United Somali Congress*/USC), Osman Hassan Ali "Ato" (Hawiye, Habr Gedir-Clan/Saad, Vorsitzender des USC-*Somali National Alliance*), Abdullahi Yussuf Ahmed (Darod, Majertein-Clan, Ko-Vorsitzender der *Somali Salvation Democratic Front*/SSDF), Aden Abdullahi Nur "Gebiyow" (Darod, Ogaden-Clan, Vorsitzender einer von zwei Fraktionen des *Somali Patriotic Movement*/SPM) sowie Abdulkader Mohamed Aden "Zobbe" (Rahanweyn, Vorsitzender einer von zwei Fraktionen des *Somali Democratic Movement*/SDM und Führer der *Rahanweyn Resistance Army*/RRA). Nicht an den Verhandlungen in Sodere teilgenommen hatte die *Somali National Alliance* (SNA); deren Vorsitzender, Hussein Mohamed Farah "Aideed", beanspruchte wie sein im August 1996 verstorbener Vater, General Mohamed Farah Hassan "Aideed", das Präsidentenamt für sich, obwohl dessen Ernennung zum Präsidenten Somalias (Juni 1995) nur durch seinen Flügel der SNA erfolgt war und seine "Regierung" weder von anderen Fraktionen noch international anerkannt wurde. Seine Weigerung, an der geplanten Versöhnungskonferenz teilzunehmen, begründete Hussein allerdings in einem Brief an UNO-Generalsekretär Annan vom 25.9. v.a. mit der militärischen Intervention äthiopischer Truppen in der Region Gedo. Ebenfalls nicht vertreten war die Regierung von Somaliland; die im Abkommen von Sodere ausgedrückte Nichtanerkennung der Existenz von Somaliland als eigenständige Einheit stieß in Hargeisa auf scharfe Ablehnung (s.u. Nordwestsomalia).

Zunächst wurde für den Beginn der Konferenz in Bosaso ein Termin im Februar genannt, was schon wegen der notwendigen Vorbereitungen wenig realistisch schien. Nach einer ersten Verschiebung auf März beschloß der NSC am 5.4. als neuen Termin den 10.6. Während Vertreter des NSC und die äthiopische Regierung um politische und finanzielle Unterstützung warben, bemühten sich u.a. der italienische Sonderbotschafter Cassini sowie die Regierungen Ägyptens und des Jemen um eine **Wiederbelebung des** im Oktober 1996 in Nairobi (Kenya) geschlossenen **Abkommens zwischen den Fraktionsführern** Ali Mahdi, Osman Ato und Hussein Aideed, das einen Waffenstillstand in Mogadishu, die Öffnung der Demarkationslinie ("*green line*") zwischen dem nördlichen, von der SSA kontrollierten, und dem südlichen, teils von Osman Ato und teils von der SNA kontrollierten Sektor der Stadt sowie die gemeinsame Wiederinbetriebnahme des Hafens und des Flughafens vorgesehen hatte. Hussein Aideed und Ali Mahdi trafen am 20.1. an der *"green line"* in Mogadishu zusammen und nach weiteren Gesprächen wurde am 29.5. in Kairo (Ägypten) eine gemeinsame Erklärung über einen Waffenstillstand veröffentlicht, der ab 28.5. gelten sollte. Gespräche zwischen Hussein Aideed und Osman Ato gab es im Februar in Nairobi; sie wurden in Sana'a (Jemen) fortgesetzt und endeten am 12.5. mit einer gemeinsamen Friedenserklärung. Diese wurde am 17.10. nochmals bekräftigt und durch eine weitere Vereinbarung ergänzt. In der zweiten Jahreshälfte war eine gewisse Beruhigung hinsichtlich der Fraktionskämpfe zu verzeichnen, eine Umsetzung des Abkommens von Nairobi erfolgte jedoch nicht.

Auch die Bosaso-Konferenz kam bis Jahresende nicht zustande. Sie wurde zunächst auf November vertagt und dann "aus logistischen Gründen" nochmals verschoben. Unterdessen unternahm die Regierung Ägyptens mit Unterstützung der Arabischen Liga eigene Vermittlungsbemühungen, die tatsächlich im November zu **Verhandlungen** zwischen den Unterzeichnerfraktionen des Abkommens von Sodere und Hussein Aideed **in Kairo** führten. Am 22.12. wurde eine **Vereinbarung** über die Bildung einer "Regierung der nationalen Einheit" für eine dreijährige Übergangszeit, die Schaffung eines föderativen Staates und die Abhaltung einer nationalen Versöhnungskonferenz im Februar 1998 unterzeichnet. Trotz der Einbeziehung der SNA gelang die Quadratur des Kreises auch mit diesem Abkommen nicht, denn es unterschied sich von dem von Sodere noch in zwei wichtigen anderen Punkten. Konferenzort sollte nicht Bosaso, sondern Baidoa sein; die Besetzung der Stadt durch die SNA im September 1995 und anderer Orte im Rahanweyn-Siedlungsgebiet hatte zu fortdauernden Kämpfen zwischen ihr und der RRA in den Regionen Bay und Bakool geführt. Zweitens wurde die Gewichtung der Clanverbände bei der Zuteilung von Delegierten bei der Konferenz zugunsten der Hawiye verändert. Bereits am 2.12. hatten Vertreter der SSDF Baidoa als Konferenzort abgelehnt, da die Stadt von einer fremden Fraktion besetzt sei; nach Abdullahi Yussuf **distanzierte sich** auch Aden Gebiyow als zweiter der fünf Vorsitzenden des NSC von dem Abkommen. Daß eine Versöhnungskonferenz im Februar 1998 zustande kommen würde, schien damit wenig wahrscheinlich.

In Mogadishu und dem Umland hingen **bewaffnete Zusammenstöße** zum Teil mit Auseinandersetzungen innerhalb der Fraktionen zusammen; am 16.4. stellten sich 830 SNA-Milizen gegen Hussein und seine Regierung, am 23.7. wurde berichtet, daß 200 Mann von der Fraktion Ali Mahdis wegen schlechter Versorgung zur SNA übergelaufen seien. In Nordmogadishu forderten Kämpfe zwischen Anhängern Ali Mahdis und Sheikh Ali Sheikh Mohamed "Dhere", dem im Oktober 1996 abgesetzten Vorsitzenden des Obersten Gerichtshofes, am 12.-14.2. bis zu 20 Tote. Außerdem gab es Zusammenstöße zwischen Milizgruppen der SSA, u.a. am 10.2. und 22.3. sowie am 11.12. in Nordmogadishu und am 10.10. in Jowhar; am 4.9. waren Flüge von Hilfsorganisationen nach Jowhar aus Sicherheitsgründen ausgesetzt worden. In Südmogadishu gab es Gefechte zwischen der SNA Husseins und der Fraktion von Osman Ato, so im Februar, April und Mai, aber auch Zusammenstöße unter SNA-Milizen, u.a. Anfang Juni und Anfang September. Aus der Region **Galgudud** wurden im Februar und März Zusammenstöße zwischen SNA-Milizen und lokalen Milizen berichtet, die sich nicht der Fraktion von Hussein zuordnen wollten.

In den Regionen **Bay und Bakool** setzte sich der Konflikt zwischen der RRA und der SNA fort. Zusammenstöße wurden v.a. in der Gegend von Baidoa und in der Umgebung von Hoddur berichtet. Im Mai übernahm die RRA für kurze Zeit die Kontrolle über Hoddur und Wajid, beide Orte wurden am 12.5. von der SNA zurückerobert. Nach eigenen Angaben besetzte die RRA Baidoa Anfang Oktober für zwei Tage, zog sich aber wieder zurück. Ende September sollten geheime Gespräche in Mogadishu aufgenommen worden sein, sie brachten aber offenbar keine Annäherung. Allerdings sollten Konflikte zwischen Clans der Digil und Rahanweyn (Mirifle) nach einem Bericht des Radiosenders der SSA nach viermonatigen Gesprächen im Juli mit einer Friedensvereinbarung beendet werden. In der Region **Gedo** standen sich Milizen der als islamistisch geltenden *al-Ittihad al-Islami* und der von äthiopischen Truppen unterstützte *Somali National Front* (Darod, Marehan-Clan) gegenüber; Kämpfe am 27./28.2. forderten über 60 Tote.

Eine Offensive am 12./13.6. zwang die *al-Ittihad* zum Rückzug aus einigen Positionen und am 10.9. wurde berichtet, daß sie auch El Wak an die SNF verloren hatte. Zwischen der SNA und der *al-Ittihad* sollte noch zu Lebzeiten von General Aideed eine gewisse Annäherung erfolgt sein, Berichte über eine Zusammenarbeit ihrer Milizen gab es aber nicht.

Am 22.2. wurde von einer in **Galkaio** erreichten Vereinbarung zwischen Majertein und Saad (Habr Gedir) berichtet, die u.a. die Rückgabe von geraubtem Vieh beinhaltete. Außerdem wurde aus Galkaio die Gründung einer neuen Fraktion gemeldet, die sich aus der SSDF abgespalten hatte. Trotz des Friedensabkommens vom Februar gab es am 17.10. eine Schießerei zwischen Saad- und Majertein-Milizen bei Galkaio mit mehreren Toten und Verletzten, am 22.10. wurde das Abkommen dann aber mit dem Abbau von Straßensperren in der Stadt bekräftigt. Die Auseinandersetzungen zwischen Marehan- und Majertein-Milizen um die Kontrolle der Hafenstadt **Kismayo** führten u.a. im März, Juni und August zu Kämpfen im Umland; mehrtägige Gefechte Mitte Juni forderten 34 Tote und 57 Verletzte. Vermittlungsversuche von Clanältesten blieben vorerst erfolglos. Im April begannen Bemühungen von Vertretern anderer Clans aus dem Hawiye-Clanverband, nachdem es zwischen Milizen der Hawadle, Galja'al und Mobilen in den Regionen Hiran und Mittlerer Schebelle zu Kämpfen gekommen war. Zwischen den Hawiye-Clans Abgal und Murosade in Mogadishu wurde nach Vermittlungsbemühungen von traditionellen und religiösen Führern am 24.7. ein Friedensabkommen geschlossen.

Außenpolitik

Das Abkommen von Sodere wurde international als positiver Schritt aufgenommen, u.a. von Italien, vom UNO-Sicherheitsrat mit einer Erklärung vom 3.3. und von der OAU, die am 24.4. für die geplante Friedenskonferenz $ 430 000 zusagte; Kuwait hatte am 25.3. weitere $ 100 000 versprochen. Nach anfänglicher Skepsis sprach auch der EU-Beauftragte Illing dem NSC seine Unterstützung aus. Delegationen des NSC besuchten u.a. den Jemen, der die Vermittlerrolle zwischen den Fraktionsführern Hussein Aideed und Osman Ato übernahm, Djibouti, Ägypten und Libyen. Die Vermittlungsbemühungen von italienischer Seite erfolgten weitgehend in Absprache mit Äthiopien und Kenya; die äthiopische Regierung war von der OAU und der Regionalorganisation IGAD als Vermittler beauftragt worden.

Die Verhandlungen in Sodere waren in erster Linie von **Äthiopien** initiiert worden, wobei eigene Interessen eine große Rolle spielten. Die von der Regierung dementierte, von Mitarbeitern von Hilfsorganisationen und anderen Beobachtern aber bestätigte Präsenz äthiopischer Truppen in grenznahen Gebieten der Region Gedo galt v.a. der Bekämpfung der *al-Ittihad al-Islami*, deren Sprecher sich im Vorjahr zu mehreren Anschlägen in Äthiopien bekannt hatten; auch andere bewaffnete äthiopische Gruppen könnten Südsomalia als Rückzugsgebiet nutzen (vgl. Länderartikel Äthiopien). Für den NSC bedeutete dies einen schwierigen Balanceakt - auf äthiopische Unterstützung angewiesen, konnten seine Mitglieder keine offene Verurteilung der militärischen Intervention aussprechen, eine Billigung hätte den NSC in der somalischen Bevölkerung diskreditiert. Es schien außerdem, daß sich die äthiopische Regierung wenig um eine Einbeziehung der SNA von Hussein Aideed bemühte; Berichte, daß neben der SNF auch andere Fraktionen aus dem Kreis der Unterzeichner des Sodere-Abkommens mit Waffen und Munition beliefert würden, blieben allerdings unbestätigt, ebenso wie Berichte, Libyen und Saudi-Arabien hätten für Waffenkäufe der SNA finanzielle Mittel zur Verfügung gestellt.

Ägypten beteiligte sich zunächst an den Bemühungen, zwischen den Fraktionsführern in Mogadishu zu vermitteln, insbesondere zwischen Hussein Aideed und Ali Mahdi. Mit Unterstützung der Arabischen Liga übernahm Ägypten dann die Federführung in einem parallelen Vermittlungs- und Verhandlungsprozeß, der in das in Kairo unterzeichnete Abkommen vom 22.12. mündete. Stellungnahmen des UNO-Sicherheitsrates (23.12.) und von OAU-Generalsekretär Salim (24.12.) nahmen das Abkommen als einen auf dem von Sodere aufbauenden weiteren Schritt, während Äthiopien und die IGAD scharfe Kritik übten; als kommissarischer Generalsekretär der IGAD erklärte Kinfe Abraham am 26.12., das Abkommen von Kairo diene nicht der Versöhnung der Clans, sondern solle die Führungsrolle Hussein Aideeds sichern.

Die **UNO** spielte weiterhin mehr eine beobachtende als vermittelnde Rolle. Im Juli wurde Ismat Kittani von Generalsekretär Annan zum Sondergesandten ernannt; Kittani war 1992/93 einige Zeit UNO-Sonderbeauftragter in Somalia gewesen. Vom 6.-20.8. besuchte er den Jemen, Kenya, Äthiopien und Djibouti. Das in Nairobi angesiedelte *UN-Political Office in Somalia* (UNPOS) wurde mit einem weiteren Mitarbeiter verstärkt. Am 29.-30.5. fand in Rom eine Geberkonferenz mit den in Somalia tätigen UNO-Unterorganisationen, den im *Somali Aid Coordination Body* (SACB) zusammengeschlossenen Nichtregierungsorganisationen und dem EU-Büro für humanitäre Hilfe statt. Nach inoffiziellen Berichten war einer der Tagesordnungspunkte die Frage, ob die UNO wieder eine aktivere Rolle bei Vermittlungs- und Friedensbemühungen spielen sollte; dies sei aber bei den übrigen Teilnehmern auf einhellige Ablehnung gestoßen.

Sozioökonomische Entwicklung

Wie in den Vorjahren nutzten Schiffe aus anderen Staaten das Fehlen einer handlungsfähigen Regierung für Fischerei in somalischen Hoheitsgewässern. Am 20.4. brachten Schnellboote der SSDF ein in Kenya registriertes Fischereischiff auf; nach Angaben der SSDF sollte die Besatzung vor Gericht gestellt und das Schiff außerdem nach toxischen Abfällen durchsucht werden.

Am 9.5. wurde die im Vorjahr gegründete Somalisch-Malaysische Handelsbank in Südmogadishu eröffnet. Von Beobachtern wurde angenommen, daß sie den **Druck neuer Banknoten** finanziert hatte, die am 4.4. auf dem von der SNA benutzten Flugplatz von Bali Dogle angeliefert wurden; bei Streitigkeiten zwischen Milizen über die Verteilung des Geldes sollte es 13 Tote gegeben haben. Es wurde v.a. für die Bezahlung der Milizen und der Funktionäre der SNA benutzt, es wurde aber berichtet, daß Händler in Südmogadishu die Scheine nur ungern annahmen. Von der SSA wurden die auf 1996 datierten Banknoten, die die Unterschrift des damaligen "Schatzmeisters der Regierung" von General Aideed trugen, als Falschgeld bezeichnet; am 6.6. wurden in Nordmogadishu drei Männer, die mit diesem Geld Einkäufe bezahlen wollten, zu je fünf Jahren verurteilt und die Scheine öffentlich verbrannt. Die SNA hatte ihrerseits 1992 in Nordmogadishu in Umlauf gebrachte neue Geldscheine als Falschgeld bezeichnet und deren Verwendung in ihrem Einflußgebiet verboten.

Die Arbeit internationaler Hilfsorganisationen wurde besonders in den südlichen Landesteilen durch beständige Sicherheitsprobleme erschwert. Einige Überfälle auf Nahrungsmittelkonvois wurden berichtet und mehrere Mitarbeiter verloren ihr Leben. Ein weiteres Problem waren fehlende Mittel: Nach Angaben von UNDP vom 18.3. waren auf den Appell für 1997, mit dem die Geber um $ 46 Mio. gebeten worden waren, erst $ 100 000 eingegangen, obwohl in weiten Teilen Somalias **Dürre** herrschte und etwa 1 Mio. Menschen von Mangelernährung bedroht waren; einige weitere Zusagen folgten, u.a. von der EU über $ 4,2 Mio. Die unzureichende Trinkwasserversorgung führte im Februar in Wanlaweyn zu einer **Cholera-Epidemie**; innerhalb eines Monats waren 430 Menschen gestorben und fast 2000 weitere erkrankt. Durch die anhaltenden Kämpfe wurden nach Angaben des Internationalen Komitees des Roten Kreuzes (IKRK) vom Dezember rd. 10 000 Menschen in der Region Bakool zu Binnenflüchtlingen, in der Region Bay versorgte das IKRK rd. 27 000 Vertriebene.

Nach heftigen Regenfällen ab Oktober kam es an den Flüssen Juba und Schebelle zu einer **Hochwasserkatastrophe** mit großflächigen Überschwemmungen; Mitte November flossen Juba und Schebelle nördlich von Kismayo zu einem etwa 12 km breiten Binnensee zusammen. Bis Ende November waren rd. 1500 Menschen ums Leben gekommen und 230 000 obdachlos geworden, etwa 60 000 Hektar Anbaufläche waren zerstört und eingelagerte Getreidevorräte vernichtet, außerdem waren über 20 000 Stück Vieh verendet. Im Überschwemmungsgebiet breiteten sich Infektionskrankheiten aus, v.a. Malaria, schwerer Durchfall, Cholera und Atemwegserkrankungen, und zu Jahresende hatte sich auch der Verdacht auf einen Ausbruch des *Rift Valley*-Fiebers bestätigt. Internationale Nothilfe für die Hochwasseropfer lief im November unter großen Schwierigkeiten an. Große Teile des betroffenen Gebietes waren nicht mehr auf dem Landweg erreichbar, so daß Hilfsgüter auf dem Luftweg oder mit Booten transportiert werden mußten; als zusätzliches Problem stellte sich heraus, daß in der Gegend von Baidoa Landminen verlegt worden waren. Für weitere Hilfs- und erste Wiederaufbaumaßnahmen erbaten UNO- und Nichtregierungsorganisationen in einem gemeinsamen Appell $ 12,8 Mio. für das erste Halbjahr 1998.

Nordwestsomalia (Somaliland)

Nach der Verabschiedung durch den seit 15.10.96 tagenden "*Congress of the Communities of the Republic of Somaliland*" wurde die erste **Verfassung** von Somaliland zum 16.2. vorläufig für drei Jahre in Kraft gesetzt; danach sollte ein Verfassungsreferendum stattfinden. Am 23.2. wurde Mohamed Ibrahim Egal mit den Stimmen von 223 der anwesenden 315 Delegierten als **Präsident wiedergewählt**, die beiden Gegenkandidaten erhielten 90 bzw. 2 Stimmen. Vizepräsident wurde Dahir Riyal Kahin mit 189 der abgegebenen Stimmen. Abschließend konstituierte der Kongreß das aus einem Repräsentantenhaus und einem Ältestenrat bestehende Parlament. Die 23 Minister umfassende Kabinettsliste wurde am 28.5. bekanntgegeben; im September/Oktober nahm Egal eine kleine Kabinettsumbildung vor, nachdem er zwei Minister entlassen hatte und ein dritter zurückgetreten war. Eine wachsende Zahl von Kritikern warf Egal einen autokratischen Führungsstil und zunehmende Korruption vor. Seinen Rücktrittswunsch begründete er am 16.12. v.a. mit gesundheitlichen Problemen, aber er beklagte sich auch über Obstruktion gegen seine Amtsführung. In einer gemeinsamen Sitzung lehnten beide Kammern am 18.12. den Rücktritt Egals fast einhellig ab, auch deshalb, weil sonst ein mehrheitsfähiger Kandidat für die in der Verfassung vorgesehene Direktwahl hätte gefunden werden müssen.

Der Versuch, die regierungskritische Zeitung "*Jamhuriya*" mundtot zu machen, zeigte aber, daß in Hargeisa demokratische Institutionen entstanden waren. Ende April wurde der Herausgeber und Chefredakteur der Zeitung anscheinend auf Anordnung Egals verhaftet, aber nach einem Gerichtsbeschluß wieder freigelassen; Anlaß sollen ein Bericht über die Veruntreuung der Zigarettensteuer durch zwei Minister und die Veröffentlichung eines Briefes von Egal gewesen sein, die Zeitung solle die Angelegenheit auf sich beruhen lassen. Die Inhaftierung von drei Mitarbeitern am 1.9. sowie die des Herausgebers und die Schließung der Druckerei am 8.9. wurden ebenfalls durch Gerichtsbeschluß rückgängig gemacht, so daß die Zeitung ab 17.9. wieder erscheinen konnte; bei einer Protestkundgebung am 10.9. wurden zwei Personen durch Polizeischüsse verletzt.

Die Regierung hatte zwar in den östlichen Regionen Sol und Sanaag weiterhin wenig Einfluß, der Versöhnungsprozeß zwischen den Issaq-Clans Habr Awal und Habr Garhajis festigte sich jedoch nach einer Zusammenkunft Egals mit einer von deren Sultan angeführten Delegation des Idagale-Subclans (Habr Garhajis) am 8.1.; am 30.6. wurde der seit 1994 gesperrte Flughafen von Hargeisa, dessen Besetzung durch die Idagale-Miliz Auslöser der bewaffneten Konflikte gewesen war, offiziell wiedereröffnet. Ein Zwischenfall in Burco, wo Bewaffnete am 3.7. sechs Menschen töteten und 21 andere verwundeten, schien nicht Ausdruck eines weiterbestehenden Konfliktes zu sein, sondern Folge einer unvollständigen Demobilisierung und Reintegration der Milizen. Ein bewaffneter Zusammenstoß in Erigavo im Osten am 24.8., bei dem es zehn Tote gab, hing mit einem Landkonflikt zusammen, der später von Clanältesten beigelegt wurde.

Bei seiner Vereidigung hatte Egal Abdulrahman Ahmed Ali "Tur" und Jama Mohamed Ghalib, die sich als Befürworter der Wiedereingliederung von Somaliland in einen föderativen Gesamtstaat der SNA General Aideeds angeschlossen hatten, eine Amnestie angeboten. Im September traf Abdulrahman Tur in Burco mit Vizepräsident Dahir und in Hargeisa mit Egal zusammen; zu einer Annäherung in der Unabhängigkeitsfrage kam es aber offenbar nicht und am 23.9. verließ er Somaliland nach einer Ausweisungsverfügung Egals wieder.

Durch starke Regenfälle wurde am 16.6. am Stadtrand von Hargeisa ein Massengrab mit Skelettresten von etwa 300 Menschen freigespült, die vermutlich Opfer eines Massakers durch die damalige somalische Armee 1988/89 geworden waren. Im Dezember kam ein von der UNO-Menschenrechtskommission entsandtes forensisches Team, um eine genauere Untersuchung durchzuführen.

Die bereits vom Kongreß der Clandelegierten im Januar ausgeprochene Ablehnung der

Einbeziehung von Somaliland in den theoretischen Geltungsbereich des Abkommens von Sodere wurde vom Präsident mehrfach bekräftigt; er lehnte sowohl eine Teilnahme an der geplanten Friedenskonferenz ab wie eine am 1.9. von einer ägyptischen Delegation ausgesprochene offizielle Einladung zu Gesprächen in Kairo. Eine diplomatische Anerkennung der Republik Somaliland zeichnete sich trotz fortgesetzter diplomatischer Bemühungen mehrerer Regierungsdelegationen weiterhin nicht ab, eine **inoffizielle de facto-Anerkennung** stellte aber die Einrichtung einer Vertretung in Djibouti im November dar. Nach Gesprächen von Außenminister Mahamoud Salah Fagadhe in Äthiopien wurden im Dezember die Einrichtung von Vertretungen Somalilands in Dire Dawa und Jijiga und militärische Kooperation gegen islamistische Gruppen vereinbart. Anscheinend konnten die Probleme, die aus Vermutungen über die Lieferung von Waffen an Dulbahante-Milizen in der Region Sol durch Äthiopien entstanden waren, ausgeräumt werden. Nach unbestätigten Berichten im September, daß 500 aus Las Anod rekrutierte Männer in Äthiopien eine militärische Ausbildung erhielten, und über das Auftreten bewaffneter Gruppen in der Region Sol waren am 12.10. die Streitkräfte in Alarmbereitschaft versetzt worden.

Die Finanzplanung der Regierung blieb schwierig. Erst am 7.10. verabschiedete das Repräsentantenhaus einen Haushaltsplan für das zweite Halbjahr 1997, der Ausgaben von SolSh 36 Mrd. vorsah. Die Gehälter der Regierungsangestellten wurden um SolSh 48 000 im Monat erhöht, die Abgeordneten sollten SolSh 600 000 monatlich erhalten und die Angehörigen der Armee SolSh 120 000; Mitte September hatten Soldaten für eine bessere Bezahlung demonstriert. Insgesamt zeichnete sich in den westlichen Regionen eine **wirtschaftliche Erholung** ab. Eine vom Beauftragten für Somalia, Illing, angeführte EU-Delegation, die am 12.6. in Hargeisa eintraf, stellte Mittel für längerfristige Vorhaben, u.a. die Erneuerung der Straße zwischen Hargeisa und dem Hafen Berbera, in Aussicht. Dänemark sagte nach dem Besuch einer Mission der staatlichen Entwicklungsorganisation DANIDA Mittel im Wert von $ 6,5 Mio. für Projekte von Hilfsorganisationen zu, die Mittel wurden aber am 11.9. vom dänischen Parlament blockiert, weil sie an die Aufnahme von Flüchtlingen, die abgeschoben werden sollten, gekoppelt waren. Am 18.2. begann die **Repatriierung** von Flüchtlingen aus Äthiopien, nachdem im Januar ein Pilotprogramm mit zunächst 10 000 Rückkehrern vereinbart worden war.

In den ersten Monaten des Jahres waren Teile von Somaliland, besonders die Region Sanaag, von einer Dürre betroffen. Nach heftigen Regenfälle ab Ende Oktober kam es im November zu **Überschwemmungen**, die viele Straßen zeitweilig unpassierbar machten, das Ausmaß war aber sehr viel geringer als in Südsomalia; im Dezember begann der Wasserpegel in den überschwemmten Gebieten wieder zu sinken.

Kathrin Eikenberg

Chronologie Somalia 1997

03.01.	Abschluß eines Friedensabkommens zwischen 26 Fraktionen in Sodere (Äthiopien)
16.02.	Inkrafttreten der Verfassung von Somaliland
23.02.	Wiederwahl von Mohamed Ibrahim Egal zum Präsidenten von Somaliland
12.05.	Friedensvereinbarung zwischen den Fraktionsführern Hussein Aideed und Osman Ato
29.05.	Waffenstillstandsvereinbarung zwischen den Fraktionsführern Hussein Aideed und Ali Mahdi
12./13.06.	Gemeinsame Offensive der SNF und äthiopischer Truppen gegen die *al-Ittihad* in der Region Gedo
30.06.	Wiedereröffnung des Flughafens von Hargeisa
06.-20.08.	Rundreise des UNO-Sondergesandten Kittani (Jemen, Kenya, Äthiopien, Djibouti)
November	Hochwasserkatastrophe im Süden
22.12.	Vereinbarung über Bildung einer "Regierung der nationalen Einheit" in Kairo

Sudan

Fläche: 2 505 805 km², **Einwohner:** 27,3 Mio., **Hauptstadt:** Khartoum, **Amtssprache:** Arabisch, **Lebenserwartung:** 54 J., **Alphabetisierung:** 45%, **Wechselkurs:** $ 1 =172 Sud. Dinar (1 Dinar = 10 Sud.£), **HDI:** 0,333, Rang 29, **Pro-Kopf-Einkommen:** ca. $ 350, **BSP:** ca. $ 10,7 Mrd., **Anteile am BIP:** 42% - 18% - 40%, **Hauptexportprodukte:** Baumwolle 21%, Sesam 21%, Lebendvieh und Rindfleisch 12%, Gummi arabicum 5%, **Staats- und Regierungschef:** Hasan Ahmad al-Bashir, **Wichtigste politische Kraft:** National Islamic Front (NIF)

Die militärischen Erfolge der sudanesischen (sud.) Oppositionsstreitkräfte vor allem im ersten Halbjahr führten zur vorschnellen Einschätzung der in der *National Democratic Alliance* (NDA) zusammengeschlossenen Oppositionsgruppen, daß der Sturz des Bashir-Regimes unmittelbar bevorstehe. Die von der Staatsführung eingeleitete militärische, innen- und außenpolitische Gegenmobilisierung strafte diese Lagebeurteilung Lügen; besonders die vom Regime betriebene Strategie des *Peace from within* mit südsud. Rebellengruppen, die den Hegemonialanspruch der *Sudan People's Liberation Army* (SPLA) unter John Garang ablehnen, stabilisierte die interne Lage, auch wenn die Strategie nicht ausreichte, um den Südsudankonflikt substantiell zu lösen.

Innenpolitik

Die innenpolitische Entwicklung des Sudan (S.) war zwar 1997 fast gänzlich von der Auseinandersetzung mit der NDA bzw. SPLA geprägt, doch gab es auch davon unabhängige Einzelereignisse, die Beachtung verdienten. Hierzu zählte an erster Stelle, daß es trotz Spekulationen in der Presse, eines Aufrufs des Vorsitzenden der *General Election Authority* zur Bildung einer Interimsregierung und angeblichen Rücktrittsmeldungen des Finanz- und Justizministers (im Juli bzw. im Oktober) bis Jahresende erstmals seit 1989 **keine Kabinettsumbildung** gab. Ein zweiter Punkt war die sich (außerhalb der von militärischen Auseinandersetzungen betroffenen Gebiete) **verschlechternde Sicherheitslage**: Anfang April gab es in der Region von Malut bei eskalierten ethnischen Kämpfen mindestens 17 Tote; am 27.8. rief Präsident Bashir nach entsprechenden Vorkommnissen die Rizaiqat- und Zaghawa-Stämme der Du'ain-Region (West-Darfur) auf, ihre intertribalen Kämpfe einzustellen; am 23.11. wurden 19 US-Amerikaner einer Jagdgesellschaft 70 km südlich von El-Obeid (Süd-Kordofan) bei einem Überfall verletzt (und ein VAE-Bürger getötet) und am 23.12. von Bashir anläßlich einer Sicherheitskonferenz in Nyala nach ausufernden Stammeskämpfen und Raubüberfällen in den vier westsud. Bundesstaaten Nord-Kordofan, Nord-, Süd- und West-Darfur der Notstand verhängt. Parlamentsmitglied al-Amin Awad kritisierte die zunehmende Unsicherheit durch "bewaffnete Banden" (möglicherweise Mitglieder der NDA-Opposition) im Bundesstaat Kassala. Angesichts solcher Vorkommnisse hatten die Gerichte auch 1997 zahlreiche Verbrecher gemäß der Scharia zum Tode (teilweise durch Kreuzigung) verurteilt; Justizminister Sabdarat gab im Parlament am 18.11. bekannt, daß seit dem Machtwechsel 1989 insgesamt 891 Mörder zum Tode verurteilt (davon bislang 109 Urteile vollstreckt), drei Personen wegen Raubüberfällen gehängt und bei fünf anderen wegen Diebstahls Amputationen vollzogen worden waren. Die **Beibehaltung der Scharia** wurde mehrfach sowohl von Bashir (z.B. Rede 4.7.) als auch Ressortministern betont. Trotz des rigiden islamistischen Kurses, u.a. am 15.10. mit dem Verbot "unislamischer" Lotterien und der Aussetzung "unislamischer" UNO-Familienplanungsprogramme durch das Parlament am 1.12. verfestigt, waren die bisherigen Maßnahmen für die Mitglieder der wahhabitisch beeinflußten *Ansar al-Sunna* nicht weitreichend genug; deren Moschee in Wad Madani war wiederum am 2.11. Ziel eines Anschlages von noch radikaleren *Takfir-wal-hijra*-Mitgliedern (2 Tote, 10 Verletzte; Prozeß ab 23.12.).

Deprimierend war wie in den Vorjahren die **Menschenrechtsbilanz**. Der UNO-Sonderberichterstatter für den S., Gaspar Biro, der am 14.1. und vom 4.-9.9. Khartoum besuchte, prangerte die begangenen Menschenrechtsverletzungen (Folter; Haft ohne legale Voraussetzungen usw.) sowie Akte der Sklaverei an; die UNO-Menschenrechtskommission in Genf verurteilte am 15.4. deshalb den S. einstimmig und übte im Oktober weitere Kritik.

Die von Bashir am 1.1. dekretierte Freilassung von 249 Gefangenen und die angeblich am 13.5. vom Nationalen Sicherheitsrat verfügte **Freilassung aller politischen Gefangenen** (de facto wurden 80 politische Gefangene entlassen) sowie die am 21.5. erfolgte Einstellung der seit Februar laufenden Prozeßvorbereitungen gegen prominente Oppositionspolitiker (in absentia; darunter Sadiq al-Mahdi, John Garang, Muhammad Uthman al-Mirghani) - angeklagt wegen Hochverrats und Kriegsvorbereitungen - verbesserte die negative Menschenrechtsbilanz wenig. Anders sah dies der DUP (*Democratic Union Party*)-Generalsekretär al-Hindi, der am 10.6. aus dem Kairoer Exil nach Khartoum zurückkehrte. Am 10.6. verurteilte das Militärgericht von Khartoum 19 Offiziere, denen die Planung eines auf März 1996 terminierten Putschversuchs zur Last gelegt wurde, zu hohen Haftstrafen; ein weiterer Prozeß gegen 13 "Saboteure" (Bombenanschläge im Juni) begann am 20.11..

Wichtige Veränderungen gab es im **Printmedienbereich**. Die seit 1989 publizierten Tageszeitungen *al-Inqadh al-watani* und *al-Sudan al-hadih* stellten im März bzw. am 26.5. ihr Erscheinen ein; an ihre Stelle trat ab 27.5. die neue Regierungszeitung *al-Anba'*(Die Nachrichten); zur wichtigsten "unabhängigen" Zeitung entwickelte sich 1997 *Akhbar al-yaum* mit einer Auflage von 40 000. Trotz des von Bashir im Mai formal abgelegten Bekenntnisses zur Pressefreiheit kam es bei den Vorstandswahlen der Journalistenunion im November zu massiven Wahlfälschungen zugunsten des Regimes; gleiches galt für die Union der Rechtsanwälte, wo erst nach zweimaliger Zwangswiederholung der Wahl am 27.12. der Sieg der islamistischen Vertreter gesichert war.

Der **bewaffnete Konflikt** mit der **Opposition** erhielt eine neue Dimension. Nachdem die Versuche der NDA, das Regime auf friedlichem Wege zu einer Wiederherstellung demokratischer Verhältnisse und zur Lösung des Südsudankonfliktes zu bewegen, im Laufe des Vorjahres endgültig als gescheitert angesehen wurden, beschloß der NDA-Führungsrat auf seiner Tagung in Asmara vom 7.-12.10.1996 die Aufnahme von Militäraktionen zum Sturz des Regimes. Der vom NDA-Führungsrat eingesetzte Generalkoordinator aller militärischen Aktionen (Ex-Generalstabschef Fathi Ahmad Ali; gest. 28.4.) und der *Joint Military Command* unter Vorsitz von SPLA-Führer John Garang entwickelten im letzten Quartal 1996 jenes militärstrategische Konzept der "Vervielfältigung der Fronten", das ab Januar umgesetzt wurde. Die beiden ersten **Großoffensiven** kombinierter NDA-Streitkräfte (von denen die SPLA aber stets das Hauptkontingent stellte) begannen am 12.1. in der Blue-Nile-Region (Einnahme von Kurmuk und Qissan noch am 12.1.; Vorstoß auf Damazin am Roseires-Staudamm, dessen Kraftwerk zu 80% den Strombedarf Khartoums deckt) und in der Kassala-Region (Einnahme mehrerer grenznaher Garnisonen). Da die Aufmarschgebiete beider Offensiven auf äthiopischem bzw. eritreischem Gebiet lagen und die NDA-Truppen von Äthiopien bzw. Eritrea Unterstützung erfuhren, sprach die sud. Führung von "ausländischer Aggression" und rief nicht nur zum Jihad gegen die Eindringlinge auf (Anordnung der Generalmobilmachung am 13.1.), sondern verlangte auch eine Sondersitzung des UNO-Sicherheitsrates (14.1.; erneut 6.4.). Die zweite (parallel zur ersten eröffnete) Großoffensive startete am 9.3. von ugandisch-zairisch-sud. Grenzgebiet aus, wobei es den SPLA-Truppen mittels glänzender militärtaktischer Operationen gelang, die großen Garnisonsstädte Kaya (am 9.3.), Yei (am 12.3.; Yei wurde im Sommer neues SPLA-Hauptquartier) und Kajo-Kaji (am 24.3.) einzunehmen, so daß Ende März Juba großräumig eingekesselt war. Die Verlustbilanz war ungleich, weil den hohen Personal- und Materialverlusten der Regierungsstreitkräfte (u.a. vor Yei Aufreibung einer ganzen zur Entlastung gesandten Brigade mit 1 500 Mann) weitaus geringere Verluste der SPLA gegenüberstanden. Die dritte Front wurde schließlich im Operationsgebiet Red Sea State (wiederum von Eritrea aus) ab 26.3. eröffnet, wo nach anfänglichen Erfolgen (Eroberung von Karora am 26.3., von Aqiqa am 30.3.) der Vormarsch auf Tukar und der geplante Angriff auf Port Sudan gestoppt wurde. Die seit Jahresanfang auf dem Nebenkriegsschauplatz der Nuba-Berge (Süd-Kordofan) verstärkt operierenden SPLA-Streitkräfte sollten schließlich nach den militärischen Erfolgen im südlichen Süd-S. (Bundesstaaten Bahr al-Jabal und West-Equatoria) durch die Operation Deng Nhial entlastet werden. Die aus dem Großraum westlich Juba nach Nordwesten vorstoßenden SPLA-Verbände konnten in der Bahr-al-Ghazal-Region große Geländegewinne erzielen und mit der Einnahme der Hauptstädte Rumbek (Bundesstaat Buhairat; 1.5.) und al-Tunj (Bundesstaat Warab; 9.5.) sowie von Yirol (15.6.) weitere Prestigeerfolge verbuchen. Nach Angaben der NDA vom 22.7. "befreiten" die eigenen Streitkräfte bis dahin rund 1/3 des Staatsterritoriums. Die beiden eigentlichen Kriegsziele, nämlich die Unterminierung der ökonomischen Überlebensfähigkeit des Regimes und die Befreiung des Süd-S. (in erster Linie durch die Einnahme von Juba und Damazin sowie die Unterbrechung der wichtigen Verbindungsstraße Khartoum-Port Sudan in der Region Kassala), konnten die NDA-Streitkräfte trotz Reorganisation ihrer militärischen Führungsstruktur (Beschluß auf der Tagung des NDA-Führungsrates; Asmara, 19.-22.6.) jedoch angesichts der erfolgreichen Gegenmobilisierung der Staatsführung nicht erreichen. Unterstützt durch die Regenzeit kamen ab Sommer die Militäroperationen zum Stehen, und die erfolgreiche Umsetzung des *Peace-from-within*-Konzeptes sorgte für eine Schwächung der NDA/SPLA. Nach Verhandlungen, die seit 17.2. (auf der Basis der im April 1996 verabschiedeten *Political Charter*) liefen, schlossen am 21.4. in Khartoum zwei Nubafraktionen (um Muhammad Harun Kafi und Yunis Domi Kallo) **separate Friedensabkommen** bzw. fünf südsud. und in Opposition zur SPLA stehende Gruppen (der *Southern Sudanese Independence Movement* unter Dr. Riek Machar; die SPLA-*Bahr-al-Ghazal-Group* unter Commander Karubino Kwanyin Bol; die *South Sudan Independents Group* unter Commander Kawac Makwei; die *Equatoria Defence Force* und die *Independent Bor Group*) mit der Regierung das *Sudan Peace Agreement* (vom Parlament am 23.7. ratifiziert und als 14. Verfassungsdekret von Präsident Bashir promulgiert), das im Gegenzug für regimeloyales Verhalten einen Sonderstatus der zehn südsud. Bundesstaaten und nach Ablauf einer vierjährigen Interimsperiode die Durchführung eines Selbstbestimmungsreferendums vorsieht.

Der **Sonderstatus der südsud. Bundesstaaten** kommt in der partiellen institutionellen Abkoppelung vom Nord-S. und der Begründung eines *Coordination Council of the Southern States* (CCSS) zum Ausdruck, der gemäß Kapitel IV des Abkommens zumindest formal umfangreiche Aufgaben vom ökonomischen Aufbau zerstörter Kriegsgebiete bis zur Gewährleistung der Sicherheit in den verwalteten Territorien während der Interimsperiode übernehmen soll. Der 25köpfige CCSS ist das Verbindungsglied zwischen der Khartoumer Zentralregierung und den südsud. Bundesstaaten und wird gebildet vom Präsidenten des CCSS (Ernennung von Dr. Riek Machar durch Präsident Bashir am 7.8.), den 14 vorgesehenen Ressortministern (mit Status von Ministern der Zentralregierung; 1997 noch nicht ernannt) und ex officio den Walis der 10 südsud. Bundesstaaten. Nachdem Bashir am 9.8. alle Walis (mit Ausnahme desjenigen vom Bundesstaat Khartoum) ihrer Posten enthoben hatte, folgte ihre Neubesetzung durch die *State Assemblies* in den 15 nordsud. Bundesstaaten am 15.8., in den 10 südsud. Bundesstaaten am 27.11. (Vereidigung 1.12.). Im Gegensatz zu vorher befand sich unter den neuen Walis keine Frau mehr. Im Kontext des *Sudan Peace Agreement* vollzog Bashir am 2.7. mit der Einsetzung zweier Komitees (ein "nationales Komitee" mit 377 Mitgliedern unter Vorsitz von Chief Justice Khalafallah al-Rashid und dem christlichen Vizepräsidenten John Wol; ein "technisches Komitee" mit 60 Mitgliedern unter Vorsitz von Daf'allah al-Radi) den Schritt hin zur **Ausarbeitung einer neuen "permanenten Verfassung"**, die bis Anfang 1998 vorgelegt werden sollte, um dann einem Referendum unterbreitet zu werden, wie es Bashir am 1.1. in seiner Rede an die Nation versprochen hatte.

Die Reaktionen auf das *Sudan Peace Agreement* waren zwangsläufig je nach politischem Lager unterschiedlich. Während die Staatsführung und die seit 28.4. in der *United Democratic Salvation Front* (UDSF) zusammengeschlossenen südsud. Unterzeichnerfraktionen des Abkommens (ihre bewaffneten Kräfte bildeten die *South Sudan Defence Forces*/SSDF) den gefundenen Kompromiß als wegweisend zur Lösung des Südsudankonfliktes bezeichneten, Riek Machar mehrfach davon sprach, daß es nunmehr keine Rechtfertigung mehr zur Fortsetzung des Krieges gebe, lehnten NDA-Vertreter einschließlich Sadiq al-Mahdi und John Garang in ausführlichen Erklärungen und Interviews das Abkommen kategorisch ab, weil zu den grundsätzlichen Punkten (Religionsfreiheit; Rückkehr zur Demokratie; Sprachenfrage) keine akzeptable Lösung unterbreitet worden sei. Garangs Bilanz: "That is to say, the Islamist Front has signed a peace agreement with itself".

Die mehrfachen Versuche der UDSF (und damit der Staatsführung), die SPLA vom Beitritt zum *Sudan Peace Agreement* zu überzeugen, schlugen deshalb zwangsläufig fehl, nicht ohne allerdings einen Teilerfolg zu erzielen, trat doch Lam Akol und seine SPLA-United auf der Basis des mit der Regierung ausgehandelten Fashoda-Abkommens vom 20.9. dem *Sudan Peace Agreement* bei. Die Stabilisierung der militärischen Lage im Sommer und die sich bei beiden Kriegsparteien durchsetzende Erkenntnis, daß keine Seite kurzfristig den Krieg militärisch für sich entscheiden kann, sowie die Tatsache, daß sich die SPLA international befürworteten Friedensgesprächen auf Dauer nicht entziehen kann, führte dazu, daß die SPLA unter Vermittlung des in Khartoum ansässigen südsud. Politikers Abel Alier ab Frühsommer ihre **Bereitschaft zu Treffen mit Regierungsvertretern** signalisierte. Bedingung war jedoch, daß solche bilateralen Gespräche nicht auf der Basis des *Sudan Peace Agreement* vom April stattfinden, sondern - den militärischen Erfolgen der SPLA Rechnung tragend - den Gesprächen die inhaltlich weitreichendere Prinzipienerklärung zugrunde gelegt werde, die im Mai 1994 von der *Intergovernmental Authority on Drought and Development* (IGADD; seit 1996: IGAD) ausgearbeitet und deren Annahme von der sud. Regierung nach ihren militärischen Erfolgen Anfang 1994 zurückgewiesen worden war. Die IGADD-Prinzipienerklärung sah u.a. politischen Pluralismus, Säkularismus und Selbstbestimmung im Süd-S. vor. Bashir akzeptierte sowohl auf dem IGAD-Gipfel in Nairobi am 9.7. als auch bei seinem Südafrika-Besuch am 12.8. die Prinzipienerklärung zumindest "as the basis for discussions and negotiations". Auf einem vorbereitenden IGAD-Außenministertreffen in Nairobi am 22.9. wurden die technischen Details für am 28.10. in Nairobi beginnende **Gespräche zwischen der sud. Regierung** (vertreten durch Außenminister Taha) **und der SPLA** (vertreten durch Commander Kiir) **unter IGAD-Schirmherrschaft** festgelegt. Die Gespräche endeten allerdings am 6.11. ergebnislos, weil die Differenzen hinsichtlich zentraler Aspekte unüberbrückbar waren. Einziger Kompromiß war die Fortsetzung der Gespräche im April 1998. Konsequenz dieses Scheiterns war nicht nur die Wiederaufnahme der bewaffneten Aktionen besonders an den Ostfronten im Dezember (Beschluß des JMC in Asmara am 30.12. zur Planung neuer Offensiven), sondern auch die Verstärkung diplomatischer Bemühungen der NDA, um Druck auf das Regime in Khartoum auszuüben. Wichtigste Aktivitäten in diesem Zusammenhang waren die erste offizielle Reise Garangs nach Kairo (24.11.-6.12.; am 30.11. Gespräch mit Präsident Mubarak), die überraschende und seit neun Jahren erste Reise Sadiq al-Mahdis nach Libyen (Treffen mit Revolutionsführer Khadhafi am 1.12.) sowie das Treffen einer NDA-Delegation (u.a. NDA-Generalsekretär Mubarak al-Mahdi; John Garang) mit US-Außenministerin Albright in Kampala/Uganda am 10.12., in dessen Verlauf Albright zum Sturz des sud. Regimes mit friedlichen oder militärischen Mitteln aufrief und damit heftige Proteste der Regierung auslöste.

Außenpolitik

Die außenpolitischen Aktivitäten sowohl der Staatsführung als auch der NDA waren 1997 fast ausschließlich davon geprägt, jeweils für die eigenen Handlungen und Positionen Unterstützung im Ausland zu mobilisieren. Auf Regimeseite war nach Beginn der militärischen Offensiven der NDA die **Sicherung des Waffennachschubs** prioritär, was zu Rundreisen al-Amin Khalifas in den Golfstaaten (Akquirierung von Finanzmitteln) und zur Reise Vizepräsident Salihs nach Teheran (28./29.1.; Waffenkäufe) führte; Vizepräsident Kongor begann am 22.1. eine politisch motivierte Reise im südlichen Afrika, vor allem um Solidarität gegen die "äthiopische und eritreische Aggression" einzufordern. Ab 22.1. engagierten sich zudem (wenngleich erfolglos) die VAE, im Konflikt zwischen beiden Seiten zu vermitteln. Nach Abschluß des *Sudan Peace Agreement*, das in Anwesenheit der Präsidenten des Tschad und der ZAR unterzeichnet und sowohl von OAU-Generalsekretär Salim am 26.4. als auch der US-Botschaft am 30.4. als positiver Schritt bezeichnet wurde, war es UDSF-Führer Riek Machar, der ab 8.5. u.a. in Uganda und Kenya das Abkommen erläuterte. Trotz der Spannungen zwischen **Uganda** und S. über die SPLA-Operationen in der Grenzregion kam es in diesem Kontext und unter Vermittlung von Kenyas Präsident Moi zu einem Treffen der Präsidenten beider Länder in Eldoret/Kenya (10.5.), bei dem die Situation im S. und die Möglichkeit einer regionalen Konferenz zur Lösung des Südsudankonfliktes diskutiert wurde und das den Anstoß für die **Sudaninitiative des IGAD-**

Gipfels in Nairobi (9.7.) gab. Allerdings hatte die sud. Staatsführung zu diesem Zeitpunkt die Möglichkeit einer Einbindung der SPLA in das Abkommen noch nicht ausgeschlossen und hoffte hierbei auf die Hilfe des südafrikanischen Präsidenten Mandela, der sich am 12.8. bei einem Besuch Bashirs in Pretoria zur Vermittlung bereit erklärte. Eine für den 31.8. terminierte Gesprächsrunde mit Garang, Bashir und dem ugandischen Präsidenten Museveni scheiterte jedoch insofern, als Garang bei seinem vorausgehenden Treffen mit Mandela am 28.8. ein Gespräch mit Bashir ablehnte, so daß das Treffen am 31.8. lediglich der Verbesserung der ugandisch-sud. Beziehungen diente; allerdings gab es auch der Durchführung der IGAD-Friedensinitiative (d.h. den Nairobi-Gesprächen) den entscheidenden Impuls.

Eine Annäherung zwischen der sud. Staatsführung und **Ägypten** gab es Ende 1997 trotz des Garang-Besuches in Kairo. Nachdem noch Anfang des Jahres der Terrorismusvorwurf und der Streit um das Grenzdreieck Hala'ib (dem Bashir am 16.9. einen Besuch abstattete) die Beziehungen störte, schoben die militärischen Erfolge der SPLA und die mögliche Perspektive eines unabhängigen Süd-S. die ägyptischen Nilwasserinteressen in den Vordergrund. Folge war unter dem Stichwort "Bewahrung der territorialen Einheit des S." die Annäherung beider Staaten und der sud. Wunsch nach ägyptischer Vermittlung im innersud. Konflikt. Präsident Mubarak erklärte am 1.12. seine Bereitschaft, in den Beziehungen zum S. ein neues Kapitel aufzuschlagen, und eine erste hochrangige ägyptische Delegation reiste am 28.12. nach Khartoum. Beim 8. OIC-Gipfel in Teheran (9.-11.12.) konnte sich Bashir gleichfalls per Resolution die Unterstützung der territorialen Einheit des Landes sichern.

Sozioökonomische Entwicklung

Der Bürgerkrieg, der seit Jahren "Entwicklungshilfe und ausländische Investitionen verhindert", belastete wegen der besonders 1997 hohen Kosten die Wirtschaft weiterhin nachhaltig, auch wenn von sud. Seite hierzu keine statistischen Angaben veröffentlicht wurden. Dennoch schien es, als habe die Wirtschaft - den Kriegsbelastungen zum Trotz - 1997 dank der **Restrukturierungspolitik** die Talsohle durchschritten, als der IWF in einem im September veröffentlichten Bericht zum S. das Wachstum des BIP mit 5,5 % angab (und damit eine erste Schätzung von 4,9% sogar noch nach oben korrigierte). Wachstumsmotoren waren die gute Agrarsaison, der erst am Anfang einer beachtlichen Entwicklung stehende **Erdölsektor** (Einweihung der Erdölfelder Adaryel-1 und Adaryel-2 durch Bashir am 3.3.; Steigerung der Exportproduktion von 2 500 b/d auf 5 000 b/d ab März; Ziel bis 1999: 150 000 b/d; Ausschreibung der 1 610 km langen Ölpipeline Heglig Oil Field-Khartoum-Port Sudan im Oktober) und die Optimierung des Steuersystems, was eine Zunahme der Staatseinnahmen bedeutete (Performanzrate der Einnahmen 1996: 91,9 % der geplanten Einnahmen; 1997: 106 %). Der vom Parlament am 18.12. verabschiedete **Haushalt 1998** sah Staatseinnahmen in Höhe von S£ 1 860 Mrd. und Ausgaben von S£ 1 960 Mrd. (1997: S£ 1 284 Mrd.) vor; die Staatseinnahmen resultierten zu 19% aus direkten, zu 28% aus indirekten Steuern und zu 54% aus Zolleinnahmen. Für 1998 wurde ein Wirtschaftswachstum von 6,6% und ein weiterer Rückgang der Inflation auf 20% (Rückgang 1997 von 101% im Januar auf 27% im Dezember) projektiert. Diese Erfolge bei der Inflationsbekämpfung wie auch die Zahlung von 1997 S£ 7 Mrd. Unterstützung an arme Familien (aus sozialen Fonds und dem Zakataufkommen) konnten die schwierige soziale Lage der Bevölkerung indes nur beschränkt verbessern, so daß es wie bereits im Vorjahr u.a. im Mai in Atbara wegen Stromsperrungen, Anfang Oktober in Khartoum wegen der miserablen Lebensbedingungen und im Dezember in Kassala wegen höherer Gebühren durch Studenten zu Protestdemonstrationen kam; die Gewerkschaften forderten im Dezember eine Anhebung der Gehälter um mindestens 50% (geplant sind im Haushalt 1998 20%) und drohten bei Nichterfüllung mit "erheblichem Druck". Es verstärkte sich auch der Trend zur Ausübung einfacher Handwerks- und Aushilfsarbeiten, die immer mehr ein Mittel wurden, um den wirtschaftlichen Überlebenskampf zu bestehen. Die 1997 anlaufende Ausweisung der rund 100 000 sich illegal in Saudi-Arabien aufhaltenden sud. Arbeitskräfte konnte die Situation nur verschlimmern. Umgekehrt unternahm die sud. Regierung zahlreiche Anstrengungen, um die auf 929 858 bezifferten Auslandsflüchtlinge auf sud. Territorium in ihre Herkunftsländer (Eritrea,

Äthiopien, Kongo usw.) zu repatriieren, allerdings mit nur mäßigem Erfolg angesichts der politischen Spannungen mit diesen Staaten.

Das **Verhältnis zum IWF** entspannte sich leicht; der IWF drohte dem S. wegen der längst überfälligen Rückzahlung von $ 1,65 Mrd. (Gesamthöhe der Auslandsschuld 1996: $ 20 Mrd. = 268% des BIP) mit dem Ausschluß, setzte aber nach Vorlage eines *letter of intent* zur Durchführung weiterer wirtschaftlicher Reformen diesen Schritt aus und nahm sogar die technische Hilfe und die Trainingsmaßnahmen am 30.9. wieder auf. Das am 16.8.1996 mit UNO-Resolution Nr. 1070 über den S. verhängte **Luftembargo** (zur Erzwingung der Auslieferung von Terroristen) wurde auch 1997 nicht umgesetzt, nachdem eine UNO-Kommission in einem am 24.2. vorgelegten Bericht darauf hinwies, daß ein solcher Schritt gravierende Folgen für Millionen Sudanesen u.a. bei der Medikamentenversorgung und Nahrungsmittelversorgung hätte; nach kontroverser Diskussion im UN-Sicherheitsrat (3.3.) war jedenfalls zu diesem Thema bis Jahresende nichts mehr zu vernehmen. Dagegen verhängte US-Präsident Clinton nach entsprechendem Druck aus dem Repräsentantenhaus am 3.11. unter Bezug auf die Fortsetzung des internationalen Terrorismus, die Destabilisierung der Anrainerstaaten und die Menschenrechtsverletzungen **bilaterale Wirtschaftssanktionen** gegen den S. - begrüßt von der NDA und kritisiert von der Arabischen Liga, der OAU, Iran usw.; angesichts nur minimaler Handelsbeziehungen (durchschnittlich pro Jahr $ 60 Mio.; sud. Hauptexportgut ist das gesuchte Gummi arabicum für Coca Cola) waren die Sanktionen nur symbolischer Natur; das sud. Parlament beschloß seinerseits nach antiamerikanischen Demonstrationen (Rede Bashirs, 16.11.) am 17.11. Retorsionsmaßnahmen und verbot u.a. den Handel auf der Basis von US-Dollar.

Hanspeter Mattes

Chronologie Sudan 1997

12.01.	Beginn der 1. NDA-Großoffensive im Ostsudan; weitere folgen ab 9.3. in Equatoria bzw. ab Mitte April in Bahr al-Ghazal
13.01.	Präsident Bashir erklärt die Generalmobilmachung
19.01.	NDA-Präsident Muhammad Uthman al Mirghani kündigt "Countdown für das Regime in Khartoum" an
14.03.	UNO-Bericht zur Menschenrechtslage prangert massive Menschenrechtsverletzungen an
17.-21.03.	NDA-Führungsrat tagt in Asmara; politische Planungen für Interimsperiode nach dem Sturz Bashirs
06.04.	Beschwerde der sud. Regierung bei UNO und OAU über "eritreische Aggression"
21.04.	Unterzeichnung des *Sudan Peace Agreement* zwischen Regierung und fünf südsud. Oppositionsgruppen
21.04.	Bashir dekretiert Generalamnestie für alle, die gegen die Regierung zu den Waffen griffen (erneut 30.6.)
28.04.	Die Unterzeichner des *Sudan Peace Agreement* schließen sich zur *United Democratic Salvation Front* (UDSF) zusammen
10.05.	In Kenya treffen Bashir und Museveni (Uganda) zusammen; regionale Konferenz befürwortet
19.-22.06.	Tagung des NDA-Führungsrates in Asmara; Reorganisation der Militärstruktur
08.-09.07.	IGAD-Gipfel in Nairobi; Diskussion einer IGAD-Friedensinitiative zur Lösung des Südsudankonfliktes
23.07.	14. Verfassungsdekret tritt in Kraft
07.08.	Bashir ernennt Riek Machar zum Vorsitzenden des *Coordination Council of the Southern States* (CCSS)
09.08.	Bashir entläßt die 25 Walis (Ausnahme: Khartoum); Neuwahl durch *State Assemblies* in den nordsud. Bundesstaaten am 15.8., im Süd-S. am 27.11.
12.08.	Bashir reist nach Aufenthalt in Nairobi (11.8.) weiter nach Südafrika; Gespräche mit Präsident Mandela über *Sudan Peace Agreement*
28.08.	Mandela trifft mit SPLA-Führer Garang zusammen; Garang lehnt Gespräch mit Bashir (vorgesehen für den 31.8.) ab; am 31.8. folglich nur bilaterale Gespräche zwischen Bashir und Museveni
20.09.	Lam Akol tritt mit Abschluß des Fashoda-Abkommens dem *Sudan Peace Agreement* bei
28.10.-06.11.	Erfolglose Friedensgespräche zwischen sud. Regierung und SPLA im Rahmen der IGAD-Friedensinitiative in Nairobi; Vertagung auf April 1998
03.11.	US-Präsident Clinton verhängt Wirtschaftssanktionen gegen den S. (Terrorismusvorwurf)
30.11.	Der ägyptische Präsident Mubarak trifft in Kairo mit SPLA-Führer Garang zusammen
09.-11.12.	Bashir nimmt in Teheran am 8. OIC-Gipfel teil; Plädoyer der OIC für Bewahrung der territorialen Einheit des S.
10.12.	Treffen von SPLA-Führer Garang und NDA-Vertretern mit US-Außenministerin Albright in Kampala; Albright plädiert für den Sturz des Regimes auf friedlichem oder militärischem Weg

Tanzania

Fläche: 945 087 km², **Einwohner:** 30,5 Mio., Hauptstadt: Dodoma (faktisch Dar es Salaam), **Amtssprache:** Kiswahili (Geschäftssprache: Englisch), **Lebenserwartung:** 50 J., **Alphabetisierung:** 67%, **Wechselkurs:** \$ 1 = Shilling (T.Shs.) 624, **HDI:** 0,357, Rang 25, **Pro-Kopf-Einkommen:** \$ 170, **BSP:** \$ 5174 Mio., **Anteile am BIP:** 48% - 21% - 31%, **Hauptexportprodukte:** Kaffee 18%, Baumwolle 18%, Industrieprodukte 15%, Cashewnüsse 12%, Bergbau (u.a. Gold, Diamanten) 7%, **Präsident:** Benjamin William Mkapa, **Ministerpräsident:** Frederick Sumaye, Zanzibar-Präsident: Salmin Amour, Zanzibar-Chefminister: Mohammed Gharib Bilal, **Regierungspartei:** Chama Cha Mapinduzi (= Partei der Revolution) (CCM)

In ihrem zweiten Amtsjahr konnte die Regierung Mkapa angesichts der eklatanten Schwäche der Oppositionsparteien die faktische CCM-Dominanz relativ problemlos konsolidieren; allerdings blieb die scharfe Konfrontation in Zanzibar weiter ungelöst. Außenpolitisch standen die Vertiefung der ostafrikanischen Kooperation und die Auswirkungen der Krisenlage im Raum der "Großen Seen" im Vordergrund. Ernsthafte Bemühungen um Verbesserungen im Bereich von Finanz- und Wirtschaftspolitik sicherten eine wohlwollende externe Geberunterstützung, während extreme Klimabedingungen (sowohl Dürre wie Überschwemmungen) erhebliche Belastungen für die Bevölkerung brachten.

Innenpolitik

Die Position der von der ehemaligen Einheitspartei CCM getragenen **Regierung** war während des Jahres ziemlich **unangefochten**, da die Oppositionsparteien deutlich zunehmende Schwächen zeigten und sich in internen Flügelkämpfen zerrieben. Im Parlament wurde ein weitgehend korrekter Umgang mit der Opposition praktiziert; allerdings wurden die Abgeordneten mehrfach von der Regierung extrem kurzfristig mit wichtigen Gesetzesvorlagen konfrontiert und zur Verabschiedung unter Druck gesetzt. In der gesamten staatlichen Verwaltung war die jahrzehntelang ausgeübte enge Symbiose mit der CCM und deren allgegenwärtige Dominanz aber weiter ungebrochen. Zugeständnisse im Hinblick auf eine von der Opposition immer wieder geforderte umfassende Verfassungskonferenz gab es nicht, sondern nur Bereitschaft zu unumgänglichen schrittweisen Modifikationen. Nach den ersten Mehrparteienwahlen vom Oktober 1995 hatte es zunächst 134 **Wahlanfechtungen** gegeben, von denen aber 81 wieder zurückgezogen wurden; bis Jahresmitte '97 hatte der *High Court* 30 Wahlanfechtungsklagen behandelt (dabei fünf Wahlannullierungen ausgesprochen, den Rest verworfen), während 23 Fälle noch im Gange waren. Von verschiedenen Seiten wurde wegen unverhältnismäßig hoher Kosten Kritik am bisherigen System von Nachwahlen in jedem freiwerdenden Wahlkreis geübt. Während des Jahres kam es zu insgesamt sechs **Nachwahlen**, von denen die CCM fünf mit meist deutlichen Mehrheiten gegen mehrere Oppositionskandidaten gewinnen konnte. Lediglich am 2.3. konnte John Cheyo, der UDP-Präsidentschaftskandidat von '95, ein Parlamentsmandat erobern, nachdem dies im Oktober '96 auch bereits Augustine Mrema von NCCR-Mageuzi gelungen war.

Eine am 4.2. vorgenommene **Kabinettsumbildung**, die wegen zwei Ministerrücktritten im letzten Quartal '96 notwendig geworden war, brachte nur geringfügige Veränderungen ohne Amtsverlust eines Ministers. Am wichtigsten war die Bestätigung des bereits amtierenden Finanzministers Daniel Yona und die Betrauung des früheren Ministers Aaron Chiduo mit dem Gesundheitsressort. Spekulationen über eventuelle weitere personelle Konsequenzen aus der Vorlage des Berichts der Warioba-Kommission über **Korruption** im Dezember '96 bewahrheiteten sich nicht. Dies blieb auch ein anhaltendes Thema während des gesamten Jahres, da sich in der Öffentlichkeit (und auch bei den internationalen Gebern) zunehmend Unzufriedenheit über mangelnde sichtbare Konsequenzen bei der von Mkapa so prominent herausgestellten Korruptionsbekämpfung ("Mr. Clean" im Wahlkampf) breit machte, obgleich in einem nicht veröffentlichten Anhang zum Warioba-Bericht konkrete Namen genannt worden waren. Immerhin hatte die Regierung aber den Mut, am 7.11. ein Treffen mit Geberrepräsentanten über die Behandlung des

Korruptionsthemas zu veranstalten. Im Rechenschaftsbericht bei der CCM-Nationalkonferenz im November gab Mkapa auch bekannt, daß in den letzten zwei Jahren rund 1500 Beamte und Mitarbeiter parastaatlicher Organisationen wegen korrupten Verhaltens entlassen worden seien. Dennoch bestand weiterhin der verbreitete Eindruck einer großen Kluft zwischen moralischem Anspruch und tatsächlichem Vorgehen gegen bekannte Missetäter.

Insgesamt verstand es die **CCM** recht gut, ihre zweifellos bestehenden internen Interessengegensätze und persönlichen Auseinandersetzungen nicht allzu deutlich öffentlich auszutragen. Zunächst schien diese äußerliche Fassade ernsthaft bedroht, nachdem der ehemalige CCM-Generalsekretär Horace Kolimba (von 1990-94) im Februar die Parteiführung massiv wegen eines Mangels an Richtungsweisung und Vision für die Zukunft kritisiert hatte, woraufhin er als Verräter an der Sache der Partei gebrandmarkt wurde. Nach öffentlichen Spekulationen über seinen eventuellen Übertritt zu einer Oppositionspartei wurde er zur Rechtfertigung seiner Vorwürfe vor das ZK der CCM zitiert, wobei er nach der Anhörung am 13.3. plötzlich an Herzversagen verstarb. Damit blieb der Partei eine weitere öffentliche Auseinandersetzung erspart, obgleich etwa gleichzeitig mehrere Führungspersonen ihrer Jugendorganisation zur Opposition übertraten. Auch wenn nach außen keine klar abgrenzbaren Gruppenbildungen zu erkennen waren, so konnte doch zwischen dem kleiner gewordenen Lager der idealistisch-sozialistischen Anhänger des Ex-Präsidenten Nyerere, der weitgehend als korrumpiert geltenden sog. "alten Garde" aus der Ära des Präsidenten Mwinyi (bis 1995), der von Mkapa an die Macht gebrachten neuen jüngeren Führungsgeneration sowie der überwiegend unideologischen breiteren Funktionärsschicht mit einem schlichten Interesse an einem Fortbestand der CCM-Dominanz im Lande unterschieden werden.

Im April begann auf unterster Ebene ein mehrmonatiger **Prozeß parteiinterner Wahlen**, der schließlich vom 10.-13.11. in Dodoma in der 5. regulären Nationalkonferenz der 1977 gegründeten CCM kulminierte. Für die Führungspositionen gab es nach Nominierung durch das alte Nationale Exekutivkomitee (NEC) keine Konkurrenz: **Mkapa** als **Parteivorsitzender** sowie Zanzibar-Präsident Amour und der ehemalige Premierminister John Malecela als seine Stellvertreter wurden jeweils mit über 99% der rund 1500 Delegiertenstimmen wiedergewählt. Im Vorfeld hatte es vielfache Spekulationen über eine mögliche Auswechslung Malecelas als prominentem Vertreter der "alten Garde" gegen Premierminister Sumaye gegeben, doch ließen dies die internen Machtverhältnisse offensichtlich nicht zu, was die Grenzen von Mkapas Einfluß und die schwache Position von Sumaye selbst zum Ausdruck brachte. Heftig umkämpft mit über 500 (teilweise selbst nominierten) Bewerbern waren dann die Wahlen zum neuen NEC, wobei offensichtlich auch persönliche Begünstigungen zum Einsatz kamen; eine Zuordnung der Ergebnisse nach verschiedenen Parteilagern war für externe Beobachter unmöglich. Von den insgesamt 70 Wahlpositionen im NEC (außerdem noch bis zu 15 vom Parteivorsitzenden ernannt) entfielen 15 auf die Frauen-, 10 die Jugend- und 5 die Elternorganisationen der CCM sowie jeweils die Hälfte der 50 allgemeinen Plätze auf das Festland und Zanzibar (wodurch die Insel in bezug auf die Bevölkerung maßlos überrepräsentiert war). Der ebenfalls übergroße Block der Parteitagsdelegierten aus Zanzibar bildete eine feste Stütze für Mkapa, was seine extreme Zurückhaltung im Hinblick auf die dortige interne Lage (s.u.) verständlich machte. Das NEC bestimmte bei seiner ersten Sitzung am 14.11. die neuen Führungspositionen des CCM-Sekretariats (Generalsekretär wie bisher Philip Mangula, neue Stellvertreter jeweils für Festland und Zanzibar sowie weitere neue Abteilungsleiter) sowie die Zusammensetzung des ZK mit jeweils sieben Vertretern vom Festland und Zanzibar. Damit waren die Personalkonstellationen der CCM bis auf weiteres abgeschlossen. Äußerlich wurde Einigkeit demonstriert, obgleich es offensichtlich verschiedene Machtgruppierungen gab und Mkapa keineswegs allein die Kontrolle ausüben konnte. Im Gegensatz noch zu 1995 hatte Ex-Präsident Julius Nyerere, dessen 75. Geburtstag am 13.4. prominent gefeiert wurde, keine herausgehobene Rolle mehr innerhalb der Partei gespielt und sich auf seine neue Stiftung und die Rolle als Vermittler im Burundi-Konflikt konzentriert.

Die bisher wichtigste **Oppositionspartei NCCR-Mageuzi** (*National Convention for Construction and Reform-Change*) verstrickte sich in vehemente interne Auseinandersetzungen und fiel praktisch in zwei Flügel auseinander, die sich unversöhnlich gegenüber standen und mit einstweiligen Verfügungen, Ausschlußbescheiden, Büroverboten etc. überzogen. Nach einer ZK-Sitzung am 3.4. wurde erstmals öffentlich die faktische Spaltung in zwei Lager eingestanden: auf der einen Seite der "populistische" Flügel des Vorsitzenden Mrema, auf der anderen der "intellektuelle" Flügel unter Führung des Generalsekretärs Mabere Marando, des Schatzmeisters James Nyakyoma und des Juradozenten Masumbuko Lamwai. Dies steigerte sich bei Sitzungen von NEC und ZK vom 8.-15.5. in Tanga noch zu wüsten persönlichen Beschimpfungen, Finanzvorwürfen und Handgreiflichkeiten; mit der NEC-Mehrheit ländlicher Delegierter ließ Mrema das Sekretariat auflösen und führende Mitglieder aus der Partei ausschließen. Ein von Mrema am 21.6. einberufener außerordentlicher Parteitag wurde in letzter Minute (nach Eintreffen der meisten der über 700 Delegierten) durch einstweilige Verfügung des *High Court* untersagt. Auch Androhungen des Parteienregistrators über eine mögliche Deregistrierung der NCCR führten zu keiner Wiederannäherung; am 13.10. verbot der *High Court* beiden Flügeln die Einberufung irgendwelcher Parteigremien (NEC und ZK) bis zur juristischen Klärung der angefochtenen Führungspositionen. Der ungeklärte Zustand und die Selbstparalyse hielten unverändert bis zum Jahresende an. Das unwürdige Schauspiel trug generell zu einer erheblichen Desillusionierung der Öffentlichkeit bezüglich der in die jungen Oppositionsparteien gesetzten Erwartungen bei. Außerdem wirkte es sich auch zum direkten Nachteil der NCCR bei anstehenden Nachwahlen aus; in Arusha verlor sie am 28.12. das bisher von Makongoro Nyerere, einem Sohn des früheren Präsidenten, gehaltene Mandat (nach Annullierung der Wahl im Berufungsverfahren) an die CCM:

Bei der **CUF** (*Civic United Front*), die weiter die größte Oppositionsfraktion im Parlament stellte, wurde der reichlich künstliche Zusammenschluß einer ganz überwiegend auf Zanzibar konzentrierten Partei (s.u.) mit einem eher unbedeutenden Festlandflügel verstärkt deutlich und zum Problem. Schon im Januar führte ein Aufruf der Festlandführung zur Anerkennung des Zanzibar-Präsidenten Amour und zur Beendigung des dortigen Boykotts der CUF zu gewalttätigen Auseinandersetzungen bei einer Mitgliederversammlung; Anfang April wurden bei einem Nationalrattreffen in Tanga schließlich sieben führende Mitglieder vom Festland aus der CUF ausgeschlossen. Dies verdeutlichte den weiteren Niedergang der CUF als Faktor für die Politik auf dem Festland. Im April gründete der frühere Vorsitzende James Mapalala, der 1994 vom Zanzibar-Flügel beiseite gedrängt worden war, mit anderen ehemaligen CUF-Mitgliedern eine neue Partei CHAUSTA (*Chama cha Haki na Ustawi*/Partei für Recht und Wohlstand), die zunächst eine vorläufige Registrierung erhielt.

Etwas Aufwind erhielt hingegen die **UDP** (*United Democratic Party*) durch den Nachwahlsieg ihres Vorsitzenden Cheyo, der sich in der Folge im Parlament als einer der wichtigsten Oppositionssprecher profilieren konnte. Sein Sieg im Wahlkreis Magu bestätigte die starke regional-ethnische Basis der UDP im Sukumaland; Streit hatte es im Vorfeld dieser Wahl über die mangelnde Bereitschaft der NCCR zu einem Zurücktreten und zur Einigung auf einen gemeinsamen Oppositionskandidaten (wie im Vorjahr bei der Nachwahl Mremas in Dar es Salaam) gegeben. Die starke Dominanz und auch Finanzierung der UDP durch den erfolgreichen Geschäftsmann Cheyo war allerdings nicht unumstritten; so trat sein Stellvertreter Christopher Ngaiza im April aus Protest gegen Tribalismus und persönliche Herrschaft Cheyos aus der Partei aus.

Auch in der **CHADEMA** (*Chama cha Demokrasia na Maendeleo*/Partei für Demokratie und Entwicklung) gab es - allerdings eher intern und weniger öffentlichkeitswirksam - deutliche Flügelkämpfe; der schon ältere Vorsitzende Edwin Mtei trat im Gegensatz zu Generalsekretär Bob Makani nur noch relativ wenig in Erscheinung. Aufmerksamkeit für die CHADEMA erregte der Beitritt von Christopher Mtikila, dem bisherigen Vorsitzenden der nicht-registrierten DP (*Democratic Party*), und seine Kandidatur für die Nachwahl am 25.5. in Ludewa um die Nachfolge des verstorbenen Kolimba; allerdings ging der Sitz wieder an die CCM. Im April trat auch Kasanga Tumbo, der amtierende Vorsitzende der TADEA (*Tanzania Democratic Alliance*), zur CHADEMA über; dies war symptomatisch für die offensichtliche Krise der kleineren, nicht im Parlament vertretenen Parteien.

Die Haltung der Regierung zu einer aktiven **Förderung der demokratischen und zivilgesellschaftlichen Partizipation** der Bevölkerung blieb weiter sehr zurückhaltend. Ende Juni erfolgte die Verlängerung der für die Verwaltung von Dar es Salaam im Vorjahr von der Regierung eingesetzten Kommission von Beamten für weitere zwei Jahre, d.h. die anhaltende Aushebelung einer gewählten lokalen Gebietskörperschaft. Durch Veränderungen der Registrierungsvorschriften für Nichtregierungsorganisationen wurde versucht, den weiter zunehmenden Bereich zivilgesellschaftlicher Autonomie besser unter Kontrolle halten zu können (nach Regierungsangaben gab es 8360 registrierte NROs). Neben 30 anderen NRO wurde zur Jahresmitte auch dem 1993 entstandenen unabhängigen Frauenrat BAWATA (*Baraza wa Wanawake wa Tanzania*) die Registrierung entzogen, nachdem diese schon im Vorjahr vorläufig aufgehoben worden war. BAWATA wurde als elitär und zu sehr politisch orientiert gebrandmarkt, hatte nach Eigenangaben aber über eine Million Mitglieder gerade in ländlichen Gebieten und verstand sich als Gegeneinrichtung zur CCM-Frauenorganisation UWT (*Umoja wa Wanawake wa Tanzania*). Im Februar wurde endgültig der früher ebenfalls der CCM angeschlossene Genossenschaftsverband CUT (*Cooperative Union of Tanzania*) formal aufgelöst; die restlichen Vermögenswerte sollten versteigert werden. Die sich weiter ausdifferenzierende Medienlandschaft erfuhr im August durch die Gründung eines lange geforderten unabhängigen Medienrates eine deutliche Stärkung. Besorgnis war zeitweilig wegen der Verurteilung eines Journalisten durch ein unteres Gericht wegen Besitzes von Regierungsdokumenten aufgekommen, was aber nach Berufung durch den *High Court* wieder aufgehoben wurde. Ein kontroverses Thema während des gesamten Jahres war die Debatte über verschiedene Entwürfe eines neuen Bodenrechtes, da hiervon viele gesellschaftliche Gruppen sehr fundamental betroffen sein werden und z.B. Frauen eventuelle Verschlechterungen zu befürchten haben. Mit einiger Verzögerung weiter vorangetrieben wurde die vorläufig letzte Runde des Abbaus der Zahl der Staatsbediensteten um weitere 10 000 Personen (vorgesehen Ende Januar, wegen Verzögerung der Abfindungszahlungen aber hingezogen bis Juni); damit war innerhalb von fünf Jahren der Staatsdienst um etwa 80 000 auf nunmehr noch rund 275 000 Personen reduziert worden.

Das politische System des halb-autonomen Landesteils **Zanzibar** verlief auch weiterhin überwiegend getrennt von den Vorgängen bei der Unionsregierung auf dem Festland. Die seit den manipulierten Wahlen von Oktober '95 bestehende Konfrontation zwischen CCM und Zanzibar-Präsident Salmin Amour auf der einen sowie CUF und ihrem Führer Seif Sharif Hamad auf der anderen Seite blieb unverändert erhalten. Unionspräsident Mkapa blieb bei seiner bisher verfolgten Linie, daß die Wahl Amours legal erfolgt sei und daß er daran nichts ändern könne. Angesichts der extremen Überrepräsentanz der Zanzibaris in den nationalen CCM-Gremien (s.o.) und ihrer uneingeschränkten Unterstützung für Mkapa war klar, daß dieser erhebliche Rücksicht auf Amour und seinen CCM-Flügel nehmen mußte und kaum stärkeren Druck auf die faktisch weitgehend selbständige Zanzibar-CCM ausüben konnte. Amour zeigte keinerlei Bereitschaft zu Entgegenkommen gegenüber der CUF und ließ weiterhin mit beträchtlicher Härte, Einschüchterung und Diskriminierung gegen vermeintliche Oppositionelle und CUF-Anhänger vorgehen, während die CUF ihren Boykott der inhaltlichen Mitarbeit an den Beratungen des Zanzibar-Repräsentantenhauses aufrechterhielt, aber auch darauf achtete, nicht den Abgeordnetenstatus ihrer Mitglieder zu verlieren (die allerdings mehrfach kurzfristig wegen mangelnden Respekts des Hauses verwiesen wurden). Trotz anhaltender politischer Hochspannung kam es jedoch zu keinen offenen gewaltsamen Konfrontationen. Eine internationale Konferenz über "Demokratie und Entwicklung" vom 5.-7.7. unter Beteiligung von Mkapa und dem mosambikanischen Präsidenten Chissano sollte nach ursprünglichen Intentionen eine Chance für den Beginn eines Dialogs bieten, was aber von Amour vertan wurde, der eher an einer PR-Aktion für seine Position interessiert war. Immerhin aber plädierten Konferenzvorsitzender Warioba und auch Außenminister Kikwete offen an die Zanzibar-Regierung, den vorhandenen Konflikt zu akzeptieren und nicht länger einfach zu ignorieren. Nach dem überraschend am 31.7. bekanntgegebenen Rücktritt des CUF-Vertreters Msabah Mbarouk von seinem Mandat im Repräsentantenhaus entspann sich eine undurchsichtige Situation mit Vorwürfen über eine angebliche Entführung und Unterdrucksetzung. Sehr schnell wurde für den Wahlkreis Mkunazini eine Nachwahl für den 30.11. angesetzt, die erneut CUF relativ deutlich gewann. Während die Wahl selbst ohne Zwischenfälle ablief, wurden kurz darauf insgesamt 17 CUF-Mitglieder (darunter der Generalsekretär und drei Abgeordnete) inhaftiert, nach einiger Verzögerung dann des Hochverrats angeklagt und über den Jahreswechsel hinaus ohne Verfahren gefangen gehalten. Die internationale Mißbilligung der zanzibarischen Politik machte sich in einer deutlichen Reduzierung bzw. Nichtaufnahme neuer Entwicklungshilfeaktivitäten der meisten Geber bemerkbar. Schwer verifizierbare Hinweise deuteten darauf hin, daß als neue Geldquelle vermehrt auf Geschäfte mit internationalen Drogenkreisen abgestellt wurde. Pläne für den Bau einer großen Müllverbrennungsanlage für europäische Industrieabfälle auf der Insel Pemba boten der CUF neuen Anlaß zur Bündelung des politischen Protests im Gebiet ihrer überwiegenden Anhängerschaft.

Außenpolitik

Im Vordergrund der Aufmerksamkeit standen notwendigerweise die Auswirkungen der anhaltenden **Konflikte in den Nachbarländern** Burundi, Rwanda und Zaire/Kongo und in der gesamten zentralafrikanischen Region der sog. Großen Seen. Ex-Präsident Nyerere bemühte sich weiter - allerdings ohne sichtbaren Erfolg - als Vermittler für den Burundi-Konflikt, wurde aber von dem Militärregime Buyoya als nicht neutral genug angesehen. Etwa ab Jahresmitte kam es mehrfach zu sich verschärfenden Spannungen mit Burundi, Vorwürfen über wechselseitige militärische Grenzverletzungen und kleineren Scharmützeln von Sicherheitsorganen im Grenzgebiet; Burundi beschuldigte Tanzania, auf seinem Territorium militanten Hutu-Rebellengruppierungen eine Rückzugsbasis für Terroraktionen in Burundi zu gestatten (was stets bestritten wurde) und die treibende Kraft hinter der Aufrechterhaltung der Wirtschaftssanktionen zu sein. Schon zu Jahresbeginn kam es zu einer neuen großen Flüchtlingswelle aus Burundi und Zaire in Tanzanias westlichen Regionen (Kigoma und Kagera), während bis Ende '96 die Masse der rund 700 000 rwandischen Flüchtlinge nahezu panikartig in ihr Heimatland zurückgekehrt war. Nach dem Machtwechsel in Kinshasa im Mai kehrten die meisten der bis zu 100 000 kongolesischen Flüchtlinge mit UNHCR-Unterstützung schrittweise wieder zurück, während dies nur für eine Minderheit der unterschiedlich auf 220 000 bis 300 000 geschätzten Flüchtlinge (überwiegend Hutu) aus Burundi galt. Angesichts der enormen Belastungen für die eigene Bevölkerung wurde die in der Vergangenheit stets ausgesprochen großzügige Flüchtlingspolitik der Regierung deutlich restriktiver. Ein Arbeitsbesuch Mkapas in Kinshasa (26./27.7.) ebenso wie ein 9tägiger Besuch Nyereres im August im Kongo waren als demonstrative Unterstützung der Regierung von Kabila zu werten, dessen Guerillatruppen offensichtlich auch Ausbildungshilfe vom tanzanischen Militär erhalten hatten.

Weiter positiv entwickelte sich die **Zusammenarbeit mit den ostafrikanischen Nachbarn** Kenya und Uganda, sowohl hinsichtlich der Stärkung der gemeinsamen Regionalorganisation EAC (*East African Cooperation*) - u.a. dokumentiert durch ein Gipfeltreffen der drei Präsidenten am 29.4. in Arusha - wie auch der jeweiligen bilateralen Beziehungen (Staatsbesuche Mkapas in Kenya vom 29.-31.5. und in Uganda vom 5.-8.8., Besuch des ugandischen Premiers Kintu Musoke in Tanzania vom 2.-6.4.), wobei es vorrangig um Verbesserungen der Verkehrsverbindungen, Handelsaustausch und vermehrte Aktivitäten der Privatwirtschaft ging. Besuche von Botswanas Präsident Quett Masire (30.6.-4.7.) und Zambias Präsident Frederick Chiluba (28.-31.7.) unterstrichen andererseits auch das weiterbestehende tanzanische Interesse an einer Orientierung in Richtung auf das südliche Afrika und die SADC (*Southern Africa Development Community*). Chinas Premierminister Li Peng beendete seine große Afrikatour in Tanzania (12.-14.5.) mit Gesprächen über fortgesetzte Entwicklungshilfe und Intensivierung der Wirtschaftsbeziehungen; dies galt auch für den Besuch des indischen Premierministers Gujral (18.-20.9.). Der Staatsbesuch des finnischen Präsidenten Ahtisaari (16.-18.5.) war Beleg für die Bedeutung Tanzanias als Schwerpunktland der finnischen Entwicklungshilfe. Premierminister Sumaye war vom 14.-20.9. in Deutschland (Hamburg und Bonn) und Frankreich, vornehmlich um bei Investitionsförderkonferenzen um verstärkte Aktivitäten privater ausländischer Unternehmer zu werben. Auf internationaler Ebene führte Tanzania 1997 den Vorsitz der "Gruppe der 77 und

China", was Mkapa u.a. die Gelegenheit gab, bei der UN-Sondergeneralversammlung am 23.6. über die Konsequenzen der Rio-Umweltkonferenz als offizieller Sprecher aufzutreten. Tanzanias früherer Außenminister Salim Ahmed Salim behielt für eine weitere dritte Amtszeit das wichtige Amt des Generalsekretärs der OAU und hatte damit eine Führungsrolle für den gesamten Kontinent.

Sozioökonomische Entwicklung

Außergewöhnliche Klimaverhältnisse hatten 1997 kritische Auswirkungen auf die gesamtwirtschaftliche Entwicklung und verdeutlichten die starke Abhängigkeit vom Wetter in einem Land, dessen BIP zu mehr als der Hälfte auf der Landwirtschaft beruht. Extreme Trockenheit in weiten Landesteilen während des ersten Quartals führte zu hohen Ernteausfällen und zu teilweise bedrohlichen Nahrungsmitteldefiziten in den folgenden Monaten. Übermäßige Regenfälle im April richteten dann in einigen Gebieten große Schäden an. Noch wesentlich verheerender waren jedoch die sintflutartigen Regenmassen gegen Jahresende (Teil des weltweiten El Niño-Phänomens), die Saaten wegschwemmten und wichtige Teile der Infrastruktur zerzörten (so wurde z.B. die zentrale Eisenbahnlinie Mitte Dezember für Monate total unterbrochen). Ein kritischer Effekt - für die Bevölkerung wie für das Wirtschaftsleben - waren monatelange Strom- und Wasserknappheit in den meisten Städten und die Ausbreitung von Cholera (mit über 2 000 registrierten Todesfällen).

Dies führte zu unvermeidlichen Rückschlägen für die insgesamt auf gutem Kurs befindliche **Wirtschaftspolitik**. Das gesamtwirtschaftliche Wachstum erreichte 1997 nur 3,3% (nach 4,2% in 1996), d.h. nur eine sehr geringe Verbesserung pro Kopf der Bevölkerung, da der Landwirtschaftssektor bei einer Zuwachsrate von 2,5% blieb. Durch restriktive Geldpolitik konnte die Inflationsrate weiter auf etwa 16% gedrückt werden (ohne Anstieg der Nahrungsmittelpreise als Folge der schlechten Ernten wäre sie noch niedriger ausgefallen); zeitweise führte die Geldknappheit sogar zu völlig ungewöhnlichen Liquiditätsengpässen in der Wirtschaft. Der Saldo der Außenhandelsbilanz blieb mit einem Defizit von $ 445 Mio. nahezu unverändert, da sowohl Exporte auf $ 719 Mio. wie Importe auf $ 1 164 Mio. zurückgingen; somit konnte Tanzania seine Einfuhren wenigstens zu mehr als 60% aus eigenen Ausfuhrerlösen abdecken (im Vergleich zu nur einem Drittel noch vor wenigen Jahren). Die Währung blieb weiterhin erstaunlich stabil mit einem im Jahresvergleich nur um 5% gegenüber dem Dollar verringerten Wechselkurs und damit insgesamt sogar einem realen Aufwertungseffekt. Die Währungsreserven erreichten zum Jahresende ein neues Allzeithoch von $ 622 Mio., was nahezu der Einfuhrdeckung eines halben Jahres entsprach. Weniger erfreulich war der Rückgang der Exporterlöse um rund 6% gegenüber dem Vorjahr, der auf eine Kombination von Mengen- und Preisrückgängen beim gesamten Spektrum der traditionellen Ausfuhrprodukte zurückzuführen war.

Ein gewisser Fortschritt war zu verzeichnen beim **Problem der Auslandsverschuldung**, nachdem am 21.1. erstmals nach fünf Jahren wieder eine Entschuldungsregelung im Rahmen des Pariser Clubs zustandegekommen war. Nach den sog. Neapel-Bedingungen erfolgte ein Schuldenerlaß in Höhe von $ 1 Mrd. und eine weitere Umschuldung von fälligen Zahlungen im Umfang von $ 700 Mio.; der Stand der Auslandsverschuldung verringerte sich mit dieser Regelung auf noch rund $ 6,8 Mrd. Von der von der Weltbank zum Jahresende 1996 ausgewiesenen langfristigen öffentlichen Auslandsverschuldung in Höhe von $ 6,1 Mrd. entfielen nahezu 95% auf offizielle Gläubiger, davon wiederum etwas mehr als die Hälfte auf multilaterale Organisationen (wie Weltbank und IWF). Dennoch wurde Tanzania noch nicht als Kandidat für eine Einbeziehung in die neue HIPC-Initiative (*Highly Indebted Poor Countries*) betrachtet, wie dies etwa für Uganda der Fall war. Trotz Kritik an der hohen Schuldenbelastung bekannte sich die Regierung zur Verpflichtung der Schuldenbedienung; im Haushaltsjahr 1996/97 waren 40% der laufenden Staatsausgaben für den Schuldendienst verwendet worden, was selbst von der Weltbank als zu hoch und abträglich für die Erfüllung der Aufgaben des Staates (insbesondere für die Sozialsektoren) angesehen wurde.

Der am 19.6. im Parlament vorgelegte **Haushaltsplan** 1997/98 war erstmals im Vorfeld mit Vertretern von Wirtschaftsverbänden diskutiert worden und stieß bei diesen wie auch bei Entwicklungshilfegebern auf weitgehende Zustimmung als ausgewogener Kompromiß zwischen fiskalischen Zielen und Anreizen für eine Belebung der Wirtschaft (z.B. durch Reduzierung der Körperschaftssteuer von 35% auf 30%). Die geplanten Einnahmen in Höhe von TSh. 695 Mrd. gingen von einer Steigerung um 25% gegenüber dem Vorjahr aus, in dem die neue TRA (*Tanzania Revenue Authority*) im ersten Jahr ihres Bestehens bereits eine deutliche Verbesserung der Staatseinnahmen und eine Vorgabenerfüllung von 98% erzielen konnte. Erstmals war im Gegensatz zu bisherigen Usancen zu Jahresbeginn kein Nachtragshaushalt erforderlich gewesen (ebenso auch nicht zum Jahreswechsel 1997/98). Insgesamt hatte die Finanzpolitik der Regierung gegenüber früheren Jahren ganz erheblich an Solidität und Disziplin gewonnen. Die vorgesehene Einführung einer Mehrwertsteuer wurde im Interesse einer guten Vorbereitung auf Juli 1998 verschoben. Nach langen Auseinandersetzungen war es mit Wirkung ab 20.2. endlich gelungen, einheitliche Zollsätze für das Festland und Zanzibar durchzusetzen, um damit den beträchtlichen bisherigen Schmuggel über Zanzibar zur Umgehung des Zolls zu unterbinden. Zwecks Linderung der Ernährungssituation wurde im September eine Sonderregelung für drei Monate über einen Zoll- und Steuerverzicht für Maisimporte getroffen, um damit kommerzielle Einfuhren zu erleichtern (außerdem Verbot von Maisexporten und Bitte um internationale Nahrungsmittelhilfe).

Der am 4.6. im **Zanzibar**-Repräsentantenhaus eingebrachte **Haushaltsplan** 1997/98 für die Inseln machte die durch das Ausbleiben von Entwicklungshilfe wesentlich schwieriger gewordene Finanzlage deutlich. Bei nahezu unveränderten Gesamtausgaben von TSh. 55,4 Mrd. wurde ein um nahezu ein Drittel auf TSh. 42,4 Mrd. erhöhter Ansatz für den laufenden Haushalt (vornehmlich zur Bedienung der mit TSh. 15,5 Mrd. angegebenen Auslandsverschuldung) eingeplant, so daß die verbleibenden Mittel für den Investitionshaushalt gegenüber dem Vorjahr nahezu halbiert werden mußten. Deutlich betont wurde der Zwang zur Verbesserung der Einnahmesituation der Regierung. Erstmals hatte eine IWF-Mission sich auch für eine separate Analyse der zanzibarischen Finanzsituation und für deren Verbesserung interessiert.

Die seit langem diskutierte unumgängliche Umstrukturierung der staatlichen, hochgradig verlustbringenden **NBC** (*National Bank of Commerce*) sorgte weiter für kontroverse Auseinandersetzungen. Eine zunächst im Februar vorgesehene Dreiteilung wurde wegen massiver politischer Widerstände mehrfach verschoben und mußte von Mkapa gegen den Vorwurf eines zu starken Drucks von IWF und Weltbank verteidigt werden (u.a. durch Hinweis auf schon 1990 gemachte Vorschläge der Nyirabu-Kommission über das Bankwesen). Alle bereits eingeleiteten NBC-Reformen hatten nicht genügend Erfolg gebracht; gegen die Konkurrenz von inzwischen rund 15 privaten Banken bestand die Gefahr weiterer Riesenverluste. Im August kam es endgültig mit Wirkung zum 1.10. zur Entscheidung über die Entlassung von etwa 2 000 Angestellten und die Zweiteilung der NBC in eine *National Microfinance Bank* und eine neue, von allen Altlasten befreite NBC (1997) als generelle Geschäftsbank; beide sollten schnellstmöglich teilprivatisiert werden (mit staatlicher Minderheitsbeteiligung). Erst nach dieser hart umkämpften Entscheidung gab die Weltbank die noch zurückgehaltene erste Tranche eines Strukturanpassungskredits im Volumen von $ 125 Mio. frei, von dem $ 75 Mio. allein für die neue Struktur der NBC vorgesehen waren. Noch über das Jahresende hinaus verzögerte sich erneut der seit längerem geplante Start einer Börse. Schwierig gestaltete sich auch die Überarbeitung des **Investitionsgesetzes** von 1990, die verbesserte Rahmenbedingungen für Investoren schaffen sollte. Ein erster Entwurf im April mußte nach Protest wegen mangelnder Konsultation der Wirtschaft zurückgezogen werden. Schließlich wurde das Gesetz im August unter Zeitdruck wegen der bevorstehenden Europareise des Premierministers durch das Parlament gepeitscht. Das Instrument pauschaler Steuerbefreiungen für neue Investitionen wurde stark reduziert; das bisherige *Investment Promotion Centre* (IPC) wurde mit modifizierter Aufgabenstellung durch das *Tanzania Investment Centre* (TIC) ersetzt, dessen Leitung im November der ehemalige Finanzminister Simon Mbilinyi übernahm. Trotz immer wieder auftretender praktischer Verzögerungen wurde die Privatisierung staatlicher Unternehmungen über die PSRC (*Parastatal Sector Reform Commission*) mit inzwischen unbestrittener Unterstützung der Regierung konsequent fortgesetzt.

Alles in allem erhielt die Regierung von den internationalen Finanz- und Geberinstitutionen deutlich bessere Noten für ihre Wirtschaftspolitik als es seit Jahren der Fall gewesen war. Im April gab der IWF ohne Diskussion den zweiten Teil der ersten Tranche der ESAF-Vereinbarung von November 1996 frei, dann am 4.12. auch eine zweite Tranche, die wegen der klimabedingten Sonderbelastungen von $ 70 Mio. auf $ 97 Mio. aufgestockt wurde. Das üblicherweise in Paris abgehaltene **Treffen der Konsultativgruppe** aller Geber unter Vorsitz der Weltbank fand am 11./12.12. erstmals in Dar es Salaam statt und brachte neue Entwicklungshilfezusagen im Gesamtvolumen von rund $ 1 Mrd.; Hauptkritikpunkte waren die mangelnde Energie im Kampf gegen die Korruption und die zu geringe Aufmerksamkeit für eine Verbesserung der Sozialsektoren. Bei allem Wohlwollen war die Regierung aber besorgt über zukünftig wahrscheinlich spürbar zurückgehende Zuflüsse von Entwicklungshilfe.

Rolf Hofmeier

Chronologie Tanzania 1997

21.01.	Schuldenerlaß im Rahmen des Pariser Clubs
04.02.	Kleinere Kabinettsumbildung
02.03.	Sieg von UDP-Führer Cheyo bei Parlamentsnachwahl
13.03.	Tod des ehemaligen CCM-Generalsekretärs Kolimba
02.-06.04.	Arbeitsbesuch von Ugandas Premierminister Musoke
13.04.	75. Geburtstag des früheren Präsidenten Nyerere
29.04.	EAC-Gipfeltreffen der ostafrikanischen Präsidenten in Arusha
08.-15.05.	Massive Flügelkämpfe bei NCCR-Führungsgremientreffen in Tanga
12.-14.05.	Arbeitsbesuch des chinesischen Premiers Li Peng
16.-18.05.	Staatsbesuch von Mkapa in Kenya
04.06.	Vorlage des Zanzibar-Haushaltsplans 1997/98
19.06.	Vorlage des Haushaltsplans 1997/98
23.06.	Rede von Mkapa bei UN-Sondergeneralversammlung als Sprecher der "Gruppe der 77"
30.06.-04.07.	Staatsbesuch von Botswana-Präsident Masire
05.-07.07.	Internationale Konferenz "Demokratie und Entwicklung" in Zanzibar
26./27.07.	Arbeitsbesuch von Mkapa in Kinshasa (DR Kongo)
28.-31.07.	Arbeitsbesuch von Zambia-Präsident Chiluba
31.07.	Rücktritt des CUF-Abgeordneten Mbarouk im Zanzibar-Repräsentantenhaus
05.-08.08.	Staatsbesuch von Mkapa in Uganda
14.-20.09.	Premier Sumaye zu Investitionsförderkonferenzen in Deutschland und Frankreich
18.-20.09.	Besuch des indischen Premierministers Gujral
01.10.	Restrukturierung der *National Bank of Commerce*
07.11.	Treffen von Regierung und Geberrepräsentanten über Warioba-Bericht über Korruption
10.-13.11.	5. Nationalkonferenz der CCM in Dodoma
30.11.	CUF-Sieg bei Nachwahl zu Zanzibar-Repräsentantenhaus
04.12.	Freigabe der 2. ESAF-Tranche durch IWF
11./12.12.	Konsultativgruppentreffen mit Gebern in Dar es Salaam

Afrika-Jahrbuch 1997, S. 321-329

Uganda

Fläche: 236036 km^2, **Einwohner:** 19,7 Mio., **Hauptstadt:** Kampala, **Amtssprache:** Englisch, **Lebenserwartung:** 43 J., **Alphabetisierung:** 61%, **Wechselkurs:** $ 1 = Uganda Shilling 1138, **HDI:** 0,328, Rang 30, **Pro-Kopf-Einkommen:** $ 300, **BSP:** $ 5826 Mio., **Anteile am BIP:** 46% - 16% - 39%, **Hauptexportprodukte:** Kaffee 62%, Gold 8%, Fisch 6%, Tee 3%, **Staatschef:** Yoweri Kaguta Museveni, **Premierminister:** Kintu Musoke, **Führende politische Organisation:** National Resistance Movement (NRM)

Während die Innenpolitik im ersten Jahr nach den Wahlen von Diskussionen über die Zukunft des spezifischen politischen Systems sowie von anhaltenden Aktivitäten mehrerer Rebellengruppierungen beherrscht war, galt die Hauptaufmerksamkeit der Außenpolitik und der Rolle des Landes bei den Veränderungen in der unruhigen Krisenregion der "Großen Seen". Trotz Rückgang des Wirtschaftswachstums blieben der wirtschaftspolitische Reformkurs und das Wohlwollen der Geberinstitutionen unverändert erhalten.

Innenpolitik

Nach den Wahlen vom Mai/Juni des Vorjahres vollzog sich 1997 eine nur wenig transparente Neu- und Feinabstimmung der **relativen Gewichte von Exekutive** (insbesondere dem weiterhin stark dominierenden Präsidenten Museveni) und **Legislative** (einem Parlament ohne klar abgegrenzte Fraktionen) in dem besonderen ugandischen Politiksystem ohne offiziell operierende politische Parteien. Entgegen einigen zunächst geäußerten Befürchtungen stellte sich allmählich immer deutlicher heraus, daß Museveni keineswegs weiterhin den politischen Diskurs weitgehend alleine bestimmen konnte und daß verschiedene Abgeordnete durchaus willens und in der Lage waren, dem Präsidenten bei bestimmten Themen Paroli zu bieten. Bei allen Diskussionen über die tatsächliche Machtverteilung im Staat ging es (zumindest hintergründig) auch immer um die Frage der Dauerhaftigkeit der institutionellen Strukturen bzw. ihre weitere Zukunft nach dem für das Jahr 2000 vorgesehenen Referendum über Fortführung des *movement*-Systems (ohne politische Parteien bei faktischer Dominanz der NRM) oder Rückkehr zu einem konventionellen Mehrparteiensystem.

Ein erster Disput entspann sich über das am 17.12.96 mit großer Parlamentsmehrheit verabschiedete **Lokalverwaltungsgesetz**, da Museveni die Unterzeichnung verweigerte wegen der nach seiner Meinung zu hoch angesetzten formalen Ausbildungsvoraussetzungen für die Wählbarkeit für lokale Führungspositionen. Erst nach entsprechender Abänderung erhielt das Gesetz verspätet im März seine Rechtswirksamkeit; daraufhin konnte die zu Jahresbeginn eingesetzte neue permanente Wahlkommission mit den Vorbereitungen für die längst überfälligen **Kommunalwahlen** zu den vier verschiedenen Ebenen der *Local Councils* (LCs) beginnen (als fünfte Ebene gilt das Parlament). Das Mandat der früheren *Resistance Councils* (RCs) war eigentlich schon seit Februar '95 nach 3jähriger Amtszeit abgelaufen. Erst Anfang November begannen schließlich landesweit die sich über mehrere Wochen hinziehenden Wahlen zu den LCs I-III auf Dorf-, Gemeinde- und Kreisebene, wobei nur auf Dorfebene (LC I) die gesamte Bevölkerung beteiligt war, während die LCs II und III sich nur aus dem Kreis der bereits gewählten Personen rekrutierten. Die Wahlbeteiligung war offensichtlich insgesamt recht gering; offizielle Zahlen hierzu wurden nicht bekanntgegeben. Auch über die Zustimmung bzw. Ablehnung des geltenden politischen Systems ließen sich keinerlei allgemeingültige Aussagen machen, obgleich die NRM die Durchführung der Wahlen als Beleg für die Akzeptanz des Systems ausgab. Die aus allgemeinen Wahlen hervorgehenden LC IV-Organe (Stadt- bzw. Distrikträte sowie Bürgermeister und Distriktvorsitzende) sollten erst Anfang '98 gewählt werden.

Besonders kontrovers gestaltete sich auch die Diskussion über ein spezielles ***movement*-Gesetz**, das entsprechend den Erfordernissen der Verfassung die bisher nicht fixierten institutionellen **Strukturen des *movement*-Systems** festlegen sollte. Die zu Jahresbeginn bekanntgewordenen Kontroversen des Gesetzentwurfes ließen bei den Verfechtern eines Mehrparteiensystems nicht von der Hand zu weisende Befürchtungen vor der Festschreibung eines speziellen neuen Typs einer faktischen Einparteiherrschaft entstehen. Trotz ernsthaft vorgebrachter Bedenken vieler Abgeordneter und weiterbestehender Unklarheiten über die tatsächlichen Konsequenzen wurde mit lediglich kleineren Änderungen das *movement*-Gesetz am 10.7. verabschiedet und am 21.8. von Museveni unterzeichnet. Danach ist jeder volljährige ugandische Bürger automatisch NRM-Mitglied; parallel zu den staatlichen LC-Organen sollen für dieselben Ebenen *movement*-Komitees gewählt werden (deren Zusammensetzung voraussichtlich weitgehend identisch sein wird). Oberstes Organ soll eine nationale *movement*-Konferenz mit rund 1 500 Mitgliedern sein, darunter automatisch auch alle Parlamentsabgeordneten (was von den NRM-Gegnern verständlicherweise vehement abgelehnt wurde). Das Gesetz dokumentierte deutlich die schwierige Gratwanderung zwischen dem Anspruch einer Stärkung von partizipativen Elementen (insbesondere für die Masse der ländlichen Bevölkerung) und der Unterbindung einer pluralistischen politischen Konkurrenz (von Parteien und vorwiegend städtischen Interessengruppen). Unmittelbar hatte damit die NRM aber noch keine neue festere Struktur erhalten. Die bereits für den 23.9. einberufene nationale NRM-Konferenz wurde kurzfristig wieder abgesagt, da Zweifel über die Verfassungsmäßigkeit angesichts bisher nicht erfolgter Basiswahlen vorgebracht worden waren. Kurz vorher (12.9.) war auch die NRM-Gruppierung (*caucus*) im Parlament aufgelöst und ihr bisheriger Führer, der Staatsminister für Verteidigung Amama Mbabazi, als zu autokratisch zum Abtritt gezwungen worden; nach dem Willen der Mehrheit sollte eine neue Führung bewußt nicht wieder von einem Minister ausgeübt werden. Im Oktober wurde dann auch die spezielle *Task Force* aufgelöst, die im Vorjahr für die Organisierung von Musevenis Wahlkampf gebildet worden war. Trotz der neuen Gesetzesgrundlage blieben bis zum Jahresende die konkreten NRM-Strukturen weiter ungeklärt. Spekulation blieb vorläufig auch die hin und wieder vorgebrachte Überlegung, daß die NRM eventuell zu einer Art "Ersatz-Partei" ausgebaut werden solle (was aber dem allumfassenden Anspruch widersprechen würde).

Im Juni wurde öffentlich bekannt, daß sich ein spezielles **Parteiengesetz** in Vorbereitung befinde, das entsprechend den Vorgaben der Verfassung den genauen Operationsspielraum der politischen Parteien regeln solle. Von den zu Kommentaren über den ersten Regierungsentwurf aufgeforderten Altparteien reagierte lediglich die CP (*Conservative Party*) mit einer Stellungnahme, während DP (*Democratic Party*) und UPC (*Uganda People's Congress*) die Mitarbeit verweigerten, da sie weitere ernsthafte Beschränkungen parteipolitischer Aktivitäten befürchteten und dies als nicht in der Kompetenz von Regierung und Parlament liegend (vielmehr nur im Rahmen der Verfassung zu klären) ansahen. Die regierungsinternen Debatten über die schwierige Materie zogen sich dann so lange hin, daß bis Jahresende noch nicht einmal ein Gesetzentwurf formell im Parlament eingebracht wurde.

Die beiden wichtigsten **Altparteien DP** und **UPC** hatten angesichts der seit 1986 geltenden Betätigungsrestriktionen und fehlender überzeugender Alternativen zur Regierungspolitik zunehmend mit Mitgliederrückgang, Finanzproblemen und schleichender Resignation zu kämpfen. Die **DP** zeigte im Verlauf des Jahres nur wenig Profil und Aktivitäten; der Vorsitzende Paul Ssemogerere, der '96 bei den Präsidentschaftswahlen deutlich von Museveni geschlagen worden war, sah seinen seit Anfang der 1980er Jahren nicht mehr durch innerparteiliche Wahlen bestätigten Führungsanspruch verstärkt in Frage gestellt, konnte aber personelle Veränderungen noch abwehren. Beträchtlich mehr Bewegung gab es beim **UPC**, der sich auch um Rekrutierung neuer Mitglieder bemühte und - in Verletzung der offiziell geltenden Restriktionen - Parteiausweise ausgab. Ein Führungstreffen mit Delegierten aus Uganda und verschiedenen außerafrikanischen Exilländern vom 6.-9.7. in Lusaka (Zambia), dem Exildomizil des noch immer formell amtierenden UPC-Vorsitzenden Milton Obote (als Staatspräsident durch Militärputsch 1985 vertrieben), verabschiedete ein neues Programm (Agenda 21) und die faktische Abgabe von Obotes Macht als Parteivorsitzender an die PPC (*Presidential Policy Commission*) unter Leitung von James Rwanyarare, der sich '96 bei harten Flügelkämpfen gegenüber Cecilia Ogwal als UPC-Führer innerhalb Ugandas durchgesetzt hatte. Nach der erheblich veränderten Parteisatzung sollte das PPC als neues repräsentatives Parteiorgan einen PRC (*People's Representative Council*) mit Vertretern aller ugandischen Distrikte und spezieller Interessengruppen schaffen. Dies geschah bei der PRC-Gründungsversammlung mit rund 200 Mitgliedern am 29.11. in Kampala, dem bisher größten parteipolitischen Treffen seit 1986; den Vorsitz übernahm Badru Wegulo, der bisherige nationale UPC-Vorsitzende. Gegen die neuen Strukturen gab es aber weiter Widerstand von dem internen Parteiflügel um Cecilia Ogwal und den von ihr im Vorjahr geschaffenen IEC (*Interim Executive Council*); eine Überwindung der Flügelkämpfe war weiterhin nicht abzusehen. Am 4.9. hatte die UPC durch Rwanyanrare beim Verfassungsgericht Klage gegen die Legitimität Musevenis und die Rechtmäßigkeit der Wahlen von '96 erhoben; vor Jahresende kam es zu keinem Entscheid der am 4.12. begonnenen Gerichtsverhandlung.

Trotz überwältigender NRM-Mehrheit im **Parlament** zeigten sich die Abgeordneten keineswegs besonders willfährig gegenüber der Regierung, sondern entwickelten überraschendes Selbstbewußtsein, aber verfolgten auch deutliche Eigeninteressen. Letzteres war der Fall im Juni bei tagelangem Tauziehen um die Bezahlung der Abgeordneten, die praktisch in Streik traten und erst nach hitziger Debatte und einem Kompromiß den Nachtragshaushalt der Regierung für 1996/97 am 11.6. verabschiedeten. Am deutlichsten reklamierte das Parlament sein **Kontrollrecht** im Hinblick auf vermutete allzu offensichtliche Fälle von **Korruption**, insbesondere bei Mitgliedern der Regierung. Ein erstes Opfer war der Minister ohne Geschäftsbereich im Präsidentenbüro Kirunda Kivejinja, der im Juni aufgrund einer von über 130 Abgeordneten unterschriebenen Petition wegen Amtsmißbrauchs zurücktreten mußte. Hochgradige öffentliche Aufmerksamkeit richtete sich dann im Herbst auf wochenlange erbitterte Auseinandersetzungen über Korruptionsvorwürfe (vornehmlich im Zusammenhang mit Immobiliengeschäften) gegen den früheren Geheimdienstchef Brigadier Jim Muhwezi, seit '96 Staatsminister für Erziehung und einer der ältesten Kampfgefährten Musevenis seit Anfang der 1980er Jahre. Trotz Entlastung durch das Ergebnis eines Untersuchungskomitees des Parlaments und massiver Schützenhilfe durch verschiedene Kabinettskollegen unterschrieben schließlich rund 140 Abgeordnete eine Tadelspetition gegen Muhwezi, die vom Parlamentssprecher am 12.12. an den Präsidenten geschickt wurde. Dies erfolgte nicht zuletzt unter dem Eindruck einer lebhaften generellen Parlamentsdebatte über Korruption, bei der sich Winnie Byanyima mit scharfen Attacken gegen die Regierung und freiwilliger Deklarierung ihres eigenen Vermögens besonders hervortat. Höchst umstritten waren die tatsächliche Einhaltung des existierenden *Leadership Code* (der schon bis Ende Januar die Angabe der Vermögenswerte aller Führungspersonen vorgesehen hatte) und die Kontrollmöglichkeiten des dafür vorgesehenen *Inspector General of Government* (IGG) mit nur sehr begrenzter Ausstattung. Insgesamt bildete die weit verbreitete Korruption bei Bevölkerung wie externen Gebern einen der Hauptkritikpunkte an der Regierung.

Einen wichtigen Vertrauensgewinn bei den **Baganda** konnte die Regierung in der Weihnachtswoche erzielen durch die Rückgabe des traditionellen Lubiri-Königspalastes, der seit 1966 vom Militär in Beschlag genommen war, an den Kabaka. Als klarer Rückschlag gewertet wurde hingegen ein **Gerichtsentscheid** vom 25.4., der das Recht von **Generalmajor David Tinyefuza** auf Austritt aus der Armee bestätigt hatte, was von Museveni im Dezember '96 nicht akzeptiert worden war, nachdem Tinyefuza (einer der prominentesten Militärführer) scharfe Kritik am Zustand des Militärs und am Umgang mit den Rebellen im Norden geübt hatte. Gegen die Entscheidung legte die Regierung Berufung ein, die aber vor Jahresende nicht behandelt wurde. Während des Jahres gab es allerdings vielfältige Hinweise auf tatsächlich weit verbreitete Unzufriedenheit über die Bedingungen im Militär. Der Oberkommandierende, Generalmajor Mugisha Muntu, stieß im Oktober mit Forderungen nach massiven zusätzlichen Finanzmitteln für eine effektive Beendigung der Kämpfe im Norden und Westen allerdings auf keine Gegenliebe bei Präsident und Parlament. Die faktische **militärische Führung** beim Einsatz gegen die Rebellen lag seit dem Vorjahr bereits bei Generalmajor Salim Saleh, dem reaktivierten Halbbruder Musevenis. Zeitweilige Gerüchte über die angebliche Rekrutierung einer Privatarmee durch Musevenis Sohn Muhoozi klärten sich dahin auf, daß dieser unter Studenten aktiv für den Eintritt in die milizartigen LDU (*Local Defence Forces*) warb.

Entgegen allen Ankündigungen der Regierung gelang es auch 1997 nicht, die **Rebellen-**

aktivitäten in verschiedenen Landesteilen entscheidend zurückzudrängen. Auch die erwarteten Auswirkungen der veränderten Machtverhältnisse in Zaire/Kongo und der Erfolge der SPLA im Sudan im Hinblick auf eine Schwächung der Rückzugsbasen der ugandischen Rebellenbewegungen in diesen Ländern schlugen letztlich nicht so stark zu Buche wie zunächst von vielen Beobachtern angenommen worden war. Die Intensität der Kampfhandlungen schwankte stark im Jahresverlauf in den verschiedenen von Rebellen bedrohten Gebieten im Norden (um Gulu und Kitgum), Nordwesten (West Nile) und Westen (Grenzgebiet zu Kongo im Bereich der Ruwenzori-Berge), ließ aber insgesamt nicht erkennbar nach, während im restlichen Land davon kaum Auswirkungen zu bemerken waren. Museveni blieb unverändert bei seiner generellen harten Haltung, daß es gegen die gewalttätigen und mit Brutalität und Einschüchterung vorgehenden Rebellen nur eine militärische Lösung geben könne, wollte aber grundsätzlich auch immer wieder von verschiedenen Seiten vorgeschlagenen Verhandlungsinitiativen nicht im Wege stehen. Der bereits seit Herbst '96 in umfangreichen Anhörungen das Rebellenproblem im Norden behandelnde Verteidigungs- und Innenausschuß des Parlaments konnte sich bei der Erstellung seines Abschlußberichtes im Februar ebenfalls nicht auf einheitliche Lösungsvorschläge einigen. Ein neuer Versuch zu einer friedlichen Verhandlungslösung wurde auch Anfang April in London bei einer **Konferenz** von über 200 weltweit verstreuten **Angehörigen des Acholi-Volkes** unternommen, das mehrheitlich die über zehnjährigen Kämpfe und deren Auswirkungen auf das gesamte Leben total leid war. Die Teilnahme sowohl von zwei ugandischen Ministern wie von hochrangigen Rebellenvertretern (LRA) und Repräsentanten der Zivilgesellschaft an dieser Konferenz ließ einen zeitweiligen Hoffnungsschimmer aufkommen, was sich in der Folgezeit aber nicht realisierte. Eine Protestdemonstration gegen den Krieg von Christen (u.a. mit dem Erzbischof) im November in Kampala verdeutlichte die zunehmende Unpopularität (auch bei Teilen des Militärs) der harten Haltung Musevenis, obwohl auch er am 29.10. die Möglichkeit einer neuen Amnestie für alle Rebellen angedeutet hatte.

Die weitaus wichtigste Rebellenbewegung war nach wie vor die vornehmlich im Acholi-Gebiet aktive **LRA** (*Lord's Resistance Army*) unter Führung von Joseph Kony. Nach zeitweiligem Rückzug in den Sudan im August '96 kehrte dieser um die Jahreswende wieder nach Uganda zurück; ein großes Massaker (7.-9.1.) in der Nähe von Kitgum war offensichtlich auf entstandene Sorglosigkeit bei Militär und Bevölkerung zurückzuführen. Gleichzeitig richtete Kony zwei Briefe mit Anzeichen von Gesprächsbereitschaft an den die Konfliktsituation untersuchenden Verteidigungsausschuß des Parlaments. Nach massiven Militäraktionen entlang der sudanesischen Grenze (offensichtlich abgestimmt mit der SPLA) mußte sich Kony mit dem größten Teil seiner Rebellen wieder auf sudanesisches Territorium zurückziehen; bei diesen Aktionen wurden 114 Sudanesen als Kriegsgefangene auf ugandischem Gebiet festgenommen, aber auch zwei ugandische Soldaten im Sudan. Nach einigen Monaten relativer Ruhe intensivierten sich die LRA-Aktivitäten wieder von Mitte August bis Mitte Oktober, bis sich die Rebellen erneut in den Sudan zurückzogen und General Saleh nach Rückkehr nach Gulu (nach mehrmonatiger Abwesenheit) die Militäraktionen verstärkte. Anschließende Rückschläge der SPLA im Sudan ließen aber dort wieder größere Freiräume für die LRA erwarten. Im Oktober gab es Hinweise auf Sondierungsgespräche zwischen Vertretern der Regierung und der LRA in London. Trotz aller militärischen und politischen Schachzüge war aber die Situation zum Jahresende praktisch unverändert und die LRA als ständiger Unruhefaktor keineswegs ausgeschaltet; auch die immer weiter verstärkte Konzentration der Zivilbevölkerung in "Wehrdörfern" brachte keinen vollständigen Schutz, aber erhebliche Einschränkungen und weiter wachsenden, aber hilflosen Unmut gleichermaßen gegen Rebellen wie gegen Regierung und Militär.

Eine erhebliche Verbesserung aus Regierungssicht ergab sich hingegen im Nordwesten. Angesichts der Erfolge der Kabila-Rebellion in Zaire und der SPLA im Sudan verloren die Rebellen der **WNBF** (*West Nile Bank Front*) ihre dortigen Stützpunkte und wurden im Februar/-März in gemeinsamen Offensiven mit den UPDF (*Uganda People's Defence Forces*) weitgehend aufgerieben, wobei auch WNBF-Führer Juma Oris den Tod fand. Die UNRF II (*Uganda National Rescue Front*) unter Oberst Ali Bamuze, eine Abspaltung von der WNBF, konnte auch nur begrenzte Aktivitäten entwickeln.

Als wesentlich hartnäckiger als zunächst erwartet stellten sich die Rebellen der **ADF** (*Allied Democratic Forces*) heraus, die erstmals im November '96 im westlichen Grenzgebiet zu Zaire für Schrecken gesorgt hatten und die schwer zugänglichen Berggebiete als Schlupfwinkel nutzen konnten. Ohne erkennbare zentrale Führung und formulierte politische Zielsetzungen setzten sich die ADF offensichtlich aus sehr unterschiedlichen Elementen zusammen, darunter Resten der NALU (*National Army for the Liberation of Uganda*) im Ruwenzori-Gebiet, lokalen fundamentalistischen Muslimen (sog. *Tabliqs*), versprengten rwandischen Hutus aus den Flüchtlingslagern in Zaire sowie Resten der geschlagenen Zaire-Armee. Eine kurze Besetzung der Grenzstadt Bundibugyo durch rund 500 Rebellen Mitte Juni stellte die zunächst unterschätzte ADF-Stärke deutlich unter Beweis; bis Jahresende gelang es den Sicherheitskräften nicht, die schwer greifbaren ADF-Aktionen entscheidend einzudämmen. Im August meldete sich von Nairobi aus eine neue Oppositionsgruppe UFFO (*Uganda Federal Freedom Organisation*) unter Führung von Duncan Kafeero, einem '96 nach den Wahlen entlassenen Minister der Buganda-Regierung, zu Wort, die eine Allianz mit WNBF-Resten (unter dem Ex-Makerere-Professor Zubairi Atamvaku) und einer wiederbelebten UPA (*Uganda People's Army*) bilden wollte. Wie schon seit Jahren blieb die Lage bezüglich immer wieder neu auftauchender oppositioneller Gruppen (auch im Ausland) anhaltend unübersichtlich, überwiegend aber auch ohne besondere Bedeutung. Eine gewisse Verunsicherung ergab sich allerdings Ende Juli nach mehrmaligen Granatenanschlägen in Kampala (mit 10 Toten und über 70 Verwundeten), die der ADF und sudanesischer Unterstützung zugeschrieben, aber von diesen dementiert wurden.

Außenpolitik

Angesichts der weiteren Zuspitzung der **krisenhaften Verhältnisse im regionalen Umfeld** und insbesondere der unsicheren Konsequenzen der Veränderungen in Zaire/Kongo war 1997 eine besondere Priorität für außenpolitische Fragen unvermeidlich; selbst die vielfältigen internationalen Aktivitäten des Präsidenten hatten meist auch einen starken Bezug zu den Problemen in der ost- und zentralafrikanischen Gesamtregion. Außerdem gab es anhaltend starke Wechselwirkungen zwischen der Lage in den Nachbarländern und den Operationsmöglichkeiten der verschiedenen Rebellengruppen im eigenen Land (s.o.).

Die unerwartet raschen Erfolge der AFDL-Rebellen unter Führung von Laurent Kabila in **Zaire** wurden von der Regierung nicht nur politisch begrüßt, sondern offensichtlich in gewissem (allerdings im einzelnen schwer belegbaren) Umfang auch tatkräftig direkt unterstützt. Neben Rwanda war Uganda von Anfang an die wichtigste Stütze für Nachschub, Logistik und Ausbildung der in den ersten vier Monaten überraschend schnell vordringenden AFDL-Kräfte; auch ugandische Soldaten waren zumindest zeitweise auf dem Territorium des Nachbarlandes im Einsatz. Der Sturz des Mobutu-Regimes kam für Museveni ausgesprochen gelegen, da es in der Vergangenheit zwischen beiden besonders tiefsitzende Animositäten gegeben hatte. An den vielfältigen regionalen Konsultationen und unterschiedlich zusammengesetzten Gipfeltreffen vor und nach dem Machtwechsel in Kinshasa war Uganda aktiv beteiligt; dabei (ebenso wie auf internationaler Bühne) war Museveni sorgsam darum bemüht, aufkommende Verdachtsmomente gegen mit seiner Person verbundene regionale Dominanzansprüche zu zerstreuen, gleichwohl aber doch eine gewisse inhaltliche Führung deutlich werden zu lassen. Im ersten Überschwang ganz neuer regionalpolitischer Perspektiven wurden Ideen für neue Verkehrsverbindungen in den Osten des **Kongo** und eine Intensivierung der Wirtschaftsbeziehungen entwickelt; kurzfristig nahm der Handelsaustausch im Grenzgebiet stark zu und das ugandische Geld wurde zum bevorzugten Zahlungsmittel bis weit in den Kongo hinein. Angesichts der sich erneut verschlechternden Sicherheitslage in den östlichen Kongo-Provinzen und zweifelhafter politischer Manöver Kabilas zeichnete sich aber gegen Jahresende bereits eine deutliche Abkühlung des Verhältnisses von Kampala und Kinshasa ab.

Trotz verschiedener externer Vermittlungsbemühungen blieben die Beziehungen zum **Sudan** anhaltend gespannt und stark von der wechselseitigen Unterstützung der jeweiligen Rebellenbewegungen (SPLA bzw. LRA, WNBF und ADF) geprägt. Iran verfolgte seine im Vorjahr gestartete Vermittlungsinitiative weiter und eröffnete eine Botschaft in Kampala. Im April gab es nach einem Treffen des sudanesischen Präsidenten Bashir mit Ugandas Außen- und Verteidigungsministern in Libyen Optimismus hinsichtlich einer Annäherung, mehr noch nach einem von Kenyas Präsident Moi vermittelten persönlichen Zusammentreffen von Bashir und Museveni am 10.5. in Eldoret (Kenya), bei dem über Gefangenenaustausch und einen neuen Anlauf zur Zusammenarbeit gesprochen wurde. Ein weiterer Vermittlungsversuch von Südafrikas Präsident Mandela brachte zwar ein erneutes Treffen von Bashir und Museveni am 31.8. in Pretoria, aber keine (zunächst vorgesehene) Einbeziehung von SPLA-Führer Garang wegen dessen Verweigerung. Im Endeffekt änderte sich kaum etwas an den weiter (seit '95) unterbrochenen diplomatischen Beziehungen und an der Konfrontation.

Auch kleinere Irritationen mit **Kenya** (wie grenzüberschreitende Viehdiebstähle im Karamoja-Gebiet, Protest am 29.7. gegen Inhaftierung von über 100 Ugandern in Nairobi) konnten insgesamt den Willen zur Vertiefung der **Regionalkooperation** im Rahmen der EAC (*East African Cooperation*) nicht in Gefahr bringen. Beim Staatsbesuch des tanzanischen Präsidenten Mkapa vom 5.-8.8. standen Bemühungen um eine weitere Verbesserung der bilateralen Wirtschafts- und Verkehrsverbindungen im Vordergrund. Besonders eng waren nach wie vor die Beziehungen zur FPR-dominierten Regierung in Rwanda (insbesondere auch im Hinblick auf die Abstimmung der Entwicklungen in Zaire/Kongo), während die Haltung gegenüber dem Militärregime in Burundi und zu den im Vorjahr von allen Ländern die Region verhängten Sanktionen ziemlich ambivalent und zurückhaltend war. Besuche von Mosambiks Präsident Chissano (Ende Januar) und dem Djibouti-Präsidenten Gouled Aptidon (Juli) unterstrichen vor allem das ugandische Interesse an verschiedenen Regionalorganisationen (in einem Fall COMESA und SADC, im anderen IGAD). Museveni seinerseits besuchte vom 14.-19.10. Senegal und bereits zum wiederholten Male Libyen.

Außerhalb Afrikas waren die Beziehungen zu den **USA** für die Regierung von absolut vorrangiger Bedeutung, da diese schon seit längerem Uganda als vermeintlichem strategischen Bollwerk in dieser Krisenregion (insbesondere hinsichtlich der Eindämmung des islamistischen Regimes im Sudan) besondere Unterstützung zukommen ließen. Dies wurde erneut unterstrichen bei einem Treffen Musevenis mit US-Außenministerin Albright am 4.2. in Washington (dabei allerdings auch Warnung vor einem direkten Eingreifen Ugandas in Zaire) sowie bei dem Besuch der Außenministerin in Kampala (10./11.12.) im Zuge ihrer Afrikareise, wobei sie die Führungsrolle Musevenis besonders lobend herausstrich, demonstrativ auch Gulu im Zentrum des LRA-Rebellengebiets besuchte und sich mit Mitgliedern der sudanesischen SPLA-Führung (darunter auch John Garang) traf. Uganda war (neben Senegal) das erste Land, das im Rahmen der *African Crisis Response Initiative* (ACRI) bereits Ende Juli (bis Ende September) eine Einheit von rund 60 US-Militärausbildern empfing, die ein ugandisches Bataillon speziell für den potentiellen Einsatz bei Friedenseinsätzen an afrikanischen Konfliktherden vorbereiteten. Das amerikanische Lob war jedoch nicht völlig uneingeschränkt. So äußerte sich der scheidende US-Botschafter Michael Southwick im Juli durchaus kritisch über die demokratischen Defizite des bestehenden politischen Systems. Ein von US-AID in Auftrag gegebener und im August vorgelegter Bericht von Robert Gersony über Ursachen und Lösungsansätze der anhaltenden Rebellion im Acholi-Gebiet empfahl dezidiert die Aufnahme von Friedensverhandlungen statt des Beharrens auf einer militärischen Lösung.

Weitere außenpolitische Akzente Musevenis waren ein eher von Mißtrauen geprägtes Treffen mit dem französischen Präsidenten Chirac in Paris im Februar (vornehmlich über die eskalierende Krise in Zaire), ein Besuch in Brüssel im April (u.a. über weitere EU-Entwicklungshilfe) sowie die Teilnahme am Commonwealth-Gipfel in Edinburgh im Oktober, wobei er vorher am 23.10. in London anläßlich von Feiern zum 25jährigen Jubiläum der Ausweisung der Asiaten aus Uganda durch Idi Amin die Gelegenheit benutzte, die asiatischen Geschäftsleute dezidiert zur Rückkehr aufzufordern.

Sozioökonomische Entwicklung

Das gesamtwirtschaftliche Wachstum ging nicht zuletzt unter dem Einfluß **ungünstiger Klimafaktoren** (extreme Dürre zu Jahresbeginn vornehmlich im Norden und Nordosten, Regenfluten und Überschwemmungen mit Ernteverlusten gegen Jahresende) merklich auf etwa 5,0% im Jahr 1997 zurück. Dies machte trotz der hohen Wachstumsraten der letzten Jahre die anhaltende Abhängigkeit von der Landwirtschaft und von den Naturgegebenheiten überdeutlich. Dennoch blieb die **Wirtschaftsentwicklung** insgesamt weiter auf Erfolgskurs. Bei restriktiver Geldpolitik konnte die Inflationsrate (trotz Anstiegs der Nahrungsmittelpreise aufgrund der klimabedingten ernsthaften Engpässe) bei beachtlichen 7% gehalten werden. Der Wechselkurs des Shilling erfuhr im Jahresvergleich einen nominalen Abwertungseffekt von gut 10% gegenüber dem Dollar und blieb damit insgesamt real in etwa stabil. Die Devisenreserven konnten bis Jahresende auf $ 628 Mio. (entsprechend einer Importdeckung von sechs Monaten) erhöht werden. Bei gewissem Rückgang der Exporte (vornehmlich wegen geringerer Erlöse vom Kaffee) auf $ 619 Mio. und weiterem Anstieg der Importe auf $ 1 317 Mio. vergrößerte sich das Defizit der Handelsbilanz deutlich um nahezu $ 150 Mio. gegenüber dem Vorjahr, während der Negativsaldo der Leistungsbilanz mit rund $ 250 Mio. nahezu unverändert blieb.

An der kritischen **Verschuldungssituation** veränderte sich 1997 faktisch noch wenig, obgleich Uganda bereits '96 als erstes Nutznießerland für die neue **HIPC-Initiative** (Schuldenreduzierung der *Highly Indebted Poor Countries* unter Beteiligung von Weltbank und IWF) ausersehen worden war. Bei der Frühjahrstagung beider Organisationen wurden aber neue prozedurale Hürden aufgebaut und damit das faktische Wirksamwerden zur Enttäuschung der ugandischen Regierung und vieler NROs weiter auf April '98 verschoben. Uganda hatte bereits in der Vergangenheit als erstes Land beim Pariser Club der bilateralen Gläubiger die günstigen "Neapel-Bedingungen" für Schuldenerlaß eingeräumt bekommen und dort alle existierenden Zahlungsrückstände abbauen können. Zum Jahresende 1997 belief sich die gesamte Auslandsverschuldung auf knapp $ 3,7 Mrd., wovon rund drei Viertel auf multilaterale Institutionen entfielen. Die HIPC-Initiative, für die sich Uganda aufgrund seiner langjährigen konsequenten Wirtschaftsreformpolitik qualifiziert hatte, sollte insgesamt einen Schuldenerlaß von $ 650 Mio. (entsprechend einem diskontierten Gegenwartswert von über $ 350 Mio.) bringen.

Auch in anderer Weise wurde die fortgesetzte wohlwollende Unterstützung der Regierung durch die Mehrheit der externen Geber deutlich. Der IWF genehmigte am 10.11. eine neue dreijährige **ESAF-Vereinbarung** im Volumen von $ 140 Mio., nachdem das vorherige ESAF-Programm im Mai ausgelaufen war. Bei dem regulären **Konsultativgruppentreffen** der Geber unter Vorsitz der Weltbank am 12./13.11. in Paris erfolgten neue Entwicklungshilfezusagen im Umfang von $ 750 Mio., aber es wurde auch deutliche Kritik geübt an der ungenügenden Bekämpfung der Korruption, an den wieder deutlich gestiegenen Militärausgaben und an nicht zustandegekommenen Friedensgesprächen im Norden, um dort endlich eine Verbesserung der Lebensverhältnisse herbeiführen zu können. Vorher war im Oktober ein *Policy Framework Paper* mit den makroökonomischen Zielsetzungen für die Dreijahresperiode bis zum Jahr 2000 bekanntgegeben worden (Wachstumsrate von 7% pro Jahr, Stabilisierung der Inflation bei 5%, Anhebung der Investitionsquote von 20,5% auf 23% des BIP, Haushaltsdefizit von 1,7% des BIP). Etwa gleichzeitig (27.10.) wurde von Planungsminister Richard Kaijuka der erste Entwurf einer langfristigen Entwicklungsstrategie "Vision 2025" vorgestellt, die in einem ausführlichen nationalen Dialog diskutiert und konkretisiert werden soll.

Als schwierig gestaltete sich die **staatliche Finanzsituation**. Am Ende des Finanzjahres 1996/97 ergaben sich Mindereinnahmen von Sh. 43 Mrd. (rund 5% des Budgetansatzes), die vornehmlich auf schwache Steuerverwaltung, Schmuggel und Anlaufprobleme im ersten Jahr der Mehrwertsteuererhebung (obgleich diese insgesamt als Erfolg galt) zurückgeführt wurden. Die Gesamtsteuerquote lag mit 11% des BIP noch immer ausgesprochen niedrig. Nach Kritik an der Effektivität der URA (*Uganda Revenue Authority*) erhielt diese im Juni eine neue Führung. Angesichts von beträchtlichen Kostenüberschreitungen war insgesamt im Budget 1996/97 ein um Sh. 70 Mrd. erhöhtes Defizit (gegenüber einer Planzahl von Sh. 400 Mrd.) entstanden, das formal in einem entsprechenden Nachtragshaushalt abgesegnet werden mußte. Der am 12.6. vom Finanzminister Jehoash Mayanja-Nkangi vorgelegte neue **Haushaltsplan** für 1997/98 war daraufhin ausgesprochen restriktiv und auf strikte Haushaltsdisziplin ausgerichtet; er wurde von einigen Abgeordneten als exakte Kopie der Konditionen eines Strukturanpassungskredits der Weltbank kritisiert. Das neue Budget sah Einnahmen von Sh. 840 Mrd. bei Gesamtausgaben von Sh. 922 Mrd. (davon Sh. 800 Mrd. für die laufenden Ausgaben) vor; viele Ausgabenpositionen, die keine Personalausgaben betrafen, wurden rigoros um bis zu einem Drittel gekürzt. Die Haushaltsprioritäten wurden benannt mit Schuldendienst, Abhaltung der Kommunalwahlen, gesetzlichen Ausgabenverpflichtungen und Ausweitung der Grundschulausbildung. Später (im Oktober) wurde die Absicht zur weiteren Reduzierung der Zahl der Staatsbediensteten von 60 000 auf 48 000 bekanntgegeben. Mit dem bisher engsten Staatsbudget unterstrich die Regierung die klare Absicht zu weiterer Finanzdisziplin und zur Übernahme von mehr Aktivitäten durch den Privatsektor.

Ein deutlicher Schwerpunkt lag daher auf der weiteren konsequenten Verfolgung der **Privatisierung** von bisher staatlichen Unternehmen, obgleich es dagegen von Teilen des Parlaments auch erhebliche grundsätzliche Opposition gab. Immerhin waren von den bis Jahresmitte schon privatisierten 68 Staatsbetrieben (von insgesamt 140) rund 80% an einheimische Investoren verkauft worden. Schon seit langem besonders kontrovers war die Debatte über die Privatisierung der **UCB** (*Uganda Commercial Bank*), der weitaus größten Geschäftsbank des Landes; in Vorbereitung auf die Privatisierung waren die faulen und wahrscheinlich nicht mehr eintreibbaren Kredite im Umfang von $ 62 Mio. auf den NPART (*Non-Performing Assets Recovery Trust*) übertragen worden . Erst nach hartnäckigem Widerstand im Parlament genehmigte dieses schließlich am 2.9. gegen 37 Minderheitsstimmen den UCB-Verkauf, wobei 51% an einen Hauptinvestor und 49% an ugandische Interessenten gehen sollten. Im November erfolgte der Verkauf von 49% (mit Option auf weitere 2%) an die malaysische Firma Westmont, die dann allerdings wegen Transferproblemen Schwierigkeiten hatte, den Zahlungstermin einzuhalten. Die **UDB** (*Uganda Development Bank*) mit faulen Außenständen von rund $ 80 Mio. (teilweise bei Politikern und Führungspersönlichkeiten) wurde im September für einige Tage für eine Umstrukturierung und einen personellen Neuanfang geschlossen; eine drastische Verschlankung der UDB schien unvermeidlich zu sein. Angesichts des insgesamt höchst maroden Finanzsektors wurde ein Moratorium hinsichtlich der Eröffnung neuer Banken weiter aufrechterhalten. Die lange geplante Eröffnung einer Börse wurde weiter auf Anfang '98 verschoben. In Vorbereitung auf eine Privatisierung wurden am 15.10. Post und Telekom formal voneinander getrennt. Nach mehrjährigen Verzögerungen sah es im Juni so aus, als ob endlich ein internationales Konsortium mit einem Kapital von $ 110 Mio. für das große Kobaltprojekt der Kilembe-Mine (nahe Kasese) zustande gekommen sei, mit erwarteter Produktionsaufnahme Anfang 1999.

Beim wichtigsten **Exportprodukt Kaffee** wurde in der Saison 1996/97 ein mengenmäßiger Ausfuhrrekord von 254 000 t erreicht, obgleich wegen deutlich gefallener Weltmarktpreise die Erlöse um etwa 10% zurückgingen. Einige Sorgen bereitete die starke Ausbreitung einer Pilzkrankheit bei den Kaffeepflanzen. Die Produktionsausweitung wurde weitgehend auf die Freigabe des Kaffeesektors für private Händler und das Ende des früheren Quasi-Monopols des CMB (*Coffee Marketing Board*) zurückgeführt; die seit '95 versuchte Privatisierung des CMB stieß weiter auf erhebliche Probleme und konnte noch nicht realisiert werden. Erhebliche Investitionen in die Baumwollwirtschaft haben in den letzten Jahren zu einer deutlichen Erholung dieses früher wichtigen Produkts geführt. Aufgrund eines hygienebedingten Einfuhrstops der EU gegen Jahresende drohte den in wenigen Jahren stark gewachsenen Fischexporten ein empfindlicher Einbruch. Südafrikanische Farmer zeigten erstmals Interesse an einer möglichen Ansiedlung in Uganda, stießen aber dabei auf das Problem, daß Ausländer nach der Verfassung kein Bodeneigentum erwerben können (was sich auch teilweise als Hindernis für kommerzielle Investoren erwies).

Sozialpolitisch von größter Bedeutung war die Einlösung des Wahlversprechens von Museveni über eine **kostenlose Grundschulausbildung** für jeweils bis zu vier Kinder pro Familie, da bisher nur 54% der Kinder der entsprechenden Altersstufe in die Schule gingen. Anfang Januar begann die Registrierung für das Programm der *Universal Primary Education* (UPE), das mit 5,4 Mio. registrierten Kindern die ursprünglichen Erwartungen der Schulbehörden weit übertraf. In der praktischen Durchführung des Programms gab es verständlicherweise große Probleme, doch wurde ihm weiter hohe Priorität beigemessen. Nach einer großen Sonderrekrutierung von Lehrern sollten jedoch aus Finanzmangel gegen Jahresende bis zu 50 000 schlecht ausgebildete Lehrer unter Inkaufnahme von übermäßig großen Klassenstärken und Doppelschichten wieder entlassen werden.

Rolf Hofmeier

Chronologie Uganda 1997

02.-10.01.	Registrierung von Kindern für neues Grundschulprogramm
29.01.	Staatsbesuch des mosambikanischen Präsidenten Chissano
04./05.02.	Treffen von Museveni in Washington mit US-Außenministerin Albright und IWF-Chef Camdessus, anschließend mit Frankreichs Präsident Chirac in Paris
19.02.	Museveni in Kapstadt bei regionalem Minigipfeltreffen
06.-08.04.	Konferenz über Konflikt im Acholi-Gebiet in London
20.-24.04.	Besuch von Museveni in Belgien und bei EU-Kommission
25.04.	Gerichtsentscheidung über Armeeaustritt von General Tinyefuza
10.05.	Treffen Musevenis mit Sudan-Präsident Bashir in Eldoret (Kenya)
Juni	Rücktritt von Minister Kivejinja nach Korruptionsvorwürfen
12.06.	Vorlage des Haushaltsplans 1997/98
25.06.	Besuch von Museveni in Kanada
06.-09.07.	UPC-Konferenz in Lusaka (Zambia)
10.-12.07.	Staatsbesuch von Djibouti-Präsident Gouled Aptidon
30.7.-01.08.	Mehrfache Granatenanschläge in Kampala
05.-08.08.	Staatsbesuch von Tanzania-Präsident Mkapa
11.08.	Museveni bei regionalem Minigipfel in Kinshasa (DR Kongo)
21.08.	Inkrafttreten des *movement*-Gesetzes
August	US-Militärausbilder trainieren UPDF-Bataillon (bis September)
31.08.	Museveni in Südafrika, Treffen mit Sudan-Präsident Bashir in Pretoria
02.09.	Parlamentsentscheidung über Verkauf der UCB
03./04.09.	Museveni bei Regionalgipfel in Dar es Salaam (Tanzania)
04.09.	Verfassungsklage der UPC gegen Legitimität der Regierung
12.09.	Zeitweilige Schließung der UDB für Restrukturierung
14.-19.10.	Museveni in London und bei Commonwealth-Gipfel in Edinburgh
01.11.	Beginn der Serie von Kommunalwahlen
10.11.	Neue ESAF-Zusage des IWF in Höhe von $ 140 Mio.
12./13.11.	Konsultativgruppentreffen der Geber in Paris
26.11.	Große Parlamentsdebatte über Korruption
29.11.	Parteitreffen der UPC in Kampala
10./11.12.	Besuch der US-Außenministerin Albright
12.12.	Parlamentspetition mit Korruptionsvorwurf gegen Minister Muhwezi geht an Museveni

Südliches Afrika

Weitgehende innenpolitische Stabilität sowie zwischenstaatlicher Frieden waren auch in diesem Jahr Charakteristika der Region. Nur der chronische Krisenherd Angola stellte im Hinblick auf innenpolitische Stabilität weiterhin die Ausnahme von der Regel dar; ein nachhaltiger Frieden kehrte dort immer noch nicht ein, aber zumindest war ein Teil der Rebellenbewegung UNITA seit der Bildung der "Regierung der nationalen Einheit und Versöhnung" (11.4.) am politischen Geschehen beteiligt, direkter als je zuvor. Und im Hinblick auf den zwischenstaatlichen Frieden erschien für die Region insgesamt die Perspektive von Konflikten mit Anwendung von Waffengewalt als irreal, je mehr das Zusammenwachsen der Länder in wirtschaftlicher, politischer und auch in gesellschaftlicher Hinsicht Fortschritte machte, die auch in diesem Jahr deutlich zu erkennen waren. Zwischenstaatliche Konflikte blieben auf den letztlich marginalen Zwist zwischen Botswana und Namibia um - nunmehr zwei - kleine Inseln beschränkt, der bezeichnenderweise noch nicht einmal zu einer ernsthaften Verstimmung der beiden Regierungen untereinander führte.

Am Rande der Region jedoch mehrten sich die Desintegrationsprozesse, diesmal mit direkten Rückwirkungen auf das südliche Afrika. Die Regierung des Grenzlandes Angola, das ohnehin nur sehr locker mit der Region verklammert war, griff militärisch in Herrschaftskonflikte der Republik Kongo und Zaïres ein, um Machtwechsel zu unterstützen und auf diese Weise UNITA und auch Cabinda-Separatisten von ihren dortigen Rückzugsgebieten abzuschneiden. Verschiedene Staatschefs aus dem südlichen Afrika waren mit dem Konflikt in Zaïre beschäftigt, allen voran Südafrikas Präsident, der intensiv als Vermittler tätig war. Inwieweit er dabei auch in seiner Funktion als Vorsitzender der SADC auftrat, blieb etwas unbestimmt. Auf jeden Fall bedeutete die spätere Einbeziehung der Demokratischen Republik Kongo - vormals Zaïre - in die SADC eine Ausweitung von deren nordwestlicher Flanke mit der Möglichkeit, künftig in die Konfliktkonstellationen eines jenseits der eigentlichen Region liegenden Raumes hineingezogen zu werden.

Innenpolitische Spannungspotentiale

Das Vorhandensein von weitgehender innenpolitischer Stabilität bedeutete indes keineswegs einen Mangel an innenpolitischen Spannungspotentialen. Diese blieben, wenn auch in sehr unterschiedlichem Ausmaß, in allen Ländern vorhanden, und in manchen verstärkten sie sich. Abgesehen von Angola nahmen sie jedoch durchweg keinen übermäßig besorgniserregenden Verlauf. Die Perspektive implodierender Staaten oder der Abkopplung ganzer Landesteile durch Aufständische galt nicht für die Region.

Am geringsten ausgeprägt blieben die innenpolitischen Spannungen wie im Vorjahr in Namibia und Botswana. In **Namibia** war die Regierungspartei weiterhin kaum ernsthaften Herausforderungen seitens der Mitbewerber im parlamentarischen Spektrum ausgesetzt, wohl aber den aus zunehmenden autokratischen Tendenzen erwachsenden Anfechtungen. Während in **Botswana** die Regierungspartei ihre inneren Konflikte mittels einer Art Burgfrieden noch gut zu kaschieren vermochte, büßte die einzige im Parlament vertretene Oppositionspartei den Schwung, der ihr aus dem relativen Wahlerfolg von 1994 zugewachsen war, immer deutlicher ein, zum einen durch Ansätze für ein - irritierend unnötig erscheinendes - inneres Auseinanderdividieren und zum anderen durch ein politisches Aushebeln mittels Reformen von Seiten der Regierung. Es schien fast so, als sei die Regierungspartei der Herausforderer, und nicht die Oppositionspartei.

In **Mosambik** setzte sich, beflügelt durch einen Wirtschaftsaufschwung ähnlich wie in Botswana, die Konsolidierung der Lage seit dem Neuanfang von 1994 ebenso fort wie die Frustration der relativ starken, im Oppositionsspektrum deutlicher herausragenden ehemaligen Rebellenbewegung RENAMO über die Fruchtlosigkeit der Bemühungen jener, die nicht an die Regierungshebel zu gelangen vermochten. Auch wenn in **Südafrika** der Glanz des Machtwechsels und die Euphorie in seiner Folge immer mehr den Enttäuschungen des Alltags und der Normalität zu weichen begannen, war doch insgesamt gesehen eher etwas Entkrampfung zwischen den einstmals verfeindeten Parteien der verbliebenen Regierungskoalition zu verzeichnen. Ob indes das Aufreißen der Wunden im Verlauf der Aufarbeitung der Vergangenheit durch die Wahrheits- und Versöhnungskommission tatsächlich für einen heilenden Aussöhnungsprozeß förderlich sein würde, war längst nicht sicher; die Möglichkeit war nicht von der Hand zu weisen, daß bei diesem prekären Balanceakt die Antagonismen in der wie jeher tief gespaltenen Gesellschaft vertieft werden könnten. Die im Vorjahr ebenfalls - wie Südafrika - vom Ausscheiden eines Koalitionspartners betroffene Regierung in **Malawi** konnte sich indes allmählich wieder fangen. Nach dem Aufweichen des monatelangen lähmenden Parlamentsboykotts durch die Oppositionsparteien konnte auch hier schließlich wieder zu einer gewissen Normalität zurückgefunden werden, zumal es den beiden im Parlament vertretenen und zusammen der Regierungspartei zahlenmäßig fast ebenbürtigen Oppositionsparteien nicht gelang, die geplante Verschmelzung zu einer neuen, die Kräfte bündelnden Partei umzusetzen.

In ähnlicher Weise wie Malawi im Vorjahr handelte sich **Lesotho** durch eine - einem Parlamentsboykott nahekommende - Verweigerung einen weitgehenden innenpolitischen Stillstand ein. Hervorgerufen war die Blockade im Parlament, sehr viel anders als in Malawi, durch einen bemerkenswerten Häutungsprozeß der traditionsreichen Regierungspartei, deren schon länger im Gang befindliche innere Fraktionsbildung sich zu einer Spaltung auswuchs. Die zurückgelassene Hülle mit dem alten Parteinamen fand sich nunmehr auf der Oppositionsbank wieder, in der Minderheit zwar, aber nicht zum Arrangieren mit den Gegebenheiten bereit. Die neue Regierungspartei, angeführt vom selben Regierungschef wie zuvor, konnte jedoch anschließend, wegen der Obstruktion der Überrumpelten, nur noch auf Zeit spielen - bis zu den 1998 anstehenden Wahlen - und kaum noch etwas bewegen. Der "Geburtsfehler" bei der Wiedereinführung der Zivilherrschaft 1993, daß nämlich auf völlig legalem Wege über das problematische Mehrheitswahlrecht zunächst gar keine Opposition im Parlament zur Verfügung stand (und nach einer späteren Nachwahl nur ein einziger Abgeordneter), war damit jedenfalls behoben, wenn auch auf unkonventionelle Art und Weise. Daß derartige Pirouetten ob der Brüchigkeit des Eises, wie die Meuterei von Teilen der Polizeistreitkräfte zuvor einmal mehr verdeutlicht hatte, erhebliche Risikobereitschaft voraussetzten, wurde von den Akteuren offenkundig in Kauf genommen.

Problemfälle blieben, vom Sonderfall Angola abgesehen, Swaziland und Zambia, wo ebenfalls, wie im Falle von Lesotho, die anderen Staaten der Region mit wachsender Irritation und Bereitschaft zur Hilfestellung oder gar zum Eingreifen die sich entfaltenden innenpolitischen Grabenkämpfe beobachteten. Neu hinzu in diesen Kreis, allerdings ohne daß Involvierung von außen ventiliert wurde, trat **Zimbabwe**. Nicht die kaum wahrnehmbaren Oppositionsparteien und auch nicht die in deren Rolle geschlüpften selbstlegitimierten Einzelkämpfer in zivilgesellschaftlichen Gruppen oder Medien waren es, die das politische Establishment ernsthaft herausforderten. Vielmehr vermochte sich die längst verkrustete und auch deshalb zu Konfliktlösungen nur noch in geringem Maße fähige Regierungspartei dem unerwarteten heftigen Druck der unzufriedenen eigenen Kriegsveteranen nicht entgegenzustemmen. Mit den gewährten Konzessionen, in Kombination mit einem gewagten Hürdensprung zur Landreform, rutschte die Regierung in eine Vertrauens- und Glaubwürdigkeitskrise ersten Ranges hinein, mit katastrophalen wirtschaftlichen Auswirkungen in der Folge. In **Zambia**, wo der Glaubwürdigkeitsverlust der Regierungspartei längst zur Alltagsroutine geworden war, mußte die Hypothek eines tiefgreifenden Antagonismus zu einem großen Kreis gesellschaftlicher Kräfte nunmehr abbezahlt werden, die zum Gewinnen der letztjährigen Wahlen auf Biegen und Brechen aufgenommen worden war. Die innenpolitische Eskalation und Destabilisierung war beträchtlich und schloß ein Attentat auf führende Oppositionspolitiker, einen nachfolgenden - allerdings höchst dilettantischen - Putschversuch sowie schließlich das würdelose Schauspiel der Inhaftierung sogar des früheren Staatschefs K. Kaunda unter sehr fragwürdigen Umständen mit ein. **Swaziland** schließlich, absolute Monarchie mit einem undurchdringlichen Gestrüpp von nicht rechenschaftsfähigen Höflingscliquen, schickte sich an, vom Kurs in Richtung einer behutsamen, den Erfordernissen der Zeit gemäßen Neuausrichtung des politischen Systems abzuweichen. Während sich die zunächst mit Hoffnungen befrachtete Verfassungskommission in - nicht ganz unbeabsichtigten - Navigationsproblemen verhedderte, wurde auch hier der Antagonismus des politischen Systems zu wichtigen Teilen der Gesellschaft schärfer. Der

Flächenbrand eines weiteren und diesmal über die Maßen kräftig entfachten Generalstreiks zu Beginn des Jahres ließ verbrannte Erde und Schwelbrände zurück. Die Löschversuche waren inadäquat; Zeit gewonnen wurde nur dadurch, daß sich der mächtige Gewerkschaftsdachverband, in die Rolle des Stellvertreters für die seit 1973 verbotenen Parteien hineingewachsen, zu überheben begann und an Durchschlagskraft einbüßte.

Sonderphänomene

Zwei Entwicklungen in der Region waren in diesem Jahr besonders auffallend. Zum einen betraf dies den **Umgang mit fälligen Kommunalwahlen**. Hierbei ließ sich nicht übersehen, daß diesen nach wie vor nicht der Stellenwert eingeräumt wurde, der ihrer Bedeutung als Vorstufe für die entscheidende und allenthalben geforderte Mitwirkung der Bevölkerung an den sie direkt betreffenden Angelegenheiten eigentlich zukommen müßte. In drei Ländern wurden sie verschoben: in Namibia nur um kurze Zeit, in Mosambik, wo sie ohnehin unvollständig (nur in 33 Städten) angesetzt waren, um ein halbes Jahr und in Zimbabwe, wo nur die Distriktsratswahlen fällig waren, für eine nicht bestimmte Zeit. Geltend gemacht zur Begründung wurden Verfahrensfehler (Namibia), Finanzprobleme (Mosambik) bzw. Verzögerungen mit der Gesetzgebung (Zimbabwe). In Lesotho fielen die seit 1993 fälligen Kommunalwahlen gänzlich unter den Tisch, weil die innenpolitische Situation ungeeignet geworden war und sich die Aufmerksamkeit nunmehr den Vorbereitungen für nationale Wahlen zuwendete. In Zambia wurden sie, auch hier mit dem Hinweis auf Gesetzgebungsprobleme, einmal mehr ausgespart, obwohl der späteste Termin Ende 1995 gewesen war, und in Malawi, wo sie seit 1994 anstanden, wurden sie gar mit Vorsatz sehr weit weggeschoben (1999), da die Regierungspartei einen Mißerfolg befürchtete.

Zum anderen handelte es sich um das **Phänomen des Generationenwechsels**, ins Bewußtsein gerückt durch den Tod von Malawis ehemaligem Staatschef Kamuzu Banda, der nicht mehr weit entfernt von seinem 100. Geburtstag gewesen war. Südafrikas viel jüngerer, aber auch schon betagter Präsident Nelson Mandela (*1918) begann, den freiwillig angekündigten Weg zur Abdankung im Jahr 1999 durch die wohlinszenierte Übergabe zunächst des Parteivorsitzes zu beschreiten. Botswanas altgedienter Sir Ketumile Masire (*1925), Vizepräsident seit 1966 und Präsident seit 1980, legte sein Abtreten definitiv auf den 31.3.98 fest und erntete dafür allseitiges Lob, nicht nur im eigenen Land, wobei zumeist die Hoffnung ausgedrückt wurde, das Beispiel möge Schule machen. Zuvor hatte er das Haus durch Verfassungsänderungen bestellt und damit zugleich auch die Nachfolge im Staatsamt endgültig geregelt. Selbst Lesothos Ntsu Mokhehle (*1918), erst seit 1993 an der Macht, deutete seinen Rückzug an, wenngleich er offenkundig nicht vor den Wahlen von 1998 erfolgen sollte. In Namibia und Zambia befanden sich die seit 1990 bzw. 1991 amtierenden Präsidenten Sam Nujoma (*1929) und Frederick Chiluba (*1943) in der letzten der beiden gemäß Verfassung möglichen Amtsperiode. In beiden Ländern waren die charakteristischen und unvermeidlichen Positionierungen der inoffiziellen Nachfolgekandidaten bereits gut erkennbar, ebenso in Lesotho, wo sie wegen des seit längerem prekären Gesundheitszustandes des Regierungschefs schon einige Jahre ernsthaft im Gange waren und in der Folge nun die Regierungspartei auseinanderrissen. In Namibia spielten die potentiellen Kandidaten die Karten noch mit Bedacht, weil sich die Perspektive einer dritten Amtszeit per Verfassungsänderung abzeichnete. Und in Zambia wehrte sich Chiluba vor einem allzu frühzeitigen Untergraben seiner Stellung durch die potentiellen Nachfolgekandidaten mittels heftiger Rochaden im Kabinett; Spekulationen über eine dritte Amtszeit à la Namibia waren bereits hin und wieder vernehmbar, ob nun lanciert oder nicht. In Zimbabwe, mit einem Präsidenten noch ohne Amtszeitbegrenzung, wurden die Rufe nach dem Abtreten von Robert Mugabe (*1924) so vernehmlich wie nie zuvor, doch blieben Anzeichen für etwaige Intentionen aus. Nur in vier Ländern stellte sich die Problematik nicht: Mosambiks Joaquim Chissano (*1939), Angolas José Eduardo dos Santos (*1942) und Malawis Bakili Muluzi (*1943) visierten keinen Rückzug an, und in Swaziland hatte der Premier - Barnabas Dlamini - ohnehin keinen Einfluß auf seine im Belieben des Königs stehende Amtsdauer. Denkwürdiger Zufall war es, daß die beiden Könige - Mswati III. in Swaziland (*1968) und Letsie III. (*1963) in Lesotho - die jüngsten Staatsoberhäupter der Region waren.

Entwicklungen in der Southern African Development Community (SADC)

Das SADC-Gipfeltreffen in Blantyre

Das diesjährige Gipfeltreffen der SADC (8.9.) wies eine besonders **hochkarätige Besetzung** auf. Neben Malawis Präsident als Gastgeber, der bis vor kurzem noch Vorsitzender der rivalisierenden COMESA gewesen war (und das Treffen beinahe in der COMESA-Halle veranstaltet hätte), war der neue COMESA-Vorsitzende anwesend (Zambias Präsident), und zum SADC-Vorsitzenden (Südafrikas Präsident) und seinem Stellvertreter (Mosambiks Präsident) gesellte sich auch noch der derzeitige OAU-Vorsitzende (Zimbabwes Präsident). Auch die Präsidenten von Botswana, Namibia und Tanzania sowie der König von Swaziland waren anwesend. Aber Angolas Präsident fehlte wie üblich und ließ sich lediglich durch einen Minister vertreten, und Mauritius (Ausrichter des nächsten Gipfels) sowie Lesotho waren durch den Premier bzw. den Vizepremier vertreten. Die zum Jahresende ablaufende Amtszeit von SADC-Generalsekretär K. Mbuende wurde um vier Jahre verlängert.

Besondere Aufmerksamkeit wurde dem Gipfel durch die **Aufnahme neuer Mitglieder** zuteil, der Seychellen und der Demokratischen Republik Kongo; der noch nicht konkretisierte Beitrittswunsch von Madagaskar stand hingegen nicht zur Entscheidung an. Genau betrachtet handelte es sich um die Anwartschaft auf einen Beitritt, der erst nach einer Wartezeit von einem Jahr erfolgen kann. Im Falle der fernab vom SADC-Gebiet liegenden **Seychellen** war eine gewisse Ratlosigkeit darüber nicht zu verkennen, inwieweit die in den Vorjahren entwickelten Kriterien für einen Beitritt griffen und welches der Nutzen sein möchte (spekuliert wurde über mögliche Inputs in den Bereichen Tourismus, Fischerei und Seetransport); als Anknüpfungspunkt gewertet wurde, wie bei dem 1995 aufgenommenen Mauritius, daß Englisch dort Landessprache war und folglich wenigstens die SADC-interne Kommunikation nicht vor zusätzliche Probleme gestellt würde. Im Falle der **Demokratischen Republik Kongo** gab es zwar im Prinzip diese Sprachbarriere, doch war das neue Regime dem Umgang mit der englischen Sprache gegenüber nicht so verschlosssen wie das bisherige. Aber mit Kongo/Zaïre existierten nicht nur gemeinsame Grenzen (zu Angola, Zambia, Tanzania), sondern es gab auch bereits etablierte Beziehungen im Bereich der Sektoren Wasser und Energie; so war bei der Gründung des SADC-Energiepools Ende 1995 Zaïres Stromkonzern miteinbezogen worden. Frühere Beitrittsgesuche von Zaïre waren stets zurückgewiesen worden, aber das neue Regime war genehm, zumal neben Angola und Südafrika offenbar auch Zimbabwe und Zambia konkrete Unterstützung für den Machtwechsel, wenn auch in unterschiedlichem Ausmaß, gegeben hatten (s. die jeweiligen Länderartikel). Bereits wenige Tage nach Kabilas Machtübernahme hatte Namibias Präsident nach einem Treffen mit dem UN-Generalsekretär einen möglichen Beitritt thematisiert (22.5.), und besonders nachhaltig soll dieser von Südafrika und Zambia unterstützt worden sein.

Daß die SADC bei einem endgültigen Beitritt der DR Kongo eine anders gelagerte Ausrichtung und damit einen **deutlich anderen Charakter** bekommen könnte als bisher, scheint um den Preis einer außenpolitisch stabilisierenden Einbindung sowie eines gesicherten Zugangs zu Märkten und Ressourcen im Kongo in Kauf genommen worden zu sein. Das Ausmaß der bisherigen Abschottung zum SADC-Raum zeichnete sich in der Folge von Handelsdelegationen verschiedener SADC-Länder bzw. Organisationen aus diesen Ländern deutlich ab, die bei ihren Besuchen im Kongo regelrecht Neuland betraten. Als eine weitere Konsequenz aus der Erweiterung der SADC zeichnete es sich ab, daß die bisher geltende weitgehende Deckungsgleichheit von SADC und der Region des südlichen Afrika, und damit letztlich auch die über die SADC laufende beachtlich vorangeschrittene Herausbildung einer regionalen Identität, verwässert werden wird, da nunmehr vier der 14 Mitgliedsländer außerhalb der Region liegen.

Der zweite besonders bemerkenswerte Vorgang des diesjährigen Gipfeltreffens war die **programmatische Eröffnungsrede von N. Mandela**, der erstmals seit Übernahme des Amtes den Vorsitz führte. Zwar zollte er der Souveränität der Mitgliedsländer und dem Prinzip der Nichteinmischung in innere Angelegenheiten Respekt, strich jedoch zugleich Pflege sowie Förderung von Demokratie, Menschenrechten und guter Regierungsführung als verpflichtende Prinzipien des SADC-Vertrages heraus und erhöhte sie damit zu regionalen Belangen, mit der impliziten

Schlußfolgerung, daß destabilisierende innenpolitische Entwicklungen wegen ihrer Auswirkungen auf die gesamte Region nicht akzeptabel seien. Diese Argumentationslinie war in den Bemühungen zur Vermittlung bei den diesjährigen Konflikten in Swaziland und auch Lesotho immer wieder angeklungen, und sie wurde auch, wie schon im Vorjahr, gegenüber Zambia ins Feld geführt, vermehrt zum Jahresende (s. Länderartikel Lesotho, Swaziland und Zambia). Obwohl Mandela sich davor gehütet hatte, einzelne Länder zu benennen, fühlte sich zumindest Zambias Präsident getroffen und konterte mit einer in diesem Rahmen sehr unüblichen Breitseite, indem er u.a den Vorwurf formulierte, daß von manchen Seiten unfruchtbaren alten Freundschaften (gemeint war: zu Kaunda) der Vorrang gegenüber den Geschäftsbeziehungen eingeräumt werde. Auch der König von Swaziland fühlte sich angesprochen, reagierte aber erst nach seiner Heimkehr und in gesetzteren Tönen; die Verärgerung ging immerhin so weit, daß einzelne Parlamentarier die Mitgliedschaft des Landes in der SADC zu hinterfragen begannen.

Deklarationen zu Landminen und Gender-Fragen

Darüber hinaus erfolgte die Unterzeichnung von jeweils zwei Protokollen und Deklarationen auf dem Gipfeltreffen. Die **Deklaration über Anti-Personen-Landminen** zielte darauf ab, die Region, in der sich noch etwa 20 Mio. dieser Minen befanden (betroffen waren Angola und Mosambik, aber auch Malawi, Namibia, Südafrika und Zimbabwe), zu einer minenfreien Zone zu machen und Einsatz, Herstellung, Handel und Vorratshaltung dieses Kriegsgeräts zu ächten. Vorausgegangen waren diesem Beschluß die 4. Internationale Konferenz von Nicht-Regierungsorganisationen über Landminen in Maputo (26.-28.2.), die Sitzung eines regionalen Koordinationskomitees sowie ein SADC-Symposium in Zusammenarbeit mit Internationalem Roten Kreuz und OAU (beide in Harare, 9.-10./21.-23.4.) sowie die OAU-Konferenz über Landminen in Johannesburg (19.-21.5.) und eine weitere SADC-Konferenz in Gaborone (24.-25.7.) unter Mitbeteiligung von EU-Vertretern. Die **Deklaration über Gender-Fragen** zielte auf die Umsetzung der als grundlegendes Menschenrecht anerkannten Gleichheit der Geschlechter und somit auf die Beseitigung aller geschlechtsbedingten Ungleichheiten innerhalb der Region ab, einschließlich des Ziels einer Frauenquote in Entscheidungspositionen und politischen Ämtern von mindestens 30% bis zum Jahr 2005. Zur Vorbereitung dieser wegweisenden Erklärung war ein Workshop auf Ministerebene abgehalten und dessen Ergebnis in die SADC-Ministerratskonferenz eingebracht worden (beide in Windhoek, 5.2./6.-7.2.). Diese hatte die Einsetzung eines Komitees unter Federführung von Botswana, Namibia und Zimbabwe beschlossen. Abgerundet worden waren die Vorbereitungen durch die erste SADC-Ministerkonferenz zu Gender-Fragen in Gaborone (11.-12.8.). Zusätzlich zu den Deklarationen wurde noch der Plan zur **Einrichtung eines Parlamentarischen Forums der SADC** als autonomer Institution verabschiedet, nachdem ein Treffen in Maputo (4.-5.4.) und eine erste Plenarsitzung in Cape Town (19.-20.6.) abgehalten worden waren. Die Satzung des 1993 initiierten und im Juli des Vorjahres offiziell gegründeten Parlamentarischen Forums war inzwischen endgültig ausformuliert und von einigen Parlamenten auch bereits abgesegnet worden (Südafrika 28.5., Botswana 27.6.).

Unterzeichnung und Weiterverhandlung von Protokollen

Die beiden **verabschiedeten Protokolle** betrafen das Bergbauwesen sowie Bildung und Ausbildung. Das Protokoll über das Bergbauwesen war auf einem Fachministertreffen in Ezulwini (27.-28.6.) in seiner Entwurfsform abgesegnet worden und visierte eine Harmonisierung der nationalen und regionalen Politik, Strategien und Programme dieses Sektors an. Das Protokoll über Bildung und Ausbildung war nach ausgiebigen Vorberatungen auf Länderebene - was beim Protokoll über das Bergbauwesen im Vergleich dazu bei weitem nicht so gründlich erfolgt war - von einer Fachministerkonferenz in Windhoek (9.-14.6.) endgültig abgesegnet worden. Vorgesehen war das Erreichen einer Gleichwertigkeit der Bildungs- und Ausbildungssysteme durch Angleichung, mit dem Fernziel einer Standardisierung; darüber hinaus waren u.a. die Konzentration von spezialisierten Ausbildungsstätten an bestimmten Zentren in der Region sowie eine Freizügigkeit für Studenten vorgesehen.

Nicht zur Annahme gelangte wieder einmal das im Vorjahr besonders intensiv beratene, aber massiv aufgelaufene **Protokoll über die Freizügigkeit von Personen**, das zwar nach gründlicher Überarbeitung von einer Innenministerkonferenz in Lusaka (15.8.) noch einmal beraten, dann aber von der dem Gipfeltreffen vorgeschalteten Ministerratskonferenz (4.-5.9.) zur weiteren Beratung auf nationaler Ebene zurückgewiesen worden war; symptomatisch war, daß der Titel des Protokolls inzwischen von "... free movement of persons" in "... facilitation of movement of persons" abgeändert worden war. Die in Arbeit befindlichen Protokolle über Finanzen/Investitionen sowie über das SADC-Tribunal hatten indes noch nicht den Zustand erreicht, der eine Beschlußfassung erforderlich gemacht hätte.

Kaum Fortschritt war auch hinsichtlich des auf der letzten Gipfelkonferenz unterzeichneten, als bahnbrechend angesehenen **Handelsprotokolls** zu verzeichnen. Die Handels- und Industrieminister hatten sich zwar - auf der 11. Konferenz in Port Louis und der 3. Sonderkonferenz in Dar es Salaam (5.6./18.8.) - zumindest auf die Zollreduzierungsmodalitäten einigen können (eine lineare Reduzierung wurde im Prinzip gebilligt) und einen Termin im Oktober festgesetzt für die Abgabe der Listen über sogenannte sensitive Industriezweige, für die keine stufenweise, sondern nach Produkten differenzierende Zollreduzierung erfolgen sollte. Dem Vernehmen nach waren diese Listen in der Regel aber so stark überfrachtet, daß eine sinnvolle Weiterarbeit an Grenzen stieß. Die von vornherein als viel zu optimistisch angesehene Zeitplanung war nun schon erheblich überzogen worden. Die Ratifizierung, nach deren Abschluß das Protokoll überhaupt erst in Kraft treten kann, wurde während des Jahres lediglich von Tanzania und Mauritius vorgenommen. Speziell Zambia verweigerte sich der Ratifizierung mit Nachdruck, bevor die Ungleichgewichtigkeit der Handelsbeziehungen in der Region nicht behoben worden seien (was allerdings in gewissem Maße durch das Handelsprotokoll erfolgen sollte), da dem Land verschiedene Industriebetriebe - z.T. durch Verlagerung bzw. Rückverlagerung in andere Länder - abhanden kamen, die dem Konkurrenzdruck speziell von südafrikanischer, bisweilen auch zimbabwescher Seite nicht mehr gewachsen waren, seitdem Zambia im Rahmen seiner Wirtschaftsliberalisierung mit den Schutzzöllen rasch heruntergegangen war. Eine besonders scharfe Kritik kam auch von Namibias Handelsminister (22.8.), der das leidige Thema der Überflutung durch subventionierte südafrikanische Produkte noch einmal aufgriff und zugleich Südafrika beschuldigte, fast alle wichtigen neuen Industrieansiedlungsprojekte in den anderen Ländern der Region zu sabotieren - nicht nur im besonders spektakulären Fall der Fahrzeugmontage in Botswana (s. Länderartikel Botswana), sondern auch bei den Plänen zur Produktion von Fahrzeugen in Namibia, Düngemitteln in Swaziland und Fernsehapparaten in Lesotho. Um dem besonders betroffenen Zambia den Zugang zum südafrikanischen Markt zu erleichtern, trat Südafrika in intensive Verhandlungen über ein Handelsabkommen zwischen der Zollunion SACU und Zambia ein (s. Länderartikel Zambia). Zugleich wurde von südafrikanischer Seite aber auch betont, daß der Vorwurf einer protektionistischen Handelspolitik gar nicht zutreffe, da Südafrikas Zollsätze, jedenfalls einer neuen Studie zufolge, zu den niedrigsten der Region zählten - bis auf einige Ausnahmen, an denen v.a. Zimbabwe nach wie vor zu schlucken hatte (s. Länderartikel Zimbabwe).

Festlaufen beim Aktionsprogramm und bei der Sicherheitpolitik

Zwei weitere wichtige Sachthemen erreichten die Gipfelkonferenz gar nicht erst. Bei dem einen ging es um eine **Überprüfung und Rationalisierung des Aktionsprogramms** der SADC, dessen Sektorprojekte inzwischen nur noch zu rund 43% der Gesamtsumme durch Geberfinanzen gestützt wurden, also deutlich an Attraktivität verloren hatten. Auf Workshops in Pretoria und Gaborone (24.-25.7./4.-6.8.) wurden eine Reihe richtungsweisender und - im Falle einer Ausführung - einschneidender Vorschläge ventiliert, u.a. eine zentralisierte Kontrolle der in den einzelnen Mitgliedsstaaten angesiedelten Sektorbüros durch das SADC-Hauptquartier und eine Zusammenlegung bzw. sogar Bündelung von Sektoren. Zunächst jedoch stieß dieser Neuansatz erwartungsgemäß auf Widerstand, auch deshalb, weil in einigen Fällen Südafrika zu stark davon zu profitieren schien. Der zweite Punkt betraf die **Ausformulierung einer gemeinsamen Sicherheitspolitik** im Rahmen des im Vorjahr gegründeten SADC-Organs für Politik, Verteidigung und Sicherheit

(OPVS). Nachdem auf einer Konferenz der Außen-, Verteidigungs- und Sicherheitsminister in Harare (9.5.) die Einrichtung von zwei Unterkomitees - Politik und Diplomatie bzw. Verteidigung und Sicherheit - bei Beibehaltung eines Gemeinsamen Komitees entschieden worden war und ein weiteres Ministertreffen in Harare (15.8.) sich der Ausarbeitung des Entwurfs für ein Protokoll über Frieden, Sicherheit und Konfliktlösung gewidmet hatte, war an sich der Weg frei, das OPVS mit der notwendigen Durchschlagskraft auszustatten (etwa durch Spezifizierung von Strafmaßnahmen bei Interventionen in Konflikten). Im Vorfeld der Gipfelkonferenz hatte Mandela als SADC-Vorsitzender jedoch einen Brief an seine Kollegen versandt, in dem er der Abhaltung separater Gipfeltreffen des OPVS entgegentrat. Zwar war erst ein einziges abgehalten worden (2.10.96 in Luanda), doch war ein weiteres für den 30.9. am selben Ort angesetzt worden. Am Abend vor dem Blantyre-Gipfel kam es jedoch auf einem informellen Treffen (7.9.) zu einer streckenweise offenbar recht heftigen Auseinandersetzung der Präsidenten, die sich in der an personalisierten Berichten interessierten Medienberichterstattung rasch zu einer Art Duell zwischen Mandela und Zimbabwes Präsident Mugabe, dem Vorsitzendem des OPVS, auswuchs (die angebliche Rivalität zwischen beiden war schon seit langem ein beliebtes Thema bestimmter Printmedien). Spekulationen wollten davon wissen, Mandela habe den OPVS-Vorsitz in Personalunion selbst wahrnehmen wollen - um Südafrikas Chancen für einen ständigen Sitz im UN-Sicherheitsrat zu vergrößern - und widrigenfalls gar mit dem Rücktritt vom SADC-Vorsitz gedroht, und Mugabe habe den OPVS-Vorsitz nicht hergeben wollen, obwohl dieser eigentlich jährlich wechseln sollte. Tatsächlich scheinen recht unterschiedliche Konzeptionen - allerdings mehr inhaltlicher Art - aufeinandergeprallt zu sein, die mit der Entstehung des OPVS als Fortführung der informellen und sehr flexiblen Institution der früheren Frontlinienstaaten in engem Zusammenhang standen sowie mit nicht ganz eindeutigen vertraglichen Zuordnungen des OPVS gegenüber dem SADC-Gipfel. Im Endeffekt ging man im Streit auseinander, mit der Konsequenz, daß das Protokoll auf dem Gipfeltreffen nicht abgesegnet wurde, der OPVS-Gipfel in Angola ausfiel (einigen Berichten zufolge soll Angolas Regierung ihn abgesagt haben), ein ventilierter Ersatzgipfel in Südafrika gleichfalls nicht stattfand und Mugabe weiterhin den OPVS-Vorsitz wahrnahm, weil keine Neuwahl erfolgt war. Die Verstimmung hielt an und wurde von Mugabe während eines Besuchs in Tanzania noch einmal durch eine gezielte Bemerkung angeheizt (10.11.), daß die Vision einer politisch geeinten Region nicht durch Überlegenheitsattitüden beschädigt werden dürfe, was offenkundig auf Mandelas uncharakteristisch forschen Durchmarschversuch gemünzt war.

Kooperation im Bereich von Miltär und Polizei

Ungeachtet der Lähmung an der Spitze des OPVS funktionierte zumindest der **Sicherheitsbereich** weiter und konnte Erfolge aufweisen. Besonders bemerkenswert war die Abhaltung des großangelegten multinationalen Militärmanövers *Exercise Blue Hungwe* im Osten Zimbabwes (1.-20.4.) mit 1100 Soldaten aus neun SADC-Staaten; Zambias Fernbleiben war auffällig, das von Angola und Mauritius hingegen erklärlich. Das friedensunterstützenden Operationen der UNO nachempfundene Manöver wurde von einem zimbabweschen Kommandeur befehligt. Die erstmalige Beteiligung von Truppen des neuen Südafrika konnte als entscheidender Durchbruch bewertet werden, da sich die Regierung bislang gegenüber der Involvierung in Friedensmissionen etwa der UNO enthaltsam gezeigt hatte; bei einem Besuch des UN-Generalsekretärs in Südafrika war jedoch eine Abkehr von dieser Position bekanntgemacht worden (19.3.). Zur Eröffnung des 3. regionalen Ausbildungskurses für friedenserhaltende Maßnahmen (*Operation Blue Rhino*, 13.-24.10.), wiederum in Zimbabwe abgehalten, bemühte Südafrikas Verteidigungsminister friedenserhaltende Missionen als Begründung für die Aufrechterhaltung von starken Militärkräften und die Ausrüstung mit verbesserter Bewaffnung. Im Anschluß daran wurde ein Treffen der OAU-Stabschefs in Harare abgehalten (24.-26.10.), das zweite seit Gründung der OAU. Desweiteren hielt das schon länger bestehende Zwischenstaatliche Verteidigungs- und Sicherheitskomitee, das inzwischen in die Rolle einer der OPVS-Institutionen hineingewachsen war, seine 19. Sitzung in Lusaka ab (13.-14.11.), und eines seiner Unterkomitees, das bislang nur wenig hervorgetretene Ständige Marinekomitee, veranstaltete seine 3. Sitzung in Pretoria (9.-10.7.). Auch eine **Intensi-**

vierung der Zusammenarbeit im Bereich der Polizei war zu verzeichnen. Die 1995 gegründete Polizeichefkonferenz des südlichen Afrika erarbeitete auf Konferenzen in Gaborone (5.-6.2.) und Cape Town (28.-29.7.) neben einer Satzung auch ein Abkommen über die Zusammenarbeit der Polizeidienste der Region, das von der SADC-Polizeiministerkonferenz in Cape Town (30.7.) gebilligt und auf einer Sondersitzung der Polizeichefkonferenz in Harare unterzeichnet wurde (30.9.). Auf der anschließenden SADC-Polizeiministerkonferenz am selben Ort (1.10.) wurde ein weiteres wichtiges Abkommen - über Zusammenarbeit und Hilfeleistung bei der Kriminalitätsbekämpfung - unterzeichnet, das Informationsaustausch, gemeinsame Operationen und sogar freien Zugang zu allen Ländern der Region bei Ermittlungen vorsah; abgeschlossen wurde die Konferenz mit der feierlichen Eröffnung des Interpol-Regionalbüros, des zweiten in Afrika. Mit dem Abkommen waren nunmehr grenzübergreifende Operationen formal abgesichert; ein mehrwöchiger Probelauf war bereits Anfang des Jahres unter Beteiligung von Polizisten aus Mosambik, Südafrika, Zambia und Zimbabwe unter dem Code *Operation Voyager Four* durchgeführt worden, mit dem Erfolg der Sicherstellung von über 1500 gestohlenen Autos.

Andere Konferenzen im SADC-Rahmen

Neben einer erstaunlichen Vielzahl von im Rahmen der SADC abgehaltenen Minister- und Fachkonferenzen waren insbesondere noch einige größere Veranstaltungen von Bedeutung, so die in diesem Jahr in Windhoek abgehaltene und der Thematik "Produktivität - Schlüssel zu anhaltender Entwicklung in der SADC" gewidmete **17. Konsultativkonferenz der SADC** (8.-10.2.) mit über 500 Delegierten von kooperierenden Regierungen, internationalen Organisationen und regionalen Nichtregierungsorganisationen. Wie gewohnt wurde diese mit einer vorgeschalteten Ministerratskonferenz der SADC (6.-7.2.) kombiniert. Der inzwischen zu einer regelmäßigen Einrichtung gewordene **Regionale Gipfel des Weltwirtschaftsforums** (21.-23.5.) fand diesmal in Harare statt und wies eine sehr rege Beteiligung auf, u.a. mit über 600 Geschäftsleuten und etwa 110 Politikern, darunter die Präsidenten von Botswana, Zambia und Zimbabwe, die Vizepräsidenten von Südafrika und Malawi sowie die Premierminister von Swaziland und Uganda. Die Präsidenten von Botswana, Mosambik und Zimbabwe und die Premierminister von Namibia stellten sich zum **3. Regionalen Handels- und Investitionsgipfel** in Gaborone ein (18.-19.11.), wie stets von der *International Herald Tribune* gesponsort. Neu zu der Serie von Konferenzen im Rahmen der SADC kam die **Regionalkonferenz des Internationalen Langkwai-Dialogs** in Kasane (4.-6.5.) hinzu, die sich an eine seit 1995 von Malaysia auf Langkawi ausgerichtete Dialogkonferenz ("Smart Partnership") anlehnte, zu der in diesem Jahr aus der Region des südlichen Afrika die Präsidenten von Botswana, Namibia und Zimbabwe, Malawis Vizepräsident, Swazilands Premier und Lesothos Vizepremier anreisten (28.-30.7.). Botswanas Präsident hatte bei seiner erstmaligen Teilnahme im Vorjahr die Abhaltung eines regionalen Pendants angeboten und konnte nun in Kasane einen ähnlich zusammengesetzten Personenkreis begrüßen: außer dem Premier von Malaysia und den Präsidenten von Namibia und Zimbabwe waren auch die Staatschefs von Malawi, Mosambik, Tanzania, Uganda und Ghana angereist sowie Swazilands Vizepremier. Wegen der Zaïre-Vermittlungsaktion kam Südafrikas Präsident verspätet und hielt umgehend eine Sondersitzung mit dem herbeigeeilten amerikanischen UN-Botschafter sowie seinen Amtskollegen aus Zimbabwe, Uganda und Tanzania über diese Problematik ab. Wichtig war schließlich auch noch eine **Konferenz über das Management von Flußbecken**, die zusammen mit der EU auf Ministerebene und mit Beteiligung von über 100 Delegierten und Experten in Maseru stattfand (20.-21.5.), in der Nachfolge der 2. SADC/EU-Ministerkonferenz im Vorjahr. Die seit der Berlin-Initiative von 1994 intensivierten Beziehungen zwischen EU und SADC wurden auch auf dem Jahrestreffen des Gemeinsamen Ausschusses Hoher Beamter beider Seiten in Lusaka vertieft (8.-9.12.). Zwei Monate zuvor war die erste Konferenz zwischen der SADC und der im Vorjahr gegründeten *Südliches Afrika Initiative der deutschen Wirtschaft* (SAFRI) in Windhoek veranstaltet worden (8.-9.10.).

Regionalkonferenzen außerhalb des SADC-Rahmens

Auch einige andere bemerkenswerte Konferenzen fanden in der Region statt, bei denen die SADC nicht direkt involviert war. Hervorzuheben war die **Gipfelkonferenz über Demokratie in Afrika** für dem Commonwealth angehörende Länder Afrikas. Sie wurde in angenehmer Umgebung in Kasane im Norden Botswanas abgehalten, um einen informelleren Rahmen bieten zu können für eingehende Erörterungen anstelle des routinemäßigen Vortragens von ausgefeilten Erklärungen. Der Konferenz wurde - durch die Parlamentspräsidentin Südafrikas - das Resümé der ausführlichen Diskussionen einer **Konferenz des Runden Tisches** vorgelegt, die zuvor in Gaborone getagt (24.-25.2.) und Vertreter von Regierungs- und Oppositionsparteien aus diesen Ländern zusammengebracht hatte; im Fall einiger Länder kam es hier zur ersten Kontaktaufnahme zwischen Regierungs- und Oppositionsparteien überhaupt. Während diese beiden ungewöhnlichen Konferenzen nicht sonderlich viel Publizität erhielten, war das Gegenteil der Fall bei der von über 3000 Delegierten aus 138 Ländern besuchten **10. Artenschutzkonferenz** in Harare (9.-20.6.), wo erbitterte Schlachten von Regierungen, Verbänden und anderen Lobbygruppen für tägliche Aufmerksamkeit sorgten. Aus der Perspektive der Region war die Einzelschlacht um die Rückstufung der Elefanten vom Anhang I des Artenschutzvertrages zum Anhang II von Bedeutung. Botswana, Namibia und Zimbabwe, unterstützt auch von Südafrika, traten auf der Konferenz mit gemeinsamen Anträgen auf und versuchten, das seit über sieben Jahren bestehende Totalverbot des Elfenbeinhandels aufzuweichen, mit der Argumentation, sie dürften nicht dafür bestraft werden, daß die Elefantenpopulationen in den drei Ländern infolge intensiver Hegemaßnahmen zu groß geworden seien. Von der Wiedereinführung eines kontrollierten und eingeschränkten Handels mit Elfenbein aus Hegeabschüssen versprach man sich dringend benötigte Gelder für eben diese Hegemaßnahmen. Nach außerordentlich harten Auseinandersetzungen und anfänglichen Abstimmungsniederlagen konnte diese Position schließlich durchgesetzt werden (19.6.), sehr zum Zorn derer, die - hergeleitet aus den Erfahrungen mit der Wilderei vor Verhängung des Handelsverbots - bei jeglicher Aufweichung des Totalverbots die Chancen für ein Überleben der Elefanten als gering einschätzten. Nach einer mit Auflagen versehenen Übergangsphase von 18 Monaten darf nun eine von festen Quoten geregelte Menge an Japan verkauft werden. Der letztendliche Abstimmungserfolg wurde fast wie ein Kriegsgewinn gefeiert, obgleich im Verlaufe der Auseinandersetzungen viele Animositäten erweckt und manches außenpolitische Porzellan zerschlagen worden war.

Goswin Baumhögger

Chronologie Südliches Afrika 1997

16.-17.01.	Sondersitzung des COMESA-Ministerrats in Lusaka / Zambia
05.-06.02.	Sondersitzung der Polizeichefkonferenz des südlichen Afrika in Gaborone / Botswana
05.02.	Workshop für SADC-Minister über Gender-Fragen in Windhoek / Namibia
06.-07.02.	SADC-Ministerratskonferenz in Windhoek / Namibia
08.-10.02.	16. SADC-Konsultativkonferenz in Windhoek / Namibia
08.02.	Beratungen der Präsidenten von Südafrika und Mosambik mit Swazilands König in Pretoria / Südafrika
13.-14.02.	Konsultationsbesuche des Präsidenten von Südafrika in Zimbabwe, Botswana und Mosambik
19.02.	Beratungskonferenz der Präsidenten von Südafrika, Botswana, Mosambik, Zimbabwe und Uganda in Cape Town / Südafrika
24.-25.02.	Konferenz von politischen Parteien über Demokratie und Regierungsführung in Gaborone / Botswana
26.-27.02.	Commonwealth-Konferenz über Demokratie in Afrika in Kasane / Botswana
26.-28.02.	4. Internationale Konferenz von Nicht-Regierungsorganisationenüber Landminen in Maputo / Mosambik
20.-21.03.	Regierungskonferenz zur Sprachenpolitik in Harare / Zimbabwe
01.-20.04.	Regionales Militärmanöver *Exercise Blue Hungwe* in Zimbabwe
04.-05.04.	Treffen des Parlamentarischen Forums der SADC in Maputo / Mosambik
07.04.	Konferenz der Justizminister und Generalstaatsanwälte der COMESA in Lusaka / Zambia
07.-08.04.	3. Konferenz des COMESA-Ministerrats in Lusaka / Zambia
10.-11.04.	COMESA-Gipfeltreffen in Lusaka / Zambia
21.-23.04.	SADC-Symposium über Landminen in Harare / Zimbabwe
21.-25.04.	Ernährungssicherungskonferenzder SADC in Darwendale /Zimbabwe
04.-06.05.	1. Regionalkonferenz des Internationalen Langkawi-Dialogs in Kasane / Botswana

09.05.	Konferenz der SADC-Minister für Auswärtiges, Verteidigung und Sicherheit in Harare / Zimbabwe
09.-10.05.	Konferenz der SADC-Arbeitsminister in Pretoria / Südafrika
12.-17.05.	15. Forstkonferenz des Commonwealth in Victoria Falls / Zimbabwe
13.-15.05.	Regionales Forum zur Armutsbekämpfung im südlichen Afrika in Windhoek / Namibia
19.-21.05.	OAU-Konferenz über Landminen in Johannesburg / Südafrika
20.-21.05.	SADC/EU-Ministerkonferenz über Management gemeinsamer Flußbecken in Maseru / Lesotho
20.05.	28. Konferenz der Afrika-Region des Parlamentarierverbandes des Commonwealth in Harare / Zimbabwe
21.-23.05.	5. Regionaler Gipfel des Weltwirtschaftsforums in Harare / Zimbabwe
28.05.-01.06.	66. OAU-Ministerratskonferenz in Harare / Zimbabwe
29.05.	6. Konferenz der SADC-Minister für Kultur, Information und Sport in Lusaka / Zambia
02.-04.06.	33. OAU-Gipfeltreffen in Harare / Zimbabwe
05.06.	11. Konferenz der SADC-Minister für Handel und Industrie in Port Louis / Mauritius
09.-14.06.	Konferenz der SADC-Minister für Humanressourcen in Windhoek / Namibia
09.-20.06.	10. Artenschutzkonferenz (CITES) in Harare / Zimbabwe
12.-14.06.	22. Konferenz der SADC-Minister für Energie in Arusha / Tanzania
12.-14.06.	Konferenz der SADC-Minister für Wasser in Cape Town / Südafrika
19.-20.06.	1. Plenarsitzung des Parlamentarischen Forums der SADC in Cape Town / Südafrika
19.-20.06.	Konferenz der SADC-Minister für Gesundheit in Gaborone / Botswana
21.-27.06.	Theaterfestival der SADC in Maputo / Mosambik
23.-24.06.	SADC-Workshop über Handelsbeziehungen mit AKP/EU in Gaborone / Botswana
24.-27.06.	Konferenz der SADC-Minister für Ernährung/Landwirtschaft/Naturressourcen in Port Louis / Mauritius
27.-28.06.	Konferenz der SADC-Minister für Bergbau in Ezulwini / Swaziland
03.07.	Konferenz der SADC-Minister für Finanzen und Kommunikationswesen in Port Louis / Mauritius
09.-10.07.	3. Sitzung des Ständigen Marinekomitees der SADC (OPVS) in Pretoria / Südafrika
18.07.	Konferenz der SADC-Minister für Finanzen und Zentralbankchefs in Pretoria / Südafrika
22.-24.07.	Regionale Konferenz über Verkehr und Kommunikationswesen in Victoria Falls / Zimbabwe
22.-25.07.	4. Afrikanisch/Afro-Amerikanisches Gipfeltreffen in Harare / Zimbabwe
24.-25.07.	SADC-Konferenz über Landminen in Gaborone / Botswana
28.-31.07.	Kongreß der Pan-Afrikanischen Frauenorganisation in Harare / Zimbabwe
28.07.-01.08.	13. Konferenz der Commonwealth-Bildungsminister in Gaborone / Botswana
28.-29.07.	2. Jahrestreffen der Polizeichefkonferenz des südlichen Afrika in Cape Town / Südafrika
30.07.	Konferenz der SADC-Polizeiminister in Cape Town / Südafrika
11.-12.08.	1. Konferenz der SADC-Minister zu Gender-Fragen in Gaborone / Botswana
15.08.	Konferenz der SADC-Innenminister in Lusaka / Zambia
15.08.	Sitzung des SADC-Organs für Politik, Verteidigung und Sicherheit in Harare / Zimbabwe
01.-04.09.	UNESCO-Konferenz über Friedenskultur und Regierungsführung in Maputo / Mosambik
01.-05.09.	47. WHO-Konferenz der Gesundheitsminister Afrikas in Sun City / Südafrika
04.-05.09.	SADC-Ministerratskonferenz in Blantyre / Malawi
08.09.	SADC-Gipfeltreffen in Blantyre / Malawi
09.09.	Konferenz des *African Leadership Forum* in Maputo / Mosambik
15.-16.09.	2. regionale Konferenz über Wasser und Abwasser in Harare / Zimbabwe
30.09.	Sondersitzung der Polizeichefkonferenz des südlichen Afrika in Harare / Zimbabwe
01.10.	Konferenz der SADC-Polizeiminister in Harare / Zimbabwe
08.-09.10.	1. SADC-SAFRI-Konferenz in Windhoek / Namibia
24.-26.10.	2. Konferenz der OAU-Stabschefs in Harare / Zimbabwe
01.-02.11.	Politikforum der Globalen Koalition für Afrika in Maputo / Mosambik
03.-06.11.	Regionales Forum zur Armutsbekämpfung im südlichen Afrika in Midrand / Südafrika
11.11.	5. Sitzung der *Independent World Commission on the Oceans* in Cape Town / Südafrika
13.-14.11.	19. Sitzung des Zwischenstaatlichen Verteidigungs- und Sicherheitskomitees der SADC in Lusaka / Zambia
18.-19.11.	3. Regionaler Handels- und Investitionsgipfel in Gaborone / Botswana
21.-22.11.	2. Konferenz der afrikanischen Minister für Bergbau und Energie in Durban
23.11.	Konferenz der Justizminister und Generalstaatsanwälte der COMESA in Lusaka / Zambia
24.-28.11.	26. regionale Konferenz der Gesundheitsminister des Commonwealth in Maputo / Mosambik
24.-25.11.	4. Konferenz des COMESA-Ministerrats in Lusaka / Zambia
08.-09.12.	Jahrestreffen des Gemeinsamen Ausschusses Hoher Beamter SADC/EU in Lusaka / Zambia

Southern African Customs Union (SACU)
Botswana, Lesotho, Südafrika, Swaziland, Namibia

Southern African Development Community (SADC) - Vorsitz: Südafrika; Sekretariatssitz: Gaborone
Angola, Botswana, Kongo, Lesotho, Malawi, Mauritius, Mosambik, Namibia, Seychellen, Südafrika, Swaziland, Tanzania, Zambia, Zimbabwe

Angola

Fläche: 1 246 700 km^2, **Einwohner:** 11 Mio., **Hauptstadt:** Luanda, **Amtssprache:** Portugiesisch, **Lebenserwartung:** 46 J., **Alphabetisierung:** 42%, **HDI:** 0,335, Rang 28, **Wechselkurs:** $ 1 = Kwanza reajustado (Kzr) 262 000, **Pro-Kopf-Einkommen:** $ 270, **BSP:** $ 2970 Mio., **Anteile am BIP:** 7% - 69% - 24%, **Hauptexportprodukte:** Rohöl/Raffinerieprodukte 95%, **Staatschef:** José Eduardo dos Santos, **Premierminister**: Fernando França Van-Dúnem (MPLA) **Regierungsparteien**: Movimento Popular de Libertação de Angola (MPLA), União Nacional para a Independência Total de Angola (UNITA)

Innenpolitik

Das Jahr war gekennzeichnet vom **Ringen um die Verwirklichung des Friedensprozesses**, begründet durch das Lusaka-Abkommen von 1994. Insbesondere ging es um die Einhaltung des ständig bedrohten Waffenstillstands und um die immer wieder hinausgezögerte Demobilisierung der UNITA-Truppen nebst Integration eines Teils der aufgelösten Verbände in restrukturierte nationale Streitkräfte (*Forças Armadas Angolanas*, FAA). Außerdem stand im Mittelpunkt die Übergabe von UNITA-Territorien an die staatliche Zentralgewalt, die Umwandlung der UNITA von einer Untergrundorganisation in eine zivile politische Partei, die seit den Wahlen von 1992 ausstehende Besetzung der 70 UNITA-Abgeordnetensitze im Parlament von Luanda sowie die Bildung einer "Regierung der nationalen Einheit und Versöhnung", bestehend aus den früheren Kriegsgegnern MPLA und UNITA. Der Friedensprozeß stand weiterhin unter **Oberaufsicht der UNO**, die im ersten Halbjahr mit der Friedensmission UNAVEM-III, im zweiten Halbjahr mit der *United Nations Observer Mission in Angola* (MONUA, *Missão de Observação das Nações Unidas em Angola*) präsent blieb - die MONUA allerdings mit deutlich vermindertem Personal (zunächst ca. 3500 Mann). Nachdem sich schon die Vorjahre für die UNO zu einer schwierigen Geduldsprobe entwickelt hatten, gab es neue Verzögerungen, die in engem Zusammenhang mit zusätzlich aufgebauten politischen Hürden, taktischen Winkelzügen und neuen militärischen Zusammenstößen standen, welche alle Friedensbemühungen zum Scheitern zu bringen drohten. Für die Probleme waren beide Konfliktparteien, v.a. jedoch die UNITA verantwortlich, die selbst vor Übergriffen gegen UN-Personal und -Ausrüstung nicht zurückschreckte. Mit Beharrlichkeit und massivem Druck - darunter Sanktionen gegen die UNITA (29.10.) und die als Damoklesschwert eingesetzte Drohung, sich aus Angola zurückzuziehen - erreichte die UNO schließlich, daß der Friedensprozeß formal gerettet wurde. Allerdings blieb die Realisierung de facto hinter den Ansprüchen weit zurück.

Die ersten Monate waren v.a. geprägt vom Tauziehen um die für den 25.1. vorgesehene, schließlich am 11.4. verwirklichte **Regierung der nationalen Einheit und Versöhnung** (GURN, *Governo da Unidade e Reconciliação Nacional*). Tief verwurzeltes gegenseitiges Mißtrauen, Beharren auf eigenen machtpolitischen Positionen und Verstrickung beider Parteien auf gegensätzlichen Seiten im Krieg im benachbarten Kongo-Zaire (s.u.) erschwerten die Überbrückung der Gegensätze ebenso wie das schier endlose Gezerre um die Frage der Einbindung des egozentrischen UNITA-Chefs J. Savimbi, der schließlich aufgrund nicht auszuräumender Bedenken um seine persönliche Sicherheit, aber auch aufgrund taktischer Erwägungen dem GURN und der Hauptstadt Luanda fernblieb. Seiner Entscheidung, durch Abwesenheit den Wert des GURN zu mindern und zugleich die militärische Option offen zu halten, schloß sich eine Reihe anderer Personen aus den Führungszirkeln der UNITA an, darunter Vizechef A. Dembo und Generalsekretär A.P. Lukamba. Daß die UNITA als Organisation schließlich doch einlenkte, lag neben dem Druck der UNO v.a. daran, daß infolge der in den eigenen Reihen entstandenen Fraktionierung in "Falken" und "Tauben" der Einfluß der Friedenskräfte zugenommen hatte, daß die Fortführung des Krieges mit der Intensität früherer Jahre infolge beträchtlicher militärischer Schwächung nicht mehr möglich war und die Einbeziehung der politischen Option auch von den "Falken" um Savimbi - vorwiegend taktisch motiviert - als notwendig angesehen wurde. Die UNITA nahm schließlich die 70 ihr zustehenden Parlamentssitze ein (25.3.-9.4), und elf ihrer Leute beteiligten sich am GURN (11.4.), allerdings nur vier im vollwertigen Ministerrang. Das Amt des Premierministers (wie bisher: F.F. Van-Dúnem) und alle Schlüsselressorts blieben mit MPLA-Leuten besetzt, v.a. die Ministerien für Verteidigung (P. Sebastião), Auswärtiges (V. da Silva de Moura), Inneres (S.A. Pitra), Planung (E.M. Carneiro), Finanzen (M. de Alcántara Monteiro) und Erdöl (A.F. de Assis Pereira Africano). Die UNITA erhielt mit Bergbau (M. Samondo), Gesundheit (A.R. Sikato), Tourismus (J.A. Valentim) und Handel (V.D. Hossi) lediglich zweitrangige Posten. Gegen die neue Regierung opponierte u.a. die in den 70er Jahren aus dem militärischen Machtkampf ausgeschiedene und jetzt nicht berücksichtigte *Frente Nacional de Libertação de Angola* (FNLA) von H. Roberto.

Das GURN überdauerte das Jahr vor dem Hintergrund einer erneuten Eskalation von Kampfhandlungen sowie der **Verschlechterung der machtpolitischen Position der UNITA**. Diese ergab sich einerseits aus einschneidenden Veränderungen im externen strategischen Umfeld, v.a. dem mit Unterstützung der FAA zustande gekommenen gewaltsamen Machtverlust der UNITA-freundlichen Regime in Kongo-Zaire und Kongo-Brazzaville (17.5. bzw. 19.10.), andererseits aus einer militärischen Offensive der FAA v.a. gegen UNITA-Diamantengebiete im Nordosten (ab Ende Mai). Ein weiterer Grund war die **faktische Spaltung der UNITA** in eine "Luanda-Fraktion", zu der Minister, Vizeminister und Parlamentarier zählten, und in die ursprüngliche Hauptströmung um Savimbi, die v.a. die Kontrolle über ihre traditionellen Hochburgen im zentralen Hochland um Andulo und Bailundo sowie im Süden um Jamba behauptete. Aus wachsender politischer und militärischer Bedrängnis heraus drohte die UNITA-Führung mit der Beendigung des Friedensprozesses (v.a. am 20.9.) und ließ u.a. 56 Missionare wegen angeblicher Spionage zum Tode verurteilen (23.9.), sah sich jedoch aufgrund fehlender Stärke nach den UN-Sanktionsbeschlüssen (29.10., s.u.) schrittweise zum Einlenken genötigt. Auf einem Treffen ihres politischen Komitees in Andulo (1.-4.11.) bekannte sie sich zum Friedensprozeß, erst auf weiteren UN-Druck hin trat sie indes die Kontrolle über einen Teil ihrer Territorien, darunter Diamantengebiete, an die Zentralgewalt ab und setzte außerdem die - verschleppte - Demobilisierung ihrer Verbände fort (Dez.). Bisher galten nur 34 000 von ursprünglich ca. 70 000 Mann als demobilisiert, weitere 11 000 (von eigentlich geplanten 23 000) Mann waren in die FAA integriert worden. Während etwa 25 000 Mann in der Bilanz fehlten, wurde zur Jahreswende offiziell nur noch ein Restbestand von 7877 zu demobilisierenden UNITA-Kämpfern registriert. Die späte Bewegung im Friedensprozeß basierte z.T. auf direkten Telefonkontakten (u.a. am 15.12.) zwischen Savimbi und Präsident dos Santos, um dessen Gesundheit sich - v.a. nach dem Tod von Ex-Außenminister P. de Castro Van-Dúnem (29.9.) - Gerüchte rankten, der sich aber nach einem kleineren chirurgischen Eingriff (19.11.) zunächst erholt zeigte.

Neben dem jahrzehntealten Herrschaftskonflikt zwischen MPLA und UNITA gab es das Jahr über, meist auf dem Niveau von Scharmützeln, Kriegshandlungen zwischen der Zentralgewalt und den rivalisierenden **separatistischen Bewegungen der Erdöl-Exklave Cabinda**, namentlich der *Frente de Libertação do Enclave de Cabinda - Forças Armadas Cabindesas* (FLEC-FAC) und der - am 30.1. von einer seit 1995 bestehenden Waffenruhe zurückgetretenen - *Frente de Libertação do Enclave de Cabinda - Renovada* (FLEC-R). Zu den Kampfmitteln der Separatisten zählten Übergriffe gegen ausländische Unternehmen und deren Personal. Eine im Dezember begonnene FAA-Offensive gegen FLEC-FAC und FLEC-R dauerte zur Jahreswende an.

Im Rahmen aller Gewaltkonstellationen - zwischen MPLA und UNITA, zwischen Zentralgewalt und Separatisten - wurden **schwere Menschenrechtsverletzungen** an Personen aus dem jeweils gegnerischen Lager sowie an unbeteiligten Zivilisten verübt. Aus Reihen der Zivilgesellschaft versuchten sich demgegenüber Stimmen Gehör zu verschaffen, die zur Versöhnung aufforderten. Aktionen wie ein Friedensappell der katholischen Bischöfe und ein Friedensmarsch von Frauen in Luanda (30.7.) beeindruckten indes die Protagonisten der Gewalt nur wenig.

Außenpolitik

Einer der beiden zentralen Aspekte der auswärtigen Beziehungen waren die **Bestrebungen der UNO und wichtiger UN-Mitgliedsstaaten zur Rettung des Friedensprozesses**. Mehrere

Resolutionen des UN-Sicherheitsrates paßten sich den sich verändernden Rahmenbedingungen des Friedensprozesses an, machten Druck auf die Vertragsparteien zur Umsetzung der jeweils eingegangenen Verpflichtungen und verhängten schließlich Sanktionen gegen das aus Sicht der Staatengemeinschaft größte Hindernis auf dem Weg zum Frieden, die UNITA, insbesondere die weiterhin mit der militärischen Option liebäugelnde Savimbi-Fraktion. Das zunächst bis Ende Februar befristete UNAVEM-III-Mandat wurde, um den Druck auf die Konflikt- bzw. Vertragsparteien aufrechtzuerhalten, zunächst nur bis 31.3. (Res. 1098, 27.2.), dann lediglich bis 16.4. (Res. 1102, 31.3.) und nach der GURN-Bildung bis zum 30.6. verlängert (Res. 1106, 17.4.), bevor es durch die von einem General aus Zimbabwe kommandierte MONUA abgelöst wurde. Angesichts massiver Kriegshandlungen verlieh der Sicherheitsrat seiner "ernsten Besorgnis" über das drohende Scheitern des Friedensprozesses Ausdruck (Res. 1127, 28.8.) und verband dies mit einer danach bekräftigten Sanktionsandrohung gegenüber der UNITA (Res. 1130, 29.9.). Als sich diese dem Druck der UN zunächst nicht beugen wollte, verhängte der Sicherheitsrat dann tatsächlich Sanktionen (Res. 1135, 29.10.), v.a. Reisebeschränkungen für UNITA-Kader und die Schließung von UNITA-Vertretungen im Ausland (allerdings von etlichen Ländern sehr zögerlich umgesetzt). Zugleich wurde das MONUA-Mandat bis 30.1.98 verlängert. Wichtige handelnde Personen auf Seiten der UN waren der Sondergesandte A.B. Beye (aus Mali), der das ganze Jahr hindurch mit großem Einsatz und in zähen Verhandlungen den Friedensprozeß voranzubringen versuchte, sowie UN-Generalsekretär K. Annan, der bei Direktgesprächen in Angola den Weg für die Bildung des GURN ebnete (22.3.) und später die UNITA, die auch für erneutes Minenlegen zu brandmarken war, zum Hauptschuldigen für das drohende Scheitern des Friedensprozesses erklärte (8.12.). Das vergleichsweise harte Auftreten der UNO gegenüber der UNITA hing nicht zuletzt damit zusammen, daß deren Kämpfer und ihr zuzurechnende Banditen wiederholt bei Übergriffen UN-Personal und andere für den Friedensprozeß tätige Personen getötet hatten, u.a. auch einen zivilen Minenräumexperten aus Deutschland (23.10.). Aus Sicherheitsgründen stellte die UNO vorübergehend sogar ihre Arbeit zur Demobilisierung der UNITA-Verbände ein.

Die eindeutige Haltung der UNO war möglich aufgrund der **Geschlossenheit der ständigen Sicherheitsratsmitglieder in der Angola-Frage**. Insbesondere die USA, deren Interessen - primär auf das Erdöl ausgerichtet - sich von der UNITA zur Regierung in Luanda verlagert hatten, gaben den Bemühungen der UNO Rückendeckung und machten speziell durch ihren UN-Botschafter B. Richardson Druck. Dieser warnte MPLA und UNITA vor dem Scheitern des Friedensprozesses (1.4.) und vor einer Verstrickung in den Krieg in Kongo-Zaire (27.3.) und begrüßte nachdrücklich die Bildung des GURN (11.4.); sowohl davor als auch danach machte er wiederholt bei Direktkontakten mit Vertretern beider Seiten die Position seiner Regierung deutlich. Zu Verstimmungen kam es, als Richardson ohne Vorabinformation der Regierung in Luanda mit der UNITA-Führung in deren Hauptquartier Bailundo zusammentraf (27.10.). Da er bei diesen Gesprächen keine Fortschritte erzielte, unterstützten die USA zwei Tage später den UN-Sanktionsbeschluß gegen die UNITA. Das Interesse der USA, die Zentralgewalt in Luanda zu stärken, wurde u.a. durch Besuche hochrangiger US-Generäle (Mai, Juli), die Gewährung einer militärischen Ausbildungshilfe für die FAA (2.10.) und durch die Stippvisite von Außenministerin M. Albright in Luanda und Cabinda (12.12.) unterstrichen. Allerdings zeigte sich eine Wirtschaftsdelegation aus den USA, die im November in Angola weilte, wegen der schlechten Rahmenbedingungen (u.a. überbordende Bürokratie) ernüchtert. Aus Großbritannien, das auf UN-Ebene im wesentlichen die Positionen der USA mittrug, trat v.a. Prinzessin Diana hervor, die zur Unterstützung der globalen Anti-Minen-Kampagne einen sehr publizitätswirksamen Besuch in Angola abstattete (13.1.).

Bedeutsam war auch das **Engagement verschiedener anderer Länder**, darunter v.a. der Ex-Kolonialmacht Portugal sowie Schwedens und Japans, die mit Finanzzusagen eindeutig auf die Zentralgewalt setzten, und des Vatikan, der diplomatische Beziehungen zur Regierung in Luanda aufnahm (8.7.). Portugals Premier schloß bei einem Angola-Besuch (Ende Okt.) zudem Wirtschaftskooperations- und Investitionsförderungsabkommen ab und erzielte Fortschritte bei der Regelung von Angolas bilateralen Schulden. Zuvor wohnte Portugals Präsident - wie auch seine

Amtskollegen aus Botswana, Gabun, Malawi, Namibia, Südafrika und Zimbabwe - der offiziellen Amtseinführung des GURN bei (11.4.). Namentlich Südafrika wuchs indes nicht in die international erhoffte Maklerfunktion hinein. Zwar gab es auf nachrangiger Ebene, etwa bei der Kooperation in Gesundheitsfragen, Fortschritte in den bilateralen Beziehungen, und Präsident Mandela versuchte u.a. bei einer Zusammenkunft mit Savimbi in Umtata (6.1.) seine Autorität als international geachteter Staatsmann in die Waagschale zu werfen, aber die Beziehungen zur Regierung in Luanda litten unter Waffenlieferungen südafrikanischer Unternehmen und der Tätigkeit der südafrikanischen Söldnerfirma *Executive Outcomes* zugunsten der UNITA. Wegen der Entsendung von Söldnern und anderweitiger Kollaboration mit der UNITA gerieten im Laufe des Jahres auch Marokko, Gabun, Côte d'Ivoire und Togo politisch in die Schußlinie.

Der zweite zentrale Aspekt der auswärtigen Beziehungen waren die **politischen und militärischen Anstrengungen zur Abschottung der Grenzen** zu den Nachbarländern gegen fortgesetzte grenzübergreifende militärische Aktivitäten der UNITA und der Cabinda-Fraktionen. Die Regierung griff direkt in Herrschaftskonflikte der Republik Kongo und Zaires ein und mobilisierte eigene militärische Kräfte, um Machtwechsel zu Ungunsten von UNITA und Cabinda-Separatisten herbeizuführen, die in den beiden Nachbarländern - offenbar mit Duldung der bisherigen Regierungen - Rückzugsgebiete unterhielten. Die UNITA versuchte sich dem v.a. in **Zaire** mit eigenen Truppen (v.a. im Kampf um Kenge unweit Kinshasa) entgegenzustemmen. Wenngleich sowohl die Regierung in Luanda als auch die UNITA wiederholt ihr aktives Eingreifen dementierten, sprachen eindeutige Indizien für das Gegenteil. Der neue Staatschef des in "Demokratische Republik Kongo" umbenannten Landes, L. Kabila, würdigte ganz offen Angolas Rolle beim Sieg über seinen Vorgänger (5.8.). Wenige Wochen später (29.10.), anläßlich eines Besuches von Angolas Verteidigungsminister, beklagte indes die Regierung in Kinshasa Übergriffe geflüchteter Mobutu-Soldaten von UNITA-Territorium in Angola und drängte ihrerseits auf bilaterale Vereinbarungen zur Sicherung der gemeinsamen Grenze, um solche Aktivitäten zu verhindern. In der **Republik Kongo** wurde Angolas Verstrickung durch Präsenz von FAA-Truppen am Flughafen von Brazzaville und den offiziellen Glückwunsch an den neuen Machthaber D. Sassou-Nguesso für die Weltöffentlichkeit sichtbar (19./20.10.). Im Falle von **Zambia** vermied die angolanische Zentralgewalt zwar ein direktes militärisches Eingreifen, beschuldigte aber die Regierung, gegen Waffenlieferungen an die UNITA und deren Aktivitäten vom Territorium Zambias aus nicht entschlossen genug vorzugehen. Aus Zambia war der Vorwurf einer angolanischen Verstrickung in den gescheiterten Putsch in Lusaka Ende Oktober zu vernehmen. Nachdem beide Regierungen den Anschuldigungen der jeweils anderen Seite mit Dementis entgegengetreten waren, sprach sich Außenminister V. de Moura anläßlich eines Besuches in Südafrika für eine "friedliche Koexistenz" mit Zambia aus (12.11.), nicht ohne - wie am selben Tag der Verteidigungsminister bei direkten Gesprächen in Lusaka - vor den Folgen subversiver Aktivitäten gegen die Regierung in Luanda zu warnen. Zum Jahresende gestattete Zambias Regierung Truppen Angolas, auf ihrem Territorium gegen UNITA-Rückzugsgebiete vorzugehen. Reibungsloser entwickelte sich die Kooperation mit dem südlichen Nachbarn **Namibia**, mit dem gemeinsame Grenzpatrouillen vereinbart wurden (14.10.). Namibia hatte in den Jahren seit 1994 mit eigenen Truppen in Süd-Angola die Verletzung seiner Grenze zu bekämpfen versucht und soll dabei laut Erhebungen einer Menschenrechtsorganisation nahezu 1800 angolanische Staatsbürger getötet haben.

Sozioökonomische Entwicklung

Der 1994 begonnene, **vom Erdöl getragene Wirtschaftsboom** hielt, trotz aller Probleme des Friedensprozesses, mit einer Wachstumsrate von 10% (Vorjahr: 9%) an. Aufgrund austeritätspolitischer Beschränkungen des Staatshaushalts und der Geldmenge konnte die Inflationsrate von 1650% auf 150% gesenkt werden. Die Ausfuhren kletterten auf $ 5,14 Mrd., davon $ 4,85 Mrd. Rohöl (94 %), die Einfuhren stiegen auf $ 2,45 Mrd.; die Handelsbilanz erzielte einen Überschuß von $ 2,69 Mrd., während in der Leistungsbilanz eine Finanzierungslücke von $ 700 Mio. zu schließen war. Die Währungsreserven konnten im Laufe des Jahres leicht von $ 203 Mio. auf $ 240 Mio. erhöht werden, die Auslandsschulden wurden per Jahresende auf $ 11,25 Mrd.

veranschlagt, $638 Mio. mehr als zu Jahresbeginn. Die Erdölförderung wuchs im Durchschnitt auf 730 (Vorjahr: 695) Barrel pro Tag, die offizielle Jahresförderung von **Diamanten**, die auch die Hauptfinanzquelle der UNITA blieben, von 195 000 auf 432 000 Karat. Hauptabnehmer der Erdölexporte blieben wie in den Vorjahren die USA, Diamanten gelangten vor allem nach Belgien; Importe wurden in erster Linie aus Portugal, den USA, Frankreich und Südafrika bezogen. Der hohe Anteil von Nahrungsmitteln am Einfuhrwert - ein Siebtel - war u.a. Folge unzureichender Regenfälle und **schlechter Ernteergebnisse**. Die Inlandsproduktion von Getreide wurde für die 1997 begonnene Erntesaison auf 431 000 t - 14% weniger als im Vorjahr - geschätzt; neben kommerziellen Importen von 279 000 t war die Inlandsversorgung deshalb auch auf 250 000 t internationale Nahrungsmittelhilfe angewiesen. Schatten fielen auf die wirtschaftliche Entwicklung durch die negative Tendenz des Weltmarktpreises für Erdöl, die weiterhin ungünstige Sicherheitslage, kurzfristig fehlende Exportalternativen sowie durch Bürokratisierung und Korruption. Gute Aussichten hingegen versprachen überaus erfolgreiche **Prospektionen transnationaler Erdölkonzerne**. Zu den wichtigen mittelfristigen **Investitionsprojekten** des Staates zählten die Instandsetzung von Wasserkraftanlagen in allen Landesteilen, der Bau einer Erdölraffinerie in der Hafenstadt Lobito und die Wiederinbetriebnahme der Benguela-Bahn nach Katanga/Kongo-Kinshasa und Zambia. Der **Wirtschaftsplan 1998-2000** wurde in Kooperation mit dem IWF vorbereitet, der zur Bestandsaufnahme eine Delegation nach Angola entsandte (Mai). Zu den wichtigsten Elementen des Planes zählten - IWF-konform - weitere Wechselkursanpassungen, die Begrenzung von Budgetdefizit, Geldmenge und Inflation, die Aufhebung der meisten Preiskontrollen, die Sanierung des Staatssektors und umfangreiche Privatisierungen, darunter viele der nach einer ersten Privatisierungswelle (seit 1990) verbliebenen 600 Staatsunternehmen in Branchen wie Telekommunikation, Banken, Bergbau, Industrie und Erdöl.

Die Kehrseite von Wirtschaftsboom und Krieg waren **extreme soziale Gegensätze**, die Spannungen und Kriminalität v.a. in Luanda nährten: auf der einen Seite die dünne Oberschicht von z.T. korrupten Politikern und Staatsbediensteten, skrupellosen Geschäftemachern und Kriegsgewinnlern, auf der anderen Seite Massenarmut (zwei Drittel aller Angolaner existierten unterhalb der Armutsgrenze), Kriegsversehrte und Kinderprostitution. Besonders problematisch war die Lage für die noch immer zahlreichen **Flüchtlinge**, deren Wiederansiedlung sich wegen des schleppenden Friedensprozesses verzögerte; dies galt sowohl für Binnenvertriebene als auch für die über 300 000 Flüchtlinge im Ausland (v.a. Kongo-Kinshasa, ferner Zambia, Kongo-Brazzaville). Andererseits erlebte Angola einen Zustrom von Flüchtlingen aus Ex-Zaire, darunter mindestens 30 000 Hutu-Flüchtlinge aus Rwanda, deren Aufnahme die Regierung ablehnend gegenüberstand. Angesichts der Anhäufung sozialer Probleme war es nicht verwunderlich, daß auch **Krankheiten** grassierten. Einer Masernepidemie, die etliche Todesopfer forderte, wurde durch eine großangelegte Impfkampagne allerdings die Spitze genommen.

Peter Körner

Chronologie Angola 1997

27.02.	UN-Resolution 1098: Fristverlängerung bis zum 31.3.
22.03.	Besuch des UN-Generalsekretärs
31.03.	UN-Resolution 1102: Fristverlängerung bis zum 16.4.
11.04.	Regierung der nationalen Einheit und Versöhnung
17.04.	UN-Resolution 1106: Fristverlängerung bis zum 30.6.
30.06.	Übergang vom UNAVEM-III-Mandat zum MONUA-Mandat
30.07.	Friedensappell katholischer Bischöfe, Friedensmarsch von Frauen in Luanda
28.08.	UN-Resolution 1127: "ernste Besorgnis" über den Friedensprozeß
29.09.	UN-Resolution 1130: Sanktionsandrohung gegenüber der UNITA
02.10.	Gewährung einer US-Ausbildungshilfe für die FAA
14.10.	Vereinbarung gemeinsamer Grenzkontrollen mit Namibia
29.10.	UN-Resolution 1135: Sanktionsbeschluß gegen die UNITA
01.-04.11.	Zusammenkunft des politischen Komitees der UNITA in Andulo

Botswana

Fläche: 581 730 km^2, **Einwohner:** 1 Mio., **Hauptstadt:** Gaborone, **Amtssprache:** Englisch, **Lebenserwartung:** 51 J., **Alphabetisierung:** 69%, **HDI:** 0,673, Rang 4, **Wechselkurs:** $ 1 = Pula 3,80, **Pro-Kopf-Einkommen:** $ 3020, **BSP:** $ 4381 Mio., **Anteile am BIP:** 4% - 46% - 50%, **Hauptexportprodukte:** Diamanten 67%, Fahrzeuge 10%, **Staats- und Regierungschef:** Sir Ketumile Masire, **Regierungspartei:** Botswana Democratic Party (BDP)

Innenpolitik

Die gegen Ende des vorangegangenen Jahres durch die Vorlage von Gesetzentwürfen konkretisierten **Vorbereitungen für Verfassungsänderungen** stießen bei der parlamentarischen Beratung (ab 7./9.4., verabschiedet 6.8.) auf breite Zustimmung, auch von Seiten der einzigen im Parlament vertretenen Oppositionspartei *Botswana National Front* (BNF), die die meisten der nun in die Wege geleiteten Reformen schon seit Jahren gefordert hatte. Als gravierendes Abweichen von den auf Allparteienkonferenzen im Vorjahr skizzierten Vereinbarungen empfand die BNF jedoch die Vorkehrung, daß der wichtige Posten des Sekretärs der neu einzurichtenden Unabhängigen Wahlüberwachungskommission doch wieder - wie bei der bisherigen Kommission - vom Präsidenten bestellt werden sollte. Darüber hinaus erhob sie Einwände gegen die nunmehr festgeschriebene automatische Nachfolge des Vizepräsidenten im Fall einer Vakanz im Präsidentenamt, eine Regelung, die auch innerhalb der Regierungspartei selbst nicht unumstritten war, weil die Ernennung des Vizepräsidenten alleiniges Privileg des - weiterhin indirekt gewählten - Präsidenten und somit dem Direktzugriff von einzelnen Fraktionen innerhalb der BDP entzogen blieb. Das für einige der Änderungen notwendige **Referendum** (4.10.), an dem zur allgemeinen Überraschung und Enttäuschung nur 16,7% der registrierten Wähler - auf dem Stand von 1994 - teilnahmen, erbrachte unterschiedliche Ergebnisse: 73,2% bzw. 70,4% befürworteten die Unabhängige Wahlüberwachungskommission bzw. das Stimmrecht für außerhalb des Landes wohnhafte Bürger, aber die Herabsetzung des Wahlalters von 21 auf 18 Jahre stieß mit 58,7% erwartungsgemäß auf geringere Zustimmung; im Vorfeld des Referendums waren verschiedentlich Spekulationen hochgekommen, Teile der Regierungspartei unterstützten zumindest diese Änderung nur halbherzig oder gar nicht (weil junge Wähler nach bisherigen Erkenntnissen eher zur BNF tendierten). Nicht lange danach, anläßlich der Eröffnung der letzten Parlamentsperiode dieses Jahres (10.11.), erfolgte die **Bekanntgabe des Rücktritts des Präsidenten zum 31.3.98**. Obwohl die Amtszeitbegrenzung von maximal zehn Jahren - eine weitere der neuen Verfassungsänderungen - nicht rückwirkend galt, stellte dieser Zeitpunkt doch eine günstige Gelegenheit für den schon länger amtsmüden 72jährigen Masire (Präsident seit 1980, Vizepräsident 1966-80) dar. Seine Absicht wurde sowohl im Land als auch außerhalb mit sehr viel Lob und Respekt kommentiert. Daß für genau denselben Zeitpunkt Armeechef General Ian Khama - Sohn des 1980 verstorbenen Staatsgründers - sein Ausscheiden aus der Armee ankündigte (16.12.), nährte nicht nur schon seit einiger Zeit ventilierte Erwartungen über seinen möglichen Eintritt in die Politik, sondern auch konkretere Spekulationen, er strebe das beim Nachrücken von F. Mogae in das Präsidentenamt frei werdende Amt des Vizepräsidenten an.

Zuvor war ein Versuch von Mogae aufgelaufen, durch eine Kandidatur für das zweithöchste Parteiamt auf dem **27. Nationalkongreß der BDP** (20.-22.7.) seine bisher eher geringfügige Verankerung in der Partei zu stärken. Da P. Kedikilwe (Minister für Präsidialangelegenheiten) jedoch keineswegs daran dachte, diesen Posten aufzugeben, konnte Mogae die Kandidatur nur noch mit einem gewissen Gesichtsverlust zurückziehen. Aufgrund der Flügelkämpfe innerhalb der BDP, die ungeachtet der im März 1996 offiziell verkündeten Beendigung anhielten, wurde eine offene Abstimmung über die fällige Neuwahl des Zentralkomitees vermieden und stattdessen hinter den Kulissen ein Gesamtpaket geschnürt, in dem auch Anhänger der Fraktion um Außenminister M. Merafhe berücksichtigt werden konnten, die sonst einigen Anzeichen nach ähnlich wie vor zwei Jahren leer ausgegangen wären; Spitzenpositionen konnten sie nicht für sich verbuchen, doch wurden sie mit den Posten der Stellvertreter des Generalsekretärs und des Schatzmeisters abgefunden. Die offizielle Ankündigung, es habe keine größeren Veränderungen gegeben, traf nur auf die vier Spitzenpositionen zu - insgesamt waren 10 von den 18 Mitgliedern neu im obersten Parteigremium bzw. dorthin zurückgekehrt. Unter den beschlossenen Resolutionen waren zum einen Vorkehrungen für eine straffere Parteiarbeit und -organisationsstruktur auffällig sowie der Wille, Kabinettsmitglieder künftig automatisch zu Zentralkomiteemitgliedern zu machen, um ihre Rechenschaftspflicht gegenüber der Partei zu stärken. Kurz nach dem Parteikongreß gab der nicht wieder angetretene bisherige Vize-Generalsekretär P. Balopi seinen Wunsch nach Ausscheiden auch aus dem Kabinett bekannt, dem er seit 1985 angehört hatte, zuletzt als Minister für Örtliche Regierungsbehörden/Land/Wohnungsbau. Dies sowie der schon seit Monaten bekannte Wunsch von Landwirtschaftsminister R. Blackbeard zur Übernahme des Geschäftsführerpostens der Londoner Filiale der *Botswana Meat Commission* führten Anfang September zur Ankündigung einer zum 1.10. wirksamem **Kabinettsumbildung**. Die bisherigen Vizeminister der freigewordenen Ressorts, M. Nasha und R. Sebego, stiegen zu Ministern auf, während J. Phumaphi und J. Nkate als Vizeminister in die Regierungsmannschaft aufrückten. Beide waren einer neuen Generation von Politikern zuzurechnen; seit ihrem Eintritt ins Parlament (1994) hatten sie sich durch auffallend kompetente Arbeit profiliert und waren überdies durch Funktionen in der Partei ausgewiesen (Vizeschatzmeisterin bzw. Chef der Jugendliga).

Im Kontrast zur BDP, die ihre internen Spannungen unter den Teppich zu kehren versucht hatte, wurde auf dem **Kongreß der Oppositionspartei BNF** bei der Neuwahl des Zentralkomitees (21.7.) ein Erneuerungsprozeß angeschoben, der in dieser Intensität offenbar recht überraschend zustande gekommen war. Etwa die Hälfte der bisherigen Funktionsträger verlor den bisherigen Posten, z.T. in offenen Kampfabstimmungen, darunter Generalsekretär K. Motshidisi, der zuvor erfolglos versucht hatte, Vizepräsident M. Dingake aus dem Sattel zu heben, und auch der Schatzmeister I. Mabiletsa. Da es bei einigen der neugewählten Funktionäre als fraglich angesehen wurde, ob sie die satzungsgemäße Vorbedingung von drei Jahren Parteizugehörigkeit erfüllten, trafen einige der ausgebooteten Funktionäre Vorbereitungen für eine gerichtliche Klärung, ungeachtet der Avancen von Parteichef K. Koma, die Wogen wieder zu glätten. Auf dem 4. Kongreß der BNF-Jugendliga (25.10.) erfolgte eine erste warnende Reaktion, indem die Spitzenpositionen in Kampfabstimmungen mit Vertretern der Fraktion der "Rebellen" gegen das Zentralkomitee besetzt wurden. Beobachtern schienen viele Anzeichen auf einen tiefen und möglicherweise auch ideologischen Riß hinzudeuten. Darüber hinaus drohte zusätzliche Konkurrenz - zumindest im Bemühen um die städtische Wählerschaft - infolge der **Neugründung einer Partei**, die als *United Action Party* registriert (26.9.) und von E. Setshwaelo angeführt wurde, bisher Direktor des *Botswana National Productivity Center* und langjähriges Mitglied der BDP, aus deren Umfeld von Enttäuschten die neue Partei zuvörderst ihre Anhängerschaft zu rekrutieren gedachte.

Hinsichtlich der weiteren im Vorjahr in die Wege geleiteten **Reformansätze** waren unterschiedliche Entwicklungen zu verzeichnen. Während der Gesetzentwurf zur Offenlegung der Vermögensverhältnisse der Parlamentarier, mitsamt einer Einsichtsmöglichkeit für die interessierte Öffentlichkeit in das entsprechende Register, zweimal nach Diskussion der z.T. durchaus bedenkenswerten Einwände vertagt wurde (14.2., 13.8.), konnte das lange erwartete Landtribunal - zur Schlichtung strittiger Landansprüche anstelle des bisher zuständigen Ministeriums - seine Arbeit aufnehmen (13.10.), und auch die 1994 in Gang gesetzte Einrichtung des Amtes eines Ombudsman kam zustande (1.12.). Ein Parlamentsantrag der Opposition zur klareren Beachtung der Gewaltenteilung und insbesondere zur Ausstattung des Parlaments mit substantieller und nicht nur eher theoretischer Macht gegenüber der Regierung wurde jedoch abgeschmettert (21./28.2.). Ein Teil des Antrags, die Verbesserung der nur minimal ausgeprägten Einrichtung von Parlamentsausschüssen zu den jeweiligen Fachressorts, wurde ein halbes Jahr später doch noch in einem Parlamentsantrag - diesmal eingebracht von der BDP - befürwortet, wobei sich herausstellte, daß ein ähnlich lautender Antrag von Ende 1991 immer noch im Geschäftsausschuß schmorte.

Weiterhin ausgespart blieb jedoch die problematischste der Reformankündigungen von 1995, die Gewährung gleicher Rechte für alle ethnisch-linguistischen Gruppen anstelle der exklusiven Festschreibung der acht Tswana-Ethnien in der Verfassung, wiewohl diese Thematik öfter anklang. Immerhin wurde aber ein **Antrag zur Anerkennung aller Sprachen von Minderheiten** und deren Berücksichtigung als Unterrichtssprache im Grundschulbereich vom Parlament beschlossen (8.8.), der indes, wie bei Parlamentsanträgen üblich, für die Regierung nicht verbindlich war. Eingebracht worden war er von einem BDP-Politiker der alten Garde, O. Chilume (Abgeordneter seit 1965, Vizeminister 1982-89), der nicht lange danach die Regierung mit einer massiven Attacke aufscheuchte (13.11.). Anläßlich einer umstrittenen Berufung von zwei lokalen Chiefs der Bakalaka prangerte er den Verlust von Kultur und Identität seiner ethnolinguistischen Gruppe infolge der Unterdrückung durch die dominierenden Bangwato an. Sein Vorwurf, dies sei unter dem Schutzschild von Idealen wie Einheit und Demokratie geschehen, drohte heikle - eher durch Übertünchen gekennzeichnete - Bereiche des Grundverständnisses der Regierungspartei zu beschädigen. Eilends wurden schadensbegrenzende Aktivitäten entfaltet, u.a. durch ein Spitzengespräch von Präsident, Vizepräsident und zwei Ministern mit Chilume und anderen (26.11.), doch konnte auch nach einem weiteren Besuch des Vizepräsidenten (22.12.) der Auslöser für den Konflikt, die - Manipulationen ermöglichende - Involvierung von Behörden bei der endgültigen Benennung von Chiefs, nicht ausgeräumt werden.

Der Umgang mit Minderheiten stand auch im Hinblick auf die **Umsiedlung der Basarwa** aus dem Wildreservat Zentral-Kgalagadi auf dem Prüfstand, der bereits im Vorjahr vermehrte internationale Aufmerksamkeit zuteil geworden war. Vor allem die in Gang gesetzte Umsiedlung aus dem Flecken Xade zum 68 km entfernten Neu-Xade geriet immer wieder ins Kreuzfeuer der Kritik, die die Freiwilligkeit bezweifelte und finanzielle Verlockungen dahinter wähnte. Im Juni wurde der Widerstand gegen die Umsiedlung deutlicher, und es kam offenbar auch verschiedentlich zu Rückwanderungen aus den neu eingerichteten Siedlungsplätzen. Wie schon im Vorjahr informierte sich eine Gruppe von Botschaftern - USA, Großbritannien, Norwegen, Schweden, EU und diesmal auch Deutschland und Frankreich - vor Ort, konnte offenbar aber keine Belege für Zwangsumsiedlungen finden. Um die durch Lobbynetzwerke wirksam unterstützten Anschuldigungen informierter kontern zu können, mußten sich auch die zur Botschafterkonferenz angereisten Spitzendiplomaten Botswanas einer solchen Besuchstour unterziehen (9.8.).

Erhebliche internationale Aufmerksamkeit zog auch der einigermaßen unvermittelt präsentierte **Entwurf für ein Mediengesetz** auf sich (28.5.), weil er zu Befürchtungen Anlaß gab, der geplante Presserat zur Registrierung von Zeitungen und Akkreditierung von Journalisten sei als Instrument der Gängelung der Printmedien gedacht. Nach drei Gesprächsrunden zwischen Vertretern der Regierung sowie der stark beunruhigten Journalisten (25.6.-10.7.) wurde der Entwurf jedoch zunächst auf Eis gelegt und stattdessen eine gemeinsame Arbeitsgruppe zur Erarbeitung eines neuen Entwurfs eingesetzt.

Außenpolitik

Trotz einer Konsolidierungsphase und der Abgabe des SADC-Vorsitzes im Vorjahr blieb die für ein kleines Land beachtlich ausgeprägte Außenpolitik weiterhin profiliert. Dies stand in Zusammenhang u.a. mit der Rolle des Präsidenten innerhalb der *Globalen Koalition für Afrika*, deren Ko-Vorsitzende sich in New York trafen (25.6.) und an deren jährlichem Politikforum in Mosambik Masire gleichfalls teilnahm (1.-2.11.), aber auch mit der zunehmenden Aufmerksamkeit für die augenscheinliche Musterdemokratie Botswana, honoriert mit der Austragung der Commonwealth-Konferenz über Demokratie in Afrika (Kasane 26.-27.2.) mitsamt einem vorgeschalteten Treffen von Regierungs- und Oppositionsparteien unter Leitung des Commonwealth-Generalsekretärs (Gaborone 24.-25.2.). Hinzu kam noch, daß sich im Vorjahr Masires Enthusiasmus für die von Malaysia veranstalteten Jahrestreffen des Internationalen Langkawi-Dialogs in seinem Vorschlag zur Ausrichtung einer regionalen Konferenz nach diesem Muster niedergeschlagen hatte. Diese fand im Verbund mit der SADC unter breiter Beteiligung erstmals statt (Kasane 4.-6.5.). Darüber hinaus blieb Masire weiterhin an den Schlichtungsbemühungen des Zirkels der außenpolitisch aktivsten SADC-Präsidenten beteiligt und reiste deswegen nach Südafrika und Zimbabwe (19.2. bzw. 1.9.). Fast ein Fünftel des Jahres hielt sich der Präsident im Ausland auf, im Rahmen solcher Aktivitäten sowie infolge der stets intensiv betriebenen

Teilnahme an regionalen und internationalen Konferenzen. Dazu zählten die Gipfeltreffen von OAU (Zimbabwe) und SADC (Malawi) sowie des Commonwealth (Schottland) und der AKP-Staaten (Gabun), zusätzlich die 5. Tagung des regionalen Weltwirtschaftsforums sowie der 4. Afrikanisch/Afro-Amerikanische Gipfel (beide in Zimbabwe) und der 3. Internationale Langkawi-Dialog (Malaysia). Außerdem unternahm Masire noch zwei längere Reisen, die erste (19.6.-4.7.) in die USA zur Teilnahme an der UN-Sonderkonferenz zur Umwelt, die nach einem London-Abstecher mit einem Staatsbesuch in Tanzania ausklang. Die zweite (10.10.-1.11.) führte nach Lateinamerika, aufgehängt an der Teilnahme an der 10. Weltproduktivitätskongreß in Chile, mit anschließenden Besuchen in Trinidad/Tobago und Kuba sowie Weiterreise zum Commonwealth-Gipfel und nach Lesotho zur Krönung des Königs (31.10.). Feierlichkeiten standen auch im Vordergrund von Kurzbesuchen in Angola (11.4., Einsetzung der neuen Regierung) bzw. Malawi (3.12., Beerdigung von Ex-Präsident Banda). Ein weiterer, im wesentlichen der Investorenanwerbung dienender Staatsbesuch wurde in Frankreich abgestattet (12.-17.4.).

Erneut stand die Liste **hochrangiger Besucher** in gewissem Kontrast zur Präsenz auf der internationalen Bühne. Zwar kamen zahlreiche Besucher anläßlich der genannten sowie einer Reihe anderer Konferenzen ins Land, die v.a. mit den Aktivitäten der SADC - dessen Sekretariat in Gaborone verblieben war - in Zusammenhang standen, so die Sonderkonferenz der regionalen Polizeichefs (5.-6.2.), die Jahreskonferenz der Gesundheitsminister (20.6.), die 1. SADC-Ministerkonferenz zu Gender-Fragen (11.-12.8.) und v.a. der 3. regionale Handels- und Investitionsgipfel (18.-19.11.), zusätzlich noch die 13. Konferenz der Commonwealth-Bildungsminister (28.-30.7.). Aber an Staatsbesuchen war nur der des Präsidenten von Mosambik (26.-29.8.), u.a. zur Eröffnung der Handelsmesse, sowie des sich auf einer Afrikarundreise befindlichen Premiers von Singapur (4.-5.3.) zu verzeichnen; weitere prominente Besucher waren der Präsident bzw. Vizepräsident von Südafrika, in SADC-Angelegenheiten (13.2., 28.8.) bzw. zur Eröffnung der Jahreskonferenz der Regierungspartei (20.7.); der für Ende November angekündigte Besuch des Präsidenten von Malawi wurde indes kurzfristig abgesagt. Auffallend waren noch die Besuche der Außenminister von Belgien (9.-11.11.) sowie von Ägypten (28.-29.8.). Letzterer kam mit einer großen Wirtschaftsdelegation angereist, der eine weitere kurz danach folgte (13.-18.10.). Auch dem Besuch einer Wirtschaftsdelegation aus den USA (11.-13.12.) wurde viel Aufmerksamkeit beigemessen.

Zentrale Thematik der Außenpolitik waren wie im Vorjahr die **Beziehungen zu Namibia**. Ein Streit um die kleine Insel Situngu im Linyanti-Grenzfluß im Caprivi-Streifen, ausgelöst durch die Feststellung einer Armeepatrouille (4.10.), daß auf der von Botswana beanspruchten Seite Bauern aus Namibia Landwirtschaft betrieben, wurde zwar auf lokaler Ebene zu lösen versucht, dann aber auch auf der 7.Tagung der gemeinsamen Verteidigungs- und Sicherheitskommission in Walvis Bay (6.-7.11.) sowie bei einem der Sicherheitslage gewidmeten Treffen von Polizisten beider Länder in Kasane (18.12.) beraten und zunächst weitgehend entschärft. Daß dieser an sich unwesentliche Streit durch Medienberichte v.a. aus Namibia über Gebühr angeheizt wurde, stand zum einen im Zusammenhang mit dem seit 1992 schwelenden Konflikt über die Insel Sedudu (Kasikili), der sich indes - nunmehr der Obhut des Internationalen Gerichtshofes überantwortet - abgekühlt hatte, zum anderen mit Namibias Sorge wegen der als Aufrüstung aufgefaßten Modernisierung der Armee Botswanas, die tatsächlich die im Vorjahr geplante Ausrüstung mit Panzern durch Kauf in Österreich bewerkstelligt hatte. Entwarnung gab es hingegen zunächst hinsichtlich der **Pläne zur Wasserentnahme aus dem Okavango** mittels einer Pipeline, die von Namibia Mitte des Vorjahres ohne Vorwarnung sehr abrupt vorangetrieben worden waren und erhebliche Besorgnis nicht nur von seiten Botswanas ausgelöst hatten. Eine vorläufige Studie über mögliche Auswirkungen (Bekanntgabe 29.4.) kam jedoch zu dem Schluß, daß angeblich nur sieben von rund 60 000 km^2 des hochempfindlichen Okavango-Deltas betroffen sein würden, und überdies verringerten ausreichende Regenfälle die wegen der Dürre im Vorjahr angenommene Dringlichkeit, so daß Namibias Regierung schließlich bestätigte, die Pipeline nicht mehr als Krisenprojekt zu betrachten (2.7.). Dies gab den Weg frei für eine gründlichere Umweltverträglichkeitsstudie, die im Rahmen der *Okavango River Basin Commission* unternommen werden sollte, die zu diesem Zweck zwei Treffen in Windhoek abhielt (23.1., Juni). Ein weiterer Streitpunkt mit Namibia ergab sich aus der extensiven Errichtung von großenteils elektrischen Wildschutzzäunen, die von Botswana im Zuge der Wiederaufstockung mit Vieh in den im Vorjahr wegen der Rinderlungenseuche freigeräumten Gebieten im Norden vorangetrieben wurde, allerdings wegen der Dringlichkeit ohne die notwendigen Umweltverträglichkeitsstudien. Da entgegen den Vorbedingungen Namibias doch zahlreiche Wanderwege von Elefanten unterbrochen wurden, wurde eine vierwöchige Bestandsaufnahme mit britischer Hilfe in die Wege geleitet (ab 14.7.), um eine Grundlage für Umweltverträglichkeitsstudien zu schaffen und Bedürfnisse der Wildtiere besser berücksichtigen zu können. Auf einem Ministertreffen (Sept.) erklärte sich Botswana schließlich zum Abbau eines Teils des Zauns bereit.

In den **Beziehungen zu anderen Ländern** waren vornehmlich Ministertreffen mit Zambia (Juni; über die Finanzierung für den Bau einer Zambezi-Brücke) und mit Zimbabwe (Harare 10.9.; Ausweitung des Handelsabkommens) von Bedeutung; außerdem wurde eine Sitzung der gemeinsamen Verteidigungs- und Sicherheitskommission mit Zimbabwe abgehalten (Okt., in Gaborone). Über das regionale Umfeld hinaus war noch die Schließung des Generalkonsulats in Hong Kong (31.7.) zugunsten einer diplomatischen Vertretung in Japan auffällig sowie der Abzug des amerikanischen *Peace Corps* und die Schließung der norwegischen Botschaft zum Jahresende; ähnlich wie im Falle des Abzugs der Hilfsorganisation *World Vision* zuvor stellten die Begründungen auf die inzwischen erreichte relative Wohlhabenheit des Landes ab.

Sozioökonomische Entwicklung

Nachdem sich die Projektion des Vorjahreshaushalts wie erwartet als grundlos pessimistisch erwiesen und sich das angenommene Defizit von P 636 Mio. in einen Überschuß von schätzungsweise mindestens P 442 Mio. verkehrt hatte (im Verlauf des Jahres zeichnete sich eine weitere kräftige Revision nach oben ab), wurde im **Haushaltsentwurf für 1997/98** (10.2.) nunmehr von vornherein mit einem erheblichen Überschuß gerechnet (P 763 Mio.). Insgesamt wurden die Einnahmen etwas realistischer als zuvor um immerhin 44% über dem Vorjahresansatz auf P 7815 Mio. veranschlagt. Die Gesamtausgaben wurden hingegen nur um gut 14% auf P 7052 Mio. erhöht. Dabei fiel die Steigerungsrate der laufenden Ausgaben mit 7,5% geringer aus als die Inflationsrate (etwa 9%, knapp unter dem Vorjahresstand), während andererseits der Akzent eindeutig auf eine Ausweitung des Kapitalhaushalts (um 31,3%) gesetzt wurde. Erneut nahm hier mit fast 20% das Ressort Bergbauressourcen/Wasser die Spitzenstellung ein, wobei allein zwei Drittel dieser Summe für Wasser- und Sanitärprojekte im ländlichen Bereich sowie für das Wasserversorgungsprojekt für Gaborone bereitgestellt wurden, dessen Kernstück, der Letsibogo-Damm, offiziell für fertiggestellt erklärt wurde (5.7.). Für dieses Großprojekt wurde auch eine weitere Kreditzusage unterzeichnet (18.11.), diesmal mit der *Development Bank of Southern Africa* über P 190 Mio. für die 200 km lange Pipeline. Eine erhebliche Summe des Kapitalhaushaltes mußte auch noch für die Nachwirkungen der Rinderlungenseuche eingeplant werden (P 129 Mio.), die im Vorjahr durch die Radikallösung einer Notschlachtung von etwa 320 000 Rindern im Nordteil des Landes eingedämmt worden war; mit einiger Verzögerung wurde zwar der Startschuß für die Wiederaufstockung des Rinderbestandes gegeben (5.4.), aber die Einsetzung der im Vorjahr versprochenen Kommission zur Untersuchung der heftig umstrittenen und politisch instrumentalisierten Gründe für den Ausbruch der Seuche ließ weiterhin auf sich warten.

Trotz allem zeichnete es sich im Verlauf des Jahres ab, daß selbst die Annahme eines beträchtlichen Überschusses erneut eine milde Untertreibung darstellte, denn die kräftig sprudelnden Einnahmen der Zentralbank aus den angelegten enormen Devisenreserven, die zum Jahresende einen neuen Höchststand von $ 5,7 Mrd. (ungefähr 30 Monate Importdeckung) nach $ 5,05 Mrd. Ende 1996 erreichten, wiesen weiterhin kräftige Zunahmen auf, was ebenfalls für die Steuereinnahmen aus dem **Diamantensektor** galt. Die Produktion von Diamanten konnte von 17,3 Mio. auf 20 Mio. Karat gesteigert werden, mit guten Perspektiven für eine nochmalige Ausweitung, da die im Vorjahr vereinbarte Kapazitätsausweitung der Orapa-Mine noch nicht abgeschlossen war und überdies der Konzern *De Beers* die Produktion in einer vierten, Sesulela genannten Mine aufnahm (24.9.). Auch wenn der Kupfer-Nickel-Produzent BCL (zweitgrößter privater Arbeitgeber) mit erheblichen Problemen - u.a. aufgrund schlechter Weltmarktpreise - konfrontiert war und gegen Jahresende eine Notfinanzierung durch die Hauptanteilseigner in Höhe von P 11 Mio. benötigte, um den drohenden Verlust von etwa 15% der Arbeitsplätze zu vermeiden, so war das **reale Wachstum** in dem mit gut einem Drittel zum BIP beitragenden Bergbausektor 1996/97 doch noch einigermaßen befriedigend, wenn auch weniger ausgeprägt als 1995/96 (etwa 6% statt 10%, jeweils Jahresmitte). Es fiel damit etwas geringer aus als das Gesamtwachstum, das auf nur knapp unter dem Stand von 1995/96 (7%) veranschlagt wurde. Insbesondere die Sektoren Handel, Hotels, Restaurants (+10,6%) und Transport- und Kommunikationswesen (+13,6%) legten überdurchschnittlich zu, und offenbar auch die verarbeitende Industrie. Hauptfaktor blieb hierbei die **Automobilfabrik des koreanischen Hyundai-Konzerns**, die ihre Stellung als zweitwichtigster Exporteur Botswanas konsolidieren konnte. Das Richtfest für deren neue Produktionsstätte konnte in Rekordzeit gefeiert werden (22.8.); notwendig geworden war diese, weil auf massiven Druck Südafrikas hin eine Umstellung der Produktion von *semi knocked-down* zu *completely knocked-down* bis 1999 erfolgen mußte. Selbst nach diesem Kompromiß gab es weiterhin erhebliche Differenzen mit Südafrika (im Vorjahr waren 18 700 Autos dorthin geliefert worden, 24% mehr als im Jahr davor), die sogar bis hin zu einer Grenzblockade von südafrikanischer Seite ausuferten, begründet mit einer angeblichen Steuervermeidung, nachdem Hyundai seine Importe vom südafrikanischen Durban zum mosambikanischen Maputo verlagert hatte. Zwar wurde die Grenzblockade nach kurzer Zeit wieder aufgegeben (21.5.; dem Vernehmen nach soll es in diesem Zusammenhang sogar zur Rücktrittsdrohung von Handels- und Industrieminister G. Kgoroba gekommen sein), aber die Verstimmungen hielten an und kochten noch einmal in der Folge eines Interviews des südafrikanischen Finanzministers kräftig hoch (12.10.).

Auch wenn sie etwas gedämpft ausfiel, so lag die Wachstumsrate der Gesamtwirtschaft doch noch über der Durchschnittsrate von 5,2%, die in dem - intensiv im Parlament beratenen (23.6.-5.8.) - **8. Nationalen Entwicklungsplan** für die Jahre 1997-2003 anvisiert wurde, nachdem die Durchschnittsrate des 7. Entwicklungsplans mit 4,5% statt projizierter 4,7% im afrikanischen Vergleich ungewöhnlich zielgenau ausgefallen war. Darüber hinausreichend wurde die im Vorjahr angestoßene **Langzeitvision 2016** vorangetrieben. Die vom Präsidenten zur Ausarbeitung dieser langfristigen Strategie der Wirtschaftspolitik sowie der gesellschaftlichen Entwicklung im Vorjahr eingesetzte Sondergruppe wurde durch Einbeziehung von zahlreichen Personen aus der Privatwirtschaft und dem zivilgesellschaftlichen Bereich erheblich ausgeweitet - nur die Oppositionspartei BNF, die einige der Grundideen aus ihrem Programm entlehnt wähnte, verweigerte sich - und nahm ihre Arbeit auf (29.1.). Geleitet wurde sie weiterhin von dem hochangesehenen Direktor des Diamantenkonzerns *Debswana*, B. Gaolathe, der am 1.7. zum Zentralbankgouverneur berufen wurde. Zum Jahrestag der Unabhängigkeit konkretisierte der Präsident in einer Botschaft an die Nation (30.9.) die bis dahin herauskristallisierten Kernpunkte der Vision 2016, für die der offizielle Startschuß auf einem Konsultationsratstreffen gegeben wurde (11.12.). Kurz zuvor war ein **Entwurf für ein Weißbuch zur Industrieentwicklungspolitik** vom Parlament gebilligt worden, die im Vorjahr v.a. durch die *Botswana Confederation of Commerce, Industry and Manpower* (BOCCIM) angestoßen worden war. Die im Zusammenhang mit diesen Plänen angekündigte Absicht zum Umbau der Handels- und Investitionsförderungsagentur durch Loslösung aus der bisherigen Verankerung in der Behördenstruktur wurde durch die Vorlage eines Gesetzentwurfs umzusetzen begonnen (24.10.).

Zusätzlichen Anstoß erhielt die kleinschrittige Wirtschaftsreformpolitik durch eine Arbeitsgruppe (19.5.) zur **Befassung mit den Problemen von Kleinst-, Klein- und Mittelbetrieben** unter Leitung von I. Ebrahim (Ex-Bürgermeister von Francistown) sowie durch die Gründung von *Enterprise Botswana* (1.11.), einem von Regierung, UNDP und der Privatwirtschaft gemeinsam gegründeten Beratungszentrum für derartige Betriebe. Eine weitere Arbeitsgruppe wurde eingesetzt (30.10.), um ein Weißbuch über die **Weiterführung des Privatisierungsprogramms** zu erstellen, unter Leitung des Vorsitzenden der BOCCIM, die im Vorjahr die intensivere Befassung auch mit dieser Thematik forciert hatte. Im Vorfeld waren bereits ungewöhnlich drohende Signale von einigen Gewerkschaften zu vernehmen gewesen, die den Privatisierungsplänen den Kampf ansagten, bislang indes nicht als besonders durchsetzungsfähig ausgewiesen waren. Die im Rahmen des Privatisierungsprogramms durchaus anvisierte Übernahme von Anteilen bisher im staatlichen Besitz befindlicher Betriebe insbesondere durch Bürger des Landes wurde von L. Nchindo, der vom Chefposten des Botswana-Ablegers der *Anglo American Corporation* in die freigewordene Position des Direktors der *Debswana* übergewechselt war, nachdrücklich angemahnt (19.9.) und durch die Einrichtung eines von beiden Unternehmen finanzierten Fonds in Höhe von P 10 Mio. für solche Zwecke tatkräftig gefördert. Seine vielbeachtete Rede, in der er u.a. die gegenwärtige Bevorzugung von Ausländern kritisierte und die Reservierung von bestimmten Geschäftsbereichen für Bürger des Landes forderte, stieß indes auf eine scharfe Reaktion des britischen Botschafters, der sogleich eine Abschreckung von Investoren meinte befürchten zu müssen. Zuvor bereits war eine heftige Kontroverse entbrannt, als die Regierung in einem Nachtraghaushalt u.a. um die Bewilligung für einen Fonds (P 50 Mio.) einkam, vorgesehen zur finanziellen Absicherung einheimischer Bauunternehmen, die gemäß einer Regierungsvorgabe zum Zweck einer stärkeren **Förderung einheimischer Unternehmerschaft** zwar mit mindestens 30% der gesamten Auftragsvolumina dieser Branche beteiligt werden mußten, aber häufig nicht an längerfristige Kredite heranzukommen vermochten. Die Oppositionspartei BNF, die dies für eine Subventionierung von Insolvenz ansah und Durchstechereien größeren Ausmaßes befürchtete, drückte ihren Protest dagegen, und auch gegen die Art der sehr unvermittelten Durchsetzung dieses Fonds, durch kurzzeitigen Auszug aus dem Parlament aus (27.3.).

Angesichts dieser vielfältigen Initiativen überraschte es, daß die Pläne, das Land zu einem Internationalen Finanzdienstleistungszentrum zu machen, weiterhin nicht recht vorankamen. Zumindest aber setzte die Zentralbank die **Liberalisierung der Devisenkontrollen** mit weiteren Maßnahmen fort (18.2.), u.a. mit einer erheblichen Ausweitung der Obergrenzen für Devisenkonten und schließlich auch der Genehmigung zur Einrichtung von Wechselstuben (1.8.). Die im Vorjahr eingeleitete Erweiterung der Investitionsmöglichkeiten im Binnenmarkt durch die Genehmigung für im Ausland registrierte bzw. an ausländischen Börsen gelistete Firmen zur Registrierung an der Gaborone-Börse mit dem Status einer heimischen Investition sowie Börsen-Doppelregistrierung mit freiem Transfer der Aktien wurde von verschiedenen Seiten angenommen. Besonders spektakulär war die Doppelregistrierung der verbundenen Aktien von *De Beers* und *De Beers Centenary* (7.3.), die die Marktkapitalisierung der Börse in Gaborone auf einen Schlag verfünfzigfachte.

Goswin Baumhögger

Chronologie Botswana 1997

10.02.	Haushaltsentwurf für 1997/98
05.04.	Startschuß für die Wiederaufstockung des Rinderbestandes in Ngamiland
23.06.	Parlamentarische Beratung des 8. Nationalen Entwicklungsplans (-5.8.)
05.07.	Fertigstellung des Letsibogo-Damms
21.07.	Neuwahl des Zentralkomitees der BNF, nachfolgend innerparteiliche Auseinandersetzungen
06.08.	Verabschiedung von Verfassungsänderungen
01.10.	Inkrafttreten einer Kabinettsumbildung
04.10.	Referendum über Verfassungsänderungen
04.10.	Beginn von Auseinandersetzungen mit Namibia über die Insel Situngu
10.11.	Bekanntgabe des Rücktritts des Präsidenten zum 31.3.98
11.12.	Offizieller Startschuß für die Langzeitvision 2016
16.12.	Bekanntgabe des Ausscheidens von Armeechef General Ian Khama zum 31.3.98

Lesotho

Fläche: 30 355 km ^{2}, **Einwohner:** 2 Mio., **Hauptstadt:** Maseru, **Amtssprachen:** Englisch, Sesotho, **Lebenserwartung:** 58 J., **Alphabetisierung:** 70%, **HDI:** 0,457, Rang 16, **Wechselkurs:** $ 1 = Maloti 4,86, **Pro-Kopf-Einkommen:** $ 660, **BSP:** $ 1330 Mio., **Anteile am BIP:** 11% - 43% - 47%, **Hauptexportprodukte:** Fertigprodukte 90%, **Staatsoberhaupt:** König Letsie III., **Regierungschef:** Ntsu Mokhehle, **Regierungspartei:** Basotholand Congress Party (BCP), ab 9.6.: Lesotho Congress for Democracy (LCD)

Innenpolitik

Inmitten eines länger schwelenden, im Vorjahr zu einem akuten Brandherd entfachten Konflikts innerhalb der Regierungspartei BCP, mit lähmenden Rückwirkungen auf die Regierungsausübung, braute sich eine **erneute Destabilisierung durch Sicherheitskräfte** zusammen. Nachdem der Premier den Untersuchungsbericht eines südafrikanischen Richters über die Ermordung von drei Polizeioffizieren am 31.10.95 im Parlament präsentiert hatte (Nov. 96), war es zu Problemen bei der angeordneten Verhaftung der benannten Täter gekommen, für deren Tat offenbar Meinungsverschiedenheiten über das harsche polizeiliche Vorgehen gegen streikende Lehrer der Auslöser gewesen war. Die implizierten neun Polizeioffiziere hatten darauf beharrt, irrtümlich identifiziert worden zu sein, und sich schwerbewaffnet der Festnahme widersetzt. Noch während intensive, auf Vermeiden von Blutvergießen ausgerichtete Vermittlungsbemühungen zivilgesellschaftlicher Kräfte (einschließlich kirchlicher Kreise) im Gang waren, wurde einer der neun Polizisten ermordet (31.1.). Die anschließende Verhaftung von elf Mitgliedern der - von den Sicherheitskräften seit je mit höchstem Argwohn betrachteten - längst aufgelösten Befreiungsarmee der BCP ließ einen Solidarisierungssog entstehen. Während sich Anzeichen für Pläne zur Verhaftung von einigen Kabinettsmitgliedern verdichteten, kam es zur **Besetzung des Polizeihauptquartiers** durch eine Rebellengruppe der Polizei (6.2.) und kurz danach auch der Polizeischule. Die Polizeiführung wurde zur Abdankung gezwungen; die zunächst kleine Gruppe sich verbarrikadierender Rebellen wuchs rasch auf etwa 400 an und reagierte auf die Aufkündigung (12.2.) jeglicher Verhandlungsbereitschaft seitens der Regierung - auch gegenüber den Vermittlern - mit der Durchsetzung eines landesweiten Polizistenstreiks (13.2.). Daß die Rebellion schließlich durch die Armee beendet wurde (16.2.), konnte als Erfolg der im Vorjahr entschlossener umgesetzten Politik bewertet werden, die Beziehungen insbesondere zum chronischen Unruheherd Armee in geregelte Bahnen zu lenken. Appelle des Armeechefs an die Einmütigkeit aller Sicherheitskräfte (17./18.2.) waren eines von mehreren Anzeichen für Dissenz innerhalb der Armee über das Eingreifen, dem diesmal jedoch keine direkte Loyalitätsaufkündigung folgte.

Zwei Rädelsführer der Polizeirebellen hatten sich unterdessen nach Südafrika abgesetzt. Einer von ihnen wurde nach Verweigerung des politischen Asyls ausgeliefert (30.4.), der andere blieb unauffindbar. Daß sich beide - zusammen mit anderen Mitstreitern - vor ihrer Flucht im Königspalast versteckt hatten, war Anlaß für eine offensichtlich als entwürdigend empfundene Durchsuchungsaktion gewesen. Befürchtungen über einen möglichen falschen Zug gab es auf beiden Seiten: während die Monarchisten infolge einiger aufheizender Äußerungen argwöhnten, das Militär - wahlweise die Regierung - könnte an eine Verbannung von König Letsie III. ins Exil denken (wie mehrmals bei dessen Vater), war das Mißtrauen der Regierung gegenüber dem im Jahr zuvor nach dem Tod seines Vaters zum zweiten Mal inthronisierten König noch längst nicht endgültig abgebaut, da er sich 1994 in einen kurzlebigen Putsch gegen die demokratisch gewählte Regierung zumindest hatte einbinden lassen. Mit der vom Premier selbst vorgenommenen Bekanntgabe (6.3.) des Datums für die Krönung des Königs wurde ein erfolgreicher Anlauf gemacht, die angestaute Spannung zu deeskalieren. Es schien sich hierbei um eine Art von Improvisation zu handeln, jedenfalls war die Krönung (30.10.) ohne Präzedenzfall in der Geschichte seit der Unabhängigkeit. Wie blank die Nerven lagen, machte die Verhaftung von zwei Soldaten deutlich (einer davon der Bruder jenes Polizeioffiziers, der am Vorabend des Eingreifens der Armee ermordet worden war), denen Putschabsichten für den Zeitraum 3.-11.6. angelastet wurden, als sie die Freilassung der 33 verhafteten Polizeirebellen gefordert und eine Petition an den König vorbereitet hatten, in der sie für eine Zusammenführung von Polizei und Militär eintraten. Im Zusammenhang mit dieser Affäre wurde schließlich sehr überraschend auch der prominente Rechtsanwalt H. Phoofolo verhaftet (18.12.), 1994 Vorsitzender der Putschregierung und derzeit Verteidiger der Polizeirebellen, deren Prozeß bis Jahresende nicht in Gang kam.

Die Brisanz der Lage während und nach der Polizeirebellion war offenbar ein hinreichender Grund für den König, sich im Minenfeld der anderen - von der Regierungspartei selbst inszenierten - destabilisierenden Vorgänge dezidiert bis zum totalen Abtauchen zurückzuhalten. Der **Kampf der BCP-Fraktionen gegeneinander** intensivierte sich in der Folge eines Gerichtsentscheids (10.1.), der den Urteilsspruch vom 25.11.96 (Annullierung der BCP-Vorstandswahl vom 10.3.96) bestätigte und ein konkretes Datum für die Abhaltung eines neuen Wahlgangs festsetzte, womit gemäß dem vorherigen Urteilsspruch bereits der alte Vorstand von 1994/95 beauftragt worden war. Beherrscht wurde dieser von der *Maporesha* oder *Pressure Group* genannten Fraktion unter Parteivize M. Qhobela, die im Mai 96 aus allen Regierungsämtern entfernt worden war. Die *Majelathoko* genannte Fraktion der Hardliner aus der alten Garde um Sh. Mokhehle (Bruder des Premiers), deren Durchmarsch in den BCP-Vorstand nunmehr zwar hinfällig geworden war, die aber die Kabinettsposten hielt, konterte mit massiven Vorwürfen einer gravierenden Destabilisierung der Regierung (15./16.1.; erheblichen Argwohn hatte u.a. die Involvierung von Vertretern der *Maporesha*-Fraktion in den Vermittlungsbemühungen um eine Lösung der Polizeikrise aufgerührt). Die Fraktion verweigerte sich der neu angesetzten BCP-Konferenz (24.-25.1.), die indes gerichtlich wegen unzureichender Vorbereitungen ohnehin annulliert wurde (14.2.). An der **Wiederholung der BCP-Konferenz** (28.2.-1.3.) nahm die *Majelathoko*-Fraktion zunächst teil, verließ sie jedoch unter Protest, als bei einer Abstimmung das Kräfteverhältnis unter den 750 Delegierten zu ihren Ungunsten im Verhältnis 1:4 offenkundig geworden war. Die Konferenz bestätigte die Wahl vom 24.1. und beschloß die **Absetzung von Parteichef N. Mokhehle** (er hatte sich unter windigen Vorwänden von der Konferenz ferngehalten), begründet mit seiner Schwäche und der mangelhaften Ausübung der Amtsgeschäfte durch den 78jährigen. Weil dem Chef der Mehrheitspartei verfassungsgemäß der Posten des Premiers zustand, hatte diese Entscheidung weitreichende Implikationen. Im Parlament zeigte es sich indes bei einem Antrag zur Unterstützung des Premiers, daß seine Fraktion etwa im Verhältnis 2:1 dominierte (4./5.3.), und auch ein öffentlicher Demonstrationszug für Mokhehle (16.3.) war ein Beleg für seine anhaltende Popularität. Die Anfechtung der Absetzung erbrachte ein Gerichtsurteil (8.4.), mit dem diese wegen formaler Fehler für ungültig erklärt, zugleich aber ein Ablaufen von Mokhehles regulärer Amtszeit im Januar festgestellt wurde; bis zur Abhaltung einer Parteikonferenz binnen dreieinhalb Monaten wurde er dennoch als Interimsvorsitzender bestätigt.

In dieser festgefahrenen Situation, Ergebnis einer nur faktisch noch nicht vollzogenen Spaltung der BCP, griff Mokhehle zu einer Strategie, die nur als höchst ungewöhnlich bezeichnet werden konnte. Auf einer Versammlung seiner Gefolgsleute aus allen Wahlkreisen (7.6.) zog er einen Schlußstrich unter das Kapitel der von ihm gegründeten und erdrückend geprägten BCP und leitete die **Gründung des Lesotho Congress for Democracy** (LCD) ein, mit sich selbst als Parteichef und Mitgliedern seiner Kabinettsriege auf den Funktionärsposten (Stellvertreter: Vizepremier P. Mosisili, Nationaler Vorsitzender: Th. Motebang, Generalsekretär: Sh. Mokhehle). Im Parlament übertrug er der LCD die Regierungsgewalt (9.6.) und rief die BCP-Abgeordneten - 64 von 65 - zum Übertritt auf, was nur 22 nicht befolgten. Diese Angehörigen der *Maporesha*-Fraktion sahen sich mit dem Namen BCP und dem Status der Opposition zurückgelassen, wogegen sie sich heftig zur Wehr setzten und eine Kampagne des zivilen Ungehorsams gegen den - wie sie es sahen - kalten Staatstreich ankündeten, in enger **Allianz von BCP und sieben Oppositionsparteien**, darunter die frühere Regierungspartei *Basotho National Party* (BNP), seit jeher der Hauptkontrahent der BCP. Nach einer Demonstration gegen die Regierung (16.6.) nebst Überreichung eines Memorandums an den König mit der Forderung, Mokhehle zum Rücktritt aufzufordern, verbot die Regierung zwar Protestmärsche zum Königspalast (20.6.), doch ließen sich die Parteien nicht an einer Wiederholung hindern (2.7.), diesmal unter Federführung der BNP. Unterdessen hatte die LCD auf ihrem ersten öffentlichen Umzug den Popularitätstest glänzend bestanden (22.6.), und die Diskussion über die Verfassungskonformität von Mokhehles Schachzug konnte auch auf einer großen Konferenz des Dachverbandes der Nichtregierungsorganisationen (14.-15.7.) trotz Beiziehung von Experten nicht eindeutig geklärt werden, wenngleich dieser als politisch und moralisch anstößig verurteilt wurde. Bezeichnend war jedenfalls, daß trotz aller in den letzten Jahren gezeigter Prozeßfreudigkeit von keiner Seite ein Versuch zu einer gerichtlichen Klärung unternommen wurde. Widerstand wurde indes auch von über 100 traditionellen Führern organisiert, die sich auf zwei Treffen (16.7., 3.8.) zur Organisation *Thesele* unter Vorsitz des einflußreichen Chiefs von Thaba-Bosiu (Khoabane Theko) zusammenschlossen, sowie von den Frauenligen der Oppositionsparteien, die sogar die Krönung des Königs zu verhindern drohten (18.7.) und um Unterstützung bei Parteien in Südafrika und Botswana nachkamen.

Die Wiedereinberufung des kurz nach der LCD-Gründung vertagten Parlaments (22.8.) verschaffte dem Konflikt eine neue Bühne. Nachdem der Parlamentspräsident zur offiziellen Bekanntgabe seiner lange aufgeschobenen **Entscheidung über den Status der BCP** - er wies ihr die Rolle der Opposition zu, was nicht akzeptiert wurde - genötigt worden war (25.8.), kam es zu länger anhaltenden tumultähnlichen Szenen im Parlament, mit befristetem Ausschluß einzelner Abgeordneter und schließlich sogar der ganzen BCP-Fraktion (4.9.), häufigem Abbruch der Sitzungen sowie der Verbannung der Öffentlichkeit aus dem Parlament (28.8., nur für die Medien am 15.9. wieder aufgehoben). Der Senat als zweite Parlamentskammer, mit einer Zweidrittelmitgliedschaft von Chiefs (tonangebend: Khoabane Theko) und dem Chef der *Marematlou Freedom Party* (Ex-Minister V. Malebo) als Haupteinpeitscher, appellierte an den König, das Parlament aufzulösen und beschloß, bis zu einer Beantwortung der dem König zugestellten Petitionen die Befassung mit verabschiedeten Gesetzen zu suspendieren (14.10.), woraufhin die Regierung die Existenz des Senats in einem Referendum zur Disposition zu stellen drohte und vor einer Parlamentsauflösung durch den König warnte, da dies einem Putsch gleichkäme.

Das Resultat war eine weitgehende **Lähmung der parlamentarischen Arbeit**, der u.a. ein im Parlament angekündigtes (26.9.) und allgemein positiv aufgenommenes Weißbuch zur Reform der Polizei zunächst zum Opfer fiel, das eine grundlegende Umwandlung der Polizeikräfte von einer paramilitärischen Kraft zu einem regulären Teil des öffentlichen Dienstes vorsah. Es ging letzten Endes nur noch um ein Aussitzen der Phase bis zu den Wahlen. Zwar war ein **neues Wahlgesetz** noch rechtzeitig verabschiedet worden (22.4./22.5.), das neben einer Erhöhung der Zahl der Wahlkreise von 65 auf 80 und der Reduzierung des Wahlalters von 21 auf 18 Jahre die Einrichtung einer Unabhängigen Wahlüberwachungskommission vorsah. Aber es gab einige Verzögerungen aufgrund des ausgiebigen Gerangels um die Besetzung der Kommission, wobei die Oppositionsparteien jegliche Zusammenarbeit mit der Regierung ausschlugen, um diese nicht indirekt anzuerkennen; bei einem Treffen der Parteien mit einem UN-Abgesandten zur Auslotung von Unterstützung für die **Wahlvorbereitungen** mußten sogar zwei Minister aus dem Saal herauskomplimentiert werden (26.6.). Aber nach dem Inkraftsetzen der 2. Verfassungsänderung und des Wahlgesetzes (7./21.7.) wurden dem Staatsrat schließlich separate Vorschlagslisten zugeleitet und die drei Mitglieder ohne Probleme ernannt und vereidigt (4./5.9.). Die Übertragung der Aufgaben an die **Unabhängige Wahlüberwachungskommission** verlief indes nicht reibungslos; außerdem stellte es sich heraus, daß die Wählerregistrierung völlig neu durchgeführt werden mußte, weil die Wählerlisten von 1993 nicht auf dem laufenden gehalten worden waren. Insofern erwies sich der zunächst für Januar 1998 anvisierte Wahltermin zunehmend als unrealistisch, und die für November geplanten Kommunalwahlen, die seit der Rückkehr zur Zivilherrschaft noch nicht stattgefunden hatten, wurden stillschweigend verdrängt, obwohl die Gesetzgebung zur Einrichtung kommunaler Selbstverwaltungen im Amtsanzeiger veröffentlicht worden war (3.7.).

Außenpolitik

Die chronisch profillose Außenpolitik konnte auch in diesem Jahr nur wenige auffällige Gegebenheiten aufweisen. Die stets virulente, aber auch von interessierter Seite nicht mit sonderlichem Nachdruck diskutierte **Thematik einer Eingliederung** in den Staatsverband Südafrikas wurde in einer offiziellen Stellungnahme des Vizepremiers als Sakrileg bezeichnet (10.3.), im Gegenzug wurde während einer Parlamentsdebatte über die Rückgabe der sog. "besetzten Gebiete" - gemeint war fast der gesamte (Oranje)-Freistaat - die Absicht zur Anwerbung eines Sachverständigen in Grenzfragen bekanntgemacht (2.5.). **Besucher** waren erneut eher Mangelware, neben der SADC/EU-Ministerkonferenz über Flußbecken (20.-21.5.) zog lediglich noch die Krönung des Königs (31.10.) Prominenz an, u.a. die Präsidenten von Südafrika, Mosambik und Botswana, den Vizepräsidenten Zimbabwes und den König von Swaziland. Die **Besuchsdiplomatie** fiel ähnlich sparsam aus und wies neben dem ersten Besuch des Außenministers in der VR China (11.4.), einem Besuch des Königs in Swaziland (18.4.) und der Teilnahme des Vizepremiers am COMESA-Gipfel sowie am 3. Internationalen Langkawi-Dialog in Malaysia kaum Besonderheiten auf.

Das Bemühen um die **Aufrechterhaltung der Kontakte zu den regionalen Vermittlerstaaten** der Krise von 1994 wurde durch den Besuch einer vom Vizepremier geleiteten Delegation in Botswana, Zimbabwe und Südafrika (Okt.) verdeutlicht; bereits zu Jahresbeginn hatte eine vom Generalstaatsanwalt angeführte Delegation den Präsidenten von Zimbabwe aufgesucht (5.2.). Nach dem anschließenden offenen Ausbruch der Polizeirebellion gab Südafrikas Präsident - auch als SADC-Vorsitzender - zwar die Bereitschaft zur Hilfestellung zu erkennen (10.2.), vermied jedoch eine Einmischung ohne konkrete Aufforderung. Nach Mandelas Blitzbesuchen in Zimbabwe, Botswana und Mosambik (13.-14.2.), die auch - aber nicht nur - der Situation in Lesotho galten, wurde ein Emissär Südafrikas entsandt (14.-15.2.), dem eigentlich Abgesandte der drei anderen Länder folgen sollten, was aber infolge der dann rasch folgenden Beendigung der Rebellion hinfällig wurde. Oppositionsparteien und andere Vermittler kritisierten die Konzentration der Gespräche auf Mitglieder der Regierung sowie die manipulative Einmischung zugunsten einer Lösung durch Waffengewalt (17.2.). Wegen der intensiven Spannungen nach dem Ende der Rebellion reiste der König unter dem Vorwand einer ärztlichen Untersuchung nach Südafrika (19.-22.2.), begleitet von einem Minister als Aufpasser, und traf mit Mandela zusammen, der ebenfalls von einer Delegation unter Vizepremier Mosisili aufgesucht wurde (21.2.). Zur gleichen Zeit befand sich eine Delegation von Chiefs, geleitet von Khoabane Theko, zu Gesprächen u.a. mit Außenminister Nzo im Land und traf offenbar sogar mit den vier in Kapstadt versammelten SADC-Präsidenten zusammen. Intensivere Gespräche wurden noch über den Fall der beiden nach Südafrika geflohenen Rebellen geführt, aber in der Legitimationskrise nach der Aufsplitterung der BCP hielt sich auch Südafrika dezidiert zurück, wenngleich Außenminister Nzo wiederum Hilfe anbot, falls dies erwünscht würde (23.6.), was offenbar nicht der Fall war.

Sozioökonomische Entwicklung

Mit 21,2% gegenüber dem Vorjahresansatz wies der **Haushaltsentwurf 1997/98** (26.3.) einen deutlich über der Inflationsrate von etwa 11% - 1996: 9,3% - liegenden Anstieg der Gesamtausgaben (M 2368 Mio.) auf. Erneut war der Anteil der Sektoren Bildung und Gesundheit mit 25,5% beachtenswert hoch, wenn auch niedriger als im Vorjahresansatz (27,9%); der Ansatz für Gesundheit wurde jedoch erstmals etwas geringer als der für Verteidigung angesetzt. Der wegen des Hochland-Wasserbauprojekts seit längerem relativ große Investitionshaushalt wurde um etwa 18% auf M 706 Mio. (inklusive Sonderausgaben für den Fonds des Hochland-Wasserbauprojekts M 746,7 Mio.) erhöht, womit sein Anteil an den Gesamtausgaben erneut etwas zurückfiel (auf etwa 30%). Er wurde deutlich geringer angesetzt als die sich zu diesem Zeitpunkt abzeichnenden tatsächlichen Ausgaben des Vorjahreshaushalts (M 915 Mio.), die um 53,5% über der ursprünglichen Planung lagen. Bei den Einnahmen wurde der Anteil der südafrikanischen Zollunion SACU auf 51% angesetzt. Angesichts projizierter Gesamteinnahmen in Höhe von M 2298 Mio. (13,8% über dem Vorjahresansatz) ergab sich diesmal ein Defizit, das mit M 27,8 Mio. angegeben wurde und damit geringer ausfiel als das bis dahin erkennbare Defizit des Vorjahreshaushalts (M 47 Mio.), für den ursprünglich ein Überschuß in Höhe von M 81,6 Mio. angenommen worden war. Das **Wirtschaftswachstum** lag bei etwa 10,5% des BIP, geringfügig über dem nun auf 10% bezifferten Zuwachs im Vorjahr (zunächst war von einer Rekordmarke von 14% ausgegangen worden), gestützt nach wie vor v.a. durch Zuwachs im produzierenden Gewerbe sowie insbesondere auf den aus dem Hochland-Wasserbauprojekt resultierenden Schub im Baugewerbe.

Die offizielle Einweihung der Phase IA des gigantischen **Hochland-Wasserbauprojekts** stand unmittelbar bevor, nachdem der erste Testlauf von Wasser aus dem Katse-Damm über eine Tunnelstrecke von 80 km in den Fluß Ash in Südafrika geklappt hatte (3.11.). Das Sperrfeuer von Umweltschutzorganisationen gegen das Projekt war seit der im Vorjahr abgehaltenen Konferenz der *Group for Environmental Monitoring* deutlich geringer geworden zugunsten einer Suche nach einvernehmlichen Lösungen. Auf einem weiteren Treffen der *Lesotho Highland Water Authority* mit Nichtregierungsorganisationen (10.-11.11.) wurden die Empfehlungen jener Konferenz ausführlich diskutiert und der Beschluß gefaßt, noch ausstehendende Problemfelder der Projektphase IA hinsichtlich der Umweltauswirkungen sowie sozialpolitischer Art zügig anzugehen. Inzwischen war die Phase IB durch ein Kreditabkommen mit fünf hauptsächlich südafrikanischen Banken (25.7.) vorangetrieben worden. Diesem folgte ein weiteres Kreditabkommen mit Banken aus Hong Kong und Frankreich über etwa M 230 Mio. (19.12.), für den Bau des Mohale-Tunnels (Kosten etwa M 665 Mio.) sowie für die Umleitung des Matsoku-Flusses und das Matsoku-Wehr (M 180 Mio.); für beide Projekte erfolgte zugleich die Kontraktvergabe an zwei Konsortien mit jeweils den gleichen deutschen, südafrikanischen und italienischen Baufirmen.

Auch hinsichtlich des produzierenden Gewerbes konten Erfolge verbucht werden. Mit viel Pomp wurden anläßlich des 30. Jahrestages der *Lesotho National Development Corporation* mehrere **neue Textilfabriken** eingeweiht (4.8.), von denen indes nur eine Firma aus Singapur wirklich neu war. Die Expansionspläne anderer Textilfirmen, v.a. aus Taiwan, die fast ausschließlich für den US-Markt produzierten, zeigte jedoch, daß der Standort Lesotho weiterhin als attraktiv galt. Über die dabei vorherrschenden schlechten Arbeitsbedingungen entzündete sich eine sehr kontrovers geführte Debatte, nachdem 3000 Textilarbeiter einen Demonstrationsmarsch durch die Hauptstadt mit der Überreichung einer Petition u.a. an den Premier abgeschlossen hatten (14.11.), in der Verbesserungen der Arbeitsbedingungen dringlich angemahnt wurden. Insbesondere chinesische und indische Arbeitgeber wurden beschuldigt, die geltenden Arbeitsbestimmungen nicht einzuhalten und sich besonders häufig vor Anerkennungsverträgen mit Gewerkschaften zu drücken. Das **unzureichende Funktionieren von Tarifschlichtungsinstrumentarien**, im Vorjahr nachhaltig demonstriert, wurde anläßlich eines erneuten Streiks bei der Telekommunikationsgesellschaft (ab 11.8.) noch einmal vorgeführt, bei dem schließlich zum Mittel der Entlassung von Teilen der Arbeiterschaft gegriffen wurde (17.10.), und das Urteil in einem Verfahren gegen das neue Gesetz über den öffentlichen Dienst, mit dem das Verbot der Gründung von bzw. des Beitritts zu Gewerkschaften bestätigt wurde (Aug.), eröffnete ebenfalls keine günstigen Perspektiven. Erstaunlich lange brauchte es auch, bevor eine weitere Untersuchungskommission eingesetzt wurde (21.11.), die die schweren Zwischenfälle im Vorjahr während des Streiks der Arbeiterschaft des Wasserbauprojekts aufklären sollte, nachdem der Bericht einer von vornherein als parteiisch angesehenen Kommission offenbar nicht den Anforderungen genügt hatte.

Ansonsten kam die Wirtschaftspolitik nur schleppend voran. Der 6. Nationale Entwicklungsplan 1996/97-1998/99 wurde mit beträchtlicher Verspätung erst im Juni öffentlich zugängig gemacht, und von den im Vorjahr aufgrund eines neuen Gesetzes von 1995 zur Privatisierung freigegebenen Parastatals wurde lediglich die Fluglinie verkauft (29.9.). Nach einer der Armutsreduzierung gewidmeten Sektorkonferenz des Runden Tisches (21.-22.7.) wurden auf einer Konferenz in Genf (Nov.) den internationalen Gebern die Vorstellungen der Regierung über den Finanzbedarf für eine wirkungsvolle Bekämpfung der Armut unterbreitet.

Goswin Baumhögger

Chronologie Lesotho 1997

06.-16.02.	Rebellion von Teilen der Polizei, beendet durch Armee-Einsatz
28.02.-01.03.	Parteikonferenz der BCP mit Absetzung des Parteichefs, nachfolgend gerichtliche Annullierung (8.4.)
26.03.	Haushaltsentwurf 1997/98
07.06.	Gründung des *Lesotho Congress for Democracy* durch N. Mokhehle und eigenmächtige Übernahme der Regierungsgewalt (9.6.)
25.08.	Offizielle Zuweisung der Oppositionsrolle an die BCP, in der Folge Lähmung der Parlamentsarbeit
19.12.	Kreditabkommen und Auftragsvergabe für Bauprojekte der Phase IB des Hochland-Wasserbauprojekts

Malawi

Fläche: 118484 km^2, **Einwohner:** 10 Mio., **Hauptstadt:** Lilongwe, **Amtssprache:** Englisch, **Lebenserwartung:** 43 J., **Alphabetisierung:** 56%, **HDI:** 0,320, Rang 32, **Wechselkurs:** \$ 1 = Kwacha 21,15, **Pro-Kopf-Einkommen:** \$ 180, **BSP:** \$ 1830 Mio., **Anteile am BIP:** 40% - 21% - 39%, **Hauptexportprodukte:** Tabak 70%, Tee 8%, **Staats- und Regierungschef:** Bakili Muluzi, **Regierungspartei:** United Democratic Front (UDF)

Innenpolitik

Die infolge eines unbefristeten Boykotts der Parlamentsarbeit durch die beiden einzigen in der Nationalversammlung vertretenen Oppositionsparteien *Malawi Congress Party* (MCP) und *Alliance for Democracy* (AFORD) festgefahrene innenpolitische Situation konnte überwunden werden. Obwohl zahlreiche Gespräche zwischen Regierung und Opposition in dieser Frage nicht fruchteten, bröckelte der am 27.6.96 verkündete Boykottaufruf, nachdem ein Antrag des aus der MCP ausgetretenen Abgeordneten M. Maseko verabschiedet worden war (6.3.), die Vergütungen der boykottierenden Parlamentarier einzufrieren und deren Dienstwagen stillzulegen. Eine angebliche Zusage der MCP, die Vergütungen aus der Parteikasse auszahlen zu wollen, scheiterte an fehlenden Ressourcen, da die faktische Verstaatlichung (7.11.95) des Firmenkonglomerats *Press Holdings* - des bedeutendsten Unternehmens des Landes - des Ex-Präsidenten Banda vom Obersten Berufungsgericht letztinstanzlich bestätigt worden war (31.1.). Nachdem ein Fünftel der MCP-Abgeordneten und einige AFORD-Abgeordnete den Boykottaufruf offen mißachtet hatten, blieb den Parteiführungen nur noch, den Boykott für beendet zu erklären (MCP: 2.4., AFORD: 6.4.). Der Antrag der Opposition, die Beschlußunfähigkeit des Parlaments festzustellen, da das vorgeschriebene Zweidrittel-Quorum infolge des Auszugs der MCP- und AFORD-Abgeordneten nicht gegeben sei, war zuvor vom Obersten Berufungsgericht mit der pragmatischen Begründung verworfen worden, daß die Handlungsfähigkeit der Regierung Priorität habe (4.3.). Damit wurde eine **ernsthafte Verfassungskrise in letzter Instanz beigelegt**. Bereits davor war der Verbleib von sechs aus der AFORD ausgeschlossenen Abgeordneten im Kabinett gerichtlich bestätigt (14.1.) und damit der formale Grund für den Parlamentsboykott beseitigt worden.

Diese herbe Niederlage führte zu einer **Annährung der beiden Oppositionsparteien**. Die Parteiführungen beschlossen eine Verschmelzung von MCP und AFORD zu einer neuen Partei (23.6.), um - angesichts des bisherigen Wahlverhaltens entlang ethnisch-regionaler Linien - durch die Bündelung ihrer sich kaum überlappenden Hausmachtgebiete die Chancen zu verbessern, in den für Mai 1999 fälligen Wahlen die UDF-Regierung abzulösen. In der MCP-Führung war die Entscheidung jedoch umstritten. MCP-Schatzmeister J. Tembo, graue Eminenz hinter Ex-Präsident Banda, lehnte die Verschmelzung ab, während Parteivize G. Chakuamba diesen Schritt befürwortete, mit dem Ziel einer Entmachtung seines Erzrivalen Tembo - der ihn 1993 zwar selbst angeworben hatte, den er jedoch für seine 13jährige Haftstrafe (1980-1993) verantwortlich machte - sowie einer Verbesserung seiner Chancen, als Kandidat der neuen Partei die Präsidentschaftswahlen zu gewinnen. Auf dem MCP-Parteikongreß (22.7.), dem ersten seit 1994, konnte Chakuamba jedoch nur einen Teilerfolg erzielen. Zwar erklärte der hochbetagte Parteipräsident auf Lebenszeit, H.K. Banda, erwartungsgemäß seinen Rückzug aus der Politik und ermöglichte damit die **Neubesetzung der MCP-Parteispitze**. Aber Chakuamba, der sich in einer Kampfabstimmung um den Vorsitz gegen Tembo mit 406 gegen 129 Stimmen durchsetzte, konnte nicht verhindern, daß dieser per Akklamation zu seinem Stellvertreter gewählt wurde. Obwohl Tembos Machtbasis in der MCP deutlich geschwunden war, gelang es ihm mit Hilfe einer - mutmaßlich von ihm selbst entworfenen - Grußadresse Bandas, in der eine Verschmelzung mit der AFORD abgelehnt wurde, die Delegierten zu einer klaren Verweigerung in dieser Frage zu bewegen. Stattdessen einigte man sich auf eine nicht näher spezifizierte Kooperation.

Die UDF-Regierung zeigte sich über die Verschmelzungspläne von MCP und AFORD überaus beunruhigt und versuchte diese durch Zugeständnisse an Banda und Tembo auszuhebeln. Die überraschende **Änderung des konfrontativen Kurses gegenüber der MCP** durch das Bemühen der Regierung um eine versöhnlichere Gangart hatte auch darin ihre Ursache, daß sich inzwischen die Erfolgsaussichten, Banda und Tembo juristisch belangen und diskreditieren und damit die MCP schwächen zu können, verringert hatten. In den von der Staatsanwaltschaft eingeleiteten Prozessen gegen Banda und Tembo, u.a. wegen Veruntreuung öffentlicher Gelder (31.1.), waren die Verfahren gegen Banda wegen dessen Verhandlungsunfähigkeit mittlerweile eingestellt worden (6.5.), und auch die Verfügung eines zeitweiligen Einfrierens der Auslandskonten Bandas und seiner Lebensgefährtin C. Kadzamira wurde durch die Verfahrenseinstellung hinfällig (Juli), begründet u.a. damit, daß diese Gelder im Falle eines Rechtsstreits von den Kosten aufgezehrt worden wären. Hinzu kam, daß das Oberste Berufungsgericht den Revisionsantrag der Staatsanwaltschaft im sog. Mwanza-Mordprozeß, in dem Banda, Tembo und andere im Dezember 1995 mangels Beweisen freigesprochen worden waren, wegen fehlender neuer Beweise verwarf (31.7.); eine von der Regierung geforderte öffentliche Entschuldigung für die Mwanza-Morde lehnte MCP-Chef Chakuamba demgemäß ab, da die Schuld der Angeklagten nicht bewiesen werden konnte (13.10.). In Anbetracht der sich abzeichnenden Erfolglosigkeit forderte Präsident Muluzi folglich die Staatsanwaltschaft auf, alle Anklagen gegen Banda einzustellen (22.7.; es gab Hinweise darauf, daß die Regierung als Gegenleistung von Tembo erwartete, die Verschmelzung von MCP und AFORD zu verhindern). Dessen ungeachtet wurde die Anklage gegen Tembo und andere (19.2.) wegen eines angeblichen Mordkomplotts gegen UDF-Minister jedoch nicht fallengelassen. Nach erheblichem Widerstand der MCP-Führung kam es zur ersten persönlichen Begegnung zwischen Banda und Muluzi seit dem Machtwechsel 1994 (19.8.), einem Treffen mit lediglich symbolischer Bedeutung, ohne Chancen für eine tatsächliche Aussöhnung wegen Bandas Senilität (u.a. titulierte er Muluzi als seinen Parteifunktionär). Die **Aussöhnungsgesten** fanden ihren Höhepunkt bei der Beisetzung des vermutlich 98jährigen Ex-Präsidenten, nachdem dieser nach kurzer Krankheit in einem Johannesburger Krankenhaus gestorben war (25.11.). Dem in einem goldenen Sarg aufgebahrten ehemaligen Diktator wurde ein Staatsbegräbnis auf einem extra errichteten Heldenfriedhof in Lilongwe (3.12.) sowie eine einwöchige Staatstrauer zuteil. Hinsichtlich des bis Jahresende noch nicht eröffneten Testaments von Banda deutete sich Zündstoff an, vor dem Hintergrund eines schon länger schwelenden Streits um das Erbe - zum beträchtlichen Privatvermögen gehören auch ein Großteil der Tabakplantagen des Landes - zwischen Bandas Familie und der MCP, die in finanzielle Bedrängnis geraten war und sogar die Zwangsversteigerung von Parteifahrzeugen hinnehmen mußte (6.9.).

Hinsichtlich der beiden anderen im Parlament vertretenen Parteien war **keine Zunahme an politischem Gewicht bei der AFORD** zu verzeichnen. Die Kluft zwischen den aus der Partei ausgeschlossenen Abgeordneten, die als Unabhängige ihr Mandat behielten und als Minister die Parlamentsmehrheit der UDF-Regierung sicherten, und dem politisch unberechenbaren, autoritär entscheidenden Parteichef Chihana wurde größer. Dessen Strategie, durch ein Zusammengehen mit der MCP den Einfluß der abtrünnigen Abgeordneten einzudämmen, scheiterte an der MCP-Entscheidung gegen eine Verschmelzung. Auf dem ordentlichen Parteitag der AFORD (28.12.), der stattdessen eine Kooperation mit der MCP beschloß, kam es indes nicht zu einer Kraftprobe zwischen Chihana und den Rebellen, da diese nicht mehr als Parteimitglieder galten und kein Stimmrecht hatten. Die satzungsgemäß fälligen Neuwahlen für die Parteiführung wurden auf 1998 verschoben und die durch den Parteiausschluß der AFORD-Minister vakant gewordenen Parteipositionen interimistisch mit Chihanas Anhängern besetzt; der Machtkampf innerhalb der ebenfalls in finanzielle Schwierigkeiten geratenen AFORD wurde damit letztlich nur vertagt. Im Gegensatz zur AFORD war ein deutlicher **Zugewinn an Handlungsfähigkeit bei der UDF** zu beobachten, was vor allem auf günstige Gerichtsentscheidungen (Verstaatlichung von *Press Trust*, Beschlußfähigkeit des Parlaments auch ohne Quorum) zurückzuführen war. Eine **erneute Verfassungskrise** löste jedoch ein Gerichtsurteil aus, demzufolge Abgeordnete ihr Parlamentsmandat verlieren, wenn sie ein Ministeramt übernehmen, da eine Duplizierung öffentlicher Ämter laut Verfassung ausgeschlossen sei (1.10.). Das umstrittene Urteil wurde vom Präsidenten scharf kritisiert (5.10.); ein UDF-Abgeordneter forderte sogar, den Richter wegen Unfähigkeit durch das Parlament absetzen zu lassen. Bis zu einer Revisionsentscheidung des Obersten Gerichts behielten die betreffenden Regierungsmitglieder jedoch ihr parlamentarisches Stimmrecht gemäß einer Entscheidung des Parlamentspräsidenten (16.10.); immerhin waren potentiell 33 davon betroffen. Abgesehen von einer Verringerung der Zahl der Staatssekretäre von 60 auf 48 (1.4.) kam eine u.a. von der Weltbank geforderte Reduzierung nicht zustande. Vorschläge von zwei auf Druck der Geber von der Regierung beauftragten Unternehmensberatungsfirmen zur Verringerung der Ministerien wurden verworfen, kurz nachdem die Entwicklungshilfezusagen der wichtigsten Geber erfolgt waren. Auch bei einer **größeren Kabinettsumbildung** (24.7.) blieb die Anzahl der Kabinettsmitglieder gleich, obwohl sich die Zahl der Ministerien durch Zusammenlegungen von 24 auf 21 reduziert hatte. Personell kam es dabei jedoch zu wichtigen Veränderungen. Während der altgediente Politiker Aleke Banda das Finanzressort - offensichtlich nach Meinungsverschiedenheiten mit Muluzi - an Vizepräsident J. Malewezi abgeben mußte und stattdessen Landwirtschaftsminister wurde, kehrte der nach einem Bestechungsskandal aus dem Kabinett entfernte UDF-Generalsekretär S. Mpasu zurück und wurde Informationsminister. Ihre Posten verloren hingegen Außenminister G. Ntafu und der von der MCP abgeworbene und erst vor einem Jahr ernannte Bildungsminister D. Mkandawire. Bereits zuvor war bei einer kleinen Kabinettsumbildung (18.5.) der einzige noch in einem Ministeramt verbliebene Politiker einer nicht im Parlament vertretenen Partei durch einen UDF-Abgeordneten ersetzt worden, während zugleich der ehemalige MCP-Abgeordnete Bundaunda Phiri mit einem Ministeramt belohnt worden war.

Im **Bemühen um eine Imageaufbesserung** seiner Regierung unternahm der Präsident u.a. einen Vorstoß in der Frage der Abschaffung der Todesstrafe mit dem Beschluß (6.2.), hierüber ein öffentliches Meinungsbild einzuholen. Aus Rücksichtnahme auf die - eine Beibehaltung befürwortenden - traditionellen Autoritäten soll die Todesstrafe nicht abgeschafft werden, doch erklärte Muluzi, grundsätzlich keine Todesurteile gegenzeichnen zu wollen, und wandelte alle bereits verhängten Todesurteile in lebenslange Haft um (22.7.). Außerdem begab sich der Präsident auf eine längere Reise in die noch immer von der AFORD dominierte Nordregion (13.-23.9.), der - gemäß einem Wahlversprechen der UDF - die Ankündigung zur Eröffnung einer Universität in diesem Landesteil folgte (13.10.).

In einer **Serie von Nachwahlen**, notwendig geworden wegen des Ablebens oder Parteiübertritts der Mandatsträger, konnte die UDF fünf Sitze verteidigen (17.4., 26.5., 23.12.) und in Nsanje Central, wo ein 1995 von der MCP zur UDF übergetretener Abgeordneter kandidierte, einen Wahlkreis mit relativ knapper Mehrheit von der MCP hinzugewinnen (26.5.). Die MCP konnte zwei Wahlkreise und die AFORD einen Sitz in Nachwahlen halten (26.5.), jeweils in ihren bisherigen Haupteinflußgebieten. Die meisten dieser von nur geringem Wählerinteresse gekennzeichneten Nachwahlen wurden von den Verlierern - erfolglos - angefochten. Es gab Hinweise auf eine mögliche Instrumentalisierung von Nahrungsmittelhilfe für Wahlkampfzwecke durch die UDF. Die schon seit 1994 überfällige Abhaltung der Kommunalwahlen für die Stadt- und Landräte erfolgte wiederum nicht. Obwohl das Wahlgesetz im Juli 1996 beschlossen worden war, stand das Durchführungsgesetz noch aus. Die mit Kostenersparnis begründete Entscheidung der Regierung zur **Verschiebung der Kommunalwahlen** auf den Termin der Präsidentschafts- und Parlamentswahlen im Mai 1999 (18.7.) stieß nicht nur bei den Oppositionsparteien, sondern auch bei zivilgesellschaftlichen Organisationen und den Gebern auf Kritik. Die Vermutung war naheliegend, daß die UDF den Wahltermin deshalb hinauszuzögern versuchte, weil sie wegen der Verschlechterung des Lebensstandards der Landbevölkerung eine Wahlniederlage befürchtete.

Eine **Erweiterung des Spektrums kleiner Parteien** ergab sich aus zwei Neugründungen, zum einen der *United Party* (15.8.) unter Leitung von Bingu wa Mutharika, der seinen Posten als Generalsekretär des Gemeinsamen Marktes COMESA in der Folge von Anschuldigungen über finanzielle Unregelmäßigkeiten hatte aufgeben müssen (17.4.), die er als Komplott der Regierung Malawis wegen seiner Absicht für eine Präsidentschaftskandidatur ansah. Die zweite neue Partei war die *Forum Party* (Nov.), gegründet von Kalonga Stambuli, dem wegen Untreue unter Anklage stehenden ehemaligen Wirtschaftsberater des Präsidenten.

Bedenkliche Entwicklungen im Bereich der Medien und der Justiz mehrten sich. Im Medienbereich galt dies insbesondere für die anhaltende, auf Kritik der Opposition wie auch der internationalen Geber stoßende Weigerung der Regierung, die politische Neutralität des staatlichen Rundfunksenders *Malawi Broadcasting Corporation* (MBC) gesetzlich zu garantieren. Zusätzlich zeichnete sich im Bereich der Internetdienste eine politisch gewollte Monopolstellung der staatlichen Telefongesellschaft ab. Ins Leere lief auch die Bedingung Deutschlands bei der Finanzierungszusage für einen zweiten Rundfunksender, zunächst das Rundfunkgesetz zu ändern, weil es der Regierung Einflußnahme auf das Programm einräumte; Taiwan war bereit, den Sender MBC 2 ohne Vorbedingungen zu finanzieren, der Mitte des Jahres seine Arbeit aufnahm. Mit Kritik begleitet wurde außerdem die erstmalige Erteilung einer privaten Rundfunklizenz an eine Firma, an der A. Osman, der Pressesprecher des Präsidenten, beteiligt war. Auch im Printmedienbereich zeichnete sich eine schärfere Gangart ab, da Gerichte in Verleumdungsprozessen den Klägern relativ hohe Entschädigungen zusprachen, u.a. in einem von der Zentralbank gegen zwei Zeitungen angestrengten Verfahren. In Anbetracht der in der Regel nur geringen Kapitaldecke fast aller Zeitungen zeichneten sich existenzbedrohende Implikationen derartiger Urteile sowie die Möglichkeit einer präventiven Selbstzensur ab. Auch die **schwerwiegenden Probleme im Justizbereich** waren nicht zu übersehen, der finanziell und personell schlecht ausgestattet blieb. Eine längst fällige Gehaltserhöhung für die Judikative konnte erst im August vom Parlament beschlossen werden, da Hinterbänkler zunächst eine Erhöhung der Wahlkreispauschale von K 500 auf K 6000 durchsetzen wollten (14.8.). Insgesamt standen nur acht Pflichtverteidiger im ganzen Land zur Verfügung. Zwei britische Juristen wurden eigens dafür angeworben, 1442 Mordfälle aufzuarbeiten. Mehrmals mußten Mordverdächtige - einige hatten bis zu acht Jahren in Untersuchungshaft gesessen - auf Kaution freigelassen werden. Nicht nur die Haftdauer, sondern auch die Haftbedingungen blieben - wegen mangelhafter Gesundheitsversorgung und Hygiene - problematisch.

Die Sicherheitslage konnte indes deutlich verbessert werden, zum einen durch eine von Großbritannien unterstützte bessere materielle Ausstattung und Effizienzsteigerung der Polizei, zum anderen durch die fortgesetzte Einbeziehung der Armee in die Kriminalitätsbekämpfung, die in einer Großaktion gegen Geldfälscher, illegale Einwanderer und Kriminelle vorging (Dez.).

Außenpolitik

Im Vergleich zum Vorjahr war eine etwas erhöhte **Reisediplomatie des Präsidenten** zu verzeichnen. Er nahm an den Gipfeltreffen von OAU (in Zimbabwe), COMESA (in Zambia) und Commonwealth (in Schottland) sowie an der Commonwealth-Konferenz über Demokratie in Afrika und an der Regionalkonferenz des Internationalen Langkawi-Dialogs (beide in Botswana) teil. Auf dem COMESA-Gipfel (10.-11.4.) übergab Muluzi zwar turnusgemäß den Vorsitz an den Präsidenten von Zambia, doch vertrat er die Organisation noch einmal offiziell während der Unterzeichnungszeremonie über eine Regierung der Nationalen Einheit in Angola (11.4.). Auf dem OAU-Gipfel kündigte Muluzi die Aufnahme diplomatischer Beziehungen zu Palästina nach einem Treffen mit PLO-Chef Arafat an, der die Entsendung von Ärzten zusagte. Auf dem 3. Internationalen Langkawi-Dialog (in Malaysia) sowie auf dem 3. regionalen Handels- und Investitionsgipfel (in Botswana) ließ er sich jedoch vom Vizepräsidenten und auf dem AKP-Gipfel (in Gabun) durch den Landwirtschaftsminister vertreten. Nur zwei Reisen führten Muluzi in Länder der Region, nach Swaziland (12.-14.8.) sowie Namibia (2.-5.10.), wo ein Kooperationsabkommen über freien Handel geschlossen wurde. Im Rahmen einer ausgedehnten Reise (18.10.-8.11.) besuchte er noch Ägypten, wo ein auf fünf Jahre befristetes Abkommen über wirtschaftliche und technische Kooperation (vorwiegend im Tabakhandel) besiegelt wurde, sowie Saudi-Arabien und reiste zum Commonwealth-Gipfel nach Edinburgh weiter. Gerüchte über eine dort aufgetretene ernsthafte Erkrankung Muluzis bestätigten sich zwar nicht, doch war auffällig, daß er nicht zum regionalen Handels- und Investitionsgipfel (18.-19.11.) nach Botswana reiste und ein für den 24.-27.11. geplanter Staatsbesuch in Botswana ohne Angabe von Gründen gestrichen wurde. Seine erste Urlaubsreise seit Amtsantritt führte den Präsidenten noch einmal nach Ägypten (14.-23.12.). Eine Reise in den Iran wurde aus Rücksichtnahme auf westliche Geber abgesagt.

Die Anzahl **ranghoher Besucher** in Malawi hielt sich erneut in Grenzen. Glanz verlieh jedoch das Ministerratstreffen sowie das Gipfeltreffen der SADC in Blantyre (8.9.), zu dem insgesamt neun der zwölf Staatsoberhäupter anreisten. Hervorzuheben war außerdem die Visite des Regierungschefs von Malaysia (1.-3.5.) im Rahmen einer Afrikarundreise, der Entwicklungshilfe zusagte, Interesse an Investitionen im Rahmen des Privatisierungsprogramms zeigte und an der Grundsteinlegung des größten Hotelprojekts in Blantyre - mit 50%-Beteiligung Malaysias - teilnahm. Auch Besucher aus Ostasien waren zu verzeichnen, allerdings auf mittlerer Ebene: nach dem Besuch des Außenministers von Taiwan (13.-16.1.), ebenfalls im Rahmen einer Rundreise, traf eine Gruppe taiwanesischer Unternehmer ein (20.-27.1.), gefolgt von einer Parlaments- und einer Militärdelegation (6.-8.2. bzw. 5.-7.9.), die den Bau von Soldatenhäusern zusagte; Landwirtschaftsminister Banda erwiderte die Besuche und reiste außerdem nach Japan (10.-23.12.), um Bewässerungsprojekte zu besichtigen. Ein weiterer Besucher war Sudans Präsident (12.-14.7.) anläßlich einer Reise durch die Region, der aber nur von Vizepräsident Malewezi empfangen wurde. Aus Zambia kam zunächst Ex-Präsident Kaunda zu Besuch (29.1.), der Muluzi vergeblich um die Rückführung zweier nach Malawi deportierter ranghoher UNIP-Politiker ersuchte, sodann - augenscheinlich in engem Zusammenhang mit Kaundas Visite - Präsident Chiluba zu einer als privat deklarierten Zusammenkunft (12.2.). Zur Beerdigung von Ex-Präsident Banda (3.12.) kamen Präsident Mugabe und Vizepräsident J. Nkomo aus Zimbabwe sowie Botswanas Staatschef Masire; aus Sicherheitsgründen besuchte Kaunda das Grab erst später (15.12.), anscheinend auf Einladung der MCP, und kritisierte bei dieser Gelegenheit die Doppelzüngigkeit der Regierung im Hinblick auf Banda, der von ihr zu Lebzeiten als Krimineller stigmatisiert und nun als Held beerdigt worden sei.

Im Rahmen eines Ausbaus der **bilateralen Beziehungen** wurden mit Mosambik ein Verkehrsabkommen (28.5.), ein Vertrag über den Bau einer Erdöl-Pipeline von Nacala nach Malawi sowie ein Energieabkommen unterzeichnet (2.10.), das die Lieferung von Strom aus Cahora Bassa und die Vernetzung der beiden Elektrizitätssysteme vorsah. Mit Tanzania wurde ein Abkommen geschlossen (14.11.), das den umstrittenen Grenzverlauf am Songwe River regelte.

Einen höheren Stellenwert nahm die **militärische Zusammenarbeit** ein, wobei Malawi doppelgleisig fuhr. So nahmen erstmals 150 Soldaten an einem im Rahmen der SADC in Zimbabwe abgehaltenen Militärmanöver zur Simulation internationaler Friedensmissionen teil (1.-20.4.), aber Malawi ließ auch als einziges SADC-Mitglied zu einem späteren Zeitpunkt (24.9.-19.11.) 200 Soldaten durch 60 US-Militärausbilder für ähnliche, aber einen anderen Ansatz verfolgende Zwecke ausbilden. Diese Initiative ging auf einen Besuch von Malawis Verteidigungsminister in den USA zurück. Eine Intensivierung der militärischen Ausbildungshilfe sagte auch Großbritannien zu, und ebenfalls Frankreich, dessen Präsident Chirac Abbitte leistete für die Schließung der Botschaft Ende 1996 und versicherte, die Zusammenarbeit beider Staaten werde dadurch nicht berührt (11.12.).

Sozioökonomische Entwicklung

Ungünstige klimatische Bedingungen im Zusammenhang mit dem Klimaphänomen El Niño, das zu Überflutungen in der Südregion sowie zu einer Dürre in der Nordregion führte, zogen eine **deutliche Verschlechterung der Ernteergebnisse** nach sich. Im Vergleich zum Vorjahr, in dem eine gute Ernte eingebracht werden konnte, verringerte sich die Produktion des Grundnahrungsmittels Mais um 31%. Da der projizierte Bedarf von 1,8 Mio. t nicht erwirtschaftet werden konnte, wurden Maisimporte aus Zimbabwe und erstmals auch aus Mosambik im Umfang von 288 000 t notwendig. Beim Hauptexportgut Tabak konnte ein geringer Produktionszuwachs von 141 Mio. t im Vorjahr auf 152 Mio. t verzeichnet werden. Die Exporterlöse fielen wegen niedriger Weltmarktpreise für Tabak von $ 228 Mio. (1996) auf $ 222 Mio.; Kleinproduzenten befürchteten zu geringe Einnahmen, um Saat und Dünger für die kommende Saison im gleichen Umfang kaufen zu können. Die Teeproduktion konnte nur um fast 15% auf 44 000 t gesteigert werden, während die Produktion des drittwichtigsten Exportgutes Zucker wegen starker Regenfälle um rund 11% auf etwa 193 000 t sank. Dieser Rückgang machte den Import von 10 000 t Zucker aus Südafrika und Zambia zur Deckung der inländischen Nachfrage erforderlich. Die Ernte wurde in die EU und in die USA verkauft, um die Handelsquoten zu erfüllen. Der herbe Produktionsrückgang in der Maisproduktion hatte negative Auswirkungen auf das gesamte Wirtschaftswachstum, das real nur um 5,3% anstieg (Vorjahr: 9,5%).

Der **Haushaltsentwurf** (24.3.) sah K 7540 Mio. für die laufenden Ausgaben und K 2254 Mio. für den Investitionshaushalt vor, von denen K 6521 Mio. (86,5%, im Vorjahr 68,1%) durch Eigeneinnahmen gedeckt waren. Gegenüber dem Vorjahresansatz erhöhten sich die Gesamtausgaben um 10,9% und die Gesamteinnahmen um 7,4%. Unter Einrechnung externer Zuwendungen wurde das Haushaltsdefizit mit K 1748 Mio. (4,3% des BIP) ausgeweitet im Vergleich zum Vorjahresansatz mit K 1310 Mio. (4,1% des BIP). Im Laufe des Jahres zeichnete sich jedoch ein deutlich größeres Haushaltsdefizit ab, da die Begrenzung der Ausgaben nicht gelang. Nach Abmahnungen durch Weltbank, IWF und westliche Geber wurde ein rigider Sparkurs eingeschlagen, u.a. wurden auch Auslandsreisen von Politikern und Beamten auf ein Minimum beschränkt. Um der eingerissenen Praxis, Dienstfahrzeuge privat zu nutzen, Einhalt zu gewähren, mußten diese nun nach Dienstschluß auf dem Gelände der Behörden geparkt werden. Neben einer spürbaren Ausgaben- und Defizitbegrenzung mahnten die internationalen Finanzinstitutionen mit einer Fristsetzung von sechs Monaten eine Effektivierung des Steuersystems und eine schnelle Privatisierung von Staatsunternehmen an (Dez.). Großbritannien und die EU schlossen sich diesem Ultimatum an.

Die **Deregulierung der Wirtschaft** wurde vorangetrieben. So wurden die Importzölle auf Spirituosen und Tabakwaren deutlich angehoben. Im Gegenzug wurden die Importzölle auf Rohstoffe für das verarbeitende Gewerbe abgeschafft und die Exportzölle für Tabak, Tee und Zucker reduziert (1.4.). Zum selben Zeitpunkt wurde das Quotensystem in der Tabakproduktion abgeschafft. Im Rahmen des **Privatisierungsprogramms** wurde eines der zwei profitablen Zuckerunternehmen, *Sucoma*, an die Börse gebracht, wobei Kleinanleger staatliche Kredite für die Zeichnung der Aktien erhalten konnten (10.11.). Von 70 zur Privatisierung bestimmten Staatsunternehmen konnten 13 verkauft werden, bei 30 war der Verkauf in Vorbereitung. Mehrere ausländische Unternehmen beabsichtigten, in Form von *Joint Ventures* in Malawi zu investieren, wie Pepsi Cola, die indische *Birla Engineering Services*, die eine Papierfabrik in Nkhata Bay errichten, und ein niederländisches Unternehmen, das Zigaretten produzieren will. Ein südafrikanisches Versicherungsunternehmen beteiligte sich mit 51% an der staatlichen *Malawi Insurance Brokers* (Nov.). Aus politischen Gründen wurden 49% des größten Busunternehmens des Landes von der britischen Muttergesellschaft, die kein Wachstumspotential sah, zum symbolischen Preis von K 1 vom Staat übernommen (nunmehr 85% der Aktien). Auf Kritik der Geber stieß die Weigerung der Regierung, den Straßenbausektor erst später zu privatisieren. Die Ausrichtung der Staatsunternehmen an betriebswirtschaftlichen Zielsetzungen führte zu einer Erhöhung sowohl der Wasser- und Strompreise wie auch der Fahrpreise in den Städten um jeweils etwa ein Drittel.

Liquiditätsengpässe und Haushaltskürzungen führten zu einer verspäteten Auszahlung der Lehrergehälter und zogen Streiks nach sich. Die Geste der Regierung, durch eine Kürzung der Gehälter des Präsidenten und der Minister um 10% den eigenen Sparwillen zu bekunden (1.4.), verhinderte nicht den landesweiten **Generalstreik des öffentlichen Dienstes** (7.4.-20.5.), der von den Gewerkschaften ausgerufen wurde, um die in einem Bericht über die Umstrukturierung des öffentlichen Dienstes empfohlenen Gehaltserhöhungen um 100% durchzusetzen. Die Lehrer beteiligten sich erst spät an dem Streik (13.5.), während ein geplanter Streik der Zollbeamten, der zu hohen Einnahmeausfällen des Staates geführt hätte, in letzter Minute durch den Einsatz hoher Beamter an den Grenzen abgewendet werden konnte (6.5.). Der Flugverkehr wurde mit Fluglotsen und Personal des Militärs aufrechterhalten. Die Regierung steuerte einen harten Kurs gegen die Streikenden und ließ Versammlungen teilweise von den Sicherheitskräften auflösen und Gewerkschafter verhaften. Das ursprüngliche Angebot, die Gehälter der unteren Besoldungsgruppen um 47%, die der mittleren um 25% und die der oberen um 10% zu erhöhen, wurde von der Gewerkschaft als Gesprächsgrundlage schließlich angenommen. Die einzigen Zugeständnisse bestanden darin, Entlassungen, Strafversetzungen und rechtliche Konsequenzen gegen die Streikenden zurückzunehmen. In Zomba demonstrierten Bergleute, die früher in Südafrika beschäftigt gewesen waren, für die Auszahlung der ihnen im letzten Jahr zugesagten Abfindungen (22.12.). Die dafür bereitgestellten K 80 Mio. wurden jedoch von der Regierung kurzfristig für den Ankauf von Mais verwendet. Im Rahmen der Aufdeckung eines Korruptionsskandals im Bildungsministerium, der dem Staat K 4,5 Mio. kostete, wurden 27 leitende Beamte verhaftet. Die Kreditvergabe an die Ehefrauen von Polizeibeamten wurde eingestellt, nachdem eine Bevorzugung der Frau des Polizeichefs bekannt geworden war (2.4.). Unterdessen kündigte Muluzi die Auszahlung von Existenzgründungskrediten an Jugendliche in einem Gesamtvolumen von K 70 Mio. an (12.11.).

Der Außenwertverlust der Währungen der wichtigsten Handelspartner - Südafrika und Zimbabwe - setzte den seit Dezember 1994 stabilen Kwacha unter Druck, der zwischen Juli und Dezember gegenüber dem $ 38% seines Wertes einbüßte. Dieser Trend wurde durch Devisenmangel begünstigt. Die sich infolge des **Außenwertverlusts des Kwacha** abzeichnende Erhöhung der staatlich festgelegten Treibstoffpreise sowie der Preise für importierte Düngemittel eröffnete die Perspektive einer weiteren Verschlechterung des Lebensstandards der ohnehin verarmten Landbevölkerung, die sich schon bisher Düngemittel kaum noch leisten konnte, mit entsprechender Vorprogrammierung einer Zunahme von sozialen und politischen Spannungen. Trotz der Preissteigerungen im Nahrungsmittelsektor konnte die Inflationsrate auf 11% gesenkt werden (Vorjahr: 37,6%).

Die **Einwerbung von Entwicklungshilfe**, von der das Land weiterhin im hohen Maße abhängig blieb, war relativ erfolgreich. Unter den wesentlichen Zusagen befanden sich K 306 Mio. von der EU für die Instandsetzung des Straßennetzes (Juli), nachdem sie zuvor eine Schenkung von K 4600 Mio. für die kommenden fünf Jahre für das Armutsbekämpfungsprogramm angekündigt hatte (9.5.; die erste Tranche kam im September zur Auszahlung), für das auch vom UNDP K 750 Mio. für die nächsten fünf Jahre zugesagt wurden, mit einer Option auf weitere K 300 Mio.. Die *African Development Bank* stellte Kredite von K 1238,4 Mio. zur Verfügung, für Bildungswesen, Verbesserung der Wasserversorgung sowie für das Strukturanpassungsprogramm, zu dem auch der IWF einen Kredit über $ 22 Mio. beisteuerte. Bei den bilateralen Gebern traten Japan mit einem Kredit über $ 44 Mio. für institutionelle Reformen, Dänemark mit einer Zusage für die nächsten fünf Jahre über K 1173,6 Mio. sowie Großbritannien hervor, das zusätzlich zu den jährlichen £ 40 Mio. für den Bau von Grundschulen nochmals £ 20 Mio. zur Verfügung stellte (14.3.). Wegen Haushaltskürzungen begrenzte Deutschland seine Hilfszusagen zwar auf K 297 Mio. für 1997/98, beließ die technische Hilfe aber unverändert bei K 360 Mio. Das herausragende Ereignis in der Entwicklungszusammenarbeit war die **8. Konsultativgruppensitzung** unter Leitung der Weltbank in Paris (13.-14.5.). Der Finanzierungsbedarf für 1997 wurde mit Zusagen von $ 319 Mio. gedeckt, ein Drittel davon Schenkungen. Für 1998 und 1999 wurden $ 346 Mio. bzw. $ 234 Mio. zugesagt. Positiv wurde die Beendigung des Parlamentsboykotts durch die Opposition, negativ die fortgesetzte staatliche Kontrolle über die Rundfunksender angemerkt; der Korruptionsbekämpfung soll Priorität eingeräumt werden. Die Weltbank kritisierte, daß ein Großteil der zur Verfügung gestellten Gelder nicht abgerufen würde, da die Kapazitäten der Regierung zur Durchführung von Entwicklungsprojekten zu klein seien.

Heiko Meinhardt

Chronologie Malawi 1997

31.01.	Gerichtliche Bestätigung der Rechtmäßigkeit der *Press-Holdings*-Verstaatlichung
24.03.	Haushaltsentwurf 1997/98
02./06.04.	Beendigung des Parlamentsboykotts durch MCP und AFORD
07.04.	Streik im öffentlichen Dienst (-20.5.)
13.05.	8. Sitzung der Weltbank-Konsultativgruppe in Paris
18.05.	Kleine Kabinettsumbildung
22.07.	MCP-Parteikonvent in Lilongwe
24.07.	Kabinettsumbildung
07.09.	SADC-Gipfeltreffen in Blantyre
25.11.	Tod von Ex-Präsident Banda
28.12.	AFORD-Parteikonvent in Lilongwe

Mosambik

Fläche: 801 590 km², **Einwohner:** 18 Mio., **Hauptstadt:** Maputo, **Amtssprache:** Portugiesisch, **Lebenserwartung:** 45 J., **Alphabetisierung:** 40%, **HDI:** 0,281, Rang 37, **Wechselkurs:** $ 1 = Meticais (MT) 11 604, **Pro-Kopf-Einkommen:** $ 80, **BSP:** $ 1470 Mio., **Anteile am BIP:** 37% - 24% - 39%, **Hauptexportprodukte**: (1995) Krustentiere 45%, Baumwolle 12%, **Staatschef:** Joaquim Alberto Chissano, **Premierminister:** Pascoal Manuel Mocumbi, **Regierungspartei:** Frente de Libertação de Moçambique (FRELIMO)

Innenpolitik

Streit und Tumulte prägten die vorgezogene **6. Sitzungsperiode des Parlaments** (17.2.-30.4.). So entflammte eine Diskussion über die Zeit des Bürgerkriegs, speziell über die damalige Rolle der beiden größten Parteien. Anlaß dafür war die Rede eines FRELIMO-Abgeordneten (6.3.), in der an das Engagement der "Generation des 8. März" erinnert wurde (derjenigen, die sich vor 20 Jahren freiwillig auf eine denkwürdige Rede des damaligen Präsidenten Machel hin gemeldet hatten, um die Plätze der geflohenen Portugiesen einzunehmen). Die von der Oppositionspartei *Resistência Nacional Moçambicana* (RENAMO) in der Vergangenheit mehrmals geforderte - und nun von einer FRELIMO-Abgeordneten unterstützte - Einsetzung einer Wahrheitskommission nach südafrikanischem Vorbild wurde mit der Begründung abgelehnt (10.3.), daß sie vier Jahre nach Kriegsende keinen Sinn mache, zumal dies im Friedensvertrag von Rom (1992) nicht vorgesehen worden war. Die Ansprache des Präsidenten zur Lage der Nation (17.3.), in der er die von wirtschaftlichen Erfolgen gekrönte Sparpolitik der Regierung hervorhob, aber auch eine Verschlechterung der öffentlichen Sicherheit infolge hoher Kriminalität einräumte, nutzten RENAMO-Abgeordnete zur Kritik an der Monopolisierung des Zugangs zum öffentlichen Dienst für Mitglieder der FRELIMO, an der ihrer Ansicht nach unausgewogenen - angeblich nur in Maputo stattfindenden - Wirtschaftsentwicklung sowie an der unzureichenden Vermarktung der Agrarprodukte und bezweifelten eine Verbesserung in der Lebensqualität der Bevölkerung. Hinsichtlich des der Kritik aller Fraktionen ausgesetzten Schulsystems konstatierte der Premier, daß 96,5% des Erziehungsnetzes (und 63% des Gesundheitsnetzes, beides im Vergleich zu 1983) wiederhergestellt seien.

Um die für Ende 1997 anberaumte erste Runde der Lokalwahlen zu realisieren, wurde die **Verabschiedung eines Paketes mit acht Ausführungsgesetzen** notwendig. Die weitgehend unter Ausschluß der Öffentlichkeit erarbeiteten Gesetzesvorlagen provozierten heftige Auseinandersetzungen zwischen den beiden großen Fraktionen und wurden schließlich gegen die Stimmen der RENAMO-Fraktion und bei Enthaltung der *União Democrática* (UD) verabschiedet (30.4.). Am umstrittensten war der **Gesetzentwurf zur Schaffung von Kommunen**, da hier wie im Vorjahr der politische Grundsatzstreit über Umfang und Tempo des Dezentralisierungsprozesses aufbrach. Während der Regierungsentwurf die Einrichtung der kommunalen Selbstverwaltung und die Durchführung von Kommunalwahlen in einer ersten Phase in 33 Städten und Kleinstädten vorsah, plädierte die FRELIMO-Fraktion für eine Beschränkung auf die 23 Städte des Landes, wohingegen die RENAMO die Einbeziehung von zusätzlich drei Kleinstädten pro Provinz in die erste Phase der Kommunalwahlen (insgesamt 63 Orte) forderte. Gegensätzliche Auffassungen bestanden auch hinsichtlich der Vorgaben zur Eintreibung von Kommunalsteuern sowie Zuordnung von Kontrollfunktionen an übergeordnete Instanzen. Dem im Regierungsentwurf enthaltenen Konzept einer Regelung der Maßgaben zum Einziehen von Steuern und Kommunalabgaben per Erlaß des Ministerrats stand die Absicht der Opposition gegenüber, eine gesetzliche Regelung durch das Parlament erarbeiten zu lassen. Kontroversen gab es auch beim Sachkomplex der **Ausübung der staatlichen Verwaltungsaufsicht**. Im Gegensatz zu den Forderungen der Opposition, diese Kompetenzen dem Verwaltungsgericht und in zweiter Instanz dem Obersten Gerichtshof zu übertragen, wies der Regierungsentwurf sie dem Ministerrat zu. Das daran angelehnte Gesetz sah die Ausübung durch das Ministerium für Staatliche Verwaltung und das Finanzministerium bzw. per Delegation durch die Provinzgouverneure vor. Die Klausel, daß der Ministerrat Entwicklungspläne, Haushalt und Kreditaufnahme durch die Kommunen ratifizieren muß, wurde von den Oppositionsfraktionen scharf angegriffen.

Nur in zwei der zahlreichen strittigen Punkte der Ausführungsgesetze konnten Teilkompromisse erreicht werden. Zum einen betraf dies die Mindestanzahl von Unterschriften für die Kandidatur als Bürgermeister. Zum anderen ging es um eine weitaus wichtigere Thematik, die **Schaffung einer unabhängigen Wahlkommission** (CNE) auf nationaler Ebene, die zunächst gar nicht vorgesehen gewesen, aber von allen Fraktionen gefordert worden war. Auch für die Besetzung der CNE wurde eine Konsensformel gefunden (Ernennung des Vorsitzenden durch den Staatschef und eines Funktionärs durch den Ministerrat sowie Wahl der restlichen sieben Mitglieder nach Parteienproporz im Parlament), aber territoriale Organisationsstruktur und Kompetenzen der CNE blieben umstritten. Die FRELIMO-Fraktion konnte die Organisation und Durchführung der Wahlen durch das *Secretariado Técnico da Administração Eleitoral* (STAE; Abteilung des Ministeriums für Staatliche Verwaltung), durchsetzen, obwohl diese von der Opposition als parteiisch abgelehnt worden war, die ihrerseits die Einrichtung unabhängiger Wahlkommissionen auch auf Provinz- und Distriktebenen gefordert hatte. Weitere von der RENAMO-Fraktion abgelehnte zentrale Punkte betrafen u.a. das nominale Fortbestehen der Volksversammlungen (*assembleias do povo*), die Wählerregistrierung auf nationaler Ebene (statt nur an den Wahlorten), die Inkompatibilität des Abgeordnetenmandats mit einem Amt als Bürgermeister oder Gemeinderat sowie die unitaristische Verfassung der Hauptstadt.

Am Tag der Veröffentlichung der am 30.4. verabschiedeten Gesetze im Amtsblatt (10.6.) legte die Regierung den Wahltermin gemäß den gesetzlichen Fristen auf den 27.12. fest. Nach **Konstituierung der CNE** (2.7.) unter Leitung von L. Simbine, Vizepräsident der CNE von 1994 und Funktionär des Ministeriums für Staatliche Verwaltung, setzte diese die Termine für Wählerregistrierung und Wahlkampf auf den 18.8.-5.9. bzw. 12.-24.12. fest (21.7.). Nach anhaltender Kritik am Wahldatum seitens der Opposition erfolgte schließlich ein Einlenken (6.8.), begründet mit einer zu zögerlichen Bereitstellung zugesagter Mittel durch die Gebergemeinschaft. Der Abänderung des Wahlgesetzes (28.10.) folgte die **Festsetzung des neuen Wahltermins** auf den 29.5.98. Das Abkommen zur Finanzierung der Kommunalwahlen mit einem Volumen von ca. $ 18 Mio., das mit EU und UNDP - 58% bzw. 25%, der Rest war von Mosambik zu tragen - unterzeichnet wurde (28.6.), sah im Gegensatz zu 1994 keine Parteienfinanzierung vor. Die im Hinblick auf die Kommunalwahlen vorgenommene landesweite **Aktualisierung des Wahlregisters** (7.11.-7.12.), das noch aus dem Jahr 1994 stammte, wurde vom RENAMO-Chef als fehlerhaft angegriffen (Nov.). Er forderte eine komplette Wiederholung der Wählerregistrierung an den 33 Wahlorten und die Integration aller politischen Kräfte in ein "neues" Wahlsekretariat (STAE). Nach verschiedenen Treffen, u.a. mit dem Präsidenten (24.11.), wurde versprochen, den Prozeß zu überprüfen; die Registrierung wurde um eine Woche verlängert.

Wegen der Verzögerungen in der 6. Sitzungsperiode wurden verschiedene andere Gesetzesvorhaben auf eine Sondersitzung (30.6.-31.7.) verschoben, darunter die öffentlich breit diskutierte, jedoch immer wieder verschobene **Reform des Landrechts** aus dem Jahr 1979. Nach kontroverser Debatte wurde die Reform mit einer Stimmenmehrheit von FRELIMO und UD verabschiedet (31.7.). Abgelehnt wurden die heftig diskutierten Forderungen der RENAMO nach Mitsprache traditioneller Autoritäten bei der Landvergabe (im Mittelpunkt standen dabei die Diskriminierung von Frauen bei der traditionellen Landvergabe und die Legitimität traditioneller Führerschaft generell) sowie nach Einführung von Privateigentum an Land und Beschränkung der maximalen Nutzungsfrist für ausländische Investoren von 50 auf 25 Jahre. Kernpunkte der Reform waren die Möglichkeit der kommunalen Landnutzung und der automatische Erwerb von Landtiteln durch Gewohnheitsrecht (ab zehn Jahren). Sonstige Individuen und Geschäftsleute müssen - unter bestimmten Bedingungen - einen schriftlichen Landtitel beantragen, wobei die ansässige Bevölkerung bei der Landvergabe zu Rate gezogen werden muß. Ebenfalls einen hohen Stellenwert hatten **gesetzliche Regelungen für den Sicherheitsbereich**. Die Kritik am Rahmengesetz zur Definition der nationalen Verteidigungs- und Sicherheitspolitik von der Seite der RENAMO, die auf die Unterstellung der Armee unter parlamentarische Kontrolle drängte, wurde in eine Klausel aufgenommen, die zumindest die Bestimmung der Struktur der Armeeleitung durch das Parlament vorsah. Darüber hinaus wurde auf Antrag der Opposition eine Klausel gestrichen, die die Bürgerpflicht der Zusammenarbeit mit dem Geheimdienst SISE vorsah, und nicht umstritten war auch ein Änderungsantrag, mit dem das Verbot der Einziehung Minderjähriger in das Gesetz eingebracht wurde. Hingegen wurde die Gesetzesvorlage zu Organisation und Aufgaben der Armee kontrovers diskutiert und gegen die Stimmen der RENAMO verabschiedet; sie hatte gefordert, bei der Rekrutierung von Soldaten den im Friedensvertrag von Rom (1992) festgelegten Kriterien zu folgen, also Rekrutierung zu je 50% von RENAMO und Regierungsseite bis zum Erreichen der Sollstärke von 30 000 (z.Zt. ca. 12 000). Das auf die Aufstockung der Armee abzielende, in wichtigen Punkten äußerst umstrittene Gesetz zur Wiedereinführung des - 1992 abgeschafften - obligatorischen Militärdienstes wurde gegen die Stimmen der RENAMO-Fraktion und bei Enthaltung der UD verabschiedet (26.11.). Es war dem portugiesischen Pendant in weiten Teilen ähnlich und sah die jährliche Registrierung aller 18jährigen Männer und Frauen, Durchführung eines physischen Tauglichkeitstests und die Auswahl einer von der Regierung zu bestimmenden Zahl von Rekruten vor. Die Ableistung des Dienstes bzw. eine - unter bestimmten Umständen mögliche - Befreiung soll Voraussetzung für die Zulassung zum öffentlichen Dienst sein.

Die **Entwickungen innerhalb der politischen Parteien** sowie zwischen ihnen waren zwar mannigfaltig, brachten indes keine grundlegenden Änderungen. Bei der FRELIMO richteten sich die Aktivitäten im wesentlichen auf den bevorstehenden Parteikongreß aus (der letzte hatte 1991 stattgefunden). Nach zwei Treffen des FRELIMO-Zentralkomitees (ZK), auf dem Thesen bekanntgegeben (11.2.) bzw. Vorschläge für die Wahl des neuen ZK abgestimmt worden waren (11.-16.5.), erklärte Parteichef Chissano, daß ca. 30% der ZK-Mitglieder zwecks personeller Verjüngung nicht zur Wiederwahl vorgeschlagen würden. Der weitgehend unter Ausschluß der Öffentlichkeit in Matola abgehaltene **7. FRELIMO-Parteikongreß** (19.-26.5.) brachte keine entscheidenden Neuerungen in der Parteilinie. Im Bericht des ZK wurde ein Bekenntnis zum demokratischen Sozialismus, zu einer Mischwirtschaft mit staatlicher Intervention und zur landwirtschaftlichen Entwicklung als Schwerpunkt abgegeben; die Parteimitgliedschaft wurde auf 1,2 Mio. beziffert (ein Zuwachs von 150% seit 1991). Auf politischer Ebene schlug das ZK die Trennung der Aufgaben des Staatspräsidenten und des Premierministers vor, mit Ernennung des Premiers durch den Präsidenten entsprechend der Mehrheitsverhältnisse im Parlament und Besetzung der Ministerposten durch den Premier. Bei der Wahl des neuen ZK (369 Kandidaten) wurde die Parteiprominenz in der Zentralstruktur größtenteils bestätigt. Im Gegensatz zu früher erhielten die ersten Provinzsekretäre sowie die Führung der FRELIMO-Sozialorganisationen (OMM, *Continuadores* und Veteranen) automatisch die ZK-Mitgliedschaft. 88 der 163 Mitglieder waren Neuzugänge, wobei es sich jedoch in mehreren Fällen um zurückkehrende Politprominenz handelte; trotz Quotenregelung fiel der Frauenanteil des ZK von 53% auf 46%. Das erste Treffen des neuen ZK (26.5.) bestätigte M. Tomé als Generalsekretär und E. Mulembwe als Vorsitzenden der Überwachungskommission und wählte vier neue Mitglieder in die Politkommission; nicht wiedergewählt wurden Verteidigungsminister A. Mazula und Kulturminister M. Katupha.

Die **Entwicklungen innerhalb der RENAMO** waren von anhaltender Finanznot, Anzeichen einer inneren Krise und zunehmenden Problemen der internen Kommunikationsstruktur gekennzeichnet. Das Ausmaß der weiterschwelenden finanziellen Krise der RENAMO wurde deutlich, als - ausgelöst durch Erklärungen des UNDP und des italienischen Botschafters - Gerüchte über einen neuen "Trust Fund" für die RENAMO aufkamen. Das UNDP hatte zwar lediglich die direkte Begleichung einiger Parteischulden in Höhe von $ 0,35 Mio. zugesagt, doch beschuldigte RENAMO-Generalsekretär Marcelino den italienischen Botschafter der Lüge (7.3.), da das zugesagte Geld bei weitem nicht ausreiche, um die Schulden der RENAMO (ca. $ 5 Mio.) zu begleichen, und meldete Zweifel an, ob die Partei angesichts des Geldmangels überhaupt an den Kommunalwahlen teilnehmen könne. Deutlicher ausgesprochen wurde die Drohung mit einem Wahlboykott für den Fall, daß das im Vorjahr verabschiedete Rahmengesetz und die Ergänzungsgesetze zur Kommunalreform nicht geändert würden. Zur Untermauerung dieser Forderungen, und teils wohl auch aus Protest gegen die Abstimmungsniederlagen im Parlament, organisierte die

RENAMO Demonstrationen in verschiedenen Landesteilen (Mai). Die von den Behörden größtenteils für illegal erklärten, von RENAMO-Seite als spontan hingestellten Proteste wurden an einigen Orten gewaltsam von der Polizei aufgelöst; v.a. in Beira, wo Demonstranten Straßenblockaden errichteten, kam es zu heftigen Auseinandersetzungen und Verhaftungen (5./12.5.), die aber auch - wenngleich in der Regel weniger heftig - bei einigen der anderen Demonstrationen zu verzeichnen waren (Quelimane 5.5., Mossuril, Mocuba, Nampula und Angoche 12.5., Chimoio 15.5. und Inhambane 21.5.). Der RENAMO-Chef bewertete den Einsatz gewaltsamer Mittel durch die Polizei als ein Zeichen dafür, daß die FRELIMO der RENAMO und der Bevölkerung den Krieg erklärt habe. Auf die Konfiszierung des Radio-Kommunikationssystems der RENAMO durch die Polizei in Nampula (26.5.) folgten ebenfalls heftige Proteste der Parteiführung, da das Radiosystem das einzige Kommunikationsmittel der Partei darstelle (die Telefonleitungen waren wegen unbezahlter Rechnungen gekappt worden) und ohne dieses nicht für die landesweite Disziplin der Partei garantiert werden könne. Die Behauptung, der RENAMO sei der Ersatz des Militärradiosystems durch ein ziviles System zugesagt worden, wurde von Präsident Chissano zurückgewiesen (27.5.). Nachdem es im ehemaligen RENAMO-Hauptquartier Maringue erneut zu Zusammenstößen zwischen Polizei und RENAMO-Anhängern gekommen war (1.5., 4.6.), zog RENAMO-Chef A. Dhlakama sein Einverständnis für die Integration seiner Sicherheitsleute in die Polizei zurück, obgleich die RENAMO dieses seit langem gefordert hatte. Später im Jahr häuften sich Anzeichen für eine Krise innerhalb der RENAMO, als der Interims-Chef von Dhlakamas Büro die Isolierung des von ehrgeizigen Beratern umgebenen Parteichefs sowie Desorganisation zwischen Sekretariat, Parlamentsfraktion und anderen Parteigremien beklagte. Die Vorsitzenden von Fraktion und Partei leugneten zwar eine interne Krise (26.9./2.10.), doch deutete sich die Möglichkeit einer Absetzung des Generalsekretärs an, nachdem ein Streit zwischen ihm und dem Management des RENAMO-nahen kommerziellen Radiosenders *Terra Verde* eskaliert war und er die Station in Begleitung bewaffneter RENAMO-Kader besetzt hatte (23.9.).

Die von der RENAMO im Hinblick auf die Kommunalwahlen zunächst angekündigte (16.1.) strategische Teilkoalition mit verschiedenen kleineren Parteien wie Monamo, Fumo und PT verwirklichte sich nicht. Aber es gab auch, trotz anstehender Kommunalwahlen, keine Anzeichen für eine Konsolidierung in den Reihen der **"unbewaffneten" Oppositionsparteien**. Die *União Democrática* (UD), eine Koalition von drei kleinen Parteien mit neun Sitzen im Parlament, nahm fünf weitere Kleinstparteien auf, doch deuteten deren interne Querelen bereits auf die Instabilität dieses neuen Bündnisses hin. Fraktionssprecher und Generalsekretär A. Palange verlor seine Funktion als UD-Koordinator an M. Juma (29.3.). Durch den Übertritt der fünf Kleinstparteien von FEP zu UD wurde dieses bereits angeschlagene Außerparlamentarische Forum weiter geschwächt. Innerhalb der **Organisation demobilisierter Soldaten** AMODEG kam es zu Machtkämpfen, als eine achtköpfige Dissidentengruppe versuchte, den AMODEG-Vorsitzenden wegen angeblicher Unterschlagung auszubooten. Diesem gelang es, die AMODEG-Mitglieder von der Unredlichkeit der Gruppe zu überzeugen und einige von ihnen der Polizei zu übergeben (27.6.).

Umbesetzungen der Regierungsmannschaft betrafen in diesem Jahr fast nur die Provinzebene. Während die Absetzung des Cabo-Delgado- Gouverneurs J. Muanahumo (11.9.) ohne Angabe von Gründen geschah, wurde der umstrittene Bürgermeister der Hauptstadt, J.B. Cosme, nach zehnjähriger Amtszeit aufgrund starker öffentlicher Kritik und bereits im Hinblick auf die Kommunalwahlen entlassen (20.11.). A. Canana, ein Vertrauter Chissanos, übernahm dessen Amt inmitten der Cholera-Krise von Maputo. Als Manica-Provinzgouverneur folgte ihm der parteilose F. Zacarias nach (24.10.). Überraschend kam die Benennung von S. Nhaca, bis dahin Generalsekretär des Gewerkschaftsdachverbandes OTM-CS und Kritiker der Strukturanpassungspolitik, zum Gouverneur der Provinz Maputo (20.11.). Die Ersetzung der Sozialministerin A. Abreu (Nachfolger: Vizeminister F. Mandlate) war seit längerem gefordert worden, weil sie seit einem Unfall 1996 nicht mehr im Ministerium gearbeitet hatte. Nach einer Auseinandersetzung mit dem Parlament wurde Generalstaatsanwalt S. Nathitima entlassen (6.12.), der sich geweigert hatte, seinen jährlichen Bericht wie verlangt am 1.12. dem Parlament vorzutragen, und eine Verschiebung zwecks Angleichung an den juristischen Kalender (31.3.-31.12.) erreichen wollte.

Außenpolitik

Die außenpolitischen Beziehungen waren einmal mehr wesentlich vom Bemühen geprägt, ausländische Direktinvestitionen anzukurbeln und die Kooperationspartnerschaften zu diversifizieren sowie gleichzeitig die bestehenden Beziehungen zu konsolidieren. Insbesondere galt dies auch für die **Beziehungen zu Portugal**, die durch den ausführlichen Staatsbesuch des mit einer 168köpfigen Delegation angereisten Präsidenten neubelebt und gefestigt wurden (28.4.-3.5.). Er erklärte, die Zeit sei reif für gleichberechtigte Beziehungen zwischen beiden Ländern, und versprach in einer Rede vor dem Parlament (29.4.) Unterstützung für die Kommunalwahlen. Es folgten Portugals Landwirtschaftsminister (12.-16.6.), zwecks Wiederbelebung der in sechs Kooperationsprotokollen festgehaltenen Zusammenarbeit im Landwirtschaftssektor, und der Verteidigungsminister (17.-24.9.), der die Bereitschaft zur Stärkung der Militärkooperation erklärte, v.a. zum Schutz der Territorialgewässer, zum Aufbau der - nicht einsatzfähigen - Luftwaffe und Ausbau der Organisationskapazität der Militärakademie in Nampula; das Treffen wurde auch als Vorbereitung für die erste Verteidigungsministerkonferenz der Gemeinschaft portugiesischsprachiger Länder in Lissabon genutzt (Nov.). Schließlich unterzeichnete Portugals Außenminister bei seinem Besuch Kooperationsabkommen für die Bereiche der Staatsverwaltung und der Medien (27.11.).

Die bilateralen **Beziehungen zu den Nachbarländern** waren ebenfalls überwiegend von wirtschaftlichen Interessen geprägt, wobei **Südafrika** unbestritten an der Spitze stand. Die ursprünglich für 1996 vorgesehene Einsetzung der *Mosagrius*-Entwicklungskompanie (SDM) wurde im Beisein des südafrikanischen Handels- und Industrieministers in Maputo - dem Sitz der SDM - besiegelt (6.5.); parallel dazu wurde ein Abkommen zum Schutz von Investitionen zwischen beiden Ländern unterzeichnet. Neben der Ansiedlung südafrikanischer Farmer in Niassa plante die SDM die Vermarktung landwirtschaftlicher Produkte, Projekte im Bereich des Ökotourismus am Niassasee sowie den Aufbau sozialer Infrastruktur in dieser Gegend, mit einem je zur Hälfte vom mosambikanischen Staat und der *South African Chamber for Agricultural Development* beigesteuerten Anfangskapital von $ 1 Mio. Im Beisein von Premier Mocumbi und Südafrikas Vizepräsident Mbeki unterzeichneten Mosambiks Bauminister und Südafrikas Verkehrsminister einen Vertrag mit einem französischen Konsortium in Maputo (5.5.), der Bau und 30jährige Wartung einer 440 km langen Mautstraße zwischen Maputo und Witbank im Rahmen des Maputo-Entwicklungskorridors vorsah. Während des Besuchs des Vizepremiers von **Mauritius** (11.-14.2.) wurde der Wille bekräftigt, Bedingungen für eine engere Zusammenarbeit zu schaffen; in verschiedenen Abkommen wurden die Doppelbesteuerung abgeschafft und der gegenseitige Schutz von Investitionen vereinbart. Die Delegation bekräftigte ihr Interesse an mosambikanischen Zucker-, Tee- und Textilunternehmen. Mit **Malawi** wurde ein Energielieferungsabkommen unterzeichnet (2.10.), unter dem in den ersten fünf Jahren mindestens 50 000 kW, danach 100 000 kW von Cahora Bassa nach Malawi geliefert werden sollen. Darüber hinaus wurde die geplante Vernetzung zwischen den Elektrizitätssystemen beider Länder (ca. $ 35 Mio.) bekanntgegeben, die mit **Zimbabwe** durch die Aktivierung der Überlandleitung Songo/Bindura/Dema bereits konkretisiert wurde (3.11./1.12.). Mit Zimbabwe wurde außerdem eine Sitzung der Gemeinsamen Kommission in Harare abgehalten (13.-14.3.).

Die **Besuchsdiplomatie** konzentrierte sich insbesondere auf die Teilnahme an Internationalen Konferenzen. So reiste der Präsident zu den Gipfeltreffen von OAU (Zimbabwe), SADC (Malawi), der AKP-Staaten (Gabun), des Commonwealth (Schottland) und der Organisation der Islamischen Konferenz (Iran); nur am COMESA-Gipfel (Zambia) nahm er nicht teil, weil Mosambik sich aus dieser Organisation zurückgezogen hatte. Ferner reiste Chissano zum OAU-Sondertreffen in Togo (25.3.) und zum Soldiaritätsgipfel für die neue Regierung der Demokratischen Republik Kongo nach Kinshasa (20.7.) sowie zur Regionalkonferenz des Internationalen Langkawi-Dialogs und zum 3. regionalen Handels- und Investitionsgipfel, die beide in Botswana stattfanden, wo er zwischendurch noch einmal, u.a. zur Eröffnung der dortigen Handelsmesse, einen Besuch abstattete (26.-29.8.). Zuvor hatte er, in Begleitung einer Geschäftsdelegation, einen Besuch in Malaysia absolviert (19.-21.3.), bei dem ebenfalls Wirtschaftsbeziehungen und Anwerbung von Investoren im Mittelpunkt standen; einem ähnlichen Ziel diente der Besuch des Außenministers in Indonesien (Nov.), bei dem ein Abkommen über technische und wissenschaftliche Kooperation unterzeichnet wurde. Konfliktlösungsbemühungen standen hingegen bei Chissanos beiden Besuchen in Swaziland (8.-9.3., 4.9.) allen Anzeichen nach im Vordergrund; in dieser Angelegenheit war er zuvor bereits zweimal nach Südafrika gereist (8./19.2.) und hatte zwischenzeitlich Südafrikas Präsident zu einem Kurzbesuch empfangen (14.2.). Ein späterer Kurzbesuch Chissanos in Zimbabwe (1.9.), zusammen mit Botswanas Präsident, diente der Vorbereitung des SADC-Gipfels. Außerdem nahm der Präsident noch an der Krönung des Königs von Lesotho teil (31.10.). An Premierminister Mocumbi wurde die Teilnahme an der Einführung der neuen Regierung in Angola delegiert (11.4.), der im Anschluß daran noch nach Namibia reiste (12.4.). Mocumbis Besuch später im Jahr in Swaziland (12.-14.9.) war regionalen Entwicklungsprojekten sowie bilateralen Problemfeldern wie Landminen und grenzüberschreitender Kriminalität gewidmet. Außerdem war Mocumbi noch Gast bei der Konferenz der *Südliches Afrika Initiative der deutschen Wirtschaft* in Stuttgart (20.-21.11.).

Hingegen war die Liste hochrangiger **Einzelbesucher**, über die bereits genannten hinaus, in diesem Jahr nicht besonders eindrucksvoll. Außer dem von einer Visite in Südafrika zurückreisenden Präsidenten des Sudans (13.8.) war lediglich noch erstmals ein hochrangiger chinesischer Politiker zu begrüßen; während des Besuchs des sich auf einer Afrikarundreise befindenden chinesischen Premiers (7.-8.5.) wurden Abkommen über wirtschaftliche und technische Zusammenarbeit sowie über den Bau eines neuen Militärviertels in Maputo unterzeichnet. Darüber hinaus kam aber eine Anzahl von prominenten Besuchern und Fachleuten anläßlich einer **Reihe von wichtigen Konferenzen** ins Land, darunter die 4. Internationale Konferenz von Nicht-Regierungsorganisationen über Landminen (26.-28.2.), die den Anstoß gab für Entwicklungen bis hin zum Ottawa-Vertrag zum Verbot von Anti-Personen-Minen gegen Jahresende. Außerdem war Maputo noch Tagungsort für die Konferenzen des Parlamentarischen Forums des SADC (4.-5.4.) und der Gemeinschaft portugiesischsprachiger Länder (2.-4.6.), für die UNESCO-Konferenz über Friedenskultur und gute Regierungsführung (1.-4.9.) und das *African Leadership Forum* (9.9., von Ex-Premier M. Machungo eröffnet), sowie für das jährliche Politikforum der *Globalen Koalition für Afrika* (1.-2.11.) und die 26. regionale Konferenz der Commonwealth-Gesundheitsminister (24.-28.11.). Aus dem üblichen Rahmen fiel die von den Universitäten Eduardo Mondlane und Porto organisierte Solidaritätskonferenz für Osttimor (13.10.) heraus, der eine Sitzung des Zentralrats der Außendelegation der Osttimor-Befreiungsbewegung Fretilin vorgeschaltet war (8.-10.10.). Internationale Anerkennung für Mosambik wurde im übrigen auch durch die **Verleihung von Preisen** an Präsident Chissano ausgedrückt, so des Afrikapreises des Hunger-Projekts in New York (18.10.), des Preises "Frieden in Afrika" des *African Centre for the Constructive Conflict Resolution* in Durban (1.11.) in Anerkennung des erfolgreichen Friedens- und Demokratisierungsprozesses sowie des vom *Corporate Council on Africa* verliehenen Preises für gute Regierungsführung (Chantilly, USA).

Sozioökonomische Entwicklung

Eine Wachstumsrate von mindestens 7% (Vorjahr 6%) - nach späteren Angaben möglicherweise sogar 14% - spiegelte die **außerordentlich gute gesamtwirtschaftliche Entwicklung** wider. Insbesondere die Sektoren Textil/Bekleidung (+200%) und verarbeitende Industrie (+19%) wiesen überdurchschnittliche Zuwachsraten auf, aber auch Landwirtschaft (ohne Cashew), Baumaterialindustrie und Verkehr legten kräftig zu. Hingegen enttäuschten sowohl der Fischfang (-7,3%) als auch v.a. die Cashewproduktion (-34% infolge klimatischer Gegebenheiten). Trotz geringer Ausfuhr von Cashewnüssen und verspäteter Inbetriebnahme und Ausfuhr von Elektrizität durch Cahora Bassa wuchs der Export um 7,4% auf $234 Mio., während die Importe leicht absanken, was auf eine einsetzende Importsubstitution (v.a. im Lebensmittelbereich) hinwies. Sehr positiv zu bewerten war auch die **Reduzierung der Inflationsrate** auf 5,8% (Vorjahr 16,6%) sowie der Rückgang der durchschnittlichen Zinsrate von 39-46% im Vorjahr auf 25%, wesentlich bedingt durch eine Senkung des Rediskontsatzes der Zentralbank von 30% auf 13% binnen Jahresfrist. Das inländische Kreditvolumen nahm um ca. 40% zu, die Gesamtinvestitionen beliefen sich auf etwa $ 1,754 Mrd. Bei den ausländischen Direktinvestitionen wurde Portugal von Südafrika überholt. Zurückzuführen war dies auf das Projekt einer Aluminiumschmelze in Matola (MOZAL), einem von mehreren **im Bau befindlichen oder geplanten Großprojekten**. Das MOZAL-Abkommen (20.3., Bestätigung durch den südafrikanischen Konzern *Gencor* 24.6.) sah nach Investitionen von $ 1,12 Mrd. eine jährliche Produktion von 245 000 t Aluminium ab dem Jahr 2000 vor. Die benötigte Energie von 900 MW soll aus dem neuen, auf eine Kapazität von 2500 MW (Cahora Bassa: 2075 MW) ausgelegten Mepanda-Ncua-Staudamm im Zambezi-Tal gewonnen werden, für dessen Bau eine Absichtserklärung unterzeichnet wurde. Auf einer Konferenz der Stromkonzerne von Mosambik, Südafrika und Swaziland (25./26.11.) wurde die Finanzierung der Installation von zusätzlichen Überlandleitungen ($ 130 Mio.) für das Projekt verhandelt. Für ein weiteres Großprojekt, das Maputo-Stahlprojekt, wurde ein mehrmals überarbeiteter Plan präsentiert (1./29.8.); der ENRON-Konzern und die südafrikanische *Industrial Development Corporation* wollen demnach ab 2001 die Herstellung von Rohstahl aufnehmen, unter Nutzung des Gasfeldes in Pande, für das ENRON auch bis zum Ende der zweiten Fristverlängerung (31.7.) noch immer keinen Abnehmer präsentieren konnte. Von der *Johannesburg Consolidated Investments* wurde ein weiteres, auf $ 662 Mio. beziffertes Eisen- und Stahl-Projekt mit einer jährlichen Produktionskapazität von 2,3 Mio. t Eisen angekündigt (12.8.); vorgesehen war dafür auch der Bau eines neuen Hafens für Großtanker in Savane (bei Beira) sowie die Nutzung des Naturgases von Buzi. Laut einer Ankündigung des Energieministers (25.4.) soll ferner ein Konsortium südafrikanischer, brasilianischer und australischer Firmen die Chancen für eine Ausbeutung neuer Kohleminen in Moatize, eine Rehabilitierung der Eisenbahnlinie Moatize-Beira und den Bau eines Kohlehafens in Beira prüfen. Das Projekt, das den Export von Kohle nach Europa, Asien, Brasilien und Südafrika ermöglichen soll, wurde auf $ 10 Mrd. beziffert. Firmen aus Mauritius zeigten Interesse an der Rehabilitierung von zwei Zuckerfabriken in Zambezia und gründeten eine gemeinsame Firma mit Mosambiks Regierung; nach der Rehabilitierung einer Eisenbahnlinie ($ 3 Mio.) benötigen die beiden Projekte jeweils Investitionen von etwa $ 7 Mio..

Trotz einer positiven Zwischenbilanz der **Privatisierungspolitik** (11.1.), bei der die Veräußerung von 300-400 Staatsbetrieben für das laufende Jahr angekündigt wurde, scheiterte der Verkauf verschiedener großer Staatsbetriebe erneut. Die öffentliche Ausschreibung zur Privatisierung der staatlichen Fluglinie (März) wurde wieder zurückgenommen (19.12.), da die Bieter die Voraussetzungen zur Neustrukturierung der Gesellschaft nicht erfüllten. Ähnlich erging es der letzten staatlichen Brauerei, die zunächst an einen portugiesischen Konzern verkauft werden sollte; nachdem die Verhandlungen jedoch wegen eines ungenügenden Angebotes zusammengebrochen waren, wurde eine Neuausschreibung notwendig (13.10.). Nach langwierigen und wenig transparenten Verhandlungen konnte schließlich die Privatisierung der über das größte Filialnetz im Land verfügenden, aber nur eine Kreditrückzahlungsrate von ca. 50% aufweisenden *Banco Popular de Desenvolvimento* gemeldet werden (3.9.). Ein malaysisch-mosambikanisches Konsortium erwarb 60%, 20% blieben in staatlicher Hand. Weitere Privatisierungen betrafen eine staatliche Milchfabrik (80% an eine italienische Firmengruppe), eine kleine Fluggesellschaft (an ein mosambikanisches Konsortium) und die Schiffsgesellschaft *Navique* (80% an ein portugiesisch-mosambikanisches Konsortium). Nach offiziellen Angaben erbrachte die Privatisierung von 15 Betrieben dem Staat im laufenden Jahr gut $ 16 Mio..

Der Aufschwung sowie die Perspektive von Großprojekten und auch der Privatisierungserfolg verfehlten ihren Eindruck auf die Gebergemeinschaft nicht. Das **Konsultativgruppentreffen unter Leitung der Weltbank** in Paris (15.-16.5.) erfüllte weitgehend die Forderungen für die Finanzierung des Haushalts 1997, die sich auf $ 835 Mio. beliefen ($ 306,6 Mio. Kredite, $ 334,9 Mio. Schenkungen, $ 193 Mio. Schuldendiensterlaß). Die Gesamtsumme für zugesagte Schenkungen und Kredite belief sich auf $ 560 Mio., davon 55% Investitionshilfe, 28% Zahlungsbilanzausgleich, 6% für Nahrungsmittelhilfe, 11% für andere Programme wie Minenräumung und Kommunalwahlen. $ 395 Mio. wurden darüber hinaus für Schuldenerleichterungen und einen neuen **IWF-Kredit** zugesagt. Nachdem von IWF und Weltbank bekanntgegeben worden war

(9./10.9.), daß Mosambik für einen weitergehenden Schuldenerlaß in Frage komme, wurde eine zweite Erweiterte Strukturanpassungsfazilität für den Zeitraum 1997-99 vom IWF grundsätzlich bewilligt, obwohl die Budgetprobleme längst nicht ausgeräumt waren. So sah der **Haushaltsentwurf für 1998** (15.12.), gegen die Stimmen der RENAMO-Fraktion und bei Enthaltung der UD verabschiedet (18.12.), Gesamtausgaben von MT 10 441 Mrd. vor, wovon MT 5103 Mrd. für laufende Ausgaben und MT 5338 Mrd. für Investitionen veranschlagt wurden. Die Gesamtausgaben waren nur zu 52,5% (Vorjahr: 55%) durch die mit MT 5479 Mrd. veranschlagten Eigeneinnahmen gedeckt, das Defizit - vor Schenkungen - betrug MT 4962 Mrd. (nach MT 3674 Mrd. im Vorjahresansatz). Bemerkenswert war v.a. der nunmehr auf 51,1% statt zuvor auf 47,8% der Gesamtausgaben angesetzte Kapitalhaushalt, dessen Steigerung gegenüber dem Vorjahresansatz bei über 36% lag, während die laufenden Ausgaben nur um 19% höher angesetzt wurden. Auch dies lag indes deutlich über der Inflationsrate, was auch auf die anvisierte Steigerung der Einnahmen um 21% zutraf. Hierfür war ein gewisser Optimismus nicht unbegründet, weil die britischen *Crown Agents* vereinbarungsgemäß mit der **Neustrukturierung des Zollwesens** begonnen (1.1.) und schließlich die direkte Abwicklung übernommen hatten (2.5.), mit dem kurzfristigen Ziel, die Zolleinnahmen innerhalb des laufenden Jahres um 40% zu steigern. Gleichzeitig mit dem Haushalt wurde das **Gesetz zur Einführung der Mehrwertsteuer** (18.12.) verabschiedet, wodurch Anreize zum Wechseln aus dem informellen in den formellen Sektor (Mehrwertsteuerrückerstattung) geboten und eine Senkung der Preise für Importprodukte erreicht werden sollen.

Eines der Kernprobleme für eine Haushaltskonsolidierung blieben weiterhin die hohen **Ausgaben für den Schuldendienst**, die auf 20% der laufenden Ausgaben angesetzt wurden. Zwar kam Entlastung durch die auf Empfehlung des Pariser Clubs eingeleiteten Schuldenerlasse bzw. Umschuldungen mit einer Reihe von Ländern, darunter Deutschland (10.6.) sowie Österreich, Schweden, USA und Norwegen. Eine noch substantiellere Erleichterung der Schuldenlast durch Aufnahme in die HIPC-Initiative (*Heavily Indebted Poor Countries*) kam zunächst jedoch nicht weiter voran. Laut Angaben des Finanzministers (23.5.) gab es Vorbedingungen von der Seite des IWF, erst die Schulden mit Rußland zu verhandeln, die allein ca. 40% der Gesamtschulden in Höhe von $ 5,7 Mrd. ausmachten.

Etwas Bewegung war indes in der Problematik der gegen Ende des Vorjahres auf Drängen der Weltbank hin verfügten **Liberalisierung des Rohcashew-Exports** zu verzeichnen. Auf der Grundlage einer unabhängigen Studie, die den Export von Rohcashewnüssen als kurzsichtig und unrentabel bezeichnet und die Aufrechterhaltung des Steuerzuschlags auf Exporte sowie einen garantierten Abnahmepreis empfohlen hatte, gab die Regierung die Beibehaltung des derzeitigen Steuerzuschlags - aber nunmehr vor dem Export zu entrichten - für die nächsten drei Jahre bekannt (17.10.), zumal die Weltbank zuvor von ihrem Beharren auf einem genauen Zeitplan für die Abschaffung der Steuerzuschläge abgerückt war. Da jedoch den Forderungen der Cashew-verarbeitenden Industrie und der Gewerkschaft nach einem vollständigen Exportstop nicht nachgekommen worden war, organisierten diese eine Lobby-Aktion beim Parlament (20./24.11.); Exporte und niedrige Ernte hatten zu diesem Zeitpunkt zur zeitweiligen Schließung von sieben Fabriken mit 3750 Arbeitsplätzen geführt.

Sabine Fandrych

Chronologie Mosambik 1997

20.03.	MOZAL-Abkommen (Aluminiumschmelze) und Absichtserklärung zum Mepanda-Ncua-Staudamm
30.04.	Verabschiedung eines Paketes mit acht Ausführungsgesetzen
06.05.	Einsetzung der Mosagrius-Entwicklungskompanie
15.-16.05.	Konsultativgruppentreffen unter Leitung der Weltbank in Paris
19.-26.05.	7. FRELIMO-Parteikongreß in Matola
10.06.	Terminfestlegung für Kommunalwahlen und Einsetzung der Nationalen Wahlkommission (2.7.)
30.06.-31.07.	Außerordentliche Sitzung des Parlaments
02.07.	Einsetzung der Nationalen Wahlkommission
31.07.	Verabschiedung der Landreform
28.10.	Abänderung des Wahlgesetzes, nachfolgend Festsetzung des neuen Wahltermins auf den 29.5.98
07.11.-07.12.	Aktualisierung der Wählerregistrierung
15.12.	Haushaltsentwurf für 1998

Namibia

Fläche: 824 292 km^2, **Einwohner:** 2 Mio., **Hauptstadt:** Windhoek, **Amtssprache:** Englisch, **Lebenserwartung:** 56 J., **Alphabetisierung:** 40%, **HDI:** 0,570, Rang 6, **Wechselkurs:** $ 1 = N$ (Namibia $) 4,86, **Pro-Kopf-Einkommen:** $ 2250, **BSP:** $ 3570 Mio., **Anteile am BIP:** 14% - 34% - 52%, **Hauptexportprodukte:** Diamanten 40%, Fisch und -produkte 22%, Mineralien inkl. Uran 18%, **Staatschef:** Sam S. Nujoma, **Premierminister:** Hage Geingob, **Regierungspartei:** South West African People's Organisation (SWAPO)

Innenpolitik

Im Rahmen der zivilgesellschaftlichen Debatte stellte während des laufenden Jahres die **Thematik des Umgangs mit Minderheiten** einen Eckpfeiler der anhaltenden Standortbestimmung über das Ausmaß innergesellschaftlicher Demokratie dar, zum einen in ethnisch-regionaler Hinsicht und zum anderen im Hinblick auf die Einstellung zur Homosexualität. Für ersteres war die Blockade von zwei wichtigen, von Touristen besonders frequentierten Zugangswegen zum Wildreservat der Etosha-Pfanne durch Angehörige der Hai//om Buschleute aufschlußreich (13.1.). Auf diese spektakuläre Weise reklamierten sie gegenüber der Zentralregierung ihren Anspruch auf Rückgabe eines Teils des von ihren Vorfahren genutzten Landes. Der Konflikt eskalierte durch die Intervention der Polizei, die auch mit Gewalteinsatz gegen die Blockade vorging. Insgesamt 73 Demonstranten wurden verhaftet (14.1.), doch endete das Gerichtsverfahren für elf der Angeklagten mit geringen Strafen und für 62 mit einem Freispruch (23.6.). Im zweiten Fall, hinsichtlich der Einstellung zur Homosexualität, wurden in einer Verlautbarung der SWAPO (23.1.) die Auslassungen des Präsidenten gegen Ende des Vorjahres, die gegen Homosexuelle im Land gerichtet waren und eine Ausgrenzung dieser Minderheit geradezu als nationale Aufgabe hatten erscheinen lassen, offensiv legitimiert und ausdrücklich zur Partei- und Volksmeinung zum Zwecke der Verteidigung moralischer Grundwerte der Nation erklärt. Durch Klassifizierung von Homosexualität als europäische Perversion und Bedrohung von außen wurde die Debatte darüber zum Kultur- und Rassenkonflikt stilisiert. Die zivilgesellschaftlichen Akteure reagierten entsprechend massiv. Lokale Nichtregierungsorganisationen distanzierten sich entschieden von der diskriminierenden Ausgrenzungspolitik (30.1./6.2.), direkt Betroffene schlossen sich als *Rainbow Project* zusammen und reichten u.a. einen Antrag im Büro des Ombudsmannes ein (4.6.), um den Schutz ihrer Rechte zu sichern. Zwischenzeitlich hatte der Präsident des Gewerkschaftsdachverbandes NUNW anläßlich des Maifeiertags Öl ins Feuer gegossen, indem er Homosexuelle satanistischer Praktiken bezichtigt und eine Änderung des - vor jeglichen Zugriffen geschützten - Grundrechtekapitels 3 der Verfassung gefordert hatte. Inhalt, Ausmaß und Intensität dieser Debatte verdeutlichten, daß deren Stellenwert weit über die eigentliche Relevanz der unmittelbar davon betroffenen Gruppe und deren (Minderheiten-)Rechte hinausging. Letztlich war der Diskurs eine wichtige Auseinandersetzung um das demokratische Selbstverständnis und den Grad innergesellschaftlicher Toleranz gegenüber Formen von vermeintlich oder real abweichendem Verhalten.

Eine weitere Konfliktlinie, die entlang der Ausübung staatlicher Macht und des dagegen artikulierten Widerstands betroffener Bevölkerungsgruppen verläuft, stellte die anhaltende Debatte um den **geplanten Bau des Epupa-Staudamms** im Kaokoveld dar, ein mit erheblichen Investitionen verbundenes Großprojekt, mit dem die Wasserressourcen des angolanisch-namibischen Grenzflusses Kunene für die Energiegewinnung erschlossen werden sollen. Wirtschaftlichkeit sowie insbesondere ökologische Implikationen waren strittig, und außerdem wehrten sich Teile der von einer Umsiedlung betroffenen ansässigen Himba gegen die Verdrängung aus ihrem angestammten Lebensraum. Eine Delegation der Ovahimba bereiste westeuropäische Staaten (Juni), um internationalen Protest gegen das Projekt und seine Folgen zu mobilisieren, und stieß besonders in Deutschland, Schweden und Großbritannien auf große Sympathie und Aufmerksamkeit. Der Epupa-Staudamm blieb seither ein markanter innenpolitischer Streitfall, der in mehreren Anhörungen und Stellungnahmen die unvereinbaren Meinungsunterschiede deutlich zutage treten ließ. Der Entscheidungsfindungsprozeß über die mögliche Zukunft des Projektes und der davon

Betroffenen führte während des Jahres noch zu keinem verbindlichen Ergebnis. Auf den generell zunehmenden Druck hinsichtlich der ebenfalls **brisanten Landfrage** reagierte das Kabinett mit einer Ankündigung von Landenteignungen auf der gesetzlich verankerten Grundlage (31.1.). Im Verlauf des Jahres gab es hingegen keine konkreten Folgen zu verzeichnen. Die Initiativen sowohl von betroffenen Bevölkerungsgruppen wie auch staatlicherseits gaben jedoch einen wachsenden innergesellschaftlichen Konflikt zu erkennen, der sich in der Landfrage stellvertretend markant artikulierte. Sie ließ sich mehr als alles andere als eine naheliegende Projektionsfläche charakterisieren, auf der sich die weitreichenden sozialökonomischen Diskrepanzen einer Gesellschaft mit eklatant ungleichen, aus der Kolonialzeit ererbten Strukturen und Besitzverhältnissen abbildeten, mit nur geringen Aussichten auf eine zügige Revidierung dieser wirtschaftlichen Disparitäten unter der Maxime eines friedlichen Wandels bei Wahrung ordnungspolitischer Stabilität (zumal angesichts geringer wirtschaftlicher Zuwachsraten).

Ein besonderer Stellenwert kam während des Berichtsjahres dem mit großer Spannung erwarteten **Kongreß der Regierungspartei SWAPO** zu (28.5.-1.6.), nach 1994 der zweite seit der Unabhängigkeit. Im Vorfeld war insbesondere die Debatte um eine weitere Amtszeit von Präsident Nujoma als Staatsoberhaupt Gegenstand zahlreicher Spekulationen. Da die Verfassung nur zwei Amtsperioden des Präsidenten vorsieht, würde dies - erstmals - eine Verfassungsänderung bedingen, wobei die SWAPO, die mit 72% der Abgeordentenmandate über die erforderliche Zweidrittelmehrheit verfügt, die formalen Hindernisse im Alleingang aus dem Weg zu räumen in der Lage ist. Allerdings sprachen zahlreiche Indizien dafür, daß es in dieser Frage keinen innerparteilichen Konsens gab und die Ambitionen Nujomas auf eine weitere Amtszeit (zu der er sich bereits öffentlich bereit erklärte) umstritten waren. Der Kongreß blieb eine verbindliche Antwort schuldig und vertagte die Entscheidung. Stattdessen wurde ein außerordentlicher Parteikongreß für 1998 angekündigt, der dazu einen offiziellen Beschluß fassen soll. Partei- und Staatspräsident Nujoma jedenfalls hielt eine Eröffnungsrede, die bereits Wahlkampfatmosphäre vorwegzunehmen schien. Das offizielle Manuskript enthielt keine wesentlichen neuen Aussagen, die über seine Reden zur Parlamentseröffnung und zur Lage der Nation hinausgegangen wären. Allerdings zeichnete er sich bei seinen vom vorformulierten Text abweichenden Bemerkungen durch populistische Radikalität aus, die nur wenig diplomatisches Fingerspitzengefühl verriet. So übte er massive Kritik an den Kritikern des Epupa-Projektes, teilte Seitenhiebe gegen die Presse und die Weißen aus und schlug vor, alle Frauen mit Handfeuerwaffen auszustatten, damit sie sich gegen die Männer schützen können. Nujomas Appell, Frauen eine stärkere Partizipation auch in politischen Entscheidungsprozessen einzuräumen, stieß bei den Kongreßdelegierten hingegen auf wenig Resonanz. Unter den neugewählten 58 Mitgliedern des insgesamt 70köpfigen Zentralkomitees befanden sich nur sieben Frauen. Politischer Höhepunkt des Kongresses war die **Wahl des Vizepräsidenten der SWAPO**. Im Vorfeld hatte es wochenlange Kampagnen zur Unterstützung von Premierminister H. Geingob gegeben, der als Herausforderer gegen den amtierenden H. Witbooi antrat. Mit 198 von 337 Stimmen (58%) ging Witbooi als klarer Sieger aus dem Duell hervor, das auch zum Kräftemessen zwischen "interner" und "externer" (im Sinne von einstmals exilierter) Parteifraktion stilisiert wurde. Inwieweit die Niederlage Geingobs als eine seiner weiteren Karriere abträgliche politische Schlappe zu werten war, ließ sich nicht schlüssig beantworten. Die vakante Position des SWAPO-Generalsekretärs wurde ohne Gegenkandidaten mit dem Minister für Fischereiwesen H. Pohamba besetzt, der als altgedienter Parteikader zu den engsten Vertrauten von Nujoma gezählt wird. Dessen Stellvertreter wurde der bis dahin kommissarisch amtierende frühere Gewerkschaftsführer J. Pandeni.

Während die Medien mangelnde Transparenz und selektive Informationspolitik anläßlich des SWAPO-Kongresses kritisierten, ergriff der Staat die legislative Initiative zur rechtmäßigen Etablierung eines Geheimdienstes und stellte die **Verabschiedung des Geheimdienstgesetzes** mit der Parlamentsmehrheit sicher (30.7.). Die Sinnhaftigkeit eines solchen Sicherheitsapparates und seiner juristischen Verankerung durch dieses Gesetz, das der Staatssicherheit weitreichende Handlungs- und Eingriffsmöglichkeiten bei der Überwachung der Bürger gab, wurde seither immer wieder angezweifelt. Tatsächlich weckte die damit erfolgte Ausweitung des staatlichen

Kontroll- und Überwachungssystems erkennbar wachsende Ängste in der Bevölkerung.

Zu einem öffentlichen Proteststurm in einem bis dahin nicht gekannten Ausmaß führte eine gezielte Indiskretion (Aug.), mit der ein Geheimdokument ans Licht der Öffentlichkeit gebracht wurde, das vom Kabinett bereits angenommen worden war (17.6.). Es sah eine beträchtliche **Ausweitung von Privilegien und Vergünstigungen** für die Inhaber hochrangiger politischer Ämter im Staatsdienst vor. Zu den Meistbegünstigten zählten neben Ministern und Vizeministern auch der Präsident und der Premierminister. Zahlreiche Personen und Institutionen, darunter die der SWAPO organisatorisch verbundenen Gewerkschaften der NUNW sowie der Kirchenrat CCN, äußerten massive Kritik an der damit so unverhohlen zur Schau gestellten Selbstbedienungsmentalität. Die Vehemenz der öffentlichen Empörung ließ die Regierenden nicht unbeeindruckt, wenngleich Informationsminister Amathila in einer ersten Stellungnahme vorrangig die Veröffentlichung dieses von ihm zum Regierungseigentum erklärten Schriftstücks durch die Medien als einen Akt des Diebstahls brandmarkte (13.8.). Dennoch konnte als ein direktes Resultat des öffentlichen Drucks die Verlautbarung durch das zuständige Transportministerium gelten, daß die geplante Anschaffung eines neuen Präsidentenjets wegen der Finanzlage vorläufig storniert werde (12.9.). Der Präsident selbst ging noch darüber hinaus, als er auf einer Pressekonferenz die **Rücknahme eines Teils der beschlossenen Privilegien** bekanntgab (15.9.). Seine Einlassung, von der Kabinettsvorlage und dem Beschluß nichts gewußt zu haben, da die fragliche Sitzung während seiner Abwesenheit stattgefunden habe, sowie der Tatbestand, daß die Pressekonferenz zu einer Zeit stattfand, als sich der Premierminister auf einer Auslandsreise befand, ließ auf interne Querelen in dieser umstrittenen Angelegenheit schließen. Allerdings stellte sich die Frage, ob der Präsident mit der Vortäuschung von Unkenntnis in der Sache gut beraten war; zur Festigung seiner Autorität und Glaubwürdigkeit trug diese Strategie jedenfalls in der öffentlichen Meinung kaum bei. Überhaupt hinterließ die Affäre ein gerüttelt Maß an Legitimationsverlust, säte Mißtrauen in der Bevölkerung und brachte die Glaubwürdigkeit der Regierung in Mißkredit.

Bei einer **Kabinettsumbildung und -erweiterung** (11.12.) wurde der neue SWAPO-Generalsekretär Pohamba vom Amt des Fischereiministers entbunden und zum Minister ohne Geschäftsbereich ernannt. Sein Nachfolger wurde der bisherige Vizeminister A. Iyambo. Der bisherige Umwelt- und Tourismusminister G. Hanekom wurde zum Wirtschaftsberater des Präsidenten im Ministerrang, der bisherige Verteidigungsminister Ph. Malima zu seinem Nachfolger. Das von ihm bis dahin geleitete Ressort wurde von seinem Stellvertreter E. Nghimtima übernommen. Auf den Posten des Vizeministers im Fischereiministerium rückte ein SWAPO-Funktionär nach, der vorher für Wirtschaftsfragen der Partei zuständig war. Der Vorsitzende des SWAPO-Ältestenrates wurde zum politischen Berater des Präsidenten im Ministerrang befördert. Die lange Zeit vakante Position des Vize-Außenministers wurde ebenfalls wieder besetzt. Obwohl sich der Präsident bei dem Revirement auf seine verfassungsrechtlich verbrieften Befugnisse berufen konnte, wurde die großzügige Einrichtung von drei neuen Ministerposten als weiteres Indiz eines wachsenden Zugriffs der Regierung auf Ressourcen des Staatsapparates gewertet, um damit parteipolitische Aktivitäten aus zweckentfremdeten Steuergeldern subventionieren zu können. Auffallend an der Kabinettsumbildung war ferner, daß weiterhin kein Nachfolger für Arbeitsminister M. Garoeb ernannt wurde. Sein Tod, nach längerer schwerer Erkrankung, bedeutet den Verlust eines der prominentesten und über lange Jahre hinweg in diversen Schlüsselpositionen einflußreichsten SWAPO-Politikers (19.9.). Er wurde durch das erste offizielle Staatsbegräbnis der Republik Namibia gebührend gewürdigt (27.9.). Allerdings wurde die Ehrung dadurch gemindert, daß Kritiker nicht nur seine Verdienste, sondern auch - er hatte zu den Falken innerhalb der Befreiungsbewegung gezählt, denen totalitäre Maßnahmen keinesfalls fremd waren - seine umstrittene Rolle bei den internen Säuberungskampagnen der SWAPO noch zu Zeiten des Exils hervorhoben.

Im Zuge der Vorbereitungen für die auf Anfang Dezember festgelegten **Kommunalwahlen** kam es zu Unstimmigkeiten (Okt.). Eine zunächst der SWAPO angelastete Nichteinhaltung der Abgabefrist für die Wahlliste in einem wichtigen Bezirk entpuppte sich als Versehen der Wahlkommission, was dazu führte, daß die **Verlegung der Wahlen** auf den Februar 1998 angekündigt wurde (19.11.), begründet mit zwei technischen Verfahrensfehlern.

Außenpolitik

Die relative Bedeutungslosigkeit des Landes in der internationalen Politik schien das Staatsoberhaupt durch vermehrte Reiseaktivitäten und eine damit verbundene Pendeldiplomatie innerhalb der Region kompensieren zu wollen. Gleich siebzehnmal verließ er binnen Jahresfrist das Land zu diversen Reisen. Mit seinen Staatsbesuchen in Indien (12.2.) sowie Indonesien, verbunden mit der Teilnahme am 3. Internationalen Langkawi-Dialog in Malaysia (26.7.-5.8.), wurde die **Bedeutung des südostasiatischen Raumes** für die politischen und wirtschaftlichen Außenbeziehungen unterstrichen. Im Gegenzug war der Besuch des Premiers von Singapur (2.-4.3.) sowie der Staatsbesuch des indonesischen Präsidenten Suharto (18.11.) zu verzeichnen.

Abgesehen von der Entgegennahme einer Ehrendoktorwürde einer Universität in New York (20.5.) und der Teilnahme an der Commonwealthkonferenz in Schottland (23.-29.10.) bewegte sich die **Besuchsdiplomatie des Präsidenten** desweiteren ausschließlich auf afrikanischem Terrain. Lediglich das OAU-Sondertreffen (in Togo) und das AKP-Gipfeltreffen (in Gabun) waren dabei Reiseziele außerhalb der Region, auf die sich ansonsten sämtliche anderen Besuche konzentrierten. Nujoma nahm an den Gipfeltreffen von COMESA (in Zambia), OAU (in Zimbabwe) und SADC (in Malawi) teil sowie am Afrikanisch/Afro-Amerikanischen Gipfel (in Zimbabwe) und an der Regionalkonferenz des Internationalen Langkawi-Dialogs (in Botswana). Nur auf der Commonwealth-Konferenz über Demokratie in Afrika sowie dem 3. regionalen Handels- und Investitionsgipfel (beide in Botswana) ließ er sich vom Premierminister vertreten. Weitere Reiseziele des Präsidenten waren Zambia (4.-5.7.; zur Eröffnung der Handelsmesse in Ndola) sowie Südafrika (26.-27.11.), und außerdem reiste er dreimal nach **Angola** (zur Einsetzung der neuen Regierung am 11.4. sowie 15.-17.5. und 23.7.), offensichtlich im Bemühen, zur Beilegung des noch immer virulenten inneren Konfliktes im Nachbarstaat beizutragen. Dagegen gelang es nicht, die Grenzstreitigkeiten mit **Botswana** auszuräumen, vielmehr wurden sie um eine weitere unbewohnte Insel im Kavangofluß erweitert. Ausgesprochen gute Beziehungen wurden demgegenüber zur neuen Regierung in der Demokratischen Republik **Kongo** unter L. Kabila geknüpft, der bereits kurz nach seiner Machtergreifung zu einem Staatsbesuch anreiste (7.-8.7.). Präsident Nujoma seinerseits nahm am Solidaritätsgipfel für die neue Regierung in Kinshasa teil (20.7.).

Die Bedeutung der **diplomatischen Kontakte innerhalb der Region** dokumentierte sich während des Jahres zum einen in der Abhaltung der jährlichen Konsultativkonferenz der SADC in Windhoek (8.-10.2.), zum anderen in einer Reihe von Besuchern, darunter der Premierminister von Mosambik (12.4.), der Vizepräsident von Zambia (21.-25.4.), zwei Premierminister südafrikanischer Provinzen (3.-7.8./10.-12.8.) sowie der Präsident von Malawi (2.-5.10.).

Sozioökonomische Entwicklung

Eine regional zwar unterschiedlich ergiebige, aber insgesamt überdurchschnittliche Regenzeit vertrieb die gravierenden Sorgen vor einer Dürre und füllte die Dämme mit neuen, dringend nötigen Wasserreserven, die auch die Versorgung der Städte auf mittlere Sicht wieder sicherstellten. Sowohl die kommunale wie auch die kommerzielle **Landwirtschaft** konnte sich in weiten Teilen des Landes von den schlimmsten Folgen der vergangenen Trockenjahre, die für viele eine Gefährdung der Existenzgrundlage darstellten, wieder ein wenig erholen. Allerdings wurde mit den klimatischen Auswirkungen des als *El Niño* bezeichneten Phänomens deutlich, daß periodische Dürrezeiten auch weiterhin eher die Regel als die Ausnahme sein werden und die Produzenten im Agrarsektor sich darauf einstellen müssen, um eine wirtschaftliche Überlebenschance zu haben.

Die Tatsache, daß angesichts der klimatischen Faktoren die Ertragsfähigkeit des Landes relativ gering ist und sich der Boden - mit Ausnahme vergleichsweise kleiner Gebiete in den nördlichen und nordöstlichen Landesteilen - einer intensiven, über Viehhaltung und Weidewirtschaft hinausgehenden Nutzung entzieht, schmälerte von vornherein die Chancen für einen Erfolg der vielbeschworenen **Landreform**. Angesichts der Dimensionen des Problems, daß Land auch bei Umverteilung durch die Bewirtschaftungsformen und -möglichkeiten nur einer begrenzten Anzahl von Menschen das notwendige Einkommen sichern kann (insbesondere gilt dies auch für den überwiegenden Teil der in Privatbesitz befindlichen, kommerziell bewirtschafteten Farmen), hatte das Geburtstagsgeschenk des wohl bedeutendsten Unternehmer des Landes, W. List, an den Präsidenten in Form von einigen Farmen (12.5.) eher umstrittenen Symbolwert und führte zu unterschiedlichen Bewertungen. Während die Landfrage zunehmend zu einem innenpolitisch kontroversen und emotional aufgeladenen Reizthema wurde, drohten die rationalen wirtschaftlichen Gesichtspunkte mitunter aus dem Blickfeld zu verschwinden. Allerdings gab es Anzeichen dafür, daß die Positionen innerhalb der Regierung zu dieser komplexen wirtschaftspolitischen und sozialpsychologischen Frage sehr unterschiedlich waren. Einen pragmatischen Kurs der Besonnenheit vertrat das dem Parlament vorgelegte Weißbuch (30.9.), das explizit auf das geringe Bodenertragspotential als Einschränkung der Handlungsmöglichkeiten hinwies. Laut Weißbuch soll eine Landumverteilung die historisch benachteiligte Bevölkerung begünstigen, wobei die von der Verfassung vorgegebenen Rahmenbedingungen respektiert werden und Formen der Eigentumsübertragung den juristischen Richtlinien folgen sollen, die eine adäquate Entschädigung vorsehen. Darüber hinaus sollen Ausländer Land- und Besitzrechte nur mit ausdrücklicher Genehmigung durch das Ministerium erwerben dürfen.

Durch **zunehmende Arbeitslosigkeit und Unterbeschäftigung** wurde die überhöhte Erwartung an eine Landumverteilung noch gesteigert. Unvermindert überstieg die jährliche Zunahme der Arbeitssuchenden die Zahl der neu geschaffenen Stellen bei weitem. Eine vom Arbeitsministerium vorgelegte **nationale Beschäftigungspolitik** (Juni) wies auf die Dimensionen des Problems hin. Demnach war die Anzahl der Arbeitssuchenden zwischen 1991 und 1994 um 64 000, die Anzahl der Arbeitsplätze hingegen nur um 24 000 gestiegen. Vor diesem Hintergrund war es nicht verwunderlich, daß der Vize-Arbeitsminister in seinem Vorwort zu dem amtlichen Dokument, das Lösungsvorschläge letztlich schuldig blieb, die Arbeitslosigkeit zur sozialen Zeitbombe erklärte. Die eskalierende soziale Frage manifestierte sich erneut in der zunehmend **militanten Haltung der SWAPO-Kriegsveteranen**, die seit der Unabhängigkeit auf ihre Integration in die neue Gesellschaft harren und nach bezahlter Arbeit - aber nicht nach Land - verlangten. Mehrfach versuchten sie die politische Führung durch Demonstrationen in Windhoek (6.5., 23.6., 23.10.) und Oshakati (31.10.) unter Druck zu setzen. Durch die Besetzung öffentlicher Anlagen und Gebäude - u.a. zur Jahresmitte wochenlang des Windhoeker Messegeländes - verliehen sie ihren Forderungen zusätzlichen Nachdruck. Als Ergebnis des eskalierenden Unmuts schuf die Regierung im Laufe des Jahres zusätzliche Beschäftigungsmöglichkeiten in Sektoren des schon überproportionalen öffentlichen Dienstes (Polizei, Armee, Naturschutz).

Das Problem des überdimensionierten, längst nicht mehr tragfähigen staatlichen Sektors trat einmal mehr bei der Vorlage des **Staatshaushaltes 1997/98** (5.3.) deutlich zutage. So war die Erhöhung des Etats für das Verteidigungsministerium um 41% auch dem Umstand geschuldet, daß eine größere Zahl der ehemaligen SWAPO-Soldaten in die Armee aufgenommen worden war. Während die Priorität der um 13% auf N$ 5,75 Mrd. gestiegenen staatlichen Ausgaben noch immer auf den Sektoren Bildung und Gesundheit lag, war deren proportionale Zunahme mittlerweile geringer als die in anderen Ressorts. Während knapp N$ 1 Mrd. als Kapitalausgaben veranschlagt wurden (17,4%), entfielen von den laufenden Ausgaben in Höhe von N$ 4,546 Mrd. allein etwa N$ 2,6 Mrd. auf personalbezogene Kosten. Das entsprach einer Zunahme von 14% gegenüber dem Vorjahr und einem Gesamtanteil an den Staatsausgaben von etwa 45%. Wie der Finanzminister einräumte, wurden damit schon ein zweites Jahr nicht die notwendigen Kürzungen sowohl der Stellen im öffentlichen Dienst als auch der auf Personal entfallenden Kosten erreicht, die als politisches Ziel erklärt worden waren. Infolgedessen mußte die für den 1.4. vorgesehene Gehaltsanpassung verschoben werden, die insbesondere den Staatsangestellten in mittleren und niederen Rängen zugute gekommen wäre, nachdem der höhere Dienst bereits zuvor großzügig von den Empfehlungen der *Wage and Salary Commission* (WASCOM) profitiert hatte.

Dem WASCOM-Bericht war auch die Ernennung eines *High Level Committee* (HLC) zur Untersuchung der **Restrukturierung der Staatsbürokratie** auf Beschluß des Kabinetts im Juni 1996 geschuldet. Dieses legte seinen vertraulichen Bericht dem Kabinett vor (Okt.), dessen drastisch formulierte Einsichten auch den Weg an die Öffentlichkeit fanden und an Deutlichkeit nichts zu wünschen ließen. So wurde eine Zunahme der geschaffenen Stellen seit der Unabhängigkeit um über 65% von 46 600 auf beinahe 77 000 konstatiert. Es wurde bemängelt, daß eine Reihe einschlägiger Entschließungen des Kabinetts zur Reduzierung des öffentlichen Dienstes nicht umgesetzt wurden, daß die Diskrepanz zwischen Steuereinkünften und Staatsausgaben sich erheblich vergrößert und damit zu einer ungesunden Erhöhung von Staatsschulden geführt habe, und daß die Personalausgaben zum Problem erheblich beitrügen. So hätten Gehälter 1990/91 etwa das 2,5fache der Kapitalausgaben betragen und seien bis 1996/97 auf das 3,25fache gestiegen. Fast 4% mehr Steuereinnahmen seien im gleichen Zeitraum auf die Bezahlung dieser Gehälter verwendet worden, was als nicht tragfähig bezeichnet wurde. Darüber hinaus habe eine Analyse für 29 der 30 staatlichen Betriebe eine verheerende Bilanz ergeben, die eine Privatisierungspolitik dringend erfordere. Der Bericht verlangte die uneingeschränkte Unterstützung des Kabinetts für die Reduzierung des öffentlichen Sektors, andernfalls drohe das Boot am Fels zu zerschellen.

Die wachsende **Verschuldungsproblematik** war bereits im vorgelegten Staatshaushalt dadurch erkennbar geworden, daß N$ 210 Mio. (3,6% des Gesamthaushalts) für die Begleichung von Schuldzinsen bereitgestellt werden mußten. Ein Defizit von N$ 555 Mio. oder 3,7% des erwarteten Bruttosozialprodukts (BSP) wurde veranschlagt. Der **Nachtragshaushalt** (5.11.) mußte hingegen erheblich nachbessern und trug zu einer deutlichen Bilanzverschlechterung bei. Zudem enthüllte der Finanzminister in seiner Rede im Rückblick auf das Haushaltsjahr 1996/97 eine Deckungslücke von 6,2% gemessen am BSP. Der über N$ 403 Mio. hohe Zusatzhaushalt für 1997/98 machte weitere Anleihen von N$ 333 Mio. auf dem heimischen Kapitalmarkt notwendig und erhöhte damit die geschätzte Verschuldung auf 4,4% des BSP im laufenden Jahr. Für die gesteigerten Staatsausgaben machte der Finanzminister in erster Linie höhere Gehälter im öffentlichen Dienst, Arbeitsbeschaffungsmaßnahmen für die ehemaligen SWAPO-Kämpfer sowie durch Wechselkursverluste gestiegene Schuldzinsen verantwortlich - eine insgesamt eher beunruhigende Kombination von Faktoren, die durch den Skandal ergänzt wurden, daß 12 der insgesamt 27 Haushaltszuweisungen im vorangegangenen Finanzjahr durch unautorisierte Überziehung der bewilligten Mittel die Mehrausgaben und damit das Haushaltsdefizit gesteigert hatten.

Das **Wirtschaftswachstum** wurde für 1996 auf 2,5% beziffert und für 1997 auf 1,4% veranschlagt. Unter Berücksichtigung eines jährlichen Bevölkerungswachstums von über 3% entsprach dies einem realen Einkommensrückgang pro Kopf der Bevölkerung. Während die volkswirtschaftliche Entwicklung eine Beitragsminderung der Sektoren Landwirtschaft und Bergbau zum BSP verzeichnete, expandierten Fischerei, die verarbeitende Industrie und die Finanzdienste. Unter den weiteren makroökonomischen Faktoren erwiesen sich die fallende Inflationsrate (Jahresdurchschnitt 8,8%) und eine - auch als Folge davon - niedrigere Zinsrate als günstig und stimulierend. Ein anhaltendes Handelsbilanzdefizit verdeutlichte hingegen die weiterbestehende Abhängigkeit von Rohstoffexporten und unterstrich die Notwendigkeit zu weiteren wertschaffenden Weiterverarbeitungsmaßnahmen im Lande. Wie eine von der *Namibian Economic Policy Research Unit* (NEPRU) durchgeführte Untersuchung ergab, wurde das Investitionsklima im Lande von der ansässigen Geschäftswelt nach dem von Botswana und noch vor dem von Südafrika als zweitbestes in der Region eingestuft. Dennoch konnte dies zum Jahresende allenfalls Anlaß zu gedämpftem Optimismus sein, da die Schatten der ostasiatischen Krise bereits auf die Region des südlichen Afrika fielen.

Henning Melber

Chronologie Namibia 1997

31.01.	Ankündigung von Landenteignungen durch das Kabinett
05.03.	Vorlage des Staatshaushaltes 1997/98
22.05.	Liberalisierung der Devisenausfuhr durch die Zentralbank
28.05.-01.06.	Zweiter SWAPO-Kongreß seit der Unabhängigkeit
30.07.	Verabschiedung des Sicherheitsgesetzes zur Schaffung eines Geheimdienstes
07.-08.08.	Staatsbesuch des Präsidenten der Demokratischen Republik Kongo
30.09.	Vorlage eines Weißbuchs zur Landreform im Parlament
05.11.	Vorlage des Zusatzhaushaltes 1997/98
11.12.	Kabinettsumbildung und -erweiterung

Afrika-Jahrbuch 1997, S. 378-392

Südafrika

Fläche: 1 121 038 km², **Einwohner:** 38 Mio., **Hauptstadt:** Pretoria (Regierung), Cape Town (Parlament), **Amtssprachen:** Afrikaans, Englisch, **Lebenserwartung:** 65 J., **Alphabetisierung:** 81%, **HDI:** 0,716, Rang 3, **Wechselkurs:** $ 1 = Rand 4,68, **Pro-Kopf-Einkommen:** $ 3520, **BSP:** $ 132 500 Mio., **Anteile am BIP:** 5% - 39% - 57%, **Hauptexportprodukte:** Gold 23%, Metall und Metallprodukte 12%, Diamanten 11%, **Staats- und Regierungschef:** Nelson R. Mandela, **Regierungsparteien:** African National Congress (ANC), Inkatha Freedom Party (IFP)

Innenpolitik

Mit dem Inkrafttreten der neuen Verfassung und der Konstituierung des 54köpfigen Nationalen Rats der Provinzen (Vorsitz: der Ex-Premier der Provinz Free State, P. Lekota), der an die Stelle des Senats trat, war der **Abschluß des formalen Umbaus des Post-Apartheid-Staates** erreicht (3./6.2.). Die Regierung der nationalen Einheit (GNU, *Government of National Unity*), die seit dem Auszug der *National Party* (NP) im Vorjahr nunmehr allein aus ANC und IFP bestand, bewies mit der Inkraftsetzung von 108 Gesetzen Reformeifer und Handlungsfähigkeit. Dies ging mit Versuchen zur **stärkeren Koordinierung und Zentralisierung der Regierungsführung** durch das Vizepräsidialamt von Th. Mbeki (ANC) einher, der die Bildung einer sozioökonomischen Koordinierungseinheit für die Ressorts Außen, Finanzen, Handel/Industrie, Sicherheit, Verteidigung sowie Post/Telekommunikation und ferner Rundfunk und Öffentliche Unternehmen bekanntgab (3.10.). Parallel hierzu wurde im Amt von Vizepräsident Mbeki ein zentralisiertes *Government Communication and Information System* (GCIS) unter Präsidentensprecher J. Nesthitenzhe geschaffen, das den früheren Informations- und Propagandadienst *South African Communcation Service* ersetzen sollte. Der innenpolitische Prozeß konzentrierte sich noch stärker als in den Vorjahren auf die Konsolidierung der Positionen der einzelnen Parteien; Fragen der politischen Kultur des "neuen" Südafrika rückten in den Vordergrund.

ANC: Zentralismus und Nachfolgeregelung

Ausgehend von einer in den Vorjahren relativ abgesicherten Machtbasis in Staat und Regierung ging die ANC-Führung daran, ihre weiterhin prekäre Machtbalance innerhalb der facetten- und strömungsreichen Partei zu konsolidieren und gleichzeitig den Umbau des ANC zu einer politischen Partei voranzutreiben. Verbunden mit der Regelung der Nachfolge von Parteipräsident N. Mandela (* 1918) zugunsten seines Vize Th. Mbeki (* 1942) vollzog sich diese Konsolidierung unter den Vorzeichen eines Zentralismus mit autoritären Zügen, den eine innere Führungsriege um Mbeki betrieb, die weniger ideologisch als pragmatisch agierte. Folglich zählten zum inneren Zirkel sowohl Mitglieder des ANC als auch solche der mit ihm in einem symbiotischen Bündnis verwobenen *South African Communist Party* (SACP). Das durch Macht- und Fraktionskämpfe sowie persönliche Fehden getrübte **Verhältnis zwischen Parteiführung und einigen Provinzverbänden** bestätigte sich zunächst im Free State, wo es der 1996 von der Parteiführung eingesetzten Premierministerin I. Matsepe-Casaburri nicht gelang (16.2.), an die Spitze des ANC-Provinzverbandes gewählt zu werden (Free State-Wirtschaftsminister Z. Dingani setzte sich knapp durch). In der politisch und ökonomisch zentralen Provinz Gauteng (ehemals Pretoria-Witwatersrand-Vereeniging) fiel mit M. "Tokyo" Sexvale eine im ANC populäre Größe offensichtlich der Machtarrondierung von Mbeki zum Opfer. Sexvale kündigte seinen Ausstieg aus der Politik für Anfang 1998 an (26.6.; er übernahm eine Führungsposition bei *Johannesburg Consolidated Industries*). Parteiführung und Provinznotablen gelang es jedoch nicht, ihren Wunschkandidaten durchzudrücken: ANC-Vizeprovinzchef und Sexvale-Protegé M. Motshekga weigerte sich, seine Kandidatur zurückzuziehen (zunächst gegen Gauteng-Gesundheitsminister A. Massando) und behielt auch gegen F. Chikane, ehemaliger Generalsekretär des Kirchenrats *SACC* und derzeit Staatssekretär im Büro von Vizepräsident Mbeki, die Oberhand (29.9.). Gegen Cliquenwirtschaft und die Herrschaft von Seilschaften im ANC sprach sich aus der Führungsriege lediglich der

ANC-Premier von Mpumalanga, M. Phosa, aus.

Mehr taktisches Geschick bewies der innere Führungszirkel um Mbeki bei der Organisation des 50. Parteikongresses und einer breit akzeptierten Regelung der Nachfolgefrage. Debatten über eine angebliche Überrepräsentanz von "Indern" und "Coloureds" in Parteiführung und Fraktion, eine prononcierte inhaltliche Abgrenzung des SACP vom ANC sowie mögliche Führungsambitionen von W. Madikizela-Mandela, der früheren Ehefrau von N. Mandela, hatten zuvor Spannungen deutlich werden und **Sorgen über den inneren Zusammenhalt der Dreierallianz** von ANC, SACP und Gewerkschaftsdachverband *Congress of South African Trade Union* (COSATU) aufkommen lassen. "Afrikanistisch" inspirierte Angriffe gegen den als ebenso brillant wie arrogant geltenden Minister K. Asmal mündeten in eine Diskussion der ANC-Fraktion in der Nationalversammlung über das Thema "proportionale Repräsentation" der unterschiedlichen Bevölkerungsgruppen im ANC (Mai), also den Kern des nicht-rassistischen Selbstverständnisses der Partei (im Oktober tauchte eine Variante dieses Themas auf, als der - afrikanische - Ex-Generalsekretär C. Ramaphosa beschuldigt wurde, gemeinsam mit einer Kabinettsgruppe unter Führung eines indisch-stämmigen Ministers daran zu arbeiten, Mbeki auszubooten). Ausgelöst durch das aus SACP-Sicht zu schleppende Reformtempo und einen heftigen Konflikt über die Arbeitsgesetzgebung (s.u.), in dem sich die SACP-Positionen zusehends denen der traditionell ANC-nahen COSATU annäherten, hatte die COSATU zunächst - auf Initiative der Metallarbeitergewerkschaft *National Union of Metallworkers of South Africa* (NUMSA) - auf ihrem 6. Kongreß (15.-18.9.) beschlossen, Mitgliedsbeiträge erstmals direkt zur Finanzierung der SACP abzuführen. Die **wachsende politisch-ideologische Übereinstimmung zwischen SACP und COSATU** ging somit mit einer wachsenden finanziellen Abhängigkeit der SACP von der COSATU einher. Das Spaltungspotential für die Dreierallianz wurde schlagartig deutlich, als P. Mokaba (ANC-Vizeminister für Umwelt) und J. Cronin (SACP-Vizegeneralsekretär) sich in einen öffentlichen Streit über die Rolle der SACP im ANC verstrickten (7.10.). Mit Mokaba stellte erstmals ein prominentes ANC-Mitglied die gewichtige Rolle von SACP in Regierung und ANC in Frage. Im Kern berührte der Konflikt die Frage, ob sich der nationalistische, auf einer Vielzahl durchaus widersprüchlicher Interessen und Gruppierungen gründende ANC ideologisch in Richtung *Sozialdemokratismus oder Sozialismus* entwickeln sollte. Schließlich erwuchs durch den Abschluß des politischen Comebacks (Wiederwahl an die Spitze der ANC-Frauenliga, 25.4.) von W. Madikizela-Mandela - wegen ihrer regierungskritischen Position zwar populär, wegen ihrer Verwicklung in schwere Menschenrechtsverletzungen aber auch umstritten - die Möglichkeit einer Kandidatur für das Amt der Parteivizepräsidentin unter Mbeki, mit möglichen Ansprüchen auf eine ähnliche Rolle auch im Staat. Die Parteiführung forcierte daher ihre Regie zur Sicherung der Nachfolge des Parteipräsidenten zugunsten des von N. Mandela bereits im Vorjahr öffentlich auserkorenen Mbeki, wobei die Nominierungen der Provinzverbände für die anderen Spitzenpositionen im ANC durchaus voneinander abwichen.

Auf dem 50. ANC-Kongreß (16.-20.12., in Mafikeng) inszenierte die Parteiführung die **Übergabe der politischen Nachfolge von Mandela an Mbeki**. Zum Auftakt geißelte N. Mandela in seiner Rede die seiner Ansicht nach "reaktionäre" Obstruktion der früheren Regierungspartei NP (1948-94), aber auch der liberalen *Democratic Party* (DP) gegenüber der ANC-Politik von Versöhnung und Wiederaufbau, und attackierte - was von den Medien nicht in gleichem Maße aufgegriffen wurde - auch Karrierismus, Opportunismus und Korruption im ANC. Die wesentlich von Mbekis Stab entworfene Rede Mandelas sowie Mbekis eigene, im Gegensatz hierzu weitgehend unspektakuläre Rede hatten deutlich die Funktion, den Abstand zwischen dem "Versöhnungspolitiker" Mandela und dem als "Afrikanisten" geltenden Mbeki zu verringern, sie markierten aber auch den Übergang vom Staatsmann Mandela zum Politiker Mbeki. Die bis dahin noch wenig kritisierte Amtsführung Mandelas war im Verlaufe des Jahres stärker in die Kritik geraten, zumal dieser - mit ähnlicher Diktion wie in Mafikeng - die Rolle europäisch-stämmiger Verleger und Herausgeber in den Printmedien Südafrikas heftig attackierte (21.5./18.12.). Inhaltliche Fragen, etwa die kontrovers diskutierte Wirtschaftspolitik (s.u.), blieben auf dem Kongreß weitgehend ausgeklammert, so daß sich die Aufmerksamkeit fast ausschließlich auf **Personalia** richtete. Erwartungsgemäß wurde Mbeki von den ca. 3000 Delegierten ohne Gegenkandidat zum neuen Parteipräsidenten gekürt. Damit gilt er als der aussichtsreichste Kandidat für die Nachfolge des 79jährigen Mandela auch im Amt des Staatspräsidenten (ab Mai 1999). Vizepräsident des ANC wurde - ebenfalls ohne Gegenkandidat - J. Zuma, bis dahin Nationaler Vorsitzender und gleichzeitig Wirtschaftsminister in kwaZulu/Natal. Im Gefolge der rigiden Parteiregie im Vorfeld des Kongresses nahm es kaum Wunder, daß W. Madikizela-Mandela die Nominierung für eine Kandidatur öffentlich ausschlug. Die Wahl Zumas war insofern vorläufiger Endpunkt der Wiederannäherung von W. Madikizela-Mandela an den ANC, sie war aber auch ein starkes Signal an den Koalitionspartner IFP und dessen dialogfähige Kräfte (s.u.). Zum Generalsekretär wurde K. Motlanthe ohne Wahl bestimmt, bis dahin Generalsekretär der Bergarbeitergewerkschaft *National Union of Mineworkers*. In einer Stichwahl für den Posten des Nationalen Vorsitzenden behielt Länderkammerchef Lekota deutlich die Oberhand gegenüber Sportminister St. Tshwete. Mbekis Wunschkandidatin M. Myakayaka-Manzini unterlag knapp der Vorsitzenden der ANC-Genderkommission, Th. Mtintso, bei der Wahl zur Vizegeneralsekretärin (die bisherige Amtsinhaberin Ch. Carolus war zuvor zur Botschafterin in Großbritannien ernannt worden). Bei der **Wahl zum 60köpfigen Nationalen Exekutivkomitee** (NEC) schnitten indisch-stämmige Vertreter sowie SACP-Kandidaten überdurchschnittlich gut ab. Ex-Generalsekretär Ramaphosa, 1994 auch aus Konkurrenz zu Mbeki bei der Vergabe der Vizepräsidentschaft im Staat in die Privatwirtschaft gegangen, verbuchte mit dem besten Stimmenergebnis (N. Mandela hatte auf jegliche Kandidatur verzichtet) einen ähnlichen Erfolg wie der im Vorjahr von Mbeki im Kabinett degradierte P. Jordan. Weitere "Gewinner" auf dem - in Zukunft nur noch alle fünf Jahre tagenden - Kongreß waren die Minister Asmal (Wasser- und Forstangelegenheiten), S. "Mac" Maharaj (Transport) und D. Omar (Justiz) sowie T. Manuel (Finanzen), D. Hanekom (Landwirtschaft) und A. Erwin (Handel/Industrie). Ein schlechteres Ergebnis als bei den letzten Wahlen zum NEC 1994 verbuchten W. Madikizela-Mandela und P. Mokaba sowie die Minister S. Mufamadi (Sicherheit), St. Tshwete (Sport) und A. Nzo (Auswärtiges).

Der Umbau der einstigen Befreiungsbewegung ANC zu einer politischen Partei machte indes nur langsam Fortschritte. Nachdem im Frühjahr noch von einer anhaltenden finanziellen Misere des ANC die Rede gewesen war, mit Kreditüberziehungen in Höhe von angeblich R 41 Mio., sprach der zugunsten von M. Msimang (zuletzt Botschafter in Großbritannien) aus dem Amt scheidende Schatzmeister A. Stofile in seinem Rechenschaftsbericht von einer **Konsolidierung der Finanzen**: aus einem Defizit in Höhe von R 74 Mio. 1994 sei ein positiver Saldo von R 30 Mio. geworden. Der Großteil der Mittel wurde durch Spenden afrikanischer Unternehmer und Zuweisungen internationaler Geber, etwa der deutschen *Friedrich-Ebert-* oder der britischen *Westminster-Stiftung*, nicht jedoch durch Mitgliedsbeiträge (1996-97: R 3 Mio.) aufgebracht. Nur die Provinzverbände Gauteng und kwaZulu/Natal konnten ihre Arbeit allein aus Mitgliedsbeiträgen bestreiten, vor allem Frauen- und Jugendliga blieben von Finanzzuwendungen der Parteizentrale abhängig. Symptomatisch für den unbefriedigenden Stand der Mitgliederwerbung war die Entwicklung in der Provinz Eastern Cape; statt das Ziel von 40 000 Mitgliedern zu erreichen, sank deren Zahl bis Herbst von 26 000 auf 19 000.

Politische Parteien zwischen Erosion und Neubeginn

Unter den Bedingungen einer sich nach der politischen Transition langsam stabilisierenden Parteiendemokratie sahen sich nahezu alle politischen Parteien vor erhebliche Herausforderungen gestellt. Der autokratische Führungsstil von IFP-Chef und Innenminister G. Buthelezi, Resignation oder Dissens über Sachfragen resultierten in der **Schwächung des gemäßigten IFP-Flügels**. Buthelezi hatte zunächst den schrittweisen Rückzug von F. Mdlalose angekündigt (25.1.): im Februar sollte er als Premierminister von kwaZulu/Natal und 1999 auch als Nationaler Vorsitzender der Partei abtreten. Tatsächlich gab Mdlalose auch sein Parteiamt sofort ab. Seine Position in der Partei übernahm der erst 1996 zum Finanz- und Agrarminister von kwaZulu/Natal ernannte frühere Kulturminister im Kabinett Mandela (1994-96), B. Ngubane; im März wurde er auch Premier von kwaZulu/Natal. Auch der Führer der IFP-Fraktion in Gauteng, M. Myeni, und

Generalsekretär Z. Jiyane traten zurück (25.1./27.1.). Auf der Jahreskonferenz der IFP (19.-21.7.) wurde der grundsätzliche Beschluß des Nationalrats der Partei bekannt, den Fraktionsführer in der Nationalversammlung und dessen Vize, M. Tarr bzw. V. Ngema, von ihren Posten zu entbinden. Als schließlich der Chefunterhändler (1992-94) der IFP, W. Felgate, mit der Begründung, Buthelezis Konfrontationskurs gegenüber dem ANC nicht mehr länger mittragen zu wollen, ausgerechnet zum ANC übertrat (14.8.), betraf die personelle Auszehrung nicht länger nur die "dialogbereiten" Kräfte in der IFP, sondern unmittelbar den Kern von Buthelezis Patronagesystem. Frontal wurde dessen Position schließlich durch die Jugendorganisation der Partei angegriffen, die auf ihrer Jahreskonferenz (6.-7.9.) gegen Buthelezis satzungsgemäßes Recht protestierte, die beiden Führungspositionen in der *Youth Brigade* zu besetzen. Statt den vom Parteichef nominierten M. Zondi zu akzeptieren, wählten die Delegierten mit M. Khawula erstmals ihren Vorsitzenden.

Seitens des ANC war das Verhältnis zur IFP durch einen taktischen Wandel geprägt. Ungeachtet der vor allem in kwaZulu/Natal andauernden politischen Gewalt zwischen Anhängern beider Parteien wurden auf Initiative von J. Zuma (ANC-Chef für Natal-Süd) spezielle Amnestieregelungen für die Provinz diskutiert, die die IFP zwar zunächst zurückwies (25.1.), in der Sache aber weiterzuverfolgen zusagte (11.5.). Auf eine symbolische Anerkennung der Rolle Buthelezis bedacht, übertrug Mandela diesem in Phasen seiner Abwesenheit aus Südafrika immer öfter die kommissarische Führung der Amtsgeschäfte (ab 2.-3.2.). Als Signal des ANC - abgesehen von gewichtigen internen Gründen - konnte auch der Parteiausschluß von S. Nkabinde gelten (7.4.), der als langjähriger *Warlord* von Richmond eine ganz besondere Rolle bei der Organisation politischer Gewalt in kwaZulu/Natal gespielt hatte und alsbald, seiner Protektion verlustig gegangen, unter dem Vorwurf des 18fachen Mordes verhaftet wurde (16.9.). Hatten die Gespräche über eine Sonderamnestie bereits weiteren Druck auf die IFP ausgeübt, eine konziliantere Politik gegenüber dem ANC auch im wohlverstandenen Eigeninteresse zu betreiben, so forcierte Mandela den Druck nochmals, als er - bereits länger anhaltende **Spekulationen über eine Parteifusion von ANC und IFP** aufgreifend - öffentlich über den Nutzen eines Zusammengehens von ANC und IFP nachdachte (14.12.). Buthelezi wehrte sich gegen die Umklammerung, indem er auf weiterhin "ungelöste" Fragen verwies, wie z.B. die von der IFP geforderte internationale Vermittlung über strittige Verfassungsfragen oder die immer noch anhaltende politische Gewalt in kwaZulu/Natal (17.12.). Das Urteil in dem von beiden Seiten zur Mythenbildung genutzten **Prozeß zum "Shell-House-Massaker"** (im Anschluß an eine IFP-Demonstration in Johannesburg waren am 28.3.94 acht Personen vor der ANC-Parteizentrale getötet worden) sprach keine Seite von einer Mitschuld frei (8.12.), doch reichte die Beweislage nicht aus, um einzelne Verantwortliche strafrechtlich belangen zu können. Richter R. Nugent wies die ANC-These eines von der IFP geplanten und vom Regime tolerierten Sturms der Parteizentrale als Verschwörungstheorie zurück, betonte aber auch, daß sechs der acht Getöteten von nichtidentifizierbaren Tätern umgebracht worden seien, und gab damit einer verbreiteten *Agent-provocateur*-These neue Nahrung.

Der tiefe Bruch inmitten der NP zwischen konservativen Adepten der Apartheid und Modernisierern verhinderte im Jahr nach dem Auszug der NP aus der Regierung der nationalen Einheit den angestrebten politischen Neubeginn. Parteichef F.W. de Klerk hatte zunächst Pläne zur Bildung einer neuen Partei angekündigt. Er enthob zu diesem Zweck Generalsekretär R. Meyer seines Postens und betraute ihn mit der Planung dieses Projektes (15.1./19.2.). Die Auflösung der von Meyer geleiteten Arbeitsgruppe auf Initiative des NP-Bundesrates und dessen Parteiaustritt (7./17.5.) signalisierten jedoch eher die **nur begrenzte Reformfähigkeit der NP**. Gleichzeitig wiesen weitere Parteiaustritte - z.B. von zehn Stadträten in Pretoria (25.7.) mit der Folge einer Mehrheitsverschiebung von der NP zum ANC - auf die Gefahr einer Erosion der Stellung der NP als zweitgrößter Partei des Landes hin. Das ganze Ausmaß der inhaltlichen wie personellen Krise der NP offenbarte sich nach dem **Rücktritt von de Klerk als Parteiführer** (28.8.) - angeblich um der NP einen vom Erbe der Apartheid unbelasteten Neuanfang zu erleichtern. Verblassende Anerkennung seiner Rolle als Transitionspräsident (1989-94), die erheblich reduzierte politische Bedeutung der Partei nach 1994 sowie Veränderungen im persönlichen Umfeld konnten seinem

Rücktritt indes den Anklang von Resignation und Rückzug ins Private nicht nehmen. Um die Nachfolge de Klerks bewarben sich der zeitgleich mit Meyer beurlaubte NP-Exekutivdirektor M. van Schalkwyk, der langjährige Außenminister (1977-94) R. Botha sowie die NP-Chefs der Provinzen Gauteng und kwaZulu/Natal, S. de Beer bzw. D. Schutte. Der junge und politisch wenig profilierte van Schalkwyk (* 1960) setzte sich mit deutlichem Vorsprung durch (9.9.). Das Eingeständnis, als Führer des Studentenbundes *Jeugkrag* als Spitzel für den Militärgeheimdienst *DMI* tätig gewesen zu sein, nahm dem proklamierten Neubeginn indes den Schwung. Personell setzte van Schalkwyk auf eine Verjüngung; mit S. Camerer (1993-96 Vizejustizministerin) wurde erstmals eine Frau und Nicht-Burin Fraktionsvorsitzende der NP in der Nationalversammlung (18.9.). Der Posten des Generalsekretärs blieb unbesetzt, faktisch wurde diese Funktion vom neuen Exekutivdirektor R. Schoeman (zuvor bildungspolitischer Sprecher) ausgeübt. Der Generationswechsel wurde mit der Wahl des "*Coloured*" P. Saaiman (* 1951) zum NP-Chef der Provinz Northern Cape (21.9., für den zurückgetretenen K. van Niekerk) fortgesetzt; in Western Cape allerdings wurde Premier H. Kriel an der Spitze der NP bestätigt (27.11.). Inhaltlich ließ van Schalkwyk trotz Vorlage einer "Agenda 21" (20.9.) ein deutlich neues Profil noch nicht erkennen.

Vom Niedergang der NP unmittelbar zu profitieren hoffte das *Unity Democracy Movement* (UDM) als **erste substantielle Neugründung im politischen Spektrum**. Die Gründung einer politisch gemäßigten, nicht-rassistischen Alternative zwischen ANC und NP war gemeinsam vom ehemaligen NP-Generalsekretär Meyer und dem früheren Chef der Militärjunta des Homelands Transkei (1988-94), dem 1996 vom ANC verstoßenen B. Holomisa, betrieben worden. Zu diesem Zweck fusionierte dessen *National Consultative Forum* mit Meyers zwischenzeitlich gegründeten *New Movement Process* (27.9.). Durch die Mitwirkung der *United Christian Democratic Party* des früheren Homelandchefs von Bophuthatswana, L. Mangope, haftete indes auch dem UDM das Odium von Apartheid und Kollaboration an. Von der Schwäche der NP profitierten bislang jedoch vor allem die beiden kleinen in der Nationalversammlung vertretenen Klientelparteien, die liberale DP und die burisch-konservative *Freedom Front* (FF). Die Wiederwahl der jeweiligen Parteiführung unterstrich die relative innere Stabilität dieser beiden Parteien (14.9./26.10.).

Der **Pan-Africanist Congress of Azania** (PAC) hingegen blieb politisch geschwächt. Der auf drei Jahre befristete Ausschluß von Ex-Parteichef C. Makwetu wegen parteigefährdenden Verhaltens (11.5.) spaltete die ehemalige Befreiungsbewegung weiter. Der starke Provinzverband Western Cape lehnte den Ausschluß ab und wollte den neuen Parteiführer, Bischof St. Mogoba, nicht länger anerkennen (13.5.). Das heftige Werben von Staatspräsident Mandela hinsichtlich eines Eintritts des PAC in die Regierung der nationalen Einheit hielt an (u.a. 15.1./22.2.), ebenso der Versuch, das geistige Erbe der *Black-Consciousness*-Bewegung als gemeinsames nationalistisches Erbe zu reklamieren, wie bei der Einweihung eines Denkmals zu Ehren des ermordeten Studentenführers St. Biko durch Mandela, Buthelezi und Mogoba (12.9.). Als Hintertreiben dieser Strategie mochten daher die "Enthüllungen" über angebliche Polizeispitzeldienste hochrangiger ANC-Funktionäre, darunter Kabinettsmitglieder, gelten, die von der Wortführerin der Western-Cape-Faktion des PAC, P. de Lille, im Parlament vorgetragen wurden (22.10.). In einer erstmaligen **Abstrafung einer Parlamentarierin** wurde de Lille auf Betreiben des ANC wegen "Mißbrauchs ihrer parlamentarischen Rechte" für 15 Arbeitstage von den Beratungen ausgeschlossen (25.11.). Zuvor hatte Mandela im Zusammenhang mit Mogobas angestrebter Vertretung des PAC in dem für die Geheimdienste zuständigen Parlamentskomitee seinerseits den nur unzureichend ausgeräumten Eindruck erweckt (29.8.), Mogobas Vergangenheit weise in dieser Frage möglicherweise dunkle Punkte auf (1988 war er im Prozeß gegen PAC-Guerillaführer E. Zulu als Zeuge der Anklage aufgetreten).

Wahrheits- und Aussöhnungskommission

Die Arbeit der seit 1995 tätigen *Truth and Reconciliation Commission* (TRC) blieb umstritten: interne Auseinandersetzungen mit rassistischen Untertönen zwischen den 17 Kommissaren unter Leitung von Bischof D. Tutu einerseits und anhaltende Kritik über den vermeintlichen politischen Mißbrauch der Kommission durch deren Konzentration auf die Verfolgung ehemaliger Repräsentanten des Apartheidregimes andererseits minderten deren öffentliche Akzeptanz vor allem in der europäisch-stämmigen Bevölkerung ebenso wie eine Blanko-Amnestie für ANC-Kader. Nach wie vor litt die Arbeit der Kommission - sie galt der Aufklärung von Menschenrechtsverletzungen unter dem Apartheidsystem, der Aburteilung bzw. Amnestierung von Tätern sowie der Entschädigung von Opfern - unter der gering ausgeprägten Aussagebereitschaft der politisch Verantwortlichen, insbesondere hinsichtlich des Wirkens einer "Dritten Kraft", die eine Machtübernahme des ANC auch gewaltsam hintertrieben hatte. In diesem Zusammenhang gaben auch die wenig instruktiven Aussagen von Ex-Staatspräsident (1989-94) de Klerk (14.5.) und deren emotionale Kommentierung durch Kommissionsvize A. Boraine Anlaß zur Diskussion. Die Aktivitäten des zentralen politischen Entscheidungsgremiums in den 1980er Jahren, des *State Security Council*, waren ebenfalls Gegenstand von Anhörungen (14.-16.10.); Ex-Staatspräsident (1978-89) P.W. Botha weigerte sich bis Jahresende, in dieser Angelegenheit vor der Kommission auszusagen, und hatte deswegen zivilrechtliche Schritte zu befürchten.

Für die Akzeptanz der Kommission, auch als einem zentralen Element der Versöhnungspolitik des ANC, erwies sich daher die **Anhörung von W. Madikizela-Mandela** (24.11.-4.12.) als überaus wichtig - das Timing parallel zur Nominierung der ANC-Spitzenkandidaten für den Parteikongreß ließ überdies auch auf eine parteipolitisch motivierte Inszenierung zur Demontage des Mythos "Winnie" schließen. Im Mittelpunkt der Anhörung stand die Frage der bereits teilweise gerichtsurkundlichen Beteiligung von Madikizela-Mandela an der Ermordung des 14jährigen St. Seipei sowie des Arztes A. Baker-Asvat (1989 war Seipei vermutlich bei einem außer Kontrolle geratenen Verhör über seine Rolle als Polizeispitzel ums Leben gekommen, wofür der Chef von Madikizela-Mandelas Leibgarde bereits verurteilt worden war; ein potentieller Zeuge - der Arzt, der den sterbenden Jungen untersucht hatte - war kurz danach getötet worden). Starzeuge der Anhörungen war K. Cebekhulu, ein seinerzeit gemeinsam mit Seipei in das Haus von Madikizela-Mandela entführter und später vom ANC nach Zambia verbrachter Jugendlicher, dessen Biographie in einem neuerschienenen Buch eines Journalisten popularisiert worden war. Einerseits wurde Madikizela-Mandela vor der Kommission schwer belastet, indem u.a. der für den Mord an dem Arzt verurteilte Th. Dlamini behauptete, sie habe ihn für diesen Mord gedungen, und ANC-Funktionäre bekräftigten, sie habe Anweisungen von Partei und Ehemann ignoriert, die Jungen freizulassen. Andererseits vermied die in der Geschichte von Partei und Frauenliga gewichtige Gegenspielerin von Madikizela-Mandela, A. Sisulu, überraschend eine belastende Aussage (sie war 1989 Sprechstundenhilfe bei Baker-Asvat gewesen). Eine erhoffte taktische Auswirkung der Anhörung verpuffte daher, zumal sie von der Nachricht (28.11.) begleitet wurde, daß die Kommission 37 Spitzenfunktionären des ANC, darunter Mbeki, Absolution erteilt hatte, ohne nach den individuellen Tatbeständen zu fragen, die Basis des Amnestieersuchens waren.

Der Zeitraum für amnestiefähige Menschenrechtsverletzungen wurde vom 6.12.93 auf den 10.5.94 verlängert (29.8.). Angesichts der längst nicht abgeschlossenen Arbeit wurde die Lebensdauer der Kommission nach Rücksprache mit der Regierung abermals verlängert (18.9.), der Abschlußbericht sollte nunmehr vier Monate später, also am 31.12.98, vorliegen. Der Stichtag für Amnestieanträge wurde daraufhin auf den 14.12. verschoben (17.11.).

Innere Sicherheit

Während die politisch motivierte Gewalt zwischen ANC- und IFP-Anhängern in Teilen von kwaZulu/Natal anhielt, eskalierte ab Herbst in den *Cape Flats* bei Cape Town der Konflikt zwischen Drogenmafia und Bürgerwehr PAGAD (*People Against Gangsterism and Drugs*). Provinzpolizei wie nationale Polizei taten sich schwer, den Konflikt einzudämmen. Von neuer Qualität waren **Morde an europäisch-stämmigen Farmern**, deren gemeinsames Muster sie von gewöhnlicher Kriminalität abzugrenzen schien. Regional konzentrierten sich die Morde - 61 in den ersten neun Monaten - auf den ländlichen Raum um Pretoria. Im Gespräch mit Mandela (9.12.) drohte Farmerverbandschef Ch. du Toit mit eigenen Maßnahmen, falls die Regierung das Problem nicht bis Januar 1998 in den Griff bekommen sollte. Sicherheitsminister Mufamadi wies unterdessen Gerüchte zurück, der frühere bewaffnete Arm des PAC, die *Azanian People´s Liberation*

Army (APLA), sei für die Morde verantwortlich (17.12.). Um die Kapazitäten der Polizei zu verbessern, hatte die Regierung bereits den Einstellungsstopp für Polizisten aufgehoben und die Einstellung weiterer 5250 Polizisten beschlossen (22.5.) sowie ferner den Topmanager Meyer Khan (*South African Breweries*) zum Verwaltungschef der Polizei bestellt (24.5., zum 1.8.).

Außenpolitik

Die Spannung zwischen weitreichenden externen Rollenerwartungen an eine politische wie ökonomische Lokomotivfunktion Südafrikas auf dem Kontinent einerseits und einem zwischen den Akteuren des außenpolitischen Systems Südafrikas nach wie vor nicht vollends geklärten eigenem Rollenverständnis andererseits hielt an. Unter dem von Vizepräsident Th. Mbeki popularisierten Schlagwort der *African Renaissance* - der koordinierten politischen wie ökonomischen Auferstehung des krisengeplagten Kontinents aus eigener Kraft - existierte ein realpolitischer Hauptstrom neben weiteren teils historisch oder moralisch begründeten, teils aber auch auf Selbstüberschätzung beruhenden Initiativen fort.

Realpolitik: Der Westen, Südostasien, Rüstungsexportpolitik

Mit der Einrichtung einer Gemeinsamen Wirtschafskommission mit **Deutschland** und einer anschließenden Investitionskonferenz wurden beim Besuch von Außenminister Nzo in Bonn (3.-5.6.) die Beziehungen zum zweitwichtigsten Handelspartner auf ein Niveau gehoben, wie es sonst nur das Verhältnis zwischen Südafrika und den USA auszeichnet. Zur Eröffnung der Kommission (1.10.) reiste Vizepräsident Mbeki an, der gemeinsam mit Außenminister und Vizekanzler Kinkel den Vorsitz der Kommission führt. Die weiterhin ausgesprochen engen Beziehungen zu den **USA** waren geprägt durch die in Anwesenheit von Vizepräsident Gore abgehaltene 3. Sitzung der Gemeinsamen Kommission (16.-17.2.), einen "privaten" Kurzbesuch der First Lady (18.-21.3.) und die Würdigung Südafrikas als Eckpfeiler der neuen US-Afrikapolitik durch Außenministerin Albright bei deren Stippvisite (13.12.). Die im Vorjahr noch laute Kritik an einzelnen Aspekten der Außenpolitik Südafrika milderte sich - mit einer Ausnahme (s.u.) - ab, zumal Südafrikas Atombehörde alle Pläne zur Lieferung von Nukleartechnologie an den Iran heftigst dementierte (26.8.) und Irans Außenminister bei seinem Besuch (2.-5.11.) den Plänen zur Zwischenlagerung von Rohöl in Südafrika eine endgültige Absage erteilte. Mit Ausnahme der Teilnahme von Staatspräsident N. Mandela (gemeinsam mit Mbeki) am Weltwirtschaftsforum im schweizerischen Davos (2.-4.2.) und am Commonwealth-Gipfel in Edinburgh (23.-28.10.) - der nächste Gipfel wird 1999 in Südafrika stattfinden - spielte der Westen jedoch nur noch eine nachgeordnete Rolle in der Reisediplomatie Südafrikas. Abgesehen von den Besuchen des Königs von Schweden (19.-21.2.), der Präsidenten Finnlands bzw. Portugals (12.-16.5. bzw. 30.7.) sowie der Außenminister des außenpolitisch wie ökonomisch im südlichen Afrika sehr offensiven Frankreichs und ferner Belgiens (9.10. bzw. 10.11.) erinnerte lediglich der Besuch des Prince of Wales (31.10.-5.11.) noch an den Reiseboom ans Kap, der in den Jahren unmittelbar nach dem Ende der Transition zu beobachten gewesen war. Nach Normalisierung und Konsolidierung der Beziehungen zum Westen wies die internationale Reisediplomatie der Regierung Mandela nun vor allem nach **Südostasien**. Der Ausbau der ökonomischen Kooperation stand im Vordergrund von Reisen Mandelas auf die Philippinen, nach Brunei, Singapur und Malaysia (28.2.-10.3.), nach Bangladesh und Indien (26.-29.3.) sowie Indonesien und Thailand (12.-17.7.). Gegenbesuche wurden durch die Premierminister von Singapur (24.-28.2.), Malaysia (7.5.) und Indien (5.-10.10.) sowie des Präsidenten von Indonesien (20.-22.11.) absolviert.

Nachdem 1996 die prinzipielle Entscheidung gefallen war, zum Jahresende die vom Apartheidregime ererbten Beziehungen zu **Taiwan** zugunsten der **VR China** aufzugeben, suchte Taiwan durch seinen Außenminister (13./19.1.) nach einem neuen Rahmen unterhalb der Ebene formaler diplomatischer Anerkennung, wie er schließlich in der Umwandlung der diplomatischen Vertretungen in Liaisonbüros gefunden wurde. Wie angekündigt stellte Südafrikas Luftverkehrsgesellschaft *South African Airways* ihre Flugverbindung nach Taipeh ein (11.2.). China mühte sich indessen, Südafrikas lange hinaus gezögertes Umschwenken zu honorieren. Beim Besuch einer

100köpfigen Wirtschaftsdelegation unter Leitung des Vizeministers für Außenhandel (5.-15.11.) wurden Absichtserklärungen über chinesische Handelsorder im Werte von $ 540 Mio. abgegeben. Der bilaterale Handel sollte 1997 ein Volumen von $ 1,7 Mrd. erreichen, d.h. etwas umfangreicher sein als Südafrikas Handel mit Hong Kong, über dessen Status in den bilateralen Beziehungen zuvor am 12.6. beim Besuch von Vizeaußenminister A. Pahad (ANC) Einigung erzielt worden war. Auf der Grundlage eines bereits am 18.7. unterzeichneten, aber erst Mitte Dezember publik gewordenen Abkommens konnte China, das kein Signatar des Atomwaffensperrvertrages ist, eine als "ausgedient" bezeichnete Anlage zur Fertigung spezieller Röhren aus dem Atomzentrum Pelindaba abbauen. Die formale Aufnahme voller diplomatischer Beziehungen zur VR China (31.12.) erfolgte beim Besuch von Vizepremier und Außenminister Qian Qichen (28.12.-1.1.98), ebenso die Unterzeichnung eines Investitionsschutzabkommens.

Der ambivalente Charakter der Außenpolitik zwischen moralischem Anspruch und pragmatischer Realpolitik offenbarte sich abermals in der **Rüstungsexportpolitik**. Der vom Kabinett bereits prinzipiell genehmigte Verkauf eines elektronischen Panzerkanonenleitsystems für russische T-72 an **Syrien** im Wert von R 3 Mrd. (4.12.96) widersprach der eigenen, durch das *National Coventional Arms Control Committee* (NCACC) festgelegten Politik und rief heftigste Reaktionen Israels und der USA hervor, die eine Verschiebung der strategischen Balance im Nahen Osten befürchteten. Ungeachtet aller Hinweise Südafrikas auf die eigene Handlungsautonomie wurde das Geschäft bis Jahresende nicht weiter verfolgt. Die Verhängung geringer Geldstrafen gegen die Rüstungsfirmen *Armscor*, *Kentron* und *Fuchs Electronics* wegen Waffenschmuggels unter dem Apartheidregime durch ein US-Bundesgericht (28.2.) - dies geschah auf der Basis eines Übereinkommens zwischen den Vizepräsidenten Mbeki und Gore - räumte unterdessen den Weg frei für eine "Normalisierung" der Rüstungskooperation mit den USA. Der Nahe Osten blieb indessen ein lukrativer Markt für Südafrika. Während des Besuchs des Vizepremiers und Verteidigungsministers von **Saudi-Arabien** (24.-29.9.) sowie beim Staatsbesuch von Mandela in Riad (16.-17.11.) kursierende Gerüchte über ein *oil-for-arms*-Geschäft materialisierten sich jedoch zunächst nicht. Innenpolitisch blieb Südafrikas Rüstungsexportpolitik umstritten - so etwa die nach einem Besuch von Vizepräsident Kagame (9.-11.7.) verkündete Entscheidung über die Wiederaufnahme von Exporten nach Rwanda (23.7.). Die Anglikanische Kirche z.B. sprach sich in einem Memorandum generell gegen Waffenverkäufe Südafrikas aus (6.10.). Mit dem am 1.7. im Parlament eingebrachten Gesetzentwurf über die Regulierung von ausländischer Militärhilfe (*Regulation of Foreign Military Assistance Bill*), der sich gegen die Aktivitäten südafrikanischer Söldner im Ausland richtete (die berüchtigte Firma *Executive Outcomes* hatte am 19.3. einen Einsatz zu Niederschlagung von Sezessionisten in Papua Neu-Guinea abbrechen müssen), sowie mit der Ausrichtung der Anti-Minenkonferenz der OAU (19.-21.5.) konnte die Regierung ihren öffentlichen Kredit teilweise wiederherstellen. Unvermindert starkes Interesse fand Südafrikas Beschaffungspolitik, zumal nachdem das Parlament eine Vorlage des Verteidigungsministeriums (*Defence Review*) gebilligt hatte (Aug.), die nicht nur den Kauf der bereits in den Vorjahren ausgeschriebenen vier Korvetten vorsah, sondern auch die Modernisierung des überalterten Bestandes an Hubschraubern, leichten Kampfflugzeugen, Panzern und U-Booten.

Vermittlungen in internationalen Konflikten

Auf keinem Gebiet zeitigte die Dynamik von externen Rollenerwartungen und eigenem Rollenverständnis ähnlich ambivalente Resultate wie bei den Versuchen, in internationalen Konflikten zu vermitteln. Das intensive und persönlich motivierte Engagement Mandelas gegenüber **Nigeria** (s. Afrika Jahrbuch 1995, S. 379f.) nahm deutlich ab. Südafrika schied aus dem mit dieser Frage befaßten Außenministerkomitee des Commonwealth aus (27.10.) und nahm langsam von einer aktiven, aber isolierten Politik Abstand. Nach Gesprächen mit Sudans Präsidenten und dem Chef der *Sudanese People´s Liberation Army* (12./26.8.) bat Mandela parallel zu einer Initiative der IGAD (s. Länderartikel Sudan) die Kontrahenten des **Sudan** gemeinsam zu einem Schlichtungsversuch nach Südafrika, an dem auch OAU-Präsident Mugabe (Zimbabwe) und Ugandas Präsident Museveni teilnahmen (31.8.).

Südafrikas Konfliktvermittlungsversuche konzentrierten sich allerdings deutlich auf **Zaïre** und den Kampf der *Alliance des Forces Démocratiques pour la Libération du Congo-Zaïre* (AFDL) von Kabila gegen das Mobutu-Regime. Die im Vorfeld der 65. Außenministerratstagung der OAU (26.2.-1.3.) intensivierten Bemühungen unter Beteiligung von Nzo - (u.a. Besuch von Ugandas Außenminister (3.-6.2.), Reise nach Zaïre (18.-20.2.) - mündeten in einem regionalen Gipfel in Cape Town (19.2.), an dem neben Museveni und Mugabe auch die Präsidenten von Botswana und Mosambik teilnahmen. Vorzeitig ließ Mandela bekannt werden, daß Vermittlungsgespräche auf der Basis einer vom UN-Sicherheitsrat gebilligten Museveni-Initiative für einen Waffenstillstand *(S/Res/1097,* 18.2.) in Südafrika stattfinden sollten. Unmittelbar nach diesem Gipfel führte Südafrika unter Beteiligung der USA Gespräche mit ADFL und Mobutu-Repräsentanten (20.-21.2.) sowie bilateral mit Kabila (25.-27.2.). Im Geflecht konkurrierender Vermittlungsversuche - Südafrika war durch Mbeki sowohl in Nairobi (19.3.) beim Gipfel einer im Vorjahr eingesetzten Vermittlergruppe als auch in Lomé (26.3.) bei der Sondertagung der OAU vertreten - übernahm Südafrika eine koordinierende Schlüsselrolle und organisierte erste direkte Gespräche der Kontrahenten (5.-8.4., Pretoria), unter Vorsitz von Nzo und dem gemeinsamen Sonderbotschafter von UN und OAU, Sahnoun. Südafrikas Bemühungen erfolgten in engster Abstimmung mit den USA einerseits (Reisen von Mbeki 9.-12.4. und 19.-23.4.) bzw. Mugabe und Museveni. Unklar blieb indes, welche eigenen Ziele Südafrika verfolgte: im Dickicht von Allianzpolitik an der Seite von Museveni und Kagame zugunsten Kabilas, regionalen Führungsambitionen gegen Mugabe sowie Kooperation mit den USA blieb die Rolle des ehrlichen Maklers wenig konturiert.

Erste direkte Verhandlungen zwischen Mobutu und Kabila (4.5.) an Bord der vor der Küste Gabuns liegenden südafrikanischen *SAS Outeniqua* unter Leitung von Mandela und in Anwesenheit von Sahnoun und Mbeki wurden ergebnislos um zehn Tage verschoben. Mbekis Abstimmungen in Botswana mit Mugabe, Museveni, Tanzanias Präsidenten Mkapa und dem US-Sondergesandten, UN-Botschafter Richardson (6.5.), sowie im Umfeld des Krisengebiet selbst mit Mkapa, Kagame und Kabila (8.-9.5.) wurden begleitet von einem weiteren Schlichtungsversuch der Pro-Mobutu-Allianz (8.5., Libreville). Ein zweites Treffen an Bord der *SAS Outeniqua* (14.-15.5.), bei dem - verspätet - lediglich Kabila auftauchte, hatte wegen des ungeachtet aller Gespräche von Kabila forcierten militärischen Vormarsches der ADFL keinerlei reale Funktion mehr: Kabila willigte zwar noch in ein Treffen mit Mandela in Cape Town ein (15.5.), der Rücktritt Mobutus und Kabilas Machtübernahme (16./17.5.) ließen die Vermittlung jedoch endgültig auflaufen. Möglicherweise mit der frühzeitigen Anerkennung der Präsidentschaft Kabilas über die **DR Kongo** (18.5.) verbundene Hoffnungen auf einen bleibenden Einfluß auf die Geschicke des ehemaligen Zaïre erfüllten sich nicht in gewünschtem Maße. Dennoch verteidigte Südafrika Kabila noch gegen die im Westen einsetzende Kritik im Zusammenhang mit dem Verbot von Parteien und befand sich auch hier auf einer Linie mit Museveni, der nach der Vermittlung zu einem Staatsbesuch in Südafrika eintraf (27.-30.5.). Bereits am 5.4. war es zwischen Kabila und dem südafrikanischen Diamantenkonzern *De Beers* zu einem Übereinkommen über den Ankauf der Produktion in Mbuji-Mayi gekommen (Wiedereröffnung des Ankaufsbüros am 19.5.).

War die Vermittlung im Fall Zaïre wesentlich in der Erwartungshaltung der Region und der USA, den Allianzinteressen Südafrikas und letztlich dem - öffentlich nur verhalten zur Schau getragenen - Streben nach Anerkennung seiner Rolle in Afrika durch Aufnahme in den UN-Sicherheitsrat begründet, so stand das Engagement zu **Osttimor und Libyen** stark mit der Biographie Mandelas in Zusammenhang, die jenseits einer klaren Rollenerwartung oder gar Rollenzuweisung indes eher Irritationen auslösten. Angestoßen durch ein Treffen mit Widerstandssymbol Gusmao (15.7.) während seines Indonesienbesuchs startete Mandela eine öffentlichkeitswirksame, zu den langjährigen UN-Bemühungen unklar abgegrenzte Vermittlungsinitiative, in deren Verlauf er u.a. die Nobelpreisträger Ramos-Horta und Bischof Dom Ximenes Belo (25.7./9.9.) sowie Portugals Präsidenten traf (30.7.) und sich für die Freilassung von Gusmao und Autonomie für Osttimor einsetzte. Nach Irritationen über eine scheinbar bevorstehende Abstimmung seiner Bemühungen mit UN-Generalsekretär Annan (4.8.), ordnete sich Mandela anläßlich des Staatsbesuches des indonesischen Präsidenten (20.-22.11.) schließlich explizit in die

UN-Bemühungen ein - während Suharto den höchsten Orden verliehen bekam, den Südafrika an Ausländer zu vergeben hat. In diesen Genuß kam in Anerkennung seiner Verdienste für den Befreiungskampf in Südafrika auch Libyens Präsident Khadhafi (29.10.) anläßlich eines von den USA kritisch beäugten zweiteiligen Besuchs Mandelas (22.-23. und 29.10.). Mit der zuvor auch bereits von Nzo erhobenen, OAU-konformen Forderung nach Aufhebung der UN-Sanktionen gegen Libyen (26.2.) und seinem Eintreten für ein Gerichtsverfahren auf "neutralem" Boden (23.10.) erweckte Mandela den Eindruck, im Konflikt zwischen Libyen und den USA bzw. Großbritannien über den Lockerbie-Abschuß vermitteln zu wollen. Obwohl die Angehörigen der Flugzeugkatastrophenopfer Südafrika als Gerichtsort akzeptierten (26.10.), verfolgte Mandela diese Initiative nach heftigen Angriffen öffentlich nicht weiter und ließ alle diesbezüglichen Ambitionen dementieren (27.10.).

Regionalpolitik

Gegenüber Südafrikas internationalen Bemühungen trat das Engagement in der Region deutlich zurück, kurzzeitige Ausnahmen waren Angola und Swaziland. Im Vorfeld der zunächst für den 25.1. erwarteten Bildung einer Regierung der nationalen Einheit in **Angola** bemühte sich Südafrika, zur Klärung der Rolle von *UNITA*-Chef Savimbi in dieser Regierung beizutragen - u.a. durch ein Treffen von Mandela und Mbeki mit Savimbi in Umtata/Transkei (7.-8.1.), beim Besuch des UN-Sondergesandten (16.1.) sowie während einer Reise Mbekis nach Angola (20.-21.1.). Der Vereidigung der UNITA als Oppositionsfraktion im Parlament Angolas wohnte Mandela bei (11.4.). Nach dem abermaligen Ausscheren Savimbis ließ Südafrikas Engagement indes erheblich nach. In der wegen der Verhaftung von Gewerkschaftsführern eskalierten Krise in **Swaziland** intervenierte Südafrika im Rahmen der Bemühungen der Troika des SADC-Organs für Politik, Verteidigung und Sicherheit (d.h. an der Seite von Zimbabwe und Botswana, zusätzlich nun auch Mosambik). Gespräche zwischen Mandela und Mosambiks Präsidenten sowie zwischen beiden und Swazilands König fanden in Davos bzw. Südafrika statt (3./8.2.). Mandela konsultierte auf einer Rundreise seine Amtskollegen in Zimbabwe, Botswana und Mosambik (13./14.2.), bevor die drei Präsidenten zu weiteren Beratungen in Cape Town zusammentraten (19.2.). Zudem unterstützte Südafrika stillschweigend die Grenzblockade des Gewerkschaftsdachverbands COSATU (3.3.). Die dadurch getrübten bilateralen Beziehungen zu Swaziland sollten nach der vorläufigen Eindämmung des Konflikts durch regelmäßige Konsultationen auf Außenministerebene - wie sie Nzo bei seinem Besuch vereinbarte (21.8.) - verbessert werden (s. Länderartikel Swaziland). Lediglich der Staatsbesuch Mandelas in **Zimbabwe** (19.-21.5.), in dessen Vorfeld der Abschluß eines Kooperationsabkommens zur Verteidigung und die Inkraftsetzung der Handelspräferenzen für Textilien aus Zimbabwe erfolgte (21.1. bzw. 1.3.), sowie der Besuch des Präsidenten von **Namibia** (26.-27.11.) ragten aus den - im Vergleich zu den Vorjahren weniger öffentlich gepflegten - Regionalbeziehungen heraus. Insgesamt blieben diese durch die Weigerung Südafrikas belastet, trotz struktureller Hegemonie in der Region und deren erwarteter Fortschreibung im Ergebnis des Freihandelsabkommens zwischen Südafrika und EU nicht in einen Dialog über Handel mit den SACU- bzw. SADC-Staaten einzutreten. Über die genannten Reiseaktivitäten hinaus nahm Mandela noch an einer Reihe von Konferenzen teil, die in der Region stattfanden, so an den Gipfeltreffen von OAU (in Zimbabwe) und SADC (in Malawi), an der Commonwealth-Konferenz über Demokratie in Afrika und der Regionalkonferenz des Internationalen Langkwai-Dialogs (beide in Botswana) sowie an der 5. Tagung des regionalen Weltwirtschaftsforums (in Zimbabwe). Über den regionalen Kontext hinaus standen noch die Gipfelkonferenzen der AKP-Staaten (in Gabun) und des Commonwealth (in Schottland) auf dem Programm.

Verhandlungen mit der EU

Der Ausschluß von 39% aller Agrarerzeugnisse Südafrikas von Handelsvergünstigungen der EU blieb der Kern der nach 15 Runden auch 1997 noch nicht abgeschlossenen bilateralen **Verhandlungen über ein Freihandelsabkommen**, während gleichzeitig das fortgesetzte Dumping hochsubventionierten Rindfleisches aus der EU - 1993 wurden 7 000 t exportiert, 1996 bereits 46 000 t - die Erzeugerpreise in Südafrika um 30% drückten. Wie schon seit Beginn der Verhandlungen 1995 mußte Südafrika weitere Positionen aufgeben, so die von den EU-Außenministern zurückgewiesene Forderung nach bevorzugtem Zugang bei der Zuteilung von Lieferaufträgen im Rahmen der EU-Entwicklungspolitik (24.2.). Die Aufgabe des spanischen Vetos (24.3.) gegen die im Prinzip bereits vereinbarte qualifizierte Mitgliedschaft Südafrikas im Lomé-Vertragswerk (ein taktisches Manöver Spaniens, um Konzessionen in den separaten bilateralen Verhandlungen über Fischereifragen zu erzwingen) erlaubte Südafrikas **Lomé-Beitritt** auf dem 22. Gemeinsamen Ministerratstreffen von EU und AKP (24.-25.4.). Als unter den AKP-Staaten mit Abstand größter Exporteur in die EU - $ 9,5 Mrd. gegenüber $ 22,5 Mrd. für alle anderen AKP-Staaten im Jahr 1995 - wurde Südafrika der Zugang zu den entwicklungspolitischen Instrumenten von Lomé verwehrt, unter dem bilateralen Sonderprogramm kommt es allerdings noch bis 1999 in den Genuß von jährlich ECU 125 Mio. (die 15. Verhandlungsrunde am 15.12. konzentrierte sich u.a. auf die Forderung nach in ihrer Höhe garantierten Zuwendungen auch über 1999 hinaus). Der erste AKP-Gipfel (6.11.) hieß Südafrika schließlich als 71. Mitglied - mit Sonderstatus - willkommen.

Sozioökonomische Entwicklung

Wirtschaftsentwicklung

Im fünften Jahr des Aufschwungs war ein **Nachlassen des Booms** mit einem Wachstum des BIP um nur noch 1,7% zu verzeichnen (1996: 3,1%), nach Angaben der Zentralbank betrug das Wachstum sogar nur noch 1,5%. Hierzu trug im ersten Halbjahr wesentlich die verarbeitende Industrie bei (3,5% übers Jahr gegenüber 0,5% im Vorjahr). Das Wachstum des tertiären Sektors war mit 1% zwar noch positiv, jedoch deutlich rückläufig (1996: 3%), vor allem im Handel (0,5% statt 3,5%). Exporte nahmen gegenüber 1996 nur noch um 12,5% (1996: 23,5%) auf R 114,1 Mrd. zu, Importe zogen um 11,7% auf ein Volumen von R 130,8 Mrd. an. Für letzteres war eine steigende Binnennachfrage im vierten Quartal und die im Verhältnis zum einheimischen Kostenniveau sich verlangsamende Wachstumsrate für ausländische Produkte entscheidend. In der Kapitalbilanz war ein deutlicher Zuwachs von R 2,7 Mrd. auf R 20,2 Mrd. zu verzeichnen, der wesentlich auf das vorläufige Ende des spekulativen Währungsverfalls des Rand im Vorjahr zurückzuführen war. Während der Rand 1996 gegenüber einem Korb von Währungen 21,9% an Wert verloren hatte, büßte er 1997 nur noch 0,3% ein (gegenüber dem US-$ -3,8%, aber +10,6% zur DM). Gegenüber langfristigen ausländischen Direktinvestitionen in Höhe von R 30 Mrd., vor allem Portfolioinvestments, war ein Abzug kurzfristig angelegten Kapitals zu registrieren (-R 9,8 Mrd. verglichen mit -R 4 Mrd. im Vorjahr). Der im Zusammenhang mit dem El-Niño-Phänomen befürchtete Einbruch in der Landwirtschaft blieb aber weitgehend aus (Rückgang um 1%). Wegen der vorsorglichen Verringerung der Anbaufläche um ein Sechstel wurde für die Saison 1997/98 beim Hauptanbauprodukt Mais mit 8,5 Mio. t ein Ernteergebnis deutlich unter dem Ergebnis der ausnehmend ertragreichen Vorsaison (9,7 Mio. t) erwartet - die Selbstversorgungsfähigkeit war jedoch nicht gefährdet (geschätzter Bedarf: 7,5 Mio. t). Weitere Einbrüche waren im **Goldbergbau** zu verzeichnen, nachdem der Goldpreis am Londoner Markt weiter unter Druck geraten war und sich im freien Fall von $ 370 oz. zu Jahresbeginn auf unter $ 300 oz. bewegt hatte ($ 331 oz. im Jahresdurchschnitt gegenüber $ 388 oz. im Jahr 1996). Bei einer Jahresproduktion von 492,5 t, dem geringsten Ertrag seit 41 Jahren, ging das Wachstum dieses Sektors um 0,4% zurück. Unternehmen und Gewerkschaften des durch weitere Minenstillegungen und Entlassungen bedrohten Goldbergbaus - seit 1987 hatte sich die Zahl der Beschäftigten von 550 000 auf 350 000 verringert, weitere 100 000 Arbeitsplätze galten als gefährdet - reagierten erstmals durch produktivitätsorientierte Tarifabschlüsse (Juli). In der Krise nahm die Konzentration der Branche zu: *Gold Fields of South Africa* (GFSA) und *Gencor* wollten ihre Produktion in einer Firma, *Goldco*, mit einem Geschäftsvolumen von ca. R 12 Mrd. fusionieren (10.10.). Ebenso gliederte die *Anglo American Corporation* (AAC) ihre Goldoperationen neu und faßte sie in *Anglogold* zusammen (20.11.), mit einem Geschäftsvolumen von ca. R 17 Mrd. (um Auflagen der EU gerecht zu werden, hatte sich *Anglo* zuvor von seiner 26,1%-Beteiligung an dem britischen Mischkonzern *Lonrho* getrennt).

Nach dem **vorläufigen Zensusergebnis** (1.7.) mußten Wirtschaftsdaten teilweise neu gewichtet werden: entgegen den Hochrechnungen auf der Basis eines vermuteten Zählungsdefizits betrug die Bevölkerungszahl nicht 42 Mio., sondern 37,9 Mio. (die Geburtenrate war demnach von 4,2% 1980 auf unter 3,2% 1995 zurückgegangen). Die bevölkerungsreichsten Provinzen waren kwaZulu/Natal (7,7 Mio. oder 20,3% der Gesamtbevölkerung), gefolgt von Gauteng (7,2 Mio. oder 18,9%) und Eastern Cape (5,9 Mio. oder 15,5%). Die Urbanisierungsrate wurde vom Statistischen Dienst mit 55% (1996) angegeben, statt zuvor geschätzter 50%. Kritisch wurde jedoch eine Diskrepanz dieser Daten zu den bei den Wahlen von 1994 zugrundegelegten Zahlen moniert (die Wahldurchführung basierte auf einer Schätzung von 44 Mio. Bürgern).

Fiskal- und Haushaltspolitik

Nachdem die Inflationsrate mit 8,6% gegenüber dem Vorjahresdurchschnitt (7,4%) nur maßvoll gestiegen war - in erster Linie wegen der Auswirkungen der Wechselkurseinbrüche 1996 -, ließ die Zentralbank unter Gouverneur C. Stals angesichts der als erstem Anzeichen für eine kommende Rezession gedeuteten Verlangsamung der Binnennachfrage (mindestens bis zum dritten Quartal) die Zügel ihrer strikten Geldmengenpolitik etwas lockerer und optierte nach den zweifachen Anhebungen des Vorjahres für eine **Absenkung des Diskontsatzes** um einen Prozentpunkt auf 16% (17.10.).

Bei der Vorlage des **Haushaltsentwurfs 1997/98** (12.3.) bekräftigte Finanzminister T. Manuel (ANC) die makroökonomische Politik der Regierung Mandela. Zur Verwirklichung des 1994 proklamierten Wiederaufbau- und Entwicklungsprogramms (*Reconstruction and Development Programme*, RDP) setzte sie mittelfristig bis zum Jahr 2000 auf das wachstumsorientierte und zu den Empfehlungen von Weltbank und IWF konforme Programm *Growth, Employment and Redistribution* (GEAR). Ausgaben in Höhe von R 186,7 Mrd. (+ 6,1% gegenüber dem Ergebnis von 1996/97) standen erwartete Einnahmen in Höhe von R 162 Mrd. (+ 11%) gegenüber. Das Defizit vor Kreditaufnahme sollte auf R 24,8 Mrd. oder 4% des BIP begrenzt werden (1996/97 betrug es R 30,3 Mrd. oder 5,1% des BIP). Durch Verkäufe aus der strategischen Ölreserve und Privatisierungserlöse - vorgesehen war u.a. der Verkauf von bis zu 30% der *Telkom* - sollte das Defizit weiter auf R 21,5 Mrd. heruntergefahren werden (1996/97: R 28,7 Mrd.). Für die Bezieher von Jahreseinkommen unter R 60 000 waren in Übereinstimmung mit den Empfehlungen des dritten Zwischenberichts der *Katz-Kommission* Steuererleichterungen vorgesehen, dafür sollten Verbrauchssteuern auf Tabak und Alkohol angehoben werden. Das Budget ging mit weiteren Lockerungen der Devisenkontrollen einher (Erhöhung der Ausfuhrgrenzen bei Auslandsreisen, Recht auf Devisenkonten für Individuen mit Umsetzung zum 1.7.). Bei der Zuteilung der Steuereinnahmen an die Provinzen und der Aufteilung der Ausgaben zwischen Zentralstaat und Provinzen agierte der Budgetrat aus Fachministern und Spitzenbeamten (die *Financial and Fiscal Commission* hatte Beobachterstatus) zwar noch unter den Bestimmungen der Übergangsverfassung, orientierte sich aber bereits am Geist der endgültigen Verfassung. Nach Ausgliederung der Ausgaben für die Begleichung öffentlicher Schulden sowie für Sozialpensionen, das RDP und den Wohnungsbau wurde der verbleibende Betrag nach dem gleichen Schlüssel zwischen Zentralregierung und Provinzen verteilt wie im Vorjahr, so daß insgesamt R 84 Mrd. an die Provinzen flossen (im Gegensatz zu den Provinzen konnten die Gemeinden 90% ihrer auf R 45 Mrd. bezifferten Ausgaben aus eigenen Einnahmequellen decken). Schwerpunkt der Ausgaben waren die Bereiche Bildung (R 40 Mrd.), Gesundheit (R 20 Mrd.) und Wohlfahrt (R 18 Mrd.), auf die ca. 55% aller Ausgaben entfielen (inkl. Anhebung der Sozialrenten von R 430 auf R 470 zum 1.7. und Gewährung eines pauschalen Kindergeldes nach Empfehlung des *Lund-Berichts*). Zusätzlich entfielen auf RDP-Projekte R 4,4 Mrd., in den Wohnungsbau sollten R 4 Mrd. gehen (wobei in diesem Sektor mit dem Bau von 190 000 Einheiten im Haushaltsjahr eine Trendwende erwartet wurde). Die Ausgaben für den Sicherheitsbereich sollten R 30 Mrd. betragen, wobei durch Kürzungen und Umschichtungen zugunsten von Polizei, Gefängniswesen und Justiz der Anteil des Verteidigungsetats gemessen am BIP weiter zurückging (1,6% gegenüber 4,5% 1989/90). Im Rahmen einer auf drei Jahre angelegten Nationalen Kriminalitätsvorbeugungsstrategie wurden R 406 Mio. von insgesamt veranschlagten R 902 Mio. budgetiert. Die Schuldendienstquote sollte mit R 39,9 Mrd. um einen Prozentpunkt auf 21% bezogen auf die Ausgaben steigen, in Bezug auf den Anteil gemessen am BIP aber von 6,5% leicht auf 6,4% zurückgehen.

In erster Linie wegen Mehrausgaben der Provinzen - und hier vor allem in Eastern Cape und kwaZulu/Natal - sowie geringerer Steuereinnahmen (die Amnestie für vor dem 26.4.94 säumige Steuerzahler war am 28.2. verstrichen), mußte Manuel frühzeitig einräumen (12.8.), daß das Ziel der Defizitbegrenzung auf 4% des BIP kaum zu realisieren war. Das Schatzamt bestätigte später, daß die Ausgabenentwicklung im ersten Halbjahr des Budgets bereits 11,5% über dem Vorjahresergebnis lag (16.10.). Vor diesem Hintergrund nahm sich die zur Stärkung des politischen Prozesses erstmals erfolgte **mittelfristige Haushaltsplanung** durch Bekanntgabe von Zielvorgaben für die Haushaltsjahre bis 2000/01 (2.12.) ausgesprochen optimistisch aus: die Budgets sollten um 9,5% pro Haushaltsjahr anwachsen. Manuel ging dabei von einer Verringerung der Inflation von 7,5% (1998/99) auf 6% (2000/01) und einem Wirtschaftswachstum von 3%, 4% bzw. 5% für die Jahre 1998-2000 aus, das es erlauben sollte, den Schuldendienst von geplanten 6,4% gemessen am BIP für 1997/98 auf einen Anteil von 5,7% zu reduzieren.

Arbeitsbeziehungen

Die engen Beziehungen zwischen der Regierungspartei ANC und ihrem Allianzpartner COSATU waren im Bereich der Arbeitsbeziehungen erheblichen Belastungen ausgesetzt. Zeitweilig drohte konfrontative Politik beider Seiten, den während der politischen Transition 1990-94 mühsam erzielten korporativistischen Rahmen für Arbeitsfragen - die gemeinsame Politikformulierung durch Staat, Arbeitgeber und Gewerkschaften im *National Economic Development and Employment Council* (NEDLAC) - ins Abseits zu drängen. Im Mittelpunkt des Konflikts stand der am 16.4. vom Kabinett abgesegnete **Gesetzentwurf über Mindeststandards für Beschäftigte** (*Basic Conditions of Employment Bill*). In Übereinstimmung mit dem *Green Paper* zu Arbeitsfragen (14.4.) sah der Gesetzentwurf u.a. die Reduzierung der wöchentlichen Arbeitszeit von 46 bzw. 48 Stunden auf einheitlich 45 Stunden vor (mit kleinen Ausnahmen). Der 1,7 Mio. Mitglieder zählende Gewerkschaftsdachverband COSATU erhob dagegen die **Forderung nach Einführung der 40-Stundenwoche** (über einen Zeitraum von fünf Jahren), eines sechsmonatigen Schwangerschaftsurlaubs (davon vier Monate bezahlt, der Rest verhandelbar) und die Festsetzung des Mindestarbeitsalters auf 18 statt auf 15 Jahre wie im Gesetzentwurf vorgesehen (17.5.). Der permanenten Androhung bzw. tatsächlichen Umsetzung von landesweiten Streiks (2.6., ab 26.6.) zur Durchsetzung der COSATU-Forderungen setzte die Regierung die Drohung entgegen, den Entwurf ersatzlos zurückzuziehen (14.7.). Der Konflikt wurde beigelegt, wenn auch nicht abschließend geregelt, als die Regierung bereit war, die 40-Stundenwoche im Gesetzentwurf aufzunehmen, allerdings als Fernziel ohne verbindlichen Zeitrahmen (18.7.). Das *Afrikaanse Handelsinstituut* (AHI), als einer von mehreren Arbeitgeberverbänden, wies allerdings darauf hin (15.9.), daß über die Frage innerhalb der NEDLAC kein hinreichender Konsens erzielt worden war. Gleichwohl brachte die Regierung den Gesetzentwurf im Parlament ein (10.10.). Einer weiteren Streikandrohung von COSATU wurde unter Umgehung von NEDLAC durch direkte Gespräche zwischen den Parteien der Dreierallianz - ANC, SACP und COSATU - begegnet (22.10.).

Am Ende des parlamentarischen Verfahrens (19.11.) hatten sich Regierung und ANC gegen alle Anfechtungen durchgesetzt, unter teilweiser Preisgabe des konsensualen und korporativistischen Prinzips der Vorjahre und bei erheblicher Belastung der Allianz. Während des Konflikts sah COSATU-Vizegeneralsekretär Zw. Vavi die Beziehungen auf einem historischen Tiefpunkt angekommen (25.7.). Hinter der Auseinandersetzung um die Arbeitsgesetzgebung stand indes ein tiefergehender Konflikt, dessen Kern die **Ablehnung des GEAR durch COSATU** war. In einem zur Vorbereitung des 6. COSATU-Kongresses (15.-18.9.) verfaßten Bericht zur Zukunft der Gewerkschaften unter Federführung von COSATU-Vizepräsident C. September wurde u.a.

beklagt, daß GEAR ohne ausreichende Konsultationen des ANC mit den Gewerkschaften entworfen worden war. Der SACP wurde fehlende intellektuelle Führung attestiert und unterstellt, daß sie ihre Identität verlöre. Statt auf Deregulierung und Wachstum setzte COSATU auf die Regulierung von Finanzmärkten, den Erhalt von Devisenkontrollen, eine "entwicklungspolitische" Rolle der Zentralbank und die höhere Besteuerung von Besitzenden. Der COSATU-Kongreß lehnte das GEAR offiziell ab und forderte statt des sozialdemokratisch, reformistischen Regierungskurses eine klare Umverteilungspolitik (19.9.).

Landpolitik

Im Zentrum der **zweigleisigen Agrar- und Landpolitik** der Regierung - Liberalisierung der Märkte einerseits, Reform des Zugangs zu Boden andererseits - standen 1997 die Landrechte von Pächtern. Wie im *Weißbuch zur Landpolitik* (17.6.) bestätigt, stellte die Herstellung der Rechtssicherheit von Pächtern - neben der Restitution von Landtiteln und der nach rechtsstaatlichen Kriterien und unter marktwirtschaftlichen Bedingungen organisierten Landumverteilung - den dritten Pfeiler der Landreform dar. Angesichts anhaltender Vertreibung von Pächtern von Großfarmen zielte der vom Minister für Landwirtschaft und Landfragen am 4.2. vorgestellte **Gesetzentwurf über die Ausweitung der Pachtsicherheit** (*Extension of Security of Tenure Bill*) darauf ab, Pachtrechte dauerhaft zu regeln und damit auch einen Verfassungsartikel in die Praxis umzusetzen. Zielgruppe waren jene Pächter, die bereits mehr als 20 Jahre als Pächter ansässig und über 55 Jahre alt bzw. behinderte ehemalige Farmarbeiter waren. Ihnen sollte ein nicht übertragbares Bleiberecht eingeräumt werden. Der Gesetzentwurf bezog sich nicht auf Landbesetzer (die Vertreibung illegaler Siedler, sog. *squatter*, sollte durch den am 8.9. eingebrachten, aber nicht mehr verabschiedeten Gesetzentwurf über die Verhinderung ungesetzlicher Besetzung von Land geregelt werden). Gleichzeitig sah der Entwurf empfindliche Strafen für illegale Landvertreibungen vor und setzte den Gerichten einen engen Rahmen hinsichtlich der Genehmigung weiterer Landvertreibungen. Lediglich städtischer Boden, der z.B. für den Wohnungsbau vorgesehen war, blieb von der Reichweite des Entwurfs ausgenommen. Die in den vorherigen siebenmonatigen Konsultationsprozeß eingebundene konservative Interessenvertretung der europäisch-stämmigen Farmer, die *South African Agricultural Union* (SAAU), lehnte den Entwurf als destruktiv ab (14.2.). Sie fürchtete, die "radikale Intervention" sei geeignet, ihre Klientel gegen die Landreformpolitik der Regierung aufzubringen. Im Gegenzug forderte das *National Land Committee* (21.2.) als Sprachrohr der Begünstigten, Übergangsregelungen zu erlassen, um Farmarbeiter im Zeitraum bis zum Inkrafttreten des Entwurfs vor einer "vorbeugenden" Landvertreibung zu schützen. Angesichts der nur wenig verhüllten Drohungen der SAAU trat das Ministerium für Landfragen unter Verhandlungsführung des Staatssekretärs in intensive Diskussionen mit der SAAU ein (ab 25.2.), an deren Ende ein überarbeiteter Gesetzentwurf zur Billigung an das Kabinett ging (26.3.). Der dort genehmigte und dann dem Parlament zur Beratung vorgelegte Entwurf (22.5./17.6.) unterschied sich schließlich vom ersten Entwurf vor allem darin, daß ausführlich Rechte und Pflichten sowohl der Pächter als auch der Landbesitzer geregelt wurden. Die parlamentarischen Beratungen unterstrichen nochmals Kompromißcharakter und nationale Bedeutung dieses Entwurfs: NP, IFP und FF votierten gegen eine Resolution, die die Annahme des Gesetzes nachdrücklich empfahl, während der ANC erfolglos weiterreichende Forderungen durchzusetzen trachtete (12./25.8.). Ein unveränderter Gesetzentwurf passierte die Nationalversammlung schließlich mit der Mehrheit des ANC (28.8.), wurde auf Drängen der NP aber auch zur Bestätigung an die Länderkammer verwiesen. Das Gesetz über die Ausweitung der Pachtsicherheit konnte schließlich in Kraft treten (28.11.).

Die Verunsicherung der meist europäisch-stämmigen Verpächter führte indes tatsächlich zu weiteren Landvertreibungen. Dies bestätigte den ambivalenten Charakter der Landreform insgesamt: die streng rechtsstaatliche und auf den Konsens der wichtigsten Akteure, hier also der Großfarmer und ihrer Verbände, angelegte Politik ließ Neuerungen nur langsam und punktuell zu. Gleichzeitig behinderten administrative Engpässe und finanzielle Grenzen die Landreformpolitik erheblich. So waren im Rahmen der **Landumverteilung** zwischen Mai 1994 und April 1997 erst

243 000 von anvisierten 1,57 Mio. ha Land, also 0,29% der Agrarfläche, zur Verteilung gelangt (an ca. 65 000 Familien). Zur Vorsitzenden der für die Kreditvergabe an afrikanische Kleinbauern zuständigen Landbank wurde, sehr zum Mißfallen der konservativen Agrarverbände, H. Dolny benannt (16.4.), die Witwe des 1995 verstorbenen Vorsitzenden der SACP, J. Slovo. Zwischen Januar 1995 und Oktober 1997 waren bei der für die **Restitution von Landtiteln** zuständigen *Land Claims Commission* 22 404 Ansprüche registriert worden (19 032 betrafen städtische und 3 372 ländliche Gebiete), von denen lediglich vier endgültig rechtskräftig hatten geregelt werden können. Da die Arbeit der Kommission damit praktisch zum Erliegen gekommen war, wurde die Antragsfrist zuvor bereits durch ein neues Gesetz (*Land Restitution and Reform Laws Act*, 18.9.) um acht Monate bis zum 31.12.98 verlängert, das im übrigen durch die Regelung von Verfahrensfragen auf eine Beschleunigung des Antragsweges abzielte.

Bei der **Deregulierung der Agrarpolitik**, die ebenso wie die Kernelemente der Landreform auf Weltbank-Empfehlungen von 1993 zurückging, konnten dagegen weitere deutliche Erfolge verbucht werden. Nachdem 1996 bereits das staatliche Monopol für den Maishandel abgeschafft worden war, folgte nun durch die Auflösung des *Maize Boards* (Mai) auch die Aufgabe des Exportmonopols und der staatlichen Preisbildung. Insgesamt wurden - einschließlich 1997 - 14 landwirtschaftliche Vermarktungsbehörden aufgelöst.

Ulf Engel

Chronologie Südafrika 1997

15.01.	Entlassung von NP-Generalsekretär Meyer
25.01.	Beginn einer Serie von Rücktritten gemäßigter IFP-Politiker
03.02.	Inkrafttreten der neuen Verfassung, nachfolgend Konstituierung des Nationalen Rats der Provinzen (6.2.)
16.-17.02.	Besuch des US-Vizepräsidenten zur 3. Sitzung der Gemeinsamen Kommission
19.02.	Regionales Gipfeltreffen in Cape Town als Auftakt einer Vermittlungsaktion zu Zaïre
19.02.	Vorlage des *White Paper* über Wohlfahrt
01.-10.03.	Reisen des Präsidenten nach Südostasien, Indien/Bangladesh (26.-29.3.)
12.03.	Haushaltsentwurf 1997/98
24.-25.04.	Qualifizierter Beitritt zum Lomé-Abkommen
19.-21.05.	Staatsbesuche des Präsidenten in Zimbabwe und Uganda (27.-30.5.)
17.06.	Weißbuch zur Landpolitik
05.-17.07.	Reise des Präsidenten nach Großbritannien, Indonesien und Thailand
28.08.	Rücktritt von de Klerk als NP-Parteichef (Nachfolge: van Schalkwyk, 9.9.)
05.09.	Entscheidung des Olympischen Komitees gegen die Bewerbung Cape Towns für die Spiele 2004
15.-18.09.	6. COSATU-Kongreß mit Stellungnahme gegen GEAR
31.08.-01.09.	Gipfeltreffen der Allianz von ANC, SACP und COSATU
27.09.	Gründung des *Unity Democracy Movement*
28.-30.09.	Besuch des Präsidenten von Togo (erneut 9.12.)
01.10.	Eröffnungssitzung der Gemeinsamen Kommission mit Deutschland
20.-30.10.	Reise des Präsidenten nach Ägypten, Tunesien, Libyen sowie zum Commonwealth-Gipfel
16.-17.11.	Staatsbesuch des Präsidenten in Saudi Arabien
19.11.	Verabschiedung des Gesetzes über Mindeststandards für Beschäftigte
20.-22.11.	Staatsbesuch des Präsidenten von Indonesien
24.11.-04.12.	Anhörung von Madikizela-Mandela vor der Wahrheitskommission
28.11.	Inkrafttreten des Gesetzes über die Ausweitung der Pachtsicherheit
02.12.	Vorlage der mittelfristigen Haushaltsplannung bis 2000/01
10.12.	Besuch des Präsidenten von Ghana
16.-20.12.	50. ANC-Kongreß mit Wahl von Mbeki als Nachfolger Mandelas im Amt des Parteipräsidenten

Afrika-Jahrbuch 1997, S. 393-400

Swaziland

Fläche: 17 363 km², **Einwohner:** 0,926 Mio., **Hauptstadt:** Mbabane, **Amtssprache:** Englisch und Siswati, **Lebenserwartung:** 57 J., **Alphabetisierung:** 75,%, **HDI:** 0,582, Rang 5, **Wechselkurs:** $ 1 = Emlangeni 4,86, **Pro-Kopf-Einkommen:** $ 1210, **BSP:** $ 1122 Mio., **Anteile am BIP:** 13% - 49% - 38%, **Hauptexportprodukte**: Softdrink-Konzentrat 29%, Zucker 17%, **Staatsoberhaupt:** König Mswati III., **Premierminister:** Barnabas S. Dlamini, **Regierungspartei:** keine

Innenpolitik

Im Rahmen der heiklen Strategie der Herrschenden, eine behutsame Kurskorrektur des monarchistischen Systems mit einer möglichst weitgehenden Bewahrung der gegebenen traditionellen Strukturen zu kombinieren, kam der im Vorjahr eingesetzten **Verfassungskommission** entscheidende Bedeutung zu. Waren bereits deren personelle Zusammensetzung wie auch Arbeitsvorgaben - beide aufoktroyiert - mit großer Skepsis von jenem Personenkreis zur Kenntnis genommen worden, der eine Öffnung des politischen Systems als überdringlich ansah, so verflüchtigten sich im Laufe des Jahres die Hoffnungen weitgehend, diese Kommission könne sich zu einem geeigneten Instrumentarium entwickeln. Die wenigen - nur in individueller Kapazität und nicht als Vertreter ihrer jeweiligen Organisationen - in die Kommission berufenen Mitglieder reformorientierter Gruppierungen vermochten sich nicht zu behaupten (ohnehin schien ihnen wenig mehr als eine Art Feigenblattfunktion zugedacht gewesen zu sein) und überließen schließlich den konservativen Kräften das Feld. Die profilierteste oppositionelle Einzelgruppierung *People's United Democratic Movement* (PUDEMO) sowie der Gewerkschaftsdachverband *Swaziland Federation of Trade Unions* (SFTU) untersagten den aus ihren Reihen berufenen Mitgliedern aus prinzipiellen Gründen eine Teilnahme (der zuwiderhandelnde SFTU-Vizepräsident verlor prompt sein Amt und damit an Bedeutung für die Kommissionsarbeit). Aber der als Vizevorsitzender der Kommission vorgesehene J. Gule (Generalsekretär des *Institute of Democracy and Leadership*) ließ sich von seiner ursprünglichen Absage abbringen (24.3.), obwohl seine Vorbedingungen abgelehnt worden waren, darunter die als besonders wichtig angesehene Möglichkeit kollektiver Eingaben an die Kommission durch politische und gesellschaftliche Gruppierungen.

Nachdem sich jedoch in der schleppend angelaufenen Anfangsphase der Kommissionsarbeit unüberbrückbare **Gegensätze sowohl inhaltlicher als auch persönlicher Art** aufgetan hatten, legten J. Gule sowie zwei weitere Vertreter des reformorientierten Flügels - N. Hlatshwayo (Sekretär der Kommission) und M. Maziya (Vizedirektor des an Reformen stark interessierten Arbeitgeberverbandes) - ihre Mandate Anfang Juli endgültig nieder. Zum einen war diese kleine Fraktion der für die anstehende Arbeit besonders gute Voraussetzungen mitbringenden Intellektuellen dem Konkurrenzdenken anderer Kommissionsmitglieder in die Quere gekommen, von denen einige die Kommissionsarbeit unverhohlen als Sprungbrett für politische Karrieren ansahen. Zum anderen waren während der Vorbereitungsphase, die sich insbesondere auf die Erstellung einer Broschüre mit den für die Verfassungsdiskussion grundlegenden Gesetzen und Dekreten konzentrierte, allzu eindeutige Weichenstellungen vorgenommen worden. Daß das Königsdekret von 1973 im Mittelpunkt stand, verstärkte Befürchtungen, es werde manipulativ auf eine dauerhafte Absicherung dieses Dekrets - in regularisierter und ggf. leicht modifizierter Form - abgezielt, mit dem die Unabhängigkeitsverfassung von 1968 (dieser Text fehlte bezeichnenderweise in der Broschüre) für ungültig erklärt worden war und dessen Abschaffung das Hauptziel der oppositionellen Bewegung bildete. Auch während der aufwendigen Phase der Verteilung der Broschüre in allen Lokalverwaltungszentren (16.6.-30.8.) wurde auf das Dekret abgestellt und die Verfassung von 1968 ausgeklammert. Dieses blieb während der Rundreise der Kommission keineswegs die einzige Form der Beeinflussung gegenüber der Bevölkerung, vor der sich einzelne Kommissionsmitglieder - v.a. der Vorsitzende Prinz Mangaliso - mit z.T. unangebrachten politischen Stellungnahmen zu profilieren versuchten. Andererseits gab es aus der Bevölkerung eine überraschende Fülle von kritischen Stellungnahmen gegenüber dem traditionellen Regierungssystem einschließlich der Monarchie selbst und v.a. deren Beratern. Der **Diskussionsprozeß über die Zukunft des**

politischen Systems war somit verbreitert worden, obgleich Stellungnahmen der Bevölkerung gemäß einem Mitte März vorgelegten Arbeitsplan erst ab Mitte 1998 eingeplant gewesen waren. Die aufreizend bedächtige Vorgehensweise der Kommission ließ deutlich eine **auf Zeitgewinn abzielende Verzögerungstaktik** erkennen: so verschaffte sie sich auf einer weiteren ausführlichen Rundreise einen Überblick über Behinderte (um die Broschüre in einer für diesen Personenkreis geeigneten Form erstellen zu können) und wiederholte dies anschließend, weil versäumt worden war, die Art der Behinderungen festzuhalten. Das ursprüngliche Zeitlimit von zwei Jahren rückte somit in weite Ferne und ließ gegen Jahresende die Frage aufkommen, ob die im Herbst 1998 anstehenden Wahlen tatsächlich unter der anvisierten neuen Verfassung würden stattfinden können. Während der Premierminister in einem befremdlichen Ignorieren der Realität daran festhielt, brachte Vizepremier S. Nxumalo den Vorschlag zur Einsetzung einer Interimsregierung anstelle der Wahlen in die Debatte ein und deutete bei dieser Gelegenheit seinen Rückzug aus der Politik an (18.12.), was angesichts seiner bisherigen Ambitionen als Ausdruck tiefer Desillusionierung zu bewerten war.

Parallel zu diesen Entwicklungen trachteten die anderen politischen Machtzentren, ihre Positionen abzusichern und ggf. zu erweitern. V.a. die **Emanzipationsversuche des Parlaments**, bislang als weitgehend machtlos angesehen, waren beachtenswert. So versuchten Abgeordnete mehrmals (6.5., 19.11.), zumindest über die Arbeit der Verfassungskommission unterrichtet oder gar in diese einbezogen zu werden, allerdings ohne Erfolg, da diese vom König eingesetzt und nur ihm rechenschaftspflichtig war. Auch der Anlauf (2.7.), Gründe für die beträchtliche Ausweitung der Personalausgaben des Königshofes und das Ausmaß der Kontrolle der Regierung darüber dargelegt zu bekommen, war überaus ungewöhnlich, ebenso wie die Forderung nach finanziellen Vorkehrungen (11.9.), um die bislang nicht praktizierte Einbringung von Gesetzesentwürfen durch Abgeordnete zu ermöglichen. Auch die zweimalige Blockadestrategie bei der Beratung von einzelnen Ressortbudgets (14.4., 5.5.) sowie die einwöchige Unterbrechung der Parlamentssitzungen (14.8.) wegen des Fehlens der gesamten Ministergarde waren in den Kontext einer ansatzweisen Abkehr von der Rolle des willfährigen Erfüllungsgehilfen der Regierung einzuordnen. Einen spektakulären Erfolg verbuchten die Abgeordneten durch die aufschiebende Verweisung der heftig umstrittenen **Gesetzesvorlage zur Medienpolitik** in ein Parlamentskomitee (24.11.). Zuvor war ein sehr ungewöhnlicher Proteststurm zu verzeichnen gewesen, nachdem die Regierung in der Folge unliebsamer Berichterstattung über Streiks, Demonstrationen und Angelegenheiten des Königs zunächst die Ausarbeitung von Richtlinien für die von der Regierung kontrollierten Medien angekündigt hatte (21.4.), sodann einen Anzeigenboykott gegen die im Privatbesitz befindliche *Times of Swaziland* und schließlich die Ausarbeitung des Gesetzentwurfs (14.5./15.9.). Der Journalistenverband hatte daraufhin eine Kampagne bis hin zur Überreichung einer Petition an den Premier (7.10.) organisiert und dabei wirkungsvolle Unterstützung, auch von außerhalb des Landes, bekommen. Diskrete Signale von einzelnen Kabinettsmitgliedern ließen Rückschlüsse auf eine mögliche Aufoktroyierung des Gesetzentwurfs von anderer Seite zu.

Eben dies war symptomatisch für ein Grunddilemma der Regierungsarbeit: die wiederholt vorgebrachten **Klagen aus dem Kabinett über die eigene Machtlosigkeit** sowie unzureichende Kontrolle über die Beamtenschaft ließen das häufig konterkarierende Hineinwirken anderer Autoritätsstrukturen als Ursache erkennen, was sogar auch im Hinblick auf die *Tinkhundla*-Lokalverwaltungsgremien (dem Herzstück der konservativen Reformansätze der letzten Jahre) galt, für deren stagnierende Entwicklung der zuständige Vizepremier erhebliche Kritik von Abgeordneten und Senatoren einstecken mußte. Gegen Jahresende sah sich das Kabinett zudem noch in einen **Machtkampf mit dem Swazi National Council** (SNC) verstrickt, der sich auf ein Recht zur Vorladung von Ministern ohne vorherige Konsultation mit dem Regierungschef versteifte und Kritik daran als Komplott zur Zerstörung des SNC auffaßte. Ein Recht zur Vorladung von Ministern - sowie zur Ausübung verschiedener, eigentlich dem SNC zustehender Funktionen - hatte zuvor überraschend auch das unvermittelt aus der bisherigen Anonymität auftauchende Zentralkomitee beansprucht (8.4.), von dessen Existenz als Beratungsgremium des Königs bislang stets nur in Andeutungen zu erfahren gewesen war (der König selbst hatte vor vier

Jahren dessen Existenz gänzlich abgestritten). Der Premierminister verwahrte sich zwar gegen jegliche Unterordnung unter dieses Gremium (16.4.), blieb indes - offenbar mangels Informationen - eine konkrete Antwort über dessen mögliche Weiterexistenz schuldig. Es dauerte erstaunlich lange, bis vom Königshof die Bestätigung kam (4.6.), daß dieses Gremium seit dem 1.4.96 - kurz vor der Einsetzung des SNC - nicht mehr bestand und die verbliebenen vier Mitglieder einem Beratungs- und Schlichtungsgremium am Hof der Königsmutter eingegliedert worden waren. Das **Wirken von Höflingszirkeln** (die "gesichtslosen Labadzala" - d.h. Älteren - genannt), deren Autorität und Verantwortlichkeit weiterhin genauso unklar blieben wie ihre personelle Zusammensetzung, war bereits Anfang März in einem Dokument der Nationalen Entwicklungsstrategie deutlicher als je zuvor wegen Unterminierung von Entscheidungen regulärer Regierungsinstanzen sowie Einmischung in Angelegenheiten der Judikative in die Kritik geraten.

Das Kompetenzengerangel mitsamt dem sich deutlicher abzeichnenden - infolge zunehmender, in diesem Ausmaß indes nicht intendierter Informationsbreite - gegenseitigen Lahmlegen ließ immer häufiger Appelle zur Abkehr vom gegenwärtigen politischen System hochkommen. Hinter den Kulissen waren erstmals deutlichere **Ansätze für eine Wiederbelebung der Altparteien** aus der Phase 1968-73 zu beobachten. Nachdem sich Ex-Premier Obed Dlamini offen zu seiner noch bestehenden Mitgliedschaft im *Ngwane National Liberatory Congress* - der damaligen Oppositionspartei - bekannt hatte (2.5.), machte sich dieser verschiedentlich bemerkbar, v.a. durch einen Aufruf zur sofortigen Auflösung von Verfassungskommission und Parlament (10.10.). Auch Hinweise auf eine Weiterexistenz oder Revitalisierung der damaligen Regierungspartei, des royalistischen *Imbokodvo National Movement*, verdichteten sich; von manchen Seiten wurde die neugegründete Kulturorganisation *Sive Siyinquaba* als möglicher Katalysator für eine Neubelebung vermutet. **Hauptkräfte für eine grundlegende Reform** des politischen Systems blieben jedoch die in der Sammelbewegung *Swaziland Democratic Alliance* (SDA) gebündelten Oppositionsgruppierungen wie PUDEMO, *Swaziland Youth Congress* (SWAYOCO) und der Gewerkschaftsdachverband SFTU. Nachdem eine Kundgebung des SDA in Manzini (12.4.) aus Anlaß des 24. Jahrestages der Verhängung des Dekrets von 1973 von Polizeikräften brutal zusammengeknüppelt worden war, nahm die SDA-Führung zunächst Abstand von weiteren Aktionen dieser Art, zumal auch eine Protestaktion der SWAYOCO gegen das Dekret (5.7.) mit Verhaftungen beantwortet worden war. Die Jahreskonferenz der PUDEMO sowie der Generalkongreß von SWAYOCO konnten indes ohne Störungen abgehalten werden (18.-19.10./6.-7.12.), obgleich diese - wegen des seit 1973 geltenden Parteienverbots - weiterhin nur halblegal operieren durften.

Dies galt nicht für den **Gewerkschaftsdachverband SFTU**, der sein Monopol als eigentlicher Gegenspieler und Herausforderer der Regierung erneut und noch energischer als zuvor in die Waagschale warf, sich dabei indes zu überheben begann und gegen Jahresende in eine kritische Lage manövriert hatte. Nachdem der SFTU zu Ende des Vorjahres die Forderungen nach demokratischen Reformen wieder auf die Tagesordnung gesetzt hatte, wurde auf einer - relativ schwach besuchten - Massenversammlung (19.1.) ein Generalstreik beschlossen, da die Regierung auf die seit vier Jahren heftig umstrittenen 27 Forderungen des SFTU nur ansatzweise eingegangen sei. Dies wurde von Regierungsseite zwar als undifferenzierte Pauschalisierung zurückgewiesen, doch ging es längst nicht mehr vordringlich um den Forderungskatalog, sondern letztlich um die Abschaffung des Dekrets von 1973. In Anbetracht dessen setzten sich bemerkenswerterweise Arbeitgeberverband sowie Industrie- und Handelskammer, hochbesorgt wegen des miserablen Krisenmanagements der Regierung beim Streik vor einem Jahr, in einem gemeinsamen Appell an den König für die Aufhebung des Dekrets ein (28.1.). Vermittlungsgespräche zwischen SFTU und Regierung scheiterten an Trivalitäten; die offizielle Erklärung der geplanten Arbeitsverweigerung zum Boykott (31.1.) bildete die Handhabe dafür, sie gerichtlich für illegal erklären zu lassen (1.2.; das Urteil wurde vom Appellationsgericht kassiert, allerdings erst am 7.4.). Obwohl einige wichtige Gewerkschaften nicht hatten mitziehen wollen, wuchs sich die Arbeitsverweigerung zum **längsten Streik in der Geschichte des Landes** aus (3.2.-5.3.), weil die - in ihrer Urheberschaft heftig umstrittene, weitgehend im Dunklen gebliebene - Inhaftierung der vier führenden SFTU-Funktionäre (31.1.-26.2.) eine Solidaritätswelle ungekannten Ausmaßes auslöste, verstärkt noch durch die fast wahllose, zumeist kurzfristige Verhaftung Dutzender von prominenten politischen Aktivisten. Nach den ersten zehn Tagen mit verschiedentlichen schwerwiegenden Übergriffen der Sicherheitskräfte, einigen kleineren Explosionen und Sabotage der Elekrizitätsversorgung kehrte wieder eine gewisse Normalität ein, doch traf der Streik die devisenbringende Zucker- und Holzindustrie überaus empfindlich und anhaltend. Vermittlungsbemühungen, auch aus der Region (s.u.), scheiterten;erst der Freispruch der SFTU-Funktionäre aus Mangel an Beweisen hinsichtlich der außergewöhnlich windigen Anklagepunkte ermöglichte eine weitere Massenversammlung (2.3.) mit dem Beschluß zur Beendigung des Streiks - allerdings nicht einmütig, da das deklarierte Hauptziel (die Erfüllung des Forderungskatalogs) nicht erreicht worden war.

In der Folgezeit wurde, wie in den Vorjahren, die - nur als Symptom gravierender Konfliktlösungsdefizite zu begreifende - **fintenreiche Vermeidung von bilateralen Verhandlungen** zwischen Regierung und SFTU vorgeführt, die stets unter mehr oder minder fragwürdigen Begründungen (vornehmlich, aber nicht ausschließlich, von Regierungsseite) vertagt wurden. Angereichert wurde dieses Schauspiel mit einer erneuten Streikandrohung des SFTU (zum 3.-4.4.), die indes auf Bitten des Arbeitgeberverbandes um eine Verschnaufpause wieder zurückgezogen wurde, sowie mit einer **schweren inneren Krise des SFTU** wegen der Amtsenthebung von Vizepräsident Th. Msibi (17.6.) sowie der auch damit in Zusammenhang stehenden überraschenden Amtsniederlegung des weithin geschätzten Vizegeneralsekretärs J. Nxumalo (17.9.), der den Katalog der 27 Forderungen maßgeblich mitkonzipiert hatte und im wesentlichen wegen zunehmend autokratischer Tendenzen v.a. des tonangebenden Generalsekretärs J. Sithole auf Distanz ging. In dieser Situation ergriff der unter starkem Erfolgsdruck stehende SFTU die Gelegenheit zur Demonstration seiner Durchschlagskraft und klinkte sich durch den auf einer Massenversammlung beschlossenen (5.10.) **Aufruf zu einem nunmehr unbefristeten Generalstreik** in den tags zuvor angekündigten Lehrerstreik (s.u.) ein. Neben einer Erfüllung der 27 Forderungen standen nun noch eindeutiger politische Zielsetzungen im Vordergrund, insbesondere die Ersetzung der Verfassungskommission durch ein tatsächlich repräsentatives Gremium und die Kassierung jener Passagen des Dekrets von 1973, die die Beschneidung des Rechts auf Versammlung und das Verbot von Parteien betrafen. Zwar wurde auch dieser Streik gerichtlich für illegal erklärt (10.10.; am 6.11. wurde auch dieses Urteil kassiert). Aber weder dies noch die nicht ausreichende Vorbereitungszeit hinderten den SFTU daran, sich mit Vehemenz in den Streik zu werfen (13.10.), der indes am 16.10. wegen mangelnder Unterstützung abgeblasen werden mußte. Der SFTU hatte offensichtlich die Stimmung innerhalb der noch unter den Auswirkungen des letzten Streiks leidenden Arbeiterschaft falsch eingeschätzt und mußte auf diese Weise eine beträchtliche **Einbuße an Reputation und Durchsetzungspotential** verbuchen, womit sich die Chancen für ein Erreichen der politischen Zielsetzungen drastisch verminderten.

Außenpolitik

Wie bereits im Vorjahr brachte der Generalstreik die Involvierung südafrikanischer und internationaler Organisationen sowie **regionale Schlichtungsversuche** mit sich. Zu Beginn des Streiks reiste Außenminister Khoza umgehend nach Südafrika (4.2.), v.a. um die sich abzeichnende abermalige Hilfestellung des Gewerkschaftsdachverbandes COSATU abzublocken, gefolgt von König Mswati, der den Präsidenten der Nachbarländer Südafrika und Mosambik Bericht erstattete (8.2.) und sich auf die Freilassung der inhaftierten SFTU-Funktionäre verpflichten ließ, was diese jedoch ablehnten, weil dies nur von gerichtlicher Seite erfolgen könne. Hochbesorgt reiste Präsident Mandela - auch in seiner Funktion als SADC-Vorsitzender - nach Zimbabwe, Botswana und Mosambik (13.-14.2.), und alle vier Präsidenten versammelten sich anschließend in Cape Town (19.2.). Sie beschlossen jedoch, angesichts heftiger Breitseiten gegen eine als unzulässig angesehene Einmischung in innere Angelegenheiten, die Konfliktlösung beim König zu belassen.

Die **Involvierung südafrikanischer Organisationen** manifestierte sich am deutlichsten in der wirkungsvollen Blockade der Grenzen zu Südafrika und Mosambik (3.3.) gegen Streikende, einer Gemeinschaftsaktion von COSATU und SFTU im Verbund mit den Gewerkschaftdachverbänden von Mosambik sowie des südlichen Afrika (SATUCC), von Südafrikas Außenminister als normale

Solidarität der Arbeiterschaft und keineswegs etwa als eine Einmischung kommentiert. COSATU blieb in der Folgezeit bereit zu erneutem Eingreifen, schien jedoch vom zweiten Generalstreik überrascht worden zu sein, der vorbei war, bevor COSATU konkrete Beschlüsse gefaßt hatte. COSATU, die *South African Communist Party* (SACP) sowie die Regierungspartei ANC, die zuvor einen eindringlichen Appell zur Konfliktlösung durch Dialog und Verhandlungen mit dem Hinweis auf Rückwirkungen auf die ganze Region verknüpft hatte (17.2.), gehörten neben den pauschal als "progressiv" bezeichneten Kräften aus Swaziland (u.a. SFTU, SDA, PUDEMO und SWAYOCO) zu den Gründungsträgern des *Swaziland Solidarity Network* (SSN, 19.4.), zum Entsetzen der politischen Führung Swazilands ausgerechnet im Johannesburger Hauptquartier der SACP angesiedelt und vom Chef der ANC-Jugendliga im Bezirk *Eastern Rand* geleitet, den Swazilands Behörden mit einem Einreiseverbot belegten (1.10.). Hauptaufgabe des SSN waren Lobbybemühungen bei Südafrikas Regierung, um mehr Druck auf Swazilands Regierung zur Durchsetzung demokratischer Reformen zu erreichen. Indirekter Rückhalt kam von Südafrikas Vizepräsident Mbeki, der - im Rahmen einer Präventionspolitik gegen politische Instabilität in den Nachbarländern - die anhaltende Unterstützung demokratischen Wandels ungeachtet aller Beschwerden über Einmischung verkündete (19.9.), obwohl zuvor Außenminister Nzo bei einem Kurzbesuch (21.8.) jegliche Einmischung kategorisch ausgeschlossen hatte, sowie vom scheidenden Botschafter Südafrikas, der in einer für Diplomaten höchst ungewöhnlichen Standpauke demokratischen Wandel einforderte und einen unzureichenden Konsens in der Verfassungsdebatte als unakzeptabel für die Region bezeichnete (29.9.). Mißtöne in den bilateralen Beziehungen kamen auch anläßlich des Besuchs des südafrikanischen Innenministers (19.-21.11.) hoch, der die im Vorjahr endgültig abschlägig beschiedenen **Gebietsansprüche** Swazilands als Nicht-Thema ansah, damit jedoch den Vorsitzenden des 1995 eingesetzten Grenzänderungskomitees auf den Plan rief. Daß dieser nun auch noch im Verein mit einem der reaktionärsten Prinzen Gebietsansprüche auf die Maputo-Provinz Mosambiks anmeldete, empfand Mosambiks Regierung als stark irritierend (1./3.12.). Versuche zur Schadensbegrenzung erhielten einen herben Dämpfer durch Ex-Justizminister Khumalo, der die Regierung scharf vor Einmischung in die Arbeit des Komitees warnte, da es dem König direkt unterstehe (10.12.).

Ungeachtet der Differenzen blieb die **Zusammenarbeit mit beiden Nachbarländern** eng. Das Parlament gab grünes Licht für die Aufnahme einer Anleihe über E 400 Mio. zur Teilfinanzierung des Maguga-Staudamms (3.4.) im Rahmen des mit Südafrika betriebenen Komatiflußbekken-Entwicklungsprojektes. Zwei Treffen der gemeinsamen Wasserkommission (Ende Mai und 21.8.) standen in engem Zusammenhang mit diesem Projekt, bei dem sich Verzögerungen ergaben, weil die Regierung Probleme bei der Bereitstellung benötigter Landstücke für den Bau der Zufahrtsstraßen nicht in den Griff bekam. Intensiv weiterverfolgt von beiden Ländern zusammen mit Mosambik wurde die im Vorjahr gegründete, mit großen Erwartungen befrachtete Lubombo-Initiative zur Entwicklung einer grenzüberschreitenden Zone mit Schwerpunkt auf Landwirtschaft und Tourismus, u.a. durch den Startschuß für ein erstes Straßenbauprojekt (22.8.) und ein Ministertreffen in Mbabane (25.9.). Hingegen wurde hinsichtlich der ebenfalls im Vorjahr in Aussicht gestellten Einbeziehung in den Maputo-Entwicklungskorridor zwischen Mosambik und Südafrika kaum noch etwas verlautbart, der erwartete Abschluß eines Abkommens blieb jedenfalls aus. Überraschender war, daß auch die Beitrittsdokumente für die Lubombo-Initiative noch nicht unterzeichnet wurden. Die **Beziehungen mit Mosambik** gestalteten sich problemloser als mit Südafrika, wozu auch die Umleitung der für Europa und die USA bestimmten Zuckerexporte nach Maputo anstelle des südafrikanischen Durban mit beigetragen haben mag, eine Folge des Auslaufens von Verträgen (31.3.), deren Verlängerung Swaziland wegen der im Vorjahr verhängten Sanktionen des südafrikanischen Zuckerindustrieverbandes ablehnte (Ersatz für die mit den Verträgen in Zusammenhang stehende Nutzung von Ausbildungs- und Forschungseinrichtungen wurde in Australien und Mauritius gefunden). Der Besuch des mosambikanischen Premiers (12.-14.9.) galt v.a. den regionalen Entwicklungsprojekten sowie Problemfeldern wie Landminen und grenzüberschreitende Kriminalität; hinsichtlich der Inkraftsetzung des Ende 1996 geschlossenen Auslieferungsabkommens, um die sich der Innenminister zuvor bei einem Besuch in Maputo noch einmal bemüht hatte (1.8.), konnte indes kein Fortschritt erreicht werden. Die beiden Besuche des Präsidenten von Mosambik (8.-9.3., 4.9.) waren im Kontrast dazu allen Anzeichen nach, trotz verschiedener Dementis, im wesentlichen einer Sondierung der innenpolitischen Lage gewidmet.

Die intensive **Hinwendung zum südostasiatischen Raum** war unübersehbar der andere außenpolitische Schwerpunkt. Besuche des Königs in Singapur und Thailand (25.-31.5.) und die Teilnahme einer vom Premier angeführten Wirtschaftdelegation am 3. Internationalen Langkawi-Dialog in Malaysia (28.7.-1.8.) waren Belege dafür. Im Mittelpunkt standen jedoch eindeutig die langjährigen **Beziehungen zu Taiwan**, denen sich neue Dimensionen eröffneten wegen Südafrikas Abwendung von Taiwan zugunsten der VR China. Eine Umlenkung taiwanesischer Investitionen von Südafrika nach Swaziland wurde als große Chance begriffen, wie sich bei einem Treffen taiwanesischer Geschäftsleute aus aller Welt in Mbabane anstelle des zunächst vorgesehenen Johannesburg zeigte (17.-19.1.), an dem auch der auf einer Afrikarundreise befindliche Außenminister Taiwans teilnahm. Eine großangelegte Konferenz über wirtschaftliche und technische Zusammenarbeit wurde anschließend in Taiwan abgehalten (22.-24.4.), zu der u.a. auch der Premier anreiste; Kredite über E 100 Mio. wurden bei dieser Gelegenheit zugesagt. Auf der Suche nach Investoren kam auch noch König Mswati zu einem Staatsbesuch (2.-8.10., im Anschluß an einen Staatsbesuch in Portugal 28.9.-2.10.), nachdem er sich vor der UN-Vollversammlung nachdrücklich für die Wiederzulassung Taiwans eingesetzt hatte (26.9.). Eine neugebaute taiwanesische Textilfabrik (E 20 Mio.) erbrachte bei der Produktionsaufnahme im Oktober zunächst 600 neue Arbeitsplätze, außerdem wurden von taiwanesischer Seite Pläne für den Bau einer - vierten - Zuckerfabrik bekanntgegeben (15.9.). Zusätzlich zeigten auch Investoren aus Hong Kong großes Interesse und kündigten anläßlich einer Erkundungsreise Pläne zur Errichtung verschiedener Produktionsstätten im Werte von etwa E 160 Mio. mit geschätzten 6000 Arbeitsplätzen an (2.10.).

Über diese wirtschaftpolitische **Besuchsdiplomatie** hinaus nahm der König an den Gipfeltreffen von OAU (Zimbabwe), SADC (Malawi) und Commonwealth (Schottland) sowie am 4. Afrikanisch/Afro-Amerikanischen Gipfel (Zimbabwe) teil und reiste zu den Krönungsfeierlichkeiten nach Lesotho (mit einem Abstecher nach Mosambik zu einer Wirtschaftskonferenz). Der Premier durfte ihn bei zwei Gipfeltreffen (COMESA in Zambia und AKP-Staaten in Gabun) sowie beim regionalen Wirtschaftsgipfeltreffen (Zimbabwe) und überraschend auch bei der Gründungsfeier für den Rat traditioneller Führer (Südafrika) vertreten. Die angesichts der eigenen Verfassungswirklichkeit etwas heikle Teilnahme an der Commonwealth-Konferenz über Demokratie in Afrika (Botswana) wurde an den Vizepremier delegiert. An **hochrangigen Besuchern** - außer denen der beiden Nachbarländer - waren noch Malawis Präsident (12.-14.8.) sowie der König von Lesotho zur Geburtstagsfeier von König Mswati (19.4.) zu verzeichnen.

Sozioökonomische Entwicklung

Das sich mit etwa 3,8% auf Vorjahresniveau einpegelnde **Wirtschaftswachstum** ließ zwar keinen nachhaltigen Aufschwung erkennen, doch konnte positiv verbucht werden, daß sich die Inflationsrate von 12,2% auf 7,2% absenkte (z.T. aufgrund von Umstellungen in der Berechnung) und anläßlich des Mitte Mai abgehaltenen Zensus eine geringere Bevölkerungszuwachsrate für die letzten 11 Jahre abzeichnete als bisher vermutet (2,7% statt 3,2%). Der im Vorjahr ins Amt gekommene, wirtschaftspolitisch versierte Premierminister konnte noch keine wirkliche Erfolgsbilanz vorweisen. Aber insgesamt gesehen sorgte er für frischen Schwung durch konzentrierte Befassung mit den wirtschaftlichen Reformkonzepten und Drängen auf Effizienzsteigerung in der Bürokratie, mitsamt Etablierung von Planungsstäben inklusive rigider, bislang eher vernachlässigter Erfolgskontrollen. Die Vorlage des Dokuments **Agenda zur Wirtschafts- und Sozialreform** (28.2.) stellte eine wichtige Ausgangsplattform dafür dar, angelegt auf die Identifizierung von prioritären Aufgaben und Projekten zur Förderung des Wirtschaftswachstums, Verbesserung sozialer Leistungen und Gewährleistung von guter Regierungsführung, alle eingebunden in präzise zeitliche Vorgaben, die indes angesichts der außergewöhnlichen Koordinationsdefizite innerhalb der Bürokratie nicht sonderlich realistisch erschienen. Immerhin wurden jedoch die Mitglieder von acht Arbeitsgruppen zu einzelnen Teilbereichen berufen sowie drei Fortschrittsberichte angefertigt und öffentlich gemacht. Gedacht war dieses Programm, das geeignete Rahmenbedingungen insbesondere für den nunmehr als Schlüssel für Wirtschaftswachstum identifizierten Privatsektor herzustellen trachtete, als zwei- bis dreijährige Vorstufe für die 1993 initiierte und seit Oktober 1996 intensiv weiterberatene, auf 25 Jahre angelegte **Nationale Entwicklungsstrategie**, die u.a. als Orientierungshilfe bei der Formulierung von Entwicklungsplänen und einer effizienteren Verwendung öffentlicher Gelder dienen sollte. Auf dem 2. Nationalen Workshop (9.-20.6.) wurde der Entwurf einer weiteren intensiven Diskussion unterzogen. Zusätzlich wurde die Konzipierung einer Rahmenrichtlinie zur Verwendung ausländischer Hilfe in Angriff genommen und ein Wirtschaftsentwicklungsplan 1997-2000 vorgestellt (20.10.). Weitere flankierende Maßnahmen bestanden v.a. in der erstmaligen Abhaltung eines Workshops über eine Nationale Landpolitik (4.6.), mit dem die tunlichst ausgeklammerte Landfrage zumindest einer Debatte geöffnet wurde, sowie in der Verabschiedung des **Investitionsförderungsgesetzes** (15./23.9.), der jedoch die darin u.a. vorgesehene, besonders wichtige Einrichtung eines zentralen Investitionszentrums noch nicht folgte. In ähnlicher Weise verzögerte sich die Einsetzung einer Anti-Korruptionseinheit, nachdem das entsprechende, vor über einem Jahr eingebrachte Gesetz endlich vom König abgesegnet worden war (15.5.); auch das noch länger hängengebliebene Beschäftigungsergänzungsgesetz erhielt nunmehr das königliche Plazet (4.9.).

Das die Konzipierung und Verabschiedung von Gesetzen bislang kennzeichnende Zeitlupentempo war auch bei der Arbeit von zwei **neu eingesetzten Untersuchungskommissionen** zu verzeichnen, die ihre Arbeit vor der Mitte des Jahres hätten beenden sollen, aber bis Jahresende noch sehr weit davon entfernt waren. Die eine sollte das Geschäftsgebaren zwischen Postgesellschaft, Fernsehbehörde und einer Privatfirma beleuchten, die andere das Krediteintreibungsprogramm der wegen beträchtlicher Ausstände in eine schwere Krise geratenen *Swaziland Development and Savings Bank* (Swazi Bank), wodurch zahlreiche kleine Kreditnehmer in den Ruin getrieben worden waren, während säumige Prinzen, Minister, Abgeordnete und prominente Geschäftsleute eine pflegliche Behandlung erfahren hatten. Das sich entfaltende erschreckende Ausmaß an Korruption und Durchstechereien machte die zweimonatige Frist illusorisch. Die parallel laufenden heftigen Kontroversen über eine **Neustrukturierung der Swazi Bank** sollen einer der Gründe dafür gewesen sein, daß Zentralbankgouverneur James Nxumalo seinen Vertrag nicht verlängerte und sein Stellvertreter Martin G. Dlamini in diese Position berufen wurde (1.7.). Die Empfehlung von Fachleuten zur Konzentration der Swazi Bank auf Funktionen einer Entwicklungsbank standen dem Druck zur Weiterbetätigung im kommerziellen Geschäftsbereich entgegen, in dem sich die Konkurrenzsituation infolge des aggressiven Vordringens südafrikanischer Banken zuspitzte, mit entsprechend geringen Chancen für eine wirtschaftliche Gesundung der hochdefizitären Bank, deren Teilprivatisierung schließlich angekündigt wurde (7.11.).

Die durch das Gerangel um die Ausrichtung der Bank entstandenen Verzögerungen konnten als weiterer Beleg für den zu schwach ausgeprägten politischen Willen zur raschen Reduzierung der beträchtlichen Subventionierung defizitärer Staatsbetriebe gewertet werden. Dies galt weiterhin auch für *Central Transport Authority*, Postgesellschaft und Fluglinie, was angesichts der sich verschlechternden Haushaltslage durchaus brisant war. Bei der **Vorlage des Haushaltsentwurfs** (26.3.) wurde bei Gesamteinnahmen in Höhe von E 1868 Mio. - mit einem Anteil der Überweisungen aus der südafrikanischen Zollunion SACU in Höhe von fast 56% der Eigeneinnahmen - und Gesamtausgaben von E 1964 Mio. ein Defizit von E 96 Mio. veranschlagt, nach zwei Nachtragshaushalten (31.10., 25.11.) sogar von E 156 Mio. In der Realität mußte das indes nicht ganz so dramatisch bewertet werden, denn auch das Defizit des Vorjahreshaushalts war zunächst durch Nachtragshaushalte von E 142 Mio. auf E 217 Mio. hochgeschnellt, hatte im Endeffekt jedoch nur E 56 Mio. betragen. Dies hatte im wesentlichen an der traditionell unzureichenden Auskehrung des Kapitalhaushalts (zu nur 68%) gelegen, und auch für das laufende Jahr - angesetzt auf 27,5% der Gesamtausgaben - zeichnete sich eine nicht vollständige Ausschöpfung ab.

Die etwas dramatisierte Haushaltslage bildete indes einen geeigneten Schutzschild gegen Forderungen in den **Lohnverhandlungen im öffentlichen Dienst**. Da die Personalkosten für diesen 42% der Gesamtausgaben ausmachten, wurde genau hier der Hebel für eine Haushaltskonsolidierung angesetzt. Die im Vorjahr trotz eines ausgiebigen Streiks nicht endgültig gelösten Tarifprobleme manifestierten sich in einer erneuten Streikandrohung der Lehrer (24.1.) zu Beginn des Schuljahres und kurz vor dem Generalstreik. Sie wurde durch die Einschaltung des Königs zunächst abgewendet, der ein Gespräch mit der Lehrerschaft zusagte und den vor dem Palast versammelten 7000 Lehrern endgültig die Nachzahlung der für die vorjährigen Streiktage einbehaltenen Gelder gewährte (22.2.). Diese eigenmächtige Zusage führte nicht nur zu Irritationen auf Regierungsseite, sondern auch zu einer Auseinanderdividierung zwischen Lehrerschaft und den nicht mit einbezogenen anderen öffentlich Bediensteten. Belastende Auswirkungen ergaben sich daraus für die wiederaufgenommenen - und in gewohnter Manier immer wieder vertagten und hingezogenen - dreiseitigen Verhandlungen mit der Regierung, die ihrerseits noch für zusätzlichen Zündstoff sorgte, indem sie die aktuelle Tarifrunde zum Verhandlungsgegenstand machte und die viel brisanteren Nachforderungen aus dem Vorjahr schlicht abblockte. Die Vertretung der öffentlich Bediensteten ging schließlich auf ein Angebot ein, das sie - im Gegensatz zur Regierung - als vorläufig ansah, und handelte sich damit eine innere Spaltung des Verbandes ein, die wiederum auch zu unterschiedlichen Reaktionen hinsichtlich einer Beteiligung an dem vom SFTU ausgerufenen Generalstreik führte (der größere Teil der öffentlich Bediensten zog am 13.10. nicht mit). Während dieser schnell zusammenbrach, wurde der parallel dazu beschlossene - am 4.10. für zunächst 35 Tage - **Streik der Lehrerschaft** weitergeführt, schließlich ein großer Protestmarsch zum Amt des Premier veranstaltet und auch - ein von vielen Seiten als höchst empörend empfundener Vorgang ohne Beispiel - zum Empfang des von einer Reise zurückkehrenden Königs (27./28.10.). Druckausübung der Regierung mittels verzögerter Gehaltsauszahlungen - ohnehin nur für die Tage, an denen nicht gestreikt worden war - sowie die schließlich im Raume stehende Androhung von Entlassungen ließ die Vertretung der Lehrerschaft abrupt einlenken (18.11.), zumal inzwischen die Basis wegzubröckeln begonnen hatte.

Im Endeffekt konnten die Lehrer nur die bereits am 8.10. vor dem Streik gewährten Gehaltserhöhungen parallel zu denen für die anderen öffentlich Bediensteten erreichen, doch blieben die Nachforderungen als potentiell explosiver Streitpunkt auf dem Tisch. Dasselbe galt für die überaus entscheidenden Bemühungen um eine **Änderung des höchst umstrittenen Arbeitsgesetzes** von 1996, die wesentlich durch Druck von Seiten der ILO in Gang kamen. Sie drohten jedoch beinahe daran zu scheitern, daß die Regierung sich auf eine Ergänzung versteifte, während der SFTU kategorisch auf einer Neufassung bestand und dies schließlich mit einem Ultimatum unterstrich (7.9.). Nach erneuter Einschaltung der ILO kamen konkrete Beratungen in Gang (17.11.), aus denen sich der SFTU jedoch vorübergehend (4.-23.12.) mit einer - weithin schwer vermittelbaren - Begründung ausklinkte sowie vorbeugend ankündigte, etwaige zwischenzeitlich zustandekommende und nicht akzeptabel erscheinende Beratungsergebnisse zu Fall bringen zu wollen.

Goswin Baumhögger

Chronologie Swaziland 1997

31.01.-26.02.	Inhaftierung von SFTU-Funktionären und bislang längste Streikaktion (3.2.-5.3.)
28.02.	Vorlage des Dokuments "Agenda zur Wirtschafts- und Sozialreform"
26.03.	Vorlage des Haushaltsentwurfs
12.04.	Zwischenfälle bei der Kundgebung der *Swaziland Democratic Alliance* in Manzini
25.-31.05.	Staatsbesuche des Königs in Singapur und Thailand
16.06.	Erste Rundreise der Verfassungskommission (-30.8.)
23.09.-09.10.	Reise des Königs zur UNO mit nachfolgenden Staatsbesuchen in Portugal und Taiwan
13.-15.10.	Generalstreik und Streik der Lehrerschaft (13.10.-18.11.)
24.11.	Verweisung der umstrittenen Gesetzesvorlage zur Medienpolitik in ein Parlamentskomitee

Afrika-Jahrbuch 1997, S. 401-410

Zambia

Fläche: 752 614 km², **Einwohner:** 9,0 Mio., **Hauptstadt:** Lusaka, **Amtssprache:** Englisch, **Lebenserwartung:** 44 J., **Alphabetisierung:** 77%, **HDI:** 0,369, Rang 20, **Wechselkurs:** $ 1 = Kwacha 1410, **Pro-Kopf-Einkommen:** $ 360, **BIP:** $ 3360 Mio., **Anteile am BIP:** 18% - 41% - 42%, **Hauptexportprodukte:** Kupfer 60%, Kobalt 20%, **Staatschef:** Frederick Chiluba, **Regierungspartei:** Movement for Multi-party Democracy (MMD)

Innenpolitik

In der hochgeladenen Atmosphäre nach dem Debakel um die Wahlen vom 18.11.96, die eine erdrückende Bestätigung der Regierenden um den Preis sowohl eines dramatisch verschärften Antagonismus zu Teilen der Gesellschaft als auch eines bedeutsamen Imageverlustes im In- und Ausland gebracht hatten, kam Wahlanfechtungen eine herausragende Funktion zu, weil sie zumindest die Perspektive zu eröffnen schienen, Geschehenes rückgängig machen zu können. Im Mittelpunkt der Aufmerksamkeit stand dabei die **Anfechtung der Wahl des Präsidenten**. Kläger waren die Oppositionsparteien *United National Independence Party* (UNIP) und *Liberal Progressive Front* (LPF; R. Chongwe), die sich den Wahlen verweigert hatten, sowie *Agenda for Zambia* (AZ), *National Congress* und - nach anfänglichem Zögern - auch *Zambia Democratic Congress* (ZDC; D. Mung'omba), der zweitstärkste Partei geworden, aber weit hinter den Erwartungen zurückgeblieben war. Das nach einigen Präliminarien (17.1./7.2.) vor dem Obersten Gerichtshof begonnene Verfahren lief indes bereits nach einem Tag durch einen Entscheid des Gerichts zunächst auf (11.2.), mit dem die mitbeklagte Wahlüberwachungskommission aus dem Verfahren entlassen wurde. Nach dem Wiedereintritt in die Verhandlung (18.3.) konzentrierte sich diese auf die Angaben des Präsidenten zu seinem bildungsmäßigen und beruflichen Werdegang, vornehmlich jedoch auf die Frage seiner Abstammung. Denn die vorjährige Verfassungsänderung hatte Geburt in Zambia sowie Abstammung von in Zambia geborenen Eltern als Voraussetzungen - unter anderen - für eine Präsidentschaftskandidatur festgeschrieben. Genau daran gab es Zweifel, insbesondere nachdem im Vorjahr ein aus Zaire stammender Mann aufgetaucht war, der von sich behauptete, Chilubas tatsächlicher Vater zu sein, und bereit war, dieses mittels eines DNS-Tests überprüfen zu lassen. U.a. mit der Begründung, die Kläger und nicht der Beklagte (Chiluba) müßten den Nachweis führen, lehnten vier der fünf Richter die Verfügung eines DNS-Tests für den Präsidenten ab (23.7.). Sie ließen zwar eine Revision zu, verwarfen diese aber ebenfalls (11.11.). Bis Jahresende war zwar nach der Einvernahme von über 100 Zeugen die Beweisaufnahme im Hauptverfahren abgeschlossen, doch standen die Schlußplädoyers noch aus.

Neben einer beträchtlichen Reputationseinbuße für den Präsidenten wegen der Enthüllungen über seine mit übermäßig vielen Ungereimtheiten gespickte Biographie brachte der Prozeß auch den Verdacht von Manipulationen von staatlicher Seite hoch. Dies galt wegen der z.T. massiven Einschüchterungsversuche gegenüber Zeugen, aber auch wegen der in einer besonders kritischen Phase verfügten beträchtlichen Gehaltsaufbesserung für Richter des Obersten Gerichtshofes (28.5.). **Beinflußbarkeit der Judikative** und staatlicher Druck auf einzelne Richter stellten ohnehin wunde Punkte dar, was u.a. durch den außergewöhnlichen Vorgang der Suspendierung jenes Richters vorgeführt worden war (13.1.), der 53 des Raubes Beschuldigte freigelassen hatte (7.1.), weil sie z.T. schon fünf Jahre ohne Anklageerhebung inhaftiert gewesen waren, nachdem er bereits im Vorjahr unliebsam aufgefallen war, weil er zwei prominente Journalisten der unbefristeten Festsetzung durch den Parlamentspräsidenten entzogen hatte; noch vor Abschluß der Untersuchungen gegen ihn quittierte er den Justizdienst (14.8.).

Politisch allerdings hatte die Wahlanfechtung gegen den Präsidenten - nicht zuletzt wegen der Langsamkeit des Verfahrens - nicht den von der Opposition benötigten raschen Erfolg einer Erzwingung von Neuwahlen und somit der Möglichkeit zur Neuformulierung der heftigst befehdeten Ausgangsbedingungen für Wahlen erbracht. Parallel zu diesem Prozeß stand folglich eine **Konfrontationsstrategie der Oppositionsparteien** auf der Tagesordnung, geprägt durch Verbalradikalismus, der von der Seite der Regierung/Regierungspartei voll erwidert wurde. Wesentliche Akzente erhielt diese Phase durch die ehemalige Regierungspartei UNIP und deren Vorsitzenden, Ex-Staatspräsident K. Kaunda, auf dessen Kandidaturverhinderung die Verfassungsänderungen des Vorjahres im wesentlichen ausgerichtet gewesen waren. Einer Großdemonstration der UNIP in Ndola (6.2.), der zweiten nach den Wahlen, wurde mit heftigem Polizeieinsatz begegnet, ganz im Sinne der kurz zuvor vom Innenminister ausdrücklich eingeforderten Brutalisierung der Gangart. Der von der UNIP forcierten Einsammlung von Wählerkarten wurde die Androhung von Prügel und Verhaftung entgegensetzt (7.2.); Kaundas bzw. Mung'ombas Aufforderungen an den Präsidenten (21./22.5.) zum Rücktritt, bevor er auf andere Art und Weise aus dem Amt entfernt würde (mit ausdrücklichem Verweis auf das aktuelle Beispiel Zaire/Kongo), wurden mit Anschuldigungen gekontert, Teile der Opposition intendierten eine Destabilisierung mit Hilfe von geflohenen Zaire-Soldaten, Kaunda ließe Söldner ausbilden (einige Beobachter verstanden dies als Fingerzeig auf Zimbabwe) und bahne Waffenlieferungen aus Südafrika an.

Mit der **Gründung der National Patriotic Coalition** (NPC, 22.6.), einer zwölf Parteien umfassenden losen Allianz mit den wahlanfechtenden Parteien als Kerngruppe zuzüglich u.a. der *National Party* (NP) und der *National Lima Party* (später im Jahr umgetauft in *Lima Party*), wurde eine Phase des Aktionismus eingeleitet. Zwar wurde Bereitschaft zum Dialog erklärt, im gleichen Atemzug jedoch die Bildung einer Interimsregierung gefordert und eine Kampagne zur **öffentlichen Verbrennung von Wählerkarten** gestartet (29.6.), als Protest gegen die Wählerregistrierung im Vorjahr, die wegen der zahlreichen Unregelmäßigkeiten in den Mittelpunkt der Kritik geraten war. Diese durchaus als Provokation angelegte Kampagne, die eine Umsetzung des im Vorjahr angedrohten zivilen Ungehorsams bis hin zur Regierungsunfähigkeit darstellte und für deren Einzelaktionen die polizeiliche Genehmigung verweigert wurde (2.7.), war verschiedentlich von handgreiflichen Zwischenfällen begleitet und kulminierte zunächst in einem offenkundig als Warnsignal gedachten harschen Polizeieinsatz in Lusaka (30.7.). Eine - außerordentlich folgenschwere - **Eskalation bei einer NPC-Großveranstaltung in Kabwe** (23.8.) wurde allen Anzeichen nach vom Sicherheitsapparat planmäßig inszeniert; nach Unterbindung der Veranstaltung durch massive Polizeiübergriffe wurde auf ein Auto der Veranstalter geschossen, wobei R. Chongwe (Sprecher der NPC-Allianz) und K. Kaunda verletzt wurden, letzterer durch einen Streifschuß. Ein Attentatsversuch, wie es die - Staatsterrorismus am Werke wähnenden - Betroffenen sahen, konnte den Indizien nach nicht ausgeschlossen werden, zumal von verschiedenen Seiten vorherige Warnungen in dieser Richtung bestätigt wurden. Bezeichnend für die überhitzte Atmosphäre war, daß im Zuge sich überschlagender Gerüchte sogar eine direkte Involvierung des Präsidenten selbst für möglich gehalten wurde. Eine bedrohliche Verhärtung der Fronten resultierte auch aus der Haltung der Regierung, die nur geringes Interesse an der Aufklärung des Zwischenfalls demonstrierte; zugleich wurde Salz in die Wunden gerieben, indem trotz einer eindeutigen Feststellung des Polizeichefs über den - gegenüber dem Anlaß unangemessenen - Einsatz von scharfer Munition (27.8.; zwei Polizeioffiziere wurden deshalb suspendiert) immer wieder genau dieses abgestritten wurde und schließlich sogar auch noch eine Verletzung der beiden Spitzenpolitiker ganz in Abrede gestellt wurde - vom Präsidenten persönlich (13.11.).

In der Folge war eine teilweise **Radikalisierung innnerhalb der Oppositionskreise** zu verzeichnen, mit Ankündigungen von Vergeltung und Ausmalen der Gefahr eines Bürgerkriegs. Symptomatisch war, daß der verheerende Großbrand eines Hochhauses in Lusaka (18.9.), bei dem auch der einzige private Rundfunksender eingeäschert wurde, sofort für gegenseitige Schuldzuweisungen instrumentalisiert wurde (als Teil einer Oppositionsstrategie zur Zermürbung der Regierung bzw. als Komplott der Regierung zur Diskreditierung der Opposition), wie bereits bei der Brandkatastrophe auf dem Soweto-Markt von Lusaka zuvor (12.8., am selben Tag war auch ein Feuer im Kabinettsamt ausgebrochen). Vor dem Hintergrund wachsender Konfrontation versicherte der Präsident schließlich - anläßlich des Unabhängigkeitstages - die Dialogbereitschaft der Regierung (23.10.), konterkarierte dies aber sogleich durch heftige Ausfälle gegen die Herrschaft unter Kaunda. Dieser sah sich daraufhin veranlaßt, in einem Interview (24.10.) nicht nur die Anschuldigungen zurückzuweisen, sondern auch - falls ein wirklich ernstgemeinter Dialog weiterhin ausbliebe - eine von der Bevölkerung getragene baldige Explosion anzudeuten.

Am Morgen nach der Veröffentlichung des Interviews trat dies in Form eines **Putschversuchs** ein (28.10.). Eine Handvoll Soldaten, den Anzeichen nach nicht völlig nüchtern, besetzte unter Leitung von zwei Hauptleuten die Radiostation, nachdem ein Versuch zur Festnahme des Armeechefs fehlgeschlagen war, und gab den Sturz der Regierung bekannt. Da sie darüber hinaus offenbar keine weiteren militärischen Maßnahmen einleiteten, war ihre Festnahme nach kurzer Zeit unproblematisch. Ungeachtet der einhelligen Verurteilung dieses auffallend dilettantischen Putschversuchs auch von Seiten des gesamten Oppositionsspektrums - es hatte allerorts Bestürzung, aber keinen Jubel gegeben - war die Regierungsseite offenkundig fest entschlossen, diese günstige Gelegenheit für eine Abrechnung mit der Opposition zu nutzen, sie zumindest jedoch durch Verdächtigungen einer Drahtzieherschaft an die Wand zu drücken. Von den Verhafteten wurden Geständnisse erpreßt, was die Inhaftierung einer Reihe anderer Personen - bis Jahresende war deren Zahl von zunächst 17 auf 91 angewachsen - nach sich zog, stets ohne Anklageerhebung, ermöglicht durch die **Ausrufung des Ausnahmezustandes** (29.10., vom Parlament am 4.11. fristgerecht auf drei Monate verlängert). Darunter befanden sich auch einige Zivilisten wie der seit seinen Äußerungen im Mai als Kandidat für eine alsbaldige Verhaftung gehandelte ZDC-Vorsitzende D. Mung'omba (31.10.) sowie F. Mwanza (14.11., Autor und UNIP-Mitglied). Der Versuch der Polizeiermittler, speziell über diesen Häftling auch die Vorsitzende der MMD-Frauenliga, Ex-Ministerin N. Wina, zu bezichtigen, der kurz vor dem Putschversuch auf einen solchen hinweisende Gerüchte zugetragen worden waren (sie hatte das Präsidialamt darüber informiert), führten hingegen nicht zur Verhaftung.

Angesichts der obwaltenden Umstände, insbesondere auch der Möglichkeit beliebiger Anschuldigungen durch **Geständnisse unter Anwendung von Folter**, was sogar von der - bis dahin als zögerlich und eher regierungsfromm eingeschätzten - Menschenrechtskommission (am 4.4. als dauerhafte und autonome Institution eingesetzt) mit beunruhigender Verspätung öffentlich bestätigt wurde (1.12.), zogen es UNIP-Chef Kaunda und ZDC-Chef R. Chongwe vor, zunächst nicht von ihren jeweiligen Auslandsaufenthalten zurückzukehren. Während Chongwe auf Anraten seiner Parteifreunde auf Dauer fernblieb, kehrte Kaunda aber schließlich - woran er nie Zweifel gelassen hatte - nach ausgiebigen Sondierungen hinter den Kulissen zurück (21.12.). Nachdem der Chef seiner Sicherheitsabteilung durch Verhaftung neutralisiert worden war (23.12.), bewerkstelligte ein Polizeiaufgebot von 200 Mann auch die **Verhaftung von Kaunda** (25.12.). Zwar war dies von vielen Seiten stets als Möglichkeit angesehen worden, und Kaunda hatte es in den Monaten vor dem Putschversuch auch wiederholtermaßen selbst herausgefordert (er hatte indes schon längst klargestellt, daß die Äußerung vom 24.10. über die baldige Explosion in keiner Weise auf einen Putsch gemünzt gewesen sei), aber der Zugriff ausgerechnet zu diesem Zeitpunkt kam über die Maßen überraschend und war Auslöser für weltweite Empörung. Die besonders konsternierten Meinungsführer unter den SADC-Präsidenten beauftragten Tanzanias Ex-Präsident J. Nyerere mit einer Vermittlungsmission (29.-30.12.), der Kaunda sogar besuchen durfte, nachdem zuvor bereits Zimbabwes Präsident (zugleich OAU-Vorsitzender) seinen Außenminister mit einer Sonderbotschaft entsandt hatte (28.12.). Der von einem Hungerstreik geschwächte Kaunda wurde daraufhin aus dem Gefängnis geholt und unter Hausarrest mit rigiden Bestimmungen gestellt (31.12.).

Eine der Konsequenzen aus dem Vorgehen gegen Kaunda war die Vertagung des für den 30./31.12. in Livingstone angesetzten Treffens aller Parteipräsidenten, da sämtliche Parteien von Gewicht nunmehr abgesagt hatten und nur noch ein Sammelsurium von - teilweise bisher unbekannten - Kleinstparteien übriggeblieben war. Dies geschah zu einem Zeitpunkt, als erstmals seit dem Scheitern der **Sondierungsgespräche zwischen den Parteien** am 6.5.96 exzellente Aussichten für einen entscheidenden Durchbruch bestanden. Zunächst hatten zwar vom schwedischen *International Institute for Democracy and Electoral Assistance* (IDEA) initiierte Versuche zu einer Wiederaufnahme von Sondierungsgesprächen Schiffbruch erlitten, obwohl bei einer Gesprächsrunde zwischen Regierungspartei und Vertretern von UNIP, NP sowie AZ in Stockholm (10.-11.6.) eine Übereinkunft zur Einberufung einer Allparteienkonferenz getroffen worden war. Dieses Vorhaben hatte sich jedoch während eines folgenden Vorbereitungstreffens in Lusaka (24.6.) zwischen MMD und der NPC-Allianz infolge divergierender Positionen zerschlagen, da die Oppositionsparteien eine Ausklammerung der für sie zentralen Positionen - Verfassung, Wählerregistrierung, Wahlprozeß - zugunsten einer ausschließlichen Konzentration auf den Grundrechtekatalog der Verfassung nicht akzeptieren mochten und ihre Vorbedingungen schließlich ablehnungsreif hochschraubten (Rücknahme der Verfassungsänderung, Ungültigkeitserklärung der Wahlergebnisse und Einsetzung einer Interimsregierung). Ohnehin gab es Gründe für Mißtrauen: zum einen die verdächtige zeitliche Nähe zur bevorstehenden Konferenz des Pariser Clubs (auf der Fortschritt in der Frage des Parteiendialogs erwartet wurde und IDEA Bericht erstattete), woraus die Schlußfolgerung einer zweckgerichteten Pflichtübung abgeleitet wurde, zum anderen die Tatsche, daß die bereits Ende 1996 eingeleitete Einbeziehung von IDEA auf Anregung von Regierungsseite hin erfolgt war. Ein erneuter Anlauf von IDEA bei einem Treffen in der schwedischen Botschaft in Lusaka (8.10.) wurde von der Oppositionsseite weitgehend boykottiert, und für den 28.11. in London angesetzte "Gespräche über Gespräche" (*Transparency International* sollte diesmal den Vorsitz übernehmen) kamen nicht zustande. Nachwirkungen des Schocks über den Putschversuch und die bedrohliche Verhärtung der innenpolitischen Konfrontation hatten jedoch, offenbar mit sanftem Druck einiger Geberländer, zu einem Überdenken auf beiden Seiten geführt, so daß auf ein Signal von UNIP-Seite hin (27.11.) vom MMD-Generalsekretär M. Sata ein Neuanlauf für ein Treffen zunächst der Generalsekretäre angekündigt wurde (29.11./3.12.). An dieser Runde von **Vorbereitungsgesprächen der Generalsekretäre** (9.-10.12.) nahmen 29 Parteien unter dem gemeinsamen Vorsitz von Sata und des geachteten ehemaligen UNIP-Generalsekretärs M. Chona teil. In überraschend gelöster und konzilianter Atmosphäre wurden in die - Stück um Stück ausgehandelte - umfassende Tagesordnung für das zunächst etwa für den 10.1.98 angesetzte Treffen der Parteipräsidenten (zur Beratung dieser Tagesordnung und Beschlußfassung über ein Datum für den Beginn der Spitzengespräche) auch die Kernpunkte der Oppositionsforderungen aufgenommen, einschließlich einiger vom MMD eigentlich tabuisierter Themen. Der Erfolg war derart durchschlagend, daß Zweifel hochkamen, inwieweit der bislang als Hardliner und Wadenbeißer gegenüber der Opposition bekannte Sata tatsächlich mit Rückendeckung des Präsidenten verhandelte.

Sogar die heikle Frage, welche **Fraktionen der Parteien** zu den Verhandlungen zugelassen werden sollten, wurde - ohne den Versuch zur Vorteilsgewinnung mittels Auseinanderdividierung - durch Abblocken rivalisierender Gruppierungen gelöst. Speziell innerhalb des *Zambia Democratic Congress* war die Fraktionsbildung während des Jahres rapide vorangeschritten, nachdem auf einem Treffen der Führung drei Spitzenfunktionären die Parteizugehörigkeit aberkannt worden war (27.5.), wegen ihrer Frontstellung gegen Parteichef Mung'ombas Aufforderung an Präsident Chiluba zum Rücktritt. Dies sowie verbreitetes Unbehagen über die Verbandelung mit der als zu militant empfundenen NPC-Allianz führte letztlich zu einer Spaltung der Partei - und zu zahlreichen Austritten, z.T. auch Übertritten zum MMD - sowie zum Beschluß, die NPC-Allianz zu verlassen (23.9.). Der kurz zuvor erfolgte Austritt von Generalsekretär D. Chitala, wie Mung'omba ehemals einflußreicher Staatsminister in der MMD-Regierung, war ein besonders herber Schlag (11.9.). Eine opponierende Fraktion hatte sich auch innerhalb der von argen Finanznöten geplagten *National Party* gebildet, die durch reihenweise Rücktritte von Spitzenfunktionären inzwischen kaum noch handlungsfähig war (die Führung durch den angeschlagenen Parteichef H. Mulemba wurde zudem zusehends schwächer), und auch hier kamen - etwa zum selben Zeitpunkt wie beim ZDC - Absetzbewegungen gegenüber der NPC-Allianz zum Tragen. Selbst innerhalb der noch schlagkräftigsten Oppositionspartei UNIP gab es Gärungen, die sich u.a. im Parteiausschluß von Ex-Generalsekretär B. Mibenge (9.4.) niederschlugen, zugleich mit zwei weiteren Funktionären, die im Verdacht standen, auf die MMD-Gehaltsliste geraten zu sein. Abwerbungsversuche von dieser Seite gab es offenbar mehrere, aber ausschlaggebend für die Unruhe waren der nicht von allen mitgetragene Wahlboykott im Vorjahr sowie die Weiterführung der Präsidentschaft durch den in die Jahre gekommenen Kaunda mit allen ihren Konsequenzen wie dem Verlust auch noch der letzten Machtbastionen in der Ostprovinz. Hinzu kam noch das Problem um Parteivize Inyambo Yeta, der nach mehrmonatiger Inhaftierung im Vorjahr (zusammen mit anderen UNIP-Funktionären im *Black-Mamba*-Fall) weitgehend abgetaucht blieb und zunehmend unter Druck des

Adels-Establishments der Westprovinz geriet, sich wieder stärker den Belangen des Barotse-Königshofes zuzuwenden (23.9.). Vorangegangen war ein offenkundig erfolgreicher Anlauf der Regierung zur **Verständigung mit dem Litunga** (König) der Barotse, seinem Vater, der anläßlich eines umstrittenen Besuches in London ein Geheimtreffen mit Präsident Chiluba abgehalten hatte (ca. 26.8.). Der zuvor bekanntgegebenen Entscheidung (7.4.), angesichts der dezidierten Blockadehaltung der Regierung hinsichtlich der geforderten Wiedereinsetzung des Barotseland-Abkommens von 1964 nunmehr UNO, OAU und Commonwealth einzuschalten, schien damit weitgehend die Spitze genommen worden zu sein. Als Broker der Annäherung waren Prinzessin N. Wina und ihr Ehemann S. Wina (Vorsitzender des MMD) tätig, was nicht überall auf Zustimmung stieß.

Auch **Spannungen innerhalb der Regierungspartei** waren in großer Anzahl zu verzeichnen, wenngleich sie sich weder in offenen Fraktionsbildungen noch in Abspaltungen niederschlugen. Vielen Anzeichen nach waren bereits zu Beginn des Jahres die Positionierungskämpfe um die Nachfolge von Chiluba voll entbrannt, da dies gemäß Verfassung seine letzte Amtszeit ist. Zusätzlich angefacht wurden sie dadurch, daß einige Persönlichkeiten die Chancen Chilubas zum Durchstehen der Wahlanfechtung offenbar nicht als sonderlich gut einschätzten und sich auf die Möglichkeit einer alsbaldigen Nachfolge einrichteten. Wichtige Weichenstellungen wurden von der Neuwahl des Nationalen Exekutivkomitees erwartet, die indes noch nicht erfolgte, da sich die für den 8.9.-29.11. angesetzten **Wahlen auf unteren und mittleren Ebenen der Partei** bis zum 20.12. hinzogen. Die Verzögerungen standen mit z.T. sehr heftigen Auseinandersetzungen zwischen Kandidaten im Zusammenhang, deren Auswirkungen zu Annullierungen und Wiederholungen führten und bisweilen sogar bis hin zu den Gerichten reichten. Von besonderer Bedeutung waren die Provinzverbandswahlen, bei denen viele Vizeminister - insbesondere jene, die für bestimmte Provinzen zuständig waren - ihre Machtposition zu verbessern trachteten. In drei der neun Provinzverbänden gab es einen Wechsel an der Spitze; besonders spektakulär war dabei die Niederlage des militanten und auf Parteichef Chiluba eingeschworenen Chefs des Lusaka-Provinzverbandes, der durch einen engen Parteigänger von Generalsekretär M. Sata abgelöst wurde, der seinerseits zum Kreis der aussichtsreichen Bewerber um die Nachfolge Chilubas zählte.

Gewisse Vorentscheidungen in dieser Hinsicht ergaben sich auch aus einer umfassenden **Kabinettsumbildung** (2.12.), präzise ein Jahr nach dem großen Revirement infolge der Wahlen. Spektakulär war v.a. die Degradierung von Vizepräsident G. Miyanda zum Bildungsminister. Neuer Vizepräsident wurde der bisherige Bergbauminister Ch. Tembo, genau wie Miyanda ehemaliger General und in Putschversuche zur Kaunda-Zeit involviert gewesen. Nicht ganz so unerwartet kam die Ablösung von Verteidigungsminister B. Mwila, der - als einer der einflußreichsten MMD-Barone von Beginn an - bislang als nicht berührbar galt und der einzige seit dem Machtwechsel 1991 noch nicht versetzte Minister war. Möglicherweise infolge seiner allzu ostentativen Nachfolgeaspirationen war sein Einfluß jedoch während des laufenden Jahres merklich zurückgestutzt worden (einige seiner Amtsfunktionen waren an den zunehmend wichtiger werdenden Präsidialamtsminister E. Silwamba übergegangen). Der Putschversuch wurde für ihn zum Stolperstein; mit ihm zugleich wurden die Befehlshaber von Armee und Luftwaffe abgelöst. Immerhin blieb Mwila aber als Energieminister im Kabinett. Das Verteidigungsressort wurde Ch. Sampa anvertraut, dem im Innenressort P. Machungwa nachfolgte. Dessen bisherigen Posten des Arbeitsministers übernahm N. Zimba, ehemals Gewerkschaftsführer und zuletzt Minister für Gemeinschaftsentwicklung. Bemerkenswert war ferner die Berufung von K. Walubita (bisher Öffentliche Arbeiten) ins Außenministerium. Insgesamt gesehen gab es zwar nur eine Entlassung (der Vizeminister für die Copperbelt-Provinz), doch sorgte die Umsetzung von zwei Dritteln der 24 Minister für eine Stärkung der Hand des Präsidenten. Von den acht in ihren bisherigen Ressorts belassenen Ministern waren E. Silwamba und Justizminister V. Malambo (beide als Verteidiger des Präsidenten im Wahlanfechtungsverfahren engagiert) auf sicherem Boden, ebenso auch der Minister ohne Geschäftsbereich M. Sata wegen seiner Funktion als Scharnier zur Partei und seiner aktuellen Rolle im Parteiendialog. Daß indes zwei durch Korruptionsanschuldigungen beschädigte Minister nicht angetastet wurden, stand offenkundig damit im Zusammenhang, daß sie derzeit noch in dieser Funktion benötigt wurden. Dies betraf v.a. den - unbeschadet einer

Verurteilung wegen Mißachtung eines Gerichtsurteils (24.2.) - ebenfalls als einer der ernstzunehmenden Präsidentschaftsaspiranten geltenden Finanzminister R. Penza, der indes gerade in wichtigen Verhandlungen mit IMF und Weltbank stand, wohingegen der als glaubwürdige Alternative in Frage kommende frühere Finanzminister E. Kasonde, nach intensiven Bemühungen Chilubas wieder in die Partei zurückgekehrt (4.6.), offenbar derzeit noch nicht zum Wiedereintritt ins Kabinett bewegt werden konnte. Ebenfalls ausgespart blieb B. Mwiinga im Ressort Örtliche Regierungsbehörden, vermutlich weil die seit Ende 1995 fälligen, aber auch in diesem Jahr wiederum verschobenen Kommunalwahlen sich nicht mehr sehr lange vermeiden ließen.

Außenpolitik

Nachdem 1996 im Zusammenhang mit den umstrittenen Verfassungsänderungen und Wahlen jede Menge außenpolitisches Porzellan zerschlagen worden war, sowohl im regionalen Kontext als auch im Verhältnis zu wichtigen Gebern, war **keine Rückkehr zu einer konsistenten Linie** in der Außenpolitik auszumachen. Hinzu kam, daß Außenminister L. Shimba krankheitsbedingt während langer Perioden kaum oder gar nicht einsetzbar war. Bei einem seiner wenigen öffentlichen Auftritte sorgte er zudem noch für einen Eklat, indem er sich beim Empfang einer britischen Parlamentarierdelegation zu massiven Klagen über den britischen Botschafter verstieg (10.9.), dem er - ohne konkrete Belege - eine vorgefaßte und negative Berichterstattung anlastete und dessen Rückberufung er offenbar sogar forderte. Im Namen der Regierung entschuldigte sich Finanzminister Penza am nächsten Tag öffentlich, der Außenminister selbst verweigerte dies jedoch; seine Ablösung bei der Kabinettsumbildung (er wurde Wissenschaftsminister) mochte auch hiermit in Zusammenhang stehen. Der Vorfall zeigte auf jeden Fall, daß das vorjährige Einfrieren bzw. Herunterfahren von Entwicklungshilfe durchaus Wirkungen gezeitigt hatte, zumindest insoweit, als die Nerven blank lagen. Bereits zuvor (17.4.) war ein verbaler Schlagabtausch zwischen Minister M. Sata und US-Emissären, darunter die Botschafterin, bekannt geworden (stets aussagekräftig für die Schwere solcher Vorfälle), die - als Reaktion auf ihr Drängen zur Einhaltung der Kriterien für gute Regierungsführung - schwere Vorwürfe einstecken mußten wegen der angeblichen Rädelsführerschaft der USA bei der Reduzierung der Hilfeleistungen der Geberländer. Anlaß für die Kontroverse waren am 17.1. angekündigte Pläne für die Einrichtung eines Medienrates gewesen, wofür ein Gesetzentwurf eingebracht, aber kurz danach aufgrund massiver Proteste wegen einer befürchteten Gängelung zunächst auf Eis gelegt worden war (9./15.4.).

Weder die Begleitumstände des Wahlanfechtungsprozesses noch die innenpolitischen Auseinandersetzungen vermochten zu einer **dringend notwendigen Imageaufbesserung** beizutragen; der Kabwe-Zwischenfall, die Verhaftung eines führenden Oppositionspolitikers (Mung'omba) und endgültig die jeglichen politischen Anstand negierende Inhaftierung Kaundas vermehrten die internationale Konsternierung beträchtlich, zumal Kaunda zuvor mittels Nutzung von alten Kontakten intensive Lobbyarbeit geleistet hatte, einschließlich eines Drängens auf weitere Anwendung der Entwicklungshilfeschraube (was in Zambia selbst nicht durchweg positiv aufgenommen wurde). Insbesondere die Präsidenten von Zimbawe und Südafrika (zugleich Vorsitzende der OAU bzw. der SADC) sahen sich einmal mehr von Präsident Chiluba düpiert, der bei einem überraschenden Kurzbesuch in Harare (7.12.) eine Beendigung der Probleme zwischen Kaunda und sich dem Vernehmen nach derart überzeugend dargestellt haben soll, daß Präsident Mugabe darauf verzichtete, ihn mit dem ebenfalls in Harare anwesenden Kaunda unter seinem Vorsitz zusammenzubringen. Ein Telefonkontakt zwischen Chiluba und Mandela, der am 14.12. bekannt wurde, hatte indes nicht die von Mandela gewünschte Sicherheitsgarantie für Kaunda erbracht, was jedoch nicht verwunderlich war. Denn die Beziehungen zwischen den beiden Präsidenten hatten sich nach Chilubas Wortbruch im Vorjahr weiter verschlechtert, als Chiluba auf dem SADC-Gipfel hochallergisch auf Bemerkungen in Mandelas Eröffnungsrede reagiert hatte (8.9.).

Vor diesem Hintergrund vermochte die Außenpolitik nicht aus der bereits im Vorjahr noch deutlicher gewordenen Defensive und weitgehenden Isolation herauszukommen. Der einzige außenpolitische Erfolg war die turnusgemäße Abhaltung des COMESA-Gipfeltreffens (10.-11.4.), womit Chiluba den Vorsitz dieser Organisation übernahm. Deswegen und weil deren Sekretariat ohnehin in Lusaka angesiedelt war, gab es eine beträchtliche Anzahl von Tagungen und Konferenzen auf mittlerer Ebene, die in Lusaka stattfanden, zusätzlich auch einige der SADC. **Hochrangige Besucher** waren jedoch, abgesehen vom COMESA-Gipfel, eher Mangelware. Von außerhalb Afrikas kam nur der chinesische Premier im Rahmen seiner Afrikarundreise zu Besuch (5.-7.5.); ansonsten war Lusaka häufig nur Zwischenlandungsstation, so für die Präsidenten von Tanzania und Malawi (25.3. bzw. 8.11.). Ebenfalls auf der Durchreise - vom Besuch in Südafrika - befand sich der Präsident des Sudans (2.-3.9.). Immerhin gelang es jedoch, Namibias Präsidenten zwecks Eröffnung der Handelsmesse in Ndola zu einem Besuch anzuwerben (4.-5.7.). Darüber hinaus kamen noch Rwandas Vizepräsident (19.-21.12.) und der neue Präsident der Demokratischen Republik Kongo (vormals Zaire), der seinen Besuch wegen des Ausbruchs von Feindseligkeiten mit dem Nachbarn Kongo jedoch abbrach (29.-30.9.). Offenbar war L. Kabila bereits kurz vor der Machtübernahme - und mutmaßlich auch davor - schon einmal zu Besuch gekommen, und es gab Berichte, die von einer mehrmonatigen Unterstützung im Verborgenen für Kabilas Kampf wissen wollten. Der **Ausbau der Beziehungen mit Kongo** war denn auch der einzige neue Faktor in der Außenpolitik; Präsident Chiluba eilte zur Amtseinführung sowie zur Jahresfeier der Unabhängigkeit nach Kinshasa (29.5./30.6.), doch anfängliche Pläne zur Hilfestellung bei der Polizei- und Militärausbildung kamen nicht recht vom Fleck, wie auch die Entsendung einer Handelsdelegation (18.10.) noch nicht zum Durchbruch führte. Zuvor war Chiluba an einigen Vermittlungsbemühungen zur Zaire-Krise, u.a. am Togo-Gipfeltreffen (26.3.), beteiligt gewesen. Das Interesse an dieser Thematik rührte auch vom Überschwappen von Flüchtlingswellen aus Zaire her, unter denen sich zahlreiche desertierte Mobutu-Soldaten befanden; insgesamt soll es sich um etwa 6000 Flüchtlinge gehandelt haben.

Darüber hinaus waren die **Reiseaktivitäten des Präsidenten** nicht sonderlich ausgeprägt. Zwei größere Besuchsreisen führten ihn nach Mauritius, Rwanda und Tanzania (22.-28.7.) sowie nach Singapur und Indonesien mit einer als privat deklarierten Visite in London zum Abschluß (19.-28.8.). Außerdem nahm er an den Gipfeltreffen von OAU (Zimbabwe) und SADC (Malawi) sowie an der Commonwealth-Konferenz über Demokratie in Afrika (Botswana) und der 5. Tagung des regionalen Weltwirtschaftsforums (Zimbabwe) teil, ließ sich jedoch auf dem 5. regionalen Treffen über Burundi (Tanzania) durch den Vizepräsidenten vertreten, ebenso beim Commonwealth-Gipfel (Schottland), vermutlich weil an dessen Rand NPC-Sprecher Chongwe lobbyierte.

In den Beziehungen im regionalen Kontext stellte v.a. **Angola** ein Problem dar, weil immer wieder Anschuldigungen über Waffenlieferungen an die UNITA hochkamen, wobei häufig ein Zusammenhang mit den angeblich engen Beziehungen zwischen deren Chef Savimbi und Verteidigungsminister Mwila behauptet wurde. Die Beschwerde von Angolas Innenminister - bei seinem Besuch anläßlich einer SADC-Tagung - über Luftraumverletzungen durch Zambia (12.11.) brachte die Angelegenheit auf eine offizielle Ebene, indem Staatsminister Silwamba, der kurz zuvor in Angola gewesen war, die Nutzung zambischer Flughäfen durch Waffenhändlerfirmen und die illegale Verstrickung von Flughafenpersonal darin einräumte (14.11.), was jedoch durch verschärfte Kontrollen seitens des Militärs mittlerweile unterbunden worden sei. Dennoch sah sich die Regierung noch zu zwei weiteren Dementis veranlaßt (27.11./2.12.). Letzten Endes waren die Anschuldigungen, ob nun zutreffend oder nicht, ein Resultat der in vergangenen Jahren durchweg ambivalenten Haltung gegenüber den angolanischen Kontrahenten, die stets auch die Komponente einer teilweisen - aus dem regionalen Kontext deutlich ausscherenden - Affinität zur UNITA aufgewiesen hatte. Die Beziehungen zu den anderen Nachbarn waren hingegen im wesentlichen durch Handels- und Infrastrukturfragen geprägt. Mit **Tanzania** wurden ein Ministerratstreffen der TAZARA-Eisenbahn (Dar es Salaam 21.3.) und die 6. Sitzung der Gemeinsamen Ständigen Kommission (Lusaka 16.-18.9.) abgehalten, auf der ein Beschluß zur Revision des Handelsabkommens von 1982 gefaßt wurde. Mit **Zimbabwe** wurden ein Straßenverkehrsabkommen abgeschlossen (30.5.) und Sitzungen der Verteidigungs- und Sicherheitskommission (19.-20.6.) sowie der Gemeinsamen Ständigen Kommission (Lusaka 28.-30.12.) abgehalten, auf der wieder einmal der Entwurf für das neue Handelsabkommen und außerdem Zambias Wunsch nach einer Umweltverträglichkeitsstudie hinsichtlich der geplanten Wasserentnahme aus dem Zambezi thematisiert wurden. Mit **Botswana** wurden auf einem Ministertreffen in Kasane (Juni) Gespräche über die Finanzierung für den Bau einer Zambezi-Brücke geführt und mit **Namibia** eine Sitzung der Verteidigungs- und Sicherheitskommission abgehalten (Walvis Bay 13.-14.5.); darüber hinaus wurde, anläßlich des Besuchs des namibischen Justizministers, ein Memorandum über die Bekämpfung grenzüberschreitender Kriminalität (12.10.) sowie ein Abkommen zur Verbesserung der Stromversorgung für den Caprivi-Streifen abgeschlossen (Katima Mulilo 18.10.). Früher im Jahr war Vizepräsident Miyanda zur gemeinsamen Handels- und Investitionsveranstaltung (21.-25.4.) nach Namibia gereist. Mit **Südafrika** wurden intensive Verhandlungen über ein Handelsabkommen mit der Zollunion SACU geführt, die mit dem Besuch des südafrikanischen Handelsministers (13.11.) in eine konkrete Phase eintraten.

Sozioökonomische Entwicklung

Bei der **Vorlage des Haushaltsentwurfs** (31.1.) wurde erstmals seit 1974 ein kleiner Überschuß (K 62 Mrd.) projiziert, der etwa 1% des BIP entsprechen sollte. Allerdings bestanden die angesetzten Gesamteinnahmen von K 1489 Mrd. nur zu knapp 62% aus Eigeneinnahmen, die Deckung des Restes wurde durch externe Zuflüsse erwartet, ohne die sich ein Defizit von etwa 7% gemessen am BIP ergeben hätte. Bei den Ausgaben in Höhe von K 1427 Mrd. war der Investitionshaushalt mit K 462,5 Mrd. auf 32,4% der Gesamtausgaben angesetzt worden, fast genauso wie im Vorjahr. Mit gut 28% bzw. knapp 23% lag die Steigerung der Einnahmen bzw. Ausgaben im Vergleich zum Vorjahresansatz in etwa im Bereich der Inflationsrate während des Jahres, die auf ca. 24% (nach 46% im Vorjahr) fiel; angesetzt worden war das Erreichen der 15%-Marke. Der wiederum gezeigte Optimismus hinsichtlich der Mittelzuflüsse von den Gebern bekam auch diesmal einen Dämpfer: von den erwarteten $ 210 Mio. kamen nur $ 130 Mio. tatsächlich über. Auch das im Haushaltsentwurf angestrebte **Wirtschaftswachstum** von 5,5% erwies sich als unrealistisch; mit bestenfalls 3,5%, infolge eines permanent zu hoch angesetzten BIP aber vermutlich nur 2,5%, lag es deutlich unter dem Ergebnis des Vorjahres, das etwa 5% erreicht hatte (nach offiziellen Schätzungen 6,4%). Einen spektakulären Zuwachs verzeichnete dabei das Baugewerbe (+34%), aber auch die verarbeitende Industrie lag mit gut 7% über dem Schnitt.

Hingegen verzeichnete die **Landwirtschaft** einen Rückgang um über 3%, hervorgerufen durch schwere Regenfälle sowie das chronische Problem einer zu späten Belieferung mit Düngemitteln. Die Produktion des Grundnahrungsmittels Mais ging um etwa ein Drittel zurück, was zu einer kritischen Situation führte, als Zimbabwe die anfängliche Lieferzusage von 120 000 t nicht mehr aufrechterhalten konnte und zunächst nur 50 000 t, später dann noch zusätzlich 20 000 t entbehren konnte. Gegen Jahresende wurde um internationale Nahrungsmittelhilfe in Höhe von 26 000 t Mais nachgesucht (23.12.), da etwa eine Million Menschen in 29 der 72 Distrikte durch Überflutungen und Dürre beeinträchtigt worden waren. Sowohl vom Gewerkschaftsdachverband als auch von Oppositionsabgeordneten (26.1./ 8.10.) wurde die Thematik einer Wiedereinführung von Subventionen für die landwirtschaftliche Produktion - und auch Vermarktung - hochgebracht, doch stieß dies bei der auf strikten marktwirtschaftlichen Kurs eingeschworenen Regierung auf taube Ohren (wiewohl es eine Subventionierung von Düngemitteln noch gab). Angesichts von Tendenzen, die sich abzeichnende Getreideknappheit für Preiserhöhungen zu nutzen, wich die Regierung zunächst noch einmal von dem im Haushaltsentwurf angekündigten Heraushalten aus dem Agrarsektor zugunsten von privaten Händlern ab, indem die Regulierung von Getreidepreisen durch marktwirtschaftliche Instrumente verkündet wurde (11.3.), doch folgte bald darauf eine Erneuerung der Absicht, weder in der Vermarktung noch der landwirtschaftlichen Kreditvergabe involviert zu bleiben (23.5.); für die nächste Saison wurde schließlich auch die Vergabe von Krediten für Düngemittel aufgekündigt (21.12.), verbunden mit dem zynisch klingenden Rat an die Bauern, auf Feldfrüchte ohne Düngerbedarf auszuweichen.

Der Rückzug aus der Agrarfinanzierung hing u.a. auch mit dem **Kollaps der Landwirtschaftsbank** *Lima Bank* zusammen, die unter Konkursverwaltung gestellt wurde (19.3.), da sich ein Schuldenberg von K 40 Mrd. angehäuft hatte, davon allein K 15 Mrd. nicht zurückgezahlter kurzfristiger Kredite aus der letzten Saison. Ein ähnliches Problem ruinierte die *Prudence Bank*, nach deren Schließung (17.10.) eine Liste von Schuldnerfirmen im Besitz von Politikern bekannt wurde, bei denen die Eintreibung der Außenstände offensichtlich auf Widerstand gestoßen war. Brisant war dieser Fall auch deswegen, weil zwei Tage nach Absetzung des Managements (16.9.; die Bank gehörte einem prominenten Funktionär der Regierungspartei) in deren Dokumentenabteilung jenes Feuer seinen Ausgang nahm, das sich zu dem Hochhausgroßbrand (s.o.) ausweitete. Das **Wirken von Marktkräften im Bankensektor**, liberalisiert und inzwischen überbesetzt, zeigte sich auch bei der Schließung von zwei weiteren Banken (20.2., 4.12.); allerdings wurden auch zwei neue Banken eröffnet, darunter die erste chinesische Geschäftsbank in Afrika.

Ein weiterer wesentlicher Aspekt der Wirtschaftsreformen war das **Privatisierungsprogramm** staatlicher bzw. halbstaatlicher Firmen, das Zambia mittlerweile zum beispielgebenden Vorzeigeobjekt gemacht hatte und sich dem Zielgeradenspurt näherte. Ende des laufenden Jahres hatte die *Zambia Privatisation Agency* (ZPA) 213 der ihr anheimgegebenen 321 Firmen verkauft (Ende des Vorjahres: 155 von 255) und dafür die nicht besonders üppige Summe von $ 70 Mio. eingefahren, aber auch - laut ihren eigenen Angaben - einen Verlust von 60 000 Arbeitsplätzen allein 1992-95 in Kauf genommen (bei einer Gesamtbeschäftigung im formellen Sektor von 300 000). Als Erfolg verbucht werden konnte der Verkauf der zahlungsunfähigen Maamba-Mine (26.11.) - des einzigen Kohleproduzenten - an eine südafrikanische Firma, wobei der Staat einen 20%-Anteil behielt. Hingegen mußte der Verkauf des Versicherungskonzerns *Zambia State Insurance Corporation* in Ermangelung eines zufriedenstellenden Angebots vertagt werden (2.12.). Die Regierung legte sich im übrigen etwas überraschend darauf fest (2.10.), ihren kontrollierenden Einfluß bei Konzernen in strategischen Bereichen (Strom, Telekommunikation, Raffinerie, Öl, Pipeline) aufrechterhalten zu wollen, wenn auch unter Vorkehrungen, die Interventionen von Regierungsseite unterbinden sollten.

Kernstück des Privatisierungsprogramms war indes der **Verkauf des Bergbaugiganten ZCCM** (*Zambia Consolidated Copper Mines*), von überragender Bedeutung für die Gesamtwirtschaft, aber auch auf einem rapide wachsenden Schuldenberg von nunmehr über $ 650 Mio. sitzend. Diese Privatisierung lief jedoch nicht über die ZPA, sondern wurde separat durch eine ZCCM-Sondergruppe abgewickelt, zu deren Vorsitzenden der frühere Konzernchef F. Kaunda berufen wurde (11.3.). Gemäß dem am 28.5.96 verkündeten Programm war die staatliche Mehrheitsbeteiligung - in mehrere Einzelpakete aufgeteilt - in einer öffentlichen Ausschreibung angeboten worden; die Öffnung der Angebote von 43 Bergbaugesellschaften oder anderen Großinvestoren wurde fristgemäß vorgenommen (28.2.). Nachdem zuvor bereits die Kansanshi-Kupfermine an den US-Konzern *Cyprus Amax* gegangen war (16.1.), erfolgte nun Stück für Stück der Zuschlag für die anderen Teilpakete: die Luanshya/Baluba-Mine an den indischen Konzern *Binani Industries* (30.6./30.9.), die *Power Division* an das von britischen Firmen dominierte *Copperbelt Energy Consortium* (18.7.), die Chibuluma-Mine an das kanadisch-südafrikanische *Metorex*-Konsortium (31.7./30.9.) und die brachliegende Chambishi-Mine an die *Ivanhoe Capital Corporation* (7.11.). In allen Fällen wurde eine staatliche Beteiligung beibehalten, bei der Kansanshi-Mine und der *Power Division* 20%, bei den anderen 15%. Die drei wichtigsten Teilpakete harrten indes weiterhin einer Abwicklung. Zwar unterzeichnete die *Anglovaal*-Tochter *Avmin* ein Abkommen zur Erschließung von *Konkola North* (7.3.) und begann mit Bohrungen (28.7.), aber hinsichtlich des drittwichtigsten Pakets, der Minen Nchanga und Nkana, ergab sich ein hartes Pokerspiel mit dem *Kafue-Konsortium* unter Führung von *Avmin* mit britischer, kanadischer und amerikanischer Beteiligung, das als einziger Bewerber übriggeblieben war (die Größe der Einzelpakete hatte Konsortialzusammenschlüsse bedingt und damit Konkurrenz unterbunden). Tatsächlich wurde ein vorläufiger Abschluß in Form eines Memorandums über die Möglichkeit eines Verkaufs bekanntgegeben (7.11.), doch mehrten sich anschließend die Anzeichen, daß Investoren zögerlicher wurden, weil die Kupferpreise infolge der Krise in Südostasien - zusätzlich zur weltweiten Überproduktion - auf Talfahrt gingen. Der Abschluß des Nchanga/Nkana-Pakets war aber vom ZCCM-Minderheitseigner *Anglo American Corporation* (AAC; 27,1% der Anteile) zur Voraussetzung für einen Abschluß hinsichtlich des wichtigsten Einzelpakets gemacht worden, der Erschließung der für die Zukunft der Kupferindustrie als von entscheidender Bedeutung geltenden

Kupfermine *Konkola Deep*. Mit dem Konsortium unter Federführung der AAC war zwar ebenfalls ein Memorandum unterzeichnet worden (Febr.), doch war darüber hinaus keine weitere Entwicklung zu verzeichnen, außer daß wie im Vorjahr wieder eines der Konsortialmitglieder ausstieg, diesmal der südafrikanische Konzern *Gencor* (Mai).

Die Entschlossenheit der Regierung, mit der jahrelang hinausgezögerten Privatisierung des ZCCM-Konzerns endlich Ernst zu machen, wurde von der Geberseite honoriert, ungeachtet des Weiterbestehens der politischen Umstände, die für das Einfrieren der Zahlungsbilanzunterstützung im letzten Jahr maßgeblich gewesen waren. Nach einem Vorgespräch mit der Gebergemeinschaft in London (25.4.) mit ausführlicher Erörterung der Thematik der Regierungsführung wurde die Ende des Vorjahres verschobene **Konferenz des Pariser Clubs** abgehalten (10.-11.7.). In den Zusagen über $ 435 Mio. für das laufende Jahr waren $ 150 Mio. Zahlungsbilanzunterstützung enthalten, während der Rest für Projekte vorgesehen war, was sich in etwa im Rahmen der Annahmen des Haushaltsentwurfs hinsichtlich externer Zuwendungen ($ 200 Mio. Zahlungsbilanz, $ 275 Mio. Projekte) bewegte. Die Suspendierung aus dem Vorjahr war damit durchbrochen worden, wenn auch unter den gängigen Vorbehalten hinsichtlich von Wirtschaftsreformen und guter Regierungsführung sowie einer Verpflichtungserklärung, die Armut im Lande bis zum Jahr 2000 von 70% auf 50% zu drücken. Zwar bleiben einige bilaterale Geber - insbesondere Norwegen und Schweden - bei ihrer Verweigerung von Zahlungsbilanzhilfe, aber der Weg war frei für die im vorigen Jahr vereinbarten Schuldenerlasse und Umschuldungen, mit denen Deutschland sofort begann (22.7.) und Italien nachzog (18.12.); zum gleichen Zeitpunkt schuldete der größte bilaterale Geber Japan lediglich um. Schließlich konnte der Finanzminister auch noch den **Beschluß der Weltbank** bekannt machen (11.12.), zusätzlich zu der Kreditzusage über $ 70 Mio. (14.10.) für die ersten fünf Jahre des großangelegten Straßenrehabilitierungsprogramms auch noch die 2. Tranche in Höhe von $ 42 Mio. der im Vorjahr begonnenen Zahlungsbilanzhilfe (*Economic Recovery Investment Promotion*) auszahlen zu wollen. Kurz darauf teilte er mit (17.12.), daß eine **Übereinkunft mit dem IWF** getroffen worden sei, den Zugang zur Erweiterten Strukturanpassungsfazilität für das nächste Jahr zu ermöglichen. Vorangegangen war ein deutliches Signal der Regierung, die oft versprochene Reform des öffentlichen Dienstes ernsthaft anzugehen, indem ein sofortiges Einfrieren der Löhne bis Ende 1998 verfügt wurde (26.11.), um Abfindungsgelder verfügbar zu machen für die Entlassung von 7000 Bediensteten bis Ende des Jahres und weiteren 8000 bis April 1998, im Rahmen einer Reduzierung der Beschäftigung im öffentlichen Dienst von derzeit 139 000 auf 80 000 Ende 1999. Eine Kostprobe dafür, wie aufbegehrende Lohnempfänger in Schach gehalten werden konnten, hatte die Regierung zuvor gegeben, als Beschäftigte des öffentlichen Dienstes den **Beschluß für einen dreitägigen Streik** gefaßt hatten (19.9.), um ihren Forderungen nach Umsetzung von lange überfälligen Vereinbarungen über Lohnerhöhungen und Verbesserungen der Arbeitsbedingungen Nachdruck zu verleihen; außerdem sollte die Regierung gezwungen werden, die Lohnverhandlungen für 1998 nicht weiter zu blockieren. Schon am zweiten Tag (30.9.) wurde der Streik wegen einer von der Regierung erwirkten gerichtlichen Verfügung abgebrochen; anschließend leitete der Arbeitsminister ein Verfahren zur Deregistrierung der am Streik beteiligten Arbeitnehmervertretungen ein (2.10.).

Goswin Baumhögger

Chronologie Zambia 1997

31.01.	Haushaltsentwurf
10.02./18.03.	Beginn der Hauptverhandlung im Wahlanfechtungsprozeß gegen den Präsidenten
28.02.	Öffnung der Angebote für die Privatisierung des ZCC-Konzerns
22.06.	Gründung der *National Patriotic Coalition*, nachfolgend Verbrennung von Wählerkarten (ab 29.6.)
10.-11.07.	Konferenz des Pariser Clubs
23.08.	Polizeieinsatz gegen Oppositionsveranstaltung in Kabwe mit Schüssen auf Oppositionspolitiker
28.10.	Putschversuch, anschließend Ausnahmezustand (29.10.) und Verhaftung des ZDC-Chefs (31.10.)
09.-10.12.	Treffen der Parteigeneralsekretäre zur Vorbereitung des Parteiendialogs
02.12.	Kabinettsumbildung
25.12.	Verhaftung von Ex-Präsident Kaunda, nach massivem Protest Verfügung von Hausarrest (ab 31.12.)

Zimbabwe

Fläche: 390 759 km², **Einwohner:** 11 Mio., **Hauptstadt:** Harare, **Amtssprache:** Englisch, **Lebenserwartung**: 56 J., **Alphabetisierung:** 85%, **HDI:** 0,513, Rang 10, **Wechselkurs:** \$1 = Zimbabwe \$ (Z\$) 18,46, **Pro-Kopf-Einkommen:** \$ 610, **BIP:** \$ 6815 Mio., **Anteile am BIP:** 14% - 28% - 59%, **Hauptexportprodukte:** Tabak 28%, Gold 12%, **Staats- und Regierungschef:** Robert Mugabe, **Regierungspartei:** Zimbabwe African National Union / Patriotic Front (ZANU PF)

Innenpolitik

Obwohl bereits im Mai 1996 vom Wochenblatt *Zimbabwe Independent* der Verdacht eines weitverbreiteten **Mißbrauchs des Kompensationsfonds für Kriegsversehrte** öffentlich gemacht worden war, kam es trotz der damaligen Zusicherung des zuständigen Ministeriums, eine interne Prüfung veranlaßt zu haben, zu einer katastrophalen Entgleisung - eine Folge von gravierender Inkompetenz in Kombination mit mangelhafter Transparenz und augenschließendem Gewährenlassen der im Land immer kräftiger wuchernden Abgreif- und Bereicherungsmentalität. Nachdem innerhalb von zehn Monaten Gelder in Höhe von Z\$ 450 Mio. aus dem Fonds abgeflossen waren, wurde eine **Suspendierung der Auszahlung von Abfindungen** aus diesem Fonds und die Einleitung von polizeilichen Ermittlungen bekanntgegeben (25./26.3.). Allen Anzeichen nach hatten sich auch zahlreiche Angehörige der politischen Elite direkt und indirekt schadlos gehalten, häufig begründet mit psychischer statt physischer Versehrtheit aufgrund von ärztlichen Attesten mit fragwürdigen Bemessungskriterien. Eine von einem Sachbearbeiter im Ministerium nach draußen lancierte Liste mit den Namen von einigen - offenbar bei weitem nicht allen - prominenten Zahlungsempfängern (mit Abfindungszahlungen bis zu Z\$ 1 Mio. und Versehrtheitsgraden bisweilen bis zu 100% bei gleichzeitiger voller beruflicher Einsatzfähigkeit) kursierte zu diesem Zeitpunkt bereits und wurde mittels eines im Parlament eingebrachten Antrags der unabhängigen Abgeordneten M. Dongo öffentlich gemacht (8./16.4.). Das Anstechen dieser Eiterbeule zog in den nächsten Monaten eine akute Blutvergiftung des politischen Systems nach sich, mit außerordentlich ernsten Konsequenzen auch für die Wirtschaftsentwicklung (s.u.).

Nach Abschluß einer erneuten Untersuchung im Ministerium und Annahme des Dongo-Antrags auf Überprüfung durch den obersten Rechnungsprüfer (29.5.) beschloß das Politbüro der Regierungspartei abweichend davon die **Einsetzung einer Untersuchungskommission** (3.7.). Sie wurde unter Richter G. Chidyausiku konstituiert (21.7.) und führte hochnotpeinliche öffentliche Anhörungen durch (18.8.-27.11.), die auch nach 41 Sitzungstagen längst nicht abgeschlossen waren und ein atemberaubendes Ausmaß an Bestechung, Begünstigung, Falschangaben und ungeniertem Abkassieren offenlegten. Unterdessen hatte sich erheblicher Unmut v.a. bei jenen Befreiungskriegsveteranen angestaut, die von der Suspendierung der ausstehenden über 1500 Abfindungszahlungen in Höhe von Z\$ 300 Mio. - während die normalen Rentenzahlungen aus diesem Fonds weiterliefen - betroffen waren und eine Vertuschung der Involvierung von Prominenz zu vermuten Anlaß hatten. Die sich zunächst in einer ganztägigen Besetzung der Zentrale der Regierungspartei und einem Versuch zur Besetzung des Parlaments (14./15.7.) niederschlagenden **Protestaktionen** waren für die Regierung außergewöhnlich heikel. Denn bei den Demonstranten handelte es sich um einen bislang besonders loyal zur Regierungspartei stehenden Personenkreis, gegen den die Sicherheitskräfte durchgreifen zu lassen einer nicht wieder wettzumachenden politischen Bankrotterklärung gleichgekommen wäre, weil die wichtigste Wurzel für die Legitimierung der Herrschenden, jedenfalls gemäß ihrer Selbstsuggestion, im Befreiungskampf ankerte. Der Beschluß des Politbüros (16.7.), den parallelen, vornehmlich für Projekte gedachten Kriegsveteranenfonds um Z\$ 50 Mio. aufzustocken, dessen fahrlässige finanzielle Austrocknung ein Ausweichen auf den nicht nur für Veteranen gedachten Kriegsversehrtenfonds ausgelöst hatte, führte ebensowenig wie eine landesweite Kampagne von Ministern zur Erläuterung der gegenwärtigen Probleme mit diesem Fonds (20.7.) zur Beruhigung. Stattdessen wurde der Präsidentensitz belagert und eine - sehr imageschädigende - Blockade des Konferenzzentrums vor den Augen der Delegierten des Afrikanisch/Afro-Amerikanischen Gipfeltreffens durchgeführt (21./22.7.).

Mehr als alles andere waren es jedoch die nachhaltige Störung der Rede des Präsidenten ausgerechnet zum Heldengedenktag - was einem Sakrileg gleichkam und offensichtlich als schwerer Schock empfunden wurde - sowie die abermalige Erstürmung der Parteizentrale (11./13.8.), die schließlich ein Eingehen auf die Forderungen nach einem Treffen mit dem Präsidenten erbrachten. Denn Mugabe war der offizielle Schutzpatron dieses Verbandes, der eine Mitwirkung bei der Organisation der Unruhen abgestritten und diese als spontan hingestellt hatte. Auf zwei Sitzungen Mugabes und einiger ausgewählter Kabinettsmitglieder mit Vertretern der Veteranen (21./27.8.) wurde ein **umfassendes Paket an Zusagen** geschnürt. Es sah die steuerfreie Auszahlung von Z$ 50 000 (statt der geforderten Z$ 500 000) für jeden Veteran sowie eine monatliche Rente in Höhe von Z$ 2000 ab Anfang 1998 vor - reichlich bemessen angesichts der zwei Tage später erfolgten Bekanntgabe der monatlichen Mindestlöhne (erstmals drastisch erhöht von Z$ 400 auf Z$ 760) sowie in Anbetracht dessen, daß viele Veteranen schon zuvor von Hilfsprogrammen profitiert hatten. Zusätzlich wurden freie Gesundheitsfürsorge, Verzicht auf Schulgebühren und prioritäre Berücksichtigung bei Sozialwohnungen für Veteranen nebst Familien zugebilligt sowie die 20%-Beteiligung an neuem Siedlungsland bekräftigt. Die **Überprüfung der Veteranen** ergab eine Gesamtzahl von etwa 50 000 und führte zu Auseinandersetzungen und Protesten von der Seite derer, die sich ausgelassen fühlten, u.a. jene, die ihre militärische Ausbildung im Land und nicht im Exil erhalten hatten. Nach einem erneuten Treffen des Präsidenten mit dem Veteranenverband beschloß das Kabinett die gegebenen Zusagen, unter Verzicht auf eine Eingrenzung des Empfängerkreises etwa nur auf Arbeitslose oder solche, die noch keine anderen Rentenansprüche hatten (20./25.11.). Dies stellte eine **fast vollständige Kapitulation vor dem Veteranenverband** dar, die in ihrer Konsequenz höchst problematisch (weil sie Begehrlichkeiten von anderen Interessenvertretungen weckte) und extrem kostspielig war (s.u.). Der Veteranenverband konnte lediglich die Forderung nach Aussetzung der Chiyausiku-Kommission nicht durchsetzen und demonstrierte deren Ablehnung durch eine außergewöhnlich unwürdige, erstaunlicherweise nicht in die Schranken gewiesene Sitzungsstörung anläßlich der Vernehmung von Verbandschef Ch. Hunzvi (10.11.), der als Arzt durch die Ausstellung zahlreicher Atteste selbst tief in die Unregelmäßigkeiten verstrickt war. Vorangegangene Versuche von zwei Ministern, Hunzvi durch Infragestellen seines Leumunds als Veteran zu unterminieren (8.10.), waren an dessen neugewonnener Popularität spurlos abgeprallt.

Während sich die Kriegsveteranenproblematik nicht zuletzt deswegen so stark hatte zuspitzen können, weil die Lebensumstände der Veteranen - viele wähnten sich stark benachteiligt, obgleich unübersehbar auch ein Zusammenhang mit der allgemeinen wirtschaftlichen Lage gegeben war - allzu lange ignoriert worden waren, resultierte eine weitere nachhaltige Reputationseinbuße für die Regierenden aus dem bisherigen Ausweichen vor einer Aufarbeitung der Vergangenheit. Der **Bericht über Greueltaten in den südwestlichen Provinzen in den Jahren 1980-88**, der dem Präsidenten überreicht wurde (17.3.), stieß demgemäß auf eine eisige Nicht-Reaktion. Angefertigt von den Menschenrechtsorganisationen *Catholic Commission for Justice and Peace* (CCJP) und *Legal Resources Foundation* (LRJ), war in diesem Dokument erstmals versucht worden, durch Zeugenbefragungen die schweren und blutigen Übergriffe der Sicherheitskräfte gegenüber der Zivilbevölkerung während der Bekämpfung bewaffneter Banden in den ersten Jahren nach der Unabhängigkeit aufzuarbeiten. Trotz eines strikten Embargos, v.a. von der Seite der katholischen Bischöfe betrieben, wurden große Teile des Berichts von der südafrikanischen Zeitung *Mail & Guardian* publiziert (2.5.), deren Ausgabe nach Zimbabwe hineingelassen wurde, sowie anschließend vom neuen Sonntagsblatt *Zimbabwe Standard* sowie vom *Zimbabwe Independent* (4./9.5.). Erst dann bequemte sich Präsident Mugabe zu einer indirekten Reaktion (10.5.), in der zwar auch ein Appell zum Lernen aus Fehlern der Vergangenheit durchklang, vornehmlich jedoch die Sorge ausgedrückt wurde vor einem Aufwühlen der Vergangenheit wegen des Risikos eines erneuten Auseinanderdividierens bis hin zur Gefährdung der nationalen Einheit; die von vielen Seiten eingeforderte öffentliche Entschuldigung bleib indes aus. Auch von der Seite führender Politiker der längst in der Regierungspartei aufgegangenen früheren Oppositionspartei ZAPU, die von den damaligen Geschehnissen in den Provinzen Matabeleland und Midlands besonders betroffen gewesen war, zeigte sich kein Interesse an der Aufarbeitung dieses sehr problematischen Teils der Vergangenheit. Während die - in sich uneinige - katholische Bischofskonferenz die **Publizierung des Berichts** weiterhin blockierte (3.6.), wohl noch auf einen Sinneswandel bei der Regierung hoffend, preschte die LRF im Einvernehmen mit dem CCJP-Direktor schließlich vor und verteilte ihn an Botschaften und Journalisten (11.7.). Dies veranlaßte die Bischofskonferenz, die Zusammenarbeit mit der LRF im geplanten Versöhnungs-Trust aufzukündigen (14.8.). Die wichtige Thematik verlor damit viel von ihrer Durchschlagskraft und wurde von Regierungsseite beharrlich weiter totgeschwiegen, die sich bereits in der Phase der Anfertigung des Berichts auf den Standpunkt gestellt hatte, zunächst hätten die Metzeleien der bewaffneten Banditen, die das damalige Eingreifen der Sicherheitskräfte ausgelöst hatten, sowie insbesondere die Greueltaten unter dem Smith-Regime vor der Unabhängigkeit ans Tageslicht gebracht werden müssen. Offenkundig war indes der gesellschaftliche Konsens für eine umfassende, nicht nur auf Teilaspekte ausgerichtete Wahrheitskommission wie in Südafrika nicht ausgeprägt genug.

Die Debatten über diesen Bericht sowie über die Kriegsveteranen beförderten auch andere Themen aus der Vergangenheit stärker ans Tageslicht, so die Ermordung des ZANU-Exilchefs H. Chitepo bzw. den Unfalltod des ZANU-Militärchefs J. Tongogara (1975/79). All dies bot manchen Personen weidlich Raum zur Verstärkung bzw. Wiederbelebung von Ressentiments sowohl gegen die Regierungspartei als auch gegen die ehemaligen Guerillakämpfer, womit zusätzliche Unruhe in die Gesellschaft getragen wurde. Einen weiteren Anlaß zur Vergangenheitsaufarbeitung bot der arg hinausgezögerte **Prozeß gegen N. Sithole** (24.11.), Chef der einzigen im Parlament - mit zwei Sitzen - vertretenen Oppositionspartei, der u.a. angeklagt worden war, Anstifter eines geplanten Attentats gegen den Präsidenten im Jahr 1995 gewesen zu sein und dafür recht milde zu zwei Jahren Gefängnis verurteilt wurde (18.12.). Die lange Zeit viel zu wenig beachteten Verstrickungen Sitholes mit rechtsreaktionären Kreisen in den USA und in Mosambik wurden nun zumindest angeschnitten, wenngleich immer noch nicht gründlich aufgearbeitet. Ein anderer spektakulärer Prozeß war das **Verfahren gegen Ex-Präsident C. Banana** (7.7.), der von einem seiner früheren Leibwächter, als dieser in einem Mordprozeß auf mildernde Umstände plädierte, schwerwiegender homosexueller Übergriffe - in den Jahren 1983-86 - beschuldigt worden war. Nach langen Verzögerungen, z.T. begründet in der Publizität dieses Falles (bot er doch Gelegenheit, mit ungetrübter Schadenfreude immer wieder auf Präsident Mugabes dezidierte Haltung gegenüber Homosexuellen einzudreschen), lief der Prozeß schließlich an (22.9.), drehte sich bis Jahresende indes nur um Verfahrensfragen.

In einigen anderen Prozessen wurden **Urteile vom Obersten Gerichtshof** mit z.T. weitreichender Bedeutung für die politische Kultur des Landes gefällt, wobei es jeweils um die Verfassungskonformität bestimmter Gesetzesparagraphen ging. Zunächst wurde eine Passage des Gesetzes über Nichtregierungsorganisationen für ungültig erklärt (11.2.), woraufhin die 1995 abrupt von der Regierung abgesetzte Exekutive des Dachverbandes der Frauenvereinigungen wieder eingesetzt werden mußte, sodann jene Passage des Nationalen Registrierungsgesetzes verworfen (17.3.), die eine ständige Verfügbarkeit von Identitätspapieren in der Öffentlichkeit vorschrieb, und schließlich ein Urteil über das Parteienfinanzierungsgesetz von 1992 gesprochen (5.9.), das von der *United Parties* - allerdings erst zum Zeitpunkt der Parlamentswahlen 1995 - angefochten worden war. Während das Gericht die Parteienfinanzierung aus staatlichen Mitteln absegnete, erteilte es der ab 12,5% der Abgeordneten geltenden Begrenzung eine klare Absage. In einem eilends eingebrachten **Ergänzungsgesetz zur Parteienfinanzierung** wurde nun die Anzahl der Wählerstimmen - allerdings mit einer 5%-Hürde - zur Grundlage der Verteilung von Geldern gemacht (17.9./23.10.), wodurch sich die Aussicht auf eine stärkere Beteiligung auch der Oppositionsparteien an künftigen Parlamentswahlen verbesserte. Hingegen wurde eine Klage gegen das umstrittene Gesetz von 1986 mit Sondervollmachten für den Präsidenten - womit u.a. auch die Bürgermeisterwahl in Gweru von Ende 1995 hatte gekippt werden sollen - abgelehnt (14.8.), während der Anfechtung der Bürgermeisterwahl in Chitungwiza von 1996 wegen fehlerhafter Wählerlisten stattgegeben wurde (12.3.). Die lange hinausgezögerte Neuwahl (28.-

29.12.) gewann der Kandidat der Regierungspartei mit 54,3% noch etwas knapper als im Vorjahr. Die Wahlbeteiligung lag indes nur bei 4,4% der potentiellen Wahlberechtigten, obwohl eigens für diese Wahl in aller Eile eine **neue Gesetzgebung für kommunale Wahlen** verabschiedet worden war (10.-23.10.), mit der u.a. eine Ausweitung des Stimmrechts durch Angleichung an die Bestimmungen für nationale Wahlen hergestellt und somit die bisherige Bindung des Stimmrechts an Haus- oder Grundbesitz aufgehoben wurde. Diese Gesetzgebung war auch für die 57 ländlichen Distriktsräte von großer Bedeutung, in denen etwa die zahlreichen Landarbeiter einer Farm im Gegensatz zu deren Besitzern bisher kein Stimmrecht hatten, doch wurden die zunächst für August angesetzten Distriktsratswahlen wegen Verzögerung in der Gesetzgebung verschoben (20.6.).

Auch von Gerichtsverfahren unabhängige Entwicklungen in Richtung politischer Reformen waren zu verzeichnen. Die im Vorjahr überraschend beschlossene, auf größere Rechenschaftlichkeit und Transparenz sowie eine Revision des parlamentarischen Komiteesystems abzielende **Einsetzung eines Komitees zur Parlamentsreform** wurde umgesetzt (13.2.), dieses indes erst einige Zeit später konstituiert (8.5.). Die im Vorjahr nach einer ungewohnt offenen Diskussion vom Parlament demonstrierte Entschlossenheit, seine - mindestens teilweise selbstverschuldete - weitgehende Machtlosigkeit gegenüber der Exekutive aufzubrechen, schlug sich nicht nur in der erstmaligen Einbringung eines Gesetzentwurfs durch einen Abgeordneten nieder (21.2.), sondern auch in der viermaligen Weigerung der ZANU-PF-Fraktion, ein Kreditgesetz (Bau des Flughafenterminals) zur Abstimmung zu bringen; darüber hinaus wurde u.a. die Ratifizierung von vier im Vorjahr geschlossenen bilateralen Investitionsschutzabkommen wegen unzureichender Unterrichtung verzögert (16.-23.9.), und gegen Jahresende zwangen die Parlamentarier die Regierung bei neuen Finanzgesetzen zu einschneidenden Änderungen (s.u.). In ähnlicher Weise waren von der Seite zivilgesellschaftlicher Gruppierungen einige konkrete Initiativen zu verzeichnen, die über das bisherige Beklagen der Zustände hinausgingen. So wurde, abweichend von der bisherigen Praxis einer Kritik fast nur über die Printmedien, nach der Einbringung des Entwurfs für ein **Gesetz über öffentliche Ordnung und Sicherheit** (15.7.) bei den Parlamentariern direkt zu lobbyieren versucht, indem ihnen ein die schwerwiegenden Bedenken zusammenfassendes Papier direkt zugestellt wurde, das auf einer Konferenz zivilgesellschaftlicher Gruppierungen erarbeitet worden war (10.10.). Auch in der Frage einer **Überarbeitung der Verfassung** wurden neue Wege eingeschlagen. Auf der in Bulawayo abgehaltenen Nationalen Konferenz (4.5.) zur allgemeinen Bestandsaufnahme gesellschaftlicher, wirtschaftlicher und politischer Probleme, veranstaltet von dem längere Zeit eher unauffällig gebliebenen *Open Forum* und einer bislang kaum bekannten Gruppierung *Let the People Speak*, verständigten sich Vertreter von zahlreichen zivilgesellschaftlichen Gruppen u.a. auf die Notwendigkeit einer Konferenz zur konkreten Auslotung des Konsenses über Änderungen an der Verfassung; die Organisation *Zimbabwe Lawyers for Human Rights* hatte sich zu diesem Zeitpunkt bereits an den Entwurf einer neuen Verfassung gemacht. Es folgte ein erstes öffentliches Seminar zur Diskussion über die Verfassungsthematik in Kadoma (6.-7.9.), organisiert vom Kirchenrat und der *National Constitutional Assembly*. Beschlossen wurde die Ausarbeitung eines Dokuments mit den Kernpunkten der als notwendig angesehenen Änderungen; Vorsitzender der entsprechenden Arbeitsgruppe wurde der Generalsekretär des Gewerkschaftsdachverbandes. Dies übte offenbar einen gewissen Zugzwang auf der Seite der Regierungspartei aus, die - ungeachtet ihrer bisher strikt ablehnenden Haltung - auf der 3. Nationalen Volkskonferenz auf Antrag der Hälfte der Provinzverbände den Beschluß zu einer umfassenden Überprüfung der Verfassung faßte (6.12.).

Stillstand zu verzeichnen war hingegen in der Frage der von vielen Seiten - nicht zuletzt den internationalen Finanzinstitutionen - eingeforderten Reduzierung des stark aufgeblähten Regierungsapparates. Eine umfassende **Kabinettsumbildung** (23.7.) schien diesen Forderungen indes durch Zusammenlegung von Ressorts entgegenzukommen: so wurden die Ministerien für Land und Landwirtschaft zusammengelegt, ausgelöst durch den überraschenden Rücktritt von Landwirtschaftsminister D. Norman (28.4.), während das Ministerium für Örtliche Regierungsbehörden um das Ministerium für Öffentliche Bauvorhaben/Wohnungsbau erweitert wurde, dessen bisheriger Ressortchef E. Chikowore durch einen Skandal schwer angeschlagen war, bei dem es um die mißbräuchliche Verwendung von Geldern eines Wohnungsbaufonds zugunsten politisch wohlpositionierter Personen ging (u.a. der Frau des Präsidenten). Chikowore wurde ins Verkehrsministerium abgeschoben, während dessen bisheriger Amtsinhaber S. Moyo an die Spitze des Bergbauministeriums wechselte, dem das Ressort für Umwelt und Tourismus angegliedert wurde. Der dadurch freigesetzte Ch. Chimutengwende wechselte ins Informationsministerium anstelle von J. Mujuru, die sich in der Mobiltelefonaffäre (s.u.) gründlich verschlissen hatte und ein neugebildetes Ressort (Ländliche Entwicklung und Wasserressourcen) zugewiesen bekam. Auffällig war noch die Herabstufung von zwei Ministern zu Staatsministern: so W. Mangwende, der nach Angliederung seines Ressorts Sport/Freizeit/Kultur an das Bildungsministerium für Kriegsveteranen zuständig wurde, und S. Mombeshora (bisher Bergbauminister), der zur Planungsbehörde versetzt wurde. Die Beförderung von drei Vizeministerinnen zu Staatsministerinnen sowie die Neuberufung von zwei Vizeministerinnen wurde als bewußte Politik zur Förderung der Frauen herausgestellt. Daß die Gesamtzahl der Vizepräsidenten, Minister, Staatsminister und Vizeminister im Endeffekt doch noch von 50 auf 52 anstieg, verdeutlichte ein grundlegendes Dilemma, das mit der Etablierung festgefügter Seilschaften während der üblicherweise sicheren und damit relativ langen Verweildauer im Regierungsteam zusammenhing sowie mit der Schwierigkeit, angesichts von **Grabenkämpfen in mehreren Provinzverbänden der ZANU PF** die jeweilige Balance durch etwaige Entlassungen zu stören. Die im Vorjahr endgültig übergekochten Auseinandersetzungen im Manicaland-Provinzverband wurden durch eine nachhaltige Abmahnung (14.2.) von zehn führenden Funktionären - unter ihnen D. Mutasa (fünfthöchster Funktionär der Partei) und K. Kangai (Provinzverbandschef und Landminister) - und die Wiederzulassung von 22 in der Folge der Stadtratswahlen von 1995 suspendierten Funktionären (22.3) einzudämmen versucht. Bald darauf kündigte sich jedoch eine scharfe Frontstellung nunmehr auch im Provinzverband Mashonaland West an, während die Konfrontationskonstellation im Masvingo-Provinzverband weiterlief, ohne indes große Wellen zu schlagen. Bemerkenswert war auch die Wiederaufnahme von zwölf Mitgliedern (19.9.), darunter des Bürgermeisters von Mutare, die - ebenfalls 1995 - aus der Partei ausgeschlossen worden waren. Während derart die Reihen zu schließen versucht wurde, brach auf der **3. Nationalen Volkskonferenz** in Mutare (5.-6.12.) erstmals eine Art offene Rebellion gegenüber der Parteispitze aus, die beschuldigt wurde, das Siechtum der Partei und die Fraktionskämpfe in den Provinzverbänden mitverursacht zu haben. Das von der Konferenz ausgehende Signal war eindeutig: die Gängelung durch die Führung der - seit jeher straff von oben durchstrukturierten - Partei, die den Wagen im Gefolge der Kriegsveteranenthematik an die Wand gefahren hatte, wurde nicht länger kritiklos hingenommen.

Außenpolitik

Die kontinuierlich intensive und erfolgreiche Außenpolitik der vergangenen Jahre hatte Zimbabwe einen festen Platz in den internationalen Beziehungen gesichert und resultierte darin, daß mehr denn je zuvor eine enorme Flut von hochrangigen Besuchern aus aller Welt zu verzeichnen war. Insbesondere hing dies mit der **Abhaltung einer Reihe hochkarätiger Konferenzen** zusammen. Höhepunkte waren die von der SADC mitveranstaltete 5. Tagung des regionalen Weltwirtschaftsforums (21.-23.5.), die Ministerratskonferenz sowie das 33. Gipfeltreffen der OAU (28.-30.5./2.-4.6.), die 10. Artenschutzkonferenz (9.-20.6.) mit Delegationen aus 138 Ländern und der 4. Afrikanisch/Afro-Amerikanische Gipfel (22.-25.7.), auf dem Präsident Mugabe den Vorsitz nominell für die nächsten zwei Jahre übernahm. Daneben wurde noch eine Reihe anderer wichtiger Konferenzen im Rahmen der SADC bzw. der OAU abgehalten (s. Chronologie des Regionalartikels Südliches Afrika). Zusätzlich waren noch viele **hochrangige Einzelbesucher** zu vermelden. Aus dem regionalen Umfeld der SADC waren dies die Präsidenten von Südafrika (13.2., 19.-21.5.), Tanzania (17.3.), Mauritius (27.-31.8., zur Eröffnung der Landwirtschaftsausstellung), Mosambik und Botswana (1.9., SADC-Angelegenheiten) sowie Zambia (7.12.) und auch der Premier von Namibia (13.6., zur Eröffnung der Jahrestagung der Handelskammer). Von jenseits des SADC-Raumes war noch der Besuch des Präsidenten von Kenya zu verzeichnen (23.-26.4., u.a. zur Eröffnung der Handelsmesse in Bulawayo), und von außerhalb Afrikas reisten der

Premier von Singapur (28.2.-2.3.) und der Vizepräsident/Außenminister von Nordkorea (21.-26.3.) an, beide anläßlich von Afrikarundreisen. Bemerkenswert war auch der erstmalige Besuch eines deutschen Verteidigungsministers (13.2.), der von Zimbabwes Verteidigungsminister Ende September erwidert wurde. Zimbabwe war auch eine der Stationen auf den Afrikarundreisen sowohl der Gattin des US-Präsidenten (21.-23.3.) als auch der US-Außenministerin (14.-15.12.), deren Erkundungstour im Vorfeld der geplanten Afrikareise des US-Präsidenten indes in eine denkbar ungünstige Phase fiel (s.u.).

Ähnlich ausgeprägt und umfassend verlief wie stets die **Besuchsdiplomatie des Präsidenten**, die ihn wieder einmal zu mehr als einem Viertel des Jahres außer Landes führte und diesmal, angesichts der sich auftürmenden innenpolitischen Probleme, mit mehr Berechtigung als sonst heftig kritisiert wurde. Weil Mugabe neben den Ämtern des Vorsitzenden des SADC-Organs für Politik, Verteidigung und Sicherheit und des Ad-hoc-Komitees der OAU zu Angola nun auch noch den Vorsitz der OAU innehatte (ab 2.6.), war in diesem Jahr eine deutliche Steigerung der stets intensiv betriebenen Teilnahme an regionalen und internationalen Konferenzen zu verzeichnen. Dazu zählten die Gipfeltreffen sowohl von COMESA (Zambia), SADC (Malawi) und Commonwealth (Schottland) als auch der G-15-Gruppe der Blockfreienbewegung (Malaysia) und der AKP-Staaten (Gabun), und zusätzlich der 3. Internationale Langkawi-Dialog (Malaysia) sowie die Commonwealth-Konferenz über Demokratie in Afrika, die Regionalkonferenz des Internationalen Langkawi-Dialogs und der regionale Handels- und Investitionsgipfel (alle in Botswana). Kürzere Einzelreisen führten nach Angola (11.4., Einsetzung der neuen Regierung), Tanzania (9.-10.11., Ehrengast beim 5. Kongreß der Regierungspartei) und Malawi (3.12., Beerdigung von Ex-Präsident Banda). Darüber hinaus stattete Mugabe noch zwei Besuche in den USA ab, im wesentlichen in seiner Funktion als OAU-Vorsitzender. Der erste (20.-27.6.) galt der UN-Sonderkonferenz zur Umwelt, der zweite (19.9.-1.10. einschließlich eines Abstechers nach London) Auftritten vor der UN-Vollversammlung und einer Sondersitzung des Sicherheitsrats zu Afrika; zusätzlich wurden u.a. Gespräche mit dem Präsidenten und der Außenministerin der USA geführt. Zwei weitere Reisen galten ausschließlich Staatsbesuchen in Europa - in Zypern und Italien (6.-13.1.) sowie in Großbritannien, Frankreich und Irland (2.-12.3.), für die eine Investorenkonferenz des britischen Industrieverbandes der Anlaß war.

Auch hinsichtlich der **Vermittlung in Konflikten** waren noch verschiedene Aktivitäten zu verzeichnen. Außer an Mini-Gipfeltreffen zu Krisenherden wie Swaziland bzw. Sudan (beide in Südafrika) und Burundi (in Tanzania) nahm Mugabe an mehreren Treffen teil, die im wesentlichen der Problematik des Gebiets der Großen Seen und von Zaire gewidmet waren, so in Kenya (19.3.) und Togo (26.3., OAU-Sondertreffen). Einige Berichte ließen indes Rückschlüsse darauf zu, daß Zimbabwes Regierung zumindest im **Zaire-Konflikt** keine neutrale Position einnahm, sondern die Rebellen um L. Kabila offenbar schon seit Beginn des Jahres nachhaltig unterstützt hatte, offenbar auch mit Waffenlieferungen. Bei einem Besuch von Kabila (2.5.) soll sogar die Abstellung von militärischem Aufklärungspersonal vereinbart worden sein. Beim Solidaritätsgipfel in Kinshasa für die neue Regierung in der Demokratischen Republik Kongo (vormals Zaire) zählte Mugabe zu den anwesenden Staatschefs (21.7.). Anläßlich des Besuchs einer Wirtschaftsdelegation der Demokratischen Republik Kongo in Harare wurde ein Handelsabkommen inklusive Bereitstellung einer Kreditlinie über $ 15 Mio. unterzeichnet (9.10.) und beim Besuch einer weiteren Delegation Hilfe beim Umbau der Polizeikräfte angekündigt (8.12.). Hinsichtlich der **militärpolitischen Friedenssicherung** wurde die Präsenz von Soldaten unter UN-Kommando in Angola beibehalten und ein großangelegtes multinationales Militärmanöver veranstaltet (1.-20.4.). Beides war geeignet, den Anspruch auf Beibehaltung einer tragenden Rolle bei friedenssichernden Missionen zu unterstreichen.

In den bilateralen Beziehungen stand wie stets **Südafrika** im Vordergrund. Anläßlich von Ministerbesuchen wurden Abkommen zur Zusammenarbeit im Bereich der Verteidigung sowie über den Straßenverkehr unterzeichnet (Pretoria 21.1. bzw. Cape Town 20.3.). Obwohl Präsident Mandela schon häufig zu Konferenzen und anderen Treffen nach Zimbabwe gekommen war, wurde sein erster Staatsbesuch (19.-21.5.) mit zahlreichen Ehrungen gebührend gewürdigt, so mit einer - seit 1947 keinem anderen Staatsoberhaupt gewährten - Gelegenheit für eine Ansprache vor dem Parlament, Benennung von Straßen nach ihm und der Verleihung der ihm schon während der Zeit seiner Inhaftierung zuerkannten Ehrenbürgerrechte der Stadt Gweru. Die gegenseitige Wertschätzung erfuhr indes in den folgenden Monaten eine gewisse Trübung wegen unterschiedlicher Positionen in Angelegenheiten der SADC (s. Regionalartikel Südliches Afrika), doch war zumindest das Bemühen deutlich, diesen Streitpunkt nicht auf die Beziehungen insgesamt abfärben zu lassen. Spannungsfrei waren diese ohnehin allein deshalb nicht, weil sich in den Handelsbeziehungen, die sich durch dirigistische Maßnahmen Südafrikas stark zu Lasten Zimbabwes entwickelt hatten, die bisherige weitgehende Blockadepolitik Südafrikas - überwiegend durch dortige Interessenverbände bestimmt - nur durch mühevoll abgerungene Einzelschritte aufweichen ließ. Bei den sich seit 1992 hinziehenden zähen Verhandlungen über die Revision des 1994 ausgelaufenen Vorzugshandelsabkommens war erneut nur geringer Fortgang zu verzeichnen, trotz der im Vorjahr eingesetzten gemeinsamen technischen Sektorkomitees zur Bewertung der Implikationen eines neuen Handelsabkommens. Die für Bekleidung/Textilien bereits ausgehandelte Neuregelung trat jedoch, wenn auch mit einer halbjährigen Verzögerung, schließlich in Kraft (1.3.). Nach weiteren Verhandlungen (22.5.) wurde bei einem erneuten Besuch des südafrikanischen Handelsministers nunmehr auch für den Agrarsektor ein Memorandum über eine Neuregelung - wiederum mit einer Begrenzung durch Quoten - unterzeichnet (5.8.), aber auch in diesem Fall ließ die Inkraftsetzung auf sich warten und erfolgte bis Jahresende nicht. Hinsichtlich des dritten Sektorkomitees über sonstige Produkte war kein greifbarer Fortschritt zu vermelden. Das galt auch für den lange verhandelten gegenseitigen Auslieferungsvertrag, der an Zimbabwes Weigerung zum Verzicht auf die Todesstrafe im Fall einer Auslieferung festgelaufen war. Dem Ersuchen um Auslieferung oder Amnestierung von fünf während der Apartheidszeit verurteilten südafrikanischen Spionen kam Zimbabwe nicht nach.

In den **Beziehungen zu anderen Staaten der Region** waren nur wenige Auffälligkeiten zu verzeichnen. Angola entsandte verschiedentlich Emissäre zur Unterrichtung von Präsident Mugabe (20.1., 28.2.) und auch eine vom Verteidigungsminister geleitete Delegation (29.10.), und auch aus Lesotho kamen wie gewohnt zwei berichterstattende Emissäre angereist (5.2.); bei der Krönung des Königs von Lesotho (31.10.) vertrat Vizepräsident Muzenda den Präsidenten. Mit Botswana wurden Verhandlungen über eine Erweiterung des Handelsabkommens von 1995 geführt (10.9., in Harare) und eine Sitzung der gemeinsamen Verteidigungs- und Sicherheitskommission abgehalten (Gaborone 13.10.). Sitzungen der Gemeinsamen Kommissionen mit Kenya (4.-5.1.) und Mosambik (13.-14.3.) fanden in Harare statt, während die erstmals seit 1994 wieder anberaumte Sitzung mit **Zambia** in Lusaka abgehalten wurde (28.-30.12.), auf der u.a. Zambias Wunsch nach einer Umweltverträglichkeitsstudie über die anvisierte Wasserentnahme aus dem Zambezi zu Gehör gebracht und eine Weiterverhandlung des steckengebliebenen Entwurfs für einen Handelsvertrag angestoßen wurde. Daß vom Außenminister zu dieser Sitzung eine Sonderbotschaft Mugabes mitgebracht wurde, hatte offensichtlich mit dem Unbehagen über die Inhaftierung von Ex-Präsident Kaunda zu tun, den anläßlich von Besuchen Anfang November bereits Spekulationen über ein mögliches Asylersuchen in Zimbabwe begleitet hatten, was ebenfalls für den mit ihm liierten Oppositionspolitiker R. Chongwe galt. Der im Vorjahr abgeschlossene Kooperationsvertrag der Handelskammern schlug sich in zwei bilateralen Handels- und Investitionskonferenzen nieder; außerdem wurde ein Straßenverkehrsabkommen unterzeichnet (30.5.).

Sozioökonomische Entwicklung

Hinsichtlich der Haushaltskonsolidierung, für eine Wiederaufnahme von Zahlungsbilanzunterstützung durch IWF und Weltbank - und in deren Gefolge auch andere Geber - von vorrangiger Bedeutung, konnte im **Haushaltsentwurf für 1997/98** (24.7.) zur allgemeinen Überraschung ein positives Signal gesetzt werden. Zum einen wurde als vorläufiges Ergebnis des abgeschlossenen Finanzjahres ein Defizit von nur 7,1% statt projizierter 8,1% des BIP ausgewiesen (noch kurz zuvor war der Finanzminister von 10,3% ausgegangen). Zum anderen wurde auch das Defizit des neuen Budgets in Höhe von Z$ 11,7 Mrd. auf nur 8,9% des BIP geschätzt, unter Berücksichtigung von Schenkungen sogar nur auf 7,8%. Offensichtlich war bei der Berechnung des BIP erstmals - auch rückwirkend - die statistisch schwer zu erfassende Wirtschaftsleistung des informellen Sektors eingerechnet worden. Die auf Z$ 52,15 Mrd. angesetzten Einnahmen, abzüglich eingeplanter externer Zuwendungen von Z$ 1,8 Mrd., deckten 78,8% der geplanten Ausgaben von Z$ 63,86 Mrd. Einnahmen und Ausgaben waren gegenüber dem Vorjahresansatz mit dem Faktor 2,12 multipliziert linear fortgeschrieben worden; unter Berücksichtigung des Faktors 1,5 für die Spanne von 18 statt 12 Monaten (der Haushalt galt diesmal wegen der Umstellung des Finanzjahres auf das Kalenderjahr bis Ende 1998) und unter Einbeziehung der Inflationsentwicklung von etwa 19% bedeutete dies eine beträchtliche Zunahme - um etwa Z$ 8,4 Mrd bei den Einnahmen und Z$ 10 Mrd. bei den Ausgaben. Entwicklungen später im Jahr (s.u.) ließen indes die aufgestellten Haushaltsziele fraglich erscheinen, und auch die zunächst verhalten opimistischen Schätzungen des Wirtschaftswachstums mußten aus diesen Gründen nach unten korrigiert werden. Insgesamt lag es offenbar bei ca. 3% nach etwa 7,2% im Vorjahr. Ausschlaggebend waren v.a. **ungünstige Entwicklungen im Agrar- und Bergbausektor**, die mit Klimafaktoren und Weltmarktpreisen zusammenhingen. Beim Tabak waren statt der anvisierten 230 000 t aufgrund zu ausgiebiger Regenfälle nur 196 000 t vermarktet worden, und auch der Erlös war mit etwa Z$ 5,7 Mrd. deutlich geringer ausgefallen als im Vorjahr, da der Durchschnittspreis von $ 2,65 auf $ 2,34 pro kg gesunken war. Die Produktion des Grundnahrungsmittels Mais sank auf 2,1 Mio. t. Insbesondere aber wies der Bergbausektor längst nicht mehr so gute Ergebnisse auf wie im Vorjahr, der Wert der mengenmäßig kaum ausgeweiteten Goldproduktion (24 t) sank auf Z$ 3 Mrd. Insgesamt schlug dies erheblich bei den Exporten durch, die von etwa $ 2,525 Mrd. auf $ 2,4 Mrd. zurückgingen.

Bedenkliche Entwicklungen, die großenteils Ausdruck des sinkenden Lebensstandards und letztlich Fernwirkungen des steckengebliebenen Wirtschaftsreformprogramms waren, gab es im **Bereich der Arbeitsbeziehungen**. Ein Streik der Piloten konnte mit Hinweis auf die prekäre Finanzlage der staatlichen Luftverkehrsgesellschaft einigermaßen glimpflich zu Ende gebracht werden (14.-22.3.), wohingegen die diesmal problemlos gewährte Erhöhung der Gehälter im öffentlichen Dienst um 30% (zum 1.7.; 20% standen mit einer Neubewertung der Arbeitsplätze im Zusammenhang) Startsignal war für eine Welle von Streikaktionen, die v.a. die Textil- und Bauindustrie sowie das Gaststättengewerbe, die Eisenbahn und die Post betrafen. Erstmals traten schließlich auch etwa 340 000 Landarbeiter in den Ausstand (25.9.) und richteten dabei z.T. erhebliche Schäden an, bis ihnen eine Lohnerhöhung um 40% statt geforderter 135% zugestanden wurde (15.10.). Die potentiell weitreichenden Auswirkungen eines Streiks der Fluglotsen (ab 21.12.) wurden durch Anheuern von Fluglotsen aus Zambia unterlaufen.

Die stärkere **Beteiligung der afrikanischen Unternehmerschaft an der Wirtschaft** ("Indigenisierung" genannt), in den letzten Jahren zu einem immer wichtigeren Programmpunkt geworden, wies zunehmende Dynamik auf. Die vom Präsidenten zusammen mit seinem südafrikanischen Amtskollegen vorgenommene offizielle Einweihung (2.8.) des in Südafrika registrierten *Africa Resources Investments Ltd. Fund* (ARI) stellte einen wichtigen Schritt in diese Richtung dar. Denn an Interessenten aus dem Kreis der afrikanischen Unternehmerschaft (Regierungsmitglieder wurden ausdrücklich ausgenommen) sollten Anteile an jenen Konzernen und Parastatals weiterveräußert werden, die mit Hilfe des vom ZANU-PF-Politbüro eingesetzten *Acquisition Committee* unter Leitung von Justizminister E. Mnangagwa, das zu einem fünfköpfigen Gremium erweitert wurde (6.8.), identifiziert und aufgekauft werden sollten. Der ursprünglich Ende 1996 von Zimbabwern, die in Südafrika lebten, als Instrument für Investitionen in Zimbabwe aus der Taufe gehobene ARI sollte dabei die Funktion eines Zwischenlagers übernehmen. Das Argument einer Duplizierung der Aufgaben mit dem im Entstehen begriffenen staatlichen *National Investment Trust* (NIT) wurde von Regierungsseite mit dem Hinweis zu entkräften versucht, daß es sich um eine Ergänzung handele. Rentenfonds wurden zu ihrer großen Überraschung angewiesen, mindestens 10% ihrer Vermögenswerte in den ARI-Fonds zu investieren (28.8.), und die 20%-Beteiligung an *Bindura Nickel*, deren Erwerb im Vorjahr mit deren Muttergesellschaft *Anglo American Corp.* vereinbart worden war, wurde gegen Jahresende in den ARI-Fonds eingebracht.

Ein Teil der Inputs in den ARI- bzw. NIT-Fonds sollte auch aus dem Bereich der Parastatals im Rahmen der weitergeführten **Veräußerung von Staatsanteilen** kommen. Besonders spektakulär waren hierbei die Privatisierung der *Commercial Bank of Zimbabwe* (6.-29.8.), wobei der Staat 20% behielt und 26% vom NIT in Kommission übernommen werden sollte, sowie der erfolgreiche Börsengang von zwei ehemaligen Agrarvermarktungs-Parastatals (15./29.9.), die beide eine erfolgreiche Phase der "Kommerzialisierung" - d.h. Selbständigkeit bei Alleinbeteiligung des Staates - durchlaufen hatten. Es handelte sich dabei um die *Cotton Company*, für deren 75%-Anteil dem Staat Z$ 464 Mio. zuflossen, und den *Dairibord Zimbabwe*, dessen Aktienangebot zuvor zehnfach überzeichnet worden war. Ein anderer Weg wurde bei der Neuausgabe von Aktien des staatlichen Schlüsselkonzerns *Finhold* (22.9.) beschritten; die Staatsbeteiligung wurde von 48,6% auf 19,5% reduziert, aber das neue Aktienpaket von anderen Parastatals übernommen und zunächst zwischengelagert.

Im Hinblick auf eine Reihe besonders neuralgischer Punkte, die im Vorjahr erhebliche Publizität auf sich gezogen hatten, war hingegen weitgehend Stillstand zu vermelden. Dies galt zum einen für die Pläne zur Veräußerung von 51% des **ZESA-Kraftwerks Hwange** an die malaysische Firma *YTL Corp.*, da der zur Kapitalbeschaffung vorgesehene Börsengang der Joint-venture-Gesellschaft wegen der Turbulenzen an der Börse in Kuala Lumpur auflief und sich außerdem Divergenzen zwischen den Partnern über die Einschätzung der Vermögenswerte des Kraftwerks auftaten. Zum zweiten traf dies auf die seit einigen Jahren zum imageschädigenden Dauerbrenner gewordene **Lizenzvergabe für den Mobilfunkbereich**. Gemäß dem Entscheid des Obersten Gerichtshofs vom 18.12.96 - Frist für die Lizenzvergabe bis zum 7.3., bei Nichteinhaltung automatische Lizenzerteilung an die Firma *Econet* - wurde eine Neuausschreibung (30.1.) mit der Vergabe der umstrittenen zweiten Lizenz an die Firma *Telecel* abgeschlossen (6.3.). Dies erfolgte unter der Maßgabe, daß der Gewinner den in die Endausscheidung gekommenen Mitbewerbern (darunter *Econet*) eine Beteiligung in Höhe von 15-20% einräumen sollte, nachdem sich Vizepräsident J. Nkomo für *Econet* eingesetzt und darauf beharrt hatte, vom Präsidenten das Einverständnis für eine Lizenzerteilung für diese Firma bekommen zu haben (18./28.2.), was heftige Auseinandersetzungen mit der zuständigen Ministerin J. Mujuru nach sich zog, die sich für einige harsche Äußerungen über Nkomo später entschuldigen mußte. Auf Einspruch von *Econet* wegen Ungereimtheiten auch bei dieser Ausschreibung suspendierte die Ausschreibungsbehörde jedoch die Implementierung der Lizenzerteilung (27.3.), und der vorläufige Schlußpunkt in dieser schier unendlichen Geschichte von Prozessen war ein Gerichtsurteil (31.12.), mit dem *Telecel* die Lizenz aberkannt und diese stattdessen *Econet* zugesprochen wurde. Zum dritten gab es erhebliche Verzögerungen bei dem ebenfalls wegen der umstrittenen Ausschreibung im Vorjahr ins Sperrfeuer der Kritik geratenen **Flughafenterminal-Projekt**. Zwar wurde zusammen mit der Grundsteinlegung ein Kreditabkommen in Höhe von Z$ 950 Mio. mit europäischen Banken - u.a. der Kreditanstalt für Wiederaufbau - unterzeichnet (21.2.), doch dessen im Parlament höchst umstrittene Ratifizierung konnte erst nach mehrmaligen Anläufen durchgedrückt werden (16.7.), und gegen Jahresende kamen technische Einsprüche gegen das Design des Terminals hinzu. Die Kreditanstalt für Wiederaufbau stieg im übrigen auch mit einem Kredit über Z$ 600 Mio. bei der jahrelang verschleppten **Rehabilitation des Stahlwerks ZISCO** ein, für die die deutsche Firma Ferrostaal den Zuschlag erhielt. Zuvor war ein Kreditabkommen mit einer chinesischen Bank über Z$ 385 Mio. für die Rehabilitation des größten der Hochöfen abgeschlossen worden (30.5.).

Erhebliche Dynamik war hingegen hinsichtlich des hochbrisanten Umsiedlungsprogramms zu verzeichnen. Ankündigungen über die Hauptstoßrichtung des geplanten Umsiedlungsprogramms im Sinne einer Entlastung der übervölkerten kommunalen Landgebiete (19.2.) sowie konkretere Ausführungen anläßlich der Regierungserklärung des Präsidenten zur Parlamentseröffnung (1.7.) markierten den Eintritt in die **konkrete Phase eines Durchmarsches zur Landreform**, die im Vorjahr eher verdeckt betrieben worden war, indem Findungskomitees der Regierungspartei sich intensiv der Identifizierung von Land für Umsiedlungszwecke gewidmet hatten. Anläßlich des Heldengedenktages sowie einer ZK-Sitzung der ZANU PF (11.8./19.9.) wurde die bevorstehende Enteignung von 1772 Farmen von - zumeist der weißen Minderheit zuzurechnenden - Großfarmern bekanntgegeben, größtenteils zugunsten landloser Kleinbauern, teilweise jedoch auch für "indigene" - d.h. afrikanische - gewerbliche Farmer (700 Farmen mit einem Anteil von gut einem Viertel der Gesamtfläche von 4,6 Mio. ha). Auf einer Besuchstour durch die Provinzen (13.-17.10.) konkretisierte der Präsident die Pläne für die Landumverteilung, die seit der programmatischen Erklärung vom 25.7.90 bekannt waren. Zugleich kündigte er an, die gesetzlich festgelegte Kompensation werde nur die auf dem Land befindlichen, durch Eigenarbeit der Farmer geschaffenen Werte betreffen, nicht jedoch den Grund und Boden; weil dieser in der Kolonialzeit der afrikanischen Bevölkerung weggenommen worden sei, solle Großbritannien als ehemalige Kolonialmacht in die Pflicht genommen werden. Unübersehbar traf dieses Ansinnen die britische Regierung jedoch auf dem falschen Fuß, wie sich bei einem Treffen zwischen Mugabe und dem neuen britischen Premier Blair am Rande des Commonwealth-Gipfels sowie bei anschließenden Beratungen auf Ministerebene (24./26.10.) zeigte. Eine Bereitstellung von Finanzmitteln - von amtlicher Seite Zimbabwes bestrittene Berichte nannten eine Summe von £ 150 - über die aus einem suspendierten Landreformhilfsprogramm noch ausstehenden £ 3,5 Mio. hinaus wurde von britischer Seite als völlig neue und unakzeptable Forderung angesehen. Was immer an Konzessionsbereitschaft während der Ministertreffen angedeutet worden sein mochte, wurde durch einen sehr schroffen Brief der zuständigen Ministerin für Internationale Entwicklung einen Monat später vom Tisch gefegt, in dem eine spezielle Verantwortung Großbritanniens zurückgewiesen und überdies die neue Regierung als ohne Bindungen an frühere koloniale Interessen hingestellt und somit aus der Pflicht genommen wurde; außerdem erklärte sie etwaige Zugeständnisse ihrer Untergebenen für gegenstandslos. Gemäß dem neuen britischen Weißbuch zur Entwicklungshilfe (5.11.) war die offizielle Linie bereits dahingehend festgelegt worden, das Landreformprogramm nur dann unterstützen zu können, wenn es der Armutsbekämpfung diene, ökonomisch vertretbar sei, transparent durchgeführt werde und Unterstützung auch von anderen Gebern finde (6.11.).

Unbeirrt davon erfolgte die **Publizierung einer Liste von 1471 designierten Farmen** (28.11.), die damit zur Enteignung vorgemerkt waren. Dies geschah einigen Anzeichen nach wegen des bevorstehenden Volkskongresses der Regierungspartei etwas überstürzt, doch war die Liste zumindest dem Großfarmerverband wenigstens zehn Tage zuvor zugänglich gemacht worden und Gegenstand eines Treffen zwischen dessen Vertretern und dem Präsidenten gewesen (26.11.). Ein enormer Proteststurm der betroffenen Farmer, von denen alle bis auf 60 den binnen Monatsfrist möglichen Widerspruch einlegten, sowie von manchen anderen Seiten brach daraufhin los, wobei v.a. darauf abgestellt wurde, daß die zuvor immer wieder aufgeführten Kriterien für eine Designierung (wie Besitz mehrerer Farmen, brachliegendes oder gering genutztes Land, im Ausland ansässige Eigner etc.) überwiegend nicht eingehalten worden seien, vielmehr besonders ertragreiche Farmen einbezogen worden und somit auch bedeutsame Produktionseinbußen zu erwarten seien. Ein Appell des Präsidenten (17.12.) an die etwa 4000 weißen Großfarmer, selbst Vorschläge für eine Beschleunigung der Landumverteilung zum Nutzen aller betroffenen Seiten zu unterbreiten, wirkte angesichts der sich Bahn brechenden Empörung etwas verspätet.

Befürchtungen wegen der anstehenden Landreformpolitik, auch durch kräftige Stimmungsmache angeheizt, bewirkten in Kombination mit Besorgnissen hinsichtlich der Finanzierung der Zusagen an die Kriegsveteranen (s.o.) eine **nachhaltige Vertrauenskrise in der Geschäftswelt**. Diese kulminierte im Zusammenwirken mit anderen Faktoren in einer Bruchlandung der Währung, mit der schwersten Wirtschaftskrise seit der Unabhängigkeit in der Folge. Ein besonders durchschlagendes Startsignal für die Turbulenzen war durch die bemerkenswerte Kehrtwende der Weltbank ausgelöst worden, die - unter Hinweis auf eine fehlende solide Gegenfinanzierung der Zusagen an die Veteranen - Zahlungsbilanzunterstützung in Höhe von $ 62,5 Mio. stornierte (12.9.), nachdem sie diese 1995 auf Eis gelegte 2. Kredittranche gerade einen Monat zuvor angesichts der als zufriedenstellend bewerteten Haushaltsdaten wieder zugesagt hatte (14.8.). Auch der IWF, der in ähnlicher Weise einer Wiederaufnahme der 1995 eingefrorenen Unterstützung nahe gewesen war, hatte die Bremse betätigt und eine akzeptable Lösung in der Frage der Zuwendungen an die Veteranen zur Vorbedingung gemacht (18.9.). Gemäß einer Absprache am Rande des Jahrestreffens von IWF und Weltbank in Hong Kong reiste eine gemeinsame Delegation der beiden Institutionen nach Harare (10.-18.11.) und konnte dort die durch einen landesweiten Stromausfall fast schon symbolisch ergänzte große **Währungskrise am Schwarzen Freitag** hautnah miterleben (14.11.). Offenbar ausgelöst durch Gerüchte über nur noch geringfügige Devisenreserven, in der Folge des Preisverfalls bei Exporten v.a. von Tabak und Gold und vor dem Hintergrund einer zu dieser Zeit üblichen starken Importnachfrage, sowie stimuliert durch die Falschmeldung einer südafrikanischen Zeitung über ein gravierendes Zerwürfnis mit der IWF/Weltbank-Delegation verlor der Z$ dramatisch gegenüber den führenden Währungen (zeitweilig bis zu fast 80%). Die spät einsetzende Intervention der Zentralbank bewirkte durch rigorose Maßnahmen (17.11.) - wie Heraufsetzung der Diskontrate um drei Prozentpunkte auf 28,5% (31,5% ab 15.12.) und Abkehr von der Liberalisierung des Finanzmarktes durch Verfügung eines Zwangsumtauschs von Firmendevisenkonten in heimische Währung - zwar eine vorübergehende Stabilisierung, flankiert durch grünes Licht der IWF/Weltbank-Delegation für eine Wiederaufnahme der Zahlungsbilanzunterstützung durch die Weltbank (offiziell abgesegnet am 23.12.). Die Ankündigung des Großfarmerverbandes hinsichtlich der Liste der designierten Farmen (18.11.) ließ dann aber auch noch die Börsennotierungen in die Knie gehen (allein am 19./20.11. sank der Industrieindex um fast 13%). Nach vorübergehender Erholung wiesen sowohl Börsennotierungen als auch Devisenraten zum Jahresende erneut stark fallende Tendenzen auf.

Da die vor allem anderen auf ein niedriges Haushaltsdefizit fixierten Vertreter von IWF und Weltbank allen Anzeichen nach einen Griff in die Staatskasse für **Zahlungen an die Veteranen** (etwa Z$ 4 Mrd. für die Abschlagszahlung und die Renten für 1998) abgeblockt hatten, verfiel die Regierung auf einen Finanzierungsplan (17.11.), der neben Einsparungen in den Ressorthaushalten, strikterer Steuereintreibung und Geldaufnahme am heimischen Markt auch - ungeachtet anderslautender Ankündigungen - die **Erhöhung bzw. Neueinführung von Steuern** vorsah. Die im Eilverfahren eingebrachten Finanzgesetze (27.11.), mit Erhöhungen der Treibstoff-, Strom- und Verkaufssteuern sowie einer 5%-Abgabe auf die Lohn- und Einkommmensteuer, wurden von den Abgeordneten einhellig zurückgewiesen; dennoch traten sie - außer der 5%-Abgabe - zunächst in Kraft, unter dem Vorbehalt einer Absegnung durch das Parlament binnen 28 Sitzungstagen. Auf dem 3. Nationalen Volkskongreß der ZANU PF (5.-6.12.) mußte die Parteiführung eine deftige Niederlage einstecken, da auch die 5000 Delegierten die 5%-Abgabe einmütig ablehnten, weil sie weitere finanzielle Belastungen der Bevölkerung angesichts der ohnehin hohen Besteuerung und der allgemeinen wirtschaftlichen Misere als nicht mehr tragbar und existenzbedrohend für ihr eigenes politisches Überleben einschätzten. Bei der Weiterbehandlung der Finanzgesetze (9.-10.12.) zwangen die Parlamentarier die Regierung, außer der 5%-Abgabe auch die Steuererhöhungen auf Treibstoff und Strom ab 31.12. zurückzunehmen; nur die Anhebung der Verkaufssteuer von 15% auf 17,5% blieb von dem Finanzpaket übrig, dessen Lücken nun u.a. durch forcierte Veräußerung von staatlichen Beteiligungen geschlossen werden sollten.

Gegen die Steuererhöhungen hatte sich auch außerhalb von Parlament und Regierungspartei Widerstand angesammelt, gebündelt durch den Gewerkschaftsdachverband ZCTU und die Menschenrechtsorganisation ZimRights, die seit längerem Rollen als Stellvertreter für die brachliegenden Oppositionsparteien übernommen hatten. Während beide Organisationen sich bemühten, ihren Widerstand v.a. gegen die 5%-Abgabe nicht als gegen die Kriegsveteranen gerichtet erscheinen zu lassen, sondern gegen die Art der Aufoktroyierung, vermochte die Regierung den Zweck des für den 9.12. angesetzten **eintägigen Generalstreiks in Form eines Demonstrationstages** nicht zu erkennen, da die 5%-Abgabe seit dem Parteikongreß vom Tisch war. Angesichts von Absprachen zwischen ZCTU und Arbeitgebern, die unüblicherweise den Streik eindeutig unterstützten, steigerte sich die Regierungsseite in die Auffassung hinein, mit einer "unheiligen Allianz" von Gewerkschaften, Industrie und auch Großfarmern konfrontiert zu sein und reagierte entsprechend hart. In der Hauptstadt wurden von Armeehubschraubern unterstützte Polizeikräfte eingesetzt, um Demonstrationen zu verhindern bzw. im Keim zu ersticken, ungeachtet einer - angeblich zu spät zugestellten - einstweiligen gerichtlichen Verfügung, die eine Behinderung des Demonstrationsmarsches untersagte. Es kam zu massiven Übergriffen der Polizeikräfte und anschließend zu schweren Ausschreitungen und Plünderungen durch einige der

Demonstranten, doch wurde das Ziel des Demonstrationstages, die sehr weit verbreitete Unzufriedenheit mit der Regierung vorzuführen, nachhaltig erreicht. Ein Überfall auf ZCTU-Generalsekretär M. Tsvangirai in seinem Büro (11.12.), bei dem er verletzt wurde, steigerte seine ohnehin stark angewachsende Popularität, wobei die häufig gezogenen Parallelen zum Gewerkschaftsführer Chiluba, der aus einer vergleichbaren Position das Kaunda-Regime in Zambia 1991 aus dem Sattel gehoben hatte, nicht zur Beruhigung der Regierung beitrugen. Nach der weitgehenden Streichung der Steuererhöhungen setzte der ZCTU indes mit der Forderung nach Streichung auch der Verkaufsteuererhöhung sowie Entlassung des Innenministers und des Polizeichefs wegen der Vorfälle während des Demonstrationstages nach (16.12.) und öffnete somit das Feld für eine weitere potentielle Konfliktkonstellation. Eine solche deutete sich auch aufgrund der Ankündigung einer erneuten Preissteigerung des Grundnahrungsmittels Maismehl an (29.12.), das damit - einschließlich einer Erhöhung am 20.10. - um 69% binnen zehn Wochen verteuert worden war.

Goswin Baumhögger

Chronologie Zimbabwe 1997

17.03.	Überreichung des Berichts über Greueltaten 1980-88 (Teilpublizierung 2.-9.5., Veröffentlichung 11.7.)
25.03.	Suspendierung der Auszahlung von Abfindungen aus dem Kompensationsfonds für Kriegsversehrte
02.-04.06.	33. Gipfeltreffen der OAU in Harare mit Übernahme des Vorsitzes durch Präsident Mugabe
09.-20.06.	10. Artenschutzkonferenz in Harare
07.07.	Beginn des Verfahrens gegen Ex-Präsident C. Banana
14./15.07.	Beginn von massiven Protestaktionen von Kriegsveteranen, erneut 20.-22.7. und 11./13.8.
21.07.	Chidyausiku-Untersuchungskommissionüber den Kriegsversehrten-Kompensationsfonds
22.-25.07.	4. Afrikanisch/Afro-Amerikanischer Gipfel mit Übernahme des Vorsitzes durch Präsident Mugabe
23.07	Umfassende Kabinettsumbildung
24.07	Haushaltsentwurf für 1997/98
14.08.	Zusage der Weltbank zur Freigabe der 2. Kredittranche mit nachfolgender Stornierung (12.9.)
18.08.	Öffentliche Anhörungen der Chidyausiku-Untersuchungskommission(-27.11.)
21./27.08.	Treffen des Präsidenten mit Veteranen und Verabschiedung eines umfassenden Pakets an Zusagen
05.09.	Urteil über das Parteienfinanzierungsgesetz, nachfolgend Ergänzungsgesetz (17.9./23.10.)
02.10.-23.10.	Verabschiedung neuer Gesetzgebung für kommunale Wahlen
14.11.	Währungskrise ("Schwarzer Freitag")
20./25.11.	Treffen zwischen Präsident und Veteranenverband sowie Kabinettsbeschluß zur Veteranenfrage (25.11.)
27.11.	Ablehnung von Finanzgesetzen im Parlament, Teilerfolg bei der Weiterberatung (9.-10.12.)
28.11.	Publizierung einer Liste von 1471 zur Enteignung vorgesehenen Farmen
05.-06.12.	3. Nationalen Volkskonferenz der ZANU PF mit offener Auflehnung gegen die Parteispitze
09.12.	Generalstreik in Form eines Demonstrationstages mit schweren Zwischenfällen
18.12.	Urteil im Prozeß gegen den Oppositionspolitiker N. Sithole
31.12.	Endgültiger Gerichtsentscheid über die Vergabe der zweiten Lizenz für den Mobilfunkbereich

Neuerscheinungen

Deutschsprachige Bücher über Afrika aus dem Jahr 1997
(mit Nachträgen 1996)

Die folgende Zusammenstellung umfaßt die wichtigsten neueren deutschsprachigen Buchveröffentlichungen aus den Bereichen Politik, Wirtschaft und Sozialwissenschaften, einschließlich Übersetzungen wichtiger fremdsprachiger Titel. Aus Platzgründen muß auf den Nachweis von Zeitschriftenaufsätzen verzichtet werden.

Weitergehende Literaturnachweise (neben deutscher auch die internationale Fachliteratur) - insbesondere auch aus einschlägigen Zeitschriften - seit Ende der 1960er Jahre sind gegen Gebühr erhältlich von:

Übersee-Dokumentation, Referat Afrika (AFDOK)
Neuer Jungfernstieg 21, 20354 Hamburg
(Telefon: 040/35 62 564 / Telefax: 040/35 62 512)

Afrika allgemein

Ansprenger, Franz: Politische Geschichte Afrikas im 20. Jahrhundert, 2., neubearb. u. erw. Aufl., München 1997, 240 S., ISBN 3-406-42568-2

Bakhit, Izzeldin S.: Der Einfluß der Kultur auf die Entwicklung von Genossenschaften. Unter besonderer Berücksichtigung der Verhältnisse Afrikas, Stuttgart 1997, 328 S., ISBN 3-932602-03-X

Baumann, Herbert / Ebert, Matthias (Hrsg.): Die Verfassungen der frankophonen und lusophonen Staaten des subsaharischen Afrikas, Berlin 1997, 924 S., ISBN 3-87061-576-1 (= Verfassungen der Länder Afrikas sowie des Nahen und Mittleren Ostens ; 2)

Bernecker, Walther L.: Port Harcourt, 10. November 1995. Aufbruch und Elend in der Dritten Welt, München 1997, 323 S., ISBN 3-423-30619-X

Betz, Joachim / Brüne, Stefan (Hrsg.): Jahrbuch Dritte Welt 1998. Daten, Übersichten, Analysen, München 1997, 315 S., ISBN 3-406-42027-3 (Deutsches Übersee-Institut)

Betz, Joachim (Hrsg.): Verfassunggebung in der Dritten Welt, Hamburg 1997, 491 S., ISBN 3-926953-36-5 (= Schriften des Deutschen Übersee-Instituts Hamburg ; 37)

Bredow, Wilfried von / Jäger, Thomas (Hrsg.): Demokratie und Entwicklung. Theorie und Praxis der Demokratisierung in der Dritten Welt, Opladen 1997, 249 S., ISBN 3-8100-1345-5

Breuer, Peter / Siekmann, Karl-Heinz (Hrsg.): Werkstatt mit Zukunft. Handwerkliche Ausbildung und Gewerbeförderung in Entwicklungsländern, Berlin 1997, 266 S., ISBN 3-496-02628-6

Brunold, Georg: Afrika gibt es nicht. Korrespondenzen aus drei Dutzend Ländern, Reinbek bei Hamburg 1997, 441 S., ISBN 3-499-22113-6

Chesi, Gert: Die Medizin der schwarzen Götter. Magie und Heilkunst Afrikas, Innsbruck 1997, 240 S., ISBN 3-85218-258-1

Chico-Kaleu Muyemba, Jean-Jérôme: Afro-deutsche Jugendliche und Heranwachsende zwischen Identitätsfindung und Heimatphantasie, Berlin 1997, 23 S., ISBN 3-926478-89-6 (= Beiträge aus dem Fachbereich 1 der Fachhochschule für Verwaltung und Rechtspflege ; 53)

Degenhardt, Ruth / Stolz, Thomas / Ulferts, Hella (Hrsg.): Afrolusitanistik: eine vergessene Disziplin in Deutschland? Dokumentation des 2. Bremer Afro-Romania Kolloquiums vom 27.-29. Juni 1996, Bremen 1997, 399 S., ISBN 3-88722-395-0 (Universität Bremen) (= Bremer Beiträge zur Afro-Romania ; 2)

Demhardt, Imre J.: Deutsche Kolonialgrenzen in Afrika. Historisch-geographische Untersuchungen ausgewählter Grenzräume von Deutsch-Südwestafrika und Deutsch-Ostafrika, Hildesheim 1997, 610 S., ISBN 3-487-10506-3 (= Historische Texte und Studien ; 16)

Dütsch, Oliver / Kaiser, Jürgen / Morazan, Pedro: Schuldenumwandlungen für Entwicklung. Chancen und Grenzen von Schuldenumwandlungen für Entwicklung in ausgewählten Ländern, Siegburg 1997, 89 S., ISBN 3-929704-08-4 (Südwind e.V.) (= Materialien ; 4)

Ehling, Holger / Ripken, Peter (Hrsg.): Die Literatur Schwarzafrikas. Ein Lexikon der Autorinnen und Autoren, München 1997, 117 S., ISBN 3-406-42033-8

Engel, Ulf / Schleicher, Hans-Georg: Thesen zur Afrikapolitik der beiden deutschen Staaten. Mit Kommentaren aus der politischen Praxis von Volkmar Köhler und Helmut Matthes, Hamburg 1997, 35 S. (Institut für Afrika-Kunde) (= Focus Afrika: IAK-Diskussionsbeiträge ; 8)

Fongue, Joseph N.: Franc-Zone, Geld- und Währungspolitik in Afrika. Implikationen der Währungssubstitution und Reformmöglichkeiten unter besonderer Berücksichtigung der Erfahrung der Geldpolitik in Deutschland, Marburg 1997, 165 S. auf 2 Mikrofiches, ISBN 3-89608-287-6 (= Edition Wissenschaft ; 100)

Glania, Guido: Das Welthandelsgut Kaffee. Eine wirtschaftsgeographische Studie, Frankfurt/Main 1997, 225 S., ISBN 3-631-31946-0 (= Europäische Hochschulschriften: Reihe 5, Volks- und Betriebswirtschaft ; 2130)

Guiton, Raymond J.: Beiträge zur Geschichte der Nachkriegszeit, Bd. 2: Afrika im Widerspruch, Rheinfelden 1997, 214 S., ISBN 3-87718-245-3 (= Historische Forschungen ; 39)

Gutberlet, Marie-Hélène / Metzler, Hans-Peter (Hrsg.): Afrikanisches Kino, Unkel/Rhein 1997, 262 S., ISBN 3-89502-059-1

Herbote, Burkhard: Handbuch für deutsch-internationale Beziehungen. Verzeichnis deutscher und ausländischer Vertretungen, Verbindungsbüros und Informationsstellen aus den Bereichen Politik, Außenwirtschaft und Banken, Kulturaustausch, Bd. 2: Afrika und Amerika, 2. Aufl., München 1997, 401 S., ISBN 3-598-22238-6 (Institut für Auslandsbeziehungen) (= Handbuch der internationalen Dokumentation und Information ; 18/2)

Hien, Elie / Schnitzlein, Gerda: Afrika - Altes Wissen für morgen, Seeon 1997, 120 S., ISBN 3-89568-025-7

Höpp, Gerhard (Hrsg.): Fremde Erfahrungen. Asiaten und Afrikaner in Deutschland, Österreich und in der Schweiz bis 1945, Berlin 1996, 458 S., ISBN 3-86093-111-3 (Zentrum Moderner Orient) (= Studien ; 4)

Iliffe, John: Geschichte Afrikas, München 1997, 435 S., ISBN 3-406-42811-8

Jung, Fernand: Filme aus Schwarzafrika, Bonn 1997, 152 S., ISBN 3-88513-894-8 (Deutscher Volkshochschul-Verband)

Kafuti, Julius F.: Konzil oder Synode? Die Spezialversammlung der Bischöfe für Afrika 1994, Regensburg 1997, 300 S., ISBN 3-89073-123-6 (= Theorie und Forschung: Theologie ; 31)

Kappel, Robert: Die Zukunft vom Lomé. Deutsche Optionen für eine Reform der Entwicklungskooperation zwischen der Europäischen Union und der AKP-Staatengruppe, Bonn 1997, 65 S., ISBN 3-86077-675-4 (Friedrich-Ebert-Stiftung) (= Arbeitspapiere zur EU-Entwicklungspolitik ; 6)

Kappel, Robert (Hrsg.): Weltwirtschaft und Armut, Hamburg 1997, 341 S., ISBN 3-926953-39-X (= Schriften des Deutschen Übersee-Instituts Hamburg ; 40)

Krämer, Paul: Entwicklungshilfe auf dem Prüfstand. Erlebte Handlungsmöglichkeiten in zwei Organisationen: Gesellschaft für Technische Zusammenarbeit (GTZ) und Komitee Cap Anamur/Deutsche Notärzte, Frankfurt/Main 1997, 230 S., ISBN 3-88939-428-0

Kresse, Kai (u.a.): Afrikanische Philosophie, Tübingen 1997, 158 S., ISBN 3-89398-264-6 (= Widerspruch: Zeitschrift für Philosophie ; 30)

Mabe, Jacob E.: Die Kulturentwicklung des Menschen nach Jean-Jacques Rousseau. In ihrem Bezug auf die gesellschaftlichen Entwicklungen in Afrika, Stuttgart 1997, 243 S., ISBN 3-476-45171-2

Madlener, Kurt (Hrsg.): Jahrbuch für afrikanisches Recht, Bd. 8 (1994), Köln 1996, 221 S., ISBN 3-927620-66-1 (Gesellschaft für afrikanisches Recht)

Madlener, Kurt (Hrsg.): Jahrbuch für afrikanisches Recht, Bd. 9 (1995), Köln 1997, 250 S., ISBN 3-927620-67-X (Gesellschaft für afrikanisches Recht)

Matthies, Volker (Hrsg.): Der gelungene Frieden. Beispiele und Bedingungen erfolgreicher friedlicher Konfliktbearbeitung, Bonn 1997, 311 S., ISBN 3-8012-0258-5 (Stiftung Entwicklung und Frieden) (= EINE Welt ; 4)

Reno, William (u.a.): Afrika: Staatsversagen und politische Organisation jenseits des Staates, Berlin 1997, 208 S., ISBN 3-929666-75-8 (= WeltTrends ; 14)

Rosen, Klaus-Henning (Hrsg.): Flucht: Afrika - Kontinent in Unruhe, Berlin 1997, 174 S., ISBN 3-931332-11-X (= Jahrbuch der Deutschen Stiftung für UNO-Flüchtlingshilfe ; 1997/98)

Seibert, Uwe (Hrsg.): Afrikanische Sprachen zwischen Gestern und Morgen. Beiträge zur Dokumentation, Klassifikation und Rekonstruktion, Köln 1997, 165 S., ISBN 3-89645-010-7 (= Frankfurter Afrikanistische Blätter ; 8)

Sigrist, Christian: Regulierte Anarchie. Untersuchungen zum Fehlen und zur Entstehung politischer Herrschaft in segmentären Gesellschaften Afrikas, Neuaufl., Münster 1997, 295 S., ISBN 3-8258-3513-8

Sottas, Beat / Hammer, Thomas / Roost-Vischer, Lilo / Mayor, Anne (Hrsg.): Werkschau Afrikastudien, Hamburg 1997, 388 S., ISBN 3-8258-3506-5 (= Afrikanische Studien ; 11)

Statistisches Bundesamt (Hrsg.): Länderbericht: afrikanische Staaten der Franc-Zone, Stuttgart 1997, 200 S., ISBN 3-8246-0518-X

Sundermeier, Theo: Nur gemeinsam können wir leben. Das Menschenbild schwarzafrikanischer Religionen, 3. Aufl., Hamburg 1997, 304 S., ISBN 3-8258-3056-X (= Europa - Übersee ; 8)

Taiwé, Kolyang D. / Müller-Mukamurera, Chantal / Ayaric, Ghanatta (Red.): Afrika in Bremen. Afrikanerinnen und Afrikaner in Bremen. Ein Wegweiser durch Politik und Kultur, Bremen 1997, 143 S., ISBN 3-926-529-13-X

Tetzlaff, Rainer / Nord, Antonie: Weltbank und Währungsfonds. Gestalter der Bretton-Woods-Ära, Opladen 1996, 270 S., ISBN 3-8100-1481-1 (= Analysen ; 55)

Wiese, Bernd: Afrika: Ressourcen, Wirtschaft, Entwicklung, Stuttgart 1997, 269 S., ISBN 3-519-03460-3 (= Teubner Studienbücher der Geographie: Regional ; 1)

Wolf, Susanna: Begrenzter Erfolg der Lomé-Abkommen. Eine empirische Untersuchung der Wirkungen der EU-Zollpräferenzen auf den Handel der AKP-Staaten, Frankfurt/Main 1996, 250 S., ISBN 3-631-30856-6 (= Europäische Hochschulschriften: Reihe 5, Volks- und Betriebswirtschaft ; 2002)

Westafrika

Allenbach von Moos, Brigit: Frauen im Spannungsfeld von ökonomischer Selbständigkeit und sozialer Marginalisierung. Auswertung einer Feldforschung in Koudougou, Burkina Faso, Zürich 1997, 270 S., ISBN 3-905553-08-2 (= Zürcher Arbeitspapiere zur Ethnologie ; 9)

Bach, Daniel C.: Militärmacht, Erdöleinnahmen und Zivilgesellschaft in Nigeria (1985-1995), Leipzig 1997, 20 S. (Institut für Afrikanistik, Universität Leipzig) (= University of Leipzig Papers on Africa: Politics and Economics Series ; 10)

Bierschenk, Thomas: Die Fulbe Nordbenins. Geschichte, soziale Organisation, Wirtschaftsweise, Hamburg 1997, 276 S., ISBN 3-8258-2634-1 (= Spektrum ; 49)

Brückner, Matthias (u.a.): Mauretanien: Facetten eines Landes. Nation, Wirtschaft, Fischerei, Recht, Sprache, Konflikte, Kunst, Mystik, Freiburg/Breisgau 1997, 173 S. (Universität Freiburg im Breisgau, Orientalisches Seminar)

Diarra, Abdramane: Tradition, Sozialstruktur und politische Sozialisation bei den Minyanka in Mali, Saarbrücken 1997, 270 S., ISBN 3-88156-700-3 (= Aachener Beiträge zur Afrika- und Entwicklungsländerforschung ; 3)

Donsbach, Wolfgang / Gattwinkel, Dietmar: Öl ins Feuer. Die publizistische Inszenierung des Skandals um die Rolle der Ölkonzerne in Nigeria, Dresden 1997, 152 S., ISBN 3-931828-76-X (= Dresdner Reihe Medien und Öffentlichkeit ; 1)

Elwert-Kretschmer, Karola: Religion und Angst. Soziologie der Voodoo-Kulte, Frankfurt/Main 1997, 220 S., ISBN 3-593-35848-4

Förster, Till: Zerrissene Entfaltung. Alltag, Ritual und künstlerische Ausdrucksformen im Norden der Côte d'Ivoire, Köln 1997, 599 S., ISBN 3-89645-202-9 (= Studien zur Kulturkunde ; 107)

Haenger, Peter: Sklaverei und Sklavenemanzipation an der Goldküste. Ein Beitrag zum Verständnis von sozialen Abhängigkeitsbeziehungen in Westafrika, Basel 1997, 306 S., ISBN 3-7190-1578-5

Hammer, Thomas: Aufbruch im Sahel. Fallstudien zur nachhaltigen ländlichen Entwicklung, Hamburg 1997, 343 S., ISBN 3-8258-3416-6 (= Geographie ; 5)

Jütting, Johannes: Preiseffekte im Grundnahrungsmittelsektor der Côte d'Ivoire nach der Abwertung des Franc CFA. Ein Beitrag zur Strukturanpassung und Armut, Kiel 1997, 169 S., ISBN 3-8175-0267-2

Kezie, Kilim B.: Auswirkung der Beratung auf die Produktivität und Wirtschaftlichkeit der Kleinwiederkäuerhaltung in Togo, Berlin 1997, 260 S., ISBN 3-89574-252-X (= Schriften zur internationalen Agrarentwicklung ; 22)

Kirscht, Holger: Chiefs und Chairmen: über Land und Macht in Nordost-Nigeria, Berlin 1997, 24 S. (Universität Frankfurt/Main, SFB 268 "Kulturentwicklung und Sprachgeschichte im Naturraum Westafrikanische Savanne") (= Working Papers on African Societies ; 10)

Kittl, Jörg: Nachhaltigkeitskriterien bei der Evaluierung von technischen Bildungsprojekten der Entwicklungshilfe. Am Beispiel der österreichischen Ausbildungszentren in Burkina Faso, Wien 1997, 132 S., ISBN 3-900592-31-4 (= ÖFSE Forum ; 3)

Krings, Mattias: Feuer, Alkohol und Zigaretten. Die Europäergeister im Bori-Kult der Hausa, Berlin 1997, 22 S. (Universität Frankfurt/Main, SFB 268 "Kulturentwicklung und Sprachgeschichte im Naturraum Westafrikanische Savanne") (= Working Papers on African Societies ; 9)

Kristoffersen, Niels / Huber, Katrin: Regionale wirtschaftliche Kooperation und Integration in Afrika, Luxemburg 1996, 41 S. (Europäisches Parlament, Generaldirektion Wissenschaft) (= Reihe Außenwirtschaftsbeziehungen ; W 13)

Lehner, Sonja: Koloniale Leidenschaft. Die literarische Vermittlung von kolonialen Diskursen und historischer Praxis von "métissage" am Beispiel der französischen Kolonialehen in Westafrika, 1920-1960, Bremen 1997, 195 S., ISBN 3-88722-406-X (Universität Bremen) (= Bremer Beiträge zur Afro-Romania ; 3)

Reikat, Andrea: Handelsstoffe: Grundzüge des europäisch-westafrikanischen Handels vor der industriellen Revolution am Beispiel der Textilien, Köln 1997, 271 S., ISBN 3-89645-200-2 (= Studien zur Kulturkunde ; 105)

Reikat, Andrea: Mobilität und Macht. Herrschaftslegitimationen bei den Bisa im Süden Burkina Fasos, Berlin 1997, 20 S. (Universität Frankfurt/Main, SFB 268 "Kulturentwicklung und Sprachgeschichte im Naturraum Westafrikanische Savanne") (= Working Papers on African Societies ; 13)

Ritz-Müller, Ute: Geheimnisse und ihre Verschleierung. Zur Herrschafts- und Herrschergeschichte von Tenkodogo (Burkina Faso), Berlin 1997, 36 S. (Universität Frankfurt/Main, SFB 268 "Kulturentwicklung und Sprachgeschichte im Naturraum Westafrikanische Savanne") (= Working Papers on African Societies ; 17)

Roost-Vischer, Lilo: Mütter zwischen Herd und Markt. Das Verhältnis von Mutterschaft, sozialer Elternschaft und Frauenarbeit bei den Moose (Mossi) in Ouagadougou/Burkina Faso, Basel 1997, 266 S., ISBN 3-85977-199-X (Ethnologisches Seminar der Universität Basel; Museum der Kulturen Basel) (= Basler Beiträge zur Ethnologie ; 38)

Schareika, Nikolaus: Lokales Umweltwissen und Formen der Weidewanderung bei den woDaaBe Ostnigers, Berlin 1997, 16 S. (Universität Frankfurt/Main, SFB 268 "Kulturentwicklung und Sprachgeschichte im Naturraum Westafrikanische Savanne") (= Working Papers on African Societies ; 14)

Schott, Rüdiger: Orakel und Opferkulte bei Völkern der Westafrikanischen Savanne, Opladen 1997, 76 S., ISBN 3-531-07348-6 (Nordrhein-Westfälische Akademie der Wissenschaften) (= Vorträge ; G 348)

Somé, Ouinmalèmè Emmanuel: Das produzierende Kleingewerbe des ländlichen Afrika in seinem institutionellen Umfeld. Entwicklungsbedingungen und Förderansätze am Beispiel Burkina Fasos und Kameruns, Frankfurt/Main 1997, 402 S. (Institut für Wirtschafts- und Sozialgeographie, Universität Frankfurt/Main) (= Frankfurter wirtschafts- und sozialgeographische Schriften ; 68)

Späth, Hans-Joachim (Hrsg.): Landnutzung und Desertifikation in Nord- und Westafrika. Fallstudien aus Marokko, Niger und Togo, Paderborn 1997, 170 S., ISBN 3-9800875-6-5 (Universität Paderborn, Fachbereich Geographie) (= Paderborner geographische Studien ; 6)

Steinich, Markus: "Erst wenn wir unseren Kopf in unsere eigenen Hände nehmen können ...". Subsidiaritätsförderung als Beitrag zur Armutsbekämpfung in Entwicklungsländern, Münster 1997, 396 S., ISBN 3-8258-3355-0 (= Studien zur Politikwissenschaft Abteilung D: Schwerpunkt Asien und Afrika ; 3)

Steinich, Markus: Subsidiaritätsförderung in Mali, Berlin 1997, 47 S. (Deutscher Entwicklungsdienst) (= Zum Thema ; 9)

Steixner, Margret: Die Beschneidung der Weiblichkeit. Verstehensprozess einer westafrikanischen Tradition im Lichte ihrer Ursprünge und Kontexte, Innsbruck 1997, 132 S. (Universität Innsbruck)

Steixner, Margret: Die Farben des Sahel. Die sozialen Beziehungen im alltäglichen Leben westafrikanischer Familien am Beispiel einer Familie der Mossi in Burkina Faso. Ein Projektstudium am Institut für Erziehungswissenschaften an der Leopold-Franzens-Universität, Innsbruck 1996, 176 S.

Tietmeyer, Ansgar: Geld- und Budgetpolitik in einer Währungsunion. Dargestellt am Beispiel der Westafrikanischen Währungsunion, Landsberg 1997, 367 S., ISBN 3-7892-9705-4 (= Bochumer Schriften zur Entwicklungsforschung und Entwicklungspolitik ; 41)

Weiss, Holger: Babban yunwa. Hunger und Gesellschaft in Nord-Nigeria und den Nachbar regionen in der frühen Kolonialzeit. Unter besonderer Berücksichtigung der späten vorkolonialen Verhältnisse und der Entwicklung der Kolonialmächte, Helsinki 1997, 480 S., ISBN 951-710-056-6 (Finnische Historische Gesellschaft) (= Bibliotheca Historica ; 22)

Werthmann, Katja: Nachbarinnen: die Alltagswelt muslimischer Frauen in einer nigerianischen Großstadt, Frankfurt/Main 1997, 255 S., ISBN 3-86099-275-9 (= Wissen und Praxis ; 75)

Werthmann, Katja: Strebe nach Wissen, selbst wenn es in China ist! Muslimische Frauen und säkulare Bildung in Nordnigeria, Berlin 1997, 24 S. (Universität Frankfurt/Main, SFB 268 "Kulturentwicklung und Sprachgeschichte im Naturraum Westafrikanische Savanne") (= Working Papers on African Societies ; 20)

Yigbe, Dotsé: Fetischismus als Alterität. Am Beispiel kolonialer Literatur über Togo: Richard Küas, Félix Couchoro und David Ananou, Frankfurt/Main 1997, 344 S., ISBN 3-88939-439-6 (= Studien zu den frankophonen Literaturen außerhalb Europas ; 18)

Zobel, Clemens: Das Gewicht der Rede. Kulturelle Reinterpretation, Geschichte und Vermittlung bei den Mande Westafrikas, Frankfurt/Main 1997, 357 S., ISBN 3-631-31631-3 (= Europäische Hochschulschriften: Reihe 19, Volkskunde, Ethnologie: Abt. B, Ethnologie ; 45)

Zentralafrika

Bangert, Yvonne / Delius, Ulrich: Massaker und Massengräber in Kongo/Zaire. Ein Memorandum der Gesellschaft für bedrohte Völker, Göttingen 1997, 14 S.

Bunge, Christoph: Entwicklung und Evaluierung eines Informationssystems für Provinzgesund heitsverwaltungen am Beispiel von Kamerun, Aachen 1997, 125 S., ISBN 3-8265-2990-1

Chico-Kaleu Muyemba, Jean-Jérôme: Zaire: informeller Sektor als Überlebenschance. Anregungen für die entwicklungspolitische Bildungsarbeit, Potsdam 1996, 34 S. (Regionale Arbeitsstellen für Ausländerfragen, Jugendarbeit und Schule)

Ekanga, Basile: Der Einfluß der Fruchtbarkeit in der afrikanischen Familie. Überlegungen zu einer verantwortbaren Gestaltung der Ehe in Afrika, dargestellt am Beispiel der Tetela (Zaire), Aachen 1997, 262 S., ISBN 3-8265-2396-2

Hoering, Uwe (Red.): Zum Beispiel Hutu und Tutsi, Göttingen 1997, 96 S., ISBN 3-88977-473-3

Kayser, Christiane: Frieden und Entwicklung in der Kivu-Region. Die Rolle der Zivilgesellschaft, Bonn 1997, 20 S. (Evangelische Zentralstelle für Entwicklungshilfe)

Kippenberg, Juliane: Plantagenarbeit und Protest in Kamerun 1945-1960, Hamburg 1997, 248 S., ISBN 3-8258-3013-6 (= Studien zur afrikanischen Geschichte ; 16)

Minka, Anatole: Ein Kameruner in Deutschland, Hilden 1997, 45 S., ISBN 3-932231-03-1 (Sozialwissenschaftlicher Studienkreis für internationale Probleme) (= SSIP-Texte ; 4)

Preuß, Christine: Mbanké und Messi. Die Töpferei der Bamum im Wandel. Eine Studie im Grasland Kameruns, Hamburg 1997, 360 S., ISBN 3-8258-3031-4 (= Kulturanthropologische Studien ; 26)

Rohde, Eckart: Grundbesitz und Landkonflikte in Kamerun. Der Bedeutungswandel von Land in der Bamiléké-Region während der europäischen Kolonisation, Hamburg 1997, 408 S., ISBN 3-8258-3362-3 (= Studien zur afrikanischen Geschichte ; 18)

Schatten, Fritz: Ende einer Kleptokratie. Ist Kabila wirklich der kommende Mann am Kongo? Köln 1997, 10 S. (Deutsche Welle) (= DW-Analyse ; 5/1997)

Somé, Ouinmalèmè Emmanuel: Das produzierende Kleingewerbe des ländlichen Afrika in seinem institutionellen Umfeld. Entwicklungsbedingungen und Förderansätze am Beispiel Burkina Fasos und Kameruns, Frankfurt/Main 1997, 402 S. (Institut für Wirtschafts- und Sozialgeographie, Universität Frankfurt/Main) (= Frankfurter wirtschafts- und sozialgeographische Schriften ; 68)

Stroux, Daniel: Zaire 1997: vor dem Zusammenbruch oder vor dem Neubeginn? Zum systemimmanenten Niedergang der Mobutu-Herrschaft, Hamburg 1997, 51 S. (Institut für Afrika-Kunde) (= Focus Afrika: IAK-Diskussionsbeiträge ; 9)

Ostafrika

Aas, Norbert / Sippel, Harald: Koloniale Konflikte im Alltag. Eine rechtshistorische Untersuchung der Auseinandersetzungen des Siedlers Heinrich Langkopp mit der Kolonialverwaltung in Deutsch-Ostafrika und dem Reichsentschädigungsamt in Berlin (1910-1929), 2., überarb. u. erw. Aufl., Bayreuth 1997, 178 S., ISBN 3-927510-50-5 (= Bayreuth African Studies Series ; 28)

Backes, Martina: Agroforstsysteme in Bumgoma. Einheimische Bäume für eine nachhaltige Landnutzungsentwicklung im Interaktionsbereich zwischen ökologischer Tragfähigkeit, wirtschaftlicher Existenz und kultureller Identität. Ein Fallbeispiel aus Westkenia, Marburg 1997, 464 S. auf 5 Mikrofiches, ISBN 3-89608-234-5 (= Edition Wissenschaft ; 99)

Becher, Jürgen: Dar es Salaam, Tanga und Tabora. Stadtentwicklung in Tansania unter deutscher Kolonialherrschaft (1885-1914), Stuttgart 1997, 193 S., ISBN 3-515-06735-3 (= Missionsgeschichtliches Archiv ; 3)

Becker, Renate: Situationsangepaßte Ernährungsberatung in Äthiopien. Das basisorientierte Ernährungsprogramm, Berlin 1997, 138 S., ISBN 3-89574-222-8 (= Wissenschaftliche Schriftenreihe Biologische Chemie und Ernährungswissenschaft ; 10)

Bittner, Andreas: Kein Land in Sicht? Staat, Markt und Gesellschaft in Kenia, Leipzig 1997, 50 S., ISBN 3-932632-14-1 (Institut für Afrikanistik, Universität Leipzig) (= University of Leipzig Papers on Africa: Politics and Economics Series ; 13)

Bittner, Andreas: Zur Förderung von Klein- und Mikrounternehmen in Kenia. Geschichte, Maßnahmen und Perspektiven, Leipzig 1997, 31 S. (Institut für Afrikanistik, Universität Leipzig) (= University of Leipzig Papers on Africa: Politics and Economics Series ; 6)

Bückendorf, Jutta: "Schwarz-weiß-rot über Ostafrika!" Deutsche Kolonialpläne und afrikanische Realität, Münster 1997, 492 S., ISBN 3-8258-2755-0 (= Europa - Übersee ; 5)

Därr, Wolfgang: Madagaskar und Komoren, Köln 1997, 335 S., ISBN 3-7701-3809-0

Decker, Rudolf: Im innersten Afrika. Hutu und Tutsi zwischen Vernichtung und Versöhnung. Folgeband von "Ruanda", Neuhausen 1997, 200 S., ISBN 3-7751-2959-6

Decker, Rudolf: Ruanda: Tod und Hoffnung im Land der Tausend Hügel, 2. überarb. Aufl., Neuhausen 1997, 200 S., ISBN 3-7751-2709-7

Dede, Christian: Beiträge zur Hydrogeologie Nordost-Somalias, Berlin 1997, 121 S., ISBN 3-925410-24-4

Dietrich, Wolfgang: Interkulturelle Kommunikation oder hybrider Diskurs? Zur schwierigen Wahrnehmung neuer und traditioneller Gemeinschaften in aktuellen Friedens- und Entwicklungstheorien. Das Beispiel Uganda, Burg Schlaining 1997, 23 S. (Friedenszentrum) (= Working Papers ; 4/97)

Emminghaus, Christoph: Äthiopiens ethnoregionaler Föderalismus. Modell der Konflikt bewältigung für afrikanische Staaten? Hamburg 1997, 168 S., ISBN 3-8258-3377-1 (= Demokratie und Entwicklung ; 27)

Fengler, Wolfgang: Konfliktformationen und Zukunftsperspektiven der tanzanischen Union, Hamburg 1997, 232 S., ISBN 3-928049-42-9 (Arbeiten aus dem Institut für Afrika-Kunde ; 95)

Goldschmidt, Tijs: Darwins Traumsee. Nachrichten von meiner Forschungsreise nach Afrika, München 1997, 348 S., ISBN 3-406-42881-9

Graf, Michael: Die Afrikanische Menschenrechtscharta und ihre Bedeutung für einschlägiges innerstaatliches Recht am Beispiel Tansanias, Hamburg 1997, 226 S., ISBN 3-928049-43-7 (Arbeiten aus dem Institut für Afrika-Kunde ; 96)

Hamer, Thomas: Kenia am Scheideweg, Bonn 1997, 22 S. (Friedrich-Ebert-Stiftung)

Herrmann, Ron H.: Der kriegerische Konflikt in Somalia und die internationale Intervention 1992 bis 1995. Eine entwicklungsgenetische und multidimensionale Analyse, Frankfurt/Main 1997, 384 S., ISBN 3-631-32616-5 (= Europäische Hochschulschriften: Reihe 31, Politikwissenschaft ; 331)

Heyer, Sonja: Staatsentstehung und Staatszerfall in Somalia. Dezentralisierungsmodelle jenseits des Staates?, Berlin 1997, 22 S. (Universität Frankfurt/Main, SFB 268 "Kulturentwicklung und Sprachgeschichte im Naturraum Westafrikanische Savanne") (= Working Papers on African Societies ; 23)

Kunze, Gerhard / Matambalya, Francis A. S. T. / Obrecht, Andreas J.: Die Wiederbelebung der Milchwirtschaft in der Mara-Region/Tansania, Frankfurt/Main 1997, 303 S., ISBN 3-86099-270-8 (= Wissen und Praxis ; 70)

Lingenberg, Kerstin: Soziale Sicherung in Tansania, Göttingen 1997, 104 S. (Institut für Rurale Entwicklung, Universität Göttingen) (= Diskussionspapiere ; 25)

Marx, Jörg: Völkermord in Rwanda. Zur Genealogie einer unheilvollen Kulturwirkung. Eine diskurshistorische Untersuchung, Hamburg 1997, 196 S., ISBN 3-8258-3283-X (= Demokratie und Entwicklung ; 25)

Matthies, Volker: Äthiopien, Eritrea, Somalia, Djibouti. Das Horn von Afrika, 3., überarb. u. erw. Aufl., München 1997, 186 S., ISBN 3-406-42446-5

Neubert, Dieter: Entwicklungspolitische Hoffnungen und gesellschaftliche Wirklichkeit. Eine vergleichende Länderfallstudie von Nicht-Regierungsorganisationen in Kenia und Ruanda, Frankfurt/Main 1997, 558 S., ISBN 3-593-35733-X (= Campus Forschung ; 750)

Neubert, Dieter: Nicht-Regierungsorganisationen in Kenia und Ruanda. Ergänzungsband zu einer vergleichenden Länderfallstudie. Daten, Tabellen und Materialien, Berlin 1997, 63 S. (Institut für Ethnologie, Schwerpunkt Sozialanthropologie, Freie Universität Berlin) (= Sozialanthropologische Arbeitspapiere ; 68)

Osterhaus, Andreas: Madagaskar, München 1997, 164 S., ISBN 3-406-39867-7

Pesek, Michael: Tänze der Hoffnung, Tänze der Macht. Koloniale Erfahrung und ästhetischer Ausdruck im östlichen Afrika, Berlin 1997, 30 S., ISBN 3-86093-144-X (Institut für Ethnologie, Schwerpunkt Sozialanthropologie, Freie Universität Berlin) (= Sozialanthropologische Arbeitspapiere ; 72)

Pörtge, Karl-Heinz (Hrsg.): Forschungen im Sudan. Ergebnisse der interdisziplinären Sudantagung im Februar 1996 in Erfurt, Erfurt 1997, 212 S., ISBN 3-9803607-4-1 (Pädagogische Hochschule Erfurt) (= Erfurter Geographische Studien ; 5)

Popp, Wossen Marion: Yem, Janjero, Oromo? Die Konstruktion ethnischer Identität im sozialen Wandel, Bielefeld 1997, 56 S., (Universität Bielefeld, Fakultät für Soziologie) (= Working Paper ; 268)

Scherrer, Christian P.: Ethnisierung und Völkermord in Zentralafrika. Genozid in Rwanda, Bürgerkrieg in Burundi und die Rolle der Weltgemeinschaft, Frankfurt/Main 1997, 200 S., ISBN 3-593-35748-8

Scherrer, Christian P.: "Ewiger Bürgerkrieg" im Sudan. Komplexe Dynamiken: Ethno-Nationalismus oder heiliger Krieg?, Moers 1997, 36 S., ISBN 3-932446-62-3 (Institut zur Förderung der Ethnizitätsforschung und Konfliktbearbeitung) (= IFEK-Arbeitspapier ; 3)

Touati, Jasmin: Politik und Gesellschaft in Somalia (1890-1991), Hamburg 1997, 250 S., ISBN 3-928049-45-3 (Institut für Afrika-Kunde) (= Hamburger Beiträge zur Afrika-Kunde ; 54)

Weber, Mathias: Der UNO-Einsatz in Somalia. Die Problematik einer "humanitären Intervention", Denzlingen 1997, 150 S., ISBN 3-9805387-0-2 (= Schriftenreihe Politikwissenschaft ; 1)

Weilenmann, Markus: Burundi: Konflikt und Rechtskonflikt. Eine rechtsethnologische Studie zur Konfliktregelung der Gerichte, Frankfurt/Main 1997, 463 S., ISBN 3-86099-274-0 (= Wissen und Praxis ; 74)

Zimmermann, Martin / Smidt, Wolbert (Red.): Der Verfassungsentwurf von Eritrea, Berlin 1997, 19 S. (Selam Eritrea e.V.)

Südliches Afrika

Beck, Christine: Zimbabwe zwischen Einparteienstaat und Zivilgesellschaft. Die Rolle der Gewerkschaften im Demokratisierungs- und Entwicklungsprozeß, Frankfurt/Main 1997, 270 S., ISBN 3-88939-351-9 (= ISSA Wissenschaftliche Reihe ; 28)

Beninde, Christoph / Poggensee, Claus-Cornelius / Simon, Dieter (Red.): Europäische Union - Südliches Afrika. Freihandel oder Handel mit Entwicklung? Informationen, Meinungen, Forderungen, Bielefeld 1997, 39 S. (Koordination Südliches Afrika)

Brosch, Achim (u.a.): Die wichtigsten Branchen im Überblick: Südafrika, Köln 1997, 180 S. (Bundesstelle für Außenhandelsinformation)

Castiano, José P.: Das Bildungssystem in Mosambik (1974-1996). Entwicklung, Probleme und Konsequenzen, Hamburg 1997, 301 S., ISBN 3-928049-48-8 (Institut für Afrika-Kunde) (= Hamburger Beiträge zur Afrika-Kunde ; 55)

Cron, Jan C.: Deutsche Unternehmen im Entwicklungsprozeß Südafrikas, Wiesbaden 1997, 342 S., ISBN 3-8244-4221-3

Fisch, Maria: Der Caprivizipfel während der deutschen Zeit 1890-1914, Köln 1996, 158 S., ISBN 3-89645-050-6 (= History, Cultural Traditions and Innovations in Southern Africa ; 2)

Grundmann, Christoffer H.: Leibhaftigkeit des Heils. Ein missionstheologischer Diskurs über das Heilen in den zionistischen Kirchen im südlichen Afrika, Hamburg 1997, 298 S., ISBN 3-8258-2732-1 (= Hamburger Theologische Studien ; 11)

Halbach, Axel: Republik Südafrika, Köln 1997, 72 S. (DEG - Deutsche Entwicklungsgesellschaft) (= Materialien ; 18)

Holle, Levin: Das Verfassungsgericht der Republik Südafrika. Entstehung, Aufbau, Zuständigkeit nach der Übergangsverfassung vom 27. April 1994, Baden-Baden 1997, 268 S., ISBN 3-7890-4908-5 (= Studien und Materialien zur Verfassungsgerichtsbarkeit ; 69)

Ingerfeld, Simone: Kampf um ein neues Südafrika. Südafrika zwischen Autoritarismus und Demokratie, Hamburg 1997, 200 S., ISBN 3-8258-2003-3 (= Bremer Afrika-Studien ; 14)

Isert, Albrecht: Die Homeland-Politik in Südafrika, Frankfurt/Main 1997, 648 S., ISBN 3-631-31465-5 (= Berliner Studien zur Politik in Afrika ; 12)

Kozel, Ingeborg: Südafrika: Rechtstips für Exporteure, Köln 1997, 88 S. (Bundesstelle für Außenhandelsinformation)

Krüger, Fred W.: Urbanisierung und Verwundbarkeit in Botswana. Existenzsicherung und Anfälligkeit städtischer Bevölkerungsgruppen in Gaborone, Pfaffenweiler 1997, 304 S., ISBN 3-8255-0154-X (= Sozioökonomische Prozesse in Asien und Afrika ; 1)

Local, Brunhild von / Regge, Birgit / Remmert-Fontes, Inge (Red.): Mosambik, Breklum 1997, 186 S. (Evangelisches Missionswerk in Deutschland ; Beratungskreis Mosambik) (= Weltmission heute ; 28)

Mahlke, Reiner: Prophezeiung und Heilung. Das Konzept des Heiligen Geistes in Afrikanischen Unabhängigen Kirchen (AIC) in Südafrika, Berlin 1997, 253 S., ISBN 3-496-02621-9 (= Marburger Studien zur Afrika- und Asienkunde: Serie C, Religionsgeschichte ; 4)

Manig, Winfried (Hrsg.): Diversifizierung der Erwerbs- und Einkommensstrukturen in ländlichen Haushalten der Entwicklungsländer, Göttingen 1997, 126 S. (Institut für Rurale Entwicklung, Universität Göttingen) (= Diskussionspapiere ; 23)

Mayer-Himmelheber, Clara / Meyer-Bauer, Dorothea: Töpferei und andere Strategien der Einkommenssicherung. Risikominimierung im Norden Namibias, Köln 1997, 182 S., ISBN 3-89645-052-2 (= History, Cultural Traditions and Innovations in Southern Africa ; 4)

Meinhardt, Heiko: Politische Transition und Demokratisierung in Malawi, Hamburg 1997, 430 S., ISBN 3-928049-44-5 (Institut für Afrika-Kunde) (= Hamburger Beiträge zur Afrika-Kunde ; 53)

Morozzo della Rocca, Roberto: Vom Krieg zum Frieden. Mosambik: Geschichte einer ungewöhnlichen Vermittlung, Hamburg 1997, 254 S., ISBN 3-921314-33-X (= Texte zum Kirchlichen Entwicklungsdienst ; 56)

Naudascher, Kyra: Südafrika 1996. Die Konsolidierung des pluralistischen Systems, Bonn 1997, 29 S. (Friedrich-Ebert-Stiftung)

Olbrisch, Nico: Die südafrikanische close corporation und ihre strukturellen Unterschiede zur deutschen GmbH, Münster 1997, 300 S., ISBN 3-8258-3190-6 (= Münsteraner Studien zur Rechtsvergleichung ; 23)

Oldhaver, Mathias: Die deutschsprachige Bevölkerungsgruppe in Namibia. Ihre Bedeutung als Faktor in den deutsch-namibischen Beziehungen, Hamburg 1997, 184 S., ISBN 3-86064-520-X

Pabst, Martin: Südafrika, München 1997, 237 S., ISBN 3-406-39871-5

Poggensee, Claus-Cornelius / Beninde, Christoph / Simon, Dieter (Red.): Beyond ESAP: Strukturanpassung in Simbabwe. Eine Studie des simbabwischen Gewerkschaftsdachverbands ZCTU mit einer Einführung in die Thematik und aktuellen Hintergründen, Bielefeld 1997, 121 S. (Dritte Welt Haus Bielefeld ; Koordination Südliches Afrika)

Reimer, Jule: Verfeindet ohne Ende? Das Volk resigniert, die Mächtigen lavieren, Köln 1997, 10 S. (Deutsche Welle) (= DW-Analyse ; 13/1997)

Sande, Teresa (u.a.): Demokratisierung in Angola, Bonn 1996, 67 S. (Angola Netzwerk ; Stiftung Umverteilen)

Scharnik, Carsten (Bearb.): Neuere Forschungen zu Südafrika. Junge Wissenschaftler stellen ihre Arbeiten vor, Bonn 1997, 65 S. (Initiative Südliches Afrika) (= INISA Wissenschaftliche Reihe ; 1)

Schleicher, Ilona / Schleicher, Hans-Georg: Die DDR im südlichen Afrika. Solidarität und Kalter Krieg, Hamburg 1997, 293 S., ISBN 3-928049-46-1 (= Arbeiten aus dem Institut für Afrika-Kunde ; 97)

Schubert, Benedict: Der Krieg und die Kirchen. Angola 1961-1991, Luzern 1997, 344 S., ISBN 3-905577-10-0 (= Theologie in Geschichte und Gesellschaft ; 3)

Schumacher, Ulrike (Hrsg.): Das neue Südafrika. Das Ende einer Illusion?, Frankfurt/Main 1997, 364 S., ISBN 3-631-31054-4 (= Kieler Schriften zur politischen Wissenschaft ; 9)

Seiffert, Bernd: "Der Staudamm nützt nur der Regierung - nicht uns!" Geschichte und Auswirkungen des Lesotho Hochland Wasserbauprojektes, Berlin 1997, 230 S., ISBN 3-923020-20-1 (ASA-Programm der Carl-Duisberg-Gesellschaft) (= ASA-Texte ; 8)

Tekülve, Maria: Krise, Strukturanpassung und bäuerliche Strategien in Kabompo/Sambia, Berlin 1997, 306 S., ISBN 3-496-02626-X (= Abhandlungen - Anthropogeographie ; 58)

Vossen, Rainer: Die Khoe-Sprachen. Ein Beitrag zur Erforschung der Sprachgeschichte Afrikas, Köln 1997, 536 S., ISBN 3-927620-59-9 (= Quellen zur Khoisan-Forschung ; 12)

Weiss, Ruth: Geteiltes Land. Krieg und Frieden im Südlichen Afrika, Hamburg 1997, 194 S., ISBN 3-930826-30-5

Wollnik, Thomas: Demokratisierung und Wirtschaftslage. Empirische Untersuchungen am Beispiel dreier afrikanischer Länder, Bochum 1997, 93 S., ISBN 3-927276-50-2 (Institut für Entwicklungsforschung und Entwicklungspolitik, Universität Bochum) (= Materialien und kleine Schriften ; 164)

Zusammengestellt von Christine Hoffendahl und Gertrud Wellmann-Hofmeier